西城區街巷胡同

西城区街巷胡同文化丛书

（第二辑）

岁阅德胜

德胜街道街巷胡同史话

政协北京市西城区委员会
《西城区街巷胡同文化丛书》编委会
编

中国文史出版社

德胜街道
辖区要览
裕民路
裕民路
玫瑰园
裕民西路
裕民中路
裕民东路
燕莎盛世大厦
北京科学中心
马甸桥
北三环
北二环
双秀公园
高等教育
出版社
双旗杆西路
双旗杆路
新风北街
德胜门外大街
北广大厦
新街口外大街
三帆中学
中天大厦
黄寺大街
新风街
新风街
新明胡同
北京教育学院
人定湖北巷
北师大二附中
北京市
二龙路医院
五路通北街
合生财富广场
新康街
新德街
火箭军总医院
塔院胡同
人定湖公园
安德里北街
北京机械工业
自动化研究所
西师附小
六铺炕北小街
六铺炕二巷
六铺炕一巷
德胜街道
办事处
旧鼓楼外大街
教场口街
北京安定医院
中国石油经济
技术研究院
大井胡同
六铺炕南小街
法源清真寺
中国煤炭
科工集团
安德路
安德路
德胜门桥
北京奇石馆
冰窖口胡同
中国工程院
白孔雀
艺术世界
北滨河公园
德胜门西滨河路
德胜门东滨河路
鼓楼桥
德胜门西大街
德胜门东大街

德胜街道辖区要览

《西城区街巷胡同文化丛书》征编出版说明

西城区作为北京三千多年的建城地和八百多年的建都地，拥有众多古老的街巷故同和丰富的历史文化资源，是皇城文化、士子文化、民俗文化、宗教文化等各种文化共存的区域。西四北一至八条至今基本保留了元大都建城时的规制，胡同中的四合院也大都具有明清的风格。随着城市建设的发展，为了满足市政道路改造及公用设施建设需要，一些胡同被拆除，建起了楼群，组成连片的居民区，形成了新的街巷。一些胡同被合并，原有的名称消失。街巷胡同不仅是城市脉络、交通道路，也是人们世代生息之所。为了满足各种需要，街巷胡同不会永远不变，所以记录街巷胡同、留存珍贵的历史成为一件十分重要和迫切的事情。我们既要保护好古都风貌，也要利用好古都资源，传播传统文化，传承历史文脉，讲述好西城自己的故事。

2019 年既是中华人民共和国成立 70 周年，也是人民政协成立 70 周年，我们深感有责任也有义务对西城区的街巷胡同进行全面梳理，深刻挖掘每个街巷胡同的文化底蕴，呈现西城区街巷胡同的历史沿革、发展变迁的脉络及中华人民共和国成立以来展现的新面貌。

西城区行政区划内共设 15 个街道办事处，办事处辖区街巷胡同各具特色、历史悠久、底蕴深厚，如璀璨的明珠闪耀西城。《西城区街巷胡同文化丛书》以一街道一分册的形式呈现，记录辖区内街巷胡同中的院落格局、王公府第、单位机构、市井百业、今昔人物、今日呈现等，将街巷胡同历史脉络、当下风貌和文化特色进行梳理挖掘。这是2010年原西城区和宣武区合并后，首次从建筑、人文等方面全方位立体式地对街巷胡同进行详细调研，以丛书的形式编辑出版，既是对过去和现有街巷胡同文化资源的挖掘、研究，也期望能对未来街巷胡同资源的开发和利用提供借鉴。

本书的编写充分发挥了西城区政协委员的作用，由区政协学习指导和文史资料委员会牵头策划组织，各街道政协委员联组具体承办。区政协和各街道政协委员联组的同志以及聘请的专家学者进行了大量实地调研，跑遍了西城区的大街小巷，参阅了以往的街巷胡同史志记载，寻找和听取一些老居民或其他亲历、亲见、亲闻者的口述，与档案资料对比核实，详细整理，倾注了很多心血。丛书以图文并茂的形式，向读者展示了西城区街巷胡同的往昔神韵、现今风貌和深厚的历史文化内涵。希望发挥区政协文史工作“存史、资政、团结、育人”的功能，服务首都“四个中心”建设。

政协北京市西城区委员会

2019 年 10 月

目　　录

前　言

雄踞北二环的德胜门箭楼，是北京现存为数不多的古代城门建筑之一。这座建于1437年的建筑，在时光的长河中经受了岁月的洗礼，也在风云的变幻中经历了战火和盛世的光泽。今天的德胜门箭楼，不但是北京古代建筑文明的图腾之一，也成为其所属地德胜街道的象征之一。

明代文彭在《出德胜门见杏花》中写道："独坐空斋感岁华，春风日日卷黄沙。闭门无意窥杨柳，出郭惊心见杏花。西望居庸开锦障，北来天寿隐晴霞。驱驰莫问昌平道，野寺苍茫落日斜。"诗中对于德胜门位置的描述，也是对今天德胜街道辖区的概述。

德胜街道，位于北京市西城区的东北部，与朝阳、海淀、东城三区接壤，辖区面积4.14平方千米，含主要大街、街巷64条，共有20个社区，现有人口15万人。辖区内有回族、满族等36个少数民族，6900余人，是北京市13个重点民族街道之一。地区有5800多家企事业单位，各类高新技术企业300余家。德胜街道辖区有非常鲜明的文化特点和区域特点，蕴含着丰富的传统文化资源。

岁月变迁，今天的德胜街道，早已成为道路通衢、环境优美、企业林立、生活安康的盛世之地：辖区内有中国工程院等国家顶级学术机构，中小学林立，辖区有非常鲜明的文化特色和区域特点，蕴含着丰富的传统文化资源。根据德胜地区的厚重历史、人文情怀、责任使命，经过历史洗礼、艰难磨砺、实践孕育，“德文化”（包括以古提气、以今提神、以廉提醒、以情共治四个方面）成为地区治理的思想基础。

在实践“德文化”的基础上，德胜地区逐渐形成特有的情操即“德胜精神”。它是德胜人深刻领会“红墙意识”的时代内涵，反映了德胜人在长期实践过程中形成的精神风貌，是德胜人的精神品格、自我修养和内在力量，是德胜人切实增强担当好核心区职责使命的思想和行动自觉，是德胜人共同创造美好家园的价值追求，也为“德文化”注入新的时代内涵。

近年来，德胜街道在社会治理领域积极创新，厚植“德文化”，打造“德邻文化”，推动居民和辖区单位参与，发挥科技支撑作用，积极改善和保障民生，以首善标准建设文明街道、活力街道、宜居街道、平安街道，推进城市治理体系和治理能力现代化，在党建引领下探索了“德治、法治、自治、共治、精治、智治”社会治理模式（简称“德胜六治”），构建了基层社会治理新格局。

回顾历史，展望未来，虽然随着时代的必然发展，胡同这一特色鲜明的北京符号，在德胜地区也经历了建设、消散、修葺等变化，但唯一不变的，是通过胡同这一符号留存下来的对美好生活的向往。

美好生活，岁阅德胜。

第一章　德胜街道概述

第一节　德胜街道基本情况

德胜街道位于西城区的东北部，西起新街口外大街，与海淀区北太平庄街道相隔；东至北辰路、旧鼓楼外大街，与朝阳区安贞街道、东城区和平里街道为邻；北起北三环中路、裕民路，与海淀区北太平庄街道和朝阳区安贞街道毗邻；南至北二环德胜门东西大街，与本区新街口街道、什刹海街道接壤。在行政区域上，三区交界，五个街道为邻。

德胜街道始建于1985年，当时被称为德胜门外街道。1987年9月，市政府决定，将朝阳区裕中东里、裕中西里及黄寺以西地区划归西城区进行开发，并入德外街道辖区，形成了今天的街境。2004年9月20

日，经批准，更名为德胜街道。

辖区面积4.14平方公里，有社区居委会20个。户籍人口38285户、115303人，常住人口44849户、125160人，流动人口28974人；辖区内有汉族、回族、满族等37个民族，其中少数民族以回族为主，有6000余人，德胜街道是北京市13个重点民族街道之一。

德胜街道是国家民委命名的第二批全国民族团结进步创建活动示范单位、北京市民族团结进步创建示范单位，2013年、2018年荣获首都民族团结进步创建活动先进集体称号。街道高度重视民族团结工作，以“德邻文化”为引领，“以德为邻，同心治胜”，紧紧围绕各民族“共同团结奋斗，共同繁荣发展”的民族工作主题，积极开展民族团结进步创建工作，深入开展民族团结教育，形成独具德胜特色的民族团结工作模式。

同时德胜街道辖区为中关村西城科技园区政策覆盖区，2002年科技园区成立，地区有4231家企事业单位，其中中央单位214家，市属单位185家，区属单位137家，各类高新技术企业300余家；基础教育资源丰富，有中学5所，小学5所，幼儿园5所；医疗卫生资源丰富，安贞医院、二炮总医院、北京肛肠医院坐落本辖区（另外有社区卫生服务中心以及军都医院、德胜门中医院等民营医院）；辖区内有法源清真寺，为穆斯林信众提供举行宗教活动的场所；德胜门箭楼是重点文保单位，内设古钱币博物馆；人定湖公园、双秀公园、北滨河公园、玫瑰园各具特色，为辖区居民提供休闲健身场所。

2001年底德外大街建成，作为德胜地区中轴线，成为德胜科技园区核心地带。沿大街两侧，依次分布着国家工程院、孔子学院总部、德胜国际中心、中国建筑设计集团、国家核电、国防部外事局及北京DRC工业设计创意产业基地等单位。随着科技园区不断成长，园区内的高新技术企业成为地区经济发展的助推器，使地区经济发展迈上新台阶。

德胜街道所在的位置历来就是北京市的智力密集区之一，也是北京市科技研发、高端交易、金融后台和文化创意产业的聚集地。2002 年成立中关村德胜科技园区，德胜街道辖区部分为中关村德胜科技园政策覆盖区。2006 年园区政策覆盖区扩大，街道辖区全部享受高新科技发展政策，园区内的高新技术企业作为地区经济发展助推器的作用日益显著，带动地区税收不断增加，促使地区面貌不断变化。

在建设世界城市示范区、创造城市美好生活的目标下，德胜科技园在“十二五”期间要全面实现“首都高端创新型产业集聚区、北京市重要的金融后台服务基地、大型金融机构金融后台信息服务中心”的战略定位，重点打造研发设计、金融后台服务、文化创意和高端交易四大支柱产业。

随着地区经济发展，德胜地区整体居住环境近二十年来经历了翻天覆地的变化。在新建开发商务楼、新居民小区基础上，近年来经过市、区政府共同投资，对街道辖区内进行拆迁整治，对一些老旧小区进行了提升改造，对道路、绿化等公共设施进行了整治。

第二节　中关村德胜科技园区基本情况

中关村德胜科技园区是中关村国家自主创新示范区“一区十六园”之一，原名中关村德胜科技园，2001 年 6 月经科技部批准成立，2002 年 5 月正式开园。经过 2006 年和 2012 年两次空间范围调整，面积增加到 10 平方公里，包括德胜、北展和广安三大街区，涉及 11 个街道办事处。

中关村德胜科技园区

中关村西城园是联合国教科文组织授予的“设计之都”核心区、国家级文化和科技融合示范基地、首批北京市服务贸易示范基地、北京市金融后台服务区；园内集聚有全国唯一的国家级综合性出版创意产业园区、首批市级文化创意产业示范园区、首批市级文化创意产业集聚区。

中关村西城园作为典型的都市型科技园，其发展的基本功能是服务和支撑西城区的城市核心功能，根本依托是首都核心功能所带来的科技、文化、金融和人才等高端要素资源，主要手段是整合资源、搭建平台，重要途径是腾笼换鸟、点状突破，基本布局是以国有企事业单位腾退转型的老旧厂院和部分科技创新企业聚集的特色楼宇所形成的点状格局。西城园产业总部化、服务化、高端化、融合化特色非常鲜明，在中关村“一区十六园”中占有重要地位。

一是科技创新的高地。从科研机构来看，汇集了中国工程院、北京有色金属研究总院、北京建筑大学等 63 家科研院所及高等院校。科技服务平台众多，园区内现有国家级重点实验室、工程技术研究中心 23 个，市级重点实验室、工程技术研究中心 77 个，还有国家工业设计中心 1 个、北京市设计创新中心 10 个。从高新企业来看，数量虽然不多，目前有高新企业 600 家，其中，国高新 310 家。企业成长性好、品质高，奇虎 360、有研稀土、洛可可设计集团等都是在园区发展起来的行业领军企业，收入亿元以上的重点企业达到87家。从创新创业人才来看，2015年高新企业期末从业人员80347人，其中，从事科技活动人员及中高级技术职称人员均占园区从业人员的1/4；这两项占比均位列中关村第一。西城园入选中央“千人计划”、国家“特支计划”“海聚工程”等优秀人才有39名，创新创业人才高端化特征突出。从自主创新能力来看，园区企业每年的研发投入、科技成果、专利申请、专利授权，均位居中关村各园区前列。其中人均研发投入、人均专利申请、人均专利授权，是中关村最高的园区之一。

二是文化创意的沃土。西城园是国家级文化和科技融合示范基地，是联合国教科文组织授予的北京“设计之都”的核心区。园区拥有中国文化走向世界标志的孔子学院总部，全国唯一的综合性出版园——中国北京出版创意产业园区。设计创意优势突出，内容服务能力强，影视后期制作亮点突出。联合国教科文组织全球首个“国际创意与可持续发展中心”已确定落户园区，将和DRC工业设计创意产业基地、中国设计交易市场、中国设计最高奖“红星奖”一起，成为设计产业国际化、高端化发展的重要平台，也是北京“设计之都”的重要标志。应当说西城园是中关村最具文化创意特色的科技园区。

三是转型升级的引擎。西城园不断淘汰低端、低附加值产业和业态，加速转型为科技创新和文化创新双轮驱动的高精尖经济结构，都市型总部经济加速转型为注重研发投入和知识产权创造、运用的科技创新型总部经济。在产业结构优化和创新驱动增长的基础上，2015年园区高新技术企业总收入预计达到2574亿元。园区总收入占全区总收入的比重逐年提高，2013年、2014年、2015年分别达到7.2%、8.3%和11.7%，成为西城区经济发展重要的增长极。2015

年园区人均产出、地均产出分别是中关村整体水平的3.0倍和1.48倍，是中关村发展质量最高、发展活力最强劲的园区之一。

第三节　德胜科技园区建设始末

1999年，西城区人大代表提出在德外地区建立高新技术园区，发展科技贸易一条街的建议。

2000年2月，市人大四十多名代表提出“充分利用德外地区科技资源优势加快中关村德胜角的建设”的议案。

是年，西城区委、区政府组织开展德外地区资源及发展规划的调研工作。6月，西城区政府制定《加快德胜科技苑建设的意见》。

11月，北京市科委组织专家组对西城区承担的《建立西城科技园区的可行性研究》进行评审。

2001年1月4日，西城区政府向市政府递交《关于将德外地区划入中关村科技园区的请示》，正式申请将西城区德外地区纳入中关村科技园区政策区范围。

6月12日，国家科技部下发《关于同意调整北京市新技术产业开发试验区区域范围的复函》，批准将西城区东至德胜门外大街、西至新街口外大街、南至北二环路、北至北三环路和西直门外大街以北北京展览馆周边地区划入中关村科技园区政策区。

政策区分东西两个区，总面积2.9平方公里。该地区统称为“德胜科技苑”。

是年6月，德外地区的拆迁改造工程启动，西城区政府投入约11亿元。至2002年5月，完成5000户居民和181个单位的拆迁工作。

2002年3月4日，国家税务总局下发《关于北京市新技术产业开发试验区区域调整后有关企业所得税问题的复函》，批准德胜科技苑享受中关村科技园区相同优惠政策。

3 月 14 日，在德胜科技苑管委会第八次会议提出，将德胜科技苑冠名为“中关村科技园区德胜科技园”，并于 3 月 29 日致函中关村科技园区管委会。

4 月 12 日，建设中关村科技园区领导小组下发《关于“德胜科技苑”冠名的批复》，同意西城区将“德胜科技苑”更名为“中关村科技园区德胜科技园”。

西城区委、区政府提出德胜科技园区建设的工作方针为“整体规划，分步实施，滚动推进；盘活存量，用好增量，控制住宅”。园区功能定位是特色鲜明的高品位、开放型精品园区。包括园内外知名科技企业的办公、研发及经营总部的密集区，高质量的科技创新与产业发展中介市场，中小科技企业的创业孵化乐园。

5 月 25 日，西城区举行“德外大街通车暨中关村科技园区德胜科技园开园仪式”。德胜科技园内第一家孵化器企业“北京康华伟业孵化器有限责任公司”注册成立。

6 月 5 日，德胜科技园完成首家高新技术企业网上认定，企业开始入驻科技园。德胜园成为中关村科技园区“一区六园”空间格局中的一园区。

2003 年，德胜科技园 2.9 平方公里政策区内，累计高新技术企业达到 145 家，累计注册资金达 11.8 亿元，高新技术企业技工贸总收入 8 亿元，为开园时的 62 倍。

2005 年 6 月 23 日，市科委和西城区政府发布关于共建北京 DRC（Design Resource Cooperation）工业设计创意基地的决定，标志着文化创意产业在德胜科技园开始落地生根。

2006 年 1 月，国土资源部发布第 31 号公告，正式确定德胜科技园政策区面积由原2.9平方公里扩大为5.64平方公里。

德胜科技园调整后四至范围为：西外地区以东至西环广场东侧路、西直门南大街、西直门外南路、车公庄北街，南至车公庄大街，西至三里河路，北至西外大街北展宽馆西墙、南长河、西环广场北侧路；德外地区以东至北辰路、北三环中路、五路居、双旗杆胡同、人定湖北巷、安德里北街、旧鼓楼外大街，南至北二环路，西至新街口外大街，北至北三环中路、八达岭高速公路、裕民路。

2007年8月，市政府提出以西城德胜科技园为核心，辐射周边，建设西城德胜科技园金融服务区，主要为金融街大型金融机构总部核心后台服务。德胜尚城、德胜国际中心等一批新型建筑空间，吸引中国工商银行电子客服中心、华泰财产保险、新华保险、中国印钞造币总公司等各类金融企业陆续入驻。园区内从事金融配套服务、金融科技研发、金融技术支持等领域的高新技术企业与科技中介机构聚集态势逐步显现。

2008年3月，首家年收入超亿元的金融后台服务企业北京联动优势科技有限公司正式入驻德胜科技园区。

2009年3月13日，国务院批复建设中关村国家自主创新示范区，德胜园成为中关村“一区多园”空间格局中十个园区之一。

2010年，德胜科技园成功引进“中国北京出版创意产业园区”与“中国设计交易市场”两大项目，园区整体实力与影响力进一步提升，产业结构发生明显改变。

第四节　德胜科技园区高新技术企业基本情况

1994年，西城域内高新技术企业31家。科技开发区内高新技术企业享受税收优惠政策。1996年，西城区高新企业46家。科技开发区外高新技术企业享受税收优惠政策。2000 年，区政府制定《西城区科技型中小企业创业资金管理办法》，设立科技型中小企业创业资金。2001 年 4 月，西城区建立科技网站，实现高新技术企业工作网上办公。2002 年，西城区德胜科技园开园。西城区涉及电子信息领域高新技术企业占 50% 以上。2004 年 9 月，园区内高新技术企业 194 家，电子信息企业 102 家，占企业总数的 56.2%，从业人员 3584 人，占从业人员总数的 65.1%；先进制造、生物医药、能源技术、新材料等企业 65 家，占企业总数的 33.59%，从业人员 1172 人，占从业人员总数的 18.38%。2009 年，德胜科技园高新技术企业 299 家，居中关村科技园十个园区中第七位，其中电子信息类 155 家，占总数的 51.83%。中关村德胜科技园高新技术企业研发经费支出占企业总收入的比重为 10.48%，企业研发投入强度始终居中关村“一区十园”之首。

德胜科技园内申请专利 752 项，其中发明专利 455 项，占中关

德胜科技园区

村科技园区发明专利申请总数的4.3%；拥有发明专利634项，占中关村科技园区拥有发明专利总数的5.5%。其中高新技术企业申请专利666项，授权专利240项；园区企业平均申请专利2.3项，排名中关村“一区十园”第一。在研科技项目1205项，占中关村科技园区在研项目总数的2.6%；R&D项目合计505项，占园区在研项目总数的42.0%；R&D项目经费支出达3.5亿元，占R&D经费支出的比例达90.0%。2009年承担科技项目1205项，占中关村科技园区科技项目总数的2.6%，位居中关村科技园第六位。其中R&D项目合计505项，占项目（课题）总数的41.9%，技术创新含量高。

第二章　德胜门故闻

第一节　德胜门建造逸闻

今天我们说北京德胜门的历史，不能离开北京城，德胜门的建造还是在北京城的大背景下。北京城的九个城门基本是在正统元年到正统三年期间建成，后来历朝历代又进行了修葺，其中比较大的

德胜门

一次就是在明朝的永乐年间。

在老北京的印象里，德胜门的建造要早于北京城的出现。此话虽未经过考证，但对于德胜门的历史，却给出了很高的评价。据说元朝末年，大将军徐达率领军队攻破了元朝的大都城（即北京），元顺帝急忙从大都城的北门健德门逃走了，元朝也就从此灭亡。随后，洪武元年(1368 年)左右,徐达便把健德门改成了德胜门，也叫“得胜门”，大概就是为了纪念明军取得胜利的意思。到了永乐十八年（1420 年）修建北京城时，就把大都城的城墙向南移动了两公里多，另外修建了城门和瓮城，名字还是叫“德胜门”。据此来看，德胜门的命名确实要早于北京城建城 52 年。

放眼全国来看，“德胜门”这个名字并非只在北京出现过，其实在南昌、沈阳、吉林、合肥、银川等地都曾经出现过德胜门，那时候，德胜门只是古代城门的一个名称。不过随着历史的变迁，现在只有始建于明正统二年（1437 年）、为明清北京城内城九门之一的北京的德胜门的名声最是响亮。

在今天的德胜门城楼展厅里，还保存有两块清代的石碑。这两个碑的作用是什么呢？当时古人在修长城的时候，每修好一段都要刻一块石碑，而后埋在城墙里面也能看到，碑上记录的是对长城修建、修整的记录，包括是哪年哪月修的、哪个皇帝修的、拨了多少钱、修建的监工是谁，等等，这个记录就像是今天的廉政记录一样，用来对工程进行检查，一旦出现“豆腐渣”工程就可追责。德胜门的这两块石碑，和长城的石碑的作用是一样的，就像签下了质保责任书。

其实这种石碑在过去修缮时常见，只不过过去没有今天的技术做保存。今天只剩这两块石碑了，其他石碑可能已经在外城墙遗失了。

到了近代，德胜门箭楼在20世纪80年代进行过大规模的修缮，今天还能保留下如此完整的德胜门箭楼，古建专家郑孝燮功不可没。

北京在80年代建设过程中，需要修建地铁，当时很多城墙都在建设北京地铁的时候拆除了。德胜门在计划中也是要被拆除的，不过因为并不妨碍施工进度，所以就先干着，而后再往上报。当时，在郑孝燮老先生呼吁下，德胜门箭楼被幸运地保留了下来，而且是唯一一个从明代一直保存到现代的。今天在德胜门城楼的展览馆里，还保存着郑孝燮老先生呼吁保留箭楼的信的复印件。

到了80年代，政府拨了60万元修葺德胜门箭楼，这在当时已经是一大笔款项了，也说明了国家对这件事情的重视。

第二节　老北京“内九外七皇城四”

早年间，北京有一个说法叫“内九外七皇城四”，其中“内九”指的就是内城的九个城门，也就是今天地铁2号线沿线各个门。不过，实际地铁2号线上不止九个门，有些是后来增加的，真正的“内九”是指正阳门、崇文门、宣武门、朝阳门、东直门、阜成门、西直门、安定门、德胜门，至于复兴门、和平门、建国门等，实际上在明清时并没有门，后来都是为了老百姓进出城方便开的豁口，几经变化形成今天的名称。

九个城门各司其职，各有各的用途。其中，西直门是运水的水车出入，当时的封建时代，皇帝喝水要从玉泉山专门拉过来，就需要用水车运输；阜成门则是给朝廷运煤的煤车出入的城门；正阳门是皇帝祭祀天地时车辇出入的门；朝阳门负责走粮车；柴车要从东直门进出；酒车是从崇文门进出；刑车是从宣武门出入；安定门是走战车的；只要是出兵打仗想得胜还朝，就一定要走德胜门。据说，当时清朝的兵士们在进德胜门时，还会高唱“得胜歌”，而据传这“得胜歌”就是八角鼓（单弦）的前身。

德胜门的主要功能是“军门”。明清时，皇帝出征打仗一定要从德胜门出征，过去皇帝讲“以德致胜”，意思是要以自己的德行来服天下、治天下，把“德胜”这个词用在“军门”上，其实表现了皇帝骨子里还是不愿意发生战争。此外，就是寓意“旗开得胜”的意思。

另外，明代的皇帝陵墓明十三陵在北京城的北部，皇帝有时候会通过德胜门出发去十三陵祭祀先祖，所以除了出征以外，祭祀也是从德胜门出发。

第三节　独一无二的箭楼

北京内城有九门，这九门都有城楼和箭楼，唯独德胜门的箭楼没有门洞和城门，这种建筑格局是北京独一无二的。北京如今仅存的箭楼有两座，即德胜门箭楼和正阳门箭楼。

自古以来，城门既是城市的象征，又是重要的防御设施。尤其在古时没有远程武器装备，防御作战主要靠弓箭、火炮、石雷等，箭楼的作用就更为重要。

德胜门箭楼建成于明正统四年（1439 年），箭窗是按照全方位防御功能设计的，敌人不论从哪个方向攻城，站在箭楼上的

士兵都能看得到，射箭也能射得到。箭楼的布局科学严谨，完全符合当时的军事防守之需。德胜门的箭楼对研究北京城防设施和城楼建筑有重要的价值。

在城楼和箭楼都完好的时候，城楼和箭楼的两边合围而成一个小空间，便是“瓮城”。今天，我们能看到紧邻二环的德胜门主体建筑只剩箭楼，城楼和城墙早已消失殆尽，城楼和箭楼之间现在有一个叫真武庙的小庙，这个也并不是历史建筑，而是后来在 20 世纪 90 年代复建而成。从现在的情况看，德胜门其实是在城外。

今天我们所说的德胜门，从发展轨迹和历史沿革上看，其实是一组军事防御建筑体系，是由城楼、箭楼、瓮城、护城河等一系列建筑组成的军事防御城堡。现在依旧伫立在二环边的只剩下箭楼，也是今天京城“一对半”城楼里面的重要组成部分。所谓的“一对半”城楼，“一对”指的是正阳门的城楼和箭楼，“半”指的就是德胜门箭楼。而且，只有德胜门箭楼是真正从明代原汁原味遗留至今，因为正阳门的城楼和箭楼清代曾焚毁于八国联军之手，后来又于清末重新翻建。

第四节　德胜门战事

当年，德胜门是出兵征战的指定城门，为的就是讨个好口彩，希望能“得胜”回京。按星宿来讲，北方属玄武，玄武主刀兵，因此出兵打仗一般都是选择从北门出城，因此位于京城北方的城门，就被确定为“德胜门”。

当时，每当遇到战争的时候，就会选择从德胜门出兵，班师回城的时候则选择安定门，分别取“旗开得胜”和“太平安定”之意。明朝永乐皇帝北征、清代康熙皇帝平定噶尔丹叛乱、乾隆皇帝镇压大小和卓叛乱时，都是从德胜门开拔的。

明清两代，德胜门曾正面迎击过来自北方的军事入侵，因此它是北京城最重要的城防阵地之一，这里还曾经发生过著名的“北京保卫战”。

明正统十四年（1449 年）七月，也先率领瓦剌部落兵分四路南下，明英宗朱祁镇在宦官王振策动下轻率地决定亲征。在土木堡（今河北省怀来县东）战斗中，明英宗被俘，明军大败，北京城陷入危急状态。

八月，于谦升为兵部尚书。于谦主张立时备战，保卫北京，并采取四项紧急措施：一是宣布再有主张京都南迁者，按军令斩首；二是诛杀宦官首领王振党羽；三是宣布立英宗的弟弟朱祁钰为皇帝；四是急调直隶、河南、山东等地驻军火速援京。同时，境内居民积极参加内城九门防御工事构筑。

十月，也先率部兵临北京城下，将其大本营设于德胜门外。宦官派将领石亨主张紧闭城门，于谦则披上甲胄驻营于德胜门外，准备决一死战。

当也先调动一万多人进攻德胜门时，遭到了明军的伏击，枪炮齐鸣，乱箭齐发，号称“铁颈元帅”的也先之弟、大将孛罗卯那孩被炮火击毙。于谦亲自督战，杀得敌人溃不成军，四处逃散。百姓见瓦剌兵败，纷纷爬上屋顶，向敌人投掷砖石，呐喊助威。

也先慌忙逃到西直门，又遭到于谦在西直门布置的都督孙镗所率大军的拦截，伤亡一万多人。于谦探知也先将于十月十五日拔营退兵，又连夜命令用大炮轰击敌人，又伤亡数万之敌，成功保卫了北京。

此后，崇祯十七年（1644 年），皇帝朱由检派吏部右侍郎李建泰带兵出安定门，开赴山西去攻打李自成的起义军。军队刚走到涿州便迎头碰上李自成的部队，结果兵士们闻风丧胆，不战自溃。李自成的大军乘胜追击，打下了北京城。朱由检见大势已去，只好在煤山上了吊。可见，虽然名叫德胜门，但实际上只是统治阶级的一个美好的愿望。

第五节　“军门”德胜门

作为京师通往塞北的重要门户，德胜门向来就有“军门”的称谓。

从城门守军的防备角度来看，其实在德胜门到安定门这一条线，从城门、城墙的体量和厚度上来说，都比其他三面的城门要高和宽。这是为什么？这个得从北京的地理位置来看。因为当时外族的侵犯主要是来自北方，所以北边做得比较高，这也正常。

其实城门、城墙这种建筑形式，也不是说因为德胜门是军门才有这种构造，筑城就是为了保护，所以每个城门是一样的，那怎么体现城门的军事防御功能？比如说箭窗，德胜门的箭楼上有 82 个箭窗、箭口，仔细观察箭窗就会发现，箭窗的里外都是厚厚的城墙，每个箭窗的窗户里边是这么厚的墙，窗户外头也是这么厚的墙，而且它还是“八”字形的，这样里面就会有很大的空间，而外面的空间就很小。这种结构是为了士兵

“军门”德胜门

向外射箭、打枪时保护自身。箭窗共4层，从地面到窗顶共31.9米，城墙外侧还有一圈豁口类的雉堞，也是为了方便士兵藏身、架箭。从这些细节上都能看到城墙守卫的功能性。

此外，人工挖掘的护城河、闸楼，都是为了守卫。闸楼的作用是什么呢？除了正阳门的箭楼为了供皇帝去天坛、先农坛祭祀留有城门洞外，其余城门的箭楼是没有城门洞的，进城要先过护城河，而后绕到闸楼处，才能进城。所以很多人来到箭楼处都很纳闷，感觉没有门洞如何能上去。今天的台阶在过去也是不存在的，因为普通的老百姓是上不到箭楼上的，城楼和箭楼之间是很高的平台，士兵通过城楼里面的马道上去。

原来在城楼箭楼之间还建有小房子，用来存放武器。还有旗杆石其实在军事上也是有作用的，过去的通讯没有现在这么方便，如果德胜门这边出现问题了，守城的军士得报告、提醒，他们就通过更换旗帜的方式来进行预警和信息传递。比如说发现敌情是红颜色的旗，而后安定门的驻军就能看见，然后这样一站一站往下传递，马上全城就都知道了。所以德胜门建筑的格局和细节，都充分体现了城门、城墙的防御性、功能性。

当时在外面很远的地方，传递信息使用的是烽火台，到了内城使用的就是旗帜，驻军、武器都是常备在每一个城门的。旧的城墙也有很强的军事功能，当时的城墙又高又直，每个城墙隔一段还会有一个凸起的设计叫“墩台”。假如敌军来袭，已经跨过了护城河，即使不攻击城门，也可以直接搭梯子攻上城门。为了防止这种情况发生，在城墙上每一个凸起的雉堞位置都有士兵在守卫，士兵可以攻击梯子上的敌军。普通人可能觉得这个凸起没什么作用，但是毕竟城墙很长，各种防御的措施都要想到。从德胜门的建筑上来看，有很多这种防御思想得到体现，充满了智慧。

有观点认为，虽然说城门、城墙体现防御功能，但北京城到底还是被李自成攻破过。其实，北京城的城门、城墙从来没有被人攻破。李自成攻进北京，是由于内外勾结，并没有正面攻进来过，这也说明了德胜门城墙的坚固，是当之无愧的固若金汤。

清朝时，朝廷在德胜门部署了重兵，并派章京二员、骁骑校四员、马军二百名，由正黄旗管辖。虽然当时北京内城设有朝阳门、东直门等多个城门，但唯独只有正阳门的箭楼上开设了门洞，其他城门的箭楼，包括德胜门在内，都不开设门洞。

第六节　德胜祈雪

德胜门原有四处著名景观，分别是金井、御碑、德胜亭和德胜石碣祈雪碑。

金井的井口是汉白玉的。

御碑在德胜门瓮城内迤西的一座黄色琉璃瓦碑亭中。亭中碑上有清乾隆帝御书碑文：

> 绿柳荫中界道宽，
> 西山新翠叠云峦。
> 频年警跸经过处，
> 一雨郊衢顿改观。

德胜亭是为表彰出征新疆立了战功的白将军而盖的。民国年间，修建环城铁道时已将此碑迁至南京。

德胜石碣祈雪碑立于当时的德胜门瓮城之中。

据说，清乾隆四十三年（1778 年）北方大旱，饥民扶老携幼迁

祈雪碑亭介绍

徒逃亡，皇帝忧心忡忡，祈祷不止。年末，乾隆皇帝北行，当銮驾行至德胜门时，纷纷扬扬的大雪突降京城，皑皑一片覆盖了道路。真是瑞雪兆丰年，乾隆皇帝大悦，遂命銮驾停在德胜门，当即御书祈雪诗三首，并通谕刻石立之，以谢天公。这块石碑有黄顶碑楼，它的高大让其他各门的石刻都无法相比，因此被人们称为“德胜祈雪”。

《北京的城墙与城门》这样评述“德胜祈雪”碑亭：德胜门瓮城内的珍品，当为立于铁道中间的一座碑亭。亭中矗立一座高大石碑，镌有乾隆八十二岁时（1797 年）的御制诗。这位当时的太上皇曾提到德胜门的名称，在“德胜”二字上抒发了一番豪情。

德胜门瓮城内的照片中有矮矮的花墙，浓密的椿树，错落有致的梯子墙，高大的“德胜祈雪”碑亭，火车道上的闭启栏杆，仿佛又让人看到了德胜门过去的时光。

“德胜祈雪”碑亭在民国后期扩建德胜门火车客运候车室时，与瓮城城墙一道被拆除。

在德胜门东边的城墙上，还放着一尊大炮。这尊炮并不是用来打仗的，而是用作报时的信号。当时每日午时，德胜门和宣武门会同时响起一声火炮，城内的老百姓听炮声就能知道时辰。

第三章　胡同典故（一）

第一节　安康胡同
昔日祈愿真武神，今朝安康科技园

安康胡同位于德胜门城楼的西北处，处于德外地区的西南部位置。胡同东起敞风胡同，西端又向南折，通往冰窖口胡同，呈现出“厂”字形走向。

安康胡同全长 476 米，宽约 6 米。这一地区原来不叫安康胡同，而是在该地有真武庙的基础上，被泛称为“真武庙”。今天被称为“安康胡同”，则是因为 1965 年，胡同辖区内建起了治疗精神疾病的安定医院，遂取“安宁健康”之义，改称为“安康胡同”。今天的安康胡同辖区，包括了后来并入的费家胡同，现在属于德胜科技园的规划区。

1. 真武庙变身古钱币博物馆

今天的北京城里，虽然繁华建筑鳞次栉比，但有历史感的庙宇也不在少数，诸如鸟巢附近的北顶娘娘庙、什刹海的火神庙等。当时内城九门的瓮城里，基本都建有庙宇。但和绝大部分瓮城建设的都是关帝庙不同，位于京城北面的德胜门和安定门，瓮城里修建的却是真武庙。

上古时代，古人把天分为东西南北四宫，分别以青龙、白虎、朱雀、玄武为名。真武即玄武，是北方之神，是一种龟形的神像具化。真武的崇拜于宋元时兴起，明代达到极盛，这一过程和明成祖朱棣紧密相关。明成祖朱棣通过“靖难之役”夺取皇位，传说在他夺取政权的过程中，真武大帝曾多次显灵相助，因此朱棣登基后即下诏特封真武为“北极镇天真武玄天上帝”，并大规模修建武当山宫观庙堂，建成八宫二观、三十六庵堂、七十二岩庙、三十九桥、十二亭的庞大道教建筑群，使武当山成为举世闻名的道教圣地，同时在天柱峰顶修建“金殿”，供奉着真武大帝神像。

登基后的朱棣，最大的心病就是政权的合法性与稳定性。而通过北方之神真武大帝之名，来教化民众，帮助其实现名正言顺的统治和长治久安是不错的选择，于是在负责北京城北部防御的德胜门、

北京古钱币博物馆

安定门修建真武庙便顺理成章。

德胜门的真武庙位于瓮城北部，就在德胜门箭楼之下，修建于明朝的万历年间。这座真武庙坐北朝南，分东、中、西三路，布局紧凑，因地制宜：山门居于真武庙当中，东、西开有旁门，山门外还有一座雕花影壁。在中路院内，钟鼓楼分立左右两侧，三间正殿前出，两侧均有配殿，东、西两侧各有三间殿宇。

今天的真武庙并非原建筑，而是在1953年被拆除后，又于1992年复建而成。眼下，真武庙的香火功能逐渐淡化，而是成为展示古代钱币历史文化知识的北京古钱币博物馆。

2. **真武传说**

犹如对其他神祇的称呼一样，真武大帝在中国古代有多种称呼：玄天上帝、玄武大帝、佑圣真君玄天上帝、荡魔天尊、玉虚师相、九天降魔祖师、无量祖师、真武荡魔大帝……每一种其实都代表了人民美好的向往和祈愿。作为传说中的北方之神，现湖北武当山供奉的主神即为真武大帝，道经亦将其称为“镇天真武灵应佑圣帝君”，简称“真武帝君”。

真武大帝画像

《太上说玄天大圣真武本传神咒妙经》记载：真武大帝是太上老君第八十二化身，托生于大罗境上无欲天宫，净乐国王善胜皇后之子。皇后梦而吞日，觉而怀孕，经一十四月及四百余辰，降诞于王宫净乐宫。后既长成，遂舍家辞父母，入武当山修道，历四十二年功成果满，白日升天。玉皇有诏，封为太玄，镇于北方。

“玄武”一词，原是二十八宿中北方七宿的总称。屈原《远游》篇有句称“召玄武而奔属”。玄武七宿之形如龟蛇，故注称“玄武谓龟蛇，位在北方，故曰玄，身有鳞甲，故曰武”。

明朝时，出于加封号的政治需要，明成祖朱棣被民间传说塑造成盘古之子，生有炎黄二帝，曾降世为伏羲，为龙身。这也和民间传说中的真武大帝威武的形象不谋而合：身长百尺，头发披散，金锁甲胄，脚踏五色灵龟，右手按剑而立，眼如电光，身边有护卫者龟、蛇二将，以及负责记录三界功过善恶的金童玉女。

由于明成祖朱棣自号是真武大帝降世，于是在其治下御用的监、局、司、厂、库中，都建有真武庙，供奉着真武大帝之像。此外，在这些重要的部门供奉真武大帝，还寄托着美好的祝愿。《佑圣咒》称，真武大帝是“太阴化生，水位之精。虚危上应，龟蛇合形。周行六合，威慑万灵”。因此，真武大帝属水，能治水降火，解除水火之患，修建真武庙也就是祈愿免除水火之灾。

在民间，关于原本名为“玄武”的方位神兽，为何最后被更名为“真武”，也是众说纷纭、莫衷一是。大致有两种说法：一种是为避宋真宗的讳（宋真宗曾名玄休、玄侃），这种说法的依据是《集说诠真》等书；另一种说法是为避赵宋“圣祖”赵玄朗的讳，依据来自《朱子语类》。

自从改为真武后，玄武的名称逐渐少有提及。宋太祖时，已经有了真武、天蓬等四圣为天上大将的说法。宋高承《事物纪原》中记载了宋真宗天禧元年（1017 年），“营中有卒见龟蛇者，军士因建真武堂。二年闰四月，泉涌堂侧，汲不竭，民疾疫者，饮之多愈”。宋真宗闻言，下诏建观，赐名“祥源”，于是人格化的真武由此诞生了。据后来的《夷坚志》《云麓漫钞》等书记载，真武的形象多是

“道服羽梳，被（披）发仗剑（故称披发祖师）”，勇猛高大。

3. **德胜门瓮城逸事**

瑞典学者喜仁龙所著的《北京的城墙与城门》一书记载了一些逸事。

喜仁龙进了德胜门瓮城西边新扒开的城门豁子，瓮城里的景象更引人注目，部分瓮城城墙被由此穿过的铁路所毁，铁路两侧有藩篱和低矮砖墙，其情景和安定门瓮城一样，但德胜门相比于其他残缺不全的瓮城，保留了更多的古老特色。主要原因是德胜门两侧的残垣较长，并且铁路蔽墙是沿对角线伸向瓮城残垣的阶梯式端部，在残垣端部与铁道蔽墙之间的通道刚刚能使道路通过，这条路于是未穿过箭楼城台，而是分为两岔，绕过瓮城和城楼，于北面桥上相会。

在瑞典人喜仁龙的眼里，德胜门瓮城之后仍是一个荒凉、封闭的场地，未施以任何新式改建。这里有一座庙院，保存相当完好，这就是真武庙。寺前的椿树俊秀挺拔，整个环境十分迷人。树丛灌木掩映着“之”字形台阶和瓮城残垣的雉堞，吸引了许多食品小贩、赶驴人和剃头匠及形形色色的顾客。德胜门瓮城景致秀丽、恬静宜人，是其他瓮城所不能及的。这里的真武庙比多数城门庙宇都大，庙内于正门两侧各有钟、鼓楼一座，还有几间亭阁和道士的住房。但是，喜仁龙怀疑这座寺庙是否实用于宗教目的，因为喜仁龙最后一次参观此庙时，看见一两间别致的小屋堆满了正在分拣的棉花，部分土地还种有白菜和土豆。

其实，出现在德胜门瓮城祈雪碑亭照片上的花墙，并非是围着瓮城城墙转了一圈。照片右边的花墙向东北方向延伸后，与火车站东货场的北房连在了一起，这段花墙实际上是火车站东货场的围墙。

火车站东货场北房的后面，就是德胜门外到安定门外护城河南岸的土马路。照片右侧的花墙向西北方向延伸后，与火车站西货场的铁丝网相连，旁边的土马路西通松林闸、大仙爷庙、铁棂闸、新街口豁口。这两段花墙一直留存至“文革”初期。20 世纪 50 年代中期，5 路公共汽车就在瓮城圈里掉头，这里也是 5 路公共汽车的始发站。

作为军门，德胜门有很多守备器械种类，故城内外兵械商人云集。今德胜门外冰窖口胡同内有一弓箭胡同，即昔日兵器行会中的弓箭会馆。20 世纪 60 年代会馆建筑仍存，馆匾下面的门洞已被砌死，成为民宅。

城墙西侧二道垛口处，有一座在 20 世纪 40 年代名盛京城的小庙，内供奉“大仙爷”。北平沦陷时期，一年四季进香者甚多。每年四月，京西妙峰山娘娘庙进香，“大仙爷”前的松林闸为中北道头道茶棚，活动谓之“走会”。

4. 安定医院

今天的安康胡同，最为出名的一点，应当是其名称的来源，因为这里有著名的治疗精神类疾病的安定医院，而人尽皆知。

安定医院是首都医科大学的附属医院，创建于 1914 年，是全国最早的公立精神专科医院，是北京市医管局直属的三级甲等专科医院，承担着医疗、教学、科研、预防、社会服务和对外交流等任务。医院占地面

安定医院

积近 2.6 万平方米，总建筑面积近 3 万平方米。

“生物—心理—社会”的医学模式，长期以来一直是安定医院专业建设指导方针。在医疗系统内，安定医院率先建立了五支队伍，分别是：精神科医师、护士、临床心理治疗师、社会工作者和工娱治疗师。除此之外，安定医院在药物治疗的基础上，预防精神障碍复发和提高患者社会功能的工娱治疗、森田治疗项目等康复治疗系列技术还相继被开发了出来。这样的医疗手段，不但奠定了安定医院在精神康复领域的特色和专业优势，也为患者保存、恢复社会功能及全面康复提供了良好条件。

除了五支队伍外，安定医院在先后开设睡眠门诊、记忆门诊等专病门诊的同时，还相继成立了五支专家队，分别是：王刚教授情感障碍、马辛教授老年精神障碍、李占江教授心身疾病、郑毅教授儿童精神障碍和王传跃教授精神分裂症专家队。这样的配置，优化了医疗资源配置，有效引导了患者分级诊疗，使疑难患者可以看上“大专家”。此外，医院还设有 24 小时急诊服务，并设有心理测查、电子计算机 X 射线断层扫描（CT）、磁共振（MR）检查、电生理、脑电图、血药浓度、生物反馈、神经调控等检测和治疗项目。

作为著名的治疗精神类疾病的医院，安定医院的医疗任务面向全国，尤其是根据它的特长和优势，特别针对急、重性精神障碍的门诊及住院医疗、疑难精神障碍的会诊医疗、与综合医院的联络会诊，以及职业人群的心理压力管理、突发灾难事件的心理危机干预、社会大众的心理健康服务等方面。

除普通精神科门诊外，根据不同人群需求，安定医院还开设了心理咨询与治疗、中医、中西医结合、老年精神科、儿童精神科等特色门诊。2006 年 1 月，全国首家抑郁症治疗中心在安定医院成立，针对抑郁症和双相情感障碍，推出了全病程量化治疗，这是基于计算机网络技术的全新治疗模式，实现了对患者全病程、多手段及远程的综合治疗，为患者带来了方便、快捷的持续治疗；2008 年 7 月，开设了焦虑障碍门诊，在就诊流程上，实现了心理疾病患者与重性精神疾病患者就诊通道分开，让心理疾病患者的就诊压力与病耻感大为减轻。

除了承担精神卫生医疗服务外，一支心理危机干预专业队伍在安定医院组建并打造出来，同时作为北京市心理救援队长单位，担负着北京市乃至全国突发事件的心理危机干预等任务。在全国重大事件中，安定医院的身影多次出现在现场，及时提供了专业的心理危机干预：胶济铁路列车脱轨事件、抗击“非典”、“5・12”汶川地震、北京密云水库坠机事件、北京“7・21”暴雨、雅安地震、昆明暴恐事件、云南鲁甸地震、新疆暴恐事件、湖北沉船、天津港爆炸、松原天然气爆炸、九寨沟地震等突发事件。近年来，为提升当地群众精神健康水平和精神卫生水平，安定医院还开展了对新疆、青海等地区医疗机构的精神卫生对口支援工作，为当地的医疗卫生建设事业做出了贡献。

作为北京市精神卫生保健所，安定医院还开展了精神疾病预防与控制的大量工作，参与制定了北京市精神卫生工作发展规划和北京市精神卫生相关法规、条例和政策；指导 16 个区精神卫生保健和社区精神卫生工作，并进行质量监控和人员培训等。

其实，一家知名医院，除了针对患者的疾病进行有针对性的康复治疗外，提升民众的医疗、卫生意识，也是一项重要的为民举措。安定医院多年坚持举办健康大课堂，向数万名百姓宣传精神卫生与心理健康知识，承担了医疗单位对民众的健康教育和社会科普工作；同时，安定医院还精心打造了“心身健康进万家”的精品项目，把心理咨询和讲座送进了企事业单位、社会机构、各大中小学校中。

连续多年荣获市、区健康教育先进集体和优秀健康促进医院；2013年获批北京市健康促进示范基地；2014年获批北京市科普基地；2015年获批全国科普教育基地，拥有两位“全国科普专家”。

2000年，安定医院成为首都医科大学精神卫生学院，也是全国第一所精神卫生学院。在专业的教育系统里，不但是首批精神病学硕士学位的授权点，在硕士层次精神病与精神卫生学和应用心理学对外招生，而且拥有精神病学和应用心理学两个研究生培养与学位的授权点，更为重要的是，搭建起了一套“院校教育—毕业后医学教育—继续医学教育”的完整医学教育体系。

在医院的建设过程中，安定医院不断进步，在全面发展的同时也获得了众多荣誉：1978年成立了卫生部精神科主治医师培训基地；1980年建立了精神病学教研室；1984年制作的教学片《常见精神症状》上下集，获第一届北京科技声像“银河奖”；1999年开始住院医师规范化培训，成为国内最早开始专科规范化培训的基地之一；2007年成为首都医科大学精神病学系和临床心理学系；2008年精神病与精神卫生学被评为北京市重点学科，临床心理学被评为北京市重点建设学科；2011年获评卫生部临床重点专科；2012年获批精神疾病诊断与治疗北京市重点实验室、国家中医药管理局“十二五”中医神志病重点学科和北京市中西医结合精神卫生研究所、脑重大疾病研究院抑郁症研究所和精神分裂症研究所；2013年《精神病学客观化考试题库建设及应用研究》荣获“北京市高等教育教学成果奖”；2014年获批成为国家精神心理疾病临床医学研究中心、北京地区精神科住培结业考核基地，同时承担全国精神科住培基地“区域联考”模式推广任务。

此外，在“科教兴院”方针指引下，“十一五”“十二五”“十三五”期间，安定医院持续加强医院学科建设，注重人才的培养与引进，目前已形成了“六大优势学科、六大重点学科、七大技术平台”的学科梯队。其中，“六大优势学科”为：心境障碍、精神分裂症、临床心理学、儿童精神病学、中西医结合精神病学、老年精神病学；“六大重点学科”为：急诊精神病学、精神病护理学、社会精神病学、成瘾精神病学、康复精神病学、精神卫生管理学；“七大技术平台”为：分子生物学实验室、精神药理实验室、电生理实验室、神经调控实验室、动物行为实验室、精神疾病资源库、影像数据分析实验室。

与此同时，安定医院还获批北京市中西医结合精神卫生研究所，精神病学获批卫生部国家临床重点专科，中医学结合精神病学、神志病获批中医局临床重点专科，并在 2012 年获批精神疾病诊断与治疗北京市重点实验室，于 2014 年获批精神与心理疾病国家临床医学研究中心。

作为有着百年深厚文化底蕴，拥有“和谐、奉献、严谨、创新”的光荣传统的安定医院，取得了众多荣誉：多项科技和教学成果荣获国家和北京市级奖项，其中国家科学技术进步奖 1 项，北京市科学技术奖一等奖 1 项，北京市科学技术奖三等奖 2 项，中华预防医学会三等奖 1 项，北京医学科学进步奖二等奖 2 项，北京市教育教学成果奖 2 项。并荣获北京市科委惠民型科技成果奖、创新型科技成果奖和优秀组织管理团队等称号，获批北京市领军人才、学科骨干、学科新星，北京市医院管理局“登峰人才”“青苗人才”，北京市“十百千”等人才建设项目。

5. 德胜科技园

德胜科技园是中关村科技园区的重要组成部分，于 2001 年 6 月经国家科技部批准成立，2002 年 5 月 24 日正式开园，完全享受中关村科技园区的土地、税收等各项优惠政策。

东区位于德胜门外大街以西、新外大街以东，北二环与北三环之间，面积约 1.5 平方公里；西区在西直门外大街以北，东起西直门北大街，西至三里河路，与海淀区相邻，面积约 1.4 平方公里。2002 年以来，德胜科技园内的德胜国际中心、德胜尚城、德胜凯旋广场、南宁大厦、德胜大厦等逐渐成为知名地标性建筑。

地处中心城区黄金地带、中关村科技园区的东南门户，从地理位置上看，德胜科技园的资源优势明显。东区新建的德外大街快速路贯通二环、三环路，和京昌高速公路相连，可以直达中关村科技园区和昌平科技园。西区的西外大街是新扩建的城市交通主干道，动物园交通枢纽是北京市内最大的公共汽车枢纽站，建成后始发线路预计 12—15 条，设计日运载量为 26 万人次；西直门建设的以城铁、地铁、国铁、公交为集合的西直门交通枢纽更具特色，设计日运载量为 30 万人次，从该站出发的城铁，可直达中关村核心区的上地信息产业基地，很方便地到达永丰产业基地、国家软件园、生命科学园、生物医药园、建材科学城等几个主要专业园区，优越的地理位置和便利的交通使德胜科技园孕育着无限商机。

同时，作为中央办公区，西城区还聚集了中央 50 多个党政机关，中国人民银行、中国证券监督管理委员会、中国保险监督委员会等在国民经济中具有举足轻重作用的金融管理机构也位于其辖区内，也为德胜科技园构建了良好的社会氛围。除此之外，西城区由于具有优良的创业环境和发展条件，因此其商业繁荣、金融业活跃、信息资源丰富、基础教育先进、房地产业强劲、文化旅游兴旺、科技信息咨询业发达、基础设施完善等条件，都为德胜科技园的发展创造了条件。

放眼德胜科技园园区及周边，中国航空规划设计院、北京煤炭设计院、中国有色金属研究院、北京工业卫生研究所、北京自动化研究所、华北电力院等国家级科研设计单位比邻而居，他们雄厚的技术转化潜力和产、学、研结合的潜力，也为科技企业的发展提供了良好的创业环境。

在良好的高科技发展的条件下，德胜科技园区还有浓厚的历史文化氛围：德胜门箭楼、北海、什刹海、历代帝王庙等一大批历史文化古迹，映托出西城区深厚的文化底蕴；北京动物园、双秀公园、人定湖公园、北京海洋馆展示出浓郁的人文环境；北京著名的四中、八中等中学享誉海内外，教育环境得天独厚……这些条件，都为德胜科技园入驻企业提供了良好的发展氛围。

此外，德胜科技园是西城区重点建设开发的功能街区之一。“以诚信立园，靠创新兴园”是德胜科技园的建园宗旨；“盘活存量，用好增量，控制住宅，滚动推进”则是德胜科技园的总体发展方针。

在总体功能定位上，德胜科技园是“创建特色鲜明的高品位、开放型精品园区”，这主要包括多个方面：一是国内外知名高科技企业和上市公司的办公、研发和经营总部密集区；二是高新技术与产品专业展示和营销集散地；三是高质量的科技创新与产业发展中介服务市场；四是高新技术中小企业的创业孵化基地。孕育着众多产业发展，包括以普天为代表的电子信息业，以三级甲等医院为代表的生物科技，以有研院为代表的新材料业以及以北展、西外五大科普基地为代表的科技旅游和会展业，此外依据西城智力资源的优势开展的中介服务业。

在实际发展中，德胜科技园除了完全享受中关村的各项优惠政策外，在西城区政府的重视下，其投资和发展环境也不断得到改善。2002 年 4 月，西城区政府重新修订了《西城区人民政府关于落实中关村科技园区政策促进德胜科技园高新技术产业发展的若干规定》，其中包括《促进德胜科技园高新技术产业发展的奖励实施办法》《优先解决高科技人才子女入学问题的实施办法》《博士后专业技术和管理人员享受财政补贴实施办法》《全方位人事代理的实施办法》等政策，为入区科技企业在创业、发展和人文环境等方面提供了政策保障。

开园以来，德胜科技园的“朋友圈”不断扩大，中国工程院、央视市场研究公司、央视索福瑞媒介研究公司、中国数据广播网络公司等一大批重点单位和高技术公司相继落户德胜科技园并得到良好发展。除此之外，德胜科技园还完成了多家孵化器的建设，孵化面积不断扩大，多家孵化器企业通过良好发展，相继通过了北京市的认定。此外，德胜科技园还建立了留学人员创业中心，成为欧美同学会首批报国计划实验基地之一。而在中介服务方面，德胜科技园不断拓展融资服务、办公秘书等服务，同时对高新技术企业进行管理培训，为高新技术企业的交流搭建良好的平台。

第二节　冰窖口胡同
玉泉甘水源流下，皇家冰窖凿冰储

冰窖口胡同位于西城区东北部，东西走向，东起德胜门外大街，西至新街口外大街，全长 867 米，均宽 7.5 米，因这里有原清代内宫监冰窖，于是得名“冰窖口胡同”。胡同西端原来到今天安康胡同稍西的地方，1949 年后延伸至新街口外大街并将皇姑坟部分并入。

1. 典籍中的冰窖

凿冰窖储，古已有之。《诗经・七月》中便有“凿冰冲冲”的记载。延至清末民初，北京有三大冰窖：一是北海东夹道陡山门，

冰窖口胡同

二是什刹海东南；三是德胜门外窖口。德胜门外窖口所在的胡同，清时称冰窖口，1965年定为冰窖口胡同。

大清《会典》在“工部都水清吏司藏冰”条目中记载：“凡纳冰，紫禁城内窖五，藏冰二万五千块；景山西门外窖六，藏冰五万四千块；德胜门外窖三，藏冰四万块；正阳门外土窖二，藏冰六万块，以供公廨……设暑汤之用。”《会典》此处所提之冰窖，正是北京城最著名的几大官冰窖：景山西门的冰窖，即现在北海公园东门外雪池胡同的雪池冰窖，所藏冰块采自太液池；德胜门外冰窖，是位于德胜门西河沿北面冰窖口胡同的冰窖，冰块取自护城河；正阳门外的土窖，则是冰窖厂小学的冰窖，所藏冰块取自金鱼池。

清代戴璐的笔记著作《藤阴杂记》记载：“雪池，康熙中赐蔡升元，内府司员，冰雪施工，如期告竣……”雪池，典出“雪窖冰天”，是冰窖的雅称，为地下建筑，地面上只露出1米来高的四壁。当时六座冰窖大约能盛15000立方米冰。潘荣陛著《帝京岁时纪胜》

载："腊八日御河起冰贮窖，通河运冰贮内窖，太液池起冰贮雪池冰窖……"

一直到20世纪60年代初，冰窖口胡同的冰厂还在使用，每当寒风凛冽的隆冬时节，冰厂工人就开始到积水潭或太平湖取冰，用专用工具将冻得厚实的冰面切割成一米见方的冰块，用溜槽将冰块提到岸边运至冰厂，再用溜槽将冰块放至储冰坑中码放好，每块冰之间都铺有稻草相隔，随后再用保温之物如稻草等将全部的冰块厚厚盖好，等至气候炎热之时，将存冰取出向市场供应。相同的取冰方式，在京城各水域也很多。后来，随着人造冰的大量使用，数百年历史的冰窖口胡同冰厂逐渐消失，只留下储冰的大坑被改造成今天的青年湖。

在老北京城里，有很多条胡同街巷都曾以"冰窖"命名。老北京熟知的有冰窖斜街、冰窖厂胡同和德胜门外的冰窖口胡同。其实除此之外，含有"冰窖"二字的胡同还有一定的数量，不过当时为了避免重名，在1965年的地名改革中，改为了别的名字。比如今天位于阜成门北顺街东侧、平安里西大街南侧的冰洁胡同，今天位于白米斜街和前海南沿之间的白米北巷，以前都曾被叫作"冰窖胡同"；而今天位于东直门外斜街西北面的西香河园，当年的名字也叫作"冰窖口"。

每到夏天，爱吃冷食的老北京人的食谱总是琳琅满目，冰镇的西瓜、银耳莲子羹、酸梅汤等，皆取冰块于冰窖。老北京的冰窖分为官办、民办两种，两者加起来有数十座之多。官办冰窖，又分两类：一类是直接为皇宫服务的御用冰窖，一类是为官衙或王府服务的吏用冰窖。

冰窖造型基本相同，采用埋入地下1.5米的半地下形式，长约11.03米，宽6.36米，容积为330多立方米。德胜门外冰窖便是明

玉泉甘水源流下

清两代的大型官窖之一。

乾隆版《会典》记载：“德胜门外窖三，藏冰三万六千七百块，以供各坛庙祭祀及内廷之用。德胜门外土窖二，藏冰四万块。”德外冰窖的历史也要追溯到明代，到清代乾隆年扩建到砖窖三座、土窖二座，可储冰七万余。当年将官窖设置在德外的主要原因，是这里有大片可供伐冰的水面，来自玉泉山的高梁河河水注入这些水面，水质很好。今天的太平湖地铁车辆段，当年是原积水潭水面的一部分，新中国成立后被扩建为太平湖公园，新中国成立后德外冰窖的冰也采自太平湖。每到夏天，德外冰窖口胡同拉冰的汽车、三轮车往来穿梭。后来，这里还建设了人造冰车间。

德胜门外冰窖口胡同过去曾因有冰窖而得名。因为城市改建，这里已经没有了冰窖，胡同变成了街道，但是名字依然保留了下来。今天，这里被扩建为一条宽阔的大街，仍叫“冰窖口胡同”。德外冰窖原址，已经在20世纪70年代修建地铁2号线时同太平湖一起被填埋。

2. 冰窖由来

清前因居士《日下新讴》诗云：“官窖窨藏隔岁冰，开颁当暑伏三庚。红尘赤日东华道，动担论车运水精。”

据经营过三十多年冰窖业、曾任北京冰窖业同业公会筹委会主任的张玉麟所撰《天然冰窨沿革资料》文中记载：德胜门外关厢曾建有官窨八座，据说建于明万历年间。

“窨址北首筑有窨神殿一间，殿内供奉着站立的窨神，塑形颇似‘醉济颠’（注：济颠即济公）。当时建筑业、冰窨、砖窨、煤窑、杠房、轿子铺等行业均供奉此神像，象征着穷人的管主，这所窨神殿到光绪庚子年间拆除。”又据张玉麟所撰《天然冰窨简述》一文云，这座窨神殿是冰窨工为反抗窨主压迫而建的，所奉窨神“象征着穷人的领主，神像活灵活现，孕育着不畏暴力、勇于反抗和斗争的神情”。管主、领主即管事的、领头的称谓。从张玉麟的描述看，《日下新讴》所说的官窨所祭之神，大概就是这个窨神。

济颠即济公，本名道济，南宋僧人，因其举止如狂，不受戒律拘束，故人称“济颠”。《济公传》为清人郭小亭所著，写济公扶危济困、嘲弄官府的故事，冰窨业所奉窨神有可能就是济公。原因有二：一是窨神像颇似醉济颠，其形象肯定是一和尚模样，而和尚中济公的形象特征很明显，具有很高的辨识度；二是窨神殿是冰窨工为反抗窨主压迫而建立的，济公有反抗暴力的象征意义，故被奉为“象征着穷人的管主”的神。

德胜门的冰窨口胡同，就是明万历年间兴建的皇家冰窨所在地。选址位于护城河北岸关厢西侧，有占地数百亩的天然冰窨八座，窨底系石帮石底并以木打桩，上层围砌城砖，窨顶嵌盖黄琉璃瓦，窨内无柱，呈拱形结构，坚实而美观，宽敞而洁净，近似地下宫殿，古代建筑构思之奇巧，至今令人叹服。

北京的冰窨由来已久，于明朝万历年间最早出现，到了清代形成发达的体系。这种跨越季节的享受，也成为统治阶级享有特权的一种表现。一直到光绪末年出现私人冰窨后，平民百姓才有资格享用天然冰，从而感受到在炎炎夏日里的清凉。

3. 官窖、府窖和民窖

官窖，顾名思义，是官方建立和管理的冰窖，主要的职责是在夏季向宫廷、衙署、祭祀坛庙和一些达官贵人提供藏冰服务。清军入主中原后，朝廷除沿用德胜门冰窖外，还在海淀和前门外东珠市口迤北（现仍沿旧称为冰窖厂胡同）新开了两座官窖。每年盛夏时节，慈禧太后到颐和园，便由海淀提供冰。前门外的冰窖，主要功能是冷藏名贵果品和猪羊供品，以供在天坛祭祀的时候使用。

官窖的制度极其严格，所有招用的技工及壮工都要经过审核，合格者的姓名、住址要登记在花名册上，而后凭借发放的腰牌才能进窖劳动。窖门前设辖客木四根，黑红军棍两根竖立于虎头告牌，上面写着触犯者轻则体罚，重则法办。

府窖则是官方运营，专供王府用冰的冰窖，但是并不是所有的王府都能享受到这样的待遇，北京城过去有 40 多处王府，但清王朝有府窖的只有 6 处：肃王府府窖在前门外打磨厂深沟北、护城河南岸；豫王府府窖在崇文门外东护城河南岸；庆王府府窖在宣武门外西护城河南岸；浚王府府窖在东直门外北护城河东岸；恭王府府窖在什刹海前海南沿；礼王府府窖在阜成门外北护城河西岸的驴市口（今北礼士路）。过去具备享受用冰待遇的条件严格，必须是立过很大军功或祖上立过很大军功的“铁帽子王”，并经皇帝批准后，方可设府窖。

早先是不允许开办民营冰窖的，直到清末才放开。光绪二十七年（1901 年），清政府与英、美等 11 国签订了《辛丑条约》后，国库越发空虚，难以支付官窖、府窖所需之经费，遂允许民间经营冰窖。辛亥革命后，民营冰窖空前发展。最早是一位叫方柏根的人，看准设窖储冰有利可图，便在永定门外西护城河南岸买了六亩地，建房挖窖，准备经营冰窖的业务。他请求主管衙门批准开业，但被驳回。后来他找到肃王府总管风千祥，请其帮忙将自己的冰窖用府窖的名义“挂靠”在肃王府，以便能获准开办。风总管说：“用王府的名义开办可以，但你买的地及建的冰窖等要归王府所有，由你承包，每年交纳租金。所储的冰除无偿满足王府使用外，还要交白银一千两。”当时民营冰窖无先例，若能办成此事，利润会很大。方柏根经过盘算，答应了全部条件。从此，北京方有了官办私营的窖。

4. 涮河、打冰、窖冰

当时，“打冰”的每一项工作、每一个步骤，都有一定的规定。根据时令节气，每年伐冰、储冰都要在冬至节气以后进行。到了立冬的时候，工部就会通知步军的统领衙门，先在确定了采冰河段的下游闸口墩放上 13 块闸板，把水蓄起来。而后，会派遣兵丁划着小船，下到河中把杂草、污物等清除一遍。接下来，就要把下游闸口的三块闸板提起来，把脏水放走，等到水平以后，再把闸板放下来把水蓄上。这是整个“打冰”工作的前期准备工作，被形象地称为“涮河”。

河水经过“涮”后，一般等冬至后再过半个月，天气也寒冷起来，河面就会完全被冻住，这时候就可以开始伐冰的工作了。伐冰又被称为“打冰”，每年打冰次数根据天气来确定，所以并不是固定不变的，一般打第一茬冰是在冰冻后即可以开始。第一茬冰打完后，会把上游的闸门提起来，把上游的水放下来，等水面复原后再次结冰，这时就可以打第二茬冰了。此后，第三茬、第四茬都依次开展。不过，是否能够打第五茬冰，就要看老天爷的脸色和河水清洁的程度了。这是因为在放第五茬水时，由于此前已经打了四茬，河水减少，上游的污泥也会从水底泛起，会随着水流来到下游，水质情况就会变差。而且，一般到这个时候，天气也已经逐渐开始转暖，不具备再继续打冰的条件了。因此，第五茬冰基本就是可遇不可求的了。从各茬打的冰的质量来看，第一茬冰是最坚固厚实的，第二茬、第三茬的特点是比较干净，等到第四茬的时候冰就会薄很多，非常容易融化，存放的时间不长久。

按编制，每处官、府窖都有当差及雇工等20余人，是“铁饭碗”，但多人浮于事。有民窖后，同样规模的冰窖，民窖用人仅为官窖的一半左右。无论是官、府窖，还是民窖，打冰工作都由长工、短工搭配进行。长工为技术工人，是正式工，短工是临时工，充当劳力，有季节性。到“打冰”期间，工人们每天四更起来吃饭，五更即点灯下河打冰，日出后即收工，因为太阳晒过的冰不耐存放。

从窖冰的步骤来看，主要分成冰上工作与窖内工作两大部分。其中，冰上工作的内容包括打冰与运冰。那时候，打冰和运冰技术性不强，主要就是出力气，因此一般都是交给短工来干，而那些技术性比较强的工作，则需要由有经验的长工指挥来干。主要的步骤是：长工首先要进行“界大线”，就是依据自己的经验根据河面的长短、宽窄，计算出可以裁出多少块面积相同的“大冰”，要合理计算最大化采冰量，不能浪费了；而后是“划块”的步骤，这一步骤的目的就是根据“大冰”的面积，同时要根据窖内的平面宽窄，在“大冰”的面上划出大小、宽窄都一样的小块，这一步的计算要非常准确，既不能有多余的，也不能有缺少的。这主要是要考虑到窖内码放时的合理，因为如果长短、大小不一，就会出现长排码不下、横排有空当的情形，浪费了空间。前期的准备工作都做好后，就该出力气的短工上场了，短工会使用“冰镩”（窖冰的主要工具，钢制，长一尺半，四方棱状，前有尖刺，尾有倒钩，上装木柄）开始“采冰”，用冰镩把冰凿成小块，符合“官冰”或“私冰”的不同标准。“官冰”的尺寸非常讲究，为一尺五寸见方；“私冰”的长度是三尺，宽度是二尺五寸。从整个打冰的步骤来看，打冰是要先从远处开始打起，而后一排一排倒退着施工，一直倒退到出冰的河边才结束。所有打成小块的冰，先会运到岸上，而后再运送到冰窖口储存起来。

窖内码冰全部用有技术的长工，因为窖高三四丈，冰要一排一排码严，不能排不下，也不能留空间。此外，一层一层码高，天冷、冰滑，没有专门技术是不行的。窖内工人从冰窖口将冰拉入窖内，亦先从离冰窖口最远处码起，一排排，一层层，码满为止。

5. 老北京的“天然冰箱”

年逾古稀的杨景连老人，自两岁起就住在德胜地区，从未离开过。他在冰窖口胡同长大，知道冰窖口名字的来龙去脉。在他的记忆里，冰窖，就是老北京的天然“冰箱”。

常言道“一九二九不出手，三九四九冰上走”……每到三九，天寒地冻，冰窖便开始忙活起来。打冰时，人们按所需尺寸用冰镩打成冰块，然后拖到岸边，运到冰窖。等到来年立夏时节启窖，人们再把冰块抬出来，送到皇宫或王府、商家。

作为老北京窖冰的地方，冰窖口胡同直到20世纪80年代末期，依然有储存天然冰的冰窖。德胜门外冰窖口的冰窖有三个，一个砖窖，两个土窖。根据住在这里的老人们回忆，夏天特别热的时候，人们喜欢去冰窖找凉快，小孩子也会去冰窖找冰——大块的冰是用来卖的，轮不到小孩子们来拾捡，只能在取走冰的窖里的草帘下面找，每次都会有所收获。得到小块冰之后，小伙伴们吃它解暑，就像现在的孩子吃冰激凌。

沿新街口外豁口护城河向东二百公尺，在原城墙下方有一水道连接着护城河与城内水系，水道的城内出口处正好在积水潭小庙的下方。通过此水道，城外西山、玉泉山的甘泉源源不断地流入城内，这就是以前德胜门地区与北京息息相关的生命线。

老人们介绍，冬季在河道、湖面上采冰是当年北京一景。因夏季太热，百姓吃冷食、降暑需要用天然冰。讲究的家庭还置有防暑“土冰箱”，俗称“冰筒”或“冰鉴”。把食品或饮料放在中央，四周放上冰块，这样储存的食物能保鲜，饮料也会清凉可口。

进入腊月以后，京城各河道与冰面上就会聚集着一些采冰的人，开始打冰。人们管这些采冰的人叫“凌人”。

据说，我国冬季采冰习俗起源于周代，周成王命“凌人斩冰，纳入凌阴（冰窖）”。20 世纪 60 年代，在什刹海还能见到在湖面上打冰的工人，湖边有拉冰上岸的绞车，还有拉着窖冰的运输车辆。打冰季节性极强，时间只在百天左右，在此期间可采集三至四茬冰。质量最好的二、三茬冰，可直接食用。

冰窖夏季主要是销售窖冰，冰窖外常出现到此拉冰的各种车辆，除各种机动车辆外，还有各种款式的人力车辆。旧时北京胡同常有贩卖“冰核儿”的商贩，货源来自各冰窖销价处理的碎冰。这“冰核儿”价格低廉，深受平民百姓喜爱。

旧时京城的冰窖不光是存冰，还可作保鲜用场。有的冰窖专门设有活鲜库、水果库，老北京把这一行当叫作“窖货”。如德胜门外的“伟记冰窖”，由义顺大干果店经营；现在的四道口冷库就是由“伟记冰窖”发展而成；如恭俭胡同的德顺冰窖，储存蒜苗，经营者被人们称作“蒜苗王”。

随着社会的发展，科技的进步，现在有了空调、冰箱、冰柜，储存食品方便多了。可是北京的人口随着“北京欢迎您”的口号一年比一年多，至今常住人口就有 3000 多万了，再加上过往的客人那就更了不起了。人太多了，有什么都缓解不了热浪的袭击。于是口号也逐渐改为“北京欢送您”了。为了北京有限的资源、有限的地域，为了能承受的热度，不可能无限地“欢迎”。

6. 望德楼和皇姑坟

北京城里有名的清真老字号餐厅，分布在各处，各家均有独家秘籍。但是，堪以“味道正宗且价格实惠”称道的，恐怕非望德楼莫属了。望德楼餐厅始建于1956年，因当初坐落于德外大街，与德胜门城楼遥遥相望，因此而得名。今天，望德楼餐厅已搬迁到了鼓楼南侧，于是食客们便有了“坐观钟鼓楼，品味清真宴”的说法了。

望德楼的建筑是一座二层小楼，传说是由一户姓马的人家所开，主要是为了照顾两类顾客：一类是在附近弓箭会馆的习武之人，一类是到北京来贩卖牛羊的人。由于望德楼的标准比较高，普通老百姓吃不起，所以当时鲜有普通百姓前来。后来，这里又成为一些旗人请客的地方，一些旗人落魄以后，便来望德楼请客，以满足自己的面子。

今天的望德楼，店面隐藏在郁郁葱葱的槐树后面，从外面看装修古朴，进入望德楼后，有着很强的少数民族装饰风格。望德楼现在属于聚德华天旗下，以经营传统的清真菜为主，一层主要是以便餐、小吃居多，二层是包间。

望德楼的菜品以西安风味泡馍、清真炒菜、北京烤鸭为主。其中，羊肉泡馍可自己放辣酱、香菜，据说有三种吃法，馍可以自己撕也可以机器切。此外，这里的特色菜还有杏脯牛柳、鲍汁牛掌等。其中，牛柳是很多食客来了必点的招牌菜，杏脯据说来自新疆哈密，加上乌梅汁和桂花藕片搭配牛柳，吃起来味道酸甜，妙不可言；鲍汁牛掌显得非常特别，并不是直接盛在盘子里的，而是下面垫着菜叶，牛掌筋多肉嫩，口感香糯，酱香回味，据说可以补中益气，强健筋骨。

今天，德胜门外冰窖口75号还保存有一座墓碑，碑阳是满汉合璧的“端顺长公主”五个大字，左满文，右汉文，碑阴无字，四周雕刻龙纹。选料精良，做工考究，是北京地区现存清代最早的一处公主园寝遗迹，又称皇姑坟。

皇姑坟埋葬的是清太宗皇太极第十一个女儿固伦端顺长公主，固伦端顺长公主是顺治皇帝福临的姐姐，她的母亲是皇太极懿靖大贵妃博尔济吉特氏娜木钟，与皇太极的十一子博穆博果尔同母。

固伦端顺长公主初号固伦公主，顺治四年12岁时，嫁给了蒙古阿巴亥部博尔济吉特氏噶尔玛索诺木，去世时年仅14岁，后来被赐谥固伦端顺长公主。噶尔玛索诺木与公主结婚后，授予一等精奇尼哈番。公主去世后，皇太极之兄礼亲王代善之女复嫁给他，加少保兼太子太保。

固伦端顺长公主的园寝坐北朝南，依次为碑亭、宫门、东西配殿、享殿。东西配殿、享殿均为三间，享殿内设石享堂，呈长方形，石享堂前砌长方形石供台。现仅存螭首龟趺碑一通，碑身高大，为逾制。

墓碑立于享殿之南，20世纪80年代享殿被拆除。2004年10月做热力施工时出土墓碑，2005年3月立于原享殿西南侧，复原后的碑座改为坐西朝东。墓碑为青白石材质，趺座螭首，碑阳为满汉文字“端顺长公主”，字体为双钩楷书，“堪称书法之奇观”。

7. 孔子学院：世界看中国的一扇窗

中国的传统文化源远流长，不仅让中国人为之自豪和骄傲，也让全世界为之着迷。无论是书法、茶叶、陶瓷，还是中国人的生活哲理和态度，都充满了浓浓的东方智慧。位于冰窖口胡同东口北侧的孔子学院总部（国家汉办），向世界传递着中国传统文化的魅力和声音。

随着中国经济的发展和国际交往的日益广泛，世界各国对汉语学习的需求急剧增长。为推动汉语加快走向世界，提升中国语言文化影响力，从 2004 年开始，我国在借鉴英、法、德、西等国推广本民族语言经验的基础上，探索在海外设立以教授汉语和传播中国文化为宗旨的非营利性教育机构“孔子学院”。几年来，孔子学院建设快速发展，已成为世界各国人民学习汉语和了解中华文化的园地、中外文化交流的平台，加强中国人民与世界各国人民友谊合作的桥梁，受到广泛欢迎。

孔子学院总部

各地孔子学院充分利用自身优势，开展丰富多彩的教学和文化活动，逐步形成了各具特色的办学模式，成为各国学习汉语言文化、了解当代中国的重要场所。

《孔子学院章程》明确规定，孔子学院作为非营利性教育机构，其宗旨是增进世界人民对中国语言和文化的了解，发展中国与外国的友好关系，促进世界多元文化发展，为构建和谐世界贡献力量。孔子学院的主要职能有：面向社会各界人士，开展汉语教学；培训汉语教师；开展汉语考试和汉语教师资格认证业务；提供中国教育、文化、经济及社会等信息咨询；开展当代中国研究。

孔子学院总部（国家汉办）位于冰窖口胡同东口，是教育部直属的事业单位，它的主要职责是在海外建立孔子学院，推广汉语和传播中华文化。统计数据显示，截止到 2014 年底，已有 126 个国家建立了 475 所孔子学院和 851 个孔子课堂，累计注册学员达 345 万人，举办中华文化交流活动 10 万多场，受众 5000 余万人，邀请 120 多个国家 14 万师生和校长访华。每年召开全球孔子学院大会，中外校长、院长 2000 多人参加，成为中外教育文化交流的重要平台。每年派出汉语教师和志愿者 1 万人，举办“汉语桥”世界大中学生系列比赛，组织实施各类汉语考试，实施“孔子新汉学计划”，定期举办世界汉学大会，派出中国高校学生艺术团分赴各国孔子学院演出。在孔子学院的带动下，有 60 多个国家和欧盟已将汉语教学纳入国民教育体系，170 多个国家开设了汉语课程或汉语专业，全球汉语学习者达 1 亿人。孔子学院以语言为媒，以文化为桥，受到各国人民的广泛欢迎，已成为中国文化“走出去”的最响亮品牌，在服务外交、外宣大局和建设社会主义文化强国方面，发挥了重要作用。

作为孔子学院的总部，其职责是负责管理和指导全球孔子学院。具体职能有：制定孔子学院建设规划和设置、评估标准；审批设置孔子学院；审批各地孔子学院的年度项目计划和预决算；指导、评估孔子学院办学活动，对孔子学院运行进行质量管理；为各地孔子学院提供教学资源支持与服务；选派中方院长和教学人员，培训孔子学院管理人员和教师；组织召开孔子学院大会。

第三节 五路通街

五路通衢处，小处亦典故

位于西城区德外街道东北部的五路通街，东起人定湖公园，西对德胜门外大街，长约350米，宽约8米。

关于五路通街名称的来历，有不同的说法：一种是说五路通街的中段原来有一座小庙，庙的四周有小路，相互联通；一种是说有五个路口，所以被称为“五路通”。1965年，路北侧的火神庙也被并入了五路通街的范畴内。

火神庙即长泰寺。《日下旧闻考》卷一百七称：“长泰寺，俗名火神庙，本朝初年所建。有碑二，无字。其旧址不可考，殿内磬一，明万历乙未年（1595年）造。炉一，天启五年（1577年）造。钟楼有铜钟一，万历己酉年（1609年）造。”《日下旧闻考》里所指的“本朝初年”，指的是清朝顺治年间。实际上，这座火神庙并不是清朝所建，而是清朝重建的。因为在它的香炉、钟磬铭文里，都显示为万历、天启，足以证明此庙是于明朝的时候修建的。

1. 火神庙旧故

北京的火神庙数量众多，明清年间修建的火神庙便有15座，五路通街的火神庙是其中之一。古代设立火神庙，是为了祈愿莫发火灾，因此凡是建有火神庙的地方，一般都是容易引发火灾的地方。比如琉璃厂街书市和纸店众多，容易失火，因此建有火神庙；旧时花市大街纸花绢花作坊多，也容易引发火灾，因此也建有火神庙。

火神庙里拜的是火神爷，那火神爷又是谁呢？火神是民间俗神信仰中的神仙之一，中国民间信仰和传说中最著名的火神是祝融。

中国各族都有火神祭祀的风俗，由于地区不同，历史文化不同，所以对火神有不同的认识和解释。

据说祝融本是颛顼氏的后代，本名重黎，也叫吴回（还有一种说法认为吴回是祝融的弟弟）。帝喾（即高辛氏，传说中古代部族的首领）当政时，官居火正，有很大的功劳，能光融天下，帝喾于是赐名“祝融”，死后成为火官之神。

《山海经・海内经》的说法是，大禹的父亲鲧偷窃了天帝的息壤，天帝命祝融杀鲧于羽郊。《墨子・非攻下》记载，成汤伐夏桀的时候，天帝命令祝融在夏城降下大火，帮助成汤灭亡了夏朝。此外，中国民间俗信也有以炎帝或燧人氏为火神的说法，如谓远古时燧人氏钻木取火，让人类进入到了熟食阶段，于是后人便将燧人氏尊为火神，又称“火德真君”，定时举行祭祀。

此外，还有一些地区的火神崇拜并没有具体来历，有把火神称为“南方火帝君”的，也有称“种火老母”的，不一而足。从祭祀火神的时间和形式来看，在中国不同的朝代和不同的地区，风俗也都各有不同。比如在上古时候，祭祀火神就是在夏天举行，于是祭祀火神的传统就以夏季祀灶的方式得到延续；在四川等地是以夏历的四月初八为火神的“生日”，这一天，社会各行各业的人都会前来，不但祭祀火神，有的还会通过演戏等方式来让火神愉悦；在山东鲁南地区，祭祀火神的时间是正月初七，这时民间会组织传统的“火神会”，不但会去火神庙朝拜，全体会员还要一起聚餐两次；河南商丘一带信奉阏伯为火神，每年正月都会举办大型庙会，唱戏、杂耍、小吃、花炮等活动应有尽有。

此外，火神的形象看起来很凶狠，他三头六臂，而且他的法宝还有风火轮、火葫芦、火印、火剑、火弓等火器配备，又有点神话传说中“哪吒”形象的变形。因此，在以前，只要是会涉及火的手工行业，比如冶铸、铁匠、陶瓷、鞭炮等行业，都有祭祀火神的习惯，以求事业的兴旺发达。

2. “关北头”旧事

在德外地区，还有一个十分有年代感的地名——“关北头”，按照老北京的发音，常会发“关北头儿”的音。这个“关北头”的大致位置，应该就在德外关厢，也就是今天五路通街的附近。“关北头”听起来是一片地方的感觉，但是实际上，它却只有七八十平方米，小到实际了解后常让人感叹。不过小虽小，“关北头”却有好几个名称，比如现在常用的“五路通”，以及“下关”，指的都是这一小块地儿。

如果从名称上来看，“关北头”字面上的意思是“德胜门外关厢大街北头儿”，看起来非常朴实，就是一个地名的精细的描述。其实像这样的地名，在北京还很多，都是直接对一个地方的方位和位置做解释的。比如在朝阳门往东有一个至今仍在用的地名——“关东店”。它的名字的详细解释应该是“朝阳门外关厢大街东边的店”。过去，商客往来都是通过马车作为交通工具，因此就有一些商家开设了马车店，供来往行人和商人住店休息，这个“关东店”的“店”指的是马车店，而不是今天售卖烟酒糖茶、日用百货的杂货店。

关北头的具体位置，有据可查的资料有1935年田蕴锦著的《最新北平指南》，其中记载：“关北头，北郊区界，德外，西至石佛寺，东达大道。”这里的“大道”指的就是官道。过去，德胜门是往外城的一个重要的城门，从德胜门往北，可直通健德门、清河，甚至再往北能通到皇陵——十三陵，因此就成了重要的官道。

当时，关北头由于居于德外大街要道区域，因此往四面八方去，都非常方便。从关北头往东走，会到达人定湖公园，当时叫“窑坑”，其实就是一个大水洼子。此外，还会到达今天北师大二附中的位置，解放前，这里是一座火神庙，后来被改成了一所小学，北师大二附中的前身四十六中，就曾在这座火神庙小学里办过学。当时这附近还有一座塔院，当然，今天无论是火神庙还是塔院，早就已经消失在历史之中。

从关北头的东北路口，可以通往当时位于黄寺的八旗军队的校场。中华人民共和国成立后，德外道路逐渐拓宽、修建，形成了今天宽敞平坦的大道。从关北头东北口往外延伸的路，也逐渐隐没在通过清河、昌平、十三陵等方向的公路之中。

从关北头位于正北的主路口向北，能前往清朝时正黄旗太平营，当时朝廷认为最大威胁来自北方，因此北面的德胜门和安定门是防守的重中之重，由皇帝亲自指挥的正黄、镶黄两旗驻防。此外，还可以通往马甸清真寺、双泉堡等地，再往北延长的话，可到达清河镇、沙河镇，直至明十三陵。由于是一条主路，因此这条路也是当时的官道。当时，从太平营的西门往西，又能到达铁狮子坟等地。官道的西边当时是一条大沟渠，是用来排水用的，而东边则是一条河。这条河分南北两段：南段从关北头开始，一直到健德门的小官桥；北段则从清河引水到健德门小关桥，而后又往西流入了元大都遗址的北土城河。

从关北头的南口一直向南，经过德外大街后，可以直接到达今天的德胜门城楼的跟前。

从关北头西口一直向西，能通往位于今天新康路上的北京市公安局治安管理总队附近，这里曾经是一处规模很大的劳改机关，号称是北京模范监狱。民国二年（1913 年）十月，在功德林成立宛平第二监狱，次年十月改名为京师第二监狱。再往西，则能通往索家坟地区。

从关北头往五个方向去的路径可以看出关北头在这其中的居中位置和中心点，因此，虽然德外关厢当时有“下关”“关北头”等名字，但是根据地名一般由当地居民叫顺口的惯例，这个地方也就逐渐成为今天的名字“五路通”，非常形象地描述了这里的交通位置。

当时，在关北头东边不到一里的地方，有一处十分诱人又吓人的窑坑：诱人的是环境清幽，景色优美，远看都是齐腰高的荒草，但仔细一看细节处特别脏，一般人都不到这里来。

夏天的时候，太阳暴晒着窑坑边上黄绿黄绿的水，上面漂浮着一层厚厚的脏东西。但是，在窑坑中间的水却又清又绿。当时，这里的蜻蜓种类齐全，老刚儿、老紫儿、老膏药、小灰、黑老婆儿，就连一寸大的豆娘都有，吸引了周边众多贪玩的孩子们。

窑坑不但吓人，而且还真的有危险：窑坑里的水深浅不一，而且窑坑边上的土壁直上直下，即使是大人掉进去，十几秒钟水也会没了脑袋。窑坑边上长着一丛一丛的马蔺草，长约一尺五。大雨过后，坑水没及马蔺，草极滑，这是当时孩子们最怕的地方。不过，马蔺草既会让人滑进水中，但它在关键时刻也能救人：掉进水中的人只要不慌张，短时间内抓住长长的马蔺草，即使没有人来救，自己也能爬上来。

20 世纪 60 年代初，人民政府为了改善居住在五路通街的人民的生活条件，先后挖掘、疏淤，导顺许多窑坑、水塘、苇坑，德外窑坑也在其中。继团结湖、新街口豁子外太平湖、青年湖之后，在“人定胜天”的口号声中，德外窑坑被辟为美丽的人定湖公园。公园面积覆盖了当初所有七零八落的窑坑和水面，搬迁了七处草丛里收破烂的存放点，就地安置了十几家的老街坊。

现在的湖的水面面积，比过去不知道大了多少倍，水面中心有一座小岛，东西两岸各有曲桥连通，园内遍植花木，风景十分宜人。

3. 人定湖公园：大水坑变身城市公园

五路通街的东口，就挨着人定湖公园的西门。人定湖公园于1958年发动群众建造，1994年4月进行改造，1996年6月全面竣工。人定湖公园总面积有9.2公顷，其中水面的面积有1公顷。以现代园林为主，公园南半部用草地、水景、雕塑、花架、景墙创造了一个具有欧洲规则式庭院韵味的园林环境。

今天的人定湖公园环境优美、景色宜人，成为周围居民休闲的好去处，如果和居住在周围的邻居们拉拉家常，说不定就能从上了年纪的大爷大妈们的故事里，了解到人定湖公园以前的一些逸事，也就更加感受到新中国建设的步伐，和人民政府为人民幸福生活做出的努力。

人定湖公园

据说，以前的人定湖，就是一块被荒草淹没的地方，杂草中零星修建有亭台，没有围栏，骑着自行车随便穿行。虽然那时的湖面比现在的稍微大一些，但是湖边只有垂柳，看上去比较单调。在公园的南门附近，倒是种了好多种类的树，有松树、柏树、桦树等，但是那会儿依旧没人把它当作一个公园，因为太简陋了，也没有人管理，处于荒废的状态。周围居民只是在夏天纳凉的时候才会想起这里有一些树荫。不过，即使是在夏天的时候，人们也只是在白天敢进去，因为太阳落山后，整个公园范围内灯光昏暗，笼罩着阴森恐怖的气氛。每当夜晚来临，大人们都会看管好在家的孩子，不让他们到人定湖公园那片地界去。

早些年的时候，人定湖的湖心岛上也有一个小木亭，那时候也有附近的居民经常在亭子里下棋玩牌消遣时光，孩子们也会经常趴在湖上的小桥上，喂湖里的小鱼和小虾。随着人民政府对人定湖公园的建设，人定湖公园终于变了模样。

岁月不但会让一切衰老，也会让一切焕发出新的生机。今天的人定湖公园，早已成为城区公园里的一个代表，几十年的岁月洗礼下，各种树木的年轮也在记录着美好的岁月。漫步在公园里，那些茁壮成长的大树随处可见，高大的杨树、巍峨的青松，都长得枝繁叶茂。特别是在公园的西门，有几十棵一人合抱不了的大杨树，形成了一片高大的林荫。每当夏季天气炎热的时候，来这里纳凉的老人和玩耍的孩子，就好像是在绿荫的大伞下，充满了温馨的生活气息。尤其是这里还被贴心地摆放了健身器材，设置了一些门球、羽毛球的场地，更是成为很多来公园遛弯的居民的喜爱之地。

人定湖公园能有今天的美景，并不是一蹴而就的，而是经过了多次的改造。其中比较大的改造有 1994 年、2006 年。经过政府的精心设计和修葺后，一点点完善和升级，这才形成了今天这样美丽而又科学的格局。整体上，人定湖公园还是把现代园林作为了设计主线，不过在设计风格上却采用了两种不同的风格，相辅相成，相得益彰。

在公园的南半部，中间是欧式庭院风格的园林，这种风格在京城比较少见。整个欧式园林占地达到了3000平方米，其北部建造了一个世界园林的展示区，通过汉白玉的壁画，古罗马、埃及、巴比伦花园、伊斯兰庭院、凡尔赛宫园林、意大利台地园、古典中式三潭印月……一个个代表了世界园林史发展和高度的园林景点，展示了一部多姿多彩的世界园林史。尤其是伊甸园，更犹如梦幻世界，能把众多园林的美景尽收眼底。园林的中间还建造有喷泉和维纳斯女神的雕像，成为展示西方雕塑美的一扇窗口，同时，也让这里有了些维也纳美泉宫的味道。从整个布局上看，这个欧式庭院风的园林，草地舒朗，喷泉雅致，欧洲风格的雕塑比比皆是，步入这里，仿佛可以通过这些媒介，打开一扇了解西方园林的美丽窗口。

在这个欧式庭院的南边，是一处美丽的沉降花园。在这里，绿油油的草坪在中间，周围错落有致地分布着数处欧洲人像雕塑和几十处喷泉，喷泉水珠飞溅，留下动人的落水声。欧式庭院的最南端是列柱回廊群，显得典雅华贵，中间是一座“浴女出水”喷泉伫立。在四周郁郁葱葱的树木遮蔽下，白色的“玉女”雕塑和米黄色的回廊相映成趣，显得雍容华贵。由于这里浓浓的欧式风格，因此经常有新人选择这里来拍摄婚纱照，甚至连著名的电影《甲方乙方》，也曾在这里取过景。从这个回廊再往前，就出了公园的南门了。

而在人定湖公园的北部，则是和南部欧式截然不同的风格。整个公园的北部是以“种子”广场和人工湖为核心，一个800米的慢步道在周边陪伴，旁边是生长茂盛的绿植和美丽的鲜花。在“种子”广场上，醒目地矗立着一组现代雕塑“生命的旋律”，展现的内容是小小的幼苗穿透“种子”努力生长，展示了让人动容的生命的力量。等到花期到来，旁边是种类繁多的各种月季，高大而葳蕤，花开娇艳，争奇斗艳。

在“种子”广场的南侧，是一个面积只有一公顷左右的人工湖。别看这个人工湖的面积不大，但是却被设计成了展示自然生态的湿地，显示出设计师别具一格的设计理念。人工湖的岸边蜿蜒曲折，在公园里多了几分生趣。湖中心还有个小岛，上面生长着很多绿色植物，风一吹过来就会随风起舞。湖边还生长着一些密密麻麻的芦苇、菖蒲和荷花，在这里行走，会感觉每一步都有不同的景致。赶上季节和天气好的时候，湖里有时还能看到绿头鸭等动物，微波荡漾中悠闲地游来游去，让整个公园都变得灵动起来。

在这个人工湖的东岸，精心布置了一个白色的花廊，夏天的时候，上面会爬满翠绿的爬山虎，白色和绿色互相映衬，显得既素雅又生机勃勃，因此，这里也是年轻人拍摄婚纱照的一个热门场所。此外，在人工湖的南岸，还有两个面积不大的小广场，每天早晨和傍晚，来这里锻炼身体的人非常多，跳舞、打拳、练习柔力球……大家或单个锻炼或组团练习，现场热热闹闹。

从面积上来看，人定湖公园无法和那些占地宽广的公园相比，但是由于管理科学，景色也很美，因此不但显得干净整洁，而且由于是免费对外开放，获得了周边市民的一致好评。此外，从整个公园的布局和设计上，各种景物层次分明，很有设计感，由此也能看出建设者的用心：地面是起伏的草坪，就像丝绒一般的绿色地毯；视线平视，绿色的灌木和篱笆就会跳入眼帘；更高的一层，则是垂柳、龙爪槐等郁郁葱葱，一个造型独特，一个婀娜多姿；在整个公园植物的最上部，则是高大的杨树，显示出顽强的生命力。其实，一个公园的设计是否用心，只要从一些小的细节就能看出来。在人定湖公园里，有一些小小的提示牌，一般的公园都会统一设计和制作，但是在人定湖公园，提示牌却是根据周围的景致和所处的位置，被设计成了不同的样式，不但起到了提示游人的作用，也和周围的环境有机地融合在了一起。

4. **北京市二龙路医院**

在五路通街的北侧不远，是北京市肛肠医院（北京市二龙路医院）的其中一处门诊。医院始建于1937年，是一所以治疗肛肠疾病为特色，集医疗、教学、科研、预防为一体的三级甲等中西医结合医院，是北京市医保定点医院，北京中医药大学的教学医院。

1955年，当时二龙路地区的个体开业医生分别组成了大木仓联合诊所、报子街联合诊所、石驸马联合诊所、复兴门联合诊所、前王公厂联合诊所、太平桥联合诊所、宣内骨科联合诊所、捏积冯联合诊所8个联合诊所。1960年6月，和平眼科医院与8个联合诊所合并，组成了二龙路人民公社医院，设在大木仓胡同，后改称大木仓联合医院，初设病床75张。1969年，将原西长安街街道医院房舍改建成肛门科住院处，增设病床70张。1981年4月，经北京市卫生局批准，改为北京市二龙路医院。

北京市二龙路医院

随着时代的发展，我国卫生事业的发展也日新月异。进入20世纪80年代中期，二龙路医院也进行了大规模的扩建，不断增强服务病人的能力。全院设有6个病区、30个医疗医技专业科室，年门诊量15万人次，收治病人4000人次。医学水平提高后，担负的责任也就更大了。因此，1981年中国科学院电工研究所、北京人民医院联合在此成立了“体外碎石研究中心”；1989年全国肛肠学会在此建立了“全国肛肠病防治中心”；1990年又与北京中医学院共同组建了“肛肠疾病研究所”。后来，二龙路医院又相继开设了呼吸、消化、肿瘤、乳腺、男科、糖尿病、镇痛、去疤痕、肛肠、老年病专治等专家门诊，能对各种复杂疑难病例进行及时诊断治疗。

肛肠科是北京市二龙路医院的重点科室，经过了60余年的发展，现已在我国传统医学基础上，吸收融合中西医的精华，在著名肛肠科专家卢克捷指导下，历经几代从事本专业专家的苦心钻研、经验积累，结合解剖、生理、管理等方面知识，研究总结出一整套肛肠疾病领域内独特的诊断和治疗体系。

二龙路医院是北京中医药大学教学医院，设有北京市肛肠疾病研究院，同时也是全国肛肠疾病新技术推广单位、全国社区卫生服务示范中心、中国人民大学医改研究中心教学基地、北京市中医类别全科医生规范化培训基层实践基地，获得首都文明单位荣誉称号。

二龙路医院设有急诊科、内科、外科、肿瘤科、妇科、儿科、肛肠外科、脾胃病科、眼科、耳鼻喉科、骨科、口腔科、皮肤科、针灸科、麻醉科、治未病科、感染性疾病科17个临床科室及超声科、检验科、放射科等14个医技科室，下设德胜社区卫生服务中心及7个社区卫生服务站。医院配有美国64排螺旋CT机、美国高端数字胃肠机、日本数字X线摄像系统（DR）、数字化图像处理系统等高新设备；内窥镜中心配备了日本电子结肠镜、电子胃镜、经鼻胃镜和超声内镜、以色列胶囊内镜和电子直乙镜和德国的海博刀；超声科配备了美国GE高端彩色超声仪、丹麦BK腔内彩色超声仪；

手术室全部配置了德国灯床塔、美国能量平台、德国 TEM；盆底中心配备了美国的 3D 固态直肠测压仪、生物反馈治疗仪、尿动力诊疗设备，医疗设备达到国内先进水平。

近年来，二龙路医院承担国家级、省部级、区局级课题 22 项，获国家级、省部级进步奖 6 项，自主研发 15 项国家专利，出版专业书籍 5 部，参编专业书籍 7 部，在国家级核心期刊发表论文 138 篇。目前二龙路医院肛肠外科、脾胃病科是省市级重点专科，每年举办多项国家级、省部级继续教育项目和学术活动，先后接收全国近 800 名进修生，覆盖 19 个省市。秉承数字化、信息化理念，二龙路医院还完善了管理、医疗、科研、教学、健教等数字化功能：医院数字化手术室和信息发布系统，实现了手术示教和远程医疗；与社区卫生服务中心及站点对接，开展健康宣教和会诊；建立了电子图书馆、深化数据统计分析、无纸化办公，逐步实现管理信息化。

5. **中电科技国际贸易有限公司**

在五路通街主干道北侧、市肛肠医院的东南角，有一家中电科技国际贸易有限公司（简称“电科国际”）。

电科国际是中国电子信息行业的国家队，是中国电子科技集团有限公司重要的国际化经营平台和国际合作的主渠道，也是外贸代理商和系统集成商、国际工程的总承包商和国际投资的系统运营商。

电科国际的主营业务覆盖了防务电子、安全电子和信息化全领域，产品技术和解决方案则涵盖体系级、装备级、器件级的电子信息全产业链。可以为客户量身定制高性价比的全套电子信息解决方案，提供空基信息系统、指挥控制、预警探测、网络通信、电子对抗、特种作战、公共安全、网络安全、应急救灾、智慧城市、交通信息化、新能源等领域技术产品和解决方案。同时经营国际工程、进出口贸易服务和咨询、展览展示、国际投资以及国际合作等业务。电科国际具备完整的军贸资质和外事资质，以及对外承包工程经营资格证书、ISO 9001 质量管理体系认证证书等资质。

当前，电科国际形成了以区域总部、海外办事机构、海外分公司为一体的海外营销网络平台，已经与全世界 100 多个国家和地区建立了业务合作。

在全球电子信息产业变革与发展的浪潮中，电科国际作为国家“一带一路”建设的践行者，作为中国电科最重要的国际化经营平台，以建设“一流服务型国际化公司”为目标，秉承“责任、创新、卓越、共享”的核心价值观，深植“智慧”与“安全”两大事业。

坚持“市场客户化、业务专业化、保障综合化、人才一体化”的“四化方略”的总要求，电科国际稳步推进可持续发展战略，通过打造“对国家政策理解执行能力，对市场策划、分析和运作能力，对客户资源和渠道的把控能力，对集团内外资源的协同组织能力，对公司资源的高效利用能力，对国际化经营风险的防控能力”的“六大能力”，促进军贸、民品与国际工程、国际合作、海外经营、进口等“五位一体”业务架构的优质高速发展。电科国际作为向国际市场提供综合电子信息系统顶层设计、生产、集成与执行服务的公司，具备系统工程全寿命周期和覆盖系统、装备、器件全产品线的开发与运营能力，业务遍布五大洲 100 多个国家，产品与服务赢得了国际用户的广泛认可。

与此同时，电科国际积极履行社会责任，在全球多个国家和地区推动现代化安防体系建设，助力维护区域稳定，促进当地构建安定、和谐的社会环境。

第四节　弓箭胡同
昔时谈弓论箭会馆，今日工程科技殿堂

位于德外地区西南部的弓箭胡同，呈南北走向，南起德胜门的西河沿，北至冰窖口胡同，全长68米，均宽5米。路东侧2号到4号的门牌，就是弓箭会馆的东墙。弓箭会馆的称呼源自清代，因为当时弓箭行会在此设立了会馆，1965年更名为弓箭胡同，都是平房的住宅。2000年拆除平房后，现在是中国工程院的综合楼工程用地。

1. 弓箭历史与中国制弓术

提起弓箭胡同，不能不说说弓箭的历史和中国的制弓术。

军事科学院军史百科部研究员钟少异长期从事中国古代兵器史、军事技术史、军事史和历代战略的研究，在他的论述中，对中国弓箭历史有过专门的研究。

1963年，山西朔县峙峪村的旧石器时代晚期遗址中，发现一枚用燧石打制的箭镞。该遗址距今约2.8万年，这个发现确凿地证明了中国先民至少2.8万年前已开始使用弓箭。

恩格斯曾说："弓、弦、箭已经是很复杂的工具，发明这些工具需要有长期积累的经验和较发达的智力，因而也要同时熟悉其他许多发明……弓箭对于蒙昧时代，正如铁剑对于野蛮时代和火器对于文明时代一样，乃是决定性武器。"在人类文明的进程中，弓箭的发明也是一大进步，它表明当时的人已知道了利用机械，从而把能量储存起来。因为从弓箭的原理来看：弯弓搭箭向后拉动弓弦时，自己的力量就会被储存起来，当这个力量达到顶峰时，松开弓弦释放能力，弓弦和弓在迅速恢复原状的时候，就会把储存进去的力量瞬间释放，从而产生对箭矢强大的推动力，继而产生强大的穿透力。

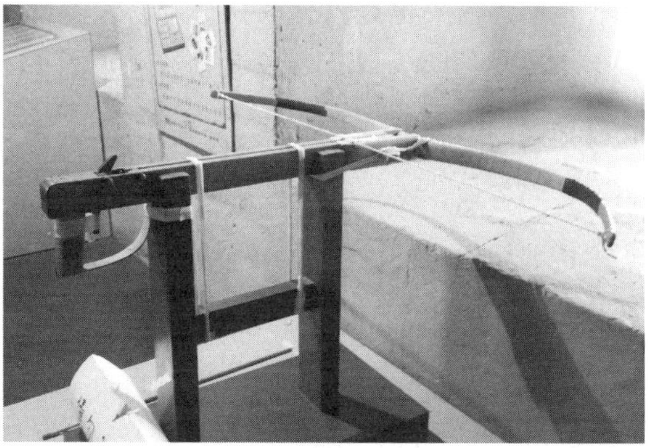

弓箭历史

可能很多人想不到，弓箭的发明也许和音乐的起源存在着某种内在的联系。比如英国科技史家贝尔纳（J. D. Bernal）就曾经说过，弓弦弹出的嗡嗡粗音可能是弦乐器的起源。所以弓对于音乐的科学方面和艺术方面，都有贡献。

《吴越春秋·勾践阴谋外传》记载：“弓生于弹。”这是中国人对于弓箭发明的独到的理论。这里面的“弹”是弹弓，形状是什么样的呢？在早期的甲骨文中，“弹”字写作“B”，就是很形象的一张弓的形状。在弓弦中间的位置，有一个用来盛放弹丸的小囊。在中国，这种形状的弹弓甚至一直使用到了今天。比如近代在北京天桥表演打弹弓的杂耍艺人，就有人使用这种弹弓，甚至在云南西双版纳和缅甸、泰国北部的傣族人，有可能至今还在使用这种形状的竹弹弓。虽然今天没有确切的史料来表明古人是如何发明了弓箭，不过，也许正是由于最初发明了这种发射小石子或泥弹丸的工具，再加上在生活中不断摸索，形成了今天的弓箭的形状和射击原理，才最终产生了弓箭。

其实，一开始的弓箭并不是现在这个样子的，受当时材料技术的局限，最初的弓的材料，只是简单用单片的木材或竹片弯曲而成。当时的弦有多种材料：动物的筋、皮条或麻质的弦。不但弓粗糙简陋，最初的箭矢也是就地取材，《易·系辞下》里说“弦木为弧，剡木为矢”，其实就是把细木棍或细竹棍削尖了来充当箭矢。在我国边缘地区的许多少数民族，一直到21世纪初其实还有的地区在使用弓箭，而各地各民族制作弓箭的材料、技术等，又都很有地域的特点。比如居住在松花江下游的赫哲人，便是使用“布勒肯”作为弓的材料，“布勒肯”其实就是“水曲柳”的木料。赫哲人把“布勒肯”先修整成形，而后弯曲，最后再绑上用鱼膘或鹿筋做成的弦。居住在外兴安岭的鄂伦春人，制造弓体的材料则是单根的落叶松或榆木，使用鹿犴筋做弦。鄂伦春人制箭的材料则是桦木，一开始比较简单，只是把木杆的一头削尖即可，后来在进步中逐渐加入了石镞和骨镞，并在箭尾夹了天鹅或大雁的羽翎，这样不但增加了杀伤力，而且增加了稳定性和准度。西南地区的一些少数民族在制作竹箭时，就地取材，把竹棍的前部削成锋利的尖头，而后再把竹叶折成尾翼按在上面。此外，为了提高箭矢的杀伤力，有时还会在箭头上刻出螺旋形的浅槽，把毒药涂抹在上面。

由于生产技术的不断改进，我们的祖先逐渐掌握了用动物的筋和胶水、木材、竹子合成弓的方法，大大提高了弓的强度和韧性。在中国的新石器时代遗址中，出土了大量的箭头，从石镞到骨镞，还有一些由蛤壳制成的蚌镞。它们比旧石器时代的石镞要精致得多，而且大多数都是光滑而规则的。为了固定杆，“铤”已经开始出现在一些镞的底部。早期的合成弓可以在东北的鄂温克人那里看到。过去，他们使用黑桦木作为弓体的内层，并使用落叶松木材作为表面层，两层中间还会用鹿或犴的筋夹垫，并用鱼皮熬制胶来粘连。

在东周时期，复合弓的制造技艺就已经趋于成熟。春秋战国时期的《考工记》中专门有“弓人为弓”的记述，总结了制弓技术要领，对于制弓过程中材料的选择、制作的技法、加工的方法、各部件的性能等，都有了比较详细和完善的说明和要求，对于在制作过程中应注意的事项也都有详细的剖析。从这里我们也可以了解，当时制作弓箭的材料有“六材”之称，分别是：干、角、筋、胶、丝、漆。其中，“干”的材料影响射程的远近；“角”的材料影响速度；“筋”的材料影响箭的穿透力；“胶”的材料影响黏合度；“丝”的材料影响坚固程度；“漆”的材料则影响外表。

那么，这“六材”到底是哪些材料呢？其中，“干”指多种类型的木材和竹材，主要是用来制作弓臂的主体，可采用多层叠合的方式。可以说，“干”材的性能好坏，会决定一把弓的性能。“角”指的是动物的角，一般是把动物角做成薄片的形状，固定在弓臂的内侧。最好的角材的标准是“角长二尺有五寸，三色不失理，谓之牛戴牛”，这样一只角的价格也非常昂贵，相当于一头牛的价格，因此被称为“牛戴牛”。“筋”指的是动物的肌腱，主要绑在臂的外侧。筋和角的作用都是为了增强弓臂的弹力，使射出的箭能有更高的射速，穿透力更强。“胶”就是动物胶，主要是对干材和角筋进行黏合。在制作弓的重要的受力部位时，中国弓匠一般用鱼胶来制作，不太重要的地方则使用兽皮胶，比如用来包裹表面。而根据后来的经验，鱼胶中最为优良的部分是用鱼的组织，特别是用鱼腭内皮和鱼鳔制作而成。《考工记》中还推荐了六种上等的胶，分别是马胶、牛胶、鹿胶、鱼胶、鼠胶、犀胶等。制作胶时，一般是用开水滚煮兽皮和其他动物组织（尤其是肌腱），有时添加少量的石灰碱，再经过过滤、蒸发浓缩等工序制作而成。“丝”就是丝线，它的作用就是把安装好“角”和“筋”的弓臂缠紧，这样会使它更加牢固。“漆”就是为了防止霜露和湿气腐蚀弓臂，而在制好的弓臂上涂上防护的漆。

对于“六材”的选择，《考工记》分别做了详细的记载：干材以柘木为上，次有意木、柞树等，竹为下；制弓主用牛角，以本白、中青、末丰之角为佳；选筋要小者成条而大，大者圆匀润泽；择丝须色泽光鲜，如在水中一样；择漆颜色清。此外，在选择“六材”的时候，还要注意天气和气候。“取六材必以其时，六材既聚，巧者和之。”一般来说，冬天主要制作弓干，这时候木理自然平滑细密；春天制作角，会让材料自然润泽；夏天制作筋，不会产生纠结的现象；秋天把各种材料汇在一起，能够结合得十分紧密；冬天气温再低些的时候，就要把弓保存在弓匣里来完成定型；等到了严冬酷寒时，最适合制作外表，因为这时候胶、漆已经完全干了，因此就可以修葺了。这还不算完工，一直等到春天时把弓弦安装后，还得再收藏一年才可以正式使用。

中国古代制作弓的技术，遵循的基本原则就是“材美，工巧，为之时”，《考工记》称之为“叁均”，其实也就是今天所讲的工匠精神。那时候一套繁复的制弓工艺程序，往往需要跨越两三年的时间才能够完成。中国古代对于自然物的使用，都讲求顺应天时，并严格强调要遵守时令。一方面，这是顺应了自然界固有的规律和法则，对自然物生长的环境不破坏，这样才能长久地使用，也就是“斧斤以时入山林”的具体体现；另一方面，也是古人充分了解自然后充分利用自然的体现，在各个季节取物品最好的时刻，最终出来的产品也才能达到最高的标准。

制弓的技艺要求如此之高，那如何完成大批量的制作呢？其实，在制作弓箭的作坊中，各项工作是可以交叉完成的，就像今天的流水线一样，各个部件分批完成，因此才会每年都有产品出来。虽然这样的工序优化了制作时间，但其实缩小到一张弓身上，这两三年的工期其实并没有缩短。据传说，当年晋平公命令工匠制作弓箭时，经过三年的时间才做成功，威力可以射穿七层皮甲；给宋景公制作弓的工匠殚精竭虑，最后弓成身亡。

2. 弓箭会馆行业神

过去中国的各行各业拜祖师爷，茶业行当拜陆羽，木工行业拜鲁班，陆羽和鲁班都是所在行业的“行业神”。在弓箭会馆里，供奉的行业神是《隋唐演义》中的王伯当和谢映登、《三国演义》中的黄忠和严颜。为什么要供奉他们呢？因为他们都是神箭手，百步穿杨的功夫了得，在后代人的传说中，相继成为这一行业的神话人物。

王伯当，名王勇，字伯当，是山西省河津义唐人氏。最初在济阳（今河南兰考县东北）带领众人起义，是瓦岗寨出名的神射手。

大业十三年（公元 617 年）二月，王伯当等人在洛口推举李密为魏公。大业十四年（公元 618 年），王世充兵变。随后，李密与王世充在偃师（今河南偃师东）决战，命令王伯当防守后方的基地金墉城（今河南洛阳北）。不久，李密被王世充打败，王伯当放弃金墉城，向北逃到了河阳（今河南孟县东南）与李密会合。李密在走投无路的情况下，便带领王伯当等两万人投降了唐军。降唐后，李密因不被重用心存不满，后来认为李渊要除掉自己，于是便带领王伯当等人又反叛了唐。唐武德九年十二月二十九日（公元 619 年 1 月 19 日，一说 20 日），李密和王伯当率领几十人袭击桃林县（今河南三门峡西南）后进入熊耳山欲投部将张善相，但是在熊耳山被唐将盛彦师伏击，李密和王伯当一起被杀。

在历史记载中，王伯当忠心耿耿，是当时李密身边的一员大将。在《隋唐演义》《说唐演义全传》《兴唐传》等小说和其他民间传说里，王伯当的射术都非常出名，因此得了个外号“勇三郎”。据说在燕山教练场的比武中，秦叔宝曾一箭双雕技压群雄，书中表明秦叔宝的箭法是跟王伯当学的，显而易见，王伯当的箭术更在秦叔宝之上。后来，秦叔宝被书中排名第九的魏文通追赶到一条河边，秦叔宝当时马陷河底，眼看就要被魏文通砍到的时候，王伯当从河对岸射来一箭，正中魏文通的左手。王伯当喊道："我要射你右手。"又是一箭射中魏文通右手。王伯当又喊道："你还不走，我要射你心口。"魏文通大吃一惊，这才放过秦叔宝，仓皇退去。此外，王伯当还射杀过虹霓关守将新文礼等人，成为《隋唐演义》中当之无愧的第一射手。

除了王伯当外，另一位被弓箭行业奉为神明的是隋唐时的道士谢映登。谢映登是长州（今江苏省苏州市的古称和别称）人，也是瓦岗寨的五虎将之一，他是东晋时期的名人谢安、谢玄、谢石的后代，祖籍在东晋阳夏（今河南省太康县）。谢映登名科，字映登，他不但箭术了得，一支银枪也使得出神入化，成为当时声名远震的"神射将军"。他也是道教中的神话人物"谢仙祖"。

打小开始，谢映登就非常聪明好学，对于诵读过的经文，他几乎都过目不忘，14 岁的时候就中了秀才。开始习武后，不但熟读兵书，具有雄才大略，而且在箭术上尤为超群，因此 18 岁的时候就文武兼备，成为远近闻名的"赛信陵"。

后来隋炀帝荒淫无道，各地群雄四起，为了保护自己的家乡谢家庄，谢映登组织乡民奋力抵抗官兵的侵扰。这一举动让朝廷大为恼火，于是组织官兵进行围剿。不过，在谢映登的指挥下，谢家庄乡民多次打退官兵的围攻，在与官兵的战斗中辗转来到陕西、河南、山西三省交界的地方，在这一带产生了极大的影响，投靠他们的人也越来越多，队伍也不断扩大。后来，谢映登率众投靠了瓦岗军，年仅 20 岁便被封为"大魔国镇殿将军"。此后，唐王朝建立后，谢映登拒绝了李渊父子对他的封赏，而是在辞官出家修道、在终南山隐居的叔父谢弘的影响下，急流勇退，看破了世间荣华富贵，选择追随叔父谢弘前往终南山三清观，正式出家修道了。在叔父的悉心指导下，谢映登潜心研究儒释道三教经典，勤苦修道，过着清心寡欲的隐居生活。此后，谢映登又不断游历西北名山大川，访求至道，广泛结交了众多少数民族有道之士，并得到王真人指点掌握了医术，于是在修道过程中不断治病救人，因此深受民众的爱戴。唐高宗仪凤元年（676 年），谢映登在终南山（亦有说在山西雁北）羽化登仙，后人尊其为道家仙祖。

由于当时活动的地点在陕西、河南、山西三省交界处，因此今天在河南、陕西等地仍旧留下了当年谢映登行道的踪迹，比如今天留存在河南唐河、信阳、南阳等地的谢氏祠庙，以及河南郑州的谢氏村落都是一个佐证。目前，国内还留存着两幅谢映登的画像。一幅是谢映登中年从戎时的画像。画面上，谢映登左手挽“银如雪”的骏马，右手持丈二的银枪，腰挎羽箭雕弓，脸颊清瘦，双目有神，威风凛凛。另一幅是谢映登 70 多岁时的画像。画面上，谢映登身高八尺，头戴道冠，身穿八卦道袍，两肩担日月圆形，前后心镶阴阳太极图，白布长腰褡，福字双脸挂，面色红润，寿星眉，慈悲复目，目光神锐，准头端正。四方大口，双耳垂轮，颊下三缕美髯，左髯上有一颗红痣。除此之外，在陕西临潼还发现谢映登行道碑一通，由于年代久远和自然风化侵蚀，碑上的文字已剥落不清，但碑上谢映登的神像却依旧清晰可见：头戴道冠，斜背长剑，身着道袍，两条丝带在胸前飘逸，宽大的衣袖裹着笔挺的身躯，下身着素褡云履，颊下飘着三络髯须，面目怡然自得，面容与画中的几乎完全一样。

黄忠号称三国第一神箭手，现有歇后语“黄忠射箭——百发百中”。黄忠字汉升，荆州南阳（今河南省南阳市）人，是三国时期蜀汉著名的将领。赤壁之战后，刘备征荆南四郡。武陵太守金旋、长沙太守韩玄、桂阳太守赵范及零陵太守刘度投降。黄忠随韩玄投靠刘备，并随刘备军队入川。后刘备与刘璋决裂，黄忠于葭萌关受任进攻成都，作战时身先士卒，勇冠三军。益州定后，被封为讨虏将军。

据说黄忠射箭，追求的境界已不再是一个“准”字，而是一个“气”字。虽然绝大多数人根本不知道所谓的“气”是怎样一个境界，但黄忠的追求已成为人们茶余饭后的必谈话题之一，黄忠的“箭神”名号也因此流传开来。

219 年，刘备北攻汉中时，黄忠在定军山战役中，面对曹军将领夏侯渊的精英部队，带领士卒奋勇杀敌，斩杀夏侯渊，大败曹军，被升为征西将军。同年，刘备称汉中王，改封黄忠为后将军，赐关内侯，与张飞、马超、关羽处于同样的地位。

3. 中国工程院

中国工程院综合楼坐落于德胜门城楼西北侧，在德胜高科技园区范围内，由清华大学建筑学院关肇邺院士等主持设计。关肇邺是清华大学建筑学院教授，中国工程院院士，首届“梁思成奖”获得者，全国工程设计大师，世界华人建筑师协会名誉理事。中国工程院综合楼获得 2009 年度北京市优秀建筑设计一等奖。

中国工程院

中国工程院是我国工程科技界的最高荣誉性、咨询性学术机构，其主要任务是对国家重要工程科学技术问题开展战略性研究，提供决策咨询，致力促进中国工程科学技术事业的发展。发挥院士群体多学科、跨部门、跨行业的综合优势，中国工程院多次参与国家和地区经济发展和社会进步中重大决策、重大工程建设和高技术产业发展战略的研究、咨询和评估，为国家和地方政府提出优先发展领域和重点投资方向和建议；组织对重大工程科学技术方向性、前沿性问题的研究，提高工程技术创新的能力和管理科学与工程的水平；广泛开展不同层次、多种形式的国内国际学术交流与合作，为全国工程科技界，特别是在一线工作的优秀中青年专家的成长创造开放的学术环境；大力开展科学普及和科技出版工作，为提高我国工程科学技术水平、各级干部与全社会的科学文化素质做贡献；维护科学道德，弘扬科学精神，积极推进社会主义精神文明建设。

在中国工程院从无到有的进程中，有很多关键的时间节点。中国科学院技术科学部的启动是在1954年1月，正式成立是在1955年6月。在1981年夏天中国科学院技术科学部在长春召开的学部大会，关于成立“中国工程与技术科学院”的问题被提出，张光斗、吴仲华、罗沛霖和师昌绪是学部中的常委，上级责成他们对成立“中国工程与技术科学院”的必要性和初步方案进行讨论。随后，在友谊宾馆通过几天的会议，大家一致认为成立这一组织非常有必要，而后写了一份报告上报给了中央。

《光明日报》1982年9月17日刊登了一篇题为《实现四化必须发展工程科学技术》的文章，是以张光斗、吴仲华、罗沛霖和师昌绪四个人的名义发表的。这篇文中以“为何必须大力发展工程科学技术和在中国如何大力发展工程科学技术”为主题。此后，全国人大代表及全国政协委员时有动议转送到中国科学院，不是要求成立中国工程科学院，就是建议扩大中国科学院技术科学部学部委员的名额。

1983 年，中国科学院技术科学部一分为二，第一技术科学部由李薰兼主任，第二技术科学部王大珩任主任。不久，两个学部又合二为一，但学部委员增选配额仍按两个学部看待。20 世纪 80 年代，在第一技术科学部副主任刘翔声的支持下，由金属所组织力量先后编辑出版了两本有关国外工程院及工程与技术科学院的情况介绍。

1992 年春，来自高校、科学院及产业部门的 6 位学部委员张光斗、王大珩、师昌绪、张维、侯祥麟、罗沛霖再一次提出“早日建立中国工程与技术科学院”的建议。这个建议由中国科学技术协会报送中共中央办公厅，刊登于《综合与摘报》第 54 期（1992 年 5 月 8 日）。

1992 年 12 月初，研究小组相继走访了国家自然科学基金委、冶金部、化工部、石化总公司、航空航天部、核总、机电部、农业部、中国科协、国家教委等十几个单位征求了意见。12 月，国务院发展研究中心提出组建中国工程科学院的初步方案。

1993 年上半年，国务院领导指示，中国工程院的筹建工作改由国家科委为主，成立了以中国科学院学部联合办公室葛能全副主任及国家科委基础研究与高技术司冯思健副司长为正副主任的办公室，于 8 月 3 日由国家科委和中国科学院共同提出《关于建立中国工程院有关问题的请示》。

1994 年 2 月 25 日，国务院批转《国家科委、中国科学院关于建立中国工程院请示的通知》，并批准由宋健国务委员为“中国工程院筹备领导小组”组长的 45 个人筹备小组名单，中国工程院的组建工作正式开始。

1994 年 6 月 3 日，中国工程院在北京成立，同时设立院士制度。中国工程院院士每两年增选一次。

截至2017年11月，中国工程院共有院士882人，其中机械与运载工程学部128人，信息与电子工程学部126人，化工、冶金与材料工程学部111人，能源与矿业工程学部118人，土木、水利与建筑工程学部111人，环境与轻纺工程学部55人，农业学部77人，医药卫生学部123人，工程管理学部58人（其中跨学部院士25人）；此外还有外籍院士66人、已故院士188人、已故外籍院士16人。

4. 中国工程院建设逸闻

中国工程院综合楼占地2公顷，建筑面积约2.3万平方米，于2005年1月18日举行开工奠基仪式，2006年院士大会前投入使用。

与其他国务院直属机构相比，中国工程院的成立相对较晚，从筹备到成立先后租用了军事博物馆、科技会堂办公。伴随着院士队伍规模的不断扩大和学术交流活动的日益广泛开展，为满足院士著作、资料的陆续收藏及展览场所的基本需要，为各学部工作提供基本的场地，建设一座综合楼显得十分必要。

自20世纪90年代以来，社会各阶层群众逐步意识到保护古代文物建筑及环境的重大意义，认识到重要文物的弥足珍贵，于是对仅存的德胜门等4座城楼倍加重视，因而对其环境亦制定了严格的保护要求。中国工程院综合楼是城外与德胜门箭楼最近的新建设，其间只相隔原有护城河及市内重要道路一条，而且还需要保持一定宽度的城市绿带。因此，对中国工程院综合楼的建设提出了很高的要求。

根据北京市文物局、规划局的规定，建筑红线及建筑限高都划定了严格的标准，作为毗邻德胜门箭楼的现代建筑，这些条件中国工程院的建筑也必须严格满足，在建筑风格上应尽量低调。然而，作为我国工程科学界的最高荣誉性、咨询性学术机构，国务院直属事业单位，中国工程院的建筑不仅仅是一座建筑，还应该具有一定的表达意义，譬如应该庄重、大气，有较高的内涵表达，甚至应该表现出现代科学的具体形象，这就对建筑的设计和外在表现提出了更高的要求。从实际情况看，如何通过建筑语言展现中国工程院的特点和形象，与在建设过程中保护德胜门简陋的古建筑遗存，似乎存在着不小的矛盾。

在具体的设计中，设计者、建设者考虑到了两者兼顾，把保护文物建筑环境定为主要诉求，在此前提下，尽可能做到庄重而朴素大方，让中国科学院建筑的外观和室内一些重要厅室及景观平台，都与不远的德胜门箭楼相望，形成自然的对话，构建出一个和谐统一的氛围。在建筑风格的细部处理上，建筑又与城楼有密切联系：在建筑内部分楼层的主要办公室内，可以远眺古城内西北方向的大片保护区以及钟鼓楼、景山、北海等古城的标志物，感受北京这座城市传递出的文化底蕴和历史厚重。

中国工程院综合楼的筹备和建设过程，一直受到国务院领导的亲切关怀，在落实过程中也得到国家发改委、财政部、建设部和北京市委、市政府以及北京市规划委、市建委、西城区委、区政府等各部门的理解和大力支持。

5. 旧护城河变身“城市绿廊”

在弓箭胡同南口，有一条不大的小河，河水安静，波光粼粼，隔河便是忙碌的积水潭地铁站。这条小河不大，曾是北京城原有的护城河的北段，东起德胜门箭楼的西侧，西到新街口外大街。

相比北京旧城中心的其他街道，河北侧的西滨河路算得上是一条安静的道路。2016 年积水潭公交枢纽改造完成后，在向北的背后开了个小门，加了座小桥，小桥就横跨在旧有的护城河上。

在北京城市范围局限于城墙之内的时代，城北除了德外关厢和安外关厢，几乎都是平整的农地。随着1949年北京成为首都后，城市建设不断扩张，德外地区各种自发的建设也蔓延至此，其中靠近德胜门一侧为平房区，靠近新街口大街处则为变压器厂。后来，城墙拆除后建造起了二环路，二环路外的护城河一度成为市民游泳、垂钓的场所，在喧闹的城市中掺杂了一点野趣。不过随着城市的文明化建设和国民素质提升，今天在这里游泳和垂钓已成为陋习加以禁止。

“西滨河路”这个名字，充分反映了它的组成要素和特点：滨、河、路。

护城河将二环路与西滨河路隔绝。护城河曾经是一条臭水沟，不过随着近些年的整治，正在逐渐变得越来越美丽，而且与二环上的其他水系一起组成了“环二环绿道”，让这里变得更加整洁有序。在北京这座现代化的城市里，这样小桥流水、杨柳依依的环境，更加显得难能可贵。

在整治以前，城墙外的这条护城河曾经一直处于自然而荒芜的状态，臭水沟的状态让周围的居民掩鼻而走。不过，随着二环路和地铁2号线的建设，这一带的护城河被完全改为人工堤岸，水质污浊，虽然堤岸曾多次修缮、美

旧护城河变身“城市绿廊”

化，但距离风景优美的标准还有距离。后来，北京市启动了“环二环城市绿廊”建设项目，经过完整设计的景观工程，终于让沿河地带呈现出经过精心的城市建设的状态。如今，这里河水清幽，步道整齐干净，沿河蜿蜒而行，两旁各种树木和植物赏心悦目，成为周围居民休闲的首选去处。

第五节　弘慈巷
宏慈古寺遗存，德邻文化正浓

弘慈巷位于德胜门外地区的东南部，呈“7”字形走向，由南向北又折向西。南口从教场口街起，到弘慈巷主路折向西，最终接德外大街。全长约 400 米，均宽约 20 米。

1. 由宏慈寺到弘慈巷

据说，弘慈巷原来并不是叫“弘慈”，而是泛称为“宏慈”，因为当时这里有一座香火鼎盛的宏慈寺，后来也被称为“弘慈寺”，弘慈巷也因此而得名。1965 年，被正式命名为弘慈巷。1990—2003 年危房改造时，路南侧建成了德隆小区 6 号院，路北侧建成了德隆小区 9 号院。2004 年拓宽道路时，确定了现在弘慈巷的格局。

弘慈巷

清代官修的规模最大、编辑时间最长、内容最丰富、考据最翔实的北京史志文献资料集《钦定日下旧闻考》第一百零七卷曾记述："京师德胜门外有古刹遗址，发地得石碣，盖元之元统三年（1335年）兴国禅林也。"明成化中，"刘公信心喜（舍），鼎建一新。奏闻，赐召宏慈"。

在清代康熙、乾隆时期，宏慈寺香火旺盛，规模也非常宏大，占地超过了百余亩。当时，寺庙里除了有修葺完善的殿宇，供奉着神佛、藏有经文外，还设有供僧人日常起居生活的房间，以及有名望的高僧圆寂后修建的墓塔。

斗转星移，岁月更迭，在滚滚的历史洪流之中，宏慈寺已消失在历史的尘埃中，今天的机械工业部自动化研究所的位置，就是当时寺院的旧址。

今天我们再回望当年宏慈寺的更迭，很多历史已不可考，只能从故旧书籍、只言片语中，重塑时光的记忆。其实，在全国范围内，叫"宏慈寺"名称的，并非仅此一处，远在内蒙古的呼和浩特市里，也有一座宏慈寺。两者是否有所关联，今天已无法求证。

2. "德邻文化"替代了"晒毛巾"文化

今天的弘慈巷，街道整洁，窗明几净，尤其是巷子里建设的两处文化墙——"德"文化墙和"德邻"文化墙，更是让这里显得文化底蕴深厚，人文环境舒适。这样美好的人文、自然环境，是整治后取得的成果，而在没整治前，这里的"晒毛巾"成为一景，既不雅观，也让街巷的居民颇有怨言。

以前，400 米长的弘慈巷里，"开墙打洞"的商铺达到了 40 家之多，发廊、饭馆、五金店等一个挨着一个，店外经营、货车占道、广告牌乱放等问题非常普遍。尤其让居住在这里的居民感到不方便的是当时路边的很多理发店，把经营的范围扩大到了店外，直接在便道上晾起了毛巾。尤其是到了晚上，商铺里的人甚至就在马路上做饭、吃饭、打牌，影响了居民们的出入。同时，虽然巷子并不宽，但还是停满了各种汽车，而且乱停乱放，导致巷子里经常堵车，各种喇叭声和吵闹声不绝于耳，居民们的生活受到了影响。

后来，街道开始对“开墙打洞”逐步进行治理，昔日喧嚣的“发廊一条街”安静了下来，外面摆放毛巾的现象也得到了根治。随后，街道又开始着手规范停车秩序。不让居民停车的“堵”显然不现实，于是，弘慈巷在考虑街巷功能实际的基础上，科学规划出机动车停车线、非机动车停车线及消防通道线，并与交通部门协调，在路中间加装了一道护栏，一条车道变成了双向车道，空间布局得到了优化。随后，街道在路两侧挤出来了 60 多个停车位，供周围居民免费停车。一疏百通，巷子里一下子就变得井然有序了。

此外，为了美化环境，街道还不断加大绿化美化建设，给巷子带来了绿意和自然的清新。

弘慈巷北边的拐角处，以前是一个建材商店，拆除后，街道请来设计公司在这儿布设了一个景观节点。主景是三面雕刻着精美花纹的青灰色影壁，影壁前是姿态优美的造型松和整齐的绿篱，写着“弘慈巷”三个大字的花岗石，矗立在拐角最显眼的位置，为有数百年历史的弘慈巷增加了浓浓的传统韵味。

从花岗石碑向西，是一栋沿街的居民楼，原先开墙打洞的门店已经恢复成建筑原样，统一安装的防盗窗上，悬挂着近 30 组容器花卉，红的、黄的菊花，开得正绚丽。这是在征求居民意见后，由街道办事处统一悬挂的，让巷子变得更加美丽了。这些容器花卉由专业绿化队负责养护，什么季节摆什么花，花朵既应景又好看。此外，街道还为住户免费提供盆花，鼓励大家把自家的阳台装扮起来。

在整治不文明、不合理环境的同时，街道还积极弘扬正能量，

德邻文化墙

通过建设“德”和“德邻”这两处文化墙，大大提升了弘慈巷的人文环境。

“德”文化墙全长100米，墙上10组内容从北向南分为“以古提气、以今提神、以廉提醒”三个篇章，讲述德文化的历史渊源、今日德胜门地区的飞速发展与人文风貌、廉洁文化。南侧的“德邻”文化墙全长48米，墙面分为7组内容，体现了德胜地区的共治理念。

3. 北京机械工业自动化研究所有限公司

位于弘慈巷“7”字形最下方、南口东侧的北京机械工业自动化研究所有限公司，创建于1954年，是原机械工业部直属的专业科研机构。1999年，北京机械工业自动化研究所转制为中央直属大型科技企业，隶属于机械科学研究总院。数十年来，自动化所致力于制造业自动化和信息化的单元技术、集成技术、相关配套技术及系统

北京机械工业自动化研究所

与设备的研究、开发与生产，现已成为以发展制造业综合自动化和信息化技术为目标的多专业综合性高新技术企业，为客户提供自动化领域由开发、设计、制造、安装到售后服务的一条龙服务。

提起北京机械工业自动化研究所，最让人称道的当属在自动化、信息化、集成化领域自主创新的累累硕果：成功研制了我国第一台液压伺服喷漆机器人、中国第一座自动化立体仓库、中国第一台高能电子直线加速器、中国第一个拥有自主知识产权的 MRPII 软件、中国首创的 MIC 系列可编程序控制器……数十年来，自动化所取得科研成果 500 多项，其中获国家、部委科技进步奖 100 多项，获国家和国际奖 40 多项，拥有国家专利 30 多项，为中国装备制造业自动化技术的发展发挥了不可替代的作用。

到了今天，北京机械工业自动化研究所已完成数千项国家攻关项目及企业定制的装备工程和产品项目，广泛应用于汽车、机械、水利、电力、军工、冶金、航天、航空、环保、建材、煤炭、轻工、食品、交通、能源等 22 个行业。从承担中国第一颗人造地球卫星的地面模拟震动试验到承接备受瞩目的三峡工程，从承担引黄工程项目到中国的第一条机器人喷漆生产线，从在加速器领域顶住国外封锁的项目到目前世界上最大的玻纤行业的物流生产线，从为企业带来巨大效益的 RS－10 软件到为中国的军工装备做出贡献的液压系统等，自动化所为一大批国家重大工程和制造业企业的技术进步做出了卓越的贡献。在工业自动化及系统集成、工业机器人及自动装配系统、流体传动设备及系统、无损检测设备及系统、企业物流及仓储自动化系统、金属板材加工自动化装备、企业信息化及应用等高新技术研发与应用领域，达到或接近国际先进水平，处于国内领先地位，在装备制造领域具有广阔的发展前景。

随着时代的发展，自动化所也在不断扩大。今天，自动化所建有 9 个有关制造业自动化、信息化及其应用技术研究开发中心；有经国家批准建立的“制造业自动化国家工程研究中心”“国家液压元件质量检验中心”“国家‘863’计划智能机器人产业化基地”“机械工业自动化生产力促进中心”等国家级的科研、开发基地；有“全国工业自动化系统与集成标准化技术委员会”“全国液压与气动标准化技术委员会”“中国机电一体化技术应用协会”等 15 个全国性行业学会、协会、标委会依托在该所；是国家批准的“工业自动化、计算机应用和电气物理”3 个专业的硕士学位授予点，已培养硕士研究生数百名。

4. 中国林业产权交易所

中国林交所是经国务院批准、由国家林业局同意并联合北京市人民政府共建的全国性林权森林资源交易平台。交易所采用国有控股的公司制组织形式，注册资本 1 亿元。

中国林交所定位于中国唯一林业要素全国性权益市场，中国唯一森林碳汇交易平台，国内原木和木材交易中心市场，国际间森林

中国林业产权交易所

资源与林产品大宗交易平台以及国内林业要素金融产品、衍生品创新研发中心。

“国际间森林资源与林产品大宗交易平台”已有业务基础。据介绍，中国每年进口木材占国内木材需求的比例高达50%左右，中国投资者有投资外国林木资源的动力。实际上，在中国林交所筹建时期，就有非洲、南美洲的林木资源来与该所接洽，希望吸引中国投资者前去投资。

北京市常务副市长吉林表示，北京市将进一步优化金融发展环境，从政策支持、资金引导、人才聚集等方面不断提升金融产业发展的各项政策，凭借北京市高端金融产业资源聚集的优势，为中国林交所等重点要素市场的发展建设提供更大的支持。

中国林交所董事长梁雨表示，中国林交所将立足北京，服务全国，辐射世界。不过，北京赖以立足的是政策、信息、人才和投资者资源，可流转的林权资源则很匮乏，因为北京本地的林权属于防护林，并不可流转。因此，中国林交所成立伊始，就将业务视野放在了全国和全世界。

中国林交所的成立，是中国林权改革的重要一步。林交所成立后，还将由该所组织专家开展对全国林权流转现状的调查，为今后林权改革提供决策参考。

2008年6月，中共中央、国务院发布关于全面推进集体林权制度改革的意见，指出在不改变林地用途的前提下，林地承包经营权人可依法对拥有的林地承包经营权和林木所有权进行转包、出租、入股、抵押或作为出资、合作条件，对其承包的林地、林木可依法开发利用；规范林地、林木流转，在依法、自愿、有偿的前提下，林地承包经营权人可采取多种方式流转林地经营权和林木所有权；加强林地、林木流转制度建设，建立健全产权交易平台。

随着我国林权制度改革的逐步深入，各地林权流转行为逐步活跃，林权流转市场逐步扩大，林权流转成效逐步显现。但是，目前林权流转还存在交易标准不统一、交易层次较低、交易方式单一、交易服务不规范、交易监管跟不上等问题。成立中国林交所，有利于减少信息不对称和信息操纵，实现林权有序流转，保护林权交易相关人的合法权益，是我国林业改革的又一重要举措。

在中国林交所成立之前，我国一些地方已经成立了区域性的林权流转平台。

中国林交所是国务院批准的全国性林权交易平台，至于该所与全国其他地区林权流转平台的关系，现在还未明确。而该所将组织的调研，会涉及如何建立全国林权流转市场体系，如何处理中国林交所与各地林权流转平台的关系，调研组将给国家林业局提供建议，有可能触及对已成立林权流转平台的整合。

在林交所的定位中，“中国唯一森林碳汇交易平台”的定位，在当前全球掀起节能减排浪潮时期，颇为引人注目。

碳汇主要是指从空气中清除二氧化碳的过程、活动和机制，而森林是陆地系统中最大的碳库，在降低大气温室气体浓度、减缓全球气候变暖中发挥着重要作用。目前，我国与发达国家的碳交易，主要是工业领域的碳减排，但是减排的成本往往随着减排量的增加而增加，在有些领域存在极限，除非关闭工厂。而通过增加森林覆盖率来降低二氧化碳浓度，则是另一条重要的减排途径。

未来中国林交所将通过开展森林碳汇交易的方式，推进我国节能减排大业。在业务上，与北京环境交易所可能还有合作。业内人士认为，中国政府确定上述行动目标，为中国林交所成为“森林碳汇交易平台”创造了良好的外部环境。

第四章　胡同典故（二）

第一节　酱坊胡同
五感酱味弥漫，七朝逸事卷帙

位于德外地区西南部的酱坊胡同，今天已经几乎无从可考，所有的历史变迁，让这个全长 110 米、均宽 3 米的路段，再也找不到当年的踪迹。今天的胡同呈东西走向，东起德胜门外大街，西边通到德外西后街。

顾名思义，酱坊胡同的得名，皆因清代时此地有制作黄酱的作坊，遂以“酱坊”指称此地。1911 年后，“酱房胡同”的称呼就确定下来，直到 1965 年才更名为“酱坊胡同”。时光荏苒，沧海桑田，这里从低矮的小作坊变成了规划整齐的住宅区。1990—2003 年，又经过部分拆除建设，最终形成现在的格局，变成了德胜科技园规划区的组成部分。

1. 充满生活味道的胡同

熟悉老北京的人都知道，北京的胡同命名非常有特色，不但有将地名、物件名作为胡同的名称的，仅仅和一日三餐有关系的名字，就有很大一部分。甭管是吃喝玩乐哪一样，都能拿来当胡同的名字。

现在，走进那些带有饮食名称的胡同，就感觉胡同里都会飘散出浓浓的香味。米市胡同、干面胡同、油坊胡同、盐店大院、酱坊胡同、醋儿胡同、茶儿胡同、烧酒胡同、细米胡同、豆腐池胡同，充满了生活的香味；笔管胡同、手帕胡同、取灯胡同、锥把胡同、劈柴胡同，洋溢着浓厚的居家生活的闲适；宝钞胡同、金果胡同、银闸胡同、铜光胡同，充满了珠光宝气的富贵；裤子胡同、帽儿胡同、李纱帽胡同、方巾巷、草帽胡同，感觉身上都会变得温暖舒适起来。此外，还有跟树木有关的胡同：柳树胡同、枣林胡同、椿树胡同、柳荫街……让人不由得回想起当年绿化得很好的北京城。

胡同的名称充满了生活的味道，也代表了住在胡同里的老街坊们对美好生活的向往和祝愿，而这其中，开门七件事的“柴、米、油、盐、酱、醋、茶”，更是高频率地出现在胡同的名称里。这是因为当时这七件事与人们的生活密切相关。

掰着手指数一数，“柴、米、油、盐、酱、醋、茶”每一个都有相对应的一个或多个胡同：有“柴”的胡同有位于安定门内大街西侧的柴棒胡同，位于太平桥大街东侧的劈柴胡同（今为“辟才胡同”）；有“米”的胡同有位于菜市口东南角的米市胡同，位于地安门西大街北侧的白米斜街，位于美术馆后街的黄米胡同，位于地安门内大街西侧的米粮库胡同，位于朝阳门南小街东侧的禄米仓胡同，位于东四北大街西侧的白米仓胡同，位于东打磨厂街南侧的细米胡同；含“油”的胡同有位于西绒线胡同南侧的油坊胡同，位于灯市口大街北侧的油房胡同，位于太平桥大街东侧的油房胡同；含“盐”的胡同有位于隆福寺街南侧的盐店大院；含“酱”的胡同有位于德胜门外大街西侧的酱坊胡同，位于西皇城根南街西侧的大、小酱坊胡同，位于鼓楼西大街东北面的两个酱房大院（现在一条叫“后马广胡同”，另一条叫“新开胡同”）；含“醋”的胡同有位于广安门内大街南侧的醋章胡同，位于旧鼓楼大街东侧的酒醋局胡同（今国旺胡同）；含“茶”的胡同则有茶儿胡同、东茶食胡同、西茶食胡同和大、小茶叶胡同。

2. 因酱房而得名

虽然今天的酱坊胡同已找不到任何作坊的影子和遗存，但是在清朝，这条路就是因为有制作黄酱的店家居于此，于是被称为酱房胡同，直至后来的酱坊胡同。

说起酱坊胡同，不得不说黄酱和酱房。

在人类的历史文明进程中，食物扮演了一种重要的角色。食材的选择、时节的掌握、技法的探究，在中国人看来，并不简单是一日三餐，其中蕴含了天人合一的智慧、待人接物的礼数，以及追求美好的向往。

以前生活物质匮乏，居民吃的东西比较单一，而开胃的黄酱就成了很多居民的日常饮食伴侣。黄酱又被叫作大豆酱、豆酱，是将黄豆炒熟磨碎后，再经过发酵而得到的调味品，呈现出黏稠的状态，是我国非常传统的一种调味酱料。因为有着浓郁的酱香和酯香，并且咸甜适口，所以黄酱可用于烹制各种菜肴，尤其是制作老北京炸酱面必不可少的配料之一。

今天人们知道，黄酱的主要成分非常丰富，包括了蛋白质、脂肪、维生素、钙、磷、铁等矿物质，都是人体不可缺少的营养成分。黄酱中还有亚油酸和亚麻酸等营养元素，富含优质蛋白质，烹饪时不仅能增加菜品的营养价值，而且蛋白质在微生物的作用下还能生成氨基酸，让菜品呈现出更加鲜美的滋味，有开胃助食的功效。此外，亚油酸、亚麻酸对降低胆固醇有益处，甚至可以降低患心血管疾病的概率。而黄酱中的脂肪富含不饱和脂肪酸和大豆磷脂，具有保持血管弹性、健脑和防止脂肪肝形成的作用。

别看黄酱看起来只是一种普通的酱料，但实际上它的做法非常讲究，可不是随随便便就能做得好吃的。所以在老北京的胡同里，一般做黄酱的任务都是由家里经验丰富的老人来完成。因此，一缸平淡的黄酱，又平添了几许岁月沉淀的味道。一般情况下，虽然各家腌制的手法会有差异，但一些重要的步骤还是非常相似的：买回黄豆后，洗净去除杂质，而后放入锅中进行烹煮，一直煮到黄豆软烂、用手轻轻一捻就会碎裂即可。而后，将煮好的黄豆静置一天，黄豆在这一过程中会慢慢颜色加深，由黄色变成棕色。随后，将煮好的黄豆研磨成粉，而后用纸包好，放置一旁任其自然发酵，这个时候，黄豆内部会发生微妙的化学变化。经过一段时间的自然发酵后，将干硬结块的酱坯用清水洗刷干净，而后掰成小块放在太阳下曝晒。接下来，用开水化开食盐，晾凉后倒入大小不同的容器中（过去一般都是用大缸），而后将酱块放进去，再加入适量的清水。随后，将酱缸放在阳光下曝晒发酵，经过一个月的时间，黄豆酱开始变黄，而后又逐渐变成鲜亮的红褐色，这时就意味着鲜美的黄豆酱可以食用了。

在不同的地方，有各种口味、各种做法、各种讲究的酱，对老北京人来说，黄酱和甜面酱是主流。

如果追溯制酱的历史，甚至可以一直追溯到春秋战国时期。在周朝的历史上，就曾有“醢人”的记载，这个工种的工作内容就是专门负责制酱。不过，当时制作的酱和今天用豆类发酵而成的酱有着本质的区别。当时，酱的材料是肉类，剁碎后发酵而成。这种肉酱在当时可不是给平民百姓品尝的，而是属于非常昂贵的食物类别，只有天子、王公贵族才有资格享用。

到了春秋时期，豆豉开始出现，这个时候就与今天的豆酱相差不远了。在酱产生的同期，酱菜这种美味的食物也几乎同时出现。据考证，最迟是到汉代，当时不但已经有了酱菜，而且还掌握了成熟的技术，在长沙马王堆的出土文物中就出现了酱萝卜。不过在这个时候，酱菜只能生产所谓的“酱清”，即酱油；到了唐代，将酱清晒干后得到了后来普遍出现的黄酱，才让它成为酱菜的主要原料。到了宋元时期，腌辣菜、甜面酱酱菜、芥末酱相继开始出现。一直到明清时期，酱菜的类型已经基本上和现代相差无几了。从元代开始，老北京的酱园便开始出现，而后在明朝得到了发展。到了清代，酱菜的类型已经非常丰富，北京的酱园也分为三大类别：一是起源于明朝时期的老酱园，这些酱园多是山西的临汾人开设的，以六必居为代表；二是南酱园，以创办于乾隆年间的桂馨斋酱园为代表，其中，闻名全国的腐乳店王致和，也属于南酱园的类别；三是京酱园，以天源酱园为代表。

3. **博书屋**

在酱坊胡同的南侧、北京出版创意产业园内，有一家北京市的首家民营24小时书店“博书屋”，由北京精典博维文化传媒公司投资500余万元兴建。

依托北京市文化兴区战略优势、丰富的人文底蕴、发达的商业环境、集聚的文化资源和人才资源，博书屋力争将平台系统打造成为北京的文化地标以及各类论坛及出版交流平台，将书店打造为一个多元化、多媒体、多载体的文化艺术中心。

博书屋的宗旨是人文化、多元化、艺术性、创意性，在文化和大众之间建立一个交流的空间。24小时博书屋每周举行文化界的各种论坛及沙龙活动。涉及面覆盖整个文化产业范围，如名家讲谈、书画沙龙、古典音乐赏析、艺术家讲座、高端对话（如《杨澜访谈录》）。这种经营模式将极大地促进文化产业的发展，全方位地体现出文化产业多样性。

24 小时博书屋面积 1200 平方米，外部装修突出后现代的气息，加之以名家雕塑摆设在门口，与周围的现代楼群相得益彰，精致大气。内部设为图书展示区、电子阅读体验区、艺术品展示区、小剧场、儿童活动区、茶吧咖啡休闲区、名家讲堂和 VIP 服务区八大区域。每个区域都会根据实际需求，用不同的装修风格展示出博书屋多元化的风采。

博书屋力求将书店打造成为一个多元化、多媒体、多载体的文化艺术中心；并利用书店自身优势，积极投身到提高全民阅读量的事业中来。期待在遍布 24 小时便利店的北京街头，有一间随时敞开大门的书店，让夜晚读书的灯光成为北京城中最温暖的触角，给喜欢知识的读者一个自由舒适的心灵空间。

《光明日报》在报道博书屋的新闻中表示，从大环境上说，目前很多民营书店在严峻的市场形势下，纷纷关闭，而这家民营书店“24 小时博书屋”，却敢于担当，以全新的文化理念、创意和策略，迎战市场，立志为社会的文化、精神生活尽一份责任。“24 小时博书屋的成立是希望能够让更多的文化爱好者在北京寒冷的冬夜享受到温暖的文化夜宴，希望在不久的将来，‘24 小时博书屋’可以成为北京的文化新地标，丰富京城百姓的文化生活。”

每座城市，都应该有几个反映城市特色的民营人文学术书店，如同图书馆、博物馆、新华书店一样，是我们业余文化生活的重要组成部分，而对它的经营和管理，应该参照公益性事业单位的标准来予以扶持。对社会大众来说，它们是不可或缺的提高生活品位的事物，是共享的文化。

第二节 人定湖北巷
漫卷尘世跌宕，淡然世事沉浮

位于德外地区东部的人定湖北巷，呈南北走势。它南起人定湖公园东北角，北至黄寺大街，全长 380 米，均宽 6 米。人定湖北巷所在地以前都是荒地，20 世纪 50 年代初期，当时的北京广播器材厂等单位在这里建房，人来人往，于是自然而然形成了巷道。1981 年，在给这条巷子起名字的时候，考虑到它位于人定湖公园北边的位置，于是就将它定名为“人定湖北巷”。

1. 国营 761 厂

与人定湖北巷胡同的形成有重要关系的单位有当时的北京器材厂等单位。今天，随着历史变迁，很多老厂房都消失无踪，只有胡同还记录着曾经的岁月。在这条胡同里，从今天的北京北广电子集团有限责任公司的名字上，依稀还能看到当年北京广播器材厂的影子。

北京北广电子集团有限责任公司是北京电子控股集团有限责任公司全资子公司，前身是北京广播器材厂（国营 761 厂），始建于 1950 年 6 月 1 日，是新中国第一家大型广电设备制造企业，曾研制出我国第一部大功率短波发射机、第一部电视发射机、第一部大功率调频发射机等，为我国民族广电工业做出过重要贡献。

在国营 761 厂的历史上，曾有许多引以为傲的发明，为我国广电设备事业打下了坚实的基础。

在无线电通信发射设备方面，50 年代末，国营 761 厂研制成功大功率 25 千瓦单边带发射机，而后又研发成功 30 千瓦单边带发射机，实现了全部调整自动化；1980 年至 1987 年，国营 761 厂研制成功 10 千瓦单边带发射机，线性放大器部分采用三级高频放大，单边带激励器部分采用数字频率合成技术。1968 年，研制成功超长波发射机，发射功率 20 千瓦；1969 年 11 月至 1979 年，研制成功 2 部超长波发射机和并机设备，单机功率达 1500～2000 千瓦，并机后达 3000～4000 千瓦。1984 年 10 月，国营 761 厂将研制出的一种新型激励器用于改进超长波发射台，在中国第一次南极考察中，利用该机完成了 1 万公里远距离通信任务。

此外，国营 761 厂还研制成功长波授时系统主要设备——2000 千瓦长波脉冲发射机。以该机为主要设备的长波授时系统，使中国的授时精度由原来的毫秒量级提高到微秒量级。随后，国营 761 厂又研制出 7KMHz 电视微波中继设备应用于电视转播车，研制成功 6KMHz 数字微波信道机，为全固态化、全国产化的信道机。

在广播发射机的研制方面，国营 761 厂也硕果累累：1950 年，研制出 1 千瓦、3.5 千瓦、7.5 千瓦、20 千瓦等不同功率的中波发射机；1958 年 9 月，开始研制 1000 千瓦中波广播发射机。该机由 2 台 500 千瓦发射机并机组成，采用自动板调线路，由 200 多万个零件组成，总重量 150 吨，总体积约 900 立方米，最终于 1960 年 1 月 15 日开始试播。1954 年，开始试制苏式短波广播发射机。该机由 20 多万个零件组成，功率达到 120 千瓦，并机发射功率可达 240 千瓦，后于 1956 年 12 月 31 日开始试播。1960 年，国营 761 厂开始研制调频广播发射机，先后研制出 TPF Ⅰ 型、Ⅱ 型、Ⅲ 型、Ⅳ 型发射机；1972 年，国营 761 厂研制的 1 千瓦调频广播发射机在月坛发射台启用。

此后，国营 761 厂又先后研制成功 10 千瓦、50 千瓦、150 千瓦大功率脉宽调制（PUM）短波发射机和 150 千瓦中波脉宽调制发射机，1 千瓦调频立体声广播发射机，为北京正负电子对撞机研制成功关键设备 30 千瓦高频发射机。

在电视广播设备的研制方面，国营 761 厂也让人称赞：1957 年 3 月至 10 月，与广播科学研究所等合作，研制出米波段（VHF）1 千瓦黑白电视发射机样机，采用高电平调制方式。1958 年 5 月 1 日前，这台中国自行研制的黑白电视发射机交付北京电视台（1978 年改名中央电视台），并于 5 月 1 日晚 7 时开始试播。

此后，这样的研制产品不断出现、升级。1970 年，采用蒸发冷却新技术，试制出 1 千瓦分米波（UHF）黑白电视发射机。1975 年，研制成功北广牌 CS－10－Ⅲ－1 型 10 千瓦米波Ⅲ波段中频调制彩色电视发射机。该机采用固体化的中频调制激励器技术及金属陶瓷电子管。其中，中频调制是 20 世纪 70 年代初国际上才逐步采用的一项新技术。1981 年至 1984 年，研制成功北广牌 CSD－1－Ⅳ/Ⅴ－1 型 1 千瓦分米波单通道彩色电视发射机。采用了中频调制、半导体功率放大合成、超线性金属陶瓷电子管功率放大器技术和宽带板状阵子天线等新技术，使发射机的技术指标达到了设计要求，将中国电视广播频道数由 12 个提高到 60 多个。1981 年至 1985 年，研制成功 TVU410 型分米波 30 千瓦速调管电视发射机。该机的图像速调管放大器增益大于 35 分贝，采用了专用激励器和同轴器件及自动稳流电源等，扩大了中国电视广播的覆盖率。

2. 由国营 761 厂到北广集团

在历史的发展中，北广集团的前身——国营 761 厂带着曾经的荣誉和责任，走上了新的征程和发展。

北京北广电子集团有限责任公司在 2000 年进行了整体改制，组建了有限责任公司。2003 年，北广集团与北京广播电影电视设备制

北广大厦

造厂、北京北电科林电子有限公司等广电行业重点企业完成了整合重组，实现了“三企合一”，进一步扩大了企业的规模和实力。到了 2010 年，根据国家产业政策发展要求，北广集团与旗下北广科技股份有限公司实现了园区地产与科技产业的专业化经营，企业转型成为致力于科技服务与信息服务产业的园区运营企业。

转型后的北广集团，注册资金 5.45 亿元，总资产 10 亿元，净资产 8 亿元，现有在岗员工 550 余名。集团总部设九部两室一中心，共管理和经营六个园区、一个科技产业公司、一个物业管理公司和一个社保稳定平台。

在科技服务方面，北广集团拥有马甸创新产业园、酒仙桥科技创新园、北新桥文化创意园、双桥东园、南法信、平谷正红等六个园区。六个园区各具特色，汇集了大批金融、科技和文化创意企业，“十三五”期间将深化发展科技服务业和信息服务业，打造新的竞争力和利润增长点，实现从资源价值体现到服务价值体现的转型。

其中，位于黄寺大街北广集团总部所在地的北广·马甸创新产业园，园区现已经入驻百拓商旅、华夏易联、零度智慧、博伟智鸿等新三板上市、国家高新技术、投资孵化企业。未来园区将新增面积10万平方米，规划总建筑面积近22万平方米，以创业孵化、技术转移、联合创新等科技服务和金融、互联网产业为主。

北广·北新桥文化创意产业园位于东城区，园区地处中关村科技园东城园内，目前园区已经入驻光阴网络、绿维创景、朱锫设计、科技寺、科聚思等互联网、规划设计、孵化器运营企业。园区将在“十三五”期间，聚力发展数字内容、文化传媒、软件开发、网络服务、科技孵化等业态，打造特色文化科技产业园区。

北广·酒仙桥科技创意产业园地处中关村科技园朝阳园内，园区地理位置优越，紧邻UBP、兆维工业园、798艺术园区等多个科技文化创意园区。园区内已经入驻了华夏幸福基业、人人网等知名企业，目前已经形成以科技研发和文化创意类企业为主的产业。

北广·双桥虚拟生活产业园处于CBD定福庄传媒产业走廊中心地带，区位优势明显。园区以VR/AR产业为切入点，大力促进高科技产业与文化创意产业的融合发展，规划建设VR/AR体验大厅、VR/AR云端中心、技术孵化器等功能区。园区属于老厂房改建项目，占地面积8万平方米，未来将为企业打造低密度办公环境。希望与龙头企业、行业协会等资源方进行合作，大力引进HTC等VR/AR龙头企业入驻园区。

平谷园区占地面积30000平方米，建筑面积8000平方米。“十三五”期间，平谷园区探索通用航空为主的高端装备产业、高端食品与健康产业、电子商务产业、文化创意产业等，实现资源盘活。

南法信园区位于顺义区南法信地区，北广集团将南法信在园区作为“十三五”期间存量开发资源，随着企业发展的加快，北广集团将积极结合北京市的相关政策及周边环境，努力实现存量土地资源的盘活。

此外，在信息服务方面，北广集团旗下的北京北电科林电子有限公司已经形成了特种车、系统集成和数字电视三大业务板块，在国内外具有较高水平和市场份额，是国家有线电视网络产品、电视转播车、安防监控设备的定点生产企业。

在商贸产业方面，北广集团经营的福丽特家居是集家具、建材、家装为一体的一站式购物广场，汇集了上千个建材家具知名品牌，以及多家知名家装公司总部，打造了京城著名的家居装饰品牌。园区内的邮币卡市场是全国最大的邮币卡集散地之一，茶城、古玩城、宾馆和餐饮等也为园区增添了浓重的商业氛围。

3. 颐年园

沿着人定湖北巷向北行，会经过颐年园敬老院。这家成立于1986年、由德胜街道办事处投资的敬老院，主要接收自理老人。敬老院里安装了电子安全呼叫系统，设置了全程无障碍通道。建设了食堂、多功能室、浴室、洗衣房、晾晒场等文化娱乐及服务设施。房内还配有彩电、衣橱、空调、卫生间等设备。

颐年园

统计数据显示，2015年中国65岁及以上人口为14434万人，近十年65岁及以上人口逐年增加，人口红利逐渐消失。人口红利的消失，意味着人口老龄化的高峰即将到来和创造价值的劳动力减少，因此，养老问题的严重性和必要性浮出水面。

颐年园敬老院位于人定湖北巷内，院内是中国风的布局，透露着浓浓的艺术气息，给人古朴宁静的感觉。老人们在这里安享晚年，社会上也常常有人来看他们，没有将他们忘记。如白孔雀艺术世界曾与颐年园敬老院开展了以“关爱老人健康，温暖老人心灵”为主题的心系敬老院爱心共建活动；中央人民广播电台社教节目中心“爱·在一起志愿者联合会”曾走进这里，和老人们一起度过一段温情而有意义的时光。

“老吾老以及人之老，幼吾幼以及人之幼”，常怀饮水思源之心，常怀尊老敬老之情，是我们中华民族的美德。关爱今天的老人，就是关爱明天的自己。老人们需要的不是我们的钱和礼物，而是一声深情的问候，创建一个爱老、助老、敬老、养老的氛围，进一步培育尊老敬老意识和爱老助老品德，这个社会也就会变得更加和谐温暖。

今天的老人有国家的敬老院赡养，其实孝敬老人、赡养老人在我国自古便是一种美德，除了子女应当赡养老人外，对于那些孤苦无依的老人，也一直有一些供养方法和体制。

宋朝时期，利用宗族的力量来赡养老人，已经开始出现了制度化，范仲淹创设的范氏义庄就是一个例子。当时的义庄就像是今天的公益基金，通过定期向族人或族中贫困、孤寒的人发放钱米，让他们保证基本的生存。如果族中有老人去世，还可以从义庄申领一定的丧葬费，大概为 15 贯到 25 贯钱。范氏义庄创立后，示范效应很明显，宋朝及后世的众多士绅群而仿效，通过义庄的形式来赡养族人。通过义庄救济这个机制，当时一些贫寒与孤寡的老人得以“生有所养，死有所葬”，不至于在老无所依的时候沦落凄凉境地。

到明清时候，一些宗族还在族规中明确了赡养老人的职责，如清道光年间，苏州潘氏的《松鳞庄赡族规条》规定："凡贫老无依者，无论男女，自五十一岁为始，每月给米一斗五升，六十以上给二斗，七十以上给二斗四升，八十以上给二斗八升，九十以上给三斗。"在清光绪年间，苏州陆氏宗族的《赡族规条》也规定："凡贫老无依不能自养者，无论男女，五十一岁为始，每月给米一斗二升，六十以上每月给米一斗五升，七十以上每月给米二斗，八十以上每月给米二斗四升，九十以上每月给米二斗八升，百岁建坊，贺仪七十串制钱一百两，以申敬老之意。"

除了借助宗族的力量赡养老人外，最迟到南北朝时期，当时的社会已出现了养老福利。佛教传入中国后，也带来了其"布施"的观念，于是信奉佛教的梁武帝便在建康（今南京）建立了收养孤儿和贫困孤寡老人的"孤独园"。后来，唐朝还在京城设立了"悲田院"，来救济和收容乞丐与孤老人群。

宋朝时，福利养老机构已经比较完善，均与"孤独园""悲田院"功能类似，为贫困、孤寡老人提供"老有所养"的保障，也成为当时常设的国家制度。北宋末年便有立法规定："居养鳏寡孤独之人，其老者并年满五十岁以上，许行收养，诸路依此。"规定凡是年龄超过 50 岁的鳏寡孤独老人，都可以进入国家在京师及诸路开设的福利院中养老。当时国家给他们的赡养标准是每人每天 1 升米、10 文钱；而对年龄超过 80 岁以上的居养老人，政府还会给予额外的补助，另给大米及柴钱；对 90 岁以上的老人，则每天给 20 文酱菜钱，夏天供给布衣，冬季提供棉衣。不过，后来因为要收养的老人数量太多，于是又将享受福利养老的年龄线提升至 60 岁以上。

宋朝设立的福利院，无论是京城的福田院，还是设在各州县辖区的居养院、养济院，都是综合性的福利收养机构，并不仅仅是赡养老人，同时也收留乞丐、孤儿等。到了南宋时期，一些地方政府又修建了专门收养孤寡与贫困老人的福利机构，称作“安老坊”“安怀坊”“安济院”。明朝与清朝时期，虽然有一些调整，但福利养老这一体制，基本上仍保留了宋代的居养院制度。

第三节　六铺炕
传奇传志，犹有余味

从地理位置上看，六铺炕街位于德外地区的东南部，自东向西走向。东口在鼓楼外大街，西口直至大井胡同。整街全长约 750 米，均宽约 10 米。1997 年 5 月被命名。

六铺炕街的地理位置还是很优越的，从大致的地形上来看，南边有城墙和护城河，北边不远是古寺，东边和西边则毗邻人定湖公园和青年湖公园。

六铺炕街街景

1. “六铺炕”由来

今天关于“六铺炕”这个名称的由来有不同的版本，这些版本既有历史的记载，也充满了乡间野史的传说的趣味。据《京师五城坊巷胡同集》记载：“安定、德胜关外共六铺。”这里的“铺”是当时负责居民治安的官办机构，有点像今天的派出所等单位，都是作为一个治安的管理部门存在。当时，这六铺管辖的范围大致有两个：一个是在安定门外，这个范围中有税课司、北郊方泽（即今地坛）、四卫勇士营、大教场、三大营和苜蓿地；另一个是在德胜门外，包括税务公司、冰窖小店儿。六铺的管理人员起居的地方是“铺舍”，当时大致就驻扎在安定门外和德胜门外的中间。那时候虽然是管理机构，但是条件非常简陋，甚至可以说是非常艰苦。以当时的条件来看，不外乎就是几个土炕，供在此办公的“铺兵”们休息而已。于是，这里就被人习惯性地称呼为“六铺炕”，比较形象，后来这个名字一直沿用至今。

关于六铺炕名字的由来，除了《京师五城坊巷胡同集》这样有记载的以外，还有一些带有一定传说性质的说法。一种说法的描述里，北城墙外是一片偏僻又荒凉的乱坟地，胆子小的人根本不敢打这里经过。不过，当时出苦力的脚夫们，为了生活所迫，却不顾忌这些，经过他们长年累月的行走，在当时的安定门外到德胜门外之间，硬是走出了一条东西走向的小路，据说这条路就是今天的安德路。看到这条路上经常有脚夫们行走，而且这里又很偏僻，脚夫们想喝口水都没地方，于是有生意头脑的人便在这条路上开了一家供脚夫们歇脚休息的小店铺。由于只是供脚夫短暂喝水休息的，这家店铺也非常简陋，据说土炕上只能放下六床铺盖，于是这家小店便得名“六铺炕”，再后来这一片地方都被叫作了“六铺炕”。

第二种说法是："六铺炕"里的"炕"并不是字面意义上供人睡觉的土炕，而是指这家小店的院子里用砖石黏土垒起来的土台子。当时这家小店比较穷，置办不起正常的桌子，于是因陋就简，垒起了土台子当作桌子。按当时的话说，一个土台子就被称作"一铺炕"，在这家小店里一共有六个这样的土台子，于是就称为"六铺炕"。过去，老北京有"东富西贵，南贱北贫"的说法，从六铺炕这个得名的典故，其实也反映出"北贫"的实际，也从另一个方面反映出旧社会人民生活的艰辛。

和第二种说法比较类似的还有一种说法：清末民初的时候，德胜门外还属于偏僻的地方，附近都是郊区，种有大片的菜地，房价很便宜。由于这个地方离城里较远，属于没人管的地方，于是在小店的院子里，就有些人垒起了土台子，在这里耍钱赌博也不怕有人来查。或喝酒或赌博，困了还可以在台子上眯一会儿。由于土台子是露天的，所以也比较简陋，只是临时搭了凉棚用来遮阳。天气好的时候适合玩耍，但是一旦下雨就得赶紧找地方躲雨去，因此又被形象地称为"雨来散"。

不过，还有一种说法，认为六铺炕当年并不是茶馆酒肆或是小店，而是官府送加急公文时值班的地方。不过，这种看法也有人反对，他们的依据是，虽然当时在德胜门、安定门外有六铺，但是从常识的角度来考虑，却不会把它们集中在一起。从这个角度来推敲的话，"六铺炕"不会是加急送公文的地方。

2. "铺"历史

据说，铺舍这种体制源于明朝，现还留有一些痕迹，六铺炕只是当时铺舍的名称。譬如今天的"十里堡（铺）""马家堡（铺）"之类的地名，也都是据此一直沿用而来。

北京的“铺”，当时一般有两种功能：一是负责官文书籍的及时传递，就像古代的驿站。以前交通工具不发达，互相交流只能靠书信，而后通过人力的传递。官方书信在传递中，需要组建一套完整的运输体系，而“铺”就是连接各地的一个个中转站。当时，通过人力步行传递的称为“邮”，骑马传递的称为“驿”，因此，全国各地主要干道旁每隔数十里便要设一个驿站，并备有马匹，以供来往传递信件之用。当官文书信紧急，不容延误，驿夫不能当天赶回自己家中时，就在驿站休息过夜，所以这些供驿站夫役休息的地方就称为铺舍。当时，每铺设铺司一名，掌管过往的文件；设铺兵三名，轮流负责传递这些文件。

“铺”的另一个作用是负责附近居民的治安。当时城内各街坊根据居民的人数多少，分成了 720 个铺，每个铺都设置了铺头和三五个夫役，而后再由总甲统领，统属五城兵马司领导。对于城外面的各个村庄，根据地方的远近，则分成了一定数量的保甲，每个“保”又会设置人数不等的“牌甲”，从中选出那些身体强壮的人作为分兵，配发武器，由一名捕盗官、正副保长各一人来统领。这些“铺”与“保甲”，分布在全城的各个地方，比外府州县控制得更加严密，因此对居民和各铺夫役的压迫更加厉害。

本来，统治阶级设立“铺”的目的是为了严肃法纪，但是由于城里面皇亲国戚、达官贵人众多，犯了法不能被拘役，而且哪一个都不敢得罪，因此当地居民都不愿意在铺内当差，只好让一些无业游民来担任，于是城内外的总甲、保甲都是无业游民。这些差役常常仗势欺人，鱼肉百姓，无恶不作，而且巧立名目，搜刮当地百姓。当民间有事需要他们解决时，他们就索要鞋脚钱；如果双方事主不愿发生纠纷，请他们和息民事，则要酒饭钱；如果奉命纠察可疑分子，对错抓的要收宽限钱，对已经抓起来的要收买放钱；城内每月每家要交灯油钱；买卖房屋要交画字钱；每次新的铺头上任或到年终，每家都要出银，置酒邀会……那些夫役不分风雨寒暑日夜值勤，只要地方上出现了人命案、盗窃案、水灾、路人冻饿而死等事，必须及时上报。上面的人随时监察，弄得各夫役叫苦不迭。相比城里，城外各保甲夫役更是辛苦，如西山百余村要轮流守卫矿洞，大路的数十村要轮流巡查窝铺，还有很多临时性的巡山、巡路的任务，稍有不合意的地方就声讨四出，责骂也随之而来。

实际上，铺舍本来是供铺兵休息的地方，但是在统治阶级大肆挥霍，过着奢侈无度的生活的时候，根本顾不上这些下等人的死活，因此许多铺舍徒有其名，大多数是“虽有房数楹，其实极敝，不可以居”，甚至“败垣荒草，仅存遗址”。比如北安门外的宛平县署前有一铺，但是铺址和铺舍都没有，铺的夫役往往是租赁旁边的民房凑合着居住。

3. 水电水利规划设计总院

在六铺炕街中段路北侧，是水利部水电水利规划设计总院。

水电水利规划设计总院是在 2002 年 12 月电力体制改革中经国务院批准保留的事业单位，现隶属于中国电力建设集团有限公司管理。水电水利规划设计总院的定位是：为政府行使职能提供支持保障、提供公益服务并可部分实现由市场配置资源的企业化管理事业单位，国家有关部门委托的水电、风电、太阳能光伏发电等行业技术管理单位，电力、水利和清洁可再生能源开发建设的产业政策研究中心。

水电水利规划设计总院的前身是能源、水利两部共管的水利水电规划设计总院。最早的历史可追溯到 1950 年燃料工业部成立水力发电工程局，主要负责对全国水利水电规划设计建设进行归口管理，其后历经改组演变，到1982年命名为水利电力部水利水电规划设计院，1989年更名为能源部、水利部水利水电规划设计总院，系两部共管的事业单位。能源部、水利部水利水电规划设计总院代部管理北京、成都、贵阳、华东、昆明、上海、西北和中南8个部属勘测设计院，对水利部流域机构所属单位和31个水利水电勘测设计院实行行业管理和业务指导，并代部对主要的河流规划、大中型水利水电工程的可研和初步设计等进行审查。

1993年电力工业部成立后，经电力、水利两部协商，原水利水电规划设计总院按两部隶属关系分开，电力工业部于1995年2月批准成立电力工业部水电水利规划设计总院（同时挂电力工业部水电水利规划设计管理局牌子），其主要职责是编制水电水利及风电发展规划，制订和部署前期工作计划；组织审查河流规划和风电规划，负责审查部直管的大中型水电水利和风电工程的预可行性研究和可行性研究报告；组织编制和审查水电水利、风电勘测设计技术标准和定额；管理部直属的北京、成都、贵阳、华东、昆明、西北和中南勘测设计院等。国家电力公司成立后于1998年更名为国家电力公司水电水利规划设计总院，并受原国家经济贸易委员会委托负责水电行业技术管理和设计审查工作。

2002年电力体制改革中，水电水利规划设计总院作为国务院批准的事业单位，成为中国水电工程顾问集团公司所属事业单位。2011年电网企业主辅分离改革及电力设计、施工企业一体化重组中，按照国务院批准的中国电力建设集团有限公司组建方案，水电水利规划设计总院改为隶属于中国电力建设集团有限公司管理。

水电水利规划设计总院虽然随着我国能源和水利行政管理体制、国有资产管理体制等的多次改革而历经多次变革，但基本业务和职能未发生大的变化，一直是全国唯一承担水电、风电、太阳能光伏发电等技术归口管理工作的事业单位。水电水利规划设计总院自2002年以来，受国家有关部门委托，承担着行业规划、技术管理、工程验收、质量监督、标准制定和政策研究等工作，并受托管理可再生能源（水电、风电、潮汐发电）定额站，水电、风电安全设施竣工验收，国家可再生能源发电工程质量监督总站，国家可再生能源信息管理中心；是国家能源局设立的16个能源研究咨询基地之一；同时，管理着水电、风电行业标准化技术委员会（组）共8个。

水电水利规划设计总院以水电、风电、太阳能光伏发电等专业配备齐全的高级技术人才队伍为支撑，在水电、风电、太阳能光伏发电建设领域发挥着不可替代的作用，为中国水电、风电、太阳能光伏发电等事业的兴旺发达做出了重要贡献。

4. 北京市西城区师范学校附属小学

位于六铺炕北小街3号的北京市西城区师范学校附属小学，始建于1953年，前身是石油部北郊子弟小学，占地面积1.5万平方米，现拥有74个教学班，近3000名学生，近200名教职员工。其中，高级教师13名，中级教师88名，区级学科带头人、骨干教师35名，北京市“紫禁杯”优秀班主任8名。西师附小是一所规模较大，受到广大家长认可，社会声誉良好的

北京市西城区师范学校附属小学

小学。

数十年来，西师附小顺应时代潮流，注重教师队伍建设，努力探索教育、教学规律，为社会培养了大量的人才。学校以“使每一天都有意义”为核心办学理念，以“健康第一、基础扎实、学有所长、国际视野、全面发展”为培养目标。倡导“居敬守静”做教师。学校坚持以“让健身成为习惯，让文明成为习惯，让学习成为习惯”的学生行为作为培养目标。以“知识对接心灵”为核心教学理念，坚持课堂为育人的主渠道。学校坚持在研究中实践，在实践中研究的策略，形成了西师附小品牌特色。

西师附小提出了“使每一天都有意义”的课程文化。课程设置除了基础型的课程（比如语文、数学、英语等）之外，还设有“拓展型”和“特长型”的课程，这两类课程包含了很多孩子喜欢的内容，比如天文、益智游戏、武术、3D 打印、游泳、篮球、陶艺、剪纸等等。

西师附小的课程文化理念是“把学生所有的学习活动纳入到课程管理当中”，坚持“科学、实践、开放”的规律与原则。科学是要符合孩子们的成长规律和科学发展规律，要根据孩子的年龄来设计课程，循序渐进。实践就是要让孩子们亲身参与体验。开放不仅让孩子们的思维得到解放，还将孩子们送到室外去学习，身心得到解放。例如，作为西师附小拓展型课程的“英语戏剧”课程，学校会依据难易程度给不同年级的孩子设置不同的表演内容：三年级是白雪公主、四年级是小公主、五年级是穿靴子的猫、六年级是阿拉丁神灯。

5. 华油北京服务总公司

1992 年 12 月，中国石油天然气总公司党组把行政事务局从机关分离，组建了华油北京服务总公司，要求其在为机关提供后勤保障的基础上，积极开展经营。此后，落户在六铺炕街6号的华油北京服务总公司，在为机关提供后勤保障的基础上，坚持服务与经营相结合的原则，充分利用自身优势，积极开展经营活动，争创良好的效益，经营工作走上了规范健康的发展之路。

这里虽然是一家机关后勤企业，但他们曾获得4个国家级、16个省部级荣誉称号，多项工作进入国管局系统先进行列。这里虽然从事的都是婆婆妈妈、吃喝拉撒的琐碎工作，但却样样干得出彩，服务满意率达到87%。

坚持利群为先，在推动发展中形成和谐共为。华服总党委认为，发展是实现和谐的根本。加快发展，最重要的是凝聚人心，最广泛地调动和激发职工干事创业的热情。为了营造和谐共为促发展的浓厚氛围，党委提出“内提素质，外树形象，加快改革，滚动发展”的总体要求，实施精品服务、“走出去”、低成本、持续重组和人才五大战略，把所属单位科学划分为“三个做大、三个做强、五个做优”的“335”发展规划，坚持“创新、提高、升级、发展”八字方针，争创“一流的服务、一流的效益、一流的管理、一流的队伍”四个一流。

华服总制定一整套服务标准，各项服务实现了规范化、标准化：服务设施进行了更新改造，单位面貌发生了根本性变化，在站稳内部服务市场的同时，积极向社会市场延伸，来自社会市场的创收比例占总收入的70%以上。企业发展的成果惠及全体职工，生活质量不断提高。“十五”期间，成为企业发展最快的时期，也是职工获得实惠最多的时期。

开展全员培训，在促进提高中实现协调发展。华服总把促进人的全面发展作为共建和谐企业的重要一环，加大对职工培训的投入，采取请进来和送出去的方式对职工进行培训，开展经常性的岗位练兵、理论测试和技术实操考核竞赛，使员工的服务技能得到提高，所有技术岗位都做到持证上岗，有些技术人员还拿到中、高级证书，在全国性的大赛上获奖。

培育企业精神，在激励进取中促进和谐建设。几年来，华服总持续开展标准化服务、民心工程、精品服务等活动激励各服务单位争创服务品牌，涌现出“长期坚持，越办越好”的机关食堂、“辛苦我一个，温暖千万家”的管委会等各级各类品牌。在此基础上，华服总引导职工向更高层次发展——在公司范围内组织企业精神大讨论，把“爱岗敬业、求实奉献”确定为企业精神，“服务无止境.精品无绝版”“没有最好，只有更好”确定为核心理念。在培育企业精神时，华服总积极采用典型引路的方式，每年推出一批典型，通过各种形式宣传，用他们的事迹诠释企业精神，引导大家学习身边的先进人物，职工通过平凡的人和事，深切感悟到企业精神。

6. 苏丹上阿特巴拉水利枢纽项目管理委员会办公室

六铺炕街南侧的六铺炕一巷内，苏丹上阿特巴拉水利枢纽项目管理委员会办公室就坐落在这里。

苏丹上阿特巴拉水利枢纽项目，位于苏丹东部的卡萨拉州与加达里夫州交界处，距首都喀土穆公路约 460 公里。该项目由鲁米拉和博达纳两座大坝及其附属工程组成，该枢纽主要功能为灌溉、供水，兼顾发电。项目建成后，将形成一个约 30 亿立方米库容的水库，灌溉面积达 50 万公顷，为 700 万人口解决灌溉用水，为 300 万人口提供饮用水保障，为上百万人提供电力供应，苏丹 1/3 的人口将因此直接受益。对于促进苏丹东部经济发展、提高当地就业水平、改善当地人民生活具有重大意义。

2010年4月6日，苏丹政府在首都喀土穆友谊厅举行上阿特巴拉水利枢纽项目土建及水力设备工程合同签字仪式。业主单位大坝执行局奥萨马部长与中国长江三峡集团公司副总经理林初学、中国水利电力对外公司总经理陆国俊签订了该项目的承包合同。

苏丹上阿特巴拉水利枢纽项目由苏丹政府融资，总工期为5年零4个月。该项目是目前中国公司在苏丹承包的最大的单项工程项目，也是中国公司在海外获得的第二大单项水利工程合同。这项工程是中国长江三峡集团公司积极响应“走出去”战略，大力开展国际化经营所取得的重要成果。

2010年3月28日，苏丹总统直属大坝执行局正式向中国水利电力对外公司与其母公司——中国长江三峡集团公司组成的联营体，颁发了上阿特巴拉水利枢纽项目土建及水力设备工程的中标函，承包合同总额为8.38亿美元，经过后期合同变更后合同金额又有所提高。

7. 中国石油经济技术研究院

位于六铺炕街6号的中国石油经济技术研究院，是中国石油集团的直属科研院和主要从事发展战略研究的决策支持机构。在过去数十年的各个发展阶段，面向石油，服务石油，研究成果丰硕，为我国石油石化工业和国民经济发展做出了积极贡献。

中国石油经济技术研究院主要从事石油工业发展、石油科技、石油经济、石油市场、海外投资环境、政策法规等方面的趋势分析与策略研究，提供广泛的能源信息咨询服务，其前身是成立于1964年的石油工业部科技情报研究所。在发展历程中研究成果丰硕，研究院也从原来单一的科技情报研究单位，发展成为集团公司综合信息开发和发展战略研究的重要决策支持机构，并初步形成了一套信息资源开发和发展战略研究的业务体系，取得了一大批重要的信息研究成果，开发了一批以信息报道、数据统计、综合分析和专题研究报告为代表的特色信息产品，打造了一支专业较全、素质较好的信息资源开发和研究人员队伍。特别是近年来，围绕大局，贴近需求，进一步加强信息与发展战略研究工作的针对性和前瞻性，在服务发展、支持决策方面又取得了新的突破和进展，为国家制定油气战略提供了信息依据和对策建议，为集团公司谋划长远发展战略、把握国内外市场环境、确定技术发展选项发挥了积极的决策支持作用。

面对新世纪的新形势、新要求，中国石油集团经济技术研究院处在了一个新的历史起点，承担的使命更为重要而光荣，发展的机遇与挑战并存。遵循中国石油“奉献能源，创造和谐”的宗旨，他们按照集团公司确定的“一部三中心”的定位，以更宽广的世界眼光、求实创新的精神，进一步贴近中国石油和我国石油石化工业与国民经济可持续发展的要求，坚持以信息资源开发为基础，以战略研究为核心，全面推进体制、机制创新和管理创新，加速人才培养，强化创新研究，不断谱写发展新篇章，力争建成为国内一流、国际有影响力的能源信息研究机构。

中国石油经济技术研究院的主要业务有发展战略研究所、市场研究所、海外投资环境研究所、石油科技研究所、信息资源开发中心、知识产权和成果中心、企业传媒设计部、石油商报社、《国际石油经济》编辑部。每个都具有较强的专业性，如其中的发展战略研究所，其主要职责是围绕国家和集团公司战略决策需要，开展国内外能源政策、行业发展趋势、国内外石油公司发展战略及管理问题研究，为集团公司、股份公司发展规划和战略管理提供支持与建议。

在过去的工作中，中国石油经济技术研究院的研究工作与集团公司、股份公司和海外经营企业规划计划部门的战略管理工作紧密结合，先后承担了“关于培育和提升中国石油集团国际竞争力的方案”“中油集团建设具有国际竞争力跨国企业集团行动纲要”“中油股份公司国际化经营战略”“CNODC 中长期发展规划”等重大课题研究；参与了集团公司、股份公司、勘探开发公司的“十一五”规划专题研究，在“十一五”发展和竞争环境、发展目标和发展战略等方面取得的多项研究成果进入规划文本，有力地支持了战略决策工作；在石油企业经营管理方面，他们所完成的《国外大石油公司内部管理体制研究》《跨国企业集团管理体制与运作机制研究》《石油石化行业绩效评价体系研究》等基础成果，在集团各专业公司的重组改制、组织及管理改进工作中发挥重要作用；在海外投资和资本运营方面，所完成的《全球上游资产和公司交易监测与隐含储量价值研究》《海外资本经营要素及方法研究》《海外目标公司资产和经营状况追踪研究》《海外 LNG 项目调研》等成果，对集团海外经营企业的战略规划和项目开发工作起到了有力的信息支持作用。

第四节　裕民中路
“农”口单位汇聚，民生要事有应

裕民中路位于西城区德胜门外街道辖区的北部，南起北三环中路，北至北土城西路，全长约 910 米，宽约 15 米，是德外地区一条重要的南北道路。在这条道路两侧，分布着国营农场管理局、北京市农业局等单位。

1. 国营农场管理局

位于裕民中路 4 号的国营农场管理局，名称中的“国营”两个

字，充满了历史的年代感。

在一本发黄的1964年9月刊的《中国农垦》杂志中，署名“秦学儒”的作者曾刊文《彻底实现半日工作半日劳动 北京市国营农场管理局迁至郊区农场办公》的文章，描绘了当时国营农场管理局的工作和生活场景：

> 北京市国营农场管理局，为了加强干部的思想锻炼、改进机关的工作作风，从局长到一般干部、从各处科到打字室，已全部于九月中旬，由市内办公大楼搬到德胜门外裕民农场，以便坚持实行“半日工作，半日劳动”制。
>
> 一个多月以来，通过与农场职工同吃、同住、同劳动，机关干部不仅进一步熟悉了农场生产情况，同时，在思想作风上也有了提高和改进。不少同志反映，搬到农场来以后，天天与工人群众接触，才体会到自己的生活不够艰苦、作风不够朴素、工作也不够扎实深入，今后一定要更好地在集体生产劳动中锻炼改造自己。
>
> 不久前，他们刚进行了一次阶段小结，并且还进一步研究了如何把“半日工作，半日劳动”制坚持得更好，更有成效。

2. 由“农业局”到“农业农村局”

位于裕民中路6号的北京市农业农村局，是主管本市种植业、畜牧业、水产业和农业机械化工作的市政府直属机构。

2018年3月13日，国务院机构改革方案提请十三届全国人大一次会议审议。根据该方案，组建农业农村部，不再保留农业部。2018年11月8日，按照北京市委市政府统一安排，北京市农业农村局举行了挂牌仪式，从原来的“农业局”变成了“农业农村局”。根据党中央、国务院批准的北京市机构改革方案，此次组建的市农业农村局，将市农村工作委员会、市农业局的职责，以及市发展和改革委员会的农业投资项目、市财政局的农业综合开发项目、市规划和国土资源管理委员会的农田整治项目、市水务局的农田水利建设项目等管理职责，市经济和信息化委员会的农药生产监督管理职责，市农村经济研究中心（市农村合作经济经营管理办公室）的农村合作经济经营管理职责等整合，组建市农业农村局，作为市政府组成部门，市委农村工作委员会与市农业农村局合署办公。

近年来，在市委、市政府的正确领导下，市农业农村局按照“四个服务”和城乡统筹的思路，坚持发展节约和循环农业，紧紧抓住筹办奥运会的历史性发展机遇，以重点、难点和热点问题为突破口，体现时代性、把握规律性、富于创造性。在全体干部职工的努力下，工作到位，措施得力，动植物疫病防治工作取得较好成绩；工作扎实，政策落实，粮食生产能力得到了有效保护和提高；加强监管，依法行政，农业法制建设有新成效；夯实基础，严格标准，农产品质量安全工作上新台阶；开拓思路，积极推进，“221 行动计划”进一步得到落实；防控污染，利用资源，农业生态环境明显改善；实施项目，强化培训，农业科技创新与应用稳步推进，农业机械化水平进一步提高；重视信息，扩展服务，京郊数字化农业水平有了明显提高。郊区农业结构布局更趋合理，农业的生产、生活、生态、示范功能日益完善，逐步向都市型现代农业的方向发展，呈现出社会、经济、生态资源协调发展的良好局面。同时，积极推进北京市农业局自身建设，干部队伍稳定，人员素质提高，思想观念、工作作风和工作方式发生了明显变化。

市农业农村局的工作职责主要包括以下内容：贯彻执行国家关

于农业发展的方针、政策和法律、法规、规章；起草本市地方性法规草案、政府规章草案，并组织实施；负责本市种植业、畜牧业、水产业、农业机械化的发展和行业监督管理；拟订本市农业各产业、农村可再生能源、农业科技和农技推广的发展规划，并负责组织实施；负责本市动植物疫病防控的监督管理工作；承担北京市防治重大动物疫病指挥部（北京市重大动物疫情应急指挥部）的具体工作；负责本市农产品（粮经、蔬菜、畜禽、水产产品）生产环节以及生鲜乳收购环节的质量安全监督管理；负责兽药、饲料、农药、肥料等农业投入品的监督管理；负责农产品质量安全监测和农业检验检测体系建设；负责本市动物卫生、植物检疫、农作物种子、农机安全、渔政、农业投入品、农产品质量安全及农业转基因生物安全等方面的法制宣传教育和行政执法；承担本市农业各产业、农产品质量安全等方面的标准化管理工作；组织本市农村可再生能源的开发利用与生态农业、循环农业建设工作；指导农业环境、渔业水域生态环境、农田质量和农业生物物种资源保护工作，负责水生野生动植物保护工作，指导渔业资源增殖工作；参与农业防灾减灾工作；监测、发布农业灾情，组织种子、化肥等救灾物资储备和调拨，提出生产救灾资金安排建议，指导紧急救灾和灾后生产恢复；承担本市主要农产品市场供应信息和价格信息的采集、分析等工作；承担农业行业职业技能开发和鉴定工作；承办市政府及北京市农村工作委员会交办的其他事项。

3. 北京市植物保护站

位于裕民中路南口东侧的北京市植物保护站，成立于1951年春，是北京市农业农村局的直属单位，多年来，结合本市农业结构调整和新型农业生物病虫草害发生情况，北京市植物保护站组织专业技术人员进行科技项目攻关，在科研和推广方面取得了较大成绩，自1989年以来获国家级、农业部、北京市级各类奖65项。

北京市植物保护站

从植保站的工作职责上看，基本都是和植物相关的工作：负责对本市重大农业植物病、虫、草、鼠害灾情及病虫抗药性进行监测、分析、预警、控制和治理；负责病、虫、草、鼠害监测技术及综合防治技术研究、试验、示范与开发；负责测报区域站管理；负责农业植物检疫审批与隔离试种、疫情管理、封锁控制；负责农药登记资料初审、安全使用指导、质量与残留监测、生物测定试验和执法监督；承担市农业局交办的有关农药广告管理方面的技术性、辅助性和服务性工作。

北京市植物保护站的主要职能共有五大项。一是开展全市粮食、蔬菜、经济作物、饲草等作物主要病、虫、草、鼠害等重大农业有害生物的动态监测与测报技术开发、预测预报、防治和植保新技术推广工作以及病虫抗性监测，测报计算机网络建设和监控区域站管理工作。二是农业植物疫情管理与封锁控制，农业植物检疫审批，调运检疫与隔离试种。负责国内调出调入的粮食、蔬菜、花卉、牧草、药材等种子、苗木检疫及引种审批等植物检疫工作。三是农药登记管理，农药残留、质量检测监督及农药安全。管理北京市的农药登记初审、农药样品检测、农药广告审批等工作，并负责新型农药试验、示范、推广及农药安全使用工作。四是依据《农药管理条例》《植物检疫条例》，宣传、贯彻相关法律、法规知识，开展农药监督管理、植物检疫的综合执法。五是农业病虫害灾情分析与治理，农业植物病虫害综合防治技术开发与防治新技术试验示范及防治项目的实施。

在实际的工作中，植保站的工作也和我们的生活密切相关。2018 年 7 月，夏至已过，正是水稻插秧后的关键防治期。为了保持京西稻生态化种植，减少农药利用率，在市植保站的帮助与指导下，海淀区农业执法大队从村民们最关心的病虫害防治入手，通过政府购买服务形式，依托北京比奥瑞生物科技有限公司，对 1460 亩京西稻田进行统一绿色防控。乡亲们站在地头儿，好奇地看着一架植保无人机飞过稻田，不到半晌的工夫，就完成了施药作业。

保护北京京西稻的生产。近年来，海淀区农委顺应现代都市农业的发展趋势，经过统一规划与部署，正逐步探索集休闲、观光、生态为一体的生产模式。今年，为保持京西稻生态化种植，减少农药利用率，在市植保站的帮助下，海淀区农业执法大队从村民们最关心的病虫害防治入手，请来专业“田保姆”，进行专业化统防统治。

此次植保无人机对稻田进行病虫害统防统治，在本市尚属首次。农技人员说：“植保飞防在提高京西稻农药利用率、节省人工和药剂成本、提高防治效果等方面具有显著优势，特别是对大面积突发性病虫害的防治具有不可替代性。”经测算，一架无人机施药一天可防治 400 亩至 600 亩稻田，亩均用水量较传统人工模式减少 90% 以上。

4. 北京市林业工作总站

位于裕民中路 8 号的北京市林业工作总站（北京市林业科技推

广站），是北京市园林绿化局的直属单位，承担全市区县、乡镇两级的林业工作站管理指导，以及全市重点林业生态工程的组织实施、全市林业技术推广体系建设管理、全市果树科技推广和果品产业的社会化服务、全市生物质能源开发管理等工作。

北京市林业工作总站，下设五科一室，即办公室、乡镇林业站管理科、工程科、推广科、科技科、生物质能源开发管理科。在首都的林业工作中，北京市林业工作总站（北京市林业科技推广站）的专业指导，帮助不少农户解决了难题，提高了收入。

媒体曾报道，由北京市林业科技推广站承担的“平欧杂种榛优良品种对比及繁殖技术试验示范”项目圆满完成，并通过专家验收。该项目首次对引进的18个平欧杂种榛子品系进行了系统的生物学特性及果实经济性状观察，从中筛选出平欧84－254等6个优良品系，初步总结出平欧杂种榛子在北京地区生产栽培的技术要点，填补了北京地区大果榛子规模化栽培的空白，为京郊榛子发展提供了品种和技术储备。

5. 北京首都农业集团有限公司

提起位于裕民中路4号的“首农集团”，那可是名声在外，他们的“三元”“华都”“双大”等品牌可谓是家喻户晓。

2009年4月，经北京市政府批准，北京三元集团有限责任公司、北京华都集团有限责任公司、北京市大发畜产公司，重组为北京首都农业集团有限公司。组建后的首都农业集团资产总额300亿元，员工4万人，国有全资及控股企业64家，中外合资合作企业31家，境外公司3家。其中，北京三元食品股份有限公司为上市公司。

首都农业集团在畜禽良种繁育、养殖、食品加工、生物制药、物产物流等方面具有行业明显优势，业已形成从田间到餐桌的完整产业链条，拥有5家国家级重点农业产业化龙头企业和“三元”“八喜”“峪口禽业”“太子奶”“丘比”五个中国驰名商标，“三元”“华都”“双大”三个“中国名牌”及一批著名商标，并与多家国际知名企业建立良好合作关系，具有较强的市场竞争力和影响力。

《北京青年报》曾报道：原来的北京首农集团、京粮集团和二商集团三家关系北京人餐桌的企业联合重组，组建了新的北京首农食品集团，成为北京人的菜篮子、米袋子、奶瓶子、肉案子，同时还建立三重“保障圈”确保首都食品安全

作为北京食品行业的“巨无霸”，北京首农食品集团的名字哪怕您不熟悉，但是北京人日常餐桌上，却离不开他们的产品。无论是三元牛奶、古船面粉、白玉豆腐，还是龙门米醋、金狮酱油、六必居酱菜，以及八喜冰淇淋，这些北京人耳熟能详的知名品牌，都来自北京首农食品集团。统计显示，在首农旗下的551家企业中，和北京人的日常生活紧密相关的知名食品品牌就多达50余个，其中仅老字号就有13个。今天北京食品行业的“排头兵”，已伴随北京市民日常生活多年。

联合重组后的首农食品集团，产品内容更加丰富，已集食品生产、供应、服务于一体，目前资产、营收都超过了千亿，成为中国企业500强之一。今天的首农食品集团，可不仅仅是一家食品行业的企业，而是横跨了农牧渔业、食品加工业、商贸服务与物产物流业，覆盖了米面油、肉蛋奶、酱醋茶、糖酒菜等全品类食品，形成了从田间到餐桌全产业链条，担负着首都食品供应保障服务的主渠道、主载体、主力军任务。

对于担负着首都食品安全保障的首农食品集团而言，食品行业事关食品安全、食品保障，这对他们是机遇，更是一种考验，也是首农食品集团最为关注的重点。当前，首农食品集团正在搭建沿北

京六环的“1 小时生活保障圈”、沿京津冀的“3 小时应急保障圈”和沿环渤海的“6 小时应急响应圈”。在这三道首都健康食品供应保障圈的基础上，首农食品集团还积极参与疏解非首都功能的“农改超”项目，加快构建环首都 1 小时鲜活农产品流通圈。

今天的首农食品集团，其产品已被市民广泛认可，其实北京老百姓耳熟能详的一个个知名品牌背后，还有一个老百姓看不见的“首农”。在北京平谷有一家并不为普通百姓所知的“峪口禽业”，但这家企业在国内的蛋鸡养殖业却赫赫有名。这里成功培育了 4 个具有自主知识产权、生产性能领先的蛋鸡配套系统，销售网络覆盖全国 31 个省市自治区。九年来累计推广蛋鸡 40 亿只，市场占有率达到 50%，改变了“洋鸡”一统中国蛋鸡天下的历史格局。

对于首农人而言，拥有自己的蛋鸡品牌，不仅仅是为获得“中国第一”的市场占有率，更是具有事关从源头保障种业安全的战略意义。正是首农食品集团旗下的峪口禽业自主育种技术的成果，使得蛋鸡成为我国唯一一个不受国外控制的高产畜禽品种，在源头上保证了中国人的“蛋篮子”掌握在自己手中。目前这里配套建立了年孵化能力 3.2 亿只的孵化基地，种鸡规模已位居世界第一。

除此之外，首农食品集团目前拥有全球第一的种鸭规模、全国第一的种牛规模，并拥有国内唯一的北京油鸡、北京黑猪品种资源，共同打造了畜禽种业的中国“芯”。

6. 北京首商集团股份有限公司

北京首商集团股份有限公司，是在原北京市西单商场股份有限公司和北京新燕莎控股（集团）有限责任公司资产重组的基础上，组建的一家以百货零售、连锁经营为主的大型商业企业集团，2011 年 7 月 22 日正式揭牌。2012 年，首商集团获得中国商业联合会与中华全国商业信息中心颁发的“中国零售百强企业”荣誉。2016 年，首商集团入选《财富》中国 500 强。

首商集团是首旅集团旗下的商业板块，是一家全国知名、实力雄厚的大型商业零售集团，采取“集团总部—品牌总部—门店”的三级管理架构，拥有都市百货、奥特莱斯、购物中心、品牌代理等零售业态，拥有国内首家中外合资商业零售企业——“燕莎商城”、中国奥特莱斯业态创始者——“燕莎奥莱”、始建于 1930 年的老字号——“西单商场”、中国首家真正 Shopping Mall——金源新燕莎 MALL 等行业知名品牌，是北京百货零售业上市公司中年销售额超过 100 亿元的“商业航母”。

首商集团涉足都市百货、奥特莱斯、购物中心、品牌代理等多个业态，主营门店遍布北京、天津、成都、兰州、乌鲁木齐等多座大中城市，总经营面积约 100 万平方米，形成了多品牌、多业态并存和立体化协同发展的新格局，成为京城乃至全国具有较强区域优势和突出影响力的大型商业企业集团。2013 年和 2014 年，首商集团先后投资开办了天津新燕莎奥特莱斯和北京新燕莎金街购物广场，为首商集团的规模发展注入了新动力。

首商集团的发展战略是，依托企业优势，重点发展消费者认可的奥特莱斯和购物中心业态，积极培育运动休闲代理业态，同时兼顾集团传统的百货业务。对接国家的京津冀一体化协同发展战略，集中力量发展长江以北的市场，重点布局华北、西北、东北三个主要发展区域，加快抢占北京、天津、河北市场。

对接国家国资国企的改革战略，推进混合所有制改革；深化体制创新、机制翻墙，寻找企业新经济增长点；充分利用企业在资本市场的优势和品牌效应，采取多种融资方式实施兼并重组。

对接符合市场发展趋势的互联网 + 战略，实践实体 + 互联网

（O2O）运营。采取合作或并购方式，实践线上营销，加强实体经营与线上经营的融合。通过企业成熟商业品牌线上卖诚信、卖个性、卖服务，为实体商业的营销服务和业绩提升提供支持。

对接国家的供给侧结构性改革战略，充分了解目标消费者消费理念和习惯的变化，充分理解零售行业的市场变化，推进传统百货店业态的调整转型。有针对性地实现品牌和商品、服务组合的调整，保持和找回企业传统业态的竞争优势。

7. 北京口腔医学临床技术研究会

北京口腔医学临床技术研究会位于裕民中路南口路西，它是1996年7月由北京市口腔医学科技工作者自愿联合发起成立，经北京市社会团体登记管理机关核准登记的非营利性社会团体。

研究会的宗旨是团结本市广大口腔医学科学技术工作者，通过开展口腔医学学术交流，普及口腔医学卫生知识，开展继续教育，促进口腔医学科技的交流、普及与推广，促进口腔医学科技人才的成长与提高，为提高人民健康水平服务。北京口腔医学临床技术研究会接受北京市民政局的业务指导和监督管理。

研究会主要开展口腔医学临床科技攻关，促进本市医疗服务水平和人民健康、新材料技术研发推广、成果应用与转让、信息发布、会议培训、学术交流、组织考察、承办委托、编辑专刊等方面的服务。

研究会的发展方向主要是开展口腔医学学术交流，加强学科间和相关学术团体间的横向联系和协作；建立口腔医学专业网站及新媒体交流平台，为会员、专业人员及大众提供口腔专业信息服务；开展口腔专业各类人员的继续医学教育和专业技术培训，组织会员努力学习和不断更新科学知识与技能，提高会员及广大口腔医学科技工作者的水平；接受政府有关部门的委托项目和工作任务，提供口腔医学技术决策论证，提出口腔卫生科技政策和工作方面的建议；学会坚持民主办会、依法办会的宗旨，以提高学会创新和服务能力为目标，竭诚为口腔医学工作者服务。

8. **中国海洋置业有限公司**

位于裕民中路南口西侧的中国海洋置业有限公司，是2002年1月由北京市商业委员会所属的北京商业房地产开发公司、国家海洋局所属中国海洋物资公司等四家企业重组成立的。

中国海洋置业有限公司内设北京物业管理分公司、北京商业经营分公司、北京置业投资分公司、战略发展部、安全法律事务部、财务部、人力资源开发与管理部、综合办公室、信息网络部、退休人员管理办公室等机构，主要从事房地产开发和物业经营管理业务，累计开发各类房地产项目面积达40多万平方米。目前公司管理着以商房大厦、中盛大厦、中雅大厦及白家庄商务中心等为核心的各类物业面积近70万平方米，涉及写字楼（办公楼）、零售商业、酒店餐饮、工业仓储、普通民用住宅等5种物业类型25个物业项目。

中国海洋置业拥有注册物业管理师、物业项目负责人、全国物业设备设施管理师、物业管理行业综合类管理专家等物业管理专业人才数十人，是中国物业管理协会和北京市物业管理协会的会员单位、中国物业管理协会第三届理事单位、北京市商联会商业地产专业委员会主任单位，物业管理二级资质。

中国海洋置业先后引进瑞典宜家家居、国美电器亚洲（5A）旗舰店并进行战略合作，带动并促进了马甸地区的商业繁荣。

9. **新疆特色农产品展示中心**

在裕民中路甲6号，还有一家新疆特色农产品展示中心，如果想尝尝新疆的特色农产品，这里基本是应有尽有。

2009年，在原北京市农业局和新疆维吾尔自治区农业厅对口援疆项目的全力推动下，新疆在北京建立了特色农产品展示中心。展示中心经营从新疆各地空运过来的410多种干鲜果品和深加工农产品。早上起来采摘了新鲜的库尔勒香梨，打着“飞的”三小时后就运到了位于北京裕民中路的新疆特色农产品展示中心。

新疆特色农产品展示中心

天山雪莲、冬虫夏草、和田特级枣、女人香葡萄干……展示中心里有数百种特色新疆农产品可供消费者选择。这个展示中心在新疆设有多个收购基地，在哈密、和田、若羌有红枣收购基地，在阿克苏设有苹果基地，在库尔勒设有香梨基地，在喀什设有巴旦木、核桃、无花果收购基地，在吐鲁番设有哈密瓜、葡萄收购基地。因为都是产地直供，所以这些新鲜农产品价格比其他地方要低一些。此外，这些新疆鲜果都是早上采摘，直接打“飞的”来到北京，保证24小时内送到消费者身边，绝对新鲜。

新疆素有“瓜果之乡”之称。由于新疆的气候对瓜果糖分的制造和积累十分有利，因此这里所产瓜果特别甘美爽口。据调查，新疆是中国瓜种植面积较大、品种和品质均居前列的地区，年产各类鲜果数万担。

新疆常见的瓜果有葡萄、甜瓜（哈密瓜）、西瓜、苹果、香梨、杏、桃、石榴、樱桃、无花果、核桃、巴旦木等，优良品种达数百种之多。其中，吐鲁番的无核白葡萄，鄯善的哈密瓜，库尔勒的香梨，库车和轮台的白杏，阿图什的无花果，喀什的樱桃、核桃、光皮桃，叶城的石榴、旗盘梨，和田的蜜桃，伊犁的苹果等，均享有美誉。新疆葡萄干、哈密瓜、香梨更是国际市场的畅销品。

此外，新疆的粮食作物也很知名，尤其以小麦、玉米、水稻为主，全疆大多数地区均可种植，播种面积占粮食作物总面积的90%以上。其中，伊犁谷地气候温和，雨水较多，土地肥沃，更宜谷麦生长，素有“新疆粮仓”之称。新疆的水稻20世纪50年代以后有很大发展，阿克苏、米东区等地的优质大米名声在外。新疆的粮食作物中，高粱、大麦、谷子、黄豆、豌豆、蚕豆等也有很好的发展。

第五节　双秀南巷
中日“双秀”，联合璧成

双秀南巷位于双秀公园南侧，主要为东西走向，而后向南折抵达尽头，呈现出L形。巷子不大，全程仅250余米，东侧和新风北街相接。

1. 双秀公园

位于西城区北三环中路20号马甸桥西的双秀公园，位置在北三环路的南侧，整个面积有6.4公顷，是北京市向建国35周年献礼重点建设项目的10个公园之一，于1984年建成开放。

整座公园由中国式园林和日本式园林两部分组成，也是北京市里唯一一座有日本风格的园林建筑，以水秀山清著称，包括日式“翠石园”和中式“荟芳园”，因此取名为“双秀”。

双秀公园内景

从双秀公园的东门出去，再向南侧走上十几米，从新风北街路东穿过去，会发现一片小树林。树林的标牌上介绍说，这里是“松树林绿地”，但其实这里并没有松树，清一色都是柏树，树的轮廓还不到二尺的样子，从树围就可以大致推算出，这些柏树大部分应该都是中山林场时期植下的。民国时期的资料记载，这片小树林有一个专用的名称——纪念林，它也是中山林场的林中之林。后来，在1997年的时候，双秀公园在这里补植了部分柏树。再后来，在这片小树林的北面建起了马甸南村的住宅小区，在南面也建起了一片现代化的楼房，这片小树林便在楼群之中生长了。

双秀公园中的“双秀”，一个“秀”代表了中国园林的“清雅俊秀”，另一个秀则代表了日本园林的“山清水秀”。双秀公园的精彩之处在于它的小巧而精致，枯寂而玄妙，抽象而深邃。从整个园区的设计来看，大的设计作品不过一亩左右，小的设计内容只有几平方米，但是设计者就是用这种极少的构成要素，表现出了极大的意韵效果。在不断修建过程中，双秀公园逐渐形成了自己的特色，融中式园林和日式园林精华于一体，成为京城一座颇有特色的公园。

从建筑的角度上看，无论是建筑设计还是建筑形式，双秀公园不但展示了自然主义的风格，也体现了建筑与传统文化相融合的风格，因此，形成了一种自有的独特体系，因而成为人类园林建筑史上的一大特色，让人赞叹不已。双秀公园的主题也很明确：建筑的文化内涵以及自然、人、建筑的完美统一。因此，无论从哪一个侧面去观赏、评价双秀公园中的建筑，大体均如此。此外，公园展示的人文主义，也体现了建筑是为人服务的，一切都以人为中心的思想。因此在这样东方智慧的指导下，双秀公园从选址、设计、施工等方面，都表现了与西方建筑不同的特色和风格，形成了鲜明的东方建筑风格和内涵。

从整个公园的构造上来看，双秀公园“亭式构造”用一种简洁的设计和建造，体现了东方建筑的美学内涵。整个“亭式构造”整体上看非常简约，其“骨骼”由支柱梁组成，下面由台基支撑，而不是传统常见的承重墙支撑，泥灰和带推拉隔断的木结构组成了主体。此外，采用开放式的游廊设计，为空间提供了可能，一种独有的气质和简洁构成了和谐的整体，最终又与周围的环境有机融合在了一起。而在亭子西面的顶上，宽大的飞檐向上翘起，充满了力度和建筑美感，下面则是中国传统建筑中的代表建造特色——斗拱，在复杂的美学和组成中体现了中华建筑的源远流长和博大精深。亭子采用的石材为传统石材，主要作为基础、台基和具有防御作用的墙体使用。

“双秀”中的一“秀”为翠石园，占地 1.26 公顷。翠石园位于双秀公园的东北角，园内建筑所用到的山石等建筑材料，都是日本朋友所赠的。整个园区巨石横卧、山泉涌流，池中还有木制的小拱

翠石园

桥横跨，而两座独立的石岛则静立其中。在山顶上面，矗立着结构简朴、有很明显日本建筑风格的棕顶桐油色的木制小亭子，山下绿池中则建造有简约、低矮、宽大的木制的敞厅。再加上有沿路设立的日式方亭式的柱灯，都显示出明显的日本的建筑风格。

设计者中根金作是日本著名的造园家，设计过举世闻名的足立美术馆庭院，一生设计过 300 座园林。翠石园有别于中国园林“人工之中见自然”，而是“自然之中见人工”。它着重体现自然界的景观，避免人工斧凿的痕迹，创造出一种简朴、清宁的致美境界。在表现自然时，中根金作更注重对自然的提炼、浓缩，并创造出能使人入静入定、超凡脱俗的心灵感受，从而使双秀公园具有耐看、耐品、值得细细体会的精巧细腻、含而不露的特色；具有突出的象征性，能引发观赏者对人生的思索和领悟。

“双秀”中的另一“秀”为荟芳园，这里山石玲珑，布局奇巧，中间夹杂着垂瀑、曲径等用心的设计，呈现出典型的中国园林的风貌。荟芳园内，主要景点有“翠屏落影”“含芳佳镜”“竹溪引胜”

翠屏落影

等。其中，“翠屏落影”是公园门区的假山障景，气势雄劲；“含芳佳镜”在草坪上缀以宿根及多年生花卉，形成一片欣欣向荣的美感；“竹溪引胜”设置了小桥流水和喷泉景观，呈现出精致的情趣。

荟芳园的建筑形式，是通过在庭园内堆土筑成假山，而后设计了石组、树木、飞石、石灯笼等园林要素组合而成，园林的四分之三都由植物、山石和水体构成。一般来说，中国园林的设计风格，会通过用较大的空间和规模，以表现开阔的河山，并且常利用自然地形加以人工美化，进而达到幽深丰富的景致要求。

荟芳园清幽恬静，不用浓艳色彩，也没有使用色彩繁杂的鲜花来映衬，而是一律运用统一的绿色系，所以整体显得素雅恬静，清新隽永。在有限的空间之内，营造出了深山幽谷的感觉、寂静空灵的意境。空间上，对园内的植物进行复杂多样的修整，使植物自然生动，枝叶舒展，体现出天然本性。庭院角落的植物与组石，园林中的山景、小溪以及园中的树木，无不与中国的人文相适应。

无论是中国园林的大气隽永，还是日本设计的细致精巧，双秀公园通过综合呈现，为市民们打造了一个融合中日园林精华的公园。此外，整个公园的设计过程中，对于细节的处理方法，对现代景观园林的建设都是一个很好的借鉴作用。设计者通过对双秀公园的设计，向人们传达出一个信息：人对于自然景观的改造，并不仅仅通过绿化的手段，因此在景观设计中，不能只是根据规划图纸的设计而设计，不能只重视视觉的效果而弱化了景观的功能，而是应该尊重自然，通过人类的积极作用，顺应自然的发展演变规律，让改造后的自然能够与原来的自然和谐统一，让自然景观的设计达到“源于生活，高于生活”的设计本源。

2. 家门口的“森林”

对于生活在双秀公园附近的居民来说，在三环内这样繁华的地带，能有双秀公园这样景色秀美、浓荫绿树环绕的地方，真的可以称为“家门口的森林”了。因此，每当看到锻炼的人们脸上透露出的惬意，就能感受到这座“森林”带给他们的幸福和愉悦。

在双秀公园里，人们感受到杨树、榆树、银杏树，以及桃树、海棠树等树木的生长，在已经非常高大非常粗壮的这些植株背后，是岁月深刻在它们身上的年轮，默默记录着历史的变迁。在双秀公园里，“森林”的性质让周围的居民感到弥足珍贵。闲暇时间，坐在日本风格的园中，感受异国情调，感受阳光透过树荫洒在身上的慵懒和幸福。

在公园里还有两座读报亭，读报亭前常常站着头发花白的老人，聚精会神地仔细看着版面上的文字，那神情有种让人敬佩的专注。而在这样的情景之下，甚至能感觉到时光流过身边、翻动报纸。这样的老人，也成为记录这个时代的一个个鲜活的符号，虽然很平凡，但是都是伟大的。

3. 北京电影洗印录像技术厂

在双秀南巷西口不远处，是洗印厂宿舍 7 号楼，这里曾经住着北京电影洗印录像技术厂的工人和家属。如今，由于数字技术的飞速发展，传统的电影胶片工艺技术已不适合现代的节奏，逐渐退出历史舞台，中国最大的电影拷贝生产厂也将面临新的选择。

北京电影洗印录像技术厂是当时中国专门摄制科学教育影片的主要厂家之一。1960 年 3 月 12 日在北京成立。1985 年的时候，全厂有编剧、导演、摄影、动画、特技、特技摄影、照明、美工、录音、剪辑等创作和技术人员 280 余人，并设置有同上述专业相应的创作部门和生产车间。可以组成 30 个摄制组，年产 35 毫米彩色科教片约 150 本（每本以 10 分钟计），同时摄制少量电视片。

在中国社会主义现代化建设的新时期，该厂制片方针是：根据国家现代化建设的需要，为普及和发展科学技术服务，为提高人民的科学文化水平服务。为使题材切合社会的需要，该厂每年采访国务院各部委、科研单位和省市有关部门，并在基层调查了解群众需要，经过综合平衡拟订题材计划。其中业务部门所需要的专业性较强的科教片，由所需部门自费定制，制片厂按专业要求摄制。

从 1980 年开始，该厂开展了与国外合作拍片的制片业务。自建厂到 1985 年底生产普及片、技术推广片、教学片、科研片、科技简报、美术片等共计 662 部，其中定制片 127 部。许多影片在社会各行业中产生了广泛、良好的效果，获得国内外观众的赞赏。其中优秀影片有《对虾》《植物细胞分裂》《水地棉花蹲苗》《宇宙》《黄鼬》《古潜山油田》《预防小儿麻痹症》《生物进化》《绿化祖国》《遥感》《生命与蛋白质——人工合成胰岛素》《尼罗罗非鱼》《李可染山水画艺术》《苦禅写意》《昆虫的身体构造与功能》《灰喜鹊》

《黄河与森林》《崛起的第三金属——钛》等。

2003年，北京电影洗印录像技术厂成立翻译片部，挂牌为“中国电影集团公司译制中心”，译制了大量外国电影，如《亚瑟王》《金刚》《超人总动员》《汽车总动员》《终结者》等，接替原有的北京电影制片厂译制片工作，影片挂名译制单位为“中国电影集团公司北京电影制片厂”。

4. 马子恺艺术馆

在双秀公园里，还有一块洋溢着中国文化气质的静地——马子恺艺术馆。

马子恺艺术馆于2013年9月建造完成，因为它位于双秀公园内，因此也被称为“双秀书院”。整座艺术馆包括三处展厅，以组群的形式互相呼应：一期展厅于2011年底开放，接待了众多国学艺术专家学者及各界嘉宾名流；二期新建主馆为三层建筑，分作品展示区、陶瓷与艺术衍生品展示区、茶室文献区等。其中作品展示区陈列

马子恺艺术馆

了马子恺新近创作的彩墨古篆艺术精品，充分展示了他在艺术领域的深厚造诣。文献区主要介绍了马子恺的从艺经历和对艺术的不懈追求，以及他创作的紫砂陶艺作品。

马子恺，别署燕公，号穆斋。幼受庭训，读经研艺。国家一级美术师、西泠印社社员、中国书法家协会会员、中华诗词学会会员、北京大学访问学者、“中国古篆艺术论坛”发起人。现为中国书法学术研究院常务副院长、北京双秀书院院长、漱玉印社社长、济南政协委员兼政协书画院副院长、《中华藏书集成》副主编等职。曾先后在首都师范大学、北京大学学习，在中国国家画院等地任职，长期从事艺术创作理论研究与艺术教育工作。

2017 年 12 月 16 日出版的《中华英才》杂志，以文图并茂的形式对马子恺做了深入的专题报道：

> 马子恺是在书法、篆刻、绘画、诗词、陶瓷、设计、雕塑等方面都有涉猎，他出版有《马子恺艺术作品集》《古篆论语》《周易锦言》《汉印精华》《古玺精华》《智水仁山》《依仁游艺》等十几种专著，曾在巴黎、纽约、米兰、多伦多、曼谷等国内外成功举办二十余次个展，获得重要奖项百余次。作品被众多知名机构收藏展出。被选为《南方周末——精英》《中国书画》《中国文艺家》封面人物。在北京、上海、杭州等地创办“马子恺艺术馆”，为推广传统国学艺术做出了积极贡献。
>
> 2016 年的 10 月底，首届中国古篆艺术论坛在马子恺艺术馆举行。论坛主题为“重识·新建——中国古篆当代语境构建与推广”。论坛主题是古篆艺术名家马子恺提出的一个重要概念。重识，就是通过思考与研讨，重新认识书法

的艺术属性与学术价值；新建，则是通过对当代书法传播形式的全面梳理，新建一个具有完整体系的有效传播途径。

汉字是世界上最悠久的文字之一。几千年来，汉字的形体经过了多次演变，随着汉字形体的演变，书法也成为中华民族独特的优秀艺术。古篆书则是从甲骨文走向汉字规范化的重要发展过程。中国古代的篆书不仅仅是一种满足实用性书写的书体，而且几乎在其中囊括了先民全部智慧的结晶。

马子恺艺术馆和马子恺先生近年来致力于古篆的研究创作与文化推广。马子恺指出，今天在此所说的“古篆”，定义应为两种：一是狭义上所指，为秦以前的古文字，主要指大篆金文，包括甲骨文、陶文、币文、玺印文以及六国各种文字等；二是广义上所指，凡是中国古代文字中的篆书，无论大篆小篆、秦汉唐宋、明清书风都属此列，是一种集大成的艺术字体。孟子讲孔子是“集大成”者，意思就是综合和总结前人，继往而开来。“古篆”，通俗的语言就是古老的文字、古代的篆书。学术上的定义准确性，也关联了艺术创作中的广泛性。

马子恺认为：“众所周知，中国书法在西方极度缺乏艺术语境，从而限制了书法艺术的对外交流传播，这已经不是一个简单的语言沟通问题，已经是东西方文化相互输出时，所存在巨大差距的窘境怪圈。书法在西方艺术观念中甚至很难归类到艺术这个范畴中，即使也有个别艺术家借鉴东方书法，但仍然不能改变这种现象。这在我们近三年在巴黎、米兰、迪拜、多伦多、纽约、台北等地所做的‘马子恺古篆艺术全球巡展’中有着深刻的体会。所以要想让书法艺术‘走出去’，放在国际艺术视野之内，就需要大家共同的努力，当前亟须构建一个真正接纳书法的世界性的艺术语境。”与会嘉宾对重新构建中国书法，特别是中国古篆的学术体系以及传播路径提出了很多建议，并肯定了马子恺对中国文化经典古篆“啃硬骨头”的坚守及创新精神。

“幼受庭训，读经研艺”，这是马子恺概括自己的艺术启蒙之路。他出生于一个名望之家，祖父藏书颇丰，父亲也颇好书画。在这样的家庭里耳濡目染，马子恺倾心文艺顺理成章。

马子恺早年问学于济南名宿山水大家弭菊田先生，在传统山水画上下的功夫最多。中国画讲究书画同源，骨法用笔很重要，需要勤练书法。“画好了，字也题上了，就差盖上印完成。但那个时候年龄小，没人给刻印啊，只好自己动手。结果一刻就一发不可收拾。我十七八岁时，跟随当地最有名的篆刻大家陈左黄老先生学。1986 年左右在一个万人国际比赛中获了大奖，就此成了泉城篆刻名人，朋友们都拿着印石请我刻，这让我在刻印上得到了更多锻炼的机会。因为刻印，就要研究古文字，这也为我后来的创作方向打下了基础。”

马子恺勤习苦研，后又得蒋维崧、魏启后、钱君匋、刘江、武中奇、欧阳中石诸前辈指授，在篆刻领域取得了不俗成绩。谈及昔日老师们的悉心教导，马子恺铭记并感恩在心。“在我心中，启蒙阶段下的功夫多，那是我最大的快乐。”

马子恺重功夫更知机缘。他说艺术家但凡要成功，离不开“天赋高、功夫深、人品正、机遇多”这四点要素，前三者如是“硬件”，“机遇多”就是软件。“马子恺艺术馆”的馆名是末代皇帝溥仪的弟弟溥杰所书。“老先生生前对我很好，题字有求必应”，他说。

不止溥杰，对他好的老先生多了去了，比如许麟庐、臧克家、欧阳中石、武中奇、文怀沙、金开诚等。在老先生中，书画大家许麟庐是对他影响最大的人之一。

马子恺给自己确立的身份是“传统文化学者”。以古篆书写国学经典，是他的重要创作方向，并借此走向了罗浮宫、世博会等许多重要的国际文化舞台。古篆衍生品“泰和宝玺”还在米兰世博会中荣获金奖，向世界展示了中国传统书法艺术的魅力，真正做到了“让古籍里的文字活起来走出去”。

何谓古篆？“从字面意思上讲是指古老的古代的篆书，古文字的形式能唤醒人们对中国传统文化的记忆。北京奥运会的‘中国印’，上海世博会标识‘世’字，都以篆书的艺术形式体现，极大地推动了古篆文化在当代的传播。”

马子恺极为强调古篆“浓缩的中国符号”的重要意义。他认为任何一种文化，被人所普遍认知的，都有形象鲜明精练又内涵丰富的符号，而以书法为代表的中国文字，似乎更能胜任中华文化的载体。

如今，马子恺创新的古篆艺术，已不满足于用文字表达书法艺术。“古篆艺术是蕴含了中国传统文化精髓与高度人文体验的视觉化表征，要剥离书法这个概念，放到更广阔的艺术天地中思考。”马子恺创作的《泰和宝玺》，就是一个典型的立体符号。宝玺精选有26亿年历史的泰山墨玉，巧妙地将“天下第一山”浓缩于方寸之间。印体高度和周长分别象征泰山高度和孔子诞辰，印纽雕刻的是“泰山、黄河、孔子”，即“一山一水一圣人”，代表了中华文化的起源；印的四边以孔子时期古篆文字，雕刻了国学大师季羡林老先生的《泰山颂》铭文。印的底座四周雕刻波涛水纹，喻义祖国境内的海、河、湖、泉，体现着包罗万象的气势，与上面的泰山组成山水之乐、智水仁山之意。古人语“天下奇石数不尽，唯有泰山石敢当”，蕴藏了二十六亿年的泰山石有史以来就用以镇宅辟邪、吉祥纳瑞。

真正的艺术家，对传播中华文化的使命感总是很强烈，对中国文脉精粹的坚持总是很执着。

随意检索马子恺的艺术活动，就会看到他推广古篆艺术走向世界的努力：“美国圣荷西艺术市政厅长官来北京马子恺艺术馆座谈邀请硅谷长期展示古篆艺术”“中加建交45周年——2016中国艺术名家暨马子恺古篆艺术全球巡展多伦多展”“北京马子恺艺术馆迎来法比亚诺先生率领的意大利文化界友好人士访华团”“马子恺古篆艺术展在米兰世博会联合国KIP馆成功举办”“马子恺古篆艺术展在巴黎罗浮宫成功举办”……无论是海外知名人士的来访，还是将作品带到海外，通过对古篆艺术的全力推广，在使古篆艺术蜚声海外的同时，也为他赢得了广泛的声誉。

“古今很多学问是在象牙塔里，但艺术不应该是在象牙塔里。艺术来源于生活，我们很多艺术创作应该回馈给生活。世界性的艺术诞生于生活需求，经历各种艺术变革一直到现在，依然是生活艺术化的方向，所以说当今中国艺术急需生活化。我们这些年做古篆艺术推广，除了在艺术殿堂里面，比如美术馆、罗浮宫、多伦多艺术馆，更多的是在米兰世博会、纽约纳斯达克大屏这种大家喜闻乐见的场景下展示。做了一系列的衍生品也是希望如雪落无痕般融入生活方式之中，让大家自然而然地就能感受到中国文化的博大精深，渊源有序。

“艺术家首重版权，但似乎也不要太吝啬自己的版权，应该让更多的人分享，毕竟人的生命是有限的，要让自己的艺术作品和思想得到社会更多的关注，艺术衍生品是一个最佳的传播方式。我们现在的任务就是乘着中国复兴的东风多做一些东方文化的输出，把中华文化最好的、最美的，就是最具有代表性的文化符号共同推广出去，让中华深厚的传统文化传承得更广更远。”马子恺这样说。

他在一首诗中倾注了他为古篆文化全心付出的心愿和智识：

自咏古篆论语

甲金篆隶字纷繁，地北天南各所尊。
八万册成穿凿事，三千载作浩漫言。
岐阳石鼓人云好，曲阜何知鲁壁存。
拨乱于今还古体，欲同仓颉溯真源。

古篆艺术深藏于中国传统文人和知识分子的情怀，是蕴含了中国传统文化精髓与高度人文体验的视觉化表征。当今国内外许多艺术家以文字为创作素材，进行了大量的艺术实验，将中国传统文脉与当代文化资源、观念进行有效整合，成为中国当代艺术创作中的独特现象。如吴冠中、谷文达、徐冰等，都在文字艺术创作中取得了巨大成就。其中吴冠中先生晚年对书法艺术的深入研究尤为感人，他把一生的艺术思考归结于书法这个主体：进是当代艺术，退为传统经典。这些作品放大于国际视野也是极具人文艺术价值的代表性作品。重识、新建，古老的东方书法语言，演化成为世界性的艺术作品，是非常期待的一个大目标。

米开朗琪罗曾说："杰出的艺术家怀有的任何心思，都有本事透过一块大理石表现无遗。"马子恺认为这句话同样适用于篆刻艺术家。对篆刻艺术事业真正做出贡献的，一定是具有综合古今能力的人物，他们会取舍、会借鉴，更懂得怎样去传承文化，延续历史。他们的热爱与思想，也会在灿烂的印石上，表现无遗。

曾在杭州举行的 2011—2012 西泠拍卖的跨年秋拍上，87%的总成交率再次表明西泠印社拍卖公司在江南独树一帜的艺术市场地位。"中国书画近现代名家作品专场"与"近现代名家篆刻专场"分别璀璨呈拍，海内外藏家齐聚满堂，现场人声鼎沸，自开场就引来场内外竞买人激烈的竞价，热烈气氛一直持续。

其中，马子恺的古隶书对联与今年新作"政通人和"青田石印，在此两场亮相，文意刀笔俱佳，方寸之间见大格局，经得住反复回味。高雅之光透石而出，引人入胜，深得藏友们喜爱，现场诸位藏家竞相出价，最终分别以 13 万与 8 万余元的成交价成交，实至名归。除了上述两件，在这一专场中，由西泠印社首任社长吴昌硕领衔，西泠八大家、浙派篆刻代表人物的佳作，也各归其主。成交价格之外，是人们对书法篆刻艺术所涵文化底蕴的珍重，以及对非遗文化艺术的珍藏之心。

当代书法大家、中国书法文化研究院名誉院长欧阳中石评价马子恺："子恺同道手制颇具匠心，正所谓：古不乖时，今不同弊，饶有情趣。"

著名学者、原故宫博物院院长郑欣淼评价马子恺："子恺作品可贵之处在于意境不仅高古，而且清气畅和，在锐意创新的同时又没有落入时俗套路，挥洒自如的笔迹之间展现出一派生机。这种寓动于静的艺术观点，十分符合东方的传统艺术精神，这在当今十分难得。"

北京大学博士生导师、北京大学书法研究所所长王岳川认为："子恺的书法厚重深沉，超越了一般形式主义技法层面，而进入到书法背后的文化层面，能感受到线条后面的文化修为和心灵恬淡宁静。而作品的气象高古则呈现作者的人生境界，朴茂生动，气定神闲。子恺无疑在笔墨线条上是很有悟性的，作品中蕴含着令人感动的视觉张力性和文化拓展性。独特的艺术感觉提升了他作品的品位，而他有底蕴的文化旨趣，最终将书法篆刻技术层面上的'器'提升到'道'的层面。在全球化时代，子恺找到了自己的独特艺术语汇，保持自己面对西方现代性的清醒的中国身份意识，这是相当重要的。他在不断地超越昨日之我，在用刚劲而又曼妙的线条表现东方文化精神的同时，将东方艺术元素与现代人视觉感相整合，将传统功夫和当代笔墨加以整合创新，使作品凸显出作者的现代意识而具有明显的国际眼光。"

第五章　胡同典故（三）

第一节　大井胡同
幽巷隐校园，学风染街邻

大井胡同坐落于德外地区的东南部，呈南北走向。南口从安德路起，向北延伸至教场口北街，紧挨着人定湖公园。胡同全长约有250余米，均宽约6米。原来，大井胡同还是土路，新中国成立后在两侧开始兴建住宅，这才形成了胡同小巷。大井胡同这个名字的由来，据说是因为旁边原来有一口大水井，俗称“大井”，于是在20世纪60年代确定这里叫“大井胡同”。大井胡同1949年后于两侧兴建住宅，形成小巷，四旁侧原有大水井，俗称大井，1965年定名大井胡同。

1. 北京市第七中学

位于大井胡同西侧不远处的北京市第七中学，始建于1931年，历史悠久，是一所具有较高办学质量的普通完全中学。北京七中的前身是北平市私立镜湖中学，始建于1931年秋。1941年，从镜湖中学改为北京市公立第七中学，中华人民共和国成立后改为现在的校名。北京七中曾搬迁数次，于1954年迁到了这里。

北京市第七中学

“教学严谨、勇于创新、全面提高学生素质”是北京七中的办学宗旨，尤其是近年来，学校呈现出一派勃勃生机。经过多年的办学实践，北京七中已建立起一整套科学的管理机制和行之有效的管理措施，拥有一支敬业精神强、业务水平高的干部和骨干教师队伍。学校坚持面向全体学生，为学生的全面发展创造条件，其初中合格率、高中升学率长期稳定在较高水平，高考升学率近年一直稳定在90%以上。先后向清华大学、复旦大学、中国人民大学、北京外国语大学、北京航空航天大学等高校输送了大批优秀毕业生。

人民网教育频道曾这样报道北京七中：今天的北京七中正朝着以开放为特征，倡导“爱、尊重与个性化发展”的高品质普通完全中学迈进。绿草环抱的通幽曲径，现代化的教学设施浸透着浓郁的人文气息；“以人为本，和谐发展”的办学宗旨，铺垫着近千名学生的终身发展和幸福之路；“厚德、博爱、励学、敦行”熔铸了传统与现代、东方与西方的文化精粹；班级文化展板上，孩子们尽情书写着自己的梦想；“生涯规划”课程中，孩子们的激情与梦想得到理性的升华；走廊壁画、温馨书屋等特色校园文化潜移默化地陶冶着孩子们的品行。

北京七中通过实施阳光工程、师德工程、学苑工程与名师工程，涵养队伍，培育追求卓越的教育事业的志愿者。在教师队伍建设过程中，北京七中敞开大门，走出去，请进来，成为“现代学校联盟行动计划”加盟学校、中国教师教育视频网定点观摩示范学校、北京教育学院基地学校。依托北京市首批数字校园实验校的建设，老师们积极探索，大胆改革，以民主、开放为特征的学校管理体系、课程体系以及自主、探究、合作的学习方式，在探索中日益建构并趋于成熟。在学习与实践中，“个性气质阳光儒雅、工作态度积极健康、专业知识宽广深厚、教学风格迥异鲜明的”教师工作团队逐步形成。教师学历层次及教师获奖人数连年上升：在第五届“西城杯”初中教师基本功培训与展示活动中，学校教师获奖人数占初中教师总人数的50%；在北京市初中教师基本功大赛中，历史教师梁爽获得一等奖；据不完全统计，三年来，学校教师在各级各类比赛、评比中获奖人数连年递增，2014 年达到 153 人次，超过学校教师总人数；学生及家长对学校教师满意度持续提升。2012 年、2013 年，学校两次被选为“北京市走进百姓身边的百所学校”展示活动校，举办校园开放日活动。

在课程改革背景下，北京七中通过开设内容多样、层次丰富的开放课程，为学生搭建了多元发展平台。弘扬历史精粹，传承优秀的历史文化是丰富学校课程文化建设的有效途径之一。2008 年，北京七中自成为西城区非物质文化遗产进校园的首批实验校以来，自主开发了以面塑艺术、剪纸、傅雷家书等非物质文化遗产保护项目为代表的50 余门校本选修课程和以《胡同文化》为代表的研究性学习课程。2012 年，学校利用丰厚的教师资源，自主开发设计了“傅雷实验班”实验方案，目的在于培养“具有走向世界的基础知识与基本能力，有强烈的民族自豪感和国际意识，有广阔的文化视野，具备运用外语、计算机等交流与获取信息的工具，与异体文化共事、合作与竞争的基础能力”的未来有志于从事中国传统文化传播的后备人才。在两年的课程开发建设过程中，学校不仅编辑完成了 17 册国学系列校本教材，而且陆续在初中开设了风筝、泥塑、彩绘、暗榫等中华传统文化课程；“书香校园节”“一站到底”“课本剧展演”等以弘扬中华传统文化为主题的校园活动因深受学生喜爱而成为学校每年的固定活动主题教育活动。此外，作为民族团结教育基地校，学校每年春季承办的德胜地区“民族团结教育嘉年华活动”不仅成为深受地区中、小学生们喜爱的传统活动，而且成为和谐社区建设的重要载体。

在以文化传承为基础的多元人文课程基础上，学校依托西城区科技示范校的传统优势，在传统优势课程“人型机器人”“VEX 机器人”等基础上，相继开发了“生活中的化学”“有趣的物理实验”“生物种植”等科学实验类课程。2014 年，学校与解放军陆军航空兵学院达成合作协议，共同开发航空科技类校本课程。

自 2015 年 9 月，《北京市实施教育部〈义务教育课程设置实验方案〉的课程计划（修订）》实施后，学校将原有的春季大课堂、走进博物馆、阜平助学社会实践、泰山行、校园义卖募捐等传统综合实践活动进行课程整合，逐步建立人文类、科学类校本综合实践活动课程。

北京七中始终把教学质量的提升作为学校发展的生命线，在遵循科学教育规律的基础上，努力促进不同层面学生的均衡发展。

依托信息技术优势，北京七中自主开发了家校英语互动学习平台。家校英语互动学习平台为每位学生找到了一位英语口语教师，学生在平台上可以选择学习内容、学习时间以及希望的学业成绩。在此基础上，北京七中又建立了网络作文教学应用平台、在线学习平台。在线学习平台上，每名学生都能走进一个“教室”，并向教师提出问题、完成作业等。若同学将作文上传到“云端教室”中，那么，其他同学及教师就会成为“大众评审员”，学生的作文在多方修改下，形成“螺旋式上升”，最终达到最佳状态。

自2013年开始尝试“开放式小组合作学习模式”，北京七中学生以六人小组为单位，通过课堂互动学习、课下互助学习的方式，激发学生的学习兴趣，形成了自主学习的习惯；2015年3月，学校启动“翻转课堂”研究项目，学生在任务单的引领下实现课前自主学习，课上师生、生生面对面交流，借助“iPad”完成合作探究；2015年6月，高一年级“iPad”项目班的化学研究课受到了学生的普遍欢迎，“翻转课堂”实践将在数学、生物等学科进一步推开。

在德育教育中，北京七中将“人格健全、儒雅宽厚，会选择、敢担当”作为育人目标，通过举办艺术节、体育节、科技节、合唱节、心理活动周、少先队建队、少年团校、学生业余党校、十四岁生日、高三成人仪式、校园义卖募捐等主题教育活动，为学生的健康成长搭建展示自我和发展自我的平台。

北京七中还创新校园管理模式，在班级文化建设和大型主题教育活动招标制的基础上，逐步形成了校园学生自主化管理模式——“校园部委制”。学生们首先通过“生涯规划课程”确定自己未来的发展目标，然后在“校园部委制”下找到现实校园生活中适合于自己的发展路径，并在“导师”的指导下，全员、全程参与学校生活与管理。“有时候，学生的作用可能比教师还要大。”七中老师如是说。例如，学校举办“光盘行动”，要求学生做到不浪费一粒粮食。但是，教师在常规的管理方法中遇到瓶颈。此时，校园部委制中的生活部自发组织其成员在校内开展班级评比活动，为每天中午“光盘”成员最多的班级“点赞”，以计分的形式在班级间形成竞赛。活动开展后不久，“光盘”行动很快在绝大多数班级中得以实行。

2. **北京市实美职业学校（东址）**

在大井胡同幽静的巷子里，路的东侧，有一家北京市实美职业学校坐落在这里。这所学校是实美职业学校的一个办学地址，拥有多个办学点的实美职业学校，坚持“以服务为宗旨，以就业为导向”的办学方针，遵循“全面育人，以优取胜”的办学方向和“服务社会、注重实践”的办学宗旨，形成了多元化的办学格局，为学生架设起成才的立交桥。

北京市实美职业学校实行的是“职普融通”的多元化办学模式，既有职业高中，又有普通高中、特色高中和综合高中。学校开设了数十个特色专业，包括美术绘画、美容美发与形象设计、影视动画、广告设计、学前教育、音乐、台球、健身、普通高中、金融、司法文秘、计算机网络、电子与信息技术、通信技术、制冷和空调设备运行与维修、影视节目制作、计算机及应用、计算机信息管理等。

北京市实美职业学校归属于西城区教育委员会，是国家级重点职业学校，也是全国职业教育先进单位、北京市职业教育先进单位，还是北京市职业教育美术教师研修中心校，中国职教学会美术教育研究会、中国美术教育研究会职教分会理事长校，北京市职业技术教育学会美容美发与形象设计专业委员会主任校。此外，学校还是北京市人力资源与社会保障局的技能鉴定单位，北京市篮球、田径、足球体育项目的传统校。“电子与信息技术专业”“美容美发与形象设计专业”被北京市教委评为示范专业，“美术绘画”专业为骨干特色专业。

以理性的开放思想和创新的精神内涵，塑造了自己的特色发展和办学风格的实美职业学校，在办学模式上进行了大胆的、卓有成效的改革和实验，将“职普融通”高中实验班过渡到综合高中的办学模式；积极改革和推进学分制的教学管理改革；成功地创造了一套自己独有的课程模式。在专业建设方面，实美职业学校紧贴市场，着力加强市场调研，成立了“专业发展办公室”，专门研究学校专业的发展与建设。因此，学校能准确、及时地预测市场人才需求走向，从而调整自己的专业建设。结合社会经济发展的状况、研究市场经济和知识经济发展对初、中级人才需求的前景上，学校打出了自己的两张“王牌”：一是对原有的专业进行合理改造、注入新的时代因素、提高专业的实用性、改善已有的专业品牌，构建了美容美发与形象设计类、美术类（美术绘画、美术设计）、艺术类（音乐、舞蹈表演、影视表演、服装表演、幼教）、体育类（运动训练、休闲体育服务与管理）、文法类（金融事务、文秘、法律事务、商务外语、高中实验班）等五大类十八个细化专业的整体格局；二是增设新专业，优化专业结构，开创适应社会和产业结构变化所需求的新的品牌专业。学校在文秘专业上增加速录方向人才的培养；与二十九中合办美术专业特长班，为美术专业储备优秀生源；与北京方正娱乐文化公司、北京方正集团软件技术学院合办电脑美术专业，采用订单式培养，以就业为主，学生有机会直接参与方正娱乐文化发展公司影视游戏动画制作团队的项目制作，毕业后可择优在北京方正集团所属公司就业。同时，学校的拓展运动训练专业，还与青鸟健身中心联合办学，培养其所需的初中级技术人才，学生毕业后可直接在其中心就业；与平成外语学校合办商务日语专业，注重加强对学生的语言及应用能力的培训，为学生毕业后的择业铺平了道路；与陕西周至县职教中心采取“2+1”模式，与云南腾冲县第一职业高中采取“1.5+1.5”模式联办幼教专业；与辽宁省抚顺市艺术中等技术学校采取“2+1”模式联办影视动画专业。此外，还与政法高职学院联办法律事务专业，与韩国釜山、英国苏格兰等地签订联合办学框架协议，大大地增强了实美职业学校的办学活力和进一步快速发展所蕴含的潜力。

与此同时，实美职业学校坚持把对学生的一生发展和可持续发展的能力培养放在办学的首位，学校提出了就业与升学并举，让学生“就业有路，升学有望”，在使学生具备较强的职业技能的同时，培养学生具备升入更高一级学校学习的能力，为高职学校输送人才，并采取了一系列的有效措施。其中，多元智能理论在学校的成功运用与实践，就是学校创新管理的重大举措——学校整合了三大教育资源，将学校、社区、家庭的教育资源形成合力，具体体现在课程、教学与评价三个层面上；分不同学龄阶段和依据学生身心发展水平开发学生的智能，注重“以学生发展为中心的学校教育”，强调四个要素——迈向理解的教育目标、理解中的评价、承认个体的不同优势、激发个体优势表现。从而使实美职业学校培养出来的学生，在生理素质上具备健康的体质，在心理机制上和谐发展，在社会活动中有良好的道德素养和高度的效能、较强的适应能力，在知识结构上视野广阔，有对事物认识的自主性、创新性，在技能行为上做到一专多能、触类旁通、技能娴熟、胜任岗位工作，在思维方法上求新、求异，应对事物万端变化，对事物发展有预见性，能适应社会和经济的快速发展，不断与时俱进。

不仅如此，实美更注重对学生实操能力的培养，加强实训基地的建设。在经费紧张的情况下，学校不惜投入巨资，全新装修了高档次、高水准的美容美发与形象设计专业的品牌实训基地——蒙妮坦美容院。在专业、规范的实训基地提前实操、实习，使学生的专业技能得到了实质性的提升。据统计，实美职业学校走出的毕业生供不应求，该校的毕业生推荐上岗率突破95.5%，而且毕业生普遍受到用人单位的好评，许多毕业生已经成为各个行业的骨干力量。

3. 乐乎城市青年社区

在大井胡同东北侧，乐乎城市青年社区成为一个新的社区榜样。于2015年8月成立的乐乎城市青年社区，将自身持有模式与托管加盟模式结合，以托管加盟模式为主，通过品牌化、连锁化、标准化，并深入挖掘社区经济，打造出“轻资产运营模式”。

乐乎联合创始人、集团VP张国辉认为，运营能力作为乐乎的核心竞争力，涵盖了项目研判、产品设计、工程管理、托管运营、金融服务及信息化支持的全流程，同时其标准的服务流程、完善的培训体系、严苛的质检系统和优质的社群能力也为全方位运营提供了多重保障。

此外，集中式公寓的优点在于可以使居住的空间相对封闭，安全度和舒适度更高，配套管理方面也更加容易，同时，集中式公寓可以通过在空置的房源项目中挑选出合适的房源进行再装修，使之形成独特风格的新公寓，再向市场出租，从而使居住更加个性化和生活化。这在乐乎运营的门店里都得到了体现，乐乎为租客们提供了专职的门店管家、专业保洁和家居维护、代收快递等服务，健身房、咖啡厅、书吧、公共厨房等生活配套一应俱全，并积极引入了旅游、洗衣、搬家、课程等服务。乐乎的品牌使命是“持续创造城市归属感”，经历相似的年轻人住在一起，生活因此而丰富。

22—34岁城市青年白领人群是乐乎的主要服务对象，这一类人，他们或是刚刚毕业参加工作，需要一个体面的居住环境；或是青年创业者，把有限的精力都投入到了无限的事业中去，需要一个安静而全面的服务；或者，他们是追求自身个性化生活的居住者，想要一个富有设计感的房间又不必担心配置冗余。

“分享”是张国辉一直提到的关键词。乐乎喜欢分享，也重于分享。一方面，分享意味着合作共赢，待长租公寓的爆发期到来，行业的细分是必将要面临的一件事，资金雄厚和强物业持有能力是地产商的优势，而运营和服务，就是像乐乎这样专业的第三方托管机构的优势，未来的市场，众多的角色将各自发挥专长，互利共赢。另一方面是指运营经验上的共享，乐乎打造的有朋学院，将乐乎多年的业务经验、运营体系、系统资源等进行分享及交流。在广州、深圳、上海、成都、南京、北京等地均曾有“有朋”的课程巡讲。

实践才是检验运营能力的硬标准。在武汉，乐乎配合武汉市政府提出的5年留住100万大学生的计划，打造了“武汉洪山·乐乎大学生社区”；在成都，乐乎携手当地无主题社交品牌联合打造了独有属性的无主题空间天府广场社区，形成独一无二的高频互动社群空间。

4. 中国孔子基金会

位于大井胡同北口西北侧的中国孔子基金会，是由国家拨款作为启动资金支持的全国性乃至国际性的学术基金组织。该基金会旨在通过募集基金，组织或支持国内及海外儒学研究，为弘扬中国优秀传统文化、建设有中国特色的社会主义精神文明服务，为增进海内外华人团结、促进各国文化交流服务。

1984年9月，在国务院原副总理谷牧同志指导下，经中共中央批准，中国孔子基金会在山东曲阜市成立，后来迁到了北京。1996年8月，经中央领导批准由北京转会济南，秘书处受中共山东省委领导。谷牧曾长期担任名誉会长。

目前，中国孔子基金会秘书处设在山东济南，在北京、曲阜设有办事处。

该会经各方协商推举，由全国各地著名学者和知名人士164人组成理事会，公推中国人民政治协商会议全国委员会副主席谷牧为名誉会长，全国人民代表大会常务委员会副委员长周谷城为首席名誉顾问。基金会设立学术委员会、基金委员会、孔子与儒学文物研究委员会、信息委员会、出版委员会、办公室（设在北京）、曲阜办事处、《孔子研究》编辑部、《儒风大家》编辑部等机构，分别执行该会工作任务。

中国孔子基金会自成立以来，在组织和推动孔子、儒学及中国传统思想文化研究方面做了大量的工作：围绕孔子、儒学研究的热点及当代相关社会问题，举办了一系列全国性、国际性学术会议，中央领导同志曾出席会议讲话，接见与会代表；组织编辑出版了一批孔子、儒学研究方面的著作和期刊，包括《中国孔子基金会文库》《孔子研究》《儒风大家》等；赞助和支持了国内部分学术机构、学术团体的建立及其活动，发起和筹建了国际儒学联合会；组织和参与了众多海内外学术交往活动，先后同德国阿登纳基金会、韩国成均馆、日本筑波大学、新加坡国立大学东亚研究所、美国国际中国哲学学会、加拿大文化更新中心、俄罗斯东亚研究所等机构建立了牢固联系；与山东儒学文化传播有限公司合作发行孔子像，与建设银行合作发行孔子龙卡，与山东省立医院合作编辑《医患论语》等；与曲阜师范大学合办孔子文化大学，着手编辑《儒学年鉴》，不断扩大优秀传统文化建设事业；参与组织承办国际儒学大会、尼山论坛、孔子文化节、青年国学吟诵等活动。

第二节　新风街

龙王庙旧址，太平营旗营

位于德胜地区西北部的新风街，从德胜门外大街向西延去，中部向北折弯，而后再复向西至新街口外大街，全长约800多米，均宽约为5米。新风街主要分成三段，其中东段有龙王庙，中段为姑子庙，而西段在清代则是太平营。早年间多是空地，直到1949年后，周围才开始陆续修建起了住宅，而后形成了街道，逐渐变得房屋大厦鳞次栉比。1965年，被命名为“新风街”。

1. 龙王庙遗存

早年间，新风街东段有龙王庙，位于街北侧的高土岗子上。后来，庙被改成了厂，在庙门前的殿门上，涂上一段白灰作底，上书6个黑色大字“新生铁木工厂”。一直到20世纪60年代，还有龙王庙的遗存。当时殿和庙后面的院子都被圈在厂区的范围，其中化验室设在了殿里，院里放了茶炉用来烧开水，而正殿、配殿则作为办公室使用。当时，生产的任务放在了龙王庙，而工人们的宿舍设在了不远处的关厢华岩寺。

这座新生铁木工厂最初是解放军办的。解放战争时期，收编了一大批俘虏，经过审查后，有历史罪行的判定刑期；有疑点但尚不能判定的，就送到新生铁木工厂。

在新生铁木工厂，人员众多，身份也多样，主要分为公安人员、工人、劳改人员、劳教人员、职工。当时这里还叫“管训队”，管判几年刑叫“管训几年”。这些人来自五湖四海，人员复杂，工厂从社会上招聘懂技术能操作的师傅，传授他们操作技术，开工生产。一直大概到了1954年，新生铁木工厂交给了地方，归了公安五处（劳改处）。

2. 龙王传说

很早的时候，人们相信鬼神，专门供奉四海龙王、龙王娘娘、日月星君、雷公电母、风神雨伯等诸多神仙。每到风雨失调，久旱不雨或久雨不止时，民众都认为是龙王爷的管辖范围，于是都要到龙王庙烧香祈愿，以求龙王治水，风调雨顺。山不在高，有仙则名；水不在深，有龙则灵。因此，虽然龙王庙比不上那些名山古刹的规模，但作为长久以来官府和民间百姓遇旱祈雨的地方，龙王庙的香火也十分鼎盛。

实际上，龙王只是道教神之一，形象多是龙头而人身，古代人对龙王的虔诚供奉，是源于古代龙神崇拜和海神信仰。因为受中国传统文化的影响巨大，在日本也有信仰龙王的。龙王被认为拥有掌管海洋中的生灵的权力，在人间负责管理风雨，因此在水旱灾多的地区成为供奉和崇拜的对象。

在中国的民间传说中，级别比较高的“大龙王”有四位，分别掌管着四方之海，被称为“四海龙王”，是奉女娲娘娘之命管理海洋及人间气候风雨的龙神。“四海龙王”是汉族民间所敬仰的神，分别是东海龙王、南海龙王、西海龙王、北海龙王。龙王的信仰起源较早，后来渐渐传播开来。民间传说中早期的龙神，虽有呼风唤雨的神性，却无守土之责，比如汉代祈雨时祭祀的是土龙。

3. 太平营

“营”，顾名思义，就是指过去驻军的营房地。从努尔哈赤设立八旗到辛亥革命，旗营制度在历史上存在了近三百年的时间，当时是清王朝统治国家的重要军事力量和支柱。在今天的北京城的北边，还保留着蓝旗营、火器营、西三旗等这样的地名，还可以看出当年旗营的影子。

“旗”的最早起源，是当时的女真人以血缘为基础的集体狩猎活动，后来清太祖努尔哈赤在这个基础上，通过不同颜色的旗帜，来代表不同的军队和管理制度。旗营平时是老百姓，但是战争来临时则全民皆兵。一开始的时候，只设立了黄、白、红、蓝四旗，旗子都是整色或纯色，后来才又增编了镶黄、镶白、镶红、镶蓝四旗，在纯色旗之外镶上不同的颜色，这八种颜色的旗帜统称为八旗。因此满族人也称自己是旗人。

正黄、镶黄、正白三旗是八旗当中的上三旗，地位较高，由皇帝亲自统辖掌管；剩下的五旗则分别由亲王、贝勒等人来统辖，被称作下五旗。需要注意的是，在这里“正”字应读为“整”音，当“整个”“全部”讲。“镶”意思是在原纯色的周围，用别的颜色镶边。

正四旗与镶四旗的图案有很大区别：正四旗中龙的图案龙首向右，而镶四旗的图案龙首向左；正四旗图案的龙腹内飘有五朵祥云，镶四旗龙腹内只有三朵祥云。从旗子的颜色来看，红色代表太阳，黄色代表土地，白色代表水，蓝色代表天。

清朝的八旗分为满洲八旗、蒙古八旗和汉军八旗。其中，满洲八旗、蒙古八旗的主体是骑兵，其普通士兵分为三个等级：马兵、战兵和守兵，军饷依次降低。普通的满洲八旗、蒙古八旗男子10岁开始每三年可以参加考试，达标为守兵，享有军饷，以后每三年可以参加晋级考试，考试合格升入高一级，增加军饷。马兵、战兵和守兵只是等级上的标志，而不是真骑马。汉军八旗也叫乌真超哈（重装部队），主要是炮兵。清代的八旗军，包括满洲、蒙古、汉军在行军、驻营时，所居的位置是固定的，据说是依“五行相克”的标准制定。

《八旗通志》中记载：“两黄旗位正北，取土胜水。两白旗位正东，取金胜木。两红旗位正西，取火胜金。两蓝旗位正南，取水胜火，水色本黑，而旗以指麾六师，或夜行黑色难辩，故以蓝代之。”

根据阴阳五行学说：东方属木，颜色为青，木能克土；南方属火，颜色为赤，火能生土克金；西方属金，颜色为白，金能生水克木；北方属水，颜色为黑，水能生木克火；中央属土，颜色为黄，土能生金克水。

清王朝定都北京以后，满族八旗的主力则按旗驻扎在城内外，称为“禁旅八旗”。当时朝廷认为最大威胁来自北方，因此北面的德胜门和安定门是防守的重中之重，由皇帝亲自指挥的正黄、镶黄两旗驻防，其余的城门，则由剩下的六旗兵将按照各自的方位，分别把守。当年，德胜门外这一带是皇家直系正黄旗营所在地，据说是由乾隆皇帝赐名为“太平营”，寓意只要这里平安，清朝的江山就能坐稳。

八旗制度给北京留下的历史遗迹至今还能找到。在今天的北京的地名里，经常还能看到北营房、南营房、东营房这样的地名，追根溯源，是因为过去这些地方曾是驻守城门的八旗兵的营房。如宣武门外有一条胡同叫校场口，校场口附近还留存有校场头条至五条，历史上，这一带便曾是八旗兵练兵、习武的地方。

努尔哈赤创建的八旗制度，以他为纽带，把女真社会的军事、行政、经济、家族统治起来，女真各部的部民按照军事方式分为三级加以编制，从而使分散的女真社会联结成为一体并结成了一个组织严密、生气勃勃的社会机体。

4. 北京市园林古建工程公司

1952 年 12 月 25 日，经北京市人事局批准，北京市园林古建工程公司成立，成为国内最早的园林古建施工单位，当时叫“北京市人民政府公园管理委员会工程队”。1957 年，“北京市人民政府公园管理委员会工程队”更名为“北京市园林局修建处”，1980 年更名为“北京市园林修建公司”，1984 年更名为“北京市园林古建工程公司”，2012 年更名为“北京市园林古建工程有限公司”。2004 年 8 月 9 日以前，为原北京市园林局的下属事业单位，现在是北京城建集团有限责任公司的全资子公司。

北京市园林古建工程公司具有园林古建筑专业承包一级资质、文物保护工程施工一级资质、园林绿化施工二级资质。其下属的北京华宇星园林古建设计所，具有文物保护工程勘察设计甲级资质和建筑行业（建筑）设计专业乙级资质，是同时具有设计、施工资质的专业公司。

成立以来，北京市园林古建工程公司致力于园林古建事业发展，积极开拓国内外市场，通过古建筑保护修缮与复建、仿古建筑和园林绿化工程，积累了丰富的施工经验，培养了一大批具有精湛技艺的专业人才和能工巧匠，创造了辉煌业绩。其中，世界文化遗产（含申遗）文物保护工程主要有：颐和园佛香阁、长廊、谐趣园等古建筑群修缮和苏州街、景明楼、耕织图等复建工程；故宫太和殿东西两庑、寿康宫、英华殿建筑群等修缮工程；天坛祈年殿为代表的中轴线、神乐署、斋宫等建筑群修缮工程；明十三陵长陵、定陵修缮及昭陵复建工程；圆明园正觉寺复建和环境整治工程；湖北武当山遇真宫文物解体及复原工程；承德避暑山庄清代道路及普乐寺修缮工程。申遗的北京中轴线工程主要有：前门、正阳门、天安门、端门、景山建筑群、鼓楼修缮工程及北海公园以白塔和小西天为代表的建筑群修缮工程。

北京市园林古建工程公司参与的全国、省（市）重点文物保护工程有：卧佛寺、香山公园、碧云寺、中山公园、潭柘寺、戒台寺、恭王府花园、那王府、重庆大礼堂、重庆涪陵龙门桥搬迁、贵州铜仁川主宫、山东烟台毓璜顶、福建厦门大学、青海玉树新寨嘉那嘛呢堆灵塔和佛堂及环境整治等古建筑群修缮工程。

园林绿化工程主要有：国庆天安门广场花坛；第一、六、七、八、九届世界园艺博览会北京园；中国园林博物馆室外展园、香山饭店、长城饭店庭院、陶然亭华夏名亭园、紫竹院�石园、西宁京韵青风景区等工程以及北京植物园大温室、动物园熊猫馆等园林工程。

国（境）外工程主要有：英国燕秀园、曼彻斯特中国城牌楼；德国得月园、大实中国中心；加拿大枫华园酒店；日本天华园、天寿园、孔子公园；约旦国际公园；哈萨克斯坦北京大厦等园林古建工程。

近十年来，北京市园林古建工程公司先后获得建筑工程“长城杯”金质奖、“优秀园林古建金奖”等国家级、省部级 20 多项质量大奖，并跻身全国城市园林绿化企业 50 强，尽显“国匠”风采。

5. 北京三帆中学

北京三帆中学的南门，就位于新风街上。三帆中学是北京师大二附中的初中部，校园优美，设备先进，师资优秀，管理规范，校风优良，在北京市以其先进的教育教学理念、优异的成绩向市重点高中和其他高一级中学输送优秀的初中毕业生著称。

北京三帆中学

三帆中学拥

有一支在市区初中学校中首屈一指的教师队伍，教师绝大部分毕业于北京师范大学，均具备大学本科以上学历，其中具有研究生学历的教师占绝大部分。师资来源具有得天独厚的优势，有着很强的奉献精神和过硬的专业素养。

三帆中学全面实施素质教育，以满足学生成长的需要，为学生将来做好准备作为工作的出发点。学校积极推进义务教育阶段课程改革，认真规范地落实国家课程和地方课程，大力开发校本课程，建立以基础型、丰富型、发展型和专长型四类课程为核心的课程体系。坚持“有效教学”的课堂教学理念，坚持师生双主体互动式的课堂教学方式，以学生为本，以强化基础知识和技能、培养创新精神和实践能力为重点，满足不同兴趣爱好、不同发展方向、不同层次的学生的需求，促进学生全面而有个性地发展。学校以“培养学生四个良好习惯”为育人特色。根据学生的特点，在实践中培养良好的道德习惯、良好的学习习惯、良好的生活习惯和良好的健身习惯，为学生学会做人奠定坚实基础。同时，通过开展书香校园等丰富多彩的人文实践活动，丰富学生人文知识，提高学生的人文素养。学校打造花园式的现代化校园，建设了现代化的教育教学设备和设施。

三帆中学开展多种形式的国际交流活动。国际化的双向文化交流，使师生有更多机会“面向世界”。在“三帆”，每位教师都能充分展示自己的才华，每位学生都能享受到自己成功的喜悦。

三帆中学曾荣获多种荣誉，被评为“全国童心红丝带同伴教育活动先进校”“全国中小学信息技术道德教育示范校”“全国实验先进校”“和谐中国・首届全国中小学校园文化建设十佳示范创新学校”“全国后勤管理先进集体”“首都文明单位”“北京市基础教育课程教材改革实验先进校”“北京市教育科研先进校”“北京市爱国卫生先进单位”“北京市初中建设工程先进学校”等，并被确定为

“教育部中国移动中小学校长培训项目实践基地”。

在课程设置与实施过程中，学校坚持遵循全面均衡、以校为本、自主选择、优化整合以及科研引领的原则，使课程建设科学化、规范化。一是全面均衡原则，切实落实教育部《义务教育课程设置实验方案》的要求，开齐开足课程，均衡设置课程，促进学生和谐全面发展；二是以校为本原则，立足学校已有的课程改革经验、高水平的教师队伍、具有多元化发展需求和发展潜能的优秀学生群体等课程建设优势，形成符合学校发展实际的课程体系；三是自主选择原则，尊重学生的兴趣和差异，增强课程的选择性，满足不同发展层次、不同兴趣爱好、不同特点学生的多元化需求；四是优化整合原则，整合国家、地方、校本三级课程，加强课程实施的操作性和实效性，整合学科教学内容，进一步提高教学效率，在学科教学中进行教学与德育内容、德育方法的整合，推进全员德育在课堂教学过程中的落实；五是科研引领原则，注重发挥教育科研的引领作用，以科学研究的态度和方法推进学校课程的开发、建设和实施，加强对课程实施效果的监控，形成科学化的课程管理机制。

三帆中学通过整合国家、地方和校本课程，从课程功能的角度建立以基础型课程、丰富型课程、发展型课程及专长型课程为核心的多元化课程体系。

其中，基础型课程包括学科课程、综合实践活动课程以及以学生习惯培养为核心的特色校本课程，是以夯实学生共同发展基础，促进学生基本素质形成和发展为目标的全体学生必修的课程。

丰富型课程包括兴趣类选修课和学校特色活动，是以开阔学生视野、拓宽学生知识领域、满足学生兴趣爱好为目标的课程。

发展型课程包括专题研究课程和进一步开展的高水平的研究性学习课程，是以专题研究等方式进行的，以满足学生进一步发展的需求，提高学生的自主、合作、探究精神，培养学生的创新精神和实践能力为目标的课程。

专长型课程是为在学科、科技和文体等方面具有特长的学生开设的课程，是以发展学生专长，参加高水平竞赛，为高一级学校和专业团体培养和输送优秀的特长生为目标的课程。

学校遵循课程方案的整合优化原则，整合三级课程，使国家课程和地方课程校本化，学校和教师通过选择、改编、补充、拓展等方式，对国家课程和地方课程进行再加工、再创造，使之更符合学生和学校的特点和需要，为学生个性化、多元化、全面和谐的发展提供时间和空间。

6. 中华全国工商联美容化妆品业商会

新风街东入口的南边，是中华全国工商业联合会美容化妆品业商会。全国工商联美容化妆品业商会成立于1995年，是全国工商联的直属机构，它不但是全国性的美容化妆品行业组织，也是行业内企业联系的纽带。

全国工商联美容化妆品业商会奉行中华全国工商业联合会的宗旨，团结我国美容化妆品界企业团体，致力于中华民族美容化妆品行业的繁荣和发展，维护会员的合法权益，促进国际美容化妆品行业间的交流。

全国工商联美容化妆品业商会的主要任务是指导行业内企业、团体和会员执行政府的方针、政策和法规；反映其行业的要求，协助政府解决本行业发展的根本性问题；组织开展美容化妆品行业基本情况的调查，把握国内外美容化妆品行业的科研、生产、销售和消费趋势；向政府有关部门提出制定我国美容化妆品行业发展规划、技术政策、行业标准、经济立法等方面的建议；促进行业内企业间的联系和协调，加强行业自律，维护全行业的根本利益；推动高新技术的研究开发、应用和交流，培养美容化妆品行业的专业人才；

建立行业信息中心、服务中心，为会员提供多方位的有效的服务。

全国工商联美容化妆品业商会坚持以“服务、务实、发展、创新”为立会之本，为会员提供战略发展、市场导向、专家技术支持等方面的综合服务。

为不断提高全国工商联美容化妆品业商会工作的质量和成效，与时俱进适应行业发展对商会的新的需求，贯彻和执行“三个坚持”成为商会开展工作的根本。即：坚持商会工作必须在全国工商联会员部的正确领导下工作；坚持商会工作必须依据会长办公会议有关决议和商会各项工作制度下开展工作；坚持商会必须以“服务、务实、创新、发展”为宗旨。在此前提下，全国工商联美容化妆品业商会围绕自身基础建设、组织网络发展、政府合作、国际交流、行业服务平台、共铸诚信、学术交流、技术服务等方面开展了大量工作，并取得了一定的成绩。

第三节　新德街
诵经礼佛小西天，赈粮善举功德林

新德街位于西城区的东北部，东起德胜门外大街，西至新街口外大街，是一条曲折的长巷，大约有六七百米长。从整个走向来看，新德街就是一条斜斜的巷子。新中国成立后，对马路进行拓宽，命名的时候，因为这条路是从新

新德街街景

街口一直通到德胜门外大街，于是就各取了一个字，称这条路为“新德街”。

1. 功德林旧事

提起新德街，可能知道的人还不算多，但是如果提起“功德林”，就会有很多人知道。早年间，新德街有一处粥厂，被称为“功德林”，在京城名声在外。

据说，在金代的时候，功德林这里有一座古刹，名字叫作“石佛禅林”。至于后来的“功德”这两个字，则是从佛家的用语而来的。在佛家用语中，“功德”指的就是念佛、诵经、布施等事情。据说，著名的唐朝僧人玄奘前往西天取经时，他所携带的经文上就有“功德”二字。

元代时，功德林寺是在大都健德门内的，曾经一度香火旺盛。到了明朝，收缩了京城，把京城北部的城墙向南移动了数里，于是功德林寺就变成了德胜门外了。后来，随着社会动荡，人民生活困苦，功德林寺也就逐渐荒废，僧去寺空，连石佛也无影无踪了。

旧时中国灾荒不断，老百姓难以温饱，于是便有不少人来到京城逃荒。这些民众生活难以为继，于是有的到处流浪，有的沦为乞丐，甚至还有的在走投无路之下举旗造反，于是就成了当时反抗统治阶级的一股力量。大批的饥民上京，在难以生存之下容易铤而走险，对统治者来说是一种危险，甚至有动摇其统治的可能。于是，当时的朝廷为了安抚这些灾民，就拨出了一些钱粮，用来赈济灾民，让他们能够暂时糊口。于是官府就在京城各处设置了粥厂，为这些灾民施舍粥饭。当时，功德林寺粥厂便是其中之一。

《光绪顺天府志》记载：“功德林寺粥厂建于清康熙四十七年（1708 年），由山西僧人王之章募建。”“初名功德林寺粥厂。每年夏季施茶药，冬季施粥。后又名普济院。”粥厂创办时，康熙皇帝曾亲自书写匾额“膏泽回春”，还专门建了座御碑亭，碑刻铭文也是康熙皇帝所写：“寒得衣而饥得食，羁旅如归，病有托疗有方，好义轻施乃良民之美行，灾拯患实世之休风。喜见我民还敦古道，咸能体朕忧民之念，推朕救民之心，此则朕之志也。”

到了康熙年间，朝廷拨付给功德林的经费，已逐渐形成了规定的惯例。每年都会由官府拨1000两白银，用来买米准备粥食，而后作为皇帝的恩赐施舍给老百姓。这些固定的开支，都是经过皇帝专门批准的，因此每年都会延续。后来，有的年头，这项经费还会追补到5000两白银。清雍正元年（1723年）功德林奉旨重修，赐了两顷的土地，礼部尚书张廷玉还重新书写了“功德林”的额。后来，有人认为光靠施舍也不是个好办法，并不能解决根本的问题，于是便提出了“教其一技之长”。

光绪二十八年（1902年），山西巡抚赵尔巽给皇帝上奏，建议在各省都设置“罪犯习艺所”，光绪皇帝同意了，于是京城便开始筹建顺天府习艺所。光绪三十一年（1905年）七月，中央工巡局大臣大学士那桐奏准，在功德林创设京师习艺所。这个京师习艺所的宗旨是：收容犯人，让这些犯人学习一技之长，让他们改过自新。习艺所设监督、典狱官、看守长等官员，还有看守、医师、技师、教诲师等共百余人。分为文案、会计考工、康务、稽巡等。另有织巾、织带、织布、铁工、搓绳等五科，分别进行生产。

2. 功德林监狱

此后的功德林京师习艺所，已经不再是寺庙办的救济乞丐的粥厂，而是我国第一个劳改机关，而且还是由中央巡警部直辖的劳改机关。到了宣统年间，功德林已经形成了一个规模很大的劳改机关，号称北京模范监狱。民国二年（1913 年）十月在功德林成立宛平第二监狱，次年十月改名为京师第二监狱。当时的司法总长是梁启超，该监狱的狱长是梁锦汉，民国政府拨款 81900 元，占地近百亩，建起一座特殊的监狱。据说里面的监房是采用日本监狱的模式建造的：进门之后，有一个小院，院子里立着一个绞刑架，监狱里面除了管理人员办公用房以外，重点的建筑就是监房。

当时在监狱中间的位置，修建有一个八角形的大厅，大厅上面建有八角塔楼。登上塔楼，可以环视监狱的全貌。监狱的远处，还可以看到北京城西边、北边的城墙，以及远处高大巍峨的鼓楼和钟楼。在八角大厅的周围，有八条呈放射形的通道，也称胡同。每条通道的长度相等，各有两排监房，能容纳千余名囚犯。据说，每条通道都各有命名，最初是按“天地玄黄、宇宙洪荒”的顺序编排的，后来又改为按甲乙丙丁、戊己庚辛来依次编号。在通道与通道之间，各有一个三角形的小院，是供犯人放风的地方。

在监狱的四周，还有一道高高的带电网的围墙，围墙四角每一个位置都设有一个高高的角楼，角楼里驻扎着持枪的狱警，严密监视着监狱的动静。由于角楼建在围墙的夹角，所以狱警站在角楼里，就能全方位监视囚犯的动静。而关在监房里的犯人，无论他是位于哪个通道，来往的必经之路都是中央大厅。所以，狱警站在大厅里，也就能很方便地监视各通道内所有监房的情况。

1928 年后，国民党反动派把功德林变为关押“政治犯”的监狱，许多共产党员、爱国志士在这里遭到残酷迫害。抗日战争爆发后，一支由八路军领导的平西游击队一日夜间袭击功德林，解救难友。当时的反动派警方惶恐不安，随后将功德林内关押的“政治犯”统统押解到西安门内草岚子监狱。

新中国成立后，这座占地近百亩、能容纳千人以上的监狱被公安部接管，成为关押和改造战犯的监狱，即战犯管理所。原国民党军队的一些高级将领，如杜聿明、邱行湘、宋希濂、黄维、陈长捷、文强、康泽、沈醉、郑庭笈等，曾在这里关押，接受改造。秦城监狱建成后，功德林的犯人全部转移到那里。

后来，一些高级战犯陆续被特赦。功德林监狱后改由北京市公安局管辖，成立接济救护站，用以接济走失的呆傻人员，或者来京办事时失去经济来源的人员，留他们暂住其间，免费供他们食宿，并设法同他们的亲属取得联系，或者由其亲属来人将其接走，或者由政府派人送其回家，使之能同家人团聚。这里经常接到来自祖国各地的群众来信，表示对党和政府的感谢。

1986 年，功德林监狱被拆除，建成了供人民居住的功德林居民小区。院子中有花架的地方就是旧监视楼所在的地方，东墙外则是新明胡同。

3. 小西天

提起“小西天”这个地名，在北京有两处地方：一处是位于积水潭的西北，得名是因为那里曾有座叫“小西天”的寺庙，因此庙所在的周围地区也就被泛称为“小西天”了；另一处是北海公园里的一座殿宇。

小西天

德胜地区的“小西天”位于积水潭与铁狮子

坟之间，泛指新街口外大街西侧及与新德街交会处的一片区域，和《西游记》中著名的小西天并没有关系。传说中，“小西天”原本是佛教寺庙的一个等级称谓，而不是一处地方。供奉佛祖的庙宇一般称为“大西天”，供奉如来佛的庙宇一般称为“小西天”。

小西天通常供奉着西方三圣：阿弥陀佛、观世音、大势至。据说，积水潭这片的小西天只是一座小庙而并无僧人，现已荡然无存，只有一座“小西天”的牌楼。此牌楼建于1989年，正面有“小西天”三个字，背面则书写着“太平盛世”四个金字。虽然时光流转，岁月变迁，庙宇和香火已不见踪影，但这片地区如今是一处繁华的所在，呈现出“太平盛世”的愿景。20世纪50年代，北京师范大学落户在这附近。

明清时期，这个小西天可是个著名的去处。纪连海曾这样解释过小西天：这是人死了以后下葬前举行祭祀活动的地方。这样的说法，如果从小西天周围的地名来看，似乎很有道理。“小西天”牌楼东南边有一条胡同叫作冰窖口，西边那片地区叫作索家坟，北边地区叫铁狮子坟，北太平庄从前也是北京北郊最大的坟场，这些都是和“西天”紧密相连的地方。

如今的小西天地区已经很是繁华，但是在过去，虽然离着城门很近，但是已经属于城外，是比较偏僻的所在了。小西天地域不大，早前这片地区也并没有什么建筑，甚至连几户人家都没有，是一片空旷的土地，只有在西北方向有一座庙，其大致的位置可能在如今的北京师范大学院内。

4. 中国电影器材有限责任公司

成立于1951年7月的中国电影器材有限责任公司，虽然于2010年伴随着中国电影股份公司的成立，改制为中国电影器材有限责任公司，但今天其原来的办公地址，还位于新德街深处拐角的位置。

中国电影器材有限责任公司的经营方针是推动电影工业生产，搞好电影器材供应，保证影片生产和放映网的发展，为电影事业服务。公司的主要任务是向全国各电影制片厂、电影洗印厂提供摄制、洗印影片所需要的设备和电影胶片、洗印药品；通过行业管理方式协调放映设备及零配件的产、销关系，促进全国放映网的巩固和发展；办理电影器材的进出口和设备租赁业务。此外，还面向国家机关、军队、科研、文教系统，供应上述物资。

中国电影器材有限责任公司设有电影胶片处、放映设备处、制片设备处、进出口部、计划财务处和储运处等业务部门，分别与全国电影制片厂、电影洗印厂、电影机械厂、光学仪器厂、电影科研单位及全国各省、市、自治区电影器材供应部门有着广泛密切的业务关系。通过这些产、销单位的协调配合，形成一支电影事业的后勤补给线，从而保证影片生产和放映网点的巩固和发展。

随着电影数字化进程的不断推进，中国电影器材有限责任公司积极投身于电影数字设备、技术的推广、应用、信息交流工作。参加国家中影数字制作基地的建设、中影数字院线建设、中影新农村数字电影放映有限责任公司的市场调研和设备技术支持。

经过数十年发展，中国电影器材有限责任公司经营及代理的产品已涉及电影各个领域，在组织生产、供应、销售影视器材方面积累了丰富的经验。今天，中国电影器材有限责任公司已建设成为集国产化影视设备生产、电影专业设备及相关产品的进出口业务、专业影院和农村电影市场服务、主办北京国际广播电影电视展览会（BIRTV）、国内外专业展览组团于一体的综合性企业。

伴随着电影产业的繁荣与发展，在中国电影股份有限公司“大力发展影视制片、电影发行、电影放映及影视服务四大业务板块”

方针的指引下，公司牢牢把握科学技术推动电影产业发展的黄金机遇期，在影视服务板块中不断寻求突破和创新，加快转型开拓的步伐，向以实体为依托、以贸易为纽带、技工贸相结合的多元化综合型企业转变。中国电影器材有限责任公司以数字放映机国产化为龙头，配合“中国巨幕”的研发和市场推广，努力推动和引领电影设备设施国产化，积极建立与完善国产数字影视设备产业链及其自主知识产权体系，带动数字电影电光源等放映机耗材生产、影院相关设备设施生产、影院设计咨询系统工程及影院信息化管理系统等多领域综合全面发展。采取有力措施，积极推动国产电影设备设施参与国际市场竞争。

中国电影器材有限责任公司与比利时巴可公司合资成立的中影巴可（北京）电子有限公司，成为国内首家生产高端数字放映机的企业；与中国电影科研所联合组建的北京中影博圣影视科技有限公司是目前国内影院系统工程领域唯一一家“产、学、研、用”相契合的高新科技企业；投资的中影南京影视设备有限公司现已成为公司影视设备产业链中的重要生产基地和产品加工中心；推出了具有自主品牌的影院管理系统（CFEC－TMS）；成立中影环球（北京）科技有限公司，建立数字影院网络运营中心（365NOC），积极推动数字影院网络化、信息化发展；合资成立中影（上海）国际文化传媒有限公司，适度介入影视制片，拓宽影视服务领域；紧跟放映技术发展趋势，合资成立中影光峰激光影院技术（北京）有限公司，积极开展数字电影放映激光显示技术应用研发工作，为新一轮电影放映光源革命做充分的准备。

步入新的发展时期，中国电影器材有限责任公司正在努力转变观念，积极开拓思路，强化体制机制改革和干部职工队伍的培养，在新的产业形势和产业结构调整中，实现公司新的发展，创造新的成绩。

第四节　敞风胡同
一条胡同，半部茶史

从所处的地理位置看，敞风胡同在德外地区的西南部，呈现南北走向的主线。它南边从安康胡同开始，一直向北折到了富家胡同。整个胡同大概有 180 米的长度，宽约 3 米左右。

其实一开始，敞风胡同并不是叫这个名字，在清代的时候，叫“敞风口”。这个名字的由来，和敞风胡同所处的地理位置密切相关，可以说是形象地描绘出了当时敞风胡同的位置。敞风胡同的北边是荒郊，有一大片开阔的庄稼地，一到冬天北风呼啸，直吹巷内，因此就得了个“敞风口”的名字。在敞风胡同的两边，门牌号并不是对称的：西边是从 1 号到 19 号的单数门牌，东边是 2 号到 8 号的双数门牌。为什么胡同东侧的门牌数远少于西侧的门牌数呢？这是因为相对于西侧，胡同东侧的院子占地比较大，因此门牌的数量就要少于西侧了。

1. 二友轩茶馆

老早的时候，敞风胡同有一家名叫“二友轩”的茶馆，属于书茶馆。什么叫书茶馆？过去的茶馆里，为了吸引顾客，有的会在里面设置书场，有说书人在里面现场表演，这就是书茶馆。清末民初的时候，北京出现了以短评书为主的茶馆。这种茶馆并不是单纯售卖茶水，而是上午售卖清茶，下午、晚上的时候，会请来评书艺人，现场为茶客们说评书，这个在行话里就被称为“白天”“灯晚儿”。当时老北京的许多茶馆都是这种书茶馆的形式，在这种茶馆里，茶水并不是主要的，而只是聚拢茶客们的一种媒介，来听评书才是最主要的内容。在书茶馆里，茶与评书这两种带有中国符号的元素交融，让食客们在品茶的同时，又能从说书人的口中听到一个别样的江湖，愉悦身心，快乐生活。

二友轩上午是不卖茶的，它的营业是从下午一两点开始，从这个时间段开始说书，一直会持续到夜里十一点。因此，虽说二友轩经营的是茶水生意，但主要的业务却是接待顾客在此听书。这里的演出主要以单段大鼓为主，由演员轮流表演，分别演唱一小段的大鼓，演员都是女性。在经常演出的曲目中，京韵大鼓类的曲目一般有《徐母骂曹》《草船借箭》《大西厢》《宁武关》《战长沙》《长坂坡》《百山图》《游武庙》等；梅花大鼓类的曲目一般是以《红楼梦》为主要题材，比如《黛玉葬花》《黛玉焚稿》《探晴雯》《红楼二尤》，还有《老妈上京》《红梅阁》等。一直到20世纪20年代，在茶馆里表演的大鼓还有北板大鼓、唐山大鼓等。当时，演员表演用的大鼓通称“小口大鼓”和“大口大鼓”（或木板大鼓和梨花片大鼓、铁片大鼓、铜片大鼓）。

据说，二友轩茶馆于清光绪二十六年（1900年）开业。店主有两个人，一个姓陈，小名叫顺顺；另一个姓李，小名叫利利。这两人是很要好的朋友，两人最大的爱好就是下象棋。一直到了三十而立之年，两人感觉也没有太大的成就，虽然已各自成家，但在事业上却都没有什么长进。在当时的环境之中，两人经过反复酝酿，决定干点什么，起码能安身立命，有个谋生的手段。于是，经过商量，顺顺和利利决定合伙开一个茶馆。

在中国人的意识中，无论是起人名还是店名，都希望能讨个好的彩头。甚至还有人对此进行了总结，罗列出八句吉祥话，一般的店铺，起名时都跑不出这个范围：“国泰民安福永昌，兴隆正利同齐群，协益长裕全美瑞，合和元亨金顺良。惠丰成聚润发久，谦德达生洪源强，恒义万宝复大通，新春茂盛庆安康。”不过，这些吉祥词语对于有一定文化的顺顺和利利来说，还是有点俗气了，想到既然是两个好朋友一起开的店，那就顺其自然叫“二友轩”。新店开张，红红火火，但是却并不被外界看好。有句老话说得好，“二人合杀一头牛，不如独宰一只羊”。因为即使是关系很好的朋友，一旦合伙做生意，就会因为不同的意见而闹得不愉快，最后友情也就没有了。不过，“二友轩”的顺顺和利利却由于真诚合作，生意越做越红火，并逐渐传播开来。

2. 北京连云港商会

在敞风胡同南口东侧是国家汉办（孔子学院总部），在它的旁边，则是北京连云港商会。

商会是商品经济的必然产物，一般是指商人依法组建的、以维护会员合法权益、促进工商业繁荣为宗旨的社会团体法人。商会的法律特征是互益性、民间性、自律性和法人性。商会是商人身份确立的过程，也是商人组织有序化的过程。此外，商会是市场经济条件下实现资源优化配置不可或缺的重要环节，也是实现政府与商人、商人与商人、商人与社会之间相互联系的重要纽带。

一般情况下，商会的类型主要有两种：一种是典型的商会——行业协会，即是由同一行业的企业法人、相关的事业法人和其他组织依法自愿组成的、不以营利为目的的社会团体。行业协会的宗旨是加强同行业企业间的联系，沟通本行业企业与政府间的关系，协调同行业利益，维护会员企业的合法权益，促进行业发展。另一种商会带有很强的地域性，通常由某个地区的企业公司、公务人员、自由职业者和热心公益的公民自愿组成。北京连云港商会大致属于此类。

可以说，商会是中国近代最早建立的现代意义上的社会团体之一，同时也是社会影响力最大的社团之一。与当时西方的民间商会相比较，它更具官方色彩，更依赖于国家法律的制度催化。这种制度的催化成效十分显著，它相当迅速地改造、吸纳了各种形式的传统商人组织，成为具有主体性的利益集团。中国早期的商人组织的结构、形式与功能都比较单一，几乎都是纯商人间的封闭性的组织。

晚清以来，由于情势变迁，商人的地位得以提高，商人组织的性质也相应有了变化。传统的商人组织，如行会和善堂等，开始根据实际状况比较自然地转化为近代意义上的商会。1899 年，出现了第一个有关商会的民间拟定章程——《拟中国建立商业会章程》；1902 年，上海通商银行的总董严信厚组织成立了上海商业会议公所，这是近代商会的雏形。

1903 年，清政府设立了商部，作为统辖农工商实业的最高管理机构。1904 年，根据商部的意见，清廷谕令颁布了《察定商会简明章程》《商会章程附则六条》。此项法律文件成为商会成立的法律依据。1905 年 1 月 13 日，天津商会正式成立。

到 1908 年，全国已有 58 个总商会（其中 9 个建于海外）和 223 个分会。1912 年商会总数猛增至 794 个，1915 年更激增到 1262 个。

1915 年，参议院代行立法院职权，于第二期常会议定《商会法》，并于 12 月予以公布。次年 2 月，又颁布修正《商会法施行细则》。1927 年，南京国民政府成立后，重新修订了《商会法》和《商会法实施细则》。

3. 华泰保险

华泰保险集团股份有限公司（北京分公司）在敞风胡同东侧。

华泰保险集团

华泰保险集团股份有限公司是一家集财险、寿险、资产管理、基金管理于一体的综合性金融保险集团，前身是1996年成立的华泰财产保险股份有限公司，注册资本金为40.22亿元人民币，总部设在北京。

华泰保险集团的发展道路是“集约化管理、专业化经营、差异化竞争、质量效益型发展”。近年，华泰保险集团立足长远发展，提出要实现从“利润增长型”向又好又快的“价值成长型”转变的新目标，明确了“十三五”期间乃至更长时期的发展思路和方向。他们以“让人们的生活品质不被风险所改变”为使命，致力于“以客户为中心，成为一家出色的、提供优质专业风险保障和财富管理的金融保险集团”。旗下华泰财产保险有限公司、华泰人寿保险股份有限公司、华泰资产管理有限公司、华泰保兴基金管理有限公司等全资或控股子公司主要依靠自身盈利积累投资建立，目前都已成为业内具有较大影响力的优秀企业。

2017年7月，华泰宝利投资管理有限公司正式获得中国证券基金业协会私募股权基金管理人备案，华泰保险集团旗下资产管理业务版图再次扩充。

4. **中国交建**

中国交通建设股份有限公司（简称“中国交建”）是全球领先的特大型基础设施综合服务商，主要从事交通基础设施的投资建设运营、装备制造、房地产及城市综合开发等，为客户提供投资融资、咨询规划、设计建造、管理运营一揽子解决方案和一体化服务。

中国交建在香港、上海两地上市，公司盈利能力和价值创造能力在全球同行中处于领先地位。2018 年，中国交建居《财富》世界 500 强第 91 位；在国务院国资委经营业绩考核“13 连 A”。

目前，中国交建是世界最大的港口设计建设公司、世界最大的公路与桥梁设计建设公司、世界最大的疏浚公司、世界最大的集装箱起重机制造公司、世界最大的海上石油钻井平台设计公司；是中国最大的国际工程承包公司、中国最大的高速公路投资商；拥有中国最大的民用船队。

中国交建有 60 多家全资、控股子公司；有作为中国诸多行业先行者的百年老店；有与共和国一同成长壮大的国企骨干；有在改革开放大潮中涌现的现代企业；有推动公司结构调整而成立的后起之秀；有并购而来的国内外先进企业。

中国交建从事相关业务已有 100 多年历史，产品和服务遍及 150 多个国家，通过几代员工的持续努力，建设了一大批代表世界、代表时代最高水平的交通基础设施，为客户提供了成熟完备的服务，形成了全球领先的技术体系，形成了“用心浇注您的满意”的服务文化。

中国交建坚持以“让世界更畅通、让城市更宜居、让生活更美好”为愿景，秉承“固基修道、履方致远”的企业使命，坚守“交融天下、建者无疆”的企业精神，正在努力打造成为全球知名工程承包商、城市综合开发运营商、特色房地产商、基础设施综合投资商、海洋重工与港机装备制造集成商，率先建成世界一流企业。通过国内外一项项高难度工程的完成，中国交建蜚声海内外。

2015 年 12 月 13 日，公司承建的俄罗斯圣彼得堡布朗克港港池与航道疏浚工程提前竣工。圣彼得堡布朗克港港池与航道疏浚工程是中国交建在欧洲承建的第一个疏浚项目，也是公司践行国家“一带一路”战略的成功典范。项目在施工过程中创造了公司的四个“第一”：公司第一次组织施工船舶完成 12500 海里长途远洋调遣；公司第一次进入欧洲疏浚市场，历经艰辛，确保工程履约，树立了中国交建品牌；公司第一次在海外整合五国疏浚资源，彰显了中国交建先进的疏浚技术水平和较强的管控能力；公司第一次创造性地建立了项目部实时动态船舶指挥系统，确保了狭短航道多船施工的安全。

2015 年 7 月 2 日，由公司投资并建设的南京纬三路过江通道顺利实现全线贯通，成为南京第六条公路过江通道。南京纬三路过江通道是迄今为止在长江流域修建的盾构隧道中技术难度最大、工程地质条件最复杂、技术难点和挑战最多的世界级工程。工程采用中交天和研制生产、具有完全自主知识产权的超大型泥水气压平衡复合式盾构机“天和一号”和“天和号”，并世界首创饱和带压换刀技术，在国内首次采用环形冷冻长江水更换盾尾刷技术等，多项研究成果填补了国内外该领域的空白。

2015 年 7 月 9 日，工业和信息化部在南京组织召开“NSQYPH-FH－1493 型泥水气压平衡复合式隧道掘进机”中国首台（套）科技成果鉴定会。由中交天和自主研制的该型超大泥水盾构机顺利通过鉴定，打破国外垄断。

此外，中国交建还多次克服各种困难，完成了多项工程建设创举。

马来西亚槟城第二跨海大桥位于马来西亚西北槟威海峡，是目前东南亚最长的跨海大桥，全长约 24 公里，2008 年 11 月开工，2013 年 9 月竣工。该桥目前已成为槟州发展中的“关键一环”，大大提升了中国交建、中国港湾在东南亚市场的品牌形象。

项目施工全在海洋环境下进行，桥梁基础采用混凝土管桩、钢管桩、钻孔灌注桩等方式，施工难度在世界海上大型水工工程中非常罕见。设计采用马来西亚 JKR 标准，并参照英、美、欧标，设计寿命 120 年。依托工程的科研课题“嵌入超厚硬岩的海上超深钻孔灌注桩施工技术”获中国施工企业管理协会科学技术一等奖。大桥 2014 年获马来西亚优秀马路工程奖，2015 年获布鲁内尔奖。

中国港湾以设计施工总承包方式承建第一标段 16. 37 公里海中主桥、引桥下部结构及基础工程，公规院、一航院、三航院、二航局、三航局、四航局、广航局负责该标段设计和施工。

武汉阳逻长江公路大桥位于武汉市东北郊，距武汉关约 30 公里，是京珠、沪蓉国道主干线武汉绕城公路的控制性工程。大桥长 2725 米，连接线长 7275 米。其中主桥为 1280 米跨单孔双铰钢箱梁悬索桥，双向六车道，在建时跨径居国内第三、世界第八。大桥于 2011 年 8 月 25 日竣工验收。它的建成实现了国家“五纵七横”国道主干线在武汉的全面互通。

大桥南锚碇基坑采用内径 70 米、外径 73 米、深 61 米的圆形地下连续墙围护结构，为目前国内最大的圆形深基坑，被誉为“神州第一锚”。大桥主塔结构为“剪刀撑”，较传统 H 形、门形主塔，形象新颖、美观，为国内首创，被称为“神州第一剪”。

大桥南锚碇工程在国内首次采用设计施工总承包模式，由二航局承担设计施工总承包任务，公规院负责设计，二航局承担主要施工任务。

此外，还完成了西藏波密扎木至墨脱县城公路新改建勘察设计工程。西藏墨脱县地处藏东南中印边界前哨，由于客观条件制约、地质灾害频发，长期以来，进出墨脱县的物资全靠人背畜驮，翻山越岭。西藏波密扎木至墨脱县城公路新改建工程全长 117.278 公里，项目于 2009 年 4 月 20 日开工，2014 年 4 月 17 日交工。项目立项建设填补了国内公路建设史上的一大空白，彻底结束了墨脱作为“全国唯一不通公路的县”的历史，具有深远的政治、经济和社会意义。

二公院对墨脱公路的研究分为两个阶段，历时共 7 年。2001—2005 年为第一阶段，对技术可行的线位进行了实地踏勘，最终推荐了派墨线方案。2005—2007 年为第二阶段，为控制投资，降低风险，选择利用老扎墨公路走廊，对影响路线方案的地形、地质等多种因素进行了综合分析研究，对项目建设目标、标准、工程方案、施工组织等方面进行了重点研究。

第五节　裕民路

何来三峰矗，鼎立峙旗纛

裕民路全长约 1000 米，平均宽度约 10 米，呈东西走向，位于德外地区的东北部。裕民路东侧接北辰路，西侧至京藏高速公路（原八达岭高速公路），东段被称作“五路居”，这个名字是从附近五路居村而来；西段在以前被称为“红庙”，这是因为在其南侧有明朝建造的旗纛庙，俗语也将其称为“西红庙”，可能是为了和朝阳区的红庙相区别。裕民路现在的位置上，原来都是农田，城市发展后，才被修筑成了道路。后来，在 20 世纪 80 年代，在这里修建起了大片的住宅楼，才最终形成了南北往来的道路，在 1981 年被命名为“裕民路”。现在，裕民路的南侧是裕中东里、裕中西里小区，路北边则属于朝阳区的管辖范围。

1. 旗纛：军中专祭之礼

旗纛的“纛”字有两层含义：一种是古代用毛羽为材料，制作成舞具或是安装在帝王车舆上的饰物；第二种是指古代军队或仪仗队所使用的大旗。作为军队祭祀活动的重要载体，旗纛庙、武庙既有共通之处也有不同之处。武庙是用来祭祀历代武将、歌颂其战功的庙宇；旗纛庙则是古代军队举行祭祀活动的场所。虽然旗纛庙也会祭祀武将，但却又承担着旗纛祭礼的功能。

清代魏源曾在《湘江舟行》中说：“何来三峰矗，鼎立峙旗纛。”唐朝的韩愈在《南海神庙碑》中写道：“旗纛旄麾，飞扬晻霭。”明朝的沈榜在《宛署杂记·经费上》中也曾说：“工部祭旗纛，霜降取用。”作为古代重要的军中专祭之礼，旗纛祭祀在古代不同时期的军队中祭祀的形式也各有不同。在先秦时期，军队在出征之前，都会祭祀打仗用的兵器和传说中发明了兵器的人，发明了兵器的人一般会被奉为“战神”或者是“军神”，黄帝和蚩尤就是传说中的战神。大军开拔，来到即将征战的地方时，也会举行相应的祭祀活动，这样的做法主要是为了严正军法、鼓舞士气、以壮声威，祭祀的对象也是战神黄帝与蚩尤，祭祀的方式是宰杀牲口，而后将其血液涂抹在军旗或者战鼓上。隋代的旗纛祭祀仪式和先秦相似，他们祭祀的神明也有“军神”和“军旗”。不过和先秦不同的是，隋代祭祀的“军神”只有黄帝一人。到了唐代，旗纛祭祀和隋代基本一样，从唐代往后，祭军旗才逐渐演变成祭祀的主要内容。到了宋代，这个时期基本上就确定了旗纛祭祀的对象就是军旗，而没有军神了。军队出征时祭祀军旗，目的就是为了祈求出师大捷，旗开得胜。这时，“纛”特指军队中的大旗，“祭纛”就是祭军旗，因此后来出征的祭祀就被称为“旗纛祭礼”。

作为军中专祭之礼，旗纛祭礼即是“禡祭”。郑玄在《礼记·王制》中记载：“禡，师祭也，为兵祷，其礼亦亡。”孔颖达认为，禡祭就是祭祀黄帝或蚩尤，目的就是壮大军威。《隋书》记载：“（后齐）又卜日，建牙旗于蝉，祭以太牢，及所过名山大川，使有司致祭。将届战所，卜刚日，备玄牲，列军容，设柴于辰地，为蝉而禡祭。大司马奠矢，有司奠毛血，乐奏《大护》之音。”唐代禡祭轩辕黄帝，建军旗以祭。宋代出征前祭祀蚩尤、牙旗，并规定了禡祭的具体仪式。元代禡祭则以人或牲口的血来涂抹军旗。明清两代都有祭纛祭仪，清代沿袭了明代的形式，不过在出征前的旗纛祭祀仪式中，混杂了满族竖纛而祭的旧俗。

在明代，当时的朝廷对于旗纛祭礼的仪式有着详细的规定，主要分为军队出征的“师行祭祀”和日常在旗纛庙祭祀两种形式。其中，师行有皇帝本人亲祭和皇太子致祭两种形式，两者的仪式基本上一样，一般包括：前期斋戒、省牲、陈设如常仪。祭祀的正日子，分为迎神、初献礼、亚献礼、终献礼、饮福受胙、出圭彻豆、送神望燎等仪节。

日常的旗纛庙祭，按照祭祀的场地和规模不同，大致可以分成三种类型，分别是国家祭祀、王国祭祀、地方军卫祭祀。国家祭祀是代表国家的意志，因此参与祭祀的人或者是皇帝本人，或者是皇太子，或者是受皇帝指派的能够代表朝廷的重要的大臣。这个时候，旗纛庙祭代表的是国家形象，因此其在规模和形式上都有着严格的规范。从历史的记录来看，这种国家祭祀级别的日常庙祭旗纛，至少在洪武元年的十二月朱元璋在京师建造旗纛庙时便已经开始施行了。另外，在朝廷进行其他祭礼仪式的时候，有时也会将旗纛诸神放在一起来祭祀。比如《明实录》便有记载，从洪武三年二月祭祀山川坛合祀旗纛开始，一直到洪武九年，才将旗纛祭祀从山川坛剥离出来，另外选址山川坛左建造了旗纛庙，主祭者也由皇帝改成了旗手卫官。

王国祭祀旗纛诸神，也是当时国家制度所规定的重要的祭礼之一。明代各个诸侯的封地里，都会建造社稷坛、旗纛庙等用来祭祀神祇的场所。王国祭祀旗纛活动，通常都是派遣武将披挂整齐在旗纛庙实行祭礼。祭祀的仪式一般也有专门的规定，大致包括：先期斋戒两天，准备牛、羊、豕等祭祀的牲畜各一；摆好旗头大将、六纛大将、五方旗神、主宰战船正神、金鼓角铳炮之神、弓弩飞枪飞石之神、阵前阵后神祇五昌等七位神像的位置，都面冲南。祭物主要有：犊、羊、豕；器用登各一，铏、簠、簋各二，笾、豆各十，帛七（黑二、白五）。正祀：迎神，行三献礼、饮福受胙。

除了代表国家和王国封地的旗纛庙祭之外，作为军中的专祭之礼，明朝的政府在驻防京师及全国各地的都司、卫所军营中，也都建有旗纛庙。京师旗纛庙的地址在京营教场处，京营旗纛祭礼主要在每月的朔望日（农历每月初一为朔日，十五为望日）施行。据记载，后来分布在全国各地的都司、卫所旗纛庙，可能始建于明洪武二年的春天。各地方都司、卫所的祭祀排场和朝廷的相比，要简陋许多。《嘉靖邵武府志》记载了都司、卫所军日常旗纛祭祀的形式：旗纛祭祀用牲羊一、豕一（今副牲各一），帛一、祝一，香烛随宜。“至日，守御长官，武服行三献礼。”

明代宣德年间，张以宁编撰的《翠屏集》中记载道：“洪武纪元之四月，公总率大军建牙于广。是月平三山贼，七月平山南龙潭诸寨，十一月开广东卫，岭表咸靖。越明年三月，有旨大都督府即所治后立旗纛庙，有旗有帜，悉度于中，岁春惊蛰、秋霜降祀以大牢。天下守镇官于总卫各立庙，视京师典礼如之。”《明会典》也记载：“凡各处守御官，俱于公廨后筑台，立旗纛庙，设军牙六旗纛神位。春祭用惊蛰日，秋祭用霜降日……若出师，则取旗纛以祭；班师则仍置于庙。”由此可见，当时各地的都司、卫所都建造有旗纛庙，其实是国家制度的要求。在明代的各地方志中，只要是有卫所的地方，都能见到对旗纛庙和旗纛祭祀的记载。比如在《嘉靖邵武府志》中便有记载：“旗纛庙，在卫署西，所祀军牙六纛之神，卫所守御官皆得立庙致祭。旧典春祭用惊蛰日，秋祭用霜降日，今唯霜降日。”《弘治易州志》中记载：“旗纛庙，在州治东南三百六十步，景泰四年龚让建，成化十九年议官周诚重建。”

今天谈到旗纛庙，不得不提到明代的行政统治。当时明朝的行政体制分为两类：一类是府州县等地方统治机构，一类是与府州县等地方行政权力并存的都司卫所军政性统治系统。两者共同形成了明代的全国统治体系。明代全国隶属的都司的“卫”约有400多个，直隶都司的“所”大约有140个。按照一所（都司或卫）拥有一个旗纛庙计，那么当时全国至少应该有2000多座旗纛庙。这些军政统治性质的都司卫所建立的旗纛庙，必须按照朝廷的相关章程，在具体的仪节和礼数上，保持相对的一致性，“视京师典礼如之”，这样便形成了旗纛祭祀礼仪的全国一致性特征。

通过这些记载可以得知，明代在全国各地的都司、卫所建造旗纛庙，是对国家制度的落实，并形成了全国统一的旗纛祭祀礼仪。一直到了清初，旗纛祭祀形式依然盛行。后来，随着卫所制度在清朝中叶消亡，旗纛庙的祭祀也就随之消失在历史中。

明朝永乐年间开始的神旗之祭，主要是在京营祭祀，这与永乐征伐安南获得火炮神铳，并逐渐引入明朝军队有前后因果关系。明成化十五年闰十月，皇帝命令修造神机营的神旗庙。神机营是“皆步队肄习火器”的现代化配备，祭祀神旗之神，主要是祭祀专门掌管火炮的神明。《明实录》记载：“改三营总兵官为提督，以定西侯蒋佑领神枢营，平江伯陈王谟领神机营，同恭顺侯吴继爵俱改给敕谕关防，每月轮祭神旗。”旗纛祭祀时，一般由品级最高的守御武官行初献礼，亚献礼、终献礼则按照官员的品级依序施行。

洪武年间，实行春秋二祭；洪武三年七月之前，曾有每月朔望日祭祀旗纛的制度，后来改成了每年春秋祭祀两次；明永乐年间，每年霜降的时候，朝廷都会派遣官员进行祭祀；宣宗朝时，每年秋天的八月和年底的时候，都会派遣官员祭祀旗纛，后来成为惯例，一直沿用到武宗时期。

此后，从中央政府的祭祀旗纛情况来看，祭祀旗纛的次数越来越少，由此也可以看出朝廷对此逐渐不重视。根据明代各朝《实录》的记载，明武宗从正德六年开始，便不再派遣旗手卫官进行祭祀。此后世宗朝派遣官员祭祀旗纛也仅有三次记录；穆宗只是在隆庆五年八月的时候，派遣旗手卫官祭祀旗纛神一次；万历时期，旗纛祭祀只有八次。从这些记载可以得知，从明武宗六年开始，中央政府每年两次派遣官员祭祀旗纛神的惯例已经逐渐消亡了。从现有的记录来看，在中央政府层面的祭祀旗纛逐渐减少的时候，明代各地卫所的旗纛祭祀大约是在嘉靖之后开始减少的，后来逐渐定为每年霜降时祭祀旗纛诸神一次，与在北京的中央政府旗纛祭祀情况非常一致。

祭祀旗纛的减少，可能与当时中央政府重文抑武的思想有着直接的关系。由于军事制度的变化，加上武官地位的下降，尤其是明代军事后勤保障——卫所经济来源转由地方政府财政掌管后，武官每一笔支出都需要向当地府县行政长官申领，这在一定程度上也加剧了旗纛祭祀的衰落。

当时的朝廷规定只能由卫所武官行使祭旗纛的仪式，但地方行政体系又被文官体系所掌管，卫所的经济来源掌握在文官手中。当时，明代卫所武官多数为世袭的军职，和文官属于两个系统，因此旗纛虽属国家吉礼中的中祀，但实际上其祭祀仪式还不如府县的城隍庙的祭礼。以至于到了明万历后期，许多卫所旗纛庙年久失修，坍塌衰落，卫所军兵只好把祭祀旗纛的仪式放在校场上。

当然，也并不是所有地方的旗纛庙都不堪使用，有些地方的旗纛庙一直到了清康乾时期仍然存在。《清高宗实录》记载："河南巡抚雅尔图奏称：豫省伏牛山需员弹压稽查。应建移驻之通判、州同、州判、守备、衙署、各营房、马棚、墩台、旗纛庙、烟墩、牌坊、门楼，共估地基工料银六千一百七十两零。"《康熙建宁府志》记载："旗纛庙在行都司后，在宋云榭台故址，本主题曰：'军牙六纛之神。'岁霜降日行都司官率其属戎服以祭，祭物于本府库支官钱办祭，仪与府社稷同。今祀守备司主之。"清朝中叶以后，卫所管理体制逐渐被府县所取代，旗纛庙祭祀也在这种潜移默化的变化中逐渐消亡。此后，地方的旗纛庙也开始转换职能，将主祀旗纛诸神换成了火神或其他神祇，这样便能够适应清代国家规定的正神祀典。

2. 全国组织机构统一社会信用代码数据服务中心

从裕民路西口向东走不远，路南侧便是全国组织机构统一社会信用代码数据服务中心（原全国组织机构代码管理中心）的办证大厅。

1993 年，经中央编办批准，全国组织机构代码管理中心正式成立，隶属于国家质量监督检验检疫总局。很多人不清楚国家代码中心的职能，它的职责主要包括以下几个部分：一是负责拟定全国组织机构代码工作的规章制度及工作规划，并组织实施；二是承担代码管理的具体实施，指导并协调代码的推广应用；三是负责建立代码标识制度，承担代码的赋码与标识的管理工作，负责代码证书的发放管理工作；四是承担代码相关标准的制修订与科研工作；五是负责组织、建立和维护代码信息系统，建立和管理代码数据库；六是负责对全国各地代码数据库实施监督和指导；七是对以代码为基础的法人单位基础信息库进行建立并完善，以及建立并完善社会信用体系实名制信息共享平台；八是承担代码相关咨询、培训与技术服务工作；九是承担有关对外合作与交流活动。

国家代码中心在全国各省、自治区、直辖市、副省级市、计划单列市设立了46个分支机构，并在全国各市（区）、县建立了2600余个基层代码工作机构，形成了一个全国范围（港澳台除外）的国家、省、市、县四级组织机构代码管理、技术研发、应用拓展和服务工作体系。实现了全国联网和数据动态管理，建成了汇集全国各类有效组织机构基本信息的代码数据库和包含批准文件、执照等各类纸质档案信息的电子档案数据库。

目前，代码及其基本信息已被广泛应用到税务、海关、公积金管理、银行、社会保障、人事、外汇、公安车辆管理、统计、质检、法院案件执行等电子政务领域，在单位基本信息核查、实名制信息比对等社会应用领域发挥了重要作用。

进入21世纪以来，我国的信息化发展与组织机构代码工作的联系日益紧密。一方面，电子政务、电子商务和社会诚信体系对信息需求的不断增加，促使组织机构代码工作取得了长足的进展，并对代码科研水平和科研人员提出了较高的要求；另一方面，组织机构代码系统的广大科技工作者始终按照党中央国务院的要求，认真贯彻落实科学发展观，不断以科研推动代码工作踏上一个又一个的新台阶。

随着时代和技术的发展，组织机构代码的工作也与百姓密切相关，而通过新的技术手段，普通民众也能享受到便捷的组织机构代码查询服务。2013 年 5 月 7 日，全国组织机构代码管理中心和百度公司达成战略合作，向百度开放了国家代码中心权威认证数据。即日起，网友在百度搜索“组织机构代码查询”即可以进入专业核查工具，只要输入组织机构名称、代码、登记证号中的任意一项，就可以了解机构类型、地址、有效期、颁发单位等重要信息，迅速判断这家组织机构是否真实、可靠。

第六章　胡同典故（四）

第一节　旧鼓楼外大街
清军教场鼓楼外，五军神枢三大营

旧鼓楼外大街位于德胜街道的最东侧，与东城区以此路为分界线。路东为东城区，路西为西城区。整条街道呈南北走向，南起安定门西大街，北至安德里北街。整条街道全长约900余米，宽约27米。旧鼓楼外大街东边是著名的青年湖公园，南口西侧则是北滨河公园。

明朝时，朝廷曾设五军神枢于旧鼓楼外大街，称为“大教场”。清朝时期，为八旗校场。清朝末年，清军曾在附近的大苇塘水泊中训练水兵，于是又被称作“教场”。新中国成立后，因为这里地处旧鼓楼大街的北侧，于是改称为“旧鼓楼外大街”，而后一直沿用至今。

1. 五军神枢

说起明朝在旧鼓楼大街设置的五军神枢，要从明朝时军队的历史谈起。

当时，在军队的体制中最为出名的军队力量，“三大营”当属其一。三大营是明朝时郡城军队的编制，成立于明洪武初年，开始隶属于大都督府管辖，1380 年改为由五军都督府管辖。明成祖迁都到了北京以后，分别设立了“京师京营”和“南京京营”，整个规制才日渐完善。

京师京营又被称为“三大营”，分别包括五军营、三千营（神枢营）和神机营，是明朝军队中最精锐的野战部队，由明成祖朱棣亲自下令组建而成。三大营分别设置了提督内臣、武臣、掌号头官等官职负责统率，各军、各司又分设坐营官、把总、坐司官、监枪内臣、把司、把牌等不同官职。明洪熙元年（1425 年）时，三大营的事务统一交由武臣一人总理。平时，五军营重点练习结营布阵，三千营重点负责练习巡哨警戒，神机营则重点练习火器的使用。每当皇帝亲征时，三大营负责环守住皇帝的大营，从布置上看，一般是神机营在最外圈，而后骑兵在中间，步兵在最内侧。

在三大营中，五军营由骑兵和步兵混合组成，是一支“合成”部队，具有较强的战斗力。五军营由中军、左军、左掖军、右掖军、右哨军五大部分组成，将士都是从各地方部队选调上来的精锐，在作战中充当主力。一开始，五军营只是五军都督府所统辖的全国军队中负责京师防务的部队，大概有 48 个“卫”。明朝时，军队的编制是以“卫”作为单位，一个“卫”的编制约为 5600 名士兵。随着五军营的兵力不断增加，到明成祖时，五军营的总兵力已经达到了 72 卫，约有 40 余万人。人数相当庞大，不仅能够拱卫京师，而且还成为征讨的主力军队。

当时，五军营的军士不但有来自保卫京师的部队，还会调动中度留守司以及山东、河南、大宁三个都司卫所的骑兵和步兵，轮番到京城驻扎和操练，他们被称为“班军”。除了这些将士之外，五军营的组成还有一些特殊的部队，比如有负责掌管皇帝随驾马队官军的十二营，掌管操练上直叉刀手和京卫步队官军的“围子手营”，此外还有幼官舍人殚忠、效义诸营。

三千营也叫神枢营，最初是以3000投降的蒙古骑兵为骨干的部队，这3000骑兵就是靖难时，燕王朱棣从宁王朱权那里夺得的最精锐的骑兵“朵颜三卫”。后来，三千营的实际人数已经远超3000，不过和五军营骑步混编的编制不同，三千营的军士全部由骑兵组成，这可能和蒙古骑兵的家底有一定的关系。虽然这支部队人数不多，但却是当时明军最为强悍的骑兵力量，他们在战争中主要担任突击的角色，充当战略机动力量。而在平时，三千营的任务是充任皇帝的仪仗队，并负责京城的巡逻任务。

明嘉靖二十九年（1550年）恢复三大营时，三千营改称神枢营，原来隶属三千营的红盔将军2500人、明甲将军500人也编入该营。三千营下辖五个司，分别负责执掌皇帝的旗帜、舆服、兵仗金鼓、御用宝物等物品。后来，三千营营制几经变更，至嘉靖末年废除中军、左右哨、左右掖名称，设战兵营、车兵营、守兵营各三个，执事营一个；设左右副将各一人，练勇参将、参将、游击将军、佐击将军各两人，分别统领十个营的兵力，加上后备队的话，当时三千营的总兵力达到了7万人，由京营总督负责管辖。

神机营是明军的军队中专门负责掌管火器的特殊部队，从现在的角度来看，相当于当时明朝政府的炮兵部队。当时，神机营士兵使用的武器是火炮和火铳，到了后期又添置了火绳枪。明朝时候，这些先进的火器被称为“神机炮”，两军对阵的时候，这种火器的威力非常大，许多游牧民族的骑兵都在这些神机炮下丧命。

战斗的时候，神机营的火铳兵会列为三排，发现敌骑兵进攻后，第一排的兵士首先发射火铳，然后第二排、第三排依次射击，在第

二、第三排射击的时候，第一排已从容地装好了子弹。如此循环往复的配合，可以形成不间断射击，从而具备了强大的火力支持。据说，这样的战术最早是由明初的名将沐英发明的，也是所有“前添枪”最核心的战术，这一先进的战术领先西方和日本200余年。

明朝前期，神机营的编制还是比较强大的。当时，神机营全营的兵力编制和装备如下：全营官兵共5000人，其中步兵3600人，全部配备先进的火器；骑兵1000人；炮兵400人，使用的武器是野战重炮和大连珠炮。而在装备方面，神机营的装备也很强悍：步兵使用的火铳“霹雳炮”有3600杆，使用火药9000斤；90万个重八钱的铅子；多管火铳“大连珠炮”200杆，使用火药675斤；炮兵防身用的手铳“手把口”400杆；野战重炮“盏口将军”160位。

作为明朝京城禁卫军中的三大营之一，神机营是明朝军队中专门掌管火器的一支特殊部队，开启了世界上火器部队的先河。到了清朝的时候，沿用了明朝军制，也设立了火器营，平时负责在紫禁城守卫，皇帝巡行时负责跟从保卫。一直到鸦片战争后，清政府当时建立的神机营被俗称为“洋枪队”，是由于其装备的是洋枪、洋炮。

骑兵、步兵混编的五军营，具备战略性质的三千营，以及装备了先进武器的神机营，当时驻守京城的三大营军士，不但单个具有强悍的战斗力，而且在对阵沙场的时候，也各有章法。

战斗打响后，神机营的火铳兵会利用三排轮番射击的战法，保持强大的火力，对敌人进行第一轮的打击。神机营第一轮射击完毕后，会立刻撤退到队伍的两翼，而后三千营与五军营的骑兵会立刻补上空位，对已经受创的蒙古骑兵发动突然袭击。在骑兵突击后，开始轮到五军营的步兵展开进攻，这些步兵经常手持克制骑兵的武器，比如长矛等，再对蒙古骑兵展开最后一轮的致命打击。

今天，三大营的装备早已被更先进的武器所替代，三大营的士兵也已经陨落在历史的长河中，只有留下来的遗址和故事，能让后人体会当时的情景。今天的旧鼓楼外大街附近，便是当时的五军神枢营的校场，清代初期的时候，这个校场曾被利用来屯兵，清朝的八旗子弟也曾在这里操练骑马射箭、试射火炮枪弹。到了晚清后，校场被废弃，日渐零落。直到新中国成立后，各处硝烟散去，陆续建成了让人民安居乐业的住宅小区。

2. 北滨河公园

旧鼓楼外大街南口西侧，便是绿树环绕的北滨河公园。

今天绿树环绕、鲜花盛开的北滨河公园，前身是西城区的德外苗圃基地，一直到1980年才改建为街头开放式的公园。1998年，北滨河公园进行了第一次的大规模改造，当时的改造工程由北京国安园林设计公司设计，西城区园林局负责施工。工程于1998年4月开工，到2000年9月竣工。整个公园占地面积6.6万平方米，其中绿地面积就达到了5.5万平方米。

北滨河公园由两部分组成，东边是一座奇石展览馆，整个建筑面积约为5000平方米，馆里收藏了全国10多个省市的100多种、2000多方观赏石。对喜爱奇石收藏的游客来说，在这个展览馆里，便可观赏众多名山之石，也是一

北滨河公园内景

个不错的雅兴。在奇石展览馆的旁边，还有一座石友会馆，是具备了北京传统格局和风格的庭院建筑。该园内种植了各种花草和绿植，再搭配上各种造型别致的山石，形成了一处独具特色的奇石公园。这部分的园区并不是开放的，而是实行封闭式的管理，如果游客想进去参观，还需要另外购买门票

北滨河公园的西部则是以休闲、绿化为主，漫步这里，绿树婆娑，鲜花盛放。为了方便群众在这里锻炼，还贴心地配置了一些群众性的健身器材，供游客使用。因此，和东部封闭的环境不同，西部属开放性的公共绿地，它的主要功能是美化环境，为密集居住的居民提供休息、娱乐、健身的场所。

不但北滨河公园是市民们休闲的好去处，而且经过改造和景观设计，北滨河公园南门口的北二环段滨水绿道，也成为一处让人留恋的城市景观。北滨河公园南门口的一段城市绿道，属于北京环二环城市绿道的一小段，也是北二环段滨水绿道的精华所在。漫步在这条绿道上，脚下是铺设得整齐而又设计得蜿蜒曲折有情致的小径，仿古的栏杆沿河而建，沿途是袅娜拂动的垂柳，倒影在水面上荡漾。此外，岸边还种植了海棠、榆叶梅、碧桃等多种树木，映入水中，生出“一河映翠绿，两岸生繁花”的美妙场景。虽然这里紧靠着二环，但是在绿荫中却闹中取静，抬头可见二环主路上车水马龙、道路两侧的高楼大厦，回首便是水波荡漾的护城河和绿树掩映的景致。尤其是到了晚上，各种城市景观照明启动后，水边流光溢彩，非常让人惊艳，因此成为众多市民纳凉和夜跑的好去处。

全长数十公里的环二环城市绿道，就像一条舞动的彩带，一路串联起雍和宫、地坛、鼓楼、德胜门等众多名胜古迹，在繁华中营造出一片静谧和祥和。这个绿道不但是一条休闲的廊道，也是一条生态的廊道，充分体现了人与自然和谐共生的理念。绿道的建设，

也是尊重北京生态基底、自然山水格局，在依托绿色空间提升市民生活质量的同时，尽量减少对自然环境的干扰和破坏。绿道两侧绿化景观得到提升的同时，廊道的生态联通功能也得到了强化，历史文化遗迹、大公园型居住区、风景名胜区、交通站点等节点被有机联通，区域内各种自然、人文资源得到整合，绿道线路和各类服务设施被有效布局，随后与规划、园林、交通、水务、市政、旅游等众多部门协调一致，让沿线的区域越变越美。

3. 中电建建筑集团有限公司

2015 年 5 月 16 日，中电建建筑集团有限公司在北京揭牌成立，它隶属于中国电建集团旗下，是一家以房屋建筑工程施工总承包为核心业务的专业化平台。中电建建筑集团有限公司的成立，也标志着中国电建“大土木、大集团、大市场”的发展战略迈出了更加坚实的一步。

中电建建筑集团是以国内房屋建筑施工总承包为核心主业的专业化平台公司，是中国电建集团房屋建筑业务的领军企业，是推动各板块企业转型升级的核心力量、加快发展的承载平台，是中国电建集团房屋建筑业务创新商业模式、提升品牌价值的推动平台，是中国电建集团参与城镇化建设、棚户区与老城改造的重要力量。中电建建筑集团成立后，中国电

中电建建筑集团有限公司

建集团在政策和资金方面给予电建建筑公司大力支持，鼓励电建建筑集团公司创新战略管控模式，探索混合所有制经济，整合内外部资源，激发企业活力，为电建建筑集团的发展创造有利条件。

电建建筑公司以更名揭牌为新的起点，按照中国电建集团公司要求的“树品牌、建平台；补短板、提功能；促转型、上规模”三个步骤，扎实推进转型升级步伐，肩负中国电建集团赋予的重大使命，实现房建业务做大、做强、做优，城市基础设施建设业务创新发展，市场竞争力进一步提升，“组织集团化、市场全球化、产业一体化、业务专业化和管理信息化”，把发展目标早日实现。把建筑集团公司建设成为开拓两种市场能力强、利用两种资源效率高、经营质量效益好，具有较强市场竞争能力、一体化服务能力、投融资能力的国际型建筑工程公司，为实现中国电建集团的跨越式发展做出巨大的贡献。

中电建建筑集团成立后，按照中国电建集团战略要求和定位，坚持“顺势而行、量力勇为、改革推进、创新升级、好中求进”的业务发展指导方针，依托成员企业既有产业相对优势，通过优化内部资源配置，整合优质社会资源，创新战略管控模式，完善房建业务领军企业构建，努力建设成为开拓市场能力强、利用资源效率高、经营质量效益好，具有较强市场竞争能力、一体化服务能力、投融资能力的国际型建筑工程公司。

作为中电建建筑集团的母公司，中国电力建设集团是经国务院批准，于2011年9月29日在中国水利水电建设集团公司、中国水电工程顾问集团公司和国家电网公司、中国南方电网有限责任公司所属的14个省（市、区）电力勘测设计、工程、装备制造企业基础上组建的国有独资公司。

中国电建是全球能源电力、水资源与环境、基础设施及房地产领域提供全产业链集成、整体解决方案服务的综合性特大型建筑集团，主营业务横向跨越国内外能源电力、水利、铁路（地铁）、公路、机场、房屋建筑、水环境治理、市政基础设施及大土木、大建筑多行业，纵向覆盖投资开发、规划设计、工程承包、装备制造、项目运营等工程建设及运营全过程，具有懂水熟电的核心能力和产业链一体化的突出优势。此外，受国家有关部委委托，承担了国家水电、风电、太阳能等清洁能源和新能源的规划、审查等职能。电力建设（规划、设计、施工等）能力和业绩位居全球行业第一。

中国电建的战略定位是服务“一带一路”建设的龙头企业，全球清洁低碳能源、水资源与环境建设领域的引领者，全球基础设施互联互通的骨干力量，为海内外客户提供全产业链集成、整体解决方案服务的工程建设投资发展商。战略目标是：致力成为能源电力、水资源与环境、基础设施领域具有国际竞争力的质量效益型世界一流综合性建设投资集团。战略方针是：发挥懂水熟电核心能力和产业链一体化优势，统筹国际国内两个市场，聚焦能源电力、水资源与环境、基础设施三大核心领域，深入实施“深化改革、全球发展、创新驱动、转型升级、人才强企”五大战略，协同推进“产融结合、优势多元、产业联动、规划先行、精益运营、风险平衡、产业培育、文化凝聚”八大举措。

4. 庆丰包子铺

在旧鼓楼外大街北口西侧，是一家北京人人皆知的餐饮品牌——庆丰包子铺。

北京庆丰包子铺隶属于北京华天饮食集团公司的餐饮品牌店，主要以经营包子为主。庆丰包子铺于 1948 年开业，已有 70 年的历史。当时，庆丰包子铺的字号还叫“万兴居”，主要经营包子、小吃、米饭、炒菜等。因为其包子选料严格，制作精细，口味纯正，因此生意十分红火。1956 年公私合营后，以经营包子、炒肝为主，才正式更名为“庆丰包子铺”。由于质量上乘，又符合中国人的饮食习惯，庆丰包子铺理所当然地成为京城百姓认可的著名快餐品牌。1991 年，著名书法家徐柏涛为“庆丰包子铺”题写了牌匾。

庆丰包子铺之所以广受顾客喜爱，一个重要的原因是其优良的产品品质。“庆丰”对包子的制作有着严格的质量标准，从原料产地、馅型调料配比、包子外观、包子重量、上屉时间等都有具体要求，包子薄皮大馅，外形美观，吃到嘴里松软有劲，味美汁多爽口。

庆丰包子铺经营品种十分丰富，包子有传统的猪肉大葱、猪肉三鲜、素三鲜、鲜虾、猪肉梅干菜、牛肉大葱、鲜虾菜心等。流食品种也有 10 余种，除炒肝外，还有鸡汤馄饨、紫米粥、棒碴粥、绿豆粥等，此外还添加了像酱肘花、酱牛肉、焖酥鱼、麻豆腐、拌三丝、玉带丝等凉菜，价钱实惠，深受百姓的喜爱。同时，他们每年还不断推出新品，如胡萝卜素什锦包子、猪肉酸菜包子、冬笋酱肉包子等，丰富百姓的餐桌；每年还不断根据顾客的反馈改良产品，虚心接受百姓的建议，做到让顾客满意。

随着庆丰包子铺连锁规模的进一步扩大，为了更好地对连锁化经营进行统一，2008 年底，庆丰包子铺斥资 5000 余万元在顺义投资建设了“北京庆丰食品科技研发中心”，对所有连锁店的食材进行统一采购，统一加工，统一储存，统一配送。这不仅保证了品质，也有效地解决了在单店加工中，由于不可控因素造成的口味上的差异，更节约了单店加工所消耗的能源，同时也减小了连锁店的管理难度，让店铺的管理者有更多的时间和精力加强对服务卫生环节的管控。

2005 年以来，在集团公司的领导下，庆丰包子铺秉承“品质、清洁、服务、实惠、体验、健康”的经营理念，坚持“老少皆宜，价格适中，贴近百姓，服务工薪”的经营定位，走中式快餐连锁加盟发展之路。截至2015年底，庆丰共有连锁店铺314家，遍布全国11个省份、34个城市，其中北京市范围内有连锁店铺260家，全国范围内店铺平均每天接待17万人次，全年合计接待6200万人次，销售逾10亿元。

庆丰包子铺的严格管理、优良品质和快速发展，在社会上产生了广泛影响，企业品牌知名度和美誉度不断提升。先后获得了“北京商业人气品牌”“爱国卫生先进单位”“中国风味特色餐厅”“首都文明服务示范窗口”“市早餐工程示范店”等各种奖励和荣誉。

第二节　黄寺大街
起承藏地缘犹在，风云际会弘谐音

“先有潭柘寺，后有北京城”，拥有3000年建城史、800年建都史的北京，至今留存众多寺庙，也构建出和历史相关的典故逸闻，意味隽永。

寺庙虽多，但在偌大的北京城里，以寺庙命名的街道，却并不常见，位于京城东北部的黄寺大街，是其中之一。究其历史发展，考究时光变迁，今天的黄寺大街，旧物风光已成高阁遗址，留待后人探究，但历史典故中折射出的旧闻逸事，仍令人津津乐道。

黄寺大街位于北京市西城区东北部一隅，西承德胜门外大街，一路延向东行，而后折转向南，终至安德里北街。顾名思义，街道得名，盖因其北侧有黄寺。尤其是其中的西黄寺声名远播，现为中国藏语系高级佛学院，为北京市重点文物保护单位。

清朝年间，京城有三座最古老的寺庙，并称“京城三寺”，为东华门的普圣寺、北海的永安寺、城北的西黄寺。北京老话有云“东黄寺的殿，西黄寺的塔”，反映了东、西黄寺的成名之处。其中，西黄寺殿宇均覆以黄色琉璃瓦，红墙苍松，佛塔嵯峨，气势非凡。

1979 年 8 月 21 日，北京市政府宣布西黄寺为北京市重点文物保护单位。北京市文物事业管理局 1981 年 7 月于清净化城塔院天王殿右墙前设立了重点文物保护单位标志和文字。1983 年西黄寺被国务院列为汉族地区全国重点佛教寺院。

提起北京的“双黄寺”，老北京的典故亦有记载。早年间，北京城内有东黄寺、西黄寺两座喇嘛庙。双寺秋色平分，佛音缥缈。东黄寺建于顺治八年（1651 年），西黄寺建于顺治九年（1652 年），殿宇重叠，瓦皆黄色，因此有“黄寺”之名。

清咸丰十年（1860 年），东、西双黄寺在圆明园遭八国联军劫掠前，即先遭到英法联军大肆破坏，令人扼腕。1900 年，八国联军入侵，又烧毁了塔院的大雄宝殿和后罩楼。抗日战争期间，黄寺为日军所占据，破坏尤甚。1958 年，两座黄寺均被拆除，仅有地名和塔院尚存。当时，英法联军入侵北京后，在寺内大肆破坏，将珍贵历史遗存劫掠一空，仅留清净化城塔。

1. 北京教育学院

今天的北京，功能区域日渐明晰，譬如高校大多集中于海淀区。但其实，在黄寺大街里，还隐藏着一座有着悠久历史的高校——北京教育学院。从 1953 年至今，北京教育学院大致经历了初创与建设（1953—1977）、复院与发展（1978—1993）、院际融合与功能拓展（1994—2000）以及新世纪新发展（2001 年至今）等四个历史阶段。

北京教育学院前身是 1953 年成立的北京教师进修学院。当年，伴随着新中国教育事业的奠基创业与艰辛发展，北京教师进修学院成立，隶属于北京市教育局。它的成立开启了首都中小学校长、教师在职进修培训的先河。在初创与建设的十多年间，学院坚决执行中共北京市委《五四决定》，遵循“教什么，学什么；缺什么，补什么”的办学原则，为提高中小学教师干部队伍素质和教育教学质量做出了历史性的贡献。

1993 年 12 月，北京教育学院与北京教育行政学院合并，定名为北京教育学院，同时北京英语教师培训中心并入北京教育学院外语系，拉开了学院院际融合与功能拓展的新的历史阶段。2000 年 9 月，北京市成人教育学院、北京实验大学、北京市成人教育服务中心并入北京教育学院。两次重大合并重组，使学院进一步明确了功能定位，其内涵、外延与教学科研实力发生了深刻变化，办学层次与规模、专业种类与水平、学术规范与研训质量都有了明显提升。

北京教育学院是从事首都基础教育干部教师专业发展的专门机构，主要承担北京市中小学干部教师继续教育及成人高等师范教育任务。建院以来，学院坚持走服务基础教育的办学道路，以学生为本、教师为先、科研为基，以服务基础教育改革发展、干部教师专业成长和学校办学质量提升为己任，逐步形成了“专业引领、实践取向、理实结合、优质服务”的办学特色，充分发挥了作为首都基础教育校长教师培训基地和党建研究中心的引领作用。

北京教育学院共有黄寺校区、文兴街校区、黄化门校区、中轴路校区和衙门口校区 5 个校区，现有教职工 554 人，其中有教育部“国培计划”专家库专家 19 人，专任教师 260 人，教授、副教授 108 人，拥有博士、硕士学位的教职工 317 人。另聘有来自中国科学院、北京大学、清华大学、北京师范大学等科研院所的客座教授、兼职教授百余名。专任教师中，获北京市有突出贡献专家奖 2 人，获曾宪梓教育基金奖 11 人，享受国务院及北京市政府特殊津贴的专家 12 人，获全国优秀教师、北京市优秀教师和优秀教育工作者、“首都五一劳动奖章”“北京市教育系统优秀共产党员”和“北京市高校师德标兵”等荣誉称号的共计38人。

北京教育学院建成了统筹管理、覆盖全市的中小学教师继续教育现代化远程教育培训体系，为全市中小学教师在线学习、教学研究提供专业化的学习资源与技术支持。图书馆形成了以基础教育、校长教师培训资源为特色的综合性藏书体系，拥有中国知网数据库、万方数据库、师范教育专题数据库、中小学教材教参数据库、EBSCO教育专题数据库等丰富优质的信息资源供全院师生使用。

根据首都教育改革发展要求和干部教师发展需求，北京教育学院贯彻“创新、协调、绿色、开放、共享”的发展理念，坚持“以促进学生发展为目的，以解决实践问题为导向，以服务学员需求为中心，以科研引领支持为根基”，启动实施北京市中小学名师名校长名园长发展工程、协同创新学校计划、卓越教育工作者研修项目、紧缺急需学科（领域）干部教师研修项目、定制合作培训项目等一批优质品牌项目，为首都中小学师资水平与教育质量的提高提供了有力支持。学院同时还承担“国培计划”项目、援助培训、委托（合作）培训等各类培训任务，培训学员遍及全国各地以及海外，辐射带动作用和社会影响力显著提升。

以“聚焦教育实践、突出问题导向”为着力点，北京教育学院坚持理论与实际紧密结合，不断加大研训一体、研用结合、科研创新的力度，鼓励科研成果转化。学院成立了“首都基础教育人才科学研究院”，设有教育人才研究中心、培训师研修中心、学生发展研究中心、学科教育学研究中心等研究机构；主办了《中小学管理》《北京教育学院学报》等学术刊物，积极为中小学校发展、校长教师发展和教育改革发展提供科研支撑和智库服务。

北京教育学院确立了“立足本院，提升学院教学科研国际化水平；服务全市，支持首都基础教育国际化建设；面向世界，开拓国际教育服务市场”的国际化发展战略，以开放的视野不断加大国际高端资源引进力度，广泛开展国际双向交流与合作。北京教育学院已与美国北卡大学教堂山分校、加拿大约克大学等多个国家的大学和教育机构签订合作备忘录，开展高质量、深层次的学术交流与合作关系，合作领域广泛，合作形式多样。每年开展面向北京市中小学校长教师的国际化课程培训 10 余期，参训学员达 600 人次。2013 年获国家汉办批准，学院与塞浦路斯大学共同创办孔子学院。北京教育学院每年为来自法国、澳大利亚、塞浦路斯等国的外国留学生提供丰富的汉语语言与文化研修课程，并积极探索向“一带一路”国家和地区开展汉语推广。目前，北京教育学院已形成了多国别、宽领域、多渠道、多形式、重质量、讲实效的对外合作与交流格局。

进入 21 世纪，在北京市教育改革与发展主要目标的提出以及高等教育管理体系调整的教育背景下，北京教育学院迎来了新的发展机遇期。特别是 2004 年 4 月，在全面实施科教兴国和人才强国战略，加快实现“新北京、新奥运”战略构想的新形势下，中共北京市委、北京市人民政府召开了北京市教育大会，明确了今后一个时期首都教育工作的目标、任务和措施。以此为契机，学院制定了《2004—2010 年发展战略纲要》，进一步拓展了学院性质与功能定位。2005 年，学院召开第一次党代会，确立了首都校长、教师培训基地这一功能定位，学院的中心任务也逐渐转向了基础教育、职业教育、成人教育“三教融通”的首都校长教师培训这一主业上来。为进一步贯彻落实国家和北京市中长期教育改革和发展规划纲要，2011 年第二次党代会上又进一步提出“将北京教育学院建设成为特色鲜明、品质卓越、国内示范引领、国际开放合作的校长教师研修高地和首都基础教育党建研究中心”的总体发展目标，实现了从学历教育向培训研修高地的战略转移，为学院各项事业的蓬勃发展打牢了坚实的思想基础，开创了“方向明、干劲足、配合紧、创新强、质量优、绩效实”的良好办学局面，为首都实现教育均衡发展提供了有力的人力资源保障和智力支持。

2. **马甸邮币卡市场**

在今天玩邮币卡的玩家中，“马甸邮币卡市场”始终是一个沉甸甸的金字招牌，曾经坐上中国两大邮币卡市场之一的交椅。今天的黄寺大街，虽然经过改造更加整洁有序，但当年的邮币卡的盛况依旧历历在目。

1997 年 5 月，经北京市批准，当时中国第一邮市“月坛集邮品市场”整体搬迁至黄寺大街 23 号，即当时的北京广播器材厂六号厂房内，由露天交易变为室内大厅交易，软件硬件和交易环境得到了质的飞跃，并更名为“北京福尼特月坛邮币卡市场”。

1999 年 9 月，福尼特工贸集团退出经营，宜美嘉商贸中心接管，市场更名为“北京宜美嘉月坛邮币卡市场”。2001 年 11 月，市场搬迁至大钟寺，改为“大钟寺月坛宜美嘉邮币卡市场”。因为经营等种种原因，2003 年 4 月，大钟寺月坛宜美嘉邮币卡市场关闭，商户又自发搬到黄寺大街 23 号的北京万家马甸小商品市场。同年 5 月 14 日，北京万家马甸小商品市场改名

马甸邮币卡市场

为“北京万家马甸邮币卡市场”，并于2003年6月1日正式营业。

北京马甸邮币卡市场和上海卢工邮币卡市场，是中国两大邮币卡市场。马甸邮币卡市场具有作风积极、待客热情、资金雄厚的优点。初次去马甸的绝大部分邮友都会感叹马甸邮币卡商家的货品之多，服务之热情。可以说，在马甸几乎没有买不到的邮票。

“邮”指集邮品，这里面包含了邮票、小本票、邮资明信片、邮资信封、实寄封、实寄片、首日封等众多邮政用品，以及印花税票；“币”指钱币，是可以合法买卖的所有的钱币总称，包括市场上流通的纸币和硬币，包括金币和银币等贵金属币和除金银币外的非贵金属币，以及国内和国外各种货币；“卡”原来是指电话卡，最早特指田村卡，也是我国最早使用的电话卡，不过现在已经被替代了。

与股市的虚拟交易不同，邮币卡电子盘采取实物挂牌、实物提取的方式，将原本分散在现货市场的邮票钱币等收藏品集中分类、托管上市、定价发行。相比国内股市只有上证、深证两个交易所，邮币卡市场的电子盘却有很多。据了解，目前全国共有线下的邮币卡交易市场数十个，包括南京文交所钱币邮票交易中心、北京福丽特文交所、广州南方文交所、北京金马甲交易所等。虽然邮币卡电子盘基本照搬了股市的交易制度，但在细节设置上却和股市有许多差异，比如交易门槛低、交易时间不同、打新中签概率高、可实物提取等。

邮币卡电子盘的推出，解决了品相、保管、运输、资金、诚信、变现等实物市场交易的诸多弊端，彻底颠覆了以前的传统的交易模式，使之与金融创新结合起来。真正意义上将邮票钱币等收藏品，从一小部分业内人士及业余爱好者，转向人人都可参与的大众投资理财项目。

3. 一街凭倚数公园

街道拓宽，文物古建重修，昔日脏乱差的街道变成了通衢……黄寺大街在新发展的春风里，正日新月异。习近平总书记说过：青山绿水就是金山银山。今天的黄寺大街，周边还拥有人定湖公园、玫瑰园、马甸公园和双秀公园等多座公园，为周边居住的市民营造出绿色居所的幸福之地。

玫瑰园位于黄寺大街西北处，是在原先一片林地上新建的一座开放式公园，因广植月季、玫瑰而得名。2002 年建成后即向游人免费开放。

由南门而入，首先步入的是综合文化广场。广场北面矗立着一块太湖石，上面镌刻着书法家李铎书写的“国槐侧柏兄弟树，月季菊花姊妹花”，真实地记录了玫瑰园修建之前这里国槐与侧柏丛生的景象。今天，国槐、侧柏仍是玫瑰园的主要树种。过了文化广场后为月季广场，广场中心有一个圆形的月季台，每到花期，月季争相斗艳、姹紫嫣红，成为京城北部稀有的欣赏月季花的公园。

玫瑰园建成之后，2004 年又在黄寺大街西端北面、马甸立交桥西北，建成一处以人为本、以绿为主、以健身为主题的马甸公园。马甸公园是北京市政府 2003 年为民拟办的 60 件实事之一，也是海淀区政府 2003 年环境建设年的重点工程，是以企业投资认建形式建设的公园。整个工程由海淀市政园林服务中心组织实施，海淀园林工程设计所进行总体规划及设计。该公园于 2003 年 8 月动工，2004 年 4 月 28 日正式开园，免费对社会开放。

马甸公园设计力求以人为本、以绿为主，景观与活动空间结合，保留一处人与自然交融的场所，为周边居民提供运动、休闲、健身的绿色空间。努力探索将景观性与功能性相融合，将“运动”融入

“自然”，为群众创造“绿色、健康”的现代休闲空间。

4. 中国国际商品交易基地

位于黄寺大街西口南侧的中国国际商品交易基地，是根据国务院《关于促进流通业发展的若干意见》，遵循商务部《关于促进电子商务规范发展的意见》和《关于网上交易指导意见》规划建设，在商务部政企联手政策的鼓励下设立的。中国国际商品交易基地是集厂家直销与远程交易、网络展览与传统展示、品牌推广与商务服务于一身，三位一体的新型服务机构，是政府机构支持主导、协会银企多方共建、商业运营企业受益的创新型模式。

2010 年 4 月 20 日，中国国际商品交易基地在北京正式启动运营。自此，中国第一家采用全业务运营模式，助力中小企业开拓市场、提升国际竞争力的新型商务服务机构诞生。

启动仪式上，商务部外贸发展局中小企业外贸促进中心副秘书长、中国国际商品交易基地指导委员会成员祝书海对交易基地的情况做了介绍。他说：经济全球化日益加剧，中小企业越来越多地在世界范围内参与国际竞争，而我国中小企业与国外企业相比，参与国际竞争的经验较少，整体素质有待进一步提高，因此在国际市场竞争上面临着更严峻的考验。当前，以跨国公司为代表的外资商务服务向中国转移的竞争趋势也愈加明显，这就对国内服务机构的服务质量提出了更高、更迫切的要求。在这种大背景环境下，自去年下半年开始，我们加快了交易基地筹备的进度。在原有设想的基础上，着力打造独特优势，今天交易基地终于破土而出。

以“永不闭幕的博览会、国际贸易的直通车”为主题的中国国际商品交易基地，一期工程建设面积 2 万平方米，服务配套面积 3 万平方米，总投资 3 亿元人民币。交易基地秉承“立足北京、面向全国、服务世界”的理念，是集展览展示、远程交易、品牌推广、商务服务于一身的新型服务机构，是政府机构支持主导、商会银企多方共建的综合性新型服务平台。具有“国际化服务、全业务运营、集成式会员制和多重技术应用”四个主要特点，将为中外中小企业提供全方位的服务。

交易基地在优化共性服务的基础上，还强化了个性服务的内容。其中，实体展览和网络展览并举，线下商务服务与远程交易共进，常设展、专题展、外国商品展、各种商务会议同时或交替进行。交易基地还得到了联合国贸易网络联盟等国际机构的直接支持，可为中小企业提供数量大、有效性高、针对性强的国际贸易和投资信息。目前，交易基地首期推出的服务项目就多达30项。交易基地最近在服务对象比例上做了调整，将原来的主要面向国内中小企业，变成了同时面对国内外中小企业，中外企业比例为1:1，这意味着一个国际性的综合服务机构更加名副其实。交易基地在全国中小企业服务机构之中，无论投资规模、服务项目、运作模式、参与单位，还是在资源整合程度和国际化程度等方面都堪称翘楚。

据了解，交易基地正在制订物联网技术应用方案，他们将开发一个中小企业贸易促进的“U-服务”公共平台。这一举措不仅将极大地提高交易基地的高科技应用水平和管理效率，并可成为服务业共享的资源平台。同时，它还将填补流通领域应用物联网技术的空白。中国国际商品交易基地战略规划和发展由主办单位组成的管委会负责，中科国际商品交易基地有限公司负责具体运营。

交易基地是一个帮助中小企业提高竞争力的商务服务平台，交易基地在服务理念和运营模式上都有创新。诸多商会、协会以直接参与的方式介入，既出工又出力，可以发挥商协会的联络面广、信息量大的作用，这也是商协会搞好自身改革、务实求变、为企业做实事的一种探索和尝试。

交易基地的建设将成为国际国内贸易的新动力，成为独创的规模大、功能强、效率高、影响深、覆盖广、网络展览与实物展示相结合、在线洽谈交易与面对面洽谈交易相配合、即时结算与物流配送相配套的电子商务平台和商品交易基地。它借鉴数据在中央、服务在地方的“云计算”模式，在安全、诚信、资源、技术的基础上，为企业提供有效的交易、推广服务，成为国内外企业面对两个市场、利用两种资源，宣传推广、交流合作、厂家直销、促进贸易、享受服务、互联互通的实用载体，逐渐形成产业联盟，打造企业发展的全新平台。逐步建立区域分支机构，与欧美等国商品交易中心结成战略合作伙伴，实现资源共享，交易互通。

交易基地由国内多家先进管理团队组织运营，吸纳了众多训练有素的行业高级管理和服务人才，使用先进的软硬件设备，建立系统大型数据库，依托并整合首都政治、经济、文化、信息、商贸、金融、旅游等特定的优势和资源，为企业提供系列化贴身服务，形成新型产业链，把企业管理、市场营销、电子商务、展览展示、信息化等各个经营环节提升到一个新的阶段，使创意成为现实。

5. 华北电力设计院有限公司

中国电力工程顾问集团华北电力设计院有限公司（英文缩写NCPE）是由成立于1953年的原电力工业部华北电力设计院改制成立的大型国有企业，以创建“极具价值创造力的国际型工程公司”为企业愿景，秉承“信任·责任”的核心价值观，依靠雄厚的综合技术实力和项目管理能力，向客户提供高水平的工程咨询、勘测设计以及总承包等工程建设服务。

华北电力设计院是国家大型工程勘察设计、工程咨询和工程总

华北电力设计院有限公司

承包骨干企业，具有独立的对外经营权、对外贸易权。工程资质证书门类齐全，拥有国家工程设计综合甲级、工程勘察综合甲级、工程咨询甲级等20余种资质，可承担各行业（各等级）工程建设的咨询、勘察设计、工程总承包、项目管理、招标代理、工程监理和设备监造等业务，还可承担环境保护、地质灾害设计、水文水资源评价、水土保持、压力管道、压力容器、摄影测量与遥感、地理信息、道路运输等专项设计、评估、评价以及设备采购等业务。同时，华北电力设计院拥有白俄罗斯施工总承包一级、施工一级、设计专业一级、总设计一级共两类4个资质，满足在白俄罗斯承揽设计施工及总承包业务的全部需要。

始终坚持“简洁、高效、开放、循序”的管理理念，华北电力设计院致力于建设科学、高效的现代企业管理体系，不断创新企业运营体制，持续改进经营管理机制，稳步提升精益化管理水平。华北电力设计院建立了覆盖所有业务范围的质量、环境、职业健康安全管理体系；建成了以设计为龙头，集设计、采购、施工、试运行服务为一体，功能齐全、管理规范的国际型工程公司管理体系。公司多次荣获“全国电力行业质量效益型先进企业”，并获得“全国电力行业质量特别奖”。连年列全国勘察设计企业综合实力百强排名前50名，多次被国际权威杂志ENR评入世界总承包商225强和中国承包商及工程设计企业双60强，被ENR评为中国最具成长性的工程设计企业。并荣获“全国电力行业优秀企业”“全国勘察设计行业先进企业”等多项殊荣。

华北电力设计院始终重视技术创新对企业发展的支撑和引领作用，主编、参编国家和行业标准110余项，先后获得800余项省部级及以上奖项。近年来，不断加大科技投入，华北电力设计院在超超临界、燃气轮机、高效节能与超洁净排放发电技术，特高压输变电、新一代智能变电站技术，海上风电、太阳能热发电、生物质发电、储能等新能源发电技术，IGCC及煤气化、大型空冷、褐煤综合利用、海水淡化、数字化电站等方面积极开展技术攻关，并获得了一定的技术优势。目前持有国家专利共392项，电力行业专有技术18项，计算机软件著作权17项。中国电机工程学会电力土建专业委员会、中国电力规划设计协会电控专委会、中国电力规划设计协会工程建设项目管理专业委员会都设在华北电力设计院。

来自华北电力设计院的数据显示，截至2015年底，华北电力设计院共完成发、输、变电工程设计1268余项。428项国内外大中型发电工程设计总容量达到10606万千瓦，占全国火电总装机容量近1/10。330项输电工程线路总长达到21349千米。319项变电工程设计总容量达到150187兆伏安。10多年来，华北电力设计院已先后承担国内外总承包任务60余项，合同额超过1000亿元，国内工程遍布31个省、市、自治区，海外工程涉及尼日利亚、白俄罗斯、澳大利亚、阿根廷、保加利亚、格鲁吉亚、安哥拉、立陶宛、蒙古国等20多个国家和地区，与美国、德国、法国、瑞士等20多个国家和地区的公司和组织建立了良好的业务往来和技术交流关系，从单一电力行业勘察设计企业发展成为初步建成集高端咨询、勘察设计、施工、采购与物流、监理、运维等工程项目全生命周期、全过程整体服务为一体的全业务链工程公司，不仅收获了“走出去”的丰硕成果，更在世界舞台上为国家赢得了喝彩。

华北电力设计院拥有北京国电华北电力工程有限公司、北京国电德胜工程项目管理有限公司、北京国电德安电力工程有限公司、北京国岩华北技术检测有限公司、北京国信优控系统技术有限公司、华北电力工程尼日利亚有限公司、立陶宛 ETI 股份有限公司、华北电力设计院（中东）有限责任公司等 9 家境内外全资、控股子公司，在工程监理、项目管理、招投标及代理、物流、设备监造、城市电网改造、分布式电源设计及总承包等方面都具有技术优势。

6. 北京市地质研究所

北京市地质研究所成立于 1974 年，是北京市地质矿产勘查开发局直属的国有机构。该研究所技术力量雄厚，拥有国土资源部颁发的基础地质调查、固体矿物勘探、遥感地质、地质灾害勘探、地质灾害评估、地质灾害工程设计甲级资质。可承担基础地质调查与研究、地质环境调查与评价、国土资源调查与规划、遥感信息与技术应用、工程地球物理勘探与科普等技术服务。

北京市地质研究所

北京市地质研究所拥有 8 个甲级、乙级资质证书，已率先在地质勘探行业通过 GB/T 19001-2000 质量体系认证。自 2008 年以来，成功创建并保持了“首都文明单位”的荣誉称号。建所以来，该研究所牢牢把握了不同时期的工作重点，开展了基础地质、环境地质学、工程地球物理勘探、遥感信息和地学科普等方面的工作。

20 世纪，北京市地质研究所主要从事北京地区基础地质调查研究，完成了 2000 多个地质科研生产项目，获得了 40 多项国家级、省部级成果奖。21 世纪初，该研究所的重点工作逐步转向环境地质学、灾害地质学、遥感地质遗产保护、信息服务等领域，相继完成了北京地质灾害调查评价与治理、矿山环境恢复治理、四川地震灾区地质灾害治理、中石油石油管线地质灾害评估及压矿评估等一批有影响的重大项目。2004 年，受北京市国土资源局委托，北京市地质研究所成立了北京市地质灾害应急调查大队，负责北京地区地质灾害应急调查，为政府决策部门提供强有力的技术支持，同时为北京地区防灾减灾做出了重要贡献，荣获“全国地质灾害防治工作先进单位”称号。

随着市场经济的不断发展，研究所及时提出了“科技兴所，人才兴所”的发展战略，着力振兴地质勘查经济，大力开拓地质市场；积极引进人才，加大人才队伍建设；调整机构设置，整合资源。近年来，北京地质研究所大力加强地质勘探的主要业务，主要目标是开展具有经济效益和社会效益的大型项目，主要方向是实现经济健康增长和科技进步，积极拓展外埠市场，求真务实，开拓创新，正在逐步实现地质勘探经济的跨越式发展。

2005 年，北京市地质研究所通过 ISO 9000 质量体系认证。该研究所始终坚持“责任至高、服务至上、质量至精、信誉至诚”的管理理念，倡导“合作、创新、拼搏、超越”的企业精神，注重现代科学管理，奉献高品质地质科技产品，为社会各界提供优质服务。

第三节 安德路
安定有“居”，德胜存“学”

位于德外地区东南部的安德路，呈东西走向。它以旧鼓楼大街为界分为东西两段，其中西段由西城区德外街道管辖。西段全长约1200 米，均宽约 8 米，东起安定门外大街，西到德胜门外大街。这一段街道原来是北城墙外连通安定、德胜两座门之间的小路，其中西段被称为“大市口”，这个得名是因为这里卖大肉和年货，与卖破烂的“小市口”相对称；中段则被称为“地兴居”。1949 年后，随着城市发展，路两侧相继建起了住宅楼和办公楼，形成了热闹的城市街道。考虑到这条路东通安定门，西通德胜门，因此从这两个门的名字里各取一个字，命名为“安德路”。1965 年，安德路将大市口并入其辖区。

1. 北京“八大居”

在北京餐饮行业的名称上，“居”和“堂”是在老字号中出现比较多的名称。不过，“居”与“堂”之间还是有区别的，其中最大的区别在于“居”只办宴席，不办堂会，因此规模上相对来说就比较小，在以前，一般都是官员或秀才进京赶考时，选择的落脚的地方。

早年间，北京对外营业的餐厅以“居”为名的，除了“地兴居”还有众多店铺，这些店铺各有特色，很多都有食客们耳熟能详的招牌菜或绝活，这其中，最出名的应当是“八大居”。这“八大居”分别是指前门外的福兴居、万兴居、同兴居、东兴居（这四家又称“四大兴”），以及大栅栏的万福居、菜市口北半截胡同的广和居、西四的同和居、西单的砂锅居。当然，在人才济济、藏龙卧虎的京城，有名号的餐饮，除了这“八大居”外，还有很多，比如并称“京城名三居”的柳泉居、三合居、仙露居，也在京城里赫赫有名。今天，这些在餐饮行业各有建树的餐厅、饭馆，已经成为京城远近闻名的老字号了。

2. 北师大二附中（西城实验学校）

2015 年，北京师范大学第二附属中学受委托，负责承办北京市西城区实验学校，学校的名字是“北京师范大学第二附属中学西城实验学校”，其性质为西城区教委主办、北京师范大学第二附属中学承办的公立学校。

北师大二附中西城实验学校秉承“三兼优一发展”的育人目标，贯彻“构建学生的健全人格，打好学生的发展基础”的教育理念，既继承了北师大二附中和西城实验学校的优良传统，又不断与时俱进，开拓进取。学校把“尊重学生自主，倡导人文教育，重视环境熏陶，强调道德实践”的教育主张作为自己的一贯坚持，具体实践的时候，努力践行“淡化行政色彩，强化学术氛围；淡化个体竞争，强化团体合作；淡化经验主导，强化创新实践；淡化急功近利，强化创新发展”。

北师大二附中（西城实验学校）

同时，西城实验学校还重视管理的自主性，促进了教师的有效发展；

注重目标要求的引领作用，促进了教师的自主发展。西城实验学校对教师的发展提出了明确又系统的目标要求。其中，“师德目标”是品德堪为学生的楷模，行为堪为学生的榜样，学识堪为学生的师表；“学习型教师”要求是有追求，善学习，勤思考，勇实践；“科研型教师”要求是实践中能反思，遇问题会探究，学术上有建树，教研上出成果；“骨干教师”要求是为人能表率，教学能领衔，科研能引领，实践能示范等。学校教师以“师生共同发展”为核心价值观，恪守“笃志、博学、质朴、方正”校训，在“人文素质教育”和“自主性发展”顺应时代发展的教育特色中，在中学新课程改革的道路上，正锐意前行。

在各级政府和社会各界的大力支持下，依托北师大二附中和北京师范大学的优质教育资源，北师大二附中西城实验学校弘扬“人文，自主”的学校文化，努力培养出一批批“人格发展与身心发展兼优，知识基础与能力基础兼优，人文素养和科学素养兼优，个性得到健康发展”的优秀学生，没有辜负社会和家长的殷切期待。

为了不断提升学生的学习环境，北师大二附中西城实验学校不断提升学校的软硬件建设：学校操场下面1200多平方米的游泳馆划拨给学校使用，改造成了综合场地，极大地拓展了学生们的活动空间。学校还建设了近600平方米的图书馆，300多平方米的艺术空间，同时形体教室、跆拳道室、乒乓球室等设施也都全天对学生开放，让学生们在学习之余自由活动，深受学生们的欢迎。

一所学校的教学想要有高质量，首先就要有一支素质过硬的教师队伍。近些年，西城实验学校的教师队伍与时俱进，不断进步，为了提高自身素质，他们和北师大二附中的教师在一定程度上进行了混编教学，互相提高。首先，西城实验学校让教师们有了目标引领，通过明确“学习型教师、研究型教师和骨干型教师”三类教师的类型，让教师们找到了自己明确的发展方向。

其次，西城实验学校从多个方面给教师的发展提供了平台和契机：学校为了打破行政上的层级管理，成立了若干个项目组，有数十位一线教师参与其中，在研究中推进工作，参与学校的管理。另外，课程体系中的校本课程部分，比如社团活动、研究与实践活动课等，有百余位教师发挥自己的特长，开设了不同的课程。从毕业年级的成绩来看，北师大二附中西城实验学校不断进步，初三原来在西城区的排名并不靠前，现在各学科的成绩都能在区里位居前列。尤其是在学生竞赛这一领域，也可以看到非常喜人的进步。2018 年，西城实验学校有 400 余人次获奖，几乎占到了在校学生人数的一半。

3. **电力规划设计总院**

电力规划设计总院（简称“电规总院”）是一所国家级的高端咨询机构，主要向政府部门、金融机构、电力及相关企业提供服务。主要业务的领域是电力行业发展战略、产业政策、发展规划电力新技术等方面的研究，以及从事电力工程项目的评审、评估和咨询，科研标准化等工作。他们具有国家发展和改革委员会认定的电力工程项目评估资格。

电规总院成立于 1975 年，原名水利电力部规划设计院（水利电力部规划设计管理局），后几经易名，1988 年 11 月改称能源部电力规划设计总院，1993 年 5 月改称电力工业部电力规划设计总院，1998 年 5 月改称国家电力公司电力规划设计总院，2004 年 3 月改称电力规划设计总院。先后隶属于水利电力部、能源部、电力工业部、国家电力公司、中国能源建设集团有限公司。主要职责是代表部委行使电力规划设计行业管理职能。

1997 年 4 月，经电力工业部批准，在电规总院的基础上组建中国电力工程顾问有限公司。电规总院与中国电力工程顾问有限公司并存，职能相对分开。2002 年，国家对电力工业实施重大改革，组建中国电力工程顾问集团公司（简称“中电工程”）。中电工程作为我国四家电力辅业集团之一，由国务院国资委直接管理，电规总院作为中电工程直接管理的事业单位，负责归口管理全国电力规划设计工作，与中电工程总部合署办公。2011 年 9 月，根据国家明确的电网主辅分离改革及电力设计、施工企业一体化重组方案，组建成立了中国能源建设集团有限公司（简称“中国能建”）。按照改革重组方案的相关要求和中国能建的管控模式，电规总院由中国能建直接管理，与中电工程分离，生产经营相对独立，相关职能管理（人力资源、财务与产权、企业发展、科技信息、监察审计、党群工会等）委托中电工程代管。2014 年 7 月，按照中国能建整体改制上市工作部署，电规总院完成了作为股份公司发起人的资格完善工作，实现与中电工程的完全分离。

电规总院政策研究业务范围有：体制机制研究，主要开展体制改革配套细则和方案制订、电力市场建设与运行分析、售电业务开展、园区电改方案设计方面的研究和咨询；电力及其关联产业研究，主要开展新能源产业、智能电网、电动汽车、能源互联网、微电网、分布式能源等方面的产业问题、商业模式、政策措施、管理办法和相关法律法规等方面的研究和咨询；电力技术政策研究，主要是对电力技术和装备的发展路线、技术管理政策和有关技术规范等方面的研究和咨询；电力企业战略与运营管理研究，主要面向电力及相关企业开展政策推演、战略应对、市场洞察、管理模式创新、运营机制设计、投资策略分析和电力营销等方面的研究和咨询。

作为我国电力规划设计行业的“国家队”，电规总院技术力量雄厚，专业配套齐全，拥有一支高素质的专家队伍。人才梯队中既有处于电力勘察设计行业学术带头人的国家勘察设计大师，也有一批经验丰富、专业技术精湛、在业界享有极高声誉的资深专家，还有充满活力和创新意识的中青年技术骨干，具有知识密集型的显著特点。最近十年来，电规总院和有关单位共同完成了全国电力工业发展规划、电力产业政策研究、全国电力市场分析、电力产业结构优化升级等大量电力发展规划研究工作，开展了特高压交直流输变电技术，智能电网技术，高参数、大容量火力发电厂设计技术，核电设计技术，节能环保等新材料、新工艺、新技术研究应用，电力工程经济等多项重大电力关键技术研究，相关科研成果在工程实践中得到广泛应用。完成了近200项国家和行业技术标准，拥有上百项技术专利和发明成果。在行业政策研究、电力发展规划、电力工程项目的咨询评审、技术创新和行业标准化方面处于国内领先地位。

受国家电力监管委员会委托，电规总院开展了“十一五”期间投产电力工程项目造价监管信息统计分析工作。在上述工作的基础上形成了《电力工程造价价格信息发布办法（试行）》，使造价监管在造价资料采集报送、分析方法和内容、造价发布等各阶段的工作有章可循，有据可依。完成的主要成果为：“十五”期间投产电力工程项目造价监管情况通报；2006年投产电力工程项目造价监管情况通报；2007年、2008年投产电力工程项目造价监管情况通报；2009年、2010年投产电力工程项目造价监管情况通报；“十一五”期间投产电力工程项目造价监管情况通报。以上成果已由国家电力监管委员会发布。

2009年，经国家能源局批准，电规总院成为我国能源领域行业标准化管理机构之一，对电力规划设计相关标准制定工作行使管理职责，并负责能源行业电力系统规划设计、发电设计、电网设计、火电和电网工程技术经济专业共4个标准化技术委员会的日常管理及标准立项、报批等工作。

2011年，经国家能源局批准，依托电规总院成立国家电力规划研究中心，在国家能源局的领导下，开展电力行业发展战略、政策和规划研究，电力新技术研究及推广，电力信息收集及分析，电力国际交流与合作等工作。规划中心下设战略、规划、信息、发电、电网等5个研究所，东北、华东、中南、西北、西南、华北、南方等7个区域分中心。

近年来，电规总院受有关政府部门、行业组织等机构委托，开展了上百项重大课题研究工作，相关研究成果受到政府部门的高度评价，一批研究成果已被相关政府部门采纳或作为制定相应产业政策的支撑性研究成果。

4. 中国电力工程顾问集团公司

2002年底，在原国家电力公司所属中国电力工程顾问（集团）有限公司的基础上，组建了中国电力工程顾问集团公司（简称“中电工程”），现在中电工程是中国能源建设集团有限公司的全资子公司。

中国电力工程顾问集团公司

中电工程下辖6个大区的设计研究院，分别是东北、华东、中南、西北、西南、华北。此外，它还拥有中国电力建设工程咨询公司、新能源有限公司和国际工程有限公司、科技开发有限公司等10家全资子企业，注册资本6亿元。

中电工程是面向国内外市场，为政府部门、金融机构、投资方、发展商和项目法人提供电力工程一体化解决方案的服务商，主要从事电力规划研究、咨询、评估与工程勘察、设计、服务、工程总承包、电力项目投资与经营及相关专有技术产品开发等业务。中电工程技术力量雄厚，专业配套齐全，具有丰富的工程实践经验和坚实的综合管理能力。中电工程在职员工9000余人，其中国家级勘察设计大师11人，享受政府特殊津贴的专家126人。

作为我国电力工程服务行业的“排头兵”和“国家队”，中电工程在电力勘察设计技术上处于国内领先地位。在百万千瓦级超超临界燃煤机组、核电常规岛、洁净煤发电、空冷机组、特高压交直流输变电等勘察设计前沿技术方面具有国内领先优势。中电工程承担了全国电力市场分析、电能消纳、电源电网规划、西电东送、全国联网、电力产业结构优化升级等电力发展规划研究工作；完成了国内大量发电工程和输变电工程的勘察设计工作，承接了几十个国家的数百项电力工程。中电工程开创了“以设计为龙头的EPC建设模式”，圆满完成了我国首台60万级、100万级机组电站等一批EPC总承包工程。中电工程在我国电力勘察设计行业的科研、标准化工作中发挥着主导作用，承担了全国约90%的电力勘察设计科研、标准化任务，承担着电力新技术研究和国外先进技术的引进、消化和创新等工作。

5. 北京华宇工程有限公司

2001年12月，经国家工商行政管理局注册成立，高新技术企业中煤国际工程集团北京华宇工程有限公司诞生。它是由中煤国际工程设计研究总院（原北京煤炭设计研究院）和中煤国际工程集团选煤设计研究院（原煤炭部选煤设计研究院）按照国际工程公司模式，以全部技术力量组建起来的现代企业。总部设在北京，下辖北京、平顶山两大工作区，下面设立了两个分公司：西安分公司、天津分公司。

北京华宇工程有限公司的前身是北京煤炭设计研究院、选煤设计研究院，都是原煤炭工业部直属的大型骨干甲级勘察设计研究单位，有辉煌的历史和优良的传统，在工程勘察设计和总承包等方面都曾为我国煤炭工业的发展做出过重要的贡献。其中，北京煤炭设计研究院成立于1952年，地处北京，在矿区规划和矿井设计及国外工程总承包方面有很强的技术力量和丰富的经验，曾获得国家百强设计单位称号；选煤设计研究院成立于1956年，是我国唯一的选煤专业设计研究院，在煤炭洗选与加工利用、工程设计、工程总承包及设备制造和集成等方面拥有国内一流的技术力量和丰富的经验。

北京华宇工程有限公司现有员工近800人，拥有国家级设计大师3人、勘察大师1人，教授级高级工程师90余人，高级工程师380余人，国家级各类注册执业资格人员248人。公司装备有先进的计算机网络系统、先进的计算机辅助设计系统和计算机辅助管理系统；机械设备和建筑结构的振动、噪声动态分析、模态分析系统；精良的工程测量、工程勘察、土木试验和环境监测分析设备，并拥有先进的图文印刷出版系统。

北京华宇工程有限公司创立后，在国内煤炭领域具有较强的综合实力，拥有国家颁发的甲级资质证书20余项，各类专业配套齐全，具有矿井、选煤、水煤浆制备、电力、机械、设备集成、计算机、通信、建筑、市政、交通、铁路、环境保护等近40个专业，并在市政、交通、铁路等跨行业资质方面具有国家重点投资行业的较高级资质。

北京华宇工程有限公司的业务范围遍及全国29个省、市、自治区及20个国家和地区。迄今为止，公司共完成矿区总体规划100余项、矿井设计300余项、选煤厂设计500余项、电厂设计50余项、水煤浆厂设计30余项以及市政、交通、工业与民用建筑设计数百项，工程总承包项目40余项。其中获得国家级金奖9项，银奖12项。公司非常重视新工艺、新材料、新设备、新能源的研究开发工作。至今共完成各种科研和开发项目200多项，其中获得国家或省部级各种奖项40余项、优秀软件奖5项。公司成功设计了国内设计能力最大的矿区、设计能力最大效率最高的矿井、世界最大的选煤厂、我国第一座水煤浆厂、第一座煤泥发电厂、第一项燃用水煤浆锅炉示范工程、第一座全重介选煤厂和第一座模块化高效选煤厂。

坚持“以质量求生存、以信誉求发展”的质量方针和“创新、求实、发展”的技术方针，北京华宇工程有限公司在矿井、选煤、建筑、环保、水保、市政、电力、铁路、水煤浆厂、电厂、煤炭气化与焦化、长距离煤炭管道输送、建筑、市政等各类工程设计、工程勘察、工程总承包和配套设备制造与集成方面，为客户提供全方位的服务。中国煤炭科工集团北京华宇工程有限公司宗旨是以市场需求为导向，以技术创新为依托，以工程全过程的优质服务为主业，把中煤国际工程集团北京华宇工程有限公司办成一流的科工贸一体化的国际型工程公司。

第四节　小市口胡同

小市口头道茶棚，娘娘庙声名显赫

位于德胜地区的小市口胡同，在德胜门东滨河路的北部，整个胡同的形状细长，呈东西走向。西边的入口处起自德胜门外大街东侧，在西城区德胜少年宫那儿，而后向东北方向蜿蜒，最后和安德路交会，全长近400米。从地图上看，小市口胡同的大致走向和位于它北面的安德路有一段是平行的。有意思的是，街北侧的门牌号是从33号到143号，都是单号，街南侧的门牌号则是从2号到84号，这里面还有一些传统文化的讲究：因为路南的房子门都冲北，属于背阴的房子，据说用双数的门牌号能起到中和阴的作用。

1. 旗人驻防之地

相对于北面更加繁华和更为人所知的安德路，小市口胡同知道的人就要少很多了。小市口胡同自西蜿蜒向东北方向延展，整个胡同又分出了9个小胡同，分别是“小市口一条”到“小市口九条”。为什么小市口里又有这么多小胡同呢？在过去，“小市口一条”这样的小胡同，都是旗人们住的房子。这些“条”的称呼，其本意并不是今天胡同的量词，在当时其实是旗人的编制单位，“一条”就代表着一个“佐领”，就像“小市口旗营一条”“小市口旗营二条”等。当时，在小市口驻扎的军队都是满族人，他们的职责就是保护德胜门的安全，同时维持地方治安。

在早期的满族社会里，不管是军队出兵还是外出狩猎，都是按照家族、村寨为单位的集体行动。人数多了的话，就需要有规矩，要选出负责人。于是，就每10个人中选一个出来做首领，称作“牛录额真”，也就是“箭主”的意思。在明万历二十九年（1601年），努尔哈赤在确定基本的户口军事编制单位时，把每300个人编为1个“牛录”，从这个时候开始，“牛录额真”有了实质意义上的权力，正式成为官职的名字。明崇祯七年、后金天聪八年（1634年）时，“牛录额真”又被改称为“牛录章京”。清军入关后，改为了汉人的称号“佐领”，属于正四品的官职。在不同的时期，佐领所辖的壮丁数也各不相同：在皇太极时，每个佐领大概管辖了200人；康熙时，大概管辖了一百三四十人；到了嘉庆时，则统管了大概150人，这个人数和今天部队一个连队的人数很相似。

根据当时的职责划分，驻京师的部队都归参领统率，驻防的部队则都归协领统率。发生战争的时候作为领兵打仗的将领，和平时期则作为行政官，负责掌管所属辖区的户口、田宅、兵籍、诉讼等各种事务的处理。“牛录”这个职位多数都是世袭而来，后来也成为社会与军事组织的名称。牛录是八旗的基本单位，在早期的满族社会，它同时兼行政、生产、军事三种职能为一体。清军入关后，逐渐增强了其军事职能，原来兼有的生产职能则逐渐消失。

2. 小市口典故

《京华百二竹枝词》中曾这样描写道：“小市东西遥对峙，平明买卖闹如蜂。万般故物杂真赝，准备收摊九点钟。”今天我们探究小市口的历史，首先就要了解小市口的名字来源。其实小市口最准确的写法应该是“晓市口”。就像诗中描写的那样，作为一个小市集，在天亮拂晓的时候开市，一到太阳出来就做完买卖散了，所以称为“晓市”其实更准确。像这样随着太阳出来就散了的“晓市”，曾在老北京城里多个地方都存在。当时，北城有德胜门的“晓市”，这个“晓市”有两部分，一部分是在城内，也就是今天的宋庆龄故居到棠花胡同一带；另一部分在德外，也就是今天小市口胡同所在的位置。后来迁址到后海边上的德胜门的“晓市”，就在今天二条胡同和三条胡同之间的大空场上，这个空场的面积有四个篮球场那么大，它往南一直延伸到德胜门的河坡上。南城的“晓市”又分成了“东晓市”和“西晓市”两部分，其中，西晓市的位置在宣武门外，东晓市的位置则在崇文门外。今天东城区还有东晓市大街的地名，就是由此而来的。

古时候的“晓市”到底是怎么样的呢？当时，每天太阳还未升起，天光尚未亮时，在东晓市街、葱店前街后街（现称葱店东街、西街）、唐洗伯街（现称东唐街、西唐街）、章驹胡同等多个胡同里，会一个挨着一个摆满了旧物的摊点。这些旧物的内容五花八门，旧家具、旧炊具、铜铁器、旧手表、旧瓷器、旧衣物、古玩字画、自行车及零件、座钟，甚至废铜烂铁都摆在摊前来交易。虽然来买东西的人很多，甚至和熙来攘往的集市比也不逊色，但是一大奇观就是交易的双方都声音压得很低。甚至，有的交易连交谈都省略了，直接把手缩在袖口里，通过握手说价钱的方式来谈价。当时，对于谈价的手势也有一定的意义，比如：握一根手指即代表“1”，嘴里不能说出具体的金额，而是和手配合，说“这个元”“这个角”，或是说“这个整”“这个零”。如果是握两根手指，即代表“2”，以此类推，一直到五根手指。而后，握大拇指和小拇指即代表“6”，握大拇指、食指和中指即代表“7”，握大拇指和食指即代表“8”，将单个食指弯曲成钩形即代表“9”，将食指和中指相叠即代表“10”。如握一根手指，嘴里说“这个元”，再握两根手指，嘴里说“这个角”，就表示“一元二角”。

当时，晓市还有另外一个名字叫“鬼市”。因为晓市都是在天未亮时进行，因此赶晓市的人都是天不亮就要起床，晓市的照明只能靠路边昏暗的灯光，买东西的人或提着灯笼或拿着手电筒，人影幢幢，就像鬼影子一般，说话也都是低声低气。等到逛完晓市再吃完了早点，待到天亮再看时，所有的摊点和交易都已经无影无踪，因此也就被人称为“鬼市”了。

晓市之所以能如此繁荣，成为很多人的选择，其实也是顺应了当时的需求。那时，清政府被民国代替，一些此前享受荣华富贵的皇亲贵胄，再也没有以前不用劳作就能锦衣玉食的日子了，但是他们又没有一技之长，所以只能通过变卖祖上留下来的物品，换取平时的开销。当时收购他们旧物的人被称为“打鼓儿的”，这些收购来的物品都是被贱卖的，有时价格低得和白给的似的，所以不太能见光。此外，这些皇亲国戚虽然没落了，但是还是非常在意自己的面子，光天化日之下他们肯定不会到街上去卖东西，这会让他们觉得失去身份，而晓市正好满足了多方的需求。晓市开张的时候是在天亮前，这时买卖的双方都不知道对方是谁，便于隐藏身份；有一些用来交易的物品来路也不明，在这里交易不用刨根问底追究，也不会给双方惹上麻烦；有些“打鼓儿的”白天有正式的工作，在晓市上可以搞一些第二职业，把平时收购来的物品拿过来出售，还能不影响白天正常的工作。

当时，到晓市里来交易的人，既有那些普通的市民为了补贴家用，知道这里有很多东西又好又便宜，于是到这里来买些旧货当作日常用品；也有些人是抱着“捡漏”的心理，希望能从那些权贵后人的手里，淘换一些好东西回去。由于晓市特殊的交易环境和交易方式，各种物品的辨别都要靠非常强的个人功底，因此就会有很多假货、赝品，以及被蒙了、骗了的情况发生。有人确实淘到了名人字画或古代的名瓷，可能借此发笔小财；也有人经验不足，结果被人用假货骗了的，各种各样的交锋也利用了夜色的掩护。

在晓市里，除了物品的买卖之外，作为市集的“配套”设施，还有很多卖早点、小吃的摊点，分布在当时的南岗子和北岗子较宽的街道上，种类非常齐全，炒肝、包子、油条、馄饨、切糕、豆腐脑……逛完晓市后，可以在这里吃些早点，而后再从附近的菜市场顺便买一些菜回家。

3. 娘娘庙

早年间，小市口58号的位置是一座娘娘庙。这个娘娘庙在北京非常有名气，它和后来京城远近闻名、妇孺皆知的妙峰山的娘娘庙渊源颇深。如果想了解它的历史，还得从妙峰山的娘娘庙说起。

后来人们一提到娘娘庙，总会不由自主想到位于京西门头沟区涧沟村旁的“金顶”娘娘庙。这座娘娘庙真正的名字叫“碧霞元君庙”，明清两代远近闻名。以至于甚至有人说，当时的政治中心虽然在北京城，但是宗教中心却在妙峰山，就是由此而来。

妙峰山原本只是泛指妙高峰一带，在清代的时候，还属于宛平县的玉河乡辖内。妙峰山是西山分支——仰山的主身。孙承泽在《春明梦余录》中写道：“妙高峰，在居庸关诸山之南，与天寿山相接，中间一罅即居庸关。山峻而秀，故以妙高称。”妙峰山景色秀美，重峦叠嶂，水质优质。妙峰山主峰旁有一组峭拔参天的石头，从远处望去酷似莲花，当中则有一块巨大的山岩凸起，传说只要阳光照到的时候，就会自然反射出金黄的色彩，“莲花金顶”便由此而来。于是，古人发挥聪明才智，巧妙地借用了这种奇异的景观，在这里修筑了碧霞元君庙，于是“金顶”的名声便远近闻名，而有关“元君”种种灵验的传闻也越传越多。一直到了清朝末年，醇亲王奕譞的陵墓修建在了妙高峰下，而后人们才逐渐将碧霞元君庙所在地的妙高峰改称“妙峰山”，而醇亲王陵墓所在地被称为了“妙高峰”。

清乾隆年间编纂的《日下旧闻考》和《顺天府志》里，都没有关于妙峰山碧霞元君庙的记载，即便是在清康熙二十三年（1684年）修订的《宛平县志》里，也没有留下妙峰山和碧霞元君庙的影子，只是在其卷六中收有张献所作的《妙峰山香会序》里看到一些记载："己巳春三月，里人杨明等卜吉共进楮币于妙峰山天仙圣母之前因勒石纪同事姓名，传诸不朽，而请予数言为序。……"己巳的具体年代应该是明崇祯二年（1629 年）或更早，从张献作的这篇序文来推断，妙峰山的碧霞元君庙似乎是在明代兴建的。经过清朝 300 多年的香火供奉，妙峰山的这座"金顶"娘娘庙，成了北京地区供奉碧霞元君最重要的所在。震钧在《天咫偶闻》里曾记载了当时香会期间的盛况："环畿三百里间，奔走络绎，方轨叠迹，日夜不止。"

妙峰山"金顶"娘娘庙每年会有两次"山期"，分别是"春山"和"秋山"。农历四月初一"春山"开山，而后一直持续到四月二十八日再封山。这期间最热闹的节点是四月十八日的"元君诞辰"。不过光绪初年往后，就不再延续至此前的二十八日了。"秋山"的时间段是从农历七月二十五日到八月初一，这个时间段由于天气的原因会"多雨且热"，因此盛况无法和"春山"相比，一般只是居住在附近的村民会举行一些赛会，外地人则很少有前来的。《燕京岁时记》里描述了"开山"的盛况："庙在万山中，孤峰矗立，盘旋而上，势如绕螺。前者可见后者之顶，后者可见前者之足。自始迄终，继昼以夜，人无停趾，香无断烟，奇观哉！"如果从山下的位置远眺，就会呈现出"昼则紫烟成盖，夜则红光烛天"的盛大景象。"每届四月，自初一开庙半月，香火极盛。"而在朝山的时候，"人烟辐辏，车马喧阗。夜间灯火之繁，灿如列宿。以各路之人计之，共约十万。以金钱计之，亦约有数十万。香火之盛，实可甲于天下"。

碧霞元君是道教所尊奉的神灵，而妙峰山金顶里香火供奉的"娘娘"碧霞元君，据说是起源于宋代，后来关于她的传说有很多，大致有以下几种：第一种是说碧霞元君是东岳大帝的女儿，和东岳大帝一起住在泰山。元代的仇远在《稗史》中记载："元君者，汉时仁圣帝（即泰山之神），前有石琢金童玉女。至五代，殿圮象仆，童泐尽，女沦于池。宋真宗东封泰山还，涤手池内，一石人浮出水面，出而涤之，玉女也。命有司建祠奉之，号为圣帝之女，封天仙玉女碧霞元君。”再往后，明朝的刘侗和于奕正所著的《帝京景物略》，以及清朝张尔岐所著的《蒿庵闲话》，基本都是依据了这个说法，因此他们的表述也都和这个相似。

第二种说法是认为碧霞元君是黄帝派遣下来的七个仙女之一，依据是《古今图书集成·神异典》卷二一引明王之纲《玉女传》中记载：“泰山玉女者，天仙神女也。……按《玉女考》、李谔《瑶池记》云，黄帝尝建岱岳观，遣七女，云冠羽衣，焚修以迓西昆真人。玉女盖七女中之一，其修而得道者。”

第三种说法是认为碧霞元君是东汉时期的民间姑娘石玉叶，由于她入山修炼得道，最后成为神灵。这一种说法的来源是根据《古今图书集成·山川典》卷二二《泰山部外编》引《玉女卷》云：“汉明帝时，西牛国孙宁府奉符县善士石守道妻金氏中元七年甲子四月十八日时生女，名玉叶。貌端而性颖，三岁解人伦，七岁辄闻法，尝礼西王母。十四岁忽感母教，欲入山，得曹仙长指，入天空山黄化洞修焉。天空，盖泰山。洞，即石室处也。三年丹就，元精发而光显，遂依于泰山焉。泰山以此有玉女神。山顶故有池，名玉女池，旁为玉女石像。宋真宗东封，先驱至，泉女忽瀑，清澈可鉴，味甘美。王钦若请浚之。象偶折，诏易以玉，复砻石为龛，构照真祠祀焉。尹龙谓世传天仙玉女碧霞元君之祠始此。”

泰山顶上的碧霞元君，的确是由宋真宗褒封过的，不过以上关于碧霞元君的故事，却大多数都是后来的文人们编出来的。这是因为在两汉时期，人们受当时的山川崇拜与神仙、道家思想的交错影响，于是就先入为主，觉得名山上都有仙人在守护。后来，宋代的皇帝和大臣们都喜欢这类鬼神传说，于是就在泰山顶上的玉女池旁重塑了玉女像，修建了庙祠施以香火供奉。其实关于泰山女神的传说，早在西晋的张华《博物志》中就有记载：“东岳泰山女，嫁为西海妇。”所以，后来在民间出现的众多有关玉女的神话，那些文人们虽然知道纯属编造，但却又牵强附会，另外又编造了黄帝派遣七仙女和民女玉叶的故事，最后导致以讹传讹，故事也越来越离奇。就像顾炎武在《日知录》中所说的那样：“唐宋之时，但言灵应即加封号，不如今之君子，必求其人以实之也。”由此看来，无论是当时的皇帝的修祠建庙，还是文人们的编纂故事，其实都只是一种政治和信仰上的需要而已。

后来，碧霞元君又被封为“天仙玉女碧霞元君”，是有一定的出处的。其中，“天仙”的意思很直白，就是“天上的神仙”。东晋道士、名医葛洪在他的著作《抱朴子·论仙》中说：“上士举形升，谓之天仙；中士游于名山，谓之地仙；下士先死后蜕（神灵蜕变），谓之尸解仙。”因此，所谓的“天仙”，就是能够“举形升”的“上士”。“玉女”的意思，指的是“泰岳仁圣大帝之女”。“碧霞”的意思是指东方的上天，这是因为“碧”字的本义是“青绿色的玉石”，在这里被引申为青绿色。根据五行配五方的说法，东方属“青龙”，为“甲乙木”，所以“碧”就是东方的颜色；“霞”字原本的意思是日光斜射在云气上，出现了红色的彩云，在这里也是泛指；“元君”是源于道教对女仙的一种尊称。明朝的彭大翼在《山堂肆考·女仙》中记载，道教中，“男高仙曰真人，女曰元君”。实际上在“男尊女卑”思想占主导的封建社会，对于阳刚的山岳的主管神仙，为什么在这里变成了女性的形象，顾炎武在《日知录》中这样解释：“《易》以‘坤’为妇道，《汉书》有‘温神’之女，于是山川之主，必为妇人以象之。”通过以上的分析，可见对于“天仙玉女碧霞元君”这一封号，如果用现代汉语白话翻译，就是“上天神仙泰山仁圣大帝之女守护东方的最高女神”。后来，“玉女”二字又被改为“圣母”，显得更加崇敬和庄重，而这句话用今天的白话来讲就是“圣德坤元之母”。

作为主管一方的神灵，“元君”的职责是什么呢？朝阳门东有一座东岳庙，其《碧霞元君宝诰》这样描写：“泰山顶上，东岳内宫。曩时现玉女之身，根本即帝真之相。应九炁而垂慈示相，冠百灵而智慧圆融。行满十方，恩周亿劫。位正‘天仙’之号，册显‘碧霞’之封。掌岳府之神兵，管人间之善恶。寻声赴感，护国安民。大圣大慈，至仁至孝。天仙玉女，广灵慈惠，恭顺普济，保生真人，护国庇民，弘德碧霞元君。”这段诰命文字是什么意思呢？其实就是在表明，“天仙玉女碧霞元君”是应“九炁”而生，而后又“垂慈示相”在人间，拥有最高的“智慧”，能够“行满十方，恩周亿劫”。她不但执掌“岳府”的“神兵”，而且还统管“人间”的“善恶”，可以“寻声”而至，“广灵慈惠”“护国庇民”，其实总结起来就是无所不能。

碧霞元君庙还有个更亲切的称呼，叫“娘娘庙”。此外，由于她还被统治阶级尊奉为滋生万物的女神，因此在民间还有一种称呼是“送子娘娘”，如果夫妻想生育孩子或祈福，到她这里来上香供奉是很灵验的。在这种思想的影响下，北京的寺庙中也有了众多娘娘庙的存在。

从众多传说可以看得出，妙峰山的“金顶”娘娘庙拥有非常高的地位，但是很多人不知道的是，妙峰山的碧霞元君，就是从小市口这里“请”过去的。当时，冰窖口南侧有一个叫松林闸的大空场，每逢“香会”的时候，小市口娘娘庙里的“娘娘”，就会被善男信女们抬到这里，供奉在为她盖的一个行宫里，善男信女们都在娘娘庙前祈祷，以保佑众人前往妙峰山上香安全，而且还代表德胜门外的这些穷人给妙峰山的娘娘进香，这就叫“妙峰山头道茶棚”，即“德胜门外松林闸公议助善头道茶棚”。而在妙峰山娘娘庙前守护山门的神仙是王灵官，在灵官殿的东墙上镶嵌着数碑，上面的文字是表明妙峰山庙会时各地进山香道茶棚的地点及主持老会的名称。在妙峰山中道的二十多座茶棚中，排在首位的就是德胜门外的松林闸头道茶棚，这茶棚里供的就是小市口娘娘庙里的娘娘，由此可见小市口的地位。

4. “德胜门外松林闸公议助善头道茶棚”来历

早年间，冰窖口南侧有一个“松林闸”，位置就在德胜门外西侧的北护城河上，距离德胜门仅 400 米的样子。据说这道闸的选址修建时间早在明朝的永乐年间。从建造的规划布局上来看，整个松林闸的闸体为南北走向。

据说，在德胜门外西侧的北护城河上修建这个松林闸，主要的目的有三个：第一就是用来控制北护城河的水向东流去后，绕南又直奔通惠河及北运河的流量；二是用来控制北护城河的水量，从而提高闸前蓄水的水位，进而促使北护城河的水从闸前西南侧城墙下的铁棂闸，流经积水潭、什刹海、北海、中南海、金水河等处，最终进入内城；三是考虑到防洪功能。这道闸平时用来蓄水，一旦赶上汛期来临的时候，可迅速把闸口提升，让汛期大量的水流可以在短时间内泄出，防止造成洪涝隐患。

在当时，距离松林闸 60 多米的地方，就是高大坚固的城墙墙体，在城墙的下面还有清末修建的环城铁路，用来走火车。当时，在德胜门由西数的第二道垛口下面，还有一座在北城名声非常响亮的民间小庙——“大仙爷庙”。这座庙里供奉的可不是哪位神仙，而是黄鼠狼。在古代，黄鼠狼被神话后，流传了很多神乎其神的传说，因此信徒们就把黄鼠狼尊称为“黄大仙”“大仙爷”。到了民国年间，当时位于德胜门外西侧冰窖口内的弓箭会馆里，有不少浙江、福建的客商，这些客商就将“大仙爷”人性化，泥塑了金身，而后在这里供奉了起来。

松林闸西南100多米远的位置，是内城六海的进水口，由铁棂闸、铁棂栅、城墙水道、西水关桥、水关堆子等部分组成。铁棂闸安放在城墙的旧时环城铁路与城墙之间，水泥桩内注着槽钢，槽钢内嵌插木板，用来控制水量；铁棂栅设置在城墙水道里面，由铸铁制成，只能让水流过，人无法过去。北护城河的水进城后就是西水关桥，桥体的北侧与城墙之间还有一段明河，南端正对着分水兽、鸡狮石、汇通祠后墙，西水关桥上的堆子则是守关兵丁值班的地方。

妙峰山庙会中道茶棚的首发点设在松林闸，主要原因还是其与德胜门外东侧后九条的娘娘庙有着直接关系。小市口一共有九条胡同，其中最后一条是在最东边，在德胜门大街还要向东，俗称为“后九条”。后九条的娘娘庙有着非常悠久的历史，于清道光年间修建而成，是清朝九门护军营驻扎在德胜门外东小营的营中小庙，教军场就在今天北京七中的位置，今天其西侧的“校场口”一名就是由此而来。后九条的娘娘庙不大，坐东朝西，建筑有背靠背的前后两殿，一进庙门北侧还有一座关帝殿。

每年妙峰山庙会前，公议助善老会率会众都会将后九条的娘娘请到松林闸头道茶棚内供奉起来。并且会摆上供桌，供桌上会供奉着各种水果、糕点和清水，旁边桌上还有虔诚的善男信女捐献的铁磬。会首会带领众人及信徒、香客三跪九叩，求娘娘保佑生意兴隆、阖家平安。每叩一个头，磬就响一下。磬声清扬悠远，再加上现场众人虔诚的跪拜，显得非常庄重严肃。当时，每逢香会的时候，头道茶棚都是游人茶肆，热闹异常，就像一个小集市，各类民间艺术也会纷纷亮相，什么中幡、舞狮等都会轮番登场表演。其中，少狮爬树、太狮戏水都成为茶棚的一绝，这个场面被称为“走会”。当时在松林闸南边临河的土路旁，各种食品小摊、时令小吃、农副产品琳琅满目，各种叫卖也此起彼伏，热闹异常。

松林闸北面是一片非常开阔的空地，再往北就是农户和菜园子了。每年三月底到四月中旬，开阔地上就会高搭席棚和布帐，而后锣鼓喧天，人山人海，京西妙峰山庙会的德胜门外松林闸头道茶棚便开始了。松林闸头道茶棚是公议助善老会组织的，是一个以德胜门瓮城内外煤商、白灰商为主的行会组织，瓮城内同兴德煤栈的赵掌柜曾任过会首。他们与门头沟的煤窑主既有生意关系，又有亲戚关系。每年妙峰山庙会前，双边都要聚集在一起议事，确定庙会期间的事务内容和具体安排。一经确定，便填、发、送、贴类别不同的“会启”（就像今天的通告、通知、邀请函、请柬）。上面清楚写明“松林闸头道茶棚是公议助善老会在，德胜门外娘娘庙下处，德胜门外，松林闸头道茶棚，农历四月初一请娘娘座，初二日落晚，初三日程，初十日朝顶，十五日回香”等文字。届时，会有一二十辆马车拉着道具、日用食品、供品、棉被等一应物品，向着京西妙峰山进发。一路上，庙会文场以耍叉开路，五虎棍、舞狮、扛箱、锣鼓居中，马车殿后。每当启程的时候，场面盛大，热闹非凡。

妙峰山庙会盛大结束后，茶棚内供奉的娘娘仍会被请回到后九条的娘娘庙中落座。因此，虽然今天的小市口胡同名气并不太显，但是在当初，这里的娘娘庙由于和妙峰山的娘娘庙渊源颇深，在京城也是赫赫有名的所在。

5. 德胜少年宫

在小市口胡同西口处，坐落着北京市西城区德胜少年宫。

北京市西城区德胜少年宫也是北京市西城区德胜社区教育学校，位置就在德胜门箭楼的东侧、德胜科技园区的南部。占地5500平方米，建筑面积4200平方米，环境优美、设施先进、专业齐全。学校设有舞蹈室、美术室、电子琴室、声乐室、书法室等专用活动室；设有乒乓球室、棋牌室、室内操场等体育娱乐场地；设有科技乐园、科普画廊等科技设施。德胜少年宫（德胜社区教育学校）除了是青少年学习文化课程的基地之外，也是市民学习、发展、娱乐的教育基地和活动中心，是构建终身教育体系的载体。

德胜社区教育学校向该地区的所有居民开放，目的是推动“教育社会化，社会教育化”的过程，通过各种活动来满足和指导社区成员的多方面需求，促进社区成员的综合素质和生活质量，并建立生机勃勃、充满朝气、可持续发展的学习社区。

多年来，德胜社区教育学校开展了教育和教学活动，以满足居民的需求。德胜社区教育学校被授予北京市科普教育基地、西城区禁毒教育基地、西城区纵横汉字输入法培训中心、德胜街道数字家园等称号。德胜社区教育学校可为辖区居民提供以下活动：计算机班、英语班、电子琴班、书法班、美术班、舞蹈班、健身班、瑜伽班、国学班、钢琴班、电声乐班、乒乓球班、围棋班、象棋班、桥牌班、工艺班、编织班、声乐班、民乐班及心理咨询、合唱、独唱、京剧、篮球等长期活动。

作为政府为青少年提供公共服务的重要场所，少年宫一开始是品学兼优和文学、艺术、科技和体育等方面有特长的学生才有机会享受到的教育和培训，不过随着时代发展，这项当初的“精英教育”已成为政府统筹各类社会资源服务青少年的平台。在闲暇时间，孩子们可以在少年宫学习人文、艺术和科学，认知朋友、家庭和社会，培养兴趣、爱好和情感，进行表演、游戏和锻炼。

第五节　德外大街
通衢连接内外，德胜研承古今

德外大街全称是“德胜门外大街”，是京城北部连接北二环和北三环之间的一条重要道路，也是前往 G6 高速（原京藏高速）方向的重要起点。德外大街南起北二环的德胜门箭楼北侧，北至北三环马甸桥的南侧，全长近 2000 米。在德外大街两侧，分布着众多企事业单位，也让这条道路成为一条城市主要道路。

1. 法源清真寺

在德胜门箭楼东北角的位置，有一座“法源清真寺”，门牌号显示为德胜门外大街 200 号。法源清真寺也被称为“德外大街清真寺”“德外关厢清真寺”。这座清真寺之所以选址于此，主要是因为在以前的时候，这里是穆斯林群众的聚集地。当时，善于经商的穆斯林群众看到了这里的商机，认识到作为当时商贾进出京城主要通道的德胜门，具有强大的发展空间，于是便在这里聚集经商和生活。后来，穆斯林群众的人数越来越多，开辟一个供他们使用的宗教礼拜活动场所就显得很有必要了，因此，他们自行集资，兴建了这座法源清真寺。

这座法源清真寺确切的建立年代还没有确证，有史记载，在清朝康熙初年，法源清真寺曾进行过重修。到了民国时期，还曾经向西进行过扩建，20 世纪 80 年代时又再次进行了重修。2003 年，西城区政府决定对年久失修的法源清真寺进行全面修缮维护，同年工程正式启动，并被列为西城区的重点建设项目。2007 年，修建完工的法源清真寺形成了今天的规模。2008 年北京奥运会期间，法源清真寺还被北京市宗教局指定为涉外接待宗教活动的场所。

今天的法源清真寺，整座寺庙的占地近2000平方米，建筑面积约1100余平方米，展示的“金镶玉”的建筑形式，为中国传统的古典式建筑风格，给人的感觉雅致而富有美感。寺门冲西，正对着德外大街，有三层高，其中顶层是飞檐歇山、红柱画栋，上面覆盖着绿色的琉璃瓦，太阳一照就会光芒四射，熠熠生辉。寺庙的正门外有一座影壁，正门两旁各开有一扇门，正门的横额上有“开天古教”四个大字。正门抱厦是阿拉伯建筑中常见的穹顶，门两旁高高的石柱最上端，有两座玲珑的穹顶，上方装饰着伊斯兰教的典型图案“新月”，突显出伊斯兰教建筑的共同特点。二门是一座重檐建筑，门外北边是洗浴室，南边则是客房，门内设有大殿、窑殿、讲堂、邦克楼。大殿内悬挂着曾任中共中央委员的刘格平所题写的匾额一块，此外还有一块民国时期马福祥先生题写的匾额。一二层则是瓷瓦白墙，窗户是绿色的穹形。修旧如旧的礼拜大殿位于院子的中间，坐西面东，在环境的衬托下显得肃穆而静谧。礼拜殿是典型的明清样式的建筑，朱漆明柱，雕梁画栋，地毯是柔和的绿色，与金色的经文共同衬托出一种安详和煦与温馨的感觉。整个使用的建筑技法是单檐歇山卷棚搭连，显得非常古朴雅致。在前后卷棚之间，设计了一个过渡的小卷棚来连接，四角亭式的攒尖星月楼建造在上面。使用这种建筑方式的好处多多：除了望月的作用外，还能让光线均匀地从四周照进大殿，让200多平方米的大殿内充满了柔和的光线，让人产生一种沐浴在温暖中的感觉。此外，考虑到穆斯林妇女的礼拜实际，在这座大殿的东南角还用布幔围起来一片地方，专供到这里礼拜的妇女使用。

从修建的效果上来看，法源清真寺建筑的设计师匠心独具，能最大限度地充分利用空间，因地就势地巧妙把大殿修葺一新。这样

法源清真寺

做既保留了具有历史价值的古建筑，又大大节约了建设经费，同时还增强了整座法源清真寺的建筑艺术效果。

2. 德胜门旧貌换新颜

过去，老北京说起德胜门有一句口头语，“穷德胜门，烂果子市”，说的就是德胜门的落后。那时候，德外大街在老北京人的印象里还有另一个名字——“八达岭高速”，去八达岭往北走，都要从这条路出发。不过，别看今天的德胜门外大街宽敞明亮，道路整洁，车水马龙，但在一些老人们的记忆里，一开始这里可不是这样的。

早年间，德外大街还是一条泥土路，晴天的时候，马车、驴车经过，会扬起漫天的灰尘，行人和车子都会淹没在烟尘中；下雨天的时候，雨水混合着灰尘变成了泥泞，湿滑难走，而且还会溅一身的泥浆。后来，泥土路“升级”成了鹅卵石路，路面上一块块鹅卵石紧密排列，虽然扬尘和泥浆问题得到了缓解，但是路面凸凹不平

德胜门旧貌换新颜

的问题却又暴露出来。马车、汽车驶过的时候，会颠簸得特别厉害。而后，路面又迎来了一次新变化，凸凹不平的鹅卵石路，又变成了柏油沥青路，虽然路面光滑平整又提升了一个层次，但是由于沥青在夏季太阳的高温下会软化，夏天走在上面甚至会粘脚，还是有提升的空间。最后，这里变成了宽敞明亮的马路，变成了著名的“八达岭高速”，并且成了重要的交通枢纽，每天发往八达岭等郊区的公交车都在这里集合。现在，八达岭高速又变成了 G6 国家高速，从这里可以直通河北、内蒙古、西藏等地。

社会发展、经济繁荣，改变的不仅仅是德外大街的道路，还有很多变化都悄然发生在居民们的身边。过去，德胜门箭楼后的护城河上，有一座木头小桥，由于整个桥身都是木头条铺成，所以从木头之间的缝隙里，能看到桥下的流水，走在上面很吓人。而后，木头桥身被换成了用大块石头堆成的桥身，安全性得到了提高。再后来，这座小桥的桥身和护栏都换成了大理石的，不但提高了桥身的安全性，美观度上也较石头桥提高了一个档次。

3. 中国航空规划建设发展有限公司

中国航空规划建设发展有限公司前身是在 1951 年创建的中国航空工业规划设计研究院，也是中国航空工业集团公司的直属业务板块和全资子公司。数十年来，作为我国航空工业固定资产投资领域的主力军和勘察设计行业的排头兵，始终坚持“航空报国、强军富民”宗旨的中国航空规划建设发展有限公司，为我国国防科技工业和国民经济建设做出了重要贡献。

作为国家级大型综合勘察设计单位，中国航空规划建设发展有限公司的市场涉及航空、航天、空军、海军、民航、民用建筑和以能源环境、医药工程为代表的民用工业等各行业，业务领域覆盖咨询设计、工程总承包、设备总承包。具备为客户提供咨询、规划、勘察、设计、建设、运营以及工程造价咨询、建设项目环境影响评价、工程招标代理、工程监理等全价值链、全方位服务的能力。公司在大跨度建筑、飞机和发动机维修工程、科技博览类建筑、空间规划与城市规划、航空规划设计与建设、航空大型试验设备设计与制造、能源与环境工程设计、建设和运营、勘察和测量技术等方面处于国际、国内领先地位。

中国航空规划建设发展有限公司拥有最高等级、最广领域的行业资质。2007 年在国内首家获得工程设计综合甲级资质，2009 年获得房屋建筑工程、机电安装工程施工总承包一级资质和城乡规划甲级资质，拥有对外经营权、对外工程承包权。公司通过了质量体系认证，建设工程总承包质量、环境和职业健康安全管理体系认证，国家武器装备科研生产二级保密资格认证。

中国航空规划建设发展有限公司下辖中国航空国际建设投资有限公司、中航勘察设计研究院有限公司、中航长沙设计院有限公司等三家成员单位和中航工程集成设备有限公司、中航工程监理（北京）有限公司等多家直属子公司。现有全国工程勘察设计大师 7 人，享受政府特殊津贴、突出贡献专家 70 多人，具有高级技术职称及国家注册执业资格人员 1300 余人。公司拥有硕士学位授予权和博士后科研工作站，主编、参编行业标准100余项，荣获全国十大科技进步奖、国家科技进步特等奖、全国优秀工程设计特奖、中国土木工程詹天佑大奖等国家级奖项100余项，省部级奖项400余项。

4. 央视市场研究股份有限公司（CTR）

1995年，央视市场研究股份有限公司（CTR）成立，总部设在北京，是经国家外经贸部批准设立、在国家工商管理局注册的外商投资企业。2001年12月被北京市认定为高新技术企业，并在2009年3月重新继续被认定；2002年12月通过ISO 9001-2000版国际质量标准认证；2009年通过国际调查行业SGS组织认定，为国内调查行业唯一被认定的企业。

CTR主要进行各种商业市场调查研究及日用商品消费者调查、报纸阅读率调查、电视收视率调查、广告知晓率调查和互联网使用率调查，数据采集和分析软件研究与销售。CTR在吸取外资集团的资金、技术软件、研究水平、国际市场的基础上，充分发挥本土员工、本土经验的优势，整体实力得到提高，增强了与国际大型市场调查公司竞争的能力，改变了中国市场调查业的竞争格局。历经近20年，CTR已发展成为国内最具实力的研究咨询公司。

5. 高等教育出版社

成立于1954年5月的高等教育出版社，是新中国最早设立的专业教育出版机构之一。在教育部的直接领导下，经过50多年的奋斗，高等教育出版社已经发展成为以出版高等教育、职业教育、成人及社会教育等教育类、专业类、科技类出版物为主的综合性大型出版社。1983年，邓小平同志为高等教育出版社题写社名。2010年12月，中国教育出版传媒集团有限公司成立，高等教育出版社成为其核心成员单位之一。

在出版规模，市场占有率，产品数字化、国际化以及综合实力等方面，高等教育出版社都处于中国出版行业领先地位。2010年出版各类出版物近万种，销售码洋近27亿元，图书销售册数逾1亿；高等教育类图书市场占有率达到1/4，中等职业教育类图书市场占有率达到1/3；产品形态涉及图书、音像制品、电子出版物、网络出版物及期刊等；16个语种版本的多种国际型产品行销世界50多个国家和地区，2010年输出版权82项，成为中国版权输出领先的企业之一；连续多年在中国单体出版社竞争力排名中位列第一，并成为唯一入围全球50强的中国出版机构。

高等教育出版社

通过不懈努力，高等教育出版社出版了一大批颇具影响的优秀图书、音像制品和电子出版物，其中1000余种分获中国出版政府奖、中华优秀出版物奖、“五个一”工程奖、国家科技进步奖、国家优秀教学成果奖、全国优秀教材奖等各种国家和省部级奖励，并获得了“全国优秀出版社”“全国先进出版单位”“全国百佳图书出版单位”等荣誉称号。高等教育出版社在版权产业发展和版权保护方面也取得了显著成效，被世界知识产权组织授予“世界知识产权组织创意金奖——单位奖”，成为唯一获此殊荣的中国出版机构。

在文化体制、教育体制改革不断推进的今天，我国文化事业正处在迅猛发展的新时期。高等教育出版社在新的历史条件下成功地完成了企业化转型，制定了以精品战略、数字化战略和人才强社战略为核心的事业发展规划，为发展注入了新的动力。高等教育出版社将秉承“植根教育、弘扬学术、繁荣文化、服务社会”的理念，争做中国先进教育理念的倡导者、先进教学模式的探索者、先进教学内容的传播者，为发展中国教育出版事业，推动社会主义文化大发展大繁荣和扩大中国文化的国际影响力而奋斗。

6. 北京联合出版有限责任公司

北京联合出版有限责任公司是一家国有综合性出版社，于 2011 年 2 月完成转企改制，在保持原有出版职能的同时，承担了中国北京出版创意产业园区出版服务平台的任务。北京联合出版有限责任公司秉承“整合资源、创新机制、规范运作、打造精品”的理念，为园区企业提供编辑出版服务，为首都各种出版资源的深度整合与开发提供平台与渠道。

北京联合出版有限责任公司的出版范围包括经济、科技、社会科学、文化、教育、体育类图书。近年来，他们出版了一系列优秀图书，形成了以社科、文化教育为主体，以少儿、美术为辅导的出版结构。此外，北京联合出版有限责任公司还坚持以出版为大众文化生活服务的通俗读物为重点的原则，力求积聚华夏文明精华，倡导现代社会观念，为读者奉献健康的精神食粮。

未来，北京联合出版有限责任公司还将充分利用自身的资源优势和政策优势，进一步完善现代公司法人治理结构，加强资本运作，不断壮大传统出版主业，加快整合发行中盘，积极开拓数字出版，形成以园区为依托、以资本为纽带、覆盖全产业链、跨所有制的综合性出版企业集团和战略性出版投资者。

7. 北京海外人才引进的“主渠道”

2008 年成立的北京海外学人中心，是北京市委、市政府建立的海外人才服务机构，也是北京市海外人才引进的重要窗口和主渠道。它以“海纳百川，汇聚才智，搭建平台，创造价值”为宗旨，是面向全球吸引优秀人才的服务平台，是连接海外优秀人才与北京的纽带，是首都海外学人服务之家。北京海外学人中心与北京双高合署办公，中心党委名称一直沿用“中共北京双高人才发展中心委员会”，归属市直机关工委管理。

北京海外学人中心为留学人员来京工作和创业专门设立服务平台，受理留学人员提出的服务需求，协助办理有关手续，并为每一名引进的海外高层次人才配置服务专员，提供全程代理服务。其职能也有多样：宣传国家和北京市关于海外人才的工作政策及经济社会发展情况；研究提出北京市海外人才开发工作的中长期规划和政策措施建议；收集、发布重大项目信息、海外学人信息和海外高层次人才政策信息；负责北京市引进海外人才的认定评估工作；广泛联系驻外使领馆、海外专家组织、海外人才交流机构、留学生组织、海外人才和国内相关组织，代表市委市政府多渠道寻访海外高层次人才；组织实施海外人才培训交流活动；为北京市重大科技项目、重点学科建设和重要产业发展提供引进海外高层次人才和智力的有关支持；为在北京创新创业的海外人才提供事业发展和生活条件等综合配套服务；为中央实施海外高层次人才开发工作服务；联系指导协调本市各海外学人分中心的工作；公派、自费出国留学相关服务。

根据职责，北京海外学人中心服务的对象分别是留学归国人才、港澳台人才、外籍华裔专家和外国专家。目前，北京海外学人中心共设置了6个分中心，分别是开发区分中心、CBD分中心、金融街分中心、中关村分中心、丰台分中心和顺义工作站。

第七章　胡同典故（五）

第一节　塔院胡同
僧塔遗留地，古寺名犹存

塔院胡同位于德外地区的南部，整个胡同比较曲折，共有南、西、北三个口。其中，南口与弘慈巷相接，西口直通德外大街，北口则与五路通街相接，全长近400米。因为街道的旧地原来有僧塔，于是便得名“塔院”。1949年后形成居民区，开始称为“塔院胡同”。

据说，塔院胡同的“塔院”应该是附属于宏慈寺或兴国寺的。《日下旧闻考》卷一百零七称：“德胜门外东北有前宏慈寺、后宏慈寺。宏慈前后二寺，相去不半里，形势连属，似一寺分而为二者。考寺为元兴国禅林，兹于后寺断垣荒草中搜得明臣顾肇迹碑，有元统三年兴国禅林之碑，翰林沈荃作重修碑记，殆本于此。而所谓兴国禅林者，其兴废无可考矣。前寺本朝乾隆丙申年新修。有炉一，上识万历十一年宏慈寺造。后寺有铁磬一，上识天启五年宏慈寺住持降松发心募造字。”

这座寺庙据传在清康熙、乾隆时期香火非常旺盛，寺庙的规模也非常宏大，当时占地超过了百亩。除建造了寺庙殿宇供神、藏经之外，还有僧房和塔院。其中的塔院，就是寺庙为有名望的高僧所修建的墓塔。今天，塔院胡同里的僧人墓塔早已无存，消失在历史的滚滚长河中。不过有考证表明，墓塔里的主人可能是兴国寺的住持本量和宏慈寺的住持降松。

一般来说，老北京胡同名字的由来，不外乎有以下几种：一是以地标性建筑来命名；二是以官衙、官爵来命名；三是以人名和姓氏来命名；四是以市场、工厂、作坊来命名；五是以柴米油盐酱醋茶和花草树木来命名。塔院胡同的命名，无疑属于第一类的命名方式。

随着时间流逝，各种景物都在时间面前逐渐消退，最终消失不见，当年的僧塔也早已无迹可寻，即使是在这里居住了几十年的老人的记忆里，也寻找不到关于僧塔的片段。老人们的印象中，自己也都只是听说过而已，没有人真正见过这座僧塔。尤其是随着时代发展，城市的建设日新月异，别说是僧塔了，就连当初香火鼎盛的寺庙，也找不到一丝的印记。只有胡同口的指路牌上，还存留了历史遗留下来的一个名字。

对从小就住在这条胡同里的老人们来说，今天的胡同已物是人非，但是留在记忆中的童年画面，依旧还是那样清晰，依旧还刻着门前胡同的印记。据说，胡同的北面曾经有过一家“王记车店”，这家大车店是当时有名的大车店之一，连接起了北京市区与北郊、河北等地。当时很多做骡马生意的买卖人经常选择住在这里，同时也将“王记车店”作为行程中的中转店。由于过往的生意人特别多，因此这里也非常热闹。那时候，有些出门交易的生意人会自己带些草料，将马车存在大车店。当时的草料中有花生的秧子，上面有时会有零星的、未清理干净的花生，居住在附近的人还会捡那些掉在地上的花生来吃，成为那个时代难得的零食。

除了德外的塔院胡同外，其实京城里还有一个地方也叫“塔院”，这就是位于花园路附近、北京大学第三附属医院旁边的“塔院”。

据说，万历元年（1573 年），明慈圣皇太后在这里建造了一座多宝佛塔禅院，取名为“千佛寺”。寺中的主塔是华严永固普同塔，周围还有 27 座小塔，均为僧人的墓塔，因此这里就被人们称为“塔院”。后来，随着社会发展，这一地区逐渐人口众多，于是便形成了村落，因此就得名“塔院村”，故千佛寺也被俗称为“塔院村大庙”。1949 年后，许多机关在塔院村及塔院原址修建办公楼和宿舍楼，塔院建筑陆续被拆除干净。后来，北京大学医学部、北京大学第三附属医院、防化研究院第一所、牡丹电子集团等单位先后在此建起了机关大院和家属区。

第二节　新康路
医疗单位毗邻，救死扶伤善行

位于德外地区西北部的新康路，为东西走向，东口接德外大街，西口一直到新街口外大街，整条街全长约 600 多米。起初，这里是一条两侧布满了菜地和荒地的土路，1949 年后道路才拓宽逐渐修缮。由于这里分布了很多卫生事业单位，因此在 1965 年确定名称，“新康街”的得名就据此而来。

1. 治安管理总队旧址

资料记载，曾经有一所监狱位于今天新康街甲 1 号的位置，这里过去是“德胜门外功德林路 1 号”，当时这座监狱占地近百亩，监

新康路街景

房能容纳千人以上。

新中国成立后，公安部接管了这座监狱，将其改造成了一座关押和改造战犯的监狱。后来，“德胜门外功德林路 1 号”变成了“新德街 29 号”，而后又改成了现在的“新康街甲 1 号”，现成为北京市公安局治安管理总队的办公大楼，从当初的监狱变成了现在守护社会安全的公安机关驻地。

从职责上来看，治安管理总队负责组织协调全市重大治安管理行动，参与相关重大活动治安保卫工作和重大治安案件、事件现场处置；掌握全市治安情况，并研究制定对策；依法管理集会、游行、示威活动，依法组织对特种行业、饭店业以及枪支弹药、管制刀具等危险物品进行社会治安管理；依法对大型群众性活动进行安全监管；查处治安案件和侦办治安部门管辖的刑事案件；组织协调烟花爆竹安全管理；承担全市犬类管理工作；指导公安分局治安管理工作。

此外，在北京市公安局治安管理总队的院内，还有于 2012 年成立的巡警总队。巡警总队成立前，承担巡逻任务的民警，很多都不是专业的巡警，比如街头巡逻警务站的民警就是派出所民警，他们只是部分承担巡警工作。而“自立门户”后的巡警，只承担专业化的巡逻任务，各分县局的巡警支大队通过 24 小时街头警务站、24 小时警务车、机动车快速反应，以及携犬巡逻、自行车巡逻、步巡和摩托车巡逻等方式巡逻执勤，将巡逻力量“固化街头”，打击震慑犯罪。专业巡警也不再承担兼项的工作，比如派出所民警的一些工作。

巡警总队成立前，北京警方有专业巡警 1800 余人，按照筹备规划，这一人数将逐渐增加至合适数量。据悉，虽然专业巡警人数将增加，但这是在市公安局民警基数不变的情况下的整合增加，而不是新招募民警。此外，每年市公安局招募的新警都要先在巡逻岗位工作，任职巡警至少两年后，才能再调任其他岗位。

2. 中国疾病预防控制中心辐射防护与核安全医学所

中国疾病预防控制中心辐射防护与核安全医学所是国家级放射医学与辐射防护专业技术机构（国家卫生计生委核事故医学应急中心，简称“辐射安全所”），接受国家卫生计生委和中国疾病预防控制中心领导，也是全国放射医学与辐射防护业务技术指导中心，履行和承担着对国家进行技术支撑，对地方进行技术指导与培训的职责和任务。

辐射安全所主要从事辐射防护、辐射监测与评价、人群辐射危险评价、放射诊疗设备质量控制以及辐射剂量学、放射生物学和毒理学等研究工作。同时还承担国家核事故与放射事故医学应急准备与响应、放射工作人员健康管理、射线防护器材防护质量监测与管理、放射卫生防护标准管理、放射医学与防护科技信息等相关专业技术管理任务。

多年来，辐射安全所同联合国原子辐射效应科学委员会（UNSCEAR）、世界卫生组织（WHO）、国际原子能机构（IAEA）、国际放射防护委员会（ICRP）等国际组织和美国、日本、德国、韩国等 10 多个国家的学术团体和科研院所有密切学术交流和技术合作。该所先后有 20 多人次作为中国代表团成员出席了联合国原子辐射效应科学委员会（UNSCEAR）会议。

3. **火箭军总医院**

在新康路上众多的卫生事业单位中，最赫赫有名的应该是位于西口的火箭军总医院。2015 年 12 月 31 日起，中国人民解放军第二炮兵总医院正式更名为中国人民解放军火箭军总医院。

火箭军总医院是一所集医疗、教学、科研于一体的三甲医院，其前身是北京军区第 262 医院，始建于 1954 年 5 月。1999 年 9 月，挂牌成立二炮总医院。火箭军总医院是第一、二、三、四军医大学的临床教学医院，是武汉大学医学院研究生培养基地，也是北京市首批基本医疗保险定点医院，曾先后获得“全国爱心献功臣行动先进单位”“首都军民共建先进单位”“首都精神文明建设标兵单位”“北京市抗击非典先进单位”等荣誉称号。

火箭军总医院在军内外享有较高的声誉：其肛肠科为全军肛肠病专病中心、第二炮兵肛肠病研究治疗中心，闻名遐迩；烧伤整形科为第二炮兵烧伤研究治疗中心，是北京市四家治疗大面积烧伤定点医院之一；第二炮兵军事医学研究所设在这里，包括推进剂医学科、放射医学科和中心实验室，主要从事中毒急救、放射损伤以及肿瘤、血液疾病的研究和临床诊治。

此外，火箭军总医院的肿瘤细胞免疫治疗中心也具有很高的知名度。该中心隶属于火箭军总医院血液移植科，是专业从事临床标准化的免疫细胞制备、临床诊疗及研究为一体的综合科室，由多名国内外肿瘤科专家、血液科专家、免疫专家组成。致力于运用国际领先的细胞免疫诊疗技术（STC 特异性靶向免疫治疗）帮助肿瘤患者更安全、更健康、更科学地抗击肿瘤。拥有符合国际标准的 GMP 实验室，采用全进口设备以及严格的质量控制程序，先后引进日本

NK 培养技术、美国特异性 T 细胞培养技术等相关专利，并常年与国际肿瘤防治研究和细胞免疫治疗机构保持紧密合作，深入肿瘤生物细胞免疫技术的研究。

火箭军总医院现有包括国家自然科学基金、全军重点课题在内的科研项目数十项。先后获得军队科技进步一等奖、二等奖，全军重大成果奖等近 200 项。在各种医学刊物发表学术论文 800 余篇，其中在统计源期刊中发表论文 200 余篇，科技创新使学术水平明显提高。医院肛肠科护理组先后被全军、二炮评为“学雷锋先进集体”，被全国妇联授予“巾帼文明示范岗”，肛肠中心的李淑君护士长还获得了第三十九届南丁格尔奖章。

4. 东方地球物理公司

东方地球物理公司（英文缩写 BGP）隔着新康路，与火箭军总医院一南一北。它是中国石油天然气集团公司的全资子公司，也是一家以地球物理方法勘探油气资源为核心业务，集油气陆上、海上勘探，资料处理解释，综合物化探，信息技术服务和物探装备，软件研发制造等业务于一体的综合性国际化技术服务公司。

作为中国石油找油找气的主力军和战略部队，东方地球物理公司勘探足迹遍及国内主要含油气盆地，先后参与大庆、华北、胜利、四川、江汉、陕甘宁、辽河和塔里木等石油勘探会战，配合油田取得了一系列重大油气勘探发现，被国家授予“地质勘探功勋单位”。东方地球物理公司拥有物探队 179 支，主要物探装备与国际先进水平同步。公司业务发展到国内 29 个省、市、自治区和海外 70 个国家，为全球近 270 家油公司提供技术服务，营业收入连续三年保持全球物探行业第一。此外，东方地球物理公司还是国家级企业技术中心、油气勘探计算机软件国家工程研究中心、国际地球物理承包商协会核心会员，欧洲地球物理学家与工程师协会、勘探地球物理学家协会主要会员。

自2002年与六家油田物探公司重组，整合成立以来，东方地球物理公司始终以为国找油找气为己任，紧紧围绕建设世界一流地球物理技术服务公司目标，努力做大做强油气勘探主业，持续加快发展资料处理解释、综合物化探、信息技术服务、深海勘探和软件装备研发制造等成长性业务，实现了向物探全领域技术服务的转变。陆上勘探技术实力居国际领先地位，市场份额连续15年保持全球物探行业首位。建立了亚洲最大的地震勘探资料处理解释中心和油田地质数据库，在美国、中东和东南亚建立了三大资料处理中心，技术服务能力达到国际先进水平。综合物化探业务建立了国内最大的重磁电及地球化学勘探服务中心，技术实力居国际领先水平，为全球客户在油气勘查、地热勘探、地下埋设物探测等领域提供了优质服务。深海勘探拥有6支船队，在OBN等勘探领域居国际先进水平。软件、装备研发制造能力居国际先进水平，为公司打造了一系列先进勘探利器。信息技术服务业务打造了2800人的高素质IT人才队伍，形成数据中心、ERP咨询、信息安全、数字油田、智慧城市等十大主营业务，承担了中国石油50%以上的信息化建设项目，打造了秦皇岛、四平市等智慧城市示范项目，成为集团公司的信息技术专家中心、支持中心、互联网+国企党建研究中心，业务发展到全球30个国家和地区。2017年，按照集团公司部署，川庆钻探公司物探业务重组进入公司，成立西南物探分公司，推动公司综合实力进一步提升。

在为国找油找气的道路上，东方地球物理公司大力弘扬以“苦干实干”“三老四严”为核心的石油精神，认真践行“我为祖国献石油”的核心价值观，持续打造以“精诚伙伴找油先锋”为特质的先锋文化，在野外极其恶劣和海外极其复杂的环境中，用智慧和汗水矢志找油，奉献社会。坚持以人为本，追求企业与员工、用户、社会、自然环境和谐发展，坚持经济、政治和社会责任的有机统一，创造了良好的信誉和知名度，先后荣获全国五一劳动奖状、中央企业先进集体、中央企业先进基层党组织和全国模范劳动关系和谐企业等光荣称号。

此外，东方地球物理公司还始终把全面国际化作为实现稳健发展的战略举措，持续加大“走出去”步伐，推进海外业务实现跨越式发展，收入连续 10 年超过公司勘探主业收入的 50%，在海外形成中东、中亚、北非、东非、西非、东南亚、拉美七大规模生产基地，高端市场比例占比超过 46%，先后成功打造了阿曼 PDO、科威特 KOC、沙特 S78 等在业界产生重大影响的样板工程，推动公司成为中东高端市场最大物探承包商。公司建立了具有国际先进水平的运营管理体系，海外项目本土化率达到 90%，外籍雇员占公司用工总量的 1/3。HSE 管理业绩居行业先进水平，获得国家安全生产标准化一级达标企业资质，连续 8 年被评为中国石油安全生产先进企业。

第三节　新明胡同
旗营传旧事，京旗卫皇城

位于德外地区西北部的新明胡同，整体呈弧形的走向，它西起新街口外大街，南到新德街。全长约 400 余米，均宽约 6 米。新明胡同在清代原本是属于太平营，也就是蒙古正黄旗兵士的营房，后来荒废了，变成了农田。1949 年后，这里陆续建房建楼，慢慢形成了胡同，并在 1965 年被命名为“新明胡同”。新明胡同的北边是新风南里，南边是新明里住宅区。

1. **旗营旧事**

清军入关后，清政府为了巩固自己的政权，以及抵御外来的侵略和向外扩大国土，于是在全国各地都驻防了部队。不过，作为其主力的满洲八旗的兵力，却按不同的旗而分别驻扎在北京城内外，人们称之为“驻京八旗”，或叫“禁旅八旗”或“京旗”。驻京八旗的职责是拱卫京城，负责保卫北京城的安全，根据各自的任务不同，又分别组建了各类军事组织，其人员则由各旗抽调兵员组成。

当时的驻京八旗分设不同的编制，负责不同的任务。侍卫处是皇帝和皇宫的警卫部队。清初是从镶黄、正黄、正白上三旗中挑选才艺出众的担当此任务。“用备随侍宿卫，亦得选预环列。”“凡轮值殿庭，以领侍卫内大臣等总统之。其侍卫等更番轮值，凡六班，分两翼。宿卫乾清门、右内门、神武门、宁寿门为内班。宿卫太和门为外班。行幸驻跸宿卫亦如之。”（《光绪会典事例》卷一一〇六）

顺治初年定，领侍卫内大臣 6 人，即上三旗每旗 2 人；内大臣 6 人，散秩大臣无定员。侍卫的人数规定为上三旗每旗 20 人，共 60 人为一等侍卫；每旗 50 人，共 150 人为二等侍卫；每旗 90 人，共 270 人为三等侍卫；每旗 30 人，共 90 人为蓝翎侍卫。上三旗总共出侍卫 570 人。此外，还设有宗室侍卫，在侍卫之上又设侍卫班领 12 人、署班领 24 人、侍卫什长 60 人、宗室侍卫什长 9 人，均由上三旗出相同的人数。

虽然都是属于旗兵，但由于有严格的等级之分，因此驻京八旗在前后的排列上也有着严格的顺序。其中，以镶黄、正黄、正白为“上三旗”，而正红、镶白、镶红、正蓝、镶蓝为“下五旗”。同时，按照方向来确定各旗位置，以镶黄、正白、镶白、正蓝四旗居左，封称左翼；正黄、正红、镶红、镶蓝四旗居右，封称右翼。

当时，北京城由内城和外城两部分组成，清军入关后，规定满人都居住在内城，汉人都到外城居住。这项规定后来通令到全国各地驻防旗营的地方，实行和京城一样的规定，比如在后来的西安、福州、广州、绥远、荆州等地，至今仍存在遗址或有较多的文字记录。清政府之所以实行这种满人和汉人分开而居的制度，目的就是为了防止满人的习俗被汉化，同时还能防止各省的文人聚众作乱，并能让满洲八旗兵保持勇猛善战的尚武习俗。

北京的内城是个正方形，清朝把驻京八旗按照方位颜色在京城内设置了布防：其中，北方是镶黄、正黄二旗，驻防安定门、德胜门；东方为正白、镶白二旗，驻防东直门、朝阳门内；西方为正红、镶红二旗，驻防西直门、阜成门内；南方为正蓝、镶蓝二旗，驻防在崇文门、宣武门内。

此外，在北京内城，除上述驻京八旗驻守的八个地区外，每块地区又分成了三小块，分给满、蒙、汉官兵和家属来居住，分配的基本原则是：满族八旗在内靠近皇城的位置，蒙古族八旗居中，汉族八旗则在最外边，住在城墙根下。在每个分区的胡同口设有栅栏，早晨开放，晚上封闭。栅栏外有“堆汛”，老北京人称为“堆子”，后改为警察派出所，是开关栅栏及管理治安和查夜的单位。

其中，左翼镶黄旗旗营就在今天安定门外青年湖公园的南侧，今天还存留有南营房胡同，该营的教场在黄寺大院；正白旗旗营在今天东直门外工人体育馆南端，今天还有东营房胡同和一至十条胡同；镶白旗的旗营在今天朝阳门外、日坛神路街的西侧，今天还留存南营房胡同一条至八条；正蓝旗旗营在今天崇文门法华寺的南侧，今天还留存有营房东街、西街、宽街，营房东头条至东十条，营房西头条至西十一条。

而右翼正黄旗的旗营，就在今天德胜门外大街附近的新风街、新明里、新明胡同的位置。解放前这片地方被称为太平营，今天的北太平庄便是从这里而得名，它的营教场设在了裕中西里；正红旗的旗营在阜成门外大街的路北，今天还留存北营房西里、北营房东里、北营房中街、北营房南街等地名；镶红旗旗营在阜成门外路南，与正红旗营房遥遥相对，今天还留存着阜外南营房的地名；镶蓝旗的旗营在西便门内的路东，在今天槐柏树街北头条至北十条、南二条至南十一条的位置，它的营教场在宣武门外大街路西，也就是今天的校场口胡同。

清军在入关之前，满洲八旗子弟兵其实战斗力还是很强的，否则也不可能打败明朝的百万军队。当时，八旗子弟自幼苦练骑射，彪悍勇猛，而且由于连年战争，八旗子弟一直保持着尚武的民族风尚，按时操练，坚持不怠，每月在校场练习弓马六次，春秋两季集中操练马步骑射和火器，今天的东安市场就是驻京八旗演练的旧址。不过，随着夺取了天下，全国也安定下来，八旗兵便以征服者自居，日渐骄横，享有特权，养尊处优。由于贪图享受，武艺日渐荒疏，到了同治年间，八旗兵完全失去了战斗力，成了只会坐吃俸禄的纨绔子弟。

2. 聚德华天

提起聚德华天，在京城可是响当当的老字号品牌，老北京耳熟能详的庆丰包子、砂锅居、烤肉宛等老字号美食，都在他们旗下。

聚德华天控股有限公司是由中国全聚德（集团）股份有限公司、北京华天饮食集团公司、福建超大集团有限公司共同投资组建的以餐饮业为主要投资对象的有限责任公司，注册资本 5500 万元。目前，聚德华天拥有西城区级、北京市级和国家级非物质文化遗产项目 17 项，有 5 家企业荣获北京市著名商标。

目前，聚德华天拥有全资企业和控股企业40余家，包括鸿宾楼、烤肉季、烤肉宛、砂锅居、峨眉酒家、柳泉居、老西安饭庄、又一顺、马凯餐厅、曲园酒楼、西来顺、玉华台、大地西餐厅、护国寺小吃等享誉京城的中华老字号，经营京、湘、鲁、苏、豫、川、清真等不同菜系，涵盖中式正餐、快餐、小吃、西餐等不同业种，年销售额5亿余元。很多餐厅都是行业里的翘楚，不但口味深受好评，而且还充满了浓浓的文化味道。

聚德华天

比如曲园酒楼，以文促商在三湘有名。进京后，丰富的饮食文化也吸引众文人常“问鼎”。齐白石寓居京城多年，是曲园的常客。

据原北京市服务总公司编辑出版的《中国风味菜肴》中记载：曲园酒楼曾特聘著名文学家、艺术家兼美食家的侯宝林、溥杰、黄苗子、胡爽庵、娄师白、陈大章为顾问。在这些名家大腕美食家的关怀、关心下，曲园酒楼在20世纪七八十年代的众湘菜馆中，独树一帜，独领风骚。黄苗子、董寿平、娄师白、郭沫若等各界名流都曾欣然为曲园留下墨宝。曲园酒楼还荣幸地接受了人民大会堂赠予的曾挂湖南厅的巨幅湘绣。

曲园酒楼至今仍保留了这一特色：其雅座餐厅的厅名全部由名人撰写，其中包括黄苗子、肖劳、启功、吴祖光等人。雅座餐厅内悬挂着许多文人墨客为曲园酒楼留下的真迹，如张国基老人95岁高龄时写下的“曲径通幽处，园中多贵宾”，著名书法家黄正襄写下的“谁将狗肉作佳肴，壮士入秦胆气豪，独有曲园能醉客，敢将此味入庖刀”。

近年，聚德华天以“弘扬中华饮食文化，打造中国餐饮品牌联合舰队”为使命，发扬“开拓市场，自强不息，科学管理，服务于民”的精神，秉承“食以洁为先，放心就餐到华天”的经营理念，围绕餐饮经营主业，严细管理，灵活营销，与时俱进，开拓创新，取得了经济效益和社会效益的双丰收。目前，聚德华天正在不断推进资本经营和连锁经营两个层面的市场化运作，通过整合、培育、发展，逐步发展成为跨地区、跨领域、跨所有制，具有体制完善、管理科学、技艺精湛、文化独特、规模经营、效益显著特点的大型餐饮控股集团。

第四节　双旗杆胡同
旗杆消失历史，出版今创辉煌

位于德外地区北部的双旗杆胡同，西起双旗杆路，向东 150 余米后又折向北约 200 余米，全长约 350 米左右。至于双旗杆胡同的得名，从字面上看，可能当时这里曾有两座旗杆，不过随着历史的变迁，已无可考证。

1. 北京出版集团

位于双旗杆胡同附近的北京出版集团，是北京市最大的综合性出版机构，它的前身能够追溯到 1948 年成立的北平大众书店。那个时候，北平大众书店在经营图书的同时，还在为北平解放做党的地下工作。新中国成立后，北平大众书店改名为北京大众出版社，后

来又在1956年正式更名为北京出版社，一直到1999年成立北京出版社出版集团，当时是国家新闻出版总署首批7家试点出版集团之一。2009年，北京出版社出版集团转企改制，成立了北京出版集团有限责任公司。

北京出版集团

一路走来，有着70年历史的北京出版集团，今天已经硕果累累：拥有8家专业出版社、5家杂志社和15家子公司；培育出北京出版社、北京十月文艺出版社、北京少年儿童出版社、北京美术摄影出版社、北京教育出版社以及《十月》《父母必读》《少年科学画报》《十月少年文学》等知名出版品牌；打造了北教传媒、十月文学院、父母必读育儿传媒、京版北美、京版梅尔杜蒙等机构品牌，形象地印证了中国当代出版事业发展与壮大的历史。

作为北京乃至全国出版行业的佼佼者，北京出版集团始终秉承“崇尚价值，以文化人”的出版理念，坚守主业，专注前行，出版了社科、文学、少儿、科学、生活、艺术、教育等一大批反映中华优秀传统文化和具有鲜明时代特色的精品佳作，锻造了“书山有路，步步巅峰”的企业精神。目前，集团有870余名员工，年生产各类出版物7000余种。2017年生产码洋超过35亿元，出版效率居全国出版集团第二位。图书零售市场码洋居全国出版集团第五位，出版社第四位。

近年来，北京出版集团由于“双效”显著，曾先后荣获“全国文化体制改革工作先进单位”“全国新闻出版行业文明单位”“全国百佳图书出版单位”“全国精神文明建设先进单位”“2009—2010年度国家文化出口重点企业”“首届首都文化企业30强”等荣誉称号。在全国国民阅读与购买倾向抽样调查中，北京出版社曾两次入选“最受读者喜爱的出版社”。集团旗下品牌期刊《十月》《父母必读》《少年科学画报》杂志均荣获“新中国60年有影响力期刊”称号。集团还多次被评为北京地区纳税千强企业、全国新闻出版行业纳税百强企业。

在向着前方奋勇迈进的同时，北京出版集团还以深厚的文化积淀和丰富的出版资源赢得了世界声誉。他们坚持“走出去”“引进来”两种战略并举，广泛参与法兰克福、伦敦、莫斯科等国际大型书展，积极拓展海外市场，对外合作取得丰硕成果。推动产品走出去，加大优秀原创作品翻译和宣传推介，疏通引进输出渠道，版权输出品种年增长率保持20%以上，版权输出引进比例从1∶1.3的行业领先水平，向1∶1的目标迈进。加大企业“走出去”力度，培育“品读北京”海外书展与文化交流活动品牌，先后在中国香港、新西兰、马来西亚、新加坡、中国台湾、英国、澳大利亚等地独立举办了精品图书展和文化活动，充分展示了北京出版集团的出版实力和整体形象。集团自2015年起开始建立和运营“十月作家居住地”，用文学向世界传递中国声音，讲好中国故事，开创了作家交流、版权交易、图书展示为一体的新模式。

2. 曾以“双旗杆”命名的医院

可能很少有人知道，其实在此前的北京，还曾经有过以“双旗杆”命名的医院。虽然和今天的双旗杆胡同属于巧合，并没有内在的联系，不过也可以作为一则趣闻。

以一个字命名的医院非常罕见，不过，当时北京最早的西医院，就是以单字命名的，这便是当时位于东交民巷的“北京施医院”。这个名字的来历，应该是和当时东交民巷属于使馆区有关，因此在这里的医院，也就有了西洋的元素。当时这里居住着很多外国人，因此医院的名字可能来自《圣经·新约》里的“施比受更为有福”一句。

当时英国基督教的传教士雒魏林在1862年创建了这家医院，雒魏林回国后，医院就迁到了米市大街。新迁的医院门前有两根醒目的旗杆耸立，因此就被人称作了“双旗杆医院”。1921年，美国洛克菲勒基金会为协和医学院建立附属医院，就把双旗杆医院并入了协和医院。

第五节　教场口街
昔时练兵地，今日闹市区

位于德胜门城楼东北部的教场口街，整条道路呈现东西走向，东与六铺炕街相接，西至德外大街，全长约400余米。明朝时，曾在这里设置了五军神枢，清朝的时候又成为八旗的校场，清朝末年的时候，清兵还曾在附近的大水泊中练过兵，因此就被称为了校场，也被称为教场。

1. 教场得名

今天的教场口街附近，曾经是明代著名的五军神枢营的校场，驻扎在这里的军兵配备有当时非常先进的火炮武器，他们经常在这里进行武器的试射。后来到了清朝的时候，八旗兵士也曾在这里驻

教场口街街景

军，并且经常在附近进行操练。

在当时，教场就是专门用来训练部队、检验部队的地方。历史上对于“教场”的记录，最早应该是出自《旧五代史·梁书·太祖纪》：乾化元年（911 年）十月，“丙子，帝御城东教场阅兵，诸军都指挥、北面招讨使、太尉杨师厚总领铁马步甲十万，广亘十数里陈焉。士卒之雄锐，部队之严肃，旌旗之杂沓，戈甲之照耀，屹若山岳，势动天地，帝甚悦焉”。虽然关于当时现场的描写并不多，但是生动再现了梁太祖朱温检阅部队的情景。

其实，在历史上，教场这一给军队专用的设施，早在五代前就已经有了，只不过当时没有文献来记载，所以也就没有留下来。今天，在山东的茌平县还保留有“教场铺”的旧址，就是传说中战国时著名的孟尝君训练士兵的地方。后来到了唐朝，诗人杨巨源在《赠邻家老将》一诗中也对教场有生动描写：“拂雪陈师祭，冲风立教场。”到了宋朝以后，关于教场的记载也就渐渐多了起来。《宋史·高宗本纪》里就记载：绍兴五年（1135 年），宋高宗下令“置诸州军教场，选兵专习弓弩，立格按试”。后来到了明代，教场就更加普遍了，当时，基本上只要有兵士驻扎的地方，都会设立规模不等的教场，以供兵士们训练使用。

对教场更加重视的应该是朱元璋了。朱元璋在南京当了皇帝以后，修筑了厚实的城墙来保护南京，并且在南京城的东面修了皇城和官城，同时为了训练士兵的战斗力，还在城的内外修建了大小两个教场。

为什么要设置大小两个教场呢？当时，明朝军队的编制是“卫所”制度，根据编制，一卫有5600名军士，卫的下面设置了1120人的“千户所”，以及112人的“百户所”。为了保证皇城安全，最精锐的军队被派驻在京城附近，人数为48个卫，达到了20多万人。这一大一小两个教场就是供这48个卫的士兵训练的地方。后来，明朝把都城北迁北京后，南京就成为“留都”，不过却保留了与北京一样的都城配套，包括驻扎的军队。虽然军队人数进行了削减，但还是当时一支不容小觑的力量，“大小二场，新旧官军二万三千有余”。

2. 西城区疾病预防控制中心

位于教场口街西入口南侧的西城区疾病预防控制中心，前身是原西城和原宣武疾控中心，始建于1953年4月，1993年8月搬入新址。2013年12月根据区划调整安排，将原西城区和原宣武区疾控中心实施机构整合，组建成为新的西城区疾病预防控制中心。

从职能上来看，西城区疾病预防控制中心承担全区疾病预防与控制、突发公共卫生事件应急处置、疫情及健康相关因素信息管理、健康危害因素监测与干预、实验室检验检测与评价、健康教育与健康促进、技术管理与应用研究指导等基本职责，是全区疾病防控、卫生检验、健康教育、预防医学科研、技术咨询与服务的中心，也是疾病控制的业务指导、技术考核和专业人员培训中心。

多年来，西城区疾病预防控制中心在上级卫生行政部门和业务主管部门的指导和帮助下，紧紧围绕西城区首都功能核心区发展战略和健康西城总体目标，不仅圆满完成2008年奥运会、国庆60周年庆典、全国两会、党的十八大等重大公共卫生保障任务，也在有效应对甲型 H1N1 流感、人感染高致病性禽流感、埃博拉出血热、中东呼吸综合征疫情以及北京 7·21 暴雨、汶川地震、雅安地震救灾防疫等应急工作中，发挥了重要作用，为全区人民健康和区域经济发展提供了坚定的公共卫生安全保障。

3. **护国寺小吃**

在教场口街中段的路南，有一家护国寺小吃，这可是京城著名的“北京味道”。

护国寺小吃连锁企业以中华老字号“护国寺小吃店”为龙头，由护国寺小吃店、地安门小吃店、西安门小吃店、新城小吃店、护国寺月北小吃店、护国寺北来顺小吃店、护国寺曙光小吃店、护国寺阜桥小吃店等企业组成。

护国寺小吃是北京地方小吃的代表之一，以品种丰富、特色突出、具有深厚的历史文化底蕴而著称。小吃品种包括艾窝窝、驴打滚、豌豆黄、象鼻子糕、馓子麻花、麻团、焦圈、面茶、杂碎汤、豆汁等 80 余种，聚集了京味小吃的精华，深受国内外宾客的赞誉。1999 年春天，护国寺小吃四名厨师赴新加坡参加“春到河畔迎新年”活动，精美的小吃不仅受到新加坡市民的交口称赞，而且新加坡总理吴作栋参加活动后，当即预定了驴打滚 100 个送上国宴，精美的小吃已经登上“大雅之堂”。2004 年 11 月，护国寺小吃派出厨师赴澳门参加“澳门第四届美食节”，精湛的小吃技艺，特色美味的北京小吃，得到了澳门市民的广泛喜爱和称赞。

为进一步展示小吃文化，使中外宾客品尝小吃的风味特色，领略老北京风情，中华老字号护国寺小吃店在继承传统北京小吃的基础上，精心研制，挖掘创新，以其精湛的小吃制作技艺和缜密的宴席设计构思，独家创制了集小吃精品和清真特色美食于一宴的“小吃宴”。

“小吃宴”以品种丰富、宴式别致而著称。席间艾窝窝、驴打滚、豌豆黄、象鼻子糕等风味小吃，选料精细，造型美观，技法多样，蒸、炸、煮、烙俱全，或绵软或酥脆，或咸鲜或香甜，秉承了几百年北京宫廷和民间小吃的精华。同时，“小吃宴”讲究荤素搭配、营养合理，精选了芫爆散丹、红烧牛尾、它似蜜等具有清真饮食特色的宴席菜肴。整套宴席极具北京地方风味特色，且文化底蕴深厚，曾荣获“北京市精品宴席”称号，被京城名人雅士和市民百姓所眷爱，成为京城饮食界的一朵奇葩。

后　　记

经过一年多的工作，《岁阅德胜——德胜街道胡同史话》一书终于完成了。此间经过，难以言表，在此过程中经手的海量的文件和大浪淘沙般的编写，在成书的这一刻，都成为美好的回忆。

此书能够顺利完成，首先要感谢北京市政协、西城区政协、西城区德胜街道工委办事处各级领导的鼎力支持，充分体现了各级领导对德胜文化的重视，对我国传统文化、北京传统文化的重视。书稿编写过程中，无论是人员支持还是采访单位协调，都得到了充分的支持与配合。

其次，要感谢在此书编写、收集资料和采访过程中，遇到的热爱北京文化的同人提供的无私帮助，以及那些用自身的经历和讲述还原一段历史的胡同亲历者和见证者们。

本书站在前人的基础上，以编为主，以撰为辅，在成书过程中，不可避免地引用，特别是成段引述了一些作者、作家的精彩作品，他们每个人的文字都饱含对北京的热爱，是我们在编写过程中的宝贵财富。在引用时，挂一漏万，无论是否注明了出处，在此都表示衷心的感谢！

参考资料

1. 西城区地方志办公室:《北京西城胡同》,方志出版社,2006 年 11 月,第 1 版。

2. 北京市西城区地方志编纂委员会:《北京市西城区志》(1994.1—2010.6),北京出版社,2018 年 2 月,第 1 版。

3. 于永昌:《当代北京胡同史话》,当代中国出版社,2016 年 3 月,第 1 版。

4. 熊梦祥:《析津志辑佚》,北京古籍出版社,1983 年 9 月,第 1 版。

5. 朱一新:《京师坊巷志稿》,北京古籍出版社,1982 年 1 月,第 1 版。

6. 于敏中等:《日下旧闻考》,北京出版社,1983 年 5 月,第 1 版。

7. 张爵:《京师五城坊巷胡同集》,北京古籍出版社,1982 年 1 月,第 1 版。

8. 陈宗蕃:《燕都丛考》,北京古籍出版社,1991 年 4 月,第 1 版。

9. 翁立:《北京的胡同》,北京图书馆出版社,2003 年 4 月,第 1 版。

10. 北京市档案馆编:《北京档案史料》,新华出版社,2004 年 4 月,第 1 版。

11. 王海燕:《弘慈巷:撤了“门脸儿”旧巷变花廊》,《北京日报》,2018年10月18日。

12. 周描坤:《马子恺:让中国文化视觉符号更鲜活》,《中华英才》,2015年12月。

13. [瑞典]喜仁龙:《北京的城墙与城门》,北京联合出版公司,2017年1月,第1版。

14. 首都医科大学附属北京安定医院官网。

15. 孔子学院总部/国家汉办官网。

16. 北京市肛肠医院(北京市二龙路医院)官网。

17. 中电科技国际贸易有限公司官网。

18. 中国工程院官网。

19. 北京机械工业自动化研究所有限公司官网。

20. 陶俊:《中国林业产权交易所生逢其时》,《中国证券报》,2009年11月30日。

21. 北京北广电子集团有限责任公司官网。

22. 吴钧:《宋代养老制度对今天的启示》,《人才资源开发》,2006年2月。

23. 水电水利规划设计总院官网。

24. 中电建建筑集团有限公司官网。

25. 中国石油经济技术研究院官网。

26. 北京市植物保护站官网。

27. 北京首都农业集团有限公司官网。

28. 东来顺官网。

29. 北京市第七中学官网。

30. 中国孔子基金会官网。

31. 北京三帆中学官网。

32. 中华全国工商业联合会美容化妆品业商会官网。

33. 中国电影器材有限责任公司官网。

34. 高旭晨:《中国商会制度的创立》,《环球法律评论》,2002 年第 2 期。

35. 中国交通建设股份有限公司官网。

36. 全国组织机构统一社会信用代码数据服务中心官网。

37. 北京教育学院官网。

38. 华北电力设计院有限公司官网。

39. 北京市地质研究所官网。

40. 北师大二附中(西城实验学校)官网。

41. 电力规划设计总院官网。

42. 高等教育出版社官网。

43. 中国疾病预防控制中心辐射防护与核安全医学所官网。

44. 火箭军总医院官网。

45. 东方地球物理公司官网。

46. 聚德华天控股有限公司官网。

图书在版编目(CIP)数据

岁阅德胜：德胜街道街巷胡同史话 / 政协北京市西城区委员会，《西城区街巷胡同文化丛书》编委会编. - - 北京：中国文史出版社，2021.7

(西城区街巷胡同文化丛书. 第二辑)

ISBN 978 - 7 - 5205 - 2948 - 8

Ⅰ. ①岁… Ⅱ. ①政… ②西… Ⅲ. ①胡同 - 介绍 - 西城区 Ⅳ. ①K921.3

中国版本图书馆 CIP 数据核字(2021)第 078704 号

特约编辑：曾小丹

责任编辑：牟国煜　薛未未

出版发行：**中国文史出版社**

社　　址：北京市海淀区西八里庄路 69 号院　邮编：100142

电　　话：010 - 81136606　81136602　81136603（发行部）

传　　真：010 - 81136655

印　　装：北京新华印刷有限公司

经　　销：全国新华书店

开　　本：720 × 1020　1/16

印　　张：17.5　　彩插：2

字　　数：207 千字

版　　次：2021 年 7 月第 1 版

印　　次：2021 年 7 月第 1 次印刷

定　　价：228.00 元（全 4 册）

西城區街巷胡同

西城区街巷胡同文化丛书（第二辑）

融古融今

金融街街道街巷胡同史话

政协北京市西城区委员会
《西城区街巷胡同文化丛书》编委会 编

中国文史出版社

金融街街道辖区要览
阜成门内大街
邮政大厦
清真普寿寺
中国地质博物馆
砖塔胡同
锦什坊街
太平桥大街
万松老人塔
阜成门南大街
金融大街
全国政协
民国地质调查所旧址
中央办公厅直属礼堂
西四南大街
中国银保监会
阜成门南顺城街
金融街购物中心
齐白石故居
中国证监会
辟才胡同
复兴门北大街
北京协和医院西院
西城区政府
复兴门北顺城街
郑王府
西单大悦城
西单北大街
都城隍庙后殿（寝祠）
君太百货
民丰胡同
中国工艺美术馆
中国人民银行
中国工商银行总行
民族文化宫
复兴门内大街
闹市口大街
西铁匠胡同
清学部
镶红旗满洲都统衙门
李大钊故居
克勤郡王府
京师女子师范学堂旧址
宣武门内大街
复兴门南大街
新文化街
醇亲王府南府
中华圣公会教堂
佟麟阁路
中央音乐学院
新华社发行楼
北京国会旧址
宣武门西大街

金融街街道辖区要览

《西城区街巷胡同文化丛书》征编出版说明

西城区作为北京三千多年的建城地和八百多年的建都地，拥有众多古老的街巷故同和丰富的历史文化资源，是皇城文化、士子文化、民俗文化、宗教文化等各种文化共存的区域。西四北一至八条至今基本保留了元大都建城时的规制，胡同中的四合院也大都具有明清的风格。随着城市建设的发展，为了满足市政道路改造及公用设施建设需要，一些胡同被拆除，建起了楼群，组成连片的居民区，形成了新的街巷。一些胡同被合并，原有的名称消失。街巷胡同不仅是城市脉络、交通道路，也是人们世代生息之所。为了满足各种需要，街巷胡同不会永远不变，所以记录街巷胡同、留存珍贵的历史成为一件十分重要和迫切的事情。我们既要保护好古都风貌，也要利用好古都资源，传播传统文化，传承历史文脉，讲述好西城自己的故事。

2019 年既是中华人民共和国成立 70 周年，也是人民政协成立 70 周年，我们深感有责任也有义务对西城区的街巷胡同进行全面梳理，深刻挖掘每个街巷胡同的文化底蕴，呈现西城区街巷胡同的历史沿革、发展变迁的脉络及中华人民共和国成立以来展现的新面貌。

西城区行政区划内共设15个街道办事处，办事处辖区街巷胡同各具特色、历史悠久、底蕴深厚，如璀璨的明珠闪耀西城。《西城区街巷胡同文化丛书》以一街道一分册的形式呈现，记录辖区内街巷胡同中的院落格局、王公府第、单位机构、市井百业、今昔人物、今日呈现等，将街巷胡同历史脉络、当下风貌和文化特色进行梳理挖掘。这是2010年原西城区和宣武区合并后，首次从建筑、人文等方面全方位立体式地对街巷胡同进行详细调研，以丛书的形式编辑出版，既是对过去和现有街巷胡同文化资源的挖掘、研究，也期望能对未来街巷胡同资源的开发和利用提供借鉴。

本书的编写充分发挥了西城区政协委员的作用，由区政协学习指导和文史资料委员会牵头策划组织，各街道政协委员联组具体承办。区政协和各街道政协委员联组的同志以及聘请的专家学者进行了大量实地调研，跑遍了西城区的大街小巷，参阅了以往的街巷胡同史志记载，寻找和听取一些老居民或其他亲历、亲见、亲闻者的口述，与档案资料对比核实，详细整理，倾注了很多心血。丛书以图文并茂的形式，向读者展示了西城区街巷胡同的往昔神韵、现今风貌和深厚的历史文化内涵。希望发挥区政协文史工作“存史、资政、团结、育人”的功能，服务首都“四个中心”建设。

政协北京市西城区委员会

2019年10月

目　录

前　言

“夫天地者，万物之逆旅也；光阴者，百代之过客也。”在历史的推演、百朝的更迭中，北京城内一条条纵横交错于天地之间的街巷胡同，是光阴的见证者，是时代的记录者，亦是古往今来万千风华的承载者。如若说北京这座城是一棵参天古木，那阡陌交通的胡同便仿佛是这座城的枝与干，时间在不断推移，而它在不断生长。北京城市的建筑好似古木的叶，春会生，秋有落，但将它们串联起来的形形色色、大小长短宽窄各异的街巷胡同，却能穿越时光，恒久充当着城市的脉络，滋养着万千枝叶，沟通南北，联系古今，是京城文化最不可或缺的一部分。金融街街道正是这底蕴深厚的城市脉络中有力而活跃的一条支脉。

金融街街道位于北京市西城区中部，东起西四南大街、西单北大街，西至西二环路，南起宣武门西大街，北至阜成门内大街，辖区面积 3.78 平方公里。街道的发展史，便是京城金融的诞生、发展与不断昌盛的历史。元朝时期，金融街街道区域占据元大都的西南方位，分属金城坊与阜财坊，含有抱金、旺财的寓意。自元之后，历朝历代在此区域兴设当铺、银行等金融贸易机构。仓廪实而私库足是所有人都期望看到的，随着城市的发展，经济体系与金融体系也日渐完善。1993 年 10 月，国务院批复的《北京城市总体规划》中提出：“在西二环阜成门至复兴门一带，建设国家级金融管理中心，集中安排国家级银行总行和非银行金融机构总部。”在国家经济发展和体制转轨的浪潮中，北京金融街顺改革大势应运而生。作为北京市第一个大规模整体定向开发的金融产业功能区，同时也是目前的首都金融主中心，金融街街区内汇集了众多金融机构，现已经发展成为中国的金融决策监管中心、资产管理中心、金融支付结算中心和金融信息中心。

本书以“融古融今”为编撰思路，以街巷胡同为编撰载体，旨在将金融街街道这一拥有悠久文化历史内涵、极富现代风貌、担当重要职能的区域特色，通过四条主线——胡同文化、皇家文化、红色文化以及金融文化进行展示介绍。每一条胡同都不仅仅是简单的道路，更是一位见证者、叙述者。抚摸过一处处参差的墙壁，感受着它带给我们的记忆与年代感，浮想着飘摇在历史长河中的瑰丽诗篇，胡同以它自己的方式将发生在这里的故事娓娓道来。

据此，本书归纳了金融街街道的主要特点，并作为写作的脉络，介绍如下。

位尊第一的胡同文化。大都肇始，即金城千里；坐贾行商，有云集景从。这里的胡同纵横交错间将城市肌理徐徐展现，将文化脉络代代传承。

底蕴深厚的皇家文化。“赫赫京都千百年，钟灵毓秀萃龙渊。

始由金国迁燕地，及至赤都照蓟川。”据郦道元《水经注》“昔周武王封尧后于蓟，今城内西北隅有蓟丘”可知，蓟城是北京城的前身，金融街街道也有许多历史悠久的王府贵地。

深沉庄重的红色文化。从20世纪初叶直到北平解放，这里一直是中国共产党红色火种熊熊燃烧的地方。革命先驱李大钊在这里度过了人生中最重要的十年，鲁迅中学、民国国会旧址也都同样在革命的进程中起着里程碑式的作用。

熠熠生辉的金融文化。这里，是反映了西城区金融发展历史和城区规划变迁的金融街；这里，是映射了北京市经济发展历程与城市变革的金融街；这里，是“代言了中国金融的繁荣，代言了中国经济的腾飞”的金融街。

这本书将从北京胡同的起源和发展、胡同院落建构特征、历史文化变迁、现代社会机构、名人事迹、民生民俗等六个方面，细细为你解读你从前不知道的金融街，带你走进这个既承载了厚重的历史，又紧握新兴经济命脉的经世之地。

本书的出版，要衷心感谢北京市政协、西城区政协各级领导和专家们的筹划与指导，感谢金融街街道各位同人的努力付出，感谢出版社的大力支持，感谢胡同街巷中那些无私奉献、默默无闻，却对这片土地充满感情、为本书提供口述素材的社区工作者和老北京。本书的编写经历多次结构调整，进行了大量的文史资料查阅、多版历史资料核对、反复的现场勘察与访谈等，是对金融街街道一次有意义的回顾和展望，希望它能够将金融街、北京城更全面、系统地展示给国人，展示给世界。

第一章　位尊第一的胡同文化

第一节　城市年轮胡同史话
——金融街区域胡同文化总览

大都肇始，即金城千里；坐贾行商，有云集景从。如今的首都金融主中心——金融街街道胡同众多，物质遗产丰厚，历史悠久，文化底蕴深厚。一处处古巷古建如同区域年轮，镌刻历代名家，载录历史文化；一条条胡同大道如同京城皱纹，展现城市变迁，见证时代更迭。请君移步金融街街道，回溯金融之源头，阅尽人物与沧桑。

1. 铭记城市变迁

据郦道元《水经注》“昔周武王封尧后于蓟，今城内西北隅有蓟丘”可知，蓟城是北京城的前身。据研究，2020 年为北京城建城第三千零六十五年。三千余年间，辽金时期是北京城发展史上重要的过渡时期，在此时期，辽南京城与金中都从华北地区的北方门户逐渐发展为封建王朝的统治中心。

到元代，元大都在金中都的东北郊外选择新址，城内划分五十余坊，打破自汉唐以来的封闭式坊制，得使楼肆遍街，达到空前繁荣。在五十余坊中，阜财坊与金城坊为权贵专区，再加上咸宜坊，一并形成了商肆、钱庄和王府大道遍地的如今的金融街区域雏形。大都九经之一的锦什坊街就在金融街街区内，而位于咸宜坊的西四更是元大都主要集市之一。权贵之地，商肆方兴，继而戏班、乐户和勾栏在其时尚未得名的口袋底胡同、钱串胡同等胡同渐渐喧哗起来。在元代李好古的杂剧《张生煮海》中，第一条得名的胡同——砖塔胡同诞生了："你去那羊市角头砖塔胡同总铺门前来寻我。"

明代废元大都北垣，南扩二里构筑新垣，将新文化街区域收入城中，属阜财坊。其中闹市口南街、石驸马大街的名称延续到清代。而旧垣则在自然的消亡中化作岗丘，与民舍同存，衍生出上岗胡同与下岗胡同。

在明朝建宫时，宫外有五大厂加工不同的材料，后发展成巷，如打磨厂胡同。而劈柴胡同则是因临近皇家大木厂的劈柴集市而形成的。此外，皇家的驯饲象房造就了象房桥、象来街、象牙胡同，这些胡同在明代繁盛起来，一直持续到清代。

京城街巷发展与水系变化直接关联。今赵登禹路为金水河流经的北沟沿；今西斜街等斜街由明代河水干涸，填淤而成；今佟麟阁路原是因金水河上游在明代淤积而形成的河槽南沟沿；相似的，西太平街原为金中都北护城河道，明清河道干涸，形成街巷。百年间，在西太平街带动下，其周边生发出条条新胡同，格局愈发复杂。

入清以后，三坊分归镶红旗和镶蓝旗所属，原金城坊中的锦什坊街便是源于“金城”的谐音。清代一些隶属皇室的建筑——王府、衙署、机构、厂房等均促进并带动了周边胡同的进一步发展，如头发胡同、大院胡同等。清代的商肆名街如闹市口、羊肉胡同、南千章胡同和西四等进一步发展，酒肆歌舞之巷的格局和规模也更加成熟。

直至清末，西四已发展得非常繁华。相应地，清末的金融街区域内胡同的数量也达到高峰，区域内的胡同格局终于成熟。

2. 记录昔日市井

明清时期的京城流传着这样一句描述繁华市井的话：“东四西四鼓楼前。”西四牌楼一带的街道早在元代时已形成，从明代开始逐渐繁荣。直到清末，各行各业都来此摆摊开张：有肉市、菜市、缸瓦市、水产市等众多集市种类，西四终于发展成为空前繁华的商业区。

西四的繁华带动了诸多胡同。元明清时期，西四附近的羊肉胡同是羊与羊肉的交易市场，同样也是热闹的商街。在《故都文物略》中记载京师人“饮食习惯，以羊为主”，由此可见羊肉交易是北京人日常交易的重要的一部分。也正因如此，羊肉胡同的名称得以自明代一直流传至今。

闹市口是西城地区的商业中心。老话说“东富西贵”，闹市口主要是为了满足京城西南权贵的消费需求。民国至中华人民共和国成立后一段时期，闹市口更是人口密集之所，百货俱全，热闹非凡，其繁华程度仅次于东四、西四。

砖塔胡同在元大都时期归属咸宜坊，砖塔胡同区域作为京城戏曲活动的中心是北京城最热闹的地方之一。然而，由于明代在东城设立了教坊司专管音乐、戏曲等事务，砖塔胡同一带便失去了往日的喧嚣热闹。到清代，该区域更是被划入镶红旗地界做汉军排枪队的营地。好在不久后，这里又恢复了元代“歌吹之林”的面貌，再度曲家聚集。

大院胡同一带自古亦为戏院、妓院等声色场所聚集的娱乐区，而同样声色聚集的胡同还有粉子胡同。早在元代，粉子胡同一带即是当时达官富贾寻欢作乐的场所。这些勾栏聚集的胡同与商肆大道在昔日共同发展，而昔日的市井繁华终究化作一抹绮丽的底色，在如今宁静的胡同中，默默铭记着曾经的鼎沸人声。

3. 载录历史人物

以名为念，金融街的胡同记录着历史上诸多的人物和他们不平凡的人生轨迹，如有四个因功臣侯爵宅邸而命名的街巷：明武定侯郭英之后裔府第所在的武定侯街、明广宁伯刘荣府邸所在的广宁伯街、明丰城侯李彬旧居所在的丰盛胡同和康熙之子贝勒允祎府第所在的王府仓胡同。

武定侯街位于北京市西城区复兴门大街以北、阜成门内大街以南，因武定侯郭英之后裔府第在此而得名武定侯胡同。《京师坊巷志稿》记载：“武定侯胡同，定或作安。《明史·功臣世表》：武定侯郭英，洪武十七年封。”直至1965年，其东侧的扁担胡同并入，统一定名武定胡同。1990—2003年，道路拓宽改造，更名武定侯街。

广宁伯街位于复兴门大街以北，据《京师坊巷志稿》记载：“《明史·功臣世表》：广宁伯刘荣，永乐十九年七月封，追进侯，其故居当在此。”广宁伯封爵要回溯到明永乐十七年，倭寇入侵辽东沿海，刘荣击溃倭寇。捷报传至京城，朱棣大喜，封刘荣为广宁伯，赐予宅第，广宁伯街因此得名。

丰盛胡同在明代被称为丰城侯胡同。丰城侯李彬在靖难之役随朱棣南下，转战有功，于永乐元年获封丰城侯。丰城侯府所在之巷被称为丰城侯胡同，清初讹称丰盛胡同。自元、明起，丰盛胡同就一直是官宦们居住的地区。明清两朝，达官贵人更是为了方便皇帝的召见，聚居在皇城西边，故而丰盛胡同当之无愧地成为京城权贵聚集区。

王府仓胡同位于阜成门内大街以南、武定侯街以北，明代得名，流传至今，且胡同走向格局均不曾改。据记载，清朝雍正时期，康熙之子贝勒允祎的府第在此，其后子孙三代均居住于此，故有“王府仓”之名。此外，王府仓胡同29号（原16号）还曾作为中国共产党主要创始人之一张申府先生的居住地。

金融街区域可以说是人杰地灵之宝地，曾有大量的名人与这片土地结缘。其中有曾住手帕胡同的龚自珍；成长在丰盛胡同的作家冯牧；兴办女师大临时校舍的鲁迅先生；把柳树井胡同的家作为革命秘密联络场所的李苦禅；石驸马后宅是爱国国画大师黄宾虹的寓所；文昌胡同有老舍旧居……这些名人与胡同结下不解之缘，他们的府邸记录了这座城市的历史，这些胡同保存了中华民族曲折前进道路上的光辉与感动。

4. 书写时代沧桑

岁月流逝，物换星移，王府、故居见证朝代风云更迭，衙署、学府载录历史潮起潮落。

时间回到1850年，道光皇帝第七子奕譞封醇亲王，征用原荣王府为醇亲王府。据《道咸以来朝野杂记》记载："京师园林，以各府为胜，如太平湖之旧醇王府……"王府花园利用天然地理优势，引水入园，建有亭榭船坞等园林建筑，园林艺术造诣高超，不可多得。然而，一百年间沧海桑田，20世纪50年代初，百废待兴，太平湖水已近干涸，杂草丛生，一片荒野，王府花园已被新建建筑所替代。现如今，王府周边的传统建筑渐已消失，但好在整体院落格局基本保存，使得这座经历百年风云的古老王府依旧不断彰显着它的独特魅力。

顺承郡王府于清顺治初年建府，王府第一位主人勒克德浑是清太祖努尔哈赤的曾孙。其祖父代善协助太祖创建基业，以军功封礼亲王，世袭罔替，为八大铁帽子王之首。光绪七年，顺承郡王经十世十五传，最后由讷勒赫袭封顺承郡王。民国六年，晚清最后一位顺承郡王讷勒赫去世，其后代因家境窘迫将王府卖给了入居北京的张作霖，成为大元帅府。1949 年以后，顺承郡王府成为全国政协常设机构办公地点。直至 1993 年，王府被迁建至北京市朝阳区朝阳公园东南隅，在另一片天空下诉说着曾经的沧桑风云。

大木仓胡同内的郑亲王府，建于清顺治年间。原为明永乐年间姚少师广孝赐第，因其战功卓著，力求巍峨而超了王府规制，遂成为清代四大王府之一。乾隆十三年，德济承继王府。他着力于园林建设，使“惠园”成为北京所有王府花园之冠，极负盛名。民国后，王府抵押给西什库教堂，又在 1925 年复赁给中国大学为校舍。现如今，郑王府原王府东路保存尚好，西路仅存一座院落，整个王府建筑群为国家教育部所在地，作为北京市重点保护文物，为人们讲述着跌宕起伏的史事。

克勤郡王府位于新文化街 53 号。第一代克勤郡王岳托是清太祖努尔哈赤之孙，战功卓著，被追封为克勤郡王。辛亥革命后，末代克勤郡王晏森将王府卖给熊希龄。而熊希龄曾在王府中一度办学立局，直至 1932 年，熊希龄和夫人将王府捐给中国人民救济会北京分会开办教育和福利事业。2003 年底，几经变迁的王府进行了大规模修缮，恢复昔日风貌。如今，王府归北京实验二小使用，作为校园教学及办公用房，是国家重点文物保护单位。克勤郡王府见证了清王朝由鼎盛而至衰亡的历史进程，参与了近代中国的伟大事业，承载了极其丰富的历史文化信息。

历代政务机构亦在胡同中留下了时代记号：兵马司胡同源于明代负责治安的西城兵马司衙署；如今民康胡同即为旧时因巡捕

厅而得名的巡捕厅胡同；按院胡同的由来可追溯至明代巡按察院衙署；而在清朝改称的学院胡同前身是明代提学察院衙署所在的提学察院胡同。这些对历史文化有着高度参与度的胡同仍保留着原先的名称，不仅记载了一段往事，更成为印证时代变化的人文地理之树的年轮。

为了更详尽地展示街道胡同文化，方便读者阅读理解，本书将金融街街道划分为四个区域进行介绍。

砖塔胡同区域

砖塔胡同区域位于金融街街道的东北侧，北临阜内大街，东临西四南大街，西侧为太平桥大街，南侧为丰盛胡同。以西四牌楼为基准，区域内阜成门内大街以南、西四牌楼以西的片区是北京历史最为悠久的区域。区域内有上文提到的羊肉胡同、大院胡同、兵马司胡同等若干有着深厚历史渊源的胡同，其中最出名的还属砖塔胡同。砖塔胡同得名于纪念金元间著名佛教大师万松老人圆寂的万松老人塔。历史上，砖塔胡同区域可谓市井纷华，俯拾人物，巷有不凡人家。

新文化街区域

新文化街区域最早可溯源至辽南京城与金中都的东北角。明代城墙南扩，将新文化街区域收入城中，属阜财坊。前身是石驸马大街的新文化街可谓是底蕴深厚的名巷。新文化街不仅沿道分布多个国家级、北京市级文物建筑，而且其声名早已与鲁迅先生紧紧联系在了一起——鲁迅先生笔下的刘和珍当年就是由此出发和其他女师大学生向段祺瑞政府请愿的。如今新文化街连同区域内的佟麟阁路、头发胡同、文华胡同、闹市口大街、鲍家街等街巷沿途均分布有众多名校、机关，共同构成了历史底蕴丰厚、如今书声琅琅的百年文化街区。

金融大街区域

金融大街区域位于金融街街道的西北侧，在阜成门以南、复兴门以北、二环路以东、太平桥大街以西，元代属金城坊。从元代到清代初期，此地遍布银号、金坊，商贾富豪在此发迹生财。从武定侯街、广宁伯街、王府仓胡同这些胡同名字中就不难看出此地皇亲国戚尤多，更有因衙署得名或改名后保留至今的学院胡同、民康胡同等历史街巷。嘉靖《京师五城坊巷胡同集》中，“金城坊”条目下收有“金城坊街”。入清后，“金城”谐音作“锦什”，造就了如今的锦什坊街。元大都九经之一的锦什坊街所覆盖的区域是繁华的商业区和金融中心，亦是如今各大银行、金融公司和政府机构遍布的金融街“金融”背景的历史源头。

宏庙胡同与二龙路区域

宏庙胡同与二龙路区域在元、明时期横跨咸宜坊与阜财坊，北临丰盛胡同，南至复兴门内大街，西以太平桥大街为界，东接西单北大街。区域内胡同的来源复杂多样：著名的西斜街和二龙路都与城市水系相关；大木仓胡同则因皇室的打磨工厂得名；大量娱乐的声色场所也进一步造就了粉子胡同和前英子胡同……区域内道路和建筑在各个时代持续发展，学校越来越多，教育与文化氛围愈发浓厚，即便是宏庙胡同中的清代义塾也发展成宏庙小学，与胡同一起保留了下来。如今，在丰盛胡同、南千章胡同与辟才胡同为主的区域内建有重要政务、金融机构，也建有大量文教建筑和现代化小区。区域内基础设施完善，社区景观优美整洁，是金融街街道一处文教兴盛的和谐宜居区。

巷道中，试寻木石塔庙，王府名居，不朽百年古迹；胡同里，阅尽朝代更迭，人物沉浮，过往水月镜花。

院落间，细赏古木青瓦，炊烟依旧，往事一一铭记；大道旁，还看大厦林立，阡陌净美，如今金融风华。

第二节　北京历史上第一条胡同
——砖塔胡同及周边区域

1. 皁内南、西四西

1.1　古韵尚存——老城内的风貌协调区

砖塔胡同区域位于金融街街道的东北侧，北临阜内大街，东临西四南大街，西侧为太平桥大街，南侧为丰盛胡同。整个区域面积约0.43平方公里。因该区域与北京历史上知名的阜内大街和西四牌楼最为临近，故本书以“阜内南、西四西”的称谓概括其位置特征。以西四牌楼为基准，区域内阜成门内大街以南、西四牌楼以西的片区是北京历史最长的胡同区域，其北侧紧邻西四历史文化精华区。区域内有多条历史悠久的胡同街巷，如北京最早的胡同——砖塔胡同；有与市井生活息息相关的羊肉胡同、大院胡同；有与历史机构相关的兵马司胡同；以及留题迹胡同、能仁胡同、小院胡同、三道栅栏胡同等规模虽小但年代久远的胡同。

胡同内虽夹杂着不同类型的现代建筑，但仍不乏具有历史风貌特色的平房、四合院等历史建筑。正因如此，该片区域在北京老城保护规划中被划定为历史风貌协调区。

1.2 勾栏聚集——元明清时期

在元大都时期，这一区域归属咸宜坊。元、明、清三代，以砖塔胡同为代表的周边地区作为京城戏曲活动的中心，是北京城最热闹的地方之一。元代，杂剧在京城非常流行，当时演杂剧的戏院叫作勾栏，勾栏内有戏台、戏房、神楼和腰棚，大的勾栏甚至可容纳数千人同时观戏。这个时期的砖塔胡同及附近的口袋底胡同、钱串胡同、玉带胡同有戏班、乐户和勾栏不下二三十家，终日锣鼓喧天。到了明代，在东城的本司胡同和演乐胡同等处设立了教坊司，专门管理音乐、戏曲等事务。这一带便失去了往日的喧嚣热闹。而到清代，该区域被划入镶红旗地界，砖塔胡同被当作神机营所辖右翼汉军排枪队的营地。好在过了不久，这里又恢复了元代“歌吹之林”的面貌，再度成为曲家聚集之地。

1.3 区域地标——西四牌楼

西四是北京的一处地名，原称西四牌楼，始于元代，因原先此地十字路口的东西南北各有一座木质牌楼而得名。西四的牌楼始建于明永乐年间，与东四牌楼成对称之势。南北路口的牌楼上书“大市街”，东路口的牌楼上书“行仁”，西路口的牌楼上书“履义”。在明朝，这里也叫西市，曾被用作处决死囚的刑场。中华人民共和国成立后将牌楼拆除，遂简称西四。从地名上就可获知，西四牌楼一带系著名的繁华地区。如西四以东的骡马市大街在元、明、清三代为骡马的交易市场，民国后至解放初期为水产品市场。1965 年将其北侧的阴凉胡同、北褡裢胡同、炭厂胡同和南侧的南褡裢胡同、财神庙并入，更名为西四东大街。

民国时期的西四牌楼

西四牌楼一带的街道早在元代时已形成，在《析津志辑佚》上有明确记载，在元人所写的《大都赋》上亦有记述。清末西四已经发展得非常繁华，各行各业都来这里摆摊开店，有肉市、菜市、缸瓦市等众多集市，人声鼎沸。

从明代起，西四牌楼及周边地带便成为买卖频繁的商业街，并逐渐开始繁荣。据《定例汇编》记载，乾隆三十年“京城为辇毂重地，商贾云集”，可知清乾隆、嘉庆年间北京的商业经济已十分兴隆。在此鼎盛时期，马市、羊市、缸瓦市、猪市等种类的集市，均已出现在西四牌楼。其原因之一是当时的主要交通工具是驴和马，而猪、羊又是城市老百姓生活必备食材。西四牌楼南通西单牌楼、宣武门，北可达新街口，西至阜成门，车马行人众多，交通方便，促进了西四牌楼一带商业兴旺，是西四牌楼一带买卖兴隆的另一个重要原因。此外，北京官民烧煤由京西门头沟一带煤矿供应，而明清时期的阜成门大街到西四牌楼便是运煤骆驼队的必经之路，他们在西四牌楼一带打尖（休息喝水吃饭），购买物品。因此，西四牌楼一带的商业繁荣也受到了运煤骆驼队不可忽视的影响。

2. 北京历史上第一条胡同——砖塔胡同

2.1 历史变迁

砖塔胡同位于金融街区域的东北角，东临西四南大街，西接太平桥大街，临近西四，长约800米，宽约4米，以其东口的“万松老人塔”而得名。元朝李好古的《张生煮海》杂剧中有一句话：“你去那羊市角头砖塔胡同总铺门前来寻我。”这说明元大都城里已有砖塔胡同。

“砖塔胡同”的名称自元代流传至今，是北京得名最早的胡同。当时出现过29条胡同，但只有一条胡同有文字记载，即砖塔胡同。因此，研究北京历史的专家都认为：砖塔胡同就是北京胡同的“根”。有着700多年历史的砖塔胡同蕴含着众多的文人逸事，也见证了鲁迅、张恨水的一段笔耕生涯，两位文学巨匠的故居即坐落其中。

砖塔胡同东口，有一座青砖古塔，这座塔是元代名臣耶律楚材的老师、金元时代的高僧万松老人的葬骨塔，砖塔胡同因这座塔而得名。砖塔胡同的东口是西四南大街，西口是太平桥大街。与砖塔胡同首尾一致，并且平行的胡同，南侧是兵马司胡同、丰盛胡同、辟才胡同，北侧是羊肉胡同，再北则是阜成门内大街。

元、明、清时期的砖塔胡同作为戏曲活动的中心，是北京城最热闹的地方之一。元代杂剧在京城非常流行，相传元代著名剧作家关汉卿便是在这条胡同里长期居住并写下《窦娥冤》。当时把演杂剧的戏院叫作“勾栏”，勾栏内有戏台、戏房、神楼和腰棚，大的勾栏可容纳数千人观戏，台上锣鼓喧天，台下欢呼喝彩。

“闾阎扑地，歌吹沸天。金张少年，联骑结驷，挥金如土，殆不下汴京之瓦子勾栏也。”直至八国联军入侵北京，戏班、乐户纷纷逃走他乡，从此砖塔胡同渐渐变成了居民区，喧嚣过后，归于宁静。

2.2 万松老人塔

万松老人即万松行秀禅师，自称万松野老。金代河内（今黄河以北）人。出家于荆州，是金元间著名的佛教大师（属佛教支派曹洞宗），15 岁在荆州出家，受戒后云游天下，寻师访友，参究禅宗修行之道。

据《五灯严统》本传：行秀对诸子百家之学无不会通，对《华严经》下的功夫最多。他精通曹洞宗的禅说，又长于机辩，同时又深通儒家经典，年轻时即声名赫赫。金章宗于明昌四年（1193 年）召见他，询问佛道，并赐赠锦绮大僧衣一件；承安二年（1197 年）又下诏万松行秀住燕京西郊仰山的栖隐寺，直到他 81 岁圆寂。其名声因当时的蒙古书令耶律楚材师事之而益彰。

万松老人著作有《从容录》《清益后录》《万寿语录》等。在耶律楚材向老人参学的三年间，万松老人曾语“以儒治国，以佛治心”。而后耶律楚材在元太宗任中书令（相当于宰相）后，推行了老人的治理主张。

万松老人圆寂后，后人为纪念他而在此地修建墓塔。塔南侧嵌有一方纪事石刻，上书“清乾隆十八年岁次癸酉谷旦康亲王永恩奉敕重修”。民国初年，万松老人塔荒芜日久，塔顶已生杂草。直到1927年，北洋政府交通总长叶恭绰等人组成“万松精舍”，筹资整修，并加筑了围墙和门楼，门楼上石额书“元万松老人塔”，并托其附近的广济寺代为照看。1986年西城区政府出资重修，施工中发现了清乾隆十八年（1753年）重修时裹砌其内的元塔。

万松老人塔

万松老人塔原为八角七级密檐式砖塔。清乾隆十八年（1753年）重修时加高至九级。该塔是北京城区内仅存的一座砖塔，现已公布为西城区文物保护单位。

2.3 古刹护国关帝庙

古刹护国关帝庙坐落在砖塔胡同中段路南，整体保留完整，山门基本保持原样，上面写有“护国关帝庙”字样。根据王铭珍先生所写的《砖塔胡同关帝庙》介绍，该庙“山门坐南朝北，俗称倒座关帝庙。中轴线上依次为山门、后殿、前殿，还有东西配

古刹护国关帝庙

殿和方丈院，山门一间，左右各两间配房，门额为‘古刹护国关帝庙’。前殿三间，殿顶为灰筒瓦，瓦当上有龙形图纹；后殿三间，殿顶为灰筒瓦，瓦当上有龙图纹；东西配殿各三间，还有一小院，为方丈院，有水池、假山石等”。

北平市政府在1936年寺庙调查中对关帝庙的记录为：“关帝庙（僧庙）坐落内四区砖塔胡同76号院（今为68号），建立年代不详，属私建。不动产房基地一亩八分六厘四毫，房屋三十三间，附属荒地一亩八分六厘六毫（约1244平方米）。管理使用情况为供佛，自住出租。庙内法器有佛像一尊，神像六尊，礼器九件，法器七件，另有槐树一棵。”

2.4　鲁迅先生的故居

鲁迅自1912年5月因在教育部任职而来到北平，其间搬迁居住过四处宅邸。早时住在南半截胡同的绍兴会馆，后与家人迁入八道湾胡同的新宅。1923年，鲁迅与兄弟周作人失和，于当年8月2日偕妻子朱安暂时迁至砖塔胡同61号居住。

砖塔胡同61号是一个很小的院落。据记载，其中北房三间为鲁迅全家的居所。与八道湾宽敞明净的幽雅环境相比，此处条件十分简陋。此时鲁迅的境况可谓贫病交加，情绪低沉。在那段年月中，鲁迅的工作十分忙碌：他在砖塔胡同居住的九个多月里，校勘了《嵇康集》，编定了《中国小说史略》下卷，并连续创作了小说名篇《祝福》《在酒楼上》《幸福的家庭》和《肥皂》等。其间，鲁迅先生还四处奔波，试图寻觅一处较好的住房。1924 年 5 月 25 日，他与朱安终得以迁居阜成门内西三条（今鲁迅纪念馆），就此离开砖塔胡同。

2.5 张恨水先生最后的宅邸

张恨水 1919 年初到北京，先后在怀宁会馆、潜山会馆、门框胡同居住过。1946 年，张恨水先生购置了位于当时北河沿的四合院，全家居住其中。在此期间，他勤奋写作，产量颇高。1949 年先生突发脑溢血，送至阜成门内的人民医院医治，而这场大病导致张恨水先生的家庭生活陷入危机。1951 年，他卖掉北河沿的宅院，搬至砖塔胡同 95 号。

张恨水从 20 世纪 50 年代到 1967 年一直居住在砖塔胡同 43 号的一处小四合院（如今的 95 号）。院子面积不大，布置规整：三间北房，中间是客厅兼饭厅，西屋是卧室，东屋是先生的书房兼卧室。院里还有南房三间、东西厢房各两间，是其他家人所住的地方。此后，随着张恨水身体状况的慢慢恢复，他又恢复了写作，陆续发表了十几部中、长篇小说。《梁山伯与祝英台》《白蛇传》等均写于此地。直至 1967 年 2 月 15 日早晨，他突然仰身倒下，在这间屋子里走完了自己的人生。

张恨水先生最大的特点是一个“多”字。第一是文字量多，张恨水一生发表文字3000余万。假设他在72岁的一生中不间断地写作了50年，那么每天至少要写出1600字以上，且不说这50年中曾经发生过多少次社会动荡与战乱，也不管他本人是否还要吃饭、睡觉、旅行甚至生病等等，即使仅把3000万字抄写一遍，也并非一件轻松的事情。第二是发行量多，比如他的《啼笑因缘》至少出过20余版。第三是在同一时间内写作的小说种类最多。比如1928年竟同时有《春明外史》《春明新史》《金粉世家》《青春之花》《天上人间》《剑胆琴心》6部长篇小说在不同的报刊上连载，6部小说的人物、情节、进程各不相同，展现了先生超群出众的写作才能。

2.6 “和平老人”邵力子先生故居

邵力子先生有着“和平老人”之称。1943—1946年，邵先生在担任国民参政会秘书长期间，为促进国共合作付出了艰辛的努力。抗战胜利后，他与张群、王世杰等国民党代表同周恩来、王若飞等中共代表谈判，双方签订了会议纪要，达成《双十协议》。此外，他还是国共和谈的国民党代表主要成员之一。中华人民共和国成立后，邵先生被安置在砖塔胡同63号院，1954年邵先生迁至东四五条20号院。

2.7 顾太清的砖塔前缘

顾太清，清末著名女词人，满族镶蓝旗西林觉罗氏族人，幼名春，故初名西林春。始祖屯泰，明末率丁壮投奔太祖努尔哈赤，受职牛录额真。二代先祖图们，与明军作战时身亡，追授备卿。图们市及图们江以其二代先祖命名。三代先祖图彦图，曾任户部理事。四代先祖鄂拜，曾任清国子监祭酒。五代先祖（曾祖父）鄂善，官居笔帖式。先祖族中的鄂尔泰在雍正朝为大学士，入祀贤良祠。祖父鄂昌曾任陕西巡抚，因与文字狱罪臣胡中有诗文唱和，株连获罪被赐死。鄂尔泰的灵位也从贤良祠撤出。从此西林觉罗氏降为罪臣贱民。西林春之父鄂峰，沦为游幕为生的败落文人，携家移居北京西郊香山下的健锐营中。

西林春幼承家学，博览群书，尤善诗词吟咏，为一代才女。后入贝勒奕绘府担任家庭教师，与文采上好的奕绘一见钟情，互生爱意。道光四年（1824 年），西林春托称顾氏之女，嫁入贝勒府，成为奕绘侧福晋。后因福晋去世，顾太清以侧室行正室之政，因此埋下祸根。贝勒奕绘的离世，使作为侧福晋的顾太清被驱逐，带着简单的行李，领着两个年幼的孩子，在道光十八年十月二十八日搬至砖塔胡同居住。

3. 西市中的“羊市角头”——羊肉胡同

3.1 羊肉胡同历史变迁

羊肉胡同位于金融街街道东北部，东西走向。东起西四南大街，西至太平桥大街，北侧为阜成门内大街，南侧为砖塔胡同。全长 820 米，均宽 6 米。胡同内及周边分布有中国自然资源部、中国地质博物馆、地质礼堂等机构。

历史上老北京曾有多条羊肉胡同，最有名的、历史最悠久的当属位于西四南大街路西的这条羊肉胡同。胡同的格局形成于元

羊肉胡同旧照（1957 年）

代，明代始称羊肉胡同，其北侧为乾隆年间的羊市大街，在元、明、清三朝，羊市大街为羊的交易场所。昔日，羊市大街南侧紧邻街巷，羊的交易市场和羊肉铺紧密相连，聚集了很多羊肉铺，遂名羊肉胡同。北京与羊有关的地名甚多，羊肉胡同就有五条，此外尚有羊圈胡同、羊毛胡同、羊尾巴胡同、羊房胡同等等。《故都文物略》谓，京师人“饮食习惯，以羊为主，豕佐之，鱼又次焉”。京城百姓以羊肉为主的生活习惯正解释了诸多胡同名称的缘由。

明朝张爵著《京师五城坊巷胡同集》载：“咸宜坊二牌十铺羊肉胡同四牌楼西南马市桥东南阜成门街南。”那时西四一带曾有米市、面市、马市、羊市等市场，此处胡同经营羊肉的店铺较多，故得此名。从明代以来，羊肉胡同的名称一直没有改变，至今已有四五百年的历史。此外，胡同内还保留着担任溥仪老师的清末状元陆润庠故居与书法家冯公度故居。

3.2 谭家菜与和芳苑

在羊肉胡同西段路北 77 号，有一座独具历史内涵的四合院。这座四合院，就是如今名震全国的谭家菜的开山鼻祖——清末同光时期的榜眼、翰林院编修谭宗浚的旧宅院。在北京饭店七楼的谭家菜专营餐厅和谭府大酒楼的大堂口也均将羊肉胡同 77 号院的广亮大门照片陈列在显要位置，并写明这是谭家菜发源地、开山祖师爷谭宗浚在京的故宅大门。谭家菜最后一代的掌门人、北京饭店厨师长彭长海的儿子彭子义先生回忆其父亲时讲述道：同治十三年（1874 年），甲戌科谭宗浚高中一甲第二名榜眼并出任翰林院编修，同年，谭家就以这座四合院为宅，在京城定居下来。

羊肉胡同 77 号旧谭宅临街门

旧谭宅的临街门系广亮大门。此门面阔一间，合瓦清水脊，采用六柱五步架的最高等建制。门设有垂带踏跺，门两侧有上马石。门板立在中柱的位置上，使得门的前庑与后庑均显得宽广高亮，故有广亮大门之称。大门两边门柱下与门枕石板通连的两个圆形抱鼓石门墩是谭宗浚初建此宅时的原物，显得尤为珍贵。抱鼓石上方顶层雕有浅刻狮头而将狮身隐于大鼓中的狮子。第二层两侧的圆形鼓子雕成大鼓形，下边的荷叶中心作三角形下垂，上边两侧翻卷做成细长的腰鼓形状。腰鼓下方是石须弥座，这三层连为一气，形成一个整体。鼓子的中心刻有两只梅花鹿徜徉在梅花树之下的浅浮雕图案，称“梅鹿富贵”。在影壁院北侧西墙正

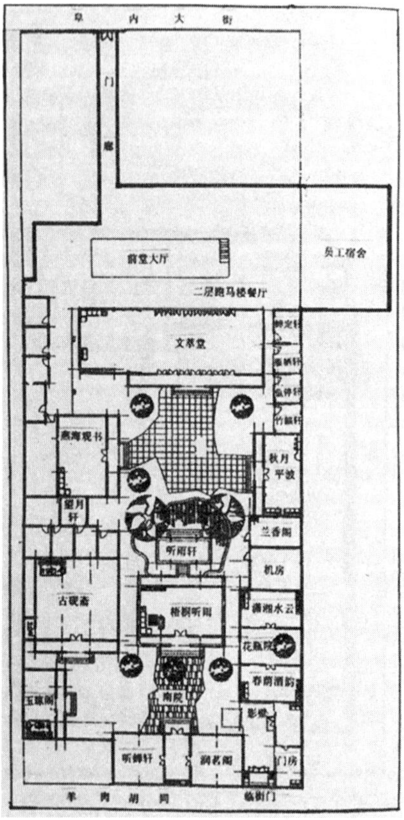

谭宗浚故居与和芳苑平面图

中，与临街门西墙平行的砖墙上开有一个江南风格的月亮门。在月亮门后西边，紧贴着一座面向西开的垂花门。

谭宗浚故居的范围包括羊肉胡同77号院和79号院。79号院位于77号院东南一隅，范围极小，按北京四合院规制，原先它应与77号院同属一宅，均属于谭府。79号院是谭家把此院售与他人后才单独分出。如今，79号院依然独立，位处和芳苑。77号院从20世纪20年代末从阎锡山处再次易手。

向西进入这座后增建的垂花门，便来到了和芳苑的“南院”。这是一座由处于影壁延长线上的东西隔墙与四合院第一进院落北房及东西厢房直接围成的一个大院落。

南院的东面是一条南北走向的抄手游廊。游廊后面东侧，是因其院门形似花瓶而得名的“花瓶院”。院内空间虽很狭小，但在院东靠外墙处却长有一棵高达数丈、径近一米的参天古椿树，浓荫蔽日，凉爽宜人。院内南、北现为分别唤作“春荫酒韵”和

“潇湘水云”的两处雅座包房。

南院的西面又是一座垂花门院。院西正对垂花门的是坐西向东三间现名“玉琼阁”的筵宴包房。院北是坐北面南大正方形的“古砚斋”。它本是和芳苑主人和芝圃先生在美国的画室之名，移来此处做了整个和芳苑最大的酒宴包房之名。南院南侧是面阔三间、左右相对的宴客包房“润茗阁”与“听蝉轩”。

大约在20世纪20年代中后期，谭瑑青为举宴而卖掉了羊肉胡同77号院旧谭宅，全家迁到了米市大街19号原广东南海会馆。不久，羊肉胡同77号院这座谭府旧宅，就由山西军阀阎锡山居住。阎锡山离开北京后，此宅又数度易手。新中国成立后，又分给几家单位先后使用。

2003年，由从北京旅居美国的著名国画家和芝圃先生出资，将原为谭宗浚旧宅南向开门的羊肉胡同77号院和处于谭宅北面、在阜内大街162号向北开门的两处院落以购买、租借等多种形式整合在一起，到2006年改建成了一处主打谭家菜的北京传统四合院花园式餐馆会所，并以自己的和姓打头，取名为和芳苑，正式对外营业。

3.3 陆润庠与冯公度故居

羊肉胡同73号、75号曾为陆润庠、冯公度故居，此宅院旧时坐北朝南，大门外有影壁、上马石、拴马桩和石狮。院落五进，可谓一座大宅门。宅院东部前为花园，中为祠堂，后为菜地，西北角是马号。原有房屋130余间，现大门已拆除，花园、菜地、马号均已建房，唯有祠堂院仍较好保存旧貌，院里现在有

羊肉胡同73号院

一棵百年以上的凌霄花，每年的夏、秋季节凌霄花仍旧花繁叶茂，尚可供凭吊者捕捉昔日辉煌之影。

冯恕，字公度，号华农，因购得乾隆“自得图”匾而自称自得图主人，原籍浙江慈溪，寄籍河北大兴。1920年，冯恕先生收购此宅，一直居住到1948年去世。此宅院原主人是清同治年间状元、吏部尚书、东阁大学士、末代皇帝溥仪的老师陆润庠。坊间流传着冯恕先生购买此宅院的逸事：先生购买宅院时，特请风水先生来测看。风水先生说此宅院不生财，但会多子多孙。而后果不其然，冯恕先生一生先后续弦三房夫人，共有八个子女，四男四女，现子孙近百人之多，人丁兴旺，子孙满堂。

羊肉胡同75号

3.4　民盟北京机关故地

羊肉胡同63号，位于羊肉胡同西段。这里曾是民盟北京市委机关所在地。小院闹中取静，是一个典型标准的老北京三进四合院。院内有长廊、假山、花草树木。北屋三间在三步台阶之上，左右厢房东西对称，十字甬道干净分明，另外还有耳房和影壁墙，一对金黄色的门环镶在朱红色的大门上，非常气派。大门此开彼关，外面热闹非凡，五彩缤纷，里面安静幽雅，步入其间，令人感觉庭院深深，幽静而温馨。

民盟，即中国民主同盟，是以中上层知识分子为主的、具有政治联盟特点的、致力于社会主义事业的政党，是与我国执政党中国共产党通力合作的一个参政党。1941年3月19日建立于重庆，当时的名称是“中国民主政团同盟”。

新中国成立后，民盟接受中国共产党的领导，以中国人民政治协商会议通过的《共同纲领》作为自己的政治纲领，积极参加人民政权工作和国家事务管理，推动盟员和民盟联系的知识分子学习马克思列宁主义、毛泽东思想，积极为社会主义建设事业服务。1956年2月，民盟召开第二次全国代表大会，提出“一切为了社会主义”的口号。为贯彻“长

羊肉胡同63号院内景

期共存，互相监督”“百花齐放，百家争鸣”的方针，民盟积极发挥作用，就知识分子问题和文化教育问题提出了一系列有远见的意见和建议。1957 年 8 月，民盟北京市委员会迁入羊肉胡同 63 号，当时的主任委员是吴晗。2007 年 9 月 12 日，民盟北京市委员会告别羊肉胡同 63 号院，搬入位于西直门内后英房胡同 9 号的党派团体办公楼。

3.5　自然资源部

中国自然资源部位于北京市西城区阜成门内大街 64 号，羊肉胡同东北侧。自然资源部的前身是地质部，1952 年 8 月 7 日，中央人民政府第十七次会议通过决定成立地质部，并派李四光任部长、何长工任副部长。地质部的前身是中国地质工作计划指导委员会，只有 20 多名工作人员，直接指导单位是地质调查所，地址在西四兵马司胡同，原北平地质调查所内。1959 年，经周恩来总理批准，在今阜内大街建设地质部新楼，新落成一幢 2700 平方米的三层楼房，后经重修扩建，2004 年建成现在的新楼，建筑面积约 4 万平方米。大楼东边便是西四牌楼旧址和地质博物馆，对面是古刹广济寺，背面是羊肉胡同。20 世纪 50 年代，在李四光、何长工的主持下，地质部在全国建立起了一个布点基本合理、专业基本配套、大中专学生比例基本适合的院校教育体系，使地质人才的培养走向了科学化、正规化的道路。地质部先后建设了地质科学院、地质资料馆、地质博物馆、地质图书馆。

1982 年 5 月，第五届全国人大常委会第二十三次会议根据国务院总理提出的议案，鉴于原地质部增加了矿产资源的保护、合理开发和综合利用的任务，决定易名为地质矿产部。

1998 年 3 月 10 日，第九届全国人大第一次会议第三次全体会议表决通过关于国务院机构改革方案的决定。根据这个决定，由地质矿产部、国家土地管理局、国家海洋局和国家测绘局共同组建国土资源部，保留国家海洋局和国家测绘局作为国土资源部的部管国家局。

3.6 中国地质博物馆

中国地质博物馆位于羊肉胡同15 号，是一座有着近百年历史的地质展览宝库。1916 年 7 月 14 日，北洋政府工商部地质研究所在当时的北京丰盛胡同 3 号举行了中国第一期历时三年的地质人才学习班的毕业典礼，同时举办学生成绩展览会，展出师生三年来悉心采集的岩矿标本 899 件，以及详细图说和野外调查照片。因此，1916 年被业内认为是中国地质博物馆的建馆之年。

早期的地质矿产陈列馆只有矿物岩石、地质系统、煤铁矿产和金属矿产 44 个陈列室，后来发展为 7 个陈列室，陈列标本从 899 件增加到近万件（未陈列标本不下 10 万件），陈列面积从不足 100 平方米发展到 1000 平方米，陈列馆从丰盛胡同 3 号内一隅逐渐扩展到了全院。地质矿产建设得到了北洋政府的大力支持，时任大总统黎元洪曾为此捐款 1000 块大洋，还于 1922 年 7 月莅临新地质图书馆、地质陈列馆的开幕式，讲话并参观了地质陈列馆。

在广东国民政府北伐成功后，北平逐渐失去政治、经济、文化中心的地位，加上日寇入侵，华北危急。1935 年，地质陈列馆迁往南京。抗战爆发后，地质陈列馆经武汉、长沙，迁至重庆。1943 年 12 月，中国自然科学博物馆在重庆正式开馆，其中的地质馆由地质陈列馆设计和提供标本，分矿物岩石、地层古生物、脊椎动物化石和土壤 4 个部分。1946 年，地质陈列馆迁回南京旧址，并于 1948 年 10 月正式开放。1952 年，组建地质部。1953 年 1 月，地质陈列馆迁回北京。

1956 年 9 月，新建的地质陈列馆大楼在西城区羊肉胡同 15 号落成，并更名为"地质部地质博物馆"。大楼东西长 40 米，南北长 70 米，6 层高，建筑面积近 11000 平方米，1959 年 9 月完成布展，10 月正式对外开放。1960 年开始，地质部地质博物馆划归中国地质科学研究院（即后来的中国地质科学院）管理。2000 年底，博物馆大楼的修缮改造立项获得批准。经过三年多的施工，2004 年，国内一流、国际著名的现代化的中国地质博物馆落成，主馆共 6 层，总高约 36 米，东西长 40 米，南北长 70 米，总建筑面积约 11000 平方米，包括地球厅、矿物岩石厅、宝石玉厅、史前生物厅等 6 个部分，面积共 2500 平方米，另有临时展览面积 1500 平方米。收藏地质标本 20 余万件，涵盖地质学各个领域。其中有蜚声海内外的巨型山东龙、中华龙鸟等恐龙系列化石，北京人、元谋人、山顶洞人等著名古人类化石。

3.7　地质礼堂

地质礼堂位于羊肉胡同 30 号。总建筑面积为 5000 平方米，是一座多功能、综合性的文化娱乐场所。地质礼堂电影院拥有一流的电影放映设施，是北京市一线类，即新片第一轮放映的影院，也是北京市三星级影院。

地质礼堂

地质礼堂的前身是1959年建立的地质部“李四光讲习堂”。第一个五年计划期间，国家国防和经济建设急需被称为“工业血液”的石油，李四光等人不为中国“贫油论”所束缚，大胆创新，提出了新的石油地质理论，根据这种理论进行勘探，果然在1958年6月发现了大庆油田。“李四光讲习堂”就是在这样的背景下建立的，当时的礼堂占地2000平方米，后来又陆续扩建了两次。礼堂当时的主要用途是开办讲座和地质部机关开会，有时候也放映电影，是一所机关内部的礼堂。

如今的地质礼堂为适应文化市场的需求，不断更新观念，开拓进取，努力加强内部管理，本着“创一流服务”的宗旨，为观众提供清洁、舒适、优美的休闲娱乐环境。

4. 明代的治安机构所在地——兵马司胡同

4.1　兵马司——明代的治安机关

在西城区金融街街道的众多胡同中，有一条因中国地质调查所旧址存留而与众不同的胡同，即兵马司胡同。它位于北京市西城区金融街地区东北部，西四南大街西侧，为东西走向，旧时东起西四南大街，西至太平桥大街。全长763米，均宽5米。从胡同一路向西可达太平桥大街。这条胡同的南侧是丰盛胡同，再南是辟才胡同，北侧与兵马司胡同平行的就是著名的砖塔胡同，再北侧是羊肉胡同。

胡同北侧自西向东分布南玉带胡同、小院胡同、朱苇箔胡同三条南北走向胡同的开口。胡同名称的由来，是因为明代负责治安的西城兵马司衙署在此，故称西城兵马司，亦称兵马司胡同。1965年将沙井胡同、小褡裢胡同并入，定名兵马司胡同。

“兵马司制”起源于元世祖至元九年（1272年），元大都设置南、北二兵马司以“掌捕盗贼羁押案犯事宜”，其职责相当于现在的公安局，由兵马司都指挥使管辖。明代北京内城设置东、西、南、北、中五城兵马司，每城各设正、副指挥，负责治安捕盗。清同明制，兵马司并不掌兵，品秩极低，只负责京城缉盗、防火、道路等相关事宜。

对北京城而言，五城兵马司相当于外府和县之类的管理机构。北京兵马指挥司始设于明永乐二年（1404年），后虑京师地大人众，一兵马司可能会巡察不周，因此于永乐七年（1409年）设东城、西城、南城、北城、中城五兵马指挥司。每个兵马司均为独立机构，各设指挥1人，副指挥4人。五城正副兵马既各司一城，一城之中，又各司一坊，作为基层组织首领的总甲也是所属兵马，不受县官约束。

北京旧城街巷胡同名称中，除西城区的兵马司胡同外，与兵马司有关的胡同有北兵马司胡同与前（后）兵马街。北兵马司胡同为明代北城兵马司所在地，位于东城区西北部交道口南大街与南锣鼓巷之间；兵马街因明代南城兵马司在此而得名，清代分为前、中、后街，位于原宣武区东南部。

4.2　中国地质调查所旧址

如果没有兵马司胡同 15 号（原兵马司胡同 9 号），如今的兵马司胡同只是一条平淡无奇、乏善可陈的胡同，正是由于中国地质调查所旧址的存在，使兵马司胡同成为一条依然承载历史文化底蕴的不寻常胡同。

相传明代时这里被称为“单狮子府”，进入清代后成为贝子罗托府第，其后辈无世爵，遂迁出。道光、咸丰年间为贝子固尔玛浑的府第。1900 年八国联军进京后被法军占领，遭抢掠焚毁。次年翻盖房屋 60 余间，在朱苇箔胡同另开一门入，编为 11 号。后来，单狮子府北部房屋出租，南部房屋在民国初年为地质调查所所用。

中国地质调查所的前身为中华民国北京政府工商部矿务司的地质科，再早则是南京临时政府实业部矿政司的地质科。1913 年 9 月，由丁文江在丰盛胡同 3 号创办地质研究所。1916 年，地质研究所迁入兵马司胡同 9 号院（今 15 号院），并更名为地质调查所。毕业于英国格拉斯哥大学的丁文江、毕业于日本东京帝国大学的章鸿钊、毕业于比利时鲁汶大学的地质学博士翁文灏等中国地质科学的奠基人先后担任地质调查所所长。

1928 年冬，地质调查所办公楼在兵马司胡同 9 号落成使用。这是一幢德国样式的二层精致小楼，是由中国到西方学习建筑的第一人——贝寿同设计监修的。1918 年，在苏州名噪一时的贝家，买下了苏州名园狮子林。那时贝寿同的一个侄孙刚满 1 岁，他就是现代主义建筑大师贝聿铭。贝寿同作为早期的留德学生，作品传世很少，除北京欧美同学会之外，一直未发现他的其他作品，因此兵马司胡同 9 号实属珍贵。

中国地质调查所是我国早期地质研究的大本营，是 20 世纪初最具国际知名度的中国科学研究机构，被蔡元培先生赞誉为“中国第一个名副其实的科研机构”。地质调查所成立后，迅速成为地质学家聚集之地，当时在北京大学地质系任教的我国著名地质学家李四光也常来此从事研究工作并参加学术活动。20 年代末，翁文灏再次创立了“燕山运动”及与之相关的岩浆活动和金属矿床形成理论，此发现成为 20 世纪中国和太平洋区域地质学的重大成果，这一名词被国际地质学界认可和接受，至今沿用。1920 年，地质调查所陈列馆馆长安特生（J. G. Andersson 瑞典人）发现举世闻名的“仰韶文化”。1929 年，地质调查所研究人

中国地质调查所旧貌

员裴文中发现震惊中外的“北京人”头盖骨，此项发现被誉为近代中国科学界获得的第一枚世界金牌。

经过科学家们的努力，地质调查所在国内赢得了极高的赞誉，而且也受到国际地质学界的瞩目和好评，兵马司胡同9号也在中国科学史中被誉为“科学圣地”。

4.3 丁文江——中国地质事业奠基人

丁文江（1887年4月13日—1936年1月5日），字在君，江苏泰兴人，地质学家，社会活动家。中国地质事业的奠基人之一，《独立评论》的创办人之一，创办了中国第一个地质机构——中国地质调查所。

20世纪20年代末，丁文江在给胡适的信中说：“如可以安安稳稳住在北京，而且地质调查所依然存在，可以利用，我或者可以专心研究几年。否则没有法子的了。你要知道，我的研究，非有相当的设备和相当的技术人员帮忙，是不能做的。要是离开了图书馆和试验室，再没有葛利普同他的学生来帮我鉴定化石，绘图员给我绘图，我绝对无法子可以着手。”

接触过丁文江的人都说他欧化很深，一口标准的英语，生活考究。1929年9月，丁文江带着赵亚曾、王曰伦、黄汲清和曾世英到西南几省调查地质。

王曰伦院士晚年回忆说：“起初我以为丁先生这老头，曾当过官僚，平时又讲究享受，应该不能吃苦，哪知我想错了。他每天天未亮就起来，点灯穿衣吃饭，天亮后上路工作。背袋里装上一块饼，就算午饭的干粮。晚上下店，吃饭洗脚后，还要点灯将本日所做的图件整理后才睡。每天工作不停，并不考虑下雨和晴天。这样的苦工，我起初还不行，以后也就惯了。他亲自教我绘图、采化石并研究石头，平时也很爱谈天。他的常识丰富，中西学问都很好，颇有诲人不倦的态度，所以我很得到些益处，至今忘不了感激。”

1931 年到 1934 年，丁文江在北大理学院当了三年的教授。他的助教高振西回忆说：“他是用尽了他所有的力量去教的。”“当时地质调查所的同事们曾有这样的笑话：‘丁先生到北大教书，我们许多人连礼拜天都不得休息了。我们的标本也给丁先生弄破产了……’”

丁文江的身上，恰到好处地集合了科学家、科学事业的组织者和科学思想的传播者等多重角色。丁文江精于科学、长于办事，不仅表现在他在我国早年科学事业的组织、管理方面，还表现在他后来的多姿多彩的传奇经历：他做过约五年的北票煤矿公司的总经理、约八个月的孙传芳治下淞沪商埠督办公署总办，还担任过中央研究院的总干事，在以上经历中丁文江都做出过影响深远的实绩。

4.4　翁文灏——中国早期的最著名地质学家

翁文灏（1889—1971），字咏霓，浙江鄞县（今属宁波）人。出生于绅商家庭，清末留学比利时，专攻地质学，获理学博士学位，于 1912 年回国。是民国时期著名学者，中国早期最著名的地质学家。对中国地质学教育、矿产开探、地震研究等多方面有杰出贡献。

他是中国第一位地质学博士、中国第一本《地质学讲义》的编写者、第一位撰写中国矿产志的中国学者、中国第一张着色全国地质图的编制者、中国第一位考察地震灾害并出版地震专著的学者、第一份《中国矿业纪要》的创办者之一、第一位代表中国出席国际地质会议的地质学者、第一位系统而科学地研究中国山脉的中国学者、第一位对中国煤炭按其化学成分进行分类的学者、燕山运动及与之有关的岩浆活动和金属矿床形成理论的首创者、开发中国第一个油田的组织领导者。

他的一生被赋予太多的传奇色彩，担任过私立焦作工学院（今中国矿业大学和河南理工大学）的校董，曾以著名学者身份在国民政府内任事，在抗战期间主管矿务资源与其生产。翁文灏也是20世纪30年代“学者从政派”中官位最高、经历最曲折者。作为一名杰出的地质学家，翁氏本是一位纯粹的学者，却也一度做到了国民政府行政院长的高位，晚年又翩然海外来归，以政协委员的身份终老。

这样一位经历丰富的传奇人物，于不惑之年执掌地质调查所以后，通过积极运作和不懈努力，为地质调查所补齐建设办公楼的资金缺口，发掘了震惊中外的周口店北京猿人遗址，从而使中国古脊椎动物研究迅速跻身世界先进行列。

翁文灏从1921年任地质调查所代所长、所长，到1936年所址迁往南京，以科学机构领导者和学术权威的双重身份，在兵马司胡同9号历史上的形象尤为鲜明。丁文江和翁文灏对国际地质学界的水平有着清醒和深刻的认识，他们重视寻求国际合作和聘请高水准的专家，为中国的地质工作制定了高标准和高起点，以迅速缩小与国际先进水平的差距。翁文灏执掌地质调查所以后，一直在试图创造一个中国式的地学大家庭，为学者营造一个适宜发展和能够交流学术的环境，以推动学科的迅速发展。

周口店最早的发掘是1921年由外国学者进行的。随着地质调查所的加入，1927年开始得到美国洛克菲勒基金会的支持。同年，李捷和瑞典古脊椎动物学家布林（Birger Bohlin）在周口店发现猿人的下臼齿。经加拿大学者步达生（Davidson Black）鉴定，命名为“中国猿人北京种”，后正式改为“北京猿人”。

1929年，在翁文灏、丁文江、步达生和法国古生物学家德日进（Pierre Teilhard de Chardin）等学者的积极运作下，地质调查所新生代研究室成立，主要从事周口店的发掘工作。1929年12月2日，裴文中发现了一个完整的“北京人”头盖骨，震惊世界。

由地质调查所组织的周口店发掘和整理研究工作，为世界旧石器时代早期人类的研究提供了丰富和系统的资料，引起国际科学界的高度重视。“北京人”的发掘成为中国近代科学界进行对外科学合作、争取科研经费并使中国古脊椎动物研究迅速跻身世界先进行列的一个成功典型。兵马司胡同9号也因当年聚集了具有较高水平的国际知名专家，而至今受到国际科学史界的关注。

如今，周口店遗址作为联合国教科文组织批准的世界文化遗产，发掘、研究和保护工作延续至今；新生代研究室也成为今天的中国科学院古脊椎动物与古人类研究所。

5. 明代的娱乐区——大院胡同

5.1 大院胡同历史变迁

大院胡同位于北京市西城区金融街街道东北部，阜成门内大街以南，丰盛胡同以北，为东西走向，东起西四南大街，西至四道湾胡同。全长 328 米，均宽 5 米，两侧是以居住为主要功能的平房四合院区域。

明代大院胡同属咸宜坊，当时称作西院勾栏胡同。勾栏原意为栏杆，早在唐代已代表歌舞表演场所，李商隐在《倡家诗》中曾有“帘轻幕重金勾栏”诗句；宋元时期，勾栏已专指戏曲等在城市中的演出场所；明代以后也将妓院称作勾栏。大院胡同一带自古为戏院、妓院等声色场所聚集的娱乐区，其名称由来与此有关。清代大院胡同属镶红旗，称作院儿胡同，亦称燕儿胡同、阮儿胡同，后拆为两条胡同，此段规模较大，称大院胡同、大阮胡同。1911 年后称大院胡同，1965 年将二道栅栏并入。

大院胡同存在过的重要建筑有多罗贝勒永恩府，中华人民共和国成立后，郭沫若在此居住多年，直至 1963 年迁入前海西街 18 号。

5.2 清代多罗贝勒永恩府旧址

爱新觉罗·永恩，礼烈亲王代善后裔，康修亲王崇安次子。雍正初封贝勒，乾隆十八年（1753 年）袭封康亲王。大院胡同 9 号和 11 号两座院落，在清乾隆时期曾为贝勒永恩的府邸和马号。北边为砖塔胡同，南边为院儿胡同，东侧是板肠胡同。府邸路东为从礼亲王府分出来的巽亲王府，1750 年后（乾隆年间）改建为定亲王府。

永恩出身于显赫世家，天潢贵胄。其高祖曾是清初八家铁帽子王之首礼亲王代善。传至第四代的杰书时袭封的王号改成了康亲王。第六代崇安仍袭康亲王，永恩则是崇安的次子。

永恩于雍正初年袭封贝勒，建府就在大院胡同。按《钦定大清会典》，凡府皆颁其制，贝勒府正门三间，堂屋五间，院三重，筒瓦压脊，门柱红青油漆，梁栋贴金，花草彩画，富丽堂皇，是一处很有气派的大宅门。永恩于乾隆十八年袭康亲王，移居到礼亲王府。乾隆四十三年（1778 年）恢复礼亲王号，永恩成为礼亲王，这里成其别院，人称礼亲王小府。到了清末。该院成了礼亲王和毓朗贝勒两家的吉安所（暂时停灵之地）了。

永恩性情淳朴，为人正直厚道，自幼勤于读书习字，精于骑射，生活俭朴不尚奢华，是当时诸多王公贵族中的佼佼者，为时人称赏。乾隆晚年，宠臣和珅被封为一等公，官至文华殿大学士，疯狂地卖官敛财，贪污受贿，致使官场风气大坏，永恩公开与之断绝往来，并严厉批评。他多次向皇帝举荐性情刚直秉公办事的刘统勋（即刘墉之父）、忠直干练的裘曰修、公正廉洁的曹秀先等人成为朝廷重臣。

永恩博学多闻，通晓音律，著有《律吕元音》四卷，保存了大量珍贵音乐资料。他娴于丹青，其指画山水在《八旗画录》中评价甚高。永恩还是当时一位著名诗人，著有《诚正堂稿》八卷。其诗味道醇厚，抒写性情，一些诗作还表达了对下层劳苦大众的关注和同情。永恩卒于嘉庆十年（1805），谥号“恭”。

多罗贝勒永恩府紧邻万松老人塔。永恩袭康亲王后搬入府邸东侧的康亲王府入住，原府邸后来情况不详，民国时期的地图上也并无关于永恩府的记载，只标注着与永恩府邻接的“元万松老人塔”。如今《乾隆京城全图》上多罗贝勒永恩府的旧址上为缸瓦市教堂、商铺和民居，府邸旧建筑已经荡然无存。府邸北侧的砖塔胡同和南侧的院儿胡同仍保留，院儿胡同改名为大院胡同。

5.3　郭沫若故居

郭沫若（1892—1978），原名郭开贞，字鼎堂，号尚武，乳名文豹，笔名沫若、麦克昂、郭鼎堂、石沱、高汝鸿、羊易之等。1892 年 11 月 16 日出生于四川乐山沙湾，毕业于日本九州帝国大学，现代文学家、历史学家、新诗奠基人之一、中国科学院首任院长、中国科学技术大学首任校长、苏联科学院外籍院士。

1914 年，郭沫若留学日本，在九州帝国大学学医。1921 年，发表第一本新诗集《女神》。1930 年，他撰写了《中国古代社会研究》。1949 年，郭沫若当选为中华全国文学艺术工作者联合会主席。曾任中国科学院哲学社会科学部主任、历史研究所第一所所长、中日友好协会名誉会长、中国文联主席等要职，当选中国共产党第九、十、十一届中央委员，第二、三、五届全国政协副主席。

中华人民共和国成立到 1963 年，在移居什刹海畔西城区前海西沿 18 号前，郭沫若一直住在大院胡同 5 号。1978 年 6 月 12 日，因病长期医治无效，郭沫若在北京逝世，终年 86 岁。

6. 其他几条小胡同

6.1 留题迹胡同——盐水牛蹄筋

留题迹胡同坐落在全国政协礼堂东侧，呈东西走向，胡同很短，一共只有6个院子。

在解放前，留题迹胡同叫“牛蹄筋胡同”，是一条东西走向的小胡同，长不足百米，最宽处仅5米。听说，当年胡同内有一户卖盐水牛蹄筋的商贩，卓有口碑，故大众将胡同取名为牛蹄筋胡同。20世纪50年代初，依据谐音，牛蹄筋胡同改为留题迹胡同。

胡同西口曾有一面长达40米、高约5米的大影壁墙，影壁对面是清朝开国“八大铁帽子王”之一的顺承郡王府，1954年建造全国政协礼堂时将大影壁墙撤除。在留题迹胡同西口与顺承郡王府之间有一条小河，水流潺潺，画中有诗，后来由于污水污物不断排到河里，小河成了臭水沟，称“南沟沿”。解放初期，这条水沟变成排放污水的“盖板河”，再往后又把盖了板的“南沟沿”修成了马路，就是现在的太平桥大街。

6.2 能仁胡同

能仁胡同位于西城区中部。南起兵马司胡同，北至砖塔胡同，因能仁寺得名。能仁寺在能仁胡同13号，坐西朝东，寺已不存，现为民居。

据《宛署杂记》记载，大能仁寺，建于元延祐六年，即公元1319年，至今已有660余年的历史。大能仁寺碑记载大能仁寺初称能仁寺，明洪熙元年（1452 年），洪熙皇帝增广故宇，同时将能仁寺修葺一新，并题“大能仁寺”额。明正统八年（1443 年），少监孔哲重修能仁寺，“殿堂楼阁，高明宏壮，像设庄严，彩绘鲜丽，禅诵有室，钟鼓有楼”，是一座典型的佛教寺院。明末清初，能仁寺改为道观，寺额未改。此庙在“文革”初期被毁，1984 年 9 月又遭火灾，仅存的五间正殿付之一炬。能仁寺早年院内立有一通石碑，是为胡滢重修大能寺碑记：“京都城内有寺曰能仁，实延祐六年开府仪同三司崇祥院使普觉圆明文昭三藏法师建造。逮洪熙元年，仁宗昭皇帝增广故宇而一新之，加赐大能仁寺之额，命圆融妙慧净觉宏济辅国光范衍教灌顶善大国师智光居之。其殿堂楼阁高明宏壮。惟四天王殿颓圮弗称。正统八年冬，少监孔哲重新修盖，并塑四天王像。正统九年甲子七月立。”

6.3　小院胡同

小院胡同南北走向，南起兵马司胡同，北至敬胜胡同。明代称西院勾栏胡同，清代改称院儿胡同，后根据胡同规模，分成大、小两条院儿胡同。规模较大的称大院胡同或大阮胡同，而规模较小的称小院胡同或小阮胡同。

6.4　朱苇箔胡同

老北京的地名多富有生活情趣，对短小而有弯曲的小巷，风趣地称之为猪尾巴胡同，朱苇箔胡同就是一例。它北起大院胡同，南至兵马司，原名“猪尾巴胡同”。民国后，嫌其名不雅，遂依其谐音雅化为今称。住在这个胡同里的老北京人一直把这里称呼为猪尾巴胡同，这个称呼已有几百年之久。

第三节　历史文化精华区——新文化街区域

1. 古往今来

新文化街区域的历史最早可追溯到数百年之前的辽代。辽代时期的新文化街区域位于辽南京城东北角。金朝金中都与辽南京城并无显著的位置差异，现在的新文化街街区位置仍位于金中都的东北角。元世祖进入北京后，因前金中都损毁严重，在金中都东北侧新建元大都，于是新文化街区域便位于元大都的西南角顺承门外。明代明成祖时期将元大都城墙向南扩二里，也将新文化街区域收入城中，属阜财坊。清军入关后并未对明北京城造成破坏，因此沿用了明北京城的形制，新文化街归镶蓝旗管辖。民国时期，金融街街道归内二区管辖。中华人民共和国成立后划归西单区与西四区，1958 年合并后划归西城区管辖至今。

为了进一步挖掘有文化底蕴、有活力的历史场所，重新唤起对老北京的文化记忆，保持历史文化街区的生活延续性，《北京城市总体规划（2016—2035）》将 13 片具有突出历史和文化价值的重点地段作为文化精华区，强化文化展示与传承。这 13 片文化精华区包括：什刹海—南锣鼓巷文化精华区、雍和宫—国子监文化精华区、张自忠路北—新太仓文化精华区、张自忠路南—东四三至八条文化精华区、东四南文化精华区、白塔寺—西四文化精华区、皇城文化精华区、天安门广场文化精华区、东交民巷文化精华区、南闹市口文化精华区、琉璃厂—大栅栏—前门东文化精华区、宣西—法源寺文化精华区、天坛—先农坛文化精华区。其中，南闹市口文化精华区位于新文化街区域内，包括了多个全国重点文物保护单位、重要院落和传统街巷，如北京国会旧址、京师女子师范学堂旧址、基督教中华圣公会教堂、克勤郡王府和李大钊旧居等。

2. **百年树人——新文化街**

新文化街是该区域内知名度最高、历史悠久的一条主要街巷，沿道路两侧分布多个国家级、北京市级文物建筑，具有极高的历史文化价值。它是一条东西走向的大街。东起宣武门内大街，西至鲍家街北端，北邻长安街，南靠宣武门西大街，全长约1.2 公里。街道现状较为宽阔，中段分布有镶红旗满洲都统衙门及135 号院两座典型院落，东段现有历史悠久的北京第二实验小学、北京市鲁迅中学等。

新文化街作为一条著名的街道，其声名与鲁迅紧紧联系在了一起。1926 年3 月18 日，以刘和珍为代表的女师大学生就是由这里出发，前往段祺瑞执政府请愿，惨遭镇压，不幸牺牲，为此鲁迅先生写下了著名的《记念刘和珍君》一文。如今新文化

新旧交织的新文化街现状

街东段街巷北侧的鲁迅中学即原北平女子师范大学旧址。在鲁迅中学院内还保存着当年“三一八”惨案的纪念碑。克勤郡王府、镶红旗满洲都统衙门等也都坐落在这条古老的街道上。

2.1 旧时故事——石驸马大街

新文化街始建于明宣宗年间，原名石驸马大街，因明朝第五位皇帝朱瞻基长女顺德公主下嫁给昌黎人石璟，而其宅第就位于此街，故得名石驸马街，名称一直延续到清代。清以南沟沿为界，将石驸马街分为东西两部分，街西界原至闹市口中街，后将鲍家街东西走向并入，形成现状。此街巷至今已有580多年历史。直至1965年，石驸马大街才改名为新文化街。

据西琅山村以北出土的《明故驸马都尉石公墓志铭》记载，石璟，字廷贵，永平府（今属河北省）昌黎县人。他的曾祖父名叫石彦中，在通州当兵，因其耿直义气，为人所推崇。祖父石名生，初随明太祖朱元璋征讨元军，荣立七次战功，被授予武略将军、德州卫副千户。永乐年间，其父石林正，随祖父从军，参加明初的“靖难之役”，因立有战功，被任命为府军前卫，迁至京师居住；其母汝氏，以夫贵诰封宜人。

《明史》在记载顺德公主时，提到有关石驸马的情况：正统二年（1437年），19岁的石璟与宣宗第一女顺德长公主成婚，封为驸马都尉。石驸马被委以文武重任，掌管宗人府金书玉牒（掌管皇家族谱的官员）兼总禁卫貔虎之师（皇帝亲兵）。他头戴貂帽，腰系玉带，显耀于时。石驸马从不居功自傲，不仗势欺人。闲暇之时，与儒生商榷古今，诗酒唱和。成化十五年（1479年）

十月初三日，石驸马以疾终于正寝，享年61岁。

2.2 烈士缘起——斗公府与鲁迅中学

新文化街与中国新文化运动的主将鲁迅先生的早期活动紧密相关，这里有着关于鲁迅的深刻印记。新文化街东段路北45号为鲁迅中学，与克勤郡王府只有一门之隔。此处是原北平女子师范大学旧址，清代曾为辅国公斗宝的府第“斗公府”。

岳托的孙子罗科铎在承袭克勤郡王爵时，岳托的另一个孙子诺尼，曾在顺治十三年受封过贝勒。贝勒诺尼的孙子辅国公斗宝即“斗公”，生于雍正元年（1723年），乾隆五年（1739年）袭辅国公。袭爵后居住于此地，此地于是被后人称为斗公府。二府相邻互相照应，岳托的后人习惯地称之为“西府”和“东府”。斗公府占地约八九亩。东西并列三组院落，或二进或三进，东、西院狭长，且建筑物较少，有房间二十多间。中路是宫门三间，正殿三间，后寝五开间，东西有翼楼。现被列为市级文物保护单位。

光绪三十四年（1908年），御史黄瑞麟奏请设立京师女子师范学堂，清学部选中了斗公府旧址。斗公府被征用，经过新建和改造，宣统元年（1909年）在此设立女子师范学堂。后又经过近20年的曲折发展，改为“国立北平大学女子师范学院”，成为在中国近代教育史上占有重要地位的北京女子师范大学，1924年改称北京女子师范大学。鲁迅先生在教育部担任佥事的同时，于1923年7月至1926年8月兼任了女子师范大学的国文系讲师，教授中国小说史，并积极支持和指导女师大的爱国学生运动。住家在石驸马后宅的革命先驱李大钊先生也经常出入于当年的女师大，教授课程并从事爱国学生运动。

从这所大学中走出了许多杰出女性，如黄庐隐、冯沅君、石评梅、许广平等，还有惨遭军阀枪杀的爱国志士刘和珍、杨德群烈士。刘和珍烈士牺牲后，鲁迅先生义愤填膺，写出了《记念刘和珍君》等多篇战斗檄文，如匕首和投枪，投向反动阵营，产生了巨大的社会影响。1931 年，正值“三一八”惨案五周年纪念日时，师生们在校园西跨院内为刘和珍、杨德群两烈士修建了一座汉白玉纪念碑。这座纪念碑现在仍静立在校园里，向青年学生们述说着 80 多年前的那段悲壮历史。1949 年后，这里曾是北京第八女子中学、北京一五八中学，因鲁迅与女师大的深厚渊源，于 1996 年改为鲁迅中学。

3. 救亡图存——佟麟阁路与佟麟阁

佟麟阁路是此区域内纵贯南北的一条重要道路，北至复兴门大街，南至宣武门西大街，在街道中部与东西走向的新文化街相交，全长约 830 米。元大都时期，佟麟阁路所在位置紧邻大都城墙，是一条与护城河以及城内三海相贯通的人工河道，名为金水河。明朝以后，金水河上游河道淤塞，截断了上游来水；另一方面北京城墙南移，将佟麟阁路纳入城市范围以内。于是金水河从一条人工河演变为露天城市下水道，被人们称为“河漕”，因在皇城西，河边道路清代称西沟沿。因胡同处于西沟沿南部，故又习称南沟沿，为镶蓝旗地界。20 世纪 20 年代，河道改为暗沟并辟筑成路，称沟沿大街。

1946 年后，为纪念抗日爱国将领佟麟阁，将上岗（今新京畿道西口附近）以南命名为佟麟阁路。1965 年将姚斌庙并入。“文化大革命”期间改称四新路。1971 年，以复兴门内大街为界，以南更名为民族宫南街，以北并入太平桥大街。据《北京市西城区二龙路街道简史》记载，1984 年，民族宫南街复称佟麟阁路。佟麟阁路在命名之初，还包括今复兴门内大街以北至今新京畿道西口的一段，后来把这一段并入了太平桥大街。因佟麟阁路在民族文化宫南侧，1971 年曾改名为民族宫南街。1984 年恢复今名。

佟麟阁路上共有三处北京市文物保护单位，分别为民国参议院、民国众议院和中华圣公会救主堂。民国参议院、民国众议院位于佟麟阁路 62 号新华社院内。中华圣公会救主堂位于佟麟阁路 85 号，是圣公会在北京地区建立的第一所教堂。

3.1　抗日英雄——佟麟阁

佟麟阁（1892—1937），汉族人，字捷三，祖籍河北省保定市高阳县。佟麟阁将军是中国抗战中最早捐躯疆场的一位高级将领，“给了全中国人以崇高伟大的模范”。

1892 年 10 月 29 日，佟麟阁出生在一个农民家庭。1911 年 11 月，冯玉祥、王金铭、施从云等举行滦州起义，第二年，佟麟阁毅然投笔从戎，自此开启军旅生涯。1937 年 7 月 7 日夜间，日军一个中队突然向卢沟桥守军发起攻击。佟麟阁命令还击。卢沟桥的枪声响彻了大地，全民族的神圣抗战从此开始。

1937 年 7 月 11 日，日寇由廊坊进犯团河，由通县、丰台调

佟麟阁路路口的纪念雕塑

集陆空军于28日进攻南苑，佟麟阁誓死坚守。守军虽炮械较敌为劣，但士气却异常高昂，争夺由拂晓至过午，双方伤亡均惨重。战斗中忽报大红门又发现敌人。佟麟阁恐敌截断北路，乃分兵亲往堵击。因寡不敌众，部队被敌四面包围，只能利用地形，继续与敌苦战。佟麟阁被敌机枪射中腿部，部下劝他稍退裹伤，他执意不肯，益奋勇当先。官兵感泣，拼命冲杀。日军见久攻不下，派飞机前来助战，在敌机的狂轰滥炸中，带伤指挥作战的佟麟阁头部又受重创，终于壮烈殉国，时年45岁。

3.2 联军建造——中华圣公会教堂

佟麟阁路西有一座非常漂亮的教堂，这座精美的教堂就是中华圣公会教堂，是中华圣公会在北京地区建立的第一座教堂，也是北京现存最完整的一座教堂。

“中华圣公会”是基督新教六大宗派之一的英国国教圣公会在中国的分支教会。教堂建成于1907年，1911年才转为意译，称“中华圣公会”。1900年八国联军进入北京后，各国便在北京划地占区，当时英国圣公会的传教士鄂方智在英军占领区里想找

中华圣公会教堂

房建教堂。后来他相中了宣武门内象房桥附近刑部殷柯庭的住宅，当时殷柯庭全家已经逃离北京，鄂方智便在此地拆了宅子修建教堂。教堂由主教史嘉乐请人画蓝图，找工匠建造，于 1907 年建成，建成后还举行了祝圣典礼。

这座教堂虽规模不大，但建筑风格别具特色。它不是哥特式、罗马式、文艺复兴式建筑，也不是其他欧式建筑风格。北京东、南、西、北四大教堂都是欧式风格，而这座教堂则是在西洋建筑中融合了中国古典建筑的“宫殿式”教堂，可谓折中主义的典型。

教堂有个中式的大门，开在南面硬山山墙上。门的两侧和上面雕刻有匾额。教堂的前部和中部顶端各建有一个八角形重檐中式亭子，亭子作为采光的天窗和教堂的钟楼使用。

教堂的平面布局也十分独特。一般教堂都是十字形平面，或是四端等长完全对称的希腊十字式教堂，或是一端较其他三端长的不完全对称的拉丁十字式。而这所教堂的平面却是双十字形。

若登上附近的高楼俯瞰教堂，会看到以两个八角亭为交会点的教堂如一个巨大的双十字静立在街面，此种布局为世界所罕见。

教堂外部设计独具匠心，内部装饰也别具风格。它不像其他教堂那样以砖石或水泥为主体，而是完全采用了中式设计：使用上好的木材建造，并配有精美的雕花，简直就像是中国的宫殿。来到教堂的亭子下抬头仰望时，阳光透过亭子层层镂空的间隙照进教堂里，此时亭子就像天空中一个巨大的万花筒，折射出奇异的花朵。

4. 丝绪飞扬——头发胡同

头发胡同是北京西城西单以南、宣武门以北一条僻静的胡同。胡同为东西走向，东口直达宣武门内大街，西口是今佟麟阁路，北侧为受水河胡同，南靠宣武门西大街。长约 466 米，街道现状平均宽 4 米，并与几条南北走向的小胡同相交。胡同东段北侧与振兴巷相接，东段南侧自东向西依次与小市口胡同、抄手胡同、众益胡同相接。

这条并不狭窄的细长胡同为何被称为“头发胡同”呢？有史料记载，胡同西段有一座建于辽代的名寺——真如寺，于是西段胡同以此得名为真如寺胡同。胡同东段曾唤作同法胡同，因临近真如寺，有同奉佛法之意。一来二去，将“同法”演变成“头发”。清代时东西两段胡同统称为头发胡同。

这样的一条普通小巷在多年前曾是许多知识分子流连忘返之地。胡同西段北侧为市立第一普通图书馆，始建于 1927 年，由前京师国书馆及通俗图书馆合并而成，初名京师第一普通图书馆。北伐以后，京兆地方改为北平市，图书馆改为市立第一普通图书馆。馆地原为清代翰林院讲习馆旧址，藏书除一般经、史、子、集外，还有大量公私图书馆所不屑入藏的通俗文艺作品，为学者研究社会民俗的宝库。馆内南屋为阅报室，北屋为阅书室，后方为书库。阅览手续简单，馆内阅读、馆外借出均可，读者称便。到50年代初，藏书全部由首都图书馆接管。

与头发胡同相交的抄手胡同在20世纪20—30年代被称为海市界小市，连同头发胡同东口与阜内大街便道上均呈现摊贩林立的景象，路边另有十数家旧书店和字画店，文人雅士多涉足其间。今日这些店铺早已不存，图书馆也辟为民居。

这条以寺庙得名的胡同里曾居住了好几位名人。头发胡同1号原为清末内务府官员、苏州织造，后调任镶黄旗蒙古副都统和正白器满洲副都统景恩的宅院。因景恩“修三海”有功，慈禧太后将紧邻头发胡同东口的一块地赐他建成四合院。院内环境幽雅。这个院落在新中国成立后曾是著名学者、历史学家吴晗的故居。吴晗搬走后，这里住进了副市长张友渔。

20世纪50年代初，头发胡同7号居住着毛泽东的表兄王季范。他是一位比较有名望的无党派知识分子，曾任政务院参事、全国政协常委。

胡同23号曾居住着新华社前社长、著名记者穆青。他住的院子是新华社北面的一个跨院。在此院居住期间，他曾写出名篇《县委书记的好榜样——焦裕禄》。

胡同32号曾住有中共八届中央委员、中华全国总工会副主席陈少敏。陈少敏搞过工人运动、地下工作，也指挥过部队打仗，是个有着传奇经历的老共产党员。值得一提的是，在中共八届十二中全会表决通过中央专案审查小组关于刘少奇“罪行”的审查报告时，陈少敏俯下身体，低着头，硬是没有举手同意。会后，康生恼羞成怒地质问她为什么不举手，陈少敏坦然说：这是我的权利。“四人帮”垮台后，街坊们听说了陈少敏坚持真理的耿直之举，对她无不钦佩。

4.1　老北京的记忆——头发胡同小市

从20世纪初到30年代，宣武门内头发胡同、抄手胡同以西有一片面积不大的市集——海市界，老北京也称这里为头发胡同小市或抄手胡同小市。这里屋宇湫隘，鳞次栉比，多是小本经营的旧书店和字画店的连家铺，《鲁迅日记》里的“小市”就指此处。近人陈宗蕃《燕都丛考》“内二区各街市”一节内记有“象房桥之南曰抄手胡同曰小市，昔颇繁盛，今渐移于宣武门大街之西，又北曰头发胡同”，可以为证。

张涵锐（即张次溪）所著《北京琉璃厂书肆逸乘》中兼记琉璃厂以外的书业，对海市界的记述更为具体：“宣武门内头发胡同内海市界，向有书店数家，中午复有打鼓者出摊，民国十五、六年时最盛。后迁出街外，在宣武门内大街西便道上，设肆或设摊，绵延至西单牌楼，如一字长龙，至民国二十二、三年始衰。今仅存文苑斋书店及致雅堂书店两家矣。”

小市百业

头发胡同小市在20世纪初到30年代摊贩林立，共有十数家旧书店和字画店，文人雅士多涉足其间。孙殿起《琉璃厂书肆三记》记录了宣武门内海市界一带的书店不下十余家：文学斋刘国义、蔚珍堂辛金凯、华文书社邢元根、蔚文阁武辛宰、文苑斋赵书春、文鉴堂樊文佩、珍古斋张书绅、学海堂陈殿维、致雅堂阎吉和、醉经堂王永森，以及没有字号的李书舟、萧福江等人。这些店铺虽然规模不大，但从业人员多是行家里手，其鉴赏能力不亚于琉璃厂、隆福寺诸大户。

鲁迅足迹

鲁迅自1912年5月5日到京，至1926年8月26日离京南下，在北京度过了十五年。来京后不久即任职于北洋政府教育部。当时的教育部在今西单南教育部街路北，鲁迅住在菜市口南半截胡同绍兴会馆，宣武门恰是上下班途中必经之地。无论在公余或是午休，鲁迅常常闲步宣武门小市冷摊，收集些文玩古籍，往往披沙见金，有所收获。这样的经历常常能在《鲁迅日记》中的相关情节和描述中看到。

鲁迅先生在教育部任职期间，正是海市界最为兴旺之时。“出教育部大门向东走数步即有浮摊，再南行两三分钟即达头发胡同，近在咫尺。所以有时不止一次往来冷摊访书阅肆。”1915年4月27日日记云：“午后至小市。收本月俸银二百八十元。下午又至小市。”一日两至，其近可知。此外小市还开有不少家具店，1926年8月14日先生南归前十二天，还在这里用了十元钱买了一个书柜。鲁迅在京十余年间，留在宣武门小市的足迹可谓多矣。

4.2　民智启蒙的开端——京师通俗图书馆

胡同西口路北的22号院子是三进四合院。原来是清末设立的翰林院讲习馆，翰林院的官员到此研习学科知识，备各部部丞参选。辛亥革命后，1913年，教育部决定在这处翰林院讲习馆旧址创办京师通俗图书馆。京师通俗图书馆是我国第一个面向普通民众的图书馆。图书馆的创办工作是在鲁迅的直接指导下进行的。鲁迅在办馆之初曾说："通俗教育以启发一般人民普通必需之知识为主，故通俗图书馆之设，实关紧要，其中采集之图书，以人民所必需且易通晓者为宜。"为此，该图书馆的藏书以大众通俗读物为主，戏曲、小说类图书达到1000多种。1927年7月合并京师第一普通图书馆，使馆内藏书更为丰富。其外院南屋为图书馆阅报室，里院北屋是图书阅览室，后院是藏书库。这里的图书馆既是莘莘学子求学深造之所，也是学界名流查阅资料之地。鲁迅在撰写《中国小说史略》时，就曾多次来到头发胡同这处图书馆查找收集资料。

头发胡同22号通俗图书馆旧址

20世纪50年代初，头发胡同通俗图书馆的藏书由首都图书馆接管。首都图书馆于1953年更名为北京市图书馆，迁址至西华门大街。头发胡同的图书馆成为首都图书馆西单分馆，突出少儿阅览是该分馆的一大特色。图书馆除办理借阅、服务读者，还举办过很多活跃读者的活动。直至1958年后，图书馆迁往东城国子监。

4.3 过客匆匆——头发胡同1号院

头发胡同1号原为清末内务府官员、苏州织造，后调任镶黄旗蒙古副都统和正白旗满洲副都统景恩的宅院。因景恩“修三海”有功，慈禧太后将紧邻头发胡同东口的一块地（即头发胡同1号院与3号院）赐他建成四合院。

景恩（刘景恩），号锡三，内务府汉军正黄旗人，生于咸丰九年（1859年）。官至内务府奉宸苑卿、苏州织造、副都统，正二品。

景恩出生于内务府官宦世家。据秦国经主编《清代官员履历档案全编》记载，早在青少年时，景恩就被送入内务府的奉宸苑任栢唐阿。在光绪四年（1878年），按当时清政府筹饷纳捐的惯例，景恩在四川滇捐分局报捐了监生和笔帖式，得到了免考试与奉宸苑笔帖式补用的待遇。到光绪五年（1879年）十一月，景恩被朝廷正式补授奉宸苑笔帖式官职。光绪七年（1881年）九月，景恩因守护景山观德殿——慈安太后临时停灵处有功受嘉奖，委以护军参领衔并“以苑丞缺出尽先即补”。光绪十二年（1886年）四月，升授奉宸苑六品虚衔八品苑丞。清政府曾在光绪十一年（1885年）开始对“三海”（紫禁城内的北海、中海和南海的总称）及钓鱼台等处进行较大规模的修缮，景恩正是负责监管修缮工程的官员之一。南海工程完成后，慈禧太后对景恩进行嘉

头发胡同 1 号院

奖："景恩免补六品以两苑员外郎无论何项升补班次遇缺尽先即补。"到光绪十五年（1889 年）九月，景恩正式被补授奉宸苑员外郎。光绪十七年（1891 年）三月又升为奉宸苑郎中，正五品。光绪二十五年（1899 年），经过了四次朝廷的考核都获得了"京察一等"好评的景恩，在内务府已经获得了武备院卿衔和三院卿候补的职位，官阶升至正二品。光绪二十五年（1899 年）八月，景恩奉旨被简放苏州织造。光绪二十九年（1903 年）调任镶黄旗蒙古副都统。三年后，调任正白旗满洲副都统。

1 号院在新中国成立后曾是著名学者、历史学家吴晗的故居。吴晗搬走后，这里住进了副市长张友渔。此外，副市长刘仁也在 1 号院居住过。

4.4　胡同传说——真如寺与天地会

真如寺胡同的命名

明代时，胡同西段有一座建于辽代的古寺——真如寺。据《日下旧闻考》记载，真如寺建于辽保宁年间（969—978）。一位来自四川、法号真如的和尚多方化缘，在头发胡同西端建了这座寺庙，并以其法号为寺命名。到了元代，寺庙改称定力院。明代后复称真如寺，曾两番重修。弘治八年（1495 年），真如寺的山门变换了方向，由朝南转向于朝北。这可能是当时除西四当街庙外，北京仅有的一座面向北方的寺庙。

山门的变向与象房相关。当时朝廷畜养着大象仪仗队，每逢大型朝会，象群便会被牵到宫中，在朝仪中担当站班等重要角色，使朝会更显隆重。象群原先豢养在什刹海南岸，后又养于广安门内报国寺古松林中。大象经常入宫，如果让一群大象甩动长鼻子、慢吞吞地行走很远的路会带来很多不便，于是朝廷下旨，令将真如寺山门一带辟作象房。真如寺只得垒起南墙，将山门向北，开到头发胡同里。后来，寺庙山门前的胡同就叫作真如寺胡同。民国以后，真如寺破损，再未得到修葺，成为民居，后被新华社所用，院内住户多搬迁安置在丰台马家堡。

天地会秘密联络点

据说，在金庸的武侠小说里，主张反清复明的天地会北京秘密联络处就设在头发胡同里。天地会是清代民间秘密结社之一，以拜天为父拜地为母得名，又名洪门，俗称洪帮。天地会创立的时间有几种不同说法，至今尚无定论。其成员最初多为农民，或由破产农民转化而成的小手工业者、小商贩、水陆交通沿线的运输工人及其他没有固定职业的江湖流浪者。之后成员成分日益复杂，但仍以下层穷苦人民为主。天地会打出“反清复明、顺天行道、劫富济贫”等口号，反映了当时平民的民族观念和反对阶级压迫的要求。传说康熙帝征调福建莆田南少林高手为军官，远征西藏，谁知凯旋后，却有人诬告这些高手意图造反，于是朝廷派八旗兵，火烧南少林寺，将其除灭。有五个少林俗家高手幸而逃脱，从此痛恨清廷，请万云龙做首领、陈近南做军师，建立洪门，是为“洪门五祖”，以“天父地母”，立誓以反清复明为己任，故称天地会，尊郑成功为开山老祖。

5. 此志勿忘——文华胡同

文华胡同位于北京市西城区南部，复兴门内大街以南，宣武门西大街以北，是一条呈倒“T”字形的胡同。胡同东起佟麟阁路，西至闹市口中街，倒“T”字形的北端与文昌胡同相交。胡同东西方向长 274 米，北侧分支长 80 米，全长 354 米，宽约 3 米。南北两侧的主要功能以居住为主，部分小型商业为辅。

胡同明朝属阜财坊，称石驸马街后半边胡同；清朝属镶蓝旗，乾隆年间称后闸，宣统年间称石驸马后宅，又称后宅胡同。明宣宗的女儿顺德公主下嫁石驸马，宅邸就在现今文华胡同以南不远的新文化街，即当时的石驸马大街。由于文华胡同在石驸马府的后半边，因此明朝时称为石驸马街后半边胡同。李大钊曾于文华胡同 24 号居住多年，文华胡同的名字是 1965 年整顿地名时为了纪念李大钊而修改的，胡同口标牌也由蓝底白字换成了红底白字的搪瓷牌子。

文华胡同临近新文化街、文昌胡同。新文化街是为纪念鲁迅而命名的。文昌胡同曾有一座张学良的宅第。三条胡同都带“文”字，李大钊、鲁迅、张学良又都为中国现代史上的风云人物，这在北京的胡同中十分罕见。不过现在胡同仅保留了当初的

2/3，东侧 1/3 被北京第二实验小学操场所占，已无法找到胡同东口。

5.1　建党初期的历史见证——李大钊故居

从 1916 年夏至 1927 年春，李大钊在北京工作、生活 10 年，先后居住过 8 个地方。1920 年春至 1924 年冬，李大钊一家在石驸马大街后宅 35 号（今西城区文华胡同 24 号）北院居住将近四年，此处是他在故乡之外与家人生活时间最长的一处居所。1979 年 8 月 21 日，李大钊故居被公布为北京市重点文物保护单位。在这里，李大钊多次会见共产国际的代表，而这段时间也正是中国共产党创建的关键时期，为了组织各种革命活动，李大钊曾在这间西厢房里召开过许多次重要的会议。故居见证了李大钊传播马克思主义、创建中国共产党、领导北方工人运动、促成第一次国共合作等革命实践活动。

李大钊故居

5.2　山水画一代宗师——黄宾虹寓所

石驸马后宅 35 号在 1946 年成为爱国国画大师黄宾虹的寓所。

尽管李大钊、黄宾虹居住的时间不同，居住的房屋也不同，但住在同一胡同的同一门号内可谓机缘传奇。

黄宾虹（1865 年 1 月 27 日—1955 年 3 月 25 日），初名懋质，后改名质，字朴存，号宾虹，别署予向。原籍安徽省徽州歙县，生于浙江金华，成长于老家歙县潭渡村。近现代画家，擅画山水，为山水画一代宗师。

1937 年，70 多岁的黄宾虹应邀到北平兼任国画研究院导师、北平艺专教授，住在石驸马后宅 7 号。七七事变爆发，北平沦陷，他只能“伏居燕市”。蛰伏北平期间，黄宾虹保持民族气节，将画室名曰“竹北移”，书画题款不再用“宾虹”，而改用“予向”，表明了自己怀念乡邦、卧薪尝胆、面壁苦参的决心。日伪当局为了拉拢他，想请他出任北平美术馆馆长，但黄老坚辞不就，并挥笔画梅花一幅，题诗言志：烟云富贵，铁石心肠。耐此岁寒，以扬国光。抗战胜利后，黄宾虹复任北平艺专教授。1946 年，他从石驸马后宅 7 号移居石驸马后宅 35 号，随后南返杭州就任国立西湖艺专教授。

5.3　封建社会的叹息——溥仪之妃文绣的避难所

文绣（1909—1950），姓鄂乐德特，名文绣，鄂乐德特·端泰之女。她是清王朝最后一位入宫的皇妃。她入宫后，因不堪忍受溥仪及婉容的虐待，便大胆向宣统皇帝溥仪提出离婚，并获得成功。她是中国历史上第一个敢于运用法律手段，向皇帝提出离婚的皇妃。与溥仪离婚后，文绣投奔住在文华胡同的一个朋友家中，度过了一段十分穷苦的生活。

6. 故景可窥——闹市口大街

闹市口大街位于金融街街道南部，是一条南北走向的大街。北起复兴门内大街，南至宣武门西大街，北与太平桥大街相连，南与长椿街相接，全长约860米。该街东西两侧分布着许多重要金融机构、学校和住宅。

6.1 忆往昔繁华岁月——闹市口

闹市口的名称始见于明朝，泛指当初闹市口北街、中街、南街（今闹市口大街）和与新文化街相交的十字路口附近地区，因其地集市贸易活跃，故名闹市口。

清代时以园宏胡同为界，分为南北闹市口两部分。闹市口南街原为金中都崇智门内外官道，元代在大都南城墙外。明永乐年间，北京南城墙南移，闹市口南街遂被划入北京内城并形成街巷。闹市口北街北起太平桥大街，南至复兴门内大街，附近有元、明、清三代供奉都城守护神的都城隍庙（现存都城隍庙后殿，为北京市文物保护单位），位于现在的西兴盛胡同附近。清代时有庙会，每月初一、十五、二十五开市，西起都城隍庙，东至旧刑部街（已并入复兴门内大街），列肆三里，商贩云集。

明清时期，北京内城最热闹的地方为“东四西四鼓楼前”，东四、西四指的是东四牌楼和西四牌楼，鼓楼前指的是鼓楼东、西大街至烟袋斜街一带，这是北城的商业中心；而东城、西城以及南城地区的商业中心就是闹市口。明清时期的京城长安街西有西单牌楼，东有东单牌楼，两个都是丁字路口。从丁字路口到城墙，分别是西观音寺胡同、东观音寺胡同、旧刑部街和城隍庙街，两条街各长三里，道路中间有两条东西走向的街道与之相交，西边是现在的太平桥大街和长椿街，东边则是南小街和方巾巷。南北走向大街与东西走向胡同相交之处，就是闹市口。

闹市口的形成主要是为了满足内城的消费需求，老话说“东富西贵”，东边所住多富贾，西边所住多权贵。后来清军入关，旗人占据内城，把普通汉人住民赶出了北京城，东闹市口一带成为正蓝旗和镶蓝旗的居住区，西闹市口周边为正红旗和镶红旗的居住区。民国至中华人民共和国成立后的一段时期，这两处地区作为商铺集中的购物中心，更是人口密集之所。据说当年东西闹市口堪称百货俱全，柴米油盐酱醋茶、吃喝穿戴、使用铺盖，应有尽有，常年人声鼎沸，热闹非常，其繁华程度仅次于东四、西四。

6.2　伴城相生，随建而长

按照《辽史·地理志》记载，辽国时期的燕京城（南京析津府）是辽国“五京”之中规模最大和最为繁华的一个城。辽燕京城中心位置在今广安门一带，城墙平面呈正方形，周长36里。城东为安东门、迎春门，南为丹凤门、开阳门，西为清晋门、显西门，北为通天门、拱辰门。其中有两条贯穿城市的大道：一条为东西向，连通了清晋门和安东门，它是广安门内、外大街的前身；另一条为南北向，连通了拱辰门和开阳门，大致相当于今天的闹市口大街南段、长椿街、牛街加上右安门内大街北段。

金代在辽南京城基础上扩建成金中都城，在保留原辽南京城北城垣上两座城门的同时，又增辟两座城门，其中新增辟的光泰门位于今日西城区境内。从历史地图上看，金中都城北垣东部的崇智门位于闹市口大街中段的东、西太平街交点以南处，东、西太平街则为当时中都城的北护城河故道，年久干涸，变成了胡同。当时称为崇智门内街的城市道路的北段即为现在的闹市口大街南段（东、西太平街交点以南）。

清末，今复兴门内大街以北称北闹市口，石驸马大街以南称南闹市口（后改称闹市口中街）、回回营（后改称闹市口南街）。1955 年改北闹市口为闹市口北街，半截碑与乐全胡同合并为闹市口中街，南闹市口并入回回营、小月庵后改名闹市口南街。北、中、南三街相衔接全长千米左右。北起太平桥大街，南至宣武门西大街。中与成方街、复兴门内大街、保安胡同、新文化街、园宏胡同等 17 条街巷相交。

20 世纪末，为迎接新中国成立 50 周年，闹市口中街、南街于 1998 年 10 月改为闹市口大街。同年道路两侧进行危改工程，拆除了闹市口中街、闹市口南街两侧原有房屋，扩建了道路。1999 年 9 月全线贯通，道路扩展至 45 ~ 55 米，建机动车道 20 ~ 26 米宽，两侧非机动车道 4 ~ 7 米宽，成为与太平桥大街贯通的主干道路。同时埋设给水、热力、电力、电信、雨水、污水等管线约 5400 米。

7. 西南名巷——鲍家街

鲍家街及周边区域，北起复兴门内大街，南至宣武门西大街，西边则以西南二环路为界，东至闹市口大街，位于金融街街道区划的西南角，同时也是老北京城内城的西南角。曾经这里临近西南角楼和西便门，城墙之下，粼粼太平湖上，倒映出一片波光堞影，美景之至，令人心醉。

太平湖东有醇亲王南府、几处贝勒府、几座寺庙和十余条胡同。从清顺治年间到民国，以官宅府邸为主体的该区域始终生生不息；光绪皇帝在此出生，使鲍家街区域在北京城西南有着不可撼动的地位；曹雪芹、敦敏等文人雅士也常常会聚于此。

封建王朝被推翻之后，醇亲王南府先后被用于开设大学、工厂、中学，建国之后改为中央音乐学院。太平湖因发展需要而消失，胡同也历经数次更变，诸多寺庙也都相继不再，胡同和平房变成了高楼大厦和高等学府。时至今日，虽然旧貌换了新颜，但这里仍然是一片人杰地灵的沃土。

1825 年，区域内连接城内外水系的臭水河流入太平湖；报恩寺、永恩寺、白虎庙尚存；鲍家街区域与新文化街区域分界尚不明确，胡同的名称多数也无资料可考。

直至 1908 年，该区域的道路格局已经与今日现状相差不多。随后的几十年中，醇亲王府一直被用于民国大学的校园；官房、草场这一类旧建筑用地相继消失。建国之后，太平湖因发展需要而被填平，周围的寺庙也随着社会日新月异的变化而渐渐消失，醇王府附近片区的北侧先是被用于北京三十四中学，后来被中央音乐学院选为新校址，周边的胡同因不断的变迁改动，名字也有些许变更。

20 世纪 90 年代的复兴门南侧第一个胡同是柳树胡同，紧接着就是东、西嘉祥里，这三条胡同均为南北向并列排列。东嘉祥里南段清代称“安达公街”，《京师坊巷志稿》卷上记载：“‘安达’亦作‘谙达’，蒙古语‘火伴’也。”后译为谙达宫。东嘉祥里北段原为库资胡同的一部分，1996 年两段合并统称东嘉祥里。西嘉祥里明代称土地庙街，清代称都土地庙，1911 年后改称嘉祥里，1965 年此胡同改为西嘉祥里。

再往南走，我们就能看到库资胡同、寿逾百胡同、保安胡同、西铁匠胡同和前百户胡同。库资胡同西接东嘉祥里，东到南闹市口大街，为东西走向，最初因为其格局很像裤腿，故名为“裤子胡同”，后取谐音为“库资”。寿逾百胡同原名“狗尾（yǐ）巴胡同”，1911 年后取谐音为“寿逾百胡同”。

寿逾百胡同 17 号院曾是一个跨院，院子中间有一棵大槐树，房前利于掩护，房后便于转移，且靠近西南城墙根，十分偏僻。1937 年 3 月上旬，中共中央北方局书记刘少奇从四眼井搬到此处，居住在北房内。在北平期间，刘少奇领导华北地区党组织贯彻执行中国共产党关于建立抗日民族统一战线的政策，使平津地区党的地下工作得到进一步加强。这期间，他还写下许多指导白区工作的文章。4 月 21 日，刘少奇根据中央指示离开北平赴延安，北方局的工作暂由林枫负责。

前百户胡同是一个西北—东南向的斜胡同，这在北京内城的胡同里实属少见。金代这里地处金中都崇智关，建有唐薛仁贵祠。薛仁贵曾任安东都护，白衣征战，时称虎将，故祠前有白石虎，此亦俗称白虎神庙，简称白虎庙。明代并入北京城内，形成街巷，遂称白虎庙街，属阜财坊。清代白虎谐音为百户，并派生出前百户庙与后百户庙，此胡同在南，故称前百户庙。

再往西走，西铁匠胡同、保安胡同、前百户胡同都汇聚到一条南北走向的笔管胡同。笔管胡同原为醇亲王南府东墙外一条小路，因笔直酷似笔管而得名。笔管胡同西侧有四条东西走向并排的宗帽头、二、三、四条胡同，胡同内原有棕帽作坊。棕帽就是以棕片篾条为主要材料编制的雨帽，所以这里明代时候称作棕帽胡同，清代改称宗帽头条。1965 年时将太平湖并入，北京三十四中学就在其间，校舍为醇亲王府北半部分。

鲁迅先生曾在这里留下教书办学的足迹。民国十三年（1924年），女子师范大学校长杨荫榆开除了包括刘和珍在内的六个思

前百户胡同

想进步的学生，而反对杨荫榆的学生在鲁迅先生帮助下将宗帽胡同租赁房屋作为临时校舍。由于所得募金充足，临时学校1925年9月21日开学。暂时偏安于宗帽胡同的女师大招考录取了四十名新生，还由鲁迅先生出面，聘请了二十多位义务授课的名教授，自此，学校大师云集，呈现了新气象。几个月后一切准备就绪，鲁迅先生带着女师大学生们整队出发，沿途散发复校宣言，路人欢呼随行，助威民众越来越多。当队伍站列在校门前时，就有预先请来的两名木工，将那块横在大门上的“国立北京女子大学”牌子取下，换上原来的“国立北京女子师范大学”。

从宗帽胡同往南，出笔管胡同南口即是鲍家街，明代这里称包头胡同，清代由谐音改为包家街，清末又演变为鲍家街。值得一提的是，著名的鲍家街在建国之前一直是东西走向，东至闹市口（今闹市口中街），西至西城墙下。后于街西部建醇亲王府，街西段被占用，并将王府东墙外南北走向部分划归本街，形成“厂”字形，直至建国之后重新规划，才改为南北向。

从鲍家街12号一直到三十四中学这几百米的路段两旁有百年的老槐树，最粗的就数14号、18号门前的两棵，有两百多年历史，树干粗壮，需两三个人围抱。从5月起，串串白色的槐花就散发出醉人的清香。夏日时分，走在鲍家街的林荫大道，又能凭着两旁槐树遮挡着烈日，对于当地人来说是幸福和惬意的回忆。

再往南即是西太平街、闹市口南街、前后老莱街、向阳胡同和葵花胡同。闹市口南街是一条长街，南北走向，南至宣武门西大街，北至新文化街，与闹市口中街相连，与铜光胡同、园宏胡同、东太平街、月台胡同、向阳胡同、前老莱街、西太平街相交，原为金中都崇智门内官道，明代并入北京内城，东侧旧有园洪寺，故称园洪寺街，属阜财坊。北端路口旧有集市，明代称闹市口，因该街地处闹市之南，清代北段称南闹市口，南段称回回营。1965年，南闹市口改名闹市口南街，分布有饮食、旅馆等小型店铺。

西太平街原为金中都北护城河河道，明代地入北京内城，清代河道干涸，形成街巷，因地近太平湖，且在今闹市口南街之西，故称西太平街。前后老莱街清代始称老莱街。据传，因街内有一年事已高却仍然十分孝敬双亲的老人，故借用二十四孝老莱子之典故而得名。

向阳胡同清代为老莱街的一部分。1911年后，老莱街派生为前老莱街、后老莱街和小老莱街三条胡同。后者规模最小，故名小老莱街，抗日战争时期更名为朝阳胡同。据传，伪北平市商会会长冷家骥宅邸在此（今北京铁路师范校园内），冷家骥忌“小”字，故改称朝阳胡同。1965年更名为向阳胡同。葵花胡同北起前老莱街，南至月台胡同，西通鲍家街，明代称祁家胡同，在太平湖尚在之时，因太平湖酷似一只茄子，故清代称茄子胡同，北端西拐之岔道称茄柄胡同，1965年更名为葵花胡同。

第四节　北京最早的金融中心——金融大街区域

1. 始自元大都时期的金城坊

金融大街区域位于金融街街道的西北侧，在阜成门以南、复兴门以北、二环路以东、太平桥大街以西，面积约 1.1 平方公里，元代称金城坊。公元 1267 年，元世祖忽必烈经过仔细勘察之后，根据《周礼 · 考工记》的规划原则兴建了元大都城。公元 1288 年，在大都城内“分定街巷坊门”，并请翰林院“拟定名号”。翰林院拟出五十坊名，标于各坊门上，如福田坊、集庆坊、安富坊、凤池坊等，其中金城坊居于第三，意出于《史记 · 秦本纪》：“关中之固，金城千里，子孙万世帝王之业也。”即取圣人有金城，金城有坚固久安之义。

洪武元年（1368 年），明太祖朱元璋派遣大将军徐达北伐，闰七月二十八日的夜半，元顺帝出健德门（元大都墙上开辟的北之西门，现今的北三环健翔桥），仓皇北遁。八月二日，徐达从齐化门（现今的朝阳门）进入大都。不久，将大都废弃，改称北

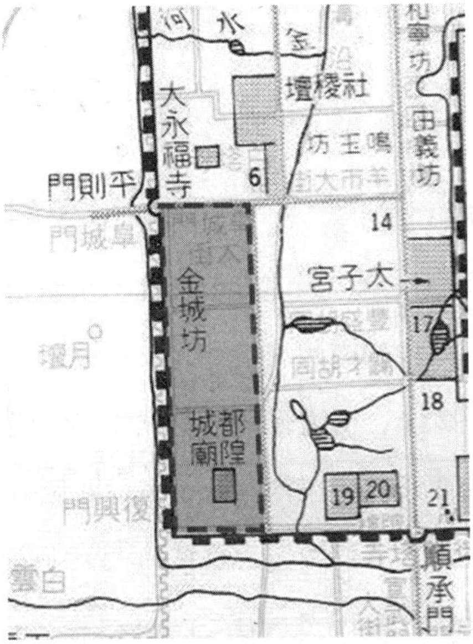

元代金城坊

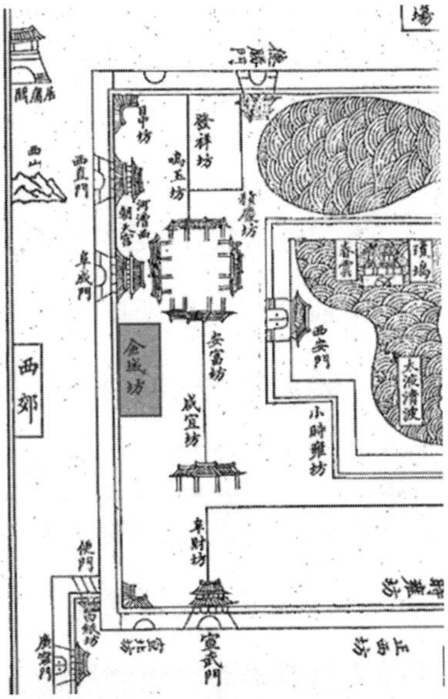

明嘉靖年间金城坊

平。出于防御的考虑，把大都的北部城垣废掉，在其南部五里的地方，今天的北二环路一带重新构筑新垣。城市缩小了，坊的数量也相对减少，但内城西南的金城坊、咸宜坊、阜财坊等名称没有变化，位置也没有变化。

金城坊之北有雄伟秀丽的妙应寺白塔，南有金碧辉煌的都城隍庙。坊内是一片古老的居民区，小巷纵横，地势低洼，其东侧的沟沿及太平桥大街原为城内的一条泄洪沟，从北至南直达南护城河。宁静的小巷中多为平房矮屋，也有几处轩敞的王府，如明代的武定侯、广宁伯等居住的府第，以及清代的顺承郡王府、德公府等，还有一些政府机关和专用场地，如巡按察院、提学察院、屯马察院，以及济州卫、养马营等。元、明之际及清代初期这里遍布银号、金坊，商贾富豪及皇亲国戚多在此地发迹生财，是繁华的商业区和金融中心。这是金融街“金融”背景的最初萌芽。

2. 皇亲府巷——王府仓胡同

王府仓胡同位于阜成门内大街以南，武定侯街以北，东西走向。东接大麻线胡同西端，西至阜成门南顺城街，北邻阜成门内大街，南靠武定侯街。全长约 492 米，街道现状平均宽 4 米。王府仓胡同从中部被金融大街隔为西段与东段两部分，东段北侧包括原为康熙帝之子贝勒允祎的宅院，以及曾作为京城四大关寺之一的清真普寿寺，南侧原为王府仓胡同 10 号院住宅。

此街巷从明朝起便被称为王府仓胡同，胡同走向格局均不曾改。1965年，北京市整顿地名，将小月芽胡同并入王府仓胡同。2000年，该胡同被拓宽为道路，东到锦什坊街，与大麻线胡同连接，西到阜成门南大街，形成今日格局。2002年7月，北京市第一五九中学从历代帝王庙迁到王府仓胡同北侧。

据记载，清朝雍正时期，康熙之子贝勒允祎的府第在此，其后子孙三代均居住于此，故“王府仓”之名一直流传至今。“王府”遗址，即后来的北京市第三十八中学所在地，今日已与北京第一五九中学合并，主要建筑未能保留下来。王府仓胡同29号（原16号）还曾作为中国共产党主要创始人之一的张申府先生的居住地，1957年迁居于此，直至93岁去世。旧居后因金融街开发没有保留下来。20世纪50年代，中国评剧院曾坐落在北京西城太平桥大街13号，距王府仓胡同不远。而王府仓胡同31号院当时正作为中国评剧院的职工宿舍，从这里曾走出过新凤霞、赵丽蓉等优秀的评剧表演艺术家。

位于王府仓胡同23号的北京市第一五九中学，于2002年从历代帝王庙原校址搬至此处，南靠王府仓胡同，北临民康胡同，西侧为金融大街，东侧为锦什坊街，与清真普寿寺紧邻。其前身是香山慈幼院女校，距今已有百年历史，创始人是著名教育家熊希龄先生、陶行知先生和幼儿教育家张雪门先生。1931年搬迁至历代帝王庙，后更名为北京市第三女子中学。后招收男生，1972年经全市统编为北京市第一五九中学。为保护文物，2003年从历代帝王庙迁至王府仓胡同23号，并与之前一直在此处办学的北京三十八中合并。

3. 旧时衙署——学院胡同

学院胡同为东西走向，东到太平桥大街，西到复兴门北顺城街。全长约450米，街道现状平均宽12米。学院胡同明朝称提学察院胡同，因为胡同内有提学察院衙署而得名。清朝改称学院胡同。20世纪90年代道路改造后，曾更名为学院小街，但最终仍定名学院胡同。

学院胡同为元代胡同的遗存。明代时，由于当时的提学察院衙署坐落在此胡同，故得名提学察院胡同。入清以后，改称学院胡同，其3号院曾为清室宗亲德公府邸。在学院胡同以南曾有按院胡同，原按院胡同在明代为巡按察院衙署所在地，称巡按察院胡同，清代改称按院胡同。原按院胡同西口曾为党和国家领导人之一、创建了中国人民银行的董必武先生居所；新中国第一任人民银行行长南汉宸，则住在按院胡同东口的5号大院。

4. 巡捕故地——民康胡同

民康胡同为东西走向，西起锦什坊街，东至金融大街，全长约234米，路均宽6米。民康胡同原名巡捕厅胡同。新中国成立后不久改为民康胡同。由于“巡捕厅”为旧社会的名称缘故，于今已不宜再用；另一方面是因为胡同里的居民不愿意说自己居住的地名有“巡捕厅”字眼的缘故。民康胡同位于阜成门内路南的锦什坊街里，与路北的白塔寺遥相呼应。向东穿过羊肉胡同可直抵西四，向西即到阜成门。

5. 金城大道——锦什坊街

锦什坊街为南北走向，北起阜成门内大街，南至金城坊街，全长 830 米，均宽 12 米。嘉靖三十年（1560 年），锦衣卫指挥张爵刻印了一部书稿，即被后世视为经典的《京师五城坊巷胡同集》。在这部书中的“金城坊”条目下，收有金城坊胡同。三十三年后，万历二十一年（1593 年），当时的宛平县知县沈榜也出版了一部书——《宛署杂记》。在这部书中，金城坊胡同被表述为金城坊街。入清以后，金城坊不存在了，但是名称依然保存下来，只是“金”谐音为“锦”，在雍正年间的八旗方位图中，称为“锦城坊街”。到了清末，“城”又被写为“什”。对此，清人并不糊涂，朱一新在《京师坊巷志稿》中解释是“疑即金城坊街之讹”。

这条街原来北端是阜成门内大街，南口与太平桥大街相连，再南是北闹市口。在元代，太平桥大街是金水河，在明代演化为大明濠，民国以后改为暗沟，于其上筑路。在太平桥大街没有出现之前，锦什坊街是这一地区唯一南北方向的通道，在元代还是大都的干道，九经之一。

6. 名将宅巷——广宁伯街

广宁伯街位于复兴门大街以北，阜成门内大街以南，是一条东西走向的大街。东起太平桥大街，与辟才胡同相接，西至月坛南桥，与月坛南街相接。全长 319 米，均宽 30 米。

《京师坊巷志稿》：“《明史·功臣世表》：广宁伯刘荣，永乐十九年七月封，追进侯，其故居当在此。”明朝永乐年间，都指挥佥事刘江跟随燕王朱棣冲锋陷阵，屡立战功，深得朱棣信任，被朱棣派去镇守辽东重镇广宁卫（今辽宁北镇）。永乐十七年，倭寇入侵辽东沿海，刘江击溃倭寇。捷报传至京城，朱棣大喜，封刘江为广宁伯，并赐名刘荣，以示荣耀。同时赐予宅第，广宁伯街因此得名。望海埚大捷让倭寇主力殆尽，明王朝的海疆平静了数十年，极大促进了沿海地区的经济发展。清代改称广宁伯街。1965 年将鸭子庙部分并入，1990—2003 年道路改造，将松柏胡同、真武胡同、枣林街、锦帽胡同拆除并入。

7. 功臣院落——武定侯街

武定侯街位于北京市西城区复兴门大街以北，阜成门内大街以南，是一条东西走向的大街。东到太平桥大街，与丰盛胡同相接，西到月坛北桥，与月坛北街相接，全长约 650 米，宽约 38 米。

明代称武定侯胡同，因武定侯郭英之后裔府第在此而得名。据《京师坊巷志稿》记载，武定侯胡同，定或作安。《明史·功臣世表》：武定侯郭英，洪武十七年封。明成祖朱棣迁都北京后，郭英的后人也迁到北京，其中一位名叫郭勋，袭爵以后，其府邸即在此条胡同，胡同因此得名。1965 年将其东侧的扁担胡同并入，定名武定胡同。1990—2003 年道路拓宽改造，更名为武定侯街。

该街东端路北的全国政协礼堂、全国政协办公楼原为清代顺承郡王府，始封王系礼烈亲王代善之孙勒克德浑，该府为清初八大铁帽子王府之一。民国年间，曾做过军阀张作霖的大元帅府。20世纪末，建全国政协办公楼时，顺承郡王府整体搬迁至朝阳公园内易地重建。

武定侯街23号是郭英之后裔宅第，于2018年进行了北京市西城区不可移动文物认定。郭英是明初随太祖朱元璋征战南北打天下的开国功臣，洪武十七年因论平南功封为武定侯，永乐元年卒于南京官邸，并未在北京居住。武定胡同宅第是其后人建造。该院为一座三进院的四合院，坐北朝南。东为花园，有北房和西房，房前为假山，山上有亭。

23号院老门牌为5号，和甲5号原为大陆银行房产，甲5号为孙殿英租住后又购买为己产。甲5号为四进院落，第四进现为大乘胡同7号。5号为甲5号东侧的花园，花园内有太湖石堆叠的假山和木亭，后院有宽敞的北房和西房。上海大陆银行经理曾在此居住。根据老门牌的排列方式，可以断定5号和甲5号原本是一个院子。根据孙殿英之子孙天义（原名孙天意）的叙述，在北京市档案馆查找民国年间户籍档

武定侯胡同23号

案，口述历史和文献资料相互印证，确定此宅院在民国年间的使用功能。1949 年，孙殿英的二夫人刘清贞将新五军驻京办事处的房子及私宅 5 处，其中西城武定侯胡同前后四进院 100 多间房，全部交公。堆积三间房的名人字画，包括赵子昂的《八骏图》在内，也全部交公。

第五节　文教荟萃，和谐宜居
——二龙路与宏庙胡同区域

1. 历史延绵

二龙路与宏庙胡同区域东临西单北大街，西临太平桥大街，南接复兴门内大街，北接丰盛胡同，面积共计约 1.08 平方公里。自元代起，这一区域大部分隶属于阜财坊，彼时机构和居住人口较少，道路密度较低，分布主要呈东西走向，南北走向的道路比较少。明代永乐年间，朱棣建都北京，以玉河作为都城的重要水系，称大明濠。现在的二龙路一带曾是玉河分支出的两条弯弯曲曲的河汊。两条明渠自北向南流淌，在今天的官房胡同南口汇合，流向今天的南北新华街，从右安门接南护城河。这两条河汊由于靠近刑部大堂和牢房，正巧流经刑部大牢院墙之外，无形之中就形成了护院之河。到清代，由于忽视河流清淤，遂成两个弯弯曲曲的水坑，称二龙坑。清朱一新《京师坊巷志稿》将今二龙路这一带称为“二龙坑”。自乾隆年间，此区域被划分为镶红旗管辖，胡同路网进一步密集起来，最终形成胡同纵横交织、水系蜿蜒其中的城市肌理。

区域内教育与文化氛围浓厚，既有旧时郑王府内建起的中国学院与弘达学院两所学校，亦有在其西侧建立起的师大女附中，以及在新皮库胡同南侧建立的东北中学；也有历史悠久的大木仓胡同、辟才胡同、宏庙胡同、丰盛胡同等街巷；还驻有教育部，国家民委，西城区政府，国家、市、区级重要的政务职能部门。整体环境优美和谐，秩序井然，是金融街街道一处现代与古老并存的和谐区域。

2. 皇家工厂——大木仓胡同

大木仓胡同位于西单北大街西侧，二龙路地区东北部，辟才胡同以南。东西走向，东起西单北大街，西至二龙路，全长 663 米，均宽 8 米。

明朝始建皇宫时，采用外加工的办法，在宫外建有五大厂，即台基厂、黑窑厂、琉璃厂、神木厂和大木厂，分别加工不同的建筑材料。神木厂和大木厂是加工和存储木料的地方。明代已成巷。清乾隆十五年（1750 年）绘制的京城全图称打磨厂胡同，又称大木厂，后大木厂逐渐按其谐音被称为大木仓胡同。原西至新皮库胡同北口，1965 年将新皮库胡同东西段并入，定名大木仓胡同。

3. 槐柳松柏——辟才胡同

从北京西单商场往北走不远，就会看到一条东西走向的宽约

40 多米的街道。这条大街从西单北大街一直向西延伸到太平桥大街。未扩建前它只是一条 4 米多宽的小胡同——辟才胡同。世纪之交，辟才胡同才实施了拓宽工程。周边有很多小胡同逐渐消失了，成为一条上下四车道的大道，连接着西单商业区和新兴的北京金融区。胡同两边是丰汇园等新建居民小区。辟才胡同的历史可以上溯至元代，当时属咸宜坊。元代时期，胡同北面有一座寺院，据说因为寺中曾挖出一尊弥勒石佛而被称为大石佛寺，这条胡同也因而得名大石佛胡同。

元代剧作家李好古写过一部杂剧《张生煮海》，剧中小龙女的丫鬟说她们住在“砖塔儿胡同”，而张生则寓居在一个寺院里。在借宿时，张生问：“此寺有名么?”僧人回答：“焉得无名？山无名，迷煞人，寺无名，俗煞人，寺乃石佛寺也。”可见当时已有了石佛寺，而且这里离砖塔胡同也并不遥远。

大石佛寺是元代的著名寺院，规模宏大。据《元史》记载，大石佛寺是供奉元太祖、太宗、定宗御容的地方，在那里设有他们的影堂。清代时，大石佛寺仍在，只是规模逐渐缩小。《天咫偶闻》中记有：“门榜曰大石佛寺。元刹也，石佛仍在……元代供列朝御容于此，其巨可知。今则小殿两层，地殊逼仄，不知何时所改。”

比起“辟才胡同”，许多老北京习惯称呼它为“劈柴胡同”——这是它过去的名字。据说，一位靠打柴为生的张姓人家搬到了这里，每天出门打柴，然后劈成劈柴去卖，夫妻俩，再加上三个孩子，不是很富有，日子倒也说得过去。据说大儿子张大很有经济头脑，长大后，便开了一个劈柴厂，经营有道，慢慢地张家富裕起来，盖起了几座大房子，俨然成了大户人家。看到张家靠劈柴也能富裕起来，这一带的人很快都做起了劈柴生意。随后迁来的人越来越多，劈柴市场越来越红火。明清时期，由于临近为皇宫储存、加工木材的大木厂，这儿逐渐成为远近闻名的劈柴集市，故得此名。

1905 年 5 月 16 日，天津人臧佑宸在这一带开办了一所学校，为了扩大影响，他编了一首校歌，歌词是："辟才！辟才！辟才胡同中，苍苍菁菁槐柳兼柏松，是何处？京师私立第一两等。开辟人才，人才开辟，胡同著其名。"劈柴胡同才正式改名为"辟才胡同"。虽然这所学校很快便因动荡的社会环境停办了，但它开启了北京新式小学教育之先河，辟才胡同之名也得以延续至今。

4. 皇家仓库——皮库胡同

皮库胡同被华远街截成东西两段，西段西抵二龙路，东段东至西单北大街，南北相对位置上，西段比东段更靠北一些，西段东口和东段西口并不相连接。皮库胡同早先为清朝皇家储存裘衣裤的地方，因此得名。历史上，皮库胡同曾有过很多名人事迹。

李大钊 1915 年从日本留学回来，最初与白坚民、张泽民租房住在皮库胡同，后来又跟高一涵住于此处。随后，他搬迁至朝阳门内南小街竹竿巷（今竹竿胡同）等七处，一直住到 1926 年为革命事业牺牲为止。皮库胡同西头，清末曾创办过京师习艺所

（即劳改监狱）。九一八事变后，张学良借房屋办起私立东北中学校，招收流亡学生，学校旧时位于如今的北师大附属实验中学主校区位置。张澜等名人在这里的四合院住过。作家陈运和的祖母、陈宝琛之妻王寿眉的学生与同事杨纪文，在七七事变前后携儿带女于此胡同口不远，租一左侧小四合院正房作为住处。

5. 下岗胡同与消失的上岗胡同

元代大都城的南侧城墙位于今西长安街一线。明代修筑北京城时，废弃了这段城墙，向南约一里处另筑城墙，将元旧城墙囊于新城之内。明代并未彻底地拆除这段旧城墙，而是经过一段自然消亡的漫长历史过程。期间，岗丘残垣与民舍同存，因此产生了两个与地形相关的胡同——上岗胡同与下岗胡同。

下岗胡同位于二龙路西侧，南北走向。北起小口袋胡同，南至太平桥大街。清代称“下岗儿”，1965 年改今名。上岗胡同位于下岗胡同旁边，今已不复存在。清人阮文达曾居住上岗，留有遗篇《蝶梦园纪》，其记曰：“辛未、壬申间，余在京师赁屋于西城阜成门内之上岗。有通沟自北而南，至岗折而东，岗临沟上。门多古槐，屋后小园，松、柏、桑、榆、槐、柳、丁香、藤萝之属，交柯接荫，有一轩二亭一台，亭馆花木之胜，在城中草药佳境矣！”清末此园改为花厂。昔日上岗有台，即土城遗存，通沟即西河漕，为元初圈城面之河，民国初填塞为路，纵观今太平桥大街，其旧迹即可一目了然。

上岗以南，即今西长安街一带，过去有上坡下坡、邱子和报子胡同等地名称谓。上坡下坡与上岗下岗均对地形而言；邱子源于土丘子；报子得名于泡子河，均与元大都旧城垣及护城河遗迹有关。

6. 武圣义气——宏庙胡同

6.1 老北京的记忆

宏庙胡同位于北京市西城区西单北大街西侧、辟才胡同北侧，为东西走向。旧时东起西斜街，西至辟才胡同五条。今西斜街南端东折至西单北大街路段已划归宏庙胡同，全长280米，均宽6米。宏庙胡同以什坊小街分为东西两段。东段是一条城市性的支路，横穿宏汇园小区，接于什坊小街之上。

宏庙胡同里的很多居民都不知道宏庙胡同的名字来历和曾经的样貌。一些曾经居住在宏庙胡同的居民如今也已搬迁。几位原居民回忆昔时胡同西口的一座庙宇式房子有几分红庙的影子。但这些房子姿态谦虚，如同《红楼梦》中的“葫芦庙”，与“宏”的气势似乎不相符。至于其他房舍，则更不具备庙宇的特点。然而，据说在那座很陈旧的院落中，有一间庙宇式房屋，名字就是传说的“宏庙”。这座庙是一座供奉关帝的庙。据记载，在大清两百年间，尤其是乾隆时期，供奉关帝、建关帝庙的行为在民间最为红火。整个北京城的关帝庙在乾隆年间大约有六七百座。关公的忠义豪侠精神在民间得到广泛的推崇。距今半个多世纪的时候，宏庙胡同就已经是百姓之巷了。至20世纪末辟才胡同拓宽前，宏庙胡同与辟才胡同之间从东向西依次有六条南北向的小胡同排列其间。

追溯到明朝时期，胡同里建有一座关公庙，因为关公面色为枣红色，所以关公庙有着“红庙”的俗称，那时宏庙胡同的名字叫作红庙街，亦称红庙胡同；到了清朝，“红庙街”这个名字延传下来，简称为“红庙”。1911 年后以谐音改称宏庙街或宏庙胡同。1990 年至 2003 年胡同西段拆除，建宏汇园小区，余下的东段仍维持原有宽度及走势。

宏庙胡同中部北侧建有宏庙小学，最初为清代义塾，之后历经数次校名更换，于 1958 年更名为“北京市宏庙小学”并沿用至今。

6.2 胡同闻书声——宏庙小学

宏庙小学坐落于宏庙胡同东口，是一所历史悠久、典雅温润的百年老校。它前身是清代的义塾，1883 年改为“镶蓝旗官学”，1901 年命名为“宗室觉罗八旗第六小学”。1914 年改名为“北京师范附属小学”。1917 年改名为“北师附小”。1928 年改名为“北平特别市立师范附属小学”。1942 年改名为“北京市西单宏庙实验小学”。新中国成立以后数易校名，如“二区中心小学”“西单区一中心小学”“西城区第一中心小学”。1958 年更名为“北京市西城区宏庙小学”至今，已有 133 年的历史。曾有著名作家老舍先生及夫人胡絜青、中国近代油画先驱卫天霖在校任教。走出了政协委员杨伯箴、著名学者冯牧、人民艺术家于是之、奥运冠军罗薇等知名校友。

宏庙小学校名虽几经更迭，但一直是一所在社会上有名望、有影响的学校。1914 年到 1947 年这 30 多年间，学校一直归北京师范学校管理。校长由师范学校校长兼任，以“勤奋诚实、友爱活泼”为校训，学校的校歌为：“为我校训兮，勤、俭、诚、勇，四者应需并重，愿励行此训，倡校风兮，校兮誉日隆。”1925 年曾创办《宏庙教育月刊》，1930 年改名为《北师附小校刊》。

7. 曾经水系——西斜街

西斜街位于金融街街道中北部，为自东南向西北倾斜走向，旧时东南起自西单北大街，西北至丰盛胡同。全长 646 米，均宽 4 米。

西斜街与东斜街都是由河道演变而成的街道。老北京古时曾为河道的街巷胡同并不算少，例如：受水河胡同、北河沿大街、南河沿大街、正义路一线、三里河大街、赵登禹路、太平桥大街及佟麟阁路、柳荫街和北新华街。

元代金水河进和义门（明清北京城之西直门）后，经北沟沿（今赵登禹路）向南，在丰盛胡同处折向东南，流经甘石桥后分作两支，折向东北的一支围绕元大都皇城西墙及北墙西段后流入太液池（今北海与中海合称）。明代河水干涸，填淤成街，因河道走向称作斜街。清代以甘石桥（今灵境胡同西口略北位置）为界，以东称甘石桥东斜街，以西称甘石桥西斜街，简称西斜街，经民国时期一直沿用至今，至 20 世纪 80 年代包括其在内的周边区域胡同形态未有大的变化。

8. 豆坊故地——南千章胡同

8.1 胡同沿革

南千章胡同，位于丰盛地区西南部。南北走向，南起辟才胡同，北至什坊小街。南千章胡同在明代称千张胡同，当时胡同内有制作豆制品千张的作坊，因此得名。清朝年间，以十八半截和前泥洼为界，千张胡同被分为南、中、北三段，在南的一段，名为南千张胡同。1911 年后，“张”易为“章”，改名南千章胡同。南千章胡同的南口连接着辟才胡同，辟才胡同北侧有著名的齐白石故居。

8.2　齐白石故居

齐白石故居坐落在西城区辟才胡同西口，它坐西朝东，西南有竹林掩映，面积 204 平方米，是一座三合院带跨院的住宅。齐白石自 50 岁后直至逝世前寓此。

齐白石（1863—1957），湖南省湘潭县人，中国国画大师。

齐白石故居

原名纯芝，字渭清，后改名璜，字濒生，号白石，别号借山吟馆主人、寄萍老人等。年轻时做过木工。擅长诗、书、画、印。文化部于1953年授予“人民艺术家”称号，1955年又荣获国际和平奖金，1963年被列为世界文化名人。其故居现为北京市重点保护文物。

如今的齐白石跨车胡同故居的路口对面是著名的北京金融街，在这个十字路口，北京的历史文化和经济发展形成了明晰的对比。跨车胡同13号与齐白石的名字联系在一起已经有90余年，几乎和白石老人的寿数一样大。齐白石当年之所以在跨车胡同13号购买住房就是看中了这里的清静。据他在自述里所说，此前的十几年间，为了寻找艺术创作的一方净土，他先后搬了好几次家。当时的跨车胡同仅有15户人家，还是一个十分僻静的地方。直到1957年，白石老人大多时间在这里生活，他晚年创作的绝大部分传世之作都是在这所简陋的旧宅里完成的。

齐家对这座故居十分重视。1935年，白石老人为了安全，将家中北屋前面的走廊用铁丝围成栅栏。后来，他在题画时，常用“铁屋”二字，表明了老人对这里的深厚感情。1953年，齐白石把铁屋命名为“白石画屋”，用黑底烫金的篆书做成一个匾额，挂在堂前，并且题写长篇跋语，表达了他把这里长期保存下来的殷切希望：“其屋自称白石画屋，不遗子孙，留为天下人见之一叹，而后或为得保千秋，亦如邺侯书屋之有幸也。”

作为中外驰名的国画大师，齐白石老人在世时小院其实并不安静。1937年北平沦陷后，常有日本人和汉奸上门索画、买画，齐白石在自家门上贴出一张“画不卖与官家”的告示：“中外官长，要买白石老人之画，用代表人可矣，不必亲驾到门。从来官不入民家，官入民家，主人不利。谨以告知，恕不接见。”但这并不奏效，仍有不少鹰犬上门纠缠。齐白石再次贴出告示：“停止见客。”谁知还是无济于事，无奈，他干脆写了“白石已死”四字贴出去。解放后，登门拜访的人就更多了，李苦禅、李可染等弟子，梅兰芳、新凤霞等好友都是这座小院的常客。

近年来，著名的金融街商业中心在附近建成，这一带成了寸土寸金的繁华之地。故居门前的马路上车水马龙，人来人往。匆匆走过的人群中偶尔会有人停下脚步，惊叹这座“城市孤岛”奇迹般的存在。

8.3 横平竖直——什坊小街

什坊小街原先为东西走向，东到椿树巷，西到太平桥大街，全长502米，平均宽7米。清朝称“十八半截街”，简称“十八半截”，东接树荫胡同，西止太平桥大街。从前的什坊小街与若干条南北向的胡同相交，与夹在什坊小街和丰盛胡同之间的两条东西向胡同后泥洼胡同和前泥洼胡同形成了规整的网格肌理。该街因从东向西将南北走向的胡同切割为南北十八条半截胡同而得名。为了和东城的十八半截相区别，1965年在北京市整顿地名时改称“什坊小街”。

9. 昔日粉黛——粉子胡同

在西城区金融街街道的众多胡同中，有这样一条历史悠久、明代定名的胡同，这就是粉子胡同。粉子胡同位于北京市西城区金融街街道东北部，为东西走向，旧时东起西单北大街，西至西斜街。全长 390 米，均宽 4 米。

粉子胡同历史悠久，早在元代，粉子胡同一带即为京城有名的娱乐区，是当时达官富贾寻欢作乐的场所，明代即更名为粉子胡同。“粉子”又称“粉头”，明清很多作家用这个词称呼风尘女子。顾名思义，粉子胡同一带曾经是妓院的集聚地，属于北京八大胡同以外的独立作坊。相传清光绪帝的珍、瑾二妃娘家在粉子胡同 4 号。珍、瑾二妃为同母姊妹，其父为光绪朝工部礼部侍郎长叙。清末海军署也曾设于粉子胡同。1911 年后，民国政府曾将农商部设置于此，因此粉子胡同一度改名为农商部街，但并没有持续很长时间。在民国政府南迁之后，又恢复粉子胡同之名。粉子胡同的 3 号、5 号、7 号院是原来农商部的地址，如今成为小区。新中国成立后，粉子胡同平淡地走过了几十载。2000 年，粉子胡同西段被拆除并新建了宏英园小区，胡同仅存 200 米，东端不变，西端止于宏英园小区东门。

10. 缨者英才——前英子胡同

前英子胡同，位于西城区西四南侧，东起西单北大街，西至西斜街，为东西曲折走向，全长 430 米，均宽 6 米，其中段通过小英子胡同和后英子胡同与粉子胡同相连。明代此胡同与后英子胡同并称为缨子胡同，清时由于包含南北两条胡同，故将胡同二者按南北分开，南者称前缨子胡同，亦叫前英子胡同。前英子胡同甲6号曾是北平华光女子中学的校址。

北平华光女子中学是一所私立学校，1931年创办。校址在北平西单北大街前英子胡同甲6号。此校学生仅有140多人，但当时颇有名气，社会上流行两句话："养儿上北方，养女上华光。"诗人、作家陈运和的母亲孙贞菱年轻时，"一二·九"运动与七七事变前后，由营口到北平，也进了华光女子中学读书。后人评价华光的女生都是"天真加活泼，捣蛋加摩登"。这学校先后出了三位电影明星——白虹、白杨、白光，号称"北平三白"。20世纪三四十年代起，声誉极高。

白虹（1920年2月24日—1992年5月28日），原名白丽珠，民国时期著名歌唱家、演员，曾就读于北平华光女子学校。1931年初成为明月歌舞团成员，1934年在播音歌星竞选中夺冠，成为中国流行音乐史上第一位"歌唱皇后"。1945年1月举办歌唱大会，是第一位举办个人演唱会的内地流行歌星。作为影剧歌三栖红星，白虹灌录歌曲150余首，数量仅次于周璇，是20世纪40年代七大歌星、30年代末三大歌星之一；出演《无花果》《孤岛春秋》等30多部影片以及《上海之歌》《杨贵妃》等舞台剧、歌剧和话剧。中华人民共和国成立后，白虹致力于话剧事业直至退休，曾荣立三等功。

白杨（1920年4月22日—1996年9月18日），原名杨成芳，原籍湖南省汨罗市古仑乡，出生于北京市，中国内地女演员，曾就读于北平华光女子学校。

白杨很小的时候就被奶妈带走在农村生活，贫境与苦难伴随着她的童年。1931 年，白杨的母亲病故，为了生存，她来到联华影业公司在北平设立的第五分厂的演员养成所，并在无声电影《故宫新怨》中饰演了一个小丫头。不久影厂解散后，白杨加入了“苞莉芭”剧团，并出演了话剧《乱钟》《战友》等。但是，不久后该剧团也被强行解散。

1937 年至 1949 年间，白杨出演大量爱国电影，如七七事变后之后白杨与陈白尘、沈浮组成影人剧团，进行宣传抗日救国话剧的演出；1940 年与陶金合作主演抗日电影《青年中国》等。新中国成立之后，白杨先后出演《团结起来到明天》《为了和平》《春满人间》《金玉姬》《冬梅》《洒向人间都是爱》。1995 年，在世界电影诞生 100 周年、中国电影诞生 90 周年到来之际，白杨获得中国电影世纪奖女演员奖。1996 年 9 月 18 日，白杨逝世，享年 76 岁。

白光生于北京，因此与另外两位北京籍的电影明星白虹和白杨，被媒体合称为“北平三白”。白光与周璇同属 20 世纪 40 年代上海滩五大歌后与七大歌星。

白光本姓史，名永芬，籍贯是河北涿县（现河北涿州）。父亲曾在国民党爱国名将商震的部队里任军需处长，因而幼年时家境富裕，从小就有机会接受良好的教育。求学时期的白光兴趣广泛，对于艺术更是倾注了十二分的热情。在北平华光女子中学念书时，白光爱上了戏剧表演。

白光第一任丈夫是一位音乐工作者，曾经给予她歌唱方面的教育和启蒙。两人婚姻极为短暂，分手后白光只身去了日本，在日本东京大学音乐系半工半读，师从日本第一女高音三浦环。从日本学成归国之后，白光来到上海，正式进入中国影坛。抗日战争后，她回到北平，随后参与了《十三号凶宅》这部她自己最满意的影片的制作。

1949年她赴香港发展，1951年与一位美籍飞机驾驶员结婚，前往日本东京定居，但不久便离异，随后只身回到香港，淡出影坛。

11. 旧时侯邸——丰盛胡同

11.1 丰城侯佳话

丰盛胡同东起西四南大街，西至太平桥大街，中与高柏胡同、西斜街相交，全长760米。明代时期丰盛胡同叫丰城侯胡同。丰城侯名叫李彬，安徽凤阳定远人。明太祖朱元璋在南京称帝时，任济川卫指挥佥事。“靖难之役”随朱棣南下，转战有功，累迁右军都督佥事，永乐元年（1403年）获封丰城侯。侯爵是古代贵族公、侯、伯、子、男五等爵位之一，因为他的府邸在此，故这里被称为丰城侯胡同。万历至崇祯年间的地图显示这条胡同为丰城胡同。清初讹称丰盛胡同。

丰盛胡同外街景图

丰盛胡同旧时多官宦宅第，自元、明起，就一直是官宦们居住的地区。明清两朝，达官贵人为了方便皇帝的召见，便聚居在皇城西边。丰盛胡同过去是当之无愧的“贵人聚集区”。清人昭梿著《啸亭续录》称“公弘眺宅在丰盛胡同”，弘眺乃康熙皇帝废太子允礽第七子，清雍正十二年（1734 年）被封为辅国公。清咸丰朝文华殿大学士阿鲁特·赛尚阿宅第位于丰盛胡同东口路北（今丰盛胡同 13 号），其子崇绮是清同治三年状元，崇绮之女是同治皇帝的皇后。清光绪年间户部右侍郎常麟宅亦在丰盛胡同。只是随着时间的流逝，这些老宅已无处可寻，对于更多的老北京来说，这条胡同的“生活史”更令其记忆深刻。

11.2 古墓遗迹

2008 年 1 月，在丰盛胡同 46 号拆迁的南院内，工人在施工过程中挖掘出一座古墓，文物工作者进入现场勘察。此为一砖室墓，但仅残存一小部分墓葬，墓葬主要结构由墓道、甬道、墓室等构成。墓口距地表深 4.6 米，墓底地表深 5.9 米。墓南北总长 7.4 米。墓道南北长 2.8 米，宽 0.8 米，甬道长 1 米，墓室为圆形，南北长 3.4 米，东西宽 3.3 米，推测原来应为穹隆顶。

残存墓室内发现的壁画已经大面积破毁，仅一小部分可以看清。壁画所描绘内容为牡丹、树木、假山、鸟禽等。从画面看，画工具有高超的绘画技艺及很高的艺术修养。绘画风格为唐代末年风格。在墓室中发现的一方墓志为青石质地，长宽各 50 厘米，厚 6 厘米。墓志共刻有 500 余字，记载墓主人生平信息。墓主人为李正纶，祖籍在陇西，大约为今天甘肃东部一带，上刻其官职勋位为“亲事虞候，银青光禄大夫，检校国子祭酒，兼监察御史，上柱国”等字样。通过辨认可以推测出墓主人的社会地位较高。

根据墓志记载，李正绐卒于唐末唐昭宗李晔龙纪元年（889年）十一月四日，享年32岁，并于龙纪二年（890年）正月十二葬在幽都县礼贤乡胡村。唐代设置的幽都县，所在地即今天北京一带。以此可认为，现在北京的金融街一带在唐代时应为幽都县礼贤乡胡村。

11.3 冯牧与丰盛胡同

著名文学家冯牧先生曾经成长在这片地区，他所写的《丰盛胡同——我从这里起步》反映了他不寻常的经历。原本安逸自足的生活，随着卢沟桥的一声枪响被彻底改变，他由此走向解放区和延安，融入一场波澜壮阔的革命行旅。临别之际，对家的难舍突然烙进他一生的回忆：“人力车缓缓地沿着丰盛胡同的马路前行，看着那条我曾经奔跑过千百次的平坦笔直、浓荫蔽日的胡同，我有一种复杂的说不出的心境，一种混合着激动、悲伤、惶惑和一往无前的决心的感情。但当我走出丰盛胡同，对它做最后一瞥的时候，我却流出了眼泪。”他“怀着一种惜别和感激的心情”离开了这里，迈开了人生的第一步。

漫步金融街巷，体味胡同文化。朝代更迭，时代发展，金融街街道如同一本史册，记载了地理改变、社会变迁、名人事迹与时代伟业，书写了沧海桑田、日新月异之中的华美篇章。

第二章　底蕴深厚的古都文化

第一节　潜龙府邸三百年

1. 往来亲王贝勒府

复兴门与长椿街之间，有一处明代北京城西城墙南端遗址。北京大学地理系侯仁之教授专为修复的这处遗址撰写了“明北京城城墙遗迹”的碑文。文中提到“此段城墙以东，原属内城西南隅，地处偏僻，又较低洼，尝有积水曰‘太平湖’。现因市区扩建，昔日一隅之地，今且为交通要冲”。正如侯教授所言，原内城西南隅太平湖附近确实是偏僻的，交通也是不便的。但从顺治皇帝早年起，在此京城内城西南一隅，就有皇室府邸在此矗立，最初可追溯到不为人们熟悉的贝子萨弼宅。在北京建筑大学李春青、刘奕彤老师的论文《北京清代醇亲王府南府建筑研究》中，曾经详细研究过该地区王府的沿革及演变，接下来本节将以该文献研究成果为主线，展开记述。

1.1 萨弼贝子府

贝子萨弼为清太祖努尔哈赤长子广略贝勒褚英之孙、安平贝勒杜度第七子，顺治二年二月封辅国公，三年十一月晋贝子。其第五代后裔禄庆在乾隆五年十一月承袭辅国公，二十三年缘事降为三等镇国将军。其后，贝子萨弼的子孙以镇国将军世袭，直至清亡。

《京师坊巷志稿》卷上“老莱街”条，转引昭梿《啸亭续录》记述：“贝子萨弼宅在老莱街。”老莱街位于内城西南隅的太平湖东侧，东为南闹市口，南到月台大门，西临茄子胡同，北为西太平街。

除此之外，顺治年间，克勤郡王岳托第三子显荣贝勒（喀尔楚浑）几经升降，最终在顺治六年（1650 年）在城西南太平湖畔，建立了一座克勤郡王府分支——贝勒喀尔楚浑宅。

1.2 贝勒喀尔楚浑宅

贝勒喀尔楚浑宅地处太平湖东北侧。府邸南侧、东侧有一条水系流经，西边一直通入太平湖内。府邸后面是保家街（后改为鲍家街）。其建筑主要分布于北侧南北走向的笔管胡同延伸线的东侧。府门五开间，出府门外边还有东西班房各三间。

喀尔楚浑因军功而晋贝勒爵，顺治八年摄理藩院大小事务，却不幸在同年溘然长逝，年仅 25 岁。喀尔楚浑仅有一个独子，名叫克齐，父亲去世的时候还不到 3 岁，于顺治八年末九年初承袭了贝勒爵位。克齐 74 岁去世，其长子鲁宾承袭了贝勒爵位之后，因为其有“耳聋症”，在雍正皇帝面前“举动狂悖”，雍正大怒，本欲将其就地正法，但念其无兄弟子息，不忍绝其后嗣，又病患在身，或属无意之举，特予以宽典，于雍正七年八月将其遣送回祖宗陵寝居住。

1.3　荣亲王府

乾隆三十年（1765 年），乾隆帝第五子永琪晋荣亲王，获封此府，成为荣亲王府，贝勒喀尔楚浑宅易主为荣亲王永琪府。三个月后，永琪不幸病逝于紫禁城的“兆祥所”，谥号曰纯，其间荣亲王府可能正在改建，因此他从未在此真正居住过。值得一提的是，这里提到的永琪正是电视剧《还珠格格》和《如懿传》里的五阿哥永琪的原型人物。

后来，永琪第五子荣郡王绵亿于乾隆四十九年（1784 年）袭贝勒爵位，赐太平湖邸，并于嘉庆四年（1799 年）晋荣郡王时对该府进行了扩建，使得荣郡王府西边直达城墙根，南达槐抱椿庵。嘉庆二十年（1815 年）绵亿去世，谥号曰恪，后其长子奕绘袭贝勒。道光十八年（1838 年）奕绘去世后，长子载钧袭贝子。咸丰七年（1857 年）载钧贝子去世，荣亲王府长达 90 年的历史

国家宗教事务局（原醇亲王北府）

也随之结束。

道光三十年（1850 年），道光皇帝第七子奕譞晋封醇郡王，并于咸丰九年（1859 年）分府出宫，朝廷征用原来的荣亲王府赐予奕譞，改为醇郡王府。同治三年（1864 年），奕譞加亲王衔，享受亲王待遇。同治十一年（1872 年）晋醇亲王，府邸升为醇亲王府，因为奕譞排行第七，该府又有俗称“七爷府”。光绪元年（1875 年），醇亲王的次子载湉嗣位登基，年号光绪，奕譞因此加封为“世袭罔替”亲王，醇亲王府也升格为“潜龙邸”，不能再继续居住。光绪十六年（1890 年）奕譞去世，被尊为“皇帝本生考”，意为皇帝亲生父亲，谥号曰贤，其第五子载沣承继醇亲王爵位。此时，醇亲王府南府的前半部改建为醇亲王祠，后半部仍作“潜龙邸”。

光绪十四年（1888 年），醇亲王府迁府至后海北岸，新醇亲王府被称作醇亲王北府，老醇亲王府也就被称作南府。宣统元年（1909 年），醇亲王载沣长子溥仪继位，年号宣统，北府再度升格为“潜龙邸”，同时载沣因此成为监国摄政王，醇亲王府北府又称摄政王府。风云变幻的醇亲王府悄然承载了“一门二帝”的历史传奇。

在北府建成之前，奕譞曾于光绪七年（1881 年）在西单儆子胡同（今东槐里胡同）的“适园”（今洵贝勒府）居住。光绪二十六年（1900 年），义和团曾在南府建过神坛。奈何新的王府还没有修好，清王朝就在 1911 年被推翻了。后来，北府还一度成为宋庆龄的宅邸，宋庆龄去世之后遂收归国有，成为国家宗教事务局所在地。

在这里本书引用了一张《北京清代醇亲王府南府建筑研究》一文中所整理的北京内城西南府邸沿革一览表，表中清晰明了地梳理了醇亲王南府这一带府邸的历史沿革。

时间	府邸	府主	世系	简述
顺治六年(1650年)至乾隆三十年(1765年)	显荣贝勒府(贝勒喀尔楚浑宅)	喀尔楚浑	克勤郡王岳讬第三子	顺治二年(1646年)降封镇国公;顺治六年(1650年)进贝勒爵
	贝勒府	克齐	喀尔楚浑之子	顺治八年(1652年)袭贝勒
	辅国公府	鲁宾	克齐之子	雍正元年(1723年)袭爵;雍正四年(1726年)被削爵,复封辅国公
乾隆三十年(1765年)至咸丰九年(1859年)	荣亲王府	永琪	高宗(乾隆帝)第五子	乾隆三十年(1765年)封荣亲王
	荣郡王府	绵亿	永琪第五子	乾隆四十九年(1784年)袭贝勒;嘉庆四年(1799年)晋荣郡王
	贝勒府	奕绘	绵亿长子	嘉庆二十年(1815年)袭贝勒
	贝子府	载钧	奕绘长子	道光十八年(1838年)袭贝子
咸丰九年(1859年)至民国元年(1912年)	醇亲王府	奕谖	宣宗(道光帝)第七子	道光三十年(1850年)封醇郡王;咸丰九年(1859年)分府出宫;同治三年(1864年)加亲王衔;同治十一年(1872年)晋醇亲王
	潜龙邸	—	—	光绪元年(1875年)载湉嗣位,加封为亲王"世袭罔替",醇亲王府升格为"潜龙邸"
	醇亲王祠、潜龙邸	—	—	光绪十六年(1890年)奕谖去世,前半部改建为醇亲王祠,后半部仍作"潜龙邸"

内城西南府邸沿革一览表

2. 五阿哥与荣亲王府

2.1 风景秀丽

昭梿《啸亭续录》云：“贝勒喀尔楚浑宅在太平湖，今为荣亲王府。”荣亲王即前文提到的乾隆皇帝第五子永琪，也就是著名的“五阿哥”。太平湖周边水系丰富，一条水系自西向东穿过王府曾经的场地，场地内仅有一些民宅，尚无王府格局，推测当时贝勒喀尔楚浑宅已在此处。场地内有大士庵、龙王庙、定慧寺等寺庙建筑，周边有头条胡同、笔管胡同、保家街、茄子胡同等。

《荣府史·邸宅志》言：“太平湖邸，在太平街之西，太平湖之东。邸中多花木山石，复引太平湖水入园。”这里提到的“太平湖邸”即荣亲王府，利用得天独厚的地理环境，西侧引太平湖水造园，荣亲王府花园选址优越、景色优美，是当时有名的王府园林。

据《北京市志稿》卷八记载：“云绘为荣府园名。”“其西花园风景至佳，王氏有《西花园即事诗》云：‘怡乐浑忘久病孱，幽窗鸟语送绵蛮。百城坐拥寻常事，难得吟身著此间。树木生凉水漾辉，斜从石径见双扉。风光却比江南好，岂为无田故不归？’”正如《园冶·相地》中所云，“江湖地”营园，“悠悠烟水，澹澹云山”“拍起云流，觞飞霞伫”，真是名副其实的“云绘园”。

2.2 文化府邸

荣亲王府还是当时著名的文化府邸，以“文风昌盛，家学相承”著称。贝勒奕绘博学多才，著有《明善堂文集》，其侧室西林春（即顾太清）被誉为“清代第一女词人”，著有《天游阁集》。府主人留下的诗词作品也从侧面生动展现了王府生活。著名学者金启孮为荣亲王永琪七世孙，在《从荣王府到芸公府》一文中记载：府中建筑有“南韵斋”、“熏风馆”、“知乐堂”（荣郡王绵亿晚年静养之所）、“观古斋”、“得一龛”、“如舫”、“延年馆”（奕绘贝勒居室）、“太素斋”（奕绘贝勒书斋）、“天游阁”（太清夫人居室，前有方丈小池名为天游池）、“怡黄馆”、“清秘阁”等。虽然不能明确建筑的具体位置，但荣亲王府丰富的建筑类型与精妙设计可从中窥得一二。

据《啸亭杂录》记载，当年的五阿哥府“此园俱好，园林亦佳”，堪称各大王府之首。而这座府邸也差点早了将近 100 年成为“潜龙邸”：原来，深得乾隆喜爱的永琪在 26 岁即被封荣亲王爵位，也是乾隆各皇子中的第一人，但却应了慧极必伤的魔咒——在其受封荣亲王后不久，便因为一次狩猎后附骨疽病发而不治身亡。而这附骨疽是爱新觉罗家族的遗传病，雍正帝最倚重的怡亲王胤祥也是死于此病。

3. 奕譞与醇亲王府

1850 年，道光皇帝第七子奕譞封醇亲王，征用原荣亲王府为醇亲王府。咸丰十一年（1861 年）至同治四年（1865 年），醇亲王府的建筑格局与今基本一致，南临中街，北至头条胡同和保家街。

醇亲王南府现状（摄影师王甜）

据《道咸以来朝野杂记》记载："京师园林，以各府为胜，如太平湖之旧醇王府、三转桥之恭王府、甘水桥北岸之新醇王府……"由此可见，王府花园利用天然的地理优势引水入园，建有亭、榭、船坞等园林建筑，不仅颇具规模，且造园艺术高超，成为京城为数不多可引水入园的王府园林。奕譞称花园为"西园"，并多次描绘其风光，如《西园晚坐得句》："雉堞西邻却耳嘈，不雕不斫乐陶陶。风来竹院秋声起，月隔松坡素彩高。径外尚迟花似景，宅边拟种柳如缳。个中会寓经权理，永逸贻谋必一劳。"园临近太平湖，登假山可借赏湖光胜景，奕譞《登假山望太平湖作》诗云："沟浍纵横汇浊流，一区积潦拟汀州。平揩镜面浮城影，倒映林容簇岸头。"

在清宣统年间 1909—1911 年的历史地图中可见，太平湖水面开阔，美景尚存，湖畔的醇亲王旧府即醇亲王府南府，已扩建至城墙根，西临太平湖，东至鲍家街，北达宗帽头条。

在1916年历史地图中，醇亲王祠堂旁标有中华大学，作为校舍的王府旧址基本尚存，且从等高线看出场地内有近2米高差。在1948年历史地图中标有民国学院，王府旧址格局及周边环境无大的变化，北至笔管胡同，南侧近槐抱椿树庵胡同及五道庙等。

1951年，“五十年代初，百废待兴，太平湖水已近于干涸，杂草丛生，一片荒野”。王府花园已消失不见，被新建建筑所替代。王府三路建筑格局保存基本完好，中路的银安殿及东配殿已被拆除，配殿处建成一座体量庞大的坡屋顶建筑。推测1952年北京俄文专修学校迁入时，王府划分为两部分使用：三十四中学分得东路除一进院落外的全部、中路五进院落的后罩楼部分，王府其余部分由北京俄文专修学校使用。

1959年的资料显示，王府建筑格局变化不大，周边新建了一些建筑，但西侧的太平湖已完全消失。1966年，王府中路二进院落的银安殿处，已建成一座体量很大的现代建筑——中央音乐学院的音乐厅，东侧紧邻的建筑为学生食堂。

2005年，政府拨专款对王府进行了修缮，将府内东西两路及中路后罩楼等建筑修缮，周边环境新建了许多大体量的现代建筑，一条新建道路“醇亲王府路”自西向北穿过场地，使得王府建筑西路的最后一座建筑被拆除，王府建筑格局及周边风貌遭到了较大破坏。

2017年，王府周边的传统建筑几乎无存，中央音乐学院校区内整修一新，东北角的醇亲王府建筑在周边环境的映衬下愈显突出。中央音乐学院使用部分主要用于办公，东路与狮子院中的建筑保存较好，大宫门改建的音乐厅2层存有醇亲王府南府的复原模型。西城区教委使用部分为西城区金融街少年宫暨社区教育学校，保存状况较好。现如今，醇亲王府南府中增加了许多新建建筑，但整体建筑格局基本保存，府墙部分留存，这座经历百年风云的古老王府依旧不断彰显着它的独特魅力。

4. 私立民国大学院

4.1 南府兴学

民国后，有多所院校于醇亲王府南府兴学，权属单位也多度变迁。

1912年，民国时期著名政客、北洋上将王揖唐将南府改建为法政大学，次年更名为中华大学，后并入中国大学。

1916年，国会议员吴景濂等人倡议办一所大学，由马景融、蔡公时、吴非等具体筹办。组织了董事会，制定了校章学则，租得宣武门外储库营四川会馆为校舍，定校名为“民国大学”，校训“忠信笃敬”，推马景融（马君武）为校长。1917年3月正式招生上课，办学初期设文、法、商三科及专门部各科，并开设了夜校。

4.2 元培校长

1920年，蔡元培曾一度任民国大学校长，根据学校当时经费紧张的情况，将全校合并为法律系四个班、中文系一个班，招生只招经济系学生，拟专办经济学一科。1923年，学校又租得西城太平湖原醇亲王府为新校址。同年蔡元培辞职，江天铎继任校长，恢复原先的文、法、商科各系，招收本科新生，并继续办专门部各科，还增设了体育、教育等专修科。

1923 年，北平民国大学因原有校舍不足而迁入醇亲王府南府办学，该校由同盟会成员蔡公时等于 1916 年创建，1920 年改选蔡元培为校长，1927 年推选张学良任校长，1930 年改称民国学院。抗战时期，民国学院南迁后未归。1930 年，根据南京政府公布的大学组织法，学校改名为私立北平民国学院，鲁荡平任院长。此后几年，学校进行了系科结构改组，停办了预科、专门部，以及教育专修科和英国文学系，专办中文、教育、政治、经济、法律五个系和一个体育专修科。

尽管民国大学是私立大学，却也是一座具有进步和革命传统的大学。在北平设校期间，民国大学学生多次参加爱国运动，也为新中国培养了许多优秀的人才。

5. 中央音乐学院

1958 年，醇亲王府迎来了新的主人——中央音乐学院。其前身是 20 世纪 20 年代至 40 年代各具特色的几所高等音乐院系，它们分别是建于 1927 年的燕京大学音乐系、1939 年的华北大学文艺学院音乐系、1940 年的南京国立音乐院、1946 年的国立北平艺术专科学校音乐系和香港、上海的中华音乐院以及建于 1948 年的东北鲁迅文艺学院音乐系等，其主体是南京国立音乐院。1958 年由天津迁至北京，选址在醇亲王府旧址。

该校原隶属文化部，2000 年归属教育部。1960 年被定为国家

中央音乐学院综合教学楼

重点高等学校，1999 年被列入国家“211 工程”建设学校，是目前全国艺术院校中唯一的一所国家重点高校和“211 工程”建设学校。

现如今，如果您从中央音乐学院东门进到学校，穿过古香古色的大门，还能看见些许王府过去的样子。但时过境迁，这里早已没有了忙里忙外的管家仆人，取而代之的已然是青春洋溢、白衣飘飘的大学生了。

第二节　王公皇庙如云烟

1. 八大铁帽子王府之顺承郡王府

顺承郡王府于清顺治初年建府。府址在当时的锦什坊街东侧，北临麻线胡同。顺承郡王府的第一位主人勒克德浑是清太祖努尔哈赤曾孙。其祖父代善协助太祖创建基业，功盖天下。太祖去世后，代善“让国”于八弟皇太极，后代称其“举止与圣贤无异”。崇德元年以军功封礼亲王，世袭罔替，是为“八大铁帽子王”之首。勒克德浑15岁时，太宗皇太极去世。因其兄阿达礼欲拥立睿亲王多尔衮为帝被处死籍没而受到殃及，被革除宗籍。顺治元年恢复宗籍，封为贝勒。顺治五年以平定南明，招降李自成余部之功封为顺承郡王，世袭罔替，成为“八大铁帽子王”中最年轻者。加之其伯父岳托（代善长子）因战功封克勤郡王，亦为“八大铁帽子王”之一，“八大铁帽子王”中，礼亲王一门占其三，足见其门名声显赫。光绪七年（1881年），顺承郡王经十世十五传，最后由讷勒赫袭封顺承郡王。民国六年（1917年），讷勒赫去世。其子文葵虽仍被已逊帝位的溥仪封为顺承郡王，但家境已远不如前，不得已将府邸卖给了入居北京的张作霖，成为大元帅府。

1949年以后，此处成为全国政协常设机构办公地点，顺承郡王府于1993年迁至北京市朝阳区朝阳公园东南隅，迁建前尚存的房屋，建筑面积为4422.8平方米，是目前国内文物建筑搬迁工作中面积最大的一个。通过著名古建筑专家刘大可老师的论文《从顺承郡王府看到的清早期官式建筑作法特征》了解到，估计当初的建筑面积应在7000平方米以上，王府正殿在张作霖时期由歇山改为硬山形式。墙面也改为当时的“现代”作法：青砖白凸缝。唯台基仍为原状。后楼在70年代被拆毁。府内门窗已面目全非，彩画经多次重画也已难寻初貌。所幸部分瓦木砖石仍为原构，记录着不少早期信息。

迁至朝阳公园的顺承郡王府面貌

《乾隆京城全图》绘制的该府为正方形，东起今太平桥大街，西至锦什坊街，南起今华嘉胡同、留题迹胡同稍北，北抵麻线胡同。面积虽不是很大，但布局严整。布局自外垣以内分三路，中路是主要建筑，和其他王府形制一样，也是前殿后寝，有正门（宫门）、正殿和两侧翼楼、后殿、后寝（原后楼现已无存）。东西两路为生活居住区。

如今迁至朝阳公园的顺承郡王府在后部修建了花园，改成了酒店。花团锦簇，绿草如茵，花园式的布局被人们称为休闲、散步、娱乐的“世外桃源”。

2. 八大铁帽子王府之郑王府

郑亲王府位于西城区大木仓胡同 35 号，原为明永乐年间姚少师广孝赐第，清朝入关定鼎北京，世祖福临以此第赐予济尔哈朗。济尔哈朗是清太祖努尔哈赤三弟舒尔哈齐之子，顺治九年（1652 年）加封叔郑亲王，是清初著名的“八大铁帽子王”之一。当年的郑亲王府全部面积为 80 余亩，房屋 900 余间，为清代四大王府之一。该府建于清顺治年间，因主人战功卓著，力求巍峨而超了王府规制。建筑布局分为东、中、西三路，花园居西。乾隆十三年（1748 年），因第七代郑亲王被斥革，乾隆皇帝命济尔哈朗之弟费扬武裔孙德济承袭。德济对于郑王府的贡献，在于着力园林建设，使“惠园”成为北京所有王府花园之冠。

府邸建成后，历代袭王均有所修缮或扩建。民国后，先是将王府抵押给西什库教堂，1925 年复赁给中国大学为校址。郑王府今为国家教育部址，为北京市重点保护文物单位。

王小波以及著名诗人汪国真曾在郑王府内居住。汪国真 1956 年 6 月 22 日生于北京，中学毕业以后进入北京第三光学仪器厂当工人，1982 年毕业于暨南大学中文系。在学校时喜欢写诗歌，1985 年起将业余时间集中于诗歌创作。他的诗曾风靡一时，1990 年在出版界甚至被称为“汪国真年”。据邻居回忆，紧挨着二龙路中学有几幢黑色的小楼，建于 20 世纪 50 年代，居住在此的人按顺序依次将它们称为“西一楼”“西二楼”“西三楼”。汪国真曾在西二楼里居住过。而王小波则住在西三楼内。王小波的父亲在教育部工作，因此他得以在郑王府内度过他的童年时光，他的小学和中学也都是在距此不远的二龙路小学和中学度过的。他生命最后的日子仍然是在这里度过的，1997 年 4 月 11 日，王小波因心脏病突发在此辞世。

查询相关历史资料，可对郑王府原状进行一些复原了解。该府最早布局为坐北朝南，原布局自东而西分成东、西两路。东路前部突出，是王府主要殿宇所在。中轴线上建筑有：面阔三间的临街门；面阔五间的宫门；面阔五间的带丹墀的正殿，有各面阔五间的东、西配楼（后西配楼仅存三间）；面阔七间的后寝（中国大学使用期间，为纪念孙中山先生，将此处改为“逸仙堂”，今尚延用）；面阔七间的后罩楼（今已无存）。西路随街道走势而稍向北退缩数米。西路有另一院落，为花园“惠园”的范围。

清代院落情况保存良好，其中惠园极负盛名。《道咸以来朝野杂记》称：“京师园林，以各府为胜，如太平湖之旧醇王府、三转桥之恭王府、甘水桥北岸之新醇王府，尤以二龙坑之郑王府为最有名。其园甚巨丽，奥如旷如，各极其妙。今改中国大学。”

另据《啸亭杂录》记载：“德济斋夫子嗣简亲王爵时，邸库中存贮银数万两。王见，诧谓其长史曰：‘此祸根也，不可不急消耗之，无贻祸于后人也。’因散给其邸中人若干两，余者建造别墅，亭榭轩然。故近日诸王邸中以郑王园亭为最优，盖王时建造也。”据记载，德沛“字济斋，于乾隆十三年（1748 年）袭简亲王爵，乾隆十七年（1752 年）去世。按《啸亭杂录》所记，则郑王府花园在此期间曾经大加经营，奠定了以后的规模”。

惠园“传说为清初李渔所构”，钱泳《履园丛话》即称“相传是园为国初李笠翁手笔”。该书记其景物道：“惠园在京师宣武门内西单牌楼郑亲王府，引池叠石，饶有幽致……园后为雏凤楼，楼前有一池水甚清冽，碧梧垂柳掩映于新花老树之间，其后即内宫门也。嘉庆己未（1799 年——引者注）三月，主人尝招法时帆祭酒、王铁夫国博与余同游，楼后有瀑布一条，高丈余，其声琅然，尤妙。”

民国年间，郑王府被用作中国大学的校舍。郑王府花园则保存至 20 世纪 50 年代。刘叶秋先生在《回忆旧北京》一书中记述了 20 世纪 30 年代惠园的景象：“1936 年余曾至其地，西跨院大操场北即惠园所在，有大厅数楹，为校当局治事之所，曲径通幽，奇石森列。”

1949 年，因中国大学停办，郑王府成为教育部和高教部所在地，并在操场南部和院里陆续建起几座楼房。其东部除西翼楼和后楼拆除外，大部分建筑尚完好。不过这些建筑的内部完全是一个现代化的办公室，原有的装修已不复存在。且王府的许多建筑

郑王府大殿的老照片

紧挨现代化的高楼，使其原有的格局与风貌被严重破坏。

王府花园则保存至20世纪50年代。50年代，王府“花园大体尚存，格局紧凑，游廊曲折，其间穿插假山、水池和花木，但其景物已经难以与清代文献和民国旧照一一对应”。此后“陆续拆除遗物，兴建新楼，目前花园部分旧址属二龙路中学，园景已基本无存”。据称花园内的假山“都运到紫竹院去了”。

现如今郑王府原王府东路保存尚好，西路仅存一座院落。东路尚存主要建筑有：正门，面阔三间，绿琉璃瓦顶，硬山式。如今该门挂有“中国教育发展基金会”的牌子，门前立有北京市文物保护单位“郑王府”的石碑。正门前左右两侧有一对墨绿色的铸铁路灯，为中国大学时期所立。大宫门，面阔五间，绿琉璃瓦顶，硬山式。殿前正中台阶有汉白玉丹陛石。门外两侧有一对石狮子，故该门前的院落通称“狮子院”。这对石狮置于院内中间，

郑王府

总高各3米，雕于清朝初年。围房，灰瓦顶，从正门两侧向东、西延伸，折向北。阿斯门，围房东西两侧中间各连接阿斯门一座，均为面阔三间。正殿（银安殿），面阔五间，绿琉璃瓦歇山顶，殿前正中台阶有汉白玉丹陛石。正殿在中国大学时期被改名为“和乐堂”。正殿（银安殿）东、西配楼，面阔五间。如今，东配楼五间俱存，西配楼仅存靠北的三间。垂花门（后寝门）在逸仙堂前。后寝（逸仙堂）面阔七间，中国大学时期更名为逸仙堂，沿用至今。门楣上至今仍然悬挂“逸仙堂”的描金牌匾。后寝东、西配殿，各面阔五间。

郑王府的大门两侧围房，向东西延伸，折向北方，原东西两侧有阿斯门各一座。阿斯门是王府、宫殿等较大建筑群中的一种旁门或侧门的专有名称。从大木仓北一巷现存王府东侧围墙可见

中国大学使用时将王府后寝改名为逸仙堂，今尚沿用

原西侧围房在西面的面阔三间的阿斯门痕迹。

3. 八大铁帽子王府之克勤郡王府

克勤郡王府位于新文化街53号，占地约6900平方米，是国家重点文物保护单位。克勤郡王府是顺治年间所建，面积并不很大，但布局紧凑合理，平面布局与王府规制相符。正殿阔五间，前出丹墀，左右配殿面阔五间，后殿面阔三间，后罩正房面阔七间。由于地处石驸马胡同，有人认为是沿用明代勋戚旧宅，或石驸马府改建。

3.1　红楼渊源

第一代克勤郡王岳托是清太祖努尔哈赤第二子礼亲王代善的长子，战功卓著，但在清入关前即死于军中，后被追封为克勤郡王。其子孙被改封为平郡王，到乾隆后期又复封为克勤郡王。岳

克勤郡王府

托的重孙纳尔苏袭平郡王爵，纳尔苏即《红楼梦》作者曹雪芹的姑父。纳尔苏的福晋是曹寅的长女，曹雪芹的亲姑姑。她与纳尔苏共生下福彭、福秀、福静、福瑞四子，他们是曹雪芹的姑表兄弟。乾隆朝的平郡王，就是福彭。曹雪芹与福彭交往有二十多年时间，据说关系非常好，因此，曹雪芹定居北京时常在东西二府走动。一部分红学家认为，新文化街东的克勤郡王府和街西的诺尼府是荣宁二府的原型，《红楼梦》中北静王的原型即是平郡王福彭。

据戴逸先生考证，福彭死时，曹雪芹正在创作《红楼梦》，书中所写富家生活，既有破落前曹家生活的实录，也有的是采自其他王公家庭。平郡王府是当时极其显赫的贵族家庭，又是曹雪芹至亲，曹雪芹目睹其家的奢华与排场，印象想必是极其深刻，所以能够对18世纪满人贵族的富家生活写得惟妙惟肖、入木三分。(节选自《谜案北京3——解读千年古迹档案》)

3.2　几经变迁

克勤郡王府历经了清王朝由鼎盛而至衰亡的历史进程，承载了极其丰富的历史文化信息。克勤郡王岳托的后人罗科铎改号平郡王，故此府又称平郡王府。克勤郡王府是清廷封给岳托后人的三处府邸之一，规模最大，东与罗科铎第三子诺尼的贝勒府相邻。克勤郡王的后代习惯把西边的平郡王府称为“西府”，把东边诺尼的贝勒府称为“东府”。西府的面积比其他铁帽王府要小，但布局紧凑合理，建筑精致。中轴线上建有大影壁、府门、银安殿、东西翼楼、后罩楼等建筑。西路前后还有三进院落。东路则由五个大小院落组成，有茶房、大小书房、祠堂、花房等，还有护卫、太监、奶妈居住的房屋等。

辛亥革命后，末代克勤郡王晏森无一技之长，生活窘迫，不得已将王府卖给了当时以从事慈善事业著名、创办了香山慈幼院的熊希龄。熊希龄买下了王府后，在王府中曾一度办过中华大学，设立过矿务局。1932年，熊希龄和夫人朱其慧将其所有财产，包括这所王府捐给中国人民救济会北京分会开办教育和福利事业。后几经变迁，2003年底，王府进行了大规模修缮，恢复昔日风貌，是清代现存规模较好的一座王府。中轴线上府路南影壁尚存，府前部存有东翼楼。后部的内门、后寝与东西配房、后罩房均保存完整。西部有三进院落，跨院也存大部原有建筑。东路则由大小五个院落组成。曾作为新文化街第二小学和新文化街幼儿园使用。现归北京实验二小使用，作为校园教学及办公用房。

克勤郡王府古迹

4. 王府仓胡同里的贝勒府——允祎府邸

允祎（1706—1755）是清康熙皇帝的第二十子，襄嫔高氏所生。康熙五十五年（1716 年），在塞外狩猎时受康熙帝重视，此后一直跟随在康熙帝身边。雍正四年（1726 年）封贝子，八年二月，晋贝勒。十二年八月，奉命祭陵，因称病不行，降为辅国公。弘历即位，复封贝勒。乾隆九年正月命总理泰陵事务。乾隆二十年正月初九日溘逝，享年 50 岁，谥简靖，故贝勒允祎府世称简靖贝勒府。第二子弘闰袭贝子。子永玉、孙绵通循例递降，以不入八分镇国公世袭。

据清朝昭梿所著《啸亭续录》称："贝勒允祎宅在王府仓胡同。"清光绪十一年（1885 年）出版的《京师坊巷志稿》"王府仓胡同"条，案云："今为贺公宅。""贺公"指允祎的后人奕贺，同治十一年（1872 年）袭不入八分镇国公（清代爵位等级）。奕贺之子载铠，光绪三十年（1905 年）袭不入八分公，此府时称铠公府。

因为三辈人在不同的年代里，住同一处住宅，虽然这三代人中无人成为亲王，但史书上习惯称三府皆一府，尽管并非王府，但仍被称之为王府仓。现已被北京市第一五九中学占用。原贝勒府的主体建筑大约位于现在校园的操场上。

据王府仓胡同的居民说，在王府仓胡同的铠公府是北府，还有南府，在附近的孟端胡同。两府有所关联。据《京师坊巷志稿》卷上的相应记载，孟端胡同卓公（即载卓）的祖太王是康熙帝第十七子果亲王允礼，王府仓胡同铠公（即载铠）的祖太王是康熙帝第二十子简靖贝勒允祎，他们的先祖是兄弟。王府仓胡同铠公府在北，故称北府；孟端胡同卓公府在南，故称南府。

铠公府位于王府仓胡同路北，离东口不远，有房 100 余间，占地近 5 亩。铠公在 1925 年把公爷府地上建筑卖给了前门外大栅栏某绸缎商店，然后拆除，砖瓦石片被运走。铠公府东院是本家载元居住，院子北边是大水车胡同。铠公卖府时，东院由载元侧室、南苑海子闫氏经手出租。卖府之后，铠公一家搬到胡同路南的花园居住，院里有土山子，有一座三开间的马王庙。进院有花厅两间，西房两间。因房间少不敷使用，铠公夫人让人又添盖了房屋居住。铠公府的辅国将军载镗（字振知）离开王府仓胡同后，搬到劈柴胡同（今辟才胡同）六条 9 号居住，而后还在西四、大乘巷住过。

5. 旧时故事——石驸马大街

新文化街始建于明宣宗年间，原名石驸马大街，因明朝第五位皇帝朱瞻基长女顺德公主下嫁给昌黎人石璟，而其宅第就位于此街，故得名石驸马街，名称一直延续到清代。清以南沟沿为界，将石驸马街分为东西两部分，街西界原至闹市口中街，后将鲍家街东西走向并入，形成现状。此街巷至今已有 580 多年历史。直至 1965 年，石驸马大街才改名为新文化街。

石驸马的故事

在网友“都护在燕然”的博客《新文化街——旧称石驸马大街》里，描写了有关石驸马的情况。正统二年（1437 年），19 岁的石璟与宣宗第一女顺德长公主成婚，封为驸马都尉。石驸马被委以文、武重任，掌管宗人府金书玉牒（掌管皇家族谱的官员）

兼总禁卫貔虎之师（皇帝亲兵）。他头戴貂帽，腰系玉带，显耀于时。石驸马从不居功自傲，不仗势欺人。闲暇之时，与儒生商榷古今，诗酒唱和。成化十五年（1479 年）十月初三日，石驸马以疾终于正寝，享年 61 岁。

6. 皇室城隍庙——都城隍庙

都城隍庙位于金融大街与西兴盛胡同交叉口东北角，是全国行政级别最高的城隍庙。1984 年被列为第三批北京市文物保护单位。城隍是古代中国民族宗教文化中普遍崇祀的重要神职，大多由有功于地方民众的名臣英雄充当，是中国民间和道教信奉的守护城池之神。北京都城隍庙始建于元，迄今 730 余年，如今的都城隍庙仅留有后殿寝祠。

都城隍庙

6.1 历史沿革

北京都城隍庙始建于元代至元七年（1270 年），因“大都城即成，宜有明神主之，请立城隍神庙”，故而“选都之坤方一隅，命少府督工建城隍庙”，其庙名为“佑圣王灵应庙”。明永乐年间重建。宣德五年（1430 年）六月，“命行在工部修北京城隍祠”（《明宣宗实录》卷六十七）。正统十二年（1447 年）闰四月，“命工部右侍郎王佑修东岳庙城隍庙”，至“正统十二年十一月重建城隍庙成”，明英宗御制碑文首次记录了都城隍庙的大致面积，“其地以丈计者深七十一广四十一有奇”。嘉靖二十七年（1548 年）正月，“都城隍庙灾，诏工部重建”。

万历三年（1575 年）又重修。清雍正四年（1726 年）及乾隆二十八年（1767 年）“屡发帑兴修”。同治十年（1871 年）毁于火，又重修寝祠大殿及仪门。至民国时，虽然还有香火，但已逐渐衰败。据曾经居住在附近的著名北京史地学家常人春先生描述，当年山门内是仪门，仪门后是一片空旷且堆满瓦砾的大院，正中是寝祠大殿，大殿上挂着“谁毁谁誉，逝者如斯夫；不仁不智，孰之而已矣”的楹联。后来，都城隍庙被水电印刷厂占用，周围旧有的建筑被拆改殆尽，唯有寝祠大殿保存至今。

根据陶金在其论文《北京都城隍庙考》中描述，庙内正殿名为“大威灵祠”，供奉京都都城隍神。其“前楹匾曰‘永佑畿甸’。联曰‘保障功隆，俎豆千秋修祀典；邦畿地重，灵威万邦仰神明’，皆（清）世宗宪皇帝御书。后楹匾曰‘神依民社’，联曰‘灵巩天垣，和会九州风雨协；报崇国祀，楹宁亿禩社万安’。

后殿（按：即寝祠，供奉都城隍与其配）匾曰‘福荫黄图’，皆皇上（按：即乾隆皇帝）御书”。在大威灵祠前的东西庑内，塑有全国十三省城隍的站立捧笏像，盖因其皆为都城隍之下属。但实际上只有十二省城隍，原来明代以江南省为陪都，“故不与各省并耳”。

目前仅存的寝祠大殿面阔五间，单檐歇山顶，黄琉璃瓦黑剪边，前出调大脊抱厦三间，建筑面积约420平方米。其中殿身面阔24.8米，进深17米，一斗三升斗拱，抱厦面阔17.8米，进深7米。

《北京金融街档案史料图集》载：北京都城隍庙是金融街唯一的元代建筑遗存。围绕这座花色琉璃瓦的大殿，是一个设计精巧的下沉式花园。大殿坐北朝南，南侧面向马路，西侧壁上是数十米长的石刻浮雕，表现了都城隍庙历史上的盛况。大殿两侧，有数通古碑，还有一些破碎的残碑构件卧于草坪之中，在大殿的东面后方，还保留了一段不高的残墙，巨大的青砖说明这里的营造断非草率。

6.2　庙会

每到过年，逛庙会是必不可少的节日活动，京城最早的庙会正是都城隍庙庙会，这里的庙会也是最热闹的庙会之一。都城隍庙庙会旧历每月初一、十五、二十五开市。开市之日商贩云集，不仅人们日常所用之物无所不有，还汇集了全国各地的名特产品，如苏绣、蜀锦、绫罗绸缎、笔墨宣纸等以及国内外奇珍异宝，如商周之彝鼎、秦汉之匜镜、唐宋之书画、名窑瓷器、珠宝、象牙、玉器、珊瑚树等等，琳琅满目，目不暇接。

明刘侗著《帝京景物略》中说道：“城隍庙市，月朔、望、廿五日，东弼教坊，西逮庙墀庑，列肆三里。图籍令曰古今，彝鼎之曰商周，氍镜之曰秦汉，书画之曰唐宋，珠宝象玉珍错绫缎之曰滇粤闽楚吴越者，集市族族，行而观者云，贸迁者三，渴乎庙者一。”明代的《燕都游览志》说：“庙市者，以市于城西之都城隍庙而名也，西至庙，东至刑部街，约三里许，大略与灯市同。每月以初一、十五、二十五开市，较多灯市一日耳。”详尽地记载了庙会出售钟鼎、书画、玉器、文玩的兴旺景象。明人笔记《谈经》还说到外国客商逛都城隍庙庙会“碧眼胡商，漂洋番客，腰缠百万，列肆高谈”的情景。《谈经》中还说：“庙市则起自刑部街之东弼教坊下，绕北，延至都城隍庙，绵亘十里。”从“列肆三里”和“绵亘十里”，足以说明庙会规模之大。如今修缮一新的都城隍庙寝祠大殿西侧有一幅《都城隍庙盛景图》大型浮雕壁画，再现了当时庙会的盛况。

庙会时，香客游人络绎不绝，小商小贩云集于此，高声叫卖，热闹非凡。“闹市口”即是记载当时庙会盛况的地名。由于庙会上“游上填塞，故多草窃剪绺之事”，少不了打架斗殴的发生，因而留下“闹市口常闹事，太平桥不太平”的谚语。

同治十年，都城隍庙毁于大火。民国初年时，都城隍庙的香火还很盛，而且有为各种原因而许愿、还愿的。有的人把两只胳膊肘下边扎穿，拴上提炉来朝拜；有的男孩则把自己身价“降低一等”，穿上红衣红裤，浓施粉黛，梳上两个小鬏髻，扮成女孩，一步一拜或三步一拜地来还愿进香。尽管有信众，有香火，但庙会已废不复举了。随着社会的发展，都城隍庙的庙会逐渐衰落，后来逐渐被广安门里的报国寺庙会取代，不久琉璃厂市场又取代了报国寺庙会。

7. 京城四大关寺之一——敕赐清真普寿寺

清真普寿寺在锦什坊街63号，位于王府仓胡同与锦什坊街交会处西北角。清真普寿寺的始建年代无考。明朝正统十四年（1449年）重建，明朝万历十年（1582年）、崇祯八年（1635年）重修。曾经是京城四大关寺之一，与牛街、东四、安定门的三大敕赐清真寺齐名。

据《顺天府志》记载，王府仓胡同有“普寿寺，有敕建额，回人礼拜寺也”。该清真寺保存完好，是西城区伊斯兰教协会的所在地。原占地4000平方米，寺内有大殿、讲堂、浴室，是西城区文物保护单位。

清真普寿寺

清真寺大殿中的圣龛背向麦加，因麦加在中国西部，所以清真寺大殿都

清真普寿寺

坐西朝东。清真普寿寺山门高大，大门三座，歇山顶，石砌。门额上书“敕赐普寿寺”。两旁各有一门。二道门为垂花门。垂花门两侧南北房各五间，南房为浴室，北房为讲堂。

垂花门正面是坐西朝东的礼拜大殿，大殿为“四破五”，十八间，前出轩三间，后带抱厦。“四破五”指有时候因为建房基地太窄，只能盖四间自然间（一椽一丈阔算一间）。与其他清真寺不同，抱厦三间不密封，使得礼拜大殿面阔五间直接呈现。更与众不同的是，后面的瑶殿共三间，均有尖顶，且中间的尖顶高出两侧的尖顶，为望月楼之势。

大殿有三块匾，中间为阿拉伯文，两旁为汉文匾。左曰“原无更”，右曰“再无转”。后窑殿由圣龛和宣讲台组成。大殿前立有两碑，北碑无字，南碑有字，内共有碑四块。

第三节　皇妃故园留残影

1. 珍、瑾二妃出生之地

在粉子胡同的西段，曾经住着一家贵人，她们是清光绪皇帝的爱妃珍妃和她的姐姐瑾妃。珍妃和瑾妃都对粉子胡同有着难舍难分的感情。珍妃生前虽为皇妃，但是与家人的联系仍然非常密切，经常通过亲信的太监与家人传递消息沟通，家人甚至还因此在珍妃落难时遭到连累，一度不得不卖掉粉子胡同的住宅逃亡上海。瑾妃在最后一次回到粉子胡同省亲时把家中的每个院子、每间房子，甚至连厕所都转了一圈。她边看边说："看看吧，不看不知道今后还能看得见吗?"那是个令人心碎的5月，整条粉子胡同都被难舍和牵挂浓浓地浸润着。

1.1　珍妃

恪顺皇贵妃（1876—1900），即珍妃，他他拉氏，户部右侍郎长叙之女，满洲镶红旗人，光绪帝妃，光绪后妃之中最受宠爱。《国闻备乘》："唯珍妃生性乖巧，讨人欢喜，工翰墨，善棋，日侍皇帝左右，与帝共食饮共乐，德宗尤宠爱之。"

光绪十五年（1889年），13岁的他他拉氏与15岁的姐姐被选入宫中，分别封为瑾嫔、珍嫔。光绪二十年（1894年），慈禧太后六旬万寿，二人加恩得晋妃位。同年珍妃又因忤逆慈禧，以"习尚浮华，屡有乞请"之名被褫衣廷杖，并降为贵人，次年复升为珍妃。

光绪二十六年（1900 年）八月，八国联军侵入北京，慈禧太后强词借口带走珍妃不便，留下又恐其年轻惹出是非，有辱皇家颜面，将其投井杀害，年仅 24 岁。

光绪二十七年（1901 年），清政府与列强签订《辛丑条约》，联军撤出京师，慈禧回銮。慈禧回宫后见珍妃所投之井依然如故，便命人将尸骨打捞出来，装殓入棺，葬于阜成门外恩济庄太监公墓南面的宫女墓地，以“贞烈殉节”的名义掩世人耳目，并追封其为贵妃。慈禧死后，摄政王载沣将珍妃的死因从“投井自杀”改为“被崔玉贵投入井中溺亡”。民国二年（1913 年），隆裕太后驾崩后，珍妃姐姐瑾妃尚在，此时已被尊为端康皇贵太妃，下令将珍妃迁葬回清西陵崇妃园寝，并在珍妃井北侧的门房为她布置了一个小灵堂以供奉珍妃的牌位。灵堂上悬挂一纸匾，上书“精卫通诚”，颂扬珍妃对清德宗的一片真情。

在中国五千年的漫长历史中，珍妃是唯一一个接受西方思想，敢于和宫廷封建礼教相抗衡，拥有过人的胆识和意志的嫔妃。她生性耿直，不会讨好权贵，不喜欢宫廷中的种种规矩。珍妃喜欢西方的照相术已让慈禧有所不满，又无视宫中礼仪，有时与慈禧太后的意见产生分歧，竟敢当面顶撞。并且珍妃的得宠导致了慈禧太后侄女隆裕皇后的失宠，这使慈禧和珍妃间的隔阂越来越深。于是她渐渐成为慈禧的眼中钉、肉中刺，由此“妃渐失慈禧欢，但尚未有若何变”的一幕上演了。这也为她悲惨的未来埋下了伏笔。而瑾妃一生，持守唯谨，与世无争，心忠厚而福泰，宫中称她为“胖娘娘”。作为光绪皇帝的女眷，瑾妃和隆裕皇后一样，是徒有虚名的；但她与妹妹珍妃的情谊很深，有珍妃专宠在前，她也能安然处之。时至今日，珍妃和瑾妃的娘家大院依然雄伟壮观，两棵粗大的古树静静地守护在青砖灰瓦的大门两旁，古朴的木门、精致的门墩、厚重的上马石都在向人们昭示着这家主人曾经的显赫辉煌。

1.2　瑾妃

端康皇贵妃（1873—1924），即瑾妃，他他拉氏，户部右侍郎长叙之女，满洲镶红旗人，是光绪帝仅有的三位后妃之一。宣统皇帝溥仪登基后，瑾妃被尊为兼祧皇考瑾贵妃。在宣统逊位后，上徽号为端康皇太妃。瑾妃在四大太妃中年龄最轻，思想也最为开通。民国初年，瑾妃在永和宫过着很有品位的生活，时常以丹青书法自娱。在永和宫的摆设中，有数样瓶盘盆景，上头都镶嵌着精致出色的钟表和花鸟人物。同时她也是一位美食家，经常派人到京城附近的天福号买酱肘子供她吃早餐。由于瑾妃喜爱美食，因此永和宫里的小膳房烹饪相当出色，逊清的王公旧臣都爱吃她赏的饭。瑾妃在 1923 年回到粉子胡同省了一次亲，也让粉子胡同的家里最后热闹了一回。

民国十三年（1924 年），在和溥仪及其余逊清皇室成员欢度中秋佳节后，瑾妃受了风寒一病不起，五天后因情况恶化而死在永和宫，享年 51 岁，以端康皇贵妃的身份，下葬于光绪帝的崇陵妃园寝，谥为温靖皇贵妃。

2. 末代皇妃避难之所

复兴门内大街以南的文华胡同，宣武门西大街以北，清朝属镶蓝旗，乾隆年间称后闸；宣统年间称石驸马后宅，又称后宅胡同。明宣宗的女儿顺德公主下嫁石驸马，宅邸就在现今文华胡同南边不远的新文化街，即当时的石驸马大街。而文华胡同在石驸马府的后半边，因此，明朝时称文华胡同为石驸马街后半边胡同。前文提到过，李大钊和鲁迅都曾在此居住，可鲜有人知，著名的末代皇妃文绣，也曾在此居住过。

文绣于 1922 年 14 岁时，被溥仪封立为妃。两年后，冯玉祥发动“北京政变”，她随溥仪被驱逐出宫，数月后移居天津日本租界张园。当时溥仪对她没有感情，婉容对她嫉妒、虐待，使她十分痛苦，竟多次考虑寻死，但均自杀未遂。不久，她无畏地站了起来，勇敢冲出溥仪控制的封建牢笼，并在妹妹文珊的支持帮助下，破天荒地向封建皇帝溥仪提出了离婚，并最终成功。她是

古树国槐

中国历史上第一个敢于运用法律手段，向皇帝提出离婚的皇妃。这在当时是人们所不敢想象的。此消息一出，一时间轰动全国。潜伏于四面八方的清朝遗老多认为皇妃向皇上提出离婚，实属犯上作乱，大逆不道。文绣为了自由与人权，对面前的反对势力毫不妥协，并展开了针锋相对的斗争。

无奈之下，文绣投奔住在文华胡同的一个朋友家中，度过了一段十分穷苦的生活。

文绣理直气壮及“必要与溥仪法庭相见”的强硬态度，使溥仪开始慌张。他为了不上法庭，不在公众场合丢尽“皇帝”的脸面，便请律师出面和解。经过双方律师多轮会谈与磋商，终于签订了离婚协议，并由溥仪一次性付文绣 5.5 万元终身生活赡养费。文绣离婚后用这笔钱在北京办了一所小学，并亲身任教，直至 1953 年病逝，享年 42 岁。她离婚后的 20 多年，始终未嫁，把所有精力贡献给了教育事业。

第四节　皇家机构寻遗迹

1. 察院、炮局、卫所、营房

明朝的金城坊里有座屯马察院衙门，衙门南侧就出现了屯马察院胡同、提学察院胡同以及巡按察院胡同。到了清朝，这三条胡同改成了屯绢胡同、学院胡同和按院胡同。

屯绢胡同，明代称“屯马察院胡同”。明代设有屯马察院，简称“屯院”，时间一长，被民间传称为“屯绢”。因现代金融街建设，屯绢胡同已经消失。

学院胡同，东起太平桥大街，西至复兴门北大街。明代的提学察院衙署在此，胡同亦名提学察院胡同。清代改称学院胡同，保留至今。

按院胡同，明代称巡按察院胡同。明时胡同内有巡按察院衙署，位于今胡同东端北侧，占地颇广。《京师五城坊巷胡同集》称之为“巡按公署”。入清之后据此简称按院公署。按即巡按，院即察院，胡同得名于此。因现代金融街建设，按院胡同已经消失。

1.1　炮局

炮局，又名炮厂，是制造枪炮的工厂或储藏枪炮的场所。清初国内动荡不安，为了统一全国，火器需求量大增，清政府加紧大量制造枪炮。顺治年间，八旗军每旗都在北京建立了炮厂。正黄旗、正白旗、镶白旗、正蓝旗在镶黄旗教场空地各设置炮厂35间；正黄旗、正红旗在德胜门内各设置炮厂30间；镶红旗、镶蓝旗在阜成门内各设置炮厂33间。

1.2　济州卫

济州卫在明洪武年间为北平属卫，永乐四年（1406年）升亲卫，守卫皇城南面及巡警京城各门，以指挥使为主官，下辖千户所，其所在的济州卫胡同又名机织卫胡同。东西走向，东起太平桥大街，西至真武胡同，全长278米，均宽4米，沥青路面。明代称济州卫胡同或济州卫新房，因戍卫京师的济州卫署在此而得名。属金城坊。清代讹为机织卫胡同，亦称集址街，为镶红旗地界。

1.3 西养马营

西养马营胡同位于原丰盛地区西南部。东西走向，东至后楼胡同，西至阜成门南顺城街。全长211米，均宽3米。说来可笑，此地虽叫“养马营”，可是却和养马一点关系都没有。明代，这里本称羊毛胡同或羊毛营胡同。清代因谐音误传为养马营，并分为南北两条东西走向的胡同。后北养马营西部改称鞑子店，东部改称东养马营，南养马营遂改称西养马营。1965年定名西养马营胡同。1990—2003年，平房全部拆除。

2. 镶红旗满洲都统衙门——135号与137号院

新文化街两侧大部分为现代居住区，有多个单位的家属院与职工宿舍，多为高层与多层建筑。现存两座著名院落，即135号与137号。135号四合院位于新文化街街西段路北侧，是一处颇具代表性的北京市公布的第一批挂牌保护院落之一。135号院西侧的137号院，为区级文物保护单位——镶红旗满洲都统衙门，占地约2000平方米。民国后此处曾为“八旗王公世爵清理京兆旗产代办处”，后改为文兴小学，文兴小学在新中国成立后并入新文化街二小。此院落现为民居，于2007年被公布为北京市西城区文物保护单位。

八旗制度，是清太祖努尔哈赤于明万历二十九年（1601年）正式创立的。初建时，仅有四旗：黄旗、白旗、红旗、蓝旗。后来增设镶黄、镶白、镶红、镶蓝四旗，并合称八旗。努尔哈赤创

镶红旗满洲都统衙门

立的是满洲八旗，到皇太极时又创立了蒙古八旗和汉军八旗，其编制与满八旗相同。满、蒙、汉八旗一共就有二十四旗，构成了清代八旗制度的整体。最初，每一旗的首领按满语称“固山额真”，后改称“固山章京”，顺治十七年（1660 年）按汉语改称“都统”，每个旗都设正都统一人，副都统二人。八旗都统都是一、二品的大员，位高权重。每一个旗的都统是该旗的总负责人，不仅管辖北京的旗兵，也管辖在各地驻防的本旗旗兵。

镶红旗是清八旗之一。清军进入北京以后，北京立即成为八旗的大兵营，但并未设立办公衙门，都统们都在家办公。直至雍正元年（1723 年）的九月十五日，为了适应王朝的统一统治需要，才正式在北京城中设立八旗都统公所衙门，统辖各地八旗军民政务。镶红旗满洲、蒙古、汉军都统衙门，最初在石驸马街南侧。雍正六年（1728 年），三旗都统衙门迁至石驸马街北，即今新文化街 137 号。据记载，镶红旗都统衙门在建成时共计有官房一所，房舍 104 间，管理镶红旗事务。光绪中期，蒙古和汉军衙门迁出，唯余目前存留的这座镶红旗满洲都统衙门旧址。

2.1　137 号院

镶红旗满洲都统衙门始建于雍正年间，乾隆年间进行过修缮。院落格局坐北朝南，正门中开，二进院落。原有前厅、后厅、前后东西厢房。后厅因存放粮食，建筑体量高大。1995 年，前厅因破损严重翻建，样式已改。后厅挑顶，屋面改为机平瓦顶，修缮时在后厅于正脊处曾发现乾隆铜钱。2004 年后，对部分文物建筑陆续进行修缮。

《八旗通志初集·营建志一》等记载，镶红旗都统衙门规模总计 106 间，规模较大，可能并非仅有现 137 号院的范围。结合《乾隆京城全图》，可看出 137 号院与 135 号院最后一进后罩房连为一体，且二者西侧有紧密的连通关系；此外，两者在建筑组合方式上存在着一定的主从关系，即 135 号院可能为 137 号院的配属部分。因而大致可以推测，新文化街 135 号院在历史上属于镶红旗都统衙门的范围。

2.2　135 号院

通过袁拯在其论文《北京新文化街 135 号四合院建筑寻踪》描述，为更好地保护北京旧城内的现有四合院，北京市根据“现状条件较好格局基本完整，建筑风格尚存，形成一定规模具有保留价值”的评价原则，于 2002—2003 年甄选并公布了总计 3 批 658 处挂牌保护院落。新文化街 135 号四合院是北京市公布的第一批挂牌保护院落。该院落的历史可追溯至清代，是一处规模较大、建筑遗存丰富、格局保存较为完好的典型三进四合院。

135 号院在历史上应该为四进院落，目前为坐北朝南的两路三进四合院，中路为主路，以一条南北走向的中轴线为脊，各进正房居中布置。合院中轴线两侧，每进布置东西厢房，合院南端设倒座房，通向胡同的院落大门东南隅的“巽”位。西路为院落附属部分，面宽较窄，历史建筑目前存有一进院落及三进正房。

院落大门采用规格较高的广亮大门形式，大门屋脊为鞍子正脊。门框上部有4颗门簪，上刻“厚德载福”4字。山墙侧面均为砖雕墀头装饰。

3. 象房

如今的北京居民若要观看大象，当然是去动物园。然而自700多年前的元代起，皇家在京城就饲养着大象。高大威猛、寓意吉祥的大象，曾是皇家仪仗队里的重要成员。明清两代饲养大象的驯象所周边，也曾留下了象房桥、象来街、象牙胡同等地名。每年夏季到护城河畔观看大象洗澡，更是旧日京城酷暑中的一道胜景。

3.1 元代起始

老北京城在元大都时期就有大象。《元史·舆服志》记载，元朝皇帝的车队里，除有青马青车、黄马黄车等青黄红白黑五色车马外，还备有用大象驮载的象轿，供皇帝出行时乘坐。皇帝的仪仗队里还有大象牵引的巨辇，行列的最前方走着6头大象作为先导。有史料记载，元世祖忽必烈曾用大象将许多名贵的大树驮到青山上栽种，青山即现在景山的前身。当时大象都在积水潭岸边高大的象房里饲养。积水潭在元代又叫海子，到了夏季，荷花盛开，水鸟出没，风景秀丽。每年伏天，象房的官员就让大象到海子去洗澡。元代诗中写道：“四蹄如柱鼻垂云，踏碎春泥乱水纹。好风景，一时惊散不成群。”

3.2 明代繁盛

《明史·仪卫志》记载，明朝皇帝举行大朝会时，宫廷仪仗队里有“虎豹各二，驯象六”，分列左右。还有5乘礼仪车，其中的“大辂”车和“玉辂”车各用2头大象驾辕。明朝的仪仗队归锦衣卫掌管，下设演象所和驯象所。演象所在大慈恩寺，即今西长安街电报大楼位置。从南亚新来的大象先要在演象所里演练娴熟，然后再送到驯象所饲养。

现在的佟麟阁路，当年是一条排水沟，沟南端抵近宣武门西侧城墙处曾有一座小桥名叫“象房桥”，桥西的胡同名叫“象来街”，都是大象出入的必经之地。桥东就是驯象所饲养大象的象房，即今新华社大院所在地。明代《万历野获编》记述：“凡大朝会，役象甚多，常朝则只用六只。”这些大象被授予高低不等的武将官衔，享有不同的待遇。现在的沙滩后街，旧称马神庙街，明代是太监掌管的御马监所在地。御马监不仅设有马房，还设有9间象房，常备着9头大象，以便就近去宫廷摆驾。这9头大象如有缺额，就由驯象所补充。

3.3 清代极盛

清朝定都北京之后，接收了象来街旁的象房，并从南亚国家补充了许多大象，那些大象都住着编有号码的单间象房。据清宫档案记载，象房至少有42间，养象数量在乾隆五十八年最多，达到了39头。每头大象都配备有长22尺、宽18尺的毛毡、被子各1条，长25尺的铁链2条，木制饭桶、水桶各1个，以及许多配套的装具。每头大象一天的食料是官仓老米3斗、稻草160斤，小象减半。草料贮存于设在象来街西边的草厂，今宣武门西大街111号院，老门牌是象来街9号，过去院子里空地多，房屋少。

明清时期，每逢夏季伏天，给大象洗澡的场所是在距驯象所很近的宣武门外护城河里。平日难得见到大象的京城居民，到了大象洗澡那天，万人空巷，都去护城河边看热闹。有钱人还乘着马车和轿子，到护城河南岸上斜街的酒楼里，在出高价预订的临河窗口前就座，边吃边看。清代京城曾流传一首描述观看大象洗澡的《竹枝词》："玉水轻阴夹绿槐，香车笋轿锦成堆。千钱更赁楼窗坐，都为河边洗象来。"

乾隆五十八年，因象房养象太多，皇帝下旨说，若是再有外国贡象，暂交云南和广东的官府代养，待需要时再送到北京。到了咸丰年间，战乱不断，养象数量日趋减少。光绪十年（1884年），一头大象在早朝摆驾时野性发作，甩开牵引的"玉辂"车，跑出西长安街，逢物即碎，逢人即伤，还用长鼻卷起一个太监，抛到皇城的墙壁上摔死，北京西城的百姓吓得一整天不敢出门，直到当天晚上才将其捕获。此后清廷銮驾不再使用大象，象房也不再补充大象。光绪十六年五月（1890年7月），北京连降十余日大雨，宣武门内积水有一人深，致使无法开启城门泄水，最终还是从附近的象来街牵来大象，借助大象的蛮力才拉开了城门。后来大象陆续死亡殆尽，象房也荒废了。

日本著名画师冈田玉山创作于清代的《唐土名胜图会》一直被公认为是中日文化交流的珍贵图籍。全6卷，于日本文化二年刻成，时值嘉庆十年(1805年)。书中以插图形式大量描绘了北京的皇宫和皇家生活，也被称为中国大清朝的百科全书。书中对清时期的象房进行了具体描绘。

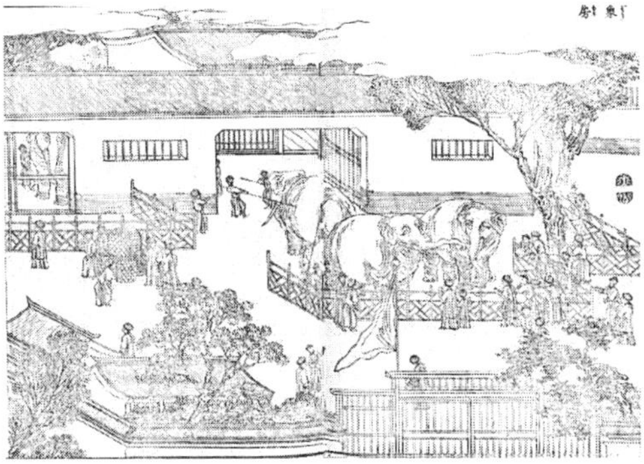
《唐土名胜图会》的象房

清末宣统初年，在象房旧址上建起了相当于议会的资政院。民国时期，又将资政院扩建为国会，旧象房南边的城墙根土路被改建成“国会街”，东边的“象房夹道”也被改称为“众议院夹道”，即今“众益胡同”。中华人民共和国成立后，新华通讯社进驻旧国会大院，在院内施工时，曾挖掘出昔日象房的石板水池和石雕小象。

第三章　深沉庄重的红色文化

第一节　革命之火，生生不息

从20世纪初叶直到北平解放，金融街街道区域一直是中国共产党红色火种熊熊燃烧的地方。

中国革命先驱李大钊从1916年5月进京至1927年4月就义，其间一直居住在金融街街道区域，其中文华胡同24号院曾是其最主要的根据地，大钊同志在此进行了大量革命活动。1916年，李大钊到北京大学任图书馆主任兼经济学教授，积极投身于正在兴起的新文化运动，成为新文化运动的一员主将。新文化运动是一次“反传统、反孔教、反文言”的思想文化革新、文学革命运动。

1919年7月1日，五四时期最主要的青年进步组织“少年中国学会”在闹市口附近的回回营2号正式成立，发起人为李大钊，主要成员有赵世炎、恽代英、高君宇、邓中夏、刘仁静、张闻天等人。

张申府1920年曾经协助李大钊筹建共产主义小组，是中共第一批党员，也是周恩来的入党介绍人，为中共早期的革命事业及文化救亡、抗日民主、政治协商等活动做出过重要贡献。他生前曾居住于王府仓胡同29号。

1920年，在国立北京女子高等师范学校（现鲁迅中学）就读并积极开展革命活动的缪伯英成为中共第一位女党员。

1925年2月28日，北京妇女国民促成会在中国大学（郑王府）召开，李大钊、何香凝、邵飘萍等到会演讲。

1926年3月18日，金融街街道区域的女子师范大学、中国大学、民国大学、志成中学的学生参加反对八国最后通牒国民大会并示威时，遭段祺瑞政府血腥镇压，刘和珍、杨德群当场牺牲。

1935年12月9日，中国大学、民国大学、法商学院、弘达中学（现二龙路中学）的爱国师生走上街头，与反动当局勇敢抗争。民国大学的学生在学生会主席董毓华的带领下冲出军警封锁的校门，夺过消防车上的水龙头扫射军警；中国大学的队伍第一个赶到集会地点；弘达中学2名学生被捕，37名学生受伤。

1937年2月，中共中央北方局迁到北京，刘少奇同志先后在砖塔胡同西口的四眼井1号和鲍家街17号隐蔽居住，秘密领导中共北方局的革命工作。

1937年7月，抗日战争爆发后，弘达中学几十名学生投笔从戎，毅然加入了赵登禹、佟麟阁的队伍。

1946 年国共谈判期间，滕代远将军受中央军委委派，在京畿道 11 号设立了八路军北平办事处，在叶剑英同志的领导下，同国民党当局就军警宪特公然搜查我办事机构、无理干扰中共新闻单位正常工作、肆意逮捕中共人员等一系列反动事件进行了针锋相对的斗争。

粉子胡同 20 号曾经隐藏着地下党的秘密电台；花枝胡同设有中共在北京创办的第一家印刷厂；后泥洼文昌印刷局是北平解放前夕专门印刷中共宣传品的秘密场所；大院胡同西口三道栅栏 4 号做过中国共产党在北平公开发行的第一份报纸《解放》的发行处，该报创刊于 1946 年 2 月 2 日，日销 5 万多份，深受市民欢迎。

1948 年 10 月 27 日，北平电信局 3000 多名员工在地下党指挥下，爆发了全国瞩目的“饿工斗争”，西单电话局成为事发重地。随后的护厂斗争，又保证了把全部电信设施完整地交付给新中国。

1949 年 2 月 4 日，中共北平地下党在北京大学四院（国会旧址）举行了地下党员聚会活动，随后，3000 多名地下党员向社会公开了革命身份。

1949 年 10 月 1 日，弘达中学学生参加开国大典游行。

光阴荏苒，岁月流逝，历史留给我们的印记不会褪去，红色文化的光辉随着时光的流淌越发深沉浓厚。本章即以红色文化在金融街街道区域内孕育、发展的历史素材为基础，从红色密码三公里上的三个重要节点、革命先驱与政界名人以及培育革命种子的土壤三个方面、四个小节为读者展示金融街街道深沉庄重的红色文化。

第二节　红色密码之初心始点——李大钊故居

1. 李大钊生平

李大钊（1889年10月29日—1927年4月28日），字守常，河北乐亭人。李大钊在《狱中自述》里曾回忆说：“钊自束发受书，即矢志努力于民族解放之事业。”

小时候李大钊的家乡一带由于外出经商的人多，消息比较灵通，幼年时，他就听到了鸦片战争等令人痛心的历史故事。5岁时，发生了中日甲午战争。11岁那年，爆发了义和团运动，冀东各地也普遍建立了义和团的组织。不久，八国联军侵至乐亭附近，占据了昌黎、滦州等地。帝国主义的蛮横侵略和中国人民的英勇反抗，在李大钊幼小的心灵里留下了深深的烙印。在大钊同志的家乡，大地主、大商人残酷地剥削农民，阶级分化也日益加剧。全村7000多亩土地，绝大部分掌握在几家地主手里，加之连年天灾，更使广大农民饥寒交迫。

李大钊看到了这一切，心中充满了疑问。他常向老师问道：“为什么洋人在中国横行霸道?”“为什么穷人没饭吃、没衣穿?”问得老师也无法回答。从那时起，他就憎恨帝国主义侵略者，憎恨残暴的封建制度，憎恨腐败的清朝政府。因此，虽然祖父想让他成为一个光耀门楣的读书人，他却执意沿着一条爱国者和革命者的道路前进了。他决心发愤读书，寻求救国救民的良策以挽救祖国于危亡之中。

1907年夏天，大钊同志与两三个同学一起，到天津报考学校。当时天津有三个学校正在招考：北洋军医学校、长芦银行专修所和北洋法政专门学校。大钊同志不喜学军医科；考银行专修所虽被录取，但他认为“理财致个人之富，亦殊违我素志”。一心期望着为祖国寻找出路的大钊同志，“感于国势之危迫，急思深研政理，求得挽救民族、振奋国群之良策”，决定投考北洋法政专门学校，并于同年考入天津北洋法政专门学校。

1913年从法政专门学校毕业后，李大钊东渡日本，于1914年9月，考入早稻田大学政治学部，入东京早稻田大学政治本科学习。

在日本留学期间，李大钊依然时刻关注着国内局势，从未停止为挽救民族、振奋国群做出努力。1915年，日本帝国主义提出灭亡中国的“二十一条”，李大钊积极参加留日学生的抗议斗争。他起草的通电《警告全国父老书》传遍全国，他也因此成为著名爱国志士。“铁肩担道义，妙手著文章。”1916年李大钊回国后，到北京大学任图书馆主任兼经济学教授，积极投身于正在兴起的新文化运动，成为新文化运动的一员主将。

1920年初，李大钊与陈独秀相约，在北京和上海分别活动，筹建中国共产党。1921年7月，中国共产党第一次全国代表大会召开，宣告中国共产党成立，从此中国革命的面貌为之一新。李大钊和陈独秀成为中国共产党的主要创始人。

同时，李大钊同志也是中国共产主义运动的先驱、伟大的马克思主义者、杰出的无产阶级革命家。在党的二大、三大、四大当选为中央委员。1924 年底，任党的北方区执行委员会书记。1922 年，受党的委托在上海与孙中山先生谈判国共合作，1924 年出席国民党一大，当选为中央执行委员。

1927 年 4 月 6 日，奉系军阀张作霖勾结帝国主义，在北京逮捕李大钊等 80 余人。在狱中，李大钊备受酷刑，但始终严守党的秘密，大义凛然，坚贞不屈。4 月 28 日，北洋军阀政府不顾社会舆论的强烈反对和谴责，将李大钊等 20 位革命者绞杀在西交民巷京师看守所内。临刑前，李大钊慷慨激昂："不能因为反动派今天绞死了我，就绞死了伟大的共产主义，共产主义在中国必然得到光辉的胜利。"他高呼"共产党万岁！"英勇就义，时年 38 岁。

2. **故居简介**

参观李大钊故居是今日的青年们缅怀先烈最直接的方式，一起去悼念，去触摸，去追寻先烈的足迹。李大钊同志是伟大的中国共产主义运动的先驱，虽然年仅 38 岁便被反动派无情戕害，但却用短暂的生命谱写了革命史上最辉煌的篇章。李大钊故居在中国共产党的历史上有着特殊的价值。在后宅胡同居住的时期，是李大钊人生事业的第一个黄金时代，也是他异常忙碌的时期。他为传播马克思主义、创建中国共产党、建立国民革命统一战线、巩固和发展国共合作、领导北方革命运动做出了巨大贡献。他也是名重当世的具有高尚道德品质的学者和思想家。当年，许多青年都曾在李大钊家借住，感受过李大钊师长般的关爱和教诲。此外中共北方党组织的一些重要会议也曾在李大钊故居的书房内召开。

北京李大钊故居是李大钊传播马克思主义、创办中国共产党、领导北方工人运动、促成第一次国共合作等一系列革命实践活动最具代表性的历史见证。李大钊的次子李光华、幼女钟华出生在这里，他的长子葆华、长女星华都是在这里耳濡目染，最终走上了革命的道路。

2.1　故居前身——石驸马后宅的由来

如今的李大钊故居在明朝时期是石驸马后宅，当时的石驸马大街是根据明宣宗顺德公主与丈夫石璟的府邸命名的，石驸马府邸南门的东西向道路叫石驸马大街，北门的东西向道路被称作石驸马后闸。1969 年，为纪念新文化运动，石驸马大街改名为新文化街，石驸马后闸改为文华胡同，由此可见，石驸马这处宅子占地面积不小。李大钊居住的地方，就位于原石驸马府邸的西南角。

李大钊故居所处的石驸马后宅东侧，原本是石驸马的后花园。后花园开在石驸马后宅这条东西向街道的大门，原本是供石驸马家仆人从后花园出入使用的，石驸马后宅也由此得名。

2.2　故居现状——爱国主义教育基地

李大钊同志自 1916 年从日本弃学归国至 1927 年就义，在北京度过了他短暂而崇高的一生中最为辉煌的时期，北京可以称为他的第二故乡。在李大钊人生这最后 10 余年内，他不曾为自己购置过房产，仅先后租住了8处住所。1920年春至1924年1月，李大钊一家在石驸马大街后宅35号（今西城区文华胡同24号）北院居住将近四年，这是他在故乡之外与家人生活时间最长的一处居所。这处住所作为中国共产党及其创始人的重要活动地，在党的历史上有着重要的历史地位和文物价值，也是李大钊简朴生活和高尚道德情操的真实写照，具有丰富厚重的文化内涵。

李大钊故居

1979年8月21日，李大钊故居被公布为北京市重点文物保护单位。在这里，李大钊多次会见共产国际的代表。这段时间也正是中国共产党创建的关键时期，为了组织各种革命活动，李大钊曾在这间西厢房里召开过许多次重要的会议。故居见证了李大钊传播马克思主义、创建中国共产党、领导北方工人运动、促成第一次国共合作等革命实践活动。

在后来的许多年，文华胡同24号李大钊故居一直被作为民居使用。2008年，李大钊故居被列入了《北京市人文奥运文物保护计划》。2006年，北京市委、市政府、市文物局，西城区委、区政府高度重视李大钊故居的保护工作，斥资实施李大钊故居居民搬迁、文物修缮工程。在市、区政府高度重视和社会各界的热情关注下，李大钊故居于2007年5月8日李大钊英勇就义80周年之际，正式对社会开放，为西城区爱国主义教育基地。

2.3 故居的院落格局

李大钊故居坐落在文华胡同中段路南，为一小三合院，坐北朝南，呈长方形。占地面积约550平方米，是一所具有高阶台、黑大车门，共三进的宅院。有北房3间，东、西耳房各2间，东、西厢房各3间。

故居大门、后门两侧与厢房、正房之间是用一丈高的十字花墙眼儿封顶的青砖墙砌成。主房、配房、院墙高矮匀称；大门、二门、后门错落有致；三院一体，层次清晰；建筑格局合理，古朴淡雅，是具有明清以来乐亭县民房建筑风格的一宅两院的典型的“穿堂套院”。其中北房东屋为李大钊夫妇的卧室，东耳房为李大钊的长女李星华的卧室，东厢房北间为李大钊长子李葆华的卧室，南间是客房。西厢房为李大钊的书房。院内有三棵海棠树，院子南面是花畦和盆花，院内花木是李大钊同志亲自栽培的。

3. 李大钊在故居的生活

李大钊在北京工作生活十余年，一直居无定所，这与他从事革命工作躲避敌人追捕有关，但更重要的原因是李大钊具有为革命不惜牺牲一切的无私品格。十余年间，李大钊在北京没有购置过一处房产，在北京大学任图书馆主任兼教授时的月薪约在200

元左右，完全有能力支付购房费用。可是，每月的薪水，李大钊拿回家的却只够撑起家中日常开支，有时还使妻子赵纫兰因无钱买米做饭为难。他的薪水大都用于革命事业。现在的李大钊故居，是他和家人在北京居住时间最长的一处居所，也是借住朋友的。

3.1 李大钊与石驸马后宅结缘

李大钊有个同乡叫黄裕培，字鲁沂，直隶（河北）藁城人。1907 年夏入天津北洋法政专门学校，李大钊和他在天津北洋法政专门学校就学时既是同窗也是挚友，因爱好相近且志趣相投，他们以兄弟相称。李大钊在《狱中自述》中曾写道："钊在该校肄业六年，均系自费。我家贫，只有薄田数十亩。"黄氏家族可以称得上是望族大户，除经营农业外，还经营药店等多处买卖，因家境殷实，经济上曾对生活拮据的李大钊给予过帮助。

1913 年，他们从天津北洋法政专门学校毕业后，黄裕培因经常和李大钊等思想进步的同学在一起，思想上也淡漠田财，倾向革命，不但没有听从父命回家乡经营家业，反而主动向家人声明，"家中财产分文不取，留在北京谋取适当职业"。

黄裕培的夫人叫马实华，满族人。她的家族在北京是比较有名的读书世家，是清贵族后裔。马实华在北京女子高等师范大学肄业后并未从教，在家专攻笔墨丹青，擅长工笔重彩。李大钊租住的石驸马后宅 35 号本是马实华父母的家产。

黄裕培和马实华相识后，马实华父母见黄裕培为人敦厚诚实，并写得一手好文章，因此对黄、马二人的结合并无异议，但黄裕培对终身大事态度谨慎，虽然和马实华相处中相互敬重，志趣相投，但相处三年迟迟未做最后决定。李大钊担任《晨钟》编辑期间，黄裕培特意安排马实华与其相见，得到李大钊肯定后，黄裕培确定了和马实华的终身大事，李大钊还以证婚人的身份，参加了黄裕培和马实华的婚礼。黄裕培和马实华婚后，石驸马后宅35号曾归他们夫妇居住。

李大钊在北京为黄裕培谋得北京坛庙管理处主任的职位，目的既是为了解决黄裕培的就业，也是为了到坛庙园林举行革命活动时得到掩护。李大钊曾经长期把陶然亭作为革命活动据点，也有时把来北京的同志安排在黄裕培家里暂住。

3.2　搬入石驸马后宅

1918年1月，李大钊接替章士钊，正式担任北京大学图书馆主任职，当时薪水为每月120块银圆，1920年被北大评议会评为教授兼图书馆主任以后，收入又提高了一些。此时的李大钊不仅在北京大学政治学系、史学系、经济系任教，还兼任着朝阳大学、北京女子高等师范大学、高等师范大学、中国大学五所大学的教授，每月收入可以达到200至240块银圆。在有了稳定的工作和收入后，李大钊便想把家人从老家接到北京团聚。

在1920年初，李大钊已是三个孩子的父亲，租住的回回营2号日渐拥挤，不宜续租了，黄裕培和马实华商量后将石驸马后宅35号租给了李大钊，而他们则搬入小口袋胡同。李大钊为长子李葆华、长女李星华安排好在京上学的事情后，暑假便回老家把家人接来此院长住，从此开始在北京有了稳定的家居生活。

1920 年 10 月，《少年中国》第二卷第四期上刊出李大钊迁居消息：“北京会员李君守常，于前月回籍接取家眷，已于月初回京，寓西城石驸马大街后宅 35 号。”李大钊是“少年中国学会”主要发起人之一，学会的宗旨是“有志少年，振兴中华”。因为经常要与会员取得联系，家庭地址要及时告诉大家。这则消息成为李大钊及家人在此居住的最好证据。

西厢房：李大钊书房

“二七”大罢工后，李大钊受到敌人的注意，家人也受到敌人的骚扰。1923 年，李大钊离开家不久，有天李葆华在门口玩，胡同里忽然拥出一伙流氓，按住李葆华就是一顿痛打。李大钊外甥赵希增看见了，急忙跑回家抄起李大钊从小市买的带有铜人头的紫檀木手杖出去还击。因为院门打开了，流氓们便趁机蜂拥而入，闯入李大钊的书房乱翻了一阵，把书架上、书柜里的书和文件翻检了一地，捣乱以后，他们就溜走了。

此后匪徒还曾盗窃李大钊家的东西。当年冬天的一个黄昏，天刚擦黑，李大钊夫人赵纫兰到东耳房去照看李光华，李葆华和李星华在北房的里间屋玩。因为院子里的夹竹桃的叶子被风吹得哗啦啦作响，李葆华和李星华感到害怕了，由邻居带领去东耳房找妈妈。待到赵纫兰同孩子们回到北屋的时候，只见报纸和杂志散落一地，虽然赵纫兰特意向家里帮忙做饭的雨子妈询问缘由，但大家都误以为是孩子们嬉闹造成的，并没有发现家里的一只白皮箱子已被偷走了，也没有联想到这些报纸和杂志是匪徒从北屋搬走箱子时从箱盖上掉下来的，自然更不会对失窃予以警觉了。赵纫兰只是提醒今后要关严屋门以防意外，李星华在书中回忆此事时用了句俗语形容——“贼走了，才关门”。

第二天一早，奶妈抱着李光华玩时，发现在常年没人住的房里的土炕上摆着一只白皮箱子，立刻告诉了赵纫兰。至此赵纫兰还不相信箱子是家里的东西，打开箱子发现里面已经空空如也了，只留下了两顶帽子，其中一顶是李星华的黑地印着彩花的法兰绒帽子。

赵纫兰发现这确实是家里的箱子后，连忙把失窃的事情报告了警察局，虽然后来来了两个警察，但他们不仅只是无动于衷地哼哈着应付赵纫兰，反而还埋怨家里没有关好门。最终那两个警察一去不复返，警察局也没有解决这次被盗的问题，这事也就不了了之了。

这以后，家里人又经常在天一擦黑就听到房顶上有沉重的脚步声，这些现象逐渐引起了李大钊家人的警觉。赵纫兰逐渐意识到被扔在房里的白箱子不是普通的偷窃，赵纫兰的弟弟赵小峰回想起警察可疑的态度，也觉得这里面大有文章，并建议搬家，但赵纫兰苦于年底搬家不宜犯难。就在赵纫兰和赵小峰正为搬家商量时，只听“咚”的一声，一个人从西耳房跳到书房的屋顶上去了。

这时，李葆华、赵小峰等人拿着棍棒从北屋闯出去，顺着响动追过去，边跑边喊：“捉贼！捉贼！”赵纫兰在北屋里护着李星华，对院子里喊：“放他走吧！不要把他打伤呀！”话音未落，东耳房的屋顶上砸下一块大石头，将房檐下一个绿釉子大瓦洗衣盆砸了个粉碎，赵小峰闻声带着李葆华等人回到院子当中，向着北房屋顶质问为何骚扰他们一家。尽管此次驱走了匪徒，但此后匪徒依然天天夜晚到家里捣乱，报警后任凭怎么说，警察依然不闻不问。但眼看年关将至，赵小峰也打算回老家过年，苦于这种情况，赵纫兰最终决定搬家。

北房堂屋

3.3　搬离石驸马后宅

1924年1月下旬，赵小峰帮助李大钊家人搬到了铜幌子胡同甲3号的住所，赵纫兰通过书信将新家的地址告诉了正在广州参加国民党全国代表大会的丈夫，所以李大钊从广州回到北京后，没有再回石驸马后宅的住所，直接从车站雇车去了新居，在这里住到9月份。

李大钊和家人团聚后，听到家人叙述的他不在家时发生的种种状况，也觉得“这不能简单地看成是一般的偷盗，那些流氓暗探找人打架，又放疯狗进家咬人，他们是串通一气的”。

3.4 石驸马后宅的改建

1924年1月，李大钊家由此迁出，院主人马实华家只有两个女儿，没有儿子继承家产。特别是1976年唐山地震后，居民私搭乱建严重，文华胡同24号院成为居民大杂院。1979年8月21日，北京李大钊故居被北京市政府公布为北京市重点文物保护单位。截至2006年搬迁腾退时，共有36户居民在此居住生活。2007年，李大钊英勇就义80周年之际，故居正式对外开放。2013年3月5日，李大钊故居成为第七批全国重点文物保护单位之一。

4. 在故居期间的革命活动及影响

早在1916年李大钊自日本回国后，到北京大学任图书馆主任兼经济学教授期间，便积极投身于正在兴起的新文化运动，成为新文化运动的一员主将。并向大众阐述十月革命的意义，讴歌十月革命的胜利，批判改良主义，积极领导和推动五四爱国运动的发展，成为中国共产主义的先驱、我国最早传播马克思主义的人。

1916年3月，李大钊在北京大学组织中国第一个马克思学说研究会，聚集了邓中夏、高君宇、张国焘、黄日葵、何孟雄、罗章龙等一批具有共产主义思想的青年知识分子，为建党做准备。李大钊还在北京多次会见共产国际代表，商讨筹建中国共产党。同年秋，他又领导建立了北京的共产党早期组织和北京社会主义青年团，并与在上海的陈独秀遥相呼应，积极活动，扩大宣传，发展组织，积极推动建立全国范围的共产党组织。“南陈北李，相约建党”，成为中国革命史上的一段佳话。

西厢房是李大钊的书房。在这里，李大钊主持过党的会议，明确表达了自己的意见，党的名称应该是共产党。在这里，李大钊接待过文化名人、朋友、青年学生。在这里，李大钊写出的文章，涉及历史学、法学、政治学、教育学、伦理学和民族问题、妇女问题以及图书馆建设等，在诸多领域做出了开创性建树。在这里，李大钊多次会见共产国际代表，接待进步青年，传播共产主义火种，写下许多“求达真理”的文字。

4.1 大学任教，将革命的红色火种传递

1920 年春，李大钊搬入今日故居所在地石驸马后宅。1920 年 7 月 8 日，北京大学评议会全体通过推选李大钊为教授兼图书馆主任。

这一时期，李大钊在北京大学的工作开始从图书馆向教学转移，先后开设多门新课程，有社会主义与社会运动、唯物史观、史学思想史、史学要论等，并开设现代政治讲座，指导学生实习。

除正式授课外，李大钊还在校内外举办讲座宣传马克思主义，还应邀到外地讲学。在石驸马大街后宅 35 号居住期间，李大钊先后到上海、杭州、武汉、天津等地讲学，宣传社会主义思想，并壮大党的组织。这些讲演的记录稿在当地的报纸刊出之后，反响强烈。

4.2 兴办学会，传播革命精神

少年中国学会

少年中国学会是中国五四运动时期的社团组织，总部位于北

京。此学会是由李大钊、王光祈、陈愚生、张尚龄、周太玄、曾琦、雷宝菁等人于1918年联合各方面的青年与有志之士筹备组织起来的。当时留日学生因反对日本帝国主义侵略中国，全体回国。国内各学校学生请愿受到反动军阀压迫而失败，因此感到有组织一个带学术性的政治团体之必要。这个学术性的政治团体定名为“少年中国学会”，于1918年6月30日开会筹建，后于1919年7月1日正式成立。

李大钊和王光祈是这个学会的发起人，会员最后发展到108人，成员包括向往俄国十月革命的一些人，因反对日本侵占山东而归国的一部分留日学生，从事爱国运动的国内各学校学生。毛泽东、恽代英、邓中夏、杨贤江、高君宇、李达、黄日葵、缪伯英、蔡和森、赵世炎、张闻天、许德珩等进步学生都参加了这个组织，而且他们中的一部分还起到了重要的领导作用。

学会有四条信约：“奋斗、实践、坚忍、俭朴。”宗旨是：“本科学的精神为社会活动，以创造少年中国。”学会在成立之时规定创办机关刊物《少年中国》，李大钊继续被推举为编辑主任。《少年中国》为月刊，每年出12期为一卷，少年中国北京总会负责编辑，李大钊、恽代英等曾在刊物上发表过文章。1922年7月后曾休刊7个月，1924年5月停刊，共出4卷48期。学会至1925年底因会员发生分化而停止活动，先后加入学会的有120余人。

这对于五四运动起到了帮助和推进的作用，同时也说明五四运动之所以能取得斗争的胜利，是因为北京学生、全国青年以及社会各方面爱国人士的团结。由于这样的广泛团结，才有力地打击了凶恶的敌人北洋军阀，赢得了胜利。

马克思学说研究会

自1920年起，李大钊在北京大学史学系、经济系、法律系和政治系先后开设并讲授唯物史观、史学思想史、工人的国际运动与社会主义的将来、社会主义与社会运动等课程，这是中国大学里开设马克思主义理论课的最早记录。

为更好地宣传介绍马克思主义，1920年3月31日，北京大学马克思学说研究会成立。当时，李大钊与北大教授高一涵为避免当局的注意，并没有将研究会命名为马克思主义学说研究会。因为“马克思”有译为“马尔格时”的，与“马尔萨士”之音相近似，所以他们把这个团体定名为“马尔格士学说研究会”，以便在必要时对警厅机构说这个团体是研究人口论而非研究共产主义的。

研究会由时任北大图书馆主任的李大钊组织发起，成员有邓中夏、高君宇、刘仁静、何孟雄、朱务善、罗章龙等人。1921年11月17日，《北京大学日刊》刊登启事，公开宣布这个组织的成立，征求会员。后来会员发展到120余人，不仅有学生，而且有工人参加。

章文龙在《回忆北京大学马克思学说研究会》一文中曾说：

> 至此，北京大学马克思学说研究会在中国共产党领导下，作为宣传马克思主义的机关公开化了。当然，这

个公开化的过程也不是一帆风顺的。记得有一次，上述十九人在中山公园今雨轩开会，大家谈来谈去，不少人想把组织公开出去，但也有人反对，认为若公开出去问题不少，然而最后还是决定：在北大校刊上登一个启事，把牌子打出去。

1922年2月19日，马克思学说研究会组织了第一次公开讲演会，李大钊做《马克思经济学说》专题演讲，马克思学说研究会是由邓中夏、黄日葵、高君宇等十几人在北京最先成立了研究马克思主义和社会主义的团体——马克斯（今译马克思）学说研究会。这是中国最早研究和传播马克思主义的团体。在李大钊和北大马克思学说研究会的领导下，先进知识分子纷纷奔赴直隶各地，宣传马克思主义。

该会成立后，主要工作是搜集马克思学说的德、英、法、日各种文字的图书资料，并加以编译，组织讨论会和专题研究，主办讲演会、纪念会等。并集资专门建立了收藏共产主义图书的藏书室，地点就选在北京大学第二院，成员们亲切地称之为“亢慕义斋”。“亢慕义”取自“共产主义”一词的德文音译。“亢慕义斋”室内墙壁正中挂有马克思像，两侧贴有一副对联——“出研究室入监狱，南方兼有北方强”，墙的四壁贴有革命诗歌、箴语、格言等，气氛庄严而热烈。在这里，大家翻译马克思相关文献，组织学习马克思主义，并开展马克思主义的安理会活动。

研究会在1921年成员有50余人，1922年有150余人，1923年发展到250人左右，成员中以北大师生最多。研究会成员之一罗章龙后来回忆说：“马克思学说研究会为革命培养了大批干部，输送了大批人才。”

自李大钊发起成立北京大学马克思学说研究会后，1920年4、5月间，陈独秀也在上海成立马克思主义研究会。这两个研究会的建立，既为建党做了理论上、思想上的准备，也为建党做了组织上的准备。

北京大学马克思学说研究会在学习、研究和传播马克思主义中发挥了重要作用，研究会的成员在后来的革命岁月中成为北方建立共产党组织和共产主义青年团组织的基本成员；分散到各地的成员，也成为当地党团组织的骨干。由此可见，北京大学马克思学说研究会在中国共产党成立前后，对马克思主义在中国的广泛传播，以及培养和造就中国早期的马克思主义者起到了重要作用。

4.3 日勤于著

李大钊同志作为一名革命家、政治家的同时，亦写就了无数文章，通过文字引领着无数进步青年前进。1917年俄国十月革命胜利后，李大钊同志备受鼓舞，连续发表《法俄革命之比较观》《庶民的胜利》《布尔什维主义的胜利》《新纪元》等文章和演讲，热情讴歌十月革命。《庶民的胜利》是一篇演说，发表于1918年11月末或12月初，这是李大钊在天安门的演说，是中国最早的马列主义文献。

1919年，伟大的五四运动爆发，这是中国近代历史上第一次彻底的不妥协的反帝反封建的爱国运动。李大钊同志热情投入并参与领导了五四运动。在这场运动之后，他更加致力于马克思主义的宣传，做了大量工作。他在《新青年》发表的《我的马克思主义观》，系统介绍马克思主义理论，在当时的思想界产生了重要影响。

在担任《晨报》主编、《甲寅》日刊编辑、《新青年》杂志编辑工作中，撰写了《“晨钟”之使命》《青春》《吟》等文章，宣传科学民主，批判厌世的人生观，同时，着力创造和宣传其青春的宇宙观。

下面是对李大钊住在石驸马大街后宅35号时撰写文稿的统计：1920年3—12月共计24篇；1921年共计47篇；1922年共计40篇；1923年共计41篇；1924年1月共计3篇。总共撰写各种文字152篇，文字总量33万多字，平均起来，不到9天就要完成1篇。

在1920年著有《由经济上解释中国近代思想变动的原因》《美利坚之宗教新村运动》《又是一年》《由纵的组织向横的组织》《整顿学风》《人治与自治》《中国古代经济思想之特点》《自由与秩序》《中国的社会主义与世界的资本主义》《罗斯革命之过去、现在及将来》《现代的女权运动》《宗教与自由平等博爱》《十月革命与中国人民》等。

1922 年与 1923 年写有《“大国民”的外交》《社会主义释疑——在上海大学的演讲》《史学概论》《劳动问题的祸源》《〈货币论〉书后》《〈清代通史〉序》《艰难的国运与雄健的国民》等。

1924 年著有《列宁不死》《史学要论——在北京大学政治学会的演讲》《国民党一大期间在中共党团会议上的发言》《在中国国民党第一次代表大会上的发言》等。

第三节 红色密码之“奋斗不息”铸魂地——鲁迅中学

1. 鲁迅中学简介

鲁迅中学位于新文化街东段路北 45 号，是一所由北京市西城区教委主管的全日制公立完全中学。此地在清代时，曾为辅国公斗宝的府第“斗公府”，与克勤郡王府只有一门之隔。学校始建于 1901 年，前身是“笃志学堂”，后为北平女子师范大学。1931 年，北平女子师范大学撤销，参与合并组建国立北平师范大学，现发展为北京师范大学。1949 年，改名为“北京第八女子中学”。1972 年，改称“北京市第一五八中学”。1996 年，更名为“北京市鲁迅中学”。

校园建筑坐北朝南，由 6 栋砖石结构的两层灰色楼房组成，为清末西洋古典折中主义风格，在西洋柱式和拱券中夹杂了中国

鲁迅中学

传统砖雕花饰，中西合璧，沧桑古朴，沉稳庄重。学校现西院辟为“三一八”纪念室，有1931年修建的“三一八”烈士刘和珍、杨德群纪念碑，纪念碑上刻有文天祥《正气歌》的名句。礼堂辟为鲁迅生平展览室。鲁迅中学与中国新文化运动的主将鲁迅先生的早期活动紧密相关，这里有着关于鲁迅的深刻印记。2006年作为京师女子师范学堂旧址被列为全国重点文物保护单位。

1.1　清斗公府来历

岳托的孙子罗科铎在承袭克勤郡王爵时，岳托的另一个孙子诺尼，曾在顺治十三年受封过贝勒。贝勒诺尼的孙子辅国公斗宝即斗公，生于雍正元年（1723年），乾隆五年（1739年）袭辅国公。袭爵后居住于此地，被后人称为斗公府。二府相邻互相照应，岳托的后人习惯地称之为“西府”和“东府”。《红楼梦》

作者曹雪芹对此也十分清楚，红学家认为或许他笔下对宁荣二府的东府西府称呼就取材于克勤郡王家的这个原型。斗公府占地约八九亩。东西并列三组院落，或二进或三进，东、西院狭长，且建筑物较少，有房间20多间。中路是宫门三间，正殿三间，后寝五开间，东西有翼楼。

1.2　承教之旅

光绪三十四年（1908年），御史黄瑞麟奏请设立京师女子师范学堂，清学部选中了斗公府旧址。斗公府被征用，经过新建和改造，宣统元年（1909年）在此设立女子师范学堂。后又经过近20年的曲折发展，成为“国立北平大学女子师范学院”，在中国近代教育史上占有重要地位。1924年改称北京女子师范大学。鲁迅先生在教育部担任佥事的同时，于1923年7月至1926年8月兼任了女子师范大学的国文系讲师，教授中国小说史，并积极支持和指导女师大的爱国学生运动。住家在石驸马后宅的革命先驱李大钊先生也经常出入当年的女师大，教授课程并从事爱国的学生运动。

从这所大学中走出了许多杰出女性，如黄庐隐、冯沅君、石评梅、许广平等，还有惨遭军阀枪杀的爱国志士刘和珍、杨德群烈士。刘和珍烈士牺牲后，鲁迅先生义愤填膺，写出了《记念刘和珍君》等多篇战斗檄文，如匕首和投枪，投向反动阵营，产生了巨大的社会影响。1931年，正值“三一八”惨案五周年纪念日，师生们在校园西跨院内为刘和珍、杨德群两烈士修建了一座汉白玉纪念碑。这座纪念碑现在仍静立在校园里，向青年学生们述说着80多年前的那段悲壮历史。1949年后，这里曾是北京第八女子中学、北京第一五八中学，因鲁迅与女师大的深厚渊源，于1996年改为鲁迅中学。

2. 鲁迅中学的人与物

2.1 文学家鲁迅

鲁迅（1881年9月25日—1936年10月19日），原名周樟寿，后改名周树人，字豫山，后改豫才，浙江绍兴人。“鲁迅”是他1918年发表《狂人日记》时所用的笔名，也是他影响最为广泛的笔名。著名文学家、思想家、革命家，五四新文化运动的重要参与者，中国现代文学的奠基人。

鲁迅一生在文学创作、文学批评、思想研究、文学史研究、翻译、美术理论引进、基础科学介绍和古籍校勘与研究等多个领域具有重大贡献。他对于五四运动以后的中国社会思想文化发展具有重大影响，蜚声世界文坛。在韩国、日本思想文化领域亦有极其重要的地位和影响，被誉为“20世纪东亚文化地图上占最大领土的作家”。他为中国的革命事业立下了不朽的功勋。

鲁迅与新文化街的缘分起源于民国十二年（1923年）。1923年8月，小说集《呐喊》出版，鲁迅迁至西四砖塔胡同61号居住。12月兼任女师大和世界语学校教师，开启了四年在此执教的经历，同时积极支持和指导女师大的爱国学生运动。1926年3月，“三一八”惨案发生。4月，鲁迅作《死地》《记念刘和珍君》等文章抨击段祺瑞政府屠杀学生的罪行，遭追捕，避难于山本医院，避难期间笔耕不辍。

1912 年 5 月，鲁迅受到教育部长蔡元培的邀请来到北京，到北洋政府教育部任社会教育司第一科科长，工作内容是主管科学、美术馆、博物院、图书馆、音乐会、演艺会等事宜。鲁迅工作的地方在西单路口的西南角，原为清学部，辛亥革命之后，学部改为教育部。现在的教育街上，还立着清学部遗存的文保建筑石碑。1919 年，在北京生活工作七年之后，鲁迅把全家接到北京，卖掉了绍兴老宅，生活开销随之增大，于是，鲁迅开始在不少学校兼职教课，如北京大学、国立北京高等师范学院、大中公学、燕京大学、国立北京美术专门学校等。

鲁迅先生在新文化街也邂逅了他一生的爱情。1923 年 7 月，鲁迅应北京女子高等师范学校的校长许寿裳之聘，赴该校讲授中国小说史和文艺理论等课程时，结识了聪慧独立的女学生许广平。他的原配妻子朱安，是母亲做主给他安排的一桩婚事，他们之间没有感情。遇到了许广平之后，她逐渐成为鲁迅生活中的一抹光芒，她让鲁迅感受到了爱情。后来他们相互扶持，携手走过后面的人生，这段故事被大家所熟知。他们爱情的起点，正是新文化街的女师大。

2.2　巾帼烈士刘和珍

刘和珍（1904—1926），江西南昌人，民国时期北京学生运动领袖之一。先后就读于南昌女子师范学校、北京女子师范大学。刘和珍积极参加学潮运动，曾作为女师大风潮的主要组织者，带领同学们向封建势力、北洋军阀宣战。1926 年在“三一八”惨案中遇害，年仅22岁。

刘和珍13岁丧父，后来一直与母亲及弟弟相依为命。虽然生活窘迫，却阻挡不了她读书的热情，很快以优异成绩考入南昌女子师范学校。在学校里她接触到了许多新鲜的思想，她慢慢想要通过自己的努力，去实现一个没有男尊女卑、没有等级压迫、没有礼教束缚的世界。她踏出的第一步就是寻求改变。当时江西女师严格规定学生在校不准会客、不准通信、不准出校门、不准参加社会活动。刘和珍不服，联络女生四处奔走，最终，当局责令女师修改校规。而校方连开除刘和珍也做不到，只有给一个记大过处分了事，刘和珍胜利了。1923年1月，她加入了中国社会主义青年团，同时加入的还有方志敏——《可爱的中国》和《清贫》的作者。他们都是江西第一批青年团员。

1923年秋，刘和珍从江西来到北京，考入国立北京女子高等师范预科，后升入女师大英语系。刘和珍生活朴素，和在南昌读书时没有两样。她的同学回忆说，她是没有镜子的。几绺短发，每天早晨只是忙乱地梳几下，就算梳了头。学习期间，她经常到北京大学旁听李大钊讲授的社会学、女权运动史等课程，回校后广为传播。她也是鲁迅先生作品的忠实读者。由于她思想进步，成绩优异，善于团结同学，深受同学们的尊敬和信赖，被大家推选为女师大学生自治会主席。

2.3 巾帼烈士杨德群

杨德群（1902—1926），湖南湘阴（今汨罗）人，出生于书香之家，是北京女子师范大学国文系预科学生。小学毕业后，于

1913 年秋考入湖南省立第一女子师范学校。在这所由著名教育家徐特立等创办的学校里，受到了进步师友的熏陶。1926 年在“三一八”惨案中，遭反动军警开枪镇压时，为救护已中弹倒在血泊中的刘和珍、张静淑，自己不幸中弹牺牲。

鲁迅先生在《记念刘和珍君》中这样写道：“同去的杨德群君又想去扶起她（刘和珍），也被击，弹从左肩入，穿胸偏右出，也立仆。但她还能坐起来，一个兵在她头部及胸部猛击两棍，于是死掉了。”虽然这段白描杨德群的文字不到 100 字，但是，历史永远记住了杨德群。

3. 鲁迅中学的革命活动及影响

3.1 女师大风潮

女师大的校长杨荫榆由于极力维护封建礼教而引起进步师生的不满，于 1924 年 11 月爆发了“驱杨运动”，即中国妇女运动史上著名的“女师大风潮”。刘和珍作为女师大学生自治会主席，是这次风潮的主要组织者和参加者。

1924 年 11 月，女师大校长杨荫榆无理拒绝学生提出的关于辞退不称职教员的要求，并声称要处理刘和珍等为首人员，引起学生强烈不满。1925 年 5 月 7 日，北师大召开“五七”国耻纪念会，杨荫榆图谋主持大会，被刘和珍、许广平等人拒绝，遂恼羞成怒，决定开除刘和珍、许广平、浦振声等 6 人，引起学生激愤，女师大风潮愈演愈烈。

1925 年 8 月 10 日，北洋军阀政府教育部颁布解散女师大的命令，刘和珍受同学们的委托起草驱杨宣言，撰文揭露反动文人陈西滢的无耻抵赖，有理、有力、有节。在教育总长章士钊的唆使下，刘百昭竟然率领军警闯进学校，并派武装军警和流氓打手400余人三次打进女师大，断电、断水、断炊，逼迫学生离校。刘和珍亲率学生誓死抵抗，并通电各界："此身可死，此志不渝，苟威武之再加，决誓死以殉校。"终因寡不敌众，被拖出校门，关在一潮湿小屋内，仍坚贞不屈。

女师大"停办"以后，在鲁迅等著名教授的支持下，学生在宗帽胡同租赁房屋作为临时校舍。校舍是鲁迅先生亲自找到的，位于西宗帽胡同14号。1925年8月30日上午，鲁迅赴女师大参加校务维持会，开会结果异常圆满。经校务维持会四处奔走和社会各界援助，所募经费已足半年之用，于是女师大临时学校于1925年9月21日开学。

校舍内有二进院子，前一幢房子有教室、办公室、小礼堂、饭堂，教室后一排房也住了少数学生，另一幢是学生宿舍。从课桌椅、黑板到宿舍的卧床，学校用的全部校具都是由中法大学和俄文专科学校支援借给的。校内新旧学生近80人，分为五班：新预科一年级，旧预科二年级，本科一、二、三年级。听课有分班听的，也有合班听的。学校里外事都经校务维持会会议决定，教务、总务、舍务等部门工作，由校务维持委员中的许寿裳、马裕藻等几位先生兼任。当时，许广平也搬出原来的西三条胡同，在后边学生宿舍的边上一间与刘和珍同住。

出乎校长杨荫榆意料的是，暂时偏安于宗帽胡同的女师大竟然招考录取了40名新生，还由鲁迅先生出面，聘请了20多位义务授课的名教授。其中国文科教师阵容引人注意，除“三沈”即沈士远、沈尹默、沈兼士，“二周”即周树人、周作人外，还有钱玄同、马裕藻、林语堂、郑莫、罗静轩等大师云集，学校呈现了新气象。

宗帽胡同那段师生共同支撑的教学生活给学生们留下了深刻难忘的印象。三个月中，教师没有一位请过假，学生没有一人缺过课，同学们一直称赞那时候老师们的讲课特别精彩，传授的知识特别多，学生的学习也是非常认真踏实。但她们也不是两耳不闻窗外事地死读书，还得继续做斗争。她们曾开过“特训班”，请了热心的法学家讲课，学习一些有关“打官司”的知识，随后向法院控告了校董章士钊和刘百昭。这两人也向法院控告了学生会的几个骨干。法院每两周开庭一次，两名被告是聘请了大律师代表出庭，学生会的人都是亲自出马。此外，学生们为了应付来自“正人君子”和无耻“论客”的不断袭击，还不断为复校做准备工作而四处奔走呼号。

鲁迅先生在无课无会的日子也常到学校去，有时甚至上午到过了，下午又来了。他自己解释说：“就是顺便来看看。”那期间，他为女师大操劳肺病复发了，一直发热，多次去医院医治。入冬后不久，有天下午，凛冽北风中，他突然风尘仆仆、很紧张地走进学校，学生们被吓愣了，忙跑近前去问究竟，他却反问：“装炉子的事情怎么样？看样子落雪了。”当得知已与有关方面联系过，有了结果，火炉即日来装，煤也有了着落后，他紧张的脸上露出了一丝微笑，转身走了。

几个月后一切准备就绪，鲁迅先生带着女师大学生们整队出发，沿途散发复校宣言，路人为他们欢呼鼓掌，跟着他们喊口号从西单牌楼到石驸马大街，在他们队伍左右两边随行助威的人越来越多。女师大校门前，站着欢迎他们回校的同学们，同学们鼓掌、欢呼、燃放鞭炮。当队伍站列在校门前时，就有预先请来的两名木工，将那块横在校大门上的“国立北京女子大学”牌子取下，换上原来的“国立北京女子师范大学”牌子。

后来，刘和珍遇害，鲁迅在《记念刘和珍君》一文中也曾提到了宗帽胡同，并写下了“沉默呵，沉默呵！不在沉默中爆发，就在沉默中灭亡”这一至今被广为传诵的名言。

3.2 “三一八”惨案

1926 年 3 月 12 日，日本军舰驶入中国大沽口挑衅，继而纠集列强各国向中国政府发出最后通牒，进行无理要挟，北京各界无比愤慨。3 月 18 日上午 8 时许，林语堂教授接到刘和珍的电话，以学生自治会的名义请准停课一日。这天，刘和珍正患病，时时呕吐，她不顾病痛，进行动员和组织工作。她把标语小旗分发给同学们，发表了简短而激昂的演说，然后高擎校旗，带队出发。女师大的同学来到天安门，国民大会尚未召开，主席台上悬挂着前一日请愿被刺伤代表的血衣。会后，正午 12 时，2000 多群众开始示威游行，刘和珍担任女师大队伍的指挥。

铁狮子胡同段祺瑞执政府门前的卫队荷枪实弹，如临大敌，几个士兵对手擎校旗的刘和珍指指点点，把枪口瞄准了前来的学生。顷刻间，刘和珍身中数弹，倒卧在血泊之中。同去的张静淑、杨德群急扑过去救助，她说："你们快走吧，我不行了，不要管我了。"依然是那样温和地关切着同学。一排枪弹射过来，张静淑、杨德群倒在她的身边。这时又有军警冲过来，用棍棒猛击刘和珍。刘和珍在棍棒的毒打中伤重牺牲，牺牲时年仅 22 岁。

在《南昌历史人物》中提及鲁迅先生在参加了刘和珍的追悼会之后，亲作《记念刘和珍君》一文，追忆这位"始终微笑的和蔼"的学生，痛悼"为中国而死的中国的青年"，歌颂"虽殒身不恤"的"中国女子的勇毅"，赞扬她是一位具有"干练坚决、百折不回"气概的"真的猛士"，是"为了中国而死"的青年。1931 年"三一八"惨案五周年纪念日时，师生们在女师大校园西跨院内为刘和珍、杨德群两烈士修建了一座汉白玉纪念碑。碑上刻有民族英雄文天祥所撰《正气歌》中的名言："是气所磅礴，凛然万古存。当其贯日月，生死安足论。"

第四节　红色密码之"胜利曙光"寻根地——北京国会旧址

1. 国会旧址简介

北京国会旧址位于北京市西城区佟麟阁路 62 号新华通讯社院内，是中华民国成立后的第一届国会的旧址。现在已经划归新华社所有，作为新华社的礼堂使用。

北京国会旧址曾是中华民国初年国会开会和办公的场所。此

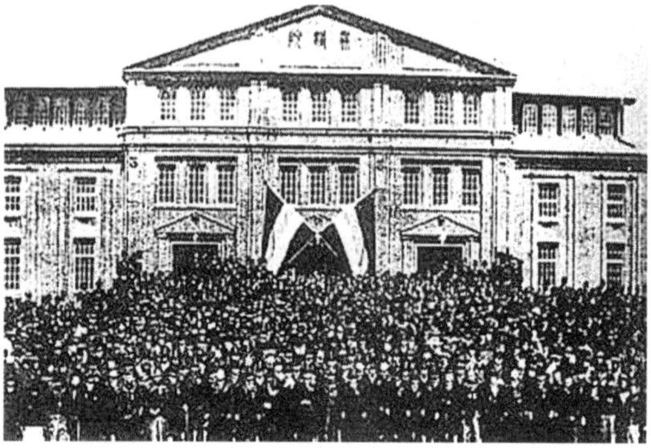

北京国会旧址历史图片

处原为清朝末年的京师法律学堂和财政学堂。清政府实行“预备立宪”后将法律学堂改为资政院。据《燕都丛考》记载：“众议院（按：即前清宣统年间资政院旧址）今为法学院，参议院今为法政学院。众议院之西，原为大明濠。”资政院是清末立宪运动的议会准备机构。成立于1910年9月，终止于1912年初。由民国临时参议院替代。院址在北京西城区象来街，民国时期改名为国会街，1949年后又将名字改回象来街。

所谓象来街便是我们今日的长椿街，北起宣武门西大街，南至广安门内大街。这里是明清两朝饲养大象的地方。彼时，一些东南亚国家会带大象来华，进贡给皇帝。明弘治八年，在宣武门内西南城根设立象房。大象有“太平吉祥”“万象更新”等寓意，每当太和殿举行盛典，象群就被牵到皇宫，驾车、驮宝各有分工。清代的书

京师法律学堂历史图片

中就有关于“午门立杖及乘舆卤簿皆用象”的记载，据说大臣们上朝时，大象列立于御道左右，场面蔚为壮观。

我们说回国会旧址，它的前身资政院是清政府仿照西方的法规体制设立的中央咨议机关。辛亥革命后，各省选派参议员于1912年在南京成立中华民国参议院——南京临时政府的最高立法机构。临时政府北移北京后，临时参议院也迁至北京。参议院选址在原资政院，众议院则利用资政院东侧的原财政学堂新建了一座会堂，称“国会议场”。1924年北京政变后，国会被解散。

1925年该建筑改为北京法政大学，是由京师法政学堂、京师法律学堂、京师财政学堂合并组建的北京法政专门学校。原京师法政学堂是清末官办法政专门学校，光绪三十二年十二月（1907年2月）学部奏设于北京。校址在原进士馆。北京法政大学1927年后合并为京师大学法学科。

1945年8月，该建筑为国民党东北行辕和熊式辉驻地。东北行辕成立于1945年9月1日，原名东北行营，是各地军事委员会委员长行营，主任是熊式辉。1946年7月，此处改为北京大学第四院。

民国北京国会旧址现存国会议场、仁义楼、礼智楼。国会议场坐北朝南，平面呈正方形，主楼高三层，建筑外表全部用灰砖清水墙。一楼的议会大厅平面为矩形，主席台设在北侧中央，场内座位按扇形布置，楼下共有674个座位。议场二层东、西、南三面设座席，是为旁听所设，大厅北侧为“圆楼”。

昔日的国会议场，今日的新华社，从外面看起来非常普通，和北京许许多多的大院一样，也是集办公、居住、会议为一体的大院。现在的国会议场已然不复当年人声鼎沸，更不见了昔日象房的踪影，但是一旦闭目遐想，依然能在脑海里重塑那100年前各界首脑风云际会的场景，一步步接近历史，一点点感受着历史带给我们的厚重。

2. 国会旧址的历史事件

2.1 清末设立资政院

1910年9月23日，筹备“立宪”的清政府设立资政院。这是清政府仿照西方国家的议会形式，而又对其进行了精心改塑，严格限制其权限的中央咨议机构。清政府宣称“中国上下议院一时未能成立，亟宜设资政院以立议院基础”。资政院的议员由皇帝委派的所谓“钦选”议员和由各省咨议局推选的“民选”议员各100人组成。

资政院在表面上有议决国家预算、决算、税法、公债，制定或修改法典及议定奉特旨交议事件等权，但议决事项均须“具奏请旨裁夺”后方能生效，完全是君主的附庸。

清政府参照日本宪法制定的《钦定宪法大纲》，删去了日本宪法中限制君权的有关条款，却对议院的职权横加限制，满篇皆是“议院不得干预”“非议院所得干预”“不付议院议决”“议院不得置议”等字眼。正式的议院尚且如此，遑论资政院这么个不伦不类的过渡机构呢？1910年10月3日，资政院第一次会议召开时，议员们早已到院恭候，军机大臣和各部尚书才姗姗来迟，而到会训话的摄政王载沣更是让议员们足足等了四个小时。如此轻慢，可见这有名无实的“民意机构”在权贵们心中的地位是何等低微。

将大讲堂改为议事堂，为半圆形，议员席亦是半圆形，上设御座，下设院长席、演说台，两旁设各部尚书侍郎出席答复席，演说台下有速记席，教员席改成了客厅及议员谈话室、休息室等。这些建筑在民国初期成为参议院，后来一度为音乐学院附中使用，建筑位于新华印刷厂内，现已不存。

2.2　民初国会建筑群落成

辛亥革命胜利后，南方革命党成立的临时参议院迁至北京，在清朝资政院的旧址举行了开院典礼。1912 年 4 月，国会建筑群也开始筹备建设。临时参议院的东侧原为清度支部（清代掌管财政事务的机构）拟建设的财政学堂。因为清朝的灭亡，财政学堂不再兴办，于是这里被选作建设众议院的基址。参议院仍设在资政院旧址，这样参众两院相邻，参议院在西，众议院在东。门前的街道正式更名为国会街，东边的“象房夹道”被改称为“众议院夹道”，即现在的“众益胡同”。众议院建筑分为东西两部分，东侧基本是原财政学堂的旧有建筑，是中西合璧风格；西侧兴建了一座众议院的议场，也就是俗称的“国会议场”，是参众两院联席开会的场所。

国会议场由德国设计师库尔特·罗克格主持设计，他曾经设计过清朝的资政院大楼，因建筑规模很大，除他本人外，还有另外 8 名欧洲设计师和 5 名中国设计师协助设计。大楼为德国文艺

仁义楼（红一楼）外景

复兴风格，高 4 层，中部设议院大厅，右侧是参议院，左侧是众议院，主体三部分顶部均有穹顶覆盖。下部有柱廊环绕。二层设有记者室，配备了电话、电报装置。三层为议员办公室，设施更加齐全。这座庞大的建筑预算达到了 100 万两，清政府无力支付这笔费用，大楼刚刚打好地基，辛亥革命就爆发了。

此次建设民国国会，罗克格沿用了资政院大楼的平面，但为了节省经费，而做了简化处理：去除掉气势恢宏的大穹顶结构以及所有华丽繁缛的装饰，外表采用灰砖清水墙，只有简单的线脚，基本没有装饰，体现出庄重简洁亲民的风格。建筑整体为砖木结构，三角钢木桁架，坡屋顶，平面呈正方形，高 3 层，面积 2100 平方米，东、西、南三面都有狭长的门厅，主入口位于南侧，穿过门厅即为会议大厅。会议厅北面设议长席，另三边围以门厅、侧厅。一层会场内的座位呈扇形排列，二层三面围楼为旁听席，两层共有 988 个座位。会议厅后设椭圆形大休息厅和两个小休息厅，通过走廊与会议厅连接。室内设施简洁大方，墙面为抹灰壁柱装饰。国会议场北侧是议长办公楼，又被称为“圆楼”，因楼内会议厅平面为椭圆形而得名。地上二层，灰砖砌筑，屋顶为三角钢木桁架，楼内南部为三间休息室，北部为一半圆门厅围合一圆会议室，是大总统和议长们开会的地方。议场东面的两层楼房是议员休息厅。议场东北侧的仁义楼（今红一楼）、礼智楼（今红二楼）是国会议员起草宪法的办公场所。

国会在法律上拥有不可解散的地位，但在现实政治生活中，国会逐步沦为军阀政客的玩物，屡次遭到非法解散，形同虚设。从第一届国会开幕到1924年11月24日寿终正寝，民国国会一共经历了三届国会，包括命运多舛、屡散屡复的第一届国会（旧国会），为皖系军阀把持的非法的第二届国会（安福国会），以及遭遇流产的第三届国会（新国会）。国会的地位每况愈下，法统紊乱，纷争不已。国会议员也逐渐分化，有的始终坚持理想，直至以身相殉；有的南下参加护法运动，维护约法尊严；有的随波逐流，堕落成参加贿选的“猪仔议员”；有的甚至在民族危急存亡关头认贼作父，成为国家和民族的罪人。

国会最终解散后，原参众两院的建筑成为北京法政大学的校舍。1927年8月，法政大学与北大法科合并为京师大学法科后，继续使用国会建筑。此后，这里发生了许多深具影响的事件。如1930年9月18日，中国左翼作家联盟北方分盟在当时的北平大学法学院召开成立大会，到会30余人，通过了《理论纲领》《行动纲领》和《成立宣言》三个文件。1937年，国会建筑由日伪当局建立的新民学院使用。抗日战争胜利后，国会旧址一度成为国民党东北行辕和熊式辉的驻地。北大回迁后，这里改为北京大学第四院。1947年9月，在旧国会议场由北平各大学合唱团体联合举办了盛大的“助学音乐会”，票房收入用来资助缺少冬衣的学生。

2.3　共产党北平地下党员会师地

1949 年，在解放军入城仪式举行后的第二天，即 2 月 4 日，2000 多名中共北平地下党员在旧国会礼堂举行会师大会，会议由彭真主持，叶剑英、薄一波、聂荣臻、李葆华、刘仁等出席大会。会场上，为解放北平做出巨大贡献的地下党员们眼含热泪，相互握手、拥抱，同享胜利的喜悦。会师大会的召开，标志着中国共产党在北京长达 20 多年的地下斗争从此结束。

其后，原在解放区正定的华北大学三部（文艺学院）的全班人马随解放军进城，进驻民国国会旧址。这支革命文艺队伍相当庞大：华大三部除设有戏剧科、音乐科、美术科外，还有歌剧队、话剧队和舞蹈队等。1949 年 9 月，戏剧科搬至东城区棉花胡同，成立了中央戏剧学院；音乐科搬至西城区鲍家街，成立了中央音乐学院；美术科搬至东城区帅府园胡同，成立了中央美术学院；舞蹈队搬至西城区大翔凤胡同，成立了中央舞蹈团。可以毫不夸张地说，新中国的所有中央级的文艺团体，追根溯源都诞生在这里，这里是当之无愧的新中国文艺的摇篮。

2.4　新世界之窗：新华通讯社

一别经年，往日的国会议场，今日已经作为新华通讯社的礼堂使用。1949 年 2 月，北平和平解放，中共北平市委在此召开地下党员公开大会后，9 月，新华通讯社迁入。

新华通讯社，简称新华社，是中国国家通讯社和世界性通讯社。新华社的前身是1931年11月7日在江西瑞金成立的红色中华通讯社（简称“红中社”），1937年1月在陕西延安改为现名。新华社总部设在北京，在全国除台湾省以外的各省区市均设有分社，在台湾省派有驻点记者，在一些重点大中城市设有支社或记者站，在中国人民解放军、中国人民武装警察部队设有分支机构，在境外设有180个分支机构。

新华社建立了覆盖全球的新闻信息采集网络，形成了多语种、多媒体、多渠道、多层次、多功能的新闻发布体系，集通讯社供稿业务、报刊业务、电视业务、经济信息业务、互联网和新媒体业务等为一体，每天24小时不间断用中文、英文、法文、俄文、西班牙文、阿拉伯文、葡萄牙文和日文8种文字，向世界各类用户提供文字、图片、图表、音频、视频等各种新闻和信息产品。

新华社重视加强对外交流合作，发起并成功承办世界媒体峰会和主席团会议，主办世界媒体峰会首届全球新闻奖评选。此外，新华社还与18家联合国所属机构建立高层往来关系，与其中9家签订战略合作备忘录，成为全球第一家与联合国所属机构建立系列化、机制化、常态化合作关系的世界主流媒体机构。新华社是许多国际新闻组织成员，与世界100多个国家和地区的通讯社或新闻机构签署了新闻交换、人员交流和技术合作等方面的合作协议。

2006年，佟麟阁路62号作为北京国会旧址被列为全国重点文物保护单位。

第五节　革命先驱与政界名人

1. 三道栅栏胡同的共和国名人

三道栅栏胡同位于西城区中部地带，呈东西走向，全长约200米，均宽约7米，北依砖塔胡同，南临兵马司胡同，东接大院胡同与小院胡同交叉口，西连山门胡同。

三道栅栏21号在胡同西端路北，坐北朝南，是座三进宅院，大门位于整座院落的东南方，是八卦中的“巽”位。从破落的轮廓依旧可以看出大门的形制是“金柱大门”。这一形制的院门在清代属官宦宅第。1933年，这个宅院曾归于一位姓荆的商户名下，并一度命名为“百护堂”。20世纪60年代后至今，其归属于前商业部总务司。

如今的21号院已褪去了昔日的豪门气派，旧的建筑格局已不复存在，整个院落变成了名副其实的民居杂院。走进大门，迎面便是一座由西向东呈“L”形的四层居民楼，完全遮住了向后的视野。沿楼南过道西行30余米至锅炉房，右转北行穿过楼内通道，正北方向是一座巨大的葡萄架，葡萄架后是一座坐北朝南的平房。这座古老的平房基本保留了原来的旧貌。由此向北行10余米是后院的一排平房，因搭建改造已看不出建筑物的原貌。据院内居民讲，院落西部的数座平房由墙体隔开，自成院落，是郭献瑞先生的住所，而葡萄架后那座平房的住户则是于树德先生的遗孀。

年近百岁高龄的郭献瑞先生祖籍河南省南乐县，名珍，字献瑞。1937 年 9 月加入中国共产党，任中共南乐县工委书记。1938 年 9 月任河北省广平县抗日民主政府县长兼县大队队长。1949 年 7 月，在河北省第一届人民代表大会上，他当选为省政府委员兼省供销社主任。1954 年任全国供销合作总社副主任，后任国家商业部副部长。1972 年当选为中共北京市委委员，1978 年当选为北京市副市长，1982 年后任中共北京市顾问委员会常务委员。如今，郭先生虽然年事已高，却仍勤于书法，而且老先生在网上的作品受到不少收藏者的青睐，价格不菲也自然在情理之中了。

此外，于树德、曾山、姚依林、曾传六等曾任职于商业部的多位领导同志也曾在 21 号院居住过。

于树德先生是直隶静海（今属天津）人，号永滋。中国同盟会会员。1917 年毕业于天津法政专门学校，是李大钊的同学。1922 年 6 月，经李大钊介绍加入中国共产党。是我国早期合作社思想的传播者之一，对合作社的理论颇有研究；长期从事合作社工作，是我国近代信用合作运动的先驱者之一。

1921 年毕业于日本京都帝国大学经济学部。曾任北京大学讲师，国民党第一、二届中央执行委员，国民党北京执行部常务委员、青年部部长，黄埔军校教官，广州农民运动讲习所教员。1949 年后，任中央合作事业管理局副局长，全国供销合作社总监事会副主任。是第二至四届全国政协委员，第五、六届全国政协常委。著有《合作社之理论与实际》《信用合作社经营论》《消费合作社之理论与实际》。1982 年 2 月，于先生在北京病逝，他把最后的足迹永远留在了21号院，为祖国贡献了毕生的心血。

曾山，原名曾如柏，江西吉安县永和镇锦源村人。工人出身。1925年参加农民运动。1926年10月加入中国共产党。从1927年参加广州起义至中华人民共和国成立，曾山同志戎马生涯24载，功勋卓著。他不但是一位革命家，更是一位治国英才。

1925年秋，在身为共产党的哥哥曾延生的影响下，参加了革命团体“觉群社”，投身革命。1926年10月，由曾迎祥介绍，加入中国共产党。曾动员组织赣南革命根据地群众，支援主力红军取得第一至三次反“围剿”的胜利。

1952年8月7日，经中央人民政府委员会第十七次会议通过，成立了商业部。当时，曾山同志成为首任商业部部长，姚依林与曾传六同志被任命为商业部副部长。此时正值抗美援朝中期，商业部的成立为确保战时物资供给起到了重要作用。1955年下半年，在农业合作化的推动下，资本主义工商业改造的步伐进一步加快。曾山提出，社会主义改造的基本形式是通过全行业的公私合营过渡到国营商业。这种形式是当时条件下，将资本主义商业改造成为社会主义商业的最好的过渡形式。他强调应当从主要行业入手，即当时商品供不应求的行业，资本家商店较多的行业，关系国家重要建设、国防建设、国计民生与对人民供应等较大的行业。

之后，曾山向中央写过一份汇报提纲，既肯定了所取得的伟大成就，也分析了存在的问题。他说，我们只宣布了公私合营，但对各种类型的私营商店如何安排，还没有好的章程，资本家和小业主观望，进货减少，赊欠停止，影响社会商品流转。这些问题有代表性地反映了我国社会主义经济建设中出现的问题，比如吃“大锅饭”、产品质量、生产与经营者的积极性等问题，这些问题在以后的实践中越来越突出。

曾山在党的八大发言中，提出的问题主要有：部分产品的品种减少，若干产品的质量下降、质次价高，某些产品供应不及时，花色品种不对路，这里积压，那里脱销，不能适应人民日益增长的需要。并对出现这种问题的原因进行了分析：工业产品全部由商业部门统购、包销，使一部分工厂不热心于提高产品质量和不断增加适应人民需要的花色品种；商业部门对市场情况了解不透，在价格上没有很好贯彻执行优质优价、次质次价，对试制新品种，没有给予必要的推动和支持；片面强调计划性，而人民的需要经常变化，不可能完全纳入计划，计划又定得过死，不能很好满足人民的需要，造成产品的脱销与积压；国营商业内部自上而下的调拨、分配商品的办法，常常使基层单位不能根据居民需要来组织货源，限制了他们的经营积极性，以致商品调拨不及时，花色、品种不对路。

曾山在任多年，从不利用职权非法拿取一丁半点，给全体财经干部树立了光辉的榜样。当时，有的财经干部向曾山提出建议：在接收和接管的物资中，拿一些急需用的如手巾、牙膏、钢笔之类的小物品，分给机关干部使用。曾山听后严厉地说：“不行，绝对不行！如果我们财经干部可以利用职权带头破坏财经制度和财经纪律，那就对不起党和人民对我们的信任，那就是严重的失职和犯罪。”在整个上海和华东大区接收与接管工作中，没有发现一位财经干部违反财经制度和财经纪律，赢得了人民群众的好评。

2. 齐燕铭与砖塔胡同

齐燕铭，1907 年 11 月 3 日出生于北京，蒙古族，原姓齐礼特，名齐振勋。曾祖文廉，曾任浙江宁绍台三府的道台；祖父格勒呼额是清朝进士、翰林；父亲齐之彪是清朝优贡。齐燕铭 1919 年至 1923 年就读于北平第一中学，1924 年入中国大学国学系。先后在北平女一中、大同中学、北平三中、中法大学、中国大学、东北大学任教，其间接触了大量马克思主义著作。

1935 年，齐燕铭参加了“一二·九”运动。1940 年 7 月，党组织调齐燕铭到延安工作，任中央马列学院、中央研究院、中央党校教员、研究员、文教科长。1943 年，他编导的京剧《逼上梁山》受到毛主席高度评价。1945 年 10 月重庆谈判后，中共中央组成以周恩来为团长，董必武、叶剑英等参加的中共代表团赴重庆，齐燕铭被任命为秘书长，成为周恩来的重要助手。1946 年 6 月组建中共中央南方局，周恩来任书记，齐燕铭仍任秘书长，协助周恩来做了大量统战工作。同年 10 月，齐燕铭撤回延安任中央城市工作部秘书长。1949 年 1 月 31 日，北平和平解放后，被派往北平负责新政协的筹备工作及安排中央领导同志进北平的工作、生活及保卫工作，拟定民主人士参加政协会议人员名单。

新中国成立后，齐燕铭历任中央人民政府办公厅主任，政务院副秘书长、代理秘书长，在周总理的直接领导下，起草制定了政务院机关大量建章建制的文件。1954 年 9 月，齐燕铭担任国务院副秘书长兼总理办公厅主任，协助秘书长习仲勋工作。不久国务院专家局成立，任命齐燕铭兼局长。1958 年 9 月，中央决定在北京兴建人民大会堂等十大国庆工程。时任北京市副市长的城市建设部部长万里回忆说："齐燕铭对人民大会堂建设的贡献，除了总理之外，他是第一。"

1961 年 3 月，齐燕铭被任命为文化部党组书记兼副部长。1965 年，齐燕铭、夏衍、田汉等大批文艺界代表人物受到错误批判，被撤销职务。"文化大革命"中，齐燕铭度过了七年监狱生涯。1974 年国庆前夕，周总理亲自点名让齐燕铭参加国宴，这才解除了监禁。1977 年 10 月，齐燕铭被任命为全国政协机关党组书记、中央统战部副部长、全国政协秘书长。1978 年 10 月 21 日，齐燕铭突患脑溢血与世长辞，终年 71 岁。他的书法造诣很深，自成一家。他制印气势雄浑，苍劲之中富有书卷气。人民大会堂内由傅抱石、关山月创作的《江山如此多娇》的巨幅国画中的大印就是齐燕铭制作的。

1956 年春，齐燕铭患了肾癌，手术后，在周总理的亲自安排下，搬离中南海，住进了砖塔胡同 37 号院，直至离世。齐燕铭故居坐落在胡同中间偏西，坐北朝南，由两层院落组成。两扇墨色的如意门，西侧是一排五间倒座南房，西头的一间改成了车库。前后院之间相隔一道灰色砖墙。中间是个月亮门，门上的绿漆多已剥落，门旁两株柿树，高大挺拔，给这个院子平添了些许生机。后院正房三间，东西厢房各三间，是一座素朴而又比较标准的四合院。

3. 郭沫若与大院胡同 9 号

郭沫若（1892—1978），原名郭开贞，字鼎堂，号尚武，乳名文豹，笔名沫若、麦克昂、郭鼎堂、石沱、高汝鸿、羊易之等。1892 年 11 月 16 日出生于四川乐山沙湾，毕业于日本九州帝国大学，现代文学家、历史学家、新诗奠基人之一、中国科学院首任院长、中国科学技术大学首任校长、苏联科学院外籍院士。

1914 年，郭沫若留学日本，在九州帝国大学学医。1921 年，发表第一本新诗集《女神》。1923 年，郭沫若回到上海，边翻译边创作，其间较多地接触了马克思主义，开始形成科学的世界观和文艺观。1926 年，在广州林伯渠的家中会见了毛泽东，并应邀到农民运动讲习所授课。在毛泽东、周恩来的影响下，毅然投笔从戎参加了北伐战争，任政治部副主任。蒋介石背叛革命后，他发表了讨蒋檄文《请看今日之蒋介石》。曾参加中国共产党领导的南昌起义，任总政治部主任，经周恩来、李一氓介绍加入中国共产党。起义失败后，由于遭到通缉和追捕，在周恩来指示下暂避日本。旅日期间，他运用马克思主义的观点和方法，创造性地把古文字学和古代史研究结合起来，获得了丰硕成果，开辟了史学研究的新天地。1930 年，他撰写了《中国古代社会研究》。

抗战爆发后，他毅然回国，在周恩来的领导下，团结国民党统治区进步文化人士，从事抗日救亡运动。1941 年，皖南事变后，他无比愤慨地写下了《棠棣之花》《屈原》《虎符》等六部历史剧，矛头直指国民党反动派。1944 年发表历史论文《甲申三百年祭》，被指定为中共党内学习文件。

1949 年，郭沫若当选为中华全国文学艺术工作者联合会主席。曾任中国科学院哲学社会科学部主任、历史研究所第一所所长、中日友好协会名誉会长、中国文联主席等要职，当选中国共产党第九、十、十一届中央委员，第二、三、五届全国政协副主席。

建国后到 1963 年，郭沫若一直住在大院胡同 5 号。1978 年 6 月 22 日在北京逝世，终年 86 岁。他一生留下了近 2000 万字的鸿篇巨制，成为我国灿烂文化宝库中的珍贵遗产。

郭老住进该院的时候，门牌仍为大院胡同 5 号。笔者访问了郭沫若之女郭平英女士。据介绍，院子大门及车库一仍其旧，一栋开间完全对称的两层灰色砖楼。中间是一间大客厅，客厅以玻璃隔扇为墙，东边是郭沫若的书房，西边是家人的起居室。楼上有敞亮的平台，但是薄薄的楼板挡不住夏天烈日的烘烤，每临夏季，郭沫若就搬到小楼对面临街的南屋去工作。郭沫若在这个院一住就是 14 年。在这个院子里，郭沫若除参加繁忙的国务活动外，还整理了古籍《管子集校》《再生缘》《读〈随园诗话〉札记》，《骆驼集》等众多作品都在这里诞生。继续创作和修订了两部历史名剧《蔡文姬》和《武则天》，他生平唯一一部电影文学剧本《郑成功》也在这里完成。1963 年，郭沫若离开居住了 14 年的大院胡同搬进前海西街后，这个院子改建成两栋火柴盒式的四层高的楼房，成了国务院机关管理局的集体宿舍楼，只有一株200年的老古槐在默默地诉说着往事的沧桑。

第六节　革命种子的土壤

1. 弘达中学（今北师大实验二龙路中学）

弘达中学即现在的北京师范大学实验二龙路中学，原名北京市二龙路中学，地处西单商业街和金融街重要地区，紧邻教育部和北京师范大学附属实验中学，是一所拥有光荣革命传统和良好办学条件的中学。作为中国革命种子的土壤，弘达中学拥有悠久的历史，其深沉的红色文化激励着一代又一代的青年学子们。

学校始建于1922年秋，初名弘达学院，后名弘达中学，由东北爱国志士筹办，原中央军委委员、两广省委军委书记李硕勋，东北抗联一路军副司令员魏拯民，中央政治局委员、中共北京市委第一书记、全国人大常委会副委员长吴德，民政部长崔乃夫，解放军炮兵副司令员高存信，大庆石油会战总工程师刘树人，著名表演艺术家李丁，北师大党委书记周之良等都是弘达时期的校友。在30年代初期，学校就有了以郑耀南为首的地下党组织，领导弘达师生参加历次革命运动。在“一二·九”运动中，弘达学生积极参与，在被捕的22名学生中，有弘达学生2人；在受伤的247人中，有弘达学生37人。1937年七七事变爆发，抗日烽火骤起，弘达几十名高中学生义无反顾，投笔从戎，参加了佟麟阁、赵登禹部队，走上抗日最前线。1949年开国大典之际，弘达师生参加了天安门广场游行。

北京师范大学实验二龙路中学

中华人民共和国成立后，学校于1952年更名为北京三十七中学。中央电视台著名播音员宋世雄，中国工程院院士王小谟，全国人大代表、中国第一批赴南极科学考察专家郭南麟，原中央歌剧舞剧院院长柳时明，北京社会科学院院长高启祥等均为这一时期的毕业生。

1960年，学校被指定为教育部直属实验学校，并更名为北京二龙路学校，在教育部指导下重点对学制、教材和教法进行改革实验，为当时全国的普教改革做出了重要贡献。

1972年，根据中央精神，部属学校撤编，学校更名为北京市二龙路中学，但仍为教育部基础教育司直接联系和指导的学校。著名作家王小波，国家一级演员、女歌唱家翟宪立，电视台节目主持人常江，现任北京市政协副主席王宁，北京第二外国语学院党委书记顾晓园等均为这一时期的学生。

在全校师生的勤奋工作和共同努力下，二龙路中学陆续被授予中国青少年素质教育研究实践基地、北京市普教系统师德群体建设先进单位、北京市中小学校园环境示范学校、北京市健康促进学校、北京市红十字学校、首都文明单位、北京市基础教育系统电化教育优类校、联合国教科文组织 EPD 实验学校、西城区文明校园、西城区绿色学校、西城区艺术教育先进校、西城区心理教育特色校、西城区体育传统项目学校和西城区全面实施素质教育优类校等多项荣誉称号。《人民日报》将学校列入全国“英才摇篮、名人母校”专册。

2014 年 7 月，为落实教育部及北京市基础教育综合改革的精神和要求，探索教育均衡发展新体制和新机制，提高区域整体教育质量，西城区教委与北京师范大学签署合作办学协议，将北京市二龙路中学纳入北京师范大学附属实验中学教育集团共同建设，并将学校更名为“北京师范大学实验二龙路中学”，由北京师范大学附属实验中学实行教育教学“一体化”管理，在办学理念、办学宗旨和育人目标等方面实现融合。北京师范大学附属实验中学委派该校教学校长李晓辉担任北京师范大学实验二龙路中学校长。

在新的历史时期，北京师范大学实验二龙路中学全体师生正以务本求实的精神，为把学校办成全面育人的精品校而不懈努力。目前，学校与北京师范大学附属实验中学教育教学“一体化”管理的办学模式顺利展开，并取得了显著成效，得到了学生、家长及社会的普遍认同，在社会上享有良好声誉。

2. 志成中学

在丰盛胡同里，5 号院应该算是一个比较大的院落，总面积约 4100 平方米。院内现有三座楼：南楼为东西走向，六层；东楼与南楼连在一起，南北走向，四层；北楼与南楼平行，只有三层。三座楼围起一个不大的小院，这就是坐落在丰盛胡同内的一所大学——北京联合大学应用文理学院。作为高等院校，这个5号院确实显得太小了，其实学院的本部远在蓟门桥，这儿只是广告系和继续教育培训中心。

拨乱反正后，要求上高校就读的学子人数剧增。为了适应改革开放的形势需要和满足学生就读高校的愿望，1978年，北京大学和中国人民大学分别在5号院内开办了分校：北大第一分校（1983年5月更名为北大分校）和人大第二分校。北京的其他大学也纷纷效仿，一时间，各高等院校的分校如雨后春笋般出现在北京城的近郊区，一共办起了36所，在一定程度上满足了社会需求。但是因为仓促上马，尚不够规范，且各自为政，影响了教育教学质量的提高。1982年，北京市对各分校进行调整。1985年初，又在各大学分校的基础上成立北京联合大学，5号院的两所分校并入联大，分别更名为联大文理学院和联大应用文理学院。

北大和人大在5号院开办高校，至今已有30年的历史了，这是5号院对北京高等教育事业做出的贡献，然而就北京的中等教育事业而言，5号院更曾谱写过极其辉煌的一页。20世纪初，就是在这个丰盛胡同5号院，开办了一所享誉北京的中学——

丰盛胡同东口（1977年）

志成中学，其校名来自成语“有志竟成”。当时，中国正处于皇权将灭、革命方兴之际，革命党人前仆后继英勇战斗，最终迫使宣统皇帝不得不宣布退位。革命的胜利果实却被袁世凯所窃取，继之而来的则是连年的军阀混战，更让原本已百孔千疮的中国犹如雪上加霜，生灵涂炭，哀鸿遍野，人民处于水深火热之中。为了拯救中国，为了救民于水火，中国共产党人振臂而起，进行了艰苦卓绝的革命斗争。另一些有识之士则投身于教育事业，兴办新式学校，为国家培育有用之才。志成中学就是在这个背景下筹办起来的。

1923 年 8 月，志成中学正式成立，当时的校址在机织卫 3 号，只有三个教学班，百多名学生，几年间发展为 2000 多人的大学校，成为当时北京中学里学生人数最多的学校。而这所大学之所以能成为当时北京中学里学生人数最多的学校，之所以会发展得这么快，是因为这所学校的董事会是由李大钊、邓萃英、陈宝泉等具有进步思想的人和北京高等师范毕业的几位同学组成的。董事会用新的思想指导办学，聘用的教师也多是北京高师的毕业生，以“上下协作，严于治学，既注意知识教育，又重视文体活动的开展，要为社会培养各方面需要的人才”为办学宗旨，在校长王峰山、初诰以及后来的吴监等人和全体教师的共同努力之下，志成中学深受学生和家长的欢迎，在社会上也赢得好评，学校便迅速发展起来。志成中学原为初中校，从 1930 年开始增办高中，并开始招收女生。当年招收女生高中 4 人，初中 7 人，共 11 人；次年高中有女生 5 人，初中 11 人。到 1932 年，学校发展到

30 个班，学生 1500 余人，其中女生近 200 人，遂将学校分为男女两部，男生部校址在小日袋胡同 9 号，女生部校址就在丰盛胡同 5 号。该院原为河北山商厅旧址，志成中学从 1931 年开始租用作为分校，后曾计划购归名下，因要价过于高昂，只好改为签订长期租用合同。在抗日战争和解放战争中，志成中学的广大师生与北京各大中学校的师生联合一致，并肩战斗，做出了自己的贡献。1949 年 1 月 31 日，以俞立为首的学校管委会进驻志成中学女生部，并将其改名为新生女中。此后志成中学女生部和男生部各自独立，成为两个学校，男生部就是后来的北京三十五中。1952 年，新生女中又改名为北京市第九女子中学。这个时期的女九中校舍大致由四个部分组成，南面从东到西是两排平房，中间有走道，走道西为教室，东为其他用房。北面是一座“工”字形的二层楼房，为教室和办公室。“工”字楼东面有一礼堂。在丰盛胡同西口的 69 号，另有一个相当大的空地作为学校的操场。又把丰盛胡同南面（5 号对门）的法勤中学及其操场并入女九中，女九中校舍面积因此扩大了一倍。也是在这一年，学校本部迁到丰盛胡同 69 号。20 世纪 50 年代，城区的一所普通中学能有这样的校舍，已经相当不错了。

1960 年，因女九中办学成绩突出，被教育部定为十年一贯制实验学校，女九中更名为丰盛中学一部，另开办了椅子胡同小学（即光明小学）和后达里小学，算作与丰盛中学配套的二部。后来教育部还为丰盛中学盖了新楼。1963 年，新楼建成，丰盛中学终于有了定居之所。韶华似水，日月如梭，一晃眼，又过去了 40

多年。在这40多年里，丰盛中学继续秉承“修身报国”的校训，注重革命精神的传承，努力教导学生德智体全面发展，受到上级领导和各界人士的肯定。然而现在这所具有悠久历史的老校却已经消失了。在“首都教育追求优质均衡发展，西城教育资源深度整合，实现跨越式发展”的背景下，西城教委已决定将该校与北京教育学院西城分院附中合并，更名为北京教育学院附属中学。一所具有悠久历史老校的消失，的确让人伤感，让人无奈。不过这也表明教育事业在发展，是历史进步的必然。相信北京教育学院附中一定能继承丰盛中学的优良传统并使之发扬光大。

女九中校本部迁往69号之后，5号院和法勤中学的校址便成为实验室、学生宿舍、家属院、仓库。后来提倡学习知识要与劳动实践相结合，搞勤工俭学，这里又开办了校办工厂。女九中迁走后，5号院曾一度成为四十二中学的校舍，不久，四十二中学新校舍建成迁走，又在5号院新成立一所一六二中学。1978年，丰盛胡同5号院再次变身，终于成为堂堂正正的高等学府了。

一座小小的院落，近百年的历史，穷通兴衰，几经变迁，如今越来越兴旺发达了。

3. 师大女附中

二龙路14号是北京师范大学附属实验中学。这是一所历史悠久，教学质量优秀，地位在我国极为特殊的学校。1917年，北京女子师范学校设立附属中学，这是女附中成立之始。首任校长为欧阳晓澜。1924年，女子师范大学成立，师大女附中隶属于女师

老校门被完整地保留下来

大。1931 年，女师大与师范大学合并，学校正式命名为师大女附中。师大女附中是当时北平最好的女校，各界名流都纷纷将女儿送入女附中。女附中也为社会培养了一批批优秀人才，中国科学院院士、女科学家郝治纯，女新闻工作者浦熙修、陈柏生，女画家萧淑芳、郁风，彭德怀元帅的夫人浦安修，左权将军的夫人刘

师大女附中旧照图

师大女附中 1995 年后校门

志兰等都先后毕业于师大女附中。

1955 年，师大女附中由教育部直接管理，改名为北京实验中学。1964 年重新隶属师范大学，恢复师大女附中原名。1972 年改名为一五〇中学。1978 年重新命名为北京师范大学附属实验中学。

尽管校名数次更改，但几代国家领导人对该校的关怀与关注始终未变。许多国家领导人都曾亲临学校指导工作，为该校题词。

1930 年以后，随着国家民族命运沉浮，学校历经沧桑，人事多变，却始终有名师来此执教。老舍先生的夫人胡絜青便曾在女附中担任语文老师多年。

90 年发展历程，学校取得显著成绩。先后被评为北京市全面育人、办有特色学校，北京市教育科学研究先进校，北京市中小学科技活动示范校和科普教育基地，北京市外事先进学校，健康促进金牌校，北京 2008 年奥林匹克教育示范学校，全国卫生保健先进校和传统项目（排球）先进校，中国游泳协会北师大游泳运动学校，世界遗产青少年教育中心，联合国教科文组织联系网络学校。

第四章　熠熠生辉的金融文化

第一节　金融街的重要职能——国家金融管理中心

1. 源远流长的历史印记

金融街地处首都北京核心区——西城区。西城区作为北京历史最悠久的城区和中国最具金融传承的区域，见证了首都3000余年的建城史和850余年的建都史。金融街承载深厚的文化积淀和历史渊源，可视为西城区的缩影，其由来反映了西城区金融发展历史和城区规划变迁，映射了北京市经济发展历程与城市变革。正如原中国银监会在北京金融街建设20周年的贺词所述，金融街的发展“代言了中国金融的繁荣，代言了中国经济的腾飞”。

1215年，蒙古攻占金中都后将其改名为燕京。1260年，忽必烈登基之后，以元上都为都城。但是上都位置偏北，对控制中原不利，因此在1264年，忽必烈在解决了与其弟阿里不哥的汗位之争后，决定迁都至燕京地区。燕京地区当时尚有金中都故城，然而此城历经金朝末年的战争，自1215年5月31日被成吉思汗的蒙古军队攻陷之后，其城内宫殿多被拆毁或失火焚毁，而且其城市供水来源——莲花河水系已经出现水量不足的情况，无法满足都城日常生活所需用水，因此1264年，忽必烈下诏改燕京（今北京市）为中都，定为陪都。1267年决定迁都位于中原的中都。

公元1267年，元世祖建元大都城，在大都城内“分定街巷坊门”，拟出五十坊名。其中位于大都城西南侧的金城坊、咸宜坊、阜财坊三坊所在区域基本就是现今金融街街道区域。到至元二十二年（1285年）时，大都的大内宫殿、宫城城墙、太液池西岸的太子府（隆福宫）、中书省、枢密院、御史台等官署，以及都城城墙、金水河、钟鼓楼、大护国仁王寺、大圣寿万安寺等重要建筑陆续竣工。至元二十二年，发布了令旧城（金中都故城）居民迁入新都的诏书：“诏旧城居民之迁京城者，以资高及居职者为先，仍定制以地八亩为一份，其地过八亩或力不能作室者，皆不得冒据，听民作室。”

从至元二十二年到三十一年，有40万至50万居民自金中都故城迁入大都。此时期还陆续完成了宫内各处便殿、社稷坛、通惠河河道、漕粮仓库等建筑工程。元大都的营建工作至此基本完毕。此后元朝各帝陆续又有添建，如孔庙、国子监、郊祭坛庙和佛寺等，但对元大都总体布局没有变动。

洪武元年（1368年），明太祖朱元璋将大都废弃，改称北平，城市缩小了，坊的数量也相对减少，但内城西南的金城坊、咸宜

大陆银行北京分行（西交民巷旧址）

坊、阜财坊等相互位置没有变化，金融街所在区域金城坊的名称也没有变化。

元、明两代及清代初期，金城坊一直是繁华的商业区和金融中心，遍布银号、金坊，商贾富豪及皇亲国戚多在此发迹生财，是繁华的商业区和金融中心。这是金融街“金融”背景的最初萌芽。民国元年，原址设于此处的大清银行改为中国银行。其后，大陆银行、金城银行、中国实业银行等均先后在此设址。民国十年之前，各银行机构竞相在金城坊街谋得一席之地，并曾有过将其作为“银行街”的想法。

2. **金融机构与企业总部聚集之地**

《金融街二十年》一书中曾提到，金融街作为北京市第一个大规模整体定向开发的金融产业功能区，其定位为“六位一体”

国家金融管理中心，即突出决策监管、标准制定、资产管理、支付结算、信息交流、国际合作等六大方面的功能。这是它区别于其他金融中心的最显著特色。经过20多年的建设和发展，目前，金融街作为国家金融管理中心已基本形成多元化金融机构体系、多层次金融市场体系及全方位金融信息和服务体系，“六位一体”功能定位日益凸显，作为国际金融管理中心的功能稳步提升。本书将就其核心机构与功能做简要介绍。

2.1 金融监管机构——从“一行三会”到“一委一行两会”

中国金融监管部门——“一行三会”

“一行三会”是国内金融界对中国人民银行、原中国银行业监督管理委员会（简称“原中国银监会”）、中国证券监督管理委员会（简称“中国证监会”）和原中国保险监督管理委员会（简称“原中国保监会”）这四家中国金融监管部门的简称。

1983年9月，国务院决定中国人民银行专门行使中央银行的职能。1992年10月成立了中国证监会，1998年11月成立了原中国保监会，2003年4月成立了原中国银监会。由此形成了中国“一行三会”构成的以机构监管为特征，以合规监管为重点的分业监管体制。位于北京金融街的“一行三会”对规范金融市场的秩序、防范金融风险、保障金融业的稳定发展发挥了重要作用。中国金融改革发展政策、运行监管政策以及重大经济政策都从“一行三会”出台，聚集了“一行三会”的金融街是中国金融政策信息发源地。

功能强化整合——“一委一行两会”

“一委一行两会”是指国务院金融稳定发展委员会、中国人民银行、中国银行保险监督管理委员会、中国证券监督管理委员会。是在原有“一行三会”基础上进行功能强化整合后形成的金融监管机构新格局。

近年来随着中国金融改革和创新力度的不断加大，中国的金融体系发生了深刻的变化，中国金融业发展明显加快，给金融行业的分业监管体制带来了严峻的挑战。2017 年 7 月，中央第五次全国金融工作会议明确提出：“设立国务院金融稳定发展委员会，强化中国人民银行宏观审慎管理和系统性风险防范职责。”

2017 年 11 月，经党中央、国务院批准，国务院金融稳定发展委员会成立，作为国务院统筹协调金融稳定和改革发展重大问题的议事协调机构，办公室设在中国人民银行总行。其主要职责为：一是落实党中央、国务院关于金融工作的决策部署；二是审议金融业改革发展重大规划；三是统筹金融改革发展与监管，协调货币政策与金融监管相关事项，统筹协调金融监管重大事项，协调金融政策与相关财政政策、产业政策等；四是分析研判国际国内金融形势，做好国际金融风险应对，研究系统性金融风险防范处置和维护金融稳定重大政策；五是指导地方金融改革发展与监管，对金融管理部门和地方政府进行业务监督和履职问责等。

中国银行保险监督管理委员会由原中国银监会与原中国保监会合并而成，于 2018 年 4 月 8 日正式成立。国务院金融稳定发展委员会和中国银行保险监督管理委员会的成立，标志着我国已形成国务院金融稳定发展委员会、中国人民银行、中国银行保险监督管理委员会、中国证券监督管理委员会这种“一委一行两会”

新格局，宣告着中国金融监管进入新时代。

随着人民币国际化、利率市场化改革步伐不断推进，金融街在国家宏观经济调控中的作用更加突出，在资源配置中的决定性作用不断加强，在国内经济社会平稳运行方面的支持能力越发凸显，对中国金融市场乃至世界金融市场的影响力进一步增强。

2.2　金融服务机构云集似锦

西城区本身就是货币金融服务业机构密集的区域，数量达到108家。其中，亚洲基础设施投资银行（简称“亚投行”）、国家开发银行、中国工商银行、中国建设银行、中国银行、中国农业发展银行、中国进出口银行、中国民生银行、中国光大银行、北京银行、中国邮政储蓄银行等银行类金融机构就设立在金融街。可谓大家云集，繁花似锦，本书仅就其中具有影响力和代表性的银行总部给予概况介绍。

亚洲基础设施投资银行是首个由中国倡议筹建、由亚洲发展中国家共同发起并主导的多边开发性金融机构，于2015年12月正式宣告成立，2016年1月开业。亚投行遵循高效、精简、清廉、清洁的原则，通过贷款、担保、股权投资等多种金融工具，致力于亚洲区域基础设施建设和互联互通，促进区域经济一体化和区域经济繁荣。2017年5月13日，亚投行宣布其理事会已批准7个新意向成员加入亚投行，其中包含3个域内成员和4个非域内成员，分别是巴林、塞浦路斯、萨摩亚、玻利维亚、智利、希腊和罗马尼亚。2017年12月19日，亚投行批准通过库克群岛、白俄罗斯、瓦努阿图和厄瓜多尔4个成员加入亚投行。至此，

中国工商银行总行

亚投行成员已扩容至84个。

国家开发银行（以下简称“国开行”）成立于1994年，是国家出资设立、直属国务院领导、支持中国经济重点领域和薄弱环节发展、具有独立法人地位的国有开发性金融机构。截至目前，国开行在中国内地设有多家分行，境外设有香港分行和海外代表处。

中国工商银行成立于1984年1月1日。2005年10月28日，工行整体改制为股份有限公司。2006年10月27日，工行成功在上交所和香港联交所同日挂牌上市。截至目前，工行向全球提供全面的金融产品和服务，国际化、综合化经营格局不断完善，境外网络扩展至45个国家和地区，盈利贡献进一步提升。2017年，工行多项核心指标继续保持全球第一。

1912年2月，中国银行正式成立。1994年，中行改为国有独资商业银行。2004年8月，中国银行股份有限公司挂牌成立。2006年6月、7月，中行先后在香港联合交易所和上海证券交易

中国银行总行

所成功挂牌上市，成为国内首家“A + H”发行上市的中国商业银行。2017 年，中行再次入选全球系统重要性银行，成为新兴市场经济体中唯一连续七年入选的金融机构。截至 2017 年，中行境内外机构共有 11605 家。其中，中国内地机构 11060 家，中国香港、澳门、台湾地区及其他国家机构 545 家。

中国建设银行股份有限公司是一家中国领先的大型股份制商业银行，总部设在北京，其前身中国建设银行成立于 1954 年 10 月。建行于 2005 年 10 月在香港联合交易所挂牌上市，于 2007 年 9 月在上海证券交易所挂牌上市。截至 2017 年末，建行市值约为 2328.98 亿美元，居全球上市银行第五位。截至 2017 年，建行设有 14920 个分支机构。

中国建设银行总行

中国光大银行总行

中国光大银行（以下简称“光大银行”）成立于1992年8月，是经国务院批复并经中国人民银行批准设立的全国性股份制商业银行，总部设在北京。中国光大银行于2010年8月在上海证券交易所挂牌上市，2013年12月在香港联合交易所挂牌上市。截至2017年，光大银行已在境内设立分支机构1196家，实现境内省级行政区域服务网络的全覆盖，机构网点辐射全国129个经济中心城市。

2.3　资本服务机构众星璀璨

除金融监管和服务机构外，金融街还聚集了许多资本市场服务业机构和保险业机构，如中国长城资产管理股份有限公司、中国东方资产管理股份有限公司、中国华融资产管理股份有限公司、中国银河证券股份有限公司等，可谓是精彩纷呈、众星璀璨。本书挑选了其中具有影响力和代表性的机构给予概况介绍，以求见微知著。

中国长城资产管理股份有限公司成立于2016年12月11日，由中华人民共和国财政部、全国社会保障基金理事会和中国人寿保险（集团）公司共同发起设立。公司前身是国务院1999年批准设立的中国长城资产管理公司，累计收购处置金融机构和实体企业不良资产本息超过1.7万亿元。截至目前，中国长城资产服务网络遍及全国30个省、自治区、直辖市和香港特别行政区，设有31家分公司和1家业务部。

中国东方资产管理股份有限公司前身为1999年在京成立的四大国有资产管理公司之一——中国东方资产管理公司。2016年，经国务院批准，改制为股份有限公司。截至2017年，在国内中心城市设有25家分公司和1家经营部，业务涵盖不良资产、保险、银行、证券、信托、普惠金融、信用评级和国际业务等。境内拥有14家控股公司，员工总数64000多人，服务网络覆盖全国。

中国华融资产管理股份有限公司前身为中国华融资产管理公司，成立于1999年11月1日。2012年9月28日，经国务院批准，整体改制为股份有限公司。2015年10月30日，中国华融在香港联交所主板上市。截至2017年，中国华融设有31家分公司，服务网络遍及全国30个省、自治区、直辖市和香港、澳门特别行政区。

中国银河证券股份有限公司（以下简称“银河证券”）于2007年1月26日，经中国证监会批准，由中国银河金融控股有限责任公司作为主发起人，联合4家国内机构投资者共同发起正式成立。银河证券于2013年5月22日在香港联合交易所上市，2015年5月完成H股配售，2017年1月23日在上海证券交易所A股上市。截至2017年，拥有470家证券营业网点，均衡分布在全国31个省、自治区、直辖市的中心城市，是目前国内分支机构最多的证券公司。境外网点（香港）和26家期货业务营业网点为客户提供了延伸服务。

中国人民保险集团股份有限公司（以下简称“人保集团”）是中国第一家全国性保险公司，创立于1949年10月，目前已成长为国内领先的大型综合性保险金融集团，并于2012年12月成功在香港联合交易所上市。截至2017年，人保集团旗下拥有10

多家专业子公司。

中国人寿保险（集团）公司（以下简称“中国人寿集团”）的前身是诞生于1949年的原中国人民保险公司，1996年分设为中保人寿保险有限公司，1999年更名为中国人寿保险公司。2003年，经国务院和中国保险监督管理委员会批准，原中国人寿保险公司进行重组改制，变更为中国人寿保险（集团）公司，并独家发起设立中国人寿保险股份有限公司（以下简称“中国人寿”）。2016年，中国人寿集团入主广发银行，开启保险、投资、银行三大板块协同发展新格局。

3. 蓬勃发展的金融论坛与金融智库

3.1 各主题金融论坛量质并举

近年来，西城区内金融监管部门、金融机构、社会组织积极举办与承办各类会议及论坛，促进和深化金融领域全球交流合作。金融街是各大金融论坛及金融会议的聚集地。据统计，金融街2017年至少举办约90场金融行业大型会议，平均每4天就有一场大型金融会议在金融街召开。其中，北京金融街丽思卡尔顿酒店2017年共承办66场金融行业80人以上会议，共有9033人参会。北京金融街威斯汀大酒店2017年共承办23场金融行业80人以上会议，共吸引4810人参会。“一带一路”国际合作高峰论坛、北京国际金融博览会、金融街论坛、中国金融论坛（科博会）等颇具业界影响力的会议及论坛均在金融街举行。

3.2 多品牌金融论坛影响力日渐增强

金融街注重文化建设，已连续主办13届北京国际金融博览会、7 届金融街论坛等活动。形式多样的公共文化服务活动，旨在提升区域金融文化氛围，强化金融街品牌认知度，推进金融街从“地理概念”到“影响力标签”的转变。

北京金博会创办于2005年，旨在展示中国金融业和金融机构创新发展最新成果，已发展成为国内规模最大、最具影响力、国际化程度最高的金融博览会，被誉为“中国金融第一展”。金博会已成为中国金融业的年度性成果展示和宣传推广平台，截至2017年，共有银行业、证券基金业等320家金融机构、81家外资金融机构、130家金融科技与互联网金融企业，以及近40家有重要金融业务的大型央企、国企、上市公司曾参加过金博会展览展示等各项活动。《人民日报》、新华社、中央电视台、《北京日报》、《华尔街日报》、路透社等全球近150家主流媒体参与报道。

北京金博会是促进中国金融业对外开放的国际化交流平台，是由世界银行、国际货币基金组织、国际金融协会等国际金融组织领导的，高盛、花旗、美林等全球知名金融集团负责人，诺贝尔经济学奖获得者，全球知名经济学家等曾参加过金博会的各项交流活动。北京金博会是促进区域经济与金融业融合与发展的对接平台，上海、重庆、广东等25个省市政府金融组团、区域金融中心城市曾参展参会，对接合作。金博会也是研讨金融发展思路、传播前沿理念的重要平台。金博会的品牌论坛——中国金融年度论坛是促进全球金融业交流、合作、发展的高层论坛，每届论坛会聚金融管理部门领导、全球金融机构与学术界精英代表，论坛产生的学术成果为中国金融业创业发展提供思想启迪和理论借鉴。

2017 北京金博会展览面积为 2.3 万平方米，共有 130 余家金融机构参展，展示了我国金融服务国家战略、服务实体经济、普惠金融、金融科技、金融防风险、首都金融新布局等方面的发展和布局。新华社评价此次金博会为“金融创新的盛宴”。2018 北京国际金融博览会暨上市公司（中国）投资博览会以“金融开放、金融改革、金融创新”为主题，采取展览、论坛、签约、洽谈、考察、惠民等多种形式。

金融街论坛于 2012 年金融街建设 20 周年之际，由北京市金融工作局及西城区人民政府共同创办，意在促进和深化金融领域全球交流合作。2014 年，金融街论坛在国内外金融界的影响力进一步提升，被誉为“中国金融风向标”。几年来，金融街论坛先后围绕世界经济变革与对策、金融改革创新与经济增长新动力、金融服务国家重大战略、金融服务供给侧结构性改革等重点、热点议题，广泛展开交流与研讨，形成了许多具有建设性的意见，在国内外金融界引起广泛反响和高度关注，已经发展成为国内顶尖的高端金融对话交流平台，是首都服务国家金融改革、服务金融机构创新发展的体现，并朝着国内最权威的金融论坛以及国际知名的顶级金融论坛方向发展。

“2017 金融街论坛”围绕“全球经济变革下的金融改革与风险防控”主题，探讨“深化改革，防控风险，提升金融业服务实体经济水平”“支持‘一带一路’建设，促进金融合作与创新发展”“宏观协调与金融业稳健发展”“金融支持供给侧结构性改革与实体经济发展”“健全金融市场体系，有效防控金融风险”五大议题，探讨金融领域的重大问题，以促进新形势下我国金融业改革创新与高效发展，为世界和中国金融业的未来发展提供前瞻性的思想和途径。

“2018 金融街论坛”以“新时代、新使命、新作为——深化金融改革，推动经济高质量发展”为主题，分别对“加强国家金融管理中心建设，打好防范风险的攻坚战”“加速金融改革开放，共同推动金融管理中心的合作发展”“金融科技与金融业创新发展”“健全金融法治环境，完善金融市场体系”“强监管格局下的资管变革”五大议题进行了研讨。来自政府部门、金融市场、高校等与会人士共议金融改革开放，为金融推动经济高质量发展建言献策。

“2019 金融街论坛”以“为深化金融供给侧结构性改革，推动经济高质量发展”为主题，以“重塑改革新动力——金融业全球治理与金融开放”为议题，来自金融监管层和知名金融机构的人士齐聚，共同为深化金融供给侧结构性改革，推动经济高质量发展建言献策。同时就深化金融供给侧结构性改革，缓解民营和小微企业融资难等话题发表了代表自己的看法。在对银行保险业的开放上，针对近期备受关注的中美贸易问题，首先强调，贸易保护主义不符合历史大势，世界经济的发展需要进一步开放合作。

3.3 各品类金融智库集聚

智库是思想创新的源泉，是企业、行业乃至国家“软实力”

和“话语权”的重要标志。作为首都第一个大规模整体定向开发的金融功能区，经过20余年的发展，金融街已经成为对中国金融业最具影响力的金融中心区。区域内集聚着中国的各类智库机构，既有综合性研究单位，也有专业性研究机构；既有国家高端智库试点单位，也有国家金融监管机构智库，还有大型金融机构智库及社会智库等。这些智库以前瞻视野和探索精神，在基础理论、案例和实证研究、对策方案、决策咨询等方面发挥着思想库和智囊团的作用。

国家高端智库建设试点工作于2015年开展，共有25家机构入选首批国家高端智库建设试点单位。这25家智库研究范围涵盖政治、经济、思想、科技、军事、法律、国际等领域。其中，中国科学院、中国工程院、新华通讯社、中共中央编译局、中国宏观经济研究院、中国石油经济技术研究院、中国国际经济交流中心等7家机构位于金融街区。

北京金融街汇聚各大政策性银行及商业银行的研究所及科研力量，被视为中国金融业“大脑”的金融街，正迈入高质量发展新时代。

国家开发银行研究院（金融研究发展中心）是国家开发银行第一家境外规划合作平台，将从促进内地与香港经济优势互补角度出发，选取一系列对两地经济社会发展有重大影响的战略性、前瞻性和关键性课题开展合作研究，加强规划领域，特别是国际业务规划的合作研究力度，致力于成为兼具本土智慧和国际视野、拥有地区和国际影响力的重要智库。2016年8月24—29日，国家开发银行研究院代表团应邀访问格林纳达，协助格政府制订2030战略规划。2017年5月，国家开发银行研究院联合中国国际经济交流中心、丝路规划研究中心发布《“一带一路”贸易投资指数报告》。

中国工商银行城市金融研究所成立于1993年。作为中国工商银行内设职能部门，城市金融研究所以建设中国金融智库、推动全面深化改革为目标，跟踪经济金融形势，研究经营发展面临的重点、热点问题，开展行内外交流合作，积极发挥决策咨询、学术交流、智库传播、深化改革的作用。具体职责包括：研究分析宏观经济形势和市场环境；编制集团中长期战略规划并开展跟踪评价，牵头组织参与重大改革项目，牵头协调跨部门、跨条线重大改革事项，跟踪、监测、报告重大改革项目推进情况；编辑发行《中国城市金融》和《金融论坛》；负责中国城市金融学会管理；负责中国工商银行博士后科研工作站管理；负责中国工商银行行史的编修工作。

中国民生银行研究院成立于2015年，是直属中国民生银行总行董事会领导的智库型研究咨询、决策参谋机构。定位和使命是服务中国民生银行董事会的科学决策和全行业务发展，并为全行构建“融资、融智、融商、网融”四轮驱动业务模式提供有力支撑，致力于持续提升中国民生银行的软实力和影响力。目标和愿景是通过整合全行研究力量和外聘专家，构建高水平研究团队，打造“学术交流平台”，建设、发展成为在国内外有较强影响力的有中国特色、民生银行特点的国际一流新型智库。目前已设立宏观经济、金融发展、产业发展、区域经济、民营企业发展等5个研究中心，并管理民生银行博士后流动站。

北京金融街研究院由国家开发银行、北京市西城区政府和中国金融四十人论坛联合发起成立，2012年11月18日在京举行揭牌仪式。研究院主要依托金融街国家金融中心的有利条件，积极探索金融发展战略，致力于为金融监管部门、金融企业、政府部门提供一流的研究和咨询服务，成为促进金融中心发展和推动中国金融体系现代化建设的思想库和智囊团。同时借助部分监管机构、总部机构及行业协会的研究院、战略研究部等资源，建设开放、国际化的学术交流平台，形成并发布金融街观点。

中国金融四十人论坛由40位40岁上下的金融精锐组成，即“40×40俱乐部”。2008年4月12日，“中国金融四十人论坛成立仪式暨首届主题研讨会”在北京金融街隆重举行，致力于以金融学术奉献社会的中坚智库自此诞生。作为非官方、非营利性金融学术研究组织，论坛以前瞻视野和探索精神，致力于夯实中国金融学术基础，探究金融界前沿课题，推动中国金融业改革实践，为民族金融振兴与繁荣竭尽所能。

4. 国际化的设施环境

金融街核心区面积2.59平方公里，建筑面积总规模达600多万平方米，其中办公面积450多万平方米，配套和住宅公寓面积150多万平方米，商务楼宇49座。2017年，金融街加大了核心区楼宇资源信息和产业疏解业态提升项目信息的利用，为机构提出办公选址方案，促进金融等高端产业入驻，并进一步优化区域交通环境，协助开展金融街导向系统提升等工作，为实现科技、金融、文化进一步融合发展创造了有利条件。

除此之外，金融街完备、时尚、高档的餐饮、休闲、绿化、酒店等设施，共同构筑了该区域国际化的设施环境。

金融街购物中心坐落于北京金融街中心广场，为白领阶层提供一站式中高档消费体验，其中包括时尚服饰、餐饮、娱乐及休闲项目，从地下一层到地上四层，汇聚了超过800个知名品牌，是北京最高档的国际级购物中心。在金融街中心广场上，金融街体育中心配备健身器材齐全的健身房、瑜伽室、地热温泉、室内网球场等，满足商业人士健身需求。另有位于金融街中心区域的金树街，总使用面积约10000平方米，汇集了世界各地风味美食和中国传统特色菜肴，包括金悦利湾、星期五餐厅、星巴克、必胜客、悦唐、小城知味等在内的20余家餐厅、茶室、酒吧，承担了金融街区域乃至北京西区的社交需求和家庭活动需求。

金融街公园位于购物中心北侧，由SWA事务所担任景观设计，他们将城市设计和景观设计融合到了设计的物质和文化结构中。这个大型的公共公园为该区提供了一个开放的空间，一个多动能的庭院。喷泉广场带有电脑动画，夜晚的灯光也是一道亮丽的风景线。北京金融街公园为北京的文化标识创建一个独特的国际地标。景观中有建筑、建筑中有景观的设计概念是中国古典园林中“借景”手法的现代演绎。这个设计在四个特殊的方面采用了“借景”的手法。“框景”公园与建筑中的条条道路都是相通的。整齐的树列和修建的绿篱是中国园林艺术中把建筑和墙延伸到花园的现代诠释。“园中园”：大花园中有小的园子，让人们能在更小更私密的空间交流集会。“叠水/水中倒影”一系列水元素的运用使得建筑和景观更加和谐。圆形剧场的水墙在视觉上把建筑延伸到景观之中，而某些建筑底部的水池将建筑、景观和天空富有诗意地结合在了一起。

金融街绿化面积 50.047 公顷，人均绿地面积 8.33 平方米，绿化覆盖率达 26%。地区 23 家单位获得了“首都绿化美化花园式”单位称号，比例达到 62%。该地区倡导绿色办公环保理念，目前凯晨世贸中心、大唐集团、华能大厦等楼宇已采用自动调节温度节能空调系统，提高能源利用率。金融街地区 8 所学校、9 座大厦和金树街 17 家餐饮门店实施餐厨垃圾集中收集，实行餐厨垃圾无害化处理。

北京金融街丽思卡尔顿酒店位于太平桥大街和金城坊东街的交会处，坐落在世界顶级繁华金融区的中心，是商务和休闲旅行人士的理想选择。现代玻璃与铬合金工艺完美结合构成了夺目的

金融街购物中心

北京金融街丽思卡尔顿酒店

酒店外部装潢，置身其中，扑面而来的是高雅宜人的热烈气息。253 间设施齐全的客房和套房，3 家特色餐厅经营中国菜、意大利菜，并全天供应特色食品。丽思卡尔顿水疗健身沙龙提供各种各样的美容护理和令人恢复活力的理疗服务。高档健身俱乐部设有健身中心，并提供室内恒温游泳池、按摩浴缸、蒸汽和桑拿房、美发美甲沙龙。各种会议厅可以轻松抵达世界一流的购物中心、文化和娱乐场所。

凯晨世贸中心位于西长安街与闹市口大街交叉口东南角，是大陆地区第一个 LEED－EB 铂金级认证写字楼，获得亚洲最高分。作为一栋世界级纯商务写字楼，其标新立异的造型使之一经亮相，便成为西长安街绝对的立面地标。凯晨世贸中心由三幢平行且互相连通

凯晨世贸中心

的14层写字楼组成，总建筑面积近20万平方米，拥有北京高端写字楼最大的空中花园，全国首屈一指的双中空大堂以及总面积达5万平方米的世界最大的智能生态双层呼吸式玻璃幕墙。2.8米的室内净高使凯晨世贸中心成为北京标准净高最高的顶级写字楼之一，也是北京高端写字楼市场唯一在建筑首层设置了“环楼水景”的项目。

第二节　1987—1992：金融街的构想孕育

1. 80年代的金融改革背景

20世纪80年代，随着我国改革开放的不断深入、国民经济的快速发展、经济总量的不断扩大，中国金融业的改革和发展蓄势待发。金融业的发展使更多的金融机构总部和分支机构急需大量的办公场所，这为金融街建设提供了大量潜在的市场需求。

1985年3月，国务委员陈慕华正式出任中国人民银行行长。1986年，邓小平同志要求“金融改革的步子要迈大一些”，并且强调“要把银行真正办成银行”。按小平同志的指示，中国人民银行比较系统地提出建立新型金融体制、实现四个目标及一系列金融改革方案。同时陈慕华提出借鉴国外经验，在北京建设一个由国家各大金融机构组成的金融街的设想。

1982年12月，北京新编制的城市总体规划上报中央，在这一轮总体规划中提出了“旧城要逐步改造”，并强调“旧城必须实行统一开发，成街成片改造”。1983年7月，中央对北京市新的城市总体规划做出批复，其中明确指出“要逐步地、成片地改造北京旧城。通过改造，既要提高旧城区各项基础设施的现代化水平，又要继承和发扬北京的历史文化城市的传统，并力求有所创新”。

2. **西城发展战略的指引**

1982 年 7 月 21 日，北京市第七届人民代表大会常务委员会审议通过了《北京城市建设总体规划方案》，并上报中央。这一轮的《总体规划》十分重视旧城改造，单辟章节进行分析论述并做出全面的部署。中共中央、国务院于 1983 年 7 月正式批准《总体规划》，并下达了批复意见，批复意见中明确指出：“要逐步地、成片地改造北京旧城。通过改造，既要提高旧城区各项基础设施的现代化水平，又要继承和发扬北京的历史文化城市的传统，并力求有所创新。”

1985 年 3 月，西城区召开了“西城区经济社会发展战略研讨会”，当时有中央、北京市有关部门领导、高等院校和科研单位的专家学者 270 余人参会，共同研讨了西城区未来发展的战略。会议曾提出“以旧城改造为突破口，搞好城市规划建设，是实现全区经济社会发展战略的根本途径”，这个意见对西城区经济社会发展具有重大指导意义，这在当时是具有相当超前意识的提法。从那时起至今，西城区经历了 8 届政府 8 位区长、8 届区委 9 位书记，而对于西城区的城市建设始终保持着同样的指导思想。这不仅是北京金融街发展的基础，也是西城区众多功能街区成功发展的一个重要基础。

1985 年，“西城区经济社会发展战略研讨会”确定以旧城改造为突破口，通过城市建设发展全区经济的重要思路之后，西城区就开始深化对区域规划和建设的研究。西城区的城市建设按照这样的战略部署逐步展开。在这之前，北京的城市建设是高度集中在市一级政府统一组织实施的，当时称为“统建”，而区县政府只搞一些小型的改扩建项目。旧城改造，特别是老旧平房改造工程改变了北京市城市建设的组织形式，区县政府逐渐成为这项工程中的重要角色。

3. 陈慕华的宏远构想

在首都建设金融一条街的宏伟设想是陈慕华副委员长早在 1987 年担任中国人民银行行长期间，率先提出的。大概在 1987 年前后，刚刚担任中国人民银行行长的陈慕华同志和张百发同志一同在人民大会堂开会的会议间隙，他们谈及了中国金融体制改革过程中将有很多专业银行陆续成立，而西方发达国家一般都有一个金融中心区域，建议在北京建设一个有中国特色的金融业聚集区域。张百发同志对此事非常重视，之后就要求规划部门在西二环预留了土地，控制了规划。

当时在国际上，可以借鉴的先例并不多，仅有美国、英国、新加坡等少数几个国家。我国金融管理体制的改革正在逐步深入，银行的政策性功能和商业性功能的剥离刚刚启动。国有四大银行的股份制改造还在酝酿，金融现代信用体系和风险防范体系的建设，也尚在摸索之中。在这种背景下，借鉴发达国家经验，结合我国实际，发挥北京特有的区位优势，提出建设一条具备全国金融管理中心功能的金融街，无疑是一种远见卓识。

1995 年 1 月 30 日，西城区政府和金融街建设指挥部共同专程拜见了陈慕华副委员长。她住的院子不大，十分恬静。时值隆冬，院中花架上留着几片残雪，但屋内却鲜花盛开，春意盎然。

几天后，陈慕华副委员长的秘书来电话，说题字写好了。大家看到“北京金融街”这几个浑厚有力的大字时，心情异常激动和兴奋。金融街开发公司把题字做成霓虹灯，矗立在月坛南桥引桥的东侧，十分有气势。后来，在金融街中心广场建成后，又把题字雕刻在大理石上，置于中心广场的入口处，这已成为北京金融街具有标志性的景致。

4. 二环办的诞生

1987 年 12 月 15 日，张家成、李炳华共同主持召开了“西二环开发建设筹备工作会议”，会上宣布自 1987 年 12 月 15 日起成立西二环开发建设筹备工作领导小组，领导小组下设西二环开发改造筹备办公室。1988 年，办公室更名为“北京市西二环开发建设办公室”。

1988 年 2 月 8 日，西城区计划经济委员会、西城区规划建设管理委员会联合向北京市计委、建委报送《关于综合开发西二环东侧项目建议书的请示》，提出在从复兴门大街到阜成门内大街一带“主要安排金融单位的事业用房和配套的商业服务业高大型建设项目"，首次明确提出了金融街的选址。1988 年 3 月 28 日，北京市城乡建设委员会、北京市计划委员会联合下发《关于综合开发西二环路东侧项目建议书的批复》，同意了上述请示，批准立项。北京市西二环开发建设办公室随即开展了相关工作。

1988 年 4 月 25 日，关于西二环开发建设规模的会议在市建委二楼会议室举行，会议议定：（1）西二环南起复兴门，北至阜成门，从二环路内侧至辅路，建设规模约 55 万—65 万平方米，西长安街北侧民族饭店至长话大楼区间，建设规模约 6 万—8 万平方米。（2）建设布局。复兴门至阜成门共分三段，南段和北段以建银行系统和各种公司的业务用房为主；中段以建综合服务用房为主；民族饭店西侧主要安排国家监察部、司法部和国家计委经济信息中心的办公和业务用房。（3）议定参加西二环开发建设的单位和规模。

这次会议议定了包括建设银行、农业银行、工商银行、中国银行、交通银行等国家级金融机构在内有建设办公用房计划的 18 家参建单位，并全部确定了建设规模，其中仅银行系统的建设面积就达 27 万平方米。这个数字在当年是巨大的。此后，西二环开发建设办公室进一步组织了西二环东侧建设规划的研究，进行了拆迁房屋的调整摸底，着手准备拆迁安置用房。在 1988 年 6 月到 8 月间，与其中 6 家单位签订了合作开发的协议书，开始以集资、建房合作开发的方式筹集建设资金，启动建设项目。

第三节　1992—2000：金融街的建设开启

1. 借助契机恢复建设

1992 年是中国经济社会发展中的一个重要年头。1992 年 1 月 18 日至 2 月 21 日之间，邓小平同志赴武昌、深圳、珠海、上海等地视察，这期间发表了一系列谈话，后来被统称为“南方谈话”。南方谈话的中心是：坚定不移地贯彻执行党的“一个中心、两个基本点”的基本路线，坚持走有中国特色的社会主义道路，抓住当前有利时机，加快改革开放的步伐，集中精力把经济建设搞上去。邓小平同志在上海的讲话中还特别提到：“金融很重要，是现代经济的核心。金融搞好了，一着棋活，全盘皆活。”

在邓小平发表南方谈话后，中国兴起了新一轮的经济建设高潮。邓小平说：“低速度就等于停步，甚至等于后退!”数字显示，1989 年到 1991 年，中国 GDP 每年的增幅只有 5% 左右，而在 1992 年当年，这个数字就增加到 12.8%。此后，中国始终保持着“世界上经济增长最快的国家”这一称号。也正是有了南方谈话，直接催生了北京金融街。

借助邓小平同志南方谈话的契机，西城区委、区政府准确把握宏观经济发展态势，从区域产业基础和比较优势出发，利用西单地区的商业优势，以其为中心，通过城市危旧房改造的途径来促进西城区经济和社会的发展，并于 1992 年 5 月 16 日向北京市政府汇报了“繁荣西单，发展西城”的发展思路。为了落实“繁荣西单，发展西城”战略，西城区政府提出了“161 工程”，即：以抓紧西单地区的改造建设为重点，结合危房改造，平行推进西二环金融街、西直门外大街、阜成门外大街、复兴门外大街、德胜门外大街、平安里大街 6 条街和什刹海历史文化风景区的开发建设工作。西二环金融街在当时的发展定位是逐步建成以国家级和国外的银行、保险、证券交易为主的金融活动重地。

1992 年 7 月 7 日，区计经委、建委向西二环危房改造办公室下发了《关于西二环东侧危旧房改造区项目建议书的批复》。批复中对项目的描述为：“西二环东侧危旧房区南起复兴门立交桥，北至阜成门立交桥，全长 1700 余米，东西宽 200—250 米，占地约 35 公顷。”至此，金融街项目正式启动建设。

建设伊始的拆迁故事

1992 年 6 月，北京市政府批准恢复金融街建设。6 月 26 日，西城区委、区政府随即成立了金融街建设指挥部。搞过城市建设和开发的人都知道，开发工作中最难干的事莫过于居民拆迁工作。拆迁工作涉及千家万户，家家都有一本难念的经。同时各家的生活水平、物质的需求都不一样，而补偿的标准是统一的，只能做到相对合理，最重要的是我们的工作必须要得到被拆迁居民的理解和支持。1993 年 4 月，金融街正式启动拆迁工作，当时金融街的拆迁规模是全市最大的，有居民 12375 户，人口 33610 人，房屋 23513 间，建筑面积 42.68 万平方米，其中三、四类房屋 18340 间，占房屋总间数的 78%。该范围有中央单位的住房，有普通百姓的住房，还有很多单位用房。当时杨胜博同志和朱斌同志两位常务副区长组织有关的委办局多次研究、反复讨论、确定方案，为拆迁工作的顺利进行制定了政策依据。

当时，金融街的恢复建设与1987年西二环改造办公室的根本不同是，1987年是市、区二级政府联合开发，1992年变成了由西城区政府一家来做，这样我们的拆迁房源及资金的筹备都得要自己来搞。那时，全国各地房地产开发都刚刚起步不久，西城房地产投资规模仅2亿元。1992年全年西城区的财政收入也仅4.8亿元。金融街开发公司刚刚成立，根本没有拆迁房源，而且资金有限。当年派人到处去找拆迁房源，听说大兴区新建了几个小区，王功伟和我及有关同志到现场考察，一看小区环境建设得还不错，这样就买下了大兴新源里小区几万平方米房子，作为我们一期拆迁的主要房源。我们心里也很没底，由区里各部门重新研究制订了非常具体详细的拆迁补偿方案。那时，大兴给人的印象是很远的郊区，是很多城里学生插队落户的地方，拆迁动员工作之难可想而知。由于我们前期工作准备得充分，思想工作做得比较细致，拆迁工作一铺开还比较顺利，很多人克服了自家的困难，例如子女和自己上班路远、老人看病不方便等等问题。居民为了支持金融街的建设牺牲了小家的利益，把困难留给了自己，积极配合拆迁工作。他们搬迁的情景真的很让人动容，很容易让人联想到战争年代的军爱民、民拥军的情景。解放战争时期，广大人民自己缺吃少穿的，却把节省下来的粮食用肩扛、用独轮车推无私无怨地为前线战士送给养，有的人甚至牺牲了生命，他们与解放军战士一同为新中国的建设做出了不朽的功绩，我想没有人民的支持就没有共和国的今天。

看到今天金融街的建设成就，很自然就想到几万居民牺牲个人的利益，搬离祖居的家园所做出的巨大贡献。这一切让我深深地感到成为这个伟大民族的一员是多么自豪，只有这敢于站在世界之林的伟大的民族，才能孕育出为祖国的繁荣富强不怕牺牲、勇于奉献的伟大人民，只有伟大的人民才能创造出伟大的奇迹。

今天，我们将一个现代化的世界上独一无二的北京金融街展现给人们，为金融街建设做出贡献的所有人都会感到无比欣慰。尤其对那些为建设金融街而迁走的广大居民，我要由衷地、发自肺腑地说一声：十万分感谢你们！你们永远是西城区的居民，因为你们的根在这里，要常回家看看！

——侯九义《长风破浪会有时，直挂云帆济沧海——回忆金融街建设过程中的点点滴滴》

2. 北京规划的明确提出

1993年10月6日，国务院批复的《北京城市总体规划（1991—2010）》明确提出，“在西二环阜成门至复兴门一带，建设国家级金融管理中心，集中安排国家级银行总行和非银行金融机构总部”，标志着金融街建设的起始。在国家经济发展和体制转轨的浪潮中，北京金融街顺改革大势应运而生。1993年10月

1995 年金融街南区建设工地

19 日，首规委办与城乡规划委联合下发文件，批准《西二环金融街规划方案》。南起复兴门内大街，北至阜成门内大街，西自西二环路，东邻太平桥大街。南北长约 1700 米，东西宽约 600 米，规划用地 103 公顷，其中去除现状保留用地后，新规划用地约 88 公顷，是北京市城市总体规划的重要组成部分，属重点建设区域。规划地上建筑面积 238 万平方米，地下建筑面积约 80 万平方米，共 40 多个单体建筑。

1999 年 10 月 20 日，《金融街控制性详细规划及城市设计》通过首都规划建设委员会办公室和北京市城乡规划委员会联席会议的审核，金融街的总体形态确定。规划将金融街以广宁伯街和武定侯街为界分为南、北、中 3 个区，南北贯通的金融大街又将之划分为 A、B、C、D、E、F、G 共 7 个分区。区域内路网又将这 7 个分区自然分割成40 多个0. 6 万—2 万平方米不等的建设地块，各小地块以

1996 年建设中的金融街

分区字母+阿拉伯数字命名。A、B、C 区由北向南沿西二环排列；E、F、G 区由北向南沿太平桥大街排列。长话大楼、中国人民银行、百盛购物中心所在的 D 区位于整个金融街区域的最南端。规划方案中整个区域建筑高度呈西高东低、中心高南北低的态势，规划用地邻二环路中间为区域制高点，规划限高 116 米，最低处为区域东北角，限高 18 米，邻太平桥大街一侧限高约为 18—24 米。按照建设金融管理中心的定位，金融街整体规划中，建筑以高档金融办公为主，兼有居住及商业、娱乐、停车等配套服务设施。

3. 第一个入驻金融街的金融机构——招商银行北京分行

招商银行成立于 1987 年 4 月 8 日，是中国第一家完全由企业法人持股的股份制商业银行，总行设在深圳，由香港招商局集团有限公司创办。1994 年初，北京市政府为了发展金融产业，建议招商银行在北京成立招行北京分行，并对招行北京分行的筹建工作给予了大力支持。

当时面临的主要问题是，招行北京分行的筹备期只有半年时间，希望能在 1994 年上半年实现开业，当时公司正在积极筹划的项目尚未开工。由于在金融街 C 区绿地中有 1.6 万平方米临建用房的建设规划，为此，金融街和招行北京分行筹备组共同商定在西二环东侧绿化带上临建 3 号地建设招行北京分行临时营业办公楼，并与招行北京分行签订了租赁协议，约定租期为五年。

租赁协议签订完成后，意识到这有可能是金融街第一个入驻的金融机构，金融街方面只有一个想法，一定要按期完成建设。金融街建设开发公司为此专门组建了项目部，负责招行北京分行办公楼的建设工作。当时项目的主要负责人是魏龙海和王彬。该项目于1994年3月15日开工，建筑面积2384.7平方米，是一个三层轻钢框架结构建筑。项目施工期间多次与招商银行负责人共同召开协调会，促进工程进度，加强工程的安全管理与质量管理，招商银行领导对项目进展十分满意。经过三个月的努力，6月15日，招行办公楼包括精装修全部竣工，四方签字验收。6月20日移交给招商银行北京分行。7月8日，招商银行北京分行举行正式开业典礼。

7月7日，招商银行北京分行开业前一天，北京又逢大雨。由于个别窗子因通风需要没有及时关闭，屋顶又有一个集水管堵塞，雨水倒灌进几个房间，泡湿了地毯和地面。金融街相关单位得到消息后，连夜和公司同事对房屋进行了抢修，保证了招行第二天的开业典礼。招行领导非常谅解，开玩笑说，水为财，水进房子了，说明财进来了，是好兆头。7月8日，招商银行北京分行举行正式开业典礼。开业典礼进行得非常顺利。

事后的结果表明，招行北京分行在金融街的五年，是快速发展的五年。招商银行在金融街临建三层楼里开业，不久之后便取得了优异的成绩。开业当年就获取了5000万元利润，第二年是1.9亿元利润，第三年是3.5亿元，五年合计利润是15亿元。营业楼面积也从2400平方米扩大到4800平方米。

金融街建设开发公司确实是一支特别能战斗的队伍，也确实是一支诚实、守信的队伍，短短三个月，从跑手续、立钢架、做装修、通水电，通宵达旦，日夜奋战。也是经过这三个月的努力，金融街建设开发公司为金融街引入了第一家金融机构。招商银行成为第一家入驻北京的股份制商业银行，是入驻金融街的第一家企业，也是第一家金融业机构。和金融街建设开发公司的合作，也是招商银行在北京签的第一份合同。这极大地鼓舞了公司员工的士气，坚定了建设金融街的信心。

4. 第一个入驻金融街的行业监管机构——中国证监会

1996 年上半年，当时中国证监会租用位于丰台区方庄的南方证券办公楼办公。证监会希望能在市中心购买合适的项目作为自己的办公用房。

1996 年 6 月 13 日，了解到证监会已有较明确意向购买金龙大厦（现金阳大厦）6、7、8 层。证监会能否入驻金龙大厦，对金融街的发展将具有广泛深远的影响，金融街公司应予以高度重视，力争促成此事。会议确定了积极引进证监会入驻金融街的原则，确定了证监会购买金龙大厦的价格和市政府相关的优惠政策。

1996 年 9 月 3 日，金融街公司与中国证监会在北京新大都饭店签署《北京市金龙大厦预售契约》，约定证监会购买金龙大厦 11000 平方米办公用房。证监会接房后自己组织了精装修工作，公司经营部经理刘世春和高靓负责证监会装修项目的配合工作。

1997 年 5 月 9 日，金融街公司向北京市领导报送《关于中国证监会六月二十一日入驻金融街需协调相关问题的请示》，就供电、电信、消防验收等急需协调解决的问题，请求市政府给予帮助。6 月 23 日，公司第 125 次经理办公会上，证监会提出增加购买金龙大厦 3 层（3300 平方米）、7 层（1600 平方米）的情况。会议认为，证监会是国家金融监管部门，会对金融街建设和发展产生重大影响和带动作用，应该予以积极支持。同时，会议确定按原协议的价格对证监会出售。9 月 18 日，证监会正式入驻金龙大厦（现金阳大厦）。

中国证监会是第一个入驻金融街的国家级金融监管机构。证监会入驻金融街是金融街发展的一个重大历史机遇，为今后银监会、保监会汇集金融街起到了示范作用，为建设中国金融管理中心打下了基础。

5. 金融街借壳上市

为了对金融界进行有效的商业开发，北京市专门成立了“北京金融街建设开发有限责任公司”，并以政府文件的形式确认了金融街控股公司独家获得了金融街区域土地开发权，成为金融街的总体开发商，负责金融街新开发区域的全部土地开发工作。

90 年代末期，金融街已经聘请相关券商做了大量前期辅导工作。准备工作基本就绪后，上市大门却迟迟不能为公司敞开。公司决定另辟蹊径，买壳上市。

之所以在当时提出进入资本市场，主要有以下几点考虑。首先是融资的需求。当时制约北京金融街建设的最核心问题是资金问题，而在解决资金问题的种种渠道中，通过直接或间接上市，从资本市场筹集资金是解决金融街建设资金短缺矛盾的根本出路。其次是提高知名度。进入资本市场可以更好地提高金融街的知名度和扩大金融街的影响力，使金融街的影响力从北京走向全国，进而从中国走向世界。再次是公司治理的需要。进入资本市场可以更好地促进金融街公司建立公开、规范、透明的现代企业管理制度和运行机制，促进公司发展迈上新台阶，使公司管理水平进一步向全国优秀企业看齐。

在采取直接上市还是间接上市方面，公司做了深入的调研，积极论证各种方式的可行性。在直接上市方面，公司先是于 1996 年底同美国摩根士丹利公司合作，探讨在香港上市的可能性。之后受门头沟区京西旅游上市的启发，公司集中精力，组织了两次国内 A 股上市的研讨活动，但由于当时中国证监会关于“房地产、商业、金融企业暂不考虑 IPO”的政策限制，公司谋求直接上市的努力一直困难重重。通过认真的论证分析，认为公司作为房地产企业，在当时的政策环境下很难直接上市，但是通过买壳的方式间接上市是可以操作的。

在积极探索直接上市机会的同时，公司也在努力寻找间接上市的对象。1998 年以来，在中介机构的参与和帮助下，公司先后接触了中介机构推荐的近 20 家上市公司，并与从中筛选出的 8 家上市公司的股东进行了直接接触。在进行了实地考察和较深入的谈判后，确定了 3 家目标公司。针对这几家不同类型的目标公司，公司制订了详细的收购方案。将收购方案向区政府汇报后，通过分析，鉴于金融街集团净资产规模大，长期对外投资较少且容易处理，最终确定将金融街集团设为股权收购主体。

1999 年 11 月中旬，公司及相关中介机构专程赴重庆商讨股权收购工作。经过深入、艰苦、紧张的谈判，北京金融街建设集团与重庆华西包装集团公司就重庆华亚的股权转让和资产置换工作达成了框架协议，并签署了《合作意向书》和《谅解备忘录》。这两份文件的签署，标志着公司内部以金融街集团为主体收购重庆华亚的工作正式开始。

随后，金融街集团和重庆华西包装集团公司组成了以股权转让双方为主体、由相关中介机构共同参加的联合工作组，并确定股权转让和资产置换的所有法律文件起草、报批工作应在 2000 年 1 月 20 日之前完成。

重庆华亚的股权收购工作具有时间紧、任务重、要求高、难度大、经验少、不确定因素多的特点。1999 年 12 月 9 日至 12 月 16 日，公司工作小组再赴重庆，就整个股权转让与资产置换工作的细节与华西包装集团开展最后的谈判。成功签订了《股权转让协议》《股权转让协议补充协议之一》《股权转让协议补充协议之二》《担保协议》《资产置换协议》《风险保证金管理协议》，并就后续工作安排签署了《下一步工作日程安排备忘录》。

12 月 28 日，由北京金融街建设集团和华西集团共同向国家财政部报送了股权转让的全套文件。2000 年 1 月 25 日，财政部下发《关于转让重庆华亚现代纸业股份有限公司国有股股权有关问题的批复》，批准了此次股权转让行为。

2000 年 6 月 26 日，上市公司变更公司名称为“金融街控股股份有限公司”（以下简称“金融街控股公司”）。2000 年 7 月，“金融街控股股份有限公司”名称获得国家工商行政管理局审核通过。2000 年 8 月 7 日，经深圳证券交易所批准，公司股票简称由“重庆华亚”变更为“金融街”，股票代码为 0402。2000 年 8 月 8 日，变更后的股票简称及公司印鉴启用。

公司对原重庆华亚的收购重组进行得非常顺利，被资本市场普遍认为是上市公司收购重组的经典案例。由于原重庆华亚的主营业务是制造加工纸质包装材料，因此，这次重组过程也被称为“点纸成金”。

公司进入资本市场是金融街建设和发展过程中的一个重大转折点。金融街区域共计 75 个项目、建筑面积 405 万平方米中，有 65 个项目、374 万平方米是在公司上市后借助资本市场的力量完成的，可以说金融街上市与资本运作是金融街建设取得成功的关键因素之一。

6. 黑楼记忆——中国建设银行

1998 年的冬季，位于北京西城区金融街 25 号的中国建设银行总行大楼落成。一个漫天飘雪的午后，三辆大巴车从位于北京西客站南广场对面的建银大厦缓缓开出，直奔金融街。

这是全国建设银行工作会议安排的一项内容——参观已经竣工即将交付使用的建设银行总行新办公大楼。这一刻，对于长期从事基本建设的中国建设银行来说，意义非同一般。

历史上，建设银行从成立之日起，就一直与别人合署办公，始终没有属于自己的独立空间，这多少与建设银行的名称及所从事的工作有点不符。新办公大楼的落成，开启了建设银行快速发展的历史。

新办公大楼将古代元素诸如鼎、钱币等，与现代力学、人文科技以及地理位置等很好地融合起来，成为金融街一道亮丽的风景。因新大楼外立面以黑色为主基调，因此被人们冠以“黑楼”的爱称。或许是当时这座“黑楼”过于孤单、显眼，以至于被“市井小贩们”编出了一些现代版的“坊间传说”，在吸引人们视听的同时，倒也有意无意地提高和扩大了建设银行的知名度，起码到过金融街的人，都知道“黑楼”是建设银行的总行大楼。

然而，在建设银行总行搬来之前，又有谁知道当时有多少建行人对“搬家”的感觉很纠结。

此前，建设银行总行长期在复兴路丙12号，即军事博物馆斜对面，与中国有色金属总公司挤在一栋楼里办公。

那里的办公条件虽然简陋，但因在长安街沿线，交通便利，周边环境舒适，加之长久养成的生活习惯，怀旧与留恋让很多建行人对军博念念不忘。

其实，这与其说是建行人的军博情结，不如说是当时金融街建设得还不尽如人意。

建设银行总行是早期入驻金融街的金融机构，1998年刚刚搬来的时候，金融街周边到处都是工地，以至于有人发出“怎么会搬到这里”的抱怨声。

的确，在接下来的几年时间里，工地上嘈杂的机器轰鸣声与汽车过后的“尘土飞扬”，丝毫看不出国家级的金融管理中心、金融资产中心和金融信息中心等即将在这里诞生。

可以毫不夸张地说，当时在这里想找一家吃饭的地方都不容易，倒是停车很方便，也不用担心警察“贴条”。不过，那时有车的人也的确不多。

转瞬七年间，随着2005年建设银行率先在海外成功上市，建设银行发生了脱胎换骨的变化，业务较以前发生了质的飞跃，原本宽松的办公大楼开始有点“吃不消”。

这时候，当建行人再次用心仔细环顾四周时，竟发现想找一块办公用地已无半点可能。这多少有点像当年上海人感叹的“宁要浦西一张床，不要浦东一间房”，当真的想要一间房的时候，才发现连一张床也没有。

而原来那还是热火朝天的施工工地，也不知道什么时候已被高楼所代替，昔日的荒地，在不知不觉中变成了寸土寸金的首善之区。

如今，在金融街这一平方公里的区域内，不但可以找到各家金融机构，还能找到诸如中国人民银行、证监会等监管部门；不但有五星级的大酒店，还有每平方米几万元的住宅楼；不但国际化程度很高，还是众多中外游客自由行的必到之处……

现实就是这样，发展让建设银行必须做出选择。在经过“别无选择”的选择之后，2006年的初夏，闹市口大街1号院的长安兴融中心，便成了建设银行总行的“第二总部”，所有的经营部门集中搬迁至此。

由于长安兴融中心这座大楼主色调偏白，就有了“白楼”的称谓。

其实，从“黑楼”到“白楼”距离并不远，走路也就10多分钟，但是“白楼”与“黑楼”分别代表了金融街两个不同时期的历史。

如果说“黑楼”见证了金融街的过去，那么“白楼”则正在演绎着金融街今天的精彩。

事实的确如此！

7. 变电站搬迁——拆迁中的和谐之音

在侯九义的《长风破浪会有时，直挂云帆济长海——回忆金融街建设过程中的点点滴滴》中曾提到：北京金融街原规划区域中有一大批市、区级企业、事业单位，其中很多单位都肩负着重大的工作责任。在拆迁过程中，这些单位不但要配合金融街建设的拆迁工作，还要继续坚守岗位，保证本单位的工作不受影响。特别是供水、供电、环卫等部门，他们不但顾全大局，支持金融街建设，积极配合搬迁，而且还为金融街建设和拆迁区域内的居民生活不间断地提供着支持和服务。应该说，没有他们的支持，就没有今天金融街的建设成果。

1994年，一次北京市供电局变电站的搬迁经历给所有参与其中的人留下了深刻的印象。

从1992年6月5日市政府批准恢复“金融街”的开发建设

后，仅用一年多的时间就把项目的重新立项、地区规划及 C 区的地块拆迁工作搞完。同时 C 区地块的几家投资建设单位也已落实并签订了合作协议书。根据建设单位的要求以及区委、区政府对金融业的发展思路，1994 年对项目提出“保二争四”的工作目标，即对招商引资的金龙大厦、平安大厦、投资广场、信达大厦四个项目必须保证有两个项目开工建设，力争四个项目全开工，唯独没敢将通泰大厦列入争取开工项目。通泰大厦是金融街引资比较早的项目，1993 年 8 月 8 日由金融街开发公司、交通银行和北京市香港京泰公司三家合资成立金通泰房地产有限公司的第一个开发项目，选址在金融街 C 区的地块，称“通泰大厦”。当时地块上正好有一个北京供电局的 3.5 万伏地面变电站，变电站容量 3 万伏安，占地 4.5 亩。对电站的搬迁大家心里没底，当时想一时半会儿也肯定拆不出来，就没敢立上争取开工项目。金融街有意请交通银行北京分行的领导另外选址，时任北京市计经委、交行北京分行、京泰公司及金融街开发公司的领导邀请时任北京供电局相关负责领导研究电站搬迁一事，双方在十分友好的气氛中交换着意见。但原则问题供电局一点不让步，供电局领导说：“这个变电站肩负着为中南海供电的任务，搬迁过程有一点差错，我们负不起这个责任呀。”这是一个非常现实的问题，必须找到一个妥善的过渡方案，否则，搬迁无法进行。

大家开会研究，一致认为沿西二环路是金融街的脸面，是窗口，中间插一座变电站成什么样子了，就像上等的鲍鱼用一碗北京的豆汁去做调料，味道可想而知。因此为实现金融街的总体规划，应下定决心，千方百计找到合理的过渡方案，完成变电站的搬迁。

通过进一步沟通，了解到当时北京是用电大户，供电十分紧张，建立新电站是供电局的头等大事。当然这对解决金融街的用电也是大事。通过认真地分析研究金融街的规划，从靠近太平桥大街的地块挤出了 0.3 公顷占地，此地址位于原西城区屯绢胡同，原计划再承担一些电力设备的投资。带着计划安排，金融街又一次邀请到了北京供电局相关负责领导。一回生二回熟，免去一些客套，大家落座后我们先将金融街规划情况、建设情况和我们充分理解供电局的具体困难情况，打算牺牲招商引资的商业用地支持建电站的想法详详细细地介绍了一遍。看到供电局长原本严肃的脸逐渐有了些悦色，直至笑着拍板："好！就这样定了，你们只负责将地下建筑结构完成，地上建筑及所有的设备投资我来出，我将电站建在地下，全部购买进口设备，建一座现代化的 11 万伏变电站，解决全部金融街的永久供电。"听到这话，心里就跟三伏天一样热，砰！打开一听燕京凉啤，咚咚咚一饮而尽，爽！伟大的无产阶级革命导师列宁讲过，共产主义就是苏维埃加电气化。金融街的"共产主义"就要来到了，真高兴呀！

之后便正式签订了合同，请市、区的领导及金融街开发公司的领导班子参加。而通过建设临时开闭所解决过渡时期供电的方案也由北京市供电局草拟出来了，供电局请金融街帮助解决一下临时周转用地。他们看上了百盛商场对面我们区机关宿舍的一块绿地。该宿舍是由金融街分管的机关住房管理处管理，原本打算在这里建物业管理用房，考虑到供电局的工作刚做好，金融街刚刚起步，这是区里的大事，应该优先给供电局使用。当年北京城区供电局局长为了给金融街建设抢时间、争速度，亲自带领工人在三伏天挥汗如雨，辛苦劳作，连拆带建，在很短的时间内就将新的临时电站建完、旧电站拆完。旧电站的搬迁确保了“通泰大厦”的按期开工，使原来“保二争四”的工作目标超额完成，变成了“保二成五”，得到了区委、区政府的赞许和表扬。新的11万伏变电站就在今天的金阳大厦地下，解决了金融街的永久用电。

第四节　2000—2010：金融街的快速发展

1. 规划定位调整

由国内定位调整为国际定位

1993年，《北京城市总体规划》对北京金融街最初的功能定位为“国家级金融管理中心”。2001年中国加入世贸组织后，公司敏锐地意识到，中国经济将迎来三个重大历史机遇：一是外资银行设立分支机构将逐渐不受地域限制，资本市场将逐渐与国际接轨，同时在一定期限内，国家对外资保险公司的地域限制将逐渐取消，准入条件的放开将催生大量外资金融机构进入中国；二是国内金融机构将按照市场竞争机制分设专业机构，银行业、证券业、保险业以及基金管理、资产管理、证券投资咨询等金融业务会快速发展；三是北京奥运会的成功申办也为北京建设国际化大都市奠定了基础。因此，公司顺应金融业的发展规律，借鉴国际金融中心区经验，前瞻性地提出以发展的眼光、国际化视野将北京金融街定位调整为“具有国际影响力的金融中心区”。

金融街由国内定位向国际定位的提升是一个科学论证、逐步加强、反复深化的过程，是公司解放思想、把握机遇、顺应行业发展规律的探索。

由国内规划调整为国际规划

按照建设有国际影响力的金融中心区的定位，公司顺应市场要求，以国际化视野对金融街中心区进行重新定位和规划调整，以完成“建设有国际影响力的金融中心区”的远景目标。

2000 年底，经西城区政府同意，公司决定采取国际招标方式，对金融街中心区规划进行一次大的调整。在此期间，由金融街控股公司分管规划工作的副总经理侯志宁组织这次金融街中心区规划国际招标。这是金融街区域首次举行国际招标，也是一次大胆的尝试。从 2000 年 12 月至 2001 年 1 月，公司通过向市规划委咨询和网上搜索，选择了 10 余家国际知名设计单位，经过反复筛选，最终确定 4 家国际知名设计单位以邀标形式参加这次规划方案征集活动，并得到了市规划部门的批准。这 4 家设计单位分别是加拿大宝佳国际建筑师有限公司，德国冯·格康、玛格及合作者建筑咨询有限公司（GMP），日本矶崎新设计室，美国 SOM 国际建筑设计有限公司（SOM）。

征集书发布会于 2001 年 2 月 6 日上午 10 点在北京顺成饭店会议室顺利召开。市规划委、市规划院、区政府和金融街控股公司以及4家设计单位的领导出席了发布会。2001年4月29日至30日，北京金融街中心区规划设计方案评审会在北京国宾酒店隆重举行。评委会由来自规划、建筑、交通、园林等部门及公司的13名委员组成。北京市建筑设计院总建筑师马国馨担任评委会主席。经过评审，日本矶崎新设计室的方案获得一等奖，美国SOM公司的方案获得二等奖，德国GMP公司和加拿大宝佳公司的方案并列三等奖。

公司从可操作性的角度对矶崎新和SOM两个方案进行了分析。矶崎新方案沿用了金融街已建成区域的设计风格，整体感觉比较规则，稳重大方，但在区域生态环境方面有所欠缺。同时，该方案设计为整体开发、整体建设的架构，金融街中心区需要全部搬迁完成后才能实施建设，需要较大的资金和人力投入。SOM方案以广场绿地为中心，写字楼、公寓、酒吧街、酒店、购物中心等由近及远、由低及高、错落有致地环绕在周围，共享生态资源，形成俯瞰之势，凸显了中心区的生机和活力，为金融街增添了人文气息。同时，该方案布局灵活，可以分步实施。公司认为金融街中心区不可能短时间内一次性搬迁完成，在建设方面，也不可能全部铺开整体建设，当时公司资金实力难以支持。此外，认为生态化是今后城市的发展方向。因此，公司倾向于采用SOM的设计方案，这对金融街的规划和建设而言，是一个重大的选择。

2001年7月2日，西城区政府向北京市副市长汪光焘汇报了金融街中心区规划方案征集情况及方案选择的意见。汪光焘原则上同意西城区的意见并对SOM方案比较满意，认为这个方案将金融街东西连通，在交通上最有特色，绿化与交通走廊结合，景观与造型优于其他方案，具备可实施性。汪光焘还指出，区域环境要生态化，金融街应讲生态，当今世界金融交易方式已发生了很大的变化，很多交易都可在网络上进行，传统的办公方式已发生变化。中心区方案不在于建筑最高是180米还是160米，在于要有特色。根据汪光焘的指示，公司马上与SOM公司取得联系，签订了深化方案的协议，正式开始了中心区概念性规划设计深化工作。美国SOM公司按照“国际化、生态化、人性化”“富有金融文化和充满活力”的建设理念，对中心区进行了全面的深化设计，并同时为金融街多个单体建筑进行方案设计。

方案深化设计期间，西城区委、区政府就中心区规划专门向刘淇市长做了汇报。刘淇市长对金融街规划高度重视并提出了具体要求。原规划方案中的国际金融中心两栋高层办公楼（现为中国人寿大厦和北京银行大厦）立面为东西朝向，面对西二环。刘淇市长认为，这两幢大厦秀丽、挺拔，具有很强的区域标志性，但从西二环方向看，原规划布局会遮挡金融街中心区视野，通透性与采光效果不理想，建议将这两座大楼朝向调整为南北朝向，扩大采光面，增加通透性。调整后的规划方案整体建筑形态更加完美，与区域建筑景观更加谐调，勾勒出了金融街中心区既时尚又充满活力的城市天际线。项目竣工并交付使用后，使用方对调整后的大厦总体布局非常满意，都认为调整后的方案优于原设计方案。

经过多轮的修改和完善，2001 年 9 月，北京市政府和市规划委批准了《金融街中心区概念性规划方案》。2002 年 9 月 19 日，《北京金融街中心区控制性详细规划》得到北京市规划委员会的正式批复。

金融街中心区规划具有以下几方面特色：

第一，在高度分布上，西高东低，南北高，中心低。

第二，在建筑造型上布局灵活，便于分期实施；在平面布局上，考虑气流影响，利于空气流通。

第三，在功能上包括了办公、会议、豪华酒店、酒吧街、购物休闲、高档公寓等，体现出金融街国际化、生态化、人性化和充满活力的建设理念。

第四，在生态化方面更加突出了“绿色”这一主题。区域内的建筑不单纯追求高大，而是在降低建筑高度的同时，以约 3 公顷的东西向大型带状绿地作为中心景观和休闲场所，提高建筑的科技含量，并且尽量采用自然光照射和通风，与世界潮流同步。

金融主中心区的定位调整与扩展

随着我国金融改革与发展的快速推进，金融资源集聚效应逐渐释放并辐射，为满足入驻金融机构的需求，服务保障国家金融改革战略，金融街不断拓展建设。2007 年 10 月，北京市发改委《关于对金融街区域拓展和发展功能完善的意见》经市长办公会原则通过，同意拓展核心区范围，以原金融街规划面积 1.18 平方公里为基础，向东（太平桥大街以东）拓展 0.59 平方公里，向西（至南礼士路）拓展 0.53 平方公里，向南（长安街路南沿线）

拓展0.29平方公里，合计拓展1.41平方公里。拓展后的金融街占地面积达到2.59平方公里，与伦敦金融城的占地面积相当。

2008年4月，北京市委、市政府正式下发《关于促进首都金融业发展的意见》（简称《意见》），对北京金融业发展规划了“一主一副三新四后台”九大金融中心的总体布局。其中“一主”是指金融街作为首都金融主中心区，增强其总部金融功能。《意见》提出，金融街作为首都金融主中心区，将进一步增强其总部金融功能。下一步将通过重点推动金融街规划区域拓展工作，拓展金融街发展空间；不断改善金融街的软硬件环境，加快金融街办公和生活环境建设、电讯基础设施建设和交通组织工作，完善地下交通设施和配套服务设施建设，降低金融企业入驻和运营成本等措施，进一步聚集国际级金融机构总部，提高金融街的金融聚集度和辐射力；进一步发挥金融家俱乐部的作用，加强金融业界的交流与合作，推进北京金融街与纽约华尔街、伦敦金融城的国际交流合作，提升金融街品牌的国际影响力。

2. “一行三会”齐聚金融街

1997年中国证监会入驻金融街以后，金融街投资（集团）有限公司看到了引进金融监管机构带来的聚集效应。因而，公司逐渐形成了明确的工作思路，要把金融监管机构全部引进金融街，这样才符合金融街国家级金融管理中心的定位，才能吸引更多的金融机构进驻。

2003年初，通过富凯大厦北座的一位客户了解到中国保监会要购买办公用房的信息。通过这位客户，公司领导拜访了保监会办公厅主任。之后发生了“非典”疫情。在“非典”期间，听说当时主管购买办公用房这项工作的保监会党委书记赵杰兵要来公司进行考察，让人感到很意外。一方面，当时是在“非典”期间，客户通常不愿意面谈；另一方面，通常都是与客户的具体经办人员先商谈，然后才有机会与主管领导见面，没想到与保监会的第一次面谈，赵书记就亲自来了。当时，赵书记到通泰大厦来公司直接谈买房的事，对公司和项目的情况进行了解。赵书记认为公司是可信的，表示希望从我们这里购买办公用房，将保监会的办公地点设在金融街。为此，保监会成立了购楼小组，全权负责购楼工作。由于机制明确，双方谈得非常顺利，总的原则是交钥匙工程。考虑到保监会的现有办公面积不足，资金又紧缺，双方商定用中国银行的旧楼按1∶1的比例置换新楼，价格上也是成本价出让。保监会与金融街控股公司于2003年10月20日签订了鑫茂大厦北楼《办公楼交易协议书》《鑫茂大厦买卖协议书》《办公楼置换协议书》。2005年3月15日，金融街控股公司向保监会交付房屋。2005年“五一”假期时，保监会顺利入驻金融街中心区鑫茂大厦北楼。

2003年4月，中国银监会正式成立。当时，银监会由于是新组建的单位，工作人员大部分来自人民银行和金融工委，工作地点也自然地被分在两处办公，一处是工体西路原中央金融工委办公楼，另一处是西城区金融街内成方街33号院原人民银行总行的两栋办公楼。银监会认为，两处办公非常不方便，而且办公面积也不够用，希望另购合适的办公用房合并在一起办公。银监会当时考虑到金融街区域内的金融机构比较集中，监管机构证监会和保监会已经进驻金融街，金融街已经成为北京名副其实的金融区，所以银监会也希望进驻金融街，并在金融街区域内寻找合适的办公楼项目。当时鑫茂大厦项目已经开工了，时任银监会副主席史纪良找到了当时公司负责项目销售的人员，询问项目情况。当时，鑫茂大厦的客户还没有确定，公司认为银监会是重要的金融监管机构，应全力引进，因此就积极地与史纪良副主席进行了联系。由于这个项目符合银监会提出的“体量适中、相对独立”的要求，经过三轮洽谈，双方很快就达成了意向。对于银监会在金融街购楼也按成本价定价。2005 年，经国家发改委批准，银监会先后分两批购买了金融大街甲 15 号鑫茂大厦写字楼。银监会提出的方案是“交钥匙工程”，由公司为银监会进行装修。2006 年 8 月，精装修工作完成，银监会正式迁入鑫茂大厦办公。

至此，加上之前已有的中国人民银行、证监会和保监会，“一行三会”齐聚金融街。金融行业的全部监管机构都聚集在金融街，使金融街成为真正意义上的金融管理中心。

3. 北京银行迁入与金融街商会的成立

北京银行迁入

北京银行提出希望入驻金融街的意向比较早。由于北京银行和西城区政府保持着较好的关系，所以金融街建设开发公司与北京银行的领导经常见面。1999 年至 2000 年期间，北京银行领导与金融街公司领导见面时就多次提起北京银行希望在金融街购买办公楼的事情。

2002 年下半年，金融街国际金融中心项目的规划方案已经确定，金融街建设开发公司就向北京银行推荐了这个项目。这个项目地处金融街最中心的位置，而且项目高度在金融街区域内将是最高的。金融街初期规划时建筑限高为 65 米，后来逐步放宽至 80 米。金融街中心区规划时，区政府专门向时任北京市市长刘淇同志汇报过规划方案，刘淇市长提议中心区的建筑檐口高度不超过 100 米，并将最高的两栋标志性大楼的朝向调成了南北向，这样从二环路的方向来看，立面更挺拔，办公楼的采光面也更大。因此，这个项目规划时，檐口高度确定为 99 米。而且这个项目所在的金融街中心区以及国际金融中心项目本身都是美国 SOM 公司设计的。

北京银行对项目位置、高度和设计方案都很满意，2002 年下半年确认了购买国际金融中心 B 座写字楼。为了支持北京银行入驻金融街，公司采取了合作建房的方式，按照土地转让的价格与北京银行进行合作，并由金融街控股公司为北京银行建设该栋大楼。2003 年 5 月 23 日，金融街控股公司与北京市商业银行股份有限公司签订了协议书，就双方合作开发建设国际金融中心 B 座的相关事宜达成一致，共同约定由北京银行出资，公司负责办理项目土地开发手续和建设手续。该项目于 2005 年 9 月 30 日竣工验收，北京银行正式入驻金融街。

北京银行是北京人的银行，在金融街上应有重要的位置。金融街公司与北京银行的合作是一个双赢的结果，一方面是北京银行购买办公楼支持了金融街的建设，另一方面是北京银行用较低的成本建设了办公楼，并对提升其自身的形象起到了正面的促进作用。

金融街商会成立

2003 年，金融街经过 10 年的开发建设，已经粗具规模，成为北京乃至全国金融机构最集中的地区。此时，金融街地区有 500 多家金融机构及知名企业，还有金融服务类中介公司，初步形成了金融服务产业链。“梧桐栽下凤凰至”，区域软环境建设和细分服务需求也随之产生。公司当时认为金融街驻区机构有着共同的需求，需要整合利用区域内各项资源，完善和提高金融街的服务功能，加强区域内企业之间的交流与协作，为区域内各企业提供更好的服务和更多的发展机会。北京金融街商会正是在这样的背景下应运而生的。

虽说大家都有这样的需求，但真正把各家意愿统一起来，形成共识，并促成一个商会组织的成立，也不是一件容易的事情。

2003 年 9 月 11 日上午，在富凯大厦 4 层会议厅召开了北京金融街商会发起人会议。2003 年 10 月 10 日上午，北京金融街商会第一次会员大会暨成立大会召开。

商会成立之后，新华社以及《北京日报》《北京青年报》《证券日报》等主流媒体纷纷予以关注。其中有报道说，由金融街控股公司和众多金融机构发起成立的北京金融街商会，是继“首届金融街论坛”“北京国际金融人才服务中心”揭牌后，再次为金融街建设10周年献上的一份贺礼。

金融街商会在成立之初定位于加强区域内金融机构与政府、金融机构与企业、企业与企业之间的沟通，逐步形成适应社会主义市场经济的区域业户自主、自律的区域管理方式。商会的宗旨是遵守宪法、法律、法规和国家政策，遵守社会道德风尚，架构金融街区域大型业户、企事业单位、政府相关部门、社会相关行业及团体全方位信息交流融通、联谊的平台，建立互惠互利的金融街大区域的商务服务模式，整合利用社会和金融街区域各类资源，提供全面服务，达到“共建金融街区域环境，共享金融街区域资源，共谋金融街区域发展，共创金融街区域品牌”之目的，为促进本区域社会经济环境综合效益做出贡献。

商会的主要职能，一是落实市、区两级政府金融产业优惠政策；二是充分整合区域资源，为会员单位提供务实服务；三是策划组织系列交流活动，扩大金融街海内外的影响力；四是搭建驻区机构与政府、驻区机构之间的交流沟通平台，发挥商会桥梁与纽带的作用，促进各会员间的交流合作。

商会自成立以来，先后成功参与组织了当年中国最高规格的国际金融论坛——2004北京国际金融论坛、首都金融文化节暨金融博览会、京港金融合作论坛、东亚金融合作论坛、外资金融机构进入北京圆桌会、中国银行业100强排行榜发布会、系列金融街论坛等大型活动，在国内外金融界产生了积极的影响。

金融街商会为金融机构的管理人员提供多种务实服务，协助办理子女入学、住房、医疗服务等方面的困难，还组织了金融街运动会、乒乓球大赛、围棋比赛、游泳比赛、保龄球比赛、篮球比赛、高尔夫比赛、摄影比赛、英语演讲大赛等系列丰富多彩的文体活动，增进会员单位之间的沟通，丰富了区域从业人员文化生活。

公司作为区域开发者始终重视软环境建设，采取了一系列的措施改善金融街工作生活环境。2003 年 5 月 18 日，金融街服务中心正式挂牌营业，致力于为驻区机构提供良好的服务，有效解决了交通、停车、就餐、住房、子女入学等问题。以上服务在商会成立之后很快与商会职能对接起来，商会随之成为政府金融产业优惠政策兑现的窗口单位。

时任市政府副秘书长董宏对金融街的建设高度重视、大力支持，在引进外资机构、产业政策出台和软环境建设方面积极推动，创造了良好的工作局面。

商会的工作得到了广大会员单位的认可，也吸引了更多的金融机构积极踊跃加入，成为商会的一员。金融街商会的会员数已由 2003 年成立之初的 22 家发展到目前的 164 家。商会秘书处的工作人员通过认真努力的工作，得到广大会员单位的认可和支持。商会真正实践了“共建金融街区域环境，共享金融街区域资源，共谋金融街区域发展，共创金融街区域品牌”的宗旨，已成为金融街软环境建设的重要标志之一。

4. 金融街 8 号——中国华融的远航基地

中国华融资产管理公司是在 2010 年 4 月 18 日由白云路旧址

入驻金融街的。从此，中国华融与金融街紧紧地联系在一起。金融街 8 号成为中国华融的崭新地标。从白云路 10 号到金融街 8 号，虽相隔不足 5 公里，但中国华融一路走来，从小到大，从弱到强，从亏损到盈利，从政策性到市场化，从“不良资产处置机构”到“综合金融服务商”，走过不辱使命的昨天，走过变化巨大的今天，走向任重道远的明天。

中国华融的昨天不辱使命。1999 年至 2005 年，是中国华融政策性处置不良资产时期，先后接收、收购和处置 7200 多亿元不良资产，有力支持了国有银行改革发展和国有企业减债脱困；对 381 户国有大中型企业实施了债转股，减轻了国有企业包袱；成功托管中创、德隆等危机企业，有效地化解了系统性金融风险，为中国经济金融安全稳定运行发挥了“稳定器”和“安全网”的作用，为中国防范金融危机提供了有力的保障。

中国华融的今天变化巨大。自 2006 年开始，中国华融在继续做好政策性不良资产处置工作的同时，开始进行商业化转型。2009 年以来，中国华融进入超常规跨越式发展时期。中国华融以创新为引领，不断加大市场化转型力度，确定了“五年三步走”的发展战略和“12345”的工作思路，坚持“做强主业、做大利润、做响品牌”，利润连续三年翻番。2009 年当年实现利润 8.21 亿元，较上年增长 104%；2010 年实现利润 20.23 亿元，较上年增长 146%；2011 年更是实现拨备前利润 50.07 亿元，较上年增长 148%。三年累计新增利润 78.51 亿元，不断刷新公司商业化转型发展以来的新纪录。三年来，中国华融改革发展各项工作都取得了明显成效，综合金融服务功能不断完善，品牌和软实力不断提升，为完成转型改制、成立新股份公司奠定了坚实的经济基础、工作基础和队伍基础。

总的来说，中国华融近三年改革发展的成效集中体现为“九大巨变”。一是思想观念大转变。思路决定出路，形成了一整套符合公司发展的新思路、新理念、新战略，成效明显，促进了中国华融上下思想观念由政策性思维向商业化思维的大转变。二是盈利能力大提高。建立了“以市场为导向、以客户为中心、以利润为目标”的市场化转型模式，利润超常规增长，抗风险能力不断增强，32 家办事处实现了扭亏为盈，子公司取得新业绩，全公司近三年新增净利润 78 亿元，实现了盈利能力历史性突破。三是转型改制大突破。中国华融转型改制实施方案上报国务院并获得批准，成为中国华融改革发展具有里程碑意义的重大历史性事件，标志着中国华融开启第二次创业。四是内部管理和风控能力大增强。逐步形成了一套市场化条件下企业内部管理和风险管控的新机制、新策略和新举措。五是业务平台建设大扩展。以创新为引领，组建了华融湘江银行、华融证券、华融租赁、华融信托、融德资产、华融渝富股权投资基金、华融期货、华融置业、华融致远、华融汇通 10 家业务平台，形成了打业务“组合拳”的格局，金融服务功能不断增强，金融服务体系不断完善。六是实施大客户战略成效凸显。以与政府客户签订全面战略合作协议为抓手，市场营销能力不断增强，凸显了中国华融“听党的话，跟政府走，按市场规律办事”直面市场的独特经营特色。截至

2011 年底，中国华融已与 219 家大客户签署了战略合作协议，与 1626 家客户建立了业务合作伙伴关系，与这些战略伙伴合作实施了 160 个大项目，大客户收入贡献度显著提升，合计为办事处贡献收入占总收入的 98%。七是品牌声誉不断提升。将品牌宣传与业务发展有效融合，提升公司在社会的影响力和美誉度，中国华融品牌价值不断提升，社会影响日益扩大，在各种社会评选活动中屡获殊荣。八是队伍建设不断增强。抓两头，稳中间，培养和锻炼了一支熟悉市场、能打敢闯、业务熟、懂经营、会管理、抓利润、防风险、带队伍、促发展的中国华融人才队伍。九是创建“有尊严、有价值、有内涵、有实力、有责任”的“五有”现代金融企业成效明显。公司软实力不断增强，中国华融企业文化凝心聚力的先进性日益显现。

中国华融三年来取得的成就也得到了国家有关部门和社会各界的高度评价。2010 年，中国华融被有关部门授予“2010 年度中国最具创新力企业”称号。2011 年，中国华融荣获“中国经济最具发展潜力企业”荣誉称号和“2011 年中国品牌 100 强”。中国华融的企业文化建设和党建工作也获得高度评价，荣获“建党九十周年全国企业党建工作先进单位”“2011 年度企业文化建设优秀单位”称号。中国华融多年的扶贫工作也得到了中央政府的高度评价，在中央扶贫开发工作会议上荣获“全国扶贫开发先进集体”荣誉称号，并作为唯一一家金融机构受到大会的隆重表彰。回顾 2009 年以来中国华融转型发展的过程，始终贯穿着“思想、创新、文化、尊严、队伍、利润、风险、责任、发展”

这9个关键词。这9个关键词，相辅相成，融为一体，既凝聚了中国华融转型发展的核心与精髓，又沉淀为中国华融屡创辉煌的宝贵经验和深刻启示，也必将成为中国华融开创新的辉煌的指引和旗帜。

中国华融的明天任重道远。2012年，国务院正式批准同意中国华融实施转型改制。这对于中国华融改革发展具有里程碑意义，标志着从2012年开始，中国华融将真正进入市场化转型改革发展的历史新阶段，标志着中国华融将开始第二次创业。中国华融将以改制为契机，在继续做好不良资产经营处理工作的基础上，重点发展银行、信托、租赁银行类相关业务，以及证券业务；按照“产权清晰、权责明确、政企分开、管理科学”的原则，建立市场化的法人治理结构，努力构建“到位的党委会、规范的股东大会、健康的董事会、有效的监事会、负责任的经营班子”的公司治理结构，建立各尽其责、定位准确、管理科学、运作有序、相互制衡、形成合力的现代金融企业运作机制，努力把中国华融办成治理规范、管控有力、服务专业、文化先进、业绩一流的现代金融服务企业。未来几年，中国华融还将适时引进战略投资者，择机上市。

站在新的历史起点上，中国华融希望能够借助金融街的资源、地缘、品牌优势，进一步加强与国内外各大机构的合作与交流，“做强主业、做大利润、做响品牌，不断增强可持续发展能力”，努力创建“有尊严、有价值、有内涵、有实力、有责任”的现代金融企业，为金融街的发展壮大添砖加瓦，为中国金融业的繁荣发展做出新的更大贡献。

金融街 8 号承载着中国华融将从此扬帆远航。

第五节　2010 年至今：金融街的拓展提升

1. 国家发展战略的新高度

金融街承载了深厚的文化积淀和历史渊源，可谓是见证了首都 3000 余年的建城史和 850 余年的建都史。750 年前，元大都城设立的金城坊是金融街的原型。日月演进，斗转星移，700 多年以后，金融街的构想再次被提出并逐步成为现实。时至今日，金融街早已今非昔比，而站在 21 世纪的第三个十年的关头，对金融街的发展战略提出了更高要求。

金融街作为北京市第一个大规模整体定向开发的金融产业功能区，其定位为“六位一体”国家金融管理中心，即突出决策监管、标准制定、资产管理、支付结算、信息交流、国际合作等六大方面的功能。这是其区别于其他金融中心的最显著特色。

2017 年 9 月公布的《北京城市总体规划（2016—2035）》指出，金融街集中了国家金融政策、货币政策的管理部门和监管机构，集聚了大量金融机构总部，是国家金融管理中心。这再次明确金融街国家金融管理中心功能定位。2017 年 12 月 14 日，北京市委、市政府召开全市金融工作会议，提出要积极完善金融街国家金融管理中心功能，拓展发展空间，促进金融街与丽泽金融商务区一体化发展。强化辐射带动作用，带动城市副中心等金融功能区发展各具特色的金融产业。

经过20多年的建设和发展，目前，金融街作为国家金融管理中心已基本形成多元化金融机构体系、多层次金融市场体系及全方位金融信息和服务体系，“六位一体”功能定位日益凸显，如今更是已取得多项发展成就。

2. 有效服务重大国家战略，强化国家金融管理中心功能

自2013年以来，我国发起设立的首个国际金融组织亚洲基础设施投资银行、我国积极倡议支持的亚洲金融合作协会在金融街正式成立，丝路基金、中拉产能合作投资基金、中俄投资基金、中非发展基金、中葡合作发展基金、中非产能合作基金、中比直接股权投资基金、中哈产能合作基金等一系列由我国主导的投资基金相继在金融街设立。

与此同时，金融街积极采取措施，有效服务和承载金融扩大开放。精准落实北京市服务业扩大开放综合试点工作任务，出台《西城区关于服务金融业扩大开放的若干意见》（简称“金开十条”），围绕市场准入、机构落地、业务创新、先行先试、牌照申请、国际交往、营商环境优化等重点领域，积极服务和承接国家金融改革开放任务。瑞银证券成为全国首家外资控股证券公司，高盛集团控股高盛高华证券，华泰保险集团成为全国首家中外合资保险公司，国际金融基础设施机构SWIFT在金融街设立全资子公司，VISA、MASTER等国际信用卡组织设立子公司，万事网联银行卡清算机构已获央行批筹，VISA也积极申请清算牌照。

以亚洲金融合作协会和丝路基金等国际金融组织和产能合作基金为核心的“一带一路”金融服务先行区初步形成。中拉产能合作投资基金、中俄投资基金、中非发展基金、中葡合作发展基金、中非产能合作基金、中比直接股权投资基金、中哈产能合作基金等一系列由我国主导的投资基金相继在此设立，服务推进中国与各友好国家在金融与基础设施建设、资源开发、产业整合等领域开展全面合作，支持互联互通建设，服务重大国家战略实施的金融支持体系更加完善。

这些国际顶尖金融机构在金融街的战略布局，标志着北京金融街已发展成为中国金融与世界金融的交会之地和重要节点。

3. 持续强化京津冀区域协同发展

在服务京津冀区域协同发展方面，北京金融街进一步凸显城市群金融核心地位，不断发挥资源辐射和创新引导作用，为京津冀区域实体经济发展和城市建设持续注入动力。

金融街持续加强金融街与丽泽金融商务区、城市副中心联动发展。西城区与通州区、金融街与运河商务区签署了战略合作协议，加强西城区和北京城市副中心联动，形成优势互补、共同发展的产业布局。引进北京市政府投资引导基金管理有限公司落地发展，支持发起设立“北京市行政副中心建设发展基金”服务行政副中心建设。大力支持驻区机构在津冀地区设立后台、分支机构，中国人保集团、华融资产管理公司等大型总部企业在河北布局后台服务基地，进出口银行河北省分行获批开业，北京银行在天津、石家庄、保定设立分行。引导京津冀三地金融机构融合发展，举办金融促进京津冀协同发展峰会，探讨“金融助推京津冀一体化发展”思路，组织三地政府和金融机构参加金博会展览展示专场活动，搭建投融资平台，促进区域经济金融合作。

支持北京产权交易所牵头发起京津冀产权市场发展联盟，北京环境交易所发起成立中国环境交易机构合作联盟。鼓励驻区机构加大对京津冀协同发展融资支持力度，邮储银行成立“国内首支千亿级城市综合管廊产业基金”，积极参与北京新机场项目等京津冀交通和基础设施建设，同时拓展金融街空间。

此外，进一步优化区域发展环境。优化空间资源配置，结合非首都功能疏解统筹优化金融产业布局，围绕构建“一核、两翼、多点辐射”金融辐射圈发展思路，在全区范围内挖掘金融产业发展潜力，强化资源配置和精准调控能力，做好金融产业与空间资源有效对接，提升金融产业发展承载能力，促进产城融合发展。优化人才发展环境，推进世界高端金融人才聚集区建设，进一步创新完善人才政策，提升公共服务水平，为人才发展提供高品质的工作环境、生活环境。提高全区金融管理服务人员综合素养，开展金融管理服务等相关部门与金融机构间的人才交流培训，提高地方政府服务金融发展能力。强化金融街品牌建设，举办高峰论坛、学术研究等高端活动，促进金融信息交流共享；建立与国际、国内金融功能区的信息交流平台，促进与金融功能区的合作交流，服务国际交往中心建设，在推进首都国际一流和谐宜居之都示范区建设中做出表率。

4. 引入重点金融机构，强化金融管理中心地位

2016—2019 年，金融街累计新吸引 272 家金融机构落户，注册资本规模合计 5470.42 亿元，同期法人机构数量增加 110 家。落户重点落地机构充分体现金融业扩大开放、国企创新衍生、金融科技升级、地方金融改革等趋势特点。2020 年以来，西城区新引进重点金融机构 25 家，注册规模合计 545 亿元。重点机构包括中国再保险集团、工银瑞信基金、建投中信资产管理、朗姿韩亚资产管理、建信投资基金等。

表 1　2016—2019 年西城区引进金融机构情况

	当年新引入金融机构	其中：法人机构	新引入机构注册规模合计（亿元）	机构总数量	其中：法人机构	总部企业
2019	54	34	653.21	1886	875	175
2018	45		1710.7	1835		175
2017	83	53	404.51	1866	826	175
2016	90		2702（不含亚洲基础设施投资银行）	1778	765	

新引入国内金融头部机构主要包括八大类：服务国家战略类机构、金融基础设施类机构、金融体制改革衍生类机构、大型企业总部金融板块、综合创新类金融机构、要素市场类机构、服务实体经济与国企改革板块、绿色金融机构。驻区头部金融机构进一步强化了西城区国家金融管理中心地位，区域金融国际影响力迅速提升。

表2　2016—2019年西城区主要新落户金融机构

年份	主要新落户机构
2016	亚洲基础设施投资银行、北京市政府投资引导基金、银行业理财登记托管中心有限公司、太平再保险（中国）有限公司、联通集团财务公司、中国水权交易所、北京电力交易中心有限公司、冀北电力交易中心有限公司、首都电力交易中心有限公司、中国国有企业结构调整基金等
2017	亚洲金融合作协会、中哈产能合作基金、网联清算有限公司、万联信息技术（北京）有限公司、建信金融投资有限公司、国开科技创业投资公司、人保再保险公司、华融瑞通股权投资管理公司、太平投资控股公司、华融创新投资股份有限公司、中国核工业建设集团资本控股有限公司、国新发展（北京）投资有限公司、北京中美绿色华源投资合伙企业（有限合伙）、中美绿色东方投资管理有限公司、中保投资（北京）有限责任公司、中证焦桐基金管理公司等
2018	国家融资担保基金有限责任公司、中国铁路投资有限公司、联通资本投资控股有限公司、建信住房服务有限公司、新供销产业发展基金管理有限责任公司、北京云成金融信息服务有限公司、中科院资本管理有限公司
2019	存款保险基金管理有限责任公司、中汇储投资有限责任公司、工银理财有限责任公司、中银理财有限责任公司、中邮理财有限责任公司、中国电信财务公司、航天科技财务有限责任公司、神华财务有限公司、万事网联信息技术（北京）有限公司、环球融讯网络技术服务（中国）有限公司、丝元投资有限责任公司、建信金服科技发展有限公司、中证股转科技有限公司、北京金融大数据有限公司、京冀天成（北京）基金管理有限公司

第六节　金融街的未来发展

回首三十载，金融街走过了构想孕育、建设开启、快速发展与品质提升四个各具特色而又精彩纷呈的阶段，随着中国特色社会主义进入新时代，新的机遇、新的政策、新的舞台未来将给予金融街更好、更多的期待。

金融街旧貌

随着国家金融改革不断深入，新时期首都战略定位和京津冀协同发展规划目标、任务进一步明确，金融街发展面临着历史性的机遇与挑战。按照京津冀协同发展规划纲要明确的以首都为核心的世界级城市群建设以及北京国家金融管理中心建设的总体要求，金融街将进一步坚定发展信心，全面落实发展新理念，巩固提升区域优势，积极发展金融新经济，推动金融与科技信息、文化创意等现代服务业共融发展，不断培育经济增长新动力，汇聚推动发展新能量，为服务国家重大发展战略、服务金融改革发展、服务京津冀协同发展和首都构建高精尖经济结构做出更大贡献。

一是服务好“一带一路”倡议和国家金融改革发展，提升金融街国家金融管理中心功能。发挥金融街金融信息优势，加大对国家金融改革方向和金融产业发展趋势研究力度，积极引进具有行业领导力的国际金融组织、大型金融机构、金融基础设施类机构，做好金融改革衍生机构承载工作。

二是服务好京津冀协同发展和首都构建高精尖经济结构。发挥金融街国家金融管理中心的资源辐射和创新引导作用，加强与天津金融创新示范中心、河北金融后台服务中心的协同配合，将驻区金融机构发展战略与区域发展战略有机结合，运用市场化手段，鼓励驻区机构在津冀地区设立金融后台和分支机构，引导机构为非首都功能疏解和京津冀区域实体经济发展、城市建设提供金融服务。发挥金融街对构建高精尖经济结构的支撑作用，进一步优化金融业态结构，强化金融业在构建高精尖经济结构中的核

金融街新貌

金融街现状

心功能。结合非首都功能疏解和中关村科技园西城园建设，推进科技金融创新中心和文化金融创新中心建设，提升金融与高新技术、文化创意等重点产业融合发展能力，促进产业结构转型升级，服务首都文化中心和科技创新中心建设。

三是进一步优化区域发展环境。优化空间资源配置，结合非首都功能疏解统筹优化金融产业布局，围绕构建“一核、两翼、多点辐射”金融辐射圈发展思路，在全区范围内挖掘金融产业发展潜力，强化资源配置和精准调控能力，做好金融产业与空间资源有效对接，提升金融产业发展承载能力，促进产城融合发展。优化人才发展环境，推进世界高端金融人才聚集区建设，进一步创新完善人才政策，提升公共服务水平，为人才发展提供高品质的工作环境、生活环境。提高全区金融管理服务人员综合素养，开展金融管理服务等相关部门与金融机构间的人才交流培训，提高地方政府服务金融发展能力。强化金融街品牌建设，举办高峰论坛、学术研究等高端活动，促进金融信息交流共享；建立与国际、国内金融功能区的信息交流平台，促进与金融功能区的合作交流，服务国际交往中心建设，在推进首都国际一流和谐宜居之都示范区建设中做出表率。

后　记

2021年3月，冬雪消融，春意将至，只待花开绽放，举国迎来春意盎然的生机。在中国共产党成立一百周年之际，《融古融今——金融街街道街巷胡同史话》与大家见面了。

金融街街区历史悠久，文化内涵丰富，似乎每一寸土地都有令人动容的故事，可谓“寸土寸金”。其中的胡同文化、古都文化、红色文化、金融文化尤为突出。在全球化进程日益加快的当下，本土文化不仅是城市文脉的记忆与延续，也是城市发展的内在能量与资源，更是城市个性的体现。有鉴于此，本书从浩如烟海的资料中，依照“去芜存菁、提炼精华、突出个性、融汇古今”的思路，收录了金融街街道范围内的胡同、街巷的历史文化资料，介绍了位于金融街内众多行业总部的发展历程，同时还通过追踪众多革命先烈在这里生活、工作的历史印迹，挖掘和展现金融街街道丰富的红色记忆与生生不息的革命精神。

本书的编写工作是在西城区政协领导、金融街街道领导及工作人员的关心指导与大力支持下开展的。其过程包括了资料收集、文献检索、实地调研、研讨调整、编辑撰写等工作。经过多次商讨与调整，本书在撰写定位、体系结构、内容特色等方面得到大幅提升。回想过往时光，虽有波折，但历经调整磨合，锤炼成钢，终得认可，欣喜于怀！在此衷心感谢西城区政协和金融街街道办事处、金融街服务局的各位领导与工作人员的大力支持与协助，是你们对金融街地区特色文化记忆的不懈追求启发了编写组的工作思路，鼓舞了编写组的斗志，才使本书得以面世。

本书编撰工作历时三年，有许多教师与同学参与其中的研讨、调研、编写、拍摄、整理和校对排版工作，金融街街道的大街小巷留下了你们观察、记录和思考的足迹，期间还克服了疫情带来的重重困难与阻碍。无论是繁复的修改调整，还是辛苦的调研查勘，大家都能以积极的态度和持续的热情应对，这是本书能够成稿的内在动力。你们聪慧诚恳、任劳任怨、不折不挠的工作热情将伴随本书的出版面世而融入墨迹书香之中。

在编写过程中，编者尽力搜集书籍、论文等资料，反复比较核对，尽最大努力做到全面、真实、可靠。但由于编者水平以及书目篇幅所限等多方面原因，存在的疏忽与纰漏之处还请广大读者见谅，同时我们也诚恳希望得到读者的指正。如有再版一定更正错误，充实内容，为大家再现一个最完整、最真实的金融街。

谢谢大家！

参考资料

1. 王洁:《李大钊北京十年》,中央编译出版社,2010 年 9 月,第 1 版。

2. 李大钊:《李大钊全集》,人民出版社,2006 年 3 月,第 1 版。

3. 刘运峰:《鲁迅先生纪念集》,天津人民出版社,2007 年 10 月,第 1 版。

4. 鲁迅:《华盖集续编》,人民文学出版社,2006 年 12 月,第 1 版。

5. 中共北京市委党史研究室:《北京党史》,中共北京市委党史研究室,2017 年,第 3 期。

6. 北京市西城区政协文史资料委员会:《砖塔胡同》,中国文史出版社,2008 年 11 月,第 1 版。

7. 邓六金:《我与曾山》,新华出版社,2007 年 9 月,第 1 版。

8. 侯仁之:《北京历史地图集》,北京出版社,1988 年 5 月,第 1 版。

9.《兵马司胡同中的市级文物保护单位不应该被人们遗忘》,

筑城通鉴。

10. 冯其利:《寻访京城清王府》,文化艺术出版社,2006 年 9 月,第 2 版。

11. 丁文江:《丁文江自述》,安徽文艺出版社,2014 年 1 月,第 1 版。

12. 北京市规划和国土资源管理委员会:《北京城市总体规划(2016—2035)》,中共北京市委、北京市人民政府,2017 年 9 月。

13. 中国人民抗日战争纪念馆:《抗战英烈谱》,团结出版社,2016 年 11 月,第 1 版。

14. 北京市政协文史资料委员会:《北京文史资料精华——府园名址》,北京出版社,2000 年 1 月,第 1 版。

15. 于永昌:《当代北京胡同史话》,当代中国出版社,2016 年 3 月,第 1 版。

16. 北京燕山出版社:《古都艺海撷英》,北京燕山出版社,1996 年 6 月,第 1 版。

17. 秦国经:《清代官员履历档案全编》第七册,华东师范大学出版社,1997 年 10 月,第 1 版。

18. 王艳芝、秦江涛:《胡同里的老北京》,星球地图出版社,2013 年 1 月,第 1 版。

19.《城市记忆——北京四合院普查成果与保护》编委会、北京市古代建筑研究所:《城市记忆:北京四合院普查成果与保护》,北京美术摄影出版社,2013 年 12 月,第 1 版。

20. 许宏泉:《中国艺术大师黄宾虹》,河北美术出版社,2009 年

6 月,第 1 版。

21. 张宏伟:《中国后妃全传》,中国华侨出版社,2013 年 4 月,第 1 版。

22.《北京百科全书 · 西城卷》编辑委员会:《北京百科全书 · 西城卷》,奥林匹克出版社,2000 年 12 月,第 1 版。

23. 曹子西:《北京史志文化备要》,中国文史出版社,2008 年 10 月,第 1 版。

24.《西城区地名志》编辑委员会:《北京市西城区地名志》,北京出版社,1992 年 12 月,第 1 版。

25. 张梦阳:《鲁迅全传 · 苦魂三部曲之野草梦》,华文出版社,2016 年 8 月,第 1 版。

26. 陈果:《京华古迹寻踪》,北京燕山出版社,1996 年 6 月,第 1 版。

27. 北京市文物局:《燕都》,1998 年第 6 期。

28. 韩扬:《府邸宅院》,北京美术摄影出版社,2014 年 9 月,第 1 版。

29. 奕绘、金启孮:《明善堂文集校笺》,天津古籍出版社,1995 年 8 月,第 1 版。

30. 北京市政协文史资料委员会:《北京文史资料》第 56 辑,北京出版社,1997 年 11 月,第 1 版。

31. 曾保泉:《曹雪芹与北京》,中国妇女出版社,1993 年 9 月,第 1 版。

32. 马军:《近代中国高校校歌选》,上海社会科学院出版社,

2006 年 9 月，第 2 版。

33. 湖南省教育史志编纂委员会：《湖南近现代名校史料》卷一，湖南教育出版社，2012 年 3 月，第 2 版。

34. 北京市西城区文化委员会：《文物古迹览胜》，北京联合出版公司，2016 年 6 月，第 1 版。

35. 李路珂等：《北京古建筑地图》上册，清华大学出版社，2011 年 7 月，第 3 版。

36. 贾珺：《北京私家园林志》，清华大学出版社，2009 年 12 月，第 1 版。

37. 王晨曦：《从昔日郑王府到今日教育部》，文化艺术出版社，2011 年 1 月，第 1 版。

38. 新京报社：《北京地理·王谢门庭》，当代中国出版社，2005 年 11 月，第 1 版。

39. 胡元斌：《辉煌壮丽的皇宫王府》，现代出版社，2018 年 5 月，第 1 版。

40. 刘季人：《北京西城文物史迹》第 1 辑（下），北京燕山出版社，2011 年 12 月，第 1 版。

41. 郑珺：《京华通览·长安街》，北京出版社，2018 年 3 月，第 1 版。

42. 周家楣、缪荃孙等：《光绪顺天府志》，北京古籍出版社，1987 年 12 月，第 2 版。

43. 于敏中等：《日下旧闻考》，北京古籍出版社，1983 年 5 月，第 1 版。

44. 北京市文物事业管理局:《北京名胜古迹词典》,北京燕山出版社,1989 年 9 月,第 1 版。

45. 陈溥、陈晴:《皇城遗韵》,中国社会出版社,2009 年 2 月,第 1 版。

46. 金融街管理中心:金融街集团 20 年展图片资料,2012 年。

47. 金融街服务局:金融街发展报告(2018),2018 年。

图书在版编目(CIP)数据

融古融今：金融街街道街巷胡同史话 / 政协北京市西城区委员会，《西城区街巷胡同文化丛书》编委会编. -- 北京：中国文史出版社，2021.7
(西城区街巷胡同文化丛书. 第二辑)
ISBN 978-7-5205-2948-8

Ⅰ. ①融… Ⅱ. ①政… ②西… Ⅲ. ①胡同-介绍-西城区 Ⅳ. ①K921.3

中国版本图书馆 CIP 数据核字(2021)第 078703 号

特约编辑：曾小丹
责任编辑：牟国煜　薛未未

出版发行：**中国文史出版社**
社　　址：北京市海淀区西八里庄路 69 号院　邮编：100142
电　　话：010-81136606　81136602　81136603（发行部）
传　　真：010-81136655
印　　装：北京新华印刷有限公司
经　　销：全国新华书店
开　　本：720×1020　1/16
印　　张：17.75　　彩插：2
字　　数：178 千字
版　　次：2021 年 7 月第 1 版
印　　次：2021 年 7 月第 1 次印刷
定　　价：228.00 元（全 4 册）

西城區街巷胡同

西城区街巷胡同文化丛书（第二辑）

水秀一方

什刹海街道街巷胡同史话

政协北京市西城区委员会
《西城区街巷胡同文化丛书》编委会 编

中国文史出版社

什刹海街道辖区要览
德胜门西大街
德胜门东大街
旧鼓楼大街
新街口北大街
新街口南大街
西四北大街
地安门外大街
景山东街
西安门大街
文津街
景山前街
地安门西大街
西海
后海
前海
北海
琼岛
景山公园
郭守敬纪念馆
西海北沿
西海东沿
西海南沿
德胜门内大街
汇通寺
北京积水潭医院
新街口东街
罗儿胡同
宋庆龄故居
拈花寺
大石桥胡同
关岳庙
醇亲王府
寿明寺
前马厂胡同
鼓楼西大街
钟楼
鼓楼
广化寺
后海北沿
后海南沿
羊房胡同
广福观
烟袋斜街
大翔凤胡同
恭王府
阿拉善王府旧址
火德真君庙
万宁桥
前海北沿
前海西街
前海南沿
郭沫若故居
护国寺金刚殿
梅兰芳纪念馆
庆王府
辅仁大学本部旧址
护国寺街
人民剧场
棉花胡同
柳荫街
松树街
黄城根小学
北京四中
北京大学第一医院
西什库大街
西黄城根北街
佑贞女中旧址
大慈真如殿
地安门雁翅楼
雪池冰窖
解放军305医院
西什库教堂
西四东大街
北京大学口腔医院
北京水准原点旧址
北平图书馆旧址
陟山门街
景山西街
大高玄殿
寿皇殿
万春亭

什刹海街道辖区要览

《西城区街巷胡同文化丛书》
征编出版说明

西城区作为北京三千多年的建城地和八百多年的建都地，拥有众多古老的街巷故同和丰富的历史文化资源，是皇城文化、士子文化、民俗文化、宗教文化等各种文化共存的区域。西四北一至八条至今基本保留了元大都建城时的规制，胡同中的四合院也大都具有明清的风格。随着城市建设的发展，为了满足市政道路改造及公用设施建设需要，一些胡同被拆除，建起了楼群，组成连片的居民区，形成了新的街巷。一些胡同被合并，原有的名称消失。街巷胡同不仅是城市脉络、交通道路，也是人们世代生息之所。为了满足各种需要，街巷胡同不会永远不变，所以记录街巷胡同、留存珍贵的历史成为一件十分重要和迫切的事情。我们既要保护好古都风貌，也要利用好古都资源，传播传统文化，传承历史文脉，讲述好西城自己的故事。

2019 年既是中华人民共和国成立 70 周年，也是人民政协成立 70 周年，我们深感有责任也有义务对西城区的街巷胡同进行全面梳理，深刻挖掘每个街巷胡同的文化底蕴，呈现西城区街巷胡同的历史沿革、发展变迁的脉络及中华人民共和国成立以来展现的新面貌。

西城区行政区划内共设 15 个街道办事处，办事处辖区街巷胡同各具特色、历史悠久、底蕴深厚，如璀璨的明珠闪耀西城。《西城区街巷胡同文化丛书》以一街道一分册的形式呈现，记录辖区内街巷胡同中的院落格局、王公府第、单位机构、市井百业、今昔人物、今日呈现等，将街巷胡同历史脉络、当下风貌和文化特色进行梳理挖掘。这是2010年原西城区和宣武区合并后，首次从建筑、人文等方面全方位立体式地对街巷胡同进行详细调研，以丛书的形式编辑出版，既是对过去和现有街巷胡同文化资源的挖掘、研究，也期望能对未来街巷胡同资源的开发和利用提供借鉴。

本书的编写充分发挥了西城区政协委员的作用，由区政协学习指导和文史资料委员会牵头策划组织，各街道政协委员联组具体承办。区政协和各街道政协委员联组的同志以及聘请的专家学者进行了大量实地调研，跑遍了西城区的大街小巷，参阅了以往的街巷胡同史志记载，寻找和听取一些老居民或其他亲历、亲见、亲闻者的口述，与档案资料对比核实，详细整理，倾注了很多心血。丛书以图文并茂的形式，向读者展示了西城区街巷胡同的往昔神韵、现今风貌和深厚的历史文化内涵。希望发挥区政协文史工作“存史、资政、团结、育人”的功能，服务首都“四个中心”建设。

政协北京市西城区委员会

2019年10月

目　　录

前　　言

什刹海街道有着一大片开阔水域，面积约33.6公顷。街道东面自北而南由旧鼓楼大街、地安门外大街、地安门内大街和景山东街四街相连；南面自西向东由西安门大街、文津街和景山前街三街相连；西面自北而南由新街口北大街、新街口南大街和西四北大街三街相连；北面自西向东由德胜门西大街和德胜门东大街两街相连。街道面积为5.8平方千米。自古以来，这里受水域影响，胡同有的纵横平直，有的也有许多蜿蜒曲折。什刹海的众多历史文化古迹和人文景观，都是依托于开放的水域所形成，而这也是这里的胡同所区别于城区其他街道的显著特色。

元代建大都城，什刹海成为京杭大运河的北端点码头，大批漕船驶来，沿岸街市繁华。明代什刹海变为逶迤相连的三片水域，有着“西湖春、洞庭夏、秦淮秋”之美，获“都下第一胜区”“城中第一佳山水”等赞誉，形成了“银锭观山”等“西涯八景”。明清以来，这片水域周围楼阁、桥梁、寺庙、王府、商市、饭庄、茶楼等景观景点星罗棋布，错落有致，被誉为“京华胜地”“璀璨明珠”。中华人民共和国成立后，尤其是改革开放40年来，人民政府对什刹海的名胜景观进行了全方位的保护修缮、开发利用，成绩显著。如今的什刹海水域碧波悠悠，一处处寺观、王府、名人故居、老字号、名街、宅院等，整修一新，成为中外游人乐于观览的好去处，享有“北京文化名片”之誉。什刹海在2005年被《中国国家地理》杂志评为“中国最美的五大城区”（其他最美城区为厦门鼓浪屿、苏州老城、澳门历史城区、青岛八大关）之一。2008年经国家旅游局评定，获挂“国家4A级旅游景区”牌匾。当人们对什刹海产生兴趣，在纵观了什刹海的形成和沧桑演变后就会发现，什刹海所享有的众多声望和赞誉，都是构筑在什刹海街巷胡同历史文化积淀之上的。

2019年2月1日，习近平总书记在视察北京工作时强调指出：老北京的一个显著特色就是胡同，要注意保留胡同特色，让城市留住记忆，让人们记住乡愁。总书记的指示为胡同的修缮保护、开发利用提出了明确的方向。什刹海的胡同是地区历史文化的重要载体，有着深厚的古都发展底蕴和丰富的老城文化内涵。有鉴于此，全面、深入、系统、细致地梳理什刹海胡同的历史文化演变脉络和富含内容，守住老城传统街巷肌理与空间尺度，加强历史文化资源的展示利用，对于充分认识什刹海的文化特质，保留什刹海的胡同特色，传承什刹海地区的历史文脉，更好地实现对什刹海未来的规划愿景，有着重要而深远的意义。

第一章　什刹海街巷胡同概观

第一节　什刹海地区的变迁

史学界普遍认为，公元前 1045 年周武王封帝尧后裔于蓟，封召公于燕，是北京建城之始。在春秋中期，蓟为燕国的都城。到了战国末期，秦始皇吞并了六国，燕国的故都被降，成为广阳郡。唐代时改称幽州。什刹海地区在先秦时期系燕国都城蓟城北郊，历两汉、魏晋南北朝、隋，在唐代建中二年（781）改署幽都县。据《日下旧闻考》载，清康熙年间在今西安门附近出土唐卞氏墓志，志称：卞氏于贞观十五年（641）“葬于幽都县东五里礼贤乡之原”。由此可知，西安门乃至什刹海地区为唐代幽都县礼贤乡属地。

10 世纪初，西辽河上的契丹强盛起来，于会同元年（938）升幽州为南京，又称燕京，并置幽都府。后在属县之中设析津县、宛平县。什刹海地区为宛平县管辖。

元代建大都城后，什刹海地区归于城内。元置大都路，属下大兴、宛平两县分领历史上的北京城区。什刹海地区仍为宛平县管辖。元代北京设坊，据《北京历史地图集》载，今什刹海地区周边有凤池坊、析津坊、丰储坊、永锡坊等。

明永乐年间，迁都北京。北京升为顺天府，下辖大兴、宛平两县，分领城区。以中轴线为界，大兴县居东，宛平县居西。什刹海地区位于宛平县内。

清定都北京后实行旗、民分城分治，什刹海地区仍属宛平县管辖。清末时推行“新政”，北京内外城设巡警总厅，下划分为若干警区。什刹海地区调整后为内右三区管界。

民国时期承清旧制。民国十七年（1928）北京改称北平，什刹海地区经调整属内四区、内五区。北平和平解放后，什刹海地区划属第四区、第五区管界。

1950 年位于北京内城区北部的什刹海地区，划属西四区。1958 年西四区与西单区合并为西城区，什刹海区域由新街口办事处、厂桥办事处分辖。

2004 年 10 月西城区进行区划调整。什刹海地区处于市政府批准的《北京旧城 25 片历史文化保护区保护规划》范围内的核心部位和重要保护地段。这个地区原来隶属新街口、厂桥两个办事处及什刹海管委会共同管理，管理职能交叉重复，配套设施不完善，难以整合开发，制约了地区发展。经区划调整成立了什刹海街道办事处后，地区的功能定位和发展主体都得到确定，并为什刹海地区传统风貌的保护和发展搭建了平台。

什刹海这片开阔水域，自古就与北京城的形成发展紧密相连，在朝代更替中，什刹海的地名也在不断地演变、更新，其中蕴含了丰富的历史、社会、人文、文化信息。

金代以前，今什刹海一带水域虽早已形成，却难在文献中找到其名称的记述。查阅《金史·河渠志》，可见“金都于燕，东去潞水五十里，故为闸以节高良河、白莲潭诸水，以通山东、河北之粟”，这里所提的白莲潭即是今什刹海的大体位置。这样，白莲潭就成为什刹海水域最早的名称了。金代诗词中也称这里为莲塘。《咏归录》载，古时北方人往往将积水之湖呼为“海”，或称“海子”。元代建大都城，白莲潭被规划在都城中心位置，南部为太液池，北部称“海子”。《元史·河渠志》载：“海子一名积水潭，聚西北诸泉之水，流行入都城而汇于此。”由于积水潭“汪洋如海”，则取名“海子”，而不叫“湖”。元代文人的许多诗词都是以“海子”为题吟诵的。海子的旧名为积水潭，也是这块水体常被用到的名称。除积水潭、海子，还有玄武湖、小海的别称。玄武为古代神话中的北方之神，同青龙、白虎、朱雀合称为四方神，海子在大都皇城之北，故有此称。小海之名在元代诗词中也常能用到。

元代什刹海水域风光

明代什刹海的水域功能发生变化，名称叫法上也出现变动和增多。什刹海成为风景区，文人墨客纷至沓来，赋诗填词。这里地处皇城北面，诗人爱把此地称“北湖”。游人说

明代什刹海风景图

建于元代的广化寺

到此地，则称之“净业寺”“莲花池”，以寺和赏莲地呼之。什刹海在当时较流行的叫法还有北海子、西湖、冰湖、后湖及沿用的积水潭等。

什刹海一名自明代被叫开了。有专家探讨，什刹海得名，是从德胜桥畔“什刹海禅林”古寺而来。也有学者认为，什刹海之名是由万历年间周边建有十座寺庵得称。古人是常将“十”写作“什”字的。文博专家单士元在一篇回忆文章中曾谈及，早年在广化寺得见一碑，碑文首曰：“都城西北隅有巨浸，曰什刹海，以环海有丛林十，故名。广化寺者，十刹之一。”单先生这一说法虽较为可信，但有人认为什刹海之名源于一庙还是源于十庙，仍须斟酌。

在清代近300年时间里，什刹海的名称叫法更为繁杂。除沿用以前的一些叫法，又明显出现了“分地而名”的现象，在局部地域产生了一些新名称，如风潭、鸡头池、西海子、莲花泡子、秦家河地、前海、后海等。直到民国年间，什刹海一带水域名称才逐渐趋向统一并定型。1941年出版的《故都变迁记略》载：“今名近地安门者为十刹前海，稍西北为十刹后海，最西北近德胜门者为十刹西海。”前海、后海、西海为略称，并沿用至今。

一片水域，竟有着如此之多的名字和称谓，是很耐人寻味的。这无疑也是研究什刹海历史文化的宝贵遗产。从什刹海的地名流变中，能够映射出北京历朝历代的发展变迁。元代时漕运兴盛，产生了斜街、海子桥等繁华街巷名。明代时什刹海周边寺庙众多，以寺庙命名的胡同有 30 条以上。因建有国公府邸，产生了定府大街（今为定阜街）、张皇亲胡同（今为尚勤胡同）。因风景名胜著名，形成了百花深处的胡同名称。清代时什刹海广建王府，于是有了府夹道等胡同名。又由于水域面积缩小，围湖建宅形成的胡同多，便有大量的胡同以河沿、斜街、石桥命名。这些又从另一个侧面表明了，什刹海与北京城的形成、发展历史，有着不可分割的密切关系。

第二节　什刹海街巷胡同纵览

街巷概称为胡同。胡同是城市的产物。

什刹海的胡同形成于元代。公元 1215 年，成吉思汗的蒙古族军队铁骑攻陷了金中都。45 年以后，成吉思汗的孙子忽必烈继承王位，进驻中都，他委派重臣刘秉忠主持建造元大都城。1266 年，刘秉忠进行实地考察后，放弃了金中都原城址，将新都城选址在白莲潭（什刹海金代称白莲潭）。岸畔，按照《周礼・考工记》中关于帝王之都建设的布局加以设计规划，然后施工建造。大都城建好后，忽必烈决定从原金中都的旧城迁徙居民到大都城居住，“定制以地八亩为一分”，贵族、功臣悉授封地，以为第宅。按照当时的规定，官吏、权贵纷纷在大都城由主干道交织成的坊间修建了住房和院落，填塞壮阔的大都城空间。房屋四合，院落相挨，一排排连起来，留出走车、人行的通道，就形成了胡同构成的大小街巷。

“胡同”一词，从北京人口里说出，带有儿化韵，这样念着顺口，听着亲切；不带儿化韵则说着生硬，听着别扭。“胡同”并非北京的土产，它来自 700 年前传入的蒙古语，与街、巷、道、里、弄同称。在元、明、清几朝著述中，说到胡同，常写作衚衕、火弄、火疃、火巷、胡洞等。已故北京史研究专家曹尔泗在《北京胡同丛谈》一文中提到，“胡同”之名最早见于元代时来到过积水潭一带的戏剧大师关汉卿所作《关大王独赴单刀会》，剧中有“杀出一条血胡同来”的词句。这位专家在研究中认为，发端于元代的胡同是由蒙古语“浩特”而来，又经考证认为应是 Hottog 的音转，即水井之意。井泉自古是人们的生命之源，有井之处才有民众生活，这也是胡同的本意。

胡同即是老北京的街巷。元代规定，胡同宽 6 步（约 9.3 米），小街宽 12 步（约 18.6 米），大街宽 24 步（约 37.2 米）。用步计量，1 步约为 1.55 米。如今什刹海的护国寺街、定阜街、柳荫街等胡同的均宽，正符合元代的规制。

元末熊梦祥编纂的《析津志》说，元大都有“三百八十四火巷，二十九衚衕”。即是说共有街巷胡同 413 条，其中有 29 条直接称之为胡同。较为著名的有千步廊街、丁字街、十字街、钟楼街、半边街、棋盘街等。由于当时什刹海水域辽阔，街巷不多，《析津志》仅记有“米市、面市，钟楼前十字街西南角”，“缎子市在钟楼街西南”，“珠子市钟楼前街第一巷”，等等。

元大都的胡同普遍横平竖直，但是在积水潭北岸却做了变通，出现了一条斜街。这是因为此地是通惠河漕运的终点码头，每日有大量货物集散，遂顺着曲折的湖岸走势，产生了斜向的建有货栈、店铺的街巷。虽然有了一条斜街，但并不影响都市整体棋盘形方正的街道布局。相反，如果大都城处处方正对称，一成不变，则近乎单调、古板。中轴线西侧的积水潭碧波荡漾，萦曲回环，伴有斜街，静中有动，则保持了中轴线两边的方直格局相对对称，于庄重中又平添了秀美的韵致。

明代自宣德年间以后，积水潭不再是运粮码头。水域虽然减小，但有水则秀的什刹海在气候干燥的北京成了著名的风景区。除环水而居的商贾、平民，还有众多达官贵人、文人雅士纷至沓来，建府邸、造园林，连出家人也竞相在水畔建造庙宇。至嘉靖三十九年（1560），据张爵《京师五城坊巷胡同集》记载，什刹海地区在册的已有61条胡同。

在明代时的胡同中，位于什刹海北部、中部的新开道街（今新街口北大街）、药王庙街（今旧鼓楼大街）、西涤胡同、皇城北大街（今地安门西大街）、定府大街（今定阜街）、三宝老爹胡同（今三不老胡同）、刘汉胡同（今刘海胡同）和南部地区的红罗厂、太平仓等，横平竖直，纵横相交，较为规范。而已分为积水潭（西海）、什刹海（前海、后海）三块水域的自西北向东南的狭长地带，胡同就只能以湖岸走势斜向或拐弯。为此，除元代既有的一条斜街名称不改，又有了一系列斜街诞生，如烟袋斜街、白米斜街、广化寺街（今鸦儿胡同）、簪儿胡同（今后海北沿）、羊房胡同等。就连德胜门内大街北段，也呈弧形而不是竖直。

入清以后，北京及什刹海的胡同都成倍增长。据光绪年间朱一新著《京师坊巷志稿》一书统计，什刹海地区的胡同已增加到150条。东部伸展形成半岛的地带（今称金丝套），元代以前还淹设在水下，后出现浅滩和陆地。到了明代才形成供应厂胡同、海潮庵等几条小胡同，大部分地区还是稻田。至清末，已有了煤场胡同、三眼井、墙缝胡同（今大、小翔凤胡同）、南官府胡同（今南官房胡同）、金银丝绦胡同（今大金丝胡同）、前海北河沿等多条胡同。这里的胡同与什刹海其他湖岸边胡同一样，因水而存，路面依湖岸自然弯曲，就地势高低形成。胡同之间相互通联，既利于穿行来往，又方便通风采光。

辛亥革命后，以宽度称胡同或街的规定已不严格。人们转而以居民住户为主的通巷叫胡同，以商户店铺多的道路叫街。在什刹海，正觉胡同、棉花胡同等一些胡同，与烟袋斜街、白米斜街等街的宽度不分上下，有的胡同比街还要宽些。这一时期，北京城市内外的胡同数量有大幅增长，而在什刹海地区，胡同增加并不多，仅增加了50多条。在《燕都丛考》一书中收录了什刹海地区胡同为209条。这是什刹海地区胡同量的最高纪录。新增的胡同多为将西海、后海、前海岸边形成的街巷命名，或将原有的胡同一条析为两条、三条命名，从而增加了胡同的数量。

中华人民共和国成立后，随着道路拓宽，一些小胡同并入大胡同不存。在地安门西大街南侧，随着国防科委办公大楼、国防部办公厅、爱民街小区先后建成，周围一些胡同被拆除。什刹海地区的胡同有所减少。截至2006年统计，什刹海地区共有一、二类大街25条，胡同170条。自改革开放以来，什刹海地区的胡同和所承载的众多历史文化古迹、人文景观，得到全面的修缮保护，成为最具地方特色的和谐宜居的传统历史街区和旅游风景区。

第二章　什刹海胡同的形成

第一节　永定河孕育了元大都城及街巷

什刹海形成于古永定河下游故道，原是一片天然河湖湿地。

永定河源自黄土高原。大约从三万年前开始，这条大河挟带着泥沙奔腾而下，涌出北京西山后，进入旷野，流速放缓。年复一年，水中砾石、泥沙逐渐沉积下来，形成扇状的冲积扇平原。今日的什刹海，与南面北海、中海原为一个水体，是古永定河一段水道上的宽阔水域。

水草丰美，是上古人类栖息居留的理想之地。1996 年的一个冬日，在北京王府井东方广场施工工地，考古学家发现了一处古人类遗址。灰坑中出土了石砧、石锤、骨铲、烧骨和众多动物骨骼化石等，表明在距今 20000 年前后的旧石器时代晚期，古人类已走出山区，来到这里的河畔，打造工具、狩猎、居住、用火，在此生生不息。而这里仅是什刹海东南不远处。

古永定河在北京平原地带不断地冲刷、改道，又涌流了 17000 多年后，东进的大河在今什刹海东北处转为向南，拐了一个近乎直角的大弯。在这个大河湾里，形成天然屏障。此处水源充足，土壤肥沃，成为建村筑城的风水宝地。

在公元前1045年周朝时，这里诞生了蓟城。1000多年后，隋改幽州为涿郡，修通杭州到涿郡的南北大运河，第一次将北京与全国联系在一起。唐代又改称回幽州的北京这块地界，一直是北方的重镇。三国时期，此地成为曹魏河北道幽州大都督府的府城，在西侧（今石景山附近）开凿车箱渠，引永定河水灌溉古蓟城周围一带农田，这也使什刹海周边河湖水量充盈，水位提升。唐末时这里设置了玉河县，开凿修建了玉河，将玉泉山水引来，永定河故道形成“三海大河”，积水面积明显增加，成为大片湖泊。到了辽代，这片水域已相当大。进入金代，位于金中都城东北处的这大片水域被称作白莲潭，可能因为水域内广种莲藕而得名。

辽代时，南京城位于今北京城的西南角处。辽代帝王看到东北部有连成一片的宽阔水泊，自然条件优越，便把今北海公园南侧团城处辟为游乐之所，建造离宫，称为“瑶屿”。在白塔山的旧址上，相传还曾建有摄政的承天皇太后萧绰的华丽宫殿和梳妆台。在南侧今中海、南海地带，原有小山和水池，辽代加以挖掘开拓，引水灌入，使此处变得风光绮丽。金灭辽后，增扩辽南京城，建造成了金中都城。皇帝又看中北海一带，在此开浚湖泊，积土成山，取名“琼华岛”。在今北海公园东部和景山公园西部建造了大宁宫。宫殿高大壮观，殿下碧波荡漾。金代世宗、章宗二帝经常游幸驻跸于此。

进入13世纪，北方的蒙古族迅速变得强大，建立了地跨欧亚的大蒙古国。1271年，蒙古首领成吉思汗的孙子忽必烈入主中原，改国号元。忽必烈任命名士刘秉忠建造都城。刘秉忠考察后发现，城东北的白莲潭一带地势敞阔，水源丰富，是理想的建都之处。他上奏获准，遂开始了新都城——大都城的规划建设。水是生命之源，历来是古代建都择址的首要自然条件。刘秉忠看中白莲潭的一泓旺水，完全是顺理成章的事。

元代白莲潭改称积水潭，也叫海子。开阔的湖面远大于后来的什刹海。元时建起的大都城将积水潭围在城内，除提供灌溉用水、供皇宫所用以及满足市民游乐、休憩、洗涤需要，还是连通运河，停泊江南漕船的重要水域，城市水利效应显著。

早在辽、金时，南京城、中都城里数十万人的吃用粮就靠漕船外运。元建成大都城后，原用于行船的金口河已因泥沙淤积，难以再通漕运。中统三年（1262）郭守敬建议引玉泉水通漕运，忽必烈批准并且派人疏通运河。到至元十六年（1279），由于玉泉水大部分引入金水河，将这条河道改造为坝河，从积水潭可以到达通州，只是漕运能力较低，不能满足大都的物资需要。十年后山东运河修通，漕船自大运河北行，也只抵达通州，由通州至大都的大部分运粮，全靠陆路由驴畜车运，耗银费时仍不敷所用。元至元二十八年（1291），元世祖忽必烈就都城的粮荒难题，问计于以“习水利”著称的郭守敬。郭守敬曰：“别引北山白浮泉水，西折而南，经瓮山泊，自西水门入城，环汇于积水潭。复东折而南，出南水门，合入旧运粮河。每十里置一闸，比至通州，凡为闸七。距闸里许，上重置斗门，互为提阏，以过舟止水。”忽必烈闻听，大喜过望，口谕“当速行之”。历经两年，由郭守敬设计监造的大都漕运工程完工。再看积水潭，水天一色，“汪洋如海”。忽必烈亲赴积水潭巡视，见“舳舻蔽水”，大悦，将工程赐名“通惠河”。

通惠河开通后，积水潭成了大运河的终点码头。出入潭内的千万漕船，所载官兵、船夫们吃喝、住店、购物花用均在附近，积水潭北侧齐政楼（在今鼓楼位置）附近车水马龙，成为大都城最为热闹繁华之地。元代黄仲文所作《大都赋》云：“华区锦市，聚万国之珍异；歌棚舞榭，迭九州之秾芬。”《析津志辑佚》有载：“（齐政楼）楼之左右俱有果木、饼面、柴炭、器用之属。”当时的钟鼓楼（在今旧鼓楼大街）周围，分布着绸缎市、皮帽市、靴市、珠宝市、铁器市、鹅鸭市、米市、面市等。这里的“朝后市”，不但是都市生活的必需品市场，还是都市中心的国际贸易市场，来自高丽、日本、印度以及非洲东部和阿拉伯半岛等国与地区的商人也在此地出没，从而增进了国际间的经济文化交流。通惠河的修通，积水潭的兴盛，给元大都城带来了繁荣，从经济上、政治上和文化上巩固了大都城的首都地位。

入明以后，通惠河上游水源减少，河道淤塞，又将运河围到皇城内，漕船不再驶入积水潭，汪洋一片的积水潭逐渐缩变为细流相连的西海、后海、前海三大片水面。什刹海很快成为京城内著名的风景区。到了清代和民国时期，什刹海的水域面积虽又有缩小，但京城这片水景绿地仍大受青睐，成为清代满族广建王府之地。清代中叶后，什刹海地区的庙会文化、餐饮文化、民俗文化等都红火起来。民国时期，什刹海的民俗文化特色更为显著，各类传统文化的气息也更加浓郁。

自古以来，是永定河的奔流不息，河道南摆，营造出了什刹海的水域湿地。3000 多年的建城史，800 多年的建都史，都以此发端。正是源于永定河的滋养与孕育，这才诞生了雄伟的元大都城和承载了历史名胜、纵横相交的什刹海胡同。

第二节　中轴线奠定了都城和胡同的格局

“中”是方位词，可解释为中心、中央。“中国”的名称源于中国古代文化，含有“中央之国”的意思。几千年以来，我国古人把中心、中央、中正看得很重，融入思想文化等各个方面，成为中国文化最显著的特征之一。将中心、中正的思想引入都城建筑，则是我国古人创造人类智慧成果的重要展示和体现。据《周礼·考工记》记载：“匠人营国，方九里，旁三门。国中九经九纬，经涂九轨。左祖右社，面朝后市，市朝一夫。”这里说的是，古代宫城以帝王为中心，民居、街巷都围绕着这个中心，形成上下左右对称的都市。在中国都城的建造发展中，封建帝王为突出“皇权至尊”的思想，以皇宫为最主要的建筑核心，向南北两个方向延伸，形成了坐北朝南，两侧建筑对称的中轴线。据考古勘测，曹魏时期的邺北城是较早形成有中轴线的城市。城郭外朝和内朝的建筑群，都由纵向中心线所串联。唐宋时期，都城的规划和建筑步入辉煌。北宋都城东京（今河南开封）的建筑尤为气势不凡，其中轴线更为鲜明突出，连接宫城建筑的御街长达十余里。

金代中都城是仿北宋东京城建造起来的，其一大特点也是通向皇宫的御路与宫城主体宫殿构成的都城中轴线。元代建大都城，深受唐宋和金代建都设置中轴线的影响，在积水潭东侧划定一条中轴线，直达都城南门丽正门。元代宫城主体建筑都建造在这条中轴线上，尽显了元大都城的壮观。

刘秉忠奉元世祖忽必烈规划建造新都城之命，履职后先对金中都城进行考察，发现金中都历经战乱和大火，一些大宫殿建筑损毁严重，另一棘手问题是城中赖以生存的莲花河水系水源不足。刘秉忠注意到城东北的白莲潭一带，聚西北诸泉之水，水源丰富，水质良好，周围地势敞阔，便于规划，是理想的建都之处。上奏后获准。不久这一大片旷野之地便喧腾热闹起来。

在总体规划新都城时，刘秉忠先在白莲潭一串弓形湖泊的东出口（当时称东闸，即元代的万宁桥）侧画了一条接近南北的切线，作为全城的中轴线。中轴线确定后，在中轴线中心部位的湖泊南部东岸兴建大内（皇宫）。在隔湖相望的西岸，北建兴圣宫（皇太后宫），南造隆福宫（皇太子宫），成三宫鼎立之势。以三宫为中心，四面修建萧墙（皇城城墙）。白莲潭一串湖泊，南部包入萧墙内的称“太液池”，北面留在萧墙外的即称为积水潭。刘秉忠的规划设计奠定了以后北京城的基础，是依据白莲潭的位置而设计的。白莲潭的北部水域是积水潭，即什刹海的前身，由此遂产生“没有什刹海，便没有北京城”之说。

刘秉忠设定了元大都自北向南的中轴线和待建的皇城后，又确定了四面都城城墙的位置，即以积水潭东西两岸的距离作为全城宽度的一半，为此西城墙的位置就定在了积水潭的西端。从大都城平面图上可明显看到，水面浩瀚的积水潭就坐落在都城中心部位上。

规划后建造的皇城从城南门丽正门向北，经千步廊，进皇城正门灵星门，过周桥和宫城正门崇天门，再入大明门、大明殿、延春门、延春阁、厚载门、御苑，出皇城后门厚载红门，再过万宁桥，抵达中心阁。元代宫城的主体建筑都在这条南北轴线上。这条中轴线形成了皇城一系列轻重有序的建筑排列，突出“皇权至上”的理念。以太液池水域中琼华岛为中心的皇家建筑群，看似对以皇城为核心的都城中轴线格局有所削弱，但大都城皇城建筑与太液池的水色山光又形成了北国难得一见的奇佳景观。

明代永乐年间，成祖朱棣在准备迁都北京之前，先在元大都的基础上开始了大规模的建造。明代建造都城，依据怎样一条中轴线是重中之重的事。经考古勘探和文献记载可以确认，明代皇城和元代大内（皇宫）的主要宫殿是坐落在同一条中轴线上的。明代都城沿用了元大都的中轴线，但又有创新。明代随着南城的扩建，自北向南的都城中轴线也向南延展到永定门。天坛、先农坛被安排在中轴线南端的两侧，左祖（太庙）右社（社稷坛）被安放在宫城前东

西两边，形成“左右对称、中轴彰显”的皇城格局。中轴线的北端恰到好处地落在高大巍峨的钟鼓楼处。钟鼓楼是“暮鼓晨

景山旧景

钟”的报时中心，是元、明时期京城最为繁华的商贸地段。明代时向东移建的钟鼓楼成了中轴线的北端点，古代封建社会所要的“前朝后市”构想便在这里有了美好的体现。

清代顺治元年（1644），世祖福临入主北京。此时的明都城虽呈破败景象，但都市格局完整，中轴线神韵犹存。清前期几朝皇帝大事修缮了都城和皇宫建筑，沿用了明朝中轴线并加以完善。在太液

位于中轴线上的景山大门和万春亭

池以东，将明代挖湖堆出的万岁山进行了全新的构建和精雕细刻。万岁山更名为景山，并被分为中高、东西低的五座山峰。每座峰顶修建一座山亭。五

亭内各放置一尊五方佛。景山五峰上的五座山亭形制对称，增加了中轴线上的宗教景观，也丰富了中轴线上的文化内涵。

明清两代所沿用的元代都城中轴线，体现了都城建设与封建礼制融为一体“不正不威”和儒家所提倡的“居中不偏”的理念。这条中轴线将外城、内城、皇城、紫禁城四重城池贯穿于一体，以紫禁城太和殿、中和殿、保和殿三大殿为中心，从南端永定门至北端钟鼓楼，将城楼、宫殿、桥梁、御路串联在一条线上，高低起伏，围合开放，节律有致。有了这条中轴枢纽，都市的街道、民居、牌楼、景观等两厢排开，形成了都市街巷建筑群方正、严谨、对称的格局。

中轴线是古都北京的主题设计。它使都城构成了一个有机的整体，产生了和谐的韵律，形成了内在的凝聚力。这种带有深厚文化渊源的都市中轴对称规划思想，得到了保留和发扬，一直影响到当代北京的规划建设。在钟鼓楼至永定门的北京城中轴线上，坐落着众多举世闻名的建筑。这些建筑有的高大雄伟、金碧辉煌，有的造型精美、秀雅多姿，无不有着深厚的历史文化底蕴，显现着古代建筑的精髓。中轴线的北段由位于什刹海地区南部的景山向北与钟鼓楼连接而成。其中的地安门外大街是北京内城中唯一的传统中轴线大街，虽只是短短的一段，却串联起了皇家文化、民俗文化、水景文化三大主题，蕴含了都市空间布局上的起伏开合，是古都历史文脉和城市文化基因的集中体现。

在这一段中轴线上，北面矗立着钟楼、鼓楼，南边坐落着地安门，三大楼阁巍峨、庄重、古朴，是什刹海地区的标志性建筑，最能体现古代建筑文化精髓。坐落在这段中轴线上的万宁桥，是现存北京旧城中轴线上最为古老的建筑。纵列在这段轴线上的地安门外大街，是元代以来都城最为繁华的商业街。中轴线两侧街巷胡同对称，寺庙、府邸等景观众多。这里积淀的历史文化深邃、凝重，其中的典故、逸事、趣闻、传说是说也说不完的。

第三节　丰富有趣的胡同形态和名称

什刹海地区的胡同形成于元代大都城内。很多胡同横平竖直，但是依水域形成的斜胡同也有烟袋斜街、白米斜街、西海南沿、后海北沿、前海东沿等。什刹海偏东的金丝套地带，胡同大部分受湖岸影响方向不正，虽不称斜街，却向东北或西南方偏斜。为保持房屋正南正北的朝向，很多四合院的房屋与倾斜的胡同之间形成了一定角度的夹角，使院落与胡同之间构成了锯齿形状，成为北京胡同和四合院中一个独有的特点。

除了斜街斜胡同，什刹海地区还有一些胡同呈多姿多样的形态。鼓楼西大街中路北侧，有一条胡同多折弯，得名小八道湾。有的胡同虽小，却与大胡同相接，德胜门内有个地势低洼的小胡同称作后坑。旁边的一条胡同中间有块空地，得名水罐胡同。鼓楼西北处一条胡同也有个空“膛”，称铃铛胡同。有“人民艺术家”之称的老舍出生地是新街口南大街的小杨家胡同。这条胡同在清宣统年间《详细帝京舆图》上标为羊圈。老舍在小说《四世同堂》中对胡同描写道：“……说不定，这个地方在当初或者真是个羊圈，因为它不像一般的北平的胡同那样直直的，或略微有一两个弯儿，而是颇像一个葫芦。通到西大街去的是葫芦的嘴和脖子”，进了葫芦脖子，“走了几十步，忽然眼一明，你看见了葫芦的胸：一个东西有四十步，南北有三十步的圆圈，中间有两棵大槐树，四周有六七家人家。再往前走，又是一个小巷——葫芦的腰，穿过‘腰’又是一块空地，比‘胸’大着两倍，这便是葫芦的‘肚’了。‘胸’和‘肚’大概就是羊圈吧”。现今小杨家胡同里仍然是老舍先生所描述的格局，只是空地处加盖了房屋，已没了“葫芦”的样子。

在什刹海地区胡同中，有的胡同起名与胡同走势外观形象贴切，惟妙惟肖。西四北大街东侧的大、小拐棒胡同，因胡同有折弯，形似拐棒而得名。在鸦儿胡同地段，有条胡同一端弯曲，如同猴尾扬起上翘，得称猴尾巴胡同。西海北河沿处还曾有一条猪尾巴胡同。鼓楼西大街北侧有两条南北方走向并行的小胡同，形似轿杆，而得称东轿杆胡同和西轿杆胡同至今。鼓楼西南方的烟袋斜街，清代时烟铺、烟具买卖兴隆。街的形状也酷似烟袋——细长的胡同像烟袋杆儿，东边入口像烟袋嘴儿，西口处折向南边开阔处，又很像烟袋锅儿。站高处端详，更会觉得街名靠谱。

什刹海地区很多宽大的胡同历史悠久，有的胡同虽窄小却也名扬京城。在烟袋斜街南面一点，原来有一条东西走向的小胡同，全长 70 米，东窄西宽，东高西低。东口处不足三尺宽，两人横抬着八仙桌过去还真不好走。清《光绪顺天府志》将这里记作“义留胡同”。民国时改称“义溜”胡同。民间俗称这小胡同为“一溜胡同”。这是由于从东口往西是下一个斜坡，走着一出溜就到了前海东河沿。另有一说是明嘉靖年间，奸相严嵩失宠后，落魄街头行乞。他走到这条有高坡的胡同，老眼昏花，往西下坡，脚下一滑，摔了个屁股蹲儿。有人看见了说：“他在皇帝那儿能溜（溜须奉承），到这儿又来了个一溜。”以后这个名字就叫开了。

德胜门大街西侧有一条辛勤胡同，1949 年前一直称作抄手胡同。对此地不熟悉的人从胡同口走进去，左拐右绕转了一圈，却又从入口处不远的地方转了出来。本想穿过去，不承想无功而返。人们感觉这条胡同有些像一个人两手抄在一起的形状，于是幽默地为此取名抄手胡同。因对路途不熟，走进去又得走出来的，还有一种罗圈胡同。德胜门内大街西侧的罗圈胡同由前、后罗圈胡同两条胡同组成，合围成一个圈状。什刹海地区还有完全呈“回”字形的环状胡同。旧鼓楼大街西侧的清秀巷，东部东西走向，西部便是“回”字形走向。德胜门内大街西侧，现今有一条环状胡同称为四环胡同。清《京师坊巷志稿》将其记为草场大坑。清代时北边羊房胡同大规模养羊，把喂羊的干草贮放在这里。民国之后贮草之地荒废，形成的低洼大坑用于填倒垃圾。1953 年，巨大的深坑被填平，在坑址建起厂房、民房，四周围有路，胡同就此得名四环胡同。

让人迈进又会无奈地走出来的胡同，还有半截胡同和口袋胡同。这是一些里端封闭不通行的死胡同。新街口北大街东侧有一条大半截胡同和一条小半截胡同，向东均不可通行。西四北大街东侧，有一条前口袋胡同，东端有折弯不通行，自清代称口袋胡同，以形得名，曾析为前、后口袋胡同。什刹海后海西南侧，隔着柳荫街，西有一条西口袋胡同，东有一条东口袋胡同，各有一端不通行，以形得名至今。在口袋胡同，有的胡同有宅院十几个，也有的有多达二三十个院门。住在靠里边院落的人家被认为是住“口袋底儿”。由于路不通行，门前少有车马、行人经过，住得越靠胡同里越清静。过去死胡同前都钉有一个写着“此巷不通行”的小牌子，让过往行人莫入，以免走冤枉路。

改建后的居民院

一条胡同形成后，自会有一个名称，

叫响传开就在城市中有了自己的方位，成为人们联系、交往活动中必不可少的标志，具有了指代的作用。胡同的名称如此重要，居住在胡同里的人，或住于附近的人便会自发地为胡同取名。或以所在地的建筑取名，或依胡同象形地貌定名，或按人物等特征命名。胡同名字越是起得直爽、实在、形象、准确，越是容易叫得开，让人记得住。

老北京的胡同由老北京人自发起名，有些胡同名起得十分通俗，使用了土语。在什刹海地区的如半截胡同、嘎嘎胡同（“嘎嘎”又写作“尜尜”，陀螺）、妞妞房、府夹道、顺城街、黄城根（皇城根）以及大、小墙缝（今为大、小翔凤）等。有的胡同名字带有儿音，如罗儿胡同、井儿胡同、簪儿胡同、鸦儿胡同等，念着好听，且京味十足。

在什刹海的胡同名称中，以寺庙命名的胡同很多，如双寺胡同、南药王庙街、北药王庙街、护国寺街、兴化寺街（今兴华胡同）、宏善寺（今宏善胡同）、正觉寺（今正觉胡同）、旃坛寺、旌勇里（以旌勇祠得名）等。以河、海、桥命名的胡同也不少，如后海北河沿（今后海北沿）、西海南河沿（今西海南沿）、前海西河沿（今前海西沿）、三座桥（今三座桥胡同）、厂桥（今厂桥胡同）、板桥头条、板桥二条、板桥三条、甘水桥（今甘露胡同）、西板桥大街、李广桥南街以及大、小石桥（今大、小石桥胡同）等。在老北京城，井是居民用水的主要来源，出现

2019 年经提升改造的前海西沿尽显典雅之貌

在什刹海的井胡同有前井胡同、后小井胡同、井儿胡同、大铜井胡同、小铜井胡同、龙头井等。

什刹海地区的一些胡同有着吉祥动听的名字，有的胡同取延年（延年胡同）、永康（永康里）、永祥（永祥里）、五福（五福里）、福寿（东、西福寿里）等吉利如意之名。而过去生活在胡同里的众多居民和其他小街陋巷中大多数民众一样，日子是十分贫苦的。北京有“东富西贵”之说，连着说“南贱北贫”，还流传着“穷德胜门，恶果子市，不开眼的绦胡同”。是说民国以后，德胜门城楼周围，西绦胡同等处逐渐成为家庭破落的下层旗人的聚居区，许多人以到德胜门外桥东北河沿的晓市（俗称鬼市）及德胜门东侧果子市买卖旧货杂物为生。西绦胡同住满了穷人，整条胡同没有宅门，甚至看不到一座像样的四合院。居民常年破衣烂衫，饥一顿饱一顿，且遭“不开眼”的奚落。

什刹海一带以皇家仓库、作坊取名的胡同有不少，如西什库、米粮库、房钱库、簸箩仓、太平仓胡同、浆家房（浣衣局，今为新街口东街）、油漆作、红罗厂、铜铁厂以及东、西枪厂等。以人物取胡同名的有三不老胡同、张皇亲胡同（今尚勤胡同）、麻状元胡同、陶兽医胡同、刘兰塑胡同、刘海胡同等。以植物取胡同名的有花枝胡同、菊儿胡同、松树街、柳荫街等。

什刹海地区还有着三个很美的胡同名：杏花天、乐春坊、百花深处。杏花天位于地安门外大街东侧，相传民国时期胡同西口开有一家杏花天酒坊，酒香浓郁，胡同遂称“杏花天”。乐春坊在白米斜街南侧，据传此处曾建有一座养有金鱼、禽鸟的景苑，至此观赏的游人很多，将胡同取名“乐春坊”。百花深处是京城取名最雅的胡同之一，胡同位于新街口南大街东侧。《北京琐闻录》载，明代万历年间，有张姓夫妇在新街口南小巷购得空地二三十亩，种青菜为生。

渐渐积下钱，建起园子，种植树木，叠石为山，挖掘水池，修造阁亭。又辟地种植牡丹、芍药，在池中广植莲藕。春夏乘小舟于绿波中可赏柳观莲，秋冬也是登亭观菊看梅之雅处。城中士大夫多喜到此游赏，并将此地称为“百花深处”，清代后成为街巷。

过去什刹海地区一些胡同都有景物、景观遗存，成为胡同的标志，胡同还因景物而得名。在鼓楼西大街北侧，有一条铁影壁胡同。胡同里 19 号原为护国德胜庵。寺前原放有一座影壁，壁高 1.89 米，长 3.56 米，质地为中性火山岩，玄红如铁，故得名铁影壁。影壁壁顶雕成单檐歇山式，刻有屋脊、瓦垄、勾头、滴水。壁身正面是一只雌狻猊，栖卧于山石之上，在其前后及腹下，刻有三只玩耍的小狻猊；壁的背面刻有一只雄狻猊，周围刻有山石林木。壁身下面还雕有天马及花边图案。整座壁雕手法粗犷生动，造型独特有趣。这座铁影壁为元代旧物，原立于德胜门龙王庙前，明代移入德胜庵。铁影壁的出现源于一个传说：旧时北京风沙大，多由风婆、云童作祟。有两条龙化作翁媪，驱走了风婆与云童，守在北郊，使孽障再难作乱。人们感念这两条龙的功德，便铸刻了这座影壁。铁影壁入驻德胜庵后，胡同也因铁影壁而得名叫响。这座铁影壁在胡同里摆放了几百年，后因地面沉降，为防其倾倒，1948 年北平文物管理人员将铁影壁移至北海公园澄观堂前。铁影壁移走了，它原来所立地方的铁影壁胡同之名却沿用至今。

铁影壁

前海南侧白米斜街西口外，白米北巷西侧空地上，早年曾经营着一个大冰窖，自清末一直开办到20世纪50年代。这里的冰窖是两条胡同之间的显著景物，为此白米北巷在清宣统年间就得名“冰窖”，民国以后改称冰窖胡同。冰窖是旧时贮存天然冰的地室。白米斜街的冰窖于隆冬季节伐取前海之冰。冰窖建在靠近前海的东沿，不用时是一排三个又大又深的土坑。冬季来临在土坑上盖起大棚，采下前海冻成的厚冰，码入土坑。冰块码至坑口，用草帘、泥土掩盖，以防天气转暖融化。民国以后，这处冰窖由大量供应王府用冰，转为为周围饭庄、肉铺提供夏季食品保鲜用冰，也为散户市民提供零售服务。随着人工制冰技术的广泛应用和冷库的建立，京城各处的冰窖逐渐消失。白米斜街西侧的三个大土坑也完成了它们的历史使命，填平后遗迹无存，冰窖胡同之名也被白米北巷取代。

在西海西沿有一条小铜井胡同。这里清代称小铜井，因其西侧还有一条大铜井（胡同），故以小铜井称之。大铜井胡同原有一口元代所掘水井，井上套有铜制井圈，外方内圆，上刻“大元至顺辛未秋七月赐雅克特穆尔自用”。胡同因铜井得名。民国时期此水井干涸，铜井井圈也消失不见。20世纪80年代西海北沿进行道路改造，大铜井胡同不复存在，但小铜井胡同之名仍标于什刹海街巷图的最西北端。

第四节　遐迩闻名的胡同

什刹海地区自古以来形成了不少老街名巷，以历史文化内涵丰富见于经传，遐迩闻名，让人津津乐道。

鼓楼西大街是较早见于文献记载的一条大街。查侯仁之主编《北京历史地图集》元代至正年间元大都图，积水潭（今后海段）依湖岸有一条自西北斜向东南的通道，图上标明“斜街”，与今天鼓

昔日鼓楼西大街

楼西大街位置一致，于此可知鼓楼西大街可算得是什刹海的“元老级”街巷了。这条大街历史悠久，在《析津志辑佚》及元代诗词中多有提及。早在唐代，此街北侧就建起佑圣寺，元、明、清时代，街道两侧又建起保安寺、寿明寺、瑞应寺、广仁寺、万寿五圣禅林、福德庵、关岳庙等寺院。这些寺院旧址均在。清末时《光绪顺天府志》称鼓楼西大街为鼓楼西斜街。后这条街分为两段，东段称鼓楼西大街，西段称果子市大街。民国时期，此街由东至西又分为鼓楼西大街、甘水桥大街、果子市大街和丁字街四段。1965 年四个路段合并，统称鼓楼西大街。

旧鼓楼大街是南接鼓楼西大街的一条长街，是什刹海东北部边缘的分界线。旧鼓楼大街在元代已形成街巷。街名始见于清《乾隆京城全图》，称药王庙街，因街北口路西有北药王庙而得名。到了清朝末年，药王庙街分为两段，以大石桥胡同东口为界，北段称北药王庙，南段称旧鼓楼大街。南段得此称是由于元代鼓楼（齐政楼）即建于街的南端，后塌毁。明永乐年间在其东侧重建鼓楼。元代鼓楼相对于新建的鼓楼为旧物，其所在街道便称为旧鼓楼大街。1965 年，北药王庙与旧鼓楼大街南北路段统称旧鼓楼大街。这条大街地处鼓楼西北侧，与鼓楼南、东、西三条街道的繁华热闹相比要冷清得多，被人们称为“后市”，是比较典型的居民街。

大、小石桥胡同位于旧鼓楼大街西侧，均为东西走向。大石桥胡同在明代称妙缘观，以观得名。后因胡同内建有石桥，在清、民国时期称大石桥。胡同内有多处寺庙。妙缘观位于胡同23号院，有殿房40余间，明清时期多次重修。胡同61号始建于明万历年间的拈花寺更为著名。路北还有地藏庵、弥陀寺两座寺庙。东口内路北有嘉慈寺、广济寺两寺。两寺周围原是开阔的菜地，后寺庙北部建起排房，形成了双寺胡同。位于大石桥胡同南侧的小石桥胡同，在明代也因架有石桥而得名。小石桥胡同早年建有两座尼姑庵和一座关帝庙。胡同里多是大小宅门，为四合院建筑，居住着富户人家。最为著名的是坐落着清末邮传部尚书盛宣怀的宅邸“盛园”。

德胜门东大街和德胜门西大街（新街口豁口至德胜门段）是什刹海北部边缘的分界线。其址原为明代洪武年间所建北京内城的北城墙。作为城北重要标志物的德胜门城楼、箭楼，建于明正统年间，几百年间屡遭雷击、地震、战火毁坏，历经沧桑。巍峨的城楼在1929年仍未逃脱北洋军阀政府的黑手，被拆毁后变卖了木料。箭楼幸得保住。德胜门地处北京城西北交通要冲，民国以后城外一直是茫茫荒野。作家老舍在《四世同堂》一书中曾写到德胜门外的荒凉景象：“到了德胜门门脸儿，晨光才照亮了城楼。这里，是北平的最不体面的地方——没有光亮的柏油路，没有金匾、大玻璃窗的商铺，没有汽车。它的马路上的石子都七上八下露着尖儿，一疙瘩一块的好像长了冻疮……它的车辆，只有笨重的、破旧的，由乡下人赶着的大敞车，走得不快，而稀唧哗唧地乱响。”老舍在这里写的是德胜门外，其实这也是当时其他各城门外、城郊的缩影。

新街口南、北大街是什刹海西侧边缘的分界线。新街口北大街的北端，元代时是积水潭的水域。明代这片水域缩小，逐渐旱化为陆地，成为街道。相对于旧有的街道，新街口北大街得“新”字而取名新开道街，由此派生出新街口这一地名。新街口是南北两条大街的连接点，早在元代就是和义门（今西直门内大街西端）与顺承门（今宣武门向北）经纬道路的相交处。新街口附近，早在明代已形成街市，清代后日趋繁华。至20世纪五六十年代，新街口南北两侧的老字号大多不复存在，但繁华依旧。

新街口东街是自丁字路口北行数十步，向东而去的一条街道。明代时这条街称洗衣局胡同。洗衣局是明内府24街署之一，是为内府清洗衣物的机构。《酌中志》载：“惟此署不在皇城区内，在德胜门迤西，俗称浆家房者是也。”旧时，衣物漂洗后还要在浆水中浆揉一番，使之干燥后平整挺括。《宛署杂记》一书中又将这条街记作浆糨房。《芜史》载：“凡宫人年老及有罪退废者，废此居住。”可知这里是安置一些老年宫女之地。清代，浆糨房谐音叫成蒋养房。1965年整顿地名，此街因位于新街口东侧，故命名新街口东街。1985年，这条街东侧在翻盖房屋时发掘出金代墓穴一座，底部纵铺砖，随葬品有瓷质碟、罐、碗、鸡腿瓶等。这个墓穴的发现，对什刹海地区金代历史文化有着重要的价值。

德胜门内大街位于德胜门南侧。明代洪武年间修筑北城墙，积水潭局部水域被隔在城外。明代中叶以后，随着上游水源减少，水位降低，西海与后海之间变得狭窄，仅存一条纤细的河道。为方便行人、车马通行，在西海与后海相交处建造了德胜桥，通过桥面又修筑了一条南北土路，以后就成为什刹海地区中部纵贯南北方向的德胜门大街。这条大街自明代以来一直是北

冬日胡同雪景

京城中心区通往清河、昌平、张家口和西北广大区域的军事、商贸、旅游的重要路线。

孝友胡同位于鼓楼西大街南侧。明代时，胡同自西北向东南延伸，为狭长形状，像个簪子，故称簪儿胡同。清乾隆年间，成亲王永瑆大修王府，胡同失去了东南段，改为向后海北沿延伸，走向曲折。不久，胡同西段出现一家酒铺，号北义兴。所卖露酒香醇，特别是玫瑰露酒远近闻名。这里的露酒让人喝着舒服，还有一特色：酒都是装在大小葫芦里出售的。酒铺门外也高悬酒葫芦的幌子。酒铺有名，所在胡同也得名“药酒葫芦”。20 世纪 40 年代，北义兴酒铺迁至鼓楼西大街北侧，药酒葫芦胡同缺少了标志物，根据谐音改称孝友胡同。

后海北沿东南段起自银锭桥，西北至孝友胡同，依水岸走势成斜形。全长近 800 米，是三海各湖畔沿路中最长的一条。这条街上坐落着醇王府，清末时，醇亲王载沣成为摄政王，掌军政大权。民国时这条街称后海北河沿。中华人民共和国成立后，土路变为沥青路，车行道均宽 5 米。临街古树成行，整洁幽静。路北一侧有几处名人故居，总能让寻访名人故居者不虚此行。

后海南沿东西走向，略向北倾斜，全长 230 多米，均宽 8 米。街上 36 号的丰泰庵，建于清乾隆年间，庵坐南朝北，依次有山门 3 间、正殿 3 间及东西配殿各 3 间，共有殿房 19 间，早年间香火旺盛。后海南沿多年来一直幽静。夏季行道柳枝摇曳，碧水浮云；冬令湖岸满目银装，映日成趣。沿岸是游人休闲赏景的好所在。

羊房胡同是一条沿后海南沿由西北向东南的斜胡同，也是一条老街。明代时此地就是屯羊之所，建有不少羊圈，肥羊由这里进市或转运他地。为此胡同得羊房之名，使用至今。这条以养羊得名的胡同，也有着几座古迹。据《北京寺庙历史资料》一书载，羊房胡同东侧（今3号）曾建有一座马灵官庙，兴建年代失考，清乾隆年间重修。庙内有殿房26间，前殿面阔5间，前廊后厦，构架至今完好。两根金丝楠木历经数百年，仍挑得大梁。一座赐福禅林寺位于胡同西侧（今38号），至20世纪50年代，庙内仍有香火。羊房胡同中部（今9号）还曾坐落着一座药王庙，始建年代不详，曾建有殿堂数十间。如今庙内建筑无存，但在旧址上还能看到昔日古庙药师菩萨殿基石等遗迹。

大石虎胡同位于德胜门内大街东侧，全长240米。明《京师五城坊巷胡同集》将这条胡同记为石虎儿胡同。在清代《京师坊巷志稿》上，不见了“儿”字，称石虎胡同。胡同自明代起以有石刻老虎而得名。这尊石虎传为元代遗物，蹲坐在胡同西口，面向德胜门内大街。石虎为白色大理石雕刻，蹲姿高约1米，造型古朴生动。至20世纪60年代，一直值守于此。居民从旁走过常拍抚其身，引为乐事。这尊石虎现放于五塔寺北京市石刻博物馆中。清代设有八旗，各旗设都统署，为管理一方的军事指挥部。正黄旗的蒙古都统署即设在大石虎胡同。这座衙署类似一个相对独立的四合院，房屋架构规制较大，清末废弃。1924年，创办了两年的私立平民大学迁到此处旧址上办学，后挂牌更名为平民学院。

三不老胡同，明代张爵所著的《京师五城坊巷胡同集》中称其为三保老爹胡同，“老爹”是当时对长者的尊称。而“三保”二字则是指“三宝太监”。同代沈榜在明万历年间所著的《宛署杂记》里称其为三宝胡同。一般认为“三宝”即“三保”，同指郑和一人，他居住过的胡同也因此而得名。在清代《乾隆京城全图》上，此地被标为三伯老胡同，清末谐音改称三不老胡同，沿用至今。郑和率船队七下西洋，结束出使回到北京，被安排住到德胜门内大街这条胡同东口北侧。因年代久远，此址在民国时期就已寻不到郑和故居的遗迹。20 世纪二三十年代，在郑和故居遗址空旷处，围有木栅栏，成为北城一个有名的施舍粥厂。相声表演艺术大师侯宝林年少时家贫，8 岁时住在福寿里，也曾半夜冒着寒风跑来这里，排在挨冻人行列里，以求得到一口充饥物。

百花深处位于新街口南大街东侧。这条不以胡同称之的胡同，在清《乾隆京城全图》上记作花局胡同。晚清《京师坊巷志稿》中写为百花深处胡同，后便舍去胡同以雅名直称百花深处。这条胡同有着历史的老传说，也产生了革命新传奇。1937 年七七事变后，北平沦陷，中国共产党地下组织在北平建立了多个抗日地下情报站。百花深处西口临街拐弯处南侧就建有一个情报站，为八路军送情报，搞物资，护送过往人员。它对外是一家小古玩铺，挂着“明华斋”的牌匾为掩护，秘密进行着抗日联络工作。情报站领导人是以教堂长老身份为掩护的共产党员黄浩。一次，黄浩搞到一批八路军冀中军分区急需的药品，夜晚正准备将所有药品打包送往运输地点时，接到上级通知：身份已暴露，迅速撤离。黄浩临危不惧，在暗处等送药人员赶来才拉起他快速逃离，让随后赶来抓捕他的敌人扑了空。由此，百花深处也连同革命志士的英雄事迹一起出现在中华民族解放斗争史的篇章中。

棉花胡同位于护国寺东侧，南北走向。据《顺天时报丛谈》载，明代正统年间，蒙古族瓦剌军进犯北京，兵部尚书于谦布置守城方略，实施屯田政策。被围期间他指挥军士在护国寺东侧巷内用棉花纺线织布，地面常堆积棉絮，胡同遂以棉花为名。明代时此处是写作“绵花胡同”的，清末改为今称。胡同均宽 5 米。早年居住的以平民为多，靠近北口开有一些商铺。胡同 66 号是护国军领袖蔡锷将军的故居。蔡锷被妄图称帝的袁世凯软禁在这里，相传得小凤仙相助，从此处逃脱，返回云南重举反帝讨袁大旗。

护国寺街东西走向，长约 600 米。在明代称崇国寺街，因寺得名。崇国寺位于街西侧北段，始建于元代。明成化年间更名“大隆善护国寺”，民间简称“护国寺”。街亦随寺名改称护国寺街。清乾隆年间，护国寺开庙办起庙会，随着庙会兴隆，护国寺街也繁华起来。饭馆、酒铺、茶庄、茶馆、香蜡铺、绒线铺、油盐店等店铺，竞相出现在街面两侧。这些店铺虽是小本经营，却贴近民生，因而能生生不息。一家坐落在街西路北（今护国寺小吃店东侧）的花草店，开业于清代，业主虽几经更迭，店内花草却一直姹紫嫣红，郁郁葱葱，经营至今。如今的护国寺街各方小吃扎堆开业，已形成一条特色小吃街。

定阜街位于德胜门内大街东侧，与护国寺街隔街相对。这条街明代称定府大街，最早在这里建府的是明代初期朱元璋的大将徐达，他攻下元大都，改大都城为北平府，将其府邸设于此。其后，徐达之子徐增寿追随燕王朱棣，立下大功。朱棣登上王位，迁都北京后，追封徐增寿定国公，其子徐景昌袭定国公爵，在此街北侧建造一座定国公府，这条街就此得名定府大街。清代时此街一度称定府楼街。民国以后街名又改回明时之称，并改“府”为“阜”。1965 年整顿街巷名称时，去“大”成今名。定阜街全长 470 米。清末年间著名的庆王府和涛贝勒府，坐落在街的路北侧。

兴华胡同全长 520 米，东西走向，并列于定阜街南侧。这条胡同在明代万历年间称兴化寺胡同，以胡同西侧建有兴化寺而得名。清乾隆年间，胡同改称兴花寺胡同，清末又叫兴化寺街。1965 年改今称。清康熙年间，重臣索尼曾住在这条胡同里。清乾隆年间，文华殿大学士兼户部尚书于敏中也曾在这里居住。兴华胡同 13 号，是著名史学家、教育家陈垣的故居。

柳荫街全长 299 米，自北而南，向东倾斜。元代时今柳荫街东侧的恭王府地带曾是水域的一部分。元末时恭王府左近形成了大片陆地，其西侧水面不断缩小，后形成一条细长河流。因其形状如弯月，人们称其月牙河。月牙河北端曾有座李广桥，清末河道西侧土路称李广桥西街，东侧土路称李广桥南街。1950 年，河道改为暗沟，两街统称李广桥南街。1965 年改称柳荫街。柳荫街上最著名的建筑是恭王府。柳荫街 29 号是《青春之歌》作者杨沫的故居。1962 年，徐向前元帅迁至这条街居住，他积极支持军民共建社会主义精神文明，使街道成为军民共建的先进典型。

地安门外大街位于北京城南北中轴线上。北端有鼓楼，中段有建于唐代的火德真君庙和始建于元代的万宁桥，南端原有地安门。鼓楼南面在元代已形成繁华街市。明代鼓楼至万宁桥一段称鼓楼下大街。清末以万宁桥为界，分为两段，北部称鼓楼大街，南至景山后街称地安门大街。民国时期鼓楼至地安门统称地安门大街。20 世纪 50 年代改为今称。这条街在元代紧邻京杭运河北端终点码头，商贾云集，买卖兴隆，极为繁华。明清及民国时期，街市的生意依然兴旺，到此购物、游乐之人甚多。在 20 世纪二三十年代，仅从鼓楼到万宁桥二里长的街面上，就有大小铺户一百几十家，行业多达七八十个。在这条大街的店铺中有不少誉满京城的老字号。大街的繁荣景象持续至今，在北京商业领域占有重要地位。

烟袋斜街位于鼓楼西南侧，是一条有着悠久历史的商业街。据考，元明时期这条街上因坐落着打鱼厅，而得名打鱼厅斜街。到了清代中叶，这条街繁华起来。取“烟袋”为街名，一是说街道有烟袋杆儿的形状，另一说是这条街上烟铺、烟具买卖兴隆，卖家纷纷以硕大的立体烟袋作为招幌，成为独特的街头景观。1924 年末代皇帝溥仪被迫离开紫禁城，清室权贵断了“皇粮”，纷纷破产，靠变卖家藏古董维持门面。烟袋斜街的古玩铺一下多了起来。随着古董生

什刹海前海街景（摄于20世纪30年代）

意兴隆，游人增多，街面繁华热闹一时。

前海东沿全长450米，西北起自银锭桥，南至前海南沿。自元代起，鼓楼前地安门外大街一直持续繁荣，并有向四方延伸之势。民国以后，商贩为沾上鼓楼前大商贩的财气，相继在西侧的前海东沿开了一些小店铺，有酒铺、饭馆、豆腐坊、油盐店、米面铺、干果店、茶馆等。著名的庆云楼饭庄和由烤肉摊变为店铺的烤肉季，也坐落在街的水岸边。

前海西沿南北走向，南起地安门西大街，北至前海北沿，全长288米。这处湖岸原有长堤，晚清时办有市场，因堤下有荷花盛开，称“荷花市场”。据清光绪年间刊印的《燕京岁时记》载：“什刹海俗呼河沿，在地安门外迤西，荷花最盛。每至六月，士女云集。”随着经商摊棚增多，1916年，地方上应当地商绅所请，把这里的市场固定开办起来，入口处用苇子扎起八字篱笆墙，中间搭建了小门楼。20世纪二三十年代，这里的市场盛极一时，名扬京城内外。

南官房胡同位于前海北沿北侧，东西走向，与前海北沿平行，自西南向东北倾斜。在清《乾隆京城全图》上，将这里记作南官府胡同，可能与明代时这里建有府库有关。清末时胡同改称南官坊口。1965年定名南官房胡同。胡同45号曾是康熙皇帝之子允䄉的府邸。允䄉受封敦郡王，兄弟中排行第十，敦郡王府遂称十王府。南官房胡同长 660 米，胡同里寓居过不少名人，如清代宫廷画师屈兆麟、末代皇帝溥仪之侄毓嵒、辅仁大学名师顾随、中国籍犹太人沙博理和文化名人凤子夫妇等。

整修后的金丝套胡同

大、小金丝胡同位于南官房胡同北侧，大金丝胡同与南官房胡同并行向东北方向倾斜。清《乾隆京城全图》在此位置上记为金银丝绦胡同。有研究认为，胡同走向曲折，局部呈锯齿状，与绦带的边牙相像，为此得名。清末民初，胡同演化为金丝套并析出一条南北走向的小胡同，称小金丝套。连带着柳荫街以东，前、后海相夹形成的半岛形地带也称为金丝套地区。在大、小金丝胡同居住过的名人有现代著名学者熊十力、原故宫博物院副院长单士元、著名翻译家杨宪益、著名歌唱家郭兰英等。

白米斜街东起地安门外大街，自东北向西南倾斜，南至地安门西大街。这条斜街一直是来往于地安门外大街北侧与地安门西大街西侧的人抄近道而行的路径。白米斜街是随着前海东南岸的走向自然形成的。元代时，运送米面的漕船自通惠河而来，穿过万宁桥，就泊于此街东口。胡同内便成为储存大米的粮仓，白米斜街的街名就叫响了。白米斜街路面不宽，院房一般。胡同 11 号曾是清末洋务派代表人物、曾任军机大臣的张之洞的故居。北京大学教授冯友兰、末代皇帝溥仪的“淑妃”文秀，也曾在这条胡同居住过。

地安门西大街东起地安门，西至平安里。元代时，地安门西大街是元皇城根的西半段。西端通到皇城根北口，形成丁字路口。明代皇城北墙向北移近百米，墙外大街称皇墙北大街。清代称地安门外西城根。1911 年后皇城北城墙拆除，辟建为路，称地安门西黄城根。1965 年，黄城根北街以西的一段平安里大街并入，统称地安门西大街。这条老街上有着众多的古迹。南侧自东向西建有先蚕坛（北海东北岸）、掌管宫内事务的内官监、操练禁军的教场（今教场胡同处）、脏罚库（西什库之一）及另九库。街北建有普济药王庙（南药王庙）、隋代开基的白马关帝庙、贤良祠、明宛平县署衙、旌勇祠、保安寺、嘉兴寺。1949 年后这条街上几次拓展车行道。1999 年除掉横在平安里向西要冲上的“堵头”，使这条街向西向东都变得一马平川。

西什库大街南北走向，北起地安门西大街，南至西安门大街，两端各有弯折，全长 1233 米，车行道均宽 10 米。在这条街西侧一带，明代曾设置甲、乙、丙、丁、戊、承运、广盈、广惠、广积、脏罚等十个贮藏物资的仓库。“什”者“十”也，又在皇城之西，故名西什库。清代西什库东面的马路称西什库胡同，简称西什库。民国时期将此街分为三段：西什库、西什库夹道、后库。1965 年整顿地名将三段合并称西什库大街。这条街的 8 号坐落着百年医院——北大医院。南部折弯处 33 号是著名的天主教北堂。

前、中、后毛家湾位于西四北大街东侧。明代成化年间，山东掖县读书人毛纪考中进士，受皇帝赏识，任命为大学士、礼部尚书，又在皇城西侧赐予他一处有假山水渠的宅邸。毛氏之宅邸胡同便有了毛家湾之称。清代时这里的水域不存，派生出前、中、后三街巷，呈月堰形，弯弯曲曲，幽静悄然。中华人民共和国成立后，高岗、林彪先后在前毛家湾居住。

爱民街位于地安门西大街南侧，南北走向，全长 627 米，均宽 7 米。清代这条街称旃檀寺西夹道，亦称旃檀寺。旃檀寺位于街东，原名弘仁寺。《日下旧闻考》载：“弘仁寺地最爽朗，即明清馥殿旧基。康熙五年（1666）改建为寺，迎旃檀佛像居之。”民国时期这条街称旃檀寺西大街。1965 年整顿地名，因街道地处国防部之西，取“军爱民”之意，改称爱民街。周围还派生出爱民里、爱民一巷、爱民二巷、爱民三巷、爱民四巷等胡同名。

米粮库胡同东西走向，曲曲折折，东起地安门内大街，西至恭俭胡同，全长 156 米，均宽 5 米。这条胡同自清代称米粮库，因明代米盐库设此，故名。1949 年后定名米粮库胡同。据《燕都丛考》载：“予所居淑园在焉。”“淑园”位于胡同东口，为史地学家陈宗蕃的寓所。20 世纪 30 年代，著名史学家傅斯年、辅仁大学校长陈垣曾借住在淑园。胡适在 1930 年至 1937 年曾居住在胡同 4 号。梁思成、林徽因、徐悲鸿、徐志摩等也都在米粮库胡同居住过。

大红罗厂街东西走向，东起爱民街南口，西至西四北大街，街长 716 米，均宽 25 米。这条街明代称红罗厂街，据《日下旧闻考》载：“凡各宫取用炭”，“按尺寸锯截，编小圆荆筐，用黄土刷筐盛之，名曰红罗炭”。该地为存放红罗炭之所，故称红罗厂。清代此街析为两条胡同，此胡同宽大，故称大红罗厂。1911 年后称大红罗厂胡同。1912 年这条街上曾发生了同盟会革命党人刺杀清廷高官的大事件。1965 年此胡同将口袋胡同、东红罗厂、小红罗厂并入，定名大红罗厂街。

草岚子胡同北接爱民街，南北走向，曲折而西。清代因庆丰司草栏在此，得称草栏。1911 年后胡同东部演化为草岚子，北部南北段称牛圈。1949 年后东部定名草岚子胡同。1965 年，牛圈并入，统称草岚子胡同。胡同 19 号院原为看守所，1933 年改为“北平军人反

大石作胡同

省院”，大家习惯称草岚子监狱。彭真、刘澜涛、安子文、杨献珍、胡锡奎等一批杰出的中共地下党员曾被关押在此，他们团结狱友，不屈不挠地与国民党当局开展了斗争。在 20 世纪 90 年代路政建设中，草岚子胡同已拆除不存。

刘兰塑胡同位于西安门大街北侧，南北走向，北接草岚子胡同西口，南至西安门大街，全长 123 米，均宽 3 米。这条胡同清代称刘銮塑。因北端天庆宫旧为玄都胜境，建于元，宫内塑像为元代著名雕塑家刘元所塑，其像神思妙合，堪称绝艺。《宸垣识略》载：“元刘銮、刘元俱工塑像，而銮在（刘）元前。”人们为纪念天庆宫神像的雕塑者，以南面的胡同命名“刘銮塑”，因“銮”与“兰”音近，后讹传为“刘兰塑”。1965 年，天庆宫改称天庆胡同，刘兰塑称刘兰塑胡同。如今天庆宫已无存，刘兰塑胡同由于拓宽马路而拆去亦不存。

大石作胡同位于北海公园东侧。史料记载，明清年间为了紫禁城的修建，设有内宫监，下属十作：木作、石作、瓦作、搭材作、土作、东作、西作、油漆作、婚礼作、火药作。大石作胡同就是当年石作所在地。石作，即石料加工厂。所有皇家建筑，凡涉及台阶、石丹陛、栏板、石井台、石桥、华表、望柱、石狮、石龙、石墓等，大到御道铺石，小到金石雕刻，都统一划归石作承办。在十作中，油漆作、火药作容易失火爆炸，发生意外，离皇宫要远些。而石作从原料到成品都是石头，相对安全，离皇宫最近，同紫禁城仅为一条护城河之隔。早年除了一条大石作胡同，东侧还有一条小石作胡同，后并入景山前街。

文津街东西走向，东起景山前街，西至西安门大街，全长771米，车行道宽31米。清代因在西安门内，为西安门大街东段。1911年后改称西安门内大街。1931年因国立北平图书馆将承德避暑山庄文津阁保存的《四库全书》收藏进馆，故大街改称文津街。街中有金鳌玉蝀桥（北海大桥），桥东西各有牌楼，桥南为中南海，桥北有北海及团城。两侧风景优美，有北京最美的大街之称。

第五节　中华人民共和国成立后胡同的变化

什刹海前海、后海、西海三水曲折相连，湖岸迂回环绕，开阔的水域和周边有着众多的自然景观、人文景观。这片街市繁华又闹中取静的游乐、宜居之地，在日伪统治时期却由于政局动荡，民不聊生。至20世纪40年代末，这里市面萧条，店铺掩门，垃圾成山，污水横流，到处呈现破败景象。

中华人民共和国成立后，北京市人民政府于1950年全面疏挖整治城市旧有河湖，北海公园、什刹海得到了治理，就此拉开了环境整治的序幕。整治中政府部门组织人员清运了三海岸畔和各条胡同堆积的垃圾；填平了一处处水坑、水塘，将许多明沟改为暗沟；清挖三海的淤泥，砌石护岸。经过这次大规模治理，什刹海的湖畔、街道面貌大为改观。两年后政府根据居民的要求，再次治理环境，拆除废墟，广植树木，在胡同加装了路灯，修建了湖岸栏杆；在后海增建了租船码头，使游人能荡桨行舟。以后几年，政府路政部门陆续为什刹海的各条大街、胡同铺筑沥青路面，让“无风三尺土，下雨一街泥”的土路成为历史。居民院里安装了自来水，改建了厕所，危房得到翻修，居民的生活条件大大改善。

随着经济的飞速发展，街头车辆增多，扩展街道势在必行。地区最南部从阜成门到景山一线的街道，经元、明、清几朝的兴建，布满皇家宫殿及园林，贯穿六海水系，文物景点众多，文化底蕴深厚，是早年京城最为繁华和引人光顾的名街之一。中华人民共和国成立后，阜景街东西几次扩充路面，展宽街道。1954 年，立于西四路口的四座牌楼被拆除了。在向东街面扩建中，原本主要为宫中通道的北海大桥，好似阜景路上一个“蜂腰”，很不适应首都交通发展的要求。从团城下擦过的北海大桥要加宽，可桥面又该如何展宽呢？对此，有人主张拆除团城，另建新桥。有人则认为，团城是一组有独特风格的建筑艺术珍品，精巧的殿堂彼此相连，殿后廊庑构成环形，浓荫参差笼罩，布局严谨、典雅，是北京园林中最早期的建筑，贸然拆除了，从历史、文化、园林研究几方面看，都是十分可惜的。

就在两种意见争持不下的时候，1954 年盛夏的一天，团城上出现了一个人们熟悉的身影。他两道浓眉，目光炯炯有神。在中华人民共和国成立初期百废待举的繁忙工作中，周恩来总理拿出几个小时时间，

改建后的北海大桥

亲自到团城做调查。他冒着酷热，绕走团城一周，观看四周的景物，然后停下脚步，观察北海大桥上的行人、车

北海和团城（摄于1870年）

辆，一面察看，一面倾听随行专家的意见，详细询问一个个改扩桥面的细节，最后决定：保留团城，大桥向团城对面中南海方向扩展。问题就此得到相关方面满意的解决。施工后，北海大桥保持了原来的形状，往南展宽，使桥宽达到34米。原白石栏杆全部利用，又有少量增配。桥上两侧加设步行道，车行道改为沥青路面。南面除中孔按原跨径修通外，其余八孔均为假拱形，两边孔底部各留一道通水涵洞。改建后的北海大桥，宽敞、平直，桥上车辆川流不息，使整条朝阜路的交通行车变得顺畅。几年后老舍先生乘车自东向西经过此街，过了五四大街的红楼，随着一个S形缓弯，团城和北海大桥映现在他眼前，使他恍然置身于澄波浮碧的三海之上。100多米长的大石桥与南北两面“蓬岛仙山”的园林景色融为一体。一览之际，他心旷神怡，惊叹道：“这真是世界上最美的一条路!”

1955年，为拓宽道路将地安门西大街东起点的地安门门楼拆除。景山前街西侧大高玄殿的三座牌楼和北海大桥东西两端的两座牌楼也相继拆除。这些建筑景物的拆除，使这些路段的车辆拥堵得到缓解。

以后一段时期，北京城墙外的一处处荒地、菜田及乱葬岗子都一改旧貌，成排建房居住使用，形成许多新的街巷，全市胡同数量

大大增加。而什刹海地区由于不存在大片荒旷之地，新建不多，胡同数目没有大的变化，只有些小的调整和名称改动。1965 年北京市进行胡同地名整顿，什刹海地区的胡同重名得到了更改和区分，如罗圈胡同改为了前罗圈胡同和后罗圈胡同；北京原有两条石虎胡同，西单东北侧的一条整改后叫小石虎胡同，德胜门内大街东侧的一条改称大石虎胡同。在胡同地名整顿中，将标识性地名规范化，即是在原一些地名之后缀以街、巷、胡同等，大石作改称大石作胡同，大、小石桥改叫大、小石桥胡同。整顿中还有一项内容是去掉胡同中的“寺”“庙”等字眼，以适应那一时期的形势需要，如正觉寺改为正觉胡同，弘善寺改为弘善胡同，天庆宫改为天庆胡同等。

1966 年“文化大革命”爆发，每条重要的街巷都被冠以个响当当的革命名字。新街口南大街、西四北大街通称“红旗路”，地安门内、外大街通称“总路线路”，地安门西大街称“工农兵西大街”，德胜门内大街称“人民公社路”，西黄城根北街叫“立新路”，西什库大街叫“集体化路”等。街巷改了地名，很有“革命”色彩，也新鲜一时，但换了路标，只是一种形式，人们说到哪条街、哪条胡同，还要说原来的地名，不然如同没说。

从 20 世纪 50 年代初开始，北京及什刹海地区的许多寺庙、王府被单位占用，有的由居民居住。在寺庙众多的什刹海地区，位于地安门外大街西侧、建于唐代的火德真君庙（俗称火神庙），被拆除旗杆、牌坊、神像，四进院落被分割搭建成几十个大小房间，成为防化兵招待所、派出所、交通队的家属院。有九重殿宇的护国寺，除一座金刚殿，其他各进殿堂、配房、庭院，先后改建为宾馆、电影院、小学校、清洁队队部、煤厂、街道工厂等，并住有上百户居民。另一些著名的庙宇如什刹海寺、广福观、万宁寺、铸钟娘娘庙、清虚观、城隍行宫（宛区县署）、保安寺等，也都成为民居。双寺胡同的广济寺、后海的龙华寺等，为单位所用。什刹海大石桥胡同的拈花寺，成为人民大学印刷厂。

一些建于清代的王府，也成为单位的办公处或民居。什刹海前海西街的恭王府入住了中国艺术研究院、中国音乐学院及附中、北京空调器厂、国管局幼儿园、国家机关宿舍等 8 家单位和 200 多户居民。昔日庄重秀美的府院和花园，排列着学校、会所和生产车间。住户炊烟在器乐声中升起，幼儿的歌谣伴着机器轰鸣，闲杂人等随便出入，整座王府变成了一个超级大杂院。

此前经十几年整修，有着开阔水域和众多名胜古迹之地的什刹海地区，已是风光秀美的游览区。由于历史原因，一些单位和个人肆意在湖岸等处违章乱建，损毁古迹文物、花草树木。有人还在湖岸边倾倒垃圾，丢弃污物，污染水源，让人临湖而叹。直至改革开放的东风吹来，这一地区才得以逐步整治。

第六节　从什刹海地域消失的胡同

什刹海是北京旧城 25 片历史文化保护区中面积最大又最具特色的地区。在这处保护区内，至今未见有大规模的破坏风貌的建设，从而也没有造成大片胡同的消失。近几十年以来，从什刹海地区消失的胡同，主要为小胡同并入大胡同，或临街小巷并入大街，还有就是路政建设让胡同不存。截至 2006 年，从什刹海地区消失的胡同为 79 条，其中与大胡同、大街合并的是：

弓弦胡同，并入大拐棒胡同；

瑞华里，并入大糖房胡同；

穿堂门，并入大红罗厂南巷；

口袋胡同，部分并入大红罗厂，部分并入天庆胡同，部分并入新街口南大街；

东红罗厂，并入大红罗厂；

小红罗厂，并入大红罗厂；

槐宝庵，并入大金丝胡同；

果匣胡同，并入石虎胡同；

北药王庙，部分并入双寺胡同，部分并入西绦胡同，部分并入旧鼓楼大街；

旃檀寺，并入天庆胡同；

小旃檀寺，并入西四北大街；

大绣作，并入旧鼓楼大街；

小绣作，并入旧鼓楼大街；

小铃铛，并入旧鼓楼大街；

元宝胡同，并入西黄城根北街；

东夹道，并入西什库大街；

后库，并入西什库大街；

西安门内大街，并入西安门大街；

宜百子，并入西四东大街；

钱家胡同，并入西海东沿；

高庙，并入西海南沿；

铜局，并入西海北沿；

净业寺夹道，并入西海北沿；

太平湖，并入西海北沿；

北城根，并入西绦胡同；

李广桥东街，并入后海南沿；

四合巷，并入后海南沿；

后庙，并入百花深处；

马家楼，并入地安门外大街；

兴隆大院，并入地安门外大街；

平安里大街，并入地安门西大街；

北黄城根，并入地安门西大街；

小火药局，并入光泽胡同；

太平街，并入米粮库；

安居里，并入油漆作；

前海西河沿，并入前海西街；

慎思胡同，并入南官房胡同；

李广桥南街，并入柳荫街；

府夹道，并入毡子胡同；

牛圈，并入草岚子胡同；

侯位胡同，并入鸦儿胡同；

三炷香，并入高卧胡同；

北炭厂，并入爱民街；

海潮庵，并入银锭桥胡同；

小石作，并入景山前街；

三座门大街，并入景山前街；

斗鸡坑，并入棉花胡同；

罗儿胡同，并入棉花胡同；

陶兽医胡同，并入棉花胡同；

菊儿胡同，并入新街口南大街；

豆腐巷，并入新街口东街；

果子市，并入鼓楼西大街；

丁字街，并入鼓楼西大街；

甘水桥大街，并入鼓楼西大街；

香厂胡同，并入鼓楼西大街；

东羊圈，并入德胜门内大街；

马家大院，并入德胜门内大街；

魏家胡同，并入德胜门内大街；

段家胡同，并入糖房大院；

麻花胡同，并入藕芽胡同。

1999年以前，因路政建设、路面扩建等原因，从什刹海地区撤销的街巷胡同有：天福大院、北海中夹道、北海南夹道、西酒醋局胡同、后口袋胡同、后铁门胡同、养蜂夹道、爱民五巷、爱民六巷、爱民七巷、绳子胡同、茅屋胡同、帽行胡同、大铜井胡同、义溜胡同、草岚子胡同、刘兰塑胡同。

第三章　蕴藏于胡同的文化内涵

第一节　独特的水域风光

浩浩荡荡的古永定河流经北京地带，奔突，扭摆，历经千万年，逐渐使什刹海一带形成宽阔湖泊。有了这“一湾绿水”，此地有了成为元代“帝王之都”的潜质，顺理成章成就了元大都，成就了元大都的宫廷建筑和胡同格局。

金末元初时的白莲潭其湖面东西横宽。西南岸线远至明清北京内城西北角的后桃园一带。在气候干燥缺水的北方，汪溢着这样水量充沛的水域，是极为难能可贵的。老子云：“上善若水，水利万物而不争。”水最被人看好的是，它是一种廉价的自然资源，在人的生活中不可或缺，水与自然界和社会的不同事物组合，产生紧密联系，并由水衍生出水文化。

喜水、近水、伴水、趋水、赏水、嬉水，是不同人群、居民文化生活的组成部分。依托积水潭的开阔水域建造而成的元大都，成了中国古代都城规划建设中最为辉煌的经典之作。位于大都城中心位置的积水潭，水面广阔达600多亩。元代诗人杨载有诗云：“却到江南春水涨，拍天波浪泛轻鸥。”描述了积水潭连接运河及水势的浩渺。周围水景风光最是让人赏心悦目。元代《都水监事记》载：“监者，潭侧北西皆水……堂后为大沼，渐潭水以入，植芙蕖荷芰。春夏之际，天日融朗，无文书可治，罢食启窗牖，委蛇骋望，则水光千顷，西山如空青。”如实记述了积水潭东岸风景之美。

这时的积水潭岸畔，泊满了漕运的船只。《大都赋》对此描述道：“扬波之橹，多于东溟之鱼；驰风之樯，繁于南山之笋。”沿湖岸建有寺庙、楼馆、衙署，紧临湖区有引水修造的园林。元代画家、诗人王冕以“燕山三月风和柔，海子酒船如画楼”之句，赞美了积水潭的如画景致。《析津志》也有载：“若海子上，车马杂踏，绣毂金鞍，珠玉璀璨，人乐升平之治。”道出了积水潭岸畔的热闹繁华。

元代对积水潭水域的开发，带来的城市环境效应就是：积水潭沿岸成为大都著名的商业区、风景区和文化区。万千漕船乘风破浪，将南方货品如粮米、丝绸、茶叶、家具、文具等源源不断运到大都城，易物装运上北方牲畜、煤炭等满载而返。千帆万樯竞驰，成了积水潭浩瀚水面上的壮观景象。一年到头没有休止的漕船运输繁忙，给积水潭沿岸带来了兴盛繁荣，使这一地区的商业、仓储、旅游业、文化娱乐业等都兴旺一时。周围景色风光受人喜爱，沿湖寺庙增多，官员府邸、私人园林、民居更是鳞次栉比，搭建填满了一处处空地。

从众多史料中，人们能够领略当时积水潭浩瀚水面千帆竞发、万船往返，岸畔桥头游人如织、观光赏景，商街闹市熙熙攘攘、车水马龙的盛况。漕运和漕运文化对什刹海的演变发展是有着极其深远的影响的。

明初时积水潭上游的白浮泉水源断流，积水潭不再是大运河漕运的北终点码头。湖泊面积缩小，但这里仍然是京城最大的开放水域。湖面岸畔由热闹转向了宁静，渐现江南风光，形成了众多旅游景点，吸引文人墨客联袂而来，游湖吟诗。明代文渊阁大学士李东阳在《西涯杂咏》一组诗中吟道：“高楼沙口望，正见打鱼船。”“秋风吹芰荷，西塘凉意早。”“水田杂花晚，畦雨过溪足。”

银锭桥头

从句中可知，这时的什刹海水面有了打鱼船、水稻田，秋风中摇曳着莲、藕、芰、荷，一派江南风光。

明代德胜桥西仍称积水潭，也称西海；德胜桥以东称什刹后海、前海；后来统称这三片水域为什刹三海。明中期为了保证皇城内太液池的供水，将积水潭与后海隔开，单独修了一条转河直达前海南侧，保证优先将清洁的河水输送到太液池。有了富余的水再从前海通过银锭桥流入后海，这样就形成了“银锭观山水倒流”的场景。清代为保障皇城用水和皇家园林管理，朝廷专门成立奉宸苑，并有明文规定，非皇帝之令，任何人不准引用什刹海之水。此时期的什刹海湖光水色尤为幽雅秀丽。皇亲国戚沿湖大建王府花园，一些朝廷重臣也将宅邸建在湖岸。沿湖柳荫夹峙，府邸相望。后海畔明珠府纳兰性德有诗云：“野色湖光两不分，碧云万顷变黄云。分明一幅江村画，着个闲亭挂夕曛。”诗中赞叹了什刹海水域景色浩渺、朦胧、雅致，有着江南风光之美。

民国时期，环什刹海水域平民色彩变得浓重。每逢农历三月，都会有众多游人至水滨游览，行古人“春禊”（在水边举行祓除不详的祭祀并嬉游、采兰、沐浴的习俗）之乐。一年，居住宣南的汤涤、孟森、陈衡恪等一行人在什刹海修禊，孟森作小记云：“席而饮，酒酣，或弈或歌，或弹琵琶，或玩。谈震屋瓦，水禽拍翅惊起。淑风疏襟，凭栏望西山，岚光浮动，欲袭衣袂，几不知身在长安也。”位于城内各处的游人，夏日还喜欢到什刹海观莲，观赏后海广化寺举办的盂兰盆会、放河灯、放生等活动。游人也可泛舟、钓鱼，在荷花市场游逛。冬季则可在前海、后海畔观赏雪景，走到湖面冰上冰嬉滑冰，坐冰车赏玩一番。位于京城深处却有着水天风光“野趣”的什刹海，一年到头游人络绎不绝。

什刹海自元代形成了动静结合的水域环境，几百年来一直风光秀丽，景色迷人。而随着这里胡同处所建府邸、宅院、民居的增多，各种交往、走动频繁，什刹海这片水域也为更多的人所知，以至名扬中外。

第二节　宏丽的建筑景观

什刹海地区的名胜古迹星罗棋布。其中的楼阁、桥梁等巍峨、宏丽、典雅，成为标志性建筑。

在北京中轴线北端，坐落着钟楼和鼓楼。钟楼位于鼓楼向北约100米处，与鼓楼同为古代报时台。在《北京历史地图集》中，元代时钟楼的旧址标绘于今旧鼓楼大街北面。据元人熊梦祥所著《析津志》载：“至元中建，阁四阿，檐三重，悬钟于上，声远愈闻之。”“钟楼之制，雄敞高明，与鼓楼相望。”这座钟楼后毁于大火。明永乐十八年（1420），在向东移建鼓楼的同时，在鼓楼之北重建钟楼，后再次被火焚。现存钟楼是清乾隆十年（1745）在明钟楼基础上重建的。

重建后的钟楼全部采用砖石无梁拱券式结构。其建筑设计充分考虑了建筑本身的坚固和防火性能，既适应报时功能的需要，又讲求内部结构的合理布局和外观的庄重气势。乾隆在正面门洞内所立的御制满汉碑文上赞誉道：“尺木不阶，屹然巨丽。拔地切云，穹窿四际。岌业峥嵘，金觚绣甍。鸟革翚飞，震耀华鲸。”重建后的钟楼巍峨壮观，悬挂大钟后，建筑结构巧妙地与钟声共鸣、传声融为一体，堪称中国古代大型建筑中的一绝。

钟楼坐北朝南，高47.9米，占地面积为5740平方米，建筑面积为1477.9平方米。楼顶为重檐歇山顶式，覆黑琉璃瓦，绿剪边。底部为边长36.68米的正方形台基，台基高3.72米。钟楼分为上下两层，上层高15.74米，上沿四周围有城垛，底部四面开券门，券门洞内呈十字交叉，中心是一边长6米的正方形天井，用以扩大钟声的共鸣。从下层进入东北角小券门，登石梯便至上层。上层建在边长26.73米正方形须弥座上，面阔三间，进深三间，四面各有一拱券门，门内正中顶部有一八角形木架，架上悬有一口明永乐年间铸造的巨型铜钟。经测量得知，铜钟高5.55米，重63吨。钟体底部直径3.4米，顶部直径2.52米。钟壁上下厚度不一，上部为0.12米，下部为0.245米。钟体为铜锡合金，铸造技术采用泥范法和分铸法，刮板造型，顶注式烧铸。悬挂于钟楼的铜钟是我国形体最大、重量最大的报时铜钟。

鼓楼初建于元至元九年（1272）。据《北京历史地图集》载，其位置在今鼓楼西侧的旧鼓楼大街南端。鼓楼原名齐政楼。“齐政”典出《尚书·舜典》：“在璇玑玉衡，以齐七政。”《尚书大传》谓七政为：春、夏、秋、冬、天文、地理、人道。《析津志辑佚》载：“齐政楼，都城之丽谯也。东，中心阁。大街东去即都府治所。南，海子桥、澄清闸。西，斜街过凤池坊。北，钟楼。此楼正居都城之中。”就此可知，元代鼓楼处于什刹海通达四方的重要地段。这座高楼为木结构，建起后曾两次毁于火。

明永乐十八年，鼓楼向东移至现址重建，与钟楼同成为都城中轴线北端点。明代时鼓楼又先后两次遭火焚并重修。这座保留完好的高楼，坐北朝南，高 46.7 米，占地面积 6865.5 平方米，建筑面积 2736.27 平方米，是以木结构为主的重檐歇山顶式楼阁建筑。鼓楼是一座独立的高大建筑物，由楼基与楼体两部分组成。楼基的墩台高 3.7 米，东西宽 53.6 米，南北进深 34 米。台基南北有砖砌阶梯，东南有慢坡，供游人、车辆上下通行。楼体底层东西面宽 48.8 米，南北进深 29.19 米，为无梁拱券式砖石结构。四面辟券门 8 座，南、北面各 3 座，东、西面各 1 座。二楼东西面宽 47.17 米，南北进深 27.81 米，为砖木结构。立有直径 94 厘米金柱 16 根，直径 54 厘米檐柱 24 根及另外大柱 28 根。方砖墁地，四周围以六抹方格门窗。室外绕以回廊，四周装木制雕花护栏。二楼之上建有一暗层。楼顶为三滴水歇山顶，上覆灰筒瓦绿琉璃剪边。檐下为单昂单翘五彩斗拱，绘有旋子彩画。鼓楼巍然矗立于地安门外大街北端，与钟楼南北对立，共同组成中轴线北端重要的景观。

地安门坐落在地安门外大街南端，也是中轴线上重要的标志性建筑物和节点，是什刹海东南处的临界点。地安门在元代称厚载红门。明永乐十八年改称北安门。清代顺治年间重修后改叫地安门，与先后重修的天安门南北对应，有天地平安的寓意。地安门还是皇城四门之一。此门是一座庄重古朴的建筑，为宫门式砖木结构。高 11.8 米，单檐歇山顶，覆黄琉璃瓦。进深 12.5 米，面阔 7 间，为 38 米，中间 3 间是南北通透的 3 个方形大门洞。中间是明门，左右次门各装一对九横九竖金钉大门。大门东西两头各有两大间砖房，磨砖对缝的青砖墙基有一人多高，架暗红色木质花棂窗扇。两侧的砖房原为守护皇城的卫兵值守房。与地安门同时兴建的还有两座燕翅

楼，曾是地安门的戍卫建筑，为东西相对称的两栋二层砖混建筑。面宽各13间，总面积约300平方米，以黄琉璃

早年地安门景观

瓦覆顶，整体造型别致，远观好似大雁张开的一对翅膀，燕翅楼由此得名。两座燕翅楼贴近地安门两侧，是清代时的内务府满、蒙、汉上三旗公署，承担着皇城后卫哨所的作用。民国后地安门大门两侧的值守房没人值守了。地安门三个大门洞日夜洞开，一任马车、驴车、路人、骆驼队随意穿行。值守房下的石阶成了附近居民的休息闲坐之地。厚重楼檐下的门洞是炎夏季节乘凉所在，酷热天里，在门洞处站一会儿，会感觉很是凉爽舒适。

在什刹海西北部，另有一座大型建筑是德胜门。明代洪武元年（1368），明军大将徐达率军攻下了元大都。为抵御元朝残余势力的侵扰，徐达将元大都北部城垣南移5里，设两座城门，东为安定门，西为德胜门。修建德胜门城门时，陆续建造城楼、箭楼、瓮城、闸门等建筑。“德”与“得”谐音。相传明清两朝出兵打仗，多从德胜门出城，取“以德制胜”之意。德胜门地处北京城西北交通要冲，有“军门”之称。明正统十四年（1449），兵部尚书于谦率领的明军大挫瓦剌军的北京保卫战，主战场即在德胜门北。民国以后，德胜门的门楼、瓮城、闸楼先后被拆除，只箭楼幸得保留。保存下来的箭楼通高31.9米，由城台和楼体两部分组成。城台为砖石结构。楼体顶部为灰筒瓦绿剪边重檐歇山顶，平面呈凸形。楼体空间分为

修复如旧的万宁桥

四层，每层外侧都开有箭孔，东、西、北三侧共82个，这是箭楼的突出特征。城台上陈列着数门铁炮。上沿筑有雉堞，俗称垛口。登上箭楼，什刹海地区的风貌尽收眼底。远眺箭楼，会感觉其庄重、巍峨而壮观。

在什刹海，最能体现古代建筑文化内涵的除了楼阁、城门，还有桥梁。万宁桥位于地安门外大街中间位置，有“中轴线上第一桥”之称。桥始建于元至元二十二年（1285）年间，初为木桥。因建于海子（积水潭）东，得名“海子桥”，又名“洪济桥”，桥西侧建有控制出水的闸门。《析津志辑佚》载：“至元中建，在海子东。至元后复用石重修。虽更名万宁桥，人惟以海子桥名之。”通惠河修成后，积水潭水域广阔，汪洋一片。北上的漕船经通惠河进入大都，都要经万宁桥下进入积水潭。万宁桥也成为漕船进出积水潭港的闸口。元泰定三年（1326），万宁桥的澄清闸由木闸改为石闸，以利于提水蓄水行船。万宁桥也由微拱桥面改建为桥洞宽阔而高敞的石桥。进进出出满载货物的漕船从万宁桥下驶行，使积水潭成了都城内的“古海港”。而万宁桥不仅是通惠河上一座重要的桥梁，也是“古海港”的出入口和标志性建筑。明永乐年间重建北京城，维修万宁桥时补缀了五尊石镇水兽。在正阳桥、万宁桥南北两桥下放置刻有鼠、马的石桩子，对中轴线上的标志物加以强化和发扬。这从另一个侧面证实，元大都与明北京城的中轴线是重合同一的。

在今什刹海横跨前海、后海之间，有一座银锭桥。此桥建于明代，用白石砌筑，因其桥平外敞，很像是银锭元宝的样子，故而得名。银锭桥宽丈余，长不过两丈，论模样在北京大小桥梁中很不起眼儿。然而它的风韵不在于其本身，而在于环境。如果说前海与后海好比一个弯曲的“细腰葫芦”，银锭桥就是“葫芦腰”。别看这个“葫芦腰”狭窄，站在此处往西北一看，却是气象不凡。这座别具特色的小桥，自然会受到文人雅士的青睐，并赢得众多佳句。清初诗人宋荦曾在银锭桥旁居住，他在一首《过银锭桥旧居》诗中云：“鼓楼西接后湖弯，银锭桥横夕照间。不尽沧波连太液，依然晴翠送遥山。”相传乾隆也曾到银锭桥赏景，挥笔写下“银锭观山”四个大字，口谕在桥头刻石立碑。这让银锭桥有了更大的名声。

自元代以来，坐落在什刹海河道上的名桥，还有德胜桥、李广桥、清水桥、三座桥、西步量桥、响闸等多座。因年代久远，水域变化，这些桥多已不存。德胜桥建于明代，今仍健在。桥为单孔，砖砌石拱，长约18米，宽约11米。东西两侧各有望柱6根，高1.2米，方形；有栏板5块，高1米，宽3.1米。望柱与栏板均为砖砌，外包水泥。自明代建起至今，这座桥一直承载着路人、车辆畅行，是连

新修后的银锭桥

接着德胜门内外和东西方向的通衢大道。

在阜景街东段文津街上，北海与中海的分界处，建有一座九孔联拱石桥，即金鳌玉蝀桥，也叫北海大桥。这是北京城内最大的一座石桥，原名金海桥、御河桥。桥主体长 117. 58 米，包括两头桥堍总长 156. 73 米。地伏下面是单层金边石，桥面为花岗岩条形石板横向铺砌。八个桥墩厚度相等，均为 7. 84 米，桥墩厚度大于桥孔净跨径，这是此桥独有的造型，也让这座大桥有“大堤”的说法。桥面两侧有白石栏杆、方形望柱，柱头有莲瓣，栏板为镂空型。整座大桥设计合理，造型雄浑大气。明代学者董谷对其吟诗曰：“正爱湖光澄素练，却看人影度长虹。”早年皇家园林水域都广植荷莲，荷花多为红白两色。有意思的是，此处的荷花二色是以大桥为界的，桥北满眼红花，桥南一水白花，同样无遮无覆，一眺无极，令人赏心悦目。

牌楼也称牌坊，是中国古代社会生活中逐渐出现的一种门洞式纪念性建筑物。北京的著名牌楼有好几处排列在阜景街一线上。阜景街东段的大高玄殿为皇家御用道观，早年间有木牌楼三座，呈“品”字形围在习礼亭前。牌楼为三间四柱九楼形式，黄琉璃筒瓦屋面，青白石基础，使用汉白玉夹杆石。梁架绘大点金龙锦枋心旋子彩画。古代建木牌楼为求其稳固多用戗杆，皇帝却禁止在大高玄殿的牌楼用，认为此处是内官、宫女习礼明规的场所，不能靠权势和门路坏了祖制的规矩。因此这里的三座牌楼均无戗杆支撑。为使牌楼稳固，便把埋入地下的楼柱加长，这也让京城多了句歇后语：“大高玄殿的牌楼——无依无靠。”

在大高玄殿西侧的北海（公园），景区多，牌楼也多。一进南门首先就能看到永安桥上南北两边各耸立着一座大牌楼，南牌楼额面书有“积翠”，北面书“堆云”。进北海东门首先就会看到陟山桥的牌楼，这座牌楼上没有匾额，却有很好的装饰性，有了此牌楼的烘托，使得岛上白塔的身影更加鲜明。在北海天王殿前，还有一座仿木琉璃牌楼，北额曰“须弥春”，南额为“华藏界”。这座牌楼以青石为基础，上面筑砖，砖壁甚厚，其间辟门。壁下的白石须弥座上雕以图案，壁面嵌砌着琉璃砖，观之肃穆庄严。

在北海南面金鳌玉蝀桥上，桥东桥西原各有一座明代世宗年间建的木牌楼，西面的牌楼额名“金鳌”，东面的牌楼额书“玉蝀”，二牌楼的额称，也使这座大桥得名。

因建有牌楼得名的还有西四等处。西四、东四都因建有四座牌楼而扬名京城。西四的牌楼建于明代永乐年间，东边街上的牌楼额书“行仁”，西侧一座额书“履义”，合起来即是“履行仁义”。南北两座牌楼上额书“大市街”。大市街是当时当地的称谓。作为展现古都风情的牌楼，在西四和北海大桥上的已拆除不存，在阜景街西段的历代帝王庙、东段的大高玄殿所拆的牌楼将得以复建。而北海公园里的几处牌楼历尽沧桑至今，经修缮均不失原貌。

西四牌楼所在之处在明代又称西市，是处决死囚的刑场。西四牌楼见证了武宗时凌迟处死专横权宦刘瑾的场景，也目睹了错杀于谦和袁崇焕的惨剧。在西四街口，除了众人皆知的四座牌楼，还有两座转角楼。清末，慈禧太后挪用兴建北洋海军的巨款修

早年间的西四牌楼

造了颐和园，西四路口是她去颐和园的必经之地。为美化点缀路边风景讨太后欢心，也想到在闹市区设立制高点，屯兵窥测四方，以护卫太后安全，下属官员在西四路口东北角、西北角各建造了一座转角楼。两座转角楼形制相同，隔街相互对称，都是两层木质结构，下层有较敞的大厅，上层有瞭望窗。每座转角楼的面积约 500 平方米。如今西北角的转角楼重修一新后为西四新华书店使用，而东北角的转角楼旧址变为工商银行分理处。两楼外观上还像早年模样，内部结构与当年的转角楼已大相径庭。

在北海公园东门外北侧的雪池胡同，另有一处特殊的建筑即雪池冰窖。雪池冰窖共有 6 座，始建于明代万历年间，距今已有 400 多年的历史。建此冰窖为皇家专用，藏冰用于坛庙祭祀和宫廷生活。冰窖建在地下 4 米处，窖基坚实，窖底用柏木打桩，花岗岩砌墙、铺底。窖内成拱形建筑，无梁无柱，好似城门洞一样，真可谓是“铜帮铁底”。为隔热保温，墙体和拱顶与房瓦间填有很厚的夯土。冰窖外侧墙高约 2 米，顶嵌黄琉璃筒瓦。民国以后，雪池冰窖转为私商经营。直至 1979 年雪池冰窖才停用。这处冰窖是我国仅存的皇家冰窖，对古建研究有着重要的参考价值。

在什刹海，著名建筑除了楼阁、城门、桥梁、牌楼等，还有寺庙、四合院、铺面房等。这些不同类型的建筑，各具特色，内景外观精致、古朴、典雅，共同积淀了厚重的建筑文化内涵，吸引众多游人慕名而来。

第三节　浓重的皇家色彩

元代建大都城，修通惠河。积水潭碧波与长天一色，水面百舸争流。这里是繁华的“后市”，南临皇宫，北倚钟鼓楼，西望远山，又有着一派江南风光。这片景色优美的胜区佳境，不仅成为城中万民游览观光的首选之地，也大受封建帝王的青睐。元、明、清三朝曾有多位皇帝亲临什刹海巡视，为名胜景物题字、题诗，留下不少的足迹和墨迹。

元至元三十年（1293），由郭守敬设计监造的大都漕运工程完工。世祖忽必烈自上都（元上都和元大都是元朝交替使用的两个首都，元朝建成大都后确立了两都巡幸制度。元上都位于内蒙古自治区锡林郭勒盟正蓝旗上都镇东北约 20 公里处）亲赴大都积水潭览视，看到大批漕船布满水面，在水道顺畅前行，心中非常喜悦，将郭守敬主持开通的运粮河命名“通惠河”，并对郭守敬加以奖赏。让郭守敬除任都水监，还兼任提调通惠河漕运事，赐钞 12500 贯。这也成为了京杭大运河漕运史上的一段佳话。

明代时积水潭的漕运盛况不存，却让这里的宗教寺庙多了发展的空间。因其寺庙著名，积水潭也改称什刹海了。明代帝王尊崇道教，在中轴线上着力突出道教文化，在皇城御花园正中偏北高台上建造了钦安殿，专事供奉北方之神——真武大帝。到了万历年间，神宗皇帝感觉对中轴线上道教文化仍彰显不够，又将中轴线北段万宁桥西侧的火德真君庙升格为皇家道观。神宗皇帝和他的母亲即孝定皇太后也笃信佛教。皇家出资在北京建了好几所佛寺，其中之一的拈花寺，初建时叫千佛寺，坐落在什刹海东北侧的大石桥胡同（今为 61 号）。“殿供毗卢舍那佛，座绕千莲，莲生千佛”，寺由此得名。明清之际寺中香火一直很盛。

明清两朝佛寺得以广居什刹海之滨，成为京城之中的“海天佛国”。清康熙年间，蒙古王公贝勒将建于元代的大隆善寺修缮一新，得赐名护国寺。寺中留有康熙御制碑。康熙之后的雍正皇帝也崇信佛教，他曾亲临千佛寺敬香祈佛，下旨重修后赐名拈花寺。除御笔题写殿额“觉岸慈航”“普明宗镜”，还撰写了《拈花寺碑》一文。

对宗教活动热情有加的乾隆皇帝，也曾几次为什刹海的寺庙题词、题诗。他题写了御制护国寺诗碑、拈花寺《无量寿佛像并书经碑》等。为褒忠贤，乾隆敕建了位于地安门西大街（今135号）的旌勇祠，并亲临致祭。门额“旌勇祠”和殿额“折冲抒荩”，都为乾隆御书。

在封建社会，关羽一向是忠义的代表，还被奉为帝君。乾隆朝对关羽更加尊崇，加封关羽为忠义神武灵佑关圣大帝。乾隆四十六年（1781），朝廷将位于地安门西大街（今101号）的白马关帝庙原用的绿琉璃瓦“皆易黄瓦”，提升了庙的建制。乾隆还亲自撰写碑文，不仅将关羽比肩于先师孔子，还将其与先圣夏禹等并列。这使什刹海的白马关帝庙不仅是京师的重要庙宇，也成为当时全国祭祀关帝的中心。

乾隆年间，对什刹海萎缩的水域曾加以治理。经“开挖水泡”，挑浚湖底，什刹海的水位有明显提高。乾隆的御舟由太液池出发，通过什刹海可向北进入高梁河，欣赏到郊野风光。乾隆对什刹海河流分闸等工程尤为满意，临视什刹海挑浚工程后题《积水潭汇通祠》诗，吟道：“潴蓄长流济大通，澄潭积水映遥空。为关溯涧应垂制，因葺崇祠喜毕工。”此前他还曾赋诗《积水潭三首》，吟出“积水苍池蓄众流，节宣形胜巩皇州”“片时济胜浮烟舫，春树人家望转迷”等句，既有对什刹海明媚风光的描绘、赞赏，也有对什刹海水利功能的褒颂。古代帝王为什刹海的文物景观题字、题诗，这无疑提升了什刹海在京城内外的名声和地位。

文津街一线上的景山、北海、大高玄殿等处一直是皇家禁地，只供皇帝及皇室亲眷、官员到此祭祀、游玩，尽显皇家气派。

到了清末，出生于什刹海后海北岸醇亲王府的爱新觉罗·溥仪，不满 3 岁，被慈禧太后看上，下令将其养育在宫中。溥仪由乳母抱着，坐马车由什刹海直入深宫。光绪皇帝去世，慈禧便命溥仪继承大统，让溥仪成为中国封建社会的“末代皇帝”。这在什刹海皇家文化记载中，也是不能不写的一笔。

光绪年间，宫中太和门失火，慈禧太后深感不吉利，便率众亲临地安门外火德真君庙做道场，祈求火神保佑逢凶化吉。太后到场落轿后，闻到一股异香，不知是何物，问随行的太监总管李莲英，方知是灌肠，香味为街斜对过儿灌肠老铺福兴居煎制灌肠传来，遂下口谕，降香后品尝。灌肠铺掌柜得知太后要驾临的消息，深感意外，不禁惊慌失措。李莲英派来小太监协助操办，教掌柜迎接圣驾礼仪，并命人到鼓楼前乾泰隆绸缎店扯了九尺黄缎子，铺在座位上；在庙门与铺门之间，急用黄土垫道，净水泼街。忙碌了一阵后，庙中小道士跑到铺子传告：“送到庙里去。”掌柜这才松了一口气，急忙将 20 多盘精心煎好的灌肠装进提盒，在太监监视下小心翼翼地送至庙中。慈禧品尝了灌肠后颇为惬意，当即赏了银子。其后，慈禧常派太监到铺子购买灌肠，还给福兴居颁发了“龙照”（永久性特许经营证）。这家小铺子，由此沾了“皇气儿”而名声大噪。

第四节　环建的缙绅宅第

什刹海自元代成为都城的繁华之地，却又闹中有静，水域周边景色秀丽，环境幽雅。朝廷王公贵胄、高官重臣竞相在这片宜居之地修建府宅居住。元明清三朝以及民国时期，什刹海一直是士大夫阶层最为集中的地方。缙绅为官宦的代称，缙绅文化上承皇家文化，下启平民文化，历代都是国家文化的中坚，起着传承转换的重要作用。这样的文化在什刹海一直传承了 700 多年。

据统计，元明清三朝，有多达38位“宰相”级的高官，在什刹海缙绅榜上有名，其中有26人居住在什刹海畔街巷胡同中，另外12人在什刹海的府邸位置不详，或在此从事公务、经济、文化、旅游等活动。在众多位宰相级官员中，有元代的刘秉忠、郭守敬、脱脱、危素等6人，有明代的李东阳、于慎行、朱国祚等6人，有清代的明珠、刘墉、琦善、奕䜣、奕劻、张之洞、陆润庠等25人，此外，金代有完颜宗弼（兀术）1人，也算在这里。重臣环居，让元代诗人萨都刺吟诵出了“旌旗日暖将军府，弦管春深宰相家”的诗句。在什刹海一带居住和走动的还有10位状元，元代有宋本1人，明代有吴宽等4人，清代有于敏中、翁同龢、陆润庠、刘春霖（末代状元）等5人。这些重臣，有的为安邦立国建立了重大功勋，有的在科学技术、史学、文学上卓有成就。当然其中也有祸国奸臣、腐败权佞。总之他们都是权倾一时，曾是历史政治舞台上的中心人物，或大或小，或多或少影响过政局。

元代的积水潭，四季风光绮丽，景色撩人。疑似江南的景致和特有的情调，成为新科进士聚会的地方。《日下旧闻考》载：“海子岸有万春园，进士登第恩荣宴后，会同年于此。”据考，万春园的位置大约在火神庙以北。新科进士在此聚会，是觉得此地“临水亭台似曲江”，自然景观与颇负盛名的唐朝长安城的曲江相似，身临此处能给人以春风得意之感。各朝登科进士们踌躇满志，纷纷咏诵诗作：“龙笙凤管舞轻盈，步障游看花满城”，“临水亭台似曲江，同年人物宴华堂”。在喜庆日子里，新科进士们欢聚一堂，是一种官场联谊形式，同年设宴联欢，叙桑梓之情，吟诵诗歌唱和。窗外美景与室内联谊映衬，参与者身心愉悦，在彼此间也产生了与仕途相关的沟通气息和维系关系的作用。元代官员、文人不定期的雅聚更多，地点也不确定，友人同僚结伴在水滨观荷、赏景，于湖畔饭庄小饮、吟咏，是那一时代常见的文化风景线。元代书法家、画家和诗人赵孟頫60岁时，与年方17岁的后生李材，相聚在海子畔酒楼同酌吟诵。赵孟頫在《海子上即事与李子构同赋》云："小姬劝客倒金壶，家近荷花似镜湖。游骑等闲来洗马，舞靴轻妙迅飞凫。"李材诗曰："驰道尘香逐玉珂，彤楼花暗弄云和。光风已转瀛洲草，细雨微添太液波。"两位诗人以文会友，结为忘年之交，被传为美谈。

元代时元曲兴盛。以关汉卿为首的众多文人，创作出大量散曲，感叹人生荣辱变迁，反映民间市井生活。这些雅俗结合的作品，为积水潭一带歌台酒馆的女艺人提供了丰富多彩的表演曲目。当时与女艺人交往的有文人，也有朝廷命官，如翰林学士承旨程钜夫、姚燧、卢挚、阎复、赵孟頫，还有刑部尚书高克恭等。在与坤伶结识交往中，士大夫们听其演唱，向艺人题词、题诗、赠画，关系融洽。一次，姚燧与阎复行经钟楼街，遇见中书左丞史彬。史彬便命随从回府携酒馔来，三人同赴名伶张怡云居所宴饮。席间张怡云浅斟低唱散曲填词，抒发志趣，让在场者深感惬意。身居高位，却能放下身段，与身份地位低下的伶人结交，这表明了那时的士大夫们对民俗文化的认同。

明代时，洪武祖制不许诸王留守京师，京城各处及什刹海都没有皇室宗亲居住。但功臣国公的府邸与园囿却在什刹海四周建起多处。王公大臣们居住在府园里，经常接待亲朋同僚，宴饮、游湖、观光赏景、吟诗唱和。弘治年间，官居宰相、文渊阁大学士的李东阳，精通经籍，致力讲学，办私学，以台阁大臣的身份主持学界数十年，对后世学术研究产生了较大影响。他曾在什刹海银锭桥南居住，把居处称为"西涯胜地"，写有《西涯杂咏十二首》等诗篇。李东阳是文学流派——茶陵诗派的首领，他经常和诗派中的好友游览什刹海，雅聚吟和，留下许多诗词作品。他的住所也成了诗派举办文会之所。后李东阳迁居李阁老胡同，在他去世后，很多诗家还按期到他什刹海的故所，纪念他的诞辰，吟诗叙情，活动至清代不衰。

明代许多文学流派都曾在什刹海表现活跃。如万历年间的袁宗道、袁宏道、袁中道三兄弟创建葡萄社，倡导公安派的文学革新主张，反对复古主义。他们经常在什刹海风景区畅游、赋诗，广交诗友，很受注目。三兄弟在什刹海崇国寺（护国寺）内的葡萄园结社，取名“葡萄社”。先后有相同文学主张的20余人加入该社。这些人在一起，谈经论学，每旬日便集会一次。袁中道在《珂雪斋集》中记载道：“当入社日，轮一人具伊蒲之食。至则聚潭，或游水边，或览贝叶，或数人相聚问近日所见，或静坐禅榻上，或作诗。至日暮始归。”于此可知成员活动时不拘一格和回归自然的清淡心境。

清代时什刹海一带街巷胡同中王府环建，官员宅邸众多。康熙年间，有“清代第一词人”之称的纳兰性德，与众多诗词家、书画家、篆刻家等结为知己好友。他经常邀集这些人雅聚于家宅西园内渌水亭、通志堂、花园草堂、珊瑚阁等风雅景地诗歌唱和，切磋学问。由此，这里也成了康熙朝一处文坛胜地。到了乾隆年间，官至内阁学士的翁方纲，擅诗能文，他的宅邸坐落在清水桥畔（今柳荫街）。据《天咫偶闻》载：“昔翁覃溪（翁方纲别号）先生曾集二十四诗人于湖上酒楼（庆龙堂），每月有诗会。一时群羡为神仙中人。”他们的诗酒联会，成为当时京城诗坛的盛事。乾隆朝蒙古族翰林院学士法式善，曾寓居鼓楼西南湖畔处。他与文友结社，在住所“小西涯”设“诗龛”，用以陈列参加诗社之人的诗画，供观摩鉴赏。在他这处文会之地，曾多次举办诗画集会。他所联系的新知故交最多时达800人。乾隆年间，状元、首席军机大臣于敏中也居住在兴化寺街（今为兴华胡同）。

至清末时，居住于什刹海的醇亲王奕譞、恭亲王奕䜣、庆亲王奕劻等都成为朝廷重臣，是影响政局的人物。居住于恭王府的奕䜣，于咸丰十一年（1861）领衔上奏《统筹全局折》，获准后正式成立了总理各国事务衙门，从此开西学、治科技的洋务运动便正式推开。奕䜣也成为洋务运动的首领。居住于白米斜街（今为11号）的张之洞，历任山西巡抚、两广总督、军机大臣、体仁阁大学士等职，他主持兴建汉阳铁厂，兴办纺织局、铁矿，兴筑铁路，还开办新式学堂。他和袁世凯联名上呈《会奏请立停科举推广学校折》，被光绪皇帝采纳，历经1200多年的科举制度自此被废除了。在维新改革和洋务运动中，张之洞功不可没。

会贤堂饭庄旧址

张之洞在白米斜街居住期间，操劳政务之余，时常与统筹“新政”的洋务派同僚雅聚于自家楼阁和湖畔的酒楼饭庄，小饮、观莲、赏荷、吟诗唱和。为便于观光赏景，提高雅兴，张之洞的家厨王承武还在前海北沿临湖修建了一座二层小楼会贤堂饭庄。这座饭庄豪华而典雅，高处匾额由当朝翰林陆润庠所题，大门的四个门簪上分别书写“群”“贤”“毕”“至”四个字。店门内为前后两进院落，西跨院设戏台。整个院落内有100余间房屋，各房间内摆放榆木擦漆桌椅，墙上挂名人字画，布置优雅得当。民国时期，这座会贤堂几次名载中国近代史、文化史书册上，曾是众多王公贵胄、文人雅士出入活动的场所。陆润庠曾在这里组织过一个诗社，称“莲社”，吸引文人雅士到此饮宴，赋诗唱和，也是名噪京城的雅事。

居住在旧鼓楼大街小石桥胡同的盛宣怀，也是清末洋务派的代表人物之一。他曾参与轮船招商局的开办，并筹办电报局。后清廷又委派他督办铁路总公司事务。盛宣怀以铁路总公司为枢纽，遥控铁厂、铁矿、煤矿、轮船招商局、中国电报局以及通商银行等，总揽了关系中国经济命脉的一大批企业。他手握重权，与各国签订了一系列借款合同，实际上成为外国的买办。为此盛宣怀也成了一个饱受争议的人物。居住于什刹海的这几位洋务派头面人物的作为，虽然对封建没落的清王朝难有补救作用，却给什刹海缙绅文化中增添了维新改良的色彩。

民国以后，什刹海周边清朝权贵家境败落，景区却又成了民国官员、文人和平民游乐的所在。盛极一时的荷花市场，是很多文人喜欢流连徘徊、购物小酌、感受纯朴民风的地方。民国官员孔祥熙到这里赏玩，大名人胡适也到此闲逛购物。胡适在 1921 年一则日记中写道：“什刹海荷花正开，水边有很多凉棚，作种种下等游戏。下午游人甚多，可算是一种平民游乐场。我行礼后，也去走走。”另一处让民国官员、前清遗少光顾的场所是茶馆。位于鼓楼西南侧义溜胡同路北的广庆轩茶馆，名扬京城，代理过国务总理的江朝宗、被慈禧太后立为大阿哥又废黜的溥儁等，都是这家茶馆的常客，于此品茗、听说书，闲适度日。随着国家内忧外患形势的恶化，什刹海的文人活动有了新的内涵。1931 年，著名学者曹经沅邀集一些人在会贤堂举行修禊活动，与会者吟诗唱和，内容多忧愤国事。这使什刹海传统表达闲情雅兴的结社活动，增加了浓重的政治色彩。在日本侵占北平期间，辅仁大学校长陈垣坚持民族气节，与日伪抗争，一些教授和学生组织抗日团体，开展抗日救亡活动，使这一时期什刹海的缙绅文化更多了亮点。

第五节　堂皇的王公府邸

北京是封建王朝的所在地，在元代已有王府出现，但详情难考。明代采用分封诸王镇守边关重镇，都城少有王府。清代在权衡了历代封藩制度的利弊后，不再让封王外出就藩，而赐府于京城中。清初时北京的王府主要集中在东城。到了清王府建造兴隆的第七代，新建的六处王府已有五处在西城，其中就包括建于什刹海的永瑆的成亲王府（后为醇亲王奕譞府）、永璘的老庆王府（后为恭亲王奕䜣府）和永璘的庆亲王府（后为庆亲王奕劻府）。清代所建的王府，什刹海尚有多座较好的保留至今。

咸丰年间，依规建造的恭王府，位于前海西街（今为 17 号），府址前身曾是清乾隆年间一等公和珅的宅邸。现今恭王府的一些建筑，始为和珅所建造，如庆颐堂（今锡晋斋）、延禧堂（今多福轩）、花园、水塘等。恭亲王奕䜣入住此宅邸，进行了大规模修缮营造后，王府分中、东、西三路，各为多进四合院，分布有银安殿、神器库、银库，以及奕䜣的起居室、客厅、书房，还有家人和办事人员的住房、仓库等。三路院落的后部有俗称“九十九间半”的后罩楼，楼前檐出廊，后檐开漏窗，砖雕十分精美。恭王府的建筑集中国古代建筑之萃，极为富丽堂皇。

醇王府位于后海北沿（今为 44 号），这座有着灰筒瓦歇山顶五开间高大门楼的王府，在康熙年间为权相明珠的府邸。光绪十四年（1888），皇帝之父奕譞迁入这座府邸。改建后的府邸分为中、东、西三路，主要建筑有银安殿、神殿、佛堂、祠堂，还有王爷一家人的生活区、府内人员的住处等。王府花园位于府邸西侧，颇具规模，构建精美。

庆王府位于定阜街（今为3号）。咸丰元年（1851），袭辅国将军爵的奕劻搬入此府。在晋封郡王、亲王后，奕劻对府邸大事修建。建好的庆王府占地广阔，圈至周围四条胡同。主体建筑分中、东、西三路，各有多进院落。设银安殿、配殿、后殿、书房、客厅等。在奕劻的居住区，建有绣楼，屋宇高大，回廊通达，观之豪华。

在西安门大街南侧黄城根南街路西建有一座礼王府。有资料表明，礼王府是在明代嘉靖皇帝的老岳父陈万言的故宅旧址上建造起来的。王府主人是袭礼亲王爵的代善之孙杰书。礼王府规模雄伟，占地广阔，院落深邃。中路是主要建筑，前部包括正殿及两侧翼楼，后殿及两厢配殿；后部自成庭院，包括前堂、后堂及两厢配房，还有后罩楼。西路为园亭建筑，东路又是几进院落。这座王府在1949年前后曾被辟作校舍和单位办公用地。

阿拉善王府位于恭王府东侧（今为毡子胡同7号）。乾隆四十七年（1782），蒙古族的阿拉善部族罗卜藏多尔济被册封为世袭罔替亲王，获准在北京修建王府。王府落成，坐北朝南，分为东西两部分，西路建筑包括佛楼、花厅、假山等，东路建有大厨房和精美的烤炉，是王爷吃烤制全羊、宴请宾客之所。厨房往北是亲王一家的起居室，再往北有水房、马棚等。这里院落空旷，可供王爷与家人策马扬鞭，往来驰骋。

涛贝勒府位于定阜街（今为1号），道光年间为钟郡王府。光绪二十八年（1902），慈禧太后下令将醇亲王奕谖第七子载涛过继给钟郡王奕詥为嗣，承袭贝勒爵，这里遂称涛贝勒府。涛贝勒府的建筑分中、东、西三路。中路、东路为四进院落，有正殿、配殿、后寝楼等。西路南面为府邸花园。前海北沿建有一座十王府（今为南官房45号)，是康熙皇帝儿子中排序第十的允䄉府邸。王府分为四个院落，建有高大的正殿、配殿、后寝楼等。在什刹海所建今现存的王府还有位于新街口东街（今为31号）的棍贝子（棍布札布贝子）府和一等武毅谋勇公兆惠府（今址为前井胡同3、5、7号）。两府都仅存部分建筑。

位于地安门西大街西部南北两侧，曾建有一座庄王府。该府为世袭罔替王府，始封王为硕塞，是太宗皇太极第五子，顺治年间晋封亲王。其子博尔铎袭封后，改号庄亲王。王府坐北朝南，分中、东、西三路。中路有正门、正殿、配殿、后寝、后罩房等，东路是祠堂及附属房，西路为花园。王府今基本无存，只有部分府址位于前毛家湾，现为中央文献研究室所用。

王府的等级制度，是清代封建制度的重要组成部分。等级制度的差异表现在各个方面。亲王、郡王的府门为五开间，贝勒、贝子只是三开间。亲王殿顶压脊兽为七种，郡王五种，而贝子只能用望兽。亲王每年受赏俸银1万两，贝勒为2500两，到辅国公只领500两。

王府主人们尽管待遇不同，也都能过得优哉乐哉。有的王爷到了民国时期仍然权势很大。如住在涛贝勒府的载涛，在清帝“逊位”后，成为清廷的皇族代表。民国政府每月发他800现大洋。他出门乘坐一辆德国轿车，府中摆放着中国最初使用的一批电话机。重修一新的涛贝勒府高门重檐，气宇轩昂。在六进院落，五六百间房舍中有七八十人当差，有十几个大兵护院站岗，还使用了多名太监增加排场。平时载涛乘车回府，一进胡同口，司机便按响喇叭，府门应声“哗啦”大开，颇有派头。载涛在装修精美的府邸、花园中养鱼、养马、听戏、唱戏。这是他王府生活的鼎盛时期。

什刹海的市井、民俗活动，是平民的活动，王府的王爷和家室人员，有些也爱参与其中，图个热闹。醇王府的摄政王载沣曾是荷花市场的游客，他还自己去地安门外大街上溜达和买些吃食。清末什刹海王府兴起票房和堂会活动，经常有京剧和八角鼓演出。王府中还涌现出不少值得一提的艺术家和艺术品。如永瑆被称为清代乾隆时四大书法家之一。恭王府后人溥儒是民国时期的书画大师，受到敬重。末代庄亲王溥绪创作了30余出京剧剧本，庄襄亲王绵课之子奕赓创作的子弟书也很著名。此外，醇亲王奕譞、恭亲王奕䜣、庆亲王奕劻等，也都有诗词、绘画作品存世。什刹海王府文化对于扩大什刹海文化的内涵及传承，是有着一定推动作用的。

第六节　精美的园林生态

据《辽史》载，辽代时分布于什刹海地区的湖泊沼泽、湿地已相当大，还与延芳淀（形成于今通州南部方圆数百里的大湖）相连。夏秋时节，湖水浅处盛产菱角、芡实（鸡头米）。辽代帝王率领皇族，由卫士跟随，常到湿地打猎。一阵鼓声能从芦草中惊起成千上万只禽鸟。表明了当时的水域环境很有野趣。

元代什刹海水面宽阔，水势浩渺，水湾岸畔却又秀丽，生物众多，富有情趣。赵孟頫诗“轻燕受风迎落絮，游鱼吹浪动新荷”，描绘的就是生物的美态。宋褧写的《过海子观浴象》诗更是生动，说大象“四蹄如柱鼻垂云，踏碎春泥乱水纹”，只见“鸂鶒鸡鹄好风景，一时惊散不成群”。大象的闯入，将紫鸳鸯、池鹭等禽鸟都惊飞了。《析津志》载：花头鸭盖多来自海子内，“与太液池中水鸭万万为群”。这一时期的什刹海湖中满目荷芰，藕香扑面，时见鸟群，可知生态环境之好。

自元代开始，闹中有静、幽雅怡人的什刹海沿岸一带，就成了达官贵人的雅聚之地。在此宜居之处建“水景房”也成了当年官员、富户的时尚。积水潭岸畔有着万春园、望湖亭等众多观景地。站高处极目四望，碧水连天，绿柳如练，远帆如画，视野开阔，令人心旷神怡。元代翰林学士张埜的宅第坐落在积水潭西北岸畔，他的庭院幽雅别致，引潭水入院，从假山处泻流入池。池中荷枝摇曳，群鱼嬉戏，景致尤佳。

建于元代的护国寺、广化寺等寺院内，松柏高耸，古楸四至，丁香献蕊，龙爪吐翠。广化寺有三路四进院落，桃、李、银杏、太平花等分植众院，各具特色。莲花庵内“疏林朗越，庵后有高台，登台四望，水边树木葱葱，湖水碧绿如镜”，尽显寺院深邃、清幽的园林风貌。

明代迁都北京后，为在什刹海营造出江南风貌，朝廷命人在整个水域周围广植桃柳，遍插稻田。上林苑监署还设官员，执掌湖中种植莲藕之事，并造乌篷船，供游人乘船赏景。后海因之被称为“莲花池”，前海时称“莲花泡子”。明代吟诵什刹海生态之美的诗词颇多。于慎行吟道：“平桥芦荻萧萧冷，别浦鸥凫泛泛流。雾色迷茫三苑树，波光隐见五城楼。”境界迷蒙如幻，又静中有动。明代有不少咏什刹海荷莲、杨柳的佳句，如“柳径斜通马，荷丛暗渡舟”“荷骄尘外韵，蝉急静中声”“柳碧午亭暗，荷香暑坐深”“十里芙蓉接御沟”“垂杨几叶著澄波”“家近荷花似锦湖”等。文人们还咏“燕影”“莺啼”“虫喧”“鸥群”“林鸦”“浴马”“游鱼”“湖虾”“芳草”“稻花”“秋蔬”等，从一个侧面展现了什刹海当时生物的多样性。

明代的什刹海少了漕运，湖面平静下来，但景色更好。永乐年间，成祖朱棣迁都北京后，为安抚那些帮助他称帝北上的江南文武大臣，特命在什刹海北岸的三圣庵附近开水种稻，建桔槔亭，造水车房，于岸边插柳栽桃，设小桥、溪流。还让人扮农夫，喊江南号子，唱江南社戏，着力营造北国都城中的江南水乡之景，以解南方诸臣的思乡之苦。以后四周湖岸风光更见秀美，景观增多并造就了“西涯八景”。称什刹海是一座大园林亦不为过。

“涯”为水之岸。水西岸处的八个景点，各具特色地展现了什刹海的优美风光。“西涯晚晴”“响闸烟云”“柳堤春晓”“湖心赏月”几景，重在观赏身边与周围景色，一览晴空朗月、槐柳荷莲、闸北烟波等。“银锭观山”“白塔晴云”“谯楼更鼓”“景山松雪”几景，则是极目远眺视野所及的景观，但见悠悠远山、玲珑白塔、披雪景山、巍然鼓楼等。站在一处处景点，远观近览，都让人欲罢不能，而久久流连。

在阜景街东端坐落着故宫、中南海、景山、北海及团城等几处名胜。这几处名胜集古代皇家园林建筑文化之大成，以建筑雄伟，景色幽雅、精美而闻名于世。地处什刹海街道地界的景山公园，位于北京城的中心、南北中轴线的中心点。景山主峰也是封建时代北京城的最高点。辽金时期建琼华岛、修太宁宫，都掘土不少在东侧堆积。明代时景山处已成为一座大土山，修建南侧皇宫时，这里的土山被修为五峰，称“万岁山”。此地处皇宫之北，为压前朝“风水”，又称“镇山”。因山下堆放过皇宫用煤，也叫“煤山”。山下遍植果树，还有“百果园”之称。山后建起了观德殿、永寿殿等殿堂。万岁山是皇帝在重阳节携后妃、内臣登高赏景及宴乐之处。

景山公园占地约23公顷，主峰高47.5米。在景山南大门北侧，建有一座造型雄伟、气势凝重的绮望楼。楼建于清乾隆年间，倚山而起，三楹五间，歇山重檐，覆黄琉璃瓦。这里是清代帝王供奉孔子牌位的地方。在绮望楼后面，五座山峰上各建起一座造型精美的亭子。中峰上的万春亭，为三重檐的四角攒尖式顶，覆黄琉璃瓦；

其东西两峰的观妙亭和辑芳亭，为重檐的八角攒尖式顶，覆绿琉璃瓦；景山上最边缘两峰的周赏亭和富览亭，为重檐的圆攒式顶，覆蓝琉璃瓦。在五座亭子里，分别供奉着五位神的铜佛像。

景山内有各种树木近万株。在观妙亭东侧山坡处有棵歪脖槐树，明朝最后一个皇帝崇祯就曾吊死在这棵树上（原树已于 1966 年枯死，现树为后来补栽的）。在景山东侧路北面，是一片牡丹园，为明清两朝帝王赏花处。牡丹园之北的观德殿，又名护国忠义庙，庙内雕塑着一尊关羽的立马像。自此向西途经一片海棠园，即来到永思殿。该殿坐北朝南，自成一院，为清代帝后亡故后停灵之地。在永思殿以西，是气势宏大的寿皇殿。这座大殿于清乾隆年间仿照太庙格局营造于万春亭之北的中轴线上，外有四柱九楼的木牌楼 3 座。寿皇殿有正殿 9 间，左右山殿各 3 间，东西配殿各 5 间，是清代专为供奉皇帝祖先影像而建造的。中华人民共和国成立后，环境清爽、幽静的景山公园成了孩子们的乐园和众多民众休闲、健身的场所。

明代时，深掘了元时的太液池，形成了北海、中海和南海三片湖地，沿湖营造殿堂和亭台楼阁。在北海环湖修建了五龙亭、乾德殿等一些景观，将瀛洲（今团城）上元代的仪天殿改建成了承光殿。清代时，北海环湖又有不少建筑修建。顺治年间，应西藏喇嘛的请求，在琼华岛广寒殿旧址上建起一座高大的白塔。这座白塔几百年来一直是北京的标志性景观。

北海（公园）是我国迄今保留下来的历史最悠久又最完整的皇家园林。全园面积约为 71 公顷，水面约占 39 公顷。进公园南门，过永安桥，迎面是琼华岛的永安寺，内有法轮殿。从这里看去，四面的亭台楼阁层层升起，隐现于古木丛中。再往北经正觉殿、普安殿、善因殿，即来到白塔下。白塔为喇嘛塔，通体白色，通高 40 米。塔座为折角式须弥座，下体似覆钟形，上部呈尖锥状，最上为镏金宝珠塔刹。清朝帝王在此建塔，除去宗教意义外，还利用这里居高临下的地势，藏伏五座信炮，派驻众多亲兵，对下进行防范。巍然耸立于琼华岛之巅的白塔，是北海园中最突出的建筑。

以琼华岛为中心，园内四周分建殿阁亭榭。景物疏落合度，变化奇妙。在岛的西北假山间，建有一座铜仙人承露盘，仙人通体为青铜所铸，造型别致。白塔下东坡有清乾隆皇帝手书的“琼岛春荫”碑，此处是为“燕京八景”之一。在岛的北侧山下，傍湖建有长廊和中心楼阁漪澜堂、道宁斋等。一排双层临水游廊多达 60 间，总长 300 多米。沿东岸北行，相继可见濠濮涧、画舫斋、蚕坊等景观，处处华美、精巧，独具匠心。一侧的静心斋、天王殿，均气度庄严，各成妙景。在天王殿之西，有一座彩色琉璃砖九龙壁，两壁面上下共雕绘大小龙 635 条。再向西南行，又可看到一块两面雕琢了雌雄狻猊的铁影壁。沿湖北岸建有五龙亭，五亭之间有石桥相连，曲折跨水，一似蛟龙浮动。五龙亭之西，建有观音殿和万佛楼。万佛楼坐北朝南，黄琉璃筒瓦重檐歇山顶，楼有 3 层，均面阔 7 间，每层四周有回廊和玺彩画。这座楼是乾隆皇帝为其母祝寿所建造的。中华人民共和国成立后，北海公园经修葺已成为市内最大一处休闲游览场所。

团城是明清两朝皇家园林西苑的组成部分之一，以其俯视平面为圆环形，周围用城砖垒砌，成为一座带雉堞的砖城而得名。城台高 5 米，面积约 4500 平方米。位于整座城台中心的承光殿，是团城的主要建筑。这座正方形覆黄琉璃筒瓦绿剪边歇山顶重檐大殿，面阔、进深均为 3 间。在四面正中位置各推出单檐卷棚式抱厦 1 间，平面成为形式别致、富于变化的十字形。抱厦为单檐箍头脊。整座殿的外观与故宫角楼相似，为古代建筑中不可多得的优美造型。承光殿内供奉有玉佛一尊，佛高 1.5 米，系由一整块白玉石雕琢而成。

承光殿前有一座金头紫顶的亭子，称玉瓮亭，由四根石柱托住四面黄琉璃拱门，以供放玉瓮“渎山大玉海”而得名。团城上还建有敬跻堂、昭景门楼、衍祥门楼、古籁堂、余清斋、沁香亭等精美别致的建筑。在团城城台顶面遍植着古树，仅承光殿前就有45棵。一棵金代种植的栝子松，树冠如盖，已有800多年的树龄。清乾隆年间为这棵栝子松加封官爵，封其为“遮荫候”，旁边一棵白皮松封为“白袍将军”，另一棵探海松封为“探海将军”，被传为佳话。团城不仅是北京城内最优美的园林之一，也是研究北京发展的极为重要的实体。

20世纪30年代，身着旗袍的时髦女郎在北海公园留影

除修建的皇家园林，自明代什刹海地区建起的私家园林传名至今的也有多处。位于定阜街的定国公府，由朱棣恩赐修建。园林景观以自然古朴取胜，木门写有“太师圃”三字。《燕都游览志》载：入门“前一堂，堂后纡折至一沼，地颇疏旷。沼内翠盖丹英，错杂如织。沼北广榭，后拥全湖，高城如带，庭有垂柳，袅袅拂地，婆娑可玩。堂左右书室，西筑高台，耸出树杪，眺望最远，滨湖园为第一”。史料载，这座私家园林是环什刹海园墅中建园最早的一个。

明代万历朝进士、宋代米芾的后人米万钟，善诗词书画。他欣赏什刹海的明媚风光，修建了一座“漫园”。《日下旧闻考》载：“漫园在德胜门积水潭之东，米仲诏先生所构，中有阁三层。”米氏为此给自己起了“漫园居士”的别号。漫园落成后，米万钟在一年四季都喜欢邀集同僚故交到园内赏景雅聚，登楼远眺，并吟诗填词。米万钟在《立春漫园诗集》中吟道：“未春期社集，朋至候春齐。晚驾冰嬉左，昏攀阁眺迷。借灯生薄暖，度曲学莺啼。膏雨如留醉，浓阴覆席低。”孝廉刘伯士建有一座镜园，位于积水潭南岸，在楼阁一侧也筑有高台，站台级眺看水景，在晴空丽日下湖光如镜，故取园名为镜园。明末建造的英国公新园，也为观景而来。新园位于银锭桥之东，《帝京景物略》载：“崇祯癸酉岁深冬，英国公乘冰床，渡北湖，过银锭桥之观音庵，立地一望而大惊。急买庵地之半，园之。”这里是说，英国公张维贤看到在此观山有妙景，急忙买庵地建园。园成，立于高处可远观山，近看桥，“过桥人种种，入我望中”，让这位国公感觉另添情趣。

清代什刹海兴建了多座富丽堂皇的王府，其花园更是广集园林构建之精华。康熙年间纳兰性德所居住的后海明珠府，花园亭台楼阁错落有致，回廊隐现，曲径通幽。回廊、小楼、水景、池沼，在纳兰性德诗词中每每提及。他在《渌水亭宴集诗序》中写道：“予家象近魁三，天台尺五。墙依秀堞，云影周遭；门俯银塘，烟波滉漾……”其描述的优美园林景观可见一斑。乾隆年间这里成为成亲王永瑆府，南部有南湖，曾得乾隆皇帝特许，向园中引入活水，于湖东建一座六方亭，以“恩赐玉河水入斋”命名，称恩波亭。光绪年间，这里成为醇亲王奕譞府。奕譞又大兴土木，于湖南小山建南楼，在西南方小山建听雨轩。还在东南方小山上建一箑亭，八根立柱前低后高，形若一把打开的扇面，朝向碧波荡漾的后海，其设计独具匠心。

前海之滨的恭王府花园称萃锦园。清末年间，这里是权倾一时的恭亲王奕䜣府。经他投入重金修建，花园园林景点众多，别具特色。园中景观可分为中、东、西三路。在花园大门内迎面耸立着一座柱形太湖石，高达5米。柱石线条优雅流畅，顶部刻写“独乐峰”三字。独乐峰北面有一水池，因形似蝙蝠而得名“福河”，含祈福的寓意。水池北为五开间的正堂安善堂，是奕䜣宴客的地方。安善堂后是假山，假山上的邀月台是花园的最高处，每逢中秋节，奕䜣便会与家人、亲友登台雅聚、饮宴、赏月。花园中轴线最北处为“养云精舍”，五开间殿堂两侧再接出曲折形耳房，形如蝙蝠两翼，得名蝠殿。蝠殿构建巧妙，自早至暮，只要太阳在天，殿内皆有日照。在花园东路一进院，右前方有一座流杯亭，八角形，内绘彩画二十四孝及白蛇传故事等。过一垂花门，院内有香雪坞，是王府女眷小憩处。院北即为大戏楼。花园西路南部有一座建筑精巧的龙王庙，庙旁有一段20多米的城墙，上有堞口，下开一门，额书“榆关”。榆关内有秋水山房、妙香亭、益智斋等建筑。城墙北边有一大水池，称方塘，水池中心建有一座前后出檐的水榭，名湖心亭，是观鱼赏月、吟诗作画的幽静之地。水塘北岸为“澄怀撷秀”，五开间两卷房，房前有海棠树数株。春天海棠花开得很盛，吸引府内家人和亲友观赏，为此这里又称海棠轩。传扬出去后，这种海棠树的品种遂得名“西府海棠”。恭王府花园是北京保留至今最好的园林胜地之一。

什刹海现今保留的王府中，都建有精美考究的花园，有假山、太湖石、池沼、山亭、长廊、花厅等，无不花木扶疏，幽静雅致。王府的王爷们拥有了一个个大花园，有的还另造别墅。恭亲王奕䜣在恭王府北侧（今为小翔凤胡同5号）建了一座鉴园。鉴园有三进院落，地基逐渐升高，最后一进院落的正房高出后檐墙。在后檐槛墙窗前可俯看全部后海水面。在正中一间房北面的落地罩木床上，镶有一面与墙体同大的玻璃镜，卧在床上即可看到镜中反映出的后海的湖面美景。此即建鉴园的主旨，鉴者，镜也。鉴园地势高，难将后海之水引入，但借助镜子映水赏水，其设计堪称独具匠心。

什刹海清代王府的花园成为精美园林的典范，一些官员宅院的园林布置也颇有名声。张之洞宅邸建有临前海的三幢小楼，名“望海楼”。前有中楼，中楼七间阔。站楼往西望去，是碧波荡漾的前海；往东北方向望去，是巍峨高大的钟鼓楼。“登斯楼也”，可一览什刹海周边风光水景。楼房前后有游廊、假山、亭阁相连，与传统的平房四合院是有区别的，这也表现了故居主人与众不同的变革思想。

位于小石桥胡同（今 22、24 号）的邮传部大臣盛宣怀宅邸，庭院敞阔。进入山石屏障处的垂花门，可见转角长廊、八柱亭、过厅、正房。再往里通向园之南方，有大片竹林和绿地，建有涌泉池，栽种了古槐、老藤萝架等。整座庭园内亭、廊错落有致，曲径通幽；花厅、居室宽敞典雅，古色古香；楼前池畔绿草如茵，翠竹夹径，尽显园林的典雅风貌。在什刹海，王府园林与周围寺庙园林、四合院园林，连同沿湖的秀丽风光，互相串联、映衬，共同形成的园林文化，为整体的什刹海文化增添了极为浓郁的绚丽、迷人色彩。

在清代和民国时期，什刹海的水域更多了野趣，民俗活动日盛。在前海西岸，清代时坐落着著名饭庄天香楼，登楼可眺望满湖荷花。有竹枝词唱道：“地安门外赏荷时，数里红莲映碧池。”入座点食美味佳肴，品饮，观景，实为美事。清代时每年六月初六，在德胜门石桥下都有洗马活动。这天附近王府中豢养的马匹会被牵到湖水中洗浴。百马戏水，千蹄凌波，浪花四起，煞是好看。旧历七月十五为中元节，《帝京岁时纪胜》载：“中元祭扫，尤胜清明。绿树阴浓，青禾畅茂，蝉鸣鸟语，兴助人游。”后海岸畔的广化寺举办盂兰盆会，在莲花荷叶前燃放河灯，举行放生仪式。在放生活动中，信众将所购飞禽和水生动物集中于山门外，待法师率众诵念经文后，将动物放归大自然。达官显贵、富商大贾也常将整笼的麻雀及黄鹂、鹦鹉等飞禽和鱼、龟等水生动物，携至前海畔会贤堂饭庄，于开宴前行放生活动。活动现场观众众多，纷纷为动物重获新生拍手叫好。

民国年间，什刹海的生态环境虽因缺少管理而显得荒凉，但古朴风貌犹存。作家老舍在《老张的哲学》一文中记述道：“到了德胜桥，西边一湾绿水，缓缓地从净业湖向东流来，两岸青石上几个赤足的小孩子，低着头，持着长细的竹竿钓那水里的小麦穗鱼。桥东一片荷塘，岸际围着青青的芦笋。几只白鹭，静静地立在绿荷丛中，优美而残忍地，等候着劫夺来往的小鱼。北岸上一片绿瓦高阁，清摄政王的府邸，依旧存着天潢贵胄的尊严气象。一阵阵的南风，吹着岸上的垂柳，池中的绿盖，摇成一片无可分析的绿浪，香柔柔地震荡着诗意。”这一段文字，将早年德胜桥畔的风光野趣描绘得很是生动传神。

第七节　多样的休闲方式

元代通惠河的开凿，将京杭大运河通州段与积水潭、高梁河、玉泉山西湖等水体连接起来，沿线修筑闸门，形成了一条城内外连通的休闲、娱乐活动线路。积水潭则是其中最为重要的休闲活动区域。

积水潭一带商业繁荣，周边水域岸畔却又闹中有静，吸引大批市民、游人前来踏青、游玩、宴饮，是大都城颇负盛名的公共水陆休闲地。元代时文人们很喜欢涉足沿岸周边春游、春禊，他们结伴

什刹海口袋公园

而来，闲游、观光、小酌。欣慰所致，常会诗兴大发。元代诗人马祖常春时与友游至积水潭南岸，脱口吟道："水南沙路雨清尘，桃李花开蛱蝶春。三月京华寒食近，东风十里酒旗新。"这首春游诗，向人们展示了春雨后湖岸边风光清新的美好意境。到了明代，文人雅士到什刹海春游、春禊的活动更盛。在此春禊虽不再举行祭祀仪式，但水边饮宴、吟诗作赋是不可少的。明代文学家李梦阳在《上巳过海印寺》诗中吟道："林园有佳荣，蹊渚生柔芳。秉简迹已陈，祓禊独难忘。"从诗句中可以想见，什刹海草木菲薇、山石幽致的古貌，以及诗人不负春光，前来祓禊的雅兴。

什刹海的另一大休闲活动是赏荷。观荷赏莲在什刹海有着悠久的历史。早在金代，什刹海一带水域就因广植莲藕而得名白莲潭和莲塘。明代《长安客话》有载："都城北隅旧有积水潭，西山诸泉从高梁河流入北门汇此。内多植莲，因名莲花池。"清人在《净业寺荷》中写道："接天莲叶，向日荷花，镜澄涵清，帘旌分绿。"短短几语，描绘了莲开满池的盛景。在中国传统文化中，莲花是一种极具象征意义的花卉。明代《群芳谱》谓之："亭亭物华，出于淤泥而不染，花中之君子也。"自元代以来，相约赴什刹海观莲赏荷、吟诗填词者数不胜数。大家从不同视角着墨，写荷花，写莲叶，写花香，写花色，还有的写月下荷影、雨中荷声，尽情表露什刹海荷花的诸般之美。古代江南有敬荷之俗，以农历六月二十四日为“观莲节”，亦为“荷花生日”。1930 年，诗人樊增祥于荷花生日这天与友人聚饮于什刹海，作《荷花生日诗并序》，诗云：“女仙彩袖倾覆盖，公子金衣奏玉笙。齐为玉卮公主寿，鸳鸯福禄在瑶京。”诗人在这里描绘了黄莺鸣啭，鸳鸯游弋，似与云集的游人们一起为荷花共祝寿辰，其拟人化的手法巧妙而有趣。

什刹海的休闲游乐活动，并非是达官贵人、名流学者的专利，平民百姓也都能热情参与。每逢春夏之际，居住于什刹海胡同及周边的民众，都会扶老携幼，走出家门，在湖岸边游逛、赏玩，品尝莲藕、鸡头米等吃食。农历九月九日为重阳节，风行登高，人们往往相约结伙，食枣栗花糕，登上鼓楼、钟楼，登到积水潭汇通祠小山上，居高远眺，舒畅心怀。每年的中元节（农历七月十五日）是什刹海全民共欢的节日。当日从一早起，此处和京城四方的百姓就会陆续拥至火德真君庙和广化寺，恭听诵经讲法。月轮升起后，整个什刹海成为一片“花灯”的世界。小孩子成群结队，举着纸糊的荷叶灯、莲花灯，高唱着“莲花灯，莲花灯，今儿个点了明个儿扔”的儿歌，迤逦而行。在欢快热烈的气氛中，后海边广化寺的僧众抬出一条用彩纸和秫秸糊的几丈长法船，焚烧于山门外，顿时火光冲天，映红后海。接着居士们和住民百姓各自把用木片、瓜皮、小瓢儿、莲蓬（掏成碗状）等制作的河灯（中间以竹签固定小蜡烛）点燃，置放水域中，让其随波逐流。一时间水面灿若繁星，让人们看到了“慈航普度”的景象，从而构成了什刹海最富民俗风情的生动画面。

欢腾热闹的灯节观灯，也是什刹海的一大盛景。元代《析津志辑佚》对大都城正月十五灯节前后街市描述道：“市利经纪之人，每于诸市角头，以芦苇编夹成屋，铺挂山水、翎毛等画，发卖糖糕、黄米枣糕之类及辣汤、小米团。又于草屋外悬挂琉璃葡萄灯、奇巧纸灯、谐谑灯与烟火爆竹之属。自朝起鼓方静，如是者至十五、十六日方止。”正月十五当晚，积水潭各条繁华的街市上，千灯万盏点燃，欢庆灯节的人们，有手提灯的，有高举灯的，更多的是店铺棚栏悬挂的各式彩灯；这些灯流动着，闪耀着，与天上和周边水面倒映的星光交相辉映，共同组成了一幅绚丽的市井风情画卷。

明代什刹海灯节观灯之俗延续，至清代时更盛。光绪年间刊印的《天咫偶闻》记载地安门外大街灯节期间盛况曰：“各店肆高悬五色灯球，如珠玑，如霞标（彩旗），或间以各色纱灯。放灯之夜，鼓乐喧阗，烟花凌空，观者如云，嬉笑过市，九轨之衢，竟夕不能举步。”当年万宁桥南北、西皇城根宛平县署门前等街面，大小灯棚鳞次栉比，所悬各式花灯名目繁多，有“一团和气”“和合二仙”“三阳开泰”“四季平安”“五子夺魁”“六国封相”“妻财子禄”“八仙过海”“九九归原”“十面埋伏”“百鸟朝凤”“马上封侯”“太平有象”等不下百种。买卖家所悬花灯制成大、小、圆、方、五角、六棱等不同形状，饰有红、黄、绿、花、粉红、藕荷等诸多色彩。灯上所绘人物、山水、花鸟等美观生动，还有古香古色的各式宫灯，点燃蜡烛后绚丽一片，令人目眩神迷。

当年前海东河沿，临近银锭桥的公盛义姜店，灯节期间年年在铺子前摆放各式冰灯。这家铺子在制灯上很下功夫，请工匠凿开冰块，放入蜡制的鱼、鸟、船、房屋和人物等造型，甚至把长高的麦芽封入冰中。一个乌龟形的冰灯，模仿龟趺驮碑的样子，在晶莹剔透的乌龟身上点燃四支蜡烛，把乌龟照得通体透亮。灯节期间到这家铺子前看冰灯的人众多，有时会把路堵得水泄不通。民国时期，什刹海绸缎庄的买卖大户如谦祥益（北号）、乾泰隆、通兴长、同源祥等，在灯节前后除点燃彩灯，还竞相燃放焰火。品种有万头鞭、飞天十响、花盆（燃点后花、炮、灯一齐闪耀轰鸣）。谦祥益燃放的“盒子”最为壮观。这种焰火外形如多边形盒子，点放后盒底下层脱落，上层垂下，大的盒子多至九层。燃放时，各层可变幻出花鸟、山水、楼阁，还有“松鼠吃葡萄”“武大郎盘杠子”等不同景物，让围观者叫绝。

灯节期间，很多人还爱早早守候在宛平县城隍庙（遗址为地安门西大街129号），看烧“火判儿”。判儿，即判官，相传由他掌管生死簿。旧时阎王庙中所塑判官像，与传说中的钟馗貌似。城隍庙里作为大型烟火的判官坐像，高约一丈有余，用胶泥塑成，空其腹，手持“勾魂牌”。烧“火判儿”旨在宣扬“善恶有报，毫厘不爽”的道教理论，以达警世之目的。判官腹腔之内填满劈柴焦炭，点燃之后，先是七窍冒烟，喷出火星，继而烧得周身通红，火花迸溅，把黑暗的夜色照如白昼，成为人们看了难忘的景观。

城隍庙的烧“火判儿”让人爱看，城隍出巡也是吸引民众观赏的又一市井民俗活动。城隍是古代传说中的城池守护神，都城隍庙是皇家祭祀的九庙之一，坐落在西顺城街东侧城隍庙街（后改名成方街，今为金融街）。都城隍是各县

烧“火判儿”

城隍的上司。位于什刹海的宛平县城隍庙，庙内城隍每年要对都城隍行参拜之礼，由此有了城隍出巡。清代和民国时期，城隍出巡是一项隆重热闹的活动。在农历四月二十二日这天，将城隍塑像移至大轿内，前后仪仗威严，全副执事，旌旗伞盖排列，鸣锣开道。周围打伞、牵马者，以及扮成判官、鬼卒、罪犯者，均由平时烧香还愿者充任。大队人马浩浩荡荡，后面是花会紧随，有举耍中幡、踩高跷、耍棍、舞狮等表演。行经什刹海的街巷有西皇城根、护国寺街、定阜街、龙头井街等。胡同居民人等无不拥往城隍出巡所经之途，观赏这一盛典。

清代出现康乾盛世，旗人任事不做即可领到充足的“俸禄”，从上而下休闲玩乐之风日盛。什刹海王府多，王府中的王爷大都讲究养马、养鹰、养花鸟鱼虫。光绪之弟载涛，是有着诸多爱好的王爷。他在内宅西面一个院内，养了大小几十盆金鱼。有的鱼盆用黄柏、紫檀制作，直径有四五尺。还有一种鱼桌，六面镶嵌玻璃。鱼盆鱼缸中游动着“红鹅头”“白玉簪”“五花珍珠”“朱顶紫罗袍”等金鱼珍品。涛贝勒府前院有两处马厩，载涛养的马有专人饲理，喂上等草料，马厩里夏铺细沙土，冬挂挡风棉帘。载涛酷爱骑马，骑术甚精。他还喜爱戏曲，每天舞剑、翻打练功，并经常在自己府中戏台彩唱。这位王爷堪称是懂得休闲、能玩会玩的大玩家。

王府王爷们也有养观赏鸽的传统。不仅名贵鸽种众多，连缚在尾羽的鸽哨也大有讲究。有竹制、葫芦制、匏制、银杏壳制、荔枝壳制、莲子壳制等多种。当年载涛养的鸽子，还曾配以虬角、象牙制作的鸽哨。养斗蟋蟀也是什刹海王爷们的一大爱好。各王府都有“蛐蛐儿把式”，搜集蟋蟀中的名贵品种，选用前朝澄浆泥罐，放入玉石的水盂、五彩细瓷的食槽、紫檀雕制的过笼等，以蟹白、栗黄、羊肝、青虾、蚂蚁卵等喂食。小小昆虫入了王爷之眼，便身价百倍。

有“戏迷王爷”之称的载涛，其府中养蟋蟀多，斗蛐蛐儿场面也颇为热烈。梨园行很多艺人都是他蛐蛐儿斗局的座上客，艺人们中不少人也是斗蛐蛐儿爱好者。宾主每每借聚斗蛐蛐儿之机，切磋京剧艺术，在增进休闲之乐和提高艺术表演方面一举两得。

与王府奢华玩乐不同，什刹海一带的平民百姓有很多人也提笼架鸟遛早，也有人养个黄雀听叫，有人到城根、野地捕捉蛐虫，喂其黄瓜、饭粒，让其咬斗一番，也是自得其乐，成为休闲文化的一个组成部分。

民国以后，民众在地安门外大街上的园子里，除了能看戏，还能观赏到一些其他演出。大街南面路东，曾建起一座三层楼房，取名“荣华楼”。这是效法前门外劝业场开办的一处游艺场子，内设画像店、玩具店、镶牙馆、理发厅等店面。三楼舞台演出魔术、杂技、大鼓、琴书等，还有滦州影戏表演，也曾热闹一时。发明于19世纪的电影，很早就在什刹海出现了。清光绪三十四年（1908），护国寺南侧开设了一家无声电影院，放映过多部无声电影。1925年，扩建京兆通俗教育馆，在钟楼下建起电影院，以放映老片子为主，票价低廉。很多游客逛完鼓楼后的“平民市场”，都爱到钟楼看看电影歇歇脚。1946年，万宁桥北侧东路的银光电影院开业，美国名片《泰山得宝》来华在此首映。此地以后传为“北城唯一的新片供应场所”。

清末民初，一处处戏茶馆、书茶馆、清茶馆、棋茶馆遍布地安门外大街和周边街市，为一般民众提供了花费不多而能得到休闲娱乐的场所。开设于万宁桥东侧天汇大院的“天汇轩”茶馆，其北边东侧为东西走向的帽儿胡同，胡同内西侧路北为步军统领衙门（遗址为帽儿胡同45号），掌管京城地区的防务和治安，统辖官兵数万人。各级官员及兵丁都是天汇轩茶馆的常客，遂使天汇轩的生意做大，房屋扩大至上百间，辟有雅座、庭院、制作满汉饽饽的炉房及停放大鞍车的车场等，茶馆内外景象兴旺。茶客们到此品香茶、吃饽饽、互让鼻烟、赏鸟、听蝈蝈等虫鸣。天汇轩以戏园起家，成为茶馆后不时邀来名角唱戏，加演单弦和琴书，营业十分拢人。

位于前海东岸的“广庆轩”茶馆，盖有勾连搭6间瓦房，馆内宽敞，摆放20余张榆木擦漆八仙桌。墙边另放有供单听说书者坐的长条板凳。至此馆听说书的每晚有200人左右。来广庆轩说评书的艺人多为高手，如享誉京城的双厚坪、杨云清、潘诚立、田岚云、群福庆、陈士和、赵英颇等。双厚坪是评书界前辈，他常说的书目有《水浒传》《说唐》等。陈士和、赵英颇都说《聊斋》，前者喜欢说狐，后者擅长讲鬼，为此有“陈狐赵鬼”之称。田岚云精通武术，说书中摆出的刀枪架势极为漂亮，50多岁还能抬腿扳出“朝天蹬”。杨云清的特色是说长书，一本《济公传》能连说四个月不止，让茶客听得过瘾。常来广庆轩听书的名人，有恭王府的溥儒、《燕京岁时记》的作者富察敦崇、隆裕太后的亲信太监小德张、中国历史上最后一位状元刘春霖等。清末年间听书者中还有性情执拗的宫中当值太监，有时听到如《水浒传》里“武松杀嫂”、《岳传》中“岳云锤震金蝉子”等段落，恰逢宫内有差遣不能来听，就叮嘱说书者，把情节抻长，扣子拖缓，等他办完皇差，接着听“下回分解”。为了吸引听众，有些艺人说书时也加入许多“书外书”，不仅在情节叙述中添油加醋，古事今说，佐以评论，而且暗讽时事，但不露锋芒，让听者心领神会，莞尔一笑。

书茶馆广庆轩每日说书时段茶客盈门，上午却很清静，只卖清茶。但茶馆却又成为北城裱糊业人员聚集处，可以借此地交换行情及探寻活计。天汇大院的开明轩茶馆，上午也只卖清茶，可茶馆又是北城瓦木匠聚会地，他们明是喝茶，实为等待雇主。营造厂承接了工程后，会到这里找齐工匠，前往劳作。休闲的茶馆在此又成为一些行业人员就业的中介处。

在鼓楼南义溜胡同西口外有一家“东和顺”茶社，东家名叫吉福亭，兄弟中排行老二，故这家茶社又称“二吉子茶馆”。民国以后，这里是名扬京城的清唱茶社，有众多名票来此清唱，盛极一时。此馆又是弈林高手博弈的“棋艺沙龙”。茶社座上宾有围棋名家王云峰、过惕生、崔云趾等，象棋国手那健庭、张德魁、谢小然、侯玉山等。茶座每天摆出象棋排局，让棋迷们排解。素不相识的棋手也可以对坐饮茶，投子厮杀。东和顺茶社还兴办灯谜会，北平知名的射虎社、隐秀社、咏霓社等谜家竞相到场设谜，书写悬挂。谜家多有学识，制谜大都出自典籍，谜面用词高雅，猜古籍名、词牌名、京剧名、古今人名、食品、用具、中草药名等。猜中后常令人感叹制谜之巧妙有趣。

如今休闲走入什刹海湖畔的酒吧、茶馆，泡上一壶茶，随意而坐，闲适舒心；也可与友人品茗，气氛温馨。与昔日茶馆两相对照，可以发现其环境位置以及顾客的身份、经济文化水平和安闲心态，是有着不少相同之处的。有上年纪的人坐在临湖茶馆里，感觉情致悠然，恰似从前，却又胜似从前。

第八节　著名的宗教寺庙

道教随着时间不断发展，佛教也在东汉时期传入中原，又于隋唐时期传入幽州（今北京）。什刹海一带水碧幽静，适于住宿和出行，一些僧侣道士便在此修建寺庙，从事宗教活动。

据传，地安门西侧的白马关帝庙始建于隋朝。地安门北侧的火德真君庙始建于唐代。护国寺、广化寺建于元代。明清年间什刹海一带所建的寺庙更多，香火最旺当在清乾隆朝。早在元大德三年（1299），就有意大利传教士孟贴科尔维诺来到什刹海，在万宁桥东侧建起一座基督教堂，称也里可温十字寺。明代崇祯十一年（1638），在万宁桥西南侧也建起一座基督教活动场所，称长老会中华基督教。这座教堂比意大利人利玛窦于明万历三十三年（1605）进京创办的天主教宣武门南堂，仅晚了33年。

在清乾隆年间绘制的《京城全图》上，什刹海地域曾标有寺庙90座，是京城寺庙最为密集之地。《什刹海志》称，什刹海历史上曾经有过多达165座寺庙。什刹海不仅寺庙数量多，其中的名刹大庙不仅为京城人所知晓，而且名扬海内外。位于护国寺街（今为85号）的护国寺，建于元至元二十一年（1284），初名“崇国寺”，明代成化年间重修，得赐名“大隆善护国寺”，民间简称“护国寺”。寺坐北朝南，规模宏大，有九进院落。从南至北排列着山门三间，金刚殿、天王殿、延寿殿、崇寿殿、千佛殿、护法殿、功课殿各五间，最北面有后楼菩萨殿三间，垂花门左右各有一座舍利塔。各殿巍峨辉煌，建筑精美。院中随建的一些景物，如透亮石碑、卧姿观音像、搂抱塔、日月井等，都令人称奇叫绝。

后海鸦儿胡同北侧（今为31号）的广化寺，是建于元代的另一著名佛教寺庙。寺坐北朝南，占地达20亩。寺内建筑分为五路。中路山门外有影壁、放生池，山门内依次是山门殿、天王殿及左右钟楼、大雄宝殿及东西地藏阁、观音阁、藏经阁及合角楼。大雄宝殿也称五佛宝殿，是全寺最高和最主要的建筑，重檐歇山顶，宏大巍峨，气象峥嵘。殿内正中供奉释迦牟尼，“大雄”为释迦牟尼的尊号。这里所供的另四尊佛为：左边的南方世界宝生佛，是福与德的象征；东方世界阿閦佛，是觉悟的象征；右边的西方世界阿弥陀佛，是大智大慧的象征；北方世界不空成就佛，是成就辉煌的象征。五尊鎏金铜像，依密宗的经典教义铸造，谓之囊括了佛的一切内涵。沿藏经楼一个月亮门向西，即进入了寺庙西路。这西侧两路建筑各为三进院落，曲廊环绕，僧房毗连，有方丈室、祖堂、法堂、斋堂等，掩映于古柏苍翠中，院中套院，曲径通幽。寺院东侧的两路，亦各为三进院落，分布着坛院、僧房。藏经阁位于大雄宝殿之北，五楹二层，阁楼内珍藏着上千件国家级文物，包括图书、字画、古碑拓片等，具有极高的历史文物研究价值。清末民初这里成为京师图书馆，《永乐大典》残存的 64 册和《四库全书》都曾在这里收藏。广化寺自元代建寺几百年以来，一直是从事佛教活动的重地。这里的浴佛法会、盂兰盆法会、济贫办学、佛教音乐团等，在国内外广有影响。

坐落在地安门外大街西侧（今为 77 号）的火德真君庙，庙内殿堂因供奉火神而俗称火神庙。此庙始建于唐代贞观年间。元明清三代几次对这座庙宇重修。清乾隆二十二年（1757）对火德真君庙大修，改建新建不少，成为今天的格局。殿堂坐北朝南，共四进院落。拐过东向山门，北面即为灵官殿，面阔三间，灰筒绿琉璃瓦剪边歇山顶，殿内供奉道教护法、火神之一的灵官神像。二进院落主殿火神殿，面阔三间，为两券勾连搭屋顶，蓝琉璃瓦绿剪边，殿内供奉火神祝融。三进院落正殿为二层慈航殿，楼顶为硬山调大脊，蓝琉璃瓦绿剪边，殿内除供奉慈航道人，还供奉吕洞宾和关羽神像。四进院落主殿为玉皇殿，二层，楼顶为黄琉璃瓦绿剪边调大脊，殿内供奉玉皇大帝、太上老君等神像。火德真君庙修好后，乾隆皇帝亲为多处殿阁题写匾额。这座道观是皇家唯一御用的火神庙宇。这里有着中国传统建筑中独特的装饰形式——藻井，火神殿内顶部的金龙藻井是一条张口吐舌的金龙，向地面探出龙头，更表明了此庙的皇家御用身份。

关岳庙坐落在鼓楼西大街（今为149号），原为醇贤亲王庙。醇亲王奕譞去世后，光绪皇帝颁旨：为奕譞建庙、立祠、修墓。这座王爷家庙坐北朝南，中轴线依次为照壁、中门三间、正殿七间、后寝殿五间、东西配殿各五间。另有东西跨院、神厨、神库、宰牲亭、井亭、碑亭等建筑。总面积约为50亩，是北京最大的祠堂建筑。这座家庙建了8年，未等祭祀设施齐备，祠堂移奉牌位，清王朝灭亡，逊帝溥仪也被驱出皇宫。北洋政府将闲置的醇贤亲王庙另作他用，改此庙为关岳庙，把关羽、岳飞塑像供奉于殿中。

地安门西大街南侧的爱民街，原称旃檀寺西街，这是因为街东有一座旃檀寺。旃檀寺原名弘仁寺，恢宏壮观，寺前有两座牌楼，东面的额称“广恩敷化”，西侧的额题“普度能仁”。入寺数步，是一白石方池，池北为天王殿，东西有钟鼓楼。天王殿后是慈仁宝殿及左右配殿。最后是大雄宝殿，正殿供奉旃檀佛像。相传，此像是用一种香木雕刻而成，叩之，声铿如金石，遇水不濡。这成为该寺的一大特色，旃檀寺也就此在百姓口中叫顺了。有资料显示，旃檀佛像雕工致美。“像高五尺，鹄立上视，后瞻若仰，前瞻若俯，衣纹水波古法见其表，左手舒而直，右手舒而垂，肘掌皆微弓，指微张而肤合，三十相中鹅王掌也。”这尊佛像的颜色还会随着温度的变化而改变，大体为深绿色。明万历年间，慈圣太后给佛像贴金，让佛像成为金像。光绪二十六年（1900），在庚子事变中弘仁寺被毁，成为荒地，旃檀佛像也不知去向。

与旃檀寺一样著名而不存的还有在西四街口的一处当街庙。北京的寺庙一般都设在街巷胡同两旁，清代时有一座观音庵是设在西四牌楼街心处的，故称当街庙。其庵堂面积约20平方米，供奉观音菩萨。相传此庵庙小神灵大，香火颇盛，信徒甚众。民国后京城兴建有轨电车，将当街观音庵拆除。

大高玄殿坐落在景山前街西侧路北，为明清两代的皇家道观，是皇家斋醮（僧道设坛向神佛祈祷）内官、宫婢习道教礼仪的斋宫。初建于明嘉靖年间，后几次重修。经券洞式三座门入内，有御路、钟鼓楼、配殿等。再向北有大高玄殿七间，重檐庑殿黄琉璃瓦顶。又经御路、月台，可见九天应云雷坛五间，庑殿顶，绿琉璃瓦黄剪边。再北是一座象征天圆地方的两层楼阁，上称“乾元阁”，圆攒尖屋顶，覆蓝琉璃瓦，象征天；下名“坤贞宇”，方形，覆黄琉璃瓦，象征地。全部现存古建筑约1600平方米。大高玄殿建筑规制极高，是与故宫、景山、中南海、北海共为一体的建筑。民国以后，大高玄殿与故宫一起被国民政府接收。中华人民共和国成立后，大高玄殿曾用于举办展览，后由单位占用。

大高玄殿习礼亭（于1956年拆除）

在西安门大街北侧，有一座西什库教堂，也称北堂，是北京最大的天主教教堂。教堂始建于清康熙年间，重建于清光绪十三年(1887)。大堂面积约2200平方米，钟楼塔尖高31米。大堂平面呈十字架形状，属哥特式建筑形式。堂内有明柱36根，柱顶俱雕为菘菜叶形。堂正面上镶汉白玉石一方，镌刻着耶稣善牧圣象。堂内建有正祭台、配台和唱经楼。堂内弹奏使用的一台管风琴，产自法国，最低音管长达 10 米多，这在当时北京是最大的管风琴。在修建西什库教堂时，还建有主教公署、修道院、育婴堂等。1900 年，北京的义和团团民曾经长时间围攻西什库教堂，教堂损毁严重。后以庚子赔款修复一新。西什库教堂现由北京市天主教爱国会使用。

在什刹海，建筑宏丽、著名的寺庙还有很多。至清代、民国时期，天主教、基督教、佛教、道教、伊斯兰教五大宗教庙宇和活动场所齐全、众多，还有着多样化的朝觐庙堂，如城隍庙、玉皇庙、观音庵、地藏庵、龙王庙、土地庙、药王府、娘娘庙、妈祖庙、花神庙、贤良祠、旌勇祠等。在街巷胡同中，这众多承载着宗教文化的庙宇无不见证了什刹海地区的历史沧桑变化。几百年间，为什么会有如此多的庙宇在什刹海周边聚集，以及这一地区不同的民族、宗教人员之间和谐相处所体现出的民族凝聚力和包容性，都有着重要的研究价值。

第九节　多彩的科技展现

元中统元年（1260），蒙古族领袖成吉思汗的孙子忽必烈继承王位。他委派重臣刘秉忠主持建造大都城，从而拉开了什刹海在科技文化舞台上激扬表演的序幕。

刘秉忠（1216—1274），邢州（今河北邢台）人。他自幼性喜读书，学习刻苦，对天文、地理、律书尤感兴趣。成年后经海云禅师举荐，得以进入忽必烈幕府。忽必烈器重他的才华，对其提出的定官爵、兴学校、劝农桑、减租税、颁新历等建议，均以嘉纳。刘秉忠博学，精通古代天象、周易等学问。由他设计建造的大都城，严格按照《周礼》规范，在正方形的城池中确定“左祖右社，前朝后市”的布局原则，表现出气势宏大、整齐划一的特点，充分体现了一个横跨欧亚大陆泱泱大国的雄威。在建造完成的元大都城中，积水潭被安排在大都城中心位置，依托开放的水域，于城市中轴线北段建造了巍峨的钟鼓楼、中心阁、中心台等建筑，使整个城市显得开阔、庄重而又富有生气，成为城市建筑史上辉煌的一页。

元代天文学家、水利专家郭守敬（1231—1316），邢州人，是名标什刹海科技史的另一位著名科学家。他所设计监造的开凿通惠河、实现积水潭通漕运的工程，于航道建闸、提水、蓄水，使用了众多高科技手段，是一项有着重大历史意义的工程。他引白浮泉蓄水而成的昆明湖，实为北京最早的大型水库，几百年来为京郊供水、灌溉、航运、防洪以及城市建设、环境改善，一直发挥着重要作用。他在闸坝设计上的创造，其原理直至今天仍为葛洲坝等水利工程所用。郭守敬在天文、历算和仪器制造等方面，也有杰出贡献。他编制完成的历法《授时历》，推算出的一个回归年为365.2425日，即365天5时49分12秒，与地球绕太阳公转的实际时间只差26秒钟。和现在世界上通用的《格里历》（俗称的阳历）周期是一样的，但《格里历》的使用比郭守敬的《授时历》晚了300多年。郭守敬还编著天文书籍100多卷，创制科学仪器仪表20多种。其科学成就是多方面的。

明代初期，什刹海在科技发展史上也留有华章。居住于三不老胡同（今为1号）的郑和（1371—1433），本姓马，小字三保，云南昆阳（今昆明晋宁县）人。作为宦官被分到北平，在朱棣燕王府服役。朱棣登上皇位后，因马和有功赐“郑”姓于他。朱棣又下旨组建船队出使西洋，并选定郑和为使臣担当大任。永乐三年（1405）六月十五日，郑和率领着一支由200艘船和27000余人组成的庞大远洋船队，开始了第一次远航。在“洪涛接天，巨浪如山”的险恶条件下，远航所用的船只至关重要。在郑和下西洋的船队中，“宝船”最大，是船队的核心。最大的宝船长44丈4尺，宽18丈，载重量800吨。这种船可容载上千人，据考是当时世界上最大的船只。此外船队还有“马船”“粮船”“坐船”“战船”几种类型船只。自第一次下西洋完成首航后，他的船队又六次出海。郑和作为明廷的使者，每到一国都代表皇帝拜会当地国王或酋长，同他们互赠礼品，向他们表示通商友好的诚意。郑和还同各国商民交换货物，购回当地的特产，如象牙、珊瑚、香料等。他还将外国进贡的狮子、大西马（河马）、麒麟（长颈鹿）等带回中国，让国人在600年前即大饱眼福。20多年间，郑和的庞大船队七下西洋，航海足迹遍及亚、非30多个国家和地区，其航行规模之大，人数之多，组织之严密，航海技术之先进，航程之长，充分显示了明朝国家之强大。

清代实行“闭关锁国”。清末遭西方列强侵入，转而“师夷长技以制夷”，这也使西方的科学技术得以传播。居住于前海恭王府的奕䜣，曾担任议政王、军机处领班大臣等要职，在同治、光绪年间执掌大权20余载。他主张引进西方先进科学技术，发起“强国富民”的洋务运动。他重视对洋务人才的培养，在他的倡议下，设立了北京同文馆。这是近代中国人了解西方、培养涉外外语人才的重要教育机构。以后又由一所专设外语的学校，增加了天文、数学、物理、化学、国际法、生物、地理和外国史等多门课程。奕䜣利用掌管的职权，曾多次奏请各省将军和督抚，在各地开办新式学堂，为近代军事工业、民用工业培育人才。此外，他还奏请派遣同文馆的一批学员出国考察了九个国家，了解西方强国的政治、经济、军事等方面情况，以开阔眼界。同治年间，对曾国藩、李鸿章等提出的选派人员到西方国家学习军事科学技术，奕䜣也大力支持，并使之成行。奕䜣在洋务运动中的地位和所起的作用，是值得肯定的。

受洋务运动的影响和社会对科技文化的认知，一些科技机构和学会在什刹海地区设立。1919 年，北洋政府交通部在新街口南侧的禁卫街（今为航空胡同 15 号）设立筹办航空事宜处，一年后正式成立北京航空署，成为当时中国航空业的枢纽。在什刹海新式研究团体中，有一家著名的中国地学会。这个学会是我国第一个专门研究地理学的学术团体，其宗旨是："联合同志研究本国地学旁及世界各国。"学会于宣统元年（1909）成立于天津，张相文任会长，白雅雨任编辑部部长。1912 年春，学会迁到什刹海后海北沿 18 号办公。院内占地 800 余平方米，有房屋 20 余间。中国地学会致力于研究、传播、普及地理学知识，自 1910 年创刊出版《地学杂志》，在 28 年中，共出版 180 多期，发表研究地学的文章共 1500 多篇、各种地图 140 余幅，为我国地理学研究做出了重大贡献。

1925 年，在什刹海南侧以前清涛贝勒府为校址，创办了辅仁大学。这所由教会所办的著名学校，本意是传播教义、培养教民，但教会教育重视物理、化学等基础科学的教学，客观上促进了近代科学知识的传播。辅仁大学网罗了数学、物理、化学、生物学、心理学及家政学等方面的名师来校授课，并抽出部分资金组建多种实验室、研究所。实验室里水、电、气等设备齐全，是其他学校所没有的。辅仁大学还把科学研究与社会应用联系起来，倡导学以致用，直接为社会服务。1931 年，中国北方斑疹伤寒病肆虐，辅仁大学实验室研制成功斑疹伤寒疫苗，先在传教士身上接种，挽救了许多人的生命。

民国以后，一些有着科学文化内涵的新型景观在文津街、西安门大街上竞相出现，与街面的寺庙、店铺比肩而立，令人刮目相看。在北海公园西侧，1931 年 7 月 1 日国立北平图书馆建成，向公众开放。此处馆址原为明代玉熙宫，清代变为御马监西马场，民国后又改为军营、公府操场。北平图书馆的前身是京师图书馆，馆址在什刹海后海的广化寺。先后参与筹办新馆和主持馆务的主要有徐坊、江翰、夏曾佑、鲁迅、梁启超、陈垣、马叙伦、蔡元培、袁同礼和李四光等。新落成的北平图书馆主楼代表了民国初期的建筑风格，采用中国古代宫殿式建筑形式，绿琉璃瓦重檐庑殿顶。主楼面积达13000平方米。内部设施全部为当时最先进的西式设备，成为民国时期国内规模最大、最先进的图书馆。从圆明园移来华表一对及昆仑石、太湖石等，安放楼前。馆内藏书以宋、元、明、清四代皇家的部分藏书为基础，同时藏有著名的敦煌石室写经、宋元刻本、明《永乐大典》、清《四库全书》等珍品。馆外一段街道得称文津街。自此阜景街东段不仅具有皇家高贵之气，又平添了优雅的书卷气。

在北平图书馆西侧有一栋三层楼房，里面建有一座以范静生之名命名的静生生物调查所。范静生与弟范旭东曾追随梁启超赴日本学习，回国后发起组织尚志学会，民国时期做过六任教育总长。范静生热衷研究生物学，他去世后其弟旭东捐款于1928年成立了这个生物调查所以资纪念。调查所原址在石驸马大街（今为新文化街），新所址于1931年在文津街落成。调查所分动物部和植物部，主要通过实地调查和采集标本，进行分类学研究。所内有数千册动植物书籍和显微镜、切片机、显微照相机等设备，拥有动物标本近10万件，植物标本3万余件。这个所还在江西庐山创办了森林植物园，先后派人赴十几个省及边远少数民族地区调查生物状况，每年收集到众多稀有动植物标本。调查所先后开办了11年，到1937年成为了我国收藏动植物标本最丰富的单位，为我国动植物分类学奠定了扎实的基础。全所人员最多时达50多人，与世界重要生物研究机构交换图书资料和科学情报，出版志说图谱，在学术上做出了很大贡献。静生生物调查所楼房今保存完好，为国务院所属单位用房。

在西安门大街1号，1915年建起一座北京医科专门学校附设诊疗所。1927年易名为北京医科大学校附属医院。1946年与北京大学合并更名为北京大学医学院附属医院，“北大医院”就此而得名。这所医院是中国政府自己建立的最早的国立新型医院，是国内规模最大、综合性的教学医院之一。1940年诸福棠教授最早在医院创建了小儿科；1942年医院最早创建了齿科；1946年谢元甫和吴阶平教授最早创建了泌尿外科专业并建起第一个泌尿外科病房。北大医院发展至今，担负着医疗、教学、科研及预防保健四大任务，是目前国内最为著名的医院之一。

1915年，西安门大街1号（北大医院内）建成一座特殊的建筑，即“水准原点”。水准原点是某一地区计算非准点最原始的基准点，所有地形图、各种建筑物、地下构筑物、管网以及各等高程控制点，必须有一个统一的高程，而作为高程的起算，就是水准原点。水准原点对于城市建设、工农业生产、市政规划、历史文化等方面，都是极为重要的参考数据。这里的水准原点由民国政府陆军部测地局主持建造。它建在一栋由花岗岩石砌筑的房子里，是平面呈正方形的单层建筑，正面朝南。主体建筑形制为仿古希腊建筑风格造型，其下部呈正方形，

北京水准原点旧址

边长4.5米。正面以两根花岗岩石柱支撑三角山花组成的门头，内置“水准原点”石刻匾额及观察窗。这座建筑是我国历史上最早建立的水准原点之一，其历史作用及其建筑形式、风格、结构颇具独特性，既是重要的市政建筑，也是近代的重要文物。

科学技术是发展国计民生的重要需求，是社会进步的显著标志。古代刘秉忠、郭守敬、郑和等科学巨匠，居住或操劳于什刹海，立下了卓越功绩并名标青史。什刹海近现代科学技术的进步和发展，也充实了什刹海历史文化的内涵，丰富了什刹海文化的表现形态，提升了地区民众的精神文化品质，在什刹海历史文化演变中留下了不可磨灭的印记。

第十节　传承的教育之所

蒙古族首领忽必烈入主中原，改国号元，建立大都城后，为进一步提高国力，他加强了对本民族人才的培养，形成了以民族划分等级的贵胄教育特色，兴办起中央官学和按行政划分的路学、府学、州学和县学。

《元史》载，至元二十三年（1286），在积水潭西南侧的析津坊建有县学。学生以官宦子弟为主，“百人之内，蒙古半之，色目、汉人半之”。学习内容是先进的汉文化，主要为“四书”“五经”等儒家经典之作。到了明代，地方官学沿袭元代设置办学。明《永乐大典》辑本《顺天府志》记载：宛平县的县学“在日中坊海子桥西北，洪武三年修盖。射圃在县学后，洪武八年创筑。分教学舍在咸宜坊，洪武八年八月设置”。县学在“海子桥西北”，经考证推断，大致在今天恭王府所在的位置。

据相关史料介绍，明代宛平县学设教谕一人，由德高望重的儒学老者充任，主持县学学务，兼讲经史。另设训导四人，由儒士中有才德的学问之人担当，教授律令、礼典、书法、音律、射弓、算法。宛平县学学生名额为 20 人，由县令从民间及官员子弟中选充，条件是 15 岁以上，读完“四书”者方许入学。学生每日清晨学习经史及律令，早饭后学术、礼、乐、算，午后学射弓弩，习乐器，有奖惩考查。学生每月享受官府提供的六斗米及日常饮食。三年后学成者经推荐至中书省考试，中选者量才而用。

社学是以民间子弟为教育对象的一种基层地方官学。社学带有半官方性质，目的是“敦风俗，行教化”，让百姓接受儒家思想教育，服从封建统治。社学也兼有传授农桑知识、讲解国家政令、引导民间善俗等功能。明代时什刹海所在的日中坊、发祥坊、积庆坊，沿湖岸选幽静处，都曾建馆舍开办社学。同时，有着悠久历史的私塾馆所也在什刹海地区办起不少，其中最为著名的是文渊阁大学士李东阳的私学。他在什刹海前海畔居住，精通经籍，致力讲学，在兴学办学方面很有造诣。

从明代至 20 世纪 40 年代，什刹海地区的私塾办学一直有着很强的生命力。旧时受过教育的普通文化人，大都出身私塾。出生在小羊圈胡同（今小杨家胡同 8 号）的老舍，6 岁大时，靠一位心地善良的阔人帮助，上了一阵子私塾。私塾设在离他家半里路的一座道士观里。虽然时间不很长，却学到了知识。8 岁那年，老舍考进了西直门二等小学堂。由于有私塾的底子，居然一考就考上了三年级。在后海北沿，开办于清同治年间的慈德小学，就是由私塾转变建校的。

清朝末年，居住于白米斜街的军机大臣张之洞主张“中学为体，西学为用”。新式学堂在各处逐渐开办起来。厂桥一侧出现了官办的右翼八旗第一初等小学堂和鼓楼西大街果子观的内三旗第四初等小学堂。私办的除原有的慈德小学，又办起了崇定国民学校（鸦儿胡同）、义务蒙学堂（厂桥）。西什库小学原名圣心小学，由法籍人士林懋德主教于清光绪二十五年（1899）创办，至今已有120年的历史。进入民国后，什刹海地区的中小学校共有20余所。

义学又称义塾，是明清时期为贫穷子弟和少数民族子弟设立的教育馆所。清末民初时的义学，则是以贫苦人家的孩子为教育对象，免费入学。当慈善之人拿出一些钱来，学校就会把附近一些贫困上不起学的孩子招进学堂，学上一段时间。据相声表演艺术家侯宝林在自传中回忆，他童年时家贫，8岁那年，市立第二十七小学（现为厂桥小学）让穷人的孩子免费上学。有人挨家挨户问，有没有失学的孩子，可以插班上学，从一年级学起。侯宝林报名去上学了。他记得国语课有一节是："太阳出来了，我们去上学。"然而他只念了三个月，免费班取消，他也中止了读书的生涯。学期虽短，却让他认了不少字，肚子里也算有了一点墨水。1946年，什刹海广化寺住持玉山创办了一所广化小学，免费招生，为贫困学生提供书籍和学习用品。广化寺在1939年还创办了广化佛学院，招收青年僧侣30余人，学员食宿无忧。所学课程以经论为主，哲学、史地、外语亦列为常课，4年毕业，一般可达到高中水平。

辛亥革命推翻了封建王朝，各类学校竞相在各地涌现。什刹海地区除创办了著名的辅仁大学，还开办了几所私立高校。私立平民学院兴办于1922年，位于德胜门内石虎胡同（今为大石虎胡同），分设商、文、法三科，每科又分三系。私立文化大学建校于1924年，校址在新街口南街（今为新街口南大街）马路东侧。这所大学是由时任北洋政府国务总理的孙宝琦创办的。北京的聋人教育始于清光绪年间，1919年山东人杜文昌来京，在东城交道口福音堂创办了北京聋哑学校。这是我国华北地区的第一所聋人学校。1928年，这所学校迁至后海北沿（今为43号），办校至今，成为特色鲜明的一流特殊教育窗口校。

党校是我党培养、训练党的干部的学校。一说党校，很多人会认为这是近年才有的。其实早在20世纪20年代，什刹海地区已经开办党校了。中国共产党成立后，1925年，中共中央批准成立北方区执行委员会，由李大钊任区委书记。中央同时同意成立北方区委党校，由罗亦农任校长。北方区委党校校址选定在蒋养房胡同（今新街口东街）42号。相对于繁华的街面，这里相对偏僻。学校是一座坐南朝北的二进四合院。前院北侧倒座房为校长室、总务处、接待室和厨房餐厅。后院三间北房是教室。东耳房是教务主任室，西耳房是教研室和图书室，东西厢房为学员宿舍。在反动当局的白色恐怖环境中，为隐蔽起见，学校在大门外挂牌“北京职业补习学校”。被抽调到此培训的中共北方区中、下级干部共60人。学习课程包括：马克思列宁主义理论、我党在民主革命阶段的任务、党的建设、工人运动、农民运动、国际共产主义运动概况、世界革命史、共青团的任务、学生运动以及关于党的国共合作统一战线问题等。鉴于形势的变化和斗争环境的残酷，北方区委党校在第一期学员学习结业后停办。

建于什刹海地区的学校，不仅有着丰富的历史文化遗存，一些学校的师生还历经革命风暴的洗礼。1935年12月9日这天，辅仁大学、辅大附中、小石桥胡同的七中等校师生积极参加抗日救亡的一二·九运动。师生队伍冲破了军警阻拦，迎着刺刀和水龙头喷射，挺胸向前，发出了抗日怒吼，震撼了古都北平。一二·九运动后，辅仁大学内建立了中国共产党的地下组织和外围组织，积极开展民众抗日活动。

1937年“七七事变”后，北平沦陷，留在北平的学校都被敌伪接管。校门上要悬挂日本国旗，师生进出必须敬礼，各校还规定学日文、使用日本教材等。而在此时，身为辅仁大学校长的陈垣，利用德国是轴心国，辅仁大学是德国教会学校的特殊性，在学校坚决不挂日本国旗，不用日文教材，不以日文为必修课，与日伪当局抗争。当日军攻陷徐州，辅仁大学校门上却不见升起“太阳旗”庆贺。一位敌伪要员找到陈垣质问，陈垣口气坚决地告诉他：“国土丧失，只感到悲痛，要我们庆祝办不到!”来人威胁说：“你不依命令，难道不怕死吗?”陈垣从容镇定地引用《孟子》中的话答曰：“生亦我所欲也，义亦我所欲也，二者不可得兼，舍生而取义也。”来人被他威武不屈的精神所震慑，只好悻悻走掉。敌伪看威胁不成，又以伪职钱财利诱，仍遭拒绝。陈垣在与敌伪威胁利诱做斗争的同时，以学校讲坛为阵地，借讲解《日知录》宣传抗清不仕的顾炎武；以介绍《鲒埼亭集》彰扬抗清英雄。他抓住一切机会对学生进行爱国主义教育，激发师生的爱国斗志和民族精神。受陈垣爱国救亡精神的影响，任教辅仁大学的沈兼士、英千里、张怀、董洗凡等组建了秘密抗日团体“炎社”，以后又成立了以辅仁大学师生为主的地下抗日组织“华北文教协会”，并编印出版《时事简报》，传播抗日消息，号召全民抗战，以不屈不挠的斗争为打击日本帝国主义，实现民族独立解放做出了重要贡献。抗日战争胜利后，在反对国民党发动内战，迎接北平解放的斗争中，什刹海辅仁大学等校的中共党员和进步师生，也都做了大量卓有成效的工作。

自元代兴学办学以来，什刹海各类书馆、学堂迭现，一直流动着浓郁的书卷气和儒雅之风。清末推行洋务运动，尤其是新文化运动，使各类学校增多，让入校学生掌握了更多的科学、民主、文化知识。什刹海的教育文化事业，在培养多方面人才的同时，也促进了地区整体文化品位的提升。

第十一节　普施济民的医药文化

对疾病缺少有效的医治，只能祈祷神灵佑护和普施济世，是早年什刹海医药文化的一大特点。

元代的积水潭，连通京杭大运河，漕船北上运来各种粮米货物。《马可·波罗游记》载："凡世界上最为稀奇珍贵的东西，都能在这座城市找到，特别是印度的商品，如宝石、珍珠、药材和香料。"治病除疾的药材、香料，运至积水潭，再分发各地。积水潭的商铺、货摊中也有药铺，但这是为官家富户准备的，一般民众不敢登门。普通人对健康的认识就是祈求上苍保佑，春来追随文人雅士到积水潭湖岸行"修禊"之礼，游走一番，清心爽目，借以祛病抑邪，消解不祥。到了初夏端午，在各种疾病开始流行的季节，家家把菖蒲、艾叶插到门框上方，在窗户上贴象征吉祥的葫芦窗花，以求驱灾避邪。家人还饮用蒲根、雄黄泡的酒，用雄黄酒涂抹小儿耳和面颊，在床帐内扬洒，以解毒、消毒、除虫、防病。若大病降临，也只好咬牙去街边找个摇铃的江湖游医给看看，街市上的坐堂名医是请不起的。

古代的人为了不生病和少闹病，有不少人寄希望于药王爷保佑免灾祛病，全家老少安康。昔日北京城内药王庙很是不少，仅什刹海就有 3 座。一座南药王庙旧址位于西皇城根北侧（今地安门西大街 73 号，现址为香港特区驻北京办事处），正名普济药王庙，含"普施广济，济世人生"之意。这座药王庙相传为明末大太监魏忠贤所建，当年香客很多。一座中药王庙位于德胜门内羊房胡同（今为 9 号），建有殿堂多达数十间，香火也很盛。还有一座北药王庙，位于旧鼓楼大街北口路西，始建于明嘉靖年间，有大殿八间，正殿供奉遍尝百草、首创医药的药王神农氏。相传药王爷的生日是农历四月二十八日，届时庙门大开，接待各方信士入内进香。家中有病人的，更是虔心烧香许愿，献供行礼，祈求亲人早日康复。附近各药铺也前往药王庙施舍或低价出售中成药。铺主们相信，此举是代药王行善事，可得药王护佑，所售药材疗效大增，自会名利双收。然而看似香火旺盛的药王庙，它所折射出的不过是旧时人们对于健康的渴望和对疾病的恐惧以及无奈的心理状态。

清末和民国时期，什刹海成为民俗活动的乐园，从每年端午节开始，京城四方之人都爱来到什刹海水畔，亲近大自然，观赏荷花，品尝水中特产，希求防疾祛病，避瘟驱毒。妇女沿湖岸疾走，“走百病”的健身习俗，一直流传至今。此外，缺医少药的民众，也知道在饮食上进行健康调理。在什刹海西北侧的孝友胡同，曾有一家名为“义兴”的酒铺，酒铺内以出售多种花果和药材酿制的露酒而名扬京城。一种黄连酒，以黄连兑入酒液制成，味道微苦，可以去心火。一种四消酒，以中药四消丸酿造，具有消食、消水、消气、消暑的“四消”功能。酒液不是很甜，但色深味浓，喝了让人心里舒坦。义兴酒铺的露酒是装在大小葫芦里的，酒铺门外也高悬酒葫芦的幌子。酒铺有名，所在胡同也得名“药酒葫芦胡同”。在什刹海，一进三月就有小贩串胡同卖茵陈，吆喝：“买茵陈嘞，泡酒喝!”茵陈即蒿子秆儿，相传开春食用去火气。有的小贩挑担吆喝：“蛤蟆骨朵儿、大田螺螄嘞!”蛤蟆骨朵儿即蝌蚪，很多人相信买了活着让小孩喝下能去火化灾。

清代正黄旗驻守德胜门内，骑射营、善扑营中的士兵在操练中常发生关节脱臼、腰肢损伤等伤情。上驷院医生要经常前往诊治，其医术也有外传。清末时期万宁桥附近的马良大院、帽局胡同，都开设有好几家正骨诊所。光绪二十八年（1902），清朝太医院自东交民巷迁出，在地安门东大街（今105号、111号、113号、117号处）重建新署。建好后，太医院众多的御医经常往返于皇宫和什刹海南侧。虽然这与百姓们无甚关联，却让一些太医院的御医熟悉了什刹海的地理位置，散落民间后在人多热闹繁华的街面上有了落脚点。民国年间在地安门外大街的商铺中，药铺张挂着的幌子引人注目，著名的有仁一堂、同生堂、济生堂、陈一贴等。正是常有御医、名医在什刹海一带走动、行医和传播医疗技术形成的医药文化氛围，才有了如今积水潭医院、护国寺中医医院这两家著名骨伤科医院的实至名归。

第十二节　繁茂的商业店堂

元代按照《周礼》“前朝后市”规划建造的大都城，“前朝”突出的是首都的政治功能，“后市”则是提供实现首都功能的经济支持和物质保证。再加上修建了通惠河，南来的漕粮及各种物资源源不断运抵积水潭。这两个因素互相作用，便促成了元代钟鼓楼商业区的形成和发展。

据《日下旧闻考》卷三十八《京城总记》所载，元代积水潭（围绕着钟楼）的商业布局为：米市、面市、段子（绸缎）市、皮帽市、珠子（珠宝）市位于钟楼西南，舒噜（珊瑚）市位于钟楼之南，针市位于钟楼东南，鹅鸭市、酒楼位于钟楼之西，柴炭市、铁器市、穷汉市位于钟楼之北。《马可·波罗游记》载，积水潭的段子市、针市是生丝、绸缎等服装原材料及缝用工具的专门市场，“仅丝一项，每日入城者计有千车。用此丝制作不少金锦绸绢及其他数种物品”。马可·波罗还介绍道，在钟楼前街第一巷，有多家出售珊瑚、宝石、珍珠的商铺，铺中的奢侈品琳琅满目。周围街市主副食吃的、从头到脚穿的、再到铁器等食品用品无一不备，高中低档一应俱全。

明代时，将重修的北城墙南移。什刹海虽仍是“朝后市”，但这里的商业区已不再居于城市中心位置。另外什刹海失去了漕运北终点港口的功能，繁华热闹也不及元代。但这个“朝后市”依托什刹海，又融于什刹海，有湖光水景，有名胜、寺院、酒楼、茶肆、莲舟和城里的“农家”。这里商业与游赏休闲相结合的北国水乡风貌街区特色，颇受四方之人的喜爱。明代先后有开业于什刹海的老字号扬名京城。在地安门外大街上，开业于明末的闻异轩香蜡铺，前后经营了200多年。在新街口南大街（今为217号）的柳泉居饭庄，创建于隆庆二年（1568），2016年翻建重张，存世已达453年，在北京商业和饮食行业中，都堪称名副其实的“超级老店”。

清代于地安门外大街开业的商号大铺，扬名至今的更多。侯仁之主编的《北京城市历史地理》一书介绍，地安门外大街在“道咸前后，有很多著名店铺，如伟仪斋帽店、陈一贴药铺、桂英斋糕点铺、庆和堂饭庄等”。老字号酱菜园“大葫芦宝瑞兴”位于地安门外大街路西，火德真君庙北侧。这家酱菜园是清代乾隆年间一位叫宝瑞的和尚创办的。为招徕顾客，酱菜园在店铺外设置了一个须弥座，上面放置了一个一人多高的朱红色大葫芦，使店铺以“大葫芦宝瑞兴”名扬京城。这家酱菜园腌制的酱菜质优味美，与南城的“六必居”、东城的“天义顺”、西城的“天源”并称为北京的四大酱菜园。

万宁桥桥北路东的“吴肇祥茶庄”，开业于光绪年间。店主吴肇祥，安徽歙县人。安徽歙县是我国著名的茶乡。这家茶庄属前店后厂，自己加工窨制茶叶。店内选用上等徽州黄山茶坯为主料，加入苏州、福建茉莉花茶加工窨制。吴肇祥擅制茶、懂茶、会做买卖，茶庄多用伏茉莉窨制花茶，窨制后再经拼配，茶叶泡后色泽淡黄，香气浓郁，经沏耐喝。《道咸以来朝野杂记》中谈道："北京饮茶最重香片，皆南茶之重加茉莉花窨制者……以香味而论，当数齐化门北小街之富春茶庄及鼓楼前之'吴肇祥'为上。"

鼓楼西南侧烟袋斜街里，在清代也开业了几家大店铺。光绪年间街东口的同合盛、双盛泰两铺，专营旱烟袋。相传慈禧太后使用的烟袋，曾被拿到这两家店铺清洗。街东口路北有一家"鑫园澡堂"，为清末大太监李莲英的嗣子李福庆所开。光顾的人多，生意兴隆，在京城北部名声显赫。街西路南的"庆云楼"，是清代后门四大饭庄之一，道光年间开业，属京菜风味饭庄，烹饪以汁水勾芡为特色，名点有盅糕、炸春卷等。光绪年间，庆云楼东家王子言在晓市地摊淘到王石谷画，用卖画所得买下了饭庄对面的铺面房，开设了黎光阁裱画铺。这家裱画铺用料讲究，工艺严谨。著名画家溥儒、齐白石等，都不时到黎光阁裱画。这家裱画铺经营时间长达近一个世纪。

民国以后，鼓楼东西大街，尤其是南大街，已是商号拥聚，铺面鳞次栉比。说到老北京繁华地界，人们常说"东四西单鼓楼前"，或曰"西四东单鼓楼前"。对"鼓楼前"，有解释为鼓楼南的，也有说是指鼓楼和前门两地。不管何种说法，老北京繁华之地都是不能少了鼓楼的。几百年间鼓楼一带一直是京城最为繁华热闹的商业街区之一。在 20 世纪二三十年代，仅从鼓楼至万宁桥二里长的街面上，就有大小铺户一百多家，行业多达七八十个。1934 年，地安门外大街参加同业公会的商户为 137 户。大街两边排列着绸缎店、珠宝店、银号、古玩铺、干果铺、酱菜园、饭庄、酒楼、当铺、喜轿铺、药铺、收生婆店、棺材铺、寿衣铺、杠房等，有关吃喝穿戴、生老病死的买卖应有尽有。

当年在万宁桥以南东西两侧，有多家棚铺。棚铺以受聘为客户搭喜棚、凉棚为业。住四合院的人家夏天要搭天棚防晒避暑，技艺高超的棚匠会携带材料前去，按事主要求麻利应办。使用杉篙在砖地上把立柱绑扎稳固，绝不挖坑损坏地面。大棚高出正房四五尺，棚顶铺以芦席，以利于通风和采光。讲究的人家装芦席卷帘，以绳索舒卷拉合。有的在天棚开天窗，还要安上花式玻璃。大宅门里办婚礼，要高搭喜棚。宅门中有丧事，要搭丧棚、祭棚。王府办丧事，由棚匠用特制的物件搭建“木殿”，以便停灵七七（49 天）。木殿挡风遮雨，壮观豪华。

扎彩子是旧时油漆、彩画、糊、瓦、木、石、搭、扎八大行业之一，素有京彩局之称。在万宁桥南也开有铺面房。有钱人家办喜庆寿诞，除了要搭棚，还讲究扎彩子，即成语所形容的“张灯结彩”。手艺人以绸布、花纸、玻璃碎屑等装饰高棚，或搭造彩牌楼、彩亭，入宫搭建彩殿等。北城彩子匠以地安门门脸儿“彩子刘”最为著名，他多次承办内务府官差，并受邀到津沪等地扎彩子。扎彩子与棚铺业关系近，人员往来多。常与棚铺为邻的还有杠房和棺材铺。有相邻的棚铺、杠房、棺材铺就是由一位掌柜开的。万宁桥南路东的“和兴”杠房（抬过皇杠）、“信义”杠房，同列京城十大杠房之中。杠房承揽到丧事后，召集各类人手齐整，使用器物又全又新，把丧事办得周全、体面，为事主挣足了面子，自己也名利双收。

过去女子出嫁要坐轿子，中上等人家则用八抬大轿。承办这一喜庆之事的是喜轿铺。万宁桥北边路西就有着两家。有钱人家嫁女，多将嫁妆交与喜轿铺，由喜轿铺用红漆桌摆好，由人抬着穿街过巷，显示体面、阔气。穷人家嫁女，陪嫁东西少，也要送过去，常由喜轿铺代找“窝脖儿”，一“窝”了事。“窝脖儿”常“窝”着又高、又重、又易碎的物件在街巷大步而行，有着一定技能。这个行业干久了，脖子上会出现一个大包，留下残疾。

地安门外大街上还开有收生婆店，以派出经验老到的中老年妇女（常称接生姥姥）为孕妇接生为业。一些宅门和富绅之家办新生儿“洗三”，也会到收生婆店约请接生姥姥主持。“洗三”即给出生数日的婴儿洗澡。收生婆店除能派出人手，应办接生、洗三等事项，还能为雇主介绍奶妈、老妈子（也叫老妈儿，干粗重活计的中年妇女）。

地安门外大街两面聚集有众多摊棚。从鼓楼到地安门门脸儿，摆有多个书摊。摆放的旧书有鼓词、剧本、石印小说等。也有的书摊上专卖皇历和线装书。摊棚中还有一类是专卖小孩玩具的，包括布娃娃、小鼓小镲、木制刀枪、小马鞭、面具、毽子、地轴、空竹、九连环、万花筒等。也有一些摊是卖活物的，有蝈蝈、鸽子、小鸡、小鸭、金鱼等。有乡下人还在街面卖一种“热车”，用彩纸糊轿车，有能转动的车轮，把活的屎壳郎拴在前面拉车，卖者高喊：“大骡子大马，一个铜子买俩！”

地安门外大街上原本摊棚就多，售物纷繁，每到年节应季瓜果、物品上市，市面便更有一番热闹景象。一开春，马路边多了挑担、挎篮卖田螺、卖榆钱儿、苣荬菜的，然后是卖野鸡脖韭菜、香椿芽的。五月端阳，樱桃、桑葚应市，彩丝缠成的小“粽子”、蒲子艾子、“五毒”葫芦、“朱砂判儿”神符等，也都在摊上抢卖一时。入夏各种瓜果、菱角、莲子、白花藕、鸡头米等叫卖声不断。中秋节临近，果品光鲜一片，螃蟹舞爪吐沫，摊上大大小小泥塑兔爷向路人争宠。腊月是大街上最喧闹的时节，卖供花的，卖灶王龛的，卖松柏枝、芝麻秸的，卖年画、门神、春联的，卖烟花炮仗的，挤满街边，烘托出浓郁的年味。应季应节的摊棚适时而设，原有的小吃、果品、杂货摊固守原地，两相对峙。这使地安门外大街一年到头日日繁华，游人如织，喧闹不已。

鼓楼前东侧，即鼓楼东大街西口处，为一处较宽敞之地，俗称鼓楼弯儿。路南开有泰麟坊香油铺，相邻的东侧是一家酱肉铺，西侧为玉丰源米粮店，所售米、豆、面种类齐全。临近腊月，这里便早早备下熬“腊八粥”的粮果、米豆，包括粳米、糯米、大麦米、小米、黄米、薏仁米、高粱米、鸡头米、菱角米、绿豆、红豇豆、红小豆、红芸豆等；干果包括红枣、生栗、莲子、桃仁、松子、花生、瓜子、榛子、葡萄干、桂圆、荔枝等；甚至连粥熬好后摆放粥面的青梅、瓜条、金糕等多达数十种粥料，都早早备妥，一任顾客选购。

地安门外大街上，开有“寄珍斋”“聚珍斋”“宝文斋”“宝古斋”“品古斋”“撷古山房”等古玩店铺。有的铺子里专售名人字画、端砚、名章等。有人看到恭王府溥儒也多次拿着自己的书画到撷古山房寄卖。然而古玩书画中有不少是仿制品。有人专门仿画宋元的青绿山水，也有人专仿名人的字。为此在《燕京竹枝词》中有一首题为《后门》的词云：“便道书画件件陈，所题下款尽名人。数钱即可购一只，也许假来也许真。”这首词告诫人们，古玩铺的古董，有不少属于赝品。夹杂在书摊中有一些挂货摊，隶属于古玩业。挂货摊经营的货品广泛，有实用性，但价值较古玩低。也可说是旧货摊。一些挂货摊子虽小，陈年杂物中也有奇货。有人以铜扣的价钱买到过金纽扣，大赚了一笔。也有人买了破旧折扇，扇骨虽残，扇面却为名人所书。这让一些古玩商也爱流连于街面挂货摊前，以期淘到俏货。

德胜门外桥东北河沿处和醇王府西墙外，都曾是北京城的“晓市”。晓市也叫“小市”，又称“鬼市”。传说中的鬼在夜间活动。晓市地处黑暗之中，人影憧憧，相互左顾右盼，窃窃讨价还价，故而人们把这种交易之地呼为“鬼市”。又因为它三更后开市，天亮即散摊子，才又唤作“晓市”。在这里卖东西的，有打小鼓等商贩收到旧货再加价出售；有家道败落者为保全脸面，趁夜色变卖家中的物品度日；也有盗窃者窃得物品，到此半公开销赃。晓市的买卖无诚信可言，演绎着大量蒙骗人的勾当。此处地摊上的物品林林总总，五光十色，以破旧不堪的居多，但也有一些价值不菲的古旧文物藏匿其中。1924 年，当末代皇帝溥仪被逐出故宫，优待皇室的条件废除，王府后人也只能靠典当度日。溥仪之叔贝勒载涛还曾收拾碗碟一类器皿，趁夜色在“晓市”摆摊变卖。还真有人低价从他手上买到过明代瓷器。以后就有不少人守候着他，载涛摊前也曾热闹了一阵子。

在什刹海西侧，新街口一带早在明代已形成街市，清代日趋繁华。进入民国，新街口丁字路口的店铺一家挨一家，向南、北、西三个方向排列开去。老字号除柳泉居，还有永顺居饭庄、正云楼酱肘铺、德聚永茶庄、永顺德干鲜果店、天德堂中药铺、宝兴斋香蜡铺、北万盛布铺、德丰园澡堂等。隆祥、鲁昌、祥顺成几家绸布店不时展开商业竞争，门前邀来鼓号队，放高音喇叭，以降价、甩卖，争夺顾客。年节还会大放花炮、盒子，引人观赏，赚取人气。这条繁华热闹的街市向南延续到西四街口，沿街店铺鳞次栉比，周边有同和居、砂锅居、二友居、丽丰祥、成文厚等老字号，其中一些老字号将重名声、讲诚信的经营理念一直传承至今。

在什刹海，地安门外大街、鼓楼东大街、鼓楼西大街、烟袋斜街、新街口南大街、新街口北大街及东侧的护国寺街、南边的西四北大街和西安门大街等，古来至今，一直是商户聚集，百货丰盈，游人簇拥，买卖兴隆。这些街巷周围几百年来繁华不衰，其原因中很重要的一点是：这里有着的商业文化发展底蕴、渊源和氛围，是极其深厚的。

第十三节　兴盛的饮食经营

民以食为天。元代通过京杭大运河抵达积水潭的漕运货品以粮面为主，繁荣于钟鼓楼周围的商铺，也以售卖米、面、饼、禽、蛋等主副食品居多，“柴米油盐酱醋茶”齐备，柴炭、铁器等店铺，也多是为饮食服务的。

元代的“西斜街临海子，率多歌台酒馆”，以名肴美馐迎纳达官贵人，文人雅士聚会品食。王冕诗云：“蒲萄潋滟金叵罗，羊尾驼峰腻人口。”于诗句中可知当年酒食之讲究。明代时官员、文人雅聚兴致不减，诗词中“蘋蘩丛幽深，菰蒲濯清浩”“菰米羞香饭，园葵荐露羹”等，又表现出他们膳食偏爱清淡的一面。

明代开业于新开道街（今为新街口南大街）路东的柳泉居，由一个山东人出资开办。当时柳泉居规模较小，仅经营黄酒，卖些松花、醉蟹和一些下酒菜。据店里老掌柜讲，早年柳泉居院内有一口甜水井。店家主人用甘洌的井水酿制黄酒，味道醇厚，芳香浓郁。相传明世宗的宠臣严嵩失宠后落魄街头，端着银饭碗来柳泉居讨要酒喝。掌柜知道是严嵩到了，听说他写得一手好字，便灵机一动，取来笔墨纸砚，请严嵩题字。严嵩提笔写下了“柳泉居”三个大字。掌柜收好题字，奉上黄酒，端上好菜佐酒。这家小黄酒铺挂起严嵩题写的“柳泉居”匾额后，誉满京城。柳泉居与三合居、仙露居一起，号称北京黄酒“三居”。三家黄酒馆中，以柳泉居酿黄酒的历史最为悠久。柳泉居还自创一种叫“木瓜北京黄”的药酒，比普通的木瓜烧酒更具特色，对风寒腰腿痛有一定疗效。

清代中叶后，随着居于内城的旗人对吃喝的享受需求增大，鼓楼前饭庄增多，摊群扩大，饮食种类丰富起来。各地菜系争相列入饭庄、酒楼菜谱中，各式糕点、果品、小吃应时供应于市，让居住什刹海和前来游逛的人们打开钱囊便可一饱口福。

《道咸以来朝野杂记》载：“内外城糕点铺，北城则桂英斋最佳，在后门外路东。”桂英斋位于万宁桥北路东，是开业于清代的一家“满洲饽饽铺”。这家铺子以能向宫内供应各种满洲饽饽而博得声誉。桂英斋门脸儿宽敞，栏框后南北两侧各摆放厚木柜子，红漆锃亮，内陈各式满洲饽饽，如老北京人熟知的大、中、小八件等。这些饽饽馅料多样，形色皆美。除常备的饽饽，店铺还经营庆贺婚礼、小儿“洗三”的七星饽饽，以及专为丧事祭灵摆置的“饽饽桌子”。用者可先行预定，到期不误。除制售饽饽，这里出售的喇嘛糕、奶油槽糕、萨其马也很有名。店铺还生产应季糕点，春季有鲜花玫瑰饼、鲜花藤萝饼；入夏有绿豆糕、茯苓饼；中秋节有自来红及多种馅料月饼；重阳节则推出花糕，所夹四色果料，色美精致，观之悦目；春节临近，添售关东糖、糖瓜、糖饼，同时出售成桌蜜供，供拜祭用。桂英斋所制的蜜供，不粘牙，香、酥、甜，还能吃出桂花味，每年都能吸引众多人家入店订购。此外，这条街上的公和魁等糕点铺也很著名。

老字号酱菜园“大葫芦宝瑞兴”，在城外有酱园，可以掌握瓜菜在最适宜时入缸。酱菜选料讲究，酱黄瓜固定要用安定门外“卢记”的秋黄瓜，顶花带刺，身直腰顺，一斤五六根才合用。酱苤蓝要用安定门外“刘记”的，皮薄肉脆，每个须在一斤以上。制八宝菜所用的花生、杏仁、藕、甘露等，也都有固定的进货渠道。由于原料上乘，加之精工细作，酱菜放于大蓝花瓷坛里，不需开盖，铺门外行人就能闻到浓郁的酱菜香味。宝瑞兴的甜酱小菜、甜酱瓜、甜酱八宝、什香菜、酱姜芽等都很著名。这里的“雷𤺥疙瘩”，以芥菜腌制，软而耐嚼，甜中带咸，五香味道，被认为是酱菜中的精品。宝瑞兴酱菜的外包装使用一种小油篓，装好酱菜后，两个上下一捆，顶部盖着店票，也有红色葫芦标记，拎起来好看，送礼和家用都透着喜兴。

地安门外大街北端路西第一家商铺是字号为“聚盛长”的干果店。铺子不大，设在七八层台阶的坡上。聚盛长出售干鲜果品，自制的食品如蜜饯海棠、金糕、玫瑰枣、炒红果等，都很精致，而夏季设摊售卖的酸梅汤尤为著名。酸梅汤是我国古老的饮品，聚盛长在北城有“饮料大王”之誉。制汤时，乌梅必用浙江一带的，果大味醇。以沸水煎泡乌梅后，滤去渣滓，配进上等冰糖，调入桂花、蜂蜜等辅料，装入大瓷罐瓮，罐外环夹碎冰。每年端午后，便在街前设置摊位。顾客临座，梅汤舀出，汁浓挂碗，入口甜而含酸，酸而味润。暑热中饮下一碗，凉彻肺腑，浑身通爽。提到聚盛长的酸梅汤，喝过的无不点头称好。

在聚盛长西侧、前海东沿店铺中，另有一家姜店（干果）“公盛义”也有名气。铺子临近银锭桥，经营炒红果和一些精细果品。这里制作的炒红果，选用京北山里红为主料，将果核剔出，开水焯过，捞出晾干，将枣泥镶入山里红，锅放冰糖炒糖色，急火快炒，放白瓷盘内出售。此铺的炒红果酸甜味美，香脆可口，颇受好评。

在前海东沿路边小席棚内，时常有个忙着切羊肉的人，供顾客踩着板凳烤着吃。切肉者就是烤肉季的老掌柜季德彩。季家在这里搭摊棚做烤肉生意，烤肉选用口外纯种绵羊，只取精华部位，包好压冰肉，其肉鲜嫩有“赛豆腐”之称。上好的刀工将肉切得薄而透亮，再用果木、松柏木烧烤，木香渗入肉里，烤出的羊肉香味浓郁，又带有一股特别的“野”味。清末时，什刹海周边有多家王府，其宗室、太监来往不断，不少人都爱吃季家的烤肉。宣统年间，摄政王载沣每逢想吃季家烤肉，季家的人便用小手推车拉着烤肉的炙子、肉片、调料和松枝，入府应差。年复一年，季氏烤肉摊经三代相传，有了足够的本钱，在前海北侧（今前海东沿14号）建起了店铺，取名“潞泉居”，俗称“烤肉季”，经营至今。

在烤肉季东侧（前海东沿17号），有一家挂有“清真东兴顺爆肚张”字样的店铺。爆肚儿是北京特有的风味小吃，以用沸水将羊肚或牛肚爆至嫩熟，蘸调料吃而得名。北京人吃爆肚儿，早在200年前的乾隆年间已有文字记载。清末民初时，鼓楼一带做爆肚儿生意的摊铺有多家，前海的“爆肚张”硬是凭着爆肚儿料精、味美、实惠脱颖而出。据当地年长者介绍，当年张掌柜所用的原料都是头天屠宰得到的鲜肚。将百叶、散丹翻来掉去一页页涮洗，直至洗得水清为止。加工切得薄厚适宜、整齐匀称。爆制时水温、火候拿捏得恰到好处，并能根据客人的进餐速度，看客人将一盘爆肚儿吃得差不多时，再爆下一盘。所备调料包括酱油、醋、酱豆腐、芝麻酱、辣椒油、葱花、姜末、香菜末等一应俱全。“爆肚张”的门脸儿小，铺内只能放两张桌子、七八个凳子，坐两三拨客人。但即便等待，好吃这口儿的人也爱来这里，候在门外。

老字号饭庄通常坐落在街旁或胡同里，北海的“仿膳”却是个例外，它位于皇家园林间。1925年北海公园开放，在清宫原御膳房当过“皇差”的赵润斋邀集宫中同事多人，在北海北岸办起“仿膳茶庄”。除卖茶水，主要经营清宫的传统糕点，有芸豆卷、豌豆黄、小窝头、甑儿糕、奶卷、肉末烧饼等。这些小吃用料讲究，做工精细。以豌豆黄来说，一定要用京东四眼井的白豌豆，将豌豆煮烂、晒干、磨粉后过细筛，再经多道工序制成。又如肉末烧饼，要用炭火来烤，烤出后黄白分明，外酥里软；肉末则煸炒得不腥不腻，香嫩可口。茶庄还恢复了一些宫中的传统炒菜，像四抓——抓炒腰花、抓炒里脊、抓炒鱼片、抓炒大虾，以及黄焖豆腐、栗子扒白菜等。仿膳茶庄虽小，因其清宫风味的菜点是独一无二的，颇受青睐，成为人们游园后的聚餐之地。

鼓楼西大街是形成于元代的一条斜街。在街的偏西处，民国时期称为果子市大街。设于路南的果子市，是旧时北京两大著名瓜果市场之一。南市在前门大街东侧的果子市，北市即为此处。北市这个干鲜果品集散地，比南市开办要早。这里经销的鲜果，包括深县蜜桃、献县秋桃、交河县鸭梨、昌黎县白梨、河间县香梨、完县霜雪梨，以及杏、枣、李子、樱桃、石榴、苹果、葡萄、西瓜等。入秋后，柿子是摊位上的热销果品，品种有个儿大肥美的磨盘柿，有个儿小汁甜的高庄柿，此外还有杵头柿、金瓶柿、高脚方柿等名类。这里经营的干果有花生、瓜子、榛子、杏仁、核桃、栗子及果脯、果干等。在此经营的著名店铺有双义和、楼儿店、豆张店、万顺店、清全店、天德店等。各店果品种类繁多，鲜香四溢。

果子市南面是晓市地段，闲逛晓市的人也带旺了一些小吃摊，包括烧饼、麻花儿、豆腐脑、炒肝儿、炸丸子、杏仁茶以及肉食如酱牛肉、驴肉、羊头肉、马脯肉等摊棚。马脯肉是北京下层民众的吃食，也叫“瞪眼食”。这里卖马脯肉者于摊上架锅，煮入半大块马肉（不少取自死骡死马）。食客环锅而坐，举筷从锅中夹肉，随蘸酱油送入口中。摊主见他每吃一块，即以铜钱在案板上打一码子。吃完数码付钱，所以得名“瞪眼食”。在夜色尚暗之际，六七人围吃马肉，“忒儿喽”咀嚼声不绝于耳，几方铜钱落案铿响，绝少差错。卖者一边打码，一边切肉续锅，其手、眼、心并用，功夫了得。

晓市上的小吃种类较少。有丰富多样小吃之处是在鼓楼往南至地安门门脸儿地段上。这一带小吃种类极为繁多，有些品种的风味小吃独具特色，致使远居京城东、西、南以及住在郊区的人也专程而来，饿与不饿均喜欢品尝小吃。

当年在鼓楼前路东一家酒铺前有一个食摊，专卖苏造肉。摊主是一位姓周的老人。据清宫老太监信修明回忆录记述：“苏造肉之做法，出于升平署（又称南府）。昔年，多江苏人，他们的做法，与北方不同，故名苏造肉。做苏造肉者，姓周，他先在升平府为役，学做此肉。”周老人制售的苏造肉，是将猪的两肋、大肠、耳朵、口条、心、肝、肺洗干净，煮透，捞出，抹上糖色，略晾干，再入锅，倒入原汤，加好酱油和装有桂皮、甘草、豆蔻、陈皮等的料包，以文火煮得肉质松烂。这里的苏造肉摊，晚间高挑一盏玻璃灯，上写“南府苏造肉”，很是引人注目。

苏造肉摊子南侧是一个猪肉豆腐脑摊，以肉卤浇豆腐脑，卤为煮白肉切片勾兑，加黄花、木耳。浇在软嫩如玉的豆腐乳上，再撒些蒜汁、辣椒油，摊主吆喝着：“来碗鲜热的豆腐脑，又解馋来又解饱！”在街的往南斜对面，摆有一个羊肉豆腐脑摊。这里的摊也以肉卤浇豆腐脑。卤为鲜羊肉切丁过油勾兑，加口蘑、黄花。吃羊肉豆腐脑咸鲜味美，口齿留香。

在路西聚盛长干果店前，有支摊卖面茶和油茶的。面茶采用糜子面熬成稀糊状，盛碗后撒芝麻酱、花椒盐。食者不用勺、筷子，端碗转着圈儿在碗边吸溜。油茶又叫“油炒面儿”，以牛骨髓和小麦面炒熟，盛入碗加糖，只需用沸水一冲，即可食用。凡卖油茶摊，都备有一把细长嘴大铜壶。摊主扬右臂在上，搬动壶把，左手持盛炒面的小碗在下面接住细流而下的沸水，用勺搅动后交顾客食用。摊主从容搬动大铜壶，将沸水注入油茶碗，是此处街头常见的一景。

马路西还有卖以眼钱火烧做卤煮、叉子火烧夹酱肉、山东锅饼、牛舌头饼的摊棚。牛舌头饼因其形状是长椭圆的，厚实，像牛的舌头而得名。它的售价比一般烧饼低些，用半发面做，中间放点油，烙熟后为上下两层皮。破开一头，可往里塞酱肉或放入油条吃。有些赶驴驮子、拉骆驼的人从鼓楼前向北而去，都爱买些牛舌头饼夹油炸果，用于路途上吃。

鼓楼前马路东则排列有卖炸豆腐、爆肚儿、煮驴大肠、大麦粥的摊棚。这里还有卖糖的小摊，有大糖子儿、花糖球、属相糖等。还有一种糖拐棍儿，分红白二色，红的上面有白色斜条纹，筷子粗细，上部弯过来，像个拐棍儿模样。在糖摊南侧，有个卖糖葫芦的摊。用冰糖熬制糖浆，蘸出的糖葫芦晶莹剔透，甜脆爽口，绝不粘牙。此摊的糖葫芦品种多，做工精巧。清洗剖去核的大山楂半开半合，填入豆沙、枣泥、豌豆泥等馅，再将瓜子仁儿按在露出的馅上，观之俏丽，食之可口。成根的山药蒸熟去皮，挖出些小洞，填入馅料，按上山楂糕和青梅的丁粒，黑、白、红、绿的四色圆柱，煞是好看。

从糖葫芦摊再往南，就到了万宁桥。桥头两侧又是一个小吃摊密集处。桥南路东有一家“老范馄饨”。摊主老范每日买回十几斤鲜猪肉，去皮剔筋。老范说机器绞的肉馅不香，一直是用刀来剁肉馅。他用猪棒骨熬汤，舀出汤油，灌入十几个黑釉大瓷葫芦。煮一锅馄饨，添一次汤油。馄饨锅里长炖着一只肥母鸡。馄饨是现吃现包，馅大皮薄，虾皮、川东菜、香菜、紫菜、胡椒面儿等齐备。凡到此品食老范馄饨者都赞不绝口。

万宁桥桥头东西都有豆汁儿摊。清乾隆年间京城一粉坊偶然发现，用绿豆磨成的半成品粉浆发酵变酸后酸甜可口，熬熟后更为好喝。其后豆汁儿受到乾隆皇帝赏识，招募了豆汁儿匠人在御膳房当差。以后豆汁儿便成为北京人喜食的小吃。豆汁儿摊散见于各庙会和街头。来万宁桥喝豆汁儿的人络绎不绝。摊主从粉坊趸来生豆汁儿，摆摊用大锅熬熟，再以文火保温，让豆汁儿总是开着锅，其稠度、口感也最好。喝豆汁儿要就辣咸菜丝并搭配焦圈儿食用。有研究说，喝豆汁儿夏可消渴解暑，冬能暖腹温阳，四时都有开胃健脾、祛毒除燥之利，最是物美价廉。喝豆汁儿又是贫富相宜、雅俗共赏之事。在万宁桥旁豆汁儿摊上，常能见到身穿长袍大褂的文化人与着号坎的车夫、赤膊的脚夫比肩而坐，开怀畅饮。

万宁桥头路西，还有几家卖炸货的摊棚，卖炸糕、炸排叉儿、炸回头、炸脆麻花等。这里的炸油饼，分为焦、咸、甜、脆四种。爱吃焦的，可让摊主炸火候大些，喜欢软的可告摊主摊厚些。甜油饼上蘸红糖，能炸出五个泡。脆的油饼如薄脆般松脆，形状仍为两股长形。炸回头是将捏好的饺子对头一捏，成元宝模样，入锅炸熟。不管荤馅、素馅，都放入一些嫩青韭，炸熟后味道鲜香，可买了拿到一旁茶馆吃，也可带进酒铺，是极好的下酒菜。

从万宁桥往南，到了地安门门脸儿，又是一个小吃摊扎堆儿的地方。这里有摆摊卖切糕、枣糕的，也有推车卖盆糕的。盆糕用黄米面加红小豆、大枣干蒸，熟后瓷实而有嚼劲。吃了后耐饿。为此有“盆糕十里地，白薯一溜屁”的俗语。这里也摆有煮白薯摊。以红瓤的白薯在大锅里煮，再加白糖。摊主吆喝：“吃栗子味的白薯，赛了蜜咧！”有人专买锅底的白薯，吃着又烂糊又香甜。端着碗去，还可要点浓汤汁儿。除了卖煮白薯，还有的摊卖煮栗子，吆喝：“吃五香的咸栗子哟！”另有卖煮羊杂碎、卤煮丸子、卤煮小肠、白煮大肠等摊子。白煮大肠的摊主将猪大肠收拾干净，加调料，煮得香烂，顾客买回后可切了蘸酱油、醋、蒜汁儿、辣椒油食用，也可再炒或炸了吃。

在地安门门脸儿处，做小本生意的摊贩很多，有些人不摆摊，不推车，只挎个小篮子走动招徕买主，有卖芸豆饼、酸枣糕、茶鸡蛋的，也有卖杏干儿、苹果干儿、脆枣、咸豌豆的。有的小贩连篮子也不用，脖子和胳膊上套着大挂山里红，走动叫卖。

从地安门到鼓楼，整条街上，经营小吃的摊棚和游走的小贩占据路边，也有一些做小吃生意的开了店铺，成了坐商。民国时期“灌肠老铺福兴居”衰落停业，店南一家“和顺居”又以煎灌肠名冠京城。和顺居除制售灌肠，也经营京味家常菜，所售包子、炒肝儿亦有名气。制作的炒肝儿，其猪肝与大肠光洁咸鲜，汤汁红润。包子则四季变换馅料，春季卖攒馅包子，夏季卖脂油韭菜和猪肉西葫芦包子，秋季蒸瓜馅包子，冬季则出售猪肉大白菜包子。店铺有时也添置烧麦、馅饼应市。每年正月十五以后，这里还会卖猪肉末儿火烧和炸三角。不仅北城居民喜欢到此就餐，南城和京郊也常有人来此品食美味。

专营小吃的店铺，除了这家和顺居，在鼓楼前路西还开有一家字号是“杏花村”的炒饼馆。掌柜是一位60多岁的老太太，据说她是清末某王府王爷的侧福晋。这里卖的炒饼以好面掺入调料和面，烙出的大饼不糊、不硬、不黏，切细丝后，加入肉丝和时令蔬菜，筋道可口，越嚼越香，别有风味。此外，地安门外大街两侧还有卖老豆腐、扒糕、酱鸡酱鱼、烧饼火烧的小店铺，小到仅三四平方米，多有几个人在里面便转不开身。

自明清以来，什刹海街巷商业老字号创设的美味名肴、特色糕点、风味小吃，无不有着独特的技法和秘方，凝聚着一代代劳动者的智慧，散发着许多历史信息，是繁华街市的重要组成部分。正是因为有着什刹海饮食文化的传承，才造就了今日什刹海餐饮老字号的星罗棋布和护国寺小吃街、茶艺酒吧街等商业街市的繁荣。

第十四节　典雅的住宅构建

北京胡同内的四合院格局，是在历代民居建筑的传承和发展中逐渐形成的，从元代开始了较大规模的建造。四合院是我国古建筑形式中的一种典型，也是我国封建社会宗法观念和家庭礼制在居住建筑上的表现物。

四合院一般为东、西、南、北四面建有房屋，合围成敞亮的院落。有的四合院只有一个院落，有的却有两个、三个院落，称二进、三进。一些王府、宅邸的四合院不仅有多进，还有跨院和花园。1965 年，西直门内后英房胡同（元代曾是积水潭水域西湖岸）发掘出一座元代四合院住宅遗址，此宅坐北朝南，有正房和厢房、工字厅，还有跨院和小花园。丈量一下，占地在 8 亩左右，与元代规模相符。

在明清时期，北京的四合院继承了元代的传统风格，并有了一些新的变化，如取消了元代四合院的工字形平面，改为由正房、东西厢房和抄手游廊围成的四合式平面；明清四合院减小了前院的面积，扩展了后院的面积，把空间重心放到了内院，布局更趋合理和实用。这在什刹海建于明清时期的很多四合院里都能得到印证。

什刹海是北京最具平房四合院特色的地区之一。今天仅在什刹海金丝套 18 条胡同中，就有明清遗存的四合院 150 多座。其种类繁多，规格不一。有一进、二进、三进的四合院，也有复合型多进四合院的王府和贵族宅邸。在一块不大的地方，荟萃了如此洋洋大观、建制多样的四合院，常令游览参观者惊叹不已。

北京的四合院是集皇家宫院、王府官邸、文人故居、百姓院落为一体，多规模、多形式、多变化的居所代表模式，被誉为北京的文化精华和市徽。什刹海的四合院是北京四合院的重要组成部分。“院”是中国传统建筑的基本单元，也是四合院的主体。四面房墙合围构成的四合院，不仅体现了以家长为中心的封建家庭秩序，还营造了高度的私密性和亲和性。组成四合院的单体建筑，也无不体现着礼制思想的文化内涵。

四合院的大门是出入口处，代表着住宅人家的脸面，表示着身份。受古代建造房屋的风水之说影响，胡同里坐北朝南的四合院，一般都将大门开在院落的东南角。胡同南侧的四合院，通常在北房西侧向北开门。明清时期，四合院住宅的大门形制严谨，王府大门可以做到五开间或三开间。广亮大门仅次于王府大门，大门占据倒座房一个开间，门扉设在屋宇脊檩下中柱位置。金柱大门在级别上略低于广亮大门，其门扉安装在中柱外靠近前檐的金柱位置。蛮子门的门扉更为靠前，设于两檐柱位置；南方人在旧时被称为“南蛮子”，这种宅院一般为南方商人到北京经商、定居所住。在中小型四合院中，如意门的运用广泛，在檐柱间砌了墙，只留出有限的门洞。一进的小四合院，一般为平民百姓居住，把门开在墙垣上，也称随墙门。可起脊，也有平顶，门庭一经雕饰，也显得华美。

“小小子儿，坐门墩儿，哭着喊着要媳妇……”从这首老北京人耳熟能详的童谣中，可知门墩儿是过去孩童嬉戏缠玩的一个物件。门墩儿又称门座儿、门台儿，在建筑学上称门枕或门鼓。多为石质，也有少量硬质木材的。作用为承托大门转轴的下端

四合院如意门门楼

头。明清时期，门前列放石狮是贵族高官的特权。一些品位不够的官员，对门外列狮生羡，但也只能在门墩儿上另辟蹊径，将门墩儿前部延伸，雕成箱形石座，图案有古瓶、盘座等，上伏石狮。七品以下的官员在门墩儿上也不能列狮，只能雕笑面虎、金毛吼、双喜狗等。平民百姓只能把门墩儿雕为鼓形。在金丝套街区一些四合院门前，可看到多种抱鼓形门墩儿，还有八角形、葫芦形等形状的，雕有莲花、祥云等图案，祈盼福寿。有些门墩儿上巧用心思，雕刻蜜蜂、猴子，取谐音封侯挂印；雕刻两只喜鹊和梅花，意为双喜临门；雕三只羊闲步，以求“三羊开泰”之吉利。这些门墩儿的雕刻，不仅表达了院落主人的美好愿望，也是有着很高艺术价值的文物。

住在宅门的人家都讲究内修影壁，外建照壁。影壁虽为一段墙面，却是四合院空间重要的构成因素。影壁是由“隐蔽”谐音而来，意为隐蔽院内景物，不让人一览无余。影壁上端一般修成屋檐状，上覆方檐头和筒瓦，有硬山式、悬山式、清水脊等。下碱为须弥座形或直方形。影壁心可磨砖对缝，素作雕花，突出斗方。斗方内可雕饰花色图案，如岁寒三友、松鹤延年等，字符常用福、鸿禧、迎祥等。立于大门外的影壁，也称照壁，寓“吉星高照”之意。照壁一般单独立于对面宅院墙壁之外，也可紧贴对面墙壁而建，主要用于遮挡对面房屋不甚整齐的房角檐头，让走出大门的人有愉悦的观感。另外，立有照壁也强化和突出了宅第的庄重感。白米斜街（今址为 11 号）张之洞故居外立有的大照壁，硬芯方砖斜拼，古雅精典，如今尚存。

一般两进以上的四合院，从前院进入后院要经过一道门，即在此要建造垂花门，也称二门。垂花门一般位于前后院隔墙的正中，三层或五层青石台阶上。常见的屋顶形式是一殿一卷式，靠前院的屋顶为带正脊的悬山，后院部分则是卷棚悬山顶，这两类屋顶交接相连，称为“勾连搭”。垂花门前院处平面有四根立柱，后面两根落地，而前面两根是“虚柱”，占天不占地。悬于头上的虚柱柱头常被雕为饰有吉祥图案的方形、莲花样垂珠形、风摆柳形等。垂花门虽设于院内，却集中了屋顶、梁枋、台阶、门枕石、望板、砖墙等众多土木构件及装饰手法，从而成为四合院单体建筑中最精华的部分。古人所说的“大门不出，二门不迈”，即是说宅中女眷到了垂花门就不要再朝外走了。垂花门是迎送亲友之地，妇女主宾在此话别，宽敞的屋檐门下能遮风挡雨，多说几句无妨。在什刹海的宅居里，连通里外院而设置的垂花门为数不少。陈垣故居（今为兴华胡同13号）中的垂花门，顶部只设清水脊，装饰简洁而明快。郭沫若故居（今为前海西街18号）的垂花门，建于五层石阶上，门楼高耸，门庭宽敞，架构大气，造型庄重，堪称垂花门中的经典之作。

廊是房屋建筑中的重要组成部分，房屋前檐的廊称檐廊，是连接各房屋等转角的廊。廊常常被用来联系其他功能性建筑，被称为游廊。此外，还有回廊、爬山廊等。四合院中的游廊一般围绕着内院展开，连接正房、厢房的檐廊，形成环廊。由正房到两侧厢房，都要拐90度角，从两侧厢房去垂花门，又各是一个90度角，这仿佛像正房主人把双手抄起来的样子，为此连通内院各房的游廊，也称抄

四合院外院和垂花门

手游廊。四合院的游廊一般为一米多宽，一人多高，顶部多为鞍子脊。游廊两侧都会设置三四十厘米高的栏板坐凳，使人有坐倚之处。垂花门两侧的游廊部分，通常为半面廊，即砌筑隔开前后院的墙壁，然后开什锦花窗，也称漏窗，向外可望到前院及倒座房。什锦花窗的样式有圆形、方形、多边形、桃、扇、卷书等多种形状。在美观的游廊中行走，下大雨也不用打伞，抄着手就可进出各房。这也是抄手游廊得名的又一说法。在郭沫若故居中，正房为前后出廊式，游廊连至后檐廊，封闭成室内暖廊。正房后檐虽北临风口，有了这暖廊，便使正房温度在寒冷的冬天得到调节。

过去独门独户的四合院，家人中辈分不同，所住的房屋也有分别。正房是四合院中位置最显赫的建筑。四合院可以有多进院落，但正房却只有一处，是一家之主或长者的居所。正房位于四合院纵轴和横轴的交叉处，在房屋进深、面宽、高度以及建造材料、装饰等各方面都是级别最高的。正房一般为三间，王府里的正房可以是五至七间。正房中间一间开门，是明间，也称堂屋，两侧房间向堂屋开门，成“一明两暗”式格局。一明两暗的正房、侧房是一家之主起居、接待贵宾亲友和年节祭祀祖先之地。两侧暗间房屋一般设置为卧室和书房。有的四合院为达到一定规模，又不超越形制，在正房两侧接出较小的房间，左右对称。因其布局有些像头部两耳，故称为耳房。耳房可用作书房或放置物品。在正房两侧，盖有厢房，东西相对，一般也是三开间，一明两暗，用作儿女的住处。陈垣故居和梅兰芳故居（今为护国寺街9号）都是北房三间，东西厢房及外院倒座房也各为三间，属于比较典型的中型四合院建制。后罩房是四合院中最里一进院子的房子，常占满整个后院宽度，开间较多。三进院落的郭沫若故居，建有11间后罩房，其中有的用作郭沫若夫人于立群的卧室和书房。

四合院由四面房屋围合，各房都向庭院开门。方敞阔朗的庭院是居住者休闲、养生、健身、娱乐的重要生活场地。“天棚、鱼缸、石榴树”是老北京四合院院落中最为常见的景物。夏季炎热，很多四合院搭起天棚防暑。在四合院花架、葡萄架下，有鱼缸放养金鱼。再就是老北京的四合院不管大小，主人都会植树种花，让庭院花木扶疏，幽雅宜人。院落中常见的树种有海棠树、枣树、丁香树、榆叶梅、夹竹桃、石榴树等。榆叶梅、海棠树寓意“金玉满堂”，枣树、丁香树预示“早生贵子”“人丁兴旺”，夹竹桃、石榴树象征着喜庆、红火。尤其是石榴树最让主人有好感。四合院中少则一两盆，多则十几盆，摆放庭院，引人注目。石榴多子，符合老年间人们多子多福的理念。在梅兰芳故居正房前，种有两棵大柿子树，在院落南侧一边种有一棵苹果树，一边长有一棵海棠树，这让人想到的寓意是“事事平安”。梅兰芳生前经常在几棵树下舞剑、练身段，为弟子们做示范指导，与编剧、琴师研究剧本、唱腔，度过了一段段美好的时光。

大型四合院除了纵向有几进院落，还会横向发展，多了跨院。在金丝套的几条胡同里，有跨院的四合院并不难找。一般人家的跨院是咫尺小院，往往建成独立的小花园。跨院虽小，主人仍可精心营造，将叠石、水池、花篱、果木、曲廊、月亮门等景物布置得疏密有致，紧凑舒展，相连妥帖，观之愉悦，置身院中闲适惬意。在什刹海几座王府中，跨院和花园的建造很是庞大、豪华。仅筑山形即有院山、亭山、楼山、池山、内室山、峭壁山、山石池、金鱼池、曲水、瀑布等十几种。园中引入活水，山水相映，花木葱茏，鸽鸟雀跃，让园中充满了生机活力，成为如意之地。

四合院建筑的主要特点是以木骨架为支撑体系。在木骨架体系中，梁柱是承重的构件，墙为辅件，起分割室内外空间的作用。四合院房屋顶部形式多样，主要有硬山、悬山、歇山、庑殿、攒顶等。四合院内的墙体除起围护作用的院墙外，房屋的墙面主要分为山墙、后檐墙和前脸儿的槛墙。墙体的用砖和砌法有很多种，墙面磨砖对缝为最讲究，是将上等砖浸过水后通体磨细，砌墙时用糯米汁混合灰浆将砖粘牢，砖墙浑然一体，砖与砖之间成一条条极细的直线。民居四合院房屋的台基朴素而实用，正房台基最高，台阶为3—5步；厢房和游廊的台阶为2—4步。庭院地面一般以正南北十字形的甬道将院落分为四隅，甬道多以方砖铺墁。小庭院可满铺方砖。有花园的大型四合院，庭院可嵌入卵石，铺青石板，用砖铺成斗纹和方胜图案。地面铺装极为多样。

四合院具有的迷人魅力，不仅有赖于建筑的古朴典雅，还在于古色古香的艺术装饰。四合院的雕刻按所雕材料不同，可分为砖雕、石雕和木雕。四合院大门门头和两侧樨头，是砖雕的重点部位。石雕用于门墩儿和府邸大门外的上马石、拴马桩等。四合院内外建筑中木雕的应用较广泛。有些人家门上“忠厚传家久，诗书继世长”等门联，是以木雕的方法刻上的。一些院门上有门簪，垂花门虚柱的柱头，也都是展示木雕雕刻工艺的部件。木质门窗在窗的格心部分可雕出直棂、格棂、变井字、灯笼框、杂花、龟背锦、斜万字拐等图案。门裙板的题材有花草纹、岁寒三友等。油漆彩绘是中国传统建筑中特有的装饰手法。用于四合院的彩绘主要为旋子彩画和苏式彩画两种。在垂花门、廊子等处，枋间宽阔，成方形，或圆形、半圆形，在其上彩绘人物故事画、山水景物画、花鸟虫兽画等，表达寓意，祈望祥和，让人观之悦目，百看不厌。

在四合院房屋中，与空间雕饰、古朴素雅门窗相匹配的还有古色古香的实体物品、家具等老物件。用于室内分间隔开的隔扇称纱橱和花罩，还有沿墙摆放的博古架等，都是雕刻精美又很实用的室内陈设。居住在四合院的人家所选用的各式家具，在满足功用的同时，非常重视家具的造型、材质与室内装饰相协调。房屋中一般置备的家具有桌、椅、几、案、床、柜、屏风等。堂屋是行家礼和待客的房间，放有靠墙的翘头案、八仙桌、太师椅等，用料考究，做工精细。家人房内箱、柜等用具外形美观，上面的合页、拉手、扭头等铜活，锃明瓦亮，为室内生辉。这些也是住宅文化的组成部分之一。

第十五节　居家的民俗活动

胡同内的四合院是传统文化的生动载体，体现了古代的理智思想，积淀了浓厚的人文色彩。各种居家的民俗活动也一直是围绕着四合院展开的。

民间谚语说："小小子儿，你别馋，过去腊八儿就是年。"腊月初八在老年间被视为"年禧"，从这天起即拉开了过年的序幕。过腊八讲究泡腊八蒜，喝腊八粥。住四合院的人家会将喝腊八粥这一食俗计入日程，早早备下各种粥料，精心熬制。粥成，头锅先供佛堂、祖先，然后一家人围桌坐一起品食。在天寒地冻之时，喝着营养丰富的美味热粥，自是其乐融融。

腊月二十三是祭灶日。居住在四合院的人家要请一份"烧灶"，即把用木刻板印制的灶君祝融神像夹在木制牌板上，再摆放于正堂供桌上。晚饭后，家人将各房炉火生旺，聚会到正房，在供桌供上关东糖、糖瓜、南糖等甜品。再放凉水一碗、草料一碟，此为灶君所骑之马所备。端上香炉、蜡扦等供器。由家中长者主祭上香，带儿女祭拜。王府和大户人家祭灶，很讲究排场。关东糖要好要多，码成塔形；还为灶王爷糊升天的车马，祭祀完毕焚化。祭灶所用的糖品，多从鼓楼南聚盛长、大顺公几家大干果店购置。烧活则请鼓楼北斌成斋冥衣铺备好，此处的裱糊手艺极精，马身有飘动的鬃毛，车轱辘还能转动，堪称精美的工艺品。

腊月二十四为扫房日。扫尘起源于古人驱除病疫的宗教习俗。这是一项相当累人又必须要搞的活动。王府的管家可指派下人们去做。一般住四合院的人家则是全家老少一齐上阵，将室内家具陈设一律搬到庭院，擦拭干净，铜活一一打亮。各房要扫除边边角角的蛛网、塔灰，使各处窗明案净，一尘不染，以幽雅的环境迎春。

除夕到来，四合院的院门房门门框上都会贴上大红春联。“天增岁月人增寿，春满乾坤福满门”，是贴得较多的春联。没有门心的院门上还会换贴新的门神，常见的是自唐代所传白脸儿秦叔宝、黑脸儿尉迟敬德的木刻版画像。“满院生辉”“抬头见喜”的春条挂到了院内和房门对面。这使院外有点缀年景的装饰，院内也多了纳福迎祥的气氛。在鼓楼南边的万宁桥头，一进腊月就有几家卖春联、门神的摊子在迎候客户了。

老北京住四合院的人家大多常年供奉佛龛或神像，每到年禧一定要上供，至除夕三堂五堂不等，多者设到九堂。摆放于堂屋的供品有蜜供、套饼、糕点、水果、干果、年糕、蒸食、素菜等。鼓楼一带的四合院大户人家有的还专设蜜供桌，到后门桥的桂英斋饽饽铺订制什锦蜜供，再请瓦匠师傅码放。瓦匠有垒砖砌墙的手艺，他们码出的蜜供桌上方形的有棱有角，不歪不扭；圆形的筒圆溜直，不凸不凹，观之美观大方，为节庆增彩。

除夕吃晚宴，谓之团圆饭。这在很多四合院人家也有固定套路。一家人聚坐一堂，桌面上菜肴丰盛，包括冷荤、大件、爽口菜、酱菜和主食水饺。也可从鼓楼南庆和堂、同兴居的饭庄点要名肴，由伙计提着食盒送达。席间家人多说吉利话，慢慢享用，可从掌灯时分吃到夜深。

吃完团圆饭即开始守岁。四合院各房灯火通明。大人和孩童一起点灯笼，燃放花炮，吃吃喝喝，玩“升官图”进退棋。到了交岁子时，按习俗接诸神下界，各家在庭院里放供桌，点香烛，由长辈主持祭拜。接着将芝麻秸铺在院中甬路、各房门前，再铺到门道。家人踏上，称作“踩岁（祟）”。此后一家人齐聚堂屋，先向祖宗牌位、画像叩拜，然后长辈坐堂上，接受晚辈行礼，送出压岁钱。从大年初一开始，住在什刹海四合院的大人们纷纷出门，提着聚盛长、公和魁糕点铺的点心匣，走亲戚，拜访好友。

在正月十五的灯节，四合院的人家会扶老携幼到鼓楼至后门桥地段，看绸缎庄、干果店燃放的花灯。观灯后买回几种不同馅料的元宵，煮好盛碗里，一家人围坐品食，取合家团圆、一门和睦之意。

立春、夏至、端午等日到来，住四合院的人家也都有不同的纪念方式和食俗。八月十五中秋节更被看重。节前鼓楼南侧大街、新街口丁字路口等处的大小糕点铺，均应时推出“自来红”“自来白”等各式月饼，迎候人们购买。当家人聚齐，待圆月升起，祭月仪式即在庭院举行。由长辈主祭，也可将刻有桂殿蟾宫图案的大月饼镶木架当神位，安放供桌，再供上月饼、团圆饼、果品等。祭后，一家人围坐赏月，分食月饼。

诞生礼、婚礼、葬礼，是老北京人重视的三大礼，也是发生在四合院人家中的重大之事。老北京人认为，人生下来的头一件大事是“洗三”。洗三即给出生数日的婴儿洗澡。这一仪式由专以接生为业的“接生姥姥”主持。洗三通常在午后举行。先在四合院门厅（大门内厅房）正面设上香案，安放碧霞元君、琼霄娘娘等 13 位娘娘神像及贡品，由本家年长女主人上香叩首。家人端来盛放有槐条艾叶汤的铜盆，亲友按长幼次序各往盆中添一勺清水，并放入钱币，谓之“添盆”。接生姥姥为婴儿洗浴，此习俗源自唐代，《资治通鉴》记载，杨贵妃生子，“玄宗亲往视之，喜赐贵妃洗儿金银钱”。昔日后门桥接生婆店的接生姥姥们，最喜应聘去大宅门为新生儿洗三。仪式完毕除赏得添盆钱币，还能将上供的缸炉、喜果等卷去，收获颇丰。

宋书《东京梦华录》记载：“生子百日，置会，谓之百岁。”自隋唐以后，为小孩子办百日盛行民间。到清末时，北京多数人家不再给孩子办百日，而是办满月。这一天，办事的四合院门前搭红、黄两色彩牌楼，或挂红、黄彩球。院内高搭酒棚，设置茶座。正房红毯铺地，供桌安放碧霞元君、本命寿星、门神等神像牌位，高点红烛，左右设案，陈设所收的礼品。添丁后大办满月是一些官员敛财的重要手段，被老北京人讽为“撒大网”。住定阜街以贪扬名的庆亲王奕劻，有六位福晋（妻妾），儿孙满堂，他在府中屡次为儿子办满月，再为孙子办满月，下面官员一次次都要用红封套装现钞“弥敬”致贺，苦不堪言。

自古以来，男婚女嫁一直被看作人生的头等大事。住四合院的人家对办婚礼是相当讲究的。有童谣唱：“大姑娘大，二姑娘二，二姑娘出门子（出嫁）给我个信儿。搭大棚，贴喜字儿，龙凤围桌红官座儿……”这是说办婚礼要高搭大棚，贴红喜字。成亲搭的大棚称“喜棚”。喜棚为平顶，安装红漆木制栏杆，栏杆下围以彩绘挂檐。大户人家的喜棚可搭二至三层，将院内原来的房屋接高，四面相通，成为环楼。北部为宴会厅，东西两侧是茶座，南部是戏台，应办堂会、演戏所用。婚礼拜天地的房间称礼堂，可设在北房的明间，也可将礼堂、喜房（洞房）合二为一，设在一间房内。喜房自是裱得四白落地，炕沿挂着红罗帐，帐前挂着一对红色宫灯，烛光和喜字相映，洋溢着喜庆气氛。

四合院的人家家中有长辈过生日，晚辈都会为其贺寿。若是六十、七十大寿，办得更为隆重。大户、富豪之家在院内也要搭棚，邀亲朋好友来赴喜宴。寿堂安排在正房明间，寿星佬儿身着福寿图案的衣袍坐在太师椅上，接受家人的叩拜和亲友的致贺。喜宴上必备的主食是长寿面。食后，庆寿的一家人还会和亲友共同观赏堂会演出。

孔子曰："礼有五经，莫重于祭。祭者，所以追养继孝也。"过去的人死了，有着隆重的葬礼。四合院里的长者故去，礼仪尤多。其灵柩要摆放在正房明间的中正处，这即是寿终正寝。办丧事要搭丧棚，起脊，能卷起来，既防雨，又美观。丧事中"接三（人死第三日）""出殡（发丧）"等仪式，都大事铺张办，僧众诵经不断，亲朋好友盈门。越是家境好的人家，越是会把丧事办得有声有色。

四合院房墙四围，合上院门，将喧哗声关在门外，里面一片恬静，是安适休闲的所在，有益于陶冶性情，修养人格。居住者注重保健养生，以琴棋书画愉悦身心，用古训礼教规范晚辈。通常，长辈对下一代的成长很是上心，寄予厚望。小孩满一周岁，会让孩子"抓周儿"。在床前设大案，上摆印章、经书、笔、纸、钱币、首饰、胭脂、吃食、玩具等，任其挑选，视其先抓何物，后拿哪件，依此测卜其志趣、前途和长大从事的职业。孩子到了读书年龄，家长会请来私塾先生，安排在前院倒座房东侧一间让儿郎就读。以后长辈就会在内院看孩子写字帖、背诵诗文。

优雅平整的四合院庭院，是中老年人散步、打太极拳的理想之地，除了养鱼、养花等，也为孩子们提供了嬉戏玩耍的空间。男孩子凑在一起斗蛐蛐儿、抖空竹、滚铁环、弹球儿、拍洋画，女孩儿在一块儿跳房子、跳皮筋儿、夹包、踢毽子、翻绳儿。夏季在阴凉处，老奶奶还会摇着芭蕉扇，给围坐身边的幼童讲故事、说笑话、念童谣、破闷儿（猜谜语），很自然地让孩子们受到了老北京传统文化的熏陶。而这样的场景也是在四合院人家常常能见到的民俗文化风景图。

第十六节　民众的庙会游乐

明朝于永乐年间迁都北京。皇帝朱棣为了以宗教来教化百姓，在京城大兴土木，广建坛庙。北京也是从明朝起，庙宇不仅是信徒进香、礼拜的地方，还逐渐演变为商业性和娱乐性的集市，寺院内外成了民众聚集的场所，形成“庙会”，亦称“庙市”，实为表现民俗文化的“展览会”。

清代和民国时期，坐落在什刹海的几处庙会名扬京城。什刹海的药王庙即有三座，北药王庙（庙址在旧鼓楼大街北口）逢初一、十五开庙，前往许愿还愿、求医问卜的香客络绎不绝。众多商贾聚集药王庙外摆下摊子，除药物、药具、香烛，还有吃食和用品杂物。药王庙外也有戏班，演些循环报应、劝人积德行善

护国寺庙会

一类的戏剧。一些说唱、杂耍艺人也来凑热闹演出。这使入庙拜祭者在虔诚进香后，还会在庙外游逛，闲看开心之乐。

清代康熙末年，隆福寺和护国寺两座大庙相继开庙设市，并称东西两庙。护国寺庙会在农历每月逢七、八、十七、十八、二十七、二十八日开庙。《燕京岁时记》载："开庙之日，百货云集，凡珠玉、绫罗、衣服、饮食、古玩、字画、花鸟、鱼虫以及寻常日用之物，星卜、杂技之流，无所不有。乃都城内一大市会也。"在护国寺各进寺院内排列了大小八九十家摊户，摊商叫卖烟料、烟具、眼药、膏药、增力丸、瓷器、玉器、蝈蝈葫芦、绢扇、书戏本、衣物、绸缎、花木等，摊位相倚，百货俱陈。院落间饮食小吃摊众多，游人可吃到切糕、炸糕、豌豆黄、驴打滚儿、艾窝窝、茶汤、面茶、灌肠、炒肝儿、豆汁儿、豆腐脑、馄饨等各种吃食。后院为娱乐场地，有拉洋片、说相声、变戏法、耍坛子、抖空竹等表演，还有著名艺人表演，包括"鸭蛋刘"的吞剑、"汤瞎子"的口技、"架东瓜"的滑稽大鼓、"硬弓张"拉硬弓、"大妖怪"唱杂曲等。中前院还有摔跤、耍中幡、套圈儿、捏面人、吹糖人、卖棉花糖等场地、摊位。护国寺庙会集求神拜佛、游览、饮食、娱乐为一体，能吸引大批香客、游人光顾。《京都竹枝词》有云："东西两庙货真全，一日能消百万钱。多少贵人闲至此，衣香犹带御炉烟。"老北京人称去庙会游玩为逛庙会。老舍在自传体小说《正红旗下》中记述道："姑母经常出门，去玩牌、逛护国寺。"

在什刹海前海西河沿开办的荷花市场，被称为"无庙的庙会"。每逢入夏后开市。市场上聚拢了大批食摊，在风味小吃中最受欢迎的是荷叶粥、八宝莲子粥、灌肠、年糕、扒糕、豆面糕、驴打滚儿、爆肚儿、豆汁儿、茶汤等。地安门外大街的曾庆斋饽饽铺每年在荷花市场搭棚设座，专卖八宝莲子粥。摊主用江米、薏仁米熬成粥，吃的时候每碗现加莲子、百合、瓜条、葡萄干、核桃仁、杏仁、京糕、瓜子仁等果料和白糖、桂花，是夏日消暑的美食。荷花市场的“刘记”油酥火烧，有山楂白糖和脂油葱花两样，和好面后将小面剂儿擀得像纸一样薄，抻到一尺多长，放馅后随卷，刷香油上铛烙，再搁炉里码道上烤。出炉的火烧面酥味香，有十几层，游人争相购买。在临水茶社席棚，游客还能吃到现摘现挖的鲜藕、鲜菱角、鸡头米等。市场上另有摆摊售卖古玩、字画、书刊、唱本、各种工艺品及花、鸟、鱼、虫等各项杂货物品的。在市场东北处，人声鼎沸，锣鼓喧闹，是几处戏棚和杂耍摊。这边是“老窝瓜”唱滑稽大鼓，那摊上是刘宝全、白云鹏唱京韵大鼓，不远处又有徐狗子等人演出文明戏《煤筐奇案》等。周围还有胡老道表演的武术、马元凯表演的气功等。另有些艺人用绳索拉圈儿，以评书、单弦、相声、双簧、拉洋片、变戏法等招徕游人。游人拥到各摊前，随心所欲观赏。艺人们每演完一个段落，即手夹小笸箩打钱。

荷花市场偏北处，会贤堂东侧一块空地，是天桥掼跤高手宝三的跤场。每逢端午节一过，宝三便会来荷花市场献艺。“上海子看宝三耍幡去！”附近民众和南城及郊区不少人会纷纷追寻他而来。在宝三宽大的跤场上，一具装饰着彩旗、彩伞的中幡立于场中。宝三在与徒弟摔上一阵跤热身后，走向场中，把高 8 米、重 70 余斤的中幡举起。随着半空中幡上小旗呼啦啦飘动，杆上铜铃当啷啷震响，宝三开始了一套套惊险高难度表演。他举幡在手上辗转腾挪，还会用臂、腕、头甚至以牙、唇承接中幡，招招都见功夫。练到最后“老虎大翘尾”，只见中幡从宝三脑顶部向后一滑，滑到尾脊骨处，倾斜良久，然后宝三从容地把幡从后腰移到右手，用力往地面一砸，幡底正落在扶幡徒弟的两脚之间，左右不到一寸。周围观众都睁大了眼睛观看，此时会同声爆发出“好”字，往场子里扔钱，急如雨点。

明代东移所建的钟楼和鼓楼之间为空旷之地，在元代时曾建有大天寿万宁寺。1925 年，这块空地上也办起一个庙会，取名“平民市场”。里面摆有饭摊、小吃摊，卖烙饼、炖肉、馄饨，也卖灌肠、豆汁儿、扒糕、凉粉儿、白芸豆卷、豆腐脑儿、茶汤、酸梅汤、雪花酪等。还有卖低档古玩、杂物，卖小孩玩具，卖鸟、金鱼、蛐蛐儿、蝈蝈儿等的摊子。市场北头和中路有几个戏棚、杂耍摊。“小蜜蜂儿”“白牡丹”在此拉班唱蹦蹦戏，剧目有《鞭打芦花》《丁香割肉》《老妈儿开嗙》等。一旁唱京东大鼓的是“小辫儿刘”，表演钻火圈的是“小活猴儿”，还有要叉卖大力丸的乌续山、变戏法儿也要狗熊的“狗熊程子”及摔跤、练把式、说评书等设摊的艺人。随着这处市场游人增多，生意红火，至此撂地（艺人在庙会等空地演出）的知名民间艺人渐多，如说相声的常宝臣、唱莲花落的段剑石、唱太平歌词的崇佩林、唱北京琴书的关学曾等。

天桥“八大怪”之一的“云里飞”，眼见鼓楼后这处空地市场做生意景气，也来此表演他的滑稽二黄。“云里飞”本名白宝山，戏路极宽，一个人可串演生、旦、净、末、丑不同角色，唱念俱佳，又擅长插科打诨，结合剧情针砭时事，频用“现挂”（现场抓笑料抖包袱），常使观众笑得前仰后合。他唱戏穿用的戏装也都滑稽可笑，帽盔是用香烟盒糊的，戏衣是用面口袋染色后缝的。行头虽不伦不类，却也让人看了觉得有趣。文化名人金寄水曾以《竹枝词》一首咏叹其曰：“小戏争看云里飞，褴衫破帽纸盒盔。诙谐百出眉开眼，惹得游人啼笑非。”鼓楼后的平民市场，也是相声表演大师侯宝林成长和磨砺才艺之所。他 14 岁在天桥结束了学戏生涯，在平民市场搭李四戏班唱戏，唱了一年多，锣鼓点皆熟，学会了唱几十出戏，成为戏班台柱之一。其后，他第一次唱太平歌词，第一次说相声，也都是出在这处市场。他还拜了活跃于市场的相声老艺人常宝臣为师，开始走上了相声表演舞台。

西四路口东北处有条小胡同，因邻近西安门，称西安大院。在其周围左近，明清时期曾开办一处西安市场。据《顺天府志》载："西马市街其北有西安市场。"西马市街即今天的西四东大街。进入民国后，西安市场扩大，呈长方形，南北长，东西窄，占地面积近10000平方米。市场东西两边是商铺，中部是空场。商铺中有卖酱肉、凉粉儿、灌肠、馄饨、炸豆腐等小吃的，还有几家茶馆。有的请来王杰魁、品正三等著名评书艺人说书，有的邀请名票清唱京剧。空场处是说唱、变戏法还有耍蛇、耍耗子（小白鼠）的表演场地。那时有名的"架冬瓜""老倭瓜"等艺人都在此展现才艺。1940年，说相声已小有名气的侯宝林应邀去天津演出，因缺少搭档，他到西安市场找寻说对口相声擅长捧哏的白全福一同赴津。未找到白全福，却遇到了在市场欣蚨来茶馆没事做，正帮说书人打钱的郭启儒。郭启儒为人儒雅、厚道，说相声捧哏张弛自如，严密妥帖。侯宝林遂邀郭去津。二人在天津演出一炮打响，不久红遍平津，在舞台上成为黄金搭档，密切配合表演长达20多年。

庙会是社会政治、经济、宗教、文化、艺术等方面的综合表现形式。其综合性功能可以满足广大民众的宗教信仰、经济交易、艺术审美、人际交往、信息交流等多方面的需求。在今日的什刹海，早年的药王庙不存，护国寺、鼓楼北侧也沉寂下来，但庙会文化却在延续。前海西沿荷花市场已成为特色商业街，一年到头中外游客川流不息。在每年举办的什刹海文化旅游节期间，都组织有几十台节目演出，推出各类文化艺术展览，把数十万中外游客吸引来，参加逛老街、游王府、访古刹、进故居、登城楼、绕胡同、品佳宴、泛古舟等系列传统文化和时尚休闲活动。人们在什刹海的大街小巷每个角落，都能尽情体会到"庙会"的风情。

第十七节　规范作息的报时文化

钟、鼓二楼位于地安门外大街北端，也是老北京中轴线北端点两大标志性单体建筑。

钟楼通体呈古朴的青灰色，檐下镶有两圈绿色的琉璃，显现玲珑淡雅之姿。鼓楼外墙体和二楼檐柱、窗扇饰以红色，给人以庄重巍峨的印象。蓝天白云下的钟、鼓二楼俯瞰着四周的平房绿树，兀然耸立，有着非凡的气势。而在早年间，这里每日发出的钟鼓之声，对民众的劳作起居都起着重要的作用。

钟自古作为祭祀的礼器敲击使用。相传，我国远在炎帝、黄帝的时代已开始制造和使用。周代武王伐纣灭商，建立了比商朝更完备的宗法制度，并确立了先秦礼乐制度的形式。以后，钟鼓文化便被承袭下来，为历代统治者所沿用。重修于明永乐年间的钟、鼓二楼，筑于高大的城台之上，巍峨坚固；二楼悬钟架鼓，遂为全城的报时中心，也是皇帝拥有专制权力至高无上的明显诠释。把象征皇权至尊、一统江山的钟楼、鼓楼建在规划中的北京城中轴线上，并作为中轴线的北端点，是为我国都城规划建造史上的一大创举。

“鼓奏钟鸣壮帝畿”，数百年来，钟鼓楼“以时出治，声与政通”。洪大的钟鼓之声与王者的心愿产生了共鸣，担当了传递时间的使者，鼓奏钟鸣成为闭启城门的信号。日复一日的暮鼓晨钟，让民众从依赖渐而转化为崇敬，并感受到神圣与威严。

鼓楼击鼓定更，钟楼撞钟报时。自元代起，各朝对钟鼓楼都有着严格的管理。到了清代时钟鼓楼隶属銮仪卫管辖，据《大清会典》载：“神武门（故宫北门）外钟鼓楼，设更鼓、晨钟。每夜派校卫承值。”清代时把每夜划为五节，每节为一更时，每更时为一个时辰

（2 小时）。即黄昏戌时（19 时至 21 时）曰定更；入定亥时（21 时至 23 时）曰二更；夜半子时（23 时至 1 时）曰三更；鸡鸣丑时（1 时至 3 时）曰四更；平旦寅时（3 时至 5 时）曰五更，又曰亮更，天明之意。定更和亮更皆先击鼓，后撞钟；二至四更则只撞钟，不击鼓。鼓之击法俗称："紧十八，慢十八，不紧不慢又十八。"反复两遍，共计 108 响。

击鼓为何要击出 108 响呢？明代《七修类稿》解释曰："扣一百零八者，一岁三意也。盖年有十二个月、二十四节气、七十二候，正是此数。"古人以五日为一候，积六候为一月，故一年有七十二候。十二月数、二十四节气数，再加七十二候数，恰为一百零八。钟之撞法每与鼓同。清代时每晚戌时定更，相距百米的钟、鼓楼上，各有校卫以对灯为号，钟声响，城门关，交通断，称为"净街"。此时，皇宫和京城大小街巷的更夫，手执铜锣、梆子和护身器械走动巡夜，报时和守卫一方平安。乾隆皇帝对此曾记述道："当午夜严更，九衢启曙，景钟发声，与宫壶之刻漏，周庐之铃柝（梆子），疾徐相应。清宵气肃，轻飙远扬，都城内外十有余里，莫不耸听。"

辛亥革命推翻了清王朝的封建统治，虽进入了民国，但钟鼓楼的钟鼓每日仍不紧不慢敲击着。直至 1924 年，清朝末代皇帝溥仪被逐出紫禁城，钟鼓楼报时功能才废止。每日按钟鼓之声准时作息的民众乍一听不到钟鸣鼓响，还真感觉很不适应哩！

钟、鼓二楼上钟鼓二器束之高阁，不再发声了，但时间不会中断，时代在向前发展。1990 年除夕之夜，钟楼的钟声在沉睡了 66 年后，被重新敲响。2001 年 12 月 31 日零时，鼓楼的大鼓在沉寂了 78 年之后，应和着钟鸣敲出雄浑激越的鼓声。这庄严的鼓奏钟鸣，在新年到来之际唤起了人们对历史的追忆和对未来的希望，这是历史与现代的交响，也是钟鼓楼报时文化的衔接与延续。

第十八节　众多的名人印迹

在什刹海水域周边，自元代以来居住和来此做事、赏游、走动、联谊、交往的名人众多。元明时期及清代前期距今天已远，名人的踪迹已很难寻，大体只知些方位。好在清末和民国年间，一些名人故居仍在，有些建筑格局尚完好，为研究什刹海的名人文化，提供了实体实物。

什刹海近现代所存的名人故居，除郑和故居、纳兰性德故居、张之洞故居、盛宣怀故居，另有多处名人故居遗址和出生地。护国寺街北部的棉花胡同17号（今址66号），是反对袁世凯称帝的护国军领袖蔡锷将军的故居。1912年，袁世凯窃取了中华民国临时大总统职，他担心云南的蔡锷拥兵自重，欲加以控制，便将他调到北京，委以虚职，让他住进棉花胡同。这是一所不太标准的二进四合院，占地千余平方米。院门坐东朝西，进了如意门，迎面是一座清秀的砖砌影壁。绕行向里，外院有北房、南房和东房各三间及倒座房五间。穿过一段走廊进入内院，内院有北房、南房和东房各三间，房屋一般。至1915年11月，蔡锷被困居的两年中，就是在这里度过的。相传蔡锷得名妓小凤仙帮助，逃离北京，东渡日本，辗转回到云南昆明，组织护国军出师讨袁并取得大捷。

著名史学家、教育家陈垣的故居位于兴化寺街5号（今址为兴华胡同13号）。院子为二进四合院，坐北朝南。小门楼，檐上有“松竹梅”青砖雕花，门旁左右各有一只小石狮伏卧在石礅上。外院东西长，南北短。有南房三间，东西各有厢房一间。通往里院的垂花门两旁各有海棠树一棵。里院为北房三间，两明一暗，分别是书房、起居室和卧室。北房东西各有耳房一间。在东西两侧各有厢房三间。各房之间建有抄手游廊。陈垣的一生，爱读书、著书、藏书，与书籍结下了不解之缘。他把自己的书房起名“励耘书屋”，激励自己在研究和教学中要努力耕耘。他将里外院西厢房四间打通，做书库。把众多书箱背靠背码放，中间留出走道，走道共有八条。陈垣戏称其为“胡同”。书籍经登记造册，书在第几“胡同”，北或南面，一找即得，查阅书籍极为便利。他的书库由此也成为他故居的一大特色。

新街口南大街东侧的小羊圈胡同（今为小杨家胡同8号），是老舍的出生地。老舍出生和居住过的这个院子，位于胡同东南角，坐东朝西。院子东西长，南北短，房子不多。老舍童年所住的是北屋三间中靠东头的一间。与他家同住一院的还有他的姑妈。14岁以前，老舍一直住在这个院子里。母亲和小姐姐一天到晚忙着替人家做活、洗衣服。孤独和寂寞伴随了老舍的整个童年，小羊圈胡同和家住的小院子便是他全部的活动场所。院外的大槐树和歪歪扭扭的枣树是他不会说话的好伙伴。从屋里翻出来的染了红颜色的羊拐和几个刻泥饽饽的模子，成了他最心爱的玩具。小羊圈的一草一木、一砖一瓦都深深地印进了他的记忆中，以至多少年后，无论在哪里，只要一闭眼，小羊圈和那个小院子就真真地回到眼前。老舍成了作家后，曾先后把小羊圈和诞生了他的小院子写在《小人物自述》《四世同堂》《正红旗下》作品中。老舍把自己的出生地、成长地当作地理背景和活动舞台，在上面展现了一幕幕20世纪上半叶苦难中国的悲壮史剧。

中华人民共和国成立后，什刹海这一方名人荟萃之地，出现了更多各界名人故居，如杰出的国家领导人宋庆龄故居、一代文豪郭沫若故居、京剧大师梅兰芳故居以及书画家、收藏家张伯驹故居，后建为名人纪念馆。这众多的名人故居，吸引着游人、参观者带着敬意前来寻访，追思先贤，触摸历史，进而领略这块最美之地历史文化积淀的厚重与韵味。

积水潭桥东南侧的原西海西沿2号，是蜚声海内外的学者、中国文化书院院务委员会主席梁漱溟的故居。梁漱溟早年积极参加同盟会的工作。1938年1月，他以国民参政员的身份赴延安访问，受到毛泽东的热情接待。1940年参加发起成立中国民主同盟。中华人民共和国成立后任全国政协委员。1953年受到批判。西海西沿2号是他家的一处老宅，1949年后他在此处长住了14年。小院门楼古朴雅致，门内有一砖砌的影壁。三合院内有北房五间、南房五间，西花园内修木亭一座。亭院内有梁漱溟亲手栽种的海棠、丁香、梨、杏等树木和一些草本观赏植物。如今梁漱溟故居在西海沿岸改造后不存，故居西花园旧址由总政歌舞团建为排练场，修缮一新。

西海西沿7号的小院里，有两间简易平房，一代著名画家周怀民在这里长住了40多年。周怀民生于1907年，他早年苦学，悉心研摩宋元山水画，年仅28岁就以“周芦塘”闻名于世，成为中国画坛的一颗新星。中年之后，他在画作中融入了青绿山水的画法，使画面更多了新意。周怀民在西海小院居住期间，创作出数以千计的艺术珍品，作品被国内各大博物馆、人民大会堂收藏。当他画的《葡萄图》送到联合国总部大厦，展出伊始，画惊四座，许多国家的官员都为画家有如此绝妙的表现叹为观止。周怀民把自己的画作和收藏的诸多古书画都捐献出来，而他的住室却如此简陋——一间屋中摆放了一张双人床和一个衣柜，另一间放有一张画案和简易沙发。直至1996年8月24日去世，他淡泊名利，甘居陋室，一直过着宁静而勤奋的生活。

护国寺街52号是一座坐北朝南的小四合院，这里曾是末代皇帝的弟弟、著名社会人士爱新觉罗·溥杰的故居。这里原是清醇亲王载沣的产业，因无人居住，被用作办街道工厂。1960 年，溥杰作为被特赦的战争罪犯释放后，在周恩来总理的关怀下，有关部门向他归还房产，修葺一新，让他有了舒适的住处。在溥杰居住的院落，倒座的三间北房为正房，是溥杰的书房和卧室，南房三间是客厅，东西厢房为厨房和其他人员居室。溥杰在这里居住期间，积极从事中日友好、民族团结和文史研究工作。他乐于助人，热心捐赠，所做的行善好施之事不胜枚举。溥杰去世后，其女将护国寺街 52 号捐献给国家。溥杰这座故居现已辟为“中国人民政治协商会议国际协力政治经济文化交流中心”。

后海北沿 24 号是一座坐北朝南的四合院。被授予“新中国卫生事业先驱”光荣称号的马海德，自 1950 年迁居至此到病逝，在此长住了 38 年。马海德生于美国靠近加拿大边境的布法罗市，他在抗日战争时进入延安，担任八路军卫生部顾问，成为加入中国共产党的第一个外国人。中华人民共和国成立后，马海德加入中国国籍。在后海居住期间，马海德致力于边远地区的性病和麻风病防治工作，在国内和国际上获得多项医学奖。马海德居住的是个独家小四合院，唐山地震后房屋损坏，有关部门提出为他改建一座小楼，马海德认为“要考虑整个什刹海的规划布局”。在他的坚持下，翻建后他住的还是平房四合院。

后海北沿鸦儿胡同 6 号院内有一座小楼，这里是著名作家、诗人，鲁迅的学生萧军的故居。1951 年底，萧军一家迁至小楼上承租了四大间居室居住，一住就是 37 年。萧军住在楼上东侧一间 25 平方米的南房里。在这里他完成了早已动手写的长篇小说《第三代》《五月的矿山》，写出了历史题材小说《吴越春秋史话》和京剧剧本《吴越春秋》等作品。萧军曾饱受磨难，一家 11 口人挤住在两间屋子里，没有了写作的地方。不甘寂寞的萧军便把屋角不到两平方米的储藏室布置成了写作室，笔耕不辍，撰写了《萧红书简辑存注释录》《鲁迅给萧军萧红信简注释录》《萧军近作》和诗词等大量作品。1978 年，萧军在住处成立了“野草诗社”，文友们前来聚会，传阅、吟诵作品，定期出版《野草诗辑》。参加者多时达 60 余人。

后海北沿 38 号是著名诗人田间的故居。田间在抗日战争期间的延安创作了大量街头诗名篇，号召人们同日本侵略者战斗。民主人士闻一多曾亲自登台朗诵他的诗作，并称他是“时代的鼓手”。1954 年，田间用稿费购买了这处小四合院，在院子内外广植树木。他在此居住的 31 年中，创作、出版了 30 多部诗歌著作。田间留给人们的不光是明快、优美的诗行，当人们走过这座故居前，看到他手植的大树，走在他扫过的马路上，熟悉田间的人在缅怀诗人之际，也会想到诗人凝练出的警句：“只有抛开自我，自我才能生存。人，不能为自己活着……”

后海南沿大翔凤胡同 3 号是著名作家丁玲的故居。丁玲的早期作品深刻反映社会现状，以鲜明的人物形象、生动的故事情节，感染了广大读者，并得到鲁迅、瞿秋白等人的肯定。她进入延安，参加晋察冀边区土地改革运动后，写出小说《太阳照在桑干河上》，荣获斯大林文学奖金。1955 年，丁玲用稿费买下了这处院房。小院坐西朝东，只有南北两排共 9 间房子，院落整齐、幽静，是个有利于写作的环境。十一届三中全会后，丁玲重返文坛，又创作了约 100 万字作品。丁玲这处故居经改建，现为《民族文学》杂志社编辑部。

后海南侧柳荫街 29 号是著名作家杨沫的故居。1960 年，杨沫与家人迁至这里，断断续续住了长达 25 年之久。杨沫的长篇小说《青春之歌》在 1958 年出版，这部描写知识分子成长的作品深受读者欢迎，不到半年就印了 40 万册，并很快译成英文、朝鲜文、俄文和日文。印尼共产党中央还把这部书列为党员必读教材。杨沫在柳荫街住的小院是个三合院，南、北、西三面建有平房11间。杨沫一家住北房西侧的两间。杨沫在此居住期间，又写了《东方欲晓》等作品。她说柳荫街是她“一生中居住时间最长的所在”，她“深爱着柳荫街，对它有种深沉动心的感情”。

护国寺棉花胡同东侧、前罗圈胡同7号是“面人郎”郎绍安的故居。郎绍安，满族人，从小家贫。他爱上捏面人这门手艺后，经历了艰苦的学艺过程。他曾花了8个小时的工夫捏出一只蝈蝈儿，蝈蝈儿腿上竟有着300多根毛刺儿。他捏的《女起解》里，苏三、崇公道只有黄豆粒大小，但眉目传神。1956年，郎绍安作为中华人民共和国第一个民间艺人，应邀赴英国伦敦出席第四届世界民间工艺展览会，并现场表演中国面塑。他以现场一个可爱的小姑娘为模特捏了起来。肖像面人红扑扑的小脸上汪着一对小酒窝，金色卷发自然披在肩上，两只碧蓝澄澈的大眼睛稚气而专注地凝视前方。人物造型逼真传神，使围观人群看得如醉如痴。郎绍安在小院里住两间北房，里外套间，里间是卧室，外间算是客厅。引人注目之处在于外间窗前摆放着他的工作案台。郎绍安在这里住了6年，1990年迁至永定门外蒲黄榆居住。

一代相声表演大师侯宝林，生于1917年。据他回忆，大约在他4岁时，舅舅由外埠把他带到北京，送到地安门织染局路北一户姓侯的人家当儿子，就这样姓了侯。侯家家贫，少年侯宝林随父母颠沛流离。一家人在什刹海多处低矮的房屋里居住过，如龙头井、羊角灯胡同、东煤厂胡同、张皇亲胡同（今为尚勤胡同）、扁担胡同、福寿里等。在什刹海一带居住期间，少年侯宝林因家境贫寒，已懂得养家糊口，补贴家用。为了生活，他捡煤核儿、卖冰核儿、卖报、卖豌豆、卖水、拉水车，到粥厂打粥，给出殡的打执事，还要饭。在侯宝林11岁时，父亲为他写了字据，“卖身”学艺，使侯宝林与艺术结下了不解之缘。侯宝林一家曾搬到德胜门内大街“麻花”电台院内居住，以后侯宝林与家人又迁居到厂桥南钱串胡同 6 号居住。相加起来，侯宝林在什刹海居住生活的时间长达 30 多年。

在后海与前海相接的金丝套地带，几条胡同内居住过不少名人。南官房胡同 26 号为清代宫廷画家屈兆麟的故居。屈家四代人从事绘画创作，迁居南官房胡同长达 60 年。南官房 12 号为“末代皇帝”溥仪之侄毓嵒的故居。1950 年，溥仪在被苏联军队押送回国前夕，与家人商议“立嗣”，指定毓嵒做他的继承人。毓嵒从抚顺战犯管理所释放回京，便回到 12 号院与家人团聚。其一生经历坎坷多变，后于 1999 年病故。

南官房胡同 51 号是辅仁大学一代名师顾随的故居。顾随治学有道，书法上也有造诣。他于 1943 年迁住此处。该院落原是祠堂，顾随一家住用六间朝房。顾随将其中一间用作书房，名“倦驼庵”。他在这里生活虽然贫苦，但让他体验到了平民生活的朴实、自然，还有沦陷后的苦闷和抗战胜利的喜悦。

顾随故居隔壁的 53 号，是中国籍犹太人、生于美国纽约的沙博里的居住地。沙博里毕业于圣约翰大学法律系，1949 年来到中国上海，开办了自己的律师事务所，与活跃于文化界的凤子相识后，喜结良缘，共同帮助中共地下党工作。1963 年经周恩来总理批准，沙博里加入中国国籍。此前一年，沙博里一家三口搬来南官房胡同，与学者孙绳武合住在一个院落。两家由一条走廊分开，院内种有花草树木，环境温馨。1983 年沙博里任全国政协委员，去各地视察，向国内外宣传中国所取得的成就。凤子病逝后，沙博里与女儿常住此院至今。

大金丝胡同 2 号是熊十力的故居。熊十力是我国现代思想史上一位著名学者，参加了武昌起义，是辛亥革命、护法运动的元老。

中华人民共和国成立后，为第一届全国政协会议特邀代表及二、三、四届全国政协委员。1952 年秋，熊十力在有关部门安排下居住在 2 号院。这是座四合院，庭院空地有 50 多平方米，清静幽雅。在京期间，他每周到北京大学授课，与董必武、徐特立、郭沫若、李四光、梁漱溟、齐白石等名人多有交往。

大金丝胡同 9 号是著名歌唱家郭兰英的曾住地。1949 年，18 岁的郭兰英跟随革命队伍来到北京，住进这座小四合院北房西侧一间小屋，面积有 10 平方米。郭兰英在解放区时饰演《白毛女》中的喜儿，已小有名气，但她并无架子，与街坊相处甚好，一住三年多。在此居住期间，她随中国青年代表团参加了在匈牙利布达佩斯举行的世界青年联欢会，并以演唱《妇女自由歌》荣获三等奖。

小金丝胡同 9 号是故宫博物院前院长单士元的故居。日本侵华期间，单士元的祖宅被霸占，在师友帮助下，他搬到 9 号院小南屋栖身。虽然生活困顿，家徒四壁，但是单士元坚决不与日本人、汉奸共事。在单士元和留守职工的看护下，沦陷期间故宫所藏文物与古建筑群体得以保全。1955 年，单士元一家搬离这里，迁入新居。

小金丝胡同 6 号院是著名翻译家、外国文学研究专家杨宪益的故居。这处院落建于 20 世纪 40 年代。1999 年杨宪益购得此院后，将其改为中西合璧式建筑。客厅陈设古雅，全副旧式木器家具。东边的小花园种有多种园艺植物，观之赏心悦目。杨宪益在这里与英国妻子戴乃迭专心从事翻译工作，二人珠联璧合，翻译了《离骚》等中国古典文学作品 8 部，《鲁迅选集》等鲁迅作品 8 部，包括《朱自清散文》等中国现代文学作品 15 部，包括《打渔杀家》《白蛇传》等戏曲作品 8 部。英译的《红楼梦》三卷本更成为中外学者和读者认可的经典译本，赢得了广泛的国际影响和好评。

在金丝套周边和前、后海附近居住的近现代名人还有不少。大书法家张伯英住在银锭桥南一所宅院里，其西侧金丝套一个小院里，居住过著名女作家冰心。京剧“四大名旦”之一的程砚秋，其出生地和幼小时的住处是小翔凤胡同。20 世纪五六十年代，在这一代居住过的文化名人还有散文作家张中行，作家叶君健、冯亦代，戏剧家黄宗江等。

小说《钟鼓楼》的作者刘心武，也曾在什刹海畔居住了 10 多年。他的这部小说以钟鼓楼附近大杂院的居民生活为背景，描述了当地的自然风光和世相百态，对京味文学是很好的传承。还有值得一提的是，2012 年诺贝尔文学奖获得者莫言，1986 年分配到厂桥西侧的总参军队大院，他在此从事文学研究和创作近 20 年。他的《红高粱》等一批优秀作品就是在大院库房兼宿舍里创作的。凡此种种，这些著名人物，散居在什刹海水域周边，是名副其实的“星”罗棋布。

近现代除了有众多名人居住于什刹海，还有很多名人在这片水域周边工作、走动、交往、游览，也都在这一方地域留下痕迹。清代时什刹海周边兴建起众多王府，王府的花园构建精美，各具特色，能入内一游，自然是眼福不浅。小说《红楼梦》的作者曹雪芹，家道败落后，10 岁时随家人自江宁（今南京市）迁来北京，住在崇文门蒜市口（今为广渠门内大街 207 号）。曹雪芹在京城期间，家在南城，但他的不少游历轨迹却在西城，并在什刹海留下了几多足迹。后海北沿的明珠府第花园，树掩游廊，水绕亭阁，禽戏鱼跃，草茂花多。明珠之子纳兰性德喜邀文人雅士前来赏景宴饮，传说曹雪芹不时到后海拜访。纳兰家族与曹氏家族都是官宦世家，又都曾卷入宫廷的权力争斗被查办。在个人修养和品性上，曹雪芹与纳兰性德都是淡泊名利、极富才华之人。曹雪芹细致入微地观察了解纳兰性德的生活环境、性格和经历。从小说《红楼梦》对贾宝玉的描写中，可以找到不少纳兰公子生活的印迹。此外，曹雪芹对后海南面的恭王府也有相当的了解，且对北部花园萃锦园诸多景点的建筑布局、方位特色、情趣所在、动人之处，烂熟于心而写入《红楼梦》中，致使一些红学家不断考证，提出《红楼梦》中所描写的大观园就是恭王府之说。此说虽一直莫衷一是，但可以肯定的是，曹雪芹笔下的大观园，是《红楼梦》中的典型环境。恭王府不是大观园的全部，也是其中的重要组成部分。没有深入现场，实地观察，仅凭想象是描绘不出来的。曹雪芹在《红楼梦》中，有几处还提到什刹海一带的地名，如鼓楼西大街、小花枝巷、清虚观（今称清秀巷）等。他所写的地名，也都是他在游走中所记下的，绝非没有根据的杜撰，这一点也是红学研究者的共识。

1912 年 8 月，辞去大总统职务的孙中山，应邀到北京与袁世凯会商内政问题。在京期间，孙中山曾前往醇王府与载沣晤谈。当日，后海北河沿道路两侧由军人列队值守，孙中山乘坐马车在马队军士护卫下来到醇王府门前，身穿中山装的孙中山下车，由人引领走进醇王府。与载沣见面谈话时，孙中山对载沣在辛亥革命开始后主动辞去监国摄政王的职务致以慰勉，希望载沣在五族共和的基础上携手合作，致力于国家富强。孙中山的倾心长谈，对载沣后来选择人生之路，起了很大的引导作用。

也是在这一年，鲁迅应教育总长之邀，到北京社会教育司任职，主管博物馆和图书馆事宜，常在藏书很多的广化寺藏经阁走动。8 月的一天，鲁迅和部员在广化寺藏经阁点阅库中书卷后，与同事齐寿山出寺闲游。二人赏罢后海的清幽，沿湖岸东南方行走，迈上银锭桥，领略“银锭观山”之景。后再向东走，走到“临河第一楼”集贤居酒楼前。看看已是午间时分，他们登上酒楼二层，在雅座坐下。眺望远近美景风光，品尝了风味小吃玫瑰枣、江米藕、果子干、香肠及蘸调汁而食的名肴北京白肉，又要了别的热菜，饮了黄酒。偶有东南方荷花市场唱野台小戏的丝弦声传来，让举箸尝鲜的鲁迅感到很有情趣。鲁迅回到住所仍感觉意犹未尽，几日后独自又到荷花市场游逛了一番。

1919 年隆冬的一天，雪花飞舞。北京大学校长蔡元培听说什刹海冬日雪景好，在办完学校事情后，与学校国史编纂处三位同事来至后海岸边赏雪。在观赏了飘雪的什刹海典雅柔美、如诗如画、如梦如幻的景色后，几个人走下湖岸，坐上铺有厚皮褥子的冰床，由拉冰床的人牵绳，飞驰在冰面上。这让久居校馆的蔡元培几人觉得很有野趣。在冰雪中走了一遭，蔡元培倍感精神振奋。三个月后五四运动爆发，蔡元培带领着北大师生冲在了民族解放和独立运动的前列。

在什刹海周边还留有不少党和国家领导人的足迹。1925 年，中共中央批准建立北方区执行委员会，由党的创始人之一李大钊任区委书记。中央同时同意成立北方区委党校，党校校址选在蒋养房胡同（今为新街口东街）。在党校 10 月开学那天，李大钊出席了开学典礼并讲话，他讲解了革命斗争形势和党校的任务，勉励学员们努力学习，以备结业后奔赴革命斗争第一线，为党的事业做出贡献。以后他又几次来党校为学员讲课，讲述党的路线、奋斗方向和工作重点等。老街街头一次次闪现出他奔波的身影。

据《毛泽东传》记载，杨开慧在 1918 年随父亲杨昌济迁居北京，住在鼓楼北侧豆腐池胡同（今为 15 号），称“板仓杨宅”。杨昌济是毛泽东在长沙读书时的恩师。这年秋天，毛泽东来到北京，应邀住进老师的客房，与杨开慧也有了较多接触。在富有情趣的鼓楼街区，毛泽东与杨开慧常常一起购物、散步。中华人民共和国成立后，一个初冬的夜晚，住在中南海的毛泽东主席提出去散步。在秘书和工作人员陪同下，一行人乘车出中南海东门，走景山东街，沿地安门外大街行至鼓楼，进西大街，来到鸦儿胡同西北的侯位胡同（侯位胡同后并入鸦儿胡同，不存）。据毛泽东的保健医生兼秘书王鹤滨回忆："很难见到毛主席在子夜散步时所流露出的那种愉悦、兴奋之情。""在侯位胡同爽洁明朗的月光下，主席脸上依然是那愉悦、兴奋之情，踱着和缓的步子，有时将双手展开比画着，同随行人员谈论着。一个简单的动作，可以重复多次而乐不可支……"再会鼓楼，重游故地，让老人家度过了一个愉快的夜晚。

毛主席留在什刹海的足迹，并非侯位胡同一处。1956 年 10 月 6 日，毛主席在彭德怀元帅陪同下，乘车来到新街口丁字路口南，下车走进马路东的西安食堂（今为西安饭庄）。毛主席、彭德怀及随行人员在此品尝了鲜美的泡馍和可口的菜肴，看望了后厨工作人员后满意而去。这是毛主席居京几十年中唯一一次在餐馆用餐。

恭王府位于前海西街 17 号。20 世纪 50 年代，红学界对恭王府是不是《红楼梦》大观园的原型争论热烈。1961 年 10 月 24 日下午，周恩来总理安排时间，在郭沫若、吴晗、王昆仑等人陪同下亲到恭王府查看。一行人从府邸西路经过葆光室、锡晋斋、步入萃锦园。在看了独乐峰、蝠池、安善堂、香雪坞、大戏楼等景观后，周总理问王昆仑（文史专家，时任北京市副市长）："你看这里像不像大观园?"王昆仑答道："我看不像，这园子显得不够大。"总理似乎已料到这样的回答，面露笑容，启发他说："你就当它像，把两种观点都讲讲嘛。"听了王昆仑和在场其他人的一些发言，又联系到一些红学家的观点，总理讲道："要说人家是想象，人家也总有一定理由。不要轻率地肯定它就是《红楼梦》的大观园，但也不要轻率地否定它就不是。"总理提出："要好好保护王府和花园，将来有条件可以在这里建一座曹雪芹纪念馆，向社会开放。"1975 年，病重在床的周总理嘱托国务院副总理谷牧办好三件事，其中之一就是对社会开放恭王府。（周恩来总理嘱托的另外两件事是保护琉璃厂文化街和修建国家图书馆。）

北海幼儿园坐落在地安门西大街东南处、北海公园东北角上一个相对独立的院落里。这家幼儿园在中华人民共和国成立初期创办起来后，朱德、周恩来等党和国家领导人曾多次到幼儿园看望孩子们。此外，老一辈革命家如陈云、邓颖超、陈毅、贺龙、彭真等也都多次到幼儿园视察，看望师生。国家副主席宋庆龄还曾请幼儿园的孩子们到她后海的家中做客。

什刹海从古至今，有着那么多名人在此居住、生活、工作、交往、走动，这里所形成和传承的名人文化、名人效应，是其他地方难以相比的。

第十九节　持续的戏曲表演

元代积水潭通漕运后，鼓楼斜街是京杭大运河的终点码头，米粮等一应物品都要在此上岸。这使钟鼓楼周边成了元大都的商业中心地区，连带着也是娱乐中心地区。沿街商铺林立，百货杂陈，茶楼酒肆两厢排列，丝弦鼓乐彼彼相闻。艺人那时献艺的场所不叫戏园，更不叫剧场，而称歌台舞榭。南方各省的商贾频繁往来，带动了商业和为他们服务的娱乐演出业的兴盛发展，应运而生的一处处演出之地，为戏曲表演者提供了施展才华的舞台。而演出的兴旺，反过来又促进了当地经济文化的繁荣。

元代元曲、杂剧的勃兴，明中叶后传奇剧的风传和清中叶后梨园的鼎盛，这三个戏曲发展史上的重要时期，在什刹海都能找到注脚。元杂剧是在戏与曲组合的基础上发展成形的，元杂剧讲究唱、念、做、打，集道白、歌剧、舞剧为一身，具有高度的综合性和抒情性。元代杂剧的内容和题材广泛而丰富，包括直接取材于社会生活，揭露现实矛盾的《窦娥冤》，表现婚姻感情的《拜月亭》，还有历史题材的包公戏、三国戏、水浒戏，以及以神话传说为题材，表现真、善、美与假、恶、丑之间的斗争和正义战胜邪恶的美好愿望的作品等。据史料记载，从金末到元大德年间，是元杂剧发展的最好时期，人才辈出。著名杂剧作家关汉卿、白朴、王实甫、马致远等，都活跃于元大都各演艺场地中。他们所创作编演的元杂剧多达700余种。在演出形式上，已有了专门的戏班，还出现了专业经纪人。虽然这时演出的场地还在茶馆，但已经为日后专门剧场的出现奠定了基础。

明代时的什刹海风光绮丽，沿湖岸兴建起不少官邸园林，富商和文人雅士也修造宅院，亲朋好友之间时有聚会，诗酒流连。这一时期以昆曲为主的家班演出也蔚然成风，以至“观戏若痴”。家班的演出多在主人私邸的厅堂、书斋、花园进行，受邀之人不多。家班主人也多是工于词曲、通晓音律、擅唱能演的戏曲行家，他们往往亲自编写剧本，教习伶人，排练演出。这些人不考虑市场和上座率，只按照自己的喜好和审美情趣排演，推动着戏曲向典雅、精致发展。明代的一些传奇戏曲佳作，就是于这些斗室方庭诞生、流传，再经加工而面世的。

明清时期，什刹海地区元曲与昆曲兼而有之。清乾隆年间，南方不少地方高搭戏台，讨好巡游的皇帝，邀名伶演唱昆曲。以后宫中和各王府也大建戏台，竞相以“堂会”演出表达喜庆。王府的堂会戏，最初以演唱“八角鼓”为主。相传八角鼓象征满族八旗。八角鼓鼓框为木质，鼓面蒙蟒皮。演唱者一手持鼓，一手以指弹击，口中唱出曲调。《道咸以来朝野杂记》载：“八角鼓之全堂，分鼓、溜、彩三种为完备。鼓，唱也；溜，相声之类；彩，戏法。”八角鼓的演出曾盛行一时。

清乾隆五十五年（1790）四大徽班进京，融合诸剧之长，形成京剧，广受皇室贵族和平民百姓的喜爱。到了清末，京剧演出在什刹海周边频繁而兴盛。各大王府不但常邀名角入府演出，王府内也都有自己的私家戏班。戏台上下彩排清唱不断，笙箫锣鼓声时有耳闻。什刹海王公府邸搭建的戏楼戏台各有特色。后海醇王府的戏台建在王府西花园中心处，环境幽雅。两代醇亲王奕譞、载沣都经常邀集亲友在此看戏。前海的恭王府戏楼，是一座室内全封闭建筑。楼内南面是戏台；楼北筑高台，是恭亲王奕䜣看戏的专座。整座戏楼高雅、气派，演出不断。道光年间，奕䜣长子载澂在恭王府内成立“赏心悦目”票房，在王府堂会戏中一枝独秀。定阜街庆王府的大戏楼分上下两层，占地达1300平方米，能容300多人看戏。庆亲王奕劻每逢寿日或家人的喜庆日时，便要在戏楼摆宴，演戏三天。定阜街另一侧的涛贝勒府，贝勒载涛自设的戏楼规模不是很大，但戏台结构精巧，总有名角登台，引得众多王公贵胄闻讯赶来观戏，一饱眼福、耳福。

明清时期，宫中和各王府都兴建起戏台。当然，宫中和王府的戏楼戏台，平民百姓是不能涉足的。清末民初时，地安门外大街和周边已有了多家供民众看戏的场所，这时仍不叫戏园，而称茶楼或茶园。观戏者入内可一边赏戏，一边品茗、点食小吃。鼓楼下西南街口处有一家天和茶园，出现于咸丰年间，内建舞台，可容五六百人围坐方桌观看戏剧。京剧名角常应约到此登台亮相。

清末民初，随着王府的衰败，饭庄承办演出开始增多。什刹海前海北沿的会贤堂饭庄豪华典雅，在饭庄西跨院建有一座精美的戏台，可容数百人就座观看演出。远近的王公大臣、军阀官员、商贾富户逢有喜、寿之事，都爱到此处设宴款待亲友，观赏名伶演出。民国以后，万宁桥南面不远路西，另有一家庆和堂饭庄，正院有戏台，时有堂会戏演出。陈德霖、龚云甫、刘鸿升、梅兰芳、小翠花、余叔岩、杨小楼、程砚秋等名角都在这家饭庄演出过。每逢有演出，饭庄食客盈门，生意兴隆。马路斜对面的天汇大院内，于道光年间建有北城最早的戏园，称德泉茶园，《金台残泪记》中提到的“地安门外茶园一”，即是这里。京剧名角刘鸿升、麻穆子、金秀山等常在这里登台演唱。民国后这里成为天汇轩大茶馆。

喜爱戏曲弹唱的人，自王爷、贵族子弟至平民，不少也有登台表演的雅好。贝勒载涛就经常在自己府中戏台彩唱，为此还曾重金礼聘武生名角张淇林到他府中教习。他也曾收徒李万春，向其传授《安天会》等猴戏功夫。在过去，演出而不取报酬的非职业演员、乐师被称为“票友”，票友的同人组织称为“票房”。光绪年间，什刹海一带有票房十余处，著名的有风流赏月票房（设于蒋养房）、果子观票房（设于鼓楼西侧）、国剧社（设于辅仁大学内）等。活跃于什刹海票房的票友金少山饰铜锤花脸，后转为职业演员，还成为清“内廷供奉”。票友翁偶虹曾与言菊朋等名角同台演出，后成为著名编剧。这些票友、票房活动都丰富了什刹海地区的文化娱乐生活。

什刹海的戏曲演出活动，自元代以来几百年间持续不断。今日什刹海剧场、影楼等演出场所更是数量众多。在一届什刹海旅游文化节活动期间，就有专业和业余的戏剧、曲艺、歌舞等演出上百场。在丰富人民群众文化生活的同时，使什刹海的戏曲文化也得到传承出新。

第二十节　名家的诗画佳作

什刹海的缙绅文化源远流长。由缙绅为主体，创作、吟哦而来的诗词文化，700 年来长盛不衰。荟萃于什刹海的诗词，很多都是吟咏水域风光、名胜景致之作，但也有一些不是单纯的写景。诗词作者常常是借景抒情，情景交融，用诗词来表现历史、政治、经济、文化、民俗、民族、宗教等方方面面的社会生活，以诗情寓意反映历史波澜和社会发展的变迁。

历史上，在以诗词吟诵什刹海的作者中，大多是曾获一定的科第功名、得一官半职、入仕后浮沉宦途的满汉文人。此外，也有僧侣，中外游客；还有“贵为天子”的皇帝和“天潢贵胄”的亲王等。文人中不乏诗词方家、文章高手、书法家、画家、金石家、篆刻家、琴乐师等。这些人乐于进行周游、吟咏、弦歌，抒发情愫，在群体性的雅集、文会活动中充分显现其功力，展示出才华。

纵览元代以来歌咏什刹海的诗篇，会看到有大量篇什赞美什刹海的繁华、其乐融融的景象，以及美若江南的风光，如梦如幻的妙境。作者们咏三春、诵夏景、吟金秋、唱隆冬，凡各种民俗活动如春禊、赏游、观荷、看莲、踏青扫墓、追悼亡灵、燃放河灯、冰床为戏等，皆有记述。当然也有很多诗篇看似是风花雪月之作，却在诗句中迂曲隐约地表现了对封建政治黑暗的不满情绪和消极遁世、洁身隐退之情，反映了苍生痛苦和社会底层的呼声。

据今搜集到的咏什刹海最早而有影响的诗篇，当数元初王恽的《通漕引》一诗。王恽官至翰林国史院学士，知制诰。此诗写于通惠河修好后，他对工程大加称颂，曰“役徒三万期可毕，一动虽劳终古利”，盛赞了修河劳工的勋绩，但同时也对于京都一些显贵对修河劳苦而不顾，一味奢靡作乐深表不满，在诗的结尾处以“从今粒米斗三钱，狼藉都城乐丰岁”，对显贵们加以嘲讽。

明代时，一些昏庸之君接踵失德坏政，李梦阳、何景明、王世贞、米万钟等官员仗义执言，为民请命，均受打击，在他们咏什刹海的诗作中，都隐含着愤世和不平之鸣。晚清和民国时期，内忧外患不已，吟什刹海的诗词中，更多了忧愤沉郁之声。张之洞在与友人游历什刹海时，对积水潭汇通祠“老树数百株，尽为寺僧所伐”之事十分反感，写诗曰：“对岸乔林付爨烟，荷花愈少愈堪怜。明知不是沧桑事，但惜西涯变稻田。”张之洞诗句中抒写的是对环境的忧虑，实则流露出了对现实的不满。纵观从清末黄侃“朔野正怜春物少，危楼仍见夕阳低”的警世之言，到抗日战争时期陈寅恪“南渡自应思往事，北归端恐待来生”的悲切呼唤，都为什刹海诗词中增添了凛然正气和激昂慷慨之情。

与什刹海诗词文化相媲美的还有书画文化。元明时期，以诗词赞赏什刹海的文人中，有些人也精于书法和绘画。如元代的赵孟頫、王冕、朱德润、王蒙以及明代的米万钟等。他们观赏什刹海的水景佳境，借景生情，吟咏出诗词佳句，想来也会泼墨作画，一展绘画功力。由于年代久远，他们赞赏什刹海的诗词有文字流传，绘画作品则难见真迹了。

什刹海的寺庙，最早建于隋唐年间，但早期的庙堂风貌、寺名题写等，也难寻旧踪。让人欣慰的是，清中叶后有些画有什刹海风貌的画作留到了今天。乾隆年间，“扬州八怪”之一的罗聘和诗画名家张船山，按法式善《续西涯十二咏》诗意绘制十二景，有积水潭、什刹海寺、净业寺、虾菜亭、丰泰庵、清水桥、诗龛等景观，再现了当年什刹海一些景点的优美风情。嘉庆朝进士麟庆在《鸿雪因缘图记》画集中，绘制了《诗龛叙姻》《净业寿荷》二图，绘出了什刹海景观建筑的风情和民俗风貌，富有清幽古雅的意境。

清代康乾盛世期间，对一些寺庙、王府等古建重修，格局至今保存较好。帝王、名士所题写、刻制的匾额、楹联题字、石碑等都在，对古迹的演变和书法文化的研究，提供了重要的实物。如今瑞应寺（今为鼓楼西大街 148 号）的康熙皇帝御制诗碑和汇通祠的乾隆皇帝御制诗碑都保留完好。广化寺等寺庙的匾额、楹联和恭王府殿堂的匾额、题字，也都保留沿用了名家的墨迹，吸引书法家和游客前来观赏、流连。

在北京现存的王府中，最为著名的是什刹海的恭王府。这座王府与什刹海的书画文化有着密切联系。清代康熙十二年（1673），19 岁的皇帝玄烨为“鞠养教诲”他的患了病的孝庄皇太后“请福续寿”，沐浴斋戒三日，在丝质绢纸上书写一个“福”字。皇太后端详着这个“福”字，只见它不同于一般所见的饱满方正的福字，而是字形偏瘦、狭长。“瘦”谐音“寿”，世称“长瘦福”，即“长寿之福”。孝庄看了这幅“福”字，心情愉快，有了食欲，病体很快康复。老太后以 75 岁高龄善终。她一直喜爱孙儿所写的“福”字，辞世前敕命将其刻上石碑，放于宫中。恭王府的前身是和珅宅，相传和珅利用御前侍卫、副都统职权，探听到了“福”字碑的所在，偷运出宫，弄到他什刹海宅邸，又秘密命人把碑镶嵌在花园秘云洞的石壁上。这一放就是 100 多年。1961 年秋，工人修理花园松动的山石，无意间发现了秘云洞洞口，进洞看到了“福”字碑。引起关注后，专家赶来，细看了碑文，考证后确认此碑为康熙手书。

当“末代皇帝”溥仪被逐出故宫，清王朝覆灭，那些依附皇室生存且无一技之长的皇家贵胄们，便都从人世的荣华之巅，跌落到贫困的谷底。和众多“八旗子弟”不同，恭王府后人溥儒凭着其人品和才华，成为民国时期的书画大师，受人敬重。溥儒的祖父是恭亲王奕䜣。溥儒自幼聪颖，长大后先后进入贵胄法政学堂、北京法政大学和德国柏林大学学习。学成回国后，他移居西山，探求学问，潜心书画的研究。10 年后溥儒返回恭王府，将位于花园蝠厅内的寒玉堂作为住室和书画工作室，在书画上再下功夫。民国时期，书画界对佼佼者有“南张北溥”之说。“南张”指张大千，“北溥”即溥儒。一次，张大千到北平举办画展，并到萃锦园拜访溥儒。两位大师当场作画，每张纸页只画一部分或画至一半，让对方续画。不足三小时，就画出几十幅，其间二人还为在场观看者画了几个扇面。那些已画就和未完成的画页，两人分手时各拿一半。此次“南张北溥”的聚会，在书画界一时传为佳话。

恭王府的恭亲王奕䜣，在同光年间执掌大权，曾风光一时。府内收藏了多件珍宝。其中传世最古的墨迹《平复帖》，为西晋陆机手书，比王羲之的《兰亭序》还要早60多年。帖是纸本，宽6寸，高7寸（20.5厘米×23.8厘米），内容是陆机写给一位友人的信，其中有“恐难平复”字样，故称其为《平复帖》。此帖为一封信的断片，仅83个字，字体为章草，奇幻难读。因年代深古，字迹已生绿意。然笔法质朴豪健，洒脱从容。四周钤有几十方各种印章。这件“墨宝”古今驰名，被视为天下第一珍品。1937年冬，恭王府溥儒因母亲病故急需用钱发丧，请求收藏家张伯驹将其府藏《平复帖》买下，说道：“这等国宝，唯有放在先生手中，才可保无虞。”张伯驹听他说得恳切，急将家中众多古董变卖，以4万现洋将《平复帖》买下收藏。消息传到日本人耳中，捎信给张伯驹，愿出30万现洋收购，被张伯驹拒绝。之后张伯驹遭“绑架”，他知道这是日本人指使汉奸特务干的，目的是让他交出《平复帖》。他冒着随时有被“撕票”的危险，与“绑匪”僵持了8个多月，不用《平复帖》做交易。“绑匪”也只好降低赎金放人。1950年张伯驹与家人迁至后海南沿26号居住。1956年初秋，张伯驹与夫人潘素商议后，将收藏的8件书画珍品包括《平复帖》，捐献给国家。在这之后，他们又陆续捐出100多件字画文物，在中国文化界引起强烈反响。

自元代以来，什刹海风光绮丽，得天独厚，一直有着很好的文学艺术氛围，在书画方面人才辈出。中华人民共和国成立后，什刹海一改旧貌；经改革开放，万象更新，老画家周怀民喜咏《寓居西海》，吐露出“闲居漫步趁佳辰”的心声，他兴奋吟诵道：“临池泼墨波尽染，一笑相迎来众宾。”2001 年 3 月 24 日，什刹海诗书画社成立。众多社员大展才艺，多次开展了诗书画展、专题画展、诗词朗诵会等活动。由什刹海研究会和什刹海诗书画社组织创作并绘制的《北京什刹海历史变迁画卷》于 2008 年 11 月出版。画卷按元、明、清、现代四个不同历史时期分四卷绘制，画面总长 120 米。这幅长卷把元代建都北京至今近 800 年的北京什刹海历史变迁展现在世人面前，堪称宏幅巨制，这也是对什刹海书画文化所做的一个很好的传承。

第二十一节　坊间的故事传说

街市繁华、闹中有静的什刹海，自元代起就是各方人士居住、频繁走动、交往之地。大批俗语、歌谣、民间传说和各类故事，在民众中广为流传。这处有着开阔水域的灵秀所在，孕育出的传说故事，不仅数量多，而且内容丰富，听了让人感觉奇妙有趣，难以忘怀。

在什刹海西北处的汇通祠后，有一块高大的鸡狮石雕塑。这块巨石引出了一段什刹海的古老传说。传说古时的什刹海是一片低洼地，长着一眼望不到边的芦苇。一天半夜，风雨雷鸣，一团东西裹着火光从天而降。第二天，住在附近草棚的人家发现洼地戳着一块暗红色的巨石，足有一人多高。不久后的一个刮大风之夜，天地间飞沙走石，人们听到放巨石的地方响起了叮叮当当敲击石头的声音。一早起，走出门的人来看巨石，惊讶地发现：巨石从泥土中被安放到高处平地一个石座上，石头四面雕刻了云纹、星辰、山峦、水流等。在石面上部，浮现着一只从左向右走的公鸡，还有一头自右朝左而下伏的雄狮。有学问的人说，这石雕是灵兽镇物，可辟邪驱恶，是个宝物，就叫它“鸡狮石”吧！不怀好意的人听说了，想把这石雕盗运走，官府也曾派来兵马，想把这宝贝弄走，但这鸡狮石就像下面生了根，谁也弄不动，搬不走。斗转星移，直至中华人民共和国成立后，鸡狮石一直挺立于汇通祠后，每日迎接着游客观赏。如今摆放在祠后的鸡狮石是一件复制品。

“沈万三指挖银库”是流传于京城的著名传说。说的是明朝永乐年间，皇帝朱棣营建北京城，大动土木，银子吃紧，国库告急。朱棣听有大臣禀报说，江南大财主沈万三就住在北京城，人称“活财神”，此人能指地出银，他不愿指时，一打他，他就指了。朱棣闻听，龙颜大悦，口谕四城官兵寻拿沈万三。沈万三被捉到带上金殿，朱棣看他穿着破旧衣裤，是个穷老头，半信半疑，叫他帮助挖银，听他说做不了，遂命人拉下去打。武士们把沈万三拖到殿外，用鞭子打起来。沈万三痛得叫，问他埋银的地方，他还是摇头。大板子又打到他屁股上，裤子开花了，屁股上的肉肿起来了，沈万三给打得受不住，求饶说知道埋银的地方。官兵们架起沈万三出了皇宫，按他所说，往北走到鼓楼下大街（今为地安门外大街），又往北往西走了一段路。沈万三指指脚下让往下挖，大批官兵摆开架势，挥动工具，挖土掘地，这一挖竟挖出十窖银子。经清点，一窖是 48 万两银子，总共 480 万两，把国库装得满满的，足够建京城所用了。那挖出银子的土坑，又大又深，积水成湖。人们为这里取名“十窖海”。后来叫顺了嘴，就成了“什刹海”。这也让什刹海又多了一个名字的由来。

“铸钟娘娘”是什刹海流传于世的又一著名传说。相传明永乐年间重建钟楼后，钟楼上悬挂的大钟原是一口大铁钟。一日皇帝朱棣乘龙辇在宫外巡行，恰逢钟鼓楼上钟鼓齐鸣报时，朱棣感觉铁钟声音哑小，很不入耳，回宫后便传工部大臣铸造铜钟。从各地招募而来的铸钟匠们在鼓楼西侧的铸钟厂辛苦劳作，却几番铸钟不成。皇帝龙颜大怒，口谕延期一月，再铸不成钟，工部官员和匠人一律处死。在家属们的焦急等待中，工匠们又紧张忙碌了一个月，熔炼后的铜汁仍难以铸成好钟。在这令人绝望的时刻，工匠华严的女儿华仙扑进了滚荡着铜汁的大锅，力求改变铜汁的成色。有道是孝义感天，大锅的铜汁闪耀出别样的光芒。华严师傅忍住悲痛，和工匠一起动手，顺利铸成了一尊大铜钟。为纪念孝女华仙，工匠们在钟楼西北侧（今为小黑虎胡同 24、26 号）修建了一座“金炉圣母娘娘庙”，几百年间香火不断。

其他什刹海的著名传说还有“徐达射出中轴线”“高亮赶水”“牤牛伴主”等。和各地众多传说故事一样，什刹海地区的传说故事，有些也是无史可查的，有的甚至失实。如众多传说版本中都写有明代朱元璋的辅臣刘伯温、徐达，在建造北京城时大显身手。事实上刘、徐在明成祖朱棣迁都北京前早已故去多年。又如“活财神”沈万三，相传是江南首富。据记载，其人在太祖年间已死于云南流放之地，不可能现身迁都后的京城。然而在什刹海的传说故事中，人们就是饶有兴味地讲说刘伯温、徐达在建造京城时施展手段，活灵活现地描述沈万三带人指地掘银。正是由于传说中有了这些虚构的人物情节和神话色彩，才增加了传说故事的生动性，也更让人津津乐道。

在迄今搜集到的什刹海几十篇传说故事中，清代以前的传说色彩较浓，清代至今的有真人史料佐证，故事性更强些。在近现代什刹海传说故事中，“小石桥谋炸摄政王”“小凤仙助蔡锷脱逃”等，也有着传奇色彩和故事性。“小石桥谋炸摄政王”说的是，孙中山在清末领导同盟会发动武装起义连连失败，加入了同盟会成为骨干的汪精卫提出刺杀清政府高官，以提高革命士气。汪精卫与喻培伦几人到京后，把暗杀目标定为住在醇王府的宣统皇帝溥仪之父摄政王载沣。经侦察策划，他们把炸弹放在石桥下，计划在载沣过桥时炸死他，却不慎在放炸弹时走漏了风声，暗杀行动失败，汪精卫等人被捕入狱。汪精卫受审时视死如归，慷慨陈词，一时传为美谈。至于他在辛亥革命后获释，抗日战争中成了头号大汉奸，则是后话。这个故事在流传时，有的版本讲炸弹放在了银锭桥下。去过银锭桥的人都知道，桥石板很坚固，一般炸弹是炸不透的。有文史专家考证，埋放炸弹的地点是在鸦儿胡同西南处一座无名小桥，早年间那里有一条水沟，上覆青石板成桥。摄政王载沣出府东行进宫，小桥是途经之地。马车过桥时，载沣要下车步行过桥，汪精卫等就是侦察到这一点，才选择在小石桥下安放炸弹，不想却功败垂成。后来小石桥下的水沟被填平，本就无名的小桥也了无踪迹了。

革命党人刺杀摄政王失败，但在什刹海南侧的红罗厂也发生过刺杀清廷高官成功的壮举。红罗厂位于西四北大街南部路东，原是明代内务府二十四衙门之一惜薪司储存木炭的所在地。清末时要员良弼居住的府邸坐落在红罗厂南巷。武昌起义后，清王朝的统治摇摇欲坠，垂帘听政的隆裕太后已有退位打算。而以良弼为首的顽固派却拼命阻挠，他们成立了宗社党，提出要与革命军决一死战，气焰嚣张。年轻的革命党人、同盟会京津支部军事部长彭家珍追随孙中山，致力于共和大业，他审时度势，决心涉险铲除良弼。他组织人员，侦察了良弼居住的红罗厂地形。1912 年 1 月 26 日上午，彭家珍假冒良弼部下的军官崇恭，换上军官制服，乘马车来到红罗厂良弼府，问过看门人，得知良弼去了铁狮子胡同陆军部未回，他转过一旁等待。不久，彭家珍看到有辆马车驶向良弼府邸大门，便尾随过去。这辆马车正为良弼所乘。良弼从车上走下，彭家珍从容上前，递上名片。良弼一看名片，端详来人，发现不对，感觉不妙，转身就向府门里跑。彭家珍向前追了两步，朝良弼掷出一颗炸弹。“轰”的一声巨响，良弼左腿骨肉分离，倒在血泊中。彭家珍也被一块飞起的弹片击中头部，当场身亡，牺牲时年仅 24 岁。两天后，良弼伤重死去。行刺事件发生的第 17 天，清廷发布了退位诏书。彭家珍行刺良弼的壮举，加快了清王朝的覆灭，也让红罗厂名扬一时。

什刹海的传说故事延续到中华人民共和国成立后，更有佳篇。1951 年，公安干警在旧鼓楼大街机智侦查，抓获了杀害李大钊的元凶，将其严惩。1979 年，德胜门箭楼一角出现裂痕，相关部门决定将箭楼拆除，脚手架都搭好了，在这“紧急时刻”，古建专家郑孝燮上报中央，使巍峨的城楼得以保全。这也算得是一个“惊险”故事吧。

这些传说故事有着很强的生命力，也是北京非物质文化遗产的一个组成部分。如今有关专家还在收集、挖掘什刹海的传说故事。在深入进行改革开放的今天，什刹海日新月异，居住、生活在这里的人们，也在创造着新的传奇故事。有关什刹海的传说故事篇目将会更多，内容也会更加丰富多彩。

第二十二节　活跃的体育竞技

元大都建成后，住民多为蒙古族人和色目人。他们将粗犷的草原人的生活习俗带到大都城，在有着开阔水域的积水潭周边，广泛开展着游牧民族的赛马、马术、骑射、摔跤等比武较量和体育竞技活动。

元代有一种长跑比赛，名为“贵由赤”（系蒙古语音译，意即快跑者），参赛者为负责大都（北京）与离宫上都（内蒙古开平）一线的警卫禁军。每年由皇帝主持，举行一次越野长跑来校阅禁军的训练。长跑比赛有两条线路，一条以大都为终点，一条以上都为终点，届时选择其一为长跑路线。比赛跑程为180里，要求在三个时辰（6小时）跑完全程，比赛跑前三名者获奖赏。这种超长距离的越野长跑，是马拉松比赛距离的一倍多。以大都为终点的比赛，长跑者自北而来，终点常设于积水潭附近。当日，王公大臣、文武百官簇拥着皇帝，大队人马浩浩荡荡开赴终点，等待捷足先登者。跑程沿途也有大批百姓为长跑者呐喊助威，场面可观。

明代时在什刹海一带，水域中有游泳和跳水竞技表演，岸畔则活跃着射箭、剑术、拳术、击壤（掷击木块）等体育运动和娱乐活动。

明末清朝入关，马军剽悍。一统中原后无仗可打，原本为冲锋陷阵的骑射，逐渐演变成健身娱乐的体育活动。“骑射教子孙”倒也沿袭下来。恭亲王奕䜣之孙溥儒在自述中曾说：“我十几岁就以驰马弯弓擅胜……至郊外，纵辔奔腾不已。”王孙少年能如此驰纵，可知当时社会风行骑射的盛况。清代京城之外设有多处赛马场，王府中也多设有跑马、骑射的场地，让王爷和家人常得纵马之乐。

满族祖先游牧于塞外时，常把掼跤作为一种培养尚武精神的健身活动。康熙皇帝亲政后，曾组织精通掼跤的八旗少年智擒图谋不轨的权臣鳌拜，以后就有了善扑营的建制。《啸亭杂录》载：“选八旗勇士之精练者，为角抵之戏，名善扑营，凡大燕享皆呈其伎。”在什刹海万宁桥西侧，自清中叶开始，一直有善扑营跤术的表演场地。到了民国初年，属善扑营的御扑户各谋生路，家底殷实者经商，开馆授徒、设场卖艺者也都有之。其中右翼御扑户王三，找人搭伙，在万宁桥旁摔跤卖药。他们研究编排了一些套路，配合默契，让观众看个过瘾、高兴。如今中国式摔跤成为国家正式体育比赛项目，从一定意义上说，什刹海的万宁桥堪称是中国式摔跤的发源地。

满族祖居白山黑水一带，冬季冰天雪地。满族先人们创制出溜冰滑雪的方法和工具，在冰海雪原上飞驰射猎。满人入关，八旗官兵将溜冰之术带到北京。清代的太液池（北海）、西海子（什刹海），是帝王、王公大臣们观赏滑冰的消遣场所。在隆冬结有厚冰的什刹海湖面上，不但有八旗军滑冰练武，平民百姓也三五成群上冰一显身手。不过一般人溜冰，没有冰鞋，只在鞋上绑了木板，木板上装两根粗铁条，即可在冰上溜滑尽兴；甚至穿着大毛窝（肥大棉鞋），助跑后一出溜，也能享受到溜冰的乐趣。在什刹海还有一项"冰床"运动。冰床也叫拖床，"以木作床，下镶钢条，一人在前引绳，可坐三四人，行冰如飞"。冰床靠人拉着跑，让冰床靠惯性猛向前冲，拉者顺势坐到冰床上，滑行长长一段路，再踏冰拉着冰床疾跑。早年鼓楼到德胜门一段路无车可乘，人们便选择坐冰床而行，花不了几个钱，除了便捷还能享受在冰上嗖嗖滑进的快乐。这也使住德胜门果子巷一带的贫民在冬季靠拉冰床有了营生。

清代乾隆年间，什刹海还流行着一种冰蹴球的游戏。这种游戏来源于踢"盖火"。所谓"盖火"就是旧时盖在炉口压火的铁器，呈圆形，中间凸，顶端有小孔。相传，乾隆皇帝的女儿和硕和嘉公主出生后，手指间有蹼相连，拿物不便。她看别人玩各种游戏，自己难以参与，闷闷不乐。乾隆皇帝知道后，便让内务府大臣寻找不用手可让小公主玩的游戏。有人发现在冰上踢盖火，不需用手，而跑动有趣，得皇帝同意，宫内人便在冬天陪小公主在冰上玩这一游戏。此后冰蹴球就流行起来。清代《百戏竹枝词》有云："蹋鞠场中浪荡争，一时捷足趁坚冰。铁球多似皮球踢，何不金丸逐九陵！"

这首诗描述了冰蹴球踢玩的盛况。用脚踢击圆状冰球体，是我国一项独特的民族体育冰雪游戏。2015 年 1 月，在什刹海举办的“冰雪体育文化节”上，有着 300 多年历史的冰蹴球再现于公众面前，引起社会各届广泛兴趣。2015 年 7 月 31 日北京冬奥会申办成功，北京相关部门将冰蹴球这一游戏与现代体育相结合，对比赛用球、场地及比赛形式、规则等加以研究和开发，准备让这种与冰壶比赛类似但用脚踢的游戏运动项目在北京冬奥会上亮相。

习武练武之风尚，在什刹海一直延续开展。“四民武术社”成立于 1900 年，由形意拳一代宗师刘奇兰的得意弟子耿继善在火德真君庙创办，首开新式武术教育之风。耿继善是清末名声显赫的形意八卦大家，人称“粉面金刚耿大枪”。由他挑头传武、习武，使火德真君庙成为当时武术名家荟萃之地。在古老的殿堂前，在香火缭绕中，师徒分列演练六合、推手，传承古典武术。继耿继善后，又一任武术社掌门邓云峰，经常教育弟子要以武会友，不可挟技伤人。四民学员一度多达 200 余人。抗日战争爆发，邓云峰积极支持弟子们奔赴前线，杀敌立功。弟子张贵生在赵登禹将军统率的二十九军任排长，战斗中刀劈 10 余名敌寇后中弹牺牲，为习武报国者树立了榜样。100 多年来，四民武术社以养性、强身为主导，传授形意拳、太极拳等武术，培养出大批人才。著名作家、《青春之歌》的作者杨沫，自小受武侠小说的影响，立志要当侠客，家人领她到庙里拜邓云峰习武学艺，此后杨沫每日放学便到武术社压腿、踢腿、蹲桩……早年的习武，为杨沫打造了良好的身体素质。杨沫到了 80 岁高龄，仍能平坐双手伸于脚前，轻松摆出“仙人作揖”式。

清末民初，在风景宜人的什刹海岸边，有不少人学打太极拳。其中最为流行的是李氏太极拳，由近代著名武术大师李瑞东投拜各路名师后，再依杨露禅拳路创编而成。李氏太极拳融合古代道家拳生修炼术和阴阳、经络学说，其重点是以意念引导动作，意动身随，动作柔中带刚，拳姿优美，让人沉醉其中，并有较好的健身、娱乐和陶冶性情的功能。1951 年，梅兰芳搬到护国寺街居住，在他一张于庭院打太极拳的照片中，看得出他打的就是李氏太极拳。

几百年来活跃于什刹海的体育竞技活动，积淀了深厚的体育文化底蕴。近几十年中，从什刹海相继走出了体坛佼佼者马燕红、谢军以及有“功夫皇帝”之称的电影明星李连杰等。被誉为“冠军的摇篮”的什刹海体校，先后培养出张怡宁等近 50 位世界冠军和奥运会金牌获得者。他们的表现和成就，是对什刹海体育文化的最好传承，而且闪耀着前人所没有的骄人风采。

第四章　改革开放后对胡同的规划开发

第一节　党和国家领导人的关注

改革开放后党和国家领导人对什刹海地区相关的规划、保护和发展给予了多次关注和指示。周恩来总理非常重视恭王府的保护和重新开放，曾多次做出叮嘱和指示。1978 年，国务院副总理谷牧就恭王府的修缮保护和对社会开放召开专门会议。随后开始了对占用恭王府的 8 家单位和 200 多户居民的腾退搬迁工作。1988 年恭王府花园修缮后对外试开放，但府邸的腾退仍进展缓慢。至 2000 年底，时任什刹海研究会会长的赵重清给谷牧写信，反映恭王府腾退中的困难。信转达后，谷牧不顾年老体弱，前往恭王府视察，拍板解决问题。此外，李瑞环、李岚清等十几位中央领导人也先后视察恭王府，做出重要批示，增拨专款，用于搬迁和修缮工作。至 2006 年，最后一个单位迁出，恭王府的腾退工作终于圆满结束。

1993 年、1999 年，江泽民同志两次到什刹海视察，听取了有关人员的汇报，在对什刹海开发建设做出重要指示时谈道："北京变化很大，湖边有树有花，空气新鲜，是早晨锻炼的好地方。这样的地方要多搞一些，向市民开放。"2008 年 8 月 20 日，胡锦涛同志一行人来到什刹海，走进刘海胡同11号温馨家园，考察北京市残疾人事业的发展和温馨家园的建设情况。随后走进一间间残疾人活动室，询问了解残疾人的康复设施和治疗效果，并指示要把残疾人康复培训机构办得更好。

2013年2月8日，什刹海街区张灯结彩，洋溢着浓郁的春节气氛。习近平总书记一行，途经地安门派出所什刹海巡逻警务站，总书记下车看望了在岗值勤的民警和协警。随后来到地安门西大街南侧的厂桥派出所，视察了办事大厅、指挥室，并同110紧急警务车巡逻民警进行交谈。总书记向广大公安干警致节日问候，要求公安部门做好春节期间警卫工作，让人民群众过欢乐祥和的春节。2014年2月25日上午，习近平总书记在北京视察，走进地安门外大街东侧的雨儿胡同29号、30号两个院落，进到4户居民家访问。总书记询问居民住房好不好，收入高不高，老人退休金是多少，看病方便不方便，对家里上下水、取暖等也一一问到，又征求对城市改造、胡同拆迁的意见。聊天中总书记还谈到他熟悉这附近的环境，小时候就在这片住过，放了学撂下书包就到什刹海冰场滑冰，今天到这儿也是来看望老街坊的。中共中央总书记走进寻常人家访问，嘘寒问暖，这让受访者倍感温馨，难以忘怀。

第二节　破冰清淤，共建什刹海风景区

改革开放后，对有着深厚历史文化底蕴的什刹海的保护、修缮被提上日程。1983年10月24日，北京市政府下发了《关于批准什刹海风景区第一期整治方案的通知》。在做好前期准备工作的基础上，1984年2月26日，在什刹海召开了“首都军民共建什刹海风景区开工典礼”大会，大规模整治、修缮工程全面铺开。

在治理修缮中，1680 名解放军指战员不顾天寒地冻，破冰清淤；800 多名中直机关干部在前海翻挖土地；市属单位 1600 多名男女民兵铲泥运土，展开劳动竞赛。区人防、房管局、西建公司的职工协同工作；教育局领导带领师生送茶水慰问；区工会、文化局组织演出，表演节目。整个什刹海呈现出万众一心、热火朝天的感人劳动场面。中央军委、部队首长余秋里、杨得志、张爱萍、张劲夫、秦基伟、洪学智等都曾到施工现场视察，参加劳动，极大地鼓舞了军民的劳动热情。

什刹海环湖改造绿化提升

在 3 个月的整治工程中，有中央、市、区和驻京部队近 190 个单位参加义务劳动，投入劳动力近 8.5 万人次。工程中清淤 1.2 万平方米，翻整土地 8000 平方米，铺装园路 9000 多平方米，整修驳岸 2000 平方米，整修护栏 3000 多米，拆除违建房屋 260 间，清运渣土垃圾 1500 立方米，腾出占地 2 万多平方米，种草坪 3 万多平方米，种苗木 1.3 万株，种莲藕 25 亩。随着整治工程告捷，景区三海的水清了，岸绿了，大煞风景的违建、堆物、垃圾清除了，环海和周边的道路畅通了，让邻近居民有了较好的生活环境，游人到此感觉舒适、开心。

这次整治是中华人民共和国成立以后第一次对什刹海进行的大规模修缮整治。为铭记这次整治，前海广场立起纪念碑一座，将在整治工程中获奖的单位刻于碑上，作为永久纪念。

第三节　老城复兴的标杆，美好生活的典范

1984 年，在什刹海地区进行环境整治的同时，北京市西城区政府邀请了清华大学建筑学院城市规划系以朱自煊、郑光中两教授为首的规划组，编制什刹海地区总体规划。规划组师生立即对规划地段进行了深入细致的调查研究，走访了众多单位和居民，召开了多次专家座谈会，征求了首规委、规划局等职能部门的意见，并数次向西城区委、区政府领导汇报规划方案。在此基础上完成了《北京什刹海历史文化风景区总体规划》。

1992 年，邓小平南方谈话发表后，什刹海景区以规划为先导，以整治为龙头，进入全面建设、稳步提速阶段。9 月 24 日，北京市政府召开了常务扩大会议，会议听取了清华大学规划组对什刹海总体规划的汇报和西城区政府的意见，经过认真讨论后批准了该方案，明确了什刹海历史文化风景旅游区的性质和功能定位，提出了保护、整治和建设的目标与任务。在会上，市委领导特别重视该地区今后新建房屋的形式、高度等问题，并指示："今后在什刹海地区新建任何建筑，报规划部门批准前，建筑图纸要先送到清华大学，请朱、郑两先生提意见并签字。"此后数年一直坚持了这种办法，并取得了较好效果。

什刹海总体规划方案获批后，清华大学规划组又承担了详细规划和大量的建筑单体设计工作。规划组师生长期参加了对什刹海地区的保护、整治和建设实践，使图纸逐步变成现实。在这个过程中，师生们深刻体会到古城保护工作的艰巨性、复杂性和长期性。30 多年来规划组根据实际多次修改了整体规划，在总规指导下完成了多个地段的详细规划，如地安门外大街、烟袋斜街、白米斜街、荷花

市场、后海北岸地区、西海地区等，在不同时期都进行过多次规划。为了维护北京古都风貌和控制新建筑的体量、高度、形式，规划组还承担了什刹海数十项建筑的方案设计，如烤肉季餐厅、帅府餐厅、潭苑茶室、望海楼建筑群、汇通祠及小山建筑群、荷花市场建筑群、烟袋斜街部分店铺、后海游船码头、后海老人休息花架、什刹海管理处办公楼，以及鸦儿胡同四合院改建、西海北岸四合院改建、银锭桥改建等，受到各方面关注和好评。

汇通祠及小山为德胜门西城墙内一处古迹，是北京六海水系的入水口。修建北京环城地铁时把庙拆除，把山铲平。原计划地铁建成后恢复山和庙，但遗憾的是地铁建完只堆了山，地铁公司未复建庙，只打算建个小亭子了事。清华大学规划组及一些专家呼吁复建汇通祠。几经商议，西城区领导同意修复汇通祠建筑，但也注意到在新堆的土山上建庙，任务艰巨。郑光中教授接受了这个设计任务。设计方案是利用地铁隧道顶板作为基础，由此向上在山中修建层次分明的建筑。第一层包括大的餐厅，还有地铁积水潭站出入口。二层为一大厅，利用假山遮蔽了门窗，这一层实为有自然通风采光的地上建筑。第三层即是汇通祠，完全根据历史形制恢复。小山中还隐藏有地铁的通风口，并在山下修复了当年水绕小山的景色。复建一新的汇通祠后用作郭守敬纪念馆。什刹海总体规划图和汇通祠建筑模型在英国伦敦召开的“第四届世界古建筑保护及城市规划”国际会议上展出，获好评。1986 年《北京什刹海历史文化风景区保护规划》获建设部优秀规划设计二等奖。1989 年此规划又获得北京市科学技术进步奖及北京市科委颁发的优秀科技奖等奖项。

30 多年来，清华大学规划组不仅设计了一大批新建筑，更重要的是保护了什刹海地区的历史风貌、传统空间环境，对一些重点古建筑的恢复做出了贡献，如恭王府、汇通祠、火神庙、广化寺等，与北京市规划局、西城区政府、什刹海管理处等形成了由“政府+学校”来共同建设和管理的长期机制。由于有了这一机制的建立，才使得什刹海地区几十年来历史格局和传统风貌都得到了很好的维护和开发利用。

随着什刹海历史文化风景旅游区的命名，成立于1986年的什刹海公园管理处也更名为什刹海历史文化旅游区管理处，下设办公室、规划管理科、基建科以及水上、绿化工作队等机构，并按地域分设了前海、后海、西海三个管理所。不久，什刹海旅游开发公司、什刹海经济建设公司先后成立。2000年1月，由西城区委副书记、区政府副区长任正、副主任的什刹海景区管理委员会成立，这个机构由区计经委、建委、园林、文物、民政、街道办事处等十几个部门组成，负责风景区的各种专业规划的编制、管理方法的制定和组织实施工作。两个月后，又成立了西城区城市管理监察大队什刹海分队，主要负责什刹海环湖地域规划、绿化、工商、市容、交通五项的执法监察和管理。这些机构的设置成立，顺应了什刹海景区的发展需要，对景区持续健康的发展起到了重大的促进、保障作用。

1998年，北京市政府大规模治理全市河湖水系，什刹海是重点治理地域。从这年9月起，施工部门使用大型机械清淤，通过管道清出淤泥21.7万立方米，维修堤岸5185米，安装护水栏杆4410米，铺装甬道15000余平方米，新建停船码头4个。经过这次治理，三海之水变得清冽，堤岸规整，街巷路面平坦整洁，景区风光更为幽雅。进入21世纪后，市区政府对什刹海街容景地的保护、修缮更是加大了力度。

2002年，北京市政府公布了《北京历史文化名城保护规划》，规划中对处于历史文化保护区核心部位、重要地段的什刹海名胜建筑、民生设施和钟鼓楼节点的中轴线景观的保护和发展，都做出了明确的规划和要求，这使什刹海的名胜景观保护、修缮工作有了最重要的依据和导向。

西什库

2005年,清华大学建筑学院受北京市西城区人民政府委托完成了《什刹海历史文化保护区近期保护整治规划纲要（2005—2008）》的编制，并以此为基础完成了什刹海历史文化保护区近期整治保护详细规划，作为什刹海地区三年综合整治工作的目标和指导，力求将什刹海地区建成景观环境优美、文化内涵深厚、游憩设施完善、居民生活方便的历史文化风景区。

2008年，什刹海保护区综合整治工作被列为“北京市迎奥运重点项目”，完成了前海广场、烟袋斜街、后海公园等重点公共空间建设与景观提升工作。

2018年，根据西城区街区治理规划的统一要求，什刹海街道立足历史文化景观、传统居住、中央政务服务三大主导功能，以体现总规引领地位，尊重历史沿革与传承，延续南北两大片构成，将街道划分为鼓西、西海、前后海、护国寺、定阜街、西四北、西什库和北海八个街区。在近年来以街区更新为统筹，持续开展综合性整治提升工作，注重共建共治共享，保护传统院落胡同肌理，精心打磨街巷环境，优化公共配套设施，为市民打造平缓开阔、优美有序的街区空间。

2019年，为进一步提升什刹海景区核心品质，按照体系构建、功能疏解、文化彰显、客流引导、景区织补的规划策略，北京市西城区什刹海风景区管理处委托清华大学专业规划设计团队对什刹海景区精心制定了由近及远、横跨2019—2035年的长远旅游规划。

第五章　大力修缮：保护文物景观

第一节　梦回当年，古迹露新颜

巍然屹立于北京城中轴线北端、历经几百年风雨沧桑的钟、鼓二楼，在改革开放后焕然一新。

1986 年，国家出资对钟楼进行修缮。在大规模的整修中，从上到下、从外到内，细加查修。1976 年的唐山大地震波及北京，给钟楼带来不小的损害。在这次维修中，技术人员把石材错位处调正，裂缝一一消除，恢复了楼体的坚固。施工人员在修缮中，从钟楼楼脊取出“镇物”——一个长方形铝锌合金盒，内装五块宝石，金、银、铜、铁、锡五个小元宝，五色丝线、绢，五谷杂粮及 24 枚金钱。钱币圆形方孔，正面有“天下太平”字样，背面刻有满文。此外还有五条缎带，有满文书写的“九天应元雷声普化天尊玉枢宝经”等字，可知镇物盒为清代重修钟楼时所放。工程人员将此镇物盒保存后，将钟楼正脊复位，于原处放入一个同尺寸铜皮盒，内放钟楼修缮日期、修缮方案、修缮纪略各一份，以备后人重修时查阅。钟楼在修缮一新后于 1989 年对外开放。

明代时钟楼上曾放有一件用于定时的铜壶滴漏，清代弃用后丢失。2005 年，苏州古代天文计时仪器研究所以南京博物馆所藏单只漏壶的器形为依据，成功仿制出铜壶滴漏。这件古代时器，与早年放于钟楼的漏壶相近。三层漏壶呈方斗形状，各层壶下端中心处设龙嘴，将上一层漏壶的水向下一层漏壶流送，壶顶部设双龙抱扶箭尺，随壶水水位缓升，每 14 分 24 秒即古代的一刻时间上升一刻度。漏壶前立一铙神，张臂双手执铙做击壶状，每刻双铙击响八下。新制的漏壶摆放在钟楼后，让人有“故物”重归旧地之感。演示早年钟鼓楼报时的盛况，也让中轴线上的游览观光又添了一景。

1987 年，修缮一新的鼓楼对外开放，吸引了大量国内外游客登临，俯瞰北京。2001 年，西安市鼓业有限公司等单位为鼓楼制新鼓，依清嘉庆朝更鼓尺寸为鼓楼特制更鼓一套，置于鼓楼二楼。有大鼓一面，直径 1.6 米，高 2.4 米；小鼓 24 面，直径各 1.12 米，高 1.6 米。是年 12 月 31 日夜 24 时，沉寂 70 多年后的群鼓之声被重新擂响。一座规划于钟鼓楼东南处的钟鼓楼时间博物馆正在筹建中。

20 世纪 80 年代，什刹海的街区景观陆续得到修缮，而中轴线上的万宁桥仍呈现衰败景象。桥的望柱有不少损毁，两侧石柱多有断裂，石栏外横立大广告牌，牌子后面是杂乱无章的临时建筑。在侯仁之等专家呼吁、建议下，北京市政府很快启动了万宁桥整治修复工程，并将其列为市重点工程项目。1998 年秋，施工队进驻现场，开始了对万宁桥下和周边清淤、整治。在对桥体、桥身进行全面安全监测、负载试验后，实施的

重修后的钟、鼓二楼

整治工程共搬迁了古桥西侧两岸的居民54户及相关单位、临建院落。清除了河上原有的水泥盖板与河道中的杂物垃圾，完成了天然气、污水、电力等管沟改线，修复石驳岸，一举打通了由桥上西望前海的风景线。竣工后的万宁桥按照预期恢复了清代以前古桥的原貌，修复好的万宁桥桥面宽约17米，长约35米，桥面石板平坦，重覆沥青。两侧护栏新修补望柱14根，望柱高1.6米，下为长四方石柱，上有石榴头形柱头，柱上明露两面饰浮雕云纹。修复的栏板每块高0.9米，宽1.75米，上部镂空，雕刻宝瓶与云朵，下部实心，浮雕纹饰简洁古朴。桥下单孔桥洞宽7.2米，高3.5米。桥东恢复水道30多米，桥西水道与前海水面相连，河两边砌筑了整齐的石护岸。

什刹海新建的金锭桥

在整修万宁桥时，修复了西侧被盖板的一段河身。此处紧靠前海东岸。为方便行人沿湖岸南北行走，特修了一座新桥。桥修好后，依照侯仁之提出的新桥与银锭桥“金银并称”的建议，为新桥取名“金锭桥”。从侯仁之的书信中挑选了“金锭桥”三个字，镌刻于石桥中心栏板上。什刹海一带最年轻的金锭桥就这样诞生了。

烟袋斜街西口外的银锭桥，是游逛烟袋斜街的游人都爱登临赏景之地。始建于明代的银锭桥，中华人民共和国成立后为砖砌护栏，年久失修，损毁严重。1984年在对什刹海大规模整治时，对银锭桥也进行修复，改建为汉白玉石桥，桥身加长至8.3米，加宽至5.9米，加高至3.5米，修葺后桥体外貌一新。1990年重建银锭桥，桥体结构改为钢筋混凝土浇筑，桥面和栏板、望柱均使用汉白玉。重建后桥面加宽至7.9米，桥洞加高至4.3米，游船可双向通行于桥下。2010年底，银锭桥再次大修。修缮遵循“原拆原建”的原则，经几个月施工，落成的新桥古朴典雅。据施工方介绍，新银锭桥坚固耐用，不仅能胜任桥上人车畅通，桥下船行无阻，而且能使用百年以上。

民国时期侥幸保留下来的德胜门箭楼，在唐山大地震后一角受波及，出现大的裂痕，在古建专家呼吁下，箭楼得以保留，修葺一新后于1980年向公众开放。箭楼内开辟展室，以实物图片介绍北京城墙、城门的历史变迁，还举办多种展览活动。1992年，复建了原瓮城内的真武庙，在里面设立了古代钱币博物馆。2002年，德胜门箭楼外西侧耸起一座“人”字形高架桥，使德胜门西大街自西向北行驶的车辆畅通无阻。箭楼外面的护城河两岸，修建了汉白玉栏杆，广植花草树木。2006年，德胜门箭楼被公布为全国重点文物保护单位。这座箭楼巍然屹立于北二环路上，风采依旧，成为现代北京城中一个历史文化的标志性珍贵景观。在2019年2月元宵节当晚，一场以

重修后巍峨的德胜门箭楼

最体现年味民俗、传统花灯及节日场景等文化元素的灯光盛宴，首次“扮靓”了近600年的德胜门城楼。灯光秀以“吉庆元宵、岁朝迎福、花灯锦簇、普天同庆”四个篇章，在最年味的节日，在最北京的古建，赏最绚丽的画面，扬最中国的文化。色彩斑斓的宫灯、冰灯、象形灯、走马灯等各种传统元宵灯，绚丽耀眼，一幅幅百寿和百福团纹图案，令人目不暇接，把德胜门装点得充满了喜庆欢乐。

对于中轴线上九门中已拆除而独缺的地安门，要不要将其修复，一直存在着较大争议。经名城委等部门反复研究确定，不再复修地安门。原因是如原址复建，一座被车流环绕的“新地安门”，将失去它在老年间给人的感觉。如南移复建，又会失去地安门作为老北京城中轴线坐标之一的历史和地理位置。这让很多想重新一睹地安门风采的人深感遗憾。好在原地安门外也消失的雁翅楼修复，使遗憾得到弥补。2012 年 2 月，北京市启动“名城标志性历史建筑恢复工程”。2013 年 6 月，雁翅楼景观复建工程开工，2014 年竣工。复建后的雁翅楼，依历史上的格局，东西两侧雁翅排开，在外形和内饰上展现了雁翅楼的原貌。2015 年 7 月，马路西侧的雁翅楼挂上了“中国书店”的牌匾。雁翅楼有两层，一层摆放有文玩、现代图书和一个可供读者休息看书的空间。二层是老旧书刊展售部，这里旧的出版物，记载了过去时代的人文特征，让人仿佛能穿越时间长河，直接感受前辈们的所思所想。在这座建筑面积 1100 平方米的书店中，格调雅致，视野开阔，名楼书香，相得益彰。

文津街的北京图书馆，一直是传播科学文化知识、培养优秀人才的良好载体，并以藏书丰富而闻名于世。1975 年 3 月，周恩来总理提议兴建北京图书馆新馆，馆址选在了西直门外白石桥。1987 年，白石桥的北京图书馆新馆落成（1998 年更名为国家图书馆），北京图书馆由文津街迁出后，原来的馆舍建筑被保留，变为北京图书馆的古籍馆，亦即北京图书馆分馆。这座图书馆古籍馆的原有建筑在得到全面改造维修后，于2001年初向读者敞开了大门。作为国家图书馆的有机组成部分，秉承历史与传统，继续保持其古典韵味和独特风格，馆藏图书尤以古籍见长。侧重于普通古籍的收藏、整理和研究，力求成为国家古籍书库和古籍使用、流通中心。在古籍馆现有的200万册馆藏中，古籍达160余万册，形成了体系完整、门类齐全、内容丰富的古籍宝库，为学术界所瞩目。馆藏中有历代编修的新、旧地方志万余种，历代家谱3000余种，其深厚的历史文化底蕴播及海内外。现藏于古籍馆中的文津阁本《四库全书》，分为经、史、子、集四部，共79337卷，分装楠木函。并用四色彩绢做书皮：经部绿色，史部红色，子部蓝色，集部灰色，以此象征春夏秋冬四季。这部原藏于承德避暑山庄文津阁的《四库全书》，于1914年从承德用骆驼驮进北京，收藏于京师图书馆。现入藏古籍馆，成为镇馆之宝。

第二节　精雕细琢，修缮使用寺庙

宗教文化是一座城市的典型文化特征和历史文化的重要内容。自20世纪80年代开始，政府有关部门加大了对全市和什刹海地区寺庙、宗教活动场所的调查、修缮、保护的工作力度。

什刹海广化寺历史悠久，闻名海内外。1981年11月，北京市佛教协会在广化寺成立。1984年5月，广化寺公布为北京市文物保护单位。同年国家拨巨款对广化寺建筑大修。经施工人员两年多精心修葺，颓檐残瓦整饰一新，木梁结构重加雕画，已毁落空的佛座上重新安放了佛像。市文物部门还请到一尊铜铸镏金毗卢舍那佛像，供奉于大雄宝殿。1986年，北京市佛教协会组建了文物组，对广化寺所藏文物进行鉴定、整理。经统计，寺藏国家各级文物多达1716件。2001年，被单位挤占的东路正殿及配殿12间全部腾退，

修复整饰的广化寺

得到修复。广化寺于1986年成立了北京佛教音乐团，多年来赴欧亚各国演奏佛教音乐，听众场场爆满，所奏被评为“独具静、虚、淡、雅之境”、最为“正雅古朴”之声。

1983年11月，北京市政府批准了什刹海整治方案，其中包括将拆除的汇通祠重建。1988年，汇通祠重建竣工。新生的汇通祠坐北朝南。有山门一间，前殿三间，东西配房各三间，两层后楼面阔三间，东西配殿各三间。山门上有侯仁之题写的“汇通祠”匾额。祠后有吴良镛写的《重修汇通祠记》。山上小亭内竖立着清乾隆皇帝的诗碑。仿制的鸡狮石放于祠后，另一件雕饰石螭立于祠西北。步入景区，可见建筑造型格调素雅，清水悠悠，小桥卧波，曲径通幽，是人们休闲赏玩的好去处。祠内为郭守敬纪念馆。

火德真君庙是什刹海在中轴线周边最负盛名的庙宇之一，1984年公布为北京市文物保护单位。自2000年开始，市区有关部门对火德真君庙进行修缮，从庙院中迁出了30多户居民，后经两期施工，历经6年，完成了庙宇修缮工程，于2009年竣工。三进院落各殿堂外观的墙壁和殿门经油漆粉刷，以红色和金色为基调，屋檐和房梁处的彩画依原貌恢复一新。大殿内所供奉的10余尊神像，在浙江定

做，其中火德真君像高 2.6 米，质地为红花梨木，远胜于昔日在此安放的泥像。火德真君庙开放后，慕名而来的中外信众和参观者络绎不绝。

烟袋斜街内的广福观是著名的道教宫观。2007 年，西城区政府启动了烟袋斜街步行街建设工程，在对沿街店铺统一治理修缮的同时，对广福观进行大规模修葺，迁出近 70 户居民。在完善规划、景观和“修旧如旧”的前提下，施工中亮出山门，修缮了两个大殿，修建了东西配殿。2007 年 7 月 18 日，这座古老的道观以全新典雅的风貌向民众开启了厚重的大门。广福观在开放、迎候游人参观之际，于大殿前举行了第七届什刹海文化旅游节开幕仪式，在修饰一新的殿堂内举办了“京华胜地——什刹海历史文化展”。内容丰富的展览突出的民俗风情，复原的四合院室内陈设、老物件，类型多样，古色古香，让中外参观者兴趣盎然。

位于景山西街的大高玄殿，本属于故宫博物院的组成部分。1950 年被部队单位占用后，60 年来疏于保护。整个大高玄殿的大木构建下沉，殿内彩绘消磨褪色。红墙内违章建筑四立，电线纵横交错，存在着严重的消防安全隐患。多年来，全国人大、全国政协和北京市政协一次次写出议案、提案，要求有关部门协调占用单位腾退大高玄殿。直至 2010 年 6 月，占用单位方与故宫博物院终于签订了《大高玄殿移交协议书》。故宫博物院将大高玄殿的全部建筑收回后，与文物部门开展了大高玄殿现状勘察、分析，并评估存在的险情，编制总体保护规划。故宫还联合了 20 多家科研机构、院校，现场记录了影像、照片约 6 万张，测绘图纸 1400 余张，环境数字监测 270 余天，各种文件样品取样 1800 余袋，拓片 200 余张，利用三维激光扫描等数字技术手段完整获取了大殿原状、残损及变形数据信息。大高玄殿保护范围总占地 1.63 公顷。修缮工作已于 2014 年底前开始，陆续将院内22幢1949年后的加建建筑全部拆除，复建了北极殿、伏魔殿等建筑。经大规模修建，大高玄殿在2020年修复一新，

修缮后的西什库教堂内景

以“皇家道教文化展示区”的风貌向公众开放。未来这里将主要作为学术研究基地使用，更多对学者和研究人员开放，不过也会组织一些小型数字展览。

位于西安门大街北侧的西什库天主教堂（北堂），曾有院落为学校和工厂占用。1985年北京市政府落实宗教政策，将西什库教堂被占用部分退还给北京市天主教爱国会，并拨款对教堂进行修缮。在工程中重修了大堂正前方的耶稣主祭台和东西两侧的圣母、圣父的祭台，重新制作了大堂楼顶三座铁圣像及堂前六座圣使石雕像。修复后的西什库教堂于当年年底圣诞节举行开堂圣典。2003年，占用天主堂教府的北京第三十九中学从教堂迁出。在北京奥运会召开前，西什库教堂被列为北京市人文奥运文物修缮计划，得到了又一次维修。

第三节　王府宅邸——海畔的璀璨明珠

什刹海的一座座王府，在中华人民共和国成立后有了不同的用

项。庆王府、恭王府、礼王府、阿拉善王府等由单位使用，成为单位职工住房或民居。住用恭王府的有多达 8 家单位和 200 多户居民，这使王府府邸和花园成为“超级大杂院”。

醇王府府邸维修后，挂上了“国家宗教事务局”的牌子，西花园修建后为国家副主席宋庆龄居住。新街口东街的棍贝子府，在改建积水潭医院时，三间卷棚歇山筒瓦顶花厅、硬山过垄两幢重楼及山石树木得以保留。此处位于病房楼下，但见池水环绕假山，花厅楼阁掩映于花木中，是患者们喜爱的闲坐、散步之地。涛贝勒府现址为柳荫街 27 号。辅仁大学成立后这里的府邸成为辅大附中，1952 年命名北京市第十三中学。这座王府至今一直为校舍使用。

恭王府的修缮、开放，一直受到社会广泛关注。历经 28 年艰苦攻关，随着音乐学院附中最后迁出，王府腾退工作于 2006 年终于圆满结束。在以后的修缮工程中，共拆除违建 12000 平方米，修缮工程面积 26600 平方米，绿化面积 520 平方米。在王府大规模的修复工程中，重建了因火灾焚毁已消失了近百年的银安殿。银安殿是这座王府最为重要的建筑，建造之初为清朝著名建筑师样式雷设计。技术人员经多方查找，找到了样式雷的设计图纸，完成了设计施工。新建后的银安殿气势恢宏，殿顶铺绿琉璃瓦，飞檐下彩绘金龙，巍峨壮观。步入府邸，迎面的头宫门门上镶装有 63 颗金色门钉，十分显赫。摆放恭王府历史文物的葆光室，外檐彩绘至美至极，廊檐下的绘图都镀用了真金。2008 年 8 月 20 日，修葺一新的恭王府在北京奥运会期间向社会开放。

2008 年春，为迎接北京奥运会，恭王府精心挑选了入选非物质文化遗产保护名录的古琴、京剧、昆曲，在久负盛名的花园大戏楼演出。昆曲大戏《浮生六记》是“相约北京——2008 奥运文化活动”之一，剧中演绎了男女主人公伉俪情深，始于欢乐、终于忧患，飘零他乡，哀婉动人的故事。此剧在古色古香的大戏楼舞台上连演7场，每场100位中外观众无不看得津津有味，陶醉剧中。有评论者谈到，恭王府戏楼的开放使用，以“再现王府风情，感受文化传承”的气氛，引领了王府文化的潮流，向世界打开了一扇中华民族高雅艺术展演的窗口。

恭王府是北京现存王府中占地最多、建筑最精、结构最巧而又向社会开放的一座王府。一个展示王府文化的国家级王府博物馆也在恭王府筹办中。恭王府开放后管理有效、规范，其旅游商品“福”字轴等开发销售在全国景区中也具示范作用。为此国家旅游局在2012年2月宣布恭王府被评定为国家5A级旅游景区。恭王府是此次北京市唯一获此殊荣的景区。

第四节　名人故居拂旧尘

改革开放后，什刹海经全面治理，风貌为之一新。一处处名人故居被拂去尘垢，焕发出耀眼的光彩。自1982年开始，什刹海先后建成多家名人纪念馆，向公众开放。

1981年宋庆龄长逝，她居住、生活的后海北沿46号，在一年后辟为宋庆龄故居纪念馆，向社会开放。经管理人员布置，这处故居北侧四合院主楼二层，是宋庆龄的卧室和书房。卧室里一如主人生前的布置，办公桌上摆放着她所用的书籍、文件、钢笔和花镜。书房书柜里排列着藏书，书桌上放着日常工作用的英文打字机。卧室外墙上挂着一架旧钟，指针停在8时8分上，这正是1981年5月29日宋庆龄悄然安息的时刻。在主楼前的展厅中，记述了宋庆龄追随孙中山先生，报效国家和人民的生平事迹，陈列着大量的珍贵图片、书信、实物，再现了这位极不平凡的伟大女性的优良品德、情操和

郭沫若故居

永不休止的追求。开放后的宋庆龄故居纪念馆每年都接待成千上万名参观者，已成为“爱国主义教育基地”。

前海西街18号是郭沫若的故居。1988年6月12日，即郭沫若逝世10周年之际，郭沫若故居正式对外开放。1994年，郭沫若故居更名为“郭沫若纪念馆”。纪念馆占地7000平方米，门额悬挂的“郭沫若故居”金字木匾由邓颖超题写。大门庭院内生长着郭沫若一家人栽培的10株银杏树。郭沫若的全身铜像安放在葱郁的草坪上。展馆中保留了郭沫若在世时客厅、办公室、卧室和夫人于立群“妈妈屋”的物件陈设。东西厢房、后罩房展室展出了包括诗文、历史剧、译著、中国古代社会研究、甲骨金文探奥、先秦诸子批判、历史人物评说等主题展览。人们到这里参观，可了解郭沫若在文史领域的成就与贡献，以及他追求理想、以身报国的风雨人生。

护国寺街东口9号，是梅兰芳故居和纪念馆。1951年3月，梅兰芳一家由沪返京，在周恩来总理安排下住到这里。这是一座典型的北京四合院，共有房屋30余间。梅兰芳一生中的最后10年，就是在这个庭院中度过的。梅兰芳逝世后，周总理曾提出建一座梅兰芳纪念馆。梅兰芳的夫人福芝芳和子女们把家藏的信件、照片、剧本、戏单、剪报、字画、纪念品、实物和杂件共13大类、3万余件物品全部捐献给国家。在梅兰芳诞辰92周年的1986年，梅兰芳纪念馆向公众开放。门楣上的“梅兰芳纪念馆”匾额由邓小平题写。故居前后院辟有4个展室。正院北房为梅兰芳和夫人的起居室，客厅、卧室、书房的陈设、用品摆放一如当年。东西厢房和外院南房展出了介绍梅兰芳一生艺术生活、社会活动的大量资料图片，梅兰芳穿用过的戏装、道具，国内外友人赠送给梅兰芳的书画、纪念品等。梅兰芳纪念馆在开放的同时，公布为北京市文物保护单位。

什刹海后海南沿26号，是诗词家、书画家、收藏家张伯驹故居。张伯驹、潘素夫妇的唯一女儿张传彩，继承了父母这处私宅，她与儿子楼开肇和中华社会文化发展基金会合作，将宅院建为“张伯驹潘素故居纪念馆”，于2011年6月19日正式挂牌，向公众开放。馆名由书法家欧阳中石题写。纪念馆内放铜像，设声像厅、生活展厅、收藏陈列厅、张伯驹著作展厅、潘素艺术展厅5个展览厅室。观众入内参观可领悟到张伯驹夫妇的爱国主义情怀和无私的奉献精神。

小石桥胡同24号，是晚清邮传部尚书盛宣怀的宅邸，有“盛园”之称。园中居室重檐高耸，亭、廊错落有致，竹草翠绿，曲径通幽。1989年这里公布为北京市西城区文物保护单位，改建为中直管理局所属的竹园宾馆。步入园内，可观赏到庄重典雅的庭园建筑景观，还可在园中就餐、住宿。游客推窗便可一望绿地、竹林，观赏到涌泉池、古槐、老藤萝架等，这可是住大酒店所享受不到的。

在什刹海周边一带，另有一些名人故居，如后海岸畔的马海德故居、田间故居、丁玲故居，金丝套里面的沙博里居所，等等，虽不对游人开放，但外墙装修规整，院门装潢一新，有的门上还镶有金属扣环，显露出雅致。游客至此，一览故居外貌，也会有走近名人，触摸历史之感，进而领略这块最美之地历史文化积淀的厚重与韵味。

第五节　皇家园囿重展颜

位于景山前街北侧的景山公园，在中华人民共和国成立后进行了大规模修葺，公园变得整洁幽静、树木葱茏，成为游人喜爱涉足之地。山坡北面气势宏大的寿皇殿一组建筑辟为北京市少年宫的馆址。在少年宫建立的几十年间，培养出了一大批儿童教育专家、体坛国手、著名教练以及电影、歌舞、曲艺表演艺术家等，成了几代人梦开始的地方。

20 世纪 80 年代后，景山公园又经几次修缮，改筑山路、坡道，粉刷油饰亭院楼阁，使公园的旅游环境大有改善。景山公园在 2002 年被评定为国家 4A 级景区，2005 年被评为北京市“精品公园”。在 2008 年北京奥运会开幕两年前，景山公园开始进行一次全面大修。横列在景山山峰的五亭，中为万春亭，是北京市中心区南北中轴线上的中心点和最高点。登上此亭，向南北两方俯瞰，可领略北京中轴线上整齐、对称的建筑格局神韵，近观可一睹故宫全景，远眺能漫览西山轮廓分明的峰峦，东西现代化楼体鳞次栉比，古老而现代化的大都市风光尽收眼底。在这次维修前，北京古城中轴线制高点万春亭已是老态龙钟，不仅木件糟朽严重，立柱向西北方向歪闪了有 21 厘米之多，而且很多椽子、飞头都需要更换。在古建专家指导下，施工方与设计单位紧密配合，经过反复勘测，拆散了顶部三层木结构框架，采用“大木打牮拨正”之法，拨正了万春亭各个歪斜的支柱。然后，又在柱子四周加以支撑，在顶部做了钢结构加固处理。修复后的万春亭整体结构稳固而更显庄重。

万春亭两侧其他四亭体量虽小些，但由于亭顶两个是八角形，两个为圆形，斗拱等木件奇形怪状，维修起来也十分不易。各亭建筑结构复杂，油漆彩绘工作量也很大，且工艺烦琐。所有木架结构都要完成“一麻五灰十三遍”的彩绘工序，包括砍活、撕缝、楦缝、紧箍、汁浆、捉缝灰、通灰、麻头浆、使麻、磨麻绒、压麻灰、中灰、细灰、钻生、浆灰、攒血料泥子等，每一道工序完成之后，都要等灰浆彻底干透，全部仔细磨平，再进入下一道工序。五亭的修缮工程要油饰，还要整体做“墨线大点金龙锦方心旋子彩绘”，即进行俗称的“贴金”——把金箔贴在图案的特殊部位，使图案更显立体，观之更觉美观和耀眼。在这次五亭彩绘中，用的都是特制的加厚库金（纯度为98%黄金），共58具，重约1公斤。由于贴用了多达5.8万张金箔，修缮后的景山五亭更显得金碧辉煌。2007年，对寿皇殿前的三座牌楼也如法进行贴金彩绘，使之“容光焕发”。公园经如此大规模修缮，园内错落有致的殿堂亭阁掩映在古树浓荫中，既展示了其壮观凝重的气势，又不失秀丽典雅。

寿皇殿曾是清代摆放皇家先祖神像之地。这处建筑群位于北京城中轴线上，是景山公园的核心区。从20世纪80年代初开始，政协委员、文物部门都提出此地用于少年宫不妥，建议少年宫迁出。随着国家《文物保护法》的颁布和宣传，这种呼声日切。经筹划建设，2013年北京市少年宫搬迁至龙潭湖畔。寿皇殿建筑群归还景山公园后，

修缮后庄重典雅的景山殿堂

公园按照基础设施、古建修缮、展览展陈布置等设计规划，请专家论证，于2014年底确定了实施方案。经几年施工修建，寿皇殿已局部还原了清光绪年间的场景，复原了当时的大插屏、神龛、云龙大柜等74件宫廷器物，于2018年11月试运营开放。寿皇殿的开放标志着北京中轴线以更加完整的形态展现在公众面前。

在景山公园内，经员工精心养护形成了丰富的植被。很多参天古树被誉为有生命的活文物。遍布公园的侧柏、桧柏、国槐、白皮松、油松、银杏等古树多达800余株，“槐中槐”“二将军柏”“虬龙柏”和“自缢树”等，更是园内古树中的名木。与公园古树同样驰名的还有园中种植的牡丹，景山栽培牡丹始于元代，一些品种经几百年培育，以盛开花大、色艳、株高、龄长而广受好评。近几十年，公园不断引进新品种，如今在公园东门内的牡丹园生长开放的既有皇家御园传统的牡丹品种，也有极负盛名的洛阳牡丹、菏泽牡丹，还有珍稀的甘肃牡丹、江浙牡丹、延安牡丹、日本牡丹等，品种较齐全，200多个品种涵盖了八大色系、九个花型。黄色的“姚黄”、绿色的“豆绿”、黑色的“青龙卧墨池”、白色的“昆山夜光”、一花红白双色的“花二乔”等，都以名贵而名冠京城。公园连年在“五一”劳动节前后举办牡丹花卉展，吸引喜爱赏花之人光顾。在2014年牡丹艺术节上，公园除推出了515个品种的2万余株牡丹，还在山体新设多个观花点，新植入迎春、连翘、碧桃、山桃、丁香、榆叶梅等花灌木。在环山主路沿线新植了近1000平方米的花卉，包括金阿波罗、帝王血、法国之光、道琼斯等15个品种的3万余株郁金香。继牡丹绽放，又接续上芍药盛开。色彩缤纷、千姿百态的满园鲜花，让登山赏花的游客们流连忘返。

景山公园里没有水域，也缺少颐和园、北海公园里许多著名的景观。但当人们踏进景山公园大门，绝不会感到冷清和寂寞。曾几何时，干净整洁、绿树成荫、空气清新的景山公园成了人们健身娱乐的理想场所。每日迎着晨光，络绎不绝的游人就迈入公园的各个大门。在殿前亭中、山前山后、峰顶树下，东一圈，西一片，自娱自乐，自发地开展各自喜爱的文体活动。有跳交际舞、跳健身操、扭秧歌的，也有跳绳、踢毽子、抖空竹的。喜欢武术的人，有的打太极拳、长拳、形意拳，有的舞剑、耍刀、使枪、耍双节棍、使三节鞭，另有人劈叉、下腰、压腿、做俯卧撑。跳舞的人有跳国标舞、迪斯科、街舞的，也有跳民族舞的。手舞足蹈的人有的舞绸、舞扇，也有的舞绳、舞花束、舞灯笼等。亭子处有的票友清唱京剧、评剧、黄梅戏，有的喊嗓子、拉洋片、数快板。山坡处有人围在一起拉小提琴、吹口琴、进行民乐演奏。空地上锻炼的人形态各异，有的排列整齐，动作整齐划一，也有人自得其乐地蹦跶。有人结伙健步、登山，也有人坐路椅闭目养神。据有关方面统计，出现在景山公园的健身娱乐方法种类有上百种之多。到此健身遛早的有中老年人、青年人，也有少年儿童；有北京人、外地来京人员，也有不少“老外”。大家互教互学健身方法，情谊融合。古老的景山公园在带给人们无穷欢乐的同时，尤显得生机勃勃，充满了活力。

在景山公园里自发组织起来的健身娱乐团体中，以多支合唱团参加的人数最多，造成的声势最大。几支合唱团的成百上千之众引吭高歌，洪亮悦耳的歌声此起彼伏，让公园成了声如潮涌的歌海。这里最早成立的紫光合唱团诞生于 1992 年，参加合唱的人员由十几人、几十人逐渐增多到数百人。合唱团让众多离退休人员摒弃了失落孤独、隔绝郁闷的情绪，而有了回归集体的归属感，找到了晚年生活的快乐和充实感。大家在歌唱中自如地呼吸吐纳，感觉唱得高兴、开心，越唱越健康，越唱越爱唱。伴随着优美雄壮的旋律，许多人常唱得热血沸腾，热泪盈眶。园中除活跃在东门半山坡的紫光合唱团，在中轴路以西和西北角广场上还分布着几个合唱团。其中海月合唱团在上午活动，歌唱时以铜管乐伴奏，气势雄浑，别具一格。

景山公园有着独特的生态场和文化场，在地理环境、交通状况方面有着其他公园不具备的优势。兴盛于景山公园的健身、唱歌等活动形成的乐文化，与中老年人的需求紧密相连。这里丰富多彩、人气旺盛的自发式文化活动，被称之为“景山现象”。为此中国老龄学会、中国老龄事业发展基金会还曾召开了“景山现象”研讨会。举办“景山合唱节”已成为西城区推出的三大文化品牌之一，还列入了《西城区文化事业“十二五”发展专项规划》。从 2013 年开始，市体育局、市公园管理中心等部门联合在景山公园举办了“北京市全民健身科学指导大讲堂”等一系列活动。通过活动的举办，宣传科学健身理念，讲授科学健身的知识和方法，养成科学健身的良好生活习惯，受到广大游人的欢迎。

北海公园是著名的皇家园林。1980 年以后，公园对一些景点先后进行修葺。2006 年，北海公园琼华岛被列入“北京人文奥运文物保护计划”和“北京市政府为民办实事折子工程”的古建修缮项目。投资金额 6000 多万元，整体修缮面积达 1 万多平方米。在先期工程中，对白塔塔基上下层平台 6000 多块金砖加以重新铺设。随后在工程中对岛内道路及山道、沿湖栏板、方墙宇墙铺装改造 4000 余平方米，对长廊进行整体油饰彩画和地面基础施工，西段游廊落架维修，东段游廊屋面挑瓦修缮。

在这次修缮中，施工人员为高品质地完成文物油饰彩绘的复原工作，在彩绘施工前，对每一个图案都进行了编码描拓，然后对照历史图片资料加以分析，在确认符合历史原貌后再进行复原彩绘，以求各殿修缮后能重现乾隆时期的风貌。这次修缮是自北海建立以来使用金箔最多的一次。为保证工程质量，使用的金箔比标准的0.12微米加厚了0.03微米。为龙光紫照牌楼贴金时，施工人员登上三米多高的脚手架，把一张张名片大小的金箔贴到牌楼的字上，顿时，“龙光紫照”四个大字金光闪烁。法轮大殿、涤霭亭、引胜亭等处也同时贴金。彩绘贴金共使用金箔40万张。琼华岛古建大修临近尾声时，公园北岸景区也动工修缮，包括小西天、静心斋半壁廊的油饰彩绘，九龙壁、阐福寺、大西天景区的古建院落铺装等。

2010年，公园对东岸最古老的皇家“船库”启动大修。这座建于明代的藏舟浦，为明清两朝停泊龙舟凤舸之地，是仅存于北京的皇家船坞。从外形看是两层古楼，并排立柱支撑起八角屋檐。建筑面积为527平方米。施工人员在修缮中为这处古建顶部更换糟朽的构件，上泥背、灰背、挂瓦，对柱、檩等木件施以“一麻五灰”的工艺进行防腐。其施工步骤与古人建造船坞时如出一辙。2012年夏，公园南侧的团城得到了最大规模的修缮，包括亭廊殿堂屋面整修，添配瓦件，上下木架及门窗油饰见新，修补地面破损，改造现有给排水管线，改造采暖、电气管线，安装消防监控系统和避雷设施。修缮中对涉及的古建实行“最小干预”，按原址、原貌、原工艺、原材料进行全面修复，以求达到“修旧如旧”。在修缮承光殿时，大小构件一一准确归安加固，顶部更换兽吻琉璃饰物均一丝不苟安装到位，被评为优质工程。

经对众多景点的修葺，北海公园以其独有的迷人景观、举办的独特游园活动，吸引着大批中外游客纷至沓来。北海赏荷的历史由来已久，作为公园“一园一品”的品牌花卉，荷花展览已先后举办了多届。池荷掩映、荷香四溢的深邃意境给游人以难忘的感悟和回味。在2010年公园第14届荷花文化节上，荷花展览以“出水芙蓉”为主题，围绕全园八大区域布展。展区精品荷花品种和碗莲一应俱全，潇洒飘逸的“舞妃莲”、洒绿瓣白的“翠柳”、玫红沉稳的“红牡丹”、洁白细腻的“一丈清”、雪青至柔的“晓风凉月”、久负盛名的“中日友谊莲”“古莲”、轻盈优雅的“睡美人”“娇娘”，以及异域热带的睡莲、王莲等，都让游客大开了眼界。荷花一身是宝，自古为皇家滋养补品。公园荷花节期间，仿膳饭庄隆重推出了荷花盛宴，让游客在欣赏荷花美景之际，还能品尝荷花的美味，既饱眼福，又饱口福。

自古以来，祈福、祝福、盼福、崇福、尚福是我国民众最常见的求福风俗活动。为弘扬中国传统文化，挖掘和传承北海皇城御苑祈福文化内涵，公园自2004年开始，每年农历腊月二十六日至正月初七，举办迎春祈福文化节。活动以阐福寺为中心，在全园营造仙境迎福、福寺祈福、盛世颂福的吉庆祥和氛围，并将清乾隆时期在北海皇城御园内举行的祈福盛典礼仪复原展示给广大游客。当初只有帝王拥有的福境，如今敞开了大门，人们跨福门，进福寺，登福台，观福展，圆福梦，过足了福瘾。在2012年举办的第9届北海祈福文化节上，传统的皇家内八档花会表演气势恢宏，吸引了众多游客观赏。在祈福盛典表演仪式上，根据清皇室档案还恢复了皇帝巡游表演，设计了“皇帝巡游”“皇帝赐福”“连升三级”“御赐红包”“恭贺寿星”等活动项目。“皇帝”与游人近距离进行互动，写福字、祝寿酒、赐良缘，送出祝福和“赐品”，让游客感到新奇有趣。

2014年4月的一天，消失了上百年的“皇后祭祀蚕神”的国家祀典重现北海公园。先蚕坛位于北海公园的东北角，是全国仅存的唯一一个清代祭祀蚕神的遗址，为北京九坛八庙之一。乾隆七年（1742）在北海修建了先蚕坛，与皇帝亲耕的先农坛相对，并定下了皇后亲蚕礼仪，选定每年农历三月的吉日举行盛典。当日，由西城区文化馆60多位馆员扮演的皇后、嫔妃、公主、福晋等身着清朝服饰行六拜、三跪、三叩礼。整个祭祀场面恢宏大气，华美的衣饰、肃穆的音乐，再加上具有故事性的舞蹈表演，让游客看得赏心悦目。2012 年，北京城中轴线和北海公园携手向联合国教科文组织申报世界文化遗产，北海公园有望与中轴线一起跻身《中国世界文化遗产预备名单》。

第六章　抓住商机：增强街巷经济活力

第一节　老字号的前世今生

改革开放后，什刹海区域的商业经济有了突飞猛进的发展。各条街路面两侧，酒店、银行、百货店、服装店、鞋帽店、珠宝店、烟酒店、餐馆、酒吧、糕点店、超市等，鳞次栉比，连接无隙。还有众多老字号、特色店星罗棋布，排列其中，使得到此观光、购物、娱乐的游客如潮。

著名的地安门外大街，街面宽阔、规整，两侧店面顾客盈门，经营有序。一家家老字号、特色店继承传统，重振雄风，备受瞩目。位于鼓楼西南侧、地安门外大街 31 号的地安门百货商场，始建于 1952 年，在 20 世纪 70 年代扩建成五层的百货营业大楼。1984 年商场实行经营、服务双承包，采取经销、代销、试销等方式，逐步建立起名、优、特、新商品基地，吸引顾客，使销售额连续增长。“南有天桥，北有地百”，在北京百货业曾名扬一时。2005 年，随着地安门外大街复古工程的开始，“地百”削楼建观景台的工程付诸实施，绿瓦飞檐、镂雕花窗的仿古门脸与现代玻璃幕墙交相辉映。以旅游休闲文化为特色的“主题商场”，于 2006 年初开门迎客。2015

年，“地百”再次进行沿街立面的“削层退台”改造，疏解低端业态，突出传统建筑元素，并于一年后竣工。改造一新的“地百”，引入了文创、科技等企业，四层露天观景台成为什刹海休闲服务、文化交流中心，一展商贸企业新的繁华面貌。

20 世纪 80 年代，与“地百”同受赞扬的地安门副食商场，位于地安门外大街 178 号，始建于 1956 年。1987 年以后，商场经营的副食产品以物美价廉广受好评，连续获得“全国五一劳动先进集体”“北京商业优质服务标兵单位”等光荣称号。2003 年“地副”以合作联营的方式，除经营传统的食品、副食品，还有服装等日用小商品的出租货位，各种货物达 4000 多种，每日客流量达七八千人。近年来，“地副”根据地区商业发展走向，主营工艺品、礼品、珠宝首饰、纺织相关产品等，集研发、设计、生产、销售于一体，取得良好的效益。

位于地安门外大街 104 号的老字号吴肇祥茶庄，改革开放后并入老字号“元长厚”茶叶公司。1993 年，茶庄进行翻修重建，建成一座二层楼房，营业面积由 60 多平方米扩展到 300 多平方米。两年后茶庄与外企联营，在二层开设了北京第一家具有现代气息的五福茶艺馆，使老店平添了新的韵味。如今茶庄坚持继承发扬老字号的优良传统，不断扩大经营品种。除经营徽州花茶，还营销福建、四川、江西等地各类名茶，品类达 200 多种。茶庄门脸儿装潢雅致，门楣处高挂黑底金字“吴肇祥”横匾，上方楼台也书有“吴肇祥”字号，绿底白字让路人观之悦目。

地安门金象大药房位于地安门外大街 90 号，药店的前身是一家名为“普善堂”的老药铺。这家药铺在中华人民共和国成立后成为京城最早的三个国营药店之一，在药品经营行业中一直享有“第三门”之称。药店在 20 世纪 80 年代初扩充了批发业务网络。在不断的开拓进取中，建设良好的“企业形象”是职工们的一致愿望。为保证患者用药安全，药店进货时严格坚持以卫生部注册药厂为准，保持名、特、优的药品。2001 年，西城药材公司进行改制，推出金象品牌，地安门药店易名为“地安门金象大药房”。药店装修后，店堂前部开架售药，后部是中药柜台，右侧间销售医疗器械、医药用品，货架上的商品多达 3500 多种。这家药房和其他金象大药房一起，定期开展有益于会员的会员节保健活动，受到人们欢迎。

近年来，一些中外名店商家也纷纷扎堆在地安门外大街开业。瑞蚨祥绸缎庄分店开在地安门外大街 50 号。这家“中华老字号”创建于清代同治元年（1862）。瑞蚨祥地安门店经销各式布料绸缎、旗袍、真丝外衣、唐装、帽饰等，对顾客有着很强的吸引力。意大利华伦天奴店开业于地安门外大街 86 号，这里营销品牌服装、全球高级定制和高级成衣、婚纱等。这家分店设折扣服务，声誉不错。近年在地安门外大街开业的还有大华商场、鼓楼商场、饰缘风尚购物商城、北京亿客隆、旋风电玩等。这些新场店与原有的商厦店铺一起，共同促进了地安门外大街商业的繁华。

在新街口南、北大街一线上，新老商店也是为数众多。街西新街口百货商场、桂香村食品店等都各具经营特色。向北一线的新华百货、星街坊、万特购物中心等尽显高端气派。新街口南大街的乐器一条街、从南面菜市口至新街口北大街的珠宝一条街，以及东侧的护国寺街，纵横相交，在什刹海西侧形成了京城又一个商业繁华地段。

国泰照相馆位于新街口南大街 46 号，影楼前身是享誉大江南北的上海国泰照相馆。1956 年，为繁荣首都服务业，在周恩来总理倡导下，包括国泰照相馆在内的上海 6 家企业迁京（其他 5 家是普兰德洗染店、造寸服装店、西单第一理发馆、四联理发馆和中国照相馆)。国泰照相馆在西单北大街189号落户，从专营婚纱礼服摄影扩大到符合大众化的艺术人像摄影。1983年，国泰最先与柯达、富士两家公司合作，引进了具有国际先进水平的大型彩色冲、扩、放系统。在20世纪80年代，国泰不仅是西城区照相行业的经营中心、信息中心、技术中心、效率中心，在全市乃至全国也算得上规模最大、项目最多、功能最齐全的照相企业之一。1995年，国泰迁至新街口南大街现址重张开业。2000年，国泰照相馆一度重组变身泰夫人影楼。除经营传统优势的婚纱摄影外，也拍摄家庭照、儿童照、证件照等。如今，国泰照相馆凭着老字号深厚的文化底蕴，传承照片手工上色的独特工艺，以“环境优雅、服务上乘、设备先进、质量一流”为传统特色，在市场经济的道路上又迈出了新的步伐。

第二节　胡同中的千滋百味

有着丰富内涵的什刹海餐饮业，自20世纪70年代末，得到蓬勃发展，各店生意兴隆。近年来，又有越来越多的菜馆、名店，看中了什刹海这块“风水”宝地，争相而来开店办馆，寻求发展。

老字号烤肉季

位于前海北岸、银锭桥畔的烤肉季，百余年来盛誉经久不衰。店面几经扩建，建成二层小楼营业。1993年，烤肉季投资数百万元再次装修，将原来砖木结构的楼房改为框架结构的三层楼，一楼二楼以炒菜为主，三楼设有高、中档烤羊肉。经营面积由原来的300多平方米，扩展为1670平方米，有宴客大厅两个，内设雅间8个，可同时接待400人就餐。烤肉季经营的特色菜有扒驼掌、杏干羊肉、扒牛肉条、醋熘木须、松鼠鳜鱼、它似蜜等。这些菜肴烹调得法，讲究营养，色香味形俱佳，深受新老顾客和外宾好评。烤肉季围绕2008年北京奥运会吉祥物，推出了“贝贝吉庆宴”“迎迎如意宴”等五款宴席，让京城百姓和游人在享受口福的同时，还能表达喜迎奥运的快乐心情。

位于新街口丁字路口街东的西安饭庄，始建于1954年，是从陕西西安市老字号“老孙记”、“同盛祥”泡馍馆及“厚德福”饭馆中选调厨工办起来的。先称西安食堂，1970年改名西安饭馆。1990年，饭馆进行扩建、装修。改建后店的门面古朴典雅，店堂敞亮，设有1个大餐厅、4个小餐厅，可同时供250位顾客用餐。重张开业后，西安饭馆更名为西安饭庄。饭庄保持西北风味特色，经营的羊肉泡馍形美量足，皮黄不焦，色白不生，肉烂味香，深得外地和北京人喜爱。如今这家饭庄经营的食品种类风格多样，有牛羊肉泡馍、臊子面、油酥肉饼、油旋等；炒菜有糖醋瓦块鱼、温拌腰丝、铁锅蛋、三元驼掌、西柠鱼卷、兰花鲍鱼等；特色菜肴有红油肚皮、宫爆虾肉、糖熘卷果等。1995年，饭庄在鼓楼东大街26号建起一家分店，也经常顾客盈门。

柳泉居饭庄坐落在新街口南大街路西217号。2001年装修后，为一座古雅的二层楼房。饭庄集宫廷菜、山东菜、清真菜三大系列精华为一体，特色菜有酱爆肚仁、荷花燕菜、雪球鱼翅、梅花鲜贝、果料鱼骨、金丝海蟹、拔丝莲子、拔丝鲜奶等。饭庄工艺面点独具特色，其传统的小豆包有6个系列，春节期间最多时一天卖出十几万个。2005 年饭庄因市政工程停业。2016 年 8 月柳泉居在新街口南大街 172 号建起三层小楼重张。奉上席面的是饭庄传统菜肴糟熘鱼片、精熘三白、松鼠鳜鱼、菊花鱼、菠萝咕老肉、鸡里蹦及烤鸭等，让新老顾客未曾下箸，已觉食欲大增。

什刹海地区的小吃店并不是护国寺小吃店一家独秀。2008 年夏，九门小吃在德胜门南面的孝友胡同 1 号开业。京城著名小吃传人会聚而来，展示各自绝活，包括“爆肚冯”“小肠陈”“馄饨侯”“奶酪魏”“羊头马”“豆腐脑白”“茶汤李”“年糕钱”“炸糕辛”等，各个摊位上摆放陈列的美味小吃让观光客们慕名前来，大快朵颐。九门小吃曾一度关闭，于 2012 年 9 月重张。各家小吃一字排开，重新成为品尝正宗北京小吃的绝佳之地。

位于前海北岸烤肉季东侧店小名大的“爆肚张”，在 20 世纪 50 年代停业。1992 年重张纳客，每日供应 100 斤爆肚、500 个烧饼及美味的杂碎汤。这里的爆肚与早年的相比，可以说是原汁原味，简陋的小门脸儿也和旧有的相差不大。2007 年，爆肚张店铺被列入西城区旧房改造范围。政府在前海东沿 17 号为爆肚张重建了三间门面房，面积由过去的 12 平方米扩展至 78 平方米。在宽敞的店堂里，张氏后人除继续打理着

九门小吃门景

爆肚生意，还经营自制小吃驴打滚、艾窝窝、芸豆糕、冰镇果子干、羊霜肠等风味小吃，凉菜增加了肉卷子、炸松肉等，以秘制手法赢得口碑。

孔乙己酒店位于什刹海后海南岸，为一幢中式二层小楼。一层为宽敞的散座，二层和后花园有大小雅间20多个，可同时接待400位客人就餐。店内摆放着鲁迅先生塑像，书柜中放有鲁迅之子周海婴亲送的《鲁迅全集》，墙上挂有鲁迅笔下的孔乙己站在咸亨酒店外就着茴香豆喝酒的国画。这些都营造出了与酒店韵味相协调的文化气氛。这家酒店烹制的菜肴属中国八大菜系杭菜风味。凉菜有东海鳗鱼干、宁波咸炝蟹、虾油鸡等，传统名肴有油炸臭豆腐、醉瓜鲞蒸肉饼、苋菜梗蒸豆腐等，招牌菜为霉干菜烧肉、笋干菜上汤千张包等，海鲜菜有葱油海瓜子、秘制鲈鱼等。主食有炒年糕、酒酿丸子等，还有一款“孔乙己臭饭”，是在香喷喷的米饭上浇入一种特制的鱼汁，成为独具风味的美食。

烟袋斜街的庆云楼饭庄，从清道光年间开至清末停业。2006年，在北京传统小吃协会帮引下，庆云楼饭庄在原址重建开业。楼体为三层实木结构，占地面积达2000平方米。重张的庆云楼推崇古法烹饪，复原了油焖大虾、糟熘鱼片、干炸丸子等几十道名菜。以用料考究和保持菜肴鲜嫩香脆、口味纯正的特色，得到来寻原汁原味的老顾客的认可。

开业于清道光二年（1822）的同和居饭庄，最早位于西四西南把角处。店主结识一位御厨，得到了烹制“三不沾”“贵妃鸡”“全家福”等宫廷菜肴的技艺，渐成京城鲁菜之首。1984年同和居迁至三里河月坛南街开业。2011年，同和居在什刹海荷花市场开了分店。什刹海周边景色绮丽，荷花满池，由此这家门店改良镇店名菜“三不沾”，推出了加入蔬菜汁的绿色“三不沾”，外观由“一轮满月”

变为“一片荷叶”。此外，饭庄还研创了“后海藕遇”“荷塘夜色”等多达几十款创新菜。新菜与荷花市场景色相合，受到许多来往于此追求新鲜和时尚的年轻人青睐。

北平居位于地安门外大街 29 号，是经营老北京特色菜肴的饭庄，在官园、前门外、和平门都有连锁企业的门店。地安门外店创办于 2004 年，营业面积达 2000 平方米。代表性菜肴有挂炉烤鸭、扒猪脸、家炖黄鱼，小吃类有炸咯吱、灌肠、豆汁儿、焦圈儿、排叉、麻花、麻豆腐、艾窝窝、豌豆黄、驴打滚、面茶等，京味浓郁，顾客在这里花费不多，却能吃得满意。2015 年，北平居鼓楼店迁至北新华街 96 号营业。

原位于地安门外大街 3 号的马凯餐厅，前身为冷饮店，因店主有相熟的外国朋友叫马凯而得名，1953 年变为湖南风味餐厅。马凯餐厅开业时由戏剧大师梅兰芳为其剪彩。溥杰、田汉、齐白石等都是其座上宾。这里的湘菜酸辣系列、豆豉系列、剁椒系列、腊味系列菜在京城有口皆碑。湘菜精品宴，包括六冷菜、十热菜，品种有香竹烧鸡、去甲烹虾、炒鳝鱼糊、葱烧海参、酸辣墨鱼片、干烧偏口鱼、莼菜凤珠汤等，很受顾客称道。因路政建设，马凯餐厅于 2004 年歇业。在一别 15 年后于 2019 年 1 月 1 日在迁出的北平居店址上重装开业。新店面积 2700 平方米，仅一楼散座就可容 150 人同时就餐。多年难见的船拐子肉、豆豉辣椒蒸活鱼、荷香软蒸银鳕鱼、松茸汤泡肚尖、锅贴大元贝等经典风味菜重回公众视野，并得到年轻群体的认可喜爱。

一直以来，人们以“不到长城非好汉，不吃烤鸭太遗憾”来赞扬全聚德烤鸭美味。2007 年，全聚德地安门店在地安门西大街 57 号、什刹海体校内开办分店。这家门店在北京奥运会期间，吸引大批运动员和中外游客入内品食美味烤鸭及鸭肴，总是人头攒动，顾客盈门。

在什刹海几条大街街面周边开业的还有华天峨嵋酒家（地安门外大街155号）、新四川酒家、天外天烤鸭、爆肚满、麦当劳、肯德基、必胜客、牛肉面大王、疯狂烤翅、烤鸡店、永和豆浆等各种美食连锁门店。如今什刹海的餐饮业已形成庞大体系，名店荟萃，菜肴五花八门，口味丰富多样，让前来什刹海的喜好美食者吃也吃不过来。

第三节　美味私厨与酒肆街

1978年以后，国家“允许和扶持个体经济和私人经济”等政策出台，私家餐馆在什刹海周边相继出现。这些私家餐馆各施所长，争奇斗艳，在丰富不同人群饮食口味的同时，在地区经济增长中也占有了很大的份额。

在德胜门内大街东侧的羊房胡同11号，开办了一家“厉家菜餐馆”。餐馆主人厉善麟，其祖上曾任清末内务府御膳房要职。厉善麟在继承祖传厨艺的基础上，结合现代营养学，创新烹饪技艺。他仿制慈禧太后日常食用的“燕翅席”，以小菜炒咸什、虾子芹心、风干鸡、桂花糖藕和热菜黄焖鱼翅、白扒鲍鱼、软炸鲜贝、烧鸭、汤菜乌鱼蛋鸡汤、炒蛋羹以及甜品核桃甜酪宴客。食者享用后都赞不绝口。厉家菜馆开业后，推出的菜品讲究精致。调味靠天然方法，不用味精之类的化学原料。厨间也没有任何现代化的厨具，用的是火灶。厉家菜讲求选料精、做工细，推崇古老的传统烹饪。厉家推套餐，一套18个菜，依厉家早年传下来的老食谱，有糖醋排骨、虎皮肘子、油焖大虾、青松雪贝等，烹艺全由御膳房的祖辈所传，味道及样式都颇为正宗。溥仪之弟溥杰来厉家就餐后，连声赞叹道：“在宫廷外，我很少吃到过如此地道的大内菜肴。”厉家菜名声远扬，来京的美国著名微软公司总裁比尔·盖茨、美国前国务卿贝克、美国前财政部长鲁宾、英国前首相希斯、加拿大前总理克拉克、澳大利亚前总理霍克、拳王阿里，以及通用、杜邦、摩托罗拉、大众、三星等公司的人员，都成了厉家的座上宾。金庸、成龙、汪明荃、邓朴方、梅葆玖、葛优等，也都喜欢到厉家用餐。厉家菜餐馆开业以来，已吸引了60多个国家的十数万贵宾光顾。羊房胡同11号是向中外贵宾、游人提供高雅美食之所，也是展示中国饮食文化和对外文化交流的窗口。

谭家菜馆谭华轩位于鼓楼西大街112号。谭家菜是清末民初由士大夫谭宗浚、谭瑑青父子所创，迄今已有百余年的历史。谭家菜以广东风味为基础，有近200种名肴，以海味最富特色和美名。1958年，谭家菜馆在周恩来总理倡议下进入北京饭店，谭家菜自此成为国宴名菜。近年来谭家菜走出了北京饭店，在几处酒楼、会所经营。开办于鼓楼西侧的谭华轩，为一座具有京味风范的四合院，内设6个雅致包间。每位顾客到此消费起价为500元。酒菜有红烧鸭肝、蒜蓉干贝、五香鱼、软炸鸡等，当家菜为黄焖鱼翅、蚝油紫鲍、扒大乌参，还有新款香扒三文鱼和主食炙烤三文鱼杞莲烩米饭等。这里烹调的清蒸燕菜，将燕窝浸泡3小时，注入鸡汤上锅蒸，入小碗，兑进用鸡、鸭、肘子、干贝熬制的清汤和调料，上撒细火腿丝；汤清如水，色泽微黄，燕窝软滑爽嫩，口味极佳。这家餐馆还推出四季养生菜肴、应季旺菜等菜品。顾客来此品食佳肴，还能观赏和参与茶道技艺和琴棋书画等活动，以领略老北京四合院文化的精华。

“小王府”位于前海北沿15号。这处私家餐馆依水而立，亭台楼阁汇聚，集古建园林造景精华。这里并不是哪位亲王、贝勒的府邸，而是经营者王勇的家。早年间老北京人提到朋友的宅子叫府，王勇说，小王府就是为朋友提供美味、美景和一种心情的家。提供给客人的当家菜有酸辣鱼翅羹、红烧大鲍翅、红烧黄鱼片、清蒸国宴狮子头、鸡汁白菜、宫保虾球、飘香排骨、极品烤鸭、特制酸奶等。普普通通的芙蓉虾仁，端上桌，鲜香浓郁，虾仁光润有弹性，蛋蓉洁白嫩滑，让人口感一新。不起眼的茄汁面，以花椒爆香为茄子提味，浇在筋道十足的面条上的卤汁香浓色重，茄丁呈翠绿色，让人一望而有食欲。小王府于1995年在此开业，经营有方，成为顶级会晤、宴请的住所。随着对什刹海景区的整体环境治理，小王府店址由于处在前海北沿环湖堵点上，已于2018年停业，内部空间经修缮成为百姓纳凉休闲的场所。

梅府家宴是以京剧表演艺术大师梅兰芳的私家菜为主要特色的餐厅，位于后海南沿南侧大翔凤胡同24号。这里早年为清朝一个贝勒侧福晋的私宅，2003年进行了改造装修，办为餐厅。餐厅占地约1000平方米，修建中基本保持了原院落曲径通幽的三进四合院格局。营业区包括梅、兰、竹、菊几个大厅，设有陈列梅兰芳先生生前戏服、餐具、照相机等物品的陈列室，俨然就是一个小型的梅兰芳艺术博物馆。餐厅院落处还设有景观墙、拴马桩、石灯笼、水池红鲤，植有老柳树、老枣树、白玉兰、翠竹等，古色古香，淡雅之

梅府家宴大门

气盎然。“梅府家宴”形成于20世纪20年代，是梅兰芳家厨王寿山等将淮扬菜改良，融烹饪、养生为一体的菜式，讲究原汁原味，尚清淡、精细与营养。特色菜鸳鸯鸡粥，是当年梅兰芳登台演出之前必吃的一道菜，先用文火将鸡肉熬制48小时，炖为粥蓉状，上桌前依据时令，选不同蔬菜，做成一白一绿太极图状。此菜口味清淡、爽口，色香味俱佳。如今的梅府家宴由王寿山的第四代弟子掌厨，继续传承和发展着梅府家宴菜式。所烹制的特色菜除鸳鸯鸡粥，还有浇汁鳜鱼、刺参拼鲍脯、梅家双辉、梅家烤鸭、干烧玉环虾、桐轩一品蒸肉等。餐厅开业后，梅兰芳之子梅葆玖多次带领梅派京剧团演员和票友来餐厅演出。“梅府家宴”以其精致的菜式和幽雅的环境，在网上入选“北京十大私家餐馆”，被评为“新北京50个精彩去处”之一。

据统计，如今开在什刹海街面和胡同里的私家餐馆，已有40家以上。这些餐馆的菜肴琳琅满目，烹饪各有秘制诀窍，就餐环境雅致，充分表明了个体和私营经济给城市和地区商业带来的活力之大。随着私家餐馆的红火，来什刹海的游客还想坐在雅致的地方吃点喝点什么，由此兴起了酒吧。

什刹海岸畔茶艺酒吧经营夜景

2003年防治非典时期，三里屯酒吧街

改造，众多酒吧迅速向什刹海移来。外观不同、造型各异的酒吧、茶楼、艺坊多排列在银锭桥两侧、荷花市场、前海北沿、后海南沿湖岸线上。在后海南沿东段，南北两侧对开的酒吧、咖啡馆、餐吧、餐厅、茶馆、茶室等店面相连，沿湖岸延伸，一眼望不到头。什刹海成了北京酒吧聚集的繁密处。

夏季是酒吧生意的兴隆之季，四面八方的游客走向各自中意的酒吧，有居住在周边的居民，有慕名从远道开车而来的白领，有三五结伙乘车至此的大学生，还有不同肤色的外国人。傍晚夜黑后，各酒吧常常宾客满座。湖岸栏杆的装饰灯为前后海戴上了串串绚丽明亮的项链，室内或临湖的桌案上红烛摇曳，彩灯生辉。与亲朋好友对坐品茗、饮酒、品食佳肴、观赏湖光夜景，笑语闲聊，放松身心，享受美好时光，自是惬意。直至夜深，光顾酒吧的人才会恋恋不舍离去。

酒吧的繁荣，游人的激增，给什刹海沿湖一带的交通、治安、环境卫生带来诸多问题。幽静、安宁的湖畔环境被破坏了，代之而来的是车辆拥堵、喧哗嘈杂、私搭乱建、侵毁绿地等。面对酒吧业繁荣又有诸多弊端的局面，什刹海街道坚持党建引领，集中开展了整治与提升工作。街道会同公安等管理人员加大了对各类酒吧的管理，因势利导，因地制宜出台了若干条文规定，并制定出近、中、远期环境整治目标。在北京奥运会召开前，烟袋斜街等街区内的酒吧建筑全降到两层以下，二层檐口都低于 6 米。环湖私盖二层的酒吧全部改为一层，亮出了原有的仿古建筑立面，形成了屋檐、绿树、水面和钟鼓楼交相辉映的优美景观。交通部门划定出停车位，增派人员在车辆密集处值勤，疏解堵车。酒吧员工也受到“知海、爱海、护海”的教育，懂得要摒弃欺诈客户、高音扰民、堆物占路等不良行为。有关部门为维护前、后海的传统景区风貌，在重点对酒吧的吧间外立面进行修缮时，专门请来古建专家逐户进行装修改造的指导，使吧厅与周围景观环境更为协调。

第七章　整合资源：发展海畔旅游观光

第一节　京味“胡同游”和绚丽“水上游”

前人在什刹海沿水域周边、胡同留下了建筑的、宗教的、科学的、民族的、民俗的、艺术的等诸多方面物质与非物质的文化遗产，成为蕴藏丰富的旅游资源。随着旅游市场的繁荣发展，“胡同游”在什刹海应运而生。

“北京胡同文化发展公司”经过两年筹备，于1994年率先在什刹海推出了京味十足的“胡同游”旅游项目。公司专门定做了70辆三轮车，黑漆车身，红色顶棚，色彩悦目。棚布后面印有“到胡同去”，是这家公司打造的标牌。三轮车的脚蹬旁安有老式脚踏铜铃。车夫着黄马甲、黑毡帽、灯笼裤，脚蹬青口布鞋，年龄一水20岁左右，统一由山西吕梁一所中学招收，经培训后上岗。

什刹海“胡同游”运行之初，较经典的线路是由前海西街出发，走前海北沿，过银锭桥，经烟袋斜街，登鼓楼眺望北京城。居高临下俯瞰建筑格局，听导游讲解城市的变迁和什刹海四合院的特色。随后坐三轮车向西南进入民俗四合院保存最为丰富的金丝套各胡同，品味民俗风貌。再回到前海西街，进恭王府花园，对比一下贵族的生活环境。一路走下来，对什刹海的名桥、名街、名楼、四合院和名府都有观赏，让人不虚此行。以后，什刹海“胡同游”发展为5条主题游览路线：参观老胡同、探访名人老宅遗址的“发现老北京”主题游；俯瞰京城，游恭王府花园，品茗、听戏的“追寻老北京”主题游；品尝北京小吃、参观学校的“探访北京”主题游；参观胡同、四合院，到居民家中做客、包饺子的“感受北京人生活”主题游；先参观名胜景点，再坐船游湖的“夏季傍晚逍遥”主题游。

什刹海静下来慢下来

参观经典四合院，是“胡同游”中的主要内容。前海西侧的千竿胡同5号，是一所独门独户的传统四合院民宅。四合院保存完好，高台阶，方门墩儿，蛮子门楼。垂花门内四面房舍檐高不同，齐姓主人会向参观者讲解老北京人住房中显示的长幼有序。看着厢房的陈设，齐老还会解说四个花瓶摆放八仙桌上象征着“四平八稳”，而一旁老座钟整点敲响，则寓意“终生平安”。这让参观者知道，老北京的讲究、说道，真是不少哇！千竿胡同这所四合院在“胡同游”中可以用于四合院文化展示，还能用于私人聚会、办堂会。到此参观的中外游客众多，连互联网上都有一个“千竿胡同5号”的网页。

“胡同游”的游览方式，受到中外游客的好评和欢迎，在开展一段时间后也暴露出问题。“黑三轮”在胡同里出现了，有的加价宰客，向外宾索要钱物；有的争抢车位，占路斗殴；还有的向游客随意编造胡同逸事，哗众取宠，造成很多不良影响。对于“胡同游”中出现的新情况、新问题，什刹海地区管理方开会研究，出台了新的整治管理方法，设定了“胡同游”的准入资质，凡不符合规定要求的，一律取缔其经营。对可以运营的公司，核发执照，规范、约束其车夫的行为职责。经过一段时间的治理整顿，穿梭于什刹海景区的三轮车“胡同游”又变得正常有序了。首批“胡同游”三轮车“服役”多年，部件与配饰多有损坏，街道管理部门对300辆旧车进行更换。新车的制作材料和辅材材质经过了严格筛选，车辆的制动和减震性能都较以前好了很多，游客乘坐更为安全。新车在人性化设计上也下了功夫，座椅仰角向后调整了5度，坐上去更舒适；车棚布向前延伸了10厘米，既不妨碍观景，又可为乘车人遮蔽刺眼的阳光。一辆辆车上安装玫瑰红车棚，车把上悬挂有红绸花球，往来于宽街小巷、石桥湖畔，为景区增色不少。

北京胡同文化发展公司在创办什刹海三轮车“胡同游”取得良好经济效益后，于1999年又推出了“水上游”旅游项目。8艘仿宋代《清明上河图》中的汴京橹船，行驶在什刹海水域。橹船长7米，宽1.7米，船首与船尾两端翘起，典雅的船舱篷下置茶几、长凳。船夫穿马甲、戴斗笠摇橹；船头坐乐师小妹，弄琴、吹箫。游客在船舱茶座品茗，还可吃到烤肉季的烤肉，听美乐，观湖景，优哉乐哉。当夜色笼罩，坐船上看沿岸绚丽灯光，与天上、水中星月辉映，充满诗情画意，让人心生身临仙境之感。

第二节　从“奥运人家”到“北京人家”

北京奥运会申办成功后，面临着将接待来自世界各地的游客，安排好他们观赛、游览和食宿等问题。北京市政府公开向社会招募市民家庭，兴办“奥运人家”，向旅游客人提供食宿接待与服务，让外宾走进北京市民家庭，体验市民生活，以增进民间的友好交流。北京的胡同四合院让众多外国人感到神秘、神往而兴趣十足，入住到四合院是很多外宾的首选。这也让许多住在四合院，又有接待条件的人家都筹办起来。

“奥运人家”迎外宾

其实，开办四合院宾馆，早在几年前就已经有人做了。2005 年，新街口南大街东侧的正觉胡同5 号开办了一家“仿古园宾馆”。宾馆坐北朝南，高台阶，高门楼，门楼檐下两边各悬挂着大红灯笼。推开两扇朱红色院门，转过影壁，一所方正雅致、古色古香的四合院展现在眼前。宾馆的经营者宿玉凌，曾在国外生活多年，他知道中国传统的四合院在外国人眼中富有魅力。把外国游客引入四合院，在古朴典雅的院落中食宿，抬头就能看到墙枋的彩绘、厅堂的福字、窗棂的雕饰，潜移默化地传播中国优秀的传统文化，在他看来是一件高雅而有乐趣的事。为此，宿玉凌与家人把这处四合院装饰一新，聘请了几位能讲流利外语的大学生，开办了这家四合院宾馆。宾馆院内高搭木结构天棚，墙体磨砖对缝，各房描檐画栋，装潢典雅悦目。院中种植摆放许多花卉、盆景，还有小桥流水，池中金鱼悠闲游动，一派安谧、祥和的气氛。院中有客房 15 间，每间客房放两张单人床、两个小柜子，摆设简单。住宿客人的主要活动安排在庭院中。院中摆放两张大方桌，客人换好便装后，就可以围桌而坐。不同国籍、来自四方的外宾，共同畅饮啤酒，品食面包和精致的北京菜肴、小吃，大家一起进餐，毫无拘束和陌生感。餐后喜欢聊天的聊天，愿意闲看的闲看，拉拉胡琴，练几下太极拳，或和孩子一起在院里玩耍，当然也可以去北面上房上网，和远方的亲友交换信息。这里的四合院以其独有的亲和力，使居住的外宾既感受到了异国情调，也体会到了家的温暖和舒适。宾馆开业后，客人入住率很高，早早就签下了 2008 年北京奥运会召开期间的住宿订单。

2008 年，北京市旅游部门经严格评定筛选，最终确定有接待中外游客资质的“奥运人家”598 户。什刹海是“奥运人家”的一个“密布”之处。南官房胡同 39 号是旅游部门选定的北京首个“奥运人家”。走进这座四合院，有四面围合的房屋，各房雕梁画栋，装潢一新。正房书案上摆放着由北京市旅游局颁发的印有“奥运人家”的瓷盘。一张红木雕花床也很惹眼，此床已有百年历史，是这院的“镇院之宝”。奥运会期间，这间正房和东厢房是接待用房。外宾入住后，院子里石榴花、牡丹花争相盛开，清脆的蝈蝈叫声时时盈耳。葡萄架下，屋顶竹亭，都有客人在纳凉、饮茶，悠然自得。来自美国华盛顿的罗尼一家人住到这里后，满怀新奇地上看下看，听主人用英语讲解四合院的风情。大人高兴地为瓷器、摆设拍照，抖抖空竹；孩子则围着鸟笼，听鹩哥背诵唐诗，学说礼貌问候用语。他们在这里体会到了北京人住四合院的情趣。

大金丝胡同 33 号的“奥运人家”，四合院始建于明代天启年间，历史韵味更为浓厚。院内有大小房 14 间，有 4 间为接待中外游客住房。其中一间“婚房”最有特色，挂红色纱帘罩，床上铺着绣有龙凤图案的大红被褥，床头拴红色中国结，小窗上还贴有红色的双

“囍”字。这是应一对加拿大新婚夫妇住宿要求而布置的。

“近海莘莘”是大金丝胡同又一户“奥运人家”。这个院落曾是明代静海寺的旧址，院中央长有一棵20多米高的大梧桐树，繁茂的树冠把暑热遮挡到院外。庭院清爽宜人，装潢古朴典雅，客房敞亮舒适。奥运会期间，50米自由泳亚军得主、法国选手阿莫里和父母住到这里。父母在赛场看儿子水中争先，回到住处坐在大叶树下品尝老北京的名食，喝喝茉莉茶。晚上一家人沿前、后海遛一段，这可是住星级酒店所享受不到的情调。

在什刹海“奥运人家”中，名气最大的是大金丝胡同12号的“金丝居”。院子坐南朝北，如意门门楼，进大门从影壁前左转，穿过月亮门，是个格局不够规整的小四合院。倒座房五间是正房，东西厢房各两间，南房只有半间。院子的主人是荆继昌、王志熹夫妇，都是老北京人。女主人王志熹从建筑部门退休后，精心装修了自家小院住房，把院内拾掇得整齐美观。2003年，街道办事处干部动员荆继昌夫妇开放小院，作为“胡同游”一个四合院参观点。主人积极配合，拆除了院中的小屋，改造了东西厢房和南房，装修了3个标准间，卫生间、淋浴、暖气俱全。游客不仅可入内参观，还能在此食宿。北房外另接出一间10多平方米的阳光房，四面是落地玻璃，中间摆放桌椅，周围种了花草，养有金鱼，装饰了太湖石，挂着鸟笼、红灯笼。冬天房外飞雪，客人坐在暖意融融的花草旁，品茶，赏雪，听笼中鸟鸣，别有一种情趣和韵味。“金丝居”的雅名就此不胫而走。2008年，当荆家申请“奥运人家”成功后，荆家小院更引起国内外媒体的关注，甚至被载入全球知名的自助游工具书《孤独星球》。而经过请英语家教和与外宾交往接触，老荆夫妇已能较熟练地用英语和外宾对话交流。为接待好外宾，他们在家里添置了无线上网、照片打印机设备。为增加客人对老北京生活的了解，他们设计了一套“奥运菜谱”，包括豆汁儿、炸丸子、浇汁鱼、多种馅料的饺子等，变换花样烹制京味菜肴和小吃，让外国客人们大饱口福。除安排好客人食宿，老两口还花一些时间和客人聊天，介绍周围名胜古迹、风土人情，并专门准备了一份关于四合院的英文解说词。奥运会召开期间，荆家四合院不仅住客盈门，而且中外记者云集，以“真正的北京”“神秘的四合院”等标题，宣传介绍荆家小院的中外媒体达到100多家。

“奥运人家”为北京民俗旅游发展带来了契机。北京奥运会后，“奥运人家”的称谓不再保留。然而一些荣任了“奥运人家”的四合院仍是北京“胡同游”的重要组成部分，一如奥运时向来京的中外游客敞开大门。进入2011年，北京市旅游委向21户原“奥运人家”颁发了“北京人家”的认定标准，包括大金丝胡同12号荆家等“星级四合院”，挂牌成为首批“北京人家”，接待国内外宾客。一年后“北京人家”又增加到33户。

第三节　品牌文体活动亮点纷呈

自2002年9月什刹海举办首届文化旅游节，每年一届，每届推出一个主题，产生了广泛影响。什刹海文化旅游节举办以来，每届主题鲜明、突出，有文化，有内涵，既传统，又时尚，已经成为展示什刹海景区自然景观、人文景观，展现古都历史文化风貌的北京文化旅游品牌。2009年8月，什刹海风景区挂上了“国家4A级旅游景区”的匾牌。作为北京中心城区唯一具有开阔水域、开放型景区的什刹海，以其丰富的历史、文化、民俗等旅游资源，正在迎来越来越多的中外游人光顾。

什刹海景区每年举办文化旅游节，举办赛龙舟等体育竞技比赛，

另外还组办了多种形式的体育节活动。街道联合武当山武道馆举办“太极功夫进社区”演出，由武道馆馆长希真表演了武当剑，武当拳

什刹海挂上4A级景区牌

名家希武表演了武当秘传三十六式太极拳。什刹海地区的14个社区80位太极功夫爱好者也参加了表演，平均年龄64岁，其中最年长者已年近八旬。这次的活动推广了太极这一传统体育项目，也增强了社区居民学习太极的激情和动力。

为关注外来人员、流动人口的健康，引导大家树立健康观念，街道组织了“环海健步走”大型活动，来自什刹海街道25个社区的计生专干和社区居民、街道保洁队保洁员、胡同游三轮车公司员工、齐鲁饭店员工等300余人组成健步队伍，进行了环海健步走。行进路线环前海沿海一周，途经荷花市场、前海北沿、银锭桥、前海东沿、金锭桥等。在健步行走中，参加人员在良好的自然环境中结伴而行，既欣赏了自然美景，又锻炼了身体，是一次促进大家的人际交流和身心健康之旅。

2017年1月，第三届什刹海全民健身冰雪季活动在什刹海冰场举行。这是在北京申冬奥成功后，以“全民健身迎冬奥，快乐冰雪圆梦想”为主题的大型活动。活动在往届的基础上更加突出了冰雪活动的参与度、体验感和传统性，邀请了河北省张家口市、保定市、

中央部委及兄弟城区的代表队参加了活动，整个冰雪季的活动持续到3月份。在这届冰雪季进行期间，举办了第六届冰龙舟比赛、第三届冰蹴球邀请赛、第二届残疾人冰蹴球比赛、京张青少年冰雪交流等赛事活动，组织了机关干部、企业员工、社区居民、学校师生、公安干警、残疾人等不同人群上冰上雪，从“零”基础起步，体验冰雪运动的魅力。

2020年1月，西城区首届传统冰雪项目运动会暨第六届京津冀冰蹴球邀请赛在什刹海冰场隆重开幕。运动会是在深度挖掘传统冰雪文化的基础上，依托什刹海地区深厚的历史文化资源而创新举办的。在这届运动会上，老北京的传统冰雪运动重新焕发出青春的光彩。运动会的项目包括冰上骑射、冰捶丸、冰上跳远、冰蹴球射门、冰陀螺、冰木射、冰滑梯、冰车直线竞速等8项趣味比赛。“冰雪十三娃”也是作为冰雪季运动会的吉祥物正式在冰场上亮相。这届冰雪运动会为助力北京2022年冬奥会，宣传普及冰雪运动知识和技能，吸引广大人民群众参与到冰雪运动中，起到了很好的作用。

第四节　来自家庭艺术馆的邀约

什刹海的工艺制作有着悠久的历史传统和众多非物质文化遗存。活跃在什刹海的珍贵而多样的非物质文化遗产，一直广受中外旅游者的瞩目和喜爱。自1998年起，什刹海相继开设了鬃人、泥塑、风筝、皮影、内画壶、盆景奇石、古董收藏等不同内容的十数家家庭艺术馆，吸引广大中外游客光顾、观赏。

在地安门西大街北侧东官房1号，开设有一家白大成鬃人艺术馆。白大成研制鬃人几十年，在1990年首届中国艺术节上，他推出的鬃人大放异彩，其中《大闹天宫》《八大锤》《挑滑车》，展后即被中国美术馆收藏。白大成曾携带鬃人远赴法国、日本，介绍中国的民间艺术和制作鬃人技艺，开展艺术交流活动。随着白大成制作鬃人的品类增加和民众的观赏要求增多，白大成在自己家里开办了鬃人艺术馆。展室中的鬃人形态各异，琳琅满目，大的高 80 厘米，数量多达上百个。在北京奥运会召开前，白大成制作了 5 个福娃形象鬃人，服饰不同，造型别致，足部粘了鬃毛，放于铜盘，随着木棒有节奏地敲打，鬃人活泼旋转，欢快舞动。这一趣味横生的场面，在国内外报道、播放，广受瞩目。

丁月华住在鼓楼西大街甲 138 号。他擅长核桃雕刻，以山核桃作质料，经多道工序处置，以精巧的构思将其制成艺术品。他开办的家庭艺术馆里展出了 20 年来他雕刻的核桃作品近千件。大到 1.8 米的花瓶，小到 10 厘米的寿蛋，形状万千。展品中还有他用几个月时间粘制成的北京奥运会“鸟巢”。他所雕制的核桃香炉尤其精湛，集古今中外香炉形体于一身，特别是在炉内点燃后，透过镂空的缝隙散发出幽香，最是令人叫绝。

在南官房胡同 12 号，有扎制风筝艺人王赤峰开办的风筝公司和他开设的家庭艺术馆。王赤峰自幼喜爱风筝，集扎、糊、绘、放于一身，技艺精湛，既有民间神韵和吉利含义，又有现代特性和创意。在他的艺术展厅中，各种精品风筝洋洋大观。他尤善制鹰风筝，能无风放飞，低能擦地而行，高能飘于云霄，常能引来真鹰伴飞，令观者称奇。

在什刹海地安门西大街 25 号，还有一家刘宾风筝艺术馆。刘宾生于风筝世家，扎制的风筝有精、细、雅的特色。他扎制的沙燕、龙形风筝，继承传统，又能随着时代发展。他用电脑进行传统风筝设计，用图像编辑软件规划各种现代风筝图画图形，让风筝艺术焕发出勃勃生机。他扎制了上千套沙燕风筝在家中向国内外游人展出。

北京奥运会期间，慕名而来向他学习扎、绘、糊及放风筝的，在一个月里，光是外国人就有几百位。2014 年，刘宾为自己的风筝艺术馆购置了第一台 3D 打印机，不仅提高了风筝的制作效率，也节约了制作成本。2018 年，刘宾又与北工大的 3D 打印工作室合作，很快，一批图案考究、做工精细的传统民俗版画底板被打印出来，并在多次民俗演示活动中广受好评。

在大金丝胡同 11 号，开设一家郭氏毛猴家庭艺术馆。艺术馆由毛猴工艺第五代传人郭福田、崔玉兰夫妇经营。毛猴是老北京极具特色的工艺品，用两味中药材蝉蜕和辛夷粘制成猴的形象。在这家艺术展室中，摆放了毛猴展品 100 多个，以毛猴拟人表现老北京的社会民俗生活，包括抖空竹、抽陀螺、放鞭炮、贴福字、耍杂技、扎针灸、掏粪、推磨、推水车、卖烤白薯、卖麻豆腐、卖豆汁儿等。场面大的有皇帝出巡、男澡堂子。国家实行单独二胎政策后，郭氏的展室中也多了毛猴夫妇各抱一大一小两个“猴孩儿”的作品。毛猴艺术馆开办 6 年来，接待了上百家中外媒体采访。

德胜门东南侧西绦胡同双寺甲 7 号，创办了国内第一家铁皮玩具收藏馆。“80 后”张洋和小丸子夫妇，在 10 平方米小屋内满“藏”了 1500 余件共 20 个种类的铁皮玩具，包括大大小小的轮船、飞机、火车、轿车、农用车、卡通动物、机器人、变形金刚等，五颜六色，造型各异，层层码放，让人看得眼花缭乱。这里收藏有 1940 年出品的铁皮坦克，还有收藏圈内公认最难收藏到的万吨水压机铁皮玩具等。2008 年 6 月，张洋夫妇的铁皮玩具馆开馆，在三个月的展览中，有众多参加北京奥运会的国内外运动员来铁皮玩具收藏馆参观、留影，包括在男篮中夺冠的、美国 NBA 的巨星。

第八章　传承历史：振兴科教事业发展

第一节　品质教育与文化传承

中华人民共和国成立后，党和政府十分重视教育事业的发展，什刹海地区的学校和各地学校一样，呈现欣欣向荣的景象。改革开放后，什刹海地区的教育再展宏图。如今这里的学校已形成了德智体美和谐发展的教育特色，各校大力进行德育教育的改革、教学改革，完善教育设施，优化育人环境。一处处学校、幼儿园正在成为引人注目的人才摇篮。

声誉显赫的辅仁大学，在1952年全国高等学校院系调整时，主要学系并入北京师范大学。陈垣被任命为合并后的北京师范大学校长。原辅仁大学校舍由北京师范大学使用，此址于1995年成为北京师范大学继续教育学院与教师培训学院。1984年，北京辅仁大学校友会恢复活动，老校友王光美被推选为新的理事会会长。校友会坚持“联谊、团结、服务”的方针，积极开展活动，为联系海内外校友、加强同中国台湾辅仁大学的文化交流做了大量工作。

中国音乐学院建院于1964年，院址设在恭王府内。这座学院是以中国传统音乐教育和研究为特色的综合性高等音乐学府，以培养从事民族音乐表演、创作、理论和科研工作的专门人才为主，同时也培养其他音乐专业和音乐教育人才。1973 年学院并入中央“五七”艺术大学音乐学院。1980 年经国务院批准，中国音乐学院恢复原建制。学院在重新招生后，共设音乐学、作曲、民族器乐、声乐歌剧、钢琴、指挥、音乐教育、艺术管理等 8 个系，另有创作研究部、社会科学部、成人教育部和附属中等专科学校，形成了有研究生、本科、专科教育和继续教育等多层次、多形式的办学体制。几十年来，中国音乐学院为国家培养了数以千计的毕业生，其中许多人已经成为知名学者、著名艺术家，并有相当数量的毕业生如宋祖英、张也、阎维文、郁钧剑、刘斌、谭晶等，活跃在当今舞台上。中国音乐学院在培育国内民乐人才的同时，还参与亚洲、欧洲、美洲等数十个国家和地区开展的友好往来和文化交流活动，培养了一批批留学生并同一些国家的艺术院校建立了校际合作关系。1990 年中国音乐学院迁出恭王府，入驻到亚运村西侧建成的丝竹园新校舍。

中国妇女管理干部学院位于地安门西大街北侧 103 号。1949 年，宋庆龄、何香凝、蔡畅、邓颖超、康克清等革命前辈在此筹建了妇女职业学校。1987 年更名为中国妇女管理干部学院。学院自建校半个世纪以来培养了妇女干部 1 万多名，先后出版了《妇女解放运动文献资料汇编》《古今中外女名人辞典》等几十种书籍和教材。学院曾多次组织、派代表出访一些国家和地区参加会议、参观学习，先后接待来自五大洲几十个国家和地区的妇女代表团，开展学术交流活动，为增强各国妇女的友好关系和推动妇女运动的开展发挥了重要作用。1995 年学院在北四环东路小营姜庄湖畔建起新校舍，搬迁后更名为中华女子学院。

在什刹海地区兴办的高校还有北京首家民办大学——中华社会大学（德胜门内大街西侧簸箩仓胡同 11 号）、北京第一所中外合办的高校——北京美国英语语言学院（旧鼓楼大街 47 号）、北京联合大学化学工程学院、北京社会函授大学、北京智力开发专修学院等，这些高校每年都为国家培养出众多合格的高校毕业生。

北京市第四中学位于西黄城根北街甲 2 号。原为顺天中学堂，清光绪三十三年（1907）顺天府创建。这所学校有着悠久的革命传统，在 1919 年“五四运动”、1935 年“一二·九”抗日救亡运动中，全校师生都掀起了爱国热潮，走上长街集会游行，与反动当局斗争，宣传爱国主张。中华人民共和国成立后，四中作为一所重点中学，认真贯彻党的教育方针，全面提高教育质量，成绩卓著，校誉日升。改革开放以来，学校从 1986 年开始进行的“加强素质教育，深化教育改革，提高教育质量”的课题研究，取得了丰硕的成果。几十年来，四中为重点高校输送了大量的德、智、体全面发展的又有良好个性特长的优秀学生和少数出类拔萃的尖子学生，成为一所高质量、有特色、第一流的有示范作用的高级中学，开始跻身于世界名校之列。如今的四中校园设施完备，设备先进。学校占地 4.3 万平方米，有六角形教室的教学楼、设备精良的科技实验楼、网络化管理的图书馆、四季恒温的室内游泳池，建有足球场、篮球场、排球场、塑胶化跑道的运动场、大礼堂等，形成绿树掩映、花木葱茏的优美环境。

原设在涛贝勒府的辅仁大学男附中，在 1952 年更名为北京市第十三中学。改革开放后，十三中坚持党的正确教育方针和德智体美全面发展，连续三届高中毕业生的高考成绩都居于北京市前列，被确定为西城区重点中学。施教于古老王府中的十三中，以其独特的位置成为别具一格的教育殿堂。1998 年为盖新的实验楼，学校用原来的木料、石材，沿袭原来的建筑风格将部分古建进行了异地恢复，实现了古老与现代的融合。到 2002 年，学校为进一步恢复古建的风

北京市什刹海体育运动学校门景

貌，再次大修，大修建筑面积达2000多平方米。在油饰殿堂、长廊绘画、涂漆上，请到了故宫的彩画老专家帮助设计，使各处彩画漆饰一望而感受到其历史内涵。学校重视对古宅的修缮和保护，认为这是一种无声的爱国主义教育。1995年，十三中校址已公布为北京市文物保护单位。

北京市什刹海体育运动学校位于地安门西大街57号，建校于1958年。初建的体校，训练场馆和办公、生活设施虽然简陋，但体操等学员在全国性体育少儿大赛上却频频摘金夺银，成绩斐然。1974年，什刹海体校武术队远赴美国，李连杰等三人曾接受邀请进入白宫玫瑰园，为美国前总统尼克松表演武术。1982年，17岁的李连杰成功主演了电影《少林寺》，让中国功夫继李小龙之后，又一次享誉海内外。1985年，学校对旧有的场馆加以修缮、扩建。有了教学经验丰富而敬业的教练、老师和设施大有改善的训练场馆，体校学生的运动成绩蒸蒸日上，输送到市队和国家队后，接连在全国、亚运会、世界大赛中夺魁。30年来，从什刹海体校走出的学员摘得体育世界大赛的桂冠和奥运会金牌的就有40多人次。什刹海体校已成为国家和北京市培养青少年体育人才的基地之一，被誉为世界冠军的摇篮。在体校训练馆前草坪上，放置着一尊酷似奔牛的天然巨石，巨石下花岗岩基座处，用金字镌刻着曾在这里学习、训练并成为世界冠军者的名字。诵读着冠军们的名字，自然会让人追忆起他们拼搏的往事。如今的什刹海体校环境典雅优美，建有13个现代化训练场馆、3个健身房、1个塑胶田径运动场，总训练场馆面积达到23000多平方米。学校利用自己的“品牌”优势，开展了多种形式的国际体育交流活动，已成为北京体育事业的窗口单位。

与中国音乐学院一起坐落在恭王府的中国音乐学院附中，建校半个世纪以来培养并向外输送了大批音乐人才，包括民乐演奏家冯晓泉、曾格格，歌唱家谢莉斯、吴碧霞、祖海，演奏家李光华、杨元雄，作曲家刘长安、吴厚源，音乐评论家于庆新等。附中于1997年组建了中国少年民族乐团，曾在人民大会堂为美国总统克林顿演出，先后在国内以及马来西亚、新加坡、日本和欧洲多国演出上百场。乐团所到之处深受欢迎。这所孕育民族音乐花蕾的中国音乐学院附中，于2006年迁往朝阳北路148号建起的新校舍办校，是越来越多喜爱民族音乐的少年儿童向往的学习进修之地。

原辅仁大学女附中办学于蒋养房的棍王府（今积水潭医院所在地），不久迁往（平安大街）太平仓16号新校址办校至今。中华人民共和国成立后学校更名为北京市第六女子中学，1972年改称为北京市第一五六中学。实行改革开放后，这所古老的中学焕发出青春。一个个改革方案的出台，促进了全校各项工作的整体优化，使第一五六中大步走入全区优类校的先进行列。

位于旧鼓楼大街小石桥胡同2号的北京七中，也是一所始建于1931年的老校（私立镜湖中学）。七中建校90年来，一直重视教育教学水平的提高。近年来学校有计划地开展“七美”教育，即思想美、情操美、环境美、生活美、学习美、体态美、服装美。学校倡导“一体之长”，即有一项体育的爱好和特长，由此也使学校成为体育特色突出的中学。

特教名校北京市第二聋人学校位于后海北沿43号。这所学校的前身，是1919年创办于东城交道口福音堂的北京聋哑学校，于1928年迁到后海现址，曾改名为北京红旗聋哑学校，自1997年改称北京市第二聋人学校。学校创办以来，坚持“专门教育一般聋哑儿童说话读书，使其具有普通学识及生产技能，成为有用之人”的办校宗旨，在教学上不断改革创新，已培养出合格的毕业生2000余名，他们学有所长，工作在祖国各地的岗位上，足迹遍布海内外。在北京奥运会、残奥会筹办和举办过程中，同学们走入社区，走上街头，宣传奥运理念，教授奥运手语，积极参与和服务奥运会、残奥会，为两个盛会的圆满举行做出了贡献，受到诸多好评。

北京雷锋小学位于旧鼓楼大街西绦胡同甲2号。这所小学开办于1946年，为私立启新小学，中华人民共和国成立后变为公办，改名双寺小学。1973年3月5日毛泽东“向雷锋同志学习”题词发表10周年之际，在辅导员老师的指导下，小学的同学们给雷锋班战士写了一封信，表达对雷锋叔叔的敬佩之情。雷锋班收到信后，时任雷锋班班长的曾树林和全班战士聚拢在雷锋当年用过的小油灯下，给同学们写回信。他们为首都小学生学习雷锋的精神所感动，勉励同学们抓紧文化学习，做合格的无产阶级革命事业接班人。从此，学校与远在千里的雷锋班建立了密切的联系。20世纪80年代，针对社会上“雷锋精神过时了”的说法，双寺小学的师生们学雷锋活动搞得更加扎实。有的同学帮助残疾同学上学，坚持数年如一日。学校的送水小队每天为鼓楼大街交警送饮用水，不管刮风下雨、逢年过节，20多年从无一日间断。1990年北京市政府文教办、北京市教育局正式命名双寺小学为北京雷锋小学。学校的命名激励师生们决心学雷锋再创佳绩，在社会主义精神文明建设中展现出新的风采。

鸦儿胡同小学位于后海北沿鸦儿胡同25号。学校开办于1900

年，校名为私立崇实国民学校。中华人民共和国成立后定名市立鸦儿胡同小学。实行改革开放后，这所创办了一个多世纪的老校焕发出勃勃生机，取得了丰硕的教育教学成果。学校利用所在的什刹海历史文化保护区的资源优势，对学生大力进行环保教育，以设置科技橱窗、办班级科技报等形式普及科技、环保知识。在老师的鼓励和支持下，许多学生积极参加各种课余科技活动，从中培养了热爱自然、保护自然的意识，增强了保护环境的危机感和使命感。班级学生组织起来，收集废旧电池，在学校和家里设立垃圾分类回收角，并使这些活动持之以恒。学生的积极参与和坚持不懈，使这所小学成为市区知名的科技示范校。2007 年 11 月的一天，学校师生迎来了曾在非洲丛林考察黑猩猩 15 年的英国珍妮·古道尔博士。满头银发的珍妮老人在观看了孩子们表演的以环保为主题的小节目后，和孩子们来到后海北岸，用检测水质的仪器，测量后海的水温、酸碱度、混浊度等，共同度过了一段愉快的时光。在 2007 年，鸦儿胡同小学的学生们参加了由世界自然基金会组织举办的“20 行动”（20 个简单易行的节能小窍门），在学校组织了“绿色奥运”“换灯护地球”活动，发动附近社区居民收集废旧灯泡，换取节能灯。活动被媒体报道，使鸦儿胡同小学知名度大增。

黄城根小学位于西黄城根北街 3 号。这是一所历史悠久的学校，原为光绪二十九年（1903）所建的京师第二学堂。学校一贯重视教育教学质量。改革开放后，学校发扬优良传统，紧密结合时代的要求，走出了一条以“科研为先导，勇于创新”为特色的教改之路。学校在教学中增设了趣味数学、说话、劳动等课程。语文以作文情趣教学为特色，自编说话课大纲与教材；数学进行“探究研讨教学法”研究；外语教学采用外语影视教材，把教学内容有机地穿插在歌曲、舞蹈、小品、游戏之中；自然教学进行“探究研讨实验”，以培养学生爱科学的志趣与探究实验能力。几十年来，黄城根小学已取得了众多科研成果。

北海幼儿园坐落在北海公园东南角处院落内，这所幼儿园创办于1949年。在各级领导关怀下，幼儿园各方面工作蒸蒸日上。抗美援朝期间，从这里诞生的一张《我们热爱和平》的照片，第一版就印了500万张，成为经典传世之作。幼儿园在60多年的发展历程中，不断地把时代的要求与幼儿教育相结合，在不同的历史时期形成不同的保教风格。近年来，教师在教学实践中，从“热爱孩子、相信孩子、了解孩子、尊重孩子”的理念出发，注重以幼儿为学习主体，支持、鼓励幼儿的探索性行为，捕捉生活中潜在的教育因素，通过有目的、有计划、游戏性的一日活动，使幼儿成为生活的主人、游戏的主人、学习的主人和环境的主人。正是如此具有创意和出色的工作，这所幼儿园经市区验收评定为一级一类幼儿园。北海幼儿园多次接待外宾，先后接待过众多外国元首及夫人，以及很多国家的教育工作者、社会活动家、友好人士等，成为向国外展示中国幼教事业发展的重要窗口。

棉花胡同幼儿园位于棉花胡同78号，幼儿园开办于1957年。这家幼儿园重视园风建设，在办园的半个多世纪中形成的宗旨是“以园风建设为先，以德育建设为首，以教研活动为主，以促进幼儿身心和谐发展为本”，并以“爱、勤、严、诚”为办园方针，通过教育改革、探索和实践，与受教孩子建立新型平等的师生关系。幼儿园老师们有着良好的爱岗敬业传统，几代人勤于钻研，乐于奉献。1991年，园里明文规定，不许收受家长的挂历等礼物，并以大字写到迎门上，被多家媒体报道，在给老师送礼成风的那个时期，产生了很好的社会影响。经几代教职工共同努力，棉幼已成为一所一级一类寄宿制幼儿园，获得北京市“示范幼儿园”“全国流动人口子女示范校”等众多荣誉称号。

今天，什刹海的各类学校、幼儿园校园环境一流，教育设施先进，师资力量雄厚，呈现出蓬勃发展的景象，使什刹海的教育文化得到极好的传承。

第二节　特色医药卫生，撑起健康“保护伞”

中华人民共和国成立后，尤其是改革开放以来，政府在什刹海地区治理环境、大搞卫生的同时，兴建了多处防病治病机构。如今医院、诊疗所、社区卫生服务中心等机构遍布地区各处，围绕什刹海地区的几条大街都有药店和连锁药房24小时售药。什刹海地区的医药卫生事业，如同其他方面一样，呈现出了一派欣欣向荣的景象。

积水潭医院位于新街口东街31号（早年的棍贝子府址），是一所以创伤骨科和烧伤科为医疗重点的综合性医院。医院建院于1956年，在建起的两栋楼房中设置11个临床和医技科室，有400张床位，日门诊800—1000人次。这所医院的医疗设施先进，技术力量雄厚。在1965年成功进行了第一例断肢再植手术。1967年医务人员成功抢救了烧伤面积达98%，其中三度烧伤面积为70%的北京礼花厂青年女工王世芬，曾轰动一时。

1982年，积水潭医院进行扩建，建起一座2000多平方米的烧伤楼。医院每年收治病人约8000人，住院手术病人约4500人次，门诊病人59万人次，急诊病人约7.2万人次，设病床960张。30多年来，医院以创伤骨科和烧伤科临床研究为主，结合临床进行有关基础理论的研究，已获得科研成果近300项，其中国家发明奖7项，国家科技大会奖11项。1990年，医院开办北京医科大学第四临床医学院，已培养创伤骨科、烧伤内科、内科、外科、妇科、放射诊断的硕士研究生近200人。自2003年以来，医院在脊柱外科、矫形骨科、运动医学领域完成近500例计算机导航、机器人系统手术，受到国内外医疗界瞩目。

在2008年北京奥运会期间，积水潭医院承担了重要的医疗救护工作。医院医务部梁学亚副主任担当了奥运会曲棍球、水球、足球、体操、跆拳道和柔道项目的训练场馆医疗经理，同时他也是奥运定点医院领导小组成员，负责奥运医疗知识培训和急诊，以及抢救小组各种相关岗位职责的划分，应急预案和流程的制定。在北京奥运会、残奥会举办期间，梁学亚和积水潭医院的医务人员出色地完成了所承担的“两会”医疗救护工作。

积水潭医院建院半个多世纪以来，医院与国内外同行一直有着广泛的交往，开展了一次次国际学术交流。每年接待来访的医疗代表团和外宾数百人，交往遍及五大洲几十个国家和我国的港澳台地区。经一年多筹建，积水潭医院回龙观分院12层门诊大楼拔地而起，于2010年上半年投入使用。这座新院占地3万多平方米，有床位600张，有效解决了回龙观社区50万人口的就医民生大事，也让积水潭医院救死扶伤医疗救护以及临床经验研究，有了更大的发展空间。

位于西安门大街1号的北大医院，由于1952年北京医学院独立建制，更名为北京医学院附属医院。1985年北京医学院易名，又更名为北京医科大学第一医院。1991年6月，这里的院址建为北京医科大学第一临床医学院妇儿医院。建筑面积21000平方米，设有妇产科、小儿内科、小儿外科、小儿眼科等四个临床科室，有病床280张。设备先进的生殖内分泌和儿科研究室开展了多项临床和实验研究。妇儿保健中心的围产保健试点研究和儿童弱视、斜视的防治与研究，均居国内领先地位。

在建立了妇儿医院的同时，北京医科大学第一医院迁址于西什库大街8号。设有心血管内科、肾脏内科、血液内科、呼吸内科、消化内科、内分泌内科、老年病科、普通外科、胸外科、心外科、骨科、传染科、眼科、耳鼻喉科、皮肤科、中医科、急诊科等26个临床科室和医学影像、核医学、放射治疗、病理、检验、药剂、营养等9个医疗技术科室，共有38个病房、1176张病床。日均门诊、急诊量3600余人次，年收治病人16300余人。医院在教学上实行本科生、研究生、进修生三条教育轨道。中华人民共和国成立以来，已培养出医务人员9000余人，还为一些国家培养了留学生。医院设有临床医学、泌尿外科、临床药理、中西医结合等4个研究所和心血管病、肾脏病、儿童视觉、妇女保健等4个研究中心，承担着国家重点研究项目和科研课题200余项，多项研究成果在国内居领先地位，有些成果已达到世界先进水平。

护国寺中医医院位于棉花胡同83号，所在院落曾是清末宫廷太监总管李莲英的宅邸。医院前身为北京中医学会针灸门诊部，于1974年迁入现址，几经扩建、改名，于1986年更名为北京中医药大学附属护国寺中医医院。宫廷正骨和针灸治疗中风在这所医院最具特色。宫廷正骨医术起源于清代上驷院绰班处的宫廷正骨术。医院医师继承传统，按照《医宗金鉴·正骨心法要旨》，对正骨八法“摸、接、端、提、推、拿、按、摩”加以掌握、运用，精益求精治疗骨折、脱位等多种骨科疾患。宫廷正骨的手法特点以轻、透、巧和刚柔相济而著称。治疗时患者痛苦小，病程短，功能恢复好，深受广大患者的欢迎。2008年，护国寺中医医院所传承的清代上驷院绰班处的宫廷正骨正式被列入第二批国家级非物质文化遗产名录。

除骨伤科外，医院的另一特色科室是脑中风专病专科以针灸治疗中风偏瘫。医生在老专家口传心授下，以手中的银针让众多中风偏瘫的病人重新站立行走。这个专科自20世纪80年代引进国外康复技术和现代中医脑病治疗技术，在临床实践中逐步形成了自己特色的康复律中单元疗法，治疗中实现了“针（针灸）—体（体疗康复+按摩）—药（中西结合，中药为主）”的一条龙。针对各种原因引发的脑病，医护人员采取病因与辩证相结合的诊治思路，采取不同的诊疗方法，在较短的时间内达到最佳的治疗效果，治疗的有效率在90%以上。

护国寺中医院在门诊治疗上特色突出，在人文关怀、服务患者方面也有独到之处。医院推出一项“女儿式服务”，这是急病人所急、想病人所想、供病人所需的一种高境界、亲情式的人文医疗服务模式。在这里，没有对求医者的冷、推、硬、顶，有的是医院向社会承诺的首问责任、首接责任、首诊责任。医院“女儿式服务”有明确的量化，表达了医护人员对生命的崇敬、对社会的感恩和对患者的关怀，很好地体现出了医院文化的内涵。如今医护人员正在研究新的服务患者的可行性方案和措施，对这种文化内涵加以提升。

什刹海街道温馨家园位于刘海胡同11号，是隶属于北京市西城区残疾人联合会劳动就业服务所的机构，成立于2004年。温馨家园是一所青砖灰瓦的四合院，残疾人手拉手职业康复站处于院子中部。在2000年，北京奥运会、残奥会召开前，这里的残疾人都希望能为残奥会运动员送去他们亲手制作的礼物。经过集体协商，他们将礼物选定为贴有京剧脸谱的中国结。制作一个三色脸谱的中国结，需要在一块海绵垫上用镊子、珠针等工具将红、黄、白三色绳子编织出互相连接的三个菱形，然后再将三个脸谱分别贴在菱形上，制成一个中国结大约需要两个小时。大家坚持工作整整20天，制作完成了7500个三色脸谱中国结，送到残奥村后深受各国运动员和代表团的欢迎和喜爱。

第三节　文化“研究热”和活力涌动的文化场馆

有着丰富历史文化内涵的什刹海，一直广受市民和游人的喜爱。对什刹海的文化研究，历来是社会各界和有关专家、学者关注的问题。

早在20世纪30年代初，中国历史地理学科的奠基人侯仁之便对什刹海的历史文化做过一些学术探索。还有一大批专家学者也较早地投入了对什刹海历史文化的研究。80年代后，随着什刹海众多文物景观得到修复，游客增多，有关什刹海的历史文化内涵和名胜古迹种类、现状、修缮使用价值等，都让人产生浓厚兴趣并引起社会广泛关注。至80年代末，上网搜索，仅有关什刹海文化方面的书籍、论文、文献等条目索引，就多达4000多条。

在形成什刹海文化“研究热”的大背景下，什刹海研究会应运于1990年2月成立，名誉顾问为侯仁之、吴良镛、周永源、郑孝燮、单士元、张开济等。会址设在汇通祠，后迁至德胜门内羊房胡同甲23号。研究会成立后，在西城区委、区政府的领导下，团结热心研究什刹海文化的专家、学者，本着研究什刹海的历史沿革、环境风貌和文物古迹的保护与利用，挖掘并传承什刹海的历史文化，促进什刹海的保护、建设和可持续发展，积极开展了工作。研究会深入基层，调查了解什刹海风景保护区的区情，参与了西城区政府委托清华大学编制的什刹海历史文化风景区总体规划的研究。通过研讨会等形式，向有关部门提出万宁桥的整修、火德真君庙的重修、古都风貌的保护等建议。2000年底，国务院副总理谷牧收到什刹海研究会会长赵重清由周南（研究会顾问）转给他的来信，谈及恭王府被单位占用，腾退工作进展困难。经谷牧亲往恭王府视察、部署，腾退工作大有进展。

2004年2月，研究会联合相关部门召开了“什刹海历史文化保护区保护与可持续发展”研讨会，专家、学者和驻什刹海地区中央、市属单位共60余人到会，专家们从不同的角度全面探讨了什刹海历史文化保护区保护、利用、建设和可持续发展的问题。很多分析全面，所提意见和建议受到有关部门高度重视。同年研究会换届后，研究制订了五年工作规划。在配合全区开展的迎奥运中心工作中，组织召开了“人文奥运与什刹海”研讨会，研究编制了“什刹海人文奥运行动策划”方案，受到区委、区政府高度重视。在此基础上，编制了什刹海保护区综合整治规划，并加以实施。经过三年的综合整治，什刹海的整体面貌焕然一新，实现了六个提升，即整个保护区保护水平的提升、保护区文化品位的提升、市政基础设施水平的提升、环境质量的提升、旅游服务水平的提升和管理水平的提升。在奥运会期间，什刹海成为中外游客喜爱的好去处，受到各方好评。研究会在保护区综合治理中所做的工作受到区委、区政府的充分肯定。研究会提出的扩充郭守敬纪念馆策划方案，经过研讨、布展等工作，历时三年，在2008年国庆节前正式对外开放，成为西城区对青少年进行爱国主义教育和科普教育基地。

为了深入地研究什刹海的文化，研究会坚持贴近实际的原则，加大应用性研究的力度。根据景区工作特点和重点，不仅重视学术性研究，同时也注重研究景区在保护、建设和发展中的实际情况、实际问题，使什刹海的文化研究既有学术研究的深度，也有指导实际工作开展的作用。在研究中围绕什刹海保护与发展的主题、保护区的民生问题、保护区的人文生态建设等内容，开展深入的研究，从而形成为研究会重要的工作特点，增强了文化研究的实效性。研究会围绕贯彻“文化兴区”战略，先后开展了关于《贯彻“文化兴区”战略推进什刹海历史文化资源转化》《关于什刹海历史文化保护区进行保护性修缮试点拆迁工作的调查研究》等 8 项课题调研，向有关方面提出意见和建议，为有关部门决策提供了重要参考。

研究会成立 30 年来，组织专家、学者撰写了 300 多万字的反映什刹海历史文化的文稿，包括鸿篇巨制《什刹海志》、“什刹海小丛书”一套十册、“什刹海人物丛书”《什刹海滨状元谱》《什刹海畔宰相篇》（上下册）、《元代水利专家郭守敬》，以及《诗文荟萃什刹海》《什刹海与北京城的中轴线》《什刹海京杭大运河》等，为什刹海历史文化的挖掘和传承积累了丰富的文化资料，深受好评。什刹海研究会先后被评为北京市和全国“先进民间组织”和“创建学习型社团先进单位”，参加了全国首届先进民间组织成就展览。2013 年 6 月，什刹海研究会再一次召开换届大会。随着这次研究会换届，什刹海的文化研究史也掀开了新的一页。

自实行改革开放以来，什刹海地区积极开展历史文化研究，还着力修建了多处科技和文化演出场馆。观众入内参观和观赏演出，在丰富文化生活的同时，也受到了科学文化的熏陶。

郭守敬纪念馆位于北二环积水潭桥东南侧汇通祠内。郭守敬是元代著名的天文学家和水利专家，也是 13 世纪世界上有着多方面成就的科学家。1988 年，汇通祠复建后，在祠中辟建了郭守敬纪念馆，向公众开放。展厅中陈列着与郭守敬事迹相关的文字、图片、书籍等展品，还有郭守敬当时发明的天文仪器模型等实物。纪念馆开馆后，每年接待了数以万计的参观者。2008 年 9 月 28 日，纪念馆经扩建、装修，重新向市民开放。新馆展陈面积近 300 平方米，比原馆扩大 4 倍。4 个展厅以图片、实物、电模拟沙盘、声光电显示、大型电控立体模型、动画、青花瓷版画等多种高科技手法，展示了郭守敬多方面的科技成果，观之让人觉得耳目一新。

在北京奥运会召开期间，修缮后开放的烟袋斜街广福观内，举办了“京华胜地——什刹海历史文化展”。展览分为历史沿革、建筑文化、自然风光、民俗文化、商业文化、传承文明六大部分，众多图片和实物陈列于修复后的天王殿、三清殿、崇玄殿、演法殿等殿堂中。突出民俗风情，是广福观历史文化展的一大特色。展览中有复原的四合院室内陈设，陈列着八仙桌、条案、梳妆台、多宝槅等老家具，上面摆放着座钟、掸瓶、茶具、酒具、洋马灯、铜火炉等老物件。经什刹海街道征集，居民翻箱倒柜搜集藏品，踊跃参展，送来了早年北平市社会局发出的婚书，拿来了老北京八种做买卖不能吆喝只能鸣敲的“八不语”响器……北京老年间的物品，如支炉、酒提子、钱幌子、水鳖子、瓷熨斗、鞋楦儿、毡帽、马褂，以及三寸金莲鞋靴等，形形色色，古色古香，都展放在人们面前。这让老年人觉得亲切，青年人看着新鲜，来此参观的外国友人饶有兴致，止不住连连拍照。

“什刹海文化展示中心”于2019年7月11日在广福观内正式落成。当日举办了主题为“广汇什刹海，福传北京城”的开幕仪式。中心占地面积1530平方米，共有六大陈列展厅，包囊百余件展品，配备数字沙盘、手机AR、多点触摸屏等多媒体展示手段，使这里成为什刹海历史文化的展示中心、保存区域文化记忆的载体、地区文化服务的传输和配送枢纽、弘扬爱国主义和发扬传统文化的基地、区域资源优化共建的平台。

北京市古钱币展览馆坐落在德胜门箭楼下的真武庙。1993年10月，北京市文物局与北京古董钱币公司联合，创办了这家常年对外开放的钱币类专题性展览馆。展览馆主要有三处展厅，第一展厅为“中华货币通史展”，展出自商周至民国时期的各种货币，达8000多件。第二展厅向参观者介绍古钱的原料、制炼、铸造、翻砂、成型工艺及各种古币辨伪知识等。第三展厅为“中国钱庄史展”，以文字、图片、实物相结合的形式，展现了中国古代钱庄的起源、发展和衰落演化的全貌。这处古代钱币展览馆还开辟了一个能容纳30个摊位的京城首家古币交流市场，藏家可以在此自由地买卖古钱，互通有无，交流信息，从而提高个人收藏和鉴赏能力。展览馆自建馆后，面向大众，不仅普及了货币知识，丰富了群众文化生活，而且办出了经营和活跃交易市场的特色，很受京城内外以及海内外钱币爱好者的欢迎。1997年，北京市政府授予展览馆“青少年教育基地”的称号。

人民剧场位于护国寺街74号，坐南朝北，是一座高三层的仿古建筑。剧场建成于1955年，占地面积9900平方米，建筑面积9000平方米。剧场一层为方便观众出入，设计成五开大门，6根白色廊柱之间装红色门，窗框镶嵌，红白相衬，明丽悦目。半个世纪以来，人民剧场是丰富民众文化生活之地，是展现国粹的大雅之堂。20世纪60年代，周恩来总理在这里看过戏；90年代末，江泽民在这里观赏了“纪念李慕良先生舞台生活60周年”庆典活动京剧音乐会；2001年，朱镕基总理观看了中国京剧名家“新世纪演唱会”。在人民剧场的舞台上，老一辈戏曲艺术家梅兰芳、马连良、李少春、袁世海、叶盛兰等，其精湛的艺术造诣使广大观众为之倾倒、折服。中年艺术家刘秀荣、杨秋玲、浩亮、刘长瑜、孙岳、李维康、耿其昌等，在这里的舞台上技艺又磨砺得炉火纯青。新一代艺术家于魁智、张火丁、张建国、李海燕等也从这里的舞台上成长起来，在自己的行当流派中展现出才华。近年随着一批设施一流的现代化剧场落成，人民剧场的演出逐年减少。这座老剧场在2009年大修重建，已变身为一处多功能文化场所。

解放军歌剧院坐落在北二环路积水潭桥东南角处。这座剧场的前身是总政文工团排演场。2005 年，由清华大学建筑学院朱自煊教授等设计，排演场重建竣工，更名为解放军歌剧院。剧院的落成弥补了京城西北部缺少演艺剧场的空白。歌剧院属于国际上比较典型的中型多功能综合剧场，总占地面积 6534 平方米，双层大舞台设施先进，分为主舞台、后舞台和左右两个侧舞台。舞台顶高 20 米，进深 18 米，台口高 8 米，宽 14 米。主舞台装置 3 个升降台，有可容纳双管乐队的升降乐池。后台有 8 个化妆间并拥有先进的音响系统和全数字化大型录音棚。歌剧院投入使用后，其丰富的演出连续不断。会集姜昆、黄宏、冯巩、吴雁泽、盛小云等名家的专场晚会在这里上演，大型舞台贺岁剧《传统相声演绎》也在这里连演三场。2008 年 5 月底，世界最著名的现代舞蹈团之一——荷兰舞蹈剧院首次访华在这里为观众献舞。这是一场义演，近 10 万元的票房收入全部捐献给四川灾区。歌剧院在开拓市场、丰富人们文化生活的同时，也为社会公益事业奉献了真情和爱心。

恭王府戏楼坐落在王府花园萃锦园的东北侧。1988 年，恭王府花园经大力修缮，向公众敞开大门。花园戏楼在修饰一新，制备了舞台绣花门帘、台帐、挂灯等饰物后，重新鸣锣演出。在连续几天的纪念演出中，毓桓（恭亲王奕䜣重孙）演奏了弦索调，名票友朱家溍和宋丹菊合演了京剧《霸王别姬》，昆曲名角洪雪飞、李梅、蔡瑶铣、祝孝纯等都登台献艺。每场 200 余观众，围坐在 30 张八仙桌旁，品味着宫廷特色茶食，观赏着精彩的表演，尽享当年王府贵人的排场，一张张脸上无不洋溢着开心的神情。恭王府开放使用后，并不拘泥于传统戏剧演出，而是聘请了著名京昆表演艺术家、古琴名家及音乐、戏剧专家担任戏楼艺术顾问，举办了一系列大型商务活动，如国际论坛及世界 500 强国内外企业餐会、搜狐公司 2001 年度十大新闻评选晚会、世界银行招待会、首届北京国际画廊博览会闭幕晚宴、世界金融论坛闭幕晚宴等。这使恭王府的戏楼已成为了一个文化、艺术、信息相结合的高端交流平台，以“再现王府风情，感受文化传承”的气氛，引领王府文化潮流，向世界打开了一扇中华民族高雅艺术展演的窗口。

“心目影院”位于德胜门西大街29号的一座四合院内。心目影院的创办和管理者是王伟力、郑晓洁夫妇。原在中科院地球物理研究所工作的王伟力，在和盲人交往中，发现为盲人讲解电影，极受欢迎，一个为盲人讲电影的想法逐渐成熟。在2002年春，王伟力夫妇租用了鼓楼西侧街旁的四合院，开办了全国首家为残疾人讲电影的心目影院。年近五旬的王伟力作为主讲，人们亲切地称他“大伟老师”。每周六上午9点是讲电影的时间，院内一间可容五六十人的“大教室”常常座无虚席。从京城各处赶来的盲人聚坐一室，人人脸上洋溢着期待的表情，全神贯注聆听着放映出来的声响和讲述人沉稳、生动、富有感情的讲解。《导盲犬小Q》《地道站》《泰坦尼克号》《宝贝计划》等都是盲人喜欢“看”的电影。自心目影院开办，三年多时间已播放电影200余场，观众达5000多人次。针对盲人与外界不能用眼睛交流，王伟力夫妇又在心目影院院内办起一个“触摸世界主题公园”，他们在院子里放置众多模型，如火箭、卡车、直升机以及名胜建筑、动物造型等。盲人在触摸中，可切实知道恐龙牙齿的形态，从芭比娃娃服装上了解电影《茜茜公主》所穿裙子的质地。这以后随着心目影院受到社会的关注，送到这里供盲人触摸展示的教具模型也多了起来。在北京奥运会、残奥会举办期间，王伟力在一个多月时间里，每天为盲人讲解。许多盲人挤坐在演播室，挥动国旗，手举充气加油棒，兴奋之情溢于言表。有的盲人兴奋地说："我虽然是盲人，可是我清清楚楚'看'到了奥运会！"受王伟力讲电影的影响，如今我国东北等地城市里也有了类似心目影院的场所设置。为盲人讲电影的活动在日本、韩国也开展起来。

什刹海的剧场面向民众。民众除了观看演出，也可以登台一展才艺，讴歌生活，自娱娱人。2011 年，按照文化部提出的群众文化应该挖掘原创节目的要求，由西城区文化馆组织创作排演了一档《什刹海情韵》节目。这台以荷塘、碧水、四季、王府、胡同、酒吧等什刹海特有元素为主题的演出，从策划、创作到节目排练，全部有基层群众参与。登台表演的百姓演员达 330 多名，年龄最大的 82 岁，最小的 6 岁，大多数人的家都在什刹海周边。《什刹海情韵》是"草根"文化运作模式，根据所表现的主题内容，设计了歌舞、画外音、数来宝、京剧和京韵大鼓等表演，形成了一台戏曲、曲艺"串串烧"。这台节目在全国政协礼堂连演三场，又两次登临北京展览馆剧场演出，成为西城文化节的重头戏，取得了轰动性效应。

在西四路口东北角处，胜利电影院位于西四东大街 55 号。其前身是西安市场内的西庆轩茶园，1939 年由日本人改建为电影院。中华人民共和国成立后由市军管会接管，翻盖一新冠名"胜利"，成为 20 世纪五六十年代京城著名的电影院，是丰富城西北一带民众文化生活的重要场所。80 年代后，胜利电影院经几次翻建装修，不断更新没备，大银幕的画面使观众在声画俱佳中得到充分的艺术享受。胜利影院曾被评为一级影院和二星级影院。2009 年，胜利电影院变身为阜景街一处文化景点——"西城区非物质文化遗产展示中心"，向公众开放。展示中心的使用面积达 2280 平方米，分为上下两层，下层为展厅，展示西城区首批 22 家非物质文化遗产保护项目，包括面塑、泥塑、毛猴、鬃人、脸谱、风筝、核桃雕、药香、皮影、内画壶等；上层有“非遗”传承人工作室、民俗文化讲坛，以及影视厅等。这个展示中心是北京首家也是唯一一家“非物质文化遗产保护项目”专业展览馆。自开放以来，得到各方面好评，吸引了大批市民及国外游客参观，对宣传和展示优秀非物质文化遗产资源起到了很好的推动作用。

第九章　突出特色：打造精品街巷胡同

平安大街

在对老街胡同的维修治理中，什刹海的管理部门借鉴了国外和上海石库门等外地街巷改造的成功经验，结合古都和什刹海的历史文化特色，精心规划修缮，打造出一批精品街巷胡同，受到中外游人瞩目。2017 年以来，围绕北京中轴线申遗和大运河文化带建设，立足服务保障首都功能、为政治中心区提供更好环境的核心区工作要求，什刹海街道基于街区责任规划师的街区整理规划开展地安门内外大街、鼓楼西大街、西什库大街、西安门大街等重点街区的整治提升工程，实施荷花市场、景山周边、文津街等 13 条重点大街提升，提升打造精品胡同，实现平安大街以南背街小巷整体达标，区域环境得到巨大改善，逐步在地区彰显出首都风范和古都风貌。

第一节　老街胡同换新颜

2008 年以来，政府按“修旧如旧”的手法对什刹海地区的老街胡同进行改造提升。在对南官房胡同、北官房胡同、大石碑胡同、小石碑胡同、后海南沿、前海北沿、前海东沿、前海南沿等十几条胡同的全面修缮、整治中，院墙使用蓝机砖，砌筑后为一片青灰色，给人以素雅沉稳、古朴宁静的美感。屋顶铺装整齐的仿古式灰合瓦，灰色瓦下映衬着朱红色檐子，雅致而鲜亮。街巷整齐，环境优美，标示清晰，秩序井然，展现了文明和谐的景象。金丝套一带、鸦儿胡同、前井胡同等多条胡同在施工中对临街门脸儿、院墙修旧如旧，保持古韵古风。已改变原状的按照传统形式复建。对胡同外立面统一整修，修缮残墙并对结构较好的门窗加以修复和油饰，外立面更换铁红色塑钢门窗，加装电表箱和空调装饰罩。维修遇到红砖墙和色彩不协调的外装饰墙面，采用粘贴亭泥砖片的方式处理，临街外窗安装的雨搭也统一形式和色彩，使整条胡同保持一致和协调。

第二节　中轴线上的地安门外大街以及地安门内大街、地安门西大街

中轴线上的地安门外大街，自 1993 年起，几次进行拓宽维修。街道两侧修建了 4—7 米的人行步道，拆除了占路摊棚，步道变得平坦规整。2007 年，地安门外大街与北面旧鼓楼大街、南面地安门内大街实施大修工程，经两期修缮，将架空线全部入地，对街道两侧商铺立面进行装修，统一灯箱、匾牌设置，实施燃气改造，将餐饮

店用火全部引入天然气管线，对路边路灯、垃圾箱更新，公厕改建。大街路面整修后车行道宽 16 米，路面平整顺畅，两侧各式店铺相连，各类物品齐全，餐饮风味纷繁，形成了一个现代商务、文化娱乐及休闲购物中心地带。2012 年，东城和西城两区携手整治地安门外大街。整治包括邀请多家知名设计院就地安门外大街的风貌整治进行规划，包括周边地区的商铺外立面、房屋屋顶、墙面等。经过大规模维修，进一步提升了地安门外大街两侧前海、玉河的水系环境，恢复了居住区内棋盘式道路骨架和街巷格局。

地安门内大街在明清时期曾是皇城内的主要通行道路，沿街东西两侧建有皇城墙。民国后皇城墙逐渐被房屋遮挡，墙体仅有一些遗存。2006 年，西城区迁出了皇城内侧的住户和商铺，亮出城墙墙体，加以维修。施工人员在征求了文物专家的意见后，按照现存皇城墙的材质及做法加固墙体，清除滋生的树木，修补立面，重做瓦面，按现有实物补配缺失的黄琉璃瓦、脊、兽件。修复东侧皇墙 20 米，西侧皇墙 136 米，使东西侧皇城墙总长达到 520 米。又在皇城墙内复修便道，重新铺设雨污水、电信电力管线。在皇城墙脚下还铺设了草坪，种植了国槐，形成了“红墙绿地”的亮丽景观。

地安门西大街是一条古迹众多的老街。1999 年，市区政府筹划、修建了平安大道，拆除了横在平安里向西交通要冲上的胡同“堵头”，使平安里向西向东都是一路贯通。自北礼士路路口至东四十条立交桥，道路全长 7026 米，经地安门路口，成为与中轴线相交、横贯东西城区的一条重要交通要道，被称为“第二条长安街”。地安门西大街段长 1966 米，车行道宽 28—42 米。道路整齐美观，优雅大气，两侧楼宇林立，仿古店堂别具特色。

2011 年 5 月，北京城中轴线申报世界文化遗产工作启动。这项工作无疑对保护北京及什刹海的古都风貌起着强有力的助推作用。市政府拨款10个亿，专项用于古建维护，实施文物复修百项工程。其中什刹海地带的文物古迹修缮即达到十几项，包括钟鼓楼修缮，万宁桥栏板保护工程，地安门外大街铺面房整治，火德真君庙修缮，宏恩寺复建，辅仁大学、涛贝勒府、醇王府、庆王府、恭王府、宋庆龄故居围墙维修，郭沫若故居大门、院墙修缮及德胜门箭楼箭窗修缮、真武庙油饰等。2019年，围绕中轴线申遗保护，什刹海街道持续推进鼓西、德内、地外、旧鼓楼等重点大街的综合整治提升，拆除违法建筑，封堵开墙打洞，拆除不规范牌匾，治理直管公房转租转借，对部分房屋进行整体翻建，让房屋回归居住属性，使得这些街巷的整体环境品质不断提升。投入巨资、人力的修缮、整治、提升工作，对于全面提升什刹海历史文化旅游风景区的地位，促进风景区的历史文化传承和推动其可持续发展，都有着极其重大的意义，在什刹海文化发展史上将写上浓墨重彩的一笔。

第三节　八百年历史的斜街——鼓楼西大街

鼓楼西大街曾历经元、明、清三代，是北京城内唯一一条人为规划的老斜街。鼓楼西大街东起地安门外大街，在鼓楼与德胜门城楼之间由东南向西北逶迤至德内大街，全长约1.7公里，街道宽度20—26米，是什刹海地区的重要北门户。

关于鼓楼西大街的历史记载可以追溯到元大都时期，当时的这里被称作斜街市。据传刘秉忠奉忽必烈之命规划大都时，按《周礼·考工记》中“左祖右社，前朝后市”的要求设计了鼓楼西大街和旧鼓楼大街的方位和走向。元代时的斜街市，曾是元代大运河北起点积水潭码头旁最繁华的商业街之一。据史料记载，当时人们来到大都必会去两个地方观看：一个是大都西城的砖塔胡同，另一个就是积水潭码头的斜街市。明清时期，鼓楼西大街地区逐渐趋于宁静，寺庙道观和王公府邸逐渐兴起。鼓楼西大街沿线的拈花寺、寿明寺、广化寺、圣佑禅林等地都曾留下明代修建和整修的记录或碑文。清代的醇亲王府就位于鼓楼西大街边。民国时期，鼓楼西大街曾分为四段，鼓楼以西至西魏胡同称鼓楼西大街，西魏胡同至八道湾称甘水桥大街，八道湾至糖房胡同为果子市大街，糖房胡同至德胜门称丁字街。直到 1965 年统一定名为鼓楼西大街。

梁思成曾将它比喻成城市规划的无比杰作，可以把它理解成沿河而建方便居民出行的一条步道，后来随着河水的枯竭在缩短的河道旁搭建起了民居，形成被后人称作“水退人进”的局面。几百年来，作为元大都街道的重要历史遗存，鼓楼西大街的走向、宽度基本没有变，街道两侧种植着以槐树为主的高大树木，其许多树木的树龄超过百年甚至千年，经历了朝代的更迭和历史的兴衰，是该地区历史发展的重要见证。

2017 年，鼓楼西大街整理与复兴计划被列为北京市中轴线申遗、大运河文化带建设、全国文化中心建设的重点项目。项目主要包含拆违封堵、房屋立面提升、大型配电箱改移、夜景照明、“稳静街区”公共空间提升、交通停车综合治理等内容。什刹海街道自 2017 年 6 月开始，开展鼓楼西大街环境集中整治和空间品质提升工作，共拆除违法建设 300 余处、13753 平方米，封堵开墙打洞 198 处，拆除广告牌匾 214 块。2020 年开展鼓楼西大街停车治理，整治人行便道乱停车现场，挖掘停车资源，合理规划车位。未来将进一步开展绿化和便民设施的增设，通过公共空间建设、城市风貌管控引导街区保护更新，让这条自元代形成的有着 750 年历史的斜街逐渐恢复原有的味道，风景优美的什刹海将邀请百姓共享这条“稳静街区”。

第四节 “皇家御道”——陟山门街

陟山门街长约 300 米，宽 3—6 米，清代称此街为陟山门大街，或简称为陟山门。这条街道是明清时期皇帝从北海去景山登山游玩时的专用御道，也是连接着北海和景山这两座皇家御苑的重要纽带。陟山门街元代为宫殿区，明清时期只是内务府衙门和内官监管辖的库、作等，清代以后才逐步演变为居住区。1965 年又将北海中夹道并入街中，定名为陟山门街。

由于位于景山公园西门和北海公园东门两大景区出入口之间，陟山门街曾经是人潮汹涌了 20 年的旅游集散地，曾经密布旅游纪念品小摊儿、卖干果排叉的小吃店，机动车无序停放和店外经营、私搭乱建使得道路拥堵不堪。

2017 年开始，什刹海街道疏解整治促提升行动中对这条街道巧做“减法”，封堵开墙打洞 30 余处，关停占道经营，拆除违法建筑，恢复沿街平房青砖灰瓦的建筑风貌，实施机动车禁停，解决扰乱胡同秩序多年的停车问题。“减法”实施以来，

陟山门街

陟山门街恢复了昔日的皇家御道面貌，连同临近的雪池胡同、石作胡同，环境都逐渐改善了，商业味儿淡了，人情味儿浓了，用居民的话说“四五十年前胡同里的老味道又回来了”。

第五节　军民一家亲，共建鱼水情——柳荫军民文明街

柳荫街全长 299 米，位于什刹海中心区域、后海南侧，街道自北而南向东倾斜。元代水盛时，这里曾是汪洋一片。明清以来这一区域左近形成了大片陆地，西侧水面不断缩小，后形成形状如弯月的细长河流，得称月牙河。明清时期，此河河水清澈，两岸多有杨柳树，又称杨柳湾。明代李东阳在《西涯杂咏》中有诗云：“沙崩树根出，细路萦如栈。垂柳隔疏帘，人家住西岸。”月牙河北端曾有座李广桥，为一座单孔石拱桥，相传为明代太监李广所建。沿河东南还建有无名桥、清水桥、板桥、三座桥、响闸等桥梁建筑。清末年间，李广桥西侧土路称李广桥西街，东侧土路称李广桥南街。1950 年这里的河道改为暗沟，两街统称李广桥南街。1965 年改称柳荫街。

柳荫街上最著名的建筑是恭王府，于 1982 年公布的全国重点文物保护单位。1988 年恭王府西花园经修缮对外试开放，让中外游客纷至沓来。1996 年位于西花园西侧、柳荫街路东甲 14 号的四川饭店恭王府店开业，吸引了更多游客前来游览品食。原开业于西单南侧西绒线胡同的北京四川饭店是在周恩来总理倡导下创办的，这处恭王府店为四川饭店分店，但又自主经营，是一幢建于恭王府旧址花园处的两层仿古建筑。在这家饭店，除能品尝到多种传统川菜、香

辣的正宗重庆火锅，还能吃到红楼菜、王府菜。恭王府店开店之初，邀请有关部门、红学家和中山公园来今雨轩饭庄的名厨开发烹制红楼宴，包括茄鲞、鸡髓笋、胭脂鹅脯、雪底芽菜等，相传都是《红楼梦》作者曹雪芹最爱吃的菜肴。“茄鲞”出自《红楼梦》第四十一回“贾宝玉品茶栊翠庵，刘姥姥醉卧怡红院”。这道菜是刘姥姥进大观园时，王熙凤让她品尝的第一道菜，其烹制方法在《红楼梦》中写得最为详尽。主要以茄子为主料，配有高汤、肉糜、桃仁、杏仁、腰果、松仁等，入口鲜美，营养丰富。红楼菜系推出后，引起很大反响，特别是在这昔日花园旧地，能享用一席红楼宴，令人感到别有情趣。到了2010年，为维护恭王府的原有风貌，这家门店迁至新街口北大街3号（星街坊购物中心一楼）重装开业。

1962年底，徐向前元帅由东城区史家胡同迁至柳荫街居住。1982年，驻扎在柳荫街的中国人民解放军北京卫戍区某部一连，响应中央军委的号召，与人民群众共建社会主义精神文明，和当地柳荫街居民委员会共同开展军民共建活动。军民一起动手拆除柳荫街上破烂不堪的建筑，运走垃圾、渣土，疏通下水道，栽种花木，使街道面貌焕然一新。居住于柳荫街的徐向前元帅了解到此事后，热情支持，他要求身边的工作人员和警卫战士都要参加到这一活动中去。他还把柳荫街军民共建小组的成员请到自己家里，座谈如何把共建活动搞得更好。徐帅还为柳荫街街道题写了“柳荫军民文明街”的题词，以后又几次题词、做指示、接见共建领导小组成员。这些极大地促进了军民共建活动的开展。在徐帅题词后，北京市西城区政府正式命名柳荫街为“柳荫军民文明街”。从1983年起，柳荫街多次被评为全国、市、区精神文明先进单位，是军民共建社会主义精神文明的先进典型。在中华人民共和国成立35周年时，天安门游行队伍中“柳荫军民共建”的大型彩车，还接受了党和国家领导人的检阅。走过柳荫街的人，向街心公园石壁上望去，都会看到徐帅所题写的“柳荫军民文明街”一行苍劲有力的大字。如今柳荫街社区共建和拥军工作已经制度化、规范化和常态化，形成周有交流、月有活动、季有高潮、年有总结的实践模式。2019 年，柳荫街建成了首个街道级双拥展室，整条街道上绿树成荫，草绿花香，是观光客很爱寻访的地方。

第六节　中国历史文化名街——烟袋斜街

烟袋斜街位于鼓楼西南侧。此街的街址，早年曾为海子水面所覆盖。后经长年淤积，水位下降，陆地累增，建造民房，于元代形成斜街。据考，元明时期这条街上因坐落着收货船税和捕鱼税的官厅，而得名打鱼厅斜街。到了清代中叶，这条街繁华起来。在清《乾隆京城全图》上，已将此街标为烟袋斜街。取“烟袋”为街名，一是说街道有烟袋杆儿的形状，另一说是这条街上烟铺、烟具买卖兴隆，卖家纷纷以硕大的立体烟袋作为招幌，成为独特的街头景观。到了光绪年间，街东口的同合盛、双盛泰两铺专营旱烟袋，慈禧太后使用的烟袋也曾被拿到这两家店铺冲洗。双盛泰制作了一个木制大烟袋锅在店前摆放，高达 5 尺（1.5 米），白银烟嘴，黑漆烟杆，底部烟锅外金内红。这醒目的景物，自然吸引过往之人驻足观赏。由此还产生了“鼓楼前的大烟袋——一窍不通”的歇后语，揶揄什么也不懂的人。

1924 年末代皇帝溥仪被迫离开紫禁城，清室权贵断了“皇粮”，坐吃山空，靠变卖家藏古董维持门面。烟袋斜街的古玩铺一下多了起来，先后出现了写有宝文斋、敏文斋、秀古斋、太古斋等横匾的店铺开业。店主低价收买那些坐吃山空的满族权贵们的古玩陶器、珠宝玉器、金石碑帖、名人字画等，高价转手给民国新贵，收益颇丰。随着古董生意的兴旺，游人增多，街面上开设了书画、裱画、文具、饮食等店铺。到此品尝小吃，仅卖烧饼的就有好几家，从街东溜达到街西，可以吃到麻酱烧饼、椒盐烧饼、马蹄烧饼、螺丝转儿、糖火烧、叉子火烧等多种。包子、馄饨、炒肝、豆腐脑、炸虾等小吃也都制作鲜香而物美价廉。服务行业有服装剪裁、弹花、理发、假发、修钟表、染作等。街东口路北有一家鑫园澡堂，为清末太监李莲英的嗣子李福庆所开，光顾的人多，生意兴隆，在京城北部名声显赫。

在鑫园澡堂旁有一座小小的龙王庙，面积仅几平方米，庙前有一井。《马可·波罗游记》有载，元大都西街有一口井是铜口、铜帮，即指此井。20 世纪 30 年代，庙毁井填，成为澡堂的堆房。在斜街的西端路北（今 51 号）是一座道观，建于明代天顺三年（1459），称广福观。清代一度称孚佑宫。广福观坐北朝南，前殿三间供奉关帝、玄坛财神及龙王，另有东西配殿和后殿。西跨院也有殿堂和配房，称“白云仙院”。早年周边水域浩瀚，明代大学士李东阳曾以“飞楼凌倒景，下照清澈底”的诗句，形容广福观构建的宏伟。在广福观的隔壁（53 号），是清代设立的大清邮政信柜所在地，也有着很高的历史文物价值。

20 世纪 50 年代以后，烟袋斜街的街市逐渐冷落，大多数店铺变为民居。一些小店铺虽仍在经营，但老字号仅存鑫园澡堂。到了 80 年代，随着改革开放的深化，已冷清多年的街面上店铺逐渐多了起来。街两旁多是一些富有生活情趣的小卖店、小美发店、带小旅馆的澡堂、手工制衣店和小古玩店等。一些人家几代人一直住在这条街上，经营一点小本生意是这里人家几百年来的生活方式。在一家名为利通的小店里，陈列着一件件古玩旧物，还能看到几杆年代久远的烟袋锅子。街头还开张了“红楼”“莲花”两家装修别致的小酒吧。坐落于街口内的鑫园澡堂于1989年更名为鑫园健身沐浴厅，可供70余位顾客同时洗矿泉浴、芳香浴、麦饭石浴和桑拿浴，还设有多种健身器械。健身沐浴厅开业后，经济效益良好。

2000年，西城区政府为纠正烟袋斜街商户经营的杂乱无序，对街内违章建筑予以拆除。接着进行了青石板路面的铺装与商铺门脸儿的装修。到了2003年，北京8个最受欢迎的酒吧中，烟袋斜街占到3个。怡然游逛的时髦男女，东张西望、满脸好奇的老外，都是街面上的常客。小店各种手工丝绸、亚麻服装、透着神秘悠远气息的民族饰品，纷繁展现。

2005年，胡同东口建起了“烟袋斜街”的高大牌楼。西城区政府在编制完成《什刹海烟袋斜街特色商业街提升建设规划》后，从2007年开始，启动了烟袋斜街特色步行街建设工程，整修沿街两旁建筑立面包括立面贴砖、门窗修缮、台阶砌筑、统一设计、安装灯光牌匾、架空线路入地等。整治后的烟袋斜街再现了老北京传统的青砖灰瓦建筑风格，保留了老店、老产业展卖，形成了以经营民族服装、烟具、茶具、古玩等民间工艺品为主的业态风格。在此街落户的还有3家台湾原创设计馆，使传统和时尚元素在什刹海景区得到融合、呈现。

百年老店鑫园澡堂再次变身，在浴池基础上，扩建了客房，挂牌鑫园客栈，吸引中外游客入住。除经营“中式温泉”外，老北京澡堂的修脚、刮痧、拔罐等手艺一应俱全。游客来什刹海游玩后，进入客栈，泡完了澡，躺卧中式床榻，盖红缎被小歇，片刻后登上客栈大露台，又可一赏后海的绚丽夜景。烟袋斜街内的广福观，属西城区文物保护单位。在改建街面的同期，从广福观迁出了近70户居民，彻底进行修缮。在北京奥运会开幕前，这座古老的道观在装饰一新后，由什刹海研究会协助什刹海街道举办了“京华胜地——什刹海历史文化展”，并向民众开放。

如果说什刹海是京味文化的代表，是悬挂在京城颈项上的绚丽挂链，烟袋斜街称得上是链上的一颗明珠。2009年烟袋斜街被国际人类学民族学联合会第16届世界大会中国民居建筑文化专题展组委会评为“中国建筑文化经典示范工程”。2010年4月，由文化部、国家文物局指导，《中国文化报》与《中国文物报》联合主办的第二届“中国历史文化名街”评选推介活动公布了入围名单，烟袋斜街是北京唯一的候选街，参加十条“中国历史文化名街”评选，烟袋斜街最终入选。11月10日，在烟袋斜街东口牌坊旁隆重举行了揭牌仪式，“中国历史文化名街——烟袋斜街”的牌匾高高挂在了墙上。这使慕名而来，到此观光、休闲、购物的中外游人数量更多。近年来，什刹海街道聚焦“十有十无一创建”，纵深推进街巷环境整治提升，烟袋斜街入选2018年北京“最美街巷”。

第七节　吃出文化的小吃街——护国寺特色商业街

护国寺街东西走向，长约600米。以街西侧北段元代所建的崇国寺而得名，称崇国寺街。明成化年间崇国寺更名为“大隆善护国寺”，民间简称“护国寺”，街亦随寺名改称护国寺街。清乾隆年间，护国寺开庙办起庙会。随着庙会兴隆，护国寺街也繁华起来，饭馆、酒铺、茶庄、茶馆、香蜡铺、绒线铺、油盐店等店铺，竞相出现在街面两侧。这些店铺多为小本经营，却贴近民生，因而能生生不息。

到了20世纪50年代初，随着护国寺庙会热闹不再，护国寺街街面也沉寂下来。北面的庙会不办了，活跃于庙会上的京味小吃并未消失，而是得以继承。1956年，在护国寺庙会上颇有名气的“茶汤英”“扒糕年”“切糕刘”等摊主被组织起来，在护国寺街路北93号建起了护国寺小吃店。多年以来，这家正规小吃店以经营艾窝窝、豌豆黄、切糕、豆面糕、豆汁儿、焦圈儿等数十种小吃而深受大众欢迎。在1990年北京亚运会、1994年世妇会期间，护国寺小吃店制作的10多种细点小吃，每两3—4个，多至5个，深受外宾喜爱，老外品尝着店员现场制作的美味小吃，无不惊叹其手艺的高超。新加坡前总理吴作栋曾专门挑选护国寺小吃店的小吃招待各国使节。2002年，香港影星张国荣曾两次入店品尝小吃宴并留影。如今护国寺小吃店的小吃已名扬中外，每年召开“两会”，全国人大代表、全国政协委员的餐桌上都供应有护国寺小吃店的名食。2011年5月，在原址拆除后重建的护国寺小吃店重张开业。店堂焕然一新，迎面墙上是一幅描绘旧时护国寺庙会的画作，新建的二层楼就餐面积达200多平方米，可容纳200人就餐。护国寺小吃店的小吃已经发展为黏食、蒸食、热流食、凉流食、炸食、烙食、套餐等7大类、100多个品种，其连锁小店也开设到多个街头巷尾。年节期间的元宵、粽子、重阳糕等总是热卖而供不应求。2019年清明节期间，护国寺小吃店及连锁门店销售“寒食十三绝”，仅蜜麻花（糖耳朵）就卖出了4.2万个，包括艾窝窝、驴打滚等“寒食十三绝”总数卖出13万多个，超过往年。进入暑夏，护国寺小吃地安门店推出了清凉而香甜的“豌豆黄冰激凌”，为京城百姓和外地游客提供了又一个地道京味的佳选。

护国寺小吃店经营半个多世纪以来，以各种各样、物美价廉的小吃赢得众多顾客的赞许，并不断推陈出新，增加小吃品种，取得良好的社会效益和经济效益。随着护国寺小吃店名气的提升和“小吃成大业”理念的引领，近年来，一批外地商家也把生意眼光投放到护国寺街上。新疆、四川、陕西、云南、河北等不同风味的小吃店，都在这条街上竞相扎堆开业。

为优化环境，进一步打造好这条小吃街，2009 年，西城区政府组织有关部门对街道进行了大规模的维修治理。施工中把架空线全部入地，铺装美化路面 7000 平方米，把水泥路面更换成石材路面，临街的民居房屋统一为青砖灰瓦、红窗飞檐的仿古建筑。对两侧商铺进行立面装修，实施燃气改造等。

如今，修缮一新的护国寺街上除有护国寺小吃店、合义斋等小吃老字号，另开设多家外地风味小吃门店。计有川味面馆、兰州拉面、山西刀削面、桂林米粉、柳州螺蛳粉、保定驴肉火烧，以及纳西风味的洋芋炒饭和炒饵块、丽江涮鱼火锅、台湾风味的面包屋等。店铺经营的还有各式烤肉、卤肉、海味、虾饺、肉丸、肉夹馍等，烧、烤、蒸、煮，品类繁多，酸、辣、咸、甜，诸味杂陈。好吃哪一口，都有食档让人大饱口福。位于街中段的五层蓝鼎晨大厦，装修后变身为街内最大的商业体“护国新天地”。一旁比肩而立的护国寺宾馆拥有 120 多套客房，这家宾馆大做“胡同游”的文章，与小吃店、旅游公司、周边的护国寺中医院、按摩医院、南边的北京四中联手，为入住宾馆的中外游客提供便捷的服务，方便了游客旅游、就医、健身以及进行校际交流等。2011 年，护国寺街被北京市商委命名为“特色商业街”。

第八节　荷花市场的变迁——前海西沿商业街

前海西沿南北走向，南起地安门西大街，北至前海北沿，全长288米。这处湖岸原有长堤，晚清时办有市场，因堤下有荷花盛开，称“荷花市场”。据清光绪年间刊印的《燕京岁时记》载：“什刹海俗称河沿，在地安门外迤西，荷花最盛。每至六月，士女云集。”随着经商摊棚增多，1916年，地方上应当地商绅所请，把此处的市场固定开办起来，入口处用苇子扎起八字篱笆墙，中间搭建了小门楼。20世纪二三十年代，这里的市场盛极一时，名扬京城内外。

在前海西沿的荷花市场上，小吃摊棚众多，还有摆摊售卖古玩、字画、书刊、唱本及花、鸟、鱼、虫等杂项物件的，又是戏曲、杂耍演出的场地。到荷花市场游逛的多为一般市民，但也有不少有头有脸的人物前来赏玩。文豪鲁迅、胡适，画家张大千、溥心畬、齐白石，学者陈垣、顾随，文人徐志摩、老舍、张中行，政界要人清末摄政王载沣，民国官员孔祥熙，戏剧家梅兰芳、杨小楼、王瑶卿、谭富英，名医孔伯华等，都曾是荷花市场的游客。

1937年后，日本侵略者占据北平，市场一带堤岸塌陷，柳败荷残，游人渐稀。1950年荷花市场停办，在前海西岸遗留下一条通道。1983年后什刹海风景区进行了大规模整治，前海及周边又成为游人喜爱观光游览之地。1990年8月，停办40年的荷花市场重新开市。在南临地安门西大街处，建起了典雅的牌楼，由书法家启功题写了“荷花市场”匾额。重开的市场不设饮食摊点，办为古玩市场。2001年，西城区政府投资1800万元，将荷花市场扩建为200米长，一二层仿古建筑，店面错落其间，经营风味餐饮、茶艺、古玩旧货、民间工艺品等。整修一新的荷花市场，再现了老北京风情。接着在前海西岸之下进行清淤，栽种来自白洋淀的 300 株荷花，让这里重现了昔日的荷花盛景。

2003 年“非典”防治时期，政府提倡人们到开阔领域活动、健身、休闲。什刹海有优美的水域，空气流通，人们纷纷来什刹海驻足，什刹海酒吧的数量陡然增加。在荷花市场北段，酒吧、餐吧纷纷开业，接着又有一批茶楼、艺坊相继亮相，形成了特色的商业街。这里的饭庄、餐馆包括沪菜、粤菜、湘菜、徽菜、西餐、泰式菜等，还有酒吧、咖啡厅、冷饮店、茶馆等，有工艺品店、首饰店、民族服饰店、水晶饰品店及文化艺术休闲吧等。这条酒吧街规整，经营、陈设具有特色，建筑结构或仿古，或精巧，装潢陈设不落俗套。柔和的灯光透给人温润的美意，在此落座，使人感到自在舒适。艺坊内丰富优雅的手工艺品既出售又做装饰，很受游客的欢迎。如今这条街上一年四季游人不断。近两年，政府对这条街过度的商业化进行了整体改造和提升，恢复了原有的砖木材质立面，引入了专题博物馆和懋隆珠宝等传统文化产业，打造文化精品街区，受到中外游客的好评。

第十章　深入推进：地区和谐宜居建设

第一节　疏解发展的“舍”与“得”

什刹海胡同的一大特色是四合院多。很多独门独户一家居住的四合院被“挤占”，住进了其他居民，使四合院变成了大杂院。20世纪80年代，落实房屋政策，一些四合院的房屋产权归还给原房主，但挤住进来的居民无处可迁，也只能维持居住现状。而这一时期，北京居民住房困难的局面日趋严重。煤气罐取代了蜂窝煤炉后，家家都要盖小厨房。又随着孩子长大，住处空间狭窄，大杂院里纷纷大兴“土木工程”，有个墙角再码码砖，弄上顶子、门窗就住人；影壁墙、门庭一封，也成为住处。此时房管部门也急群众之所急，提出“管而不死，建而不乱”的口号，在居民院“见缝插针”，搞“接、推、扩”。一番搞下来，却也增加了不少平方米房屋。但这点扩建房，对于广大住房困难户来说只是杯水车薪，却使许多传统四合院居民的生活受到很大影响，致使一个个院落里再也没有了“院”。

西城区政府责成有关部门在对什刹海居住区进行普查，摸清底数后，经专家研讨取得共识。那就是半数以上的院落先天质量差，后期改得乱，历史原貌残缺不全，房屋危险简陋。很突出的一个问题是院落里人口密度过大，一间10来平方米的小屋子里，住四五口人并不是个别现象。房屋要修缮，更关键的是要外迁居民，降低人口密度，否则保护更新都无从说起。

从2007年开始，西城区政府和什刹海街道努力搭建起了“政府主导、科学规划、专家论证、政策支持、企业参与”的工作平台，研究制订了烟袋斜街等街区保护更新的整体规划和试点区实施方案，激活历史街区保护更新的良性循环，为外迁居民提供多种选择和出路。什刹海研究会在调研工作中也切实感觉到，人口疏解这个“难题”不解决，较大幅度改善居民居住条件也是难以实现的。为此，研究会配合有关部门深入开展了关于保护区人口疏解示范项目若干问题的研究。在加深对现行政策理解的基础上，对保护区人口疏解难点进行了详细分析，提出了在保护区内进行人口疏解的建议。为在今后实际工作中不断总结经验、完善相关政策、推进人口疏解工作的开展起到了参考作用。

什刹海地区现有户籍人口12万人，前海北沿、白米斜街、柳荫街等7个社区风景区范围内有2.9万人。在经过前期准备工作后，西城区政府从2013年启动了什刹海胡同院落腾退修缮试点工程。按照试点方案，居民住房改善有房屋对接安置和房屋货币补偿两种方式供选择。这种疏散保护区密集居民的腾退试点工程开始后，地区内已有47个院落完成腾退，涉及113户人家，同时清退并停业的商户有15家。有关部门的负责人介绍说，对于腾退出的院落，不会推平重盖，但违建会被拆除。政府接手后，将对院落房屋内外进行修缮，恢复原有建筑格局，然后将其改为社区公共服务设施、文化设施，有一部分将用于发展胡同里的文化创意产业。

2015年，经清华大学建筑学家进行方案设计，按传统院落模式，建造平移示范区，对乐春坊胡同1—6号院落进行平移改造试点。将零散留在大杂院的居民，集中到修饰一新、环境幽雅的院落里一起居住。这也是对人口密度进行疏解的一种尝试。

此外，更为可行的人口疏解方案也在实施中，并做着调整。按照什刹海地区的人口疏解现行政策，居民院腾退方式为“整院腾退”。也就是说，全院只要有一户居民不同意搬迁，院内其他住户也不能办理外迁手续。2017年7月，这项政策有了新的进展。西城区拟对“整院腾退”加以创新举措，进行“登记式疏解”。以后居民院腾退，不再需要全部住户同意，只要有合适的安置资源，想走的居民随时可走，做个登记备案即可。这一政策在随后的护国寺地区大规模拆违改造中得到实施，护国寺大院1—23号单号院十几个大杂院的居民被疏解搬离，破旧的民宅和私搭乱建被拆除，院落经修缮展现出典雅风貌，成为文化景点。这种新的疏解方式，既能有力度地疏解人口，又能增设文化设施，还利于民，可谓一举两得。

第二节　点“靓”街容院貌

到了20世纪80年代，居住环境人口稠密是普遍性的问题。而比居民居住拥挤更为棘手的问题是危房险情。在什刹海各胡同中，大批居民的住房已有上百年的历史，自然损毁严重，加之年久失修，梁柱糟朽，墙基下沉，电线老化，普遍存在着坍塌、火灾等隐患。

市、区政府对民居现状统筹考虑，将危旧房改造列为城市建设的核心内容和中心工作。除在一些地区实施危旧房改建工程，并于20世纪80年代对所有危房进行抢险治理。包括什刹海的各条胡同居民院，房管人员逐户清查，发现立柱糟朽等险情，进行“墩接柱”等抢修，以保证居民居住的安全。以后政府和房管部门又组织人力，对居民院一次次加以修缮治理。

从2005年开始，为迎接北京奥运会，政府对什刹海的平房四合院全面进行综合修缮。包括四五类房屋翻挑大修和屋面整修、户厕升级、门楼修复等。房管工人入户为各家接入自来水，安装水表、电表。上下水管更新，低洼院垫高。对院落地面加以平整，全部铺装青灰色透水砖，就此解决雨天下水不畅和院内积水的难题。另一举措是实施煤改电工程，让居住于平房的居民告别了小煤炉，采用电能取暖。经过综合整修后，什刹海居民的住房条件普遍有了较大改善，院落和胡同外貌也变得更为古朴整齐。

2011年春，在南官房、银锭桥胡同、前井胡同、大翔凤胡同、小翔凤胡同及大金丝胡同、小金丝胡同等8条胡同内，有240余间平房又一次得到修缮、翻建。这次修缮邀请了古建研究所等权威单位参与设计，房屋样式参考了清末民初时期的相关史料和老照片，竣工后重现了老北京的民居风貌，影壁墙、厢房、砖雕、门墩儿等，符合老人们审美情趣的老建筑构件一一显现。很多四合院在整修后都拥有了楼房住户具有的阳台、户厕、厨房、上下水、暖气、天然气等，而平房居住者推开房门就踏上接地气庭院的便捷，却是住在高楼的人享受不到的。在进入老龄化社会的今天，家有老人的家庭当然更钟爱于住在平房四合院。

2017年后，随着北京新版城市整体规划的发布实施，市、区政府更加关注在社会不断发展进程中，如何在保护旧城城市风貌、街区胡同肌理的前提下，更好地传承历史文化传统、改善居民居住功能及空间环境。乐春坊1号院位于什刹海白米社区乐春坊胡同，原有院落生活及居住环境较差。在对白米社区传统历史风貌、人口与住房条件、基础设施环境等要素进行一系列的探索与研究后，将乐春坊1号作为试点示范院落进行设计改造，通过有效利用地上地下复式空间，完善配套设施，进行居住成套化探索，探索实现院落居住功能宁小求全、生活空间灵活多变的更新理念，创新管理模式，为不同人群提供更好的生活条件，营造和谐宜居的生活氛围。

根据传统四合院绿化美化方法，在修缮胡同四合院时，施工人员注意保护现有的古树大树，没有大树的都会补种，并建造花坛、摆放盆栽美化环境。为使城市与胡同四合院空间衔接舒缓自然，什刹海后海南沿的胡同改造中采用了“起、承、转、合”的结构方式，在古建院落分散布局的基础上，建立了一个公共空间骨架。这个空间骨架引导着人沿街道入口进入胡同，再进入大门、前庭院、雨篷、院落大堂、中心门庭，最后进入私密院落。这种做法，建立了一个从现代城市到传统四合院的空间秩序，使城市与历史的“裂痕”得以弥合。通过对街容院落的整治修缮，使什刹海的整体品位得到提升。

第三节 环湖减“闹”，提升改善环境

2017 年开始，什刹海街道以“联合执法 + 民生跟进”工作模式，在西城首次以街区形式开展整治行动，通过大规模、持续性的疏解整治工作，元代西板桥重见天日，北海公园院墙重新显露，陟山门街恢复皇家御道旧观，什刹海景区逐渐“静下来”，地区环境品质得到全面提升。

环境治理的一大内容是拆除违章建筑。经一次次“攻坚”，什刹海地区近 3 年已拆除约 3 万平方米违法建筑。2018 年初，地区启动“开墙打洞”治理，同时对地区开展了新一轮整治拆违工作，连续拆除了 4 家商户的违建近 200 平方米。地安门西大街在什刹海街道辖区属于交通旅游要道之一，人流量车流量都特别大。4 月，街道在

“街巷整治提升行动”攻坚中，在地安门西大街南北两侧拆除违法建筑31处，为景区后续环境整治打下了良好的工作基础。进入7月，伴随着吊车的阵阵轰鸣，针对什刹海酒吧街的集中整治拉开了序幕。“鸦儿渡口酒吧”“后海5号酒吧”“6.8酒吧”和“疯狂翅吧”等处酒吧的二层违建被相继拆除。也有在什刹海经营酒吧生意20多年的老商户主动拆除平台。“吉他”酒吧的老板张伟程就积极配合街道，拆除了能放七八张桌的二层平台，希望能以此减少酒吧嘈杂给周围百姓带来的苦恼。至7月，前海和后海的二层违建已经基本拆除完毕。在环境治理中，什刹海环湖减“闹”列入了环境建设的重点工作。整治中除景区统一设置的光源外，所有酒广告商、酒吧、店铺私自加装的照明设备都予拆除。造“声势”的高音喇叭不得充斥店外，整个湖区夜晚噪声降至50分贝左右。少了刺眼的霓虹灯、震耳的大音箱，什刹海从喧闹中明显“静”了下来。

未来，什刹海酒吧街商户和居民所搭违建将逐步尽数拆除。大石碑胡同33号原本是家小酒吧，经疏解腾退，变身为平价理发店，受到居民欢迎。有关管理部门表示，由于酒吧数量已近饱和，什刹海地区不再鼓励新酒吧进驻，即使有新商户加入，审批程序也会很严格。另外考虑到酒吧毕竟是舶来品，如何在酒吧街开设具有中国特色的酒肆，突出本地的文化气息和符号，也正在计议中。2019年3月，什刹海景区管理处联合城管、工商、食药监等部门开展集中整治，查违规牌匾，对虚假宣传“零容忍”。“和珅题”老北京炸酱面等牌匾都被清理；查处了前海东沿至烟袋斜街违规牌匾7处。相关负责人表示，这样的整治检查将成为常态化，不给景区乱象抬头机会，让什刹海景区真正成为老北京的一张“金名片”。

2019年4月，包括德内大街、新街口东街、鼓楼西大街和什刹海景区四大片街巷整治工作启动。一周内德内大街共整治开墙打洞

108处。对地安门外大街136号的大华商场三层和西海西沿4号的西海青花三层的违建进行拆除，面积共计180平方米。新街口东街区域内被拆除的有速8酒店、优选酒店的违建。鼓楼西片区整治组对铸钟胡同的自建房则进行了拆除和清理。进入5月，地安门西大街南侧的爱民里小区也进行了大规模的整治，整治中一举拆除私搭乱建32处，清理堆积杂物30处，清除垃圾114车，约合63吨。对地安门外大街的拆违和封堵“开墙打洞”的治理也进行得紧张有序。至2019年6月，这条街上已拆除违建21处，封堵“开墙打洞”24处，总面积超过1000平方米。整治办公室人员在小区治理的同时，征求居民意见，探索停车自治，讨论小区绿化美化方案，以提升居民生活质量，增强居民的获得感和幸福感。西煤厂胡同在拆除了10号院367平方米违建后，在空地栽种了丁香、石榴、碧桃、月季等，修建了观赏绿廊，成为居民的迷你花园。

与拆除违建同时进行的，还有清理群租房和户外堆放的报废机动车、破旧自行车和家具、杂物的活动。乱堆杂物存在着严重的安全火灾隐患，什刹海街道综治办多次开展对各处杂物的清理。爱民里小区还开展了以废旧自行车置换生活用品的活动。护国寺17号院内曾长期堆积旧木料、边角料、编织袋、轮胎、破桌椅、生活垃圾等各类杂物10多立方米，保洁人员在狭窄的过道上，站成两排长队，手递手一件件传送垃圾到清运车，历时近6个小时，终将杂物清理完毕。

在对什刹海各街区背街小巷的治理中，街道在2019年全年共拆除私搭乱建193处，达1600多平方米，清理僵尸车辆32辆、地桩地锁67处、堆物垃圾2613处，修复胡同破损面1216处，胡同新达标128条。据统计，拆违量、修复量、通过率在全区15个街道中名列前茅，达标总量居各街道之首。什刹海一些地方自“静”了下来，又“净”了下来。

第四节　亮出岸线，还湖于民

好的居住环境不能只限于门前几步，周边四处闲适幽雅也是宜居的重要条件之一。为了守护好这片城中之水、亲民之水，什刹海地区始终坚持生态优先，推进水岸共治。2011 年，进行环湖地面重铺，采用透水、防滑材料对步道进行铺装。同时，为使景观协调高雅，将 20 世纪 90 年代建成的铁制环湖栏杆更换为造型古朴、雕刻精细的汉白玉栏杆。栏杆望柱采用莲瓣石榴头样式，栏板上部为三幅云雕刻净瓶，下部为双面莲花图案浮雕。新更换的汉白玉质护栏与下面湖水、岸边古树、四外古建形成了多层次的景观体系，为湖区增添了传统文化的厚重感。2018 年，以“街乡吹哨，部门报道”的基层治理探索创新为契机，通过拆除 7 个环湖堵点，打通 6 公里环湖绿道，建成首个核心区湿地“绿肺”——西海湿地公园，实现了“亮出岸线、还湖于民”。2019 年又启动了 3.2 公里后海环湖绿道的建设，一条全长 10 公里的环湖绿道将串联起西海、后海、前海，预计行人步行一圈将近两个小时，为喧闹的都市打造出一条可赏美景又可健身的慢行步道，同时通过整饬环湖面貌，梳

西海湿地

西海湿地

理城市景观天际线，恢复古朴、宁静、整洁、有序的风貌环境，为市民提供有历史感和文化魅力的滨水开敞空间。在2020年9月的首都功能核心区控制性详细规划实施动员部署大会上，市委书记蔡奇同志高度评价了“亮出岸线，还湖于民”的相关工作，并指出什刹海环湖绿道建设得到了习近平总书记的表扬。

2018年10月，经过5个多月修建，西海湿地公园在国庆节当日开放。这处湿地公园占地10.5公顷，水域面积7.4公顷。整座公园将占用湖边的碧荷轩、西海鱼生、山海楼三处堵道的店铺打通，让周边的汇通祠等古迹融为一体，成为城区难得一见的天然湿地。湖中心有3个浮岛，最大的一座上设有人造鸟巢，引来水鸟入驻，不时飞起飞落。环湖种植了常见的荷花、睡莲，还有水葱、芦苇、千屈菜、狐尾竹、凤眼蓝、再力花、菖蒲等30余种水生植物。入夏，睡莲、荷花、水葱等都进入了盛花期。荷花有单瓣、复瓣、重瓣及重台等花型，花色有白、粉、深红、黄色或间色等变化，荷叶形状从矩圆状、椭圆状至倒卵形，均具有较好的观赏价值。千屈菜、再力花开出一簇簇紫罗兰色、蓝紫色的小花，给这片核心城区的水域带来了野外湿地的气息。岸边铺装了环湖步道，5处凸出于水面的地方设观景平台，连接着近500米长的临水栈道，让游人可与水亲密接触。水边栽种垂柳、山桃、海棠、油松等乔灌木700余株，随处有座椅、凉亭供游人休息。西海湿地公园先后吸引了绿头鸭、鸳鸯、白头翁等多种鸟类前来栖息。2019年11月，4只黑天鹅也降临公园水域，游弋觅食，吸引来不少游客和附近居民观赏、拍照。

结　语

“名园古刹、市井住宅，沿湖共借水景，古木参天，绿树成荫，成为都中第一绝处。”清代《日下旧闻考》中对什刹海有着如此描述。

作为北京城的起点、京杭大运河的终点，什刹海在古都建设和发展的历史上具有不可替代的地位。三海相连的什刹海，有着开阔的开放水域。沿湖岸周边胡同，高低错落建有众多的王府、寺庙，排列着名街、四合院，还有由水域而生、古朴雅致的地貌风情、民俗娱乐，更有传统又具现代时尚的商业及饮食业的繁荣，这些都是什刹海文化特色的组成部分，并使这里的文化特色更为浓郁。

经历了几百年的演变，什刹海历史文化保护区以其独特的物质形态和非物质形态直接记录了北京城的演变和京师风云中的若干重要历史事件。浓郁的民俗民风承载着北京地方文化的典型特征，旧城之内难得的一片天然开敞水面，展现了作为中国最美城区之一的独特的文化景观价值。

从 20 世纪 50 年代开始至今，政府一直对什刹海地区的历史风貌、文化传统与生态环境高度重视，从未停止过保护性的整治与建设，让这颗北京城中耀眼的明珠永远璀璨。最新的北京城市总体规划修编中明确提出，要把旧城的“整体保护”作为历史文化名城保护的重要原则，不断完善城市历史文化资源和自然景观资源的保护体系。作为北京旧城整体保护核心框架的典型性地区、首都核心区的重要组成部分和老城文化保护利用的关键地区，什刹海街道定位为“中华历史文化内涵和文脉传承的展示胜地，传统居住空间形态下和谐宜居的美丽家园，中央政务功能核心承载区”。为落实“政务环境优良、文化魅力彰显和人居环境一流”的首都功能核心区定位，满足人民群众对美好生活向往的新期待，什刹海街道深入推动北京城市总体规划在地区布局落子，探索出一条老城疏解整治提升、人居环境改善、街区有机更新与历史文脉保护有机结合的治理模式。

在未来的保护与发展中，什刹海地区将依托其深厚的历史人文积淀和优良的生态环境，不断探索社区发展和城市文化更新、老城的整体保护和复兴，使特色历史文化街区重现风采，为首都的整体发展做出有益的尝试。相信不久的将来，什刹海将发展成为世界遗产的核心、国际交往的窗口、老城复兴的标杆、美好生活的典范。

让历史文化与自然生态永续利用，与现代化建设交相辉映。

后　　记

在迎接建党100周年和“十四五”开局之际，由西城区政协组织西城区各街道办事处编写了《西城区街巷胡同文化丛书》，丛书深入挖掘街巷胡同历史文化资源，展现老城街区和胡同的新变化新面貌，对于推动保护和恢复胡同肌理，促进街巷胡同的资源利用和地区发展建设有着积极的历史和现实意义。

本书得到了什刹海研究会的大力支持与协助，由北京市作家协会会员、什刹海研究会理事于永昌执笔撰写。于永昌多年来潜心研究北京传统文化，占有史料丰富，写作严谨细致，曾出版了多部有关什刹海的文史书籍。经筹划、确定书稿内容方案后，什刹海研究会多次组织专家学者对书稿进行研讨，从历史文化等各方面提出了很多修改的意见、建议。什刹海街道的领导对书稿更是重视，几次从街巷胡同规划和治理等方面提出修改意见，使书稿内容更为翔实全面。本书虽几易其稿，仍会有错漏之处，还望读者多加批评指正。

图书在版编目(CIP)数据

水秀一方：什刹海街道街巷胡同史话／政协北京市西城区委员会,《西城区街巷胡同文化丛书》编委会编. -- 北京：中国文史出版社, 2021.7
(西城区街巷胡同文化丛书. 第二辑)
ISBN 978-7-5205-2948-8

Ⅰ. ①水… Ⅱ. ①政… ②西… Ⅲ. ①胡同-介绍-西城区 Ⅳ. ①K921.3

中国版本图书馆 CIP 数据核字(2021)第 081160 号

特约编辑：曾小丹
责任编辑：牟国煜　薛未未

出版发行：**中国文史出版社**
社　　址：北京市海淀区西八里庄路 69 号院　邮编：100142
电　　话：010-81136606　81136602　81136603（发行部）
传　　真：010-81136655
印　　装：北京新华印刷有限公司
经　　销：全国新华书店
开　　本：720×1020　1/16
印　　张：17.75　　彩插：2
字　　数：222 千字
版　　次：2021 年 7 月第 1 版
印　　次：2021 年 7 月第 1 次印刷
定　　价：228.00 元（全 4 册）

西城區街巷胡同

西城区街巷胡同文化丛书（第二辑）

坊间览胜

白纸坊街道街巷胡同史话

政协北京市西城区委员会
《西城区街巷胡同文化丛书》编委会 编

中国文史出版社

白纸坊街道辖区要览
枣林前街
南横西街
菜市口大街
广安门南街
右安门西街
右安门东街
右安门内大街
白纸坊西街
白纸坊东街
白纸坊街
里仁街
半步桥街
南菜园街
菜园街
盆儿胡同
白广路
樱桃二条
樱桃三条
崇效胡同
白纸坊胡同
南运巷
通河巷
新安南里二巷
右安门内西街
北京市人民政府中轩办公区
国家税务总局第二办公区
崇效寺藏经阁
北京市第六十六中学
坊间书阁
北京市回民医院
北京市西城区白纸坊街道办事处
白纸坊街道纸文化博物馆
中国地图出版集团
北京一六一中学
中国邮政集团公司邮票印制局
万寿公园
百步苑
北京市西城区妇幼保健院
北京市第十五中学（初中部）
白纸坊街道冰雪体验中心
北京印钞有限公司
白纸坊街道党群服务中心政务服务中心
北京市西城区人大北京市西城区政协
国家应急管理部
北京红楼文化艺术博物馆
古陶文明博物馆
北京大观园
北京市第一建筑工程公司
北京市徐悲鸿中学
光源里社区
经济日报报业集团
北京市宣师一附小
北京市三教寺幼儿园
清芷园社区
北京市西城区法院南区
北京市王府井百货（右安门店）
北京市监狱管理局
白纸坊街道辖区要览

《西城区街巷胡同文化丛书》
征编出版说明

西城区作为北京三千多年的建城地和八百多年的建都地，拥有众多古老的街巷故同和丰富的历史文化资源，是皇城文化、士子文化、民俗文化、宗教文化等各种文化共存的区域。西四北一至八条至今基本保留了元大都建城时的规制，胡同中的四合院也大都具有明清的风格。随着城市建设的发展，为了满足市政道路改造及公用设施建设需要，一些胡同被拆除，建起了楼群，组成连片的居民区，形成了新的街巷。一些胡同被合并，原有的名称消失。街巷胡同不仅是城市脉络、交通道路，也是人们世代生息之所。为了满足各种需要，街巷胡同不会永远不变，所以记录街巷胡同、留存珍贵的历史成为一件十分重要和迫切的事情。我们既要保护好古都风貌，也要利用好古都资源，传播传统文化，传承历史文脉，讲述好西城自己的故事。

2019 年既是中华人民共和国成立 70 周年，也是人民政协成立 70 周年，我们深感有责任也有义务对西城区的街巷胡同进行全面梳理，深刻挖掘每个街巷胡同的文化底蕴，呈现西城区街巷胡同的历史沿革、发展变迁的脉络及中华人民共和国成立以来展现的新面貌。

西城区行政区划内共设 15 个街道办事处，办事处辖区街巷胡同各具特色、历史悠久、底蕴深厚，如璀璨的明珠闪耀西城。《西城区街巷胡同文化丛书》以一街道一分册的形式呈现，记录辖区内街巷胡同中的院落格局、王公府第、单位机构、市井百业、今昔人物、今日呈现等，将街巷胡同历史脉络、当下风貌和文化特色进行梳理挖掘。这是2010年原西城区和宣武区合并后，首次从建筑、人文等方面全方位立体式地对街巷胡同进行详细调研，以丛书的形式编辑出版，既是对过去和现有街巷胡同文化资源的挖掘、研究，也期望能对未来街巷胡同资源的开发和利用提供借鉴。

本书的编写充分发挥了西城区政协委员的作用，由区政协学习指导和文史资料委员会牵头策划组织，各街道政协委员联组具体承办。区政协和各街道政协委员联组的同志以及聘请的专家学者进行了大量实地调研，跑遍了西城区的大街小巷，参阅了以往的街巷胡同史志记载，寻找和听取一些老居民或其他亲历、亲见、亲闻者的口述，与档案资料对比核实，详细整理，倾注了很多心血。丛书以图文并茂的形式，向读者展示了西城区街巷胡同的往昔神韵、现今风貌和深厚的历史文化内涵。希望发挥区政协文史工作“存史、资政、团结、育人”的功能，服务首都“四个中心”建设。

政协北京市西城区委员会

2019年10月

目　录

前　言

一纸素笺，七彩华章。

白纸坊地区深厚的历史文化积淀，将在本书中徐徐展现。

“白纸坊”不是一条街，也不是一条胡同，而是方圆十几里的一个地域。它位于北京市西城区西南部，东起自新路、育新街与陶然亭街道相邻，西至西护城河与广外街道和丰台区相连，北至南横西街、枣林前街与牛街街道交界，南至南护城河与丰台区接壤。

白纸坊地区曾是辽、金两代的都城——辽南京和金中都城的核心区域，得名缘于元代设立的造纸官署——白纸坊。该机构负责专门制造皇帝颁布诏书所用的纸张，官署位置大致应在今天白纸坊胡同、造纸胡同一带。又因此后老北京城的手工造纸作坊集聚于此而得以延续。《日下旧闻考》称：“白纸坊居民今尚以造纸为业，此坊所由名也。”

白纸坊的造纸作坊，历经元、明、清、民国，一直到解放前夕。鼎盛时期，大大小小的手工造纸作坊星罗棋布，随处可见。当时市场上所售的豆儿纸，多为白纸坊的手工业品。因此这里还有一座祖师庙，供奉着中国历史上改进了造纸术的蔡伦。

影响白纸坊地区的，不单单有造纸作坊。明永乐年间设立的嘉蔬署，“掌苑地内莳艺瓜菜，以供上用”，这也形成了旧时白纸坊地区盛产时蔬水果的“传统”，辖区内现存的“南菜园”“官菜园”“樱桃二条”等地名，便是明证。随着时代的发展，晚清至民国时期，此处又建立了印制局，成立中国历史上具有工业化意义的第一座官办印钞厂——北京印钞有限公司，并一直存在至今。

白纸坊最有名气的地名，当然首选白纸坊胡同。它曾名纸房胡同，来源于元代礼部的官署名和造纸作坊名，附近居民自元代以来主要以造纸为业，周边自然形成了以“白纸坊”为名的胡同群。

地理产生人文。

“纸户”“菜户”等劳动人民聚居的地方，衍生出广为流传的民俗文化，就不足为奇了。

过去，白纸坊地区坐落着众多的庵观寺院，有崇效寺、三教寺、万寿西宫、万寿东宫。其中，崇效寺最早可以追溯到唐代，三教寺、万寿东宫和万寿西宫都可以追溯到明代。

而庙会活动往往是一年之中最为重要的集会活动。除却祭祀，这种集会活动也带有丰富的娱乐性。正是庙会活动将富有民间特色的表演汇聚一堂，形成了“幡鼓齐动十三档”的民间走会表演传统。十三档表演各具特色，各不相同，每一种形式都有其背后独特的文化内涵，也都承载着一段特定的历史记忆。

白纸坊地区有一句俗语：“白纸坊，两头翘，狮子挎鼓莲花落。”说的就是三档花会。狮子，即白纸坊太狮。挎鼓，即白纸坊挎鼓。而莲花落，则是一种由来已久的曲艺形式，在白纸坊地区表现为“什不闲”“莲花落”的形式。

白纸坊物华天宝，人杰地灵，承载着老北京的民俗风情。进入新时代，更有了变化发展。例如，我们耳熟能详的四大名著之一《红楼梦》就与白纸坊地区结下了不解之缘。坐落在白纸坊街道南菜园街的北京大观园，作为“北京十六景”之一而名扬四海。

从三千年前燕国先人们筚路蓝缕，来到幽燕地区开拓家园，在此地打下第一根桩木，到今日车水马龙、人烟稠密的繁荣都市区，历经了数十乃至上百代人的努力，发展成了今日的面貌。

沧海桑田，世事变迁。现如今，白纸坊这一方圆十几里的地域中已经遍布机关、学校、居民区，高楼林立，笔直的道路纵横交错，与之前的景况相比早已是“旧貌新颜，换了人间”。虽然历史早已远去，但是其深厚的历史文化积淀，却惠及后人。

本书希望以街巷胡同为链条，串联起独属于白纸坊的厚重文化，并以此反映新时代北京城所独具的古都文化、京味文化、创新文化、红色文化、胡同文化，通过追思过往，坚定前行的初心，砥砺前行的信念！

概述：白纸坊地区历史与街巷胡同文化探源

第一节　街道概况

（一）白纸坊地区导览

白纸坊地区拥有着深厚的历史文化积淀，自元代建都北京以来，生活在此处的白纸坊人创造了属于自己的区域特质，书写了自己的人生故事。

白纸坊，因元代设立的造纸官署（“白纸坊”即为礼部下设之官署名称）而得名，又因此后老北京城的手工造纸作坊大多集中于此而得以延续。但历史上的白纸坊地区不单单汇聚了造纸作坊，举例来说，清代就在此地设立过火药局，管理严格，有专门的官员进行监造、储存、管理和运输，是国家制造火药的基地。随着时代的发展，晚清至民国时期，此处又建立了印制局，成立中国历史上具有工业化意义的第一座官办印钞厂——北京印钞有限公司，并一直存在至今。

据生活在白纸坊地区的老人们追忆，解放前夕的白纸坊是北京南城中比较偏僻的地方，除了在此生活的居民之外，鲜有人来往。当时，这里分布着许多坟地、菜园子和臭水坑，当然，还有几十家造纸作坊，规模都不大，多是一家一户，又无字无号，以姓氏为记。大大小小几十个淘洗造纸原料的“麻井”和排解污水的“麻坑”，触目成“污”。菜园的田垄上，直立着一道道晒纸的“纸墙道”，天气晴朗的时候总是可以看见造纸工人们推着小车把抄好的纸坯子运到此处，用毛刷子将纸一张张地贴在晒纸墙上，等候自然风干。解放后，这里也曾存在过一定规模的造纸厂。

沧海桑田，世事变迁。现如今，白纸坊这一方圆十几里的地域中已经遍布机关、学校、居民区，高楼林立，笔直的道路纵横交错，与之前的景况相比早已是“旧貌新颜，换了人间”。

白纸坊街道现今是北京市西城区下辖的 15 个街道之一，位于北京城内城的西南一角。辖区面积共有 3.1 平方公里，相当于 15.5 个鸟巢体育场的面积。辖区范围东起菜市口南大街，与陶然亭街道为邻；西至西护城河，与广外街道和丰台区交界；南至南护城河，与丰台区相望；北至南横西街、枣林前街，与牛街街道接壤。辖区主要大街共有 12 条，社区 19 个。街道内的居民由汉族、回族、满族、蒙古族、藏族、维吾尔族、苗族、彝族、白族、土家族、壮族、布依族、朝鲜族、侗族、畲族、达斡尔族、锡伯族、俄罗斯族等 18 个民族组成，极具民族特色。

坊间政务办公区域明确，职能清晰，大体可分为中环市政府办公区、西城区人大政协办公区和白纸坊街道办事处。2006 年 4 月，位于樱桃二条 8 号院的街道新办公楼正式投入使用，楼里的政务大厅和社保大厅共设有窗口 22 个，提供保障性住房、义务教育、计划生育、社会保险、就业创业、社会救助、防灾减灾、城市管理综合行政执法等多项政府公开信息，为辖区居民办事提供了许多方便。除此之外，辖区内部还存在许多其他政府机关、行政单位、公检法机构、公用事业单位、福利机构和社会、党派团体所建立的协会。

据统计，现今辖区内共有企事业单位 1719 个，从业人员 40017 人。其中，中央单位 54 个，市属单位 97 个，区属单位 146 个，街属及其他单位1422个[①]，其中包含着一批与造纸印刷有关的著名企业，如北京印钞厂、经济日报社、北京邮票印制局、中国地图出版社等。辖区内共有大中小学校15所，幼儿园4所，医院6所，公共卫生、教育、服务等各个方面均衡发展，社会事业稳步推进。其中比较有特色的医院是北京市回民医院，该医院始建于1947年，是全国建立最早的民族医院之一，自1953年8月迁至右安门内大街11号新址，日益成为北京市唯一一所具有民族特色的综合性医院。

（二）白纸坊街道历史沿革

北京城内以“坊”命名的地区，保留至今的共有两处。这两个地方都位于西城区，一是白纸坊街道，一是金融街街道辖区内的金城坊（锦什坊）。但是，作为沿袭古代行政单位名称、居住单位名称、特色地域名称，并以之命名的，仅有白纸坊街道。

1. 地图上的“白纸坊”

今天的白纸坊街道辖区，包括明代“白纸坊”的大部和“宣南坊”的西南部。明万历至崇祯年间（1573—1644）北京城地图显示，白纸坊北边以广宁门大街（现广安门内大街）和菜市大街为界，接宣北坊；东边以教子胡同和礼拜寺街南街（现右安门内大街）为界，接宣南坊；西侧和南侧以城墙为界。地图上标注出此时白纸坊境内有三官庙、枣林儿（今枣林前街）、崇效寺、纸房胡同（位于崇效寺正南，今白纸坊胡同）等地名，“宣南坊”境内有盆儿胡同、关帝庙（今万寿公园）、宏仁万寿宫、玉皇庙、火神庙、火焰营等，余下的地方则为大片空地。其中，按地图地理位置考之，明朝时的盆儿胡同南到玉皇庙与今天现存的胡同基本在同一位置。

清乾隆十五年（1750）北京城地图显示，白纸坊街道位于外城的

① 资料数据来源于西城区白纸坊街道办事处。

"西城"境内。历史总是惊人的相似，白纸坊街道现隶属西城区。当时，菜园街和南菜园街已经形成，但地图上未标注路名（其南侧向西偏，似应为便民的田间小路，今道路已取直）。枣林儿更名为枣林街。今南横西街西侧为圣安寺街，东侧为西横街。盆儿胡同则贯通南北，北起西横街，南达城墙，成为一条南北大道。玉皇庙的位置变更为龙泉寺，寺东南侧为校场。辖区东部新出现了大穿店、官菜园街等地名。

清宣统年间（1909—1911）北京城地图显示，白纸坊街道位于"外右四区"境内。从地图上看，今天白纸坊的街巷格局已经大致成形了。枣林街更名为枣林前街。原圣安寺街消失，与西横街共同变更为南横街。原纸房胡同变更为白纸坊胡同。官菜园街变更为官菜园上街，此地名由"棺材尚家胡同"变迁而来（其地北侧不远为菜市口刑场）。南菜园、南北樱桃园、右安门后身、里仁街、郭家井、姚家井、万寿西宫、双槐树、大川淀、小川淀等地名均在地图上出现。今天的白纸坊东街区域在地图上被标注为"白纸坊"，其南侧大片区域标注为"度支部印刷局"。姚家井南侧标注为"模范监狱"。原龙泉寺变更为三教寺。从道观（玉皇庙）、寺庙（龙泉寺）到三教寺名称的改变，这块风水宝地见证了儒释道文化在民间融合的过程。

民国三十六年（1947）北平市地图显示，白纸坊街道位于"外四区"境内。原白纸坊的名称变更为白纸坊街，此时应是受到地名标准化和完善化的影响。区域内新标注了枣林后街、安家庄、陈家胡同（今崇效胡同）、牛街南口外（枣林前街夹道，简称"枣林夹道"）、半步桥、东马道、毛家胡同（东西向的半步桥街）等地名。白纸坊胡同两侧出现了中和里（今中禾巷）、中孚里（今中福巷）等地名。度支部印刷局变更为中央印制厂北平厂。原模范监狱变更为第一监狱，而官菜园上街南侧则标注为自新路，其得名应和监狱有关。当年的自新路大致北至平渊里，南接监狱东侧路。今天的自新路仅保留了中部的一小段。

2. 历史上白纸坊地区的建置沿革

西周初年，周武王封黄帝之后（一说帝尧之后）于蓟，这个“蓟”正是北京城最早的发源地和最初的名称，距今已有3000余年的历史，其址位于今广安门一带。

经过历史的发展，这里数度繁华，曾是辽、金两代的都城——辽南京和金中都城的核心区域。历史资料显示，辽南京的规制基本承自唐幽州，肇始于三国曹魏时期。其大致位置为：城北在白云观北侧至受水胡同一线，城东在法源寺以东烂缦胡同南北一线，城南在姚家井以北里仁街一线，城西在白云观西土城台向南、莲花河以东一线。后来，城北部略有变化，因与白纸坊无关，此处不再赘述。由此可见，今天白纸坊街道辖区大部位于辽南京城内，自西晋至辽，达千年之久，虽然古城早已淹没在历史长河之中，但其文化之脉，至今依然延续。

金中都在辽南京城基础上，分别扩展了西、南、东三面，但扩展的距离并不均等。据今人估算，东面扩展了一里多，而另两面扩展了三里至四里有余。至此，白纸坊街道就全部位于金中都城内，部分区域还位于宫城之内。元人所谓的旧城，即指位于元大都城西南的金中都。

朝代更迭，金中都毁于战火之中，元人就在旧城的东北方向建造了新的元大都城，虽然中都旧城与元大都城并存了相当长的时间，但毕竟被遗弃于大都西南郊野，原来城貌渐遭破坏，而此时白纸坊辖区始置于都城之外。

元代时，元世祖在礼部之下设立了一个级别只有从八品的机构——白纸坊，专门负责制造皇帝颁布诏书所用的纸张。其名虽与表示街区的显忠坊、奉先坊一样称之为“坊”，但是此“坊”非彼“坊”，完全不是一个性质。此时，白纸坊位于已被金末战争毁坏的中都旧城之内，其官署位置大致应在今天白纸坊胡同、造纸胡同一带。同时，此地也是官署的造纸作坊所在地。白纸坊的造纸作坊，经历了明、清、民国，一直到解放前夕。其鼎盛时期，大大小小的手工造纸作坊星罗棋布，随处可见。这里的居民大多都以造纸为生，当时市场上所售的豆儿纸，多为白纸坊的手工业品。因此这里还有一座祖师庙，虽然白纸坊的祖师庙在旧北京城众多庙宇中名不见经传，但这庙里却供奉着中国历史上改进了造纸术的蔡伦。

说起来，除了元代设置的“白纸坊”机构，对白纸坊地区地名的发展和建置沿革带来较大影响的，还有一个官署机构，它就是成立于明永乐五年（1407）的嘉蔬署。明朝的永乐皇帝朱棣在北京城新成立了一个官方机构，叫上林苑监，下设蕃育、良牧、嘉蔬、林衡、川衡、冰鉴、典察左、典察右、典察前、典察后等十署。同时，皇帝还命户部从山西平阳和山东青州等府移民五千户，隶属上林苑监管辖，专为皇家牧养栽种。一声令下，数万民夫拖家带口，背井离乡，吃上了皇粮，成为明朝初年的“新北京人”。

元末以来，以北京为代表的北方地区，连年征战，人口凋敝，经济发展滞后。明朝初年，皇家迁移大量山西、山东移民充实京畿，为后来的仁宣之治（永宣盛世）打下了基础。上林苑监移民事件，只是明初大移民的一个缩影。

到了宣德十年（1435），皇家进行机构改革，精简上林苑监，只保留了蕃育、良牧、嘉蔬、林衡四个官署，裁撤合并了其他机构。蕃育署在大兴区采育镇，良牧署在顺义区西北，嘉蔬署在清胜寺，林衡署在石景山区衙门口。《明史·职官志三》上林苑监·嘉蔬署条目下注释，“典莳艺瓜菜，皆计其町畦、树植之数，而以时苞进焉”，就是负责宫廷蔬菜瓜果的种植与供应。

嘉蔬署的具体位置，在今丰台区菜户营，也有说位于白纸坊南菜园街一带的。据清代中期成书的《日下旧闻考》记载，右安门外中顶西十步有九连慈荫寺，寺建于明崇祯十五年（1642），“寺基旧属嘉蔬署”。《京师五城坊巷胡同集》称，此地属“官园菜户营”。《京师坊巷志稿》说官菜园上街“迤南二里许近城根曰姚家坑，与西城界。井水清洌，曰姚家井。……街西里许曰大明园，又西曰官园，皆明时蔬圃也”。其实，明代的官菜园除白纸坊外，还包括外城的西南隅及广安门外一带。我们暂且不论嘉蔬署的官署具体曾经位于何处，但它对白纸坊街道的历史变迁及地名发展，带来了巨大的影响，的确是毋庸置疑的。

白纸坊辖区内的“南菜园”“官菜园”等地名，均应是明代官菜园的遗存。嘉靖年间修建外城之前，这里与菜户营等官菜园地是连成一大片的。白纸坊街道辖区和广外街道一部，及丰台区菜户营、鹅凤营等地，在明朝时均归属嘉蔬署管辖。外城修筑之后亦是如此。

那时候，皇家冬天就能吃上香椿芽、黄瓜等新鲜菜蔬，菜户们可是功不可没。从前流行的一句口头禅“韭菜长吃，黄瓜老吃，一年到头吃饺子”道出了菜农的辛酸。这乍一听好像日子过得还不错，实则不然。这是这句民间俗语利用了一个谐音，本意是说，韭菜长长了才吃，黄瓜长老了才吃，一年只有过到了头，也就是过年的时候，才能吃顿饺子。再看今天，蔬菜水果便民商超里的大棚菜，飞入寻常百姓家，也不过仅仅是近二三十年间的光景。直到20世纪90年代，一到入秋，家家户户囤大白菜，还是首都市民必须操持的一件大事。当年，确保大白菜的充足供应，还是北京市政府“菜篮子工程”的重要组成部分。如今，一年四季的南北方果蔬随时选购，敞开了供应。回头来看，国家经济发展如此之快，让经历了时代变迁者恍如隔世。

第二节　白纸坊地区胡同概述

（一）城南造纸集散地

白纸坊，因纸而兴，因纸而名。

白纸坊最有名气的地名，当然首选白纸坊胡同。它曾名纸房胡同，来源于元代礼部的官署名和造纸作坊名，附近居民自元代以来主要以造纸为业，周边自然形成了以“白纸坊”为名的胡同群。《日下旧闻考》称：“白纸坊居民今尚以造纸为业，此坊所由名也。”

白纸坊胡同西边原来还有一条造纸胡同，隔白纸坊西路与白纸坊街南北相望。日本人多田贞一在1944年出版的《北京地名志》中写道："白纸坊，在外城财政部印刷局的正北侧。明《胡同集》（此处指明张爵的《京师五城坊巷胡同集》）也有白纸坊之名，乃据元旧称。今天，该地居民还是有半数以上以手工制纸为业。北京市内的所谓豆儿纸，就是此地产的。又，西南有黑纸坊。广渠门内残留有抄纸坊的地名。"这是日本人在侵华占领北平（北京）期间，追溯地名产生的文化历史，同时记录了该地在民国时期的经济活动。

在白纸坊胡同东侧，还有并排的两条小巷，一条是中福巷，一条是中禾巷。原来，解放前有朱中孚、朱中和兄弟二人，在菜市口经营中鼎和酱菜园，在此处买地建宅，形成两条胡同，取名为中孚里、中和里。当初均为死胡同，20世纪30年代末期，将东口打通。1965年改为中孚巷、中和巷。1981年改现名。

解放前，崇效寺前尚有几家造纸小作坊，每逢农历三月十七日蔡伦诞辰，纸坊工人就聚集在祖师庙内举行庆典活动，香火鼎盛，热闹非凡。祖师庙位于造纸胡同内，为当时造纸公会所在地。到了20世纪60年代，这个地方还有晒豆儿纸的小手工作坊，位于胡同南侧的白纸坊东西大街，是解放后修建的。《北京市宣武区地名志》显示，1958年曾一度称这条街为白纸坊东路、白纸坊西路，如今是白纸坊街道重要的东西主干道。

（二）古城古街古胡同

俗话说，老北京城"内九外七皇城四"。说的就是老北京的城门布局。右安门，就属于外城七门之一，建成于明嘉靖年间，是唯一一座坐落于白纸坊辖区的老城门。抗战时期，右安门被拆除。解放前由于战乱，此地十分荒凉。

右安门内大街，是明代白纸坊与宣南坊的分界线，在礼拜寺街南部，直达城门，清代称右安门大街。20 世纪 30 年代，更名为右安门内大街。1966 年因北通牛街，一度改称民族团结路。

右安门西街，原是右安门西城根，右安门外沿城墙外侧与护城河之间的一条土路。1949 年后拆除城墙，形成街巷。1965 年定名右安门西城根。1988 年拓宽后（城门西侧遗留的一段约 50 米的旧城墙，1987 年因城市建设需要拆除），改称右安门西街。右安胡同，清末称右安门后身，小巷狭窄，两旁是民房。加上周边的右安东里、右安西里、右安门东街、右安后巷等，形成右安门街巷胡同群。

盆儿胡同，北起南横西街，南至白纸坊东街，长 512 米。胡同源于明代，属宣南坊，是白纸坊街道辖区内的一条古老街巷。清乾隆年间曾向南拓展，延伸至南城墙。胡同在清末成形。因当地居民以烧制瓷盆为生而得名，名称一直沿用至今。胡同北侧有岳云别墅，是清末管学大臣张百熙祠堂。五四运动期间，李大钊等革命先辈曾在此发起并成立少年中国学会，并召开学会成立一周年年会，许多革命者曾在此开展革命工作。抗战期间，这里曾为侵华日军警备司令部，许多被捕的中共党员和爱国人士，在这里遭受迫害和摧残。解放前后，改为京华美术专科学校。原胡同内曾有鄞县西馆，为举子应试居息之所。现胡同东侧有北京十五中春明校区和喀什驻京办。

双槐树胡同，在南横西街南侧，盆儿胡同西侧，万寿里北侧，呈南北走向。分别与双槐树头条、双槐树二条相交。东侧是双槐里小区，清朝末年，因此地有两棵较大的槐树而得名。1965 年，整顿街巷名称时，将此地分别命名为双槐树胡同、双槐树头条、双槐树二条、双槐里、双槐里一巷、双槐里二巷。20 世纪 90 年代初期，此地尚存一棵古槐。

万寿西宫，在宏仁万寿宫（俗称万寿东宫）的西面，又称“护国关帝庙”，建于明万历年间。宏仁万寿宫，明万历四十三年（1615）建，有文昌殿，内祀诸葛亮、文天祥，后殿祀雷神，毁于 18 世纪中叶。其塑像曾移至盆儿胡同玉皇庙内。解放前，此地多为臭水沟、苇塘、菜田，较为荒凉，其西北角附近（原北京卫生学校）曾为晒粪厂，南侧为黄土贩卖场。抗战时期，侵华日军警备司令部曾设于此。解放后，逐年整治，大力植树，后辟为街心公园，取名“万寿公园”。

大、小川淀胡同。清乾隆年间得名大穿店，清末形成大川淀和小川淀胡同群落。历史上，这一带北高南低，整体地势低洼，水塘遍布。大川淀在西，呈东北—西南走向，北起南横西街，西至盆儿胡同；小川淀在东，呈西北—东南走向，北起南横西街，东到自新路。在地图上，呈现北窄南阔的喇叭口形状。1937 年后，侵华日军在此设立很多“白面房”，专门出售毒品，卖给市民，以此毒害国人，牟取暴利。周围大川淀一至五巷、小川巷等胡同名，均由此派生。现胡同区域为平原里北区、平原里小区等住宅小区和北京十五中春明校区。

（三）枣花渐欲迷人眼

在白纸坊西北部，外城西南角，曾经有一片弥漫着枣花香的浪漫区域。

这里明代始称“枣林儿”。“枣林儿”名称的由来，与其南侧建于唐贞元五年的古刹——崇效寺有关。明末清初周篔的《析津日记》记载：“嘉靖辛亥（1551）掌丁字库内官监太监李朗于崇效寺中央建藏经阁，阁东北有台，台后有僧塔三，环植枣树千株。”《京师五城坊巷胡同集》说：“白纸坊，五牌二十一铺，在新城广宁门、右安门西南角，有‘枣林儿’。”

到了清代，崇效寺北部的成片枣林，每到春暖花开，枣花弥漫，游人如织。崇效寺就被老百姓俗称为“枣花寺”。当时，到寺中观赏枣花成为京城时尚。枣林儿也由此得名枣林街。《京师坊巷志稿》称：“枣林街，东距牛街半里许，井三。西有三官庙，井五。”可见这条道路已经具有相当的规模，与今天的枣林前街基本吻合。最晚在清末（见清宣统年间北京城地图），因与南侧街道区分，枣林街改称枣林前街，南侧街道改称为枣林后街。

枣林后街12号是民国初年印刷局工人成立的工务急进会旧址，会员300余人，占全局员工的3/4。它是该局的第一个工人团体组织。这两条街道与周边的枣林夹道、枣林斜街、枣林后街、枣林北里、枣林西里、枣林二巷、枣林三巷等胡同一起构成了浪漫的枣林群落。当年的千株枣树早已不见，今天仅余的地名，依旧述说着往昔的乡愁与思念。

（四）樱桃园里说丰年

清朝末年，在白纸坊北部，北至枣林前街，南到白纸坊西街，东起右安门内大街，西临白纸坊胡同，形成了一大片樱桃园。每到春季，樱花烂漫，落英缤纷，与西边的枣林相映成趣。

樱桃园分为北樱桃园和南樱桃园两部分。新安北里、中里和南里，原为荒地，统称南樱桃园。到了民国年间，樱桃园继续向南拓展至中央印刷厂北平厂的北墙外。在大片樱桃树区域内，散落着一些民居和菜地。附近的樱桃西里、樱桃东里、樱桃头条、樱桃二条、樱桃三条等街巷胡同，均由此派生。

白纸坊街道就位于街东侧的樱桃二条。樱桃头条以西的白广路东里，民国期间为庐凤义园（即庐江、凤阳义地）。白纸坊小学东侧为白广路西里。

修建于1954年的白广路，原是一条无名土路，因北起广安门内大街，南至白纸坊西街而得名，其南段位于白纸坊街道辖区。修建之初，南侧多为菜园、义地，荒冢累累，后陆续迁出。路初名崇效寺街，因路西名刹崇效寺而得名，1965年整顿街巷名称时改现名。曾被评为“北京市环境优美街”。今天的白广路并不宽，双向两车道，因为是居民区的缘故，红绿灯很密集，不是上下班高峰期时车和行人并不多，显得十分幽静。

樱桃林虽然早已不在了，但地名却忠实地记录下了100多年前，这里的年轻与浪漫。

（五）菜园建起大观园

菜园街，南起白纸坊西街，北至枣林前街，继续向南是南菜园街。菜园街原是南线阁、南菜园街的一部分，后在1965年分段命名。

解放前这里的大片区域为菜地、荒地、坟地。菜园西里30号附近有万人坑，曾名“万泽园”，民国时废止。这里是菜市口行刑犯人的停尸地，有主的尸身领走，无主的就地掩埋。菜园东里疑即当年的安家庄，据说有安魂之意。附近还有菜园南里。

解放后，南菜园东南角辟为苗圃。1980年，原宣武区政府在此建南菜园公园；1982年11月17日，公园内儿童体育场正式对外开放；1984年，区里决定在南菜园公园建北京大观园，1988年完工。大观园既有北方园林建筑的风格，又有南方古典园林的特色，被评为“北京十六景”和“首都八十年代十大建筑”之一。

半步桥的得名也和菜园有关。半步桥应形成于民国年间，因其地原有一短小石板桥而得名。半步桥一带多沟渠、菜地，为方便灌溉，菜农们在沟渠上架一石板，当桥使用，因其短小，故称“半步桥”，后遂成地名，叫半步桥街。桥的位置，当在白纸坊东街16号楼群后的小白楼附近。1949年后，因这里位于里仁街东西两侧，又改称里仁街。1965年，更名为半步桥街，并将附近的毛家胡同并入。毛家胡同形成于民国期间，当是今天里仁街南侧、与其平行的半步桥街。今天该地区大部分为光源里棚户区改造工程。

半步桥街北起白纸坊东街，南至南护城河北岸的右安门东街。半步桥街东北侧有派生的半步桥胡同，自白纸坊东街向南，再折向西，最后与半步桥街会合。

在半步桥附近，还有一条有名的街道——里仁街。它位于白纸坊东街南侧，与白纸坊东街平行，东为菜市口大街，西为右安门内大街。据考证，其东西一线大致为辽南京的南城墙所在位置。在清末地图上，里仁街原来为南北走向，东侧是郭家井，井水以甘甜著称。里仁街8号，1949年前曾是四明会馆，浙江宁波人来北京开设药行，居住在这里。1965年，郭家井并入里仁街。1981年，曾更名为里人街。这里曾是中国戏曲学院的旧址。

（六）宏建建功光源里

中华人民共和国成立后，白纸坊地区掀起了红红火火的大生产、大建设运动。一批新的建筑群拔地而起，一批新的地名应运而生。宏建北里、宏建南里、信建里、光源里、建功里、滨河里、迎春里、清芷园等小区名，均为中华人民共和国成立后陆续出现的职工家属区。这些地名记录了新中国的发展轨迹。

光源里，位于白纸坊东街以南、右安门内大街以东、里仁街以北、半步桥胡同以西。20世纪50年代初，北京市供电局在此兴建大量的职工宿舍，并设立街巷管理机构。为了歌颂新中国、歌颂党和政府为人民带来的光明和温暖，将此地统一命名为“光源里”，喻示广大电业职工决心为祖国送电发光之意。

宏建北里、宏建南里和信建里为北京市邮电局职工宿舍，宏建谐音鸿雁传书的“鸿雁”二字，信建谐音“信件”。信建里小区和宏建北里小区，在里仁街以北，隔半步桥街相望。

建功里，分为东里、西里、南里、北里，原为菜地、坟地，除东里外，均位于南菜园区域。解放后为工棚，后改为工人宿舍。1956年，在建功北里北侧建成北京市第六十中学。1965年定现名，有“为人民造福建立功勋”之意。

平渊里，东临菜市口大街，西接盆儿胡同。解放后，政府填平了臭水沟和苇塘，建起居民住宅，把这一带统称为“平渊里”，取“平填水渊”之意。1965年以后，将附近街巷分别命名为平渊里、平渊东里、平渊西里、平渊南里、平渊北里一巷、平渊北里二巷和平渊胡同。平渊胡同至白纸坊东街，还有一条东北—西南走向的斜街，叫更新胡同。胡同形成于民国年间，原称猪营，也称西猪营或西珠营，今已不存。随城市发展，这里如今形成了平原里北区和平原里小区，沿平渊里胡同南北分布。

清芷园小区，则是清代的“模范监狱”和民国时期的“第一监狱”所在地。

第三节　白纸坊与宣南文化

距离白纸坊街道不远，在长椿街附近有一座宣南文化博物馆，它原本是清末慈安太后主持兴建的一座郊外寺庙，名叫长椿寺。过去我们听到过一种说法，说白纸坊地区是北京宣南文化的发源地。就这个说法，我们采访了北京市“非遗”传承人，也是白纸坊街道的一位老住户，李双义先生。李先生表示，这倒不一定，但白纸坊地区的确是宣南文化发源的根据地之一。虽然比起诞生了三代“八大怪”和诸多民间艺术形式的天桥地区，白纸坊地区所包含的宣南文化的因素从数量上来说要略逊一筹，但正如上文所述，由于白纸坊地区平民百姓聚居的时间较久，因此发展出的民俗文化同样经过了岁月的洗礼，保存下来的诸多艺术形式可谓是精品中的精品。

宣南文化中最有特色的就是各式各样的民俗文艺表演，这些表演囊括了杂技、曲艺、舞蹈等诸多内容。在过去，受到传统宗教文化的影响，人们往往会将庙会活动作为一年之中最为重要的集会活动。除却祭祀，这种集会活动也带有丰富的娱乐性。而正是这种庙会活动，将富有民间特色的表演汇聚一堂，形成了“幡鼓齐动十三档”的民间走会表演传统。十三档表演各具特色，各不相同，每一种形式都有其背后独特的文化内涵，也都承载着一段特定的历史记忆。而在这十三档花会表演中，单是白纸坊地区的特色会档，就占据了其中的三档，并且还是其中相对而言较为重要的三档。白纸坊地区有一句俗语，“白纸坊，两头翘，狮子挎鼓莲花落”，说的就是这三档花会。狮子，即白纸坊太狮。挎鼓，即白纸坊挎鼓。而莲花落，则是一种由来已久的曲艺形式，在白纸坊地区表现为“什不闲”“莲花落”的形式，但很遗憾的是，现如今这种特色的曲艺表演已经濒临失传了。在本书中，我们将逐一讲述白纸坊地区这三档精彩的花会表演，此外也会将白纸坊地区另外几档民间花会逐一介绍。纵然我们身处 21 世纪，但依然能通过文字，体会一下百十年前生活在这里的老百姓们生活中点点的乐趣。

第四节　白纸坊街道的文化遗存

前文中已经提到了，白纸坊地区有着值得骄傲的悠久历史。从 3000 年前燕国先人们筚路蓝缕，来到幽燕地区开拓家园，在此地打下第一根桩木，到今日车水马龙、人烟稠密的繁荣都市区。这片地区带着它深厚的文化积淀，历经了数十乃至上百代人的努力，才最终发展成了今日的面貌。

白纸坊久远的历史为这片地区留下了数不胜数的古迹、文化遗存和精彩的传说故事。在这本书中，我们也将一一介绍白纸坊地区的历史遗迹和文化特色。

前文中也提到，“白纸坊”这个地名的由来与北京城的城市发展史息息相关。因此，白纸坊作为北京外城南部的重要区域，它的兴衰发展和北京这座城市的历史是分不开的。可以说，当我们回顾白纸坊的历史时，就是在回顾北京城的过往。

我们经常会说，历史是丰富多彩的，犹如一面镜子，在显示过去的同时又照亮了未来。诚然如此，白纸坊地区的历史是多维度的，无论我们从哪个角度来回顾，总能看到它独具特色、充满魅力的一面。可以说，无论是悠久的北京建城史、京畿地区文化史、宗教史，还是北京法制史，甚至是扩大到波澜壮阔的中国近代史，都可在白纸坊地区找到这些“大历史”所投射出来的剪影。哪怕有些只是惊鸿一瞥，也足以让人慨叹良久。

从时间的跨度上来看，白纸坊地区的历史文化遗存以明清时期为最多，而后是宋辽金元时期，而且遗存下来的文物古迹以寺庙建筑为多，其次是民国时期的文化建筑，而少量的唐代遗存也在默默诉说着这片土地更为久远的尘封过往。比如崇效寺最早就可以追溯到唐代幽州节度使刘济的家宅，当时刘济崇信佛教，将自己的家宅改为了寺庙，进而发展成为留存千年的崇效寺；比如默默伫立在北京外城西南角的金代宫殿故址，当时金中都（也就是北京城）的中心就在今日的白纸坊以南地区；比如曾经在白纸坊地区出土的宋、金时期的铜币。

从宗教的角度来看，咱们白纸坊地区拥有众多的庵观寺院，有崇效寺、三教寺、万寿西宫、万寿东宫。崇效寺最早可以追溯到唐代，三教寺、万寿东宫和万寿西宫都可以追溯到明代。这些寺庙作为文化的载体，为我们了解白纸坊的过去提供了丰富的资料。

为什么这么说呢？这是因为，首先这些寺庙中总是保存着历代的碑刻，这些碑刻内容丰富，循着它们的记载，就可以探寻到这些寺院的建造年代，以及在过去与这座寺庙、与白纸坊地区有联系的历史人物和事件。不仅如此，这些寺庙本身还承载着丰富的文化内涵。最为典型的就是崇效寺中僧人所种植的牡丹。崇效寺的牡丹不仅享誉宣南，甚至在整个北京城，都是京中文人墨客来到宣南地区郊游的必观之物。不仅如此，庙中藏经阁收藏的《青松红杏图》更是一幅吸引历代文人墨客曾在其上题跋的珍贵画作。

从商业史的角度来看，白纸坊地区又有着独具宣南地区特色的文化遗存，比如以鄞县会馆为代表的会馆文化。当时来到京城做生意的浙江鄞县药材商人，为了方便在京城中活动，集资修建了鄞县会馆。这座鄞县会馆在宣南地区颇负盛名，而且它不仅是北京会馆商业文化的反映，又是科举文化的反映。许多外地来京赶考的读书人，也要投宿到这座会馆之中，而周边的万寿西宫又成为这些读书人参拜文曲星的必去之所。

而从法制史的角度，白纸坊地区同样拥有它自身独有的故事可讲。坐落于半步桥区域的京师模范监狱，是清末新政中法治层面改革的重要成果之一。向西方法治制度学习的清政府，在外国专家的指导下，建造了这座新式监狱。可以说，这座京师模范监狱是中国近代史的一个小小的投影，它体现着当时中国向西方学习、走向世界的历史大背景。

除此之外，这座监狱还在坊间的革命斗争史上留下了浓墨重彩的一笔。在北平和平解放之前，这座监狱一直是被反动派用来关押共产党员和进步人士的魔窟。无数革命先辈在这座监狱里遭到了反动军警的迫害。我党早期的女革命家郭隆真同志，中华人民共和国成立后曾担任北京航空学院（北京航空航天大学）党委书记、院长的武光同志，都曾经被敌人关押在这座监狱中。面对反动军警的迫害，狱中的同志们的斗争从未停止过。他们成立了党支部，发明了各种各样的联络方式，并且在长久的与狱方的斗争中取得了很多胜利。这些传奇的故事都值得我们记录下来，流传后世。

其实，白纸坊地区的革命活动不光发生在监狱之中，更发生在坊间的每个角落。从革命史的角度来说，白纸坊地区的历史同样丰富。坐落在盆儿胡同的岳云别墅，是李大钊等人创办少年中国学会的地方。在这里产生的思想影响了无数的爱国进步学生，让共产主义思想在他们的心中生根发芽，使很多有志青年成长为革命的中坚力量。崇效寺，在民国时期曾经是财政部印刷厂工人进步组织“财政部印刷厂工务急进会”的秘密活动点。在这里，工人与城内赶过来的进步学生一起策划抗日救国游行的计划，从这里更是走出了很多日后负责北平地区党政工作的优秀同志。

除此之外，白纸坊地区还有很多引人入胜的趣闻逸事值得我们去探索。半步桥真的只有半步长吗？里仁街的名称是讹传吗？枣林前街中的“枣林”又是怎么一回事？《青松红杏图》在明末清初有着怎样的传奇故事？这些问题的答案，我们都会在书中为您一一揭晓。这些发生在白纸坊地区有趣的人和事，都为白纸坊地区的历史增加了新的元素与色彩。

白纸坊承载着北京这座城市的政治史、经济史、宗教史、文学史等内容。例如，我们耳熟能详的四大名著之一《红楼梦》就与白纸坊地区结下了不解之缘。当曹雪芹在北京西山的陋居之中著下《红楼梦》之时，也不会想到这本书中所描绘的大观园，会最终出现在他曾经暂居过的宣南地区。坐落在白纸坊街道南菜园街的北京大观园，作为“北京十六景”之一而名扬四海，厚重的红楼文化在白纸坊地区生根发芽。

“白纸坊”三个字也表明，在这一片地区，除了达官贵人、僧侣佛道的文化以外，最不能忽视的就是衍生于白纸坊地区的、以普通的老百姓为核心的民俗文化。关于白纸坊地区的民俗文化，除了在其他章节介绍的如挎鼓、太狮、莲花落等特色民俗活动以外，还有由大观园红楼文化衍生出的一系列特色民俗文化活动，比如最有代表性的红楼庙会，红楼庙会在今日已经成为可以和北京的几大传统庙会并肩的民俗文化活动。

我们对白纸坊地区丰富多彩的历史，如穿针引线一般，横竖编织，做出一个简单而粗略的引言。从前文提到的政治、宗教、法制、文化等各个方面来看，白纸坊的历史具有丰富的维度与精彩的内容。借着回顾坊间文物遗存的机会，好好讲一讲隐藏在这些文物、这些传说背后的历史故事，拂去掩盖在它们之上的尘埃。习近平总书记号召大家讲好“中国故事”，借助回顾历史的机会，我们希望讲好“白纸坊故事”。

唐太宗李世民曾经说过这样一句话：以史为镜，可以知兴替。诚然，回顾历史，回顾坊间的过往，可以看清过去的身影，理解生活在这一片地区的人们是如何从过去一步步走到了现在。结合中国的悠久历史，结合北京地区的“大历史”，可以看到白纸坊地区在历史潮流之中的一个投影。但是在这浩浩汤汤的历史大潮中，又有着白纸坊地区的特色。本书通过对坊间文化古迹的回顾，既是对过去的人们、对过往的历史的尊重，又是对我们自己的一种责任。这不光是对历史的单纯的爱好，因为只有看清了过去，白纸坊人才会循着过去的智慧而一步步走向未来，才会建设得越来越好。

第一章　坊间印刷业的街巷印记

在电子数码普及的今天，纸质物品似乎渐渐淡出了人们的视野，但在中国传统社会，纸的种类之多让人惊叹，有写字用的麻纸、画画用的宣纸、抄经用的磁青纸、封书皮用的洒金纸、书皮用的蜡笺纸、翰墨游戏用的薛涛笺……纸作为文房四宝之一，是文人墨客的案上之物、心头之宝。

不仅如此，纸在日常生活中应用广泛，亦给生活增添了许多滋味。春天的微风中，“儿童散学归来早，忙趁东风放纸鸢”，想必那青青草原上应该会不时地传来清脆的笑声，那飞扬的纸风筝是孩童们小小的乐趣；在烟雨缥缈的江南，一个孤寂的身影“撑着油纸伞，独自彷徨在悠长、悠长又寂寥的雨巷”，不断积聚的水珠顺着伞布骨碌碌地滑下，打湿了那个人的青衫和愁绪。在电子数码没有普及的漫长岁月里，作为书写材料的纸更是发挥了不可替代的作用，不单单传写了无数可歌可泣的人文故事，传承着古往今来各形各色人物的心绪、情怀，而且记载着深厚的历史文化。这样说来，在一笺纸上人们可以体味到世间的人情百态，感知到大千世界的千姿百媚。

以前纸无处不在，充满着我们平常的生活。中国许多地方都跟造纸业及其相关的产业有着密切的联系，有些地方因为生产名纸而闻名于世，有的地方被称为纸的故乡。在北京城里，也有一个地方跟造纸业有着剪不断的联系，那个地方叫白纸坊。“白纸坊”这个地界儿在老一辈的北京人里应是家喻户晓，这里的手工造纸业在北京城的历史上有着浓墨重彩的一笔。

第一节　白纸坊造纸业的起源

现今白纸坊街道是北京市里唯一沿袭元明建制以“坊”作为行政区划名的街区，积淀了许多深厚的物质文化因子和丰富多彩的民俗文化，具有重要的历史意义。坊既是小手工业者们的工作场所，也是邑里之名。邑里的范围可大可小，往大里说可以指代农村或小的城镇，往小里讲可以是里巷、街巷，类似于北京的胡同。不过，白纸坊并不是一条街，也不是一条窄窄的胡同，而是方圆十几里的一个区域。这片区域的名称到底从何而来？从何时开始这么叫的？要想知道它的起源，或许我们要追溯一下“坊”作为行政建制名称的历史。

在中国古代社会，里坊是府县城镇中的基础行政管理单位。里坊的占地面积由城市内的街道划分而成，大小不尽相同，四周筑有坊墙，开有坊门，这样的形式很像现在的社区，就是管理上应该比现在要严苛许多，因为坊门每天会由专人定时开启和关闭，任何人不得违反规定，随意在规定外的时间里私自外出。里坊内主要是一般居民的住宅，有的地方或许也会有寺院或者官僚的府第。这种管理形式或是传承于西周时期的闾里，即古代城镇中有围墙的住宅区。如《周礼·天官·小宰》中记载“听闾里以版图”①，意思就是说当地方居民居住的区域内部出现了争吵和诉讼的事情，当地有名望的人或者地方官员就会拿着记载户籍和土地资料的书册进行判决。

自西周至唐代，里坊一直是城市居民的聚居单位和社会基层管理组织。它们承担着对城市里的居民进行监督管理的职责，例如禁止居民在

---

①《周礼疏》卷第二，清嘉庆二十年南昌府学重刊宋本十三经注疏本，第28页。

夜间出门活动，按照国家制度定期对居民征收赋税，驱使居民履行劳役，等等。到了宋代，随着社会经济的发展，人与人之间的经济往来更加密切，经济活动的范围更加广大，具有封闭性质的里坊及坊市制度已经阻碍了人们追求财富和幸福的脚步，因此逐步趋于解体，取而代之的是开放的坊巷制。但是里坊作为社会基层组织的模式并没有消失，一直为历代统治者用于组织管理、监督教化人民。

北京城的里坊建制应该追溯至元朝。元朝是中国历史上首次由少数民族建立的大一统王朝，它的开创者忽必烈是一个睿智果断的君王。1267 年，元世祖忽必烈做出了一个决定——迁都燕京，即今天的北京，并同期开始了新宫殿和都城的营建工作。几经改建、调整，元大都城内的居民住宅区以街道为界线，按照地理方位划分成了福田坊、阜财坊等 50 坊①，虽然设有坊门，但是并没有坊墙，呈现出开放的形式。历来人们都认为白纸坊的来历很有意思，经历了由官署名称过渡到民间地片名，再到社区组织的变迁过程，白纸坊的名称也始于元代，但白纸坊并不在 50 坊中。也就是说，元代时白纸坊并不是作为居民聚居的社会基层组织单位，而是作为礼部下属的官署名。

据《元史》卷八十五志第三十五“百官一”记载：“白纸坊，秩从八品，掌造诏、旨、宣、敕纸劄。大使一员，副使一员。至元九年始置。”② 元代的礼部掌管天下的礼乐制度和颁布相关政令，例如每年皇家祭神供祖的仪式、臣属国及外国的使臣朝见天子的仪礼、国家逢遇幸事由皇帝宴请群臣的仪典等等，下面设有会同馆、教坊司、铸印局、油磨坊、白纸坊等具体行事的官署。白纸坊就是掌造督造宫廷用纸的机构，主要负责制造帝王颁发的圣旨及各种文书公文所用的纸张。正史记载的“秩从八品”，是元代官员的等级，“大使”是白纸坊内主管事务

---

① 《析津志》称元大都有 50 坊，但《日下旧闻考》引《元一统志》只列 49 坊，或有遗漏。

② 《元史》卷八十五，清乾隆武英殿刻本，第 1017 页。

的官员称谓。魏晋以后，官员的官阶分为九品，白纸坊主管官员的官职级别为从八品。按元史中百官俸禄的记载，各品又分为上、中、下三等。从一品官衔俸银六锭（合300两），从八品官衔俸银45两（不到一锭），可见白纸坊的大使是基层官员中职务较低的。不过职位虽低，却承担着皇家宫廷公用纸张的责任，一点都马虎不得。

至元九年（1272）为了满足皇家需要，聚敛天下手工业匠才，忽必烈下令在大都（今北京市）建立纸张生产基地，选址在旧城城南（包含了今西城区白纸坊街道全部区域及周边部分地区），设立了白纸坊作为掌造宫廷所用纸札的官署，而白纸坊就这样登上了北京历史的舞台。

到了明朝洪武、建文年间，北平府（今北京市）划分为“三十三坊”。明成祖朱棣迁都北京后，又将城区划分为中城、东城、西城、南城和北城五城，下辖若干个坊。查阅有关“白纸坊”的记载，史料甚少，就连比较详细记述明北京城的地理概况及建筑分布的《春明梦余录》中都没有记录。那么“白纸坊”作为坊制名称，到底从何而来，从何时开始？

翻阅文献资料，可以发现两种说法。一说白纸坊是建立在金朝国子学旧址上的。金朝建立之时有一所最高学府——国子学，能在里面接受教育的学子应该都是当时的佼佼者，而国子学也应该算是人才济济之所，有着浓厚的文化氛围。金朝衰落之时，国子学被一场大火焚毁，原址上仅仅存留了两块残破的碑石，而白纸坊就是明朝时在金旧国子学的废墟上建设起来的。《金史纪事本末》和《顺天府志》就有相关内容的记载。一说至明嘉靖年间，白纸坊就已经演变成为管理城市地区的基层组织管理单位，类似于现在北京市各个城区的“街道办事处”。《京师五城坊巷胡同集》中开始明确将白纸坊列入宣南坊之后，所记“白纸坊五牌二十一铺，在新城广宁门、右安门西南角”，下辖诸多的牌坊店铺。在明万历至崇祯年间的地图上已经明确划分出西南外城五个坊的坊界，即正西坊、正南坊、宣北坊、宣南坊、白纸坊，而此后“白纸坊”的名称就频繁地出现在许多文人的诗文集当中。由此看来，地处南城的白纸坊作为居民的聚居区应该设于明代，而“白纸坊”作为坊制名称出现最迟也应该是在明代。

清初张远《隩志》称：“南城诸坊，白纸坊最大，元于此设税副使，北自善果寺，南至万寿宫，西极于天宁寺，皆是也。自嘉靖筑新城后，坊划而为两矣。”清朱一新在此段后的按语说：“白纸坊，元时在旧城中，而《元一统志》列旧城坊名六十二，独无此名。《梦余录》载明南城坊名，亦无之。至《坊巷胡同集》（此处指明嘉靖时，锦衣卫指挥张爵的《京师五城坊巷胡同集》），始列于宣南坊后。然成化间严理安《重修善果寺碑》，称宣武门外三里许，地志曰白纸坊。则其名固沿元旧也。”就是说，不论是元代的官方记载，还是明初的官方记载，根本没有“白纸坊”这个坊名。直到明嘉靖修筑外城后，才正式出现白纸坊，列在城南诸坊的宣南坊之后。但是明初成化年间的碑记里，却有白纸坊的地片名称。

可见，从官署机构、作坊工厂，到民间地片名称，最后正式设“坊”，白纸坊经历了一个渐变的过程，这也符合地名的发展规律。这说明张远的记载，有明显的疏漏，“白纸坊”在明嘉靖之前的明代仅为由官署名、作坊名逐渐演变的地片名，根本不存在“南城诸坊，白纸坊最大”。这也基本解决了朱一新的困惑，为什么在明嘉靖筑新城前，“城坊”的所有文献中均无“白纸坊”的记述，但碑刻中却有地名的存在。弄清楚了白纸坊的历史变迁脉络，我们就明白这绝非官方正史记载的遗漏。

白纸坊的造纸业起源于元代，此后又逐渐带起了周边地区造纸作坊的兴起，形成了规模巨大的造纸基地，西由今广安门到外城西南角，东由今牛街口到右安门，此外亦包括了万寿寺和天宁寺附近地区。到了嘉靖年间修筑外城墙，白纸坊分成两半，砌在墙外面的部分改了名，城墙里头还叫白纸坊，是名副其实的造纸作坊。我们可以想象当年这里造纸作坊星罗棋布，每家每户以造纸为生，形成了京城南城最大的手工造纸作坊聚集地。该地区的居民一直以造纸为生，所生产的纸张源源不断地运往宫城及京内的其他地区，供不应求。这样算来，竟然已有700多年的历史了。

第二节　曾经的造纸坊

现在许多行业工业化的发展早就代替了手工，环境指标的提高也使得小作坊慢慢地被取缔。渐渐地人们也都对一家一户的小手工作坊感到陌生，说起手工造纸坊更是“丈二和尚——摸不着头脑”。

听老人们说，原白纸坊地区街巷零乱，住户分散，除白纸坊胡同外，无正规的街巷道路。白纸坊胡同以西到菜园街，崇效寺街以南到白纸坊西街，无论是南北向的道路，还是东西向的道路，统称为白纸坊街，没有明确的街名划分。那时没有楼房，空地很多，填纸的洞坑、晒手工纸的“墙道”、洗纸浆的水井、大大小小的菜地或坟地，布满了这片方圆十几里的区域。①

现如今，白纸坊街道里尽是整齐划一的街道、平静安定的小区和川流不息的车流，这里除了没有市中心的繁荣，没有拥挤的人流，没有喧闹的声响，其他景象跟北京其他地区没有多大的差别。

坊称白纸，正是源于造纸。不过，现在的人们应该无法想象老人们口中描述的这里原来的样子，无法体会当年手工造纸工人们辛劳的生活，也无法理解和感受其中的酸甜苦辣。这些泛黄的记忆或许也只有当地六七十岁的老人们还依稀记得，对几十年前白纸坊地区依旧分布着许多原始的手工业造纸小作坊有着些许片段式的印象，还能讲述出白纸坊

① 潘恭：《北京白纸坊祖师庙随想》。

地区手工造纸坊的风雨变迁。

元朝统治者为了满足军需武器和日用工艺品的需要，十分重视手工业生产，设立了官办手工业局院70余所，几乎包括了所有手工业部门，而白纸坊地区则是官办手工业造纸机关，组织和生产规模应该相当庞大，且专门用于宫廷需要，并不用于满足社会发展的需要。发展至明代，民办手工造纸作坊日益增多，白纸坊地区成为当时北京南城最大的手工造纸作坊聚集地，当时这里官办、民营参半，生产纸的种类和用途繁多，可以说是盛极一时。清代白纸坊地区的造纸业发展沿袭前代，到了清代中后期，由于腐败的社会制度和相对落后的生产方式，白纸坊这一带基本就只生产北京城内大部分如厕所用的“豆儿纸”，以及糊顶棚打底用的“麻呈文纸”、包装纸、糊墙纸等相对廉价的纸品。

这些小作坊的造纸原料多是容易收集的废垃圾纸、蒲棒绒等，将其放入俗称“石头窝子”的石质容器里用水沤泡，使其发胀变软，然后用碾子或者木槌轧捣成碎末，这种碎末叫“麻”，而“轧麻”是手工造纸的第一道工序。第二道工序是“淘麻”，将麻抬到水井边，放入直径约六尺、上面铺有过滤布（白粗布）的大筐中，一人打水，另外的人围跪在筐的四周，用双手进行反复揉搓，然后放入井水进行淘洗，耗时大约两个小时，直至碎末变得干净。冲洗过程中排出的废水被注入一个个废水坑中，俗称为“麻坑”，当时的白纸坊地区分布着大大小小十几个麻坑。第三道工序为抄纸，是手工造纸工序中技术性最强也是最累人的活儿。屋内砌有六尺见方、深约三尺的水池，叫作“限”。工人们会将淘洗干净的麻投入限中，注入清水搅拌，调成一定的稠度。一般为了使纸容易揭开，还会加入蒲绒。站在限边的工人，手拿长方形的木屉捞取漂浮的纸浆，屉上是用细竹皮和马尾编结的竹帘。当木屉摆动的时候，竹帘上就会附上一层薄薄的均匀的纸浆。控水之后，将木屉中的纸浆反扣在限边的木板上，这一道工序就算基本完成了。如此多次，纸浆被叠到了一定的高度后，工人们就会在上面压上木板，然后再放上木梯，梯子的一头还会压上一块大石头，以便将纸中的水分更好地压出。在这道工序中，工人们的身子需要常年紧贴着冰冷的水池，双臂也会整日泡在冰凉的纸浆中，即使是寒冬腊月也是如此，许多工人因此患有风湿病，关节处因长期浸泡在水中变得肿大。在挤压了一夜的湿纸后，第二天就会进行最后一道工序——“晒纸”。工人们用手推小车将压好的纸坯子运送到纸墙道，然后用鬃刷把湿纸一张张地刷在墙上，半天之后即可干燥揭下。[①] 这样生产出来的大多是如厕用的“豆儿纸”，质地粗糙，再由作坊里的妇女或是儿童挎着篮子，沿街叫卖，当时还有句顺口溜：“公公抄，儿媳晒，大伯子去跑外（卖纸）。”这样的生产经营模式应该存在了许久，成为历史上白纸坊地区的一大地域特色和历史印记。

据当地居民回忆，白纸坊地区最有名气的地名首选白纸坊胡同。它曾名纸房胡同，来源于元代礼部的官署名和造纸作坊名，附近的居民从元代以来主要以造纸为业，周边自然形成了以“白纸坊”为名的胡同群。《日下旧闻考》称：“白纸坊居民今尚以造纸为业，此坊所由名也。”

白纸坊胡同西边原来还有一条造纸胡同，隔白纸坊西路与白纸坊街南北相望。日本人多田贞一在 1944 年出版的《北京地名志》中写道：“白纸坊，在外城财政部印刷局的正北侧。明《胡同集》（此处指明张爵的《京师五城坊巷胡同集》）也有白纸坊之名，乃据元旧称。今天，该地居民还是有半数以上以手工制纸为业。北京市内的所谓豆儿纸，就是此地产的。又，西南有黑纸坊。广渠门内残留有抄纸坊的地名。”这是日本人在侵华占领北平期间，追溯地名产生的文化历史，同时记录了该地在民国时期的经济活动。

“人情似纸张张薄，世事如棋局局新。”随着时代的进步和造纸工业的发展，传统的手工造纸方式逐渐被淘汰。有资料显示：1936 年白纸坊造纸作坊共有 20 多家，1949 年前白纸坊造纸业日益衰落，原来的

---

① 造纸工序过程引用李大鹏、张振峰《“白纸坊”与北京的造纸业》一文。

纸作坊只剩下10多家了。

中华人民共和国成立初期，党和人民政府花费大量资金改造白纸坊一带的生产和居住环境，修下水道，接自来水，填污水坑，联合之前的造纸坊进行公私合营，组织成立了造纸生产合作社。1958年在合作社基础上又成立了宣武造纸厂，结束了北京手工造纸的漫长历史，一家一户的造纸作坊似乎也逐渐退出了历史的舞台，淡出了人们的视野和生活。

现在白纸坊街道中以“纸”命名的街巷、胡同总共有8条，如白纸坊街、白纸坊胡同、造纸胡同、白纸坊北里、白纸坊中里、白纸坊南里等等，都只是空有其名了，而造纸坊里发生的故事也随着时间的流逝而渐渐消散。

第三节　如今的印刷业

白纸坊地区因手工造纸业而得名，几百年来这里的家家户户都是以造纸为生。随着社会的进步，经过统一的治理和协同发展，昔日这一地区落魄与贫困的景象早已不在。虽然现在的街道上早已不见填纸的洞坑、晒纸的矮墙和沿街的叫卖声，但是坊间的印刷业却在此基础上不断发展。如今，白纸坊辖区内与造纸印刷有关的著名企业主要有北京印钞有限公司、中国邮政集团公司邮票印制局、中国地图出版集团等，它们日益成为白纸坊地区的一张张名片，代表着区域内的文化特征，推动着区域内的发展。

（一）北京印钞有限公司

坐落于白纸坊街23号的北京印钞有限公司（北京印钞厂），隶属于中国印钞造币总公司。这里是中国近代印钞工业的发源地之一，是中国近代第一家采用钢版雕刻凹印工艺进行印制钞票的官办印钞厂，也是中国最早采用钢版雕刻凹印工艺印制邮票的企业。同时，北京印钞有限公司也是唯一一家参与了第一套至第五套人民币设计、印制的国家大型骨干印钞企业。

自新中国成立以来，它在我国经济、科技等多方面都做出了重要贡献。不仅如此，北京印钞有限公司具有100多年的历史，在中国近现代史上也留下了浓墨重彩的一笔。

1. 发展历程

（1）建厂初期：清朝的“钱袋子”

北京印钞有限公司始建于清光绪三十四年（1908），始称清度支部印刷局。它的成立顺应了当时时代发展的潮流，却也面临着巨大的内外威胁和挑战。

1840年鸦片战争爆发以后，中国国门被迫开放，各国资本主义势力纷纷涌入，争先瓜分中国市场，抢占先机。此时，外国的资本金融势力也开始进入中国，各个列强纷纷在我国的南北通商大埠设立银行，利用发行货币等手段进行经济侵略，然而当时落后的清政府无力阻止。

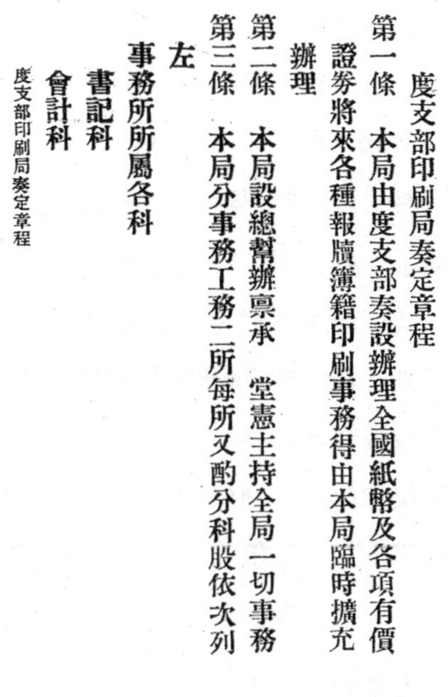
度支部印刷局奏定章程

第一條　本局由度支部奏設辦理全國紙幣及各項有價證券將來各種報牘簿籍印刷事務得由本局臨時擴充辦理

第二條　本局設總幫辦稟承　堂憲主持全局一切事務

第三條　本局分事務工務二所每所又酌分科股依次列左

事務所所屬各科

書記科

會計科

度支部印刷局奏定章程

度支部建局章程

后来，随着外国资本金融势力的不断渗入和扩张，清廷朝野才注意到流通在市场上的外国银行钞票不仅信用度高，而且图案精美，质量上乘，深受当时广大商人和民众的喜爱；同时，我国的工商业也在发展，对外贸易增多，当时旧式的纸币已经适应不了货币流通的需要，因此清政府意识到“统一圜法、收回利权”已刻不容缓。于是在光绪年间，一些有识之士大力主张应由国家建立银行，自发本国纸币，以图挽回利权并借此整顿国内日益混乱的金融体系，但清廷对此并未做出有效的回应。

随着“维新变法”运动的失败和丧权辱国的《辛丑条约》的签订，为了挽救岌岌可危的统治地位，清朝统治者被迫宣布推行新政，从政治、经济等多方面进行改制。在财政金融方面，清朝中央政府成立了统一的国家银行——户部银行，后又随着户部改名为度支部而更名为大清银行，并要求建厂印钞。中国新式印钞工业的序幕由此揭开。

光绪三十三年（1907）三月，度支部商议并上奏朝廷设立印刷局办法及意见书。接到朝廷批准建立印刷局的旨意后，度支部即拟订创办印刷局的相关具体办法。同一年冬，度支部派专人赴美国考察建印刷局需要的建筑规模，并办理购置机器等事。在事前考察工作顺利结束后，印刷局建筑工程于光绪三十四年（1908）五月初三开始动工，度支部印刷局由此开始登上历史舞台。

当时美国的钞票雕版法技术已处于世界发展的前列，于是清政府重金聘请了 5 名美国技师先后到局，传授雕刻钢版的技术。他们分别是在美国有威望的雕刻家和画家海趣、手工雕刻技师格兰特、机器雕刻技师基理弗爱、花纹机器雕刻技师狄克生、过版技师司脱克。同时还有美籍工厂监造技师韩德森。

不仅如此，印刷局还引进了美制万能雕刻机和凹印机的全套设备，还有石印机、铅印机、圆盘印码机、照相机等专业机器以及锅炉、发电机等动力设备。其设备之齐全、技术之先进为当时国内印刷界所仅有，在国际上也属一流水平。

按照双方聘任合同的相关规定，雕刻家海趣和技师格兰特于 1908 年冬率先来到印刷局，其余人员在之后的时间里陆陆续续地来到中国。

美国的钞票雕版法

来局之初，他们先居住在印制局东侧临时搭建的四合院事务所内，院子里的一切显得仓促而简陋。随后，依据协议而引进的美国“万能雕刻机”等雕刻制版全套设备和打样机、试印机等机器运送到局，先被安置在了西四合院的工房里。建厂的初步准备工作完成。

在印刷局的工作中，海趣是主力，其职责是主管产品的设计、雕刻、制版工作，同时还要负责传授技术。当时，为了尽快地向朝廷展示印刷局的技术水准，主管度支部印刷局的官员特意向海趣提出了设计生产新式钞票的要求，并要确立自己的品种，即为大清银行兑换券。在此之前，大清银行兑换券都是由外国进行印制，再将成品运到国内，由北京京华印书局加印行章后发行。这时，独立设计并生产大清银行兑换券的举动可以说是一次收回金融主权的尝试。

清末匆匆搭建起来的工房（东四合院）

海趣在接受设计任务后，一面培训、教授艺徒，一面亲自进行设计、雕刻大清银行兑换券的钢版原版。当年八月，计有一元、五元、十元、百元四种面额的大清

清末匆匆搭建起来的工房（西四合院）

银行兑换券原版雕刻完成。四种票版的正面左侧均为摄政王载沣的半身胸像，中央以海龙图为主景，彰显皇家风范。下侧的辅景分别是：一元券——大海帆船；五元券——八骏骑士；十元券——万里长城；百元券——农民耕地。这套票版图案可以说是设计精致美观、端庄大方，且雕刻精密，线条清晰，层次分明。券面均用八种不同颜色进行打样试印，色调鲜艳醒目。九月，度支部向朝廷呈奏了大清银行兑换券试印样品。

清宣统三年（1911）三月初一，度支部印刷局在中央的批准下印出钢版凹印钞票——大清银行兑换券，由此开始了中国工厂自己采用雕刻钢版设备进行印钞的历史，使中国成为当时为数不多的掌握和采用雕刻钢凹版印钞技艺的国家之一。

（2）建厂中期：民国时命运坎坷的官办印钞企业

随着 1911 年辛亥革命的爆发，各地纷纷宣布独立，清政府的统治迅速土崩瓦解，中国结束了延续几千年的封建帝制。1912 年 1 月，迎合时代的巨变，原度支部印刷局改称财政部印刷局（以下称“财印局”）。

民国时期，印刷局的建设工程并没有因为清政府的覆灭而石沉大海。1912 年 11 月，增建的印刷课工房建成，引进的生产设备陆续安装完成，当月财政部印刷局便投入生产，开始了邮票的印制。第一批印制的产品是两套纪念邮票，专门为纪念中华民国的成立而发行，题名分别是“光复纪念”和“共和纪念”，这成为我国自行印刷钢凹版雕刻邮票的开始。

1913 年以后，财印局规模逐渐扩大。随着印刷课工房的建成，部分切纸机、铅印机、石印机、打孔机以及手摇、电动凹印机等设备陆续安装完成，我国的印刷工人已初步掌握了适应钢凹版生产特点所需要的制墨、印刷等技术，财印局开始印制生产交通部共和纪念邮票、普通邮票、财政部印花税票、司法部诉讼印证等产品。起初，不断增强的生产能力扩大了产品的种类和范围。

不幸的是，1914 年 2 月，海趣在中国去世。不久之后，美国技师司脱克、韩德森因合同期满先后回国（机刻师狄克生、基理弗爱先于 1911 年 4 月回国）。这时，印刷局内只留下了格兰特技师一人，格兰特只能一面教授新艺徒，一面主刻邮票版。而此时刻钞票钢凹版的重任就落在第一批学会雕刻的本国技术人员身上。1914 年我国钢版雕刻人员自行设计的首套钢凹版钞票“殖边银行兑换券”研制成功，这在我国货币印制史上是一个显著成果。殖边银行是由当时徐绍桢、王揖唐、徐世英等北洋军人发起创办的，于 1914 年 1 月 22 日在北京正式开业，该银行的职责主要是为了对中国银行未涉及的边疆地区的金融力量进行辅助，在全国各地设有分支机构共 60 余处，且各地分行具有一定的独立性，可自行发行纸币。

1914 年 3 月，张德薰任财印局局长一职。他是一位有思想、有能力的领导者，当时为财印局的生产注入了不少活力。他不仅在经营管理上采取了扩充人员、更新机器、实行奖金制度等科学有效的方法，而且还主张进行技术改革，减少烦琐的生产程序。因此，在他任职期间，财印局的生产经营比较兴旺，工人们的生活相对稳定。

财印局工厂的建设并不是一蹴而就的。1914 年秋，工字大楼作为一座综合性的办公楼竣工。随之，机务课工房、抽水机室、水塔房、电器及管道设备、三座小楼、钟楼、守卫室等也相继完工；相应的机器设备在建筑施工中也陆续安装完成。随着主楼的建成，各科、课办公和生产地点做了新的调整。至此，全局建筑基本完备，生产走入正轨，除印制本地各银行钞券外，四川、云南、新疆、山西、陕西以及东北三省等省银行亦来订购印制有价证券。由此在资金上，财印局的收入可供资本流转，故财政部于该年秋停止拨发局费（建局以来全部经费由财政部供给），此后财印局的经费完全自理。

军阀割据混战时期，我国社会在政治方面始终未能摆脱对国外势力的依赖，经济上也未能解决统一币制、钞票和有价证券的印刷发行问题。在这样的社会背景下，财印局自 1915 年全部建成之日起，虽然是当时中国规模最大、技术最先进的官办专业印钞企业，而且是全国唯一的一家，但受政局的影响，始终未能发挥作用。

如此坎坷波折的发展局面似乎从开头就被注定，纵观各国钞票的印制过程，都是由政府对印制发行进行严格的管理和把控，而中国从 1840 年的鸦片战争爆发后，就已逐步沦为半殖民地半封建国家。因此，旧中国的纸币印刷，就不可避免地带有半封建半殖民地的色彩，陷入一种矛盾之中：一方面，各个主要发钞银行的纸币大多委托国外如美、英等国印制，或任由一些社会印刷厂粗制滥造；另一方面，像财印局这样拥有先进技术和设备的印钞企业却接不到印钞任务，生产难以为继。然而导致这一切的原因都可归结为当时政治风云的影响。

抗日战争爆发后，国家陷入危亡时刻。1937 年 8 月 9 日，财政部北平印刷局被日伪接管，改称华北政务委员会印刷局，要求印制伪中国联合准备银行钞票。华北伪政权建立后，印刷局改为“临时政府行政委员会印刷局”。

1945 年 8 月 15 日，日本无条件投降。国民党政府派中央印制厂总管理处接收印刷局，改称中央印制厂北平厂。

但是，此时的国民党中央政府依旧依靠美、英扶植，加之许多原材料被一些帝国主义国家所控制，所以，各发钞银行大批的钞票及邮票仍流于美、英等国进行印制。如此更加致使国内印制厂营业衰败，技术发展缓慢，而中央印制厂北平厂更是无工可做，其间发生过数次“停办北平厂”“遣散全部员工”的事件。但在工人的奋力斗争及北平各界舆论的压力下，国民党中央政府不得已做出让步，最后确定保留北平厂。

（3）建厂的发展期：新中国成立初期的“人民印刷厂”

1949 年 1 月 31 日，北平和平解放，中国人民解放军北平军事管制委员会于当日对中央印制厂北平厂进行军事接管。一切都透露着新的气息和希望。1949 年 2 月，原中央印制厂北平厂改称“中国人民印刷厂”，由董必武亲笔题写厂名。因为当时的军管人员随身携带着人民币钞票的原版，所以在接管北平厂后就立即发动厂内职工利用现有的设备开工生产。在职工的共同努力下，1949 年 2 月 2 日便印出了第一批新版人民币，这在解放全中国的历史进程中发挥了重要作用。

因为当时国内的经济现状是一穷二白，又面临着国民党统治下几十年的币制混乱局面，国家的稳定需要货币的支持，经济的恢复需要统一货币的流通，可以说当时的人民币是比炮弹还要重要的。所以，第一套人民币的印制和发行统一了国内的货币，有力地支援了国家经济建设，对当时老百姓稳定的生活具有实在的益处。自此，开启了中国共产党领导下的中国货币史上的统一时代。

1949 年 11 月，在中央的统一部署下，中国人民银行指示原解放区第一印刷局的 682 人、第二印刷局的 87 人、第三印刷局的 71 人和直属厂的 224 人并入北京厂。1950 年，改名为“北京人民印刷厂”。1955 年 5 月 1 日，奉中国人民银行指令，厂名改称“国营五四一厂”。

从 1953 年起至 1956 年，国营五四一厂主要从事第二套人民币的生产。其间，苏联的专家分两批来厂帮助工作，厂内的生产管理机构和管理制度也参照苏联管理印钞企业的办法逐步建立起来，此举对长期稳定生产、保证生产安全起到了有效的作用。20 世纪六十七年代，厂内针对印钞任务不足的情况，广泛发动群众开展了多种经营，承揽大量营业活件，充分利用印钞设备为社会服务。

中国共产党十一届三中全会以后，国营五四一厂在实践基础上不断充实完善，建立起从行政管理、生产计划、工艺技术、质量、财务、物资、安全保卫、设备能源、生活、政工等十个门类的一整套印钞企业的《管理标准》。

（4）建厂的发展期：改革开放以来的活力公司

自20世纪80年代起，在改革开放的春风下，国营五四一厂进行了大规模改建扩建、技术改造，同时进行了中华人民共和国成立以来最大规模的技术引进，在制版、印刷、检封、油墨等多个工序中引进了一大批具有世界先进水平的设备和技术。这次大规模的引进，对加速企业的新技术发展、提高第三套人民币技术水平、提高企业经济效益、发展印制生产力、适应国家货币发行需要等多个方面都发挥了主要作用。

这一时期，北京印钞厂紧紧抓住改革开放的大好时机，以确保国家货币发行为宗旨，以建设现代化国家印钞厂为目标，实施明确的发展规划，重点设计印制了第四套、第五套人民币，确保了国家金融业持续稳定的发展。

1992年7月31日，经国家工商行政管理局核实批准，企业厂名为“北京印钞厂”。2008年，在企业建成100周年之际，北京印钞厂实施了现代企业制度改革，改称“北京印钞有限公司”，简称北钞。在新时代下，北钞日益成为具有活力和生命力的国家企业，为我国金融业发展贡献力量。

2. 一颗“明珠”的价值

北钞作为我国近现代金融史上的一颗“明珠”，既代表了我国在金融上争取独立自主的决心和魄力，又在社会历史的进程中发挥了重要的作用。首先，在科技创新方面，北钞推动了整个行业的技术变革，实现了在行业发展进程中的创新性和独特性的转变，成为带领行业前行的领头羊。

（1）完成中国首张钢凹版钞票的设计生产。1911年3月1日，大清银行兑换券研制成功并付印，当日因此被定为中国印钞纪念日。

（2）生产出我国第一套采用钢凹版雕刻技术印制的邮票，从而改变了中国邮票完全依赖英国印制的状况，开启了中国近代采用新技术印制邮票的历史。1912 年 11 月，印刷局开始印制邮票。印制的第一批邮票是由海趣设计、海趣和格兰特雕刻的《中华民国光复纪念邮票》《中华民国共和纪念邮票》，每套各 12 枚。

（3）我国第一套由国人自行设计、雕刻、印制的钢凹版钞票诞生于此。1914 年，北钞钢版雕刻人员吴锦棠、阎锡麟、刘尔嘉、毕辰年、李浦等在技师格兰特的指导下，雕刻出殖边银行兑换券。

（4）我国印刷工业产品首获国际奖项，也是我国钢凹版雕刻技术人员的作品首次获得国际大奖。1915 年，印刷局部分雕刻作品在农商部举办的国货展览会上获奖。不久，印刷局选出部分作品参加了在美国旧金山举办的巴拿马太平洋万国博览会，获得巴拿马赛会奖状。他们在国际上证明自己，也彰显了国家的实力。

（5）突破美俄技术封锁，开拓中国印钞技术研发之路。1920 年，印刷局技师沈永斌研制成功三色复色印钞机，这是中国印钞企业应用复色接线印刷技术之始。

（6）攻克钞票技术难关，提升二套人民币防伪水平，使我国的钢凹版机器雕刻工艺跻身于世界先进行列。新技术应用在第二套人民币设计、制版中，极大地增强了人民币的防伪性能和艺术美观性能。

巴拿马赛会奖状

（7）解决了自 1452 年以来凹印技术一直不能一次印成多种颜色钞票的难题。1953 年，柳浦庆奉命赴民主德国验收我国订购的印刷机。在验收凹印机时，发现该机不能印刷多色接纹凹印钞票。柳浦庆提出了“逆转擦版法”原理，几经周折，对现有的轮转凹印机进行改造。改造后的轮转凹印机正式试印，实现了一次印成多色接纹的凹版印样。柳浦庆提出的“逆转擦版法”，能够一次印成多色风景，印出各种不同色的接纹，防伪性能高。

农商部特等奖

（8）印钞机发明人李根绪在行业内贡献卓著，他突破了印钞技术的封锁，研发了一系列具有国际领先水平的印钞机。不但给第三套人民币的生产提供了技术保障，而且对印钞技术的进步起到了划时代的作用，结束了中国印钞工艺技术及设备依靠外国进口的时代。

（9）1975 年至 1977 年，北钞科技人员用原德国产单色轮转凹印机改装成功了四色轮转凹印机——75 型四色凹印机。它的改装成功并投入生产，对于保持企业凹印生产能力、完成国家货币生产任务发挥了重要作用，同时，也是最后一次对国外老式轮转凹印机的全面改装，是我国印钞机械制作史上一次重大的改进成果。

（10）自主研发进入高峰，引领行业科技研发热潮。1978 年全国科技大会召开后，北钞的生产科技工作进入了一个新的阶段，科技工作步伐加快，一批新项目陆续上马。1981 年，电子雕刻机的研制荣获印制总公司科技成果一等奖，75 型自控轮转号码机的研制获得印制总公司科技一等奖；改造 72 型 5 号机电气控制部分项目获得 1989 年度北京市技术开发优秀项目三等奖。

（11）填补了我国印钞技术上的空白，更使北钞跻身于世界能承印塑料钞票的少数企业行列，揭开了人民币印制史上新的一页。1999 年底，北钞成功设计印制了我国第一枚人民币塑料钞票“迎接新世纪纪念钞”。

其次，北钞对当时形成崇尚科学技术的社会环境也做出了突出的贡献。在艰难的时局下，北钞人奋勇拼搏，形成了印制人自主研发、锐意进取的良好氛围，用科技的力量在印制阵地上冲破发达国家的技术封锁，为国争光，形成了印钞人爱智求真的品格。可以说，北钞 100 多年的发展历史就是近代中国印钞技术发展的缩影，具有鲜明的时代色彩和民族烙印。

再者，作为一个企业，北钞不仅在印刷的专业上取得了辉煌成就，而且在社会保障及社会福利等多方面都起到了表率作用，体现了人文关怀，促进了社会内部力量的革新。

100 年前，作为北京南城第一家现代化工厂，北钞的成立对以手工业者、城市贫民、农民为主要人口的白纸坊地区影响深远。北钞带来了第一批有文化的管理者、知识分子和专业技术人员。它不断地吸纳附近的手工业者、城市贫民或者农民，使他们变成产业工人，从而催生了新的社会阶层。

作为当时先进生产力的代表，先进的工人阶层开始积极接受新的思想，其中一些先进分子成了早期工人运动的先锋和无产阶级革命者，他们将新的思潮引入了传统的白纸坊地区。随着作为接受新思想最快的工人阶级占人口比例的增多，南城出现了新的社会风尚，剪辫子、工人运动乃至后来的革命思潮随着一些先进分子开始流入当地，一定程度上带动了旧时代南城的觉醒。

同时，产业工人的出现改变了南城以手工业者和农民为主的社会人口构成。而随着用工量的增加，非原住民如远郊的农民和市民也开始涌入京南地区，人口的流动性日益增强，这些也悄然改变着当地的社会风貌。

但由于当时政局的不稳定，作为旧政权必争之地的北钞，其管理者也随着政权频繁更迭而不断变动，因此一直没有稳定的大宗活源，工人们经常无工可做，无薪可领。所以，直到中华人民共和国成立前，它并没能改变北京南城地区的贫穷落后。

中华人民共和国成立后，随着现代化厂区的落成，大量先进设备、先进技术的引进伴随着新能源（电力、自来水）的应用，让当地的民众耳目一新，厂内职工干劲十足。后来，围绕着厂房、厂院逐渐建成了北钞的家属区，当地人还将厂门口的一条路称为“印厂路”。

自“北钞”成立，便与南城地区的民间风俗紧密相连，例如历史悠久的民间杂耍白纸坊太狮因北钞的鼎力支持发扬光大。1997 年，北钞成立的白纸坊太狮队参加全国舞狮锦标赛夺冠，获“北狮王”称号。2008 年 6 月，白纸坊太狮入选国家级非物质文化遗产保护项目，北钞被确定为传承单位。

可以说，北钞对白纸坊地区社会文化、社会风气等多个方面的养成做出了突出贡献，使白纸坊地区在西城区下辖的 15 个街道中散发出独特的气质与魅力。不仅如此，北钞还在完善社会福利、促进当时

办公大楼

就业等社会保障方面做出了表率。

北钞自建成起就一直造福白纸坊地区及周围地区的居民，久而久之周围社区的人们对其具有强烈的社会认同感。而100多年来，北钞内的职工也一直深爱着自己工作的企业，很多职工的子女也子承父业，继续为印钞事业贡献力量。另外，作为宣南地区建立最早并存续发展至今的现代化大型企业，北钞已经成为白纸坊的一部分，在1998年编写的《白纸坊街道志》[①] 中，有大量记述北钞历史的文字，其对当地的贡献与影响被编成歌曲[②]，在白纸坊传唱。

3. 停驻在时间中的历史建筑

北钞作为具有百年历史的企业，不仅具有雄厚的实力、突出的社会价值，而且还拥有许多具有艺术价值的历史建筑，现已成为国家重点文物。它们静静地矗立在北钞的院内，经历了百年风雨的洗礼，见证着北钞从诞生到起步、从发展到腾飞的过程，以后也必将见证北钞更加美好的未来。看着它们，就像看一颗颗经过时间淘洗的宝石，凝聚了岁月的积淀，刻画着时间的流转。

（1）工字大楼

洋灰色的墙面显得庄重而肃穆，房顶和门窗却以鲜明的中国红为装饰，北钞厂内的这座办公大楼把中西方文化结合得恰到好处。因为当时兴建的初衷是作为生产工房之用，所以大楼的整体设计沿袭了美式生产大楼楼梯踏步低、台阶窄、扶手矮的特点。楼体后面，有一套红色的安全梯、逃生通道和排水管设施，现在依旧保存良好。其中，逃生通道的

---

① 北京市宣武区白纸坊街道志编纂委员会编：《白纸坊街道志》，北京市宣武区白纸坊街道志编纂委员会出版，1998年。记述北京印钞厂的内容在书中第三章《辖区经济》第三节《驻地工商服务企业》，第18—22页。

② 歌曲《赞北钞》：北京城的西南角，有家企业叫“北钞”。名字响亮众人晓，曾用厂名“五四一”。如今北钞百余年，青春长在永不老。有如一株参天树，根深杆壮枝叶茂。作为一名“北钞人”，心里甭提多骄傲。“精诚文化”代代传，北钞明天更美好。

北钞工字大楼走廊中厅

设计颇为高妙，整个通道从外面看就像一个与楼体平行的超大烟囱，而内部却是螺旋滑梯；“烟囱”与大楼相对的一侧有四个安全口，每个口正对着一扇窗。当有险情发生时，楼内的工作人员可以从窗子直接进入逃生通道，像坐滑梯一样迅速逃生。大楼正门两侧，刻着建造商和建局之初的领导名字，表示着厂内职工对他们的纪念。

因为这里曾经是一座囊括了从生产到管理的综合性大楼，所以内部包括了印刷局局长以及各个管理部门的办公室和车间，工人们也可以在此完成全套生产流程。楼里的装潢可谓是高档而精致，当初清政府的100万两白银，花得掷地有声：楼顶暗红色的瓦片是特供的，每片瓦的背面都有供应商的名字；菲律宾出产的硬木窗连根钉子都钉不进去。而三楼东的局长办公室里不仅保存着菲律宾出产的硬木地板以及红木隔断、彩色花瓷片灯具，而且还有按天主教堂设计的照明设施。三层西部的工作室里曾汇聚了中国一流的钢版雕刻师。现在，这座大楼的一层作博物馆用；二到四层，成为北钞的办公大楼。

（2）水塔

水塔由美国芝加哥桥梁与钢铁公司设计，完工于1911年。最初，该公司先在厂内的西北角建起了一座小型的水塔。之后，在主工房大楼南侧盖起了新的水塔。它40米高，可储水100立方米。塔下，有4口水井，各配一台直流电立式抽水机，向水塔输水。曾经，它是白纸坊地区最高的建筑。4根钢柱支撑着硕大的水箱，浓浓的工业风格在当年满目平房的白纸坊地区孑然酷炫。一边的钢柱铸有安全梯，在夏日的晚霞中，可以由此攀到水塔上俯瞰整个南城，一览南城景象。每天，来自莲花池的水从它的脚下流过，一部分被它抽取出来供给此地的工人用于生产生活，其余的汇入北京的母亲河永定河内。

大水塔的梯子

（3）钟楼

钟楼是北钞的标志性建筑，建成于民国四年（1915），雪白的廊檐勾勒出青砖墙体，简约素净，跟身后的办公大楼和东侧的三座小楼款型相近，浑然天成。

钟楼一层中间留有一个三米宽的拱廊，正对着主楼的大门。在北钞四个国家级重点文物当中，钟楼最后建成，结构也最为玄妙。

从高处俯瞰，钟楼、办公大楼与它们之间的两组连廊成一个“口”字；而站在钟楼的拱门处，左右水平看去，会发现钟楼的最北端，向东与三座小楼最南的墙体刚好贴合，向西则与主工房小门重叠，这在中国传统风水学上与中国人既不显财也不露富的风俗达成了高度统一。当时，这里的钟更多是用来听的。除了印钞厂内的职工，周围很多居民也

北钞钟楼正面全景

靠着听钟声来安排自己的生活起居。

北钞钟楼的四面钟则被较好地保存下来。它的表芯现存于北钞博物馆内，钟楼整体保持原貌。钟楼的门楣处，刻着美元图案中的全知之眼。美国很多与财政相关的金融机构都喜欢在建筑上暗藏该图案，既可以象征着北钞高贵的皇家血统，也可以显示出当年美国拉本公司设计构图之精妙。

而钟楼的点睛之笔要数四面钟——它们被嵌在先秦古钱三孔布币当中，这正是清王朝对于皇家印钞厂的期许，希望借此契机，收回印权、统一发行、重振国威。这种期望也隐藏在钟楼的整体造型中，因为它如一方置于印台上的玉玺，象征着至高无上的皇权。

（4）三座专家小楼

由美国拉本公司设计的三座专家楼不同于我们常见的典型的美式别墅，最初它是为外国技师及其家属提供的生活住所。

在设计上，它的外部线条硬冷，内部空间局促。每栋别墅都是二层高，南加州风格的上拉式窗户外配着白色百叶窗。当你沿着窄仄的实木楼梯走上去时，那笃实的声响就显得尤为悦耳。如今，这三座专家楼已成为北钞人的办公场所。

整体来看，北钞的钟楼、水塔、主工房大楼、三座专家小楼均为西式建筑，可它们在相对位置、细节设计上却又彰显出典型的北京庭院风格。小楼的红顶、灰砖以及层叠、简约的设计风格，无不展现了中西合璧的韵味。

秋日的专家小楼

在传统的宣南地区，北钞伫立着一个外来世界的四样西式建筑，这在当地的居民心中影响深远。它们和精美的钢版雕刻作品一样，影响了该地区一代代民众的审美。无论是当时还是在当下，这种散发着异域风情的工业风，都让参观者喟叹不已。

（二）中国邮政集团公司邮票印制局

我国远自奴隶社会时起，便已经出现了有组织的通信联络活动。随着社会的发展和政治、军事的需要，历代王朝在传送公文方面逐渐形成了一套严密的制度。但是，历史上历代的邮驿和通信机构只是我国近代邮政的萌芽状态，它的职能与现在的邮局还是相当的不同。我国出现邮局和发行邮票是1840年以后的事情。[①] 1878年，清政府在北京、天津、上海、烟台和牛庄（营口）等五处设立邮政机构，附属于海关内。同

① 《中国邮票史话》第2页。

年6月，我国首次发行的邮票——“大龙邮票”由上海海关造册处印制，邮票图案正中绘有一条五爪金龙，衬以云彩和水浪。中国邮票的发展历程自此开始。

中华人民共和国成立以来，中国邮票在选题、设计、印刷、发行等方面都在不断地改进提高。新中国邮票发行史上第一件大事是，1959年我国专门印制邮票的工厂——北京邮票厂建成投产。北京邮票厂位于右安门内大街8号。可以说，北京邮票厂是我国邮票史上的里程碑，它的贡献不可忽视，让我们一起走进它，了解它的故事。

1. 北京邮票厂的诞生及发展现状

邮票是国家的名片，邮票的选题和设计都需要紧跟时代的脉搏，不断宣传国家的时事大事、建设成就以及文化历史。在老一代领导人的亲切关怀下，中国邮政集团公司邮票印制局（北京邮票厂）于1959年9月25日，国庆十周年大庆前夕建成，时任邮电部部长的朱学范专程为建厂开工典礼剪彩。当时，邮电部正式将邮票厂命名为“邮电部北京邮票厂”，隶属邮电部邮政总局领导。当代著名学者、时任中国科学院院长的郭沫若先生还为北京邮票厂题写了厂铭。

北京邮票厂的成立，结束了中国没有专业邮票印制厂的历史。1959年11月21日，时任中共中央副主席、全国人大常委会委员长的朱德视察了北京邮票厂，并给予了高度赞扬。

现今，北京邮票厂位于北京市西城区白纸坊街道右安门内大街8号，占地面积40余亩，建筑面积5.7万平方米。不仅如此，邮票印制局的全资子公司——北京

当时任中国科学院院长的郭沫若为北京邮票厂题写的厂铭

中鸿博雅印务科技有限公司也于2003年1月成立，位于北京市大兴区，占地面积100亩，建筑面积3.7万平方米，目前作为邮票印制局的辅助生产基地。

1959年北京邮票厂新厂房印刷大厅全景

回顾北京邮票厂的建立过程，捷克斯洛伐克对我们伸出了友谊的橄榄枝，在发展初期与我国进行了全面的技术合作。1955年至1956年，捷克斯洛伐克分别派遣了建筑、工艺和土木工程专家到北京，指导和帮助北京邮票厂的厂房设计建设和厂区布置。

1959年，新厂房在两国工作人员齐心协力的努力下建设完成，崭新的工作间让邮票厂的工人们充满了信心，鼓足了干劲儿，立志不辜负祖国的期望。之后的几个月里，捷克斯洛伐克还陆续派遣了3位技术专家先后抵达北京，指导我方进行影写版邮票的印制工作，并指导训练了邮票厂的生产技术干部。同时，我国也选派了6名技术骨干到捷克斯洛伐克参加邮票印制技术的培训，他们在回国后继续参与了北京邮票厂筹建的各项工作，为邮票厂的发展添砖加瓦。最终，在邮票厂筹建的过程中，中捷双方的工作人员结下了深厚的友谊，成为十分要好的朋友。

如今，邮票印制局致力于邮票、邮资封片卡等有价证券的设计、研发和生产，形成了以邮票生产为中心，以高端防伪技术为特色，集创意设计、工艺研发、印制加工和增值服务于一体的产业链。在为中国邮政服务之外，还承制印花税票、身份证、国地税发票等防伪印品。60年以来，邮票印制局承印了数以亿万计的邮票，很多重大题材邮票，如每年的生肖邮票、奥运会邮票、冬奥会邮票等都由邮票印制局印制。邮票印制局不仅拥有专业的邮票编辑、设计、雕刻队伍，同时还与各界保持良好合作关系。近几年，邮票印制局连续举办邮票的印刷开机仪式活动，黄永玉、韩美林、周令钊等大师都来到这里参加活动，吸引了众多集邮爱好者的关注。

2. 邮票厂的印制实力

在1959年建厂之初，北京邮票厂就引进了当时世界上比较先进的邮票印刷专用设备，同时在整个建厂过程中不断吸收、消化和实践了先进技术。建厂初期，北京邮票厂共有凹印、胶印、铅印、完成、机电5个生产车间。其中凹印车间即雕刻凹版和影写版邮票的印制车间，分照相修版、制版、电镀、印刷、刷胶等工序，同时还引进了邮票纸刷胶设备和制版设备等，可以说集中了当年进口的先进设备，是邮票厂建设工程的重心。

现在作为中国唯一的邮票设计、印制、储运的专业企业，邮票印制局始终坚持以“保质保量保发行”为全部工作的最高标准，在近60年的生产实践中，优质高效地完成了新中国绝大部分的邮票印制任务，具有雄厚的印制实力。

（1）先进的印制加工能力

邮票印制局拥有胶、凹、雕全系类印刷生产能力、雄厚的设备资源，制版、印刷、后加工手段丰富，为中国邮政的邮票发行提供了能力保障，历年各类重大政治题材的邮票生产任务几乎由邮票印制局全部包揽。

邮票印制局现有多套精密制版系统、高精度大型印刷机及其他辅助设备。其中，BARCO专业防伪制作系统、格贝尔六色照相四版印刷机、胶雕联合印刷机、影雕联合印刷机等设备具有国际先进水平，具备了多色照相凹版、雕刻四版、胶版、胶雕版、影调混合版等多种印刷能力。还配备了覆膜、上光、烫金等全套后加工设备，能够满足各类证件、票据、商标等高级安全印品的需要。

邮票印制过程与众不同，除了拥有高端的专业进口设备外，还主要在于其特殊的印制技术。其中有一些不为外人所知的技艺，在书本里也根本无处可寻。在工业自动化水平发展迅猛的今天，邮票印制的一些核心工序仍然坚持手工作业。在 60 年的邮票生产过程中，一代代技术工人不断探索、潜心钻研，把邮票印制这门特殊的技艺传承接续，为中国集邮事业增光添彩。

（2）强大的编辑设计团队

邮票设计团队是伴随着北京邮票厂的成立逐步发展壮大起来的，在中国集邮事业的发展历程中发挥了不可替代的作用。孙传哲、邵柏林、刘硕仁、卢天骄、万维生、黄里、任国恩、姜伟杰、阎炳武、呼振源、杨文清、李德福……一代代邮票设计家星光熠熠的名字背后，是他们数十年如一日，默默奉献、孜孜不倦的身影，大师们对艺术执着追求，将毕生精力奉献于方寸之间，不断为中国的邮票事业设计出一套套精美绝伦的佳作。

编辑设计团队承担了邮票的选题论证、图文编辑、约稿创作、图稿评审、授权鉴定等工作。首先，编辑人员要对邮票的主题、枚数、规格、表现手法等要素提出专业的策划方案。其次，还会邀请最合适的邮票设计家来创作图稿。邮票印制局现有一支 20 余人的专职邮票设计家队伍，他们是目前中国最年轻、最优秀的邮票雕刻师团队，是一支不断发扬着工匠精神、创新精神的佳作不断的队伍。他们主要负责我国邮资票品的设计工作，分别从事山水绘画、平面设计、手工雕刻、摄影等专业。同时还为其他国家或地区设计邮票，其作品多次受到万国邮联的嘉奖并多次获得国际大奖。

（3）不可复制的邮票印制技术

邮票之所以被誉为国家名片，能在方寸天地中精雕细琢、一展所长，呈现出多姿多彩的大千世界，除了精美的设计，富于变幻的印制技术和不断创新的印刷材质同样功不可没。恰当的工艺遇到合适的图稿，加上具有防伪和装饰双重功能的纸张和油墨，常常能突破传统艺术形式的限制，推动邮票艺术水平和印制质量更上一层。

邮票印制局在安全印务和有价证券方面术有专攻，形成了从制版到印刷、到后加工的成龙配套。同时，印制局也是亚洲最大的邮票生产基地，邮票印制技术稳居世界先进水平。印制局的生产量等于欧洲所有国家生产量的总和，这主要得益于中国邮政居世界第一的集邮业务。

邮票印制局在工艺技术上坚持探索、不断创新突破，先后推出压凸邮票、香味邮票、胶雕邮票、全息邮票、不干胶邮票、AR 邮票等新品种，采用了高网线、三维起凸、反阴雕刻、十二色印刷、胶雕一版多色等高难度工艺，使我国邮票印制技术稳居世界先进水平，在历届国际政府间邮票印制者大会中荣获了诸多重要奖项。邮票印制局在世界上还首次印制生产了富有中国特色的宣纸邮票和耿绢邮票，实现了可变图形喷码、复杂造型打孔等新工艺，得到集邮爱好者和各国同行的好评。

3. 工艺创新及特色邮票

近年来，邮票印制局坚持创新驱动理念，加大在原材料创新和工艺研发方面的投入，收获多项创新成果。

第一，原材料创新取得新突破。一是印制局拥有包括邮资票品专用耿绢纸、防伪宣纸在内的多项专利技术，拥有“正背变色荧光纤维”和“多色组合荧光防伪纤维”自主发明专利。新型生肖邮票专用防伪邮票纸成功应用于《丁酉年》邮票印制后，获得安全防伪产业最高奖项——“蓝盾杯应用成果奖”。二是大力开发原纸预印防伪项目，完成具备“潜藏模式”（即平时不可见，透光不可见，荧光灯下可见）和“潜影模式”（即自然光下平视不可见，透光可见类水印图文，荧光灯下可见图文）纸张技术开发项目，初步实现了“潜藏模式”和“潜影模式”的自主选择，并开发出具有潜影效果的水印邮票纸，成功应用于中国邮政邮票印制当中。三是完成多次环保石头纸试制工作，并根据石头纸特性，确定了以应用于邮资封、片为目标的开发目标，同时完成了邮资封、片的试印和后加工工作，最新开发的石头纸已基本满足印制纪念邮资封、片的要求。

第二，工艺创新取得新进展。2016 年，在《中国古镇》邮票上首次使用 10μ 调频网技术；在《水果》邮票上，首次使用了 10μ 调频网变频技术；在《上海迪斯尼》邮票上，同时使用透明珠光和新型变色珠光油墨。2017 年，《丁酉年》邮票成熟运用无墨雕刻、新一代邮票防伪纸张、特种油墨等印制工艺；《中国恐龙》邮票，第一次在雕刻邮票上使用了光变油墨，第一次成功运用了动物造型 APS 镂空工艺，第一次使用了分组可变图案喷码，第一次运用了厂铭无墨雕刻，十多年后再次完美使用了边饰镂空文字工艺，更巧妙使用无色荧光效果，将“恐龙博物馆”搬上了邮票。2018 年，《诗经》邮票首次采用多媒体印制方案，且实现雕刻金与雕刻黑间距不到 1 毫米而不串墨；《中央美术学院建校一百周年》首次采用荧光专色雕刻凹版金属油墨——红荧光金色雕刻油墨，防伪功能与艺术性并举；《当代美术作品选（二）》一套三枚全部由邮票印制局印制，是首次一套邮票三种工艺由同一个印厂印制；《上海合作组织青岛峰会》《中国进口博览会》成功使用超高网线印制，在制版过程中有三个颜色使用 400 线/英寸以上的高网线，其中一色更是提高到了 600 线/英寸。

北京邮票厂不仅发扬、创新了纸文化，推动了纸张的科技利用，而且在几十年的发展中还开发设计出了许多独具特色的邮票，令社会大众耳目一新。其邮票的选题大致包括人文、社会、自然等多个方面的内容，多层次、多角度地宣扬中国的软硬实力，彰显祖国的魅力与内涵。

（三）中国地图出版集团

位于白纸坊西街 3 号的中国地图出版集团始终坚持把社会效益放在首位，努力推动社会效益与经济效益实现有机统一，紧密围绕国家对生态文明建设和自然资源管理战略部署，坚持“巩固、升级、创新、转型”发展理念，编制、出版、发行服务国家、服务社会、服务民生的各类地图、书刊、教材教辅和文化产品，讲好中国故事，传播中国声音，推动中华文化“走出去”，提升中国城市影响力，为促进国家社会经济文化发展和市场繁荣做出了积极贡献。

中国地图出版集团主要成员单位为中国地图出版社、测绘出版社和中华地图学社，拥有在职员工 500 余人，其中专业技术人员 230 余人，资产总额已达 15 亿元。根据财政部 2018 年中央文化企业经济运行情况报告，在 113 家中央文化企业中，中国地图出版集团利润和资产总额均位居前列。

中国地图出版社成立于 1954 年，注册地北京。现主要从事地图、地图文化、旅游类图书出版，地理、历史相关学科教材教辅出版，以及地理信息应用、互联网新媒体产品研发等，是国家法定地图的权威出版机构。

测绘出版社成立于 1956 年，注册地北京。现主要从事测绘书刊、高等测绘教材、职业技能培训教材与科普图书出版，在推动测绘科技进步、促进科技成果转化、普及测绘科学知识、扩大测绘影响力等方面发挥了重要作用。

中华地图学社成立于 1975 年，注册地上海。现主要从事学术专业地图、海洋地图、地图文化以及上海地区教材的编制出版工作，为传播地图文化成果和繁荣地图出版物市场做出了积极贡献。

1. 发展历程

作为国家级地图编制出版机构、国家版图意识宣传教育实践基地和国家标准教材的重要出版单位，中国地图出版社一步一步地从历史中走来，历经了时间的考验，破茧成蝶。

（1）国营新华地图社成立

1930 年秋，上海申报馆为纪念建馆 60 周年，成立“申报馆中国地形图编纂会”，这是中国地图出版社的前身之一。1949 年 5 月，解放日报社接收申报馆，在南京设立解放日报舆图部。1950 年 5 月，改组成立新华地图社，由出版总署编审局领导。1951 年至 1952 年，由人民教育出版社代管。1953 年 3 月迁京。

（2）“私私合营”的私营地图出版社成立

中华人民共和国成立前夕，地图出版单位风雨飘摇，一些弱小单位，支撑不住纷纷停业倒闭，还能存在独立经营的地图出版单位有：上海的亚光舆地学社（以下简称“亚光”）、世界、东方、上海、国光、大中国、大陆、大众、震球、新中、光华、华夏等 12 家，武昌的亚新和北京的复兴各 1 家，共 14 家。

1952 年 10 月，上述 14 家地图出版单位，除保留原单位继续经营外，各抽出部分人员和资金，经华东新闻出版局核准，在上海正式组成地图联合出版社，初步实行私私联营。1953 年 1 月，上述 14 家出版单位，加上地图联合出版社共 15 家，集中全部人员和资金，完全合并，成立了“私私合营”的私营地图出版社。

（3）公私合营的地图出版社成立

1954 年 12 月 9 日，由新华地图社和地图出版社（私营）合并组成公私合营的地图出版社，社址在北京朝阳门外杜家楼，门市部在王府井大街。合营后一套机构两块牌子，对外出版使用“地图出版社”，对内保留“新华地图社”名称。后经文化部批准，1958 年 1 月 1 日起，内外统称“地图出版社”。

1960 年 7 月，地图出版社由北京朝阳门外杜家楼 14 号迁至白纸坊西街 3 号办公。

1987 年 2 月，经中央批准，“地图出版社”更名为“中国地图出版社”。

（4）测绘出版社成立

1956 年 1 月，测绘出版社成立。1957 年 6 月，测绘出版社从北京永光寺 3 号迁至三里河路 50 号办公。

（5）中华地图学社设立

1975 年 1 月，国家新闻出版管理局批准地图出版社设副牌“中华

白纸坊西街3号老办公大楼

地图学社”。1976年5月，中华地图学社在上海设立。

（6）中国地图出版社与测绘出版社合并

1997年8月，中国地图出版社与测绘出版社合并，沿用中国地图出版社名称，保留测绘出版社名称。2008年1月1日，中华地图学社独立核算。2009年1月1日，测绘出版社相对独立运营。

（7）中国地图出版集团成立

2010年9月，经国家测绘局批准，中国地图出版社、测绘出版社、中华地图学社实施转企改制，在北京组建成立中国地图出版集团，全面按照现代企业制度经营管理，完成从事业单位向全民所有制企业的转变。

2013年，中国地图出版集团新办公大楼“国家地图文化产业基地”在白纸坊全面建成，并获得原国家新闻出版广电总局批准，成功进入出版改革发展项目库。其主要架构为8个中心1个馆：地图应急保障服务中心、国家版图宣传教育中心、地图文化创意中心、地图出版传媒创新发展中心、地图技术研究和开发中心、地图出版人才培养中心、全球地理信息收集整理与国际边界地名研究中心、古地图整理和研究中心，以及中国地图文化馆。

2014年7月，为推进中国地图出版集团工商登记，经财政部研究同意，将测绘出版社、中华地图学社资产无偿划转至中国地图出版社，由中国地图出版社履行出资人职责。

（8）中国地图出版社有限公司成立

2018年9月，经中央文化体制改革和发展工作领导小组办公室同意，中国地图出版社由全民所有制企业改制为国有独资公司，改制后公司名称变更为“中国地图出版社有限公司”，由财政部代表国务院履行出资人职责，自然资源部行使主管部门管理职责。

历经风雨沧桑，走过峥嵘岁月，中国地图出版社几十年的发展历程成为其自身发展的宝贵财富，是它不可抹去的历史积淀和传统底蕴，支持着它在新时代的当下和未来继续发挥作用，传播中国的声音和文化。

2. 优秀出版物

作为传播中国声音的窗口、中国城市“走出去”的文化交流平台和世界一流的旅行指南出版单位，中国地图出版社拥有许多家喻户晓的“名片”。

（1）“千年第一图”——《中华人民共和国行政区划图》

“中国一点也不能少”，该图全面地展现了中华人民共和国的行政领土区域，体现了中国宪法所规定的中华人民共和国行政区划划分。该图利用全国勘界成果编制而成，首次将 34 个省级行政区域界线权宜画法转为法定画法，是我国有史以来第一幅标示法定省级陆地行政区域界线的地图，进一步体现了该地图的权威性、法定性、现实性和先进性。

同时，该图也是作为比例尺等于或小于 1∶400 万地图上绘制省级陆地行政区域界线的标准和依据，可称其是“千年第一图”，在中国地图出版史上，具有十分重要的意义。

（2）《中国历史地图集》

中国舆地图具有悠久的历史，研究中国历史地理既可以推动学术的发展，又可以为国家解决边境历史问题提供直观有效的历史依据，是一件基于历史、面向现实的重要事情。

《中国历史地图集》共八册，由中国社会科学院主办，著名历史学家谭其骧先生主编，汇集了中国社会科学院、复旦大学等众多科研院所、高校和地图编制出版单位的数十位专家、学者，历时 30 余年合作编制完成。中国地图出版社从 1982 年开始陆续出版，到 1989 年八册图集全部出齐。

该图集充分吸收和借鉴了前人在中国历史地图和历史地理方面的优秀成果，通过现代制图技术，采用古今对照的方式，形象直观地展现了中国历代各个政权的疆界和政区，是中国历史地图史上的空前巨著。图集的出版，受到了国内外学术界的热烈欢迎，是广大历史专业工作者学习和研究中国历史的必备书目，是研究我国历代行政区划不可多得的宝贵资料，同时也被广大历史爱好者所珍藏。

（3）《中华人民共和国国家地图集》

《中华人民共和国国家地图集》以地图为载体，全面、系统地反映了一个国家的自然、人口、经济、文化和历史的全貌，被视为一个国家科学技术与文化水平发展的重要标志，也被视为一个国家的“名片”。

《中华人民共和国国家地图集》共 5 卷，是全国 200 多个部门、1700 多位专家学者集体智慧的结晶。《中华人民共和国国家地图集》以地图的形式总结概括了中国自然、人口、经济与历史等各方面所取得的最新研究成果，全面系统地反映了中国复杂的自然条件与丰富的自然资源，显示了中国数千年来悠久的历史与古代文明的成就，以及近代生产力与科学技术的兴起。不仅为我国经济与社会发展的宏观规划布局提供了重要科学依据，而且为地学、生物学、环境科学、经济学与历史学相互参证和今后的进一步研究奠定了坚实的科学基础。

（4）《中华人民共和国行政区划图集》

《中华人民共和国行政区划图集》由民政部、国家测绘局联合编制，中国地图出版社 2005 年出版发行。

该图集是我国有史以来第一部标准权威的行政区划图集，也是我国第一次以专题地图集的形式，将全国近 48 万公里的省、县两级行政区域界线勘界成果公之于众。图集汇集了我国行政区划设置调整、地名标准化、行政区域界线勘界和国家基础测绘的最新成果，系统、准确地反映了当前我国法定的县级以上陆地行政区域界线，省、市（地）、县、乡（镇）四级行政区的行政中心和标准名称，填补了我国行政区划图集编制领域的空白，堪称半个多世纪以来我国行政区划、地名和行政区域界线管理工作成果的结晶。

《中华人民共和国行政区划图集》的编制出版，使区划、地名和边界的最新信息及时地实现社会共享，对国家行政管理、经济建设、社会发展、国际间交流起到了十分重要的作用。图集成果 2007 年获得首届中国出版政府奖图书奖、地图作品裴秀奖金奖。

（5）《中华人民共和国行政区划变迁地图集（1949—1979）》

《中华人民共和国行政区划变迁地图集（1949—1979）》由中国科学院地理科学与资源研究所编著，中国地图出版社 2015 年出版发行。

《中华人民共和国行政区划变迁地图集（1949—1979）》基于我国长期积累的历史资料和科学研究成果，通过研究、分析我国的行政区划变迁的历史事实、体制变革、政策决定等基本国情，将 1949 年至 1979 年间逐年的行政区划演变史实，以地图的形式全面、系统、直观地反映出来。该地图集的编制和出版是我国行政变迁地图制作史上的一件大事，填补了该领域的空白，是集科学性、艺术性、实用性为一体的宝贵的科学作品，可作为工具书使用，为政府管理、科学研究、发展规划提供依据，也可为科技工作者、社会公众了解我国不同时期行政区划沿革历史及行政区地名更迭提供参考。

《中华人民共和国行政区划变迁地图集（1949—1979）》美观大方，色彩典雅，符号简洁，图面清晰，注重地图设计中的符号美、色彩美、注记美与整体美，使地图集具有视觉完整性、一览性的特点。图集在 2017 年获得了国家新闻出版广电总局中国出版政府奖印刷复制奖。

（6）《嫦娥一号全月球地形图集》

《嫦娥一号全月球地形图集》由中国科学院国家天文台编著，中国地图出版社 2013 年出版发行。

《嫦娥一号全月球地形图集》是“中国探月工程科学探测成果系列

丛书”中的一本重要专著，是我国利用自主探测数据首次描绘月球地形的具有完全自主知识产权的地图集，记载了我国科技创新的这一伟大历史时刻，将月球探测工程第一期“嫦娥工程”所取得的重要科技创新成果以地形图形式结集出版。该图集承载了广大航天科技工作者空间探索的累累硕果，是众多学科交叉、融合所取得成果的集中体现，可以为研究月球地形地貌、地质构造和演化提供基础性的资料。

《嫦娥一号全月球地形图集》利用创新性技术，精细地展现了月球地形（原文表述为“Technically innovative and fine detailed representation of the Moon's topography”），由此荣获第26届国际地图制图大会——地图集类第三名。该奖项是国际测绘界最高地图奖项，本图集是唯一入围的行星制图图集。《嫦娥一号全月球地形图集》的出版，在国内外引起了高度关注和巨大反响，是我国重大科技创新成果的有力体现，填补了我国月球与行星地形图制图领域的空白，对于我国在月球和行星地形图制图技术上以及图集编制出版方面具有划时代的意义。

（7）《中华人民共和国土壤覆被地图集（1∶1000000）》

《中华人民共和国土壤覆被地图集（1∶1000000）》由徐冠华院士、陈宜瑜院士担任编辑委员会顾问，中国科学院副院长丁仲礼院士担任编辑委员会主任，中国地图出版集团2017年出版发行。自2011年开始数据生产到2017年正式出版，历时6年，先后有来自中国科学院9个研究所和9所高校240余名科技人员的共同参与，是遥感领域近20年研究与实践的成果结晶。

该图集以中、英文双语出版，填补了国家级百万比例尺地图集中土地覆被地图集的空白。该地图集系统并完整地记录了中国经济发展最快20年的沧桑巨变，对研究我国土地覆被变化及其对生态环境安全的影响具有重要参考价值，可为后续深化我国“全球变化与应对”“区域可持续发展”研究提供多个时间节点的基础信息支撑。

（8）《世界地图集》（八开本）

《世界地图集》（八开本）是国内首套大开本的综合性世界地图集，

展现了我国世界地图编撰的最高水平。

该图集采用库图一体化的全新编制工艺，科学设计，合理编排，内容覆盖全球220多个国家和地区，通过专题图、大洲图、地区图、国家图、城市图等，全方位、多角度看世界；采用影像图、晕渲图、政区图等多种形式，多形态展示世界；借助文字、图片、信息图表，多维度解读世界；结合多幅区域地图，多尺度诠释世界。

该图集内容丰富全面。25幅专题地图科学严谨，展示了不同领域的最新研究成果；国家地图国界线表示规范合理，符合我国外交立场；地名表示标准规范，图集收录了12万多条标准中外对照地名，汇集了中国地图出版集团60多年地名研究成果，是一本可供典藏的工具性地图集。

该图集大胆创新，将信息图表融入地图设计，将知识性与艺术性完美结合；同时将裸眼立体地图应用于图集设计，通过技术跨界打造更酷炫的地图集产品；在色彩设计上，多采用冷灰色调，视觉上更加高雅沉稳，感觉上更加高端大气。

（9）《地图上的绿水青山》

为深入贯彻落实习近平总书记生态文明思想和习近平总书记关于自然资源管理的重要论述，深入推进生态文明建设，《地图上的绿水青山》地图集在自然资源部主持下，由中国地图出版集团联合自然资源系统相关单位共同编制完成。

该图集是我国第一部公开出版的体现山水林田湖草是一个生命共同体和绿色发展理念的地图集，围绕自然资源管理的新职责、新使命和新任务，按照既全面系统，又突出重点的设计原则，收集、整理、提炼了土地、矿产、森林、草原、湿地、水、海洋等自然资源领域公开的调查监测数据和相关地图成果，并对自然资源领域内的科技创新成就进行了择要展示，共分为“美丽中国”“土地资源与利用”“能源与矿产资源”“森林、草原与湿地”“水资源与利用”“海洋资源”“自然保护地”

“科考探索”等8个专题，每个专题均以形象直观的地图为主，辅以图表、照片和文字说明，多形式地展现我国各类自然资源的空间分布、开发利用、保护监管以及与之相关的丰富信息。

该图集总结了改革开放40年来我国在自然资源领域取得的显著成就，展示了自然资源管理的全新工作局面，切实引导全社会牢固树立尊重自然、顺应自然、保护自然的生态文明理念，增强公众绿水青山就是金山银山的意识，自觉践行节约资源和保护环境的基本国策，坚持节约优先、保护优先、自然恢复为主的方针。该地图集的出版，为全国自然资源管理工作提供了资料参考，也为今后各省区市自然资源地图集的编制提供了范例，更为社会公众全面了解我国自然资源状况搭建了平台，对开展自然资源国情宣传教育，增强全社会珍惜和保护自然资源、建设生态文明、共建美丽中国的思想自觉和行动自觉将产生积极的作用。

（10）《中国国家人文地理》丛书

《中国国家人文地理》丛书是贯彻落实习近平总书记建设社会主义文化强国和大力推进生态文明建设的重要指示，特别是要按照“讲好中国故事，传播好中国声音，向世界展现真实、立体、全面的中国，提高国家文化软实力和中华文化影响力”的总体要求，由国家有关部委主导，由中国地图出版集团负责组织实施的“十三五”国家重大出版工程。

丛书以地级城市为单元，旨在通过人文和地理两个维度，权威展示我国地级城市的历史文化、人文资源、地理国情、生态文明建设及经济社会发展成就，对外宣传我国城市形象，弘扬中华文化，助力城市高质量发展和中华文化走出去。

丛书“十三五”时期计划出版100个城市分卷，并拟用两到三个五年计划的时间，实现对全国333个地级城市的全覆盖。目前已有20多个省份的70多个地级城市加入丛书编辑出版行列，社会关注度和影响力日益提高。中宣部把丛书作为“走出去”的重要文化成果，并和中国外文局等国家外宣机构一起，在全球 40 多个主要城市宣传展示；财政部批准专项资金，建设中国国家人文地理内容资源共享服务平台及全媒体出版平台；中宣部“学习强国”平台、人民网分别设置专栏和专门频道推介丛书参与城市；2017 年至 2018 年，丛书相继在中国香港、德国法兰克福、英国伦敦举办了丛书海外发布会暨中国城市海外推介活动，丛书入藏大英图书馆，在海外受到广泛关注，引发热烈反响。

（11）LP 旅行指南和《孤独星球》杂志

被全球旅行爱好者誉为“旅行圣经”的 LP 旅行指南也是中国图书出版集团的知名产品。这是与全球知名旅行指南图书 Lonely Planet（孤独星球）公司全面开展合作，目前中文版旅行指南图书已出版 200 多种，覆盖全球主要国家和国内各省市，占国内旅行图书市场 35% 以上份额，排名第一。

《孤独星球》杂志拥有 70 多万忠实读者，每期有 40% 的内容交换至全球 16 个语种地区杂志发布，已成为全球旅行爱好者了解中国和中国文化走出去的重要窗口。

相信作为知名测绘地理信息科技传播和应用机构，中国地图出版社定能不断引领测绘地理信息技术的发展趋势，推动测绘地理信息转型升级和创新发展，积极为服务政府、服务社会、服务民生做好技术服务支撑和保障。

从为皇家造纸张，到民间纸作坊，再到国家印钞厂，白纸坊地区的北京印钞有限公司以不同的方式保留了源远流长的文化基因，令人赞叹。中国邮政集团公司邮票印制局自建成起就承担起国内邮票印制的重任，几十年来对技艺的追求始终如一，这样高标准的制作流程让人叹服。而中国地图出版集团以另一种姿态传播中国的声音，用图片的形式展示祖国与世界的美好，真实客观地为历史的发展留下了珍贵的图像资料。

第二章　蔡伦祖师爷庙与坊间花会文化

《茶馆》第三幕中，评书艺人邹福远痛心疾首地对师弟卫福喜说过这样一句话：“我是这么看，咱们死，咱们活着，还在其次，顶伤心的是咱们这点玩意儿，再过几年都得失传！咱们对不起祖师爷!”故事剧情主要围绕清末民初这个时段展开的《茶馆》，对这两位评书艺人的刻画非常写实。在那个时代，很多行业对祖师爷的崇拜不亚于对庵观寺院里所谓“正庙正神”的崇拜。想来也是，按照那个时候的说法，祖师爷一代一代把手艺传承下来，这才使得现在的从业者有了一门足以傍身的技能，能“吃得上这口饭”，所以从业者对祖师爷的崇敬也是不无道理的。

时至今日，一些传统行业的老从业者看到后起之秀时，仍然会称赞说“祖师爷赏饭”。在那个年月，各行各业都得有一个行业认可的祖师爷，不同的是，有的行业的祖师爷确实可称这个行业的开山鼻祖，而有的行业的祖师爷，则多少有些牵强附会的成分，有的时候还会出现同一个行业不同分支的从业者供奉两个不同的祖师爷，或是两个不同行业的人供奉同一个祖师爷的情况。举例来说，《茶馆》里艺人邹福远说的这位评书行业的祖师爷，目前我们熟知的便有两种说法，有人说是周庄王姬佗，有人说是魏征；又比如说，白纸坊地区曾经活跃着一种民间曲艺形式莲花落，它的祖师爷是范丹老祖，由莲花落演变而来的数来宝，祖师爷也供奉范丹老祖，然而同样是由莲花落演变而来的二人转，则另供楚庄王为祖师爷。

我们平时听起来比较耳熟的行业祖师爷，比如木匠行业供奉鲁班，造酒行业供奉杜康，医药行业供奉华佗和孙思邈等等。而当我们谈到白纸坊的特色产业——造纸业时，它的祖师爷也可谓是人尽皆知，那就是改进了造纸术的蔡伦。

第一节　造纸胡同内的蔡伦祖师爷庙

蔡伦出身于东汉初年大凑山下一个铁匠世家，祖祖辈辈以打铁为生，由此看来蔡伦也可能依靠打铸铁器度过一生，但历史总会因珍惜人才而出现转机，千里马终究会遇到伯乐，本身是金子的蔡伦终将发挥自身的才华，成就一段佳话。这个转机就从卫飒上任桂阳郡太守后说起。桂阳（今湖南省耒阳县）出产铁矿石，其他郡的百姓因此经常聚在一起私下炼铁，在兴盛的时候可谓是“炉烟蓊然，上接云汉”①。所谓树大招风，财多招贼，结果招致了许多亡命之徒，使得县内发生很多奸邪偷盗之事。身为地方父母官的卫飒于是上书请立负责铸铁的官员，将冶铁之权利收归国家，不允许私人铸铁，而蔡家作为铁匠世家因此就与朝廷有了紧密的联系。在朝廷派人选有才能的人入宫做事的时候，蔡伦得以顺利入宫。

但天将降大任于斯人也，必先苦其心志，劳其筋骨，一切都不会一帆风顺。据《后汉书·蔡伦传》记载，蔡伦在明帝刘庄永平十八年（75）入宫，成为一名宦官。那一年的他只有十几岁，一副少年模样，在最初入宫的十几年之后也只担任了宦官中职位较低的“小黄门”职务。这个看起来没有什么前途的职位，蔡伦却在上任后更加尽职尽责地为皇帝效力。终于皇天不负有心人，在汉和帝刘肇登基的那一年，即永

① 《舆地纪胜》卷六十一，清影宋钞本，第820页。

元元年（89）他被提升为“中常侍”，担任了汉代宦官体系中较高的职位，专门负责传达皇帝的诏书和掌管文书，参与军政机密大事。

蔡伦自小就很有才学，有很强的动手能力，尤其对周边的生产、生活环境非常感兴趣，重视实践中的知识。中常侍是一个非常令人羡慕的肥差，又离皇帝较近，可谓是皇帝身边的红人。可是每次到休息的日子，蔡伦总是谢绝宾客，独自一人去乡间村野或者城镇闹市中查访民间各类手艺人，学习各种技艺，不断丰富自身的知识，提升自身的技术水平。

永元九年（97），汉和帝又派蔡伦兼任少府“尚方令”，掌管监制皇室和宫廷御用器物，终于英雄有了真正的用武之地，蔡伦即将大展拳脚。蔡伦开始利用皇宫中优越的物质条件和众多的能工巧匠对书写材料进行不断的改进试验。或许是之前的经历让他对读书人手中沉重的竹简有了思考；或许是为了能更好地为皇室尽责，进一步施展自己的才华，巩固自己在宫中的地位，他一直没有放弃对改进纸张的尝试。在经历了一系列波折、失败与煎熬之后，蔡伦终于在元兴元年（105）将其改进后的纸张进献给了汉和帝，并受到了皇帝的高度赞赏与嘉奖。之后皇帝颁布了诏书，命令全国各地推广蔡伦的造纸技术，因而人们把尚方令制作的纸称为“蔡侯纸”。

根据现在考古发现及对出土文物的研究，用于书写的纸在西汉时期就已经出现。由此来看，蔡伦就不再是纸的发明者，而是造纸技术的改进者。但是他在造纸业史上的贡献却是不可磨灭的，也称得上是一个优秀的发明家。首先，他扩大了造纸原料的范围，用麻、破布、渔网、树皮为原料，大大降低了造纸的成本；其次，他总结、提高、改进了西汉以来的造纸技术，造出了便于书写的柔软的且具有韧性的纸张；最后，他获得了官府的支持，推广了造纸技术，使纸的使用变得普遍起来，加速了造纸业的发展，也推动了文明的进程，具有非常重要的历史意义。在美国著名学者麦克·哈特的《影响人类历史进程的100名人排行榜》

一书中，蔡伦就排在第七位。可见蔡伦不仅在中国历史上具有重要地位，在世界乃至人类的历史上都具有重要地位。

现今白纸坊街道里有八条直接与造纸有关的街巷、胡同，这些地方都见证了白纸坊地区的历史变迁和兴衰起伏。解放前，今崇效寺前尚有几家造纸小作坊，每逢农历三月十七日蔡伦诞辰，白纸坊及周围邻近地区的手工造纸作坊都会休息一天，纸坊工人们从早上起床时就会穿戴整齐地前往这里，大家焚香叩首，拜谒蔡伦，祈求祖师爷的庇佑。除此之外，纸坊工人还会聚集在祖师庙内举行庆典活动，香火鼎盛，热闹非凡。而这座备受造纸工人推崇的祖师庙就位于当初的造纸胡同内，为当时造纸公会所在地。到了20世纪60年代，这个地方还有晒豆儿纸的小手工作坊。位于胡同南侧的白纸坊东西大街，是解放后修建的。《北京市宣武区地名志》显示，1958年曾一度称这条街为白纸坊东路、白纸坊西路，如今是白纸坊街道重要的东西主干道。

曾经供奉蔡伦的庙宇，现在虽然已经消失无踪，但是在历史上还是发挥了一定的作用，代表了当时白纸坊地区造纸工人们的信仰与精神，体现了当时这片区域的特色，发扬了中华民族敬祖崇贤的优良传统，寄托了慎终追远的感恩情怀。

据考证，白纸坊地区的蔡伦庙曾名祖师庵，旧名古林院，民国时《北平庙宇通检》一书记载："古林院建于明代，清乾隆时重修，为故都纸商集会之所。"①

《北京寺庙历史资料》对祖师庙的内部格局有如下记载："祖师庙坐落外四区白纸坊街二十九号。建于乾隆七年，属私建。本庙面积四亩，房十五间。管理和使用状况为纸行合行管理。"按现在的地理位置来说，供奉蔡伦的祖师庙，应该位于北京印钞厂（今北京印钞有限公司）对面。

---

① 《中国佛寺志丛刊》第一册《北平庙宇通检》，影印本，第153页。

该庙坐北朝南，是北京典型的四合院格局。占地四亩，相当于2000多平方米的面积，三个标准足球场的总面积。看来当年的规制着实不小，气势应该是相当宏大的，这也正是当年手工造纸作坊兴盛的重要体现。

庙中正殿北房有三间，两边各有一间配殿，共五间。正殿内，中间供奉的是祖师蔡伦的塑像，两旁供奉十八罗汉像。东配殿供关羽像，西配殿是造纸行会王记家的祖祠。这样的供奉情况既表达了纸坊工人们在精神信仰中对其祖师爷——蔡伦的尊敬，也表达了作为小手工业者对发财致富的追求和期冀。东西厢房各三间，西厢房住的是纸行无家可归的单身汉们，体现了行会作为一种商业组织形式对本行业内部从业人员的管理。这样既调节了行业内部的矛盾，也保护了行业的利益。东厢房则用于出租，后来成为煤铺。

庙中的南面有一个坐南朝北的戏楼，木质结构，戏楼下面，嵌着青石砌成的底座，底座周围有石栏杆，东西两侧是青石台阶。戏楼之南为山门。戏楼与正殿之间，有一块宽阔的空地，为看戏的场所。他们于蔡伦诞辰日那天就会聚在台下一起看戏，改善伙食，为祖师爷庆生，同时也犒劳自己，那一天全行业同欢同庆，好不热闹。虽然这座戏楼比不上王公贵族府上的华贵，但也足够行业内部的工人们娱乐休息，放松心神。不仅如此，听说早年的造纸工人们平时都会利用业余时间在这里练舞狮、挎鼓等花会节目，多种民间民俗活动和表演在这里得到传承和发展。

第二节　坊间民俗文化起源与祖师爷庙

坊间民俗文化包罗万象，作为广大劳苦大众在辛勤奔波之余为数不多的休闲娱乐活动，这些民俗文化一方面凝聚了人民群众的审美和艺术理念，另一方面也承载着市民群体的共同历史记忆。白纸坊地区作为宣南文化的发源地之一，在民俗文化的创新和发展方面，自然有着得天独厚的条件，诸多流行于宣南地区的优秀民间传统艺术都曾在白纸坊留下过自己的印迹。这些民间艺术往往都伴随着带有特定寓意和愿望的民间集会活动诞生，而随着民间集会活动的规模和影响力逐步扩大，这些艺术形式也随之发展和完善，逐渐形成各种形式各种门类的民间传统艺术。

谈到白纸坊地区最具特色的民间传统文娱活动，我们就不得不提到一句广为流传的俗语，“白纸坊，两头翘，狮子挎鼓莲花落”，这其中就提到了三种在白纸坊地区赫赫有名的民间文艺活动——太狮（舞狮表演）、挎鼓和莲花落。这三种文艺活动各具特色，亦动亦静，既具有旧时北京民间集会活动的热闹气息，又兼具深深植根于我国传统艺术理念的文化内涵。民间艺术往往具有很强的包容性和流动性，因此诸多艺术形式流传范围很广，在各地衍生出的变体形式也是五花八门。如我们上文提到的这三类艺术形式，究其源流，它们几乎都不是土生土长的白纸坊地方特色艺术，但当它们流传到白纸坊地区时，却立即在此生根发芽，蓬勃发展，以至于最后成为该地区的特色民间活动。那么，是怎样的文化背景，使得白纸坊地区能够如此迅速地吸收、内化、发展、传播这些优秀的民间传统文化呢？

白纸坊地区丰富多彩的民间民俗文化娱乐活动多半与这地区规模不大的祖师庙有着密不可分的联系。这些民俗活动大多数是从祖师爷庙的庙会活动中脱胎而来，伴随着多年的表演实践经验，逐步形成了不同类别的专项演出团体，并最终在老北京诸多优秀传统文化中脱颖而出，使白纸坊地方的民俗文化能够在群星中闪耀异彩。既然我们说到了祖师爷庙以及它与白纸坊文化之间密切的联系，那么我们不妨追溯一下祖师爷庙的历史，因为只有了解了这段往事，我们才能更好地体会白纸坊民俗文化的来龙去脉。

在我国传统社会，从事手工业生产的劳动者的社会地位虽然历经起伏变迁，但始终处于农业生产者之下。封建时期，我国经济社会长期处于一种小农经济模式，明清两代，这种传统经济模式发展达到了巅峰。说白了，人们依然安土重迁，极为重视土地和生计之间的关系。如果不是灾荒战乱，不到迫不得已的地步，人们还是更倾向于守住自己家门口的一亩三分地。在这样的社会环境下，除了天生享有特权的八旗子弟和致力于通过科举考试改变命运的读书人，最受人尊重的身份正是农民——别的不说，至少面朝黄土背朝天的农民总给人以一种老实本分的印象。然而，正所谓盛极而衰，就在明清两代中国经济高度繁荣的背景下，内忧外患的双重作用却使得中国社会矛盾日益积累下来。然而，封建王朝的统治者们并没有充分意识到这种局面的危机，反而依然沉溺于天朝上邦国泰民安的想象之中，任由社会以危若累卵的模式继续运转下去。现在的中国是世界上人口最多的国家，而明清之际，中国同样拥有着非常庞大的人口。人口的增加对于明清社会的传统经济模式来说，简直成为压死骆驼的最后一根稻草。这场经济危机的根源在于“人多地少”，可耕种土地面积有限，导致在各地都出现了劳动力过剩的情况。剩余劳动力在官府政策引导和经济杠杆调节的作用下，逐渐向其他行业转移。

在一次次的改行浪潮中，尤以从事手工业者为众。这些转行的人要面临的第一个难题就是他们缺乏从事相关行业的技术和经验，于是一种“传帮带”的生产文化自然而然地就在诸多行业中流行起来。师父带徒弟，徒弟出师后为师父效力数年，徒弟另立门户再纳新人，代代相传，薪火不断。这种生产模式与欧洲的“行会”模式相类似。对外，他们统一立场，共同维护行业利益和行业形象；对内，他们统一规矩，共同践行行业准则和行业礼仪。而对于任何一个行业来说，祖师爷这个形象都是最为重要的。这位祖师爷有时候就是这门手艺的开创者，有的时候可能是这门手艺的集大成者，或是从业人员中的佼佼者，还有的时候也许只是跟这个行业存在一些间接的联系，甚至只是在传说中存在联系。各个行业选定祖师爷的标准其实并不完全取决于这个人物对于行业的贡献，他们更加看重的是这位祖师爷自身的名望和荣誉，选择一位有头有脸的祖师爷，报出来好听，供起来也更安心。在我国诸多行业的行规中，几乎都能够找到“祖师爷”这个概念的踪影。为祖师爷修葺庙宇楼阁，供奉祖师爷的画像或塑像，逢年过节为祖师爷敬献礼品，通过对这位人民群众人为创造出来的“民间神仙”表达崇敬和感恩之情，加强行业内部的凝聚力，提升从业人员对于自身工作的认同感，从而形成了一种原始的“行业命运共同体”。

白纸坊作为造纸业聚集的平民生活区域，这一地区的祖师爷庙供奉的自然是造纸术的改进者，也是被造纸工人们共同承认的行业祖师爷蔡伦。白纸坊地区生活的造纸工人们自然对白纸坊祖师庙怀有浓厚的感情，因此白纸坊祖师爷庙举办的各色节庆活动自然也就能够带动广大人民群众参与的热情。尽管以我们当代人的视角看来，这些庙会活动多多少少具有封建残余气息，带有民间迷信色彩，但不可否认的是，恰恰是这些活动的出现，为劳苦大众紧张忙碌的生产活动增添了一分色彩，成为柴米油盐以外，单调乏味的生活中不可或缺的调味料。

庙会活动丰富多彩，尽管祭奠祖师爷、请庙中供奉之神明出访人间巡游履历等迷信活动必不可少，但精彩纷呈的娱乐活动才是庙会的主要环节，前文提到的三种白纸坊地区的特色民俗文化活动，无一例外都是庙会活动带来的衍生物。这些活动无不体现了白纸坊地区的人民群众才高智广、多才多艺。这些五花八门的庙会活动自然而然地吸引了四面八方的来客，回民聚居的牛街地区有诸多清真小吃来到白纸坊庙会摆摊儿，民间艺人汇集的虎坊桥地区也有诸多身怀绝技的“大蔓儿”[①] 来到白纸坊庙会“撂地”[②]，男女老少其乐融融，共享着人间烟火气息带来的最质朴的快乐。

---

① 指已经在江湖上闯出名声的艺人。

② 指旧社会在路边露天演出，靠零打钱营生的一种演出模式。

第三节　从庙会活动到花会团体

在我们现在生活的时代，提起庙会，我们能够想到的基本只有过年期间北京城里为数不多的几个公园承办的主题活动，而在过去，“庙会”二字所包含的内容比现在要复杂得多。旧社会的庙会活动对于平民百姓来说意义重大，一方面对各路神灵加以供奉，祈求在生产生活中能够平平安安、顺心如意；另一方面，在那个没有网络，甚至没有电器的时代，人民的日常娱乐活动本身就比较匮乏，庙会活动能够云集各式各样的表演队伍，为平民百姓带来欢乐，改善人民的精神生活面貌。庙会活动从覆盖范围到活动规模，都是有大有小。白纸坊地区的民间表演队伍，不仅仅会参加在本地区内举行的活动，随着表演越来越成熟，名望越来越大，他们还开始参加北京范围内的大型庙会活动，通过表演，一方面扩大了白纸坊民俗文化的知名度，另一方面也逐渐将这种表演产业化，艺人们可以通过这种方式养家糊口。

民间庙会活动，最有名的应为京西妙峰山碧霞元君庙的开庙仪式。在当时，北京城里的百姓普遍认为妙峰山的神灵是最为灵验的，这一点在传统相声中就有所体现——妙峰山的碧霞庙正是送子娘娘的庙宇，“马派”相声代表作品《拴娃娃》（《高山求子》）中，马三立先生正是利用这一细节，讽刺了过去的迷信思想残余以及封建地主的愚昧。京西妙峰山，就是著名的北京城“三山五顶”

庙会现场

中的一座山。“三山五顶”，“三山”即门头沟妙峰山、京西天台山、平谷丫髻山，“五顶”即东直门外的东顶、蓝靛厂的西顶、永定门外的南顶、安定门外的北顶以及右安门外的中顶。人们往往会在这些地势较高的区域修建庙宇或类似的祭祀场所，因此“三山五顶”都有各自的民间庙会活动。除去这些带有明显的佛教和道教色彩的庙宇之外，旧时还存在诸多民间信仰，这些信仰同样会伴随着庙会活动发扬光大。如祭祀三官（天官、地官、水官），相传三官掌管灾害和地理变化；祭龙王，相传龙王掌管水利和天气；祭仓神，相传仓神掌管粮食的收成。而白纸坊地区，由于曾经云集着造纸工坊，这里的社区基本也是由造纸产业和相关配套产业的从业人员组成的，因此在这里最受人们重视的民间信仰就是造纸祖师爷——蔡伦。旧时的百姓将世间的各种各样的自然现象，以及关系着人们日常生产中会出现的诸多问题都以宗教或民间信仰的方式加以解释，他们相信只要祭拜掌管相关事务的神仙，就可以躲避灾祸，改善生活。

在庙会活动中，除了必不可少的宗教活动以外，最引人注目的便是其中各式各样的文化娱乐表演，这种表演又被称之为花会表演。其内容覆盖广泛，表演形式多样，现场气氛热烈，广受人民群众喜爱和欢迎。以至于花会表演逐渐地脱离了最初的庙会活动，不仅仅有了专门的从业人员，甚至也逐步发展为一个行业，在众多民间产业中拥有了属于自己的一席之地。我们在本书的编写过程中，广集多方意见，汇总群众关注的话题，对于一些其中有趣的问题，也采访了部分群众。对于“花会”二字的真实含义，大家的意见不甚统一，有人认为花会是民间会档的一种形式，“花”指的是莲花落里的“花”，或是活动中用以装点的“花卉装饰”；也有人认为花会和庙会是两种不同的活动，以祭祀活动为主的是庙会，以表演活动为主的是花会；还有人说，花会就是指流动艺人集中到庙会等人口稠密的场所卖艺谋生的一种方式，这种理解中把“花”字理解为“叫花子”的“花”，即由“化缘”的“化”字讹化而来，意为向他人讨要钱财或食物。

为了满足大家的好奇心，我们通过采访北京市非物质文化遗产保护项目“白纸坊挎鼓”的继承人李双义先生，进一步了解了“花会”二字的真实含义，也弄清楚了庙会和花会的关系。李双义先生表示，“花会”二字指的其实就是民间各大娱乐表演性质的会档，它是这些会档的一个总称，无论是以挎鼓表演为主的“大鼓老会”、以舞狮表演为主的“狮子老会”，或是以莲花落表演为主的“什不闲莲花落”等活动，它们统称为花会。而这里所说的“花”，实际上意为“五花八门”，带有种类繁杂之意，并无明显的褒义或贬义，仅仅是体现了民间民俗活动形式之多、门类之广。

花会表演主要分成两种形式。一是整个团体一起到妙峰山、天台山等地的庙宇之中，以朝拜上香的方式展开表演。这种表演活动一般都是大型活动中的一部分，而这些高山上的庙宇也往往规模都比较大，足以容纳来自北京城各个地区的花会会档在其中轮番表演。而另一类则是由某一地区的庙宇或是豪门大户主办，场地规模较小，这种一般被称为“走会”。顾名思义，“走会”活动要求各个会档在特定的区域范围内游行演出，而每个活动都会有一个指定的“主会场”，可能是某个戏台子，可能是庙宇的院子，在“主会场”里每个会档都会给大家奉献完整的文武表演，把自己的看家本领全部展现出来。而在进入主场地以前，或是从主场地走出来以后，在“走会”期间，这些会档也会一边“走”一边将一部分演出内容继续呈现给人们。

在了解了花会会档的表演方式后，我们甚至不需要仔细计算，就能想象到一个花会会档肯定需要一定数额的资金作为支持，那么花会组织又是如何盈利的呢？我们曾就这个问题对白纸坊附近的居民进行过一次街访，大家给出的答案同样是五花八门，但的确都有其各自的道理。有人认为，花会组织既然是民间自发的娱乐活动，那么自然就会从观众中募集资金，这种形式就有点类似于天桥地区打把式卖艺的闲散艺人，他们撂地演出，画锅收钱，各有各的势力范围，正所谓“没有君子，不养艺人”，所以凭借花会的精彩表演一定能够从观众中挣到足够的钱。这种认为艺人们通过演出零打钱的观点，还有另外一个更加极端的版本，即有人认为，会档中的每一个成员都是自负盈亏的，每一次演出聚拢来的钱财，要由这个会档的负责人统一管理，根据不同的演出成员在花会表演中扮演的角色来进行统筹分配。也有人认为，花会组织尽管表演项目来源于民间，但实际上仍然是归官府所有。因此，为了保证演出的质量，官府应该会拨出一批特定的款项，用以训练花会表演的艺人，以及负担花会演出的日常开销，而根据演出的质量，可能官府方面还会给予一些额外的恩赏。

看到大家对这个问题兴趣盎然，同时又众说纷纭，我们便再次联系了白纸坊挎鼓“非遗”传承人李双义先生，向他请教了有关花会盈利模式的问题。而李先生的回答却让我们大吃一惊，“花会活动不盈利”。根据李先生的说法，花会活动，准确地说，是不以营利为目的的。组织花会活动的人，一般都是这一地区的豪门大户，他们本身一方面对于各地的神灵十分虔诚，因此热心于庙会事务；另一方面也对民间娱乐活动有非常浓厚的兴趣，因此由他们自己出资主办花会会档。这些人在过去有个官称，叫作“会头”。会头出资，将花会需要的一应物品全部置办齐全，练挎鼓的需要买大鼓，练狮子的需要买假狮子，唱莲花落的也需要买小车、大马，再不济也得去扎彩铺糊一个假的出来。除此之外，演员的行头、工资、吃喝嚼裹儿，都是由会头负责承担的。这一角色在戏曲行业中也同样存在，只不过戏班子一般将这类人称为“东家”。李双义先生告诉我们，这些会头自己不一定会练这些花会会档的特色表演，但他们一定是这些表演项目的狂热爱好者，看得多了，自然对于会档的演员选择、演出内容的改革等方面有自己独到的见解。对于各个会档来讲，投资人自然是说一不二的，因此，各大花会会档就以上述形式，紧密地团结在各位会头身边，逐渐地形成了一种人身依附关系。但对于花会会档来说，仅仅有一个出资人作为会头仍然是不够的。伴随着花会表演越发火爆，花会会档的规模也越发庞大，一个庞大的组织，自然需要有一套严密的组织结构，这样才能保证组织中的每一个成员都能各司其职，各安本分，真正做到精益求精。因此，各个会档除了作为出资人的会头之外，还有一个二会头（或简称“二头儿”），这位就是会档演出项目真正的表演者，也是整个会档的灵魂。这位二头儿自己必须要精通所在会档的表演项目，他对于手下的全体演员来说，必须是说一不二的总负责人。而会头的一些重要指示也往往只向这位二头儿传达，再由二头儿传达给其他表演者。这位二头儿的身份地位，如果放在戏曲行业，其实就相当于班主。会头和二头儿的关系，也基本就是“东家”和“班主”的关系。由此可见，京城中的这些表演团体在组织形式上有很多共通之处。除了这些掌管大事小情的总负责人外，每个会档也有一些专门的事项需要专门的人员来负责，由此诞生了一个新的身份，叫作把头。如果放到现在，把头就相当于一个公司某个特别部门的部长，他们的主要工作就是负责自己业务范围之内的固定的这几件事情，但这几件事情必须要做到极致。例如，会档里往往都会有一位“钱粮把”，每次演出会档需要带多少干粮，需要准备多少钱用以住宿，准备多少钱用以购置装备，演出结束后结余的款项是否分发给演员，如果分发的话，又应当以什么标准划分，这些问题都是这位“钱粮把头”的主管业务，他的身份有点类似于过去做买卖家里的账房先生。会档里也同样会安排一位车把，有的人可能会望文生义，产生一个猜想，即以为这位车把是会档里的司机。这个想法不无道理，但实际上并不准确。因为在当时，所谓的“车”并不是机动车，往往就是由牛、马、驴、骡等牲畜牵拉的平板车，而赶大车这项技术显然不属于会档中的艺人必备技能之一。会档里的车把头只需要广结这些拉大车的人，同时熟悉通往各个庙会现场的道路情况，能够选择最合适的出行路线，保证在会档需要用车时雇得到合适的车就可以了。有了这些明确的分工，一个花会会档基本就算是成形了。

那么，既然不以营利为目的，那么花会的会头为什么要自己出资来组建这样的会档呢？说句俗语，有点“赔本儿赚吆喝”的意思。事实上，这些会头看重的还就是赚来的这几声“吆喝”。正如上文所述，会头基本都是当地的大户，无论是做官为宦，抑或是豪商巨贾，总之必然是家里吃穿不愁，能拿得出这个富余的钱。但这些有钱人投资会档，是单纯的因为爱这些手艺、爱这些表演吗？是，也不是。这其中一定有单纯的一面，因为在娱乐活动有限的旧社会，能养着这么一个会档，养着这么一群多才多艺的演员，对于这些豪门大户来说必然是一种享受。但除了单纯的热爱之外，也有一部分其他缘由。无论是官员还是商人，他们都很在乎“名声”二字，官员有个好名声，能提升在百姓中的威望，商人有个好名声，能在百姓中落个好口碑。于是乎，组建花会会档、筹办义演活动、参加庙会展演，这些行为就成了他们造福地方百姓、为自己争取好名声的一种手段。花会会档的演员不同于天桥打把式卖艺的艺人，这些演员中有很大一部分都是有自己的本职工作的，毕竟花会表演也不是每天都有，只有逢年过节或是有祭祀活动时才有他们登场亮相的机会。这些演员往往来自民间，利用业余时间来到会头家中的院子里，操练各种表演项目。练习各种表演项目，一方面锻炼身心，愉悦心情；另一方面，还能从会头这儿得到一些额外的津贴，在业余生活活动相对匮乏的旧社会，这种一举两得的事情大家都是争相参与的。说到这里，其实不难看出，尽管花会本身是不以营利为目的的，但经济仍然在背后起到了至关重要的作用。

第四节　京城庙会活动与花会大观

正如上文所述，花会种类繁多，每一个花会都有自己的表演项目。这些项目有的是从明清两朝的宫廷流入民间的，有的则是土生土长由民间发源的。李双义先生曾向我们简单介绍过旧时的花会门类，其中最引人入胜的便是“幡鼓齐动十三档”，这十三种不同的表演形式，几乎囊括了北京城最原汁原味的花会文化中的全部内容。在当时，这十三档表演内容还被人编成了一个顺口溜：“开路打先锋，五虎紧跟行。门前摆着侠客木，中幡抖威风。狮子蹲门分左右，双石门下行。掷子把门挡，杠子把门横。花坛盛美酒，吵子响连声。杠箱来进贡，天平称一称。神胆来蹲底，幡鼓齐动响太平。”当然，随着口口相传，这个顺口溜也逐渐衍生出诸多不同的版本，但无非就是添个字少个字而已，十三档花会的名称始终没有变过。看完了这个顺口溜，估计不熟悉花会表演的人肯定会说了：“这都什么跟什么啊?”也对，毕竟对于现在的人们来说，这歌谣里唱的很多项目其实已经非常陌生了，更何况当时的人喜欢为这些项目赋予一个好听的名字，以至于我们也很难顾名思义地去理解各个项目的表演内容。那么接下来，我们就逐一地认识一下“幡鼓齐动十三档”里的这些项目。

头一样儿咱们要说的就是“开路”，冲这个项目的名字，就得让它第一个登场亮相。“开路”表演名字听起来比较晦涩，其实内容咱们并不陌生，就是“耍叉”。这个表演项目背后的寓意是在庙会到来之时为各路神佛开路，扫净路上的障碍，以求神仙们降世临凡，观看百姓们为祭祀举办的这场大型活动。耍叉是一项完完全全来自民间的表演项目，其中带有一定的武术表演成分，但并非由武术表演分化而来。耍叉最早耍的是木叉，一根木棍，三柄叉，这个家伙显然不是习武之人所用的兵刃，而是田间地头的农具。扬场的时候，人们就是用这样的木叉叉草的。而随着时代的变迁，耍叉这一表演形式从农村走到了城市中，而为了使表演更具观赏性，木叉也换成了更加具有危险性和挑战性的钢叉。也正因如此，这个项目逐渐地有了专门的表演者。随着表演日趋专业化，这个项目的难度也是越来越高，从最初的双人对掷，发展到后期多人互掷，而到了鼎盛时期，耍叉项目演化出了一个最具难度也最具观赏性的版本——耍火叉。相传这种玩法是在钢叉上涂抹一层膏油，点燃后再由表演者相互投掷，整个过程中只见带火的钢叉在空中上下翻飞，不仅看起来十分震撼，同时也应了民间对于“红红火火”的期盼。耍叉这一项目传承至今，我们仍然有缘得见，但现在一般已经将其归入杂技表演的范畴，如果有想要亲眼目睹这一项目的朋友，天桥剧场的杂技表演应该还能见到耍叉表演的真容。

“开路”是为众神开路的，“五虎”则是为众人开路的，因此这个项目又可以叫作“五虎打路”。所谓“五虎打路”，其实就是舞棍表演。这个项目由来已久，据说可以追溯到宋太祖赵匡胤登基坐殿以前。据传说，赵匡胤路过一个叫董家桥的地方。此地有董家五兄弟，个个都是武艺绝伦，而五位弟兄所练的兵刃却都是一样的——每人使一根齐眉棍。正所谓“七尺为枪，齐眉为棍，大枪一丈零八寸”，又所谓“一寸长一寸强，一寸短一寸险”，齐眉棍在众多长兵刃中，属于进可攻退可守的均衡武器。而这弟兄五人在董家桥称王称霸凭借的就是这一棍术，人送外号“董家五虎”。赵匡胤路过之时，“董家五虎”拦桥索要过路费，惹恼了太祖赵匡胤，非但没有给钱，反倒是与“董家五虎”战在一处。恰在此时，卖油郎郑子明从此处经过，路见不平，便抽出扁担前去相助，与赵匡胤合力打败了“董家五虎”。而我们现在看到的五虎棍表演，正是来源于这个故事。五虎棍表演并非是单纯的舞棍表演，它为人们呈现的就是上述故事里的情节，因此这个表演是带人物角色的。其中最重要的三个人，一红一黑一花。红脸，即宋太祖赵匡胤，身着硬罗帽红大氅，讲究的是台风稳重，放在过去这属于“王貌表演”，绝对不可造次。黑脸，即前来救驾的郑子明，同样是戴硬罗帽，身穿黑氅，表演风格夸张外放，时而塑造出忠勇的形象，时而又插科打诨，拿反面人物“董家五虎”抓哏。而“董家五虎”的扮相也是各有千秋，他们分别穿了不同颜色的开氅。老大勾的是花脸，而老二、老三、老四则是典型的素脸丑扮，老五脸上画一个蝎子，其实也属于丑扮的一种。除了老四之外，剩下的弟兄四人也是戴罗帽，唯独老四戴的是马尾透风巾。从上面的这些人物扮相的描述中，相信大家不难发现戏曲舞台上人物勾脸儿的一些特征，代表忠勇形象的红脸黑脸，代表作恶多端负面形象的净行（大花脸）和丑角脸。至于二者之间谁先谁后，是谁借鉴了谁，我们不得而知，但总之，通过这种形象上的装扮，的确使得五虎棍这种表演形式更加生动活泼，艺术感染力获得了明显提升。五虎棍虽然来自民间故事，但清军入关以来，这种表演形式长期由刑部负责，属于民间所说的“内八档”之列。

而第三档花会，听这名字列位可能会觉得有些陌生，但实际上，如果我们说它的俗名，相信大家伙肯定全都知道，估计还得有人说上一句：“就这个啊!”在顺口溜里，我们管这项表演叫“侠客木”，其实这个东西并不神秘，它就是我们常说的“高跷”。高跷大家一定不会陌生，这种艺术形式也同样是起源于民间的，而且据考证，历史非常之悠久。关于高跷起源的民间传说非常多，众说纷纭，莫衷一是。有人说，高跷起源于民间社火艺人，由于县城新上任的县官心黑手狠，即便是节庆期间也不允许百姓随意出城入城，只要是出城必须向官府缴纳过路费，于是艺人们就想方设法地绕开城门和护城河的关卡，有人提出在腿上绑上长木棍，但这样做不够稳当，于是就在木棍顶端加上了一个踏板，将脚绑缚在踏板上。通过这个办法，艺人们跳过了城墙，涉水蹚过了护城河。此后各村各社纷纷效法，逢年过节都用这个办法绕开关卡，于是这就成为一种习俗传统，保留了下来。也有人说，高跷起源于行军作战，在某次战斗中，敌军将吊桥撤下，攻城的士兵们无法越过护城河，于是一位姓高的将领想出了一个办法，在长木棍上加一个踏板，让士兵们踩在踏板上，涉水蹚过护城河，最终成功打入城去，攻克了城池。为了纪念这次胜利，当地人开始进行高跷活动。这两种说法大同小异，高跷都被视为跨越城池关卡的工具。另外还有一种起源于农业的说法，准确地说，是起源于渔业，这种说法认为，高跷的雏形起源于我国东南部沿海地区的人们在腿上绑上木跷，手持长柄渔网打鱼，但这种说法有一个很明显的漏洞，即现在高跷艺术流行的地区，主要是以华北、东北为主的我国北方地区，稍微偏南一点的地区，也无非就是东至山东，西至山西，以及中原地区乃至华中地区，这与传说中所说的会被海水潮汐淹没住房的东南沿海地区相去甚远。此外，还有一种相对严谨的说法，即认为高跷的起源最早可以追溯到先秦时期，认为《山海经》中对于长股之国的描述，就是在说这样一群善用木跷的人，这种观点认为，高跷起源于尧舜时期的丹朱部落，这一部落以鹤作为图腾，于是人们也仿效着鹤腿的形状，做出了木跷绑腿，在宗教仪式上用于歌舞。高跷艺术由来已久，但北京地区的高跷会自然也有属于北京的特色。北京的高跷会同样讲究妆容的改变，通过扮相来区分人物。表演分为双跷和单跷两个大门类，双跷稳当，利于演员展示造型，表演民间传说故事，甚至于在表演过程中加上一些唱词唱段，形成了一种高跷加秧歌的表演模式。而单跷则是以双手持木跷的顶端，便于上下，这种表演动作夸张，体态滑稽，配合演员口中逗趣的台词，往往使得高跷表演的气氛瞬间欢乐起来。

前面我们提到过，五虎棍属于内八档之一，而我们接下来要说的“中幡”同样属于内八档之列。五虎棍是由刑部主持操练的，而中幡则是由礼部全权负责。事实上，内八档中的每一个项目都与他们平时的工作内容息息相关，刑部作为主管刑罚的部门，刀枪棍棒的操练自然不在话下，而礼部作为掌管皇家礼乐的部门，为什么会主持中幡表演呢？原因很简单，所谓的中幡其实就是曾经的皇家仪仗队。中幡表演由来已久，据传早在唐宋之际就已经有类似的表演形式了，而彼时的中幡表演并不叫这个名字，所耍之物虽然与现在无异，但在那时它有一个更加规范的名字——“大执式”。它的作用其实就相当于是一杆大号的军旗，通过它的舞动，一方面增强士气，另一方面指挥部队。传统相声《八扇屏》中“莽撞人”里，在描述赵云赵子龙战斗的场面时曾有这么一句：

“单枪匹马闯入曹营，砍倒大纛旗两杆，夺槊三条。”里面说到的这两杆“大纛旗”其实就是后来的“大执式”，这杆军旗叫法不一，也有叫“大督旗”的，但至于民间部分评书艺人口中的“大蠹旗”这一说法，则完全是由于文化水平所限，将“纛”字误认为“蠹”字，以讹传讹所致。“中幡”表演，讲究的是将竿子竖起托在手中，舞出许多花样，其表演动作样式各有形象的名称。将竿子抛起用脑门接住为霸王举鼎，单腿支撑地面用单手托住竹竿为金鸡独立，此外还有龙抬头、老虎撅尾、封侯挂印、苏秦背剑、太公钓鱼、擎一柱等，诸多花样表演不一而足。这种原本来源于皇家仪仗队的表演，后来逐渐在民间扎根发芽。中幡艺人基本都会摔跤，这是一个公开的秘密，当年天桥地区最有名的几位中幡把式，如沈三（沈友三）、宝三（宝善林）等人，都是中幡摔跤两门抱的艺人。如今，我们仍然能看到中幡表演，这得益于宝三的徒弟付顺禄，在他的努力下，宝三的中幡手艺被很好地传承保留了下来，如今已经成为付家的家传手艺，现如今的传承人是第四代传人付文刚。

接下来，咱们暂且先不说“狮子”，咱先说说这“双石”。双石同样是内八档的产物，而负责双石的主要是吏部。双石，顾名思义，这个表演里包括两块大石头，石块经过切削打磨，做成圆形，中间用一根竹杠相连。听到这个描述，不知道大家有没有想象到一个非常熟悉的体育比赛项目，就是“举重”。这种两头沉、中间一根杆儿的形制，实在是像极了举重用的杠铃。但双石和举重终究还是有很大区别的，毕竟双石属于文艺表演，而举重属于竞技体育，二者在终极追求方面存在明显的区别。举重，挑战的是人力量的极限，通过四肢和腰腹核心肌群的发力，将几百斤的重量举起来。而双石，则是一种力与美的结合，表演者所举的双石，从重量上来说当然没有奥运健儿们所举的杠铃重，但双石要求表演者不能仅仅是将石头举起，而是要通过各种动作的变化，甚至是多人的配合，让围观的群众看到这个项目中的艺术美感。这可真正叫作举重若轻啊！至于为何由吏部来主持双石这一会档，民间说法同样莫衷一是，有人说是摊派到了吏部头上，有人说是吏部中曾有擅长这项表演的人，因此流传下来。还有一个十分有趣的说法，在此也分享给大家——之所以由吏部来负责双石这个项目，是因为吏部的主要负责工作就是“举”（科举）。这无疑是很巧妙地利用了一个双关的手法，既说明了双石这个项目的特点，又把吏部的主要日常工作带了出来，这种解释方式的确很讨巧，但至于说它是不是正解，还有待后人再做进一步的考证。

接下来再说一说“掷子”，从这个名字上，我们已经不难推断出这个项目应该如何表演了，但是表演的道具是什么呢？这就要谈到掷子的另外一个名字——石锁。同样是用石头制品进行表演，很多人看到双石和石锁两个项目时可能会分不清楚。实际上，二者的道具存在显著差别。石锁，顾名思义，长得真的和我们用的锁别无二致，石锁上部有一个半环形的把手，而下面则是敦敦实实的一大块方形石头。双石要求表演者将杠铃举起来，而石锁则是要求表演者将石锁相互抛掷，或是自己抛掷，最终一定还要稳稳当当地握住铁环，将其掌握在手中。这同样是一门“举重若轻”的艺术，石锁伴随着表演者出色的技术，在空中上下翻飞，常常会使看客们产生一种错觉，即认为石锁并没有多么重。尽管石锁表演中所用的石锁并没有习武所练的石锁那样沉重，但表演者有的时候也依然需要借助惯性的作用，借力打力，才能真正做到动作流畅，表演连贯。石锁表演花样众多，如：翻花、飘花、推花、打花、拨浪鼓、锁上拳、锁上肘、锁上指、别膀、背剑、骗马、腰穿、骗腿、骗马腰穿、腰穿上拳、骗腿上拳、四门斗、对练等等。一次成功的石锁表演离不开五个字：高、飘、正、稳、活。石锁表演同样是内八档之一，它属于工部的管理范畴。的确，把巨石切削成石锁的形状，同时表演注重技巧性，这也符合工部工作的特点。

正像顺口溜里说的，有了门锁，自然还有门闩，这个门闩指的就是“杠子”。不同于我们刚刚所说的几个内八档的项目，杠子是土生土长的民间文化产物。这个项目同样与奥运项目有相似之处，比较像是体操比赛中的单杠。杠子的表演与体操有着同样的追求，即高难度的动作、流畅的完成过程，以及艺术化的表达方式。但也有区别，最为显著的区别就在于，体育比赛中的单杠，杠子都是放置在平地上的，而庙会中的花会会档的杠子表演，这根用来翻跟头拿大顶的杠子是由另外两名表演者抬着的。正如前文所说的，花会表演常年需要一边行进一边展开，因此杠子表演也就衍生出了这么一种“活动杠”，随时随地可以上杠表演。此外，杠子本身也与体育比赛所用的单杠有所区别，这种民间表演用的杠子比单杠所用的要粗得多，因此，尽管看起来都是在一根杠子附近上下翻飞，但实际上手法完全不同，因为这种民间的杠子根本就握不住。表演技巧方面，杠子表演主要分为三个大类：“上把”，意即身体完全在杠子上方的技术动作，这是杠子表演中最精彩，也是最容易要下尖儿[①]来的一部分动作，一般以倒立、拿大顶为主，根据杠上的动作不同，又可分为“叉花顶”“车轮顶”“金背顶”“拳头顶”“八字顶”等；“中把”，即身体在杠子周围进行的动作，主要以绕杠回环越杠的各种动作著称，这些动作一般用以衔接和过渡，使整个演出更加流畅，同时也将演员柔美的一面展现出来；“下把”，则是指身体在杠下的各种悬垂动作，这部分动作尽管看上去不如“上把”动作震撼，但实际上如“前压”“后压”等技术动作非常需要臂力作为支撑，“下把”动作也非常容易受伤。天桥八大怪第一代里曾有一位田瘸子，就是盘杠子的高手。而如今，这个项目仍然有人在传承，比如天桥曾有一位天津籍的杠子演员叫曹鹏飞，他本名叫曹荣德，曹鹏飞是前辈为他起的艺名，后来由于杠上技术高超，人送外号“飞飞飞”，他自己索性也拿这个外号当作艺名使用了。这位老“飞飞飞”现在已经过世了，而他的儿子曹安来继承了一部分他的绝学。曹安来先生曾经因为年岁增高，身材逐

① 要尖儿，指的是通过表演，获得观众的掌声和喝彩声。

渐发福，一度无法进行杠子表演。但进入 21 世纪以来，随着天桥文化、宣南文化逐渐受到重视，曹安来先生毅然决定减重，要让祖辈传下来的技艺再现辉煌。曹安来先生如今也已经年逾八旬，体重将近 190 斤，满头华发的他仍然能在公园的健身单杠上进行翻杠子表演，不仅常常引来行人驻足围观，还带动了很多老人和他一起操练起来，开始进行杠子技巧的练习。

说罢了民间的杠子，我们又要把目光聚拢到内八档上来，而这次要说的，绝对是不折不扣的贵族娱乐项目，那就是太子府负责管理的“花坛”。您看到这可能会心生困惑，堂堂太子，怎么还管上花坛了，难道说大清朝当太子还得懂点园林设计吗？咱这里说的花坛可不是街心公园里的大花坛，而是上面有着青花纹路的坛子。所谓的太子府管理花坛，当然也不是说要太子亲自上阵，而是说太子府主要养着这么一批能够进行花坛表演的艺人。在众多的表演项目中，耍花坛的观赏性绝对要排在头几位。尽管归了太子府管理，但耍花坛确实是不折不扣的民间技艺，它来源于窑神祭，说白了就是烧窑行业供奉祖师爷的一种特殊仪式。按照重量和大小的不同，耍的花坛分为三类：最轻最小的叫“四喜坛子”，重量适中形制偏长的是“长瓶”，最大最沉的称为“瓷缸”。耍花坛如果仅仅是一个一个地扔起来，再接住，自然也就没有太多美感可言了。这个项目一方面讲究身体协调性，身体的各个部位都能参与到表演中来，用脚将坛子抄起来，用头接住，再用头顶起来，用手接住，大大小小的坛子在空中上下飞舞，表演者却表现出一种临危不乱的从容和淡定，将一个个坛子稳稳当当地抛起又接住。耍花坛这一表演形式，现在被天桥杂技团完整地保留了下来，有兴趣的朋友们还可以亲临现场，过上一把“太子瘾”。

紧接着登场的就是“吵子”，虽然听名字好像很难猜出这个表演项目究竟是什么，但这两个字却着实把这个项目的精髓交代得一清二楚。所谓“吵子”就是打击乐展演，更准确地说，就是大镲协奏曲。人们穿上花花绿绿的服装，在由大镲撞击出的主旋律下，跟着节奏前进。这其中也会有锣鼓前来助阵，但任何其他形式的打击乐，都不足以撼动大镲高而亮的声音。从器型来看，大镲和铙钹应为同根同源，但由于大镲器型更大，共鸣腔也更大，所以撞击出的声音真可谓是震撼人心。当吵子会登台亮相的时候，整个街巷都会充斥着“咣——齐咣齐——咣齐——咣——”的声音，尽管没有丝竹之乐的婉转悠扬，但大镲用它最简单粗暴的节奏，将花会活动的热烈程度烘托到了一个新的高度上。吵子会一般为八对或是十六对大镲参与表演，经常演奏的曲牌有《七鼓三》《倒将袍》《十棒鼓》《入海楼》等。据传说，吵子会所拜的祖师爷是雷公电母，这倒是符合中国乡村对电闪雷鸣自然现象的解释。

吵子会过后，就到了内八档的另外一个重头戏，由兵部组织的“杠箱”表演。不同于前面诸多项目的真刀真枪，兵部组织的这档花会反而透着几分文艺气息。抬杠箱的表演者在行进过程中，会时常进行一些带有杂技性质的表演，例如前滚翻、连续前后翻插跳跃、侧手翻等，技术难点主要在于表演者必须按照一定的节奏进行花样展示，因为箱上有一组铁环，所有的动作必须以铁环撞击的声音为节拍。而在杠箱背后，还会有一个演员扮演“杠箱官”的角色，此人由另外两名演员抬着竹竿架在高处，而路旁的围观群众此时便可参与其中，与演员进行互动。无论是假装“告状打官司”，或是插科打诨，拿这位杠箱官开涮都没有问题。这是花会项目少有的一个与观众互动较为密切的项目，人们往往会被这位丑角打扮的杠箱官逗得哈哈大笑。

至此，幡鼓齐动十三档，已经介绍了其中的十档。剩下的三档，之所以不在这个部分详细列出，那是因为这三档最精彩的花会，正是来自我们白纸坊地区的民间三档会，在后文将仔细讲述。“非遗”传承人李双义先生说，白纸坊花会，主要有三文三武三黑，而幡鼓齐动十三档中剩下没提的这三档，就是这其中的三档武会。它们分别是上文一笔带过的“狮子”、十三档中压轴的“天平”，以及攒底的“神胆”。

既然已经提到了三文三武三黑，放下三武不表，先来说说白纸坊地区的三文。三档文会，分别为“秉心如意茶叶老会”“子孙万代粥茶老会”“同心同善清茶老会”。所谓文会，一般只有真正意义上的庙会才有，表现形式就像上面这三种一样，基本围绕着茶棚展开。这类会档中没有文艺表演，更没有需要动用的响器，有的只是在香客们上山拜神供奉的路上，为他们提供一个驻足休息的茶棚。关于茶棚的意义，北京师范大学民俗学教授岳永逸老师曾在他的著作《举头三尺有神明——漫步乡野庙会》中谈到过。他借铁佛寺的茶会作为例子，说明了茶棚存在的必要性。由于旧时交通没有现在这么发达，而服务行业更不像现在这样遍布城市的角落，所以附近没有大镇店的寺庙往往就成为一座孤独的建筑。前来上香的香客吃住都会成问题，于是茶棚就应运而生了。茶棚会自负盈亏，与寺庙的香火收入并没有任何分成关系，在茶棚会成员的心中，他们组织这个会档，最大的目的仍然在于行义举、做善事，在神佛面前求得一个好形象。根据岳永逸老师的说法，茶棚会为香客们提供吃饭和住宿的条件，并非以他们自己的名义，而是以神灵的名义。作为回报，香客们往往也会给予茶棚一些香油钱，就像给寺庙供奉香油钱一样。久而久之，茶棚逐渐形成了自身的体系，兼具起一部分宗教功能。而时至今日，诸多庙宇已经不在，而曾经依附于它们的茶棚却还依然存在，最终竟然取代了寺庙，成为香客朝拜之地，乃至于一些茶棚不断地增筑规模，甚至盖起了类似于庙宇的建筑。[①] 当然白纸坊的三档文会并没有能够传承至今，事实上，伴随着现代化的步伐，这种封建迷信色彩浓重的民间组织生存空间正在急剧缩小。但曾经风光一时的三档文会也并非什么都没留下。“秉心如意茶叶老会”门口的石碑于门头沟永定镇石佛村戒台寺被发现，这些碑文记录下了曾经属于它们的时代。碑文内

① 参见岳永逸：《举头三尺有神明——漫步乡野庙会》，山东文艺出版社 2018 年 7 月出版，第 143—148 页。

容如下（□处代表原文内容不详）：

阳额：万古流芳

阳文：京都顺天府宛平县右安门内外众善诚起秉心如意圣会年例八月前到潭戒二山呈供拈香办斋供众会首王从德刘文桐王裕刘文秉谢起龙刘琦米元彤姜天化姜天瑞胡自成姜洪王德立姜洪亮李廷茂赵智光王炳公王五张万益曹志茂刘天瑞张成义崇明德苏文礼张永读成韩文廷张门安氏田永福毛文显福善郭文志张世显邱洪安张永海程宪王守信王门郭氏姜世孝薛恺志亮王文秀钱长德单从礼群官李家贵周成章徐门吴氏王凤山朝挺崔九赵进义平永有王添贵徐典虔杜林姜安赖门安氏刘长月刘全李保胡德才张福礼丁之福李栋陈国兴赵门梁氏林殿一王玉齐亨张进忠崔希良刘大法何四美于兴堂柳成林牛得山马若龙苏梅钟景元李宗显李玉栋王自立孟自成李文学魏文明孙明义宋贵杨捷包炳文贾兴之刘少仙胡开元藏安林李府增李起龙李二王存良平永福刘世杰袁兴旋张学诗郑文才卢凤其齐进孝金志张凤诏程自有郭宝住张文梁夏义杨国泰赵廷住李四花黄进礼刘真管永国朱成林张国才车金孝潘明李祥王喜更李守会陈明远赵永高京镐蔡世富闻德贵徐铅杨升远祝士俊刘兴宗杨生远大清乾隆四十六年岁次辛丑八月谷旦合会人等仝立

阴额：永垂不朽

阴文：京都顺天府宛平县右安门内外众善诚起秉心如意老会年例引善会首卢文□郭士明耿士□王秉玉吴□义董□□张天相□□亮郭清富刘克顺刘福成郑志□孙明义郭有口常守义陈文祥朱振□张明□曹芝茂□□兴刘自明刘宗□王勤□徐□庆李解云徐兴源朱成章任洪基罗文政刘承宗陈万良常有庆付德亮刘成利王廷贵张继先刘□贵□登福刘发宗刘槐玉田宗玉张开禄信女

范门林氏徐门□氏张门孙氏赵门刘氏张登姐王门李氏王门□氏
李门刘氏张门王氏王丑姐任门王氏张门薛氏王门刘氏梅门□氏
董门信女于门李氏大清嘉庆三年岁在戊午八月穀旦会众等仝立

这一碑文记述了京都顺天府宛平县右安门内外如意圣会，乾隆四十六年（1781）和嘉庆三年（1798）两次到潭、戒二寺烧香供佛的人员。乾隆四十六年 175 人，嘉庆三年 166 人。由此我们不难看出，曾经的茶棚会有着多么广大的群众基础，其场面又是何等的火爆。

而白纸坊地区的三档黑会，现在已经很难考证其具体指的是哪三档花会了，按照李双义先生的说法，应为“双石杠子”“高跷秧歌”和“文场”，但由于年代久远，很难寻找能够直接佐证这一观点的资料，但有一点是十分肯定的，即所谓的“黑会”是没有在花会的相关管理部门进行过登记的。在封建王朝统治时期，京畿重地，任何民间集会性质的活动都是需要有专门的人员进行登记和管理的。未经召见，民间团体自然不允许私自入京，否则便有刺王杀驾之嫌，重者可能会遭遇灭顶之灾。而京城内的百姓活动一样需要到特定的部门进行登记，有一个专门的名词形容这一规则，即“标名挂号”。白纸坊地区的黑会，由于没有在管理部门标名挂号，因此没有资格参与大规模的民间走会活动，更没有资格代表白纸坊地区前往著名的寺庙参加庙会活动。但这三档黑会仍然存在，因为劳动人民在闲暇时间仍然需要消遣娱乐，有限的几个会档没有办法满足全体百姓的娱乐需求，于是便产生了这些仅仅在地下组织、表演的会档。

事实上，随着时间的推移，北京的城门也逐渐地越开越大，封建王朝逐渐式微，人口流动日益频繁。于是，除了土生土长的幡鼓齐动十三档，一些外来的会档同样开始在京城扎根立足。其中也有一部分流入了白纸坊地区，成为继三文三武三黑后，再续辉煌的会档。其中最为精彩的两个项目，一个是小车会，一个是跑旱船。其实这两个项目具有一定的相似性，只不过从模拟的情景来看，小车会是在陆地之上，演的是小车里面的故事，跑旱船则是在江河湖海之上，演的是船里面的故事。两种表演都是带彩扮带故事情节的，所演的故事有的时候是民间传说的一些神话故事，有的时候就是田间地头的日常生活趣事，有的时候则是取材自戏曲舞台、评书作品等其他艺术门类的经典桥段。小车会中的经典唱段包括《千里送娘娘》《娘娘逛庙会》《老妈上京城》等，车上的人物角色通常包括坐车娘娘、推车老人、拉车人、童男、童女、打锣人、傻丫头、傻柱子、媒婆、大烟袋、公子等。表演过程中使用文场伴奏，一般是唢呐、铜锣等民乐乐器。小车会里的唱腔风趣幽默，同时还可以根据时代特色，增加贴近人们日常生活的词句。相对来讲，跑旱船的故事情节性要更强一些。所谓旱船，即用竹子或秸秆等材料扎成架子，再糊上彩纸或彩布，加之以彩绘或是其他装饰，做成船的形状，再由表演者套在身上，表示自己正在船上坐着，而实际上却是由两条腿在地上走着，因此被称为“跑旱船”。著名相声表演艺术家刘宝瑞先生在他的经典作品八大棍之一的《君臣斗》中曾描述过一个场景，勤俭持家的刘罗锅（刘墉）乘坐的轿子轿底被大奸臣和珅指使手下人故意撞掉了。刘墉刘中堂最终决定让轿夫继续抬着轿子往前走，他自己在轿子里面，也跟着一块儿两条腿在地上走，刘宝瑞先生在这儿批了一句，“这中堂改了跑旱船的了”，这个包袱一出，台下一片笑声，足以见得跑旱船这种艺术形式在当时人尽皆知，我们也不得不为刘宝瑞先生的机智幽默拍案叫绝。小车会和跑旱船两种花会表演形式，自进入京城的那天起，便吸引了无数的观众，很多人不仅喜欢看，甚至投身于剧情的编排和表演之中，例如在白纸坊地区，就曾经有过小车会活跃的记录。到了民国时期，曾经流传甚远的幡鼓齐动十三档顺口溜不得不为这两种艺术形式加了一句“门外旱船把驾等，踏车、云车（小车会）紧跟行”。

在庙会活动期间，北京城内的各个地区的会档还会相互交流，有时候会互相“串个门”，通过这种频繁的走动和交流，不仅仅使京城人民的精神生活得到了丰富，同时也促进了不同会档之间相互学习，相互借鉴，不断在艺术上精益求精。通过对李双义先生的采访，我们还了解到，庙会期间不仅仅是各地会档会相互沟通和走动，一些行商走贩同样会在这个时期集中到庙会举办地附近，借此机会多挣一笔。例如，在白纸坊地区，一旦祖师爷庙办庙会，或是中顶办庙会，那么牛街地区做清真小吃生意的商贩一定不会错过这一良机，一窝蜂地扎到白纸坊地区来，同样会顺应着市场方向到庙会周边聚集的还有打把式卖艺的江湖人。上文提到的幡鼓齐动十三档中不乏天桥地区的艺人，但作为宣南文化中最为璀璨的市井艺术宝地，天桥地区能为庙会活动提供的艺术表演远不止此。因此当庙会到来之时，天桥的艺人们便纷纷带着自己的手艺和热情前来，为白纸坊地区的百姓奉献精彩的表演。不同于花会会档，这些民间艺人的演出确确实实是自负盈亏的，因此他们在展示“玩意儿”的时候，会在面前摆上一些容器，或是随手用洋灰或是石块画出一个圆圈，所谓“画锅”。过来过去参与庙会活动的人，一旦被他们的表演所吸引，聚拢到他们附近，他们这一天的生活费基本就有着落了。

小车会　摄影：董敏芝

现如今，我们能看到的庙会活动从形式到内容都与过去的庙会有了很大的区别，事实上，现在所说的这种在春节期间进行的庙会活动，更接近于过去的节庆“走会”活动。这种节日里的民间民俗娱乐项目演出，一般都是在春节和灯节（元宵节）时开展，其演出内容和庙会演出有着很高的相似性，因此在民间以讹传讹，就将这种民间节庆活动也视为庙会的一部分了。时过境迁，真正由庙宇承办的，以开庙祭日为标志的庙会和“香会”活动被时代抛弃了，而作为会上展演项目的民俗娱乐形式却被保留了下来，因此现如今，庙会活动已经成为节日期间游园活动的代名词，即便是像朝阳公园这样的没有任何宗教色彩的现代化公园也同样会承办庙会活动，只是此庙会非彼庙会，过去由各大花会会档轮番表演的坊间盛景恐怕是再也无缘亲眼得见了。

第五节　狮子蹲门分左右——太狮老会

上节中已经对京城的花会做了一个整体性的描述，相信读者朋友们已经在脑海中勾勒出了旧时北京幡鼓齐动十三档的壮观场面。但别着急，要说旧时花会里最为精彩的三样儿绝活，还得把目光锁定在白纸坊地区。下此结论并无讨巧之意，事实上只需要稍加留意，就会体会到个中情由。我们常说，一台晚会的节目编排是讲究顺序的，切不可将每一个节目单摆浮搁地放在一起，简单地堆叠罗列。如果放到戏曲舞台或是曲艺舞台上，这个顺序就变得更加讲究了。比如戏曲舞台上文戏与武戏穿插，玩笑戏放在什么位置活跃气氛，又如曲艺大会上谁来开场，谁来中腰，谁去攒底，这也都是有讲究的。每一个单独的节目都要为整台演出的效果负责，因此节目顺序很重要，每一个节目也都承载着它特定的功能，这就是我们所说的节目编排的艺术。说到这里，我们不妨再看一看上文已经提到过的这段顺口溜：“开路打先锋，五虎紧跟行。门前摆着侠客木，中幡抖威风。狮子蹲门分左右，双石门下行。掷子把门挡，杠子把门横。花坛盛美酒，吵子响连声。杠箱来进贡，天平称一称。神胆来蹲底，幡鼓齐动响太平。”这十三档花会在一次完整的庙会演出中，就是按照顺口溜里的顺序登场亮相的。由此我们可以清楚地看到，狮子、天平和神胆，这三个白纸坊地区的特色表演恰恰被安排在了最为重要的三个位置上。

先来说说狮子，它的这个位置可以说叫承上启下，就像一台精密仪器的轴承一样，它负责着演出的连贯性。从开路要叉，五虎要棍，再到高跷和耍中幡，这几个项目的艺术美感无疑是递增的，这并不是说前两个项目不精彩，只是从空间的角度来说，比起“高高在上”的高跷队伍和“矗天矗地”的中幡表演来说，单纯的舞叉弄棍仍然是略显单调了一些。试想一下当时观众们观看演出的场景，不难发现在中幡表演结束后，大家的注意力仍然飘在半空中，头向上仰着，眼睛向上望着，看着中幡的队伍浩浩荡荡地继续前行。而再来看看狮子表演后面的几个项目，双石、石锁、杠子。这几个项目非常吃功夫，是表演起来难度系数很高的项目，但遗憾的是，如果把它们生硬地排在中幡后面，那就意味着大家伙儿的注意力还没来得及从天上收束回来，而这些项目的表演者们则需要通过他们的技艺让大家伙儿再次把注意力放到地面上来。不巧的是，这种力与美的结合往往艺术张力不够，观众们往往需要一个良好的观赏氛围，才能看到这些项目真正的难点，把表演者精心设计的动作看得清楚明白，从而发自肺腑地叫上一声好。用曲艺界的行话来说，这些功夫表演有点“接不住”① 中幡，容易让观众产生落差感。于是，花会表演的组织者十分巧妙地把狮子表演安排在中幡这种技巧表演和双石、石锁等力量表演中间，让一组活蹦乱跳、艺术表现力极强的舞蹈适时地出现在场地之中。舞狮表演在这个节骨眼儿上出现，不仅要维持住中幡表演给人们带来的这样一种喜庆欢乐的氛围，更要通过热情奔放的表演方式把观众的注意力从天上的中幡那里吸引过来，让观众们能够耐

白纸坊太狮传奇在梅兰芳大剧院

① 即指无法承接上一场演出的火爆场面。

心地看下面的节目。换一种更形象的说法，既得能抓得过来人，又得能扽得住人，这就是我们所谓的承上启下的重要作用。那么，舞狮子这种表演形式究竟有何等魅力，能够担此重任呢？我们不妨追溯一下舞狮表演的前世今生。

作为在中国大江南北都留下了独特的文化记忆的一种民间舞蹈形式，舞狮表演的起源始终是一个谜。这种表演时至今日仍然具有消灾驱厄、祈求太平之意，据此来看，认为它起源于民间的一种古老宗教仪式的说法似乎是站得住脚的。但尽管如此，舞狮活动具体起源于什么时代，我们仍然难以考证。如果将其源头向着最遥远的地方追溯，有证据能够表明舞狮表演与商周时期驱鬼逐疫的傩戏表演具有一定的渊源。但我们在此就不得不提出一个关键性的问题，即在华夏文明聚集的区域，并不存在野生的狮子，如果当时的人们没有见过狮子，那么又何来舞狮一说呢？于是，便诞生了民间最广为流传的一种说法，即舞狮表演起源于汉代。据说，大月氏的使者将一头狮子进贡给了当时的汉代皇帝，并约定如果汉帝国能够找出有能力驯服这只猛兽的人，那么就向汉帝国年年进贡，岁岁称臣，如若不然，则要求汉帝国反向大月氏称臣纳贡。汉章帝听闻此事之后，便派出手下武士驯服狮子。然而狮子性情凶恶，几位武士显然无法完成这一艰巨任务。就在一次训练过程中，武士失手将这只狮子打死了，如果狮子死了，那自然也就不存在驯服的可能性了。三个武士深知犯下大罪，罪责难逃，于是连夜思考补救措施，最终决定将死去的狮子剥皮，将狮子皮披在两名武士身上，假扮成狮子，并且由另一名武士训练这只假“狮子”，试图蒙混过关。没有想到这个办法收获了奇效，表演当天，这只假“狮子”在训练师武士的要求下，上蹿下跳，拿大顶折跟头，完成了一系列高难度动作，不仅仅是大月氏的使臣没有发现破绽，连汉章帝都被蒙骗了过去，两个人拍案叫绝，自此化解了大月氏提出的难题，稳固了西域边防。当然，我们稍加思考就会发现这则传言实在是漏洞百出，且不言汉章帝和大月氏使臣的视力水平和智力水平，就两国的外交关系来说，即便是放在疆域概念尚未明晰的汉代，这种宗主国和附庸国之间的邦交关系也绝不可能儿戏到以一只狮子作为赌注的程度。这则传言显然套用了民间民俗传统起源的几个范式样板之一，借着与番邦外国比拼某项技艺之名，一方面扬我国威，另一方面也表现了这一艺术形式悠久的历史和光辉的起源。套用类似模板的传说也比比皆是，比如传统相声《山东斗法》所用的也是一样的套路。民间传说尽管有艺术夸张的成分，但通过一系列正史史书的记载，我们不难发现至少到了唐代，已经有非常确凿的证据能够表明当时已经存在舞狮表演了，从这个角度来说，舞狮的历史的确是足够悠久。当然，我们还可以换一个视角来看这个问题，其实舞狮和舞龙在表演形式和内容上都存在一定的相似性。狮子的确是我们现在所知的一种看得见摸得着的动物，龙则不然，这个象征着中华文明的古老图腾一直存留在我们的文化记忆之中，却从来没有脚踏实地地出现在我们生活的世界里。据此，我们能不能做出一个大胆的推论，即舞狮这个表演形式也许起源非常早，最初也的确被冠以“舞狮”二字为名，但当时的“狮”就如同“龙”“凤”“麒麟”等传说中的圣兽一样，只是存在于人们想象中的一个形象。我们所做的这一推论也并非没有根据，因为按照南派舞狮佛山起源的说法，认为最初所舞的“狮子”就是一种“身长八尺，头大身小，眼若铜铃，青面獠牙，头生一独角”“于除夕晚出现，来去如风，专门破坏民间农作物包括稻米、蔬菜”的异兽。这个说法大家看起来会不会觉得有些熟悉，的确，这非常接近我们传说中的“年兽”。那么我们是否可以据此推断，最初的舞狮表演并非是扮成我们现在所熟知的“狮子”，而是扮成一种想象中的异兽。直到后世，那种原产于非洲、南亚等地的大型猫科动物被传入中国，人们将它与传统汉文化中的“狮”这一形象进行了对应，由此为这种动物命名为“狮子”。也就是说，也许在汉文化中，“舞狮”表演甚至有可能早于真正的“狮子”进入中国的历史。这种猜测无疑是较为大胆的，目前也没有有力的证据证明这一点。学术界普遍认同“狻猊”起源说，即西域进贡的狮子，是与汉文化龙生九子中的一子“狻猊”的形象相结合，后因西域语言发音的问题，以讹传讹，将这种生物称为“狮子”。当然，这些都是基于现有历史学记载和考古学遗存，再基于一定的民俗学概念进行的猜测，至于事实究竟如何，学术界的仁人志士们仍然在努力考证。

正如上文所述，舞狮的历史十分悠久，来源地也是众说纷纭。但既然要介绍的是幡鼓齐动十三档中的舞狮表演，那么还是要把目光聚集到白纸坊的太狮老会上来。舞狮活动根据起源不同，分为北派舞狮和南派舞狮，前者流行于长江以北诸地，而后者则流行于南岭以南。白纸坊地区的太狮老会，显然属于北狮的一个分支。这种狮子老会的表演模式最早起源于河北省徐水县一带，此地素有北狮狮舞之乡的美称。现在的徐水县北里村狮子会以民间花会形式存在，已有百年以上的历史，现在所成立的这一会档，是 1925 年重新整合的产物。而在中华人民共和国成立后，这一文化得以迅速发展。据说，这个地区的狮子舞表演曾经随团赴欧洲进行展演，还曾受到过国家领导人的接见。此地也是舞狮艺人辈出，上至耄耋老叟，下至垂髫顽童，几乎人人都会那么几手狮子舞的技巧，随着文化事业的蓬勃发展，此时的舞狮艺人甚至纷纷走出家乡，进入各地的民间表演队伍，成为以舞狮为业的专业演员。

而白纸坊地区的太狮老会尽管从规模上讲，比不上徐水县这样声势浩大，但单就在北京城范围内的影响力来说，绝对是花会中的翘楚。有学者称，白纸坊太狮老会最早成立于清乾隆五年（1740），距现在已经有 280 多年的历史。同治九年（1870），“白纸坊太狮”受到慈禧太后“永寿长春”的皇封，命名为“广安门里白纸坊永寿长春太狮胜会”。[①]当然这一说法的具体来源，我们同样没有得到确凿的考证，而事实上，

① 参见段全伟、吕韶钧等，《非物质文化遗产“白纸坊太狮”传承与保护》，北京体育大学学报，2011 年 9 月，38—40 页和 47 页。

作为宫廷贵族的慈禧太后有没有可能册封一个民间花会会档，还给了四个字的封赏，这一点的确存疑。而“永寿长春”这四个字的具体含义，民间也存在另外的说法，这一点我们在后文书中再做交代。之所以白纸坊地区的狮子会档不叫“狮子老会”，而叫“太狮老会”，这里一样大有名堂。北方流派的狮子表演，最初是有角色区分的，由两个人共同扮演，一人饰演狮头、一人饰演狮尾的大狮子被称为“太狮”；而一个人连头带尾都包圆儿的小狮子，被称为“少狮”。原来的狮子老会里，太狮和少狮缺一不可，因为少狮挑逗太狮，太狮宠溺少狮，这种表现传统儒家思想中天地五伦纲常有序的桥段，非常深入人心，让人们能够从舞狮表演中看到天伦之乐的意味。然而白纸坊的狮子老会却一改传统，取消了少狮表演，只留下太狮，而白纸坊太狮也自然不像传统狮子老会里的太狮那样，表现出带有人性光辉的慈爱，而是以外表凶悍、表演动作夸张著称，将太狮的形象演绎得更加粗犷豪放。太狮少狮表演里的太狮有些类似于京剧行当里的老生，沉稳内敛，而白纸坊太狮表演，则把太狮刻画得有些类似于净行，有时候甚至于接近丑行，不仅表演起来身段大，而且更多的时候是拿太狮刚猛有余、聪慧不足这样的特点来取悦逗笑观众。

据记载，在受到战火的冲击后，最初提议将白纸坊太狮会恢复起来的人，是当地的两个大户人家，一个是李庭朴，一个是陈子鹤。两个人热爱太狮表演文化已久，一直希望能够恢复这个会档。李庭朴从事何等工作我们如今不得而知，但据说，他们家院落门口有一面影壁墙，上面雕刻着两只活灵活现的狮子，足以见得主人对狮子文化是何等的热衷。有人说了，有狮子雕刻不一定说明主人喜欢舞狮活动啊。事实上，在这两只狮子中间，还有一个仙风道骨、手持拂尘之人。而在传统舞狮表演中，负责扮演驯狮人形象的演员恰恰就是这身打扮。由此我们可以断言，李庭朴一定是一个传统舞狮爱好者。而这位陈子鹤，更是身世不凡，他时任清王朝火药局四品官员，可以说在白纸坊地区是响当当的大人物。由这两位出资，重新召集在民间拥有此项技艺的人，太狮老会得以复兴。太狮老会第一任会头是李庭朴，第二任会头便是陈子鹤。他们聘请的民间艺人，也就是我们所说的这位“二把头”，是永定门里的一位刘姓艺人，此人真实姓名已经无从考证，但他在江湖上有一个外号叫“筛子刘五”。之所以叫筛子刘五，原因非常简单，因为这位先生就是以卖筛子为生的。刘五接手这个班子所做的第一件事，就令所有人大吃一惊，他决定抛弃原有的狮子道具，另起炉灶做新家伙儿。原本白纸坊地区的狮子会所用的狮子艺术感染力的确较差，仅仅是一副头身相连、一丈三尺长且光背无毛的“狮子皮”。刘五主张，按照太和殿门前狻猊的形象重制狮子道具。尤其是狮子头，作为舞狮表演中最精彩的部分，一定要有艺术美感，要能让观众感受到那种呼之欲出、活灵活现的精气神儿。于是，新做成的太狮头道具可谓是面貌一新，大倍儿头，窝窝眼，血盆海口，鼻孔外翻，成品有七八十斤重。再加上脖子上挂的一圈铃铛，七个大铜铃，号称象征人的七情——“喜怒忧思悲恐惊”。有了新的道具，自然就要操练起来，在此就要说说白纸坊太狮老会“永寿长春”这四个字的另外一种解释。据说，这四个字代表了太狮老会重整复兴过程中，主要负责操练和创新动作的三位关键性人物的居住地，“永”即刘五先生所在的永定门，“寿”是指圣寿寺，据传此地的一位僧侣同样给白纸坊太狮老会提供了很多表演技巧，而“长春”则是指长椿寺，据传也是一位寺庙僧侣赐艺于太狮老会的艺人们。相比于慈禧太后封赏的说法，这种由会档的几位贵人居住地的名字中取吉祥字拼凑成名字的说法，虽然少了几分荣耀感，但确实多了几分真实性。白纸坊地区的狮子老会，历经几代人的传承，香火不断，技艺长存。按照会档行业的规矩，任何一种表演形式，必须有严格的师承关系，按照记载，白纸坊太狮老会的鼻祖即为“筛子刘五”，至于更早的年代是否存在其他艺人掌握这门手艺，按照会档师承辈分的规律，既然无从追溯，就不再记入族谱之中。刘五曾收徒陆某（具体名姓不详），陆某即为第二代传人，陆某之子继承了陆某的绝技，便为第三代传人。此后，该人又将他的绝学传给了一位名叫何金玉的老先生，何先生即为第四代传人。此后的几代便有了确凿的记载，第五代传承人为丁秉亮，第六代传承人为刘德海，第七代传承人为王建文，第八代传承人为卢永超。

白纸坊太狮传奇在梅兰芳大剧院

谈到这里，我们就不得不重点说一说白纸坊太狮老会与本地重要国有企业北京印钞厂之间的羁绊了。相信很多读者在看到上面的师承关系时都会想，为什么从第四代后，师承关系的记载就变得如此清晰，而再往前却难以追溯呢？原因很简单，因为第四代传人，这位何金玉先生是老白纸坊造纸厂的工人，因此他的经历有据可考。而负责整理考据这部分材料的人，恰是第六代传承人、北京印钞厂退休工人刘德海。这位刘先生是1927年生人，在他任白纸坊太狮老会会头期间，这门技艺被最大限度地发扬光大，因为这位刘先生将他的手艺逐渐教给了印钞厂的其他工人，在辛勤工作的忙碌之余，工人们齐聚一处，通过耍狮子的方式，既能减轻大家的压力，又起到了锻炼身体的作用。这种一举两得的娱乐方式，很快风靡全厂。据粗略统计，鼎盛时期，光是北京印钞厂的工人中就有超过200人掌握全部或部分的舞狮技艺，在当时可谓是民间之大观。刘德海先生对待传统艺术的方式并不保守，按照现在太狮老会的说法，刘德海先生应该算是传统太狮表演的最后一代传人，但同时也是他开创了全新的太狮表演模式。作为一个承前启后的关键性人物，刘德海先生对于白纸坊太狮的贡献是难以估量的，他首创了群狮群舞的模式，同时也逐渐开始改良表演道具，毕竟传统道具华贵有余，但便利不足，不适合印钞厂的职工们使用。经过刘德海先生不断的创新和改革，白纸坊太狮的发展蒸蒸日上，20世纪50年代，还应邀参加了全国文艺调演活动。

在“文化大革命”期间，舞狮这种带有一定封建迷信色彩的活动遭到了有关部门的明令禁止。而伴随着“文革”的结束，改革开放的到来，人们的生活再一次得到了显著改善。人们的物质生活水平提高了，自然也就开始关注精神生活的追求。于是，印钞厂的工人们想起了早已弃置多年的狮子道具，想起了曾经那个人人舞狮、载歌载舞的欢乐时代。在1983年，印钞厂工会发布告示，募集有意学习舞狮技术的年轻人，希望再一次恢复舞狮表演，重振太狮老会的雄风。消息一出，前来报名的工友十分踊跃，眼看着一支年轻的舞狮队一夜之间便成立起来了。有了新鲜血液的注入，太狮老会复兴在即，然而老会头刘德海先生彼时年事已高，很难长期负责操练工作。于是，白纸坊太狮第七代传承人王建文主动扛起了这杆大旗。王建文先生对太狮表演的热爱是超乎想象的，据他的弟子回忆，王先生曾经为了置办太狮表演所用的道具服饰，将家中存款花剩不足百元。王先生继承了刘德海先生的志向，同样致力于改革舞狮道具，使这门艺术更加大众化，能让越来越多的人参与其中。在王先生的努力下，白纸坊太狮这门技艺继续在北京印钞厂得以发扬光大。一代又一代的印钞工人将白纸坊太狮作为自己工作生活的一部分，我们能够看到这门艺术在新的时代，展现出了新的活力。

上文介绍了有关白纸坊太狮的诸多历史故事和文化渊源，接下来要谈一谈白纸坊太狮表演的艺术魅力。一门技艺，从无到有，从简单到繁复，从质朴到华丽，这其中是一代又一代的传承人智慧的结晶，同时也是一代又一代的观众审美的遴选结果。如果一项表演缺乏艺术感染力，那么它自然很难在市井中生存下来。白纸坊太狮，历经七代人的努力，现如今仍然能以一种夹杂着传统审美和时尚潮流的状态，展现在世人面前，足以见其艺术魅力之大。“白纸坊太狮”显著的技术特点是“凶猛刚勇、形神兼备，粗犷与细腻相结合”。民间传说“黄毛狮子蓝毛犼”，这个犼指的是一种传说中的怪兽，其形象跟咱们今天所说的狮子十分相像。所以舞狮表演时一黄一蓝两只太狮同时出场，“渣”“卧”“旋”“朴”及享誉京城的“戏水”绝技，都是“白纸坊太狮”典型“北派舞狮”的技术风格。在解放以前的走会表演中并没有锣鼓伴奏，除有手持拂尘的老师傅指挥引导外，全凭参加表演的一蓝一黄两只狮子头上的大铜铃铛的声音和细腻逼真的动作招揽观众。白纸坊的太狮据称有13个套路、20多个基本动作。刘德海师傅曾将太狮表演要领归结为三扎儿、六卧、八个穿心等技术动作。同时，还总结出一套动作要领口诀：“文殊普贤是先师，黄狮蓝狮兽中王。睡狮惊醒一声吼，穿山越洞凶猛强。双狮巧遇独下桥，黄狮蓝狮同戏水。造型动作要认真，狮球技艺三结合。师父传你狮舞艺，弟子用心要练功。”旧时的太狮会档走会之时，遇见河桥要戏水，遇见山包等高处要跳上，这是规矩。从而出现了这么一句“幡怕牌楼，狮子怕过桥”的花会谚语。“幡怕牌楼”指的是彼时天桥的中幡名家宝三耍中幡，曾经完成过将中幡扔过牌楼，又紧跑十余步将中幡接回手中的好戏。而“狮子怕过桥”指的就是太狮老会了。白纸坊太狮老会狮子戏水可称一绝。戏水时的动作过程，各狮子会大体相似。戏水的动作有好多，一般是狮子会到了桥边，演员都穿好了，套好了，大绳系好了腰，戏水的时候，要表现出狮子爱水又怕水的神态，听见水响，往后撤步，一惊，一美，再惊，再美，呈现生动的姿态，两狮子上栏杆，边耍边前行，到了中间桥孔这儿，要戏三把水。通过舞狮的表演内容，展现白纸坊太狮凶勇、威猛、彪悍、机敏、灵活的神态，以及喜悦、愣、呆愣、散漫的神韵，这一系列表演结束后，围观的群众无不欢呼雀跃，交口称赞。

上文说到，白纸坊太狮老会讲究的是一黄一蓝两只狮子一起表演，但20世纪一次意外的演出事故使得白纸坊太狮队伍中增加了一只黑狮子。据传说，1959 年，白纸坊太狮队应邀赴人民大会堂参与会演，但当时的狮子道具出现了问题，原本的蓝狮子道具损坏，而重制新的蓝色狮子道具时，北京道具服装厂方面告知，当时全国蓝色染料告急，无法供应，于是道具厂方面临时起意，决定用黑色为这只新狮子上色。于是就有了这只面目狰狞、张着血盆大口的黑狮子。王建文先生回忆说，当年他还是个几岁大的孩子，在厂子里看到黑狮子的表演时直接就被吓哭了。然而，这一意外的舞台事故，反倒催生了太狮老会狮子队的服装道具改革。黑狮子被作为常规表演留了下来，而从“一黄一蓝”变成“一黄一黑”的这一传统此后竟然被其他狮子队伍争相模仿，乃至很多人都不知道传统的白纸坊太狮是没有黑狮子的。

经历了第六代传人刘德海和第七代传人王建文的改革，白纸坊太狮老会已经全然不同于往日，这支狮子队由内而外地散发着时代的气息。从表演的服装道具，到表演的器乐配合，乃至表演的形式内容上，两代“非遗”传人都交出了自己的时代答卷。

我们看到过去的演员身上穿着长衫，服饰很随意；在道具上，过去手里拿着拂尘；在表演上，过去单一指引，动作简单，表演成分不多。而现在，在服饰上，演员上衣穿着中式对襟把式服，剑袖，系着腰带，下身穿着灯笼裤，脚上穿着靸鞋或薄底快靴。头扎布巾，或红色或黄色。服饰干净、利落、英武、潇洒；在道具上，现在手上拿着绣球；在表演上，现在的表演为了使其内涵丰富，将武术、舞蹈中多方面的动作元素提取出来，集合在一起，形成了一套完整的并能够密切配合太狮表演的动作，做到狮球合一。古时太狮表演的狮头不仅大而且分量重，头上还挂了 7 个大铃铛（旧时称紫子），整个狮头重约 70 斤，狮头和狮尾用着一块大栏布相搭，总长一丈二。现在太狮表演的狮头与古时相比，在重量上轻了许多，一个狮头重约 15 斤，把狮头做小了，减轻了重量，样式上也做了改良，更利于表演。古时狮身很长，现在把狮身改短了，狮头狮尾前后抬腰。目前王建文老师还在对舞狮器具用料的变化、制作工艺，做进一步研究。狮具的演变是因为其项目自身发展，为了适应现代技术发展的需要。有了比较才有不足，狮具改良是由于早期白纸坊太狮参加了世界社会主义国家青年节上的一个比赛。在比赛中由于传统的太狮狮身很长，一丈多长，相比较河北徐水县的狮子长了很多，也不便于做动作，并且当时的狮头也重。由于那场比赛的失利，才决定改革狮子的外形，使其演练过程更能体现其风格特色。在最近的一次访谈中了解到，王建文老师还在研制新的狮具，为的是更好地推广舞狮，让更多人接受。配乐方面，中华人民共和国成立前老白纸坊太狮表演时原无乐器伴奏，除有手执拂尘的老者引导外，主要靠狮头上的大铜铃的响声为号，协调狮头狮尾表演者的动作。中华人民共和国成立后，1952 年全国民间花会调演后，白纸坊太狮进行改革，增加了打击乐伴奏，用民间花会“文场”的乐器。再后来，白纸坊太狮的技艺进入北京体育大学，随着竞技的发展，大众观赏的需求提高，北京体育大学龙狮队结合武术编排了第一套北狮规定套路，现今，北狮的伴奏就演变成现在的音乐伴奏。究其本质原因也是为了适应舞狮的发展，如果是鼓乐伴奏，那就至少需要 5 个人配合，费人，费时，而且不好统一，碰上比赛是在国外，搬运这些器具也是一笔不小的花销。再者现在自选套路都是有剧情的，音乐伴奏能够更好地去发挥，突出主题效果。

白纸坊太狮的表演特点，从整体形象上说是刚劲有力，凶猛刚勇，洒脱奔放，形神兼备，节奏感强，粗犷与细腻相结合。动作灵巧，惟妙惟肖。常与方桌、绣球配合着鼓乐进行表演，栩栩如生，把凶猛彪悍的特征表现得淋漓尽致。白纸坊太狮之所以能在历次演出竞赛活动中屡创佳绩，不仅仅是其有独特的表演特点，还具有形神兼备、无形中有形的特点，技为本，艺为魂，以技达艺，注重表现狮子细腻的神情，艺术特色鲜明。这些都是前辈们经过亲身的实践、体验，结合自身的感受不断总结、不断丰富而形成的。针对白纸坊太狮这种优秀的中国传统文化，不单单要强调其传统文化的重要性，更要在宣传的同时渗透其背后的中华民族精神。白纸坊太狮艺术不单单体现着威猛、刚勇、粗犷与细腻相结合的特点，更体现出了一股坚忍不拔、不断进取、催人振奋的民族精神。

过去在旧社会，人民群众常常把狮子舞看作驱邪辟灾、吉祥如意的象征。白纸坊人民不满足于欣赏、观看狮子舞，他们要亲自参加玩耍才过瘾。在那个时代，那种自豪感以及荣誉感通过参加舞狮子就会完全地流露出来。在当时那种条件艰苦的旧年代里，舞狮人为了参加这样的活动宁可倾家荡产。当时的几位老艺人回忆说，他们对狮子的那种酷爱与看重真的是愿意付出任何代价。中华人民共和国成立之后，改变了甚至可以说是抛弃了过去走会中的一些习俗，北京的狮子舞已经变成了一种群众性的娱乐表演项目以及民间传统体育项目，渐渐成为中国民间传统文化的一种代表。过去那种对狮子崇拜的情怀也渐渐淡去，留下来的，更多的是一种文化符号，是民族传统体育项目的一种代表。随着社会的不断发展变革，人民生活水平、生活质量也在不断提高，空闲时生活方式越来越丰富，各种各样的娱乐形式层出不穷，目不暇接，人们的文化价值观也在时刻变化着，古时的那种狮子舞崇拜情结已不复存在，取而代之的是新世纪的多元休闲文化。由最初对神灵的祭祀祈福，到后来对美好生活的追求，再到人们对文体娱乐、身体健康的向往，充分展现了白纸坊太狮的历史发展。

白纸坊太狮其演变的根源其实是为了适应现代的社会发展，是一种自发的民间文艺活动，也自然而然地存在着一些问题。一是其精湛的技艺是一把双刃剑，是它的优势，也是它的劣势。因为白纸坊太狮有着独特的表演特点和技术特色，所以对练习者的要求很高，练习初期比较枯燥、乏味，不单单只是会舞而已，而且还要舞出味道，这就需要舞狮者有着良好的身体素质、足够的体力、坚忍的意志品质、长时间的刻苦训练等等，这就导致练习太狮的人员数量很有限，能够坚持下来学习并理解、掌握这门技艺的人真的少之又少。工人们平时都有很重的任务，只能利用业余时间去练习舞狮的技艺，再加上有的时候任务紧急，管理制度不完善，保证不了舞狮训练，也保证不了练习者的利益，使得舞狮队有一些人员流失，出现管理不善以及人才断档的危机。舞狮队员大都是厂里的工人，工人舞狮子是没有钱的，都是出于热爱，所以迫于生计，很多人也没有精力去舞狮子。面临经费短缺的问题，支持跟不上，表演道具与质量也无法保证，导致舞狮人员待遇不高，没有动力去练习舞狮，进一步出现人员流失的情况。最后就是外来文化的不断渗透，从而使得人们的文化价值观念发生了变化。觉得别人的东西就是比自己的好，特别是广大青年人业余休闲方式随着上述的原因在不断变化着，使像白纸坊太狮这样的民间艺术受到了冲击。处在当今这样的一个时代背景下，各个民族、国家和地区之间的传统文化会不可避免地接触交流，互相碰撞、融合。白纸坊太狮也不例外。

如今，作为国家级非物质文化遗产的白纸坊太狮成为重点抢救对象，从风靡一时，到如今需要加大投入力度去重点挖掘整理和保护，这其实也反映了我国诸多传统文艺形式的无奈。关于白纸坊太狮的传承情况，还会在后文中详细介绍。如果读到这里，读者朋友们已经对这项濒临失传的民间娱乐活动产生了强烈的兴趣，但又没有渠道能够接触到这些表演，那么我推荐各位从白纸坊太狮的衍生文化开始接触这门艺术。热爱这门艺术的剧作家呕心沥血，创作了现代京剧《太狮传奇》，以及话剧《白纸坊太狮》。通过这两种具象化的舞台呈现，相信大家能够更好地了解白纸坊太狮的来龙去脉。

第六节　迷失在市井间的天平——莲花落

虽然白纸坊地区的顺口溜里，“狮子挎鼓莲花落”，莲花落是最后一个出现的，但我们按照幡鼓齐动十三档的顺序来介绍，在说完了太狮老会之后，还是应该先来说一说“天平”。十三档花会里的天平说的就

什不闲莲花落复原图

是莲花落，天平是这种艺术形式的一个别称，或者更准确地说是莲花落中一种特定表演方式的别称，这种特定的表演方式有一个更加通俗，也更加规范的名字，叫作彩扮莲花落。按照此前的写作思路，既然已经说到了幡鼓齐动十三档的演出顺序问题，那么同样要解读一下莲花落所在的这个极为特殊的位置。莲花落在十三档花会中是倒数第二个登场的，按照戏曲曲艺行业的术语来说，这个位置被称作“压轴”，也叫“挎刀”。有的读者朋友可能会感到有些疑问，“压轴”一词不是一般用来形容最后登场的节目吗？实则不然，这是长期以来以讹传讹的一种错误用法，“压轴”一词所指的位置是整场演出的倒数第二个节目，而最后一个节目则应为“大轴”，或称“压台”。那么这个位置有什么特殊意义，又有怎样的作用要求呢？首先，这个位置和上文书提到的狮子表演一样，必须要承担起承上启下的责任，吵子表演已经为场地营造出了一种十分热烈的氛围，而杠箱表演则通过和观众的互动，最大程度地提升了观众的参与感，可以说在这一节点上，幡鼓齐动十三档的花会表演活动已经达到了一个情绪上的巅峰，如果不加任何过渡，直接将挎鼓表演放在这个位置上，即便白纸坊大鼓老会有着再大的本事，也很难再把这种情绪进一步提升，甚至于会因为表演形式和内容偏严肃，而使观众产生疲惫感。因此，在吵子、杠箱之后，挎鼓表演之前，必须要安排一个节目，这个节目一方面能承接吵子、杠箱营造出的热烈气氛，另一方面还要通过迂回婉转的情绪表达，使观众激昂的情绪放松下来，为后面挎鼓表演营造出一个更加适宜的表演环境。可能会有读者对此有所疑问，即为什么必须要把好不容易聚拢起来的观众情绪释放一部分呢？让观众们带着一种欢乐的情绪看完所有的演出又有何不可呢？这就要说到中国传统文化中，对于情绪和氛围的灵活掌握了。我们的传统既不主张一味的严肃，也不放纵一味的娱乐，而是在二者之间不断地寻求平衡，选取一条中庸之道。此外，中国传统文化始终保持着对仪式感的追求，而为了营造这样的仪式感，我们必须要在轻松愉悦之余，把庄重和严肃的情绪融入其中。在花会会档的表演顺序上，我们同样遵循了这样的原则，因此当杠箱等娱乐性质的会档表演结束后，将莲花落这样一个既带有故事情节，又带有文场伴奏的表演形式安排在挎鼓之前是非常合适的。说到这里，可能很多读者仍然有一头雾水之感，因为单凭“莲花落”三个字似乎也很难联想出这是一种怎样的艺术形式。那么接下来，我们就追本溯源，讲一讲莲花落的起源和发展。

莲花落的起源有两种说法：一种观点认为莲花落在先秦就已经出现了，“《逸周书》里的《周祝篇》和《太子晋篇》，《荀子》里的《成相篇》，从这几篇来看，不但后世的七言诗在西元前五六世纪早已萌芽，就是现在民间的‘莲花落’‘数来宝’‘渔鼓’一类的东西在周代已经存在了”。这些学者认为《易水歌》和《大风歌》都属于莲花落一类的东西，“风萧萧（兮）易水寒，壮士一去（兮）不复还”，以及《周祝篇》中“角之美，杀其牛，荣华之言后有茅”，因其朗诵起来与莲花落相同，“他们也有用着简单的敲击乐器，如小鼓或响板之类。古代的‘祝’，大概也就是唱数来宝或莲花落的职业乐人”。二是认为莲花落源于隋唐时代的“散花乐”，是佛教文化的衍生产物，这一说法颇为兴盛。但尽管这种说法很通行，散花乐与莲花落到底有怎样的关系，散花乐又是如何发展为莲花落的，一直缺少全面系统的考证。按照笔者的理解，这两种说法其实都有一定的道理。前者强调的是节奏和板式，也就是莲花落的“表”，而后者强调的则是来源和用途，是莲花落的“里”。

佛教里的“散花乐”作为一种宗教歌曲，传入中国后自然有其与当地文化结合之处，经过本土化的改良，融入一些中国传统民间音乐的成分不足为奇。

莲花落至今至少已有1500年的历史，从文史资料来看，这种艺术宋元时期已经在民间流行，同时被部分戏曲引用，明清时期取得进一步发展，清末达到繁盛。在流传过程中，莲花落成为多种地方戏曲和曲艺形式的鼻祖，同时也有大量地方戏曲和曲艺借鉴了莲花落的曲牌和调式。如今的莲花落不仅仅是一门艺术，而且是一门濒临失传的艺术。在南方地区，如浙江多个地区，仍然能找到表演莲花落的民间艺人，而京津两地，莲花落实际上已经绝迹，只是因为还有一些其他艺术门类的演员对莲花落有所了解，并且能复原出一部分它的腔调和内容，我们才姑且不将莲花落定义为完全失传的艺术。但在过去，莲花落这种表演与“艺术”二字几乎完全挨不上边，莲花落的发展与乞丐文化颇有渊源。莲花落音乐的一大特色，就是它的“泛声”，也就是每一句唱词后，都会跟着一句并无实际含义，以诸多拟声词连缀构成的“泛声”唱词。这一特点有考证称，是来自于我们前文提到过的乞食文化。即，和尚道士们为了能够在唱“散花乐”或“莲花落”的过程中化缘有所得，所以每唱一句，就要配合一句“泛声”，在“泛声”的过程中，向周围的人递上容器，以便于人们投放食物或是金钱。而在后世，尽管莲花落历尽沧桑变革，不再是单纯的乞食文化的衍生物，但这种唱法仍然很大程度上被保留了下来。也正因如此，在很长一段历史时期，莲花落被视为乞丐的专属曲艺，广为世人所鄙夷。例如《四库全书总目提要》卷第一百七十一集部二十四：“袁袠所辑《六如居士集》，王世贞《艺苑卮言》以‘乞儿唱莲花落’诋之。”王世贞借用乞丐唱莲花落之说法来贬低唐伯虎的作品，可见莲花落的地位。长期的世俗偏见，使得莲花落一直居于民间的底层，与乞讨形影不离，相关记载也屈指可数，直到清朝中期才逐渐崭露头角。专门的莲花落艺人群体不断壮大，并衍生出多种地方戏曲和曲艺，莲花落的地位得以提升，相关文献也得以重见天日。

在采访过程中，京城优秀青年评书演员郭鹤鸣先生曾向我们普及了一部分莲花落的知识，从佛歌到民歌，莲花落后世分为“大口落子”和“小口落子”，前者演唱内容越发丰富，调式变化也越来越多，逐渐就演化成了诸多地方曲艺和戏曲形式，而后者则仍然限定在宗教范围内，演唱内容即便有所丰富，大多也不会出离自然界和自然现象，很少会进行叙事和抒情的表演。根据郭先生的指导，我们按图索骥，找到了相关材料，终于基本厘清了莲花落演变的这一复杂过程。

从文献资料来看，佛歌中的莲花落一般为五言上下句式的韵文，而每一句唱词后也会加上一句前文所提到的泛声，例如“散花乐”。而一些敦煌出土的文献中，我们又发现了莲花落的又一个版式，即《散花乐赞文》。格式由五言变为了七言，泛声也变为了“散花乐”和“满道场”交替的模式。但就这两种范本来看，它们的确非常符合上文所说的音乐规律，既属于佛教文化的衍生产物，同时又能恰好与汉代以前的诸多乐府民歌对上节奏。也许正是因为其主题高尚，曲调通俗，这才使得莲花落这种歌曲形式逐渐地从佛寺道观中走了出来，进入了百姓的日常生活之中，逐渐演化成了各种唱词更加通俗的民歌版本。最先从传统佛歌中分离出来的本土化莲花落调式，现在一般被称为“四季莲花落”。从名字中，我们不难看出这种莲花落的内容往往是和自然界景象相关的。这一类莲花落就属于郭先生告诉我们的“小口落子”，其代表曲目有《四时歌》《叹五更》等。这些唱段往往在不同地区均有传唱，也由它们演绎出了众多不同的版本。其唱词格式一般为“三、七、七、七”或“三、三、七、七、七”，这些数字大家可以将其理解为每一句的字数，但事实上更准确的说法是每一句的长短。因为在后期的一些莲花落作品中，出现了很多虚字垫字的情况，也出现了很多连字赶板的情况，一句话不一定是标准的三个字或七个字，但这一句的长度仍然是正常唱三个字或七个字的长度。这时的莲花落还发展出了一个重要特征，那就是泛声开始走向世俗化。最初的泛声常以拟声词表示，为无实际意义的一些短句，据传说，这些短句是梵语，而在梵语当中也并非有十分明确的意义，它们都是由神（佛）传达给人间的秘密，这种奥秘只有真正得道之人能够参破。但伴随着莲花落的发展，民歌化的倾向愈演愈烈，不再拘泥于佛经的莲花落开始有了一些变化。正如前文所说，莲花落的泛声最早是为了便于佛教道教的教众化缘，或是乞丐乞食，而到了四季莲花落阶段，莲花落已经逐渐表现出民歌的特质，宗教色彩日益消退。所以在四季莲花落中，我们看到泛声词变为了“莲花落”“太平年”等更好理解的词汇。同时，泛声的使用频次也比先前减少了很多。只有在每一个段落的结尾处，才会有这么一两句泛声，似乎是在标志着这一段唱腔是从莲花落发展而来的。

在经历了这一层世俗化的变化之后，莲花落更加深入人心，这种旋律和节奏逐渐地被更多的人所借鉴，唱词内容也越发包罗万象，不再执着于宗教事物或是自然事物，一些民间故事或是坊间趣谈同样被编排成了莲花落音乐加以演唱。这也是从“小口落子”向“大口落子”过渡的一个重要阶段——叙事莲花落出现了。提起叙事莲花落，时至今日实际上仍然有保留，但这种保留并不完整，只是保留了一部分唱腔唱词。而使这种形式得以保留的原因，则要归功于一种清代流行开的，从宫廷中流落到民间的旋律——岔曲。岔曲八角鼓这种本身诞生于宫廷之中、服务于皇家的曲艺形式，保留了诸多宫廷曲牌，这其中就包括了《金钱莲花落》。现在的《金钱莲花落》往往作为岔曲中的一个曲牌演唱，用这种调式和结构书写一大段剧情中的一小部分。而一场完整的岔曲表演则是将这段故事从头唱到尾，所以在唱的过程中，每唱一个段落就要换曲牌子。岔曲的一些传统作品中包含了《金钱莲花落》这个曲牌，因此金钱莲花落得以保留下来，真的要感谢岔曲的传承。而叙事莲花落的另一个分支就是数唱莲花落，这一个分支不同于金钱莲花落，它并没有进入宫廷乐曲系统的福气，而是完完全全地生于民间长于民间。数唱莲花落是莲花落作为乞食文化的一种延续，最初表演者多为乞丐，所以有一种说法称之所以管乞丐叫“叫花子”，就是打这儿来的。按照中国古代音乐“宫商角徵羽”的音调标准，这种数唱莲花落可分为“角调”和“宫调”两个版本，这两者在音乐的诸多特性方面有所区别，例如调式不同、板式不同等。这两个版本都有各自的发展，最终分别演化成为两种不同的曲艺形式。前者“角调”逐渐演化成为后来我们所看到的数来宝，打着竹板或是牛骨板演唱，是沿街乞讨的一种艺术化表达。数来宝的句式讲究“三、三、七”，这与角调莲花落如出一辙。而数来宝这种艺术形式进一步演化，就诞生了我们现在熟悉的快板（快板书）。可以说我们从现在的快板三大流派“王派”“高派”“李派”中都还能依稀寻找到莲花落的影子，比如“王派”的闪板、“高派”的俏口、“李派”的踩字等。而后者“宫调”演化出的就是我们所说的什不闲莲花落，这也就是本章中所讲的白纸坊地区莲花落天平老会中所使用的艺术形式。这一档花会现如今我们已经无法找到传承人了，但通过文字资料，以及走访一些其他艺术形式的民间艺人，仍然可以整理出什不闲莲花落在它的艺术生命力最为强盛的时期，大体上是一种怎样的面貌。

根据考证，可以看到什不闲莲花落的起源地一般被认为在华北地区。最早是由民间莲花落艺人结成班社，开始撂地演出。不同于曾经风行于天津地区的落子馆，这种由田间地头的民俗文化产生的莲花落乡土气非常重，所讲的故事不像青楼落子那样风花雪月，更不像宫廷曲牌那样格调清雅。落子馆里的风流落子传到后世，逐渐接近于现在的曲艺表演，尤其是受到大鼓、牌子曲等影响，使得这种落子始终保持着素身单人演唱的形式，很久之后才慢慢衍生出对口表演的形式。而撂地演出的民间班社，实际上就比较接近于我们所说的天平老会了。从最初十余人以单人演唱的方式接力，到后期发展为多人按一定的顺序轮流演唱，我们所看到的什不闲莲花落的雏形便形成了。

“什不闲”，又作“十不闲”，其实这三个字本身所指代的也是一种单独的艺术表演形式。这是一种来源于我国南方地区的表演形式，其主要特征就是表演艺人轮流伴奏轮流演唱，台上的艺人没有一个人是闲着没事做的，因此得名“什不闲”。这种表演形式逐渐被民间莲花落艺人所借用，形成了以莲花落唱法为基础的什不闲表演方式，因此这种新的表演方式被称为“什不闲莲花落”。什不闲莲花落最初并非是彩扮，但随着该曲艺形式的发展，逐渐开始出现了“彩扮莲花落”一说。于是，什不闲莲花落的台上，也出现了彩扮艺人，往往是两到三个人，他们主要负责演唱，一般是旦角和丑角，类似于戏曲中的玩笑戏，这些彩扮艺人一般表演的是剧情中的核心人物；也有另一部分人没有彩扮，仍然沿用过去素身素脸的唱法，这样方便在人物扮演方面跳进跳出。所讲述的故事，多为民间趣闻逸事，往往比较露骨直白，以男欢女爱之事作为噱头，在表演过程中插科打诨，所以表演起来场面也比较热闹。什不闲莲花落始终保持着这样的表演方式，也留下了诸多唱词唱段。其中现在仍然在曲艺舞台上能够见到的，是什不闲莲花落的两个“小帽”曲牌，也就是在表演开始之前经常演唱的垫场节目，即“四喜”和“八掌”。而什不闲莲花落中的一些传统曲牌和唱腔，如今能够见到的的确不多了。曾有一些商业化相声团体试图将这种艺术形式复原整理，例如以传统题材大西厢为线索，按照《太平年》《金钱莲花落》等曲牌进行编排演唱，力图恢复什不闲莲花落的一丝神韵。但这种尝试往往不太成功，这主要是因为主持这项工作的艺人本身并非莲花落演员，在恢复过程中，或多或少地受到了其他曲艺或戏曲形式的影响，使得恢复出来的唱法显得不伦不类，很多老观众听过之后纷纷表示：“这不是莲花落，这更像是评戏。”当然，这也并不奇怪，毕竟彩扮莲花落后期诞生了一种固定人物扮相的唱法，而且开始演绎一些更加经典的中长篇民间故事，这种彩扮莲花落最终就演变成为戏曲中的评戏。换言之，评戏和什不闲莲花落本身就是同根同源。因此，在恢复什不闲莲花落的过程中有时难免就会向评戏的方向倾斜。目前，在诸多尝试恢复什不闲莲花落的曲艺表演中，较为成功的一次是由前文提到的青年评书演员郭鹤鸣先生以及青年相声演员李寅飞先生合作整理改编的传统什不闲莲花落唱段《四大卖》。这一段内容主要讲述的是一对夫妻吵架，丈夫惧内，妻子彪悍，丈夫扬言要把妻子卖到东西南北四个方向，妻子则顺着丈夫的话茬儿往下说，把在东西南北四地生活的好处数了一遍，把丈夫噎得哑口无言。莲花落表演艺人于瑞凤、清鸣泉两位先生曾在百代唱片公司录制过《四大卖》，由于时长有限，加上老唱片音质不佳，我们很难从中品评出当年莲花落的神韵。而两位青年曲艺演员则是通过这些老录音，加上他们平时收集来的曲谱，结合新时代观众的审美，用传统什不闲莲花落的方式，配合一小部分唱词的革新，将《四大卖》这一陈旧作品演绎出了新的光彩。但总体而言，这样的编创对于挽救莲花落这样一个濒临失传的曲艺门类来说，仍然是杯水车薪。伴随着旧时花会会档的消失，白纸坊地区曾经引以为傲的天平老会，恐怕要永久地伴随那一代人的美好记忆一起消逝在历史的长河中了。这实在是令人扼腕叹息。

第七节　神胆蹲底——白纸坊挎鼓

说完了莲花落，就要介绍幡鼓齐动十三档中真正的“大轴”了，作为最后一个登场的艺术形式，白纸坊挎鼓表演在一次花会表演中承担的角色之重要自然是不言而喻的。挎鼓在十三档走会中还有一个别名，叫作“神胆”。之所以得到这样一个名号，是因为挎鼓所用的鼓和我们平时常见的鼓有着诸多显著差别，其中一个最重要的差别就体现在挎鼓所用的鼓的内胆，内胆的形制跟普通的鼓是有很大不同的。这个与众不同的内胆，在下文书中还会详细地介绍。现在仍然要从节目编排的角度入手，先来分析分析，为什么十三档走会活动一定要用挎鼓来做最后的“大轴”。正如前文所述，无论是以什么缘由开展的庙会活动或是节日

旧时挎鼓会复原图

走会活动，其本质除了是一场民间娱乐活动之外，也同样是一场民间祭祀活动，或者说至少是一场带有宗教性和仪式性的市民活动。这就要求花会活动无论整个过程是怎样的欢乐，其中包含了多少娱乐性、表演性的因素，但最终还是要做到寓教于乐，将对于神灵自然、前辈祖先等的崇敬作为这种民间活动的最高主题。因此，在这样的前提下，挎鼓表演就完美地融合了祭祀活动的仪式性和民间表演的娱乐性。因为鼓作为一种礼乐常用的乐器，本身就具有非常强烈的仪式感，这种仪式感的来源可以追溯到这种打击乐最原始的形态之中。而将这种礼仪场合所用的乐器，以一种民间花会的方式舞动起来，使击鼓这一活动从鼓点节奏到表演动作方面都呈现出一种艺术化的倾向，这无疑又能使观众们在这种活动中收获乐趣。通过这样一种独特的融合，礼仪和娱乐达到了一种动态的平衡关系，使得挎鼓表演有了不同于其他花会活动的独特魅力。中国传统乐器不说有上百种，几十种总归是有的，那么为什么在众多的礼乐和民乐乐器之中，唯独是鼓，成为最特殊的一个呢？我们要从鼓的诞生和演变讲起，讲一讲鼓和中华文明长达千年的缘分。

首先，我们必须要承认，鼓的结构比较简单，是由鼓皮和鼓身两部分组成。鼓皮是鼓的发音体，通常是用动物的皮革蒙在鼓框上，经过敲击或拍打使之振动而发声的。恰恰由于这种乐器制作工艺并不算复杂烦琐，而演奏方式同样通俗简单，因此这种乐器在世界上诸多古老文明中都有所体现，换言之，这并不是中华文明特有的乐器。尽管在多个古老文明中都能看到鼓的踪迹，我们也很难考证这种乐器是如何在文明交汇融合的过程中发展和演变的，但仍然可以说，中国的鼓是独立起源的，中国的鼓文化是独一无二的。在远古时期，鼓被尊奉为通天的神器，主要是作为祭祀的器具。在狩猎征战活动中，鼓都被广泛地应用。有观点认为，中华文明中最早的鼓应该是由远古的先民使用的陶罐、陶盆等生活用具所演化而来，但这一说法目前没有可靠的材料作为支撑。不过，出土的陶鼓至少的确证明了，早在距今 7000 年前的新石器时代，中化文明就已经开始有了陶鼓的制造。通过一系列的文献和考古资料的协同研究，我们发现在中国古代社会中，鼓不仅用于祭祀、乐舞，它还用于打击敌人、驱除猛兽，并且是报时、报警的工具。随着社会的发展，鼓的应用范围更加广泛，民族乐队、戏剧、曲艺、歌舞、赛船舞狮、喜庆集会、劳动竞赛等都离不开鼓类乐器。鼓作为乐器是从周代开始。周代有八音，鼓是群音的首领，古文献所谓“鼓琴瑟”，就是琴瑟开弹之前，先有鼓声作为引导。鼓的文化内涵博大而精深，雄壮的鼓声紧紧伴随着人类，从远古蛮荒一步步走向文明，俗可以是民间的欢庆锣鼓，雅可以进入庙堂祭祀和宫廷宴集。从原始的陶鼓、土鼓、皮鼓、铜鼓，一直发展到种类繁多的现代鼓，鼓是最为人们喜爱和被广泛应用的乐器之一。陶鼓又称土鼓，是用陶土烧制成鼓框，再蒙上动物的皮革做成的。在我国以瓦为框制造陶鼓的传统，沿袭了很久。鼗鼓（拨浪鼓）则是从西北边远地区传入中原，而腰鼓是由西域传入我国，在唐代广为流行。唐代的腰鼓除了木质材料以外，也有以陶瓷作为鼓材的。纵观我国出土的鼓类乐器的考古遗存，我们基本可以确定鼓在中华文明中有 5000 年以上的历史。

白纸坊大鼓老会所用的挎鼓，是传统鼓的现代改良版本。根据白纸坊挎鼓“非遗”传承人李双义先生的介绍，白纸坊挎鼓总共需要大大小小一共 13 道工序，才能够精雕细琢，制作完成。白纸坊大鼓所选用的材质是木头，因此第一步就是要裁板。这步工艺听起来简单，但事实上并非如此，所裁木板必须要以整块木材为原料，因此必须要根据鼓的大小量体裁衣，同时还需要考虑到鼓的弧度问题。有人会说，为什么不直接拼接木材呢？这样能够更加灵活地掌握木材的大小和弧度啊。但白纸坊挎鼓，为了保证共鸣的饱满，必须用整块木材作为原料，这样才能使鼓板之间严丝合缝，结构更加完整。裁板完成后，就要对鼓身的木板进行烘干工作，这一步相对简单，只要选料合适，一般不会出现爆裂情况。随后便可以制作鼓身了，将鼓板拼码好后，用合适大小的铁箍进行固定，为了保证严丝合缝，还要在鼓板之间进一步地打磨，确保万无一失后，再用特殊的胶将鼓身粘连而成。鼓身的整体完成后，便需要用刀将其内部进一步打磨，旋成圆形，这样的形制最有利于共鸣的产生。再接下来就是重中之重，蒙鼓皮。根据鼓面大小裁好皮子备用，在皮子上砸出挂钩眼儿，用挂钩钩住皮子调整位置，保证各个方向拉力均匀，如果不均匀则要用脚蹬，使其均匀。在此过程中还要不断地敲打鼓面和周边，调整鼓的圆度，最后将蒙好的皮子固定在鼓身上。白纸坊挎鼓之所以还有一个别名叫“神胆”，神就神在这鼓胆上了。据说，白纸坊挎鼓最早使用的是铜胆，因此才能在敲击时产生金属之声，或者说“金石之声”。这种声音配合鼓本身的共鸣结构，可称得上是震天响，如同天雷一般。但现在白纸坊挎鼓的制作工艺，已经不用铜胆作为鼓的内胆了。当年在尝试复原大鼓老会的挎鼓表演时，工匠师傅们曾经尝试过恢复铜胆技术，但所有的努力最终都以失败告终。当时，有人认为是手艺失传，导致现在的技术工人无法重现往日高超技艺，但也有人认为当初铜胆的说法只是一种以讹传讹的传闻，或许只是因为鼓敲击出来有“金石之声”，才引得人联想到了铜胆这种工艺。现在的白纸坊挎鼓并未使用铜胆，听过老挎鼓也听过新挎鼓的老人纷纷表示，声音并没有改变，还是原来震耳欲聋的感觉。鼓胆制作完成后，工人们用猪血和腻子粉将鼓面打磨平整，再用油漆将鼓身刷饰完成，一般是龙凤图案的彩绘。

据记载，白纸坊的大鼓老会很有可能是全北京城资历最老的一档花会会档，它是跟随着燕王朱棣一起进入的北京城，是明代迁都时期的产物。即便无法直接追溯到朱棣时期，但也有文史资料明确的记载，至少在嘉靖十三年（1534）的时候，挎鼓会在北京城就已经有很大的声名了，这份资料还表示，“神胆”二字正是燕王朱棣赏赐给这个民间花会组织的名字。也正因为与帝王家的这一段渊源，使得白纸坊挎鼓老会是唯一一个在名字里使用了龙凤等词汇的民间花会——“龙凤呈祥神胆大鼓老会”。多位白纸坊地区的优秀传统文化继承人在回忆往事时都曾提到了大鼓老会的这段传奇来源，他们说，挎鼓会艺人是朱棣带到北京来以壮军威的，直到迁都完成，天下太平，不再需要为帝王服役的挎鼓艺人流落民间，就成为挎鼓老会的创始人。挎鼓老会传承有序，目前可以追溯到最遥远的一位艺人，是清末生人。他本出生于豪门大户——高家。他在家中行三，人称高三爷。这位高三爷是当时白纸坊挎鼓老会的会头，但他本人也有这门手艺，于是就招揽了附近众多居民，在圣寿寺内练习挎鼓艺术。练成之后，高三爷便率领着白纸坊挎鼓老会在北京城各大庙会会档参与演出，正如上文书所说的那样，大鼓老会对于花会来说是至关重要的存在，因此白纸坊挎鼓在北京城中赫赫扬名，人尽皆知。而在上个世纪的三四十年代，高三爷的儿子接过了父亲的衣钵，这位高家的公子高长庆同样是一把好手，将白纸坊挎鼓艺术继续传承和发扬。但由于受到战争以及国内政治局势等因素的影响，高家家道中落。中华人民共和国成立后，由于经费原因，挎鼓所用的鼓和其他乐器都已经年久失修，显出破败之象，演出也暂停了很久。直到 1959 年，国庆十周年，白纸坊挎鼓被选中参加天安门广场的庆典晚会，这才把这门停滞了很久的艺术再一次挖掘出来。当年已经年逾花甲的挎鼓艺人，也是曾经挎鼓会的“二把头”丁禄先生将鼓谱交给了年轻的徒弟谢志刚。谢志刚先生聪明好学，并且对挎鼓表演如痴如狂，因此深得丁禄先生喜爱。1965 年，谢志刚先生同白纸坊挎鼓老会参加了最后一次民间走会活动，此后这项艺术便又一次被搁置下来。在激进的政治风波之后，白

减灾演练

纸坊大鼓老会呈现出了一蹶不振之相，尽管谢志刚先生仍然对挎鼓念念不忘，怎奈始终难觅良机恢复这门振奋人心的艺术。时间来到了本世纪初，文化遗产保护工作开始如火如荼地进行起来。谢志刚先生得知此信后，拖着病体倾尽全力参与白纸坊挎鼓抢救工作，为这门艺术的重整和复兴做出了伟大的贡献。在距离上一次表演 41 年之后，2006 年，白纸坊挎鼓被列入了“非遗”名录，成为重点抢救和保护的对象。时任白纸坊街道文体协会秘书长的李双义先生担任起了白纸坊挎鼓申遗论证报告的撰稿工作，从小生在白纸坊的李双义先生对这里的文化爱得深沉，他一直致力于通过民俗文化的研究，将白纸坊地区的这些传统民俗一一恢复，重振往日的风采，因此对于这项工作，他表示义不容辞。而伴随着这份报告的完成，李双义先生也算是了了一桩多年的夙愿。2007 年，白纸坊挎鼓正式申遗成功。李双义先生决定拜谢志刚先生为师，亲自参与到重整挎鼓队的工作当中。于是，从高三爷到高长庆、丁禄，再到谢志刚、张俊峰，再到李双义，百余年的时间，四代人将白纸坊挎鼓老会的技艺传承了下来。而这其中还有一小段外插花的经历，白纸坊大鼓曾在清末民初时向外流传，传到了现在门头沟地区龙泉务一带，形成了“京西童子大鼓老会”这样一个花会会档。白纸坊挎鼓从技艺到鼓谱，都有一部分在龙泉务的大鼓老会中得以继承和保留，为此将这部分资料寻访出来，李双义先生多次亲赴门头沟龙泉务，找到了如今仍然在传承这门手艺的两位艺人。两位艺人起初并不愿多谈大鼓的表演问题，李双义先生有些不解个中情由。后来李双义不仅说明了来意，并且自报家门，报出了这一连串能够追溯到高三爷的挎鼓艺术传承的门户族谱，这两位老艺人立即改变了态度，跟李双义先生谈起了他们所掌握的艺术。这个过程，在传统行业中叫作“盘道”，为了防止费尽心力学来的手艺轻易地落入外行之手，传统艺人们格外谨慎。正所谓“法不传路耳”，曲艺界也有一句话，叫作“宁赠一锭金，不赐一口春”，这些都说明了传统艺人对于师承关系的重视程度。

李双义打挎鼓照片

可以说，正是因为李双义先生不仅仅了解了这门艺术，也学习了这门艺术背后的文化内涵，因此才能够在门头沟地区调查获取到宝贵的资料。白纸坊挎鼓传承至今，尽管原本这套表演曾有 64 套之多，但伴随着多年的流失，现在只能有十几套保留下来，但这些振奋人心的节奏，仍然能让我们的心如同百年前白纸坊居民的心一样，随着震天动地的鼓点跳动。

第三章　传承纸文化

一座城就是一部地方史，不同的城市有着不同的地域特质。北京有着3000多年的建城史、800多年的建都史，可以说这里的每一片土地都留存着历史的温度和记忆，积淀了时间的厚度。为了保留历史的影子，彰显地区自然、社会及文化特色，这座城里坐落着很多大大小小的博物馆。它们功能各异，内容多样，却都无一例外地向世人展示出自身的魅力，诉说着被它们传承着的精神与故事。

在这座城的中心有一个中国最大的博物馆，气势恢宏，规模巨大，里面珍藏了许多世间宝物，收录了诸多不为人知的故事。许多人心向往之，流连忘返。只是那里的每一处宫殿、每一个角落、每一个物件似乎都透露着神秘，即使被后人修葺一新，也都散发着疏离感，静静地置身世外。

而有的博物馆就如巷口的小餐馆一样平易近人，身处其中没有过多的拘束感，又能品味到不少的乐趣，领悟到些许生活中的妙用。白纸坊街道里就有这样一座博物馆，它隐匿在市民的居住区里，坐落于西城区白纸坊街道樱桃三条8号院。如果不仔细留意门口那块“纸文化博物馆”的牌子，光看那扇似开非开的大铁门，你会认为那就是平常人家的院子，很有可能几过其门口而不知其所在。对于白纸坊街区的居民来说，真是家门口的博物馆。

第一节　纸文化博物馆

如若你习惯于以貌取物，光看外观很难想象这里竟然是一座博物馆，或许脑海里会飘着许多大大的问号："这么小的地方能展示多少东西?""这里值得一看吗?"……但当你推开防盗门，沿着通往地下的楼梯，走过狭长的通道，一转身，就会发现这里别有洞天，不禁暗暗感叹道："竟是一座地下博物馆!"据悉，白纸坊街道的纸文化博物馆是全国首家以"纸"为主题的科技馆，占地面积有1400多平方米，分成展览区、创客空间、影院、阅览室、活动室等大大小小10个展厅和工作区域，以独特的视角阐述了与纸相关的科技和文化知识，深度挖掘了纸的文化以及白纸坊地区所拥有的深厚历史底蕴，是宣扬白纸坊地区文化特色的重要标志。

虽然这座纸文化博物馆仅仅有三年的历史，跟北京其他博物馆前辈们相比较，它还只是一个刚刚起步的孩童，非常的年轻，但是很具活力。

纸文化博物馆入口

据了解，这座地下博物馆的前身是一所流动人口密集、安全隐患突出的低端小旅馆。当时，在这个千余平方米的地下空间里有99间窄小的"格子间"，聚集了300多名流动人口。在旁边居民楼居住过的居民回忆道，当时的大门口挂着一盏灯，深夜里也经常亮着。那扇大门从来没有长时间地紧闭过，总有人进进出出，忙忙碌碌。

随着北京市“疏解整治促提升”专项行动的开展，街道对其积极进行整改，当年拥挤脏乱的地下室在街道的统一规划和筹建设计下，摇身一变成为紧贴白纸坊“纸”文化，突破传统参观式布展的局限，采取艺术性的表现方式和互动式展品陈设方式，实现居民体验式的参观互动的纸文化博物馆。

所谓“麻雀虽小，五脏俱全”，顺着纸文化博物馆浏览导图和参观路线的指引，我们可以感受到纸张的前世今生，眺望纸张的发展与未来。置身其中，你会发现即使在数码电子产品普及的今天，纸张与我们的生活依然息息相关，我们仍然有必要进一步了解纸的功用，开发纸的经济效益与文化价值。

首先踏入的区域是“序厅”，这里设有“白纸坊的前世今生”和“坊间民俗”两个展项。通过文字的讲述和动画的演示带领参观者了解纸张的发展历史：从结绳到甲骨，从金文到简牍，从缣帛到纸张……以纸为媒介，穿越中华上下五千年的历史长河，见证白纸坊街道在时代发展中的浮沉变迁。在民俗方面又介绍了白纸坊地区闻名京城的“会档”，看着那一张张生动的照片，仿佛能感受到当时“三文三武”集会时的热闹场面，体会到当时普通百姓的休闲娱乐时光。

紧接着走进的是以“纸与文明”为主题的展区，这里由两个展示空间组成，共设有 7 项展项，分别是纸的定义、记事革新、纸张的时空穿越、传统纸艺、古纸选材、纸寿千年、古法造纸。一段段文献记载在眼前铺开，一件件精美的纸质用品静静地陈列着，一个个制纸材料透露着古朴的气息。这里面展示的有些东西虽然已经远离了我们的日常生活，却从历史的角度讲述了纸在人类文明发展历程中的重要贡献及印迹。

接下来的展厅褪去了历史的厚重感，以“纸与科技”为主题，用丰富的内容向参观者展示了许多不为大众所知的关于纸张的知识，具有一定的科学色彩，流连其中算是一场小小的科技之旅，总有意想不到的惊喜。这个展厅一共设有：过滤纸知多少、电池内的隔膜纸、不能小视的卷烟纸、水印纸的发展、预热现象的热敏纸、复合纸与“新鲜屋”、试纸种类面面观、无碳复写纸的来龙去脉和享有“铠甲”美誉的瓦楞原纸等9个展项。在这一块小小的展示空间里，通过对我们日常生活中常见的富有高技术含量的纸张进行剖析，参观者可以获得对纸张科学知识的普及，了解纸中的科技，明白纸在生活点滴中的应用，拓宽我们对纸的作用的认知，令人大开眼界。

一步步深入这座博物馆，心中的新鲜感和好奇心越来越重，一扫之前的“刻板印象”。体验过科幻感，下一个展厅的主题就是生活中的用纸，可以说是非常贴近生活，这种若即若离的观感让参观者意犹未尽。展区内不仅展示了我们生活中最常用的生活用纸及其规格，还通过多种使用途径与方式让我们明晰纸的经济性、便利性等特征。相信通过这个展厅的讲解，参观者既可以丰富纸张知识，获得日常用纸的指南，又可以鉴别纸张的优劣，区分不同纸张的用途，懂得甄别生活用纸的小技巧和注意事项，树立正确的用纸思想理念，提升用纸的品质感。

众所周知，制纸的原材料主要取自自然，而且这种资源不是取之不尽用之不竭的，我们应该倍加珍惜，培养自身节俭用纸及废纸合理回收的好习惯，更好地保护我们的生存环境。博物馆内的第五个展区就是围绕着“纸与环保”的主题展开，主要介绍了如何对废纸进行科学分类的内容，在这里我们切身地感受到纸与自然资源之间的消耗关系，了解废纸分类及回收工作站的运转流程和废纸环保再利用的方法及废纸乐高工厂的情况，巩固居民的环保意识。

艺术是生活的点缀和升华，寄身于物质又抽离，似有似无，滋润着生活。在中国，纸的艺术随处可见，如样式多样的剪纸，农历新年的时候贴在窗户上总带着喜庆的气氛；小朋友手中的折纸，藏着孩子们的喜悦和秘密；还有形状逼真、永不凋谢的纸花和立体感十足的纸雕；还有烟雨朦胧中的纸油伞；还有黑暗夜空中飘浮的孔明灯……一张张薄薄的纸承担着创造者的灵感和情绪，在生活中搭建起一方方的小天地。纸文化博物馆的第六个展厅就主要以“纸与艺术”为主题，通过传统纸艺与现代艺术、二维纸艺与3D纸艺的碰撞，使参观者在欣赏与互动参与中进一步领略纸在艺术领域中的多样可塑性，并激发参观者在日常生活中的艺术创造力。

白纸坊街道的纸文化博物馆不仅深度挖掘纸文化深厚的历史底蕴，而且面向未来，结合时代需要和特点，走在时代发展的前端，馆内通过声光电等多媒体形式，以高精尖的技术手段以及机电互动的方式使参观者身临其境地领略“纸”文化的魅力。剩下几个展厅分别是纸的创客空间、科普影院与社区数字科技馆，全方位立体服务于社区居民，在形式上突出“坊”的特性，在功能规划上突出了放松、惬意、自由的理念，强调动手动脑的实践思想，期求参观者与其他人一起分享参与其中的乐趣。这三个展厅将整体空间布局成“创造”“畅想”的孵化器，当越来越多的人加入其中，就可以实现青少年科学工作室、老年科普活动室、社区科普学校等多功能集于一身的创建理念，让纸文化博物馆焕发出更加强劲鲜活的生机。

纸文化博物馆自2016年1月29日正式建成以来，慢慢融入白纸坊街道文化，成为发扬纸文化重要的一环。相信在纸文化博物馆的普及之下，白纸坊居民乃至周围街道，以及整个北京城的人都可以对“纸”产生全新的认识，小中见大、见微知著，学习科学知识，树立科学思想，崇尚科学精神。同时通过对纸文化博物馆的不断建设，加强居民对地区历史文化的认同感、归属感，让纸文化博物馆与周边北京印钞有限公司、经济日报社、邮票印制局、中国地图出版社等著名企业一起成为白纸坊街道的名片。

第二节　纸文化主题活动

如今，白纸坊地区著名的现代印刷企业正在以一种创新的形式继承、发展和传播着纸文化，并在社会中取得了十分优异的成绩。同时，白纸坊街道也在全力挖掘坊间可供利用的空间和设备，充分利用现有资源，开展了多项丰富多彩的主题活动，让纸文化更加贴近生活，走进坊间百姓的家，融入人们的日常生活，促进居民提高发展和弘扬纸文化的意识。

纸文化博物馆是白纸坊地区首家创新型的博物馆，自建成至今，一直是白纸坊地区突显地域文化特质的一张名片，给生活在这里的居民或是来访参观的游客都留下了深刻的印象。街道在纸文化博物馆中组织了多次青少年或坊间人员的参观展览活动，如 2018 年 7 月白纸坊街道残联组织职康站的学员举办了“传承魅力纸文化”主题活动，带领学员走进街道的纸文化博物馆参观，与他们一起穿越历史长河，感受白纸坊地区丰富的历史底蕴和特色文化，了解“纸”文化的发展。在工作人员的带领下，学员们一同参观了“纸与文明”“纸与科技”“纸与生活”“纸与环保”“纸与艺术”等展厅。参观中，大家通过实物参观和电子互动体验，了解纸的发展历程和制作过程，领略纸的科技知识，规范生活中的用纸习惯，增强废纸回收的意识，感受传统纸艺术和现代纸艺术的魅力。还承接了许多外来来访人员的参观，如西城区外事侨务办公室、台湾参访团、邯郸市学习考察小组等等；在 2019 年 6 月 24 日还迎接了国际奥委会教育和公众参与顾问玛丽安娜·安德雷德女士的参观考察。在考察中，安德雷德女士在工作人员的陪同下走进博物馆开设的展厅，仔细聆听工作人员的讲解，并时不时提出自己的见解和看法。在“流沙笺”活动室内，玛丽安娜·安德雷德女士被各种各样花纹绚丽的纸张所吸引，俯下身子仔细地观看品味，在浏览至二十四节气的卷轴时，她不禁发出感叹：“这真是太美了！流沙笺的工艺应当不断传承和发扬，去向世界展示它独有的美。”在这次参观中，身为国际奥委会顾问的她对中国的纸张有了更多的认识和了解，同时也对中华文化有了更深刻的印象，于她来说真是一次难忘的旅程。除去线下的参观展览，纸文化博物馆还在2018年5月18日的国际博物馆日推出了白纸坊街道纸文化博物馆app，让坊间以及北京乃至全国的人们都可以随时随地线上逛纸博，利用新媒体技术，体验纸文化的魅力。

书，传递着知识，传递着文明，它是人类智慧结晶的一种展现方式，而纸是书的载体，承担着书的力量和书写者的心血。白纸坊街道在2017年将街道内的图书馆改建升级成坊间书阁，并进行功能分区，这里有充满绿意与希望的少儿阅读空间，有温馨可爱的亲子阅读室，也有为老年读者量身建立的阅读看报及传统文化学习区域，并提供图书报刊的免费借阅浏览服务，还有为青年读者开展的午后休闲书吧和水吧，以及多媒体读报机，为读者提供全球各类报纸阅览，意在吸引更多年龄段的群体进行阅读。不仅如此，书阁还会定期组织居民进行名著经典的阅览和诵读，或者开设软笔书法培训班，以多种多样的活动丰富生活，营造清新高雅、健康文明的学习氛围，也间接让读者明白纸文化的魅力。可以说，作为一所特色鲜明的综合性图书馆，坊间书阁持续开展了多样形式的特色阅读活动，旨在为辖区内的居民提供优质的文化服务，丰富社区的阅读活动，引领全民阅读新生活，提升居民读者的精神文化生活。值得一提的是，白纸坊街道的坊间书阁多次被评为“特色阅读空间”，为阅读北京增添一缕缕书香。

2018年5月建功南里社区的居民以“不忘初心　砥砺前行”为主题开展了廉政主题的剪纸体验活动。在活动中，参与者们指尖飞舞，剪出“一世清白”，一个个精美又富有特色的剪纸作品不仅让参与者树立了清正廉洁的意识，同时也是以一种艺术形式呈现纸文化的魅力。不仅如此，光源里社区在2018年8月将纸文化的魅力带进了社区的楼道，用精巧的剪纸作品和传神的书画作品装点楼道墙壁，代替了原来贴满的小广告，从脏乱不堪到赏心悦目，光源里社区的楼门文化建设以潜移默化、润物无声的方式改变着居民的生活习惯，以新的形式传承历史文化、凝聚正能量，逐渐形成了新颖的“楼里文化圈”。

不仅街道的工作人员在尽心尽力地发扬纸文化，白纸坊地区居民也在通过自己的努力学习各种各样的手工制作和传统民俗，用纸短情长的方式庆佳节，实现着文化的传承。例如，2018 年 8 月，20 余名青少年在“回溯时光，感受传统文化之美”的参观中不仅了解了白纸坊地区纸文化的历史，而且还在手工培训老师薛炳楠的带领下亲自动手制作了衍纸冰箱贴。正所谓“纸上得来终觉浅，绝知此事要躬行”，在动手过程中孩子们认真听取老师的讲解，并根据自己的喜好进行创作，不一会儿一个个精致有趣的冰箱贴就诞生了。2019 年的寒假，40 位白纸坊街道的小居民和他们的家长一起体验了古法流沙笺的制作过程。流沙笺起源于唐代，是唐宋时期达官贵人所使用的笺纸，用于信笺等各类纸制品的装饰，体现了千年前人们的审美水平。后来流沙笺纸通过丝绸之路流传到了世界各国，却最终在中国失传了。造纸专家曹珍仪和她的团队在翻阅了无数史料，反复试验过后终于得以复原了古法流沙笺纸的制作技艺。在活动中，曹珍仪老师向纸文化博物馆捐赠了流沙笺纸的成品，并向现场的小朋友和家长传授了流沙笺的制作技艺。只见老师将墨汁和颜料滴进特制的“药水”里，那些色彩竟静静地漂浮于“水”上，再经过毛笔随意地轻划水面，顿时竟幻化成美妙的图案，随后再将一张纸轻轻地覆上，纸张便印上了图案。据悉，这“药水”中有悬浮剂，在古代可从芦荟、仙人掌、秋葵等植物中获取。临近新年，专业的老师在“纸趣跨年乐翻天”的活动中带领着居民

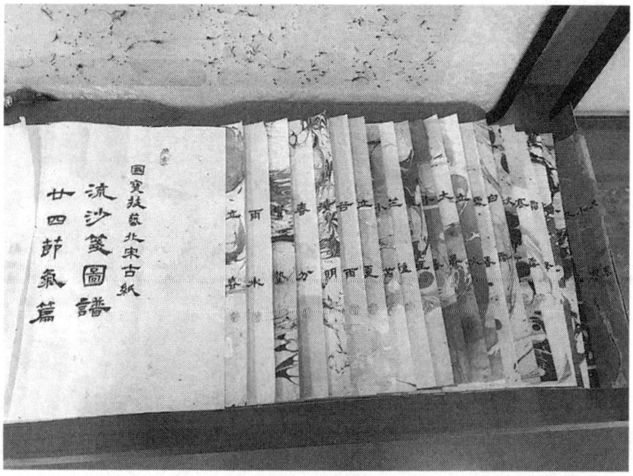

龙鳞装流沙笺图

写春联、剪窗花、糊灯笼、猜灯谜，通过各种各样的纸趣活动让居民了解纸的历史，体验别样的浓浓年味儿。

白纸坊街道还在道德讲堂中开设了专题讲座，由作为国家非物质文化遗产的“曹氏风筝”的第四代传人缪伯刚以“邻里和谐 纸鸢传情”为主题讲述纸鸢的魅力。据缪老师说，“曹氏风筝”融民间文化、南北扎制技术精华于一体，其制作流程为扎、糊、绘、放，合称“四艺”，工艺独到、做工细腻、用料考究、绘制精美。缪老师不仅在现场进行制作教学，而且还引导邻里互相帮助，学习传统文化。

相信通过白纸坊街道丰富多彩的主题活动，纸文化一定会在坊间绚丽绽放，开出最美的花朵。

第四章 崇效花开粉蝶忙

如果进入到今日的白纸坊小学院内，您一定会被一栋古色古香的二层楼阁所吸引。学校内，这栋红色的古代楼阁与白纸坊小学灰白相间的教学楼交相呼应，别有一番景致。如果您好奇它们的来历，向学校内的工作人员询问的话，他们会告诉您，这可是一栋有着几百年历史的藏经阁，而且还是区（西城区）级文物保护单位。您不禁会问，为什么小学校园里会藏着一栋拥有几百年历史的藏经阁呢？这栋藏经阁的背后又有怎样不为人知的故事呢？

这可就得从唐代的北京城说起了。众所周知，在唐代，北京被叫作幽州城。当时幽州的最高军政长官幽州节度使刘济崇信佛教。为了表达自己的虔诚，他将自己的住宅改建成了一座寺庙。值得一提的是，这个幽州节度使刘济和他夫人的陵墓于 2013 年在北京市房山区长沟镇被发现。这座大墓虽然历经多次盗掘，但是它规模的庞大和结构的复杂依然震惊了全国。当时北京台对考古发掘的过程还进行了全程报道。

幽州在唐代时就是人口繁盛、经济发达之地，这座寺庙一时香火不断，一直延续到了金朝。那时的人们将这座寺庙叫作崇孝寺，历朝历代不断得到增补修葺。

元代至正年间，那时的北京是元朝的统治中心——元大都。元朝末年，朝廷横征暴敛，再加之各地饥荒水患不断，民不聊生。各地纷纷爆发起义，狼烟四起，战乱不断。看到岌岌可危的江山社稷，大都皇宫中的元顺帝忧心不已。为了得到神灵保佑，表达自己企盼江山长治久安的愿望，元顺帝将始建于唐代的崇孝寺重新修葺，并亲自赐名为“崇效寺”，以示崇尚仿效唐朝江山一统、四海安定之意。然而，“崇效寺”并未给元顺帝带来好运。1368 年，朱元璋在南京称帝建立明朝。元顺帝则在明朝北伐军的进攻中放弃大都城仓皇北逃，明军顺利占领了大都。

随着明永乐皇帝朱棣迁都北京，北京再次成为帝国的京师，崇效寺也开启了它的新时代。崇效寺在明代的天顺、嘉靖年间经历了两次大的修葺。我们现在能够看到的崇效寺藏经阁，便是嘉靖年间的大太监李朗主持修建的。这栋建筑面阔五间，进深七檩，前出廊，硬山式屋顶，阁楼是磨砖对缝的木结构建筑。此时崇效寺的主要建筑有山门、天王殿、大雄宝殿、后殿、禅房以及藏经阁等百余间，占地达一万多平方米，成为京师一带知名的古刹庙宇。至此，崇效寺的主要建筑布局和结构已基本定型。

历经明清两代 600 年的风风雨雨，到了民国时期，崇效寺尚存坐北朝南的三进院落。这里还曾经成为 1912 年财政部印刷局工人进步组织“财政部印刷厂工务急进会”的秘密活动地点。这个组织在工厂内外四处活动，为维护工人权益，抗争资本家、工厂主的剥削压迫起到了非常积极的作用。1931 年“九一八”事变之后，印刷局的工人组织还在崇效寺中召开了商讨抗日救国方针的紧急会议。他们在这里拟定了今后进一步斗争的策略，研究了用罢工迫使国民党当局做出抗日决定的策略。在他们行之有效的工作下，一大批工人和群众都被吸纳到这个组织之中，并且作为我党的外围组织之一，还积极甄别选拔其中的优秀分子加入中国共产党，扩大了我党在工人阶层之中的影响。

当时，北平城里的进步学生也纷纷来到财政部印刷局寻找党组织，联系工人商讨抗日救国罢工运动的方针。当时工人们选出李振锋等 9 人作为代表，与学生进行联系。他们的秘密联络地点就在崇效寺之中。崇效寺成为地下党员组织工人、学生进行抗日宣传、游行的指挥中心，是全市工人运动的一个重要的领导机关。后来，李振锋担任了北平市市委委员、职工部部长，进一步领导全市的工人运动。

但是由于敌人的密切监视，这个秘密的活动中心还是引起了反动军警的注意。国民党当局的特务机关立刻派遣警察，对崇效寺中活动的抗日救国集会进行了搜捕查禁。在这种情况下，抗日救国会被迫转入了地下活动。但是整个20世纪30年代之中，活跃在白纸坊地区的、以财政部印刷局工人组织为核心的众多进步群众和组织，进行革命活动的烽火从未熄灭过。这里成为照亮宣南革命活动道路的一盏明灯。

在北平解放前夕的1948年，中国共产党地下党员张学培还在这附近策划了北平市印刷工人大罢工。在他和北平市委的策划之下，北平市的各大报业的印刷工人在1948年3月发动了一次总罢工。这次罢工规模巨大，震惊全国，导致全北平市所有的报纸停业一天，甚至连国民党的机关报《华北日报》都被迫停止印刷发售。在南京的蒋介石听闻此次罢工深感震惊。而值得一提的是，就在张学培策划罢工的地点的隔壁，就是国民党外四区的派出所。在敌人眼皮底下策划了这场行动，可见共产党人的魄力和机智。

1949年，随着平津战役顺利结束，北平城和平解放。人民政府全面接管了北京城内的各处设施机构，该寺的最后一任方丈惟明把庙产和周边的土地交给了人民政府。该寺遂改为北京印钞厂职工子弟小学。到了1958年，印钞厂职工子弟小学更名为白纸坊小学。到了70年代末，随着教学规模的扩大，校园内原寺遗存的建筑被拆除改建为教学楼和教师宿舍楼，仅剩山门和藏经阁安然坐落于今日白纸坊小学院内，注视着数百年的沧桑变幻。

我们的故事到这里还没有结束，围绕崇效寺，围绕这栋传奇的藏经阁依然还有很多的故事可以道来。

崇效寺藏经阁有一“绝”，那便是阁中收藏的字画。早在清代，藏经阁就以其中所藏的著名书画名动京城。这其中，尤其以明末清初智朴禅师所绘的《青松红杏图》最为著名。这幅画仅二尺余长，题跋却近百米。图上绘有青松一株、红杏一丛，一长髯老僧，立伏松槎，背红杏而向溪流，神态栩栩如生。图端题七绝一阕，词意隐约，其伤心人别有怀抱者。

这幅画背后，有一个传奇故事。

相传在明朝末年，蓟辽督师洪承畴领兵征讨辽东的皇太极。没想到在松锦之战中被皇太极率领的八旗军大败，洪承畴也兵败被俘。在皇太极君臣的劝说下，洪承畴归顺清廷。但一名曾经跟随洪承畴东征西讨的裨将不愿随主将降清，辗转逃回了关内。心灰意冷之下，他在天津盘山大寺落发为僧。这个人便是《青松红杏图》的作者智朴禅师。这位智朴禅师俗姓为张，是扬州人士。为表自己感慨兵败落难的心迹，他绘成《青松红杏图》，以青松、红杏，暗喻松锦大战时的战败之地松山、杏山。当时崇效寺是天津盘山大寺的下院，晚年的智朴寓居崇效寺，这幅画也就随着智朴来到了崇效寺。

随着崇效寺在京中的声名渐盛，自然有很多著名文人墨客来到寺中观赏图画并为这幅画题词，如王士祯、翁方纲、纪晓岚、康有为、梁启超、樊增祥等。由于采取随题随裱的方式，整幅画不断装裱，最后总计竟然达到了 30 余丈长。我国著名散文家张中行在游历崇效寺时还曾请寺中僧人取出此卷观看。庚子年间，此画曾经神秘失踪，后来幸而被清末著名书画收藏家杨荫北所得并将其完璧归赵。

遗憾的是，由于清末民初之后的战乱，此图由于保管不善，再次丢失，时至今日不知所踪。

除了古刹名画令人啧啧称奇，崇效寺在种植花草方面更是京城首屈一指。明清两代直至中华人民共和国成立初期，崇效寺都是享誉京城的著名赏花之处。

据《燕都丛考》记载，藏经阁前曾经有两株巨大楸树，“干可十围，高参天日，枝干奇古，宿根偃卧”。在高大壮观的树荫之下，经常有喜好自然之景的文人墨客吟诗作对、赏花饮酒。每逢春日佳节，崇效寺便成了游人如织的热闹去处。因为当时寺内东院有六座佛塔，有千株枣树环绕佛塔栽种，崇效寺又被明末清初的文学家王士祯称为枣花寺。今日附近的枣林前街、枣林斜街等便因此而得名。

在康熙、乾隆年间，崇效寺因为寺内僧人精心种植的丁香花而享誉京城，无数的文人笔记都将崇效寺赏花列为京城奇景。爱国诗人龚自珍还有过赞颂崇效丁香之美的诗句：“弱冠寻芳数岁华，玲珑万玉嫭交加。难忘细雨红泥寺，湿透春裘倚此花。”

到了同治年间，寺中僧人又从山东曹州移植了牡丹花，更是声名大噪，吸引了无数游人前来观赏。时人有“京中花事，悯忠丁香，崇效牡丹”之语。悯忠寺便是今日的法源寺，位于今日的西城区法源寺前街7号。直到今日，法源寺依然是游人踏青赏花的好去处。由此观之，与法源寺并列的崇效寺中牡丹之美，可见一斑。

崇效牡丹的独特之处在于花种的稀有名贵。《道咸以来朝野杂记》中记载崇效寺“以牡丹著名，异种甚多。犹记戊午、乙未之间，偕客探花事，佛院中二乔、一品衣、墨华、姚黄，俱盛开。最可念者，西偏僧察前有魏紫两株，高逾五尺。其后三年，住持僧以修屋贮灰于花下，因伤根，就萎，伐去，殊可恨也”。这段话说明旧时崇效寺内牡丹品种极多。二乔，牡丹名品种之一。一品衣，也叫作一品朱衣，古代的高官经常身穿红色、紫色的官服，因此人们常以“满门朱紫”来形容家门显赫。而牡丹以“一品朱衣”命名则更体现了牡丹“花中之王”的美誉。姚黄则是牡丹的四大品种之一，据称最早是生长在宋代洛阳邙山脚下白司马坡的姚家。欧阳修《洛阳牡丹记》记载：“姚黄者，千叶黄花，出于民姚氏家。此花之出，于今未十年。”淡黄色，托桂型。株形直立，枝条细硬，花蕾圆尖，绽口形，叶中圆，花朵在叶之后。此花光彩照人，亭亭玉立，古人以“花王”誉之。这种花初开为鹅黄色，盛开时为全黄色，开花整齐，高洁淡雅。这段记载中提到的魏紫同样是牡丹四大名种之一。后来因为寺中住持僧人在修缮房屋时，将建筑所用的白灰堆积在此花之下，导致伤及根部，无奈只能铲除。

到了民国年间，崇效寺中种植的牡丹最为知名的有两种，一种名为绿牡丹，一种名为墨牡丹。当时，在全国范围内种植的绿牡丹只有两处，一处是杭州的法相寺，另一处就是白纸坊地区的崇效寺了。根据1936年出版的《北平旅行指南》记载，每到春天，北平城的人们就会争相结伴来到崇效寺赏花，流连忘返。北平路局为了方便人们赏花还特意开辟了观花专车。

崇效寺之花声名远播，不仅京城当地人交口称赞，来京办事、任职、游览的达官贵人、各界精英一得空闲，也都纷纷来到崇效寺一睹胜景。林则徐、康有为、梁启超、鲁迅都曾经来到寺中观赏牡丹。我国著名的画家徐悲鸿还曾经带领学生来到这里赏花，并指导学生写生。解放以后，崇效寺更是迎来了朱德、徐特立等我国重要领导人前来参观。

遗憾的是，由于解放后崇效寺成为小学，无人专职培育牡丹，牡丹种植也就渐渐衰落下来。幸而在1954年，寺中著名的牡丹品种被移种到了中山公园，由专人培养种植。古老的花种得以再次延续复兴。今日的人们如果想再次一睹崇效牡丹的风采，可以到中山公园参观游览。

走过数百年风雨，我们回来再看静静伫立于白纸坊小学院内的这栋藏经阁，不禁会对岁月变迁产生几多感慨。

第五章　旧貌新颜樱桃园

今日，来到白纸坊地区的外地客人一定会注意到，白纸坊有好多街道的名字都带着“樱桃”二字，比如樱桃头条、樱桃二条、樱桃三条等。还有一些带有“樱桃”二字的居民区，如樱桃东里、樱桃西里等。为什么白纸坊地区存在这么多与樱桃有关的地名？此地与樱桃有什么联系呢？

我们首先翻开光绪年间编订的《顺天府志》，可以找到这样一条记载：“右安门大街，右安门俗称西安门。有右安寺，今圮……又北曰高庙，祀关帝，今仅存土埠……少东曰樱桃园。”可见白纸坊地区确实有个叫作樱桃园的地方，那么这个樱桃园的具体位置在哪儿呢？根据《顺天府志》的记载，樱桃园在祭祀关帝的高庙以东。那么这座高庙又在哪里呢？经过多方查阅资料，发现这座高庙和文中所说的“土埠”就在今天中国造币公司的院子里，当地老人把这座土埠称为“山子环”。时至今日，土埠因为平整用地的原因已经被夷

樱桃二条

为平地了。因此，樱桃园所指的具体位置就是今天中国造币公司以东不远的位置。

樱桃三条

据传说，樱桃园最早在辽代、金代时期是皇家果园，种植了大量樱桃树。历经鼎革，到了明代，樱桃园附近还有不少樱桃树。到了清末民国时期，樱桃园一带已居住了不少的居民。

民国时期的樱桃园和今天繁荣发达的樱桃园地区的景象大不相同。在民国初年直到解放前，这里居住的都是贫苦的农民，以种植蔬菜卖菜维持生计。据居住樱桃园的老人讲，当时樱桃园地区有南北两个村子。南边是南樱桃园村，北边是北樱桃园村，中间仅以一条道路相隔。路边有三棵供人乘凉的大槐树。每到夏天，常有村民和行人在树下乘凉。林子周围是菜地、粪坑和坟地。一到下大雨的时候，粪坑常常注满雨水，乃至溢出坑外涌进村子，臭气熏天。

除了恶劣的环境使人无法忍受之外，生活在这里的民众还要遭受旧社会政府和恶霸的欺压。当时有名的“南霸天”王子泉和伪保长李大三、张文志，这几个人横行乡里，鱼肉百姓，他们勾结地方土豪劣绅和反动政府，向百姓索要捐税，逼债催粮。他们巧立名目，什么税都要交，什么荒唐的走路税、狗税、卫生税，无所不用其极。生活在这里的百姓们连喝井水吃豆渣的生活都不能维持下去，很多人被逼得或是上吊自杀，或是背井离乡。过去西城墙根这一带，经常能见到不堪生活重负而寻了短见的百姓。可以说，在解放之前，樱桃园地区的人民的生活苦不堪言。

解放之后，在人民政府的主持下，樱桃园的改建工程立刻上马施行。政府发动人民填盖了那些发臭的水塘，改善了卫生环境。北樱桃园建起了工人宿舍楼，接通了水电，条件大大得到了改善。南樱桃园建起了工厂。至此，整个樱桃园完全摆脱了过去的落后面貌，换了新颜。改革开放后，樱桃园地区的发展更是一日千里，日新月异。

时光荏苒，樱桃园旧貌换新颜，从过去的皇家园林，到今日的首善之区，近千年的历史变迁，无不诉说着历史的发展与变化。

第六章　盆儿胡同：讲述历史的厚重与沧桑

盆儿胡同北起南横西街，南至白纸坊东街，长 512 米。胡同源于明代，清乾隆年间曾向南拓展，延伸至南城墙。胡同在清末成型。因当地居民以烧制瓷盆为生而得名，名称一直沿用至今。胡同北侧有岳云别墅，东南角有三教寺。

第一节　历经沧桑三教兴

如果提到三教寺，您会想到什么？熟悉白纸坊的朋友肯定会脱口而出：三教寺幼儿园。说出三教寺幼儿园的朋友其实只答对了一半。三教寺幼儿园确实和要介绍的三教寺有关系，而且有很大的关系。但是为什么说只答对了一半呢？此中缘由，容我给您慢慢道来。

盆儿胡同

话说明朝天启年间，安徽歙县有个年轻人姓王，小时候苦读四书五经，准备应试科举。但是长大后他却对枯燥的文章失去了兴趣，转而开始沉迷玄学修仙，崇信道家飞升之术。但他求仙求神折腾了很久，却始终没有神明现身为他指点修仙之路。可能这个年轻人求仙太过虔诚，他的事迹竟然传到了朝廷荣昌公主那里。荣昌公主感于他的虔诚之心，命人在北京城南半步桥天仙庵以东的地方修建了一座寺庙，名为玉皇庙。

盆儿胡同

这座寺庙便是三教寺的前身。刚开始虽然叫作玉皇庙，但由于庙中供奉的神明众多，有道教的玉皇、雷祖，儒教的孔子、朱熹，佛教的释迦牟尼、菩萨等，三教人物俱全，故得名三教寺。随着时间的流逝，三教寺的名号，在道光年间重修时正式确立。

从明代建立到中华人民共和国成立之前，这座寺庙一共经历了三次重修。一次在顺治十四年（1657），一次在道光十三年（1833），最后一次则在民国三年（1914）。其中尤以顺治年间那次重修最盛，崇信佛教的顺治皇帝曾经亲临三教寺拜谒。据《北京寺庙资料》显示，三教寺面积为六亩，共有八十一间殿房。庙门向西，前为玉皇殿，中为文昌殿。最后有殿三楹，亦祀文昌，东西祀诸葛武侯，文信国。庙内有铜像十九尊，铜特一匹，木像三尊，泥像六尊，铁鼎两座，铁磬一口，铁钟一口，铁香炉竹扦一份，《法华经》《金刚经》各一部。从庙中所藏的物件数量来看，三教寺并非是大型的寺院。虽然时光流转，这些器物并未保存至今，但是三教寺内保存下来的四座石碑却是令人瞩目的，具有一定的历史价值。寺内有明代玉皇庙碑一座，额题“新建玉皇庙碑”，史记事撰，张守道书，郭振明篆额，许应聘摹，天启四年（1624）十二月立。清重建文昌殿记碑一座，额题“重建文昌殿记”，金之俊撰，李尉书，顺治十八年（1661）二月立。另有文昌题名碑记和十方题名碑记两座。

在近代历史上，三教寺还和著名的戊戌变法有些关系。1895 年，清政府在甲午中日战争中战败，被迫接受了丧权辱国的《马关条约》，赔偿日本两亿两白银，割让台湾、澎湖列岛。甲午战争的战败极大地刺激了国人的民族情绪，号召变法救国的声浪不断地冲击着腐朽的清政府。在北京，以康有为、梁启超、谭嗣同等人为首的读书人发起了“公车上书”。您如果看过近几年的一部优秀的话剧作品《北京法源寺》，就会了解到，宣南地区曾经是变法士子的主要活动地。三教寺就曾经与法源寺一起，成为康有为、梁启超、谭嗣同、宋伯鲁等人的商讨变法细节的集会地点。后来，戊戌变法失败，维新派遭到了清政府的无情屠杀。作为变法者之一的宋伯鲁逃出京城躲避。后来几经辗转，待到搜捕变法诸人的风头过去之后，就又在好友长庚将军的帮助下回到京城，再次暂居于这座三教寺之中。

1936 年，在北洋军阀段祺瑞的指挥下，北平爆发了“三一八”惨案，47 位爱国青年及无辜群众惨遭屠杀，还有 200 多人受伤。在烈士名单中，还可以查到一位叫作张学良的车夫，他是河南人。在惨案发生时，不幸被军警开枪击中右腿上部，因流血过多，还没有拉到中央医院就已经不治身亡了。在他生前好友高玉祥的帮助下，张学良被安葬在了三教寺附近的义地里。这也是三教寺与中国革命的又一次联系。

那么这座三教寺与如今的三教寺幼儿园有什么联系呢？1949 年北平和平解放后，三教寺的庙产被人民政府正式接管，从此，三教寺结束了它作为宗教场所的使命。到了 1956 年，三教寺被改造为三教寺幼儿园。

历经 50 年风风雨雨，一直到了 2005 年，三教寺幼儿园迁移到了西北方的白纸坊街道里仁街 12 号。名称未变，仍然叫作三教寺幼儿园。

而原寺中所存的神像、铜器都被运到了今天的白云观供奉，如果现在去白云观参观的话，还可以看到原来存放在三教寺之中的尖嘴铜制雷公像。现在三教寺原址院落中仅存有两块石碑。

第二节　民国兴衰看岳云别墅

在今天的盆儿胡同 55 号，有一座见证了民国时期北平历史兴衰的建筑，这就是岳云别墅。盆儿胡同位于宣武区西南，北起南横西街，南至白纸坊东街，因胡同内居民以烧制瓷盆为业得名。胡同北端靠西边一侧，在解放前有一家王记清真烧饼铺，是中共地下党员杨子健的秘密活动点，而胡同南端就是要介绍的岳云别墅了。

岳云别墅最早属于浙江鄞县会馆西馆的一部分，由清末大臣张百熙所建。张百熙在清末曾任吏部尚书、管学大臣和邮传部尚书等官职，中日甲午海战后曾参与弹劾李鸿章，戊戌变法时推崇康有为的变法措施，主张选派留学生赴海外深造。作为清末管学大臣的张百熙，创办了京师大学堂（今日北京大学和北京师范大学的前身）。岳云别墅最早是张百熙的书房“岳云楼”。张百熙去世后，作为书房主体的二层建筑改名为“岳云别墅”，院落中的一间房屋被辟为张百熙祠堂。这就是岳云别墅得名的由来。

那么岳云别墅在民国时又有哪些令人难忘的记忆呢？其实，这座岳云别墅还和中国新民主主义革命的历史有着密不可分的联系。

1918 年，持续四年的第一次世界大战正式结束。在这场战争中，我国也向欧洲派遣了 20 万华工支援战事，为协约国的最终胜利做出了不可磨灭的贡献。可是战争的胜利并未给我国带来国际地位的提升，中国依然作为东亚弱国被西方列强忽视。在这种情况下，国内群情激愤，自强成为国人梦寐以求的目标。1918 年，我国著名的学者李大钊和王光祈等人开始筹办少年中国学会。先期的准备工作非常细致，李大钊作为创始人拟定了学会的各项宗旨和规章制度。对于早期的入会会员，甄别审核的程序非常严格，要求入会必须要有5个会员介绍。

在筹备了整整一年之后，少年中国学会于1919年7月1日，在岳云别墅正式成立。在正式成立的筹备会议上，李大钊、王光祈、曾琦、张尚龄、陈淯、周太玄、雷宝菁等人出席。岳云别墅也就成为学会的重要活动地点，留下了很多民国名人的足迹。作为当时最大的进步社团，学会的宗旨是“本科学的精神，为社会的活动，以造‘少年中国’”。当时思想进步的学者、青年都在此处集会交流，早期的共产党人，如李大钊、毛泽东、黄日葵、赵世炎、恽代英、张闻天、邓中夏等，都是该学会的会员。到1925年学会停办之时，已有会员112人之多。在这里集会的青年，怀着满腔的爱国热忱，担负着民族复兴的希望，如饥似渴地阅读着，奋斗着。在这里相见，无论他们相互之间是认识与不认识，都会亲密交流自己对民族复兴的看法，抒发着自己对祖国的热爱。少年中国学会还创办了很多用来宣传学会宗旨的刊物，包括《少年中国》《少年世界》等。

到了少年中国学会成立一周年之际，李大钊等学会创始人再次来到了岳云别墅举行会议。首先由陈愚生总结了少年中国学会去年一年的工作成绩。陈愚生总结完毕后，由康白情对接下来的工作进行报告，包括对学会规章制度的修改提议、建议出国人员的名单以及赴日与学会在日本发展的新成员的接洽情况等。在会议最后，大家为即将出国赴欧美留学的四人设宴送行，“留影宴会，至晚，始尽欢而散”。

从会议的过程来看，少年中国学会并不仅仅以国内的知识界为宣传阵地，更是做到了放眼国外，积极与留学国外的进步青年相联络。后来中国共产党成立之时，海外许多由留学生占主体的共产主义组织成立，与少年中国学会的进步宣传有着很大的关系。正是少年中国学会的积极宣传，使得共产主义思想、进步思想在许多青年心中落地生根，成长为日后革命工作的中坚力量。

可以说，岳云别墅在我国五四运动史、中国共产党的创立史上都有着浓墨重彩的一笔，见证了我国近代革命史的光辉岁月。

在少年中国学会之后，岳云别墅于1932年被华北国医学院作为校舍使用。到了动荡的抗日战争时期，岳云别墅是日军在北平的警备司令部。在日寇占据这座建筑的时期，这里的门口挂着膏药旗，大门口两边站岗的都是荷枪实弹的日伪警察，“三八大盖”上插着明晃晃的刺刀。周边的巡逻队还牵着一条大狼狗来回巡逻警戒。根据附近老一辈居民的回忆，日本鬼子把逮捕的共产党员和革命群众就押到这里。刚一进院子，丧尽天良的日本鬼子就放出狼狗撕咬这些手无寸铁的人。等到被咬的中国人鲜血淋漓、奄奄一息的时候，鬼子又拿出食盐撒到这些人的伤口之上，整个院子惨叫声不绝于耳。一到夜间，日本鬼子又在这里对被捕的群众严刑拷打，一时之间惨叫声、鞭打声、敌人的狞笑声传遍了整个盆儿胡同。附近的居民对这伙穷凶极恶的鬼子又怕又恨，只盼着他们早日得到报应。

抗战胜利之后，回到北京的国民党政府又接手了这座建筑，并一直到中华人民共和国成立以前。在20世纪的前50年之中，盆儿胡同55号的这座岳云别墅历经了民国历史的风风雨雨、迭起兴衰。

中华人民共和国成立后，岳云别墅先后做过北京女七中、新七中、一四一中学的校址。1983年12月，盆儿胡同55号划给北航分院办学，至后来又进入北京联合大学，建筑物及使用功能几经变化。到了1999年，该地租给法政集团兴办京城学院。2012年9月，盆儿胡同改造顺利完成，北京联合大学继续教育学院搬至此地办学，2016年3月，与北京市丰台区职业教育中心学校方庄中心校区西校区置换。至此，盆儿胡同55号，划归北京市丰台区职业教育中心学校，作为其校址之一。

历经沧桑，虽然作为岳云别墅的主体的二层小楼今日已经不存，但是关于岳云别墅的记忆却不会消失。它仍然在书本中、在人们的记忆中讲述着历史的厚重与沧桑。

第七章　里仁街：街巷蕴含传统文化

第一节　里神因何变里仁

里仁街是今日白纸坊地区的一条街道，为何得名“里仁”呢？我们先来看看传统典籍《论语》对“里仁”二字的解释：“子曰：‘里仁为美，择不处仁，焉得知？’”这句话是什么意思呢？里，就是指居住的地方；仁，则是说有道德的人；知，则是智慧、知识的意思。这句话的意思是：孔子说，“选择一位道德品行优良的人作为邻居是一件非常好的事，如果不对邻居进行挑选就随意到一个地方居住的话，又怎么可能得到真正的智慧与知识呢？”这便是“里仁”二字的含义。

里仁街

我们今天所介绍的里仁街便是因此而得名的吗？这并不是那么简单，最早时这条街并不叫里仁街，而是叫作里神街。这是因为街中有一座宝塔寺，寺中经常有祭祀神灵的活动。因此，当地老百姓就把这条街叫作里神街，取“街中有神灵的意思”。久而久之，人们觉得“里神”二字颇为不雅，因此便取《论语》中“里仁”二字，将“里神街”改为了“里仁街”。这便是里仁街街名的由来。

第二节　会馆文化看四明

提到老北京会馆，您一定不会陌生。有人甚至还能讲出一两个来，比如名动京城的湖广会馆（今日骡马市大街东口）。旧时商人举子来京经商科考或者办事，往往人生地不熟，再加上方言不通，交流难免多有不方便之处。由此，为了方便进京商人落脚休憩，会馆应运而生。这些会馆大多由同来自某一地方的在京商人集资兴建，为方便同乡之人寻找落脚点，会馆的名字也就大多取自家乡的名字。湖广会馆，顾名思义，便是当年来自湖南湖北的商人所兴建。

白纸坊地区当年也有这么一座会馆，这就是鄞县会馆，也被叫作四明会馆。之所以叫它四明会馆，是因为宁波当地的著名山峰四明山。这是宁波鄞县的商人在京城兴建的会馆，历史最早可以追溯到明代万历年间。

明清时代，宁波府设置鄞县、慈溪、镇海、奉化和象山县等行政区域。鄞县是宁波府首邑，州府治所所在地，商业发达，文教兴旺。因此，来京城科考和经商的人数众多。久而久之，就在京城西南的白纸坊地区修建了鄞县会馆。到了民国年间，鄞县会馆更名为四明会馆。在今日里仁街 8 号的四明会馆旧址上，还残留着两方石碑。这两方石碑都是来自鄞县的商人所立。

第一方石碑刻立于清代道光十五年（1835）。根据碑文记载，鄞县会馆最早可以追溯到明朝，是当时的药材商人们集资建造。但由于年代悠久，无人修葺，这座明代的会馆逐渐倾颓。直到清初康熙年间，当时担任刑部主事的鄞县人陈汝咸联络各方，积极出资组织重修会馆，这才重新恢复了会馆旧日的繁盛景象。到了道光年间，这座会馆再次修葺一新，并被当时组织整修会馆的商人们以刻立石碑的形式记录了下来。

而另一方石碑立于民国十三年（1924），此时鄞县会馆已经改名为四明会馆。根据碑文记载，自康熙、道光年间会馆重修以来，历经数百年，为来自宁波的同乡提供了莫大的便利。有时有客死异乡的人，会馆还负责收殓安葬，其中还包括了民国大总统徐世昌的先代高祖。可见，在履行组织便利在京宁波人的社会生活功能上，会馆起到了不可忽视的作用。到了民国十一年（1922），宁波人沈化荣再次联络在京同乡，想要再次重修会馆，扩充规模。在他的多方联络和努力下，会馆再次得到了重修并被改名为四明会馆。增扩馆南 16 间新房作为养病室，修补了园中的石砌小路，新筑一北院公厅，作为过年时集会的场所和祭拜死者行祭奠之礼的地方。除此之外，还将会馆内外重新粉刷一新。当时适逢宁波发生水灾，沈化荣又集中众人商讨筹集资金寄回家乡赈灾一事。体现了在京旅居的宁波商旅士子们浓浓的乡土之情。

四明会馆中寓居的宁波商人主要经营的商品就是药材。于是，这里成为宣南地区重要的药材流通集散地。早在明代，鄞县经营药材生意的人就很多。关于四明会馆的中医药材行业，还有一个令人称道的故事值得一说。在鄞县，有一个很了不起的中医，名字叫刘永泉。这个刘永泉是民国年间西鹤药堂掌柜刘一峰的祖父。刘永泉家世代行医，精通中草药学，在京城最初受聘于育宁堂药铺，作为该药铺的坐堂大夫而小有名气。同时，这位刘永泉又是当时四明会馆的主持人之一。刘永泉久在京城行医，慢慢就有了名气与人脉。再加上他精通药理，药到病除，因此被推举到了皇宫之中担任了御医，一时之间名声大噪，享誉京城。

刘家历经近代北京遭受的列强侵略的劫难，尤其是 1900 年的八国联军侵华，使得刘永泉的儿子刘翰臣感到义愤填膺。刘翰臣作为一个爱国人士，教育自己的孩子尤其用心，始终教导他们要成为国家的有用人才。

在刘翰臣的严格教育下，他的儿子刘一峰没有辜负父亲的良苦用心，专心钻研药学原理，获得了极高的成就，在医学界有很高的名望。在北平解放之后，刘一峰还作为医药学界的优秀代表，受到了毛泽东主席的接见，并且参加了开国大典的观礼。

可以说，鄞县会馆刘家三代的故事，是近代百年来中国人的爱国精神、敬业精神的一种浓缩。反映了来京的浙江人在发展自身的同时又心系祖国发展的精神。

鄞县会馆历经明清两代数百余年，在数以百计的会馆中独树一帜。不仅是提供给在京城旅居的宁波商人士子休憩、互相联络集会的场所，更是在外奔波的游子们寄托乡情之处。会馆成为人们联络家乡感情的纽带。

根据史料记载，仅仅明清两代的数百年间，来自宁波鄞县的进士就多达千余人，这在鱼跃龙门的科举考试中实属罕见。这些人的名字大多在鄞县会馆的正堂中被高悬标榜，凡题名者，莫不以此为荣。

一座会馆，勾勒出了白纸坊地区古往今来具有丰富文化内涵的会馆文化、科举文化，体现了白纸坊地区作为京城西南一隅，联结京城与全国各地的文化功能，是白纸坊地区历史不可缺少的重要篇章。

第八章　半步桥：见证法治机构变迁史

如果您向北京人打听老北京过去哪处监狱比较广为人知，一定会有人告诉您，最有名的当然是半步桥监狱。作为始建于清末的模范新式监狱、民国年间的“京师第一监狱”，那森严的岗哨和高耸的塔楼无疑使人印象深刻。关于这座半步桥监狱的史事逸话，在下面的章节会详细介绍。

可您知道吗，这半步桥一带除了监狱，另一个耐人寻味的便是“半步桥”这个地名本身了。半步桥何来的“半步”之说？若是只有半步，又哪里来的桥呢？您别急，接下来就仔细道来这个中缘由。

第一节　何处寻得半步桥

20 世纪 90 年代还有过一段关于半步桥的来历的争论。当时《北京日报》在 1994 年的 5 月发表了一篇文章，认为半步桥之所以得名半步桥，是因为附近京师监狱的犯人，在走过这座桥的时候因为戴着脚镣的缘故，只能半步半步地向前艰难行进。旁人见到了这个情景，自然就将这座桥命名为了半步桥。在此之后，关于半步桥的来历，经常见于坊间的谈论之中。《北京日报》在 2000 年 10 月到 12 月，连发了三篇文章专门讨论这个问题。但也是莫衷一是，没有完全厘清这里面的头绪。

关于半步桥，老北京还有段相声提到了它。捧哏问最长的桥和最短

半步桥胡同

的桥是什么桥。逗哏回答最长的桥是八里桥，最短的桥是半步桥。听名字就知道，八里桥，全长八里，肯定是最长的桥了。半步桥，顾名思义，只有半步，一定是最短的桥。包袱抖开令人捧腹之余，又引出了我们的问题：半步桥得名真的是因为只有半步之长吗？

关于这座半步桥长度的由来，在今日白纸坊东街以南的半步桥胡同，有个流传甚广的说法。这半步桥并不是一座正规的桥。早年间，半步桥一带十分荒凉。附近大多是坟地和菜园，周围有一些百姓居住。其中有一家姓史，一家姓郭，都是种菜的务农人家。通往菜园的路上有一条水沟，这条水沟是为了方便浇灌菜地而挖掘的。它的源头是史家的一口水井，井水被打上来之后，顺着水沟便可流向菜地。

这条水沟并不宽阔，常人一迈便可以通过。但若是推车挑担时，越过水沟就多有不方便之处了。为了便利往来的行人，附近居民在上面搭了一块木板，可以供行人和小推车经过。据过去老人的说法，人走路以左右脚各迈一步为一整步。只走左一步，或者只走右一步则称为半步。这块木板因为通过的人一步就可以迈过去，故而被称为半步桥。

这个说法流传非常广，但经过笔者多方查证资料，这个说法并不成立。光绪年间的《顺天府志》写道，在白纸坊地区宝塔寺西边，曰半步桥，有“井二”，可见光绪年间已有这个地名。根据《北京西城的古桥》一书所记载，半步桥是一座东西向的单孔小石桥。是一座石板桥而非木板桥。桥上没有栏杆，长约十米，较窄，无法通行汽车。桥的基石是明代的砖石，可知此桥至少建于明代以后。而“半步”的说法似乎是指桥面的宽度，而非长度。

半步桥一直存在到了20世纪50年代。到了改造白纸坊地区落后面貌的建设活动中，半步桥才被拆除。这座桥的原址在半步桥胡同20号院的西北角。今天已经没有任何水沟与小桥的痕迹了。

第二节 京师模范监狱

（一）百年前京南的模范监狱：刑事侦查总部大楼的前世今生

这次让我们将目光投向白纸坊地区的东南方吧。在现如今的白纸坊街道以南的右安门东街北侧，坐落着隶属于北京市警务系统的刑事侦查总部大楼。这座高耸的大楼造型奇特，外层罩着深色的玻璃幕墙。整个楼的形状呈方形笔直地伫立着，仿佛一位执勤守卫百姓安定生活的人民警察一般。而这座大楼最为引人注目的不是它的整体外观，而是在这座大楼顶层的几个巨大的圆形平台。这几个圆形平台像盘子一样安放在大楼的楼顶，还有一部分伸出楼的边缘，形成了一栋大楼头上顶着几个大“盘子”的奇特造型。从远处看，又像是给大楼戴上了几顶“帽子”，更像是张开了几把“大伞”撑在了楼顶。如果您曾经驱车经过这里的话，一定会被这个造型所吸引。

那么这几个大“盘子”到底是干什么用的呢？原来这是负责北京治安巡逻的直升机的停机坪。这几个停机坪直径24米，采用全钢框架式的钢结构，距离地面有74米。每个停机坪的主梁所用钢材可以耐受北京全年较为悬殊的气温变化的冲击，无论是炎炎夏日的高温还是冬日凛冽的寒风，都不会对这几座停机坪产生任何负面的结构性影响。整个停机坪部分建筑面积800平方米，从楼下面向上看，停机坪的平台被坚固的钢梁托举着延伸向天空，非常壮观。

在每一个普通的日日夜夜，无论是从这个停机坪上起飞执行任务的警用直升机，还是在这座刑事侦查总部大楼中辛勤工作、追查犯罪行为蛛丝马迹的警务工作人员，都在以他们的实际行动保障着北京这座现代化大都市的安全运转和千万百姓的安定生活。

可是您知道吗？如果追溯到100年前的白纸坊地区的话，刑事侦查总部大楼的位置又是怎样一番景象呢？如果您对前文中半步桥有印象的话，就会想道：这里在过去不是有过一座监狱吗？这座监狱和今日的刑事侦查总部大楼又有什么样的关系呢？白纸坊以南的这片地域是怎样与司法机构结下不解之缘的呢？接下来咱们就一起来回顾一下白纸坊地区的百年法治史，探寻一下今日刑事侦查总部大楼的前世今生。

近年来有一部大热的关于老北京的电视剧《芝麻胡同》，这部以民国末年的老北京城作为背景的电视剧，带领着观众又回顾了过去北京城的景象。如果您有印象的话，也许能想到在剧中曾经提到过一个地名：半步桥监狱。这座半步桥监狱就是今天要介绍的主角了。现在咱们就将视角回溯到100年前，找一找这座京南的“知名监狱”。时值清朝末年，中国在清政府的统治下内忧外患，民不聊生。为了维护自身的统治，清政府于光绪三十年（1904年）派遣五大臣出洋考察学习西方的先进制度与科学技术。五大臣的这次考察具有重大的历史意义，它标志着中国在近代对西方又一次重要的考察与学习，也是开眼看世界，进一步试图融入世界潮流中的一次努力。出国考察的五大臣之一戴鸿慈，他曾经担任刑部侍郎，对西方先进的法治与监狱管理制度印象深刻。他决定回国之后，借助从西方考察学习到的西方法治经验，敦促清政府尽快实施法制机构的改革，向西方的先进制度看齐。

彼时清政府的法制部门积弊丛生，腐朽不堪，漏洞百出。尤其是在监狱制度层面，与西方秉承平等、公正、教育、感化宗旨的司法惩戒制度不同，清政府的刑狱机构秉持的是以重刑苛法惩戒犯人为主的旧式监狱制度。这种旧式的监狱制度仍然以封建刑法《大清律》等法制典籍记载的残酷体罚为执行方式，把笞、杖、徒、流、死作为执行判决的主要结果。

关于旧式监狱制度的弊端，我们可以通过这样一个例子来了解一二。康熙年间，有一位大学者名叫方苞，他因为受到清初戴名世《南山集》文字狱一案的牵连而被捕入狱。在监狱中的这段日子，方苞亲眼目睹了牢狱之中犯人被关押生活的苦不堪言，亲身体会到了牢狱中的暗无天日。方苞将自己的所见所闻暗记心中，在出狱之后写下了著名的散文《狱中杂记》。根据方苞的记载，清代的监狱瘟疫横行，不堪恶劣的环境与疾病折磨而死亡的囚犯数不胜数。而且在监狱中还有狱卒借助手中的权力大肆敲诈犯人，搜敛钱财，贪赃枉法，上下勾连。可以说，方苞的文章切中清代监狱制度的黑暗之处，切实地描述了清代狱政与司法机构的积弊。

随着清朝末期中国国门逐渐开放，越来越多的中国人见识到了西方的司法制度的先进，中国人自身的人权意识也开始觉醒，改革这种旧有的漠视人权的落后监狱制度的呼声很高。再加之清朝政府派遣到世界各国留学，向西方学习法律知识的学生陆续学成归国，为新式狱政改革提供了大量的储备人才。在这种情况下，改革司法制度的时机与条件，在戴鸿慈考察归国的时候已经完全成熟。伴随着清末新政的浪潮，清政府司法制度的改革也正式拉开帷幕。在戴鸿慈的上书奏请之下，刑部改名为法部，发布下属设立典狱司掌管全国狱政工作。1908 年（光绪三十四年），在京师法律学堂设监狱专修科，并聘请日本的法务法学博士小河滋次郎任教授，协助清方制定新的监狱条例。在这种情形之下，设立几座新式的监狱作为改革的试点，并依托新式监狱的经验在全国进行推广势在必行。

1909 年（宣统元年），在风行全国的兴建新式监狱的潮流下，京师监狱正式开始进入筹备工作阶段。但是要在这里说明的是，其实在清末推行新政的浪潮下，全国第一个兴建新式模范监狱的城市并非是北京。早在半步桥地区兴建京师模范监狱之前，山西、湖北、奉天等地都先行兴建了新式监狱。这些监狱的兴建为北京模范监狱的修建提供了宝贵的经验。在清政府的法部奏请朝廷的奏折当中记载：“京师设立新监狱尤模范中之模范，其规模不可不宽博，其教养不可不完全。”“五方之所荟萃”，“观瞻范围视省城为信宏”。可见，清政府对京师模范监狱的基础定位很高，将其视为推行全国狱政改革的重中之重。因此，投入到这座监狱建设中的资源与关注也不可谓不多。经过多方商定，清政府着法部将八旗镶蓝旗校练场作为京师模范监狱的狱址。这个位置正好是今日白纸坊街道的南侧，右安门内以东，东临陶然亭公园，南靠外城城墙，也就是半步桥一带。自此开始，这一片地区正式与司法机构结缘，开启了白纸坊地区长达百年的法治机构变迁史。

京师模范监狱的建筑由日本法学专家小河滋次郎博士设计规划。监狱由恒源、广恒、鸿林、永顺、广和、鸿盛、东盛、兴顺等共十家公司共同参与承包建设。于1910年（宣统二年）正式开始施工建设。但是好景不长，由于设计的规模较大，再加上清末财政紧张，时局动荡，京师模范监狱的修建用工时间长达三年之久。从1910年4月一直修建到了1912年8月，这中间因为辛亥革命的爆发，清政府倒台，监狱建设的主要工程部分只能无奈草草地收尾完工。直到民国政府重新接手监狱的管理权之时，监狱面临着无钱可支的窘境。1912年（民国元年）5月28日，当民国政府司法部派遣时任司法部佥事、我国的文学家吴承仕去接收监狱的时候，吴承仕惊讶地发现，这座京师模范监狱面临的问题远远要比他预计的大。与当初清政府在规划中对监狱最终完工情况的设想大相径庭，据吴承仕考察后发现，监狱幼年监部分的一段围墙已经坍塌，而监狱甬道和狱吏的厕所还没有完成建设，监狱管理人员的住宿设施也没有配备齐全。而且即使是建成的部分，规模也很小。在财政上，整个工程花费了17万两白银，而且还存在着2.8万两的缺口。但是鉴于监狱的囚犯监牢部分已经大体建设完成，而且社会时局已经要求这座监狱需要尽快投入使用。于是这座京师模范监狱以这样一种虎头蛇尾的方式被时代的大潮裹挟着，跌跌撞撞地走进了民国时期，也正式开启了它作为京城第一大监狱的历史。

1912年8月，这座京师模范监狱正式投入使用。截至监狱开始运转的时刻，监狱的完成情况如下：整个京师模范监狱呈坐西面东的布置。从东侧到西侧，监狱依次划分为三个区域：前区、中区和后区。前区位于监狱的东侧，包括大门、传达室、接待室、看守教练所和监狱管理人员宿舍；中区是监狱主办公楼和相关的附属用房；后区位于监狱的西侧，这里距离监狱大门最远，是关押犯人的监区。监区的监舍分南监和北监，两部分平行排列，每个监区有5栋监房，都以扇形展开。在这个“扇子”的扇柄处建有一座二层高的守卫瞭望楼，守卫站在瞭望楼中可以管控各栋监房的情况。瞭望楼的楼顶是瞭望台，楼中间二层是教诲堂，在塔楼的一层是惩训室。

具有中国特色的是，每栋监房使用了中国传统文化中的天干命名，北监为甲、乙、丙、丁、戊。其中甲、乙、丁是三人杂居间，共68间；丙、戊为昼夜分房，共74间，合计可容纳278人。南监是已、庚、辛、壬、癸。其中庚、壬、癸为三人杂居间，一共有56间；已、辛是夜间分房，共74间，合计可容纳242人。南北两监合计可以关押520人。在东区、中区的北部建有供关押生病犯人的病监监房28间，其中独居房有13间，二人杂居房11间，传染病房4间，共计可容纳39人。而在这之后监狱又进行了几次扩建，新增加了女监、北新监。由此一直到1919年，监狱的规格与格局才彻底定型。

京师模范监狱建造完成后，在历史大浪潮下经历了百年的风雨沿革。它的经历也可以说是大历史之中的一段小历史，更是白纸坊地区法制史、革命史的一个浓缩。

自1912年监狱正式投入使用以来，经历了很多次的名称变化。1909年，最初被命名为京师模范监狱，而到了民国时期，北洋政府司法部将“京师模范监狱”中的“模范”二字去掉，改为了北京监狱。而后不久又因为北京地区有两个监狱——北京监狱和宛平监狱，将北京监狱改为了京师第一监狱，宛平监狱改为京师第二监狱。

1927年，国民革命军北伐成功，推翻了北洋政府。蒋介石主导的国民政府在南京成立。由于此时国民政府的首都定在南京，北京失去了首都的地位，改为北平特别市。这座监狱也再次经历了改名。1928 年 7 月 1 日，京师第一监狱改名为北平第一监狱，并入了河北省管辖。不久后，又因为被划归河北省政府管辖，监狱改名为河北第一监狱。正是在这一时期，由于这座监狱先后被北洋政府和国民党反动势力所控制，它成为关押、迫害共产党被捕人员和社会进步人士的大本营。许多在华北地区被逮捕的共产党党员、进步群众和社会民主人士都被关押在此。在狱中，面对反动当局的种种手段，无论是酷刑折磨还是利益蛊惑，他们始终以坚定的意志进行着不懈的斗争。在恶劣的条件下不仅坚定地捍卫了自身的信仰，还迫使狱方承诺改善关押条件，取得了狱中斗争的不小的胜利。京师监狱被国民党反动当局所控制，作为反革命急先锋的这段不光彩的历史，为它百年的发展历程蒙上了一层暗尘。

1934 年 5 月 26 日，这座监狱再次迎来了一次改名。在中央的命令下，为了与河北省的监狱相区别，这座“河北第一监狱”的名称前面又加上了“北平”二字，变成了“北平河北第一监狱”，以表明这座监狱在地域上的特点。

这座“北平河北第一监狱”的名称从 1934 年一直使用到了 1949 年。随着时代大潮的推进，傅作义在北平接受了中国人民解放军的和平改编，北平城在 1949 年 1 月 31 日成功实现解放。这座监狱的管理权也终于掌握在了人民政府的手中。解放后的监狱由华北解放区人民政府司法部管辖，由此，监狱在 4 月 7 日办理了正式的交接手续，并改名为华北第一监狱。

中华人民共和国成立之后，由人民政府接手管理的监狱面貌焕然一新。曾经由国民党当局统治时带入监狱的种种黑暗得到了清扫。这座至此走过了半个世纪的京师监狱迎来了一个全新的历史阶段。到了 1950 年，这座监狱迎来了它最后一次改名。随着社会主义建设、国家的改造工作逐渐步入正轨，原来的统管全国的各大地区行政事务的五大区制度被废止。原来的中共中央东北局、中共中央西南局、中共中央华东局、中共中央中南局、中共中央西北局等五大行政机构分管全国各区的制度，改为由中央政府政务院对全国行政事务进行统一管理。因此，监狱隶属于中华人民共和国政务院司法部。经过短暂的改名为北京市人民法院监狱之后，1950 年 7 月 1 日，监狱的最终名称被定为北京市监狱。

由此一直到了 1993 年，由于改革开放大潮下的北京不断发展，城市边缘不断外扩，曾经的城南荒凉农田成为高楼大厦林立的城市中心区。为了优化北京市内的市政布局，北京监狱需要迁移到新的地址。经司法部同意，北京市政府于 1993 年正式将北京市监狱迁移到了北京市大兴区团河农场的南端。原有的北京市监狱由于楼体老旧，在市中心存在安全隐患，因而被整体拆除。而在监狱的原址上，重新规划建设了今日的刑事侦查总部大楼。

至此，从 1909 年到 1994 年，从京师模范监狱到今日的刑事侦查总部大楼，这座监狱走过了中国从近代走向现代的近百年历程，也完成了它的历史使命。可以说，这座监狱以它独特的身份，见证了白纸坊，乃至中国近代史的沧桑变迁。

（二）“新潮”的监狱设计：一百年前的白纸坊如何实现与世界接轨？

上节提到的这座监狱还有另一个别称：王八楼。这个外号又是怎么来的呢？答案就隐藏在刚才介绍的监狱结构设计之中。原来，监狱的监舍呈扇形结构展开，并且与看守塔相连的这种设计方案和思想也是来自欧洲。这是英国著名的哲学家边沁经过对旧式监狱效能的考察与思考之后，设计出来的一种监狱建造形式。他在 1758 年正式提出了这种独特的监狱设计方案：全景敞开式监狱。按照边沁的设计思路，把所有的监舍建在一个环形闭合的圆形建筑当中，而在圆形监牢的正中央空地上建造一个可以让守卫驻守的圆形塔楼，所有的监舍都面向这座塔楼，并且面向看守塔楼的那一侧是视野开放的。这样的话，看守塔楼的守卫人员只需要在塔楼之中转上一圈，就能观察到所有监房之中的情况，既节省了人力又提高了效率，使得看守不需要一个个监牢地走动、巡视，又提高了看守工作的安全性。

边沁的监狱设计思想在西方受到了广泛的欢迎与应用。一时间成为监狱设计领域的“潮流”设计，许多的欧洲监狱纷纷采用了他的设计方案来修建新式监狱。

京师模范监狱由日本知名的法学专家小河滋次郎负责设计。小河滋次郎作为大名鼎鼎的日本监狱学创始人，是日本监狱设计和法学思想领域的泰斗级别的人物。饱读法律学书籍著作的他，自然对于边沁式监狱的设计思想了然于胸。于是与同样是著名法学家的沈家本私交甚笃的小河滋次郎，在设计京师模范监狱的时候便倾囊相授，毫无保留地将世界各国最为流行的边沁式监狱的设计思想融入到这座模范监狱的设计过程当中。

在小河滋次郎的规划之下，边沁的全景敞开式思想在京师模范监狱中得到了很充分的体现。在京师模范监狱的设计平面图中，可以很明显地看到这种“全景敞视”的思路。京师模范监狱的监舍围绕着塔楼呈扇形布置。无论是北侧的北新监还是监狱西侧的 K 字形监舍，都渗透了这种“时髦”的设计思路。值得一提的是，监狱的设计中自然也有中国本土化色彩的部分。因为设计的关押人员较多，西侧监舍对边沁的设计方案进行了变通，采用了塔楼与监狱甬道相结合的模式，守卫在塔楼中可以看到监舍之间的甬道上的一举一动，而非是看到每一个监舍。而这种变动也就使监狱的造型呈现出了一种由一个中心塔楼向四面八方延伸的奇特造型。从空中俯瞰，伸出来的监舍甬道恰恰形似一只大乌龟，也就是咱们老百姓口中平时常说的“王八”。这个外号叫的人多了，“王八楼”的名声也就在周边不胫而走，广泛流传开来了。因此，其实在这个本土化的诨名背后，还真的存在这么一段“与世界接轨”

的往事。

除了王八楼以外，这座京师模范监狱还有两个与世界接轨的、值得讲一讲的独特之处。那就是它的排水设施和女性监牢制度。

说到优秀的排水系统，您也许会回忆起青岛市的城市排水系统，这个最早出自20世纪初期的德国设计师之手的市政设施，曾经在网络上流传一时，获得了广泛好评。许多人认为，青岛的排水设施代表着世界市政排水设施设计的先进水平。其实，要论排水设施的设计与营造的话，这座京师模范监狱也同样有很多值得称道之处，也堪称是具有国际化水准的设计了。

大家都知道，青岛作为滨海城市，从地理条件来说具有得天独厚的优势与经验积累。可京师监狱的地理条件就没那么优越了。由于早期选址在地势和排水问题上的考虑不慎，京师模范监狱坐落的半步桥地区属于北京城内地势较低的地区。一到雨季，此地经常出现大雨倾盆而无处排泄积水的问题："京城最低之处，沟渠纵横，众水相汇，与苇荡相接。"不仅如此，由于监狱靠近外城护城河，遇到暴雨时节，甚至会出现护城河水倒灌的问题。一到夏天，积水无处排泄，容易造成蚊蝇滋生，传播疾病。因此，解决雨季监狱的排水问题就成为重中之重。

京师模范监狱的首任典狱长王元增，经过仔细的考察与谨慎的思考，针对监狱低洼的地势问题，提出了对于排水问题的解决方案。解决方案一共有四条：首先是在监狱的四周围多修阴沟，构筑地下排水系统，以解决一到倾盆大雨就无处排泄的积水问题。其次是从监狱经费中拿出一部分，每年向周边百姓购买附近的芦苇荡，然后再让犯人把这些芦苇荡排干积水，并将这些土地进行平整处理。再次是把监狱四周围的大沟垫平，统一改成阴沟。当初监狱开凿大沟是为了防止犯人逃跑，形成几条"护城河"。但是这些"护城河"并没有发挥它应有的作用，反而给监狱造成了不少的麻烦。一到冬天，沟里的积水被低温冻成了坚冰，沟壑反而变成了坚硬的冰面。最后一点，是要解决护城河水的倒灌问题。王元增提议在监狱的东南方把淤塞的沟渠重新连接打通，让这些沟渠可以一直连通到陶然亭的水系，再在西边修筑一个小型的水闸。这样的话，既能解决长久困扰监狱的积水排泄问题，又能让监狱拥有防止河水倒灌的屏障。

除此之外，由于监狱管辖范围之外的白纸坊地区属于地势较为低洼的地区，即使监狱自身的排水设施有所改善，但是监狱之外通往外界的道路也经常被洪水或者积水所阻断。在这种情况下，为了保证监狱与外界联系的畅通，王元增决定由监狱自己负责修缮一条通往外界的道路。1919 年，京师监狱自筹资金，购买了周边百姓的土地 10 余亩，拆迁民房 2 间、庙舍 3 间，迁移坟墓 5 座，重新填埋下葬尸骨百余具，为监狱修建道路清理出了空间。京师监狱利用犯人修筑了一公里的通往外界的道路，并将这条道路取名为自新路，以喻示犯人悔过自新，走自新之路的寓意。这条自新路从监狱开始一直向北，可以通到官菜园上街南口，再向北与丞相胡同、菜市口相接，保证了监狱的与外界联系的畅通。

以上这几条解决措施完善了监狱的排水系统，彻底解决了监狱遇到雨季容易遭遇水患的问题，让监狱的标准提升了一个档次。而且整套排水系统的工程质量也很值得称道，经过了近百年的使用竟然还是运转如常，从未“罢工”。直到 20 世纪末，有关部门在对监狱进行拆迁时，重新打开了排水系统的管道。施工人员惊奇地发现，监狱的这套排水设施依然看不到一点点淤塞的情况，可见这套工程的质量之高。常有人在各处夸赞，德国设计师设计的青岛排水设施在运转百年之后，依然正常，承担着今日青岛市沉重的排水任务。可要是用这个标准来衡量京师模范监狱的这套排水系统的话，可以说，当年在王元增典狱长主持下修建的这套排水设施也是可以列入世界先进标准之中的。

说完了排水系统，再说说这座京师监狱的女监制度，这就是京师模范监狱的第三个紧跟潮流的独特之处了。在今日的监狱之中，将女性犯人单独关押早已成为了常识，监狱中设有独立的女性监舍并不足为奇。

但是在清末民初时期，女性在被关押时并没有专门的监狱，很多的问题也得不到及时的解决。女性犯人关押的地方与普通的监狱条件一样，环境恶劣，污水横流，因而死亡率很高。而京师模范监狱，为了改善女性囚犯在监狱中的关押条件，彰显新式监狱在犯人人权问题上与旧式监狱的区别，在典狱长王元增的提议下，将原清政府法部直属的北监部分改为了女监，并且设立了女性监狱管理人员制度。这一方面体现了京师模范监狱在尊重犯人人权问题上与旧式监狱本质上的区别，另一方面也表明了京师监狱与世界先进思想接轨的意识。

无论从优化管理效率的“王八楼”式设计、坚固耐用的排水设施，还是首倡的女性监狱，都反映出这座京师监狱的“新潮”之处。可以说，这座监狱是20世纪初期中国摆脱落后，向西方先进思想和制度学习的大潮流在白纸坊地区的一个缩影。

（三）记郭隆真与武光同志：京师监狱内值得永远铭记的革命斗争

提起京师模范监狱必须要忆起的一段历史，就是它曾经作为北洋政府、国民党反动派镇压革命人士和进步群众的魔窟的那段黑暗时期。自从这座监狱建造完成以来，它不仅发挥着关押普通刑事犯人的职能，还在反动派的控制下，成为镇压革命的急先锋。大批的所谓“政治犯”被关押在这里遭受着迫害，这是在回顾这座监狱的往事时绝对不能忘却的一段历史。

我党早期的女性革命家、北方妇女运动的先驱者和工人运动的卓越领导人郭隆真同志和曾任新疆维吾尔自治区党委书记处书记、北京航空学院院长、党委书记的武光同志就曾经在这座监狱遭到关押。在被关押在京师监狱期间，共产党人在与狱方进行坚决斗争的同时，还时刻不忘向身边可以接触到的普通犯人和监狱底层狱卒宣传抗日主张。他们积极地扩大着影响力，甚至还秘密组成了坚固的党小组战斗堡垒，以无与伦比的组织性和原则性彰显着共产党人崇高的信仰。可以说，郭隆真与武

郭隆真同志

光两位同志在狱中对敌斗争的表现，就是共产党员优秀品质与对敌斗争智慧的浓缩。接下来就对郭隆真与武光两位同志的革命经历与他们和这座监狱的往事，做一个回顾吧。

郭隆真同志于 1894 年 3 月 18 日出生于河北省大名县金滩镇。她出生在一个传统的士绅家庭，原名为郭淑善，从小跟随父亲接受的是儒家的封建礼教教育。可是她并没有被儒家那一套业已腐朽的礼俗所束缚，她积极接受进步思想，反对缠足，并主动参加了很多进步的学生社团。为了表明自己争取自由、追求解放的志向与追求，她将自己的名字从郭淑善改成了郭隆真，意思是从落后中隆兴崛起，奋力冲破封建礼教的束缚，勇敢地去追求真理。

武光同志

1919 年 5 月 4 日，标志着新民主主义革命开端的五四运动在全国爆发。5 月 5 日晚，在郭隆真的主持下，学校组织召开了预备班积极分子大会。郭隆真在大会上倡议大家立即起而行动，以自己的实际行动向政府请愿，表达对外争求国权、对内惩办卖国贼的政治意愿。

与此同时，郭隆真还和刘清扬、邓颖超等其他我党优秀领导人一起筹备成立了天津女界爱国同志会。在她们的号召下，来自天津各界的女性代表于5月25日，在天津市内的江西会馆召开了各界妇女代表会，会上宣布成立天津女界爱国同志会，郭隆真被选举为演讲部部长，一共有600多人参加到了这个组织之中。

在整个五四运动期间，女界爱国同志会组织了很多次的游行示威，郭隆真总是积极活跃在各项活动之中。她曾三次因为参加进步集会而被当局逮捕，但每次出狱后她都立即重新联络组织，加入新的斗争当中去。她这种英勇不屈的斗争精神使她成为当时天津妇女运动和学生运动的著名领袖。

1919年9月16日，周恩来、郭隆真、邓颖超等20余位我党早期领导人决定成立觉悟社，出版进步刊物《觉悟》。为进一步完善自身的知识水平，与国际共产主义运动取得联系，1920年11月7日，郭隆真同周恩来、张若名等人一起踏上了赴法勤工俭学之路。1922年，中国共产党旅欧支部成立，郭隆真于1923年经周恩来介绍加入中国社会主义青年团，同年加入中国共产党。1924年秋，郭隆真与李富春、蔡畅等15位同志被中共旅欧支部派往苏联莫斯科东方大学进行短期学习。

1925年5月，郭隆真奉调回国，在李大钊负责的北方区党委领导下工作，被党组织委派到国民党北京特别市党部妇女部工作，任妇女委员会委员，创办《妇女钟》《妇女之友》刊物。1926年，郭隆真在党的指示下于北京西城创办了缦云女子学校，并担任主持人。

1927年4月，随着蒋介石在上海发动了四一二反革命政变，武汉的汪精卫、北京的张作霖等各地的反动军阀、政治势力也都群起而对共产党员和进步群众挥动了屠刀。在这股蔓延全国的反革命的血雨腥风当中，无数的共产党员惨遭屠杀，很多党员群众被捕入狱。北京地方和北方区域的党组织遭到了严重的损失，北京城笼罩在了一片白色恐怖之下。

在这期间，郭隆真在学校镇定自若，继续坚定地领导着女校的革命斗争工作。但是她开展的革命活动很快就引起了敌人的注意，在1927年4月底的一天，郭隆真在缦云女校工作之时，突然得到了学校女同学张挹芬的消息：敌人要对女校进行突然的搜捕行动。得知这个消息的郭隆真并没有惊慌失措地撤离，而是连忙通知了当时与她一同居住在学校里的韩幽桐等人，并让他们负责通知并组织党员紧急撤离。郭隆真则留下来整理并转移、销毁储存在学校中的我党的重要文件，以防它们落入敌人之手，使得党组织遭到更为严重的损失。

在郭隆真的努力之下，学校里的党员都得到了妥善安排，而党组织的文件也得到了及时的转移和销毁。可是郭隆真却因为布置善后工作耽误了宝贵的撤离时间。北洋军阀的反动军警蜂拥而入，冲入了女校的第一道院、第二道院。他们在郭隆真的住处翻箱倒柜，企图搜检对他们有价值的文件，但是由于郭隆真的文件销毁工作很彻底，敌人没有搜到什么党组织活动的特别文件。眼见扑了个空，恼羞成怒的敌人不由分说，将郭隆真五花大绑，逮捕押送进了监狱。而关押郭隆真同志的监狱正是这座京师模范监狱。

郭隆真就被关押在京师监狱的女监，可是却受到了监狱当局的“特殊照顾”，被关押在了单间。这并不是狱方重视囚犯的人权而予以的优待，而是因为狱方担心这些被捕的“政治犯”在狱中向其他犯人传播革命思想，或者与狱中关押的其他“政治犯”互相联络。因此，狱方对这些被捕的共产党员采取了单独关押的措施。单独的关押背后还隐藏着狱方的一个阴谋，即将这些共产党员分而化之，让他们不能联络而各个击破。但是郭隆真被捕入狱之后，并没有屈从于狱方的种种关押措施，而是以改善自身的权利为由，坚持向狱方提出抗议，与监狱相斗争。

既然监狱将“政治犯”们相互隔绝，分开关押，狱中的共产党人就想出了很多种传递消息的办法。其中之一就是通过感化看守人员而与外界交换信息。由于监狱中的看守人员并非都是意志坚定的反共分子，他们大多出身贫苦，只是因为迫于生计，才在监狱中讨得一份看守的职位。关押在狱中的郭隆真便首先通过仔细谨慎的观察，将这些日常可以接触到的看守进行分类，如果真的是穷凶极恶的流氓恶霸分子，就加以警惕防范，而对于心地善良、对革命有同情心理的看守就积极拉拢。郭隆真向这些人讲述着国家在日本帝国主义侵略下面临的危急局面，并揭露了反动当局剥削民众、镇压革命、奉行不抵抗政策的本质。

在郭隆真以及其他共产党员的努力下，一部分监狱的看守和通过放风、劳动接触到的普通犯人被转化为了我党在狱中革命工作的支持者与同情者。看押郭隆真的女管理员的思想逐渐被她所感化，默许了被关押的同志们之间的秘密交流。这就大大地方便了被分别关押在各个单人监牢的共产党员们的沟通联络，也使他们凝聚成了一个坚定的集体。共产党人即使是在狱中，也能够建立起革命工作的坚强堡垒。这样也就使敌人将这些犯人分而化之的阴谋被粉碎。

除此之外，郭隆真还积极地利用自己掌握的各种知识，改善自身在狱中的生活条件。由于监狱制定的规章制度，监狱在平时会组织犯人进行一些集体劳动，这样一方面是让犯人参与到劳教的惩戒程序当中，另一方面也利用犯人的劳动为监狱换取一些钱财和经费。这些由监狱中犯人制作的物品会被运到中山公园社稷坛西北角进行展出售卖。这里有七间琉璃瓦顶的西式小洋房作为展销的场所。根据鲁迅日记的记载，鲁迅还曾经在这里买过监狱生产的毛巾和大件家具。

由于是女性犯人，承担的工作任务要比男性犯人稍微轻一些。因此，郭隆真在狱中负责一些简单的技术工作，比如在竹帘上画一些花草虫鸟、制作一些手工制品等。郭隆真在做完自己手上的工作之后，还会积极地帮助别人完成工作。因此，她以自身的实际行动为自己在监狱的犯人之中赢得了很好的声誉，很多人更愿意为她提供力所能及的帮助。

由于郭隆真在被捕之前及时地销毁转移了她所负责的党组织的相关

材料，敌人并没有在她的住所和办公地点搜到更多的证明她身份和党内职务的材料。因此，她在被捕之后更容易在敌人的审讯中掌握主动权，让敌人无法摸清她的真实身份。但即使是如此，敌人依然在没有掌握任何证据的情况下，给她判处了12年的徒刑。

这是反动当局在面对无法确认身份的革命者的一个惯用伎俩：当面对无法掌握对方确切身份的进步人士的时候，敌人是极少会主动释放被捕的“政治犯”，往往会找个罪名将这些进步人士关押起来，直到找到确认对方身份的材料。敌人这样做是以防有我党的主要领导同志利用掩护的身份成功脱险。我党早期无产阶级革命家恽代英同志就是如此被敌人所逮捕的。当时恽代英化名王作霖，被国民党关押在南京。国民党当局并不知道他的真实身份，几度加以甄别却不得辨认，只得关押在狱中等待进一步的审讯。但是我党特务组织的领导人之一顾顺章的叛变却使得情况空前恶化，恽代英的身份被顾顺章指认出来，旋即遭到了国民党当局的处决。

虽然郭隆真在狱中的斗争取得了较有效的成果，但是如果让郭隆真同志长时间地被敌人羁押在监狱中并不是长久之计。因此，党组织也对在狱中的郭隆真进行了积极的营救。曾得到郭隆真及时通知而脱险的韩幽桐同志到京师监狱去探监。当她见到郭隆真时，看到昔日的同志身着囚衣，身陷囹圄，面容憔悴，不禁悲从中来，失声痛哭。郭隆真看到这个情景反而安慰韩幽桐，让她坚定起来，以一个共产党员的斗志要求自己。

营救郭隆真的过程也颇具传奇色彩。我党在监狱之外的同志经过多方打探，考虑到郭隆真同志的民族身份是回族，可以从这方面入手进行营救。于是党组织安排同是回族的张秀岩同志对郭隆真进行营救工作。张秀岩是经郭隆真介绍入党的，关系十分可靠。她经过深思熟虑，决定利用郭隆真回族的民族身份，从西北军阀马福祥的老婆的关系入手开始工作。张秀岩费尽周折，经过多方的介绍和运动，认识了马福祥的老婆。然后她又假借马福祥的名义，向监狱方写了一封要求保释郭隆真的信件，并悄悄地盖上了马福祥的印章。不仅如此，她还取得了马福祥的名片，得到了敌人的信任。由于敌人一直也没有能辨别出郭隆真的身份，自然也不会因为一个“身份不明”的犯人而驳马福祥的“面子”。由此，张秀岩成功地假借了马福祥的名义将郭隆真保释出狱。

出狱后的郭隆真秘密赶到上海，联系上了邓颖超同志，并重新回归到了党的工作之中。1929 年春，党中央派郭隆真赴东北工作。在中共满洲省委从事职工运动，郭隆真以家庭妇女的身份进入哈尔滨中东铁路三十六棚总厂，活动于工人运动的前锋。她秘密组织和联络工人，掀起了一次又一次罢工斗争，迫使反动当局解散了工业维持会，建立了由共产党人控制的工人委员会。1930 年 3 月，郭隆真被调回沈阳。不久她被选为中共满洲省委委员，担任满洲省委职工运动委员会书记。

1930 年，山东青岛的党组织遭破坏。1930 年 6 月，党中央派郭隆真前往青岛任山东省委委员、妇委书记，青岛市委常委、宣传部长，负责重组党组织。经过郭隆真与陈少敏等同志的共同努力，不仅重建了党组织，而且还连续发动了几次罢工，并先后创办了《红旗报》和《海光报》等革命刊物。11 月 2 日，郭隆真在海边四方村与一女工骨干密谈时，引起特务怀疑，不幸被捕。这是她一生中第五次入狱。

1931 年春，郭隆真被押解到济南，国民党山东省政府主席韩复榘亲自审讯她。面对敌人的威逼利诱、严刑拷打，郭隆真坚贞不屈。1931 年 5 月 4 日凌晨，她和邓恩铭等同志一起被敌人杀害，牺牲在了通往革命胜利的道路之上。

另一位在京师监狱中遭到关押的共产党员是中华人民共和国成立后曾担任新疆维吾尔自治区党委书记处书记，北京航空学院院长、党委书记的武光同志。

武光同志在 1911 年 1 月出生于河北省深泽县，1926 年之前一直在家乡读书，直到由中共顺直省委的特派员翟少池联络，接触到了早期的共产主义思想。年轻的武光在夜深人静的时候悄悄点着灯阅读着地下进步刊物和马列主义的著作，无产阶级革命思想逐渐在他的心中扎下了根。

1928 年到 1930 年间，随着国民党的势力不断地向北扩张，由南方的蒋介石南京政府带来的反共思想也被带到了武光所在的深泽县城。在国民党县党部的宣传之下，反共的气氛在深泽县甚嚣尘上。见到这一情景的武光心中不禁愤懑，他决定到北平去和真正的共产党组织取得联系。

到了北平，武光很快与党组织取得了联系，并切实地开始在北平开展党的工作。1930 年武光被任命为红色革命互济会北平市西城区委委员，1931 年担任共青团北平市西城区委委员，1931 年 7 月担任中共北平市委委员、共青团北平市委书记，1932 年任中共直中特委委员、团直中特委书记等地下团组织工作的职位。

1932 年，武光受党组织派遣，到河北省灵寿县指导农民武装抗争，但是当武光化装成农民赶到灵寿县的时候，发现暴动已经被敌人镇压下去了，而且反动派还在整个灵寿县到处搜捕革命分子。在这种情况下，武光只能退而隐蔽到石家庄大石桥东的一个小客店中，并继续联络指导当地工农的武装斗争。1932 年 12 月 11 日，他突然遭到了反动军警的逮捕，军警还从他的住处搜出了几本进步书籍。

但是此时敌人对武光的推断只是个进步分子，并没有他是共产党员的确切证据。几次提审和询问，都在武光早已预先准备好的假供词前一无所获，敌人只得关押着他也没有办法。1932 年，武光被押送到天津，并在天津河北高等法院以触犯《危害民国紧急治罪法》为由被判 5 年有期徒刑，押送到了京师第一监狱关押。与武光一同被押送到京师第一监狱的还有王占恒、王振世、赵杏村、宋遇春等人，这些人后来在出狱后大多成为我党革命工作的中层领导人。其中赵杏村在中华人民共和国成立后先后担任了中国共产党上海市委组织部长、中国科学院上海分院党委书记等职务。

与关押郭隆真相同，狱方将武光等“政治犯”关进了单人牢房。牢房中的设施非常简陋，房间中有一张固定在地上的木板床，床上铺着草垫。另一边是一个不到一米长的小木桌子，一边钉死在墙上，一边有两条腿支着地。除此之外，房间内还有一个小的木凳子和一只马桶。牢房的门上有一条小缝，通过这条外窄内宽的小缝，看守可以看到房间内的情况，而犯人却不能随意看到走廊里的情况。房间里设置了暖气管道，但是由于狱方的“照顾”，监狱的房间内从未真正通过暖气。

武光等关押在此的同志与郭隆真遇到了同样的问题：如何才能与狱中的其他同志相交流呢？除了前文提到的感化看守人员之外，武光他们还发明了另一种“通信方式”。他们将连接政治犯牢房的暖气管道利用起来，借助传声原理，将暖气管道当成了“电话线”。需要联络的时候，说话的人就将喝水的搪瓷缸子的杯口对着嘴巴，杯底则贴紧暖气管道，然后讲话，而听的人就反过来，将杯口贴紧暖气，杯底贴着耳朵，如此就做成了一条简易的“电话线”。但是这种电话线有一个缺点，就是难以实现保密。一旦狱友之间需要交流一些重要的信息，使用“电话线”的话，很容易就被狱方监听并找到对应的办法。为了解决这个问题，狱中的同志们又借助民国时期流行的 40 个国音字母创造了一套行之有效的密码系统，管它叫“打电报”。40 个国音字母被排列成八行，每行五个字音。每次需要传递信息的时候，就敲击暖气管子，先打行数，再打各行的字母数。借助“打电报”的这种信息传递方式，狱中的同志们实现了随时交流，而狱方却对这种传递信息的方法无可奈何。“打电报”的发明体现着共产党人高度的斗争艺术与智慧，其实也是每个共产党员面对困难时积极解决问题的一个缩影。借助狱中的相互联络，被关押的同志们甚至成立了狱中的党支部，以指导、组织狱中的斗争活动。

除此之外，要求改善在监狱中的待遇问题也是斗争的主要目标。狱中的待遇问题，主要是两个方面，一个是阅读，一个是饮食。

在阅读方面，刚一开始，监狱自然是不会提供进步书籍给犯人们阅读的。武光他们所读到的只有狱方提供的佛教、天主教、基督教的经书，监狱企图用宗教思想“教诲”犯人。但是敌人的企图并没有得逞。每逢监狱的“教诲师”到来或者是有外界人员参观监狱，狱中的同志就会大声地高呼抗日救国的政治主张，揭露国民党当局不抵抗和坚持内战的反动本质。在大家的不懈抗争下，狱方只得进行了妥协，将原来的经书改为了历史书籍，后来又被迫提供了新闻报纸，甚至是马克思、恩格斯的著作。在狱中的同志们就利用这种机会，不懈地阅读以充实、提高自己，用纯粹的理论知识进一步武装了自己的头脑。他们还借助报纸提供的外界的消息，商讨分析国内外的环境与局势，并根据国内外政治时局的变化来不断地调整自身的斗争策略。

而在饮食上，监狱自然也不会提供很好的食物，一年四季吃的全都是玉米面窝头和稀粥。就算如此，玉米面也经常是只能吃到发了霉的。为了不让监狱采用饥饿的办法对付狱中的同志，大家就经常起而与狱方不合理的饮食供给做斗争。每经过一段时间的斗争，饮食条件就会变好一些，但是过几天又会变差，如此只能反复地和狱方做斗争。据武光同志在回忆录中记载，每年几乎要经过上百次的反饥饿斗争。

对于与外界联络问题，狱中的同志们除了积极拉拢争取同情革命、追求进步的看守以外，还从狱方手中争取到了与直系亲属联络探视的权利。当然，来到监狱探视联络的都是以表亲为名的外界的我党同志。由于从狱中向外界寄出的信件无不受到看守、警卫的严格审查与监视，探视就愈发成为狱中的同志与外界进行沟通的重要方式。按照规定，探视每个月只能进行一次，而探视期间又受到军警的严密监视，同志之间的联络只能以秘密的形式进行。通过只有联络双方才能听懂的密语的交流，外界的同志得以得知监狱内的状况，而监狱之内的同志们又能够及时了解到外界的党组织斗争形式。

狱中共产党员正是在这不懈的斗争中，既增加了自身的斗争经验与意识，又使得监狱的种种企图始终不能得逞，体现了共产党员高度的革命性与斗争性。

1937 年 7 月 7 日，日寇悍然挑起卢沟桥事变，发动了全面的侵华战争。在这种情况下，狱方迫于战争的压力，只得将狱中刑期将满的犯人分批放出。在这种情况下，已经服刑五年期满的武光也在被释放的行列中。被释放后的武光几经辗转，从北平到青岛，又到西安、太原这才联系上了党组织。此后一直在党内担任各项职务，不仅见证了新民主主义革命的成功，更见证了新中国日新月异的建设。

郭隆真和武光两位同志在这座京师监狱中的经历，是优秀共产党员坚定的意志品质与斗争意识的高度浓缩与体现。他们的事迹在白纸坊地区的革命斗争史上留下了浓墨重彩的一笔。他们也是曾经被关押在这座监狱中的其他没有留下更多记录的同志们的优秀代表。他们为了自身的共产主义理想，为了新中国的建立付出的一切值得我们深刻地铭记！

第九章　崇寿首善万寿西

如果您漫步在今日的白纸坊东街，一定会被一座郁郁葱葱、生机勃勃的公园吸引注意力。行走于公园之中，不时能看到坐在长凳上休憩乘凉的老人、欢快玩耍的儿童，一派安详幸福的景象。继续往前走，还会看到路边关于“孝顺”“长寿”主题的文化宣传，引得路人驻足观看。这便是今日白纸坊地区居民遛弯散心的首选场所：万寿公园。

那么这座万寿公园是什么来历呢？本章将慢慢道来。

第一节　万寿西宫的历史

早在万寿公园建成以前，这里被称为万寿西宫。是建在小丘上的三座庙宇的总称。西为关帝庙，东为吕祖庙，北为斗姥阁，这三座庙宇被大家统称为“万寿西宫”。既然有“西宫”那么“东宫”在哪里呢？东宫便是建于明代万历四十三年（1615）的宏仁万寿宫。在这座道观里，祭祀着大宋丞相文天祥和蜀汉武侯诸葛亮。万寿东宫的建立要早于万寿西宫。起初这里只有万寿宫，即万寿东宫。

而到了两年之后的万历四十五年（1617），又建造了一座关帝庙。这座关帝庙规模较为宏伟，它建在一个高台之上，面前有大松树三棵、旗杆两座。走进山门，依次可以看到关帝殿、吕祖殿、斗姥阁等建筑。关帝大殿里有关羽的站立塑像、关公父母的牌位等。吕祖殿里有吕洞宾

万寿公园

塑像和药王孙思邈的塑像、关胜塑像。

人们为了方便区别两座庙宇，便将后建的西侧庙宇称为万寿西宫。今日的万寿公园内，还存有关帝殿和殿前的“敕建护国关帝庙碑”，作为万寿西宫悠久历史的见证。

旧时进京赶赴科举的读书人非常迷信，凡是进京赶考，一定要提前拜一拜负责文昌星的神仙，好让神仙保佑自己高中状元，高官得坐，骏马得骑。因为过去白纸坊地区这一代有很多的会馆，这些会馆中居住的大多是外地到京城来做生意或者赶考的读书人。因此，会馆附近的万寿宫就成了附近读书人进观参拜神仙的“热门景点”。观中的诸葛亮和文天祥又是读书人的楷模，自然就受到了极大的重视。明清两代，来京赶考的读书人纷纷来到万寿宫进香，数百年间香火不断，香客川流不息。

时光荏苒，到了清朝末年，万寿西宫成了“奚公子”的家庙。也许您并不认识这位奚公子，可是他的儿子却是大大的有名，那便是京剧史上享誉全国的四大须生中的奚啸伯。到了民国后期，奚家家道中落，万寿西宫也转让给了赶大车运黄土的赵德山、赵世海父子，被附近人称为“黄土”赵家。

到了解放之后，万寿西宫大部分在20世纪50年代被拆毁。万寿东宫在解放后还残存着山门、横匾、初建护国关帝庙大碑文。万寿东宫的遗址长期作为白纸坊街道办事处下属的幼儿园的办公地点。后来直到1995年，在新时代保护政策的落实下，万寿西宫的主体建筑得到了修复与重建，并增加绿树植被，重新规划道路，改建为了今天市民的休憩场所：万寿公园。

关于万寿西宫，还有一个动人的民间传说。相传同治皇帝有一次微服出宫到南苑猎场、“海子”等地游览，返回京城时经过白纸坊地区，在万寿西宫这里看到了一个民间女子。民间女子不同于同治平日所见到的宫中女子，但见这姑娘有十六七岁，高挑身材不胖不瘦，一双大眼皂白分明，看不出有半点脂粉气，白皙的脸上却泛着红晕。同治皇帝被这个姑娘的美貌所吸引，回到宫中便与他的母亲慈禧太后商议，想娶这位女子为妻。听闻这个女子是平民出身，慈禧太后坚决不同意同治皇帝的请求，此事也只能作罢。

过了不久，同治皇帝就因沾染疾病去世了。突然有一天，慈禧太后去南苑看鹿归京，突然想起此事，又忆起英年早逝的儿子，不由心内悲伤，想去看看这位让儿子迷恋不已的姑娘到底长什么样子，便让随从改道白纸坊。见到了这位姑娘，果然是落落大方，美貌动人。慈禧不禁心中懊悔，要是当日允诺了儿子，也不至于有这等遗憾。为了满足儿子生前的心愿，慈禧下令这位姑娘原地册封为“西宫”，终生可领双份钱粮，并将此地改名为“万寿西宫”，彰显“西宫娘娘”之意，也算是全了儿子生前的一段姻缘。

不知今日的人们漫步于公园之内，可曾会想到这段动人的传说呢？

第二节　万寿公园——京城“孝”“爱”文化基地

万寿公园位于西城区白纸坊东街，地处辖区东中部，公园南门与半步桥街北口相对，北为双槐里小区，西与万和世家小区相邻，东临盆儿胡同。原址为建于明代万历四十五年（1617）的关帝庙，新中国成立后地区政府对此地进行了多次绿化建设，1955 年曾名万寿西宫公园。在一座开放性园林的基础上，1994 年原宣武区投资 1500 万元对公园进行改建，1995 年 11 月完工，并对游人开放。万寿公园现今占地 5.1 公顷，是原宣武区继大观园、宣武艺园、滨河公园之后，兴建的第四座公园。

这座公园在 1995 年重新改造后更名为万寿公园，如今是本市第一座以老年活动为中心的主题公园，也是全国首家节能型公园和具有较完善应急避险功能的示范性公园。

在中国，孝道精神源远流长，是中华民族的传统美德，“百善孝为先”更是为人人所熟知的经典俗语。“孝”字在中国出现得很早，最早见于商代，古字是一个小孩儿在老人的手下搀扶着老人走路的形状，本义是要尽心尽力地奉养父母，儿女的行为不应该违背父母的心意，后则可以引申扩大至不违背家里长辈及先人的心意，是一种稳定的伦常关系的表现。在中国传统社会，这种精神和行为本是存在于一定的宗族血亲之中，后随着社会的发展，本义虽没有改变，外延却已经扩展至社会中，更多地表现为对老人的孝顺和尊敬之情。

所以，伴随着社会的进步、老龄化的发展以及人们生活观念的转变，公园原有布局、设施已远远不能满足广大游人的社会需求。2014 年西城区政府决定对万寿公园进行景观改造工程，并被市民政局、区政府确定为“寿”“孝”文化的宣传基地。公园改造在保留原有建筑、树木、地形的基础上，注重从功能出发，体现人文关怀，围绕景区特点调整植物配置，巧妙规划游人活动场地，突出“寿”“孝”文化主题，意在营造“老年友好社区”型的百孝之园、万寿之家。

改造后的万寿公园为满足不同人群多层次、多样性的需求，重新规划了游人活动场地和景观布局，从南至北，从西到东依次为“寿贺康宁”“茗香茶社”“绿竹苑”“健康步道”“健身广场”“公共安全宣传教育基地”“地书广场”“门球场”“知音瀑布”“秋林爱晚”“防灾避险应急指挥中心”“天天园艺”“五福同乐”“孝行民和”“海棠书斋”和“颐景轩”游客服务中心，建筑总格调仿北方皇家的古建形式，古色古香，可谓是集老乐童趣于园中。

其中以弘扬传统“孝”“寿”文化为主题的“五福广场”“孝行民和”“寿贺康宁”等场区内的基础设施建设中处处体现了为老服务的理念。例如，园区东门和南门建造有无障碍通道，便于行动不便的老年人出入。公共厕所里设置了无障碍设施和应急呼叫器，方便老年人使用和在紧急情况下进行呼救。60 米的健足步道和 780 米的健康大道，意在促进老年人健步走运动，培养健康积极的生活状态。康复乐园内还有几十种适合老年人健身的器械。漫步园中，你总能看见许多运动着的老年人，他们依旧意气风发，脸上洋溢着对生活的热爱。“五福广场”的设计融合了中华传统文化元素，这里既是儿童的乐园，又让老年人在陪伴的过程中享受天伦之乐，而九宫格地书广场和门球场则是专门给老年人提供了老有所乐的场所，他们或成群结伴地打球，或独身静心地练字，一切活动都自得其乐。

老人们不仅充分利用了公园提供的各种硬件设施和场地，而且一些入园的老年人还自发创办了许多老年兴趣小组及活动，如京剧、曲艺爱好者创办的老年戏班，热爱音乐与舞蹈律动的人进行的老年操舞，棋艺爱好者组建的老年棋牌团，日常读书看报

万寿公园

的老年人组成的阅读队，园艺擅长者创办的老年园艺班，书法爱好者举行的老年书画茶艺交流活动等，这些丰富多彩的活动更加为示范基地增添了许多活力。

园内一角的“海堂书斋”名字清雅，常年免费提供书籍报刊的阅览服务。走进这里，总能看见许多认真读书看报的老年人，他们时而露出笑容，或是遇上文字中志同道合的知音；时而眉头紧蹙，或是逢到其中难缠纠结的失意人。他们孜孜不倦的状态，让人看来好似学生模样，但又散发着岁月的从容与闲适。“海棠书斋”还会定期举办健康大讲堂、传统孝文化教育、书画创作体验展览等主题活动，与“地书广场”“门球场”“茗香茶社”等站点形成互联互动，为入园的老年人提供更加舒适周到的服务。

作为“孝”文化宣传教育基地，万寿公园还专门在百岁苑博物馆内，设有主题展览区、视频播放区、特色专题区、公众互动区等区域，集中展示了百岁风采、长寿秘诀、志愿精神、公益之星等内容，收藏着生活在白纸坊地区老人的“百年记忆”。同时，示范基地还专门设置了老年法律维权服务中心，为老年人提供法律咨询、矛盾调解、法律培训和知识讲座等免费法律服务，为老年人化解继承、侵权、婚姻家庭等纠纷提供了不少便利。

不仅如此，为更好地提供适老为老服务，示范基地还发布了10项公益项目，主要包括困境人群体检服务、百岁老人祝寿及记传服务、老年法律咨询服务、老年心理咨询服务、图书阅览服务、专题讲座服务、书画健身技艺培训服务、婚恋沙龙服务、为老服务咨询服务、系列便民服务等。万寿公园作为“孝”文化的示范基地，从生活到精神的各个层面努力地对生活在该地区的老年人进行全方位的关心，让他们在晚年生活里依旧感受到社会的温暖与关爱。

万寿公园不仅在场馆设计和功能上为老年人提供舒适、便捷的服务，而且在公园的布景上也十分贴心。

万寿公园的南门口位于白纸坊东街甲 29 号，这里矗立着一座引人注目的彩绘牌楼。牌楼，与牌坊类似，是中国传统建筑文化的独特景观之一，也是中国特有的建筑艺术和文化载体。据悉，牌楼最早见于周朝，最初用于旌表节孝。后来大多出现在园林、寺观、宫苑、陵墓和街道等地方，北京可以说是中国牌楼最多的城市。

而这座牌楼是四柱七楼的结构，高约 10.5 米，宽为 16.6 米，以绿琉璃瓦作顶，顶檐仿古时官式建筑，置有脊兽。牌楼上方有一块居中的长方形彩板，书有“万寿公园”四个大字，以中国传统色彩满天星紫作底，又衬以金色字体。坊额的两旁由 18 块透雕彩板镶嵌，图案大多雕刻的是团龙、凤纹等内容，其中最引人瞩目的就是对称的“二龙戏珠”和“龙凤合璧”的样式，活灵活现，据统计，这些透雕彩板上一共雕有龙 14 条、凤 10 只。牌楼背面正中央书有“长乐安康”，清龚自珍曾作诗言“长生长乐乐未央”表达了期盼长久快乐、身体健康、生活平安之意。整个牌楼梁柱彩绘，虽没有雕栏玉砌般的富丽堂皇之感，也可谓是古香古色。

牌楼两侧的粉墙与仿古的云墙相连，门外为 100 余平方米的小广场，广场的最前端置有一对高约 1.6 米的汉白玉石狮，这两只石狮的造型庄重又不缺乏活泼之感。门内有一组假山，山腰处正中设有一块平面青石，书刻 1.4 米高的“寿”字，行草字体，笔力遒劲流畅，凹笔绿色，寓意“寿比南山”。假山前还放置了一位手拿蟠桃的南极仙翁塑像，面容慈祥和蔼，与其身后的“寿”字相得益彰。对白纸坊地区的老人们来说，这样一处寓意美好的地方是再熟悉不过的了，他们每天都会到此处散步遛弯，进行一些修身养性的活动，或者相约一二老友聊天谈心，陪伴儿孙玩乐，安享天伦之乐。

新建的公园因为以服务老年人和儿童为主，所以园内有不少供其休闲娱乐的场地，而且环境优美，植被茂盛，公园绿化覆盖率达 92.5%。为突出植物景观观赏视觉效果，改造后的植物呈群组分布，形成银杏、樱花、紫薇、牡丹、绿竹、丝绵木、碧桃、西府海棠、长寿桃、华山松、白玉兰、龙爪槐等植物景观群组，四季不断开花和变化的植物，强化了人们对生命节奏和循环的感知。尤其进入夏天，人工栽植的各色花卉和许多不知名的小野花随处可见，只只蝴蝶在其中翩飞翻转，煞是赏心悦目。防滑环保材质铺就的步行道两旁树立着葱茏的各类树木，它们交相掩映，搭起了一个个天然的凉棚，是遮阳纳凉的好去处，其间亦有翠绿的四季竹点缀其中，彰显其坚韧挺拔的气质。这里的一切景致仿佛浑然天成，自然又宁静。

第三节 坊间主题活动

（一）“微孝坊间 德润人心”主题活动

白纸坊地区偏居北京城一隅，虽然这里没有到了夜间依旧灯火通明的写字楼，没有行色匆匆、步履不停的行人，没有灯红酒绿的都市生活，但是生活在这里的人们却拥有很高的幸福感，脸上总是洋溢着暖暖的笑容和深深的满足感。因为这里不仅有人工与自然搭配的美景，有流传久远的文化，还有浓浓的温情。随着社会老龄化进程的加快，越来越多的老年人群体成为社会关心、关注的焦点。近几年，街道上大力弘扬中国优秀传统文化和社会主义核心价值观，积极举办多种多样的主题活动，落实德孝精神，营造和谐、友善的坊间氛围，为生活在区域内的老年人打造舒适可心的生活环境。

首先，街道充分利用万寿公园作为宣传“孝”“寿”文化示范基地的功能，不断开拓创新，于2019年4月7日举办了“关爱老人健康 弘扬中医文化——西城区第一届万寿老人健康日活动”，为周边社区的老年人提供有关健康养生的服务，增进社区居民对传统中医的认知，促进中医和传统文化的普及发展，传播健康的生活理念。在活动现场，百余位老年人积极参与其中，有的人认真学习植物染料的扎染技术和基本手法，体验手工的乐趣；有的人在书法老师的陪同下抄写《黄帝内经》长卷，于古义中体悟自然的养生之道和平衡之法；还有的人亲身体验了一把中医“望、闻、问、切”的诊疗方式，在中医义诊的摊位前仔细咨询中医专家，聆听专家们的建议。在这次健康日活动中，不少老年人都对保持自身健康的方式有了新的认知，懂得了日常的调养之道，同时也愉悦了身心。

其次，随着社会的发展进步和人们获取信息途径的转变与扩大，街道利用新媒体平台如微信公众号，大力推动弘扬孝道精神，歌颂典型人物及事迹，促进地区敬老爱幼氛围的发展。通过阅读《坊间孝道》的相关报道，生活在这里的人们总能接收到流入心田的温暖与感动，进而受到榜样的鼓舞，用实际行动影响别人，将“孝”注满坊间。

再次，每逢佳节，街道总会将老年人聚集起来，举办节日聚会和与之相关的文艺活动，让他们感受节日热闹的气氛，用温暖的行动滋润老人们的心窝。如九九重阳节，“九九”与“久久”同音，代表着天长地久，也代表着尊老、敬老、爱老。在古时重阳节是祈寿增福的日子，在这一天人们会用重阳糕来孝敬老人，“糕”与“高”谐音，寓意生活水平步步升高，象征阖家欢乐、吉祥如意，传说老人们吃了糕就不会腰酸。所以在重阳佳节到来之时，白纸坊街道就举办了尊老敬老主题活动和“黄花染双鬓，重阳坊间情”主题歌会。这些活动受到了广大基层文化团队和文化爱好者的热烈响应，白纸坊地区的老年人尤其活跃，他们各自拿出绝活和才艺，在活动中小露一手，博得阵阵掌声和欢呼声。通过这些真情的演出，展示了活跃在社区的老年人的精神风貌，精彩纷呈的演出内容体现了坊间老年人老有所乐的夕阳风采，现场的观众不仅感受到了家的温暖，而且感受到了谁言壮士老矣的豪情和激情。

不仅如此，街道还专门开设了“道德讲堂”，采用专题的形式弘扬中国孝文化，感悟传统道德的魅力。如 2018 年 6 月 26 日，白纸坊街道 2018 年道德讲堂再次开讲，这次的讲演嘉宾不同以往，他是一名青年

万寿公园老人节

评书演员，也是高派快板第四代传人，讲演方式别出心裁，以评书讲述“社会主义核心价值观之和谐篇”中《单衣顺母》的故事，诵读中国传统经典《礼运大同篇》。

真诚地相待生活中的亲人，进而能够真诚相待生活中的其他人，如果人人都可以做到这一点，那么古哲圣贤所期待的理想社会就应该会得以实现，就像《礼运大同篇》中所描述的“大道之行也，天下为公。选贤举能，讲信修睦，故人不独亲其亲，不独子其子，使老有所终，壮有所用，幼有所长，鳏寡孤独废疾者皆有所养，男有分，女有归。货恶其弃于地也，不必藏于己；力恶其不出于身也，不必为己。是故谋闭而不兴，盗窃乱贼而不作，故外户而不闭，是谓大同”①。可是人性本身的善良和不计回报的付出大多建立在血缘关系之上，没有博爱的境界也

① 《礼记疏》卷二十一《礼运》，清嘉庆二十年南昌府学重刊宋本十三经注疏本，第560页。

不能说这个社会就是不美好的，此时我们应该人人守法知礼，以信与义来约束行为，也就是古人所言的“小康”：“今大道既隐，天下为家。各亲其亲，各子其子，货力为己，大人世及以为礼。城郭沟池以为固，礼义以为纪。以正君臣，以笃父子，以睦兄弟，以和夫妇，以设制度，以立田里，以贤勇知，以功为己。故谋用是作，而兵由此起。禹、汤、文、武、成王、周公，由此其选也。此六君子者，未有不谨于礼者也。以著其义，以考其信，著有过，刑仁讲让，示民有常。如有不由此者，在埶者去，众以为殃，是谓小康。”①

社会以家庭为单位，要想达到“大同”“小康”的理想社会，我们就需要营造一个个温暖和谐的家庭环境。历年来，白纸坊街道就十分注意细节，从小事做起，举办了多届家庭文化节，稳扎稳打，夯实基础，希望因此传递孝老爱亲的优良家风。如 2019 年 7 月 25 日，白纸坊街道新文明实践所在北京大观园南门举行了第九届家庭文化节开幕式，同时进行了首场“家”年华坊间市集活动，此次活动是帮助爱心家庭，把家里闲置的物品放在集市上售卖，并最终将所得款作为爱心捐出，用于帮扶白纸坊地区的困难家庭，为需要帮助的家庭送去一份温暖。不仅如此，文化节将以“和为美，家国兴”为主题继续开展系列家庭文化互动活动，宣传服务于辖区的居民群众，让地区少年儿童、中老年人、地区家庭、在职员工等不同群体，让更多的人从“家园梦”担起实现“中国梦”的使命，让更多的家庭享有幸福感、归属感和获得感，展现出白纸坊人该有的文化底蕴和精神风貌。又如 2018 年 7 月 11 日，白纸坊街道第八届家庭文化节精彩开幕，活动上坊间的居民用热情洋溢的歌舞体现坊间人的风采，用活灵活现的情景剧表演再现家庭和美的小妙招：在情景剧《婆婆也是妈》中我们看到了在社区志愿者的协调下，儿媳与婆婆之间从充满误会成见到相互扶持；在《我们住对门儿》里

---

① 《礼记集说》卷五十四《礼运》，清通志堂经解本，第 849 页。

我们看见空巢老人们在热心邻居的帮助下，积极参加社区活动，重新找回生活的乐趣；在《学会关爱》中通过女儿从忽略母亲到理解母亲、孝敬母亲的生活故事，懂得在日常生活里要学会关爱那些因为熟识而忽略的亲人，用实际行动营造更加温暖的生活。

过去的人们常说，家有一老如有一宝，如何让老人安心，让生活里面那些孤寡的空巢老人暖心，让街道内的老年人快乐地度过晚年，是所有子女和街道工作人员关心的大事儿。为了能让老年人有一个舒适的居住环境，街道为他们专门搭建了两座街道级的养老照料中心，如里仁街乙 8 号院的宁心园和南横西街 92 号的颐寿轩，为老年人提供专业的服务。这些养老照料中心设置了阅览室、多功能厅等，让老年人足不出户就可以在午后舒心地闲情阅读或随音乐舞动身姿，有时候还会定期组织老人参加文艺活动，或者邀请一些社会文艺志愿团体来表演节目，共享欢乐时光。街道社区不仅在物质生活层面给予老年人力所能及的帮助和照料，还非常重视老人们的精神生活，不希望他们感受到孤独，因此会定期为他们举办集体的生日会进行集体庆生、祝寿活动。如 2018 年 12 月，白纸坊街道社区服务中心以“行微孝　助微笑”为主题在右北大街社区的养老驿站内为 12 月份生日的老年人举办了集体生日会，坊间 20 位寿星共同度过了一段美好而幸福的时光。在生日会上，老人们一起唱生日歌，一起吹生日蜡烛，一起许下美好的愿望，一起品尝属于自己的寿桃蛋糕，他们用欢声笑语表达着对生日会的赞许，用高歌舞蹈展现对生活的追求和向往。谁言他们垂垂老

老人集体生日会

矣，谁言他们迟暮孤寂，在那一刻他们如同孩童，尽情地享受着属于自己的主角时光。

最后，街道内还专门开展了品牌活动——“窗帘约定　坊间守望”的相关活动，如制作“窗帘约定　坊间守望”的服务日志，确定项目的志愿帮扶对象，定期组织互帮互助的帮扶对子进行暖心故事的分享会，举办插花、制作微缩植物景观、手工制作等活动，增进邻里之间的感情。2019 年，白纸坊街道在往年志愿服务的基础上，将“窗帘约定”进一步升华，打造出了“凝聚社会治理力量，传递红窗共建精神”的邻里会客厅，扩大了志愿帮扶力量的范围，期待更多的坊间力量甚至社会志愿团体加入“窗帘约定”为老帮扶的项目中来，将德孝的精神弘扬到坊间的每一个角落，落实到每一个家庭之中，共建美丽和谐的白纸坊，与坊间居民一起守望幸福。

（二）“窗帘约定”品牌活动

“窗帘约定”是白纸坊街道探索坊间助老的新模式。2014 年，《北京晚报》对此模式进行了首发报道，随后，人民网、网易新闻、凤凰网、搜狐网、环球网、中国网、东方网等多家网站进行了转载，北京电视台也进行了专题和跟踪报道，由此这种新型的坊间助老模式获得了广泛的社会关注和肯定。近几年来，“窗帘约定　坊间守望”所代表的邻里互助精神在白纸坊地区进一步发酵、传递，奉献、友爱、互助、进步的美德风尚在白纸坊地区不断发扬，街道内涌现出更多的典型邻里关系，居民们在友善温情的氛围里更加幸福地生活。

夜幕降临，华灯初上。白纸坊街道樱桃园社区万家灯火，正是上班族劳累一天，回到家中，放松疲惫的身心，享受悠闲的家庭生活的时候。年逾七旬的殷桂芝阿姨散步回来，走到了楼门口，习惯性地一抬头，朝五单元的方向看了一眼。五单元三层，一扇窗户，灯火通明，窗帘放在两侧，并没有拉起来。殷阿姨看罢，悬着的一颗心也算平稳放下了，迈开步子回到了自己的家中。刚才这一幕场景，就源自我们的生活当中。殷阿姨这习惯性的一抬头，其实背后蕴藏着一个故事，在白纸坊地区，我们管这个故事叫“窗帘约定”。

大家要是熟悉影视剧，对“窗帘约定”这四个字恐怕不会陌生，在谍战片里经常出现类似的桥段，特工们经常用窗帘当作信号传递消息。但今天要讲的这个故事，跟谍战片不挨边儿，和平年代里没有激荡的风云变幻，有的是和谐社会中邻里之间的关切情谊。开头提到的殷桂芝阿姨，是白纸坊街道樱桃园社区的老住家儿了。这位阿姨虽然已经70多岁了，但仍然精神矍铄，平日里为人热情，乐于助人，是社区的老年服务志愿者。就在隔壁单元门，还住着一位老阿姨，这位阿姨名叫姜信昭，如今已是耄耋之年了。姜阿姨的老伴儿在2008年左右去世了，儿女住得离这边不算太近，加之年岁也是越来越大，走动不如原来方便了。殷阿姨在听说了这个情况以后，二话没说，就主动承担起了照料姜阿姨的工作。两个单元离得不远，一个三层一个四层，再加之社区单元门之间可以联通，殷阿姨平时照顾起来也还算方便。起初的时候，殷阿姨拜访姜阿姨的频率，几乎是每天一趟，帮忙买买菜、买买日用品之类的，家里的零活殷阿姨也是时常帮忙干。但随着时间的推移，殷阿姨自己的年岁也是越来越大，身体也逐渐有点吃不消了。殷阿姨的悉心照料，本就让姜阿姨十分感动。一见到殷阿姨每次拜访都气喘吁吁的，上楼下楼也不如以往腿脚利索了，姜阿姨就总念叨着：“您别天天跑来看我了，太辛苦了。”

的确，这每天跑一趟，对于年逾七十的殷阿姨来说确实有些辛苦，但这是多少年来养成的习惯。而且对于殷阿姨来说，姜阿姨就像自己的亲人一样，若是不每天都来看望一下，总觉得心里空落落的，站不得站，坐不得坐——一句话来说，不放心哪。殷阿姨为此事琢磨过不少办法，比方说她曾经想过在姜阿姨家里装个电铃，只要是有事情需要帮忙，姜阿姨一按电铃，自己就能知道。但两家终归还是离得不算近，这

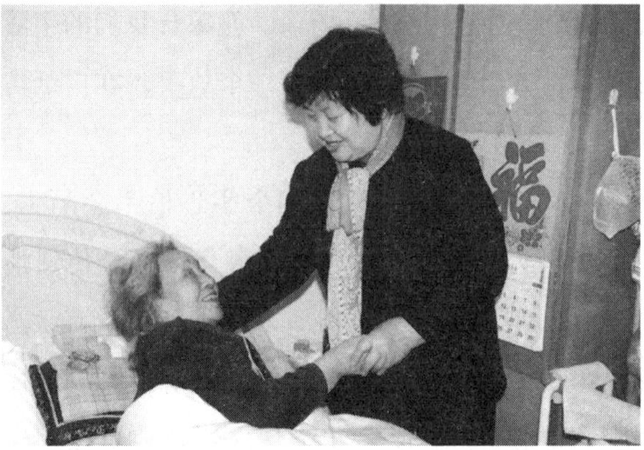

窗帘约定

电线没法拉过去，这个计划最终也只停留在想象层面上，没能得以实行。

有一回，殷阿姨又去姜阿姨家里帮忙，两位老人商量了一下这个问题。这一商量倒还真商量出一个好办法，这就回到这个故事的题目上来了，即所谓的“窗帘约定”，就是拿姜阿姨家这个窗帘当作信号，窗帘平时拉开，表示一切安好，无须挂念，如果有需要帮忙的事情，那么姜阿姨只需要把窗帘拉上，殷阿姨看见了，便会前去照料。打这儿开始，殷阿姨只要出门，或是买菜，或是遛弯，出来进去总是习惯性地抬头，向五单元姜阿姨家的窗户瞧一眼。就如同开篇提到的这一幕，看见姜阿姨家的窗帘垂落两边，殷阿姨便放下心来，做自己的事情。从 2008 年到现在，两位老人以窗帘作为约定，每天传递着平安信号，这真应了那句老话，“远亲不如近邻”。两位老人作为社区互助典型模范，在白纸坊街道地区形成了良好的榜样效应。“老吾老以及人之老”，中华传统文化中的“孝”在当今的社区生活中得以传承和发扬。

2015 年，街道举办了“白纸坊街道道德讲堂暨我们的价值观百姓宣讲”活动，《窗帘约定》以微话剧的形式登上了社区宣讲的舞台，志愿者们深情演绎了两位北京大妈以窗帘为约定的“邻里互助”故事，带动了地区更多的人加入志愿服务当中，这次活动将个人的举动演变成为社区的普遍风尚。

2016 年，为了更好地服务地区空巢、高龄老人，白纸坊街道利用“窗帘约定”邻里互助方式，打造出“坊间守望”的志愿服务项目，扩大了邻里互帮互助的良好影响力。在同一年获得了“感动西城人物”提名奖，成为地区“坊间守望”和“邻里互助”的志愿服务品牌。

随着为老助老和邻里互助需求的不断增加，街道在已有成果的基础上，将志愿服务推广到 19 个社区，切实解决了一些实际问题。

第十章　两大戏曲学校曾齐聚白纸坊街道

在前面的章节中，我们介绍了在白纸坊地区扎根已久、源远流长的几个花会会档，以及由此衍生出的异彩纷呈的民俗表演活动。这些花会活动为老百姓平淡甚至有些乏味的日常生活增添了无穷的乐趣，这也非常符合老北京南城的气质，也许穷苦，也许辛劳，但大家仍然在努力地生活，努力地寻找快乐，这种苦中作乐的精神时至今日也是宣南文化不可磨灭的重要特质。而说到旧时北京的娱乐项目，除了逢年过节的花会表演之外，同样还有一个不容忽视的重要组成部分，那就是我们国家的国粹——京剧。

妆扮好的京剧演员

现如今，京剧艺术已经被上升到了一个非常高的地位，乃至于成为我们国家的一张文化名片，诸多外国友人来到北京旅游参观，一定会把欣赏京剧表演作为行程中的项目之一，脸谱文化成为商业产品中中国元素的一种表现方式，而每年的春节联欢晚会上，无论其他节目多么精彩，多么新潮，在节目单上也永远会留有京剧的一席之地。同时，我们也看到了规模宏大的戏曲剧院林立京城，京剧成为高等教育的一部分，乃至于现如今在北京地区就有两所专门教授京剧表演的艺术类院校。如今的京剧事业蒸蒸日上，在习近平总书记“文化强国”的政策号召下，当今时代无疑是京剧发展史上又一个黄金时期。京剧俨然已经成为新中国的“国之雅乐”，再回首京剧的发展历程，不由感慨时殊世异，沧海桑田。京剧事业发展历经曲折，从两所戏曲学校的命运中，我们可见一斑。而说到北京城的这两所戏曲学校，就不得不说到它们和白纸坊地区的渊源，尽管这两所学校现在又进一步“南下”，已经都搬迁到了丰台区的辖区之内，但在 20 世纪它们曾齐聚白纸坊地区。在对白纸坊街道辖区内的诸多历史记忆进行挖掘整理的过程中，我们也再一次考察了这两所戏曲学校的旧址，随后也走访了这两所学校的新校区，可以说两所学校几十年来的诸多变迁，就是京剧事业发展历程的一个缩影。可以说，梨园行业薪火不断代代相传，尤其是在中华人民共和国成立后戏曲事业发展的关键时期，正是白纸坊地区见证了两所戏曲学校攻坚克难，继续将优秀的传统文化继承和发扬，而在此过程中，白纸坊街道也被打上了深深的京剧烙印。既然要谈白纸坊地区对于戏曲传承和发展的

正在化妆的京剧演员

贡献，那么我们就必须要站在一个宏观广远的角度上，去审视京剧从无到有这不到二百年的曲折历史，有了这样的背景知识，相信大家就能更好地理解白纸坊街道和戏曲学校的渊源了。

第一节　京剧起源及早期发展

戏曲，作为中国民间传统娱乐形式集大成者，在全国各地均有不同的根基脉络，衍生发展出了各种各样的带有地域特色的分支流派。其中，我们常说的几种腔调，即“南昆北弋，东柳西梆”。诞生于江南吴语方言区的昆曲，格调清雅，唱腔优美，以丝竹之声，抒发温婉的情绪，时至今日仍被广为传唱，昆曲也被称作百戏之祖。而北弋中的弋调，也叫作高腔，本诞生于江西弋阳一带，这也是其得名的原因，但后传入京城被改良为京腔。东柳指的是诞生于山东地区的柳子腔，唱词通俗，但腔调种类繁多，多为民间小曲小调集合而成，表演风格夸张，深入人心，山东有民间俗语，“吃肉吃肘子，听戏听柳子”。西梆则是山西的梆子腔，尽管梆子在山东、河南、河北等地也有传播，但这种以木梆击节伴奏的民间戏曲，发源于山西蒲州一带，因此一般以山西梆子作为其统称。除此几种以外，民间也有其他种类的戏曲形式，同样是异彩纷呈，如徽剧、汉调、黄梅戏、越剧等。而京剧，则是博采众长，广集民间戏曲之精华，最终形成了自身的独特唱腔和表演方式。从乾隆年间的徽班进京，到如今的京剧大繁荣，这种独具特色的艺术形式从何处来，到何处去，不妨从头说起。

在清朝乾隆年间，民间戏曲事业已经极度繁荣，各地戏曲开枝散叶，一时间百花齐放百家争鸣。但不同于今日社会，艺人们和演艺公司在市场经济的作用下，争取自身的名誉和收益，而在封建社会中，即便是民间戏曲，其优劣雅俗的判断标准依然牢牢把握在皇帝手中。实际上，在清朝初期，各地班社都有在京搭台表演的记录，但总体而言，没有任何一个班社或流派真正在北京地区站稳脚跟。有说法称，乾隆即位后，为了讨太后的欢心，带着太后下江南游玩。在此过程中，太后听到了江南一带吴侬软语演唱的昆曲，她深深地为这种格调清雅、节奏放松、表达情感婉转细腻的艺术形式所折服。乾隆皇帝得知后，便将众多当地优秀的昆曲班社接回了北京城。这种说法认为乾隆开了皇家干涉民间戏曲文化的先河，被招入宫中的昆班剧社全体演职人员在当时的南府（也就是后来的升平署）标名挂号，也就是说他们已经被算入皇家公差之列，由国家直接拨款发放工资，不再需要，当然也不被允许继续在民间登台表演了。但经过笔者的考证，这种说法显然有失偏颇，因为早在康乾盛世之前，昆曲已经进入了清朝的礼乐部门，成为皇家仪式的一部分。但无论这种“国有院团”的形式是何时开创的，这对于当时的昆曲演员来说，无疑是莫大的恩赐，因为这意味着旱涝凭天的漂泊生涯结束了，自己的身份地位也一下子从下九流的艺人，变成了内廷公差，吃皇家俸禄。但我们看待问题，也必须要一分为二，辩证地来看，自从昆曲艺术进入了清宫之后，自此便失去了其原生的艺术土壤，看不到黎民百姓之疾苦，满眼仅剩皇室威仪，演唱内容除了传统剧目之外，也逐渐被要求创作一些歌颂清代帝王统治的作品。可以说，自那时起，昆曲便逐渐失去了它作为一门民间艺术的生命力。正是从昆曲进入宫廷以来，中国戏曲史上一次旷日持久的斗争拉开了帷幕，即“花雅之争”。昆曲演员将自己和昆曲艺术置于“雅部”之位，认为只有格调清雅的昆曲，才能代表大清国的民间戏曲。而除了昆曲之外，无论是上文提到的梆子、柳子、徽剧、汉剧、川剧，这些地方曲种一概被认为是“花部乱弹”。唯一一个例外就是弋调高腔，自从进驻北京，并改良出“京腔”这种表演形式以来，弋调也被纳入清宫之中，作为皇室礼乐和娱乐的一部分，在当时有“三弋七昆”之说。事实上，尽管弋调曾经在地方上广受喜爱，自打进入清宫以来，它也遭遇了和昆曲一样的问题，即逐渐丧失艺术生命力，但弋调艺人们并未执迷于自己的新身份和新工作，他们仍然试图把弋调“京腔”中的精髓保留传承下去。正是这种执着，使得清代帝王认为弋调尽管经历了几十年的改革，仍然格调不高，乃至于最后重新将弋调中的大部分剧目归为花部乱弹戏，仅保留了一少部分，仍然作为宫廷雅乐。自从花部和雅部的概念诞生以来，双方一直处在一种明争暗斗的状态之中。如果我们纵观花雅之争的几次正面交锋，最终将雅部昆班彻底扳倒的关键事件，还是要追溯到徽班进京，而徽班进京也标志着京剧诞生的开端。

说到徽班进京，先要把目光从白纸坊地区向东北方向移动，顺着48路公交车的路线，一路开奔前门大栅栏。这里有一座古色古香的戏院，叫三庆园。三庆园最早的主人是三庆班，这个来自安徽的戏曲班社经过自己的一番努力，终于在北京城落下了脚，有了属于自己的戏园子。三庆班得名的原因很简单，因为最初创建时，挑班的三位演员都是来自安庆地区，所以就叫“三庆”。这个由当地盐商一手操办的戏班，在安徽当地可谓名声大噪，在乾隆年间，最有名的一位演员就是高朗亭。喜欢戏曲的朋友们对这位的名字一定不会陌生，可以说如果没有高朗亭，也就不会有后面的三庆班，更不会有徽班进京，京剧恐怕也就不会诞生了。

当时的高朗亭，仅仅是一个年轻的戏曲演员，或者用当时的话来说，叫“伶人”。三庆班的高朗亭，是旦角中的魁首。作为一个男性演员，他本身就体态婀娜，再加之勤奋刻苦地练功，使得他在安徽当地很有名气。乾隆皇帝80岁寿辰，决定请各路戏班进京为这位风流天子贺寿，于是高朗亭便随三庆班来到了京城。但并不是每一个进入京城的班社都有资格为皇帝演出，因此在正式演出到来之前，这些班社便在西直门附近搭起了很多临时舞台，支起一个棚子，鸣锣开戏了，毕竟吃喝嚼裹还是得靠自己挣。结果在安徽地区名声颇大的三庆班一上来就嘬了个瘪子，连续几天观众寥寥无几。后经探听，方才得知有一伙秦腔戏班，演出戏码与三庆班几乎无异，却场场爆满，据传说挑班的旦角演员叫魏婉卿。高朗亭亲自前往该班社探听消息，才得知魏婉卿是一个化名，实际上此人就是第二次花雅之争中备受排挤，返回陕西老家的魏长生。几经波折，高朗亭和魏长生终于相见，而由于此前的种种争斗，其实当时的两人势同水火，但经过高人点拨后，他们冰释前嫌，高朗亭拜魏长生为师，习得了两门独门绝技，一是贴片子，二是绑跷，前者使男性演员能用真人的头发贴出女性云鬓的风采，而后者则使得男性演员在走台步时能够随腰摆胯，走出女人特有的妩媚感觉。这两项技术时至今日也仍然在京剧中得以流传。获得新绝学的高朗亭如虎添翼，很快就成为北京城众多戏班中的魁首。而这种极具欺骗性的表演方式，甚至让见过大世面的乾隆皇帝都难以分辨台上的高朗亭究竟是男是女，还误以为是在三庆班中混入了女性演员呢。然而高朗亭的过人之处，远远不止于他出色的“媚术”，更在于他睿智的头脑。进入北京后，他很快就明白了一个道理，要想在京畿之地立稳脚跟，如果仍然像在安徽时那样，为了票房收入，尽可能大地夸张，进行大尺度的露骨表演，那么不仅不会被皇帝和贵族们喜爱，甚至有可能招来灭顶之灾。于是，他开始对唱腔、身段和戏词进行改革，使台上的女性角色虽然千娇百媚，但却不失风雅，合乎规矩，尊重伦理纲常。通过高朗亭的不懈努力，徽班最终凭借一出“大俗大雅”的徽剧玩笑戏《傻子成亲》在乾隆皇帝的贺寿千叟宴上大获成功，自此高朗亭和他的三庆班也获得了在南府标名挂号享受内廷供奉的至高荣誉。但年少时也曾学过昆曲的高朗亭深知，如果自此徽剧故步自封，那么就会像昆曲一样，最终失去属于自己的舞台，但如果像京腔（弋调）那样执意保持原貌，也许有朝一日又会沦为花雅之争的炮灰。聪明的高朗亭开始尝试融合不同曲种、不同唱腔，昆曲的精华被他充分吸纳，借鉴到了徽班表演之中，而其他一些地方曲种，例如秦腔、汉调等也都逐渐被高朗亭整合进入徽剧的表演之中。

看到三庆班在北京获得了成功，他们的东家扬州的盐商江鹤亭大为振奋，于是将手下的另外几个班社也派入了京城。伴随着以三庆班为首的徽班在北京地区的大繁荣，徽剧一时间成为北京戏剧界的主流文化，当时的四大徽班——三庆班、四喜班、和春班、春台班各具特色。三庆班就是以高朗亭为首的班社，是当之无愧的徽班之首。四喜班与三庆班同根同源，都是盐商江鹤亭手下的班社，但四喜班是唱昆曲出身，这是江鹤亭定下的计策，通过安排一个唱昆曲的徽班进入京城，一方面符合花雅之争的基调，让三庆和四喜明争暗斗，但实际上无论如何争斗，最后都是共同繁荣，而另一方面也向朝廷表明了自己的想法，虽然支持花部乱弹戏的发展，却也没忘了昆曲在当时仍然是国之雅乐，是正统音律。春台班与高朗亭同样颇有渊源，它的总教习不是旁人，正是高朗亭的师父魏长生。魏老板在春台班开设童伶教学业务，让很多穷苦人家的孩子通过唱戏能够吃得上饭，而这种由孩子表演的童伶戏也让京城观众耳目一新。和春班则比较特殊，它本是王府所办的戏班，专攻武戏，这一定程度上也符合清代帝王家对于主流文化的宣传态度，即宣传“尚武精神”。

四大徽班齐聚京城，本以为京城戏曲就要由此进入一个全新的时代。然而，命运却有意要与这些戏曲伶人开一个玩笑。大力支持花部乱弹戏发展的乾隆皇帝驾崩了，他的儿子嘉庆皇帝即位。嘉庆帝是想要针对其父皇统治时代留下的弊病进行一系列大刀阔斧的改革，认为自己的父皇在位时太过于纵欲，为了他自己的艺术追求，使得礼乐制度崩坏，因此嘉庆帝要重整大清国的礼乐，其中最为重要的一件事，便是“崇雅抑花”。在历经了几十年的繁荣发展后，花部乱弹戏真可谓是“一夜回到解放前”，一瞬间失去了靠山，失去了市场，甚至一度失去了演出资格。乾隆驾崩的国丧期间，按照祖制，不可动响器。乐器不能用，那么花部戏自然也就没有办法唱了。而嘉庆帝的新敕令更是让这些花部伶人感到雪上加霜般的绝望。徽剧的唱腔民间俗名叫作“二黄”，嘉庆认为这有影射他本人之嫌，因为常年在乾隆手下当皇帝，所以时人都将这一时期称为“二圣临朝”，嘉庆本人对此十分敏感，因此将“二黄”列为禁戏。跟着一同遭殃的还有花部乱弹戏常用的伴奏乐器——胡琴，这种乐器有两根弦，一根称“老弦”，一根称“子弦”，这种叫法再一次刺激到了嘉庆帝的神经，认为有影射朝廷之嫌，因此将胡琴也列入封禁行业，并诏谕全国，所有戏曲只允许用笛子伴奏。后人分析此事时，有一种观点认为嘉庆用“影射朝廷”为花部乱弹戏定罪只是个借口，他的本意还是想让昆曲再次流行起来，“以正视听”。毕竟，全国上下能只用笛子伴奏的地方戏，也就只有昆曲了。

此时的高朗亭已经是精忠庙庙首了，掌管梨园中的大事小情。有人可能会问，这精忠庙庙首是个什么官职？我们不妨再回到讲述花会时的一个重要内容——祖师爷。精忠庙是祭祀岳飞的一个民间庙宇，但除了供奉岳飞之外，在这里也供奉着其他几尊祖师爷，一是靴鞋行的祖师爷——孙膑；二是木匠行的祖师爷——鲁班；三就是戏曲行业的祖师爷——唐明皇。上文书我们提到过，各个行业都会在历史长河中寻找一位有头有脸有名有号的人作为自己的祖师爷，戏曲行业便选择了同样热爱戏曲表演的唐明皇作为祖师爷。但精忠庙里供奉的可不是唐明皇的像，而是唐明皇的大太子。据传，这位大太子年幼之时，有一次跟着唐明皇去唱戏，结果在后台的大衣箱上睡觉，莫名其妙地便昏死过去了，再也没有醒来。唐明皇一方面不能理解太子的死，另一方面也想要祭奠一下自己的这位太子，于是就将他封为戏曲行业的大师哥，无论长幼，见到这位大太子的像必须要叫大师哥。这位大师哥的形象，相信大家常看戏的话也不会陌生，就是那个在襁褓中的孩童——喜神的形象。精忠庙里供奉的就是这种喜神像。说回到精忠庙首高朗亭，此时的他也同样受困于嘉庆皇帝的这一道道禁令。但很快，聪明的高朗亭就通过缜密的分析，想明白了一个道理，嘉庆皇帝将禁止花部乱弹戏的工作交给了和珅去办，而和珅则是嘉庆要杀要办之人，只是当时还没有收集到足够的证据扳倒和珅，那么也许嘉庆皇帝并非执意要灭花部，只是为了维护国家的荣誉和正统，所以必须要做出一个崇雅抑花的样子来。于是，高朗亭在三庆班中，开始了一次勇敢甚至说有些胆大妄为的尝试。他要求班社在外面的水牌子上贴出昆曲戏码《长生殿》，在舞台上却仍然演徽剧“二黄”。伴奏不用胡琴，改用笛子，一旦官府来人检查，立马在台上换戏，改唱昆曲。一次成功，两次成功，在三庆班多次使用这个办法，瞒天过海继续唱二黄戏的情况下，高朗亭发现其实也并无官府之人前来监督检查。于是作为“梨园工会”精忠庙的总统领，高朗亭秘密召集各班班主，将这个新办法教给了各个班主。这些戏班使用了这个方法之后，同样能够开张营业了，花部乱弹戏就这样从地上转入地下，演员偷着演，观众偷着看，历经数年，不仅没有因为嘉庆帝崇雅抑花的政策受到冲击，反而取得了长足的进步和发展。而事实证明，高朗亭的眼光果然没错，嘉庆皇帝崇雅抑花的政策尽管一直没有撤销，但在地下蓬勃的花部戏却始终安然无恙，从没有被查抄封禁过。

此时的戏曲伶人已经较清代早期时有了很大区别，从收入水平到社会地位都有显著的提升，但在当时的社会观念中，“倡优不分”“戏曲演员下九流”仍然广泛持久地存在着。毕竟，哪怕是高朗亭这样的著名演员，他在北京的住家也是在青楼妓馆扎堆的八大胡同之一——韩家潭胡同里，并非他本心所愿，而是在等级制度森严的清代，唱戏的人只被允许住在这样的场所。当时，由于高朗亭等人在戏曲行业取得的巨大成就，很多人也开始重新审视起戏曲的地位。至于这条韩家潭胡同，历史上也居住过诸多戏曲名家，如清代的戏曲作家李渔就曾居住在此，他的寓所被称作芥子园。由于与戏曲行业长期羁绊，于是这里也诞生了一句民谚：“人不辞路，虎不辞山，唱戏的不离韩家潭。”也正是这条韩家潭胡同见证了京剧发展史上一次极为重要的会面，来自安徽潜山县的年轻小伙子程长庚，与当时的梨园界权威高朗亭在这里见了第一面。

在潜山县，民间流传着一个带有迷信色彩的传说，说的是在当地的程家井村，风水很奇怪，后村出过诸多高官要员，而前村却总是出一些地痞流氓倡优吏卒下九流之辈。后有人占卜，称程家井的风水有变动，前村会出一个高官，但此人是个夜朝官。村民不解其意，后经他人指出缘由，所谓夜朝官，就是只有到了晚上夜深人静时他才算是当官的，说白了就是“假官”。所谓“假官”，众人猜测，会不会指的是唱戏的人，演员在戏台上装龙像龙，装虎像虎，也没少扮演地方官员，乃至宫廷贵胄，甚至于皇亲国戚。说者无意听者有心，程家井前村一位中年人决心要把自己的外甥程长庚培养成这位所谓的“夜朝官”。程长庚的父亲是落第的书生，郁郁不得志，总盼着程长庚子承父业。但由于家中困难，程长庚最终还是选择了跟随舅舅进入戏班唱戏，至少进了戏班能够保证有吃有穿，减轻家里负担，如果真能唱好，还能够挣钱养家。得益于程长庚小时候饱读诗书，深明大义，他在科班中很快便崭露头角。彼时的戏曲，仍然是旦角的天下，程长庚却选择成为一名老生演员，他认为老生这一行当在舞台上肃穆端庄，一方面让他一介读书人不至于太失体面；另一方面，也便于他改编戏文，用戏曲教会百姓为人处世之道。他的这一想法一开始并不被身边的人接纳，毕竟戏曲舞台与程长庚想要的高台教化，显然是格格不入的。但程长庚并未就此放弃自己的理想，尤其是在他三次坐科学艺的过程中，他见到了各地官员百姓，饱受“福寿膏”（鸦片）之苦，他认为大清朝至此国运衰颓，所谓的“尚武精神”已经难觅踪迹，而他虽然只是一个戏曲伶人，却想以一己之力，扭转颓势，将阳刚的一面展现在戏曲舞台上。

事实上，程长庚的演艺道路非常坎坷曲折，最初到北京时因初来乍到，用不加改良的徽剧登台演出，被观众轰下了台。但几经辗转，他认识了精忠庙庙首高朗亭。高朗亭慧眼识珠，看出此人日后必有远大发展，于是，决定送他去河北合盛晟科班坐科学习昆曲，让他重新打基础。习得昆曲后，又送他到湖北寻访汉调老生名家米应先进一步学习。在此期间，他学会了一门独门绝学，名曰“脑后音”，发音位置靠后，利用颅腔、胸腔、腹腔的共鸣，使发出的声音不仅高亢嘹亮，而且穿透力十足，既见高又见远。在高朗亭的大力举荐下，程长庚参加了嘉庆年间一位朝中要员所办的堂会，在这次堂会上一炮走红，一发不可收拾，成为北京城红极一时的名角儿。高朗亭一见时机成熟，便收程长庚入三庆班，并将自己三庆班主和精忠庙庙首的职位都传给了程长庚。而在卸任前，高朗亭所办的最后一件大事就是在北京城中（也有人说是附近）购置了一块土地，命名为安庆义园，其用途就是作为京城戏曲伶人的公共墓地。此时此刻，戏曲演员的地位有了本质性的提升，居住地点不再限于娼妓云集的八大胡同，去世后也不必再不远万里地将遗体运回老家埋葬了，其待遇和过去被众人白眼视之的下九流已经有了翻天覆地的变化。而程长庚接替高朗亭，看起来好像仅仅是戏曲行业新人换旧人，但实际上这背后反映的却是戏曲行业的一次重大变动，戏曲史由此要开启一个新的篇章了。高朗亭作为以“媚术”著称的旦角演员，他统领的梨园行业仍然保持着传统戏曲行业的“脂粉气”，仍然是一种难登大雅之堂的民间娱乐活动，几乎不可能与国运国情发生过多的联系。阴柔气盛，而阳刚不足，这就是高朗亭治下梨园行业的普遍现象。而程长庚则不同，正如上文所说，这位在艺术上精益求精同时又饱读诗书的演员，不仅能看到戏曲行业内部的纷纷扰扰，也始终关注着大清国的命运。他的老生戏名扬京城，使很多做官为宦之人，尤其是武将都纷纷自省，他们看到了长期的散漫造成的恶劣后果，也看到了“福寿膏”对于人的身体造成的巨大伤害。程长庚凭借他对于戏曲和时事的理解，真正将政治主张融入了艺术表演之中，可以说自此，他所唱的“徽剧”有了中华民族的魂，开始成为中华民族新的“正统声音”。之所以要在程长庚的演唱“徽剧”上面打上引号，是因为此时的“徽剧”早已不是当初发源于安庆一带的徽剧了，经历了百年的变迁，它不断地与其他剧种融合，甚至与其他艺术形式相互借鉴，形成了一种全新的表演方式。而促成这种“徽剧”走向“京剧”的，则是另外一位名家，此人比程长庚年长九岁，名叫余三胜。

余三胜，本名余开龙，湖北人氏。本为汉调演员，后几经辗转，将汉调、徽调、昆腔、秦腔等唱法相互融合，为徽汉合流、京剧诞生立下汗马功劳。早年间，他曾在天津的“群雅轩”票房票戏。而由于他识文断字，思维聪颖，加上独特的创新意识，这些都促使他成为不可多得的戏曲奇才。在禁演“二黄”期间，余三胜自创慢板的“二黄”腔，并自命名为“反二黄”，这一唱腔时至今日还保存在京剧众多经典唱段之中。余三胜嗓音醇厚，声调优美，但并不高亢嘹亮。他充分发挥了自己的特长，而他所创的腔调也在汉调皮黄和徽戏二黄腔调的基础上，吸收了昆曲、秦腔等艺术特点，从而创造出一种抑扬婉转、流畅动听的唱腔——这就是京剧唱腔的诞生。余三胜后在四大徽班之一的春台班搭班唱戏，很快就成为春台班的核心人物，名满京城。如果说他在艺术道路上遇到过什么巨大的障碍，想来读者朋友们听罢自然会心一笑，作为一个湖北伶人，余三胜的念白常年带有浓重的湖北乡音，在北京闯荡多年，也没能纠正过来。当然，伴随着余三胜本人意识到了这个问题的存在，并且开始致力于改变这一点，他的“普通话”的确是越来越标准了。但直到最后，他的念白中仍然带有湖北地区的一些方言特征，奇怪的是，听众们反倒觉得这种夹杂着湖北味儿的北京官话并不难听，甚至觉得比真正的北京话更有韵味，于是余三胜的这种独特的念白方式就被保留了下来，时至今日，唱“余派”的老生演员仍然会用这种方式念白。

而要论及京剧艺术的本土化，我们就不得不再多提一位老生演员。此人和余三胜、程长庚并称为老生三鼎甲。彼时有民间打油诗：“时尚黄腔似喊雷，当年昆弋化无媒。而今倚重余三胜，年少争传张二奎。”诗中提到的这位张二奎，就是京剧本地化的先锋人物。之所以在打油诗中说“年少争传”也是因为此人头脑极为灵活，不仅热爱戏曲，同时也愿意为戏曲付出自己的时间精力去钻研。张二奎据传闻是衡水人，距离京畿不远。他的兄长曾在朝为官，因此希望张二奎也能继续把官路走下去。未曾想张二奎一心钻研戏曲，对京剧艺术已经到了痴迷的地步。

最终，已经考取功名进入工部成为一名“京官”的张二奎依然挂印而去，选择了下海唱戏。这个行为使得张家上下老小惊愕不已，他的哥哥恨铁不成钢，而他的母亲甚至因此一病不起。但有的时候，人的天赋确实应当兑现在最适合他的地方，精通音律、头脑灵活的张二奎在官场上只能算混个马马虎虎，而到了梨园行，则很快就开辟出自己的一方天地。原因无他，出生地离北京非常近，再加上多年在京为官的经历，使得张二奎对北京的地方文化颇为了解，他的“官话”也是非常标准，对于老北京民间的俗语谚语歇后语更是了如指掌，当他把这些接地气的元素都融入京剧表演中的时候，京城的百姓自然对他大加追捧，尤其是年轻的观众，他们对张二奎这种抖机灵式的表演风格趋之若鹜，一时间张二奎的名望甚至超过了程长庚和余三胜。但张二奎的表演也同样存在一个问题，那就是“过犹不及”，他太过于将京腔京味的东西融入戏曲之中，有的时候程度太甚，反而使人感觉到刻意和不自然。他的这种创举很快也影响到了京城的其他戏曲伶人，于是当徽汉合流基本完成后，京剧的本土化工作也随之完成了。至此我们可以说，现在所理解的京剧，才算真正地诞生了。

诸位读者如果对这一段京剧诞生的历史感兴趣，也可以在著名评书艺术家田占义先生的弟子、优秀的青年评书演员武宗亮先生的评书《同光十三绝》中听到更多精彩生动的故事，这部评书将戏曲行业的往事演绎得淋漓尽致，是一部不可多得的优秀作品。伴随着京剧的诞生，京城内各大班社也进一步发展壮大。作为当时京剧界的龙头，三庆班的发展状况更是和京剧的发展息息相关。新接任三庆班班主一职的程长庚，上任后所做的第一件事，就是成立三庆班自己的科班，培养新鲜血液，让更多的人开始从事京剧这个事业，让更多的人开始关注京剧这种艺术，让更多的人开始重新审视京剧和京剧演员在社会中扮演的角色和位置。借用武宗亮先生一句话：“如果说高朗亭（办安庆义园）是为了让戏曲伶人死得更体面，那么程长庚（办三庆班科班）就是为了让戏曲伶人活得更光荣。”新的曲种带来了新的科班，由此第一个京剧科班诞生，拉开了这门艺术200余年传承有序的漫漫长路。京剧艺术的传承，从传统的科班，到现代的专业学校，这一路是如何走过，有过哪些辉煌，又有哪些困苦，我们在接下来的段落中，继续为您娓娓道来。

第二节　从师徒到科班

首先要说明的是，之所以在介绍白纸坊地区的戏曲文化时，不把大量的笔墨放在扬名立万的诸位名家身上，是因为白纸坊地区，或者说白纸坊街道辖区内，的的确确不存在任何一个老戏班、老戏楼，或是戏曲名人故居。毕竟，作为老南城手工工坊和农林业集中的地区，这里本没有京剧戏班扎根的土壤，也没有外地商人云集的会馆文化搭桥，白纸坊与京剧的缘分，可以说主要还是靠两个戏曲学校牵线。上文简单介绍了京剧的诞生历程，这段坎坷波折的经历使得京剧艺术在诞生之初的时候十分脆弱，一方面因为它合五方之音，所以一不留神就会被那些专门唱某一种地方戏曲的班社所超越；另一方面，也因为它诞生在一个危机四伏的年代，大清国国势衰微，洋人对中国的掠夺日益加剧，战争一触即发。

而就在这个时候，京剧的命运也迎来了一次重要的改变。这门艺术想要在北京立住脚跟，开枝散叶，不断地传承发展，仅仅有三庆班，或是剩下的几个徽班，这是远远不够的。上文提到的老生三鼎甲之一的程长庚，在接任三庆班班主一职后明确提出，三庆必须要有自己的科班，以培养新鲜血液，巩固京剧的地位，让这种新兴的唱腔能够薪火相传。于是，四箴堂科班诞生了，这是我们在书面记载的史料上能找到的最早成立的京剧科班。相信有不少人会有类似的疑问，即：作为一个传统演艺行业，京剧不是同样讲究师承关系吗？那么一个演员学习戏曲，找一个师父不就可以了吗？这种所谓的科班，和传统意义上的师徒关系有什么区别呢？

想回答这个问题，我们就必须要先了解在当时学习戏曲的几种常见培养模式。先来说说第一种最传统的模式，也就是我们常说的“手把徒”。这种模式就是大家现在所理解的那种，比较常见的师承关系构成，即师父带徒弟。这种学习模式还可细分为两种，一种为聘师，一种为投师。前者主要发生在家底相对殷实的人家之中，由徒弟家中出钱出资，将有名的戏曲伶人聘入家中，管吃管住，按照合同或契约支付工资，就有点类似于我们现在所说的家庭教师，一对一教学。这种聘师，往往价格不菲，但就像其他演艺行业一样，这些有资格成为聘师的艺人，也并不会只认钱不认艺，在面对一些天赋异禀的好苗子时，他们也会降低要价，潜心培养。那么如果说即便是这位师父降低了要价，对于很多家境一般的孩子来说，仍然没有能力把老师请进家里来怎么办呢？那么就可以走“投师”这条路。投师，顾名思义，就是徒弟自己投奔到师父家中去，在这个过程中，需要帮师父家干零活杂活，平时师父去演出，要常年跟包，上场下场茶水烟卷儿一应等物必须随叫随到，演出所用的衣服，除了收入后台衣箱的戏服外，其他褂子裤子等，徒弟也必须会帮师父打理。此外，尽管这种投师平时不收取任何学杂费用，甚至于可以住到师父家里，师父管吃管住，但原则上，该有的规矩还是要有，三节两寿还是要乖乖地拎些茶叶点心好酒好烟，孝敬自己的师父。所谓三节两寿，三节就是指春节、端午节、中秋节这三个受到国人重视的传统节日，而两寿则是指师父和师娘的生日。师徒关系这种古老而规矩的培养模式，的的确确为戏曲行业的传承做出了巨大贡献，毕竟这种言传身教，很大程度上是其他教学方式难以比拟的，而一些独门秘技，老一辈名家们舍不得带进棺材里，往往都会将其全部教授给自己的徒弟，而徒弟们经过自己的实践，再将改良后的成果继续传给后辈，一代一代地继承，一代一代地发展，这就保证了艺术能长久地传承，并且永葆青春。

但是伴随着戏曲行业的壮大，这种传统的师徒模式逐渐地开始不够用了，所谓的“不够用”就是指师徒之间这种供求关系不平衡，知名的艺人终归还是少的，但想要学习的孩子却是越来越多。于是，几种新的模式诞生了。有一种模式叫作“蓄养童伶”，这种模式一般发生在地方上的小班社里。这些小班子本身不太出名，里面有那么一到两位水平不错的成年演员，他们就是这个班社中的教习。这些教习有的也是正经拜过师学过艺的，但因为种种原因没能在更大的戏班子里立住脚，所以离开了大班社，转而回到老家从事这种教习工作，或是去大城市周边的村镇当教习，随时准备着重返大舞台，一旦时机成熟，或遇贵人扶持，他们还有东山再起的机会。但也有的教习自己就是蓄养童伶模式下培养出来的，或是资深票友，常年混迹于各个戏班的演出场所，东一耳朵西一耳朵，听了不少戏，自己又喜欢琢磨，但往往琢磨出的都是一些野路子，不能说艺术水平不高，但其理论基础往往显得杂乱，或是仅仅有实践经验可以教授。这些小班社只招收年龄非常小的孩子，一般情况下不会超过 12 岁。招来的孩子，戏班里管吃管住，大多数班社也不收取任何学费，孩子们要做的事情，除了学戏以外，还要负责干一些力所能及的杂活，比如择菜、打水、擦桌子、扫地之类的。而戏班子将这些小孩儿加以培养，培养到十三四岁大的时候，基本也就可以上台演出了。原则上，这些被蓄养的童伶是不允许轻易跳班的。因为之所以这些年来戏班免费吃住，养着这些孩子，就是指望他们登台唱戏以后，能为戏班子挣钱。他们头几年登台，不论演得多好，挣到了多少钱，这些钱一律归戏班所有。但如果是给庙会活动唱，或是给大户人家唱堂会，拿到了香钱或是赏钱，这部分钱是可以归小演员自己所有的。在演出到一定的年头后，戏班会重新考量这些小演员的演出水平，并判断他们还有多大的上升空间，这种模式培养出来的大多数童伶，基本也就是一生混迹于这种小舞台，没有太长远的发展，甚至有一些在同届童伶中水平较差的，哪怕是在小班社也只能当个龙套，站个门儿扛个旗儿之类的。这些童伶往往在意识到自己没有这方面的天赋后，也就不会再继续跟自己较劲了，他们往往会选择离开戏班，去干其他行业的工作，或是回家务农。但也有一些非常出色的童伶，连这些地方戏班的教习们都觉得，如果不送到更大的班社去培养，简直就是屈才了。因此就会和这些童伶的父母亲属商量，看看有没有机会把这些天赋异禀的童伶送往大城市学习，有时候甚至不惜多提供一笔经费，作为拜师的路费盘缠，他们只额外提出一点，就是如果有朝一日这位童伶真的唱出了名堂，希望能替这个小班社扬扬名。历史上，我们所说的这位程长庚就曾有过一次作为蓄养童伶的经历，但最终他还是离开了家乡，去京城学艺，终成大器。

还有一种培养模式，可以说叫“大带小”。这种模式随着戏曲行业的繁荣发展，变得越来越多。原因也很简单，因为在经济利益的驱使下，越来越多的人等不及拜师、学艺、出师这一套流程走完，就迫不及待地想要登台了。这种急切，有时候还不仅仅是演员自己的急切。演员急，急的无非是钱，毕竟一天不能登台就一天挣不到钱，尤其是背井离乡前往大城市戏班打拼的演员，对于他们来说，每在大城市多生活一天，就要多操心一天的成本，尤其是很多人本身就是苦出身，家里可能有病人或是弟弟妹妹，亟需这位演员尽快挣到钱寄回家里去。戏班子也急，演员来投班了，想要搭班唱戏，有的还是熟人介绍来的，刚好这个戏班也缺人，本应是两全其美，可问题是很多刚来的演员水平根本达不到上台要求，恨不得跑个龙套都出错，这样的演员显然是不能直接派戏的，需要回炉重造，再夯实基本功，但如果戏班子等这个人再投名师访高友，折腾一通，恐怕没个三五年的光景，这位新演员登不了台。于是，就衍生出了一种新的培养模式，就是所谓的“大带小”。把这些水平不到家的小演员先留下，但也不让登台演出。由戏班里成熟的演员来带这些小演员，从台步到身段，从念白到唱腔，让这些小演员照猫画虎，临摹这些大演员的表演。通过不断积累舞台实践经验，这些小演员会更快地学到舞台上最实用的技巧。与师父带徒弟不同，这些小演员相当于是戏班子的临时工，而大演员相当于正式员工，这种大带小的模式，并不要求一对一互助，而是让小演员广泛地从这些成熟艺人的身上学习技艺，并不单宗某一路，而是博采众长。这种模式自然有好处，一是速成，学得快，而且实用性极高，基本上但凡是个聪明孩子，在后台看几个月，跑个龙套也就差不多了；二是丰富了每个演员身上的技能，能培养出一个行当更加齐全的班子。但这种模式同样也有显而易见的弊端，由于小演员们这种模仿式的学习无法给他们提供一个足够的理论知识学习的机会，这就导致他们很难在表演上进行创新，而只是单纯地模仿。总的来说，这种培养模式短时间内确实能够塑造出很多水平达到上台标准的演员，但恐怕很难塑造出名角儿和艺术家。

而除了上述的这两种模式外，戏曲行业还有一种替代传统师徒关系的培养模式，那就是我们所说的科班了。其实，科班这种培养模式与前面几种都不太一样，它其实是某种教学培养模式的总称，而具体到不同的科班中，其实每个科班的培养方案都不完全一样，在某些特定时期的特定科班中，其实我们也能看到前三种模式，手把徒、大带小和养童伶，这些与科班规范的管理模式相辅相成，共同完善了科班这套培训体系。科班往往需要一个出资人，或多个合伙出资人，这些人有时是这个行业的爱好者，属于当地名门大户，愿意投资在戏曲事业上，但更多的出资人还是梨园行内部人士，有的是名角儿，有的是教习，都是梨园行内有头有脸的人物，他们一方面资金雄厚，另一方面人脉广泛，想办好一个科班，这二者缺一不可。科班教学，兼具我们上文说到了几种其他培养模式的诸多特征，但又有一套自身的培养流程。首先，从选材方面，进入戏曲科班学习的孩子，往往也必须是童伶，年龄以六七岁为最佳，从小培养，不仅仅是抻筋压腿，还要教孩子们用气发声的技巧，这样才能保证教出的学员不会因为练功过度，把嗓子喊废了，到了倒仓期尤其如此，掌握科学的发声方法，才能将演员的艺术寿命延长。这种童子功，也叫幼功，是科班培养的一大优势，保证这些孩子能够从一开始便接触正确的方法。其次，科班里的教学往往是分组培养的，有的孩子可能一开始还不好归行当，就各个组来回跑，跟着先练，等负责的老师看出一些眉目了，再把这些孩子分入固定的组中。这意味着，孩子们从一开始接受的就是专门化的培养。一个合格的戏班在请各个行当的老师方面，往往就拉开差距了，一个财力和人脉兼具的科班东家或是总教习，往往能请到各个行当中最适合的老师，这些老师不一定是当时名气最大的，但一定是基本功最扎实、艺术功底最深厚的，名气大的演员有时会为了舞台效果改良自己的唱腔、身段等，他们按照自己的演法来教学生，反而倒不一定是好事。同时，这些好的科班请到的老师也是行当齐全，这就避免了因为教学模式专业化程度过高，导致科班培养的演员偏科严重的情况。最后，科班同样有自己的演出场地，有的科班隶属于某些知名的演出团体，这些团体会安排一些场次给科班里的学员，但往往是让老师和学生同台演出，这种安排能够让学生更好地理解老师平时的要求，对老师的艺术追求有更直观的认识，而对于老师来说，作为演对手戏的搭档，或是以主角的身份看给自己配戏的学生，也能更清楚地发现学生身上的问题，以便于第一时间加以指导和纠正。事实上，科班从诞生到消失，在这个漫长的过程中，不同的科班也往往有自己独特的教学模式。这些独特的模式，有的是从手把徒、大带小或是蓄养童伶等其他培养模式中吸取经验，完善科班的培养计划；有的则是根据科班隶属的戏班的需求，定点定向专门培养。

例如，我们前文多次提到了程长庚给三庆班办了一个科班，这个科班是标准意义上中国第一个京剧科班。这个名叫四箴堂的科班，大约创建于咸丰年间，这一说法参考了张肖伧先生的说法，见于 1930 年《戏剧月刊》第 1 卷第 5 期《谭科班》。四箴堂，本身不是科班的名字，而是程长庚为自己的寓所起的名字。他前期所收的徒弟，都是叫到自己的寓所之中传授演艺技巧的。而当他决议兴建科班时，便拿出了这个名字给这个科班命名。这个名字的来源颇有深意，因为程长庚出生的程家井，并非平凡所在。此地出过一位大思想家，也是宋明理学的代表人物，“二程”中的伊川先生程颐。程颐留下了著名的程子四箴，即“视箴”“听箴”“言箴”“动箴”，这取材自孔子所言的“非礼勿视，非礼勿听，非礼勿言，非礼勿动”。程颐将这一说法发展完善，形成了自己四箴的学说。程长庚幼读诗书，饱学礼义，因此对自己家乡的这位大文豪程颐敬重万分。尽管戏曲艺人在当时仍然社会地位低下，但程长庚却时刻以程颐所提出的这种道德标准规范自己的行为，约束自己的思想，虽然是下九流行业的从业者，却有着士大夫般的执念和清高。程长庚希望自己的弟子也能谨记这四箴，成为知晓礼义廉耻的艺人，德才兼备。该科班地址设在宣武门外百顺胡同南路，培养了大量的优秀京剧人才，因此，前文提到的民谚到了此时又有了新版本，“人不辞路，虎不辞山，唱戏的不离百顺韩家潭”。四箴堂聘有崇富贵、田宝琳、余双寿、朱洪福、浦增寿、钱锦园等为各行老师。另据《道咸以来梨园系年小录》中记载，徐小香、徐棣香、曹春山、张云亭、殷德瑞、王阿巧、杨月楼、陈芷衫、姚阿奔等俱曾在科班任教，这都是当时昆乱名家，师资力量可谓非常雄厚。招收学生 60 余名，均以“林”字排名，学习昆曲、皮黄折子戏。这个科班培养了大批人才，如著名青衣陈德霖、著名花脸钱金福、花旦余玉琴及李寿山等。陈、钱此后成为著名伶人自不待言，余玉琴也是光绪时期著名花旦，曾创福寿班，擅长剧目是《贵妃醉酒》。此科班也非常重视昆曲剧目的学习，所以学员都擅长昆曲，梅兰芳在昆曲身段方面就深得陈德霖、李寿山的指导。在程长庚无法继续担任主管后，他的儿子程章圃接替父亲担任主管，并将四箴堂科班改名为椿寿堂科班，这是为了纪念自己的父亲，因为程长庚的学名为程椿。

尽管留下的文字资料并不算多，但凭借四箴堂仅存的民间考古成果，我们仍然可以从中充分了解一代“伶圣”程长庚的教育理念，事实上，只有了解了他的教育理念，才能理解“伶圣”二字背后，到底包含着梨园行人士对这位程大老板多么崇高的敬意。而基于我们对程长庚的了解，我们又发现，他的诸多艺术理念，其根源仍然来自高朗亭。

可以说，这两人的教育思路一脉相承，正是他们为京剧后来的艺术地位，夯实了基础。

首先来说，程长庚在识才和辨才方面具有极其强大的能力，这一方面得益于天资，另一方面也是因为他见过的戏曲伶人非常多，广识群伶，才能做到看到一个童伶演员时，仅仅凭借眼神、动作等，就能看出端倪，为一个演员安排适合的课程。程长庚的这套独特的看人手法，不得不说，也与他本人早年经历有关。他在与当时的戏曲巨擘高朗亭首次会面时，据传说，高朗亭便长时间地凝视程长庚，观察他的胆量和心胸，也正是这次考察让高朗亭萌生了不惜一切代价培养程长庚，使其成为自己接班人的想法。而程长庚当年决定将孙菊仙收入班中时，用的就是和高朗亭类似的手法，仅仅通过孙菊仙的言谈举止，便认为此人是可塑之才，给了孙菊仙试嗓子的机会，正是这一试，让孙菊仙这样一位30岁才下海的票友，终成一代名家。而更知名的例子则是谭鑫培先生和程长庚的这一段缘分。谭鑫培进入三庆班时，本是主攻武小生这一行当，其实谭老板尽管当时尚且年轻，但从舞台身段到唱词唱腔，都已经有了不错的艺术感染力，然而当时的人却死活看不上谭鑫培，有的人就算是爱听他的戏，也不见得想捧这位角儿。后来，正是程长庚看破了个中缘由。这原因各位听来可能觉得有些滑稽，程长庚认为，谭鑫培个子不高，嘴倒不小，扮演的武小生在舞台上不够漂亮。于是，谭鑫培按照程长庚的要求，改扮武老生，没想到一出《定军山》一炮走红，自此开启了谭派艺术的道路。据传闻，程长庚曾亲口称赞谭鑫培《卖马》唱得好，并表示能把落魄英雄塑造得如此传神，谭鑫培日后必有前途。谭鑫培记在心中，日后百代唱片找到谭鑫培录制唱片资料时，谭鑫培首先选择的便是这段《卖马》里“店主东带过了黄骠马”这一段，不难看出程长庚当时的一番称赞对谭鑫培有多么大的影响。这段录音还可以在网络上搜索到，尽管音质不佳，但仍然能听出谭派艺术的无穷韵味。

其次，程长庚办科班时注重多种唱腔，以及多种行当之间的贯通。

上文我们其实就说到过，四箴堂会专门请一些昆曲艺人掌学，让戏曲科班的所有学员都从昆曲学起。实际上，这一举动可以说同样是程长庚从高朗亭身上习得的。当初初闯北京的程长庚正是被高朗亭送到了河北的合盛晟科班学习昆曲，才打下了良好的戏曲表演基础。毕竟作为百戏之祖的昆曲，有着其独特的艺术风格。此外，虽然是京剧科班，但程长庚广开门路，也常常约请一些专门唱汉调、秦腔等调式的演员进入科班传习，这同样是希望学员们不局限于自己所学所唱的改良版的徽调，这样才能继续将高朗亭杂合五方之音的理念继续贯彻下去。而程长庚的另一个大胆尝试，就是让各个行当的演员在潜心学习本行当的身段、唱腔之外，也常常去其他行当的班上学习，让科班里的童伶们自幼便耳濡目染各个行当的表演方法和技巧。这种做法同样能够从高朗亭对程长庚的教育中找到根源。走红后的程长庚进入了高朗亭的三庆班，本以为由此可以大有一番作为。没承想高朗亭却让程长庚从杂役做起，后来又把舞台上各种配角挨个儿演了一个遍。程长庚开始不理解高朗亭的用意，而在接过三庆班班主之位后，程长庚马上就明白了高朗亭的苦心。正是因为这些经历，使得程长庚在事无巨细的戏班后台能够对每一个行当、每一个工种都了如指掌，明白他们的表演方式、工作方式。通过交叉行当的培养，四箴堂出来的演员很多人都是行当齐全，随时能够赶场救场不说，在舞台上与其他伶人配合起来也是得心应手。

此外，很多跟随程长庚学习过的戏曲伶人，在谈及程长庚的教学时都提到了一个词——严格。京剧科班里的严格，不同于我们现在很多人所理解的严格。现在的老师，即便是再严格，也受到一系列规章制度的约束，他们能做的无非就是时刻监督学生完成作业，加大任务量，减少学生娱乐时间，通过这些方式，有时能显著提升学生的成绩，有时候其实也收效甚微。而回到程长庚的年代，那时候学戏还有一个别名，叫“打戏”。对这两个字的解释，有很多种，但最为形象生动的解释就是：在戏曲科班里，想让学徒日后能学有所成，扬名立万，最直接最有效的办法只有一个，那就是体罚。换言之，就是打。程长庚对待学徒十分严格，常用戒尺责打学生，一旦身段有错误，唱词有错误，发音有错误，腔调有错误，必然是一戒尺先打上。打完之后，再重新给你讲，为什么打，怎么做才对。程长庚看功时一丝不苟，提着戒尺满屋子转悠，有时已经有工作人员将饭菜和茶水摆上了讲桌，但程长庚却不为所动，仍然继续看着这些学徒练习。那么，程长庚为什么必须要用这种体罚的方式教育学生呢？又为什么要如此认真地对待看功这件事，以至于可以不吃饭不喝水呢？在四箴堂科班所在的年代，正是清朝走向灭亡，国家战乱频仍最为动荡的年代。这种时候，能有一技之长傍身，就意味着能吃得上饭，意味着能够在这样兵荒马乱的年代活下来。所谓的京剧艺术，现在我们称之为艺术，而在当时，那就是艺人们赖以生存的手段。有了这样的前提，再来看看程长庚这种严格的管理模式，就能够理解他的良苦用心了。而至于程长庚本人为什么如此重视看功一事，也是因为同样的原因。正是由于程长庚在教育理念方面十分卓越，对待童伶认真负责，同时不仅仅传授戏曲技法，也主张学员们读书识字，学习为人处世的诸多道理，对这些年少的演员，有着非常严格的道德约束，因此程长庚被戏曲界视为孔夫子一般的“圣人”，这才有了伶圣一说。

作为早期京剧科班的四箴堂科班，对后来的科班教育影响深远。清末著名武生杨隆寿少时曾“从长庚游，尽传其学”，意思是说，他曾经跟着程长庚一起搭班演戏，将程长庚的技艺学了个八九不离十。但事实上，我们很难从文字资料上看到这位杨老板到底从程长庚处汲取了哪些艺术营养。当时又没有影像或音频资料保留下来，因此对这一说法无从考证。但有一点可以确定的是，这位杨老板一定非常崇拜程长庚，他从程长庚身上学到的也绝不仅仅是艺术方面的技巧。杨隆寿于光绪八年（1882）创立科班，以“小荣椿”为名来纪念程长庚，可见对程氏的感激和怀念。而此科班的办学理念，也可以说乃是得到程氏的启发。小荣椿科班培养了萧长华、杨小楼、叶春善、程继先等一大批优秀的京剧艺术家。

事实上，到了这个时间节点上，科班的意义已经有了一定程度上的扩大化。在大清国气数已尽的情况下，戏曲行业的发展自然也是遭遇了严重的冲击。其中一个重要变化就是曾经的南府、现在的升平署已经彻底丧失了工作能力。在国家已经遭受战火冲击，战争已经从东部领海蔓延到了内陆地区的情况下，作为礼部下属的机构，升平署已经没有用武之地了。礼崩乐坏，朝纲衰颓，国库空虚，饿殍满地，在这样的情况下，大清国还怎么可能拨出款项用以建设宫廷戏曲文化呢？而在道光年间，从升平署独立出来的精忠庙，作为当时的戏曲行业总工会，尽管仍然存在，但由于同样缺少来自官方的资金扶持，到了 19 世纪下半叶，基本是举步维艰。而就在这样一个多事之秋，梨园界又接到了一个悲痛的消息，三庆班主、精忠庙首、四箴堂负责人、一代伶圣程长庚与世长辞。程长庚去世后，精忠庙的权力交给了“天下第一丑”同光十三绝之一的天津籍丑角演员刘赶三。但此时的精忠庙已经不同于往日，没有了官府作为后台，其公信力面临空前危机。在刘先生之后，精忠庙历任庙首徐小香、杨月楼、王九龄、俞菊笙、谭鑫培等人，均无力改变这一局面。那么，偌大一个梨园行，总不能像占山头的土匪一样，门户各立，瓜分市场吧。于是，在这样的特殊情境下，科班从某种程度上来说，就起到了一个类似于工会的调解作用。

伴随着工会权力逐渐向科班转移，京剧科班的功能日益复杂，其地位也日益提升，它已经不再局限于是一种艺术门类的培训机构，所承担的历史任务也不仅仅是单纯地传承某种技艺。在科班的整合下，行业中处在各种不同阶段和状态的艺人很好地团结在一个组织之下，在这个兵荒马乱的年代，自发地为维护行业共同利益不懈努力，使得京剧艺术得以逢凶化吉，遇难呈祥。而这种传统的科班模式，在 1904 年前后达到了鼎盛，因为就在这一年，牛子厚出资兴办了喜连成科班。1912 年，原来的东家牛子厚将喜连成科班倒让给沈氏兄弟二位商人办理，名字也从喜连成，改为了富连成。再到后来，沈氏兄弟同样因资金问题退出了科班，将科班交给了社长叶春善，自此叶家便承担起了办好富连成科班这一京剧界的重大历史责任。这个科班逐步发展壮大，最终成为京剧史上办学时间最久、办学规模最大、办学成果最好的科班，也正是从这个科班开始，京剧的教育和传承开始从传统迈向现代，我们后来所熟知的戏曲学校的雏形也是在这个过程中逐渐形成的。富连成科班的首任社长叶春善，以及总教习萧长华，都是“小荣椿”科班培养出来的优秀戏曲演员。从程长庚的四箴堂，到杨隆寿的小荣椿，再到叶春善的富连成，可以说三代科班，见证了京剧艺术一路走来的风风雨雨，也书写了一篇传承有序的京剧家谱。

富连成科班从 1904 年创立，到 1948 年被迫中止办学，在将近半个世纪的时间里，为京剧界输送了无数优秀人才，培养了无数优秀的演员和教师，开辟了戏曲编排的新天地，更开创了戏曲人才培养的新模式。44 年的时间，富连成总共招收了八科学生，前七科按照师承家谱排字，分别为“喜”“连”“富”“盛”“世”“元”“韵”，而后本计划再招三科演员“庆”“升”“平”，但因为战争和国内政治局势的原因，“庆”字科尽管已经招生，科班却并没有能够坚持到这批学员出科，就不得不出于安全考虑中止办学了。在这八科学员中，涌现出了无数优秀的京剧名家，例如喜字科的侯喜瑞，作为一名净行演员，他的工架自成一派，对每一个动作的尺度拿捏都有着独到的分寸，而他本人的唱功同样在净行演员中可称翘楚。而连字科，则诞生了一位不世出的戏曲奇才——马连良。“四大须生”前后有过两个不同的版本，但两个版本里唯一不变的名字就是马连良。在吐字发音方面，马连良有自己的独门绝技，通过颅腔、胸腔和腹腔的共鸣，使自己的声音饱满却又不失洒脱。正是因为他所具备的独特艺术魅力，才使得他的唱法经久不衰，但也恰恰由于这种独特性，使得“马派”艺术传人寥寥，很多人宗“马派”的路子，却难以得其精髓。后世仍然在传唱“马派”的京剧名家并不算多，世家出身的张学津先生是其中的代表。如今，张学津也已经因病离世，我们寄希望于他的高徒、有着京剧神童之称的穆宇先生，能够继承“马派”艺术，让经典的唱腔继续传承下去。富字科同样人才济济，“后四大须生”“马谭杨奚”中的谭，就是指“新谭派”的创始人谭富英，他就是富字科的代表人物。在富连成科班打下的坚实基础，使得谭富英从小就有了良好的“幼功”。他的祖父便是京剧名家谭鑫培，也就是传统“谭派”的创始人，谭富英的父亲谭小培将“谭派”艺术的技巧原封不动地传授给了谭富英，而从富连成科班出科后，谭富英又叩在了余叔岩门下，而余叔岩继承发展的正是前文我们所提到的“老生三鼎甲”之一余三胜的艺术理念，也就是“余派”艺术。通过对“谭派”和“余派”两门艺术派别的深入研究，谭富英开创出了属于自己的革新唱法，兼具谭派的婉约和余派的醇厚，形成了自己独特的“新谭派”艺术风格。盛字科的代表人物是净行名家裘盛戎，这位花脸艺人表演风格与前人有很大的不同。此前净行演员主要卖派的是自己的工架，身段好是第一位的，唱腔好则是对身段的补充。而裘盛戎改革了花脸唱腔，博采金派、郝派、侯派多家所长，甚至融合了老生、青衣等行当的唱腔，最终形成了独具一格的裘派。净行裘派艺术广为流传，裘盛戎的儿子裘少荣、孙子裘继荣都是这一风格的嫡系传人，而在子孙后代之外，其弟子和再传弟子同样开枝散叶，乃至于当今戏曲界存在一种“十净九裘”的说法。世字科最具代表性的人物同样是一位净行演员，即袁世海先生。宗“郝派”的袁世海，在表演风格上与裘盛戎有很大不同。袁世海仍然十分注重工架，并且对于“做戏”有着自己的独到见解，他善于利用面部表情的变化，体现人物的心情。而在唱功方面，不同于在调式上求新求变的裘盛戎，袁世海仍然保持着净行演员直腔直调的唱腔，但善于运用节奏鲜明的板式表达情绪。袁世海先生不同于传统戏曲演员，他不仅仅参演了诸多革命题材的新编京剧，而且还参演了几部经典的改编京剧电影，为京剧艺术的多样化舞台呈现做出了自己的贡献。在前五科学员熠熠星光的映衬下，富连成科班后两科学员便多少显得暗淡了一些，但其中也不乏诸如谭元寿、冀韵兰之类的优秀演员。而在这七科学员以外，著名的京剧大师梅兰芳年少时也曾在富连成搭班演出，以便于自己进一步夯实基础，在此期间也精进了自己的技艺，周信芳、姚佩兰、李春林、九龄童等优秀戏曲演员，也都曾有过和梅大老板类似的搭班经历。由此，足以见得在当时的戏曲事业中，富连成科班起到了何其重要的作用，具有何等的影响力。

那么，这个戏苑传奇般的富连成科班是如何做到数十年如一日的授艺传业，让梨园行业薪火不断的呢？其中一个关键，就在于富连成科班创立之初，办学人和治学人共同的艺术理念和教育理念。据传说，在科班成立之初，叶春善老板便带领着一众科班教习立下誓言："为祖传道、不谋私利""各人不为发家致富，只为传留戏班后代香烟，一心为了教好下一代艺术人才，把戏剧事业接续下去"。从这一点上来看，富连成科班与当初四箴堂有了很大的区别。四箴堂作为一个三庆班班主创立的科班，其核心目的还是在于为三庆班输送戏曲人才，以巩固三庆班在北京诸多班社中魁首的地位。而到了富连成科班立科时期，京剧事业的发展受到国势衰颓的影响，已经处在危急存亡之秋，在这样一个命运攸关的时刻，富连成从诞生的那一刻时，就是本着"公益"或者说"公义"二字，在进行教学工作。所有的教职人员怀揣着同一个梦想，那就是即便身处兵荒马乱的年代，京剧艺术仍然能够通过他们的努力，代代相传，屹立不倒。从某种程度上来说，在那个国内局势一片混乱的年代，富连成科班的艺人们作为中华文明优秀传统文化的传承者，是秉承着一种极高的爱国主义热情，继续保持着他们的艺术追求。因此，我们可以说，富连成科班拥有一个牢固的根基，这个根基是建立在艺人们同心同德的牢固联盟之上的，这种同行业间的凝聚力，如果放在社会层面上来说，可以算作江湖义气，如果放在国家层面上来说，其实说是民族大义也绝不为过。

然而，仅仅依靠一个积极正面的办学动机显然是不足以让一个民间科班存续40余载的，富连成在其教育理念和教育模式方面同样存在诸多先进之处，这些改革性的创举不仅给当时的其他科班蹚出了一条条新的道路，更为日后京剧教学专业化以及专业性戏曲学校的诞生奠定了基础。富连成和四箴堂在对于学员的道德约束方面有着一脉相承的严谨，其班训朗朗上口，内容也是情真意切，忠告学员们牢记自己的使命，认真学习，刻苦练功，为京剧事业做出自己的贡献。班训原文如下：

传于我辈门人，诸生须当敬听：
自古人生于世，须有一计之能。
我辈既务斯业，便当专心用功。
以后名扬四海，根据即在年轻。
何况尔诸小子，都非蠢笨愚蒙；
并且所授功课，又非勉强而行？
此刻不务正业，将来老大无成，
若听外人煽惑，终究荒废一生！
尔等父母兄弟，谁不盼尔成名？
况值讲求自立，正是寰宇竞争。
至于交结朋友，亦在五伦之中，
皆因尔等年幼，哪知世路艰生！
交友稍不慎重，狐群狗党相迎，
渐渐吃喝嫖赌，以至无恶不生。
文的嗓音一坏，武的功夫一扔，
彼时若呼朋友，一个也不应声！
自己名誉失败，方觉惭愧难容。
若到那般时候，后悔也是不成。
并有忠言几句，门人务必遵行，
说破其中利害，望尔日上蒸蒸。

训词内容较四箴堂孔孟之道、宋明理学的产物，显然更加通俗易懂，属于当时流行的半文半白文体。通过这样的规训，使得进入科班的学员首先端正学习态度，明确学习目标，培养学生对艺术严谨、对职业尊重的良好品性。

如果说职业素养的培训尚且属于承袭前人教化之产物，那么在科班中开设教育班，传授“文化课”内容就可以说是一大创举了。事实上，早在一代伶圣程长庚在世时，他就注意到了学习文化对于戏曲伶人来说有百利而无一害。但程长庚却无力扭转整个行业的大趋势，毕竟学戏的孩子，穷苦人居多。而当时作为下九流之列的戏曲伶人，一旦入了伶籍，就永久失去了参加科举考取功名的资格。因此，程长庚尽管满心盼望着戏曲伶人能够提升文化水平，却始终没有办法将这种期待落到实处。而到了富连成科班时期，情况则大大不同。伴随着晚清气数将尽，科举考试的制度也随之崩坏。按照常理来想，戏曲伶人如果遵从行业旧俗，那么就应当一心一意专攻表演，其目标也应当是有朝一日能够通过自己的舞台艺术挣钱糊口。然而富连成科班并不是一个简单的戏曲传习社，正如上文所述，它承担着振兴民族艺术的使命。因此富连成科班开始在其课程内容中加上了“教育班”的内容，教授年轻的戏曲演员国语、常识等课程，将这些课程定为每天两小时的必修课程。而正是这样的文化学习，使得富连成科班培训出来的艺人具有良好的创新意识，能够把握时代脉搏，紧跟时代潮流，顺应社会形势，将京剧艺术广泛地传播开来。配合着传统科班本身固有的理论联系实际的培养模式，富连成科班利用其在广德楼和广和楼两大戏楼的人脉关系，让年轻演员们有充足的机会实践自己的艺术理念，也将很多改革的样品搬到了真正的舞台上，接受广大人民群众审美的考验。正是这样的教育模式，使得富连成科班具有了独特的竞争优势和广阔的发展前景，如果不是战火侵袭使得富连成被迫中止办学，富连成科班说不定还能再红火 20 年。

历史终究是历史，无法从头来过，也不存在那么多浪漫的“如果”，富连成最终还是倒在了中华人民共和国成立前夕。尽管富连成作为一个传统京剧科班，已然消失在历史的长河之中，但它所带来的艺术理念、办学理念，以及它所培养出来的一代代京剧名家却仍然在继续为京剧事业带来鲜活的生命力。曾经有人将富连成比喻为京剧界的“黄埔军校”，这个比喻无疑旨在歌颂富连成科班荣耀的办学成果，但我们也同样需要意识到，伴随着中华人民共和国的成立，新秩序、新道德、新社会一一呈现在我们的眼前，京剧事业也同样需要一次革新。将传统科班中糟粕的成分去除掉，保留其中的艺术精髓和办学经验，于是，名为“新中国戏曲事业”的这本崭新卷宗上，一代代戏曲名家笔耕不辍，为京剧大繁荣谱写下新的篇章。在京剧教学方面，中国戏曲学院和北京戏曲艺术职业学院两所高校继承前人志愿，紧跟时代潮流，成为新时代优秀传统艺术传习、继承和发展的典范。可巧的是，这两所学校的校址曾经都在我们白纸坊街道的辖区之内，可以说白纸坊地区与京剧由此结缘。那么，在漫漫的艺术长路上，两所戏曲学校为白纸坊地区留下了怎样的“粉墨”记忆，又是怎样让戏曲文化渗透到百姓的日常生活中来的呢？我们将在下文为您详细讲述。

第三节　两大戏曲学校齐聚南城

正如前文所述，白纸坊地区与京剧之间的缘分其实正是拜这两所学校所赐。此前，白纸坊地区并没有知名的戏楼，也没有知名的班社，对于风靡京城的京剧艺术来说，白纸坊更多的是扮演一个“邻居”的角色。离白纸坊不远，就是虎坊桥地区，这里云集着几个知名的地方会馆和戏楼，继续向东走，到了天桥地区，这里同样有过不少戏曲舞台，比如位于北纬路甲 1 号的天乐茶馆曾经就是一个京剧舞台，有“天桥马连良”之美称的梁益铭就曾在此搭班唱戏。而如今天乐茶馆已经不再是一个戏曲舞台，甚至连名字都被更改了，这对于京剧艺术来说，多少是一种遗憾。而前门大栅栏地区可称是京剧真正的发源地，这里不仅云集着诸多戏曲名人故居，也拥有诸多知名的茶楼戏楼。相比于这些在京剧发展历史上扮演着重要角色的“邻居”街道，白纸坊地区与京剧之间的联系似乎没有它们那么紧密。但没有任何人能够低估白纸坊地区在京剧发展史上发挥的作用，因为我们曾经是两大戏曲学校的根据地所在，这两所现代化的戏曲学校是新中国成立后京剧艺术传承的重要教学机构，为新中国戏曲事业培养了一众优秀人才。

咱们先来说说中国戏曲学院，该校原隶属于中华人民共和国文化部。它成立于1950年1月28日，最初称文化部戏曲改进局戏曲实验学校。它的前身是华北文化艺术工作委员会平剧实验学校，这所学校原为中国国民党青年军208师四维戏剧学校，1949年1月，北平和平解放后，中国共产党接管了这所学院。看到“平剧”二字，大家可能会心生疑惑，这个平剧指的是我们现在所说的流行于京津冀地区以河北省唐山一带方言为基础表演的地方剧种“评戏”吗？还真不是，这个“平剧”，指的就是京剧，因为当年的北京改名为北平，京剧也就随之改为平剧了，也正是因为京剧改叫平剧，才让原来的“平剧”举重，在名字里加上了言字旁，变成了现在的“评戏”。历经1950年至1955年数次重组和改革，文化部戏曲改进局戏曲实验学校最终于1955年1月，正式定名为中国戏曲学校。此时的中国戏曲学校云集了包括校长田汉在内的一众戏曲名家，成立这所学校的目的一方面是为了能够改革戏曲艺术，使其符合历史发展的潮流，取其精华去其糟粕；另一方面也是为了能够培养更多的戏曲人才，让象征着中国传统文化的戏曲艺术薪火不断。1956年8月，中国戏曲学校正式搬入了里仁街，进入了现在白纸坊街道的辖区范围之内。

中国戏曲学校在“文化大革命”前的17年，尽管也经历了风风雨雨，受到1957年“反右”扩大化的影响和1958年“大跃进”冒进的冲击，但从总体上讲，还是沿着正确、健康的道路发展前进的。1957年由北京电影制片厂摄制的彩色影片《含苞待放》真实地记录了当年办学的兴旺景象。到1959年，学生总数已达到了506名（其中京剧科276名，地方剧科59名，青年演员进修班63名，形体基本功师资训练班20名，音乐科63名，地方剧科伴奏班和舞台班25名）。经过专业调整，到1966年6月，在校的正式班级，京剧科已达5个年级6个班，音乐科已达4个年级。17年中，经过不断地总结经验教训，特别是庆祝建校10周年的“十年总结”，确立了“全面发展，因材施教”“普遍培养，以点带面”“敢拔尖子，见戏见人”的培养方针。共为国家培养了1148名学生，绝大部分已成为全国各地戏曲团体、艺术院校、文化机关、研究部门的骨干和中坚。诸如刘秀荣、杨秋玲、王荣增、关雅浓、谢锐青、孙岳、钱浩梁、刘长瑜、李维康、李光、叶少兰、张曼玲、马名群、钮骠、苏移、贯涌、金桐、途兴才、李长春、冯志孝、马名骏、王晶华、王梦云、耿其昌、寇春华、郑岩、高牧坤、宋玉庆、黄孝慈、汤小梅、鲍启瑜、马玉璋、李岩、杨柳青、李朝贵等，均已成绩显著，在国内，甚至在海外享有盛誉，产生了较大影响。中国戏曲学校自筹建开始，就努力按照社会主义的新型戏曲学校进行建设，始终坚持德、智、体全面发展的教育方针，努力把学生培养成有社会主义觉悟、有文化、有较高专业技能和体魄健康的戏曲艺术人才。建校之初，就断然废除了旧式戏曲教育中的包身制和打骂制度，严明“不打，不骂，不损，不罚”的纪律。

对传统戏曲中的一些训练方式，新的戏曲学校也同样有所改革。曾经使高朗亭名扬京城的“跷功”，因为被认为影响学生身体健康而被废止，转而采用了一些有益于科学练功的新器械。确立了严格的招生制度，实行了传统戏曲教育中从未有过的班级制，以新型的师生关系替代过去的师徒关系。对旧有的传统剧目进行加工整理，净化演出舞台，强调教学剧目要“内容健康”“艺术可取”，有利于学生打好专业基础。

专业教学特别强调唱念做打四个方面的基本功训练，并严格把握戏曲传统艺术的规范，同时又注意吸取芭蕾舞、民族舞、武术、体操、民歌、诗朗诵中可资借鉴的成分，当时称之为“新因素”。伴奏专业还增设了民乐、西洋乐等副课，以丰富学生的艺术营养，并增加他们的专业技能。剧目教学坚持以传统戏打基础，积累了丰富的教材，确定了《二进宫》《三击掌》《扈家庄》《石秀探庄》《林冲夜奔》等为开蒙教学剧目。整理、编选、出版了一大批教学剧目和身训教材。教学方法吸取了昔日科班“口传心授”中的合理因素，借鉴其以学戏为主、注重实践的成功经验。课堂教学倡导启发式，剧目排练实行半教半导式，在提高学生艺术模仿能力的基础上，培养他们具有一定的创造角色的能力。为此，在京剧科曾特开设带有理论性的表演课。重视学生的舞台实习，一直是中国戏曲学校的优良传统。以 1950 年为例，当时学生不算多，全年学生的各类演出达 100 多场。此后，为了把教学和实习演出安排得更科学有序，确立了定期校内实习演出和每周六、日对外公演的制度。经过多年的探索实践，确立了以成品教学为主，成品教学与基本功训练相结合，以传统戏打基础为主，学习传统戏与学习新编历史戏、现代戏相结合，以课堂教学为主，课堂教学与舞台实习相结合，循序渐进地计划教学。

与旧社会传统科班的一大区别，中国戏曲学校非常重视文化课，这一点无疑是从富连成科班的优秀办学经验中吸取的精华所在。为加强学生的文化学习，1950 年 8 月，在校务委员会会议上确定专业课与文化课的比例由起初的3∶1改为7∶3。以后，又增设了文艺理论、戏曲史等新课，要求学生掌握更多的文史知识、必要的理论知识和自然常识，规定学生毕业时要达到相当大学一年级的文化水平。为此，曾聘请黄芝冈、周贻白、阿甲等名师、名家来校授课。为确保文化课学之有效，还确立了每班必须配备一名文化教员当班主任的制度，这一制度直到如今仍然在实施。而论及戏曲表演专业教师的队伍，恐怕在新中国的戏曲学校中，无出其右者。毕竟，在创校之初，中国戏曲学校便吸引了大量在旧社会饱受风霜的戏曲名家如王瑶卿、萧长华（富连成科班原任总教习）、尚和玉、马德成、谭小培、王凤卿、金仲仁、鲍吉祥、郝寿臣、姜妙香、张德俊、刘喜奎等人来到学校应聘，其中甚至还包括曲艺名家白派京韵大鼓创始人白云鹏先生。而诸如侯喜瑞、雷喜福、贯大元、华慧麟、于连泉、茹富兰、赵桐珊、王连平、钱富川、孙盛文、黄咏霓、程玉普、宋富亭、白登云、于善民等名家则长期在校执教，他们之中不乏从富连成科班中走出的优秀戏曲人才，尽管国家社会已经发生了翻天覆地的变化，但从旧社会到新中国，梨园行仍然是传承有序，薪火不断，这种感觉甚是微妙。京剧表演艺术家四大名旦——梅兰芳、程砚秋、荀慧生、尚小云，常来校指导或授课。这些梨园行业的领军人物都曾在里仁街的旧校址讲台和练功房里留下自己的足迹，而拥有如此豪华，甚至可以说有些奢侈的教师阵容，中国戏曲学校自然能够源源不断地为新中国输送戏曲界的新鲜血液，推动京剧事业发展。在 1955 年至 1965 这段时间内，中国戏曲学校不断改革创新，将办学内容逐渐充实化。尽管 1957 年，曾因“反右”运动扩大化，戏曲学校停招一年。但也正是在这一年，中国戏曲学校首次提出将名称变为中国戏曲学院，要将传承艺术和研究理论二者提升到同等高度。而在 1958 年，中国戏曲学院被并入中国戏曲研究院。在此期间设立了如舞台美术、导演、编剧等一系列现代化舞台呈现的专业。同时也增开了戏曲史、艺术概论等研究班，也是同年获得了开设研究生班的资格。可以说，京剧事业在这段时间里，经历了一个从旧到新的变革，眼看着就要迎来一个崭新的黄金时期了。

然而，这一切却伴随着“文化大革命”的到来戛然而止。1966 年，中国戏曲学校被迫停止招生，“斗、批、改”“停课闹革命”等政治活动导致戏曲学校陷入瘫痪状态之中。而到 1970 年 5 月，中国戏曲学校全体师生均被下放至“五七”农场，进行“劳动锻炼”。在此期间，除了红卫兵演出队表演《红灯记》《沙家浜》等革命题材剧目外，全部京剧表演活动都被禁止。但历经百余年的波折后，京剧艺人们早已练就了宠辱不惊的个性。在改造期间，戏曲学校师生仍然暗地里坚持练功、说戏。当然，相比遭受浩劫的其他艺术行业来说，京剧事业的恢复还是要早上一些。1972 年，新建的中央五七艺术学校正式开班，部分教员被调至该校京剧系工作。1973 年 10 月，在周恩来总理的关怀下，经中央批准，中央五七艺术学校改制为中央五七艺术大学，并决定以中央五七艺术学校京剧系为基础，合并中国戏曲学校，建立中央五七艺术大学戏曲学校，设京剧表演和音乐伴奏两个专业。同时，任命以晏雨为首的领导小组。说是以中央五七艺术学校京剧系为基础，实际上，无论是校址、设备，还是教职工基本队伍，都是中国戏曲学校的。尽管很多教职人员对于未来的前景仍然感觉难以预料，但终归京剧事业还是在这个特殊的年代，以一种“另起炉灶”的方式回到了人民群众的视线之中。

1978 年，伴随着“文革”的浪潮逐渐远去，中国戏曲学校迎来了新生。首先，就在这一年，中央下发文件批示，正式将该校名称改为了现在大家熟知的“中国戏曲学院”。当时的报告称：“为适应国家新时期总任务的要求和戏曲、舞蹈事业发展的需要，培养又红又专的戏曲、舞蹈艺术的专门人才，拟将中国戏曲学校和北京舞蹈学校改制为中国戏曲学院和北京舞蹈学院，仍归文化部领导，面向全国。”这其中需要着重解释的就是“又红又专”这四个字，在后世的错误解读中，很多人都将这个“专”字错误地解读了，认为“又红又专”是一种行政命令干涉文化建设的体现。事实远非如此，“又红又专”指的是专业学生既具有良好的政治素养、正确的思想方向，又要具有合格的专业水平，具备一定的专业能力。首任院长史若虚，副院长任桂林、张君秋、李紫贵、荀令香、张现，顾问高盛麟、赵荣深。李文主持党委工作。当年，就从北京、天津、河北、辽宁、浙江、安徽等省市招收了首届本科生。1979 年，编剧系和导演系开始连续开办进修班、短训班。1982 年，戏曲舞台美术系完成筹建工作，并从北京、山东、江苏、福建等省市招收了首届本科生。1983 年，开始筹建京剧作曲系。为拓宽专业，将戏曲编剧系改为戏曲文学系。根据中央关于领导班子革命化、年轻化、知识化、专业化的要求，院领导班子进行了换届。由王荣增任院长，马名群任副院长，刘亚明任党委书记，王弼茸任党委副书记，张君秋、高盛麟、赵荣深为顾问。1984 年，又增补孔祥昌为副院长。戏文系从北京、江苏、广东、四川等省市，作曲系从辽宁、广东、河北、贵州等省招收了首届本科生。1985 年，将表演系和音乐系的中专部合并，成为附属中等戏曲学校，由贯涌任校长，董侠任党总支书记。文化部在 1985 年 7 月 29 日《关于对中国戏曲学院中专部改为附属中等戏曲学校报告的批复》中指出："戏曲学院和附属中等戏曲学校的任务、培养目标、学制不变。但需进一步明确各自的重点。并集中精力抓好各自所承担的任务，大学的任务，主要是集中精力抓好充实师资力量，办好戏曲编剧、导演、舞台美术设计、音乐作曲等专业，并担负为全国戏曲中专培养骨干教师的任务，同时培养少数的全面发展的优秀表演人才和为地方戏曲剧团培训编导人员。附属中等戏曲学校的主要任务，是为全国培养优秀合格的演员及音乐伴奏人员。"1986 年，为加强学院的领导，文化部任命俞琳接任院长。调附中副校长葛士良任院党委副书记。次年，又从中国艺术研究院调来朱文相和孙松林，分别担任副院长和主持党委工作的副书记。翌年，孙松林擢升党委书记。遵照国家教委关于修订专业目录的指示和要求，在 1986 年秋进行了专业设置的调整。经专家论证和文化部教育局的批准，正式确定设戏曲文学、戏曲导演、戏曲表演、戏曲作曲、戏曲器乐、戏曲舞台美术一设计六个专业。第二年便完成了戏曲音乐系与京剧作曲系的合并工作，建立起了新的戏曲音乐系。1988 年，导演系从吉林、湖北、山东、江苏、江西、安徽、山西、陕西、四川等省招收了首届本科生。此后的十余年中，中国戏曲学校继续增扩专业，扩大招生范围，以一所艺术类高校的标准，严格要求师生，为京剧发展事业做出了重大贡献。纵观该校半个世纪以来的发展历程，我们看到它为京剧界培养了诸多优秀人才，如著名小生名家叶盛兰的儿子叶少兰，同年入学且均取得了极高艺术成就的梨园伉俪耿其昌、李维康夫妇，还有杨派老生著名传承人、京剧名家于魁智，著名青衣演员张火丁，梅派青衣传承人李胜素，裘派花脸传承人孟广禄等。可以说，如今的梨园满园春色，正是中国戏曲学院播下了千万颗优秀的种子，用心栽培，用爱浇灌的成果。尽管中国戏曲学院现如今已经搬迁至丰台区的新校址，但在它最辉煌的年代、最落魄的年代、最坎坷的年代、最美好的年代，都是在我们白纸坊街道里仁街 3 号的校址里度过的。

如果说中国戏曲学院是一个不折不扣地伴随着中华人民共和国成立而诞生的官方京剧艺术传习机构的话，那么现在名为北京戏曲艺术职业学院的这所“北京戏校”则是一个诞生于民间的组织。该校诞生于解放初期，原名为“艺培戏曲学校”。它的创始人是当时的梨园公会会长沈玉斌，沈先生曾经致力于开办一个不需要国家注资的民办科班，他所参考的目标仍然是过去的富连成。学校选址方面，沈先生决定利用陶然亭附近的松柏庵作为校址，此地本身也是一片“梨园义地”，即戏曲演员在京去世后埋葬的一座公墓。将学校选在此地，除了经费考虑外，沈先生也颇有一种“枯树前头万木春”的期许寄托其中。尽管变卖了家中全部细软，沈先生仍然凑不齐办学经费，于是京城中的一部分戏曲演员自发地兴办义演活动，募集经费。最终在众人的努力之下，艺培戏曲学校建立了。正如前文所述，此地本为戏曲演员公墓，因此为了保证学员的练功场地，梨园公会研究决定，将义地的坟墓迁走，并成立了以沈玉斌、于永利为首的“迁坟委员会”。通知亡者家属前来认领陪葬物品。遗骨装入瓷坛或棺中，这其中就有杨小楼、陈德霖、金少山、高四保、高庆奎、王长林、文亮臣、宋永珍、李世芳等诸多名家，还有尚小云之母、姚玉芙之父以及于连泉双亲及夫人、谭富英夫人等，他们大部迁往南苑集贤村重新安葬。尽管当时的人对于迁坟一事仍然持有较为保守的观念，但出乎所有人意料的是，戏曲伶人在这件事上却非常团结，迁坟工作进展得异常顺利。

在办学问题上，沈玉斌经常找曾经富连成的总教习萧长华先生请教经验。萧长华先生一方面非常认可沈玉斌先生的办学初衷和治学态度，曾多次公开表示这所学校的诞生和发展离不开沈玉斌先生的努力，但另一方面，也在向沈玉斌先生传达新的时代理念，例如萧长华先生制止了沈玉斌先生想要给学员设科排字的想法，认为此举实属旧社会科班之陋习，不应延续到新中国新社会之中。沈玉斌对萧长华先生十分敬重，对萧老给出的意见，毫不夸张地说，应该算是言听计从。沈玉斌开设这个科班，一方面将一部分没有机会接受完整高等教育却对戏曲事业有着浓厚兴趣的学生纳入班社，使他们能够学习到戏曲表演的技能；另一方面也为因为多种原因无法进入中国戏曲学校任教的优秀演员提供了一个新的供职地点，对于梨园行业来说，此举可谓一石二鸟，一箭双雕。在松柏庵校址坚持了一年左右的时间，艺培戏曲学校终究还是陷入了资金的困境之中。最终在北京市政府，以及梅兰芳、马连良等戏曲名家的倡议下，艺培学校更名为“北京戏曲学校”，迁入了自新路校址，由此开启了和白纸坊地区的缘分。

当然，由于历史原因这所学校也并没有能够在自新路扎下根来。从1952 年到 1968 年，北京戏曲学校招收了数百名学生，培育成果斐然。其间，先后由郝寿臣、马连良、孙毓敏等人担任学校校长，这几位戏曲大家的坐镇，使得北京戏校的名声逐渐积累起来。受到“文革”影响，该校于 1969 年被裁撤，其人员原地遣散。后于 1972 年重新召集，将北京戏曲学校改建为北京市戏曲学员训练班，配合样板团工作建设。1973 年北京市戏曲学员训练班更名为北京市艺术学校。而到了 1979 年，该校又恢复了北京戏曲学校的名称。但事实上，在这段时期内，该校已经离开了原本位于自新路的校址，其办学地点几经变迁，现在已经难以考证充分了。直至 1984 年，该校正式以北京戏曲艺术职业学院搬入了位于丰台区马家堡的新校区，与白纸坊地区的缘分也正式画上了休止符。

现如今的“北京戏校”，仍然和当初一样，是对“国戏”生源一个良好的补充。“北戏”作为一个高职学校，对于专业技能的培训向来非常重视，而对于文化课，则是本着一个“宽入严出”的原则，尽管进入“北戏”的学生大多数文化课水平不如“国戏”学生高，但“北戏”始终秉承着对学生负责、对艺术负责的精神，将文化类课程和专业课两手抓，培养出了诸多发展均衡全面的优秀演员。该校办校时间也已经有数十年之久，为中国戏曲界输送了以张学津为代表的一大批戏曲人才，如孙毓敏、刘诗诗、李崇善、耿琦、柏雪、刘蓓、张傲月等人均是北戏的知名校友。值得一提的是，“北戏”如今增设了曲艺专业，这一方面丰富了该校的专业覆盖面，另一方面也着实帮助发展遭遇瓶颈的曲艺事业渡过难关，这一义举也让京城无数的曲艺行业从业者交口称赞。

第十一章　菜园建起大观园：红楼文化的兴起与繁荣

《红楼梦》是代表我国传统文学经典的四大名著之一，熟悉这部经典作品的朋友对于书中的大观园肯定不会陌生。作为《红楼梦》中元妃省亲情节的发生地，大观园这座华丽的贵族园林可以说是见证了荣、宁两府从兴盛到没落的全过程。吴柳先生读罢《红楼梦》，兴致勃

大观园省亲别墅

勃地遍访大观园原型园林的遗存。可是始终未能如愿，无奈之下发出“京华何处大观园”的慨叹，令人唏嘘不已。

可是如今您若是在京城之中再向人询问何处是大观园的话，那么大家一定会不约而同地告诉您：大观园？就在白纸坊南菜园街嘛！

那么问题来了，大观园是在什么时候出现在今天的白纸坊地区的呢？大观园又是怎么样让即使从来没有看过《红楼梦》的人都对它略知一二的呢？接下来咱们就仔细地为您讲一番个中缘由。

第一节　大观园园区史话

（一）梦中园林落在了白纸坊

《红楼梦》中的大观园，在曹雪芹的笔下不可谓不辉煌壮丽。大观园是贾府为了元妃省亲而特意修建的，作为高门贵族的礼仪场所，处处透露着皇家气派，恢宏壮丽的同时又蕴含着无尽的雅趣逸志，是《红楼梦》文化的标志性景致。

整个大观园虽然是曹公雪芹在小说中虚构而成，但是作为大观园的背景原型的园林府第却是有据可考的。毕竟曹家曾经是康熙年间的显赫家族，曹雪芹的祖父曹寅曾经官至清朝的江宁织造，得到了康熙皇帝的宠信。因此，大观园应该是曹雪芹根据自己的亲身经历而描绘的。

自《红楼梦》成书以来，无数红学家孜孜不倦地试图根据书中的蛛丝马迹而寻访或者还原这座传奇的园林。早在20世纪60年代，有关专家就曾经试图使用沙盘的形式来复原大观园的壮丽景象。这座数十平方米之大的大观园模型不仅在1963年北京的“曹雪芹逝世二百周年纪念展”中展出，还在日本方面的邀请下被运到了日本展览，受到了日本有关各界的广泛关注。但是这座沙盘却也存在并不尽如人意之处，它在复原时模拟了大面积的水面，但是《红楼梦》原文中却并没有提及大观园中有大面积的湖水的存在。该沙盘在展出完毕归国之后，就一直被封存在了故宫博物院的五凤楼之中无人问津。

1983 年，时值改革开放初期，为了响应国家大力发展文化，发掘保存我国的优秀传统文化，中国电视剧制作中心开始计划陆续将我国的四大名著进行影视化拍摄，以优秀的影视作品形式在荧屏上呈现给观众。作为文学瑰宝的《红楼梦》，自然是万众瞩目的焦点。为了更好地体现《红楼梦》中的深邃建筑文化，原汁原味地表现红楼文化的建筑美、场景美，电视剧版《红楼梦》筹备组试图真正地按照原著中的记载，还原一个百分百比例的大观园作为电视剧拍摄的取景地。

为了方便调度拍摄，兴建大观园的选址范围大致就在北京市内。该计划迅速得到了北京市委市政府的大力支持，经过当时的宣武区人民政府与中国电视剧制作中心协商，决定就地利用宣武区南菜园公园的园址建造大观园。

南菜园，是东西狭窄、南北较长的一块长方形地皮，一共有 12.5 公顷大小，与原著中“三里半”的记载大致相似。在明清时期，这一片地区是皇家菜园，设有“嘉蔬署”专门负责为宫廷供应日常所需的蔬菜。附近的菜户营地名的由来就是与此有关。由于种地的农民经常会出现人手不足的问题，朝廷还曾经从山西的临汾、晋城和长治地区强行征用百姓，并押送至这里来种菜。这些人被朝廷编为菜户，取专门种菜的丁户之意。菜户在此地的劳作非常辛苦，虽然负责种菜，但是却经常吃不上自己所种的蔬菜，还要受到朝廷监工的严密监视和残酷剥削，生活苦不堪言。在这种高压之下，甚至还发生了 200 余人私自逃回山西老家的事件。民国时期，由于战乱频仍，恶霸欺压，当地百姓的生活也没有得到改善。可以说，直到中华人民共和国成立以前，这一片地区的居民都过着水深火热的日子。

中华人民共和国成立之后，此地在原宣武区政府（2010 年，国务院批准撤销北京市西城区、宣武区，设立新的西城区，以原西城区、宣武区的行政区域为新的西城区的行政区域。为充分展示大观园建设、发展历程，本文沿袭宣武区旧称）的组织下，成立了“南菜园蔬菜生产合作社”。历经变化，在改革开放后，此地被交由宣武区园林部门管理，最初辟为南菜园苗圃，后来则改名为“南菜园公园”。直到大观园建设工程开工之前，此地仍有脏乱差的现象存在，而大观园工程的建设开工则为这一地区带来了翻天覆地的变化。

选址在此，大有深意。其中有一条就是，这一地区有暗合《红楼梦》原著的地方。《红楼梦》中第二十四回写贾芸“又拿了五十两银子，出西门找到花儿匠方椿家里去买树”，这之中提到的西门的背景实际上就是南西门，也就是旧日北京城的右安门。可以说，大观园的选址和建设工程，是既符合了《红楼梦》中的描述的，有极大的文化意义和内涵，又能够改善当地环境的多赢项目。按照计划，大观园建成之后，不仅可以满足剧组的拍摄要求，还可以对游客开放，成为研究、宣传、普及红学的基地。

建设大观园的计划甫一公布，立刻得到了社会各界的一致欢迎，受到了万众瞩目的期待。在正式破土动工之前，最重要的就是按照《红楼梦》原著的描述和相关文献的记载，在图纸上先规划、还原好大观园的恢复方案。1984 年，在宣武区政府的邀请下，著名的红学家、古建筑学家、园林学家和清代历史学者们汇聚一堂。经过严谨认真的商议，与会专家们共同制订了细致求真的总体建设规划方案。

北京大观园的设计初稿由北京建筑历史研究所的杨乃济工程师和故宫博物院古建部的傅连兴工程师合作完成。初稿完成后，经过红学、古建、园林、清史、文博等各方专家详细讨论修改了三次之后，才在最终的会议上敲定了最终的设计方案。当然，后来又有几次小修小补，总体来说整个设计经历了大大小小七次修改，最终才落实在今日的大家面前。

由此，在这种求真务实的工作宗旨的指导下，《红楼梦》原书中曹雪芹笔下的精致巧雅的园林宅邸、山石水系、植物盆景被完美地呈现在图纸上，建筑风格也力图忠实于原著的时代风尚和神韵。难能可贵的是，设计参与的专家学者们在致力于还原原汁原味的大观园的同时，又在其中添加了很多令人耳目一新的符合现代人审美的设计创造。

大观园复原工程在第一轮资金筹集中一共集中了建设经费 165 万元，其中 65 万元的电视剧制景费是由电视剧制作中心交由宣武区政府负责支配，宣武区政府自己又负担了 100 万元的建设费用。

有了严谨的设计方案和充足的施工经费，大观园复原工程正式破土动工。为了不耽误电视剧的拍摄，复原工程采取了分期施工的方案。第一期工程在 1984 年 6 月正式开工，1985 年 6 月底完成第一期建造。

在这之中因为建筑材料的问题还出过一段小插曲。由于当时的物流货运并不发达，各种物资也相对紧缺，大观园在建筑的过程中奇缺古建筑的木材。而国家的木材指标又没有批准下来，一立方米的古建筑就需要一立方米相对应的木材，四梁八柱、一檩三件。门窗隔扇，处处都需要木材供应，木材的缺口很大。在这种情况下，大观园当时的负责人只能通过各种途径八方求援。终于，国家林业部得知了这一消息，从当时的超产指标中拨出了 600 立方米作为大观园的建设材料，才解了园区建设的燃眉之急。而这批木材又是千里迢迢，从大兴安岭的林区运往北京，直到 1984 年除夕前一天才到达了施工工地。

第一期的大观园复原工程完成的部分主要是大门、大假山、沁芳亭、怡红院、秋爽斋、滴翠亭、潇湘馆和稻香村等处，还兴建了公园门前的停车场和景区周边的围墙。第二期的工程很快开工，工程与电视剧的拍摄同时进行，剧组的驻地就设置在大观园斜对门的一家小旅馆中。

第一期施工完成后，后续几期工程的资金只能由园区自行进行筹划。在这时，园区响应群众的要求，向社会公众开放了园区中已经施工完毕的区域，让大家可以一睹大观园的风貌。按照规定，大观园参观的入园门票是每个人 1 元。园区刚一开放就盛况空前，一年中接待的游客数量竟然达到了上百万人次，收入百余万元。这笔收入有力地支持了园区的后期建设。由此，建设、拍摄、游览相结合的运营模式，使得园区的发展实现了良性循环。到了1986年，第二期工程的十余个景点也建造完成，向社会开放。历经五年，全园的主要建筑的建设全部完成，园林景致、山石布置和水系规划全部完成。

而电视剧方面，经过三年紧张而艰苦的拍摄，电视剧版《红楼梦》于1987年首次在电视台播放。这部制作精良的电视剧作品刚刚播出，就立刻得到了来自社会各界的一致好评。播放时更是达到了万人空巷的程度，直到今天，这部电视剧已经累计在电视台重复播放了千余次之多，被赞誉为中国电视史上的绝妙篇章和不可逾越的经典之作。

相得益彰的是，电视剧《红楼梦》的巨大成功为拍摄的取景地——南菜园街大观园公园带来了巨大的知名度。这座历时五年才建造完工的公园和在此拍摄的《红楼梦》电视剧一样，都是不可多得的文化精品。

（二）古色古香的北京大观园

大观园是一座美轮美奂、布局雅致的园林，充满了中国古典文化底蕴。全园一共包括庭院景区5处，自然景区3处，佛寺景区1处，殿宇景区1处，总计有40多处景点。

大观园的正门，按照古代传统的规划形制，正门面阔五间，采取了坐北朝南的形制与朝向。正门建筑的顶部使用筒瓦覆盖，脊用泥鳅脊。门栏窗棂都进行了仔细的雕琢刻画。正门两旁都是水磨裙墙。

值得一提的是，在大观园正门外的青白石须弥座上，有一块雄伟奇绝、气势恢宏的山石伫立于此。游人在目睹这一块奇石时无不啧啧称奇。这块石头是由房山的深山中运来的，重达60吨，园区规划人员经过多次探访才找到了这块奇石。为了运送这块巨石出山，甚至还专门为它修建了一条可以供重型货运汽车进山的公路。然后又调度来一辆大型货车运载这块巨石，几经波折才拉到了园区的施工工地。这块石头对于北京大观园来说，可谓是意义非凡。石头上面刻着“补天遗”三个大字，意思是这块奇石是当年女娲补天时遗留下来的神石，这也正好对应了《红楼梦》全书的故事背景。这块奇石作为北京大观园的标志性景观，不仅可以说是园区一“奇”，更可以说是京城一“景”了。

走进大观园的大门，出现在眼前的是一座经过精心布置的假山石。而这块巨石是园区特意从安徽巢湖采购的南太湖石，并按照北京市政府园林顾问孟兆贞教授的设计堆叠而成。其上苔藓遍布，缀满藤萝。在山石的缝隙处隐隐可以看到一条羊肠小路。小径处的石头上刻有“曲径通幽处”字样。“曲径通幽”是贾宝玉根据唐代诗人常建《题破山寺后禅院》中的诗句“曲径通幽处，禅房花木深”所取，而为这座假山石所题的字。堆叠的怪石正对着大门，这种布景的用意取了中国传统园林设计中“藏景”的手法。园中景物并不会一进门就让游客一览无遗，而是引导游客在曲折小径中行走探寻，直至穿过这片怪石，眼前蓦然出现一片胜景，更有豁然开朗、茅塞顿开之感。

值得一提的是，整个园区的假山石主要是由工匠艺人苏州的韩良源师傅和北京的李连宝师傅完成的。李连宝师傅是明末清初的园林大师“山子张”的传人。无巧不成书，《红楼梦》中大观园的设计者“山子

大观园水面全景

野”和“山子张”仅是一字之差。更有观点认为，“山子野”的原型就是曹雪芹参照“山子张”而来。由此来看，这也是一个非常有意思的历史巧合了。

走过这条假山石遮掩构成的清静优雅的蜿蜒小路之后，向左前方行进，就来到了沁芳亭。沁芳亭建在一座石桥上面，沁芳亭的栏杆是使用汉白玉雕砌而成。“沁芳”二字是贾宝玉给这座亭子所起的名称，《红楼梦》中的情节“林黛玉重建桃花诗社”就发生在这里。亭上还有一副对联：绕堤柳借三篙翠，隔岸花分一脉香。这副对联意在描写环绕沁芳亭的翠绿湖水与美丽的荷塘之景，它的绝妙之处就在于描写水景，却不见一个水字。

经过沁芳亭桥，再往西北是一座小院——怡红院，是《红楼梦》贾宝玉的住所。怡红院的建筑规制古色古香，垂花门楼，怡红院内的正房面阔五间，悬挂一块题着“怡红快绿”的匾额。这里是《红楼梦》电视剧的主要取景地。在原著中给这座院落起名时，宝玉所题的字为：红香绿玉。但是因为这个名字有暗示林黛玉之意，贾元春觉得如此不妥，便将这座院落的名字改为“怡红快绿”，因此而得名怡红院。

怡红院的南面是一潭清清的池水，有座格调优雅的亭子仿佛建在了水上，这便是滴翠亭。对于滴翠亭，在《红楼梦》书中的第二十七回“滴翠亭杨妃戏彩蝶 埋香冢飞燕泣残红”中的描写为：“（薛宝钗）只听滴翠亭里边嘁嘁喳喳有人说话。原来这亭子四面俱是游廊曲桥，盖造在池中水上，四面雕镂格子糊着纸。”由此可见这水亭子是两层的，外圈是游廊，内圈是雕镂格子围合。大观园复原的滴翠亭的景象对照原著中的记载来看可以说是恰到好处。

从怡红院出来向东张望，就可以看到潇湘馆。按照《红楼梦》书中所记，是林黛玉居住的地方。这个院落清净雅致。因为林黛玉来自江南之地，因此潇湘馆被建成了一座更有江南水乡园林风格的院落，正符合林黛玉清幽雅致、“潇湘妃子”的婉转风格。潇湘馆的“潇湘”二字得名自三皇五帝中舜帝潇湘二妃娥皇、女英的典故。

穿过怡红院沿西侧游览路线继续向北的话，就看到了栊翠庵。栊翠庵是专门负责在元妃回贾府省亲时做法事祈福的寺庙，在平时则是妙玉于庵中带发修行。妙玉同属大家耳熟能详的金陵十二钗之一，虽自幼因为体弱多病不得已遁入空门以求平安，但妙玉在贾府众人中也是从容自得、不卑不亢。《红楼梦》中对于栊翠庵的记载不多，仅提到了山门、东禅堂、耳房这三处地方，但是大观园中复原的栊翠庵却颇得清净雅趣。进门的香炉、回廊，龛烟青青、炉香袅袅，以及北屋正殿佛堂中所供的金身观音塑像，无不点明了此处乃是佛家清修之所。栊翠庵坐落于大观园园区西侧较为偏僻之处，也体现了佛家“出世修行”的思想。

栊翠庵的北侧是嘉荫堂。嘉荫堂在贾府举家为德高望重的贾母办八十大寿的时候起到了重要作用。举办寿礼时，贾母先要在此处更衣，再到前面的荣庆堂接受众人的参拜祝贺。嘉荫堂后身的一座小山同样在原书中可以找到对照。在《红楼梦》第七十五回“开夜宴异兆发悲音　赏中秋新词得佳谶”一回中，贾母与众人在嘉荫堂上香拜月，书中曾提道：贾母道“赏月在山上最好”，因命在那山脊上的大厅上去。这说明嘉荫堂的后身是有一座小山的。

从嘉荫堂出来转而向东，就是北京大观园公园中最大的一处水面。水面的四周围分布着几处临水的馆阁，分别是凹晶溪馆、藕香榭、芦雪亭和紫菱洲。

凹晶溪馆在书中是史湘云和林黛玉联句之所，二人更是吟出了“寒塘渡鹤影，冷月葬诗魂”这样的名句。从地理上看，凹晶溪馆不仅与它东北方向的凸碧山庄在名字上相对应，两处景致一高一低，一山一水，相映成趣。“凹晶”二字得名自林黛玉。按《红楼梦》第七十六回中所记：“因这几间就在此山怀抱之中，乃凸碧山庄之退居，因洼而近水，故颜其额曰‘凹晶溪馆’。”这两处在设计之时是特意为了赏月观水而建造的。

藕香榭、芦雪亭位于水面东南方。按书中记载，贾母曾经大开宴会，在东面的缀锦阁底下宴请众人，让女戏子们在一水之隔的藕香榭中演奏乐曲。管弦箫笛隔着水面传来，悠扬婉转，格外的好听。藕香榭的建筑结构是三间左右曲廊，有一座竹桥在它的南面，整个建筑横跨水面，双侧接连水岸，景色雅致清幽。在亭中的柱子上，有一副对联挂着“芙蓉破影归兰桨，菱藕香深写竹桥”的字样。一到夏日，周围的荷花茂盛丛生，是站在亭中观赏夏荷的最佳之处。芦雪亭，顾名思义，是具有冬日观雪趣意之地。冬日雪天，这里是大观园中众人观景联诗作对的地方。从建筑造型上看，芦雪亭有一伸入水面之中的观景台，从侧面看如一艘画舫浮在水面，无论是冬景还是夏景，都别有一番特色。元妃曾经在此处题“荻芦夜雪”四字，以描绘出此处一到冬日的雪景之美。

紫菱洲和缀锦楼是一组建筑，前文中已经提到，贾母曾经在此举办过宴会。除此之外，这组建筑还是贾迎春的住所。在贾迎春出嫁后，宝玉还“天天到紫菱洲一带地方徘徊瞻顾”，看到人去楼空、物是人非的

紫菱洲——饮碧涵红

景象，不禁悲从中来。

向南经过紫菱洲，就是东南方的三座主要院落，分别是暖香坞、秋爽斋和稻香村。暖香坞是贾惜春的住所。按书中的记载，惜春的住所靠近藕香榭，北京大观园中复原的结构布置是非常合理的。暖香坞，自然以温香暖阁为其独特之处。由于惜春善于作画，贾母便安排了这一处全大观园中最为温暖的地方让惜春居住，为她提供了一个最适宜的创作环境。秋爽斋在前文提到的潇湘馆东侧的位置，是贾探春的住所。秋爽斋之中最大的厅堂叫作晓翠堂，晓翠堂四面是出廊，建有流角飞檐，是"贾母初宴大观园"情节的发生地。在秋爽斋东北，是一片别具一格的田园风光的建筑。走进院落当中，最为引人瞩目的就是院子中央的几处苗圃，苗圃之上种植着各种各样的蔬菜花果。整体清幽雅致的大观园中为何有这么一座具有田园农家风格的建筑呢？这处叫作稻香村。稻香村是荣国府长孙贾珠之妻李纨的住所，贾珠早逝，李纨便带着自己的孩子孀居于此，每日教儿子贾兰读书习武。这里的风格与其他地方不同，周围是用黄泥围住的几堵矮墙，篱笆青青，相比于大观园中的其他院落，颇有隐世之风。这也和李纨在书中低调本分守己、恪守封建礼教的风格相适应。

稻香村以北的一片花木繁盛的地方唤作红香圃，此处地势开阔，是园区规划的一处以赏花为主的景区。从缀锦楼东侧的小山上向红香圃观望，水流潺潺，花香四溢。蔷薇院、荼蘼架、木香棚，群芳争艳。

从稻香村向北爬上小山，向园区的东北方向看，同样是一组大型建筑群，是蘅芜苑、大戏楼。蘅芜苑是薛宝钗的住所，蘅芜苑的"苑"字本是皇家园林所用之字，而在此用在了薛宝钗的住所名称上，其用意是暗喻薛宝钗意欲进宫选秀的背景。蘅芜苑得名自宝玉题字的匾额"蘅芷清芬"，而且院子中多种奇花异草遍布清香，有"吟成豆蔻才犹艳，睡足荼蘼梦亦香"这样一副对联描述了院内的情景。

大观园中最为核心的一栋建筑群落，就是位于北侧的以顾恩思义殿

顾恩思义殿

为核心的省亲别墅建筑群。因为整座大观园都是为在宫中的贾元春回府省亲而修建，故而这篇建筑群可以说是大观园最为重要的建筑，被安置在了整个园区的中轴线上。同时也是园中唯一一座最有皇家气派的建筑群，突显了它独一无二的地位。

省亲别墅不仅在《红楼梦》中的大观园里占有重要的地位，在现实中的大观园里同样发挥着不可或缺的作用：它是北京大观园红楼文化博物馆的所在地。关于红楼文化博物馆的介绍，在本章的第二部分将有专门介绍。

省亲别墅建筑群由前面的省亲牌坊、顾恩思义殿、含芳阁、缀锦阁和大观楼组成。伫立在整座建筑群前方最大的标志性建筑，就是汉白玉雕成的省亲牌坊。这座牌坊高 8 米，宽 11 米，洁白如玉，在沁芳池北岸俯视着整个大观园，象征着贾府在鼎盛时期的辉煌与荣耀。牌坊上有遒劲笔力写就的数个烫金大字，在阳光下耀眼夺目。正上方镌刻有“省亲别墅”四字，左右分别是“芳岸”和“玉津”。牌坊的背面正上方则镌刻着“国恩家庆”，以示贾府和皇家的联

省亲别墅

系，背面左右则分别是“云影”和“波光”。这几个字都是园区请故宫的清史专家来亲自设计，并从古书碑帖中摘取而来。

省亲牌坊正面对着的是沁芳池，池前有一可供舟船停泊的系泊处，同样由汉白玉所雕。这处小港并非是无中生有，而是根据书中的记载而来。据《红楼梦》第十八回“皇恩重元妃省父母，天伦乐宝玉呈才藻”中的记载，贾元春回府“忽又见执拂太监跪请登舟，贾妃乃下舆。只见清流一带，势如游龙，两边石栏上，皆系水晶玻璃各色风灯，点的如银花雪浪……已而入一石港……彼时舟临内岸，去舟上舆，便见琳宫绰约，桂殿巍峨，石牌坊上写着‘天仙宝镜’四大字，贾妃命换了‘省亲别墅’四字”。可见，元春在大观园中是乘舟来到正式接受众人朝拜的省亲别墅的，故而此处设置一汉白玉港口是完全符合原著的描述的。

穿过省亲牌坊，跨过匾额上写有“红楼文化艺术博物馆”的大门，就能看到省亲别墅的正殿顾恩思义殿了。“顾恩思义”的名称是元妃所题，取“天地启宏慈，赤子苍头同感戴；古今垂旷典，九州万国被恩荣”之意。顾恩思义大殿面阔五间，崇阁巍峨、层楼高起、青松佛檐、玉栏绕砌、金辉兽面。元妃省亲时，在这里接受的贾府众人的朝拜。因而，此处是大观园中最重要的礼仪性建筑。

顾恩思义殿的背后是含芳阁、缀锦阁和大观楼。三座二层的阁楼，呈东、北、西三面环绕，里面布置着红楼文化艺术博物馆的基本展览。两阁的斜对面是顾恩思义大殿背后的大戏台。北京大观园的大戏台可以说是为园区的发展立下了汗马功劳，每逢重大的节日庆典，如中秋、春节等等，这里都会上演园区排演的具有红楼文化特色的演出，如元妃省亲、贾母贺寿、宝黛成婚等等，关于这些演出的由来与发展，本章的第三部分会加以介绍。

除此之外，园区之中还有一个特色的创新景点值得一提，这就是太虚幻境 4D 动感影院。太虚幻境影院位于园区东北方，紧邻着省亲别墅的建筑群，让参观者可以在逛完红楼文化艺术博物馆之后，来到影院欣赏高科技4D影片。提到太虚幻境，熟悉《红楼梦》的朋友们肯定会想到那不是贾宝玉在梦中所见到的景象吗？园区正是借助了书中的这个情节，将原来在头脑中想象的虚幻情景，借助高科技手段化为了可见可及的4D逼真场景。在这里可以看到极富动感地演绎女娲补天遗落的灵石、宝玉神游“太虚幻境”等故事的电影，置身其中，可以感受到高科技所带来的震撼和神奇感觉。可以说，科技手段展示传统文化是大观园在信息时代的一大特色。

不仅如此，园区还利用“幻影成像”的高科技手段，采用声、光、电等方法建成了“巡盐御史署”景点，在这里，游客将感受采用真人拍摄、电脑编程、立体投影等方式再现的清朝盐漕商运、民间易货和上缴税银的情景。

（三）白纸坊地区的新地标

大观园刚一落成，就受到了社会各界的高度赞誉。著名的红学家周汝昌在游览了大观园之后，曾经赋诗一首：“名园兴废问遗踪，身到红楼恍梦中。一境是真还是幻，蓼风荇渚似相逢。”行走在大观园中，似真似幻，亦真亦假，如同真的来到了《红楼梦》的世界中，令人沉迷其中难以自拔。《红楼梦》原著中，元春来到大观园后，为其题诗一首：“衔山抱水建来精，多少工夫始筑成。天上人间诸景备，芳园应锡大观名。”可见，无论是书中的大观园，还是现实中的大观园，都以其华丽雅致的建筑文化而备受赞誉。其中蕴藏的深邃的红楼文化更是引人入胜。

大观园的落成，不仅为白纸坊地区增添了亮丽的景致，更为京城地区缀上了一颗璀璨的明珠。建成不到两年，作为一颗璀璨之星，大观园名列1986年“北京十六景”之一，1988年更被评选为北京20世纪80年代十大建筑之一。除此之外，还获得了“群众喜爱的民族形式建筑”第八名。

自大观园建成以来，累计接待中外游客达千万人次，邓颖超、杨尚昆、万里、田纪云等多位中央领导同志也曾到大观园进行参观游览。还有十几个国家的元首和领导人来访，如英国前首相希思、朝鲜前最高人民会议常任委员会委员长金永南等。而溥杰先生也多次来到大观园，品红楼佳宴，在红楼茶舍品茶。我国的桥梁专家茅以升先生更是于 87 岁高龄顶着酷暑来到大观园参观。可以说，大观园以及它所宣扬的红楼文化不仅享誉全国，而且已经走向了世界。大观园为我国优秀的传统文化的保存和发扬做出了突出的贡献。

如前文所说，大观园园区管理者在经营中着力突出红楼文化特色，积极改善经营模式，不断推陈出新。2014 年，大观园全年的门票收入达到了 2200 多万元，2015 年更是达到了 2400 万元，园内其他商品经营项目的收入也获利数百万元。在努力增收，不花国家一分钱的同时，还为支援国家的教育事业、为红楼文化的传播推广等各项事业捐赠了数百万元。在园区的经营上实现了良性循环，开创了以园养园的积极建设思路，为后来其他相关单位的发展提供了榜样与经验。

作为吸引了无数游人的旅游胜地，大观园在获得了可观的旅游收入的同时，还带动了周边产业的兴起。具有代表性的大观园酒店工程就是一例。酒店于 1988 年底动工，1993 年正式营业。作为四星级高档会议、商务、休闲场所，建筑雅致豪华，酒店与大观园的整体风格相协调。与周边的大观园出租汽车公司、大观园旅行社等项目一起，有力地带动了周围地区的经济发展，扩大了就业，改善了产业结构。

不仅如此，随着 21 世纪的到来，大观园的园区还紧紧跟随着信息时代的步伐，加强文化产业与商业经营的合作。在 2010 年推出了以高科技制作的全程语音的 AVG 游戏《红楼梦：林黛玉与北静王》。更通过与中国移动的合作，实现了通信技术与传统民俗文化的深度融合。除此之外，大观园园区还向国家工商总局申请注册了文化创意产品“刘姥姥”商标，于 2009 年开始，用于对农副产品进行开发以进一步创收。

由于大观园是北京市内具有大量古典建筑群落的景区，各种影视剧的拍摄剧组对这座园林格外青睐。据园区提供的数据，从建成到现在，已经有多个影视剧把大观园作为了取景地之一。一些大家耳熟能详的电视剧就是在大观园中完成拍摄的，比如《走向共和》《雍正王朝》《神医喜来乐》等等。2008 年的大型海选节目“红楼梦中人”将大观园作为节目场景之一，而剧组的主创人员更是多次来到大观园参观、学习。

除了积极推广自身的红楼文化以外，大观园还利用自身平台的知名度，联络了很多特色的临时文化展览到园举办。据近年来的资料显示，这些展览包括“《草原传奇》：王金摄影展”“全国剪纸展”“梁永和红楼人物展”“非物质文化遗产展览展示”“第十三届宏宝堂书画名家百扇展”“西城区文联老北京照片展”“李苦禅李燕父子文化精品展”“十八大闭幕十八位书画家国画精品展”等等。

从昔日的皇家菜地，到今天的重要文化创意景区，大观园成为白纸坊地区以文化战略带动经济发展的优秀代表，为其他宣南文化的发展提供了思路。

第二节　红楼文化博物馆

介绍完大观园的基本概况之后，我们就要再探索一下蕴藏在这座北京市乃至全国著名的地标性建筑背后的文化意涵，和在这座园内负责承载并发扬红楼文化的重要文化设施——名扬海内外的红学研究中心“红楼文化博物馆”。

红楼文化博物馆坐落在北京大观园北侧。从正门进入大观园，经过沁芳亭、怡红院和凹晶溪馆，就能看到红楼文化博物馆的建筑群落了。这座红楼文化博物馆由顾恩思义殿、含芳阁、缀锦阁和大观楼等主要建筑组成。整个红楼文化博物馆的装潢风格古色古香，既作为园内的主要建筑，又在内部以博物馆的形式发挥了独具特色的作用，和整体的红楼文化氛围相得益彰。

作为大观园整体文化区块的附属机构，红楼文化博物馆发挥了它独有的发展社会文化的社会功用，以文物、图片、视频的展示以及大型实景演出、周边文化创意产品销售等多种方式和途径，向公众进行红楼文化的宣传与普及。让每一位来到红楼文化博物馆参观的游客，增加了对大观园以及大观园背后的红楼文化的了解，让大家更深刻地理解红楼文化的博大精深。博物馆内常设综合性的红楼文化艺术展。这个展览共分为七个部分，馆方通过构建场景、展示实物等方式使参观者仿佛置身在《红楼梦》中，增强了参观过程中的代入感，以让参观者获得更加深入的游览体验。

（一）皇家仪仗何处寻

迈进博物馆大门，首先进入的是顾恩思义殿，大殿之内，最为吸引参观者目光的就是屏风宝座。宝座位于大殿内正中央的地台之上，是元妃嫁入皇宫被加封为贤德妃之后，回贾府省亲时接受朝拜的场所。元妃省亲作为《红楼梦》中的重要情节，许多仪仗规制无不体现出皇家的气派与威严。可以说，元妃省亲的过程，其实就是曹雪芹根据自身的经历，对明清时期皇家仪仗规制的还原，是明清两代皇家礼仪的一次重要的展示。这背后蕴含了深厚的传统文化内涵，甚至有学者认为曹雪芹在写作这一情节的时候，所取鉴的正是历史上曹家接待康熙皇帝南巡銮驾时的情景。由此观之，元妃省亲这个情节的意涵不可谓不深厚，值得广大的观者、读者加以细细品味和琢磨。

馆方自然敏锐地抓住了这一内涵的精髓，借元妃省亲的场景为平台，为参观者精心布置了关于明清皇家仪仗礼仪的展览。这部分展览主要参照了故宫储秀宫的规格进行设计，还别出心裁地将故宫博物院所藏的历代秀女和贵妃封册的复制品进行展出，以加深参观者对于皇家选妃制度的理解与体验。

红楼庙会大舞台元妃省亲情景剧演出

这一组展览中，最值得大家称道的就是大殿内东西两侧的泥塑与绢塑场景：元妃省亲和奉谕联诗。在西侧是刻画元妃的仪仗队伍来到贾府时的宏大场景，细致用心地塑造了元妃回贾府省亲时的人物群像，既有贾府的负责迎接仪仗人员的谨慎小心，也有皇家仪仗队伍的威严浩荡。在东侧则是由绢人组成的场景：奉谕联诗。元妃回府在游览大观园之后，将八处建筑题字赐名。又命贾宝玉和众人作诗以和。在这之后，贾蔷带领十二女戏子作了四出戏。这段情节在烘托喜庆的气氛之余，却又在这四出戏中暗喻了贾府在之后不可避免的衰败与书中众人的悲惨结局。

这部分展览还有一个最大的亮点就在于“绢人”。这组绢人都是由辽宁的周玉章老先生制作完成的。制作绢人这种工艺本身就是极富传统文化特色的非物质文化遗产。如果想要制作一个质量上乘、做工精美的绢人的话，就要选用上等的丝、绸、纱、绢作为原料，还要经过绢人制作工匠师傅进行雕塑、彩绘等十几道工艺的精细手工操作，历经数道工序才能制作成功。而红楼文化博物馆的绢人

红楼庙会元妃省亲古装仪仗行进表演

论制作的体积和复杂程度，在全国都是数一数二、值得称道的。

整体来看，无论是顾恩思义殿中展览的布局还是绢人泥人场景的刻画，都在突出红楼文化的同时，又以我国的传统文化为载体。比如前文提到的明清皇家礼仪的相关知识、泥人绢人的制作工艺等，无不彰显了馆方在设计展览之时的匠心独具。值得一提的是，时至今日，在大观园中举办中式传统婚礼都是园区运营的热门项目，深受群众的喜爱与欢迎。

（二）筚路蓝缕红楼“梦”

展览的第二个部分是大观园馆。在这一部分中，馆方从书中大观园的由来、北京大观园的历史、园区特色文化活动和北京大观园所获各项荣誉等四个方面出发，全景式地向参观者展示了北京大观园的方方面面。展览以北京大观园的由来与发展作为主线，以建园过程中大观园的种种特色红楼文化为辅料。为了突出展览主题，馆方别出心裁地将全套展览内容的四个部分分别进行了命名：“梦中的园”“圆梦的史”“园中的梦”和“梦中的荣”。

“梦中的园”部分主要着眼于《红楼梦》成书到北京大观园出现之间的这一段时间中，历代红学家和《红楼梦》的读者对书中描绘的大观园的美好想象与追求。“一千个人心中有一千个哈姆雷特”，同样地，在万万千千的《红楼梦》读者心目中就会有他们各自构想的大观园。古往今来，大观园承载了无数文人墨客对于琼楼玉宇的美好想象与心灵寄托。从清代嘉庆年间绘本插图中的荣国府大观园图，到今人设计的各种描绘大观园的沙盘、模型、杂文等等，无不体现了人们对这座想象中的古典园林艺术的巅峰、读书人心中的世外桃源的喜爱与由衷的向往。多少人渴望它能够出现在人世间，让无数的红学家、“红迷”一饱眼福。毫不夸张地说，当您观看完这一部分的展览后，就会感受到从古至今人们对大观园的热切的企盼，对曹雪芹笔下的大观园最终出现于今日的南菜园感到惊奇。

值得慨叹的是，大观园复建工程上马后，在宣武区政府和白纸坊街道的大力支持下，北京大观园从无到有，从阡陌纵横的农家菜园到一片喧闹、热火朝天的建筑工地，再到今日雅致精巧的明清风格的古典园林，伴随着白纸坊街道30年的飞速发展，无声诉说着值得骄傲的过往，展望着无限美好的未来。“圆梦的史”展示的一幅幅照片、一份份文件，记录着北京大观园在圆了无数人心中的梦的同时，又实现了跨越式的大发展，改变了南菜园地区的面貌。

“园中的梦”则以红楼文化和这部名著中的经典情节为核心，向参观者展示了这些年来北京大观园为了宣传发展红楼文化而举办的各类大型活动与特色表演，比如每年春节的红楼庙会、红楼中秋、名家创作的以红楼文化为主题的书画作品、精心还原的红楼美食盛宴，等等。在这一系列活动中，以“元妃省亲”的大型古装表演最为引人注目，成为园区的保留项目，有力地宣扬了红楼文化。关于“元妃省亲”这个特色项目的由来与发展，将在下一部分对红楼庙会的介绍中加以详述。

“梦中的荣”主要向各位参观者介绍了北京大观园建成以来所获得的各项荣誉。最令人称道的是，北京大观园的发展模式为北京其他地区的新建景区园林提供了一条借鉴之路。因此，经济效益与社会效益双管齐下的北京大观园自然成为标杆。

（三）文化艺术看红楼

在展览的第三部分，馆方设计的是红楼文化艺术展。《红楼梦》作为一部鸿篇巨著，它的作者曹雪芹在书中细致地描述了荣、宁两府的日常生活。从这个角度来看，《红楼梦》可以说是一部涵盖了从清代的达官贵胄到市井农民百姓日常生活起居的百科全书。

根据研究《红楼梦》的专家学者统计，书中的内容涉及了文学、诗词歌赋、饮食文化、茶文化、酒文化、传统手工艺、园林建筑、戏曲、中医药和日常娱乐等等数不胜数的主题。

本部分展览关注的就是书中涉及红楼文化并反映出《红楼梦》生活方方面面的奇珍异宝。据北京大观园红学研究中心统计，《红楼梦》中涉及的工艺品可以划分为20个种类、327个品种、5500多件器物，其中涉及玉器、漆器、瓷器、珐琅器、青铜器、金银器、玻璃器、首饰器以及石刻、木雕、竹雕、象牙雕等，风筝、扇子、宫灯、屏风、文房四宝……琳琅满目，应有尽有，令人目不暇接。

红楼文化艺术展正是遵循着这个线索，如数家珍般地将这些书中出现的器物原型，经过长时间的搜集整理呈现在参观者的眼前。

（四）精品文物楼中寻

展览的第四个部分是红楼文物精品展。顾名思义，该馆展示的是《红楼梦》这部书背后所真实反映出来的清代贵族生活，尤其是与曹雪芹本人及其家族有关的文物。略显遗憾的是，曹公的遗物留存于世的少之又少，很难寻觅。

展厅以《红楼梦》中的叙述作为线索，向参观者展示同时代的清代文物，如文房用品等。

在这个部分中，展厅共分为左中右三个部分，左侧为模拟复原的闺阁卧室。在这间房间的中央，是一个木榻。在木榻之上有一件矮桌，是乾隆九年（1744）八月由匠人制造的奉给礼亲王的茶桌。旁边立着一座清代的樟木柜。展厅正中是厅堂，仿照《红楼梦》第三回中荣禧堂的陈设而设计，整个展厅古色古香。展厅的右侧是书斋，一张紫檀书案，桌旁是画缸与多宝阁。参观者浏览期间，仿佛穿越时空，既能体会到《红楼梦》原著中的场景，又加深了对清代的人们生活起居环境的了解，可谓一举两得，颇具生趣。

（五）曹公踪迹坊间存

展览的第五部分是关于《红楼梦》作者曹雪芹家世的。大观园园区经过长时间细致的搜集整理，将红学研究中关于曹公雪芹生平的部分严谨认真地进行了考证，并将最为可靠扎实的研究成果展现给游客们。

我国清代的文学家曹雪芹，因为他的一部洋洋洒洒数万言的长篇巨著《红楼梦》而名留千古。自《红楼梦》成书数百年来，专家们对于曹雪芹的生平、家世、好友等方面的研究从未停止。无数红学家与痴迷于《红楼梦》这部千古奇书的人对曹雪芹进行了孜孜不倦的研究与探索。

其实，说到曹雪芹，他和白纸坊地区也有过一段值得一说的联系。在今天的大观园北侧、南菜园街南口的西侧曾经有一座名为千佛寺的寺庙，曹雪芹在生活落魄时期曾经在这座寺庙中居住过一段时间。

据《明重建古刹千佛寺碑记》的碑文上记载，这座千佛寺始建于明代嘉靖年间，是一座有着数百年历史的古刹名寺。有着两层坐北朝南的大殿，殿前有山门。山门上写有"敕建千佛禅寺"几个大字。迎面第一座大殿面阔五间，殿内有释迦牟尼佛和十八罗汉像，释迦牟尼佛两边有侍者。大殿之后是朝房。除此之外，寺中还有稍小的殿堂和东西耳房。据研究者推测，曹雪芹当年在寺中寓居的时候，很可能就住在寺中的耳房之中。

曹雪芹在这座寺中寓居的时候，也是他构思、写作《红楼梦》的时间段。谁又能想到，就在曹公居住、写作的千佛寺南方不到一公里的地方，在300年之后竟然真的出现了一座他笔下的大观园。又何曾想到，这座大观园给他居住的白纸坊地区带来了多么大的知名度，对改善当地的社会经济起到了多么大的帮助。这也是曹雪芹与宣南地区、与白纸坊地区的一段不可多得的缘分。相信如果曹雪芹的在天之灵得知了这件事的话，也会感到十分欣慰吧！

由此，我们也有必要借助这部分曹雪芹家世展览的内容，简要向大家介绍一下曹雪芹的生平与家族背景，让大家在对曹雪芹的曲折坎坷的人生经历有一个基本了解的同时，体会到曹雪芹与这座大观园、与白纸坊地区那隐藏在历史尘埃背后的缘分。

关于曹雪芹的确切生卒年份，学术界一直都存在着争论。目前存在的大致是这几种说法。关于出生年份，一种说法是曹雪芹生于康熙五十四年（1715），而另一种说法认为曹雪芹生于雍正二年（1724）。对于他的去世年份有三种说法，一种是乾隆二十七年（1762），一种是乾隆二十八年（1763），还有就是乾隆二十九年（1764）。虽然这几种说法在时间上的距离并不十分遥远，但是由于资料的缺乏，很难真正地确定曹雪芹的生卒年份。唯一可以肯定的是，无论采用的是哪种说法，一生曲折坎坷的曹雪芹不到50岁便在贫病交加中溘然长逝。

曹家在清前期可以说是家世显赫的大家族。祖上能够追溯到驻守辽阳地区的明军军官曹振彦。在明朝末年，随着清太祖努尔哈赤在东北的攻城略地，曹雪芹的高祖曹振彦转投了满洲八旗军。后来随着八旗军入关作战而屡获提升，战功卓著。曹家在清军定鼎后附属于满洲正白旗多尔衮麾下，曹振彦官至佐领。这是曹家在历史上的第一次大发展。

有一点不能忽视，那就是曹雪芹的曾祖母孙氏做过康熙帝的保姆。这一事件成为曹家获得康熙皇帝重视与信任的关键因素。

到了曹雪芹祖父曹寅这一代，曹家实现了历史上的第二次大发展并进入了鼎盛辉煌时期。

曹雪芹的祖父曹寅继承父亲的官职，担任了苏州织造、江宁织造和两淮巡盐使。此前，曹寅曾经担任过康熙皇帝的伴读，很是受到康熙皇帝的宠信，不仅被康熙赋予了刊刻《全唐诗》《佩文韵府》等书籍的任务，还在康熙皇帝南巡的时候承担了接驾的重任。此时的曹家可谓是如日中天，而曹雪芹正是出生在这一时期。童年时期，他所体会到的曹家的深厚文化底蕴和贵族式的生活方式，为日后曹雪芹的文学创作提供了思想和物质的双重基础。

然而好景不长，由于被卷入了雍正、乾隆两朝的政治斗争，曹家在雍正六年（1728）和乾隆四年（1739）先后两次遭到厄难。先是曹雪芹的父亲曹頫获罪被抄家，曹家被迫从江南任上迁回北京。数年后连北京的家宅也遭到抄没，连并之前积累的家产也被一并罚没。这时的曹家可谓是彻底没落，无处可去的曹雪芹只能在京城四处流浪寓居。前文提到的他居于千佛寺便是在这一时期。几经辗转之后，曹雪芹落脚在北京西郊香山的旗人领地，著下《红楼梦》，不久，便在贫病交加中溘然长逝。

青少年时期的生活，对曹雪芹产生了巨大的影响，也造就了他对贵族生活的准确体认和深厚的文学修养。而他后来亲身经历的曹家的没落与人生的颠沛流离，更是为《红楼梦》的成书提供了更高的思想性。“满纸荒唐言，一把辛酸泪。都云作者痴，谁解其中味?”这首诗无论是用来评价《红楼梦》，还是用于评价曹雪芹曲折坎坷的人生，都可谓是恰如其分。只有读过《红楼梦》这本书才能理解曹雪芹在书中寄寓的人生曲折、世事无常的思想感情。

可以说，红楼博物馆关于曹雪芹生平部分的展览，准确地抓住了隐含在《红楼梦》、隐含在曹雪芹家世背后的因素。

参观完这一部分的展览，参观者就能更深刻地体悟到《红楼梦》的精髓。如果参观者兴致未消的话，在游览完大观园全园之后，到大观园以北一公里的北方工业大厦的所在地。那里就是曹雪芹曾经寓居的千佛寺的旧址。从这里观望今日的大观园与白纸坊地区，乃至北京城的繁盛景象，更能加深对世事流转变迁的体会。

（六）红楼研究蔚成观

前文已经提到过，自从《红楼梦》成书后，后世有无数的文人墨客、达官显贵们争相传抄，阅读这部奇书。对于这部书的研究著作也可谓是浩如烟海，前后不绝数百年。到了中华人民共和国成立之后，对于《红楼梦》的研究进入了新的阶段，红楼研究的新成果如雨后春笋一般不断涌现。这部分展览关注的就是历代对于《红楼梦》的研究成果的集合。

当今流传下来的《红楼梦》，以脂砚斋批注本和程甲本为主。除此之外，又有多种流传形式与载体的《红楼梦》，比如与《红楼梦》相关的戏曲、曲艺、诗词歌赋、版画等等。而且随着中国文学走向世界的进程，《红楼梦》又流传到了海外，在日本、东南亚乃至欧美等地广泛流行。

对《红楼梦》这本书的续写，必须要提及。传世的 120 回本《红楼梦》，其中 80 回为曹雪芹亲自创作，而后 40 回则是程伟元和高鹗在 1791 年，也就是乾隆五十六年所续写的。虽然有几十种对《红楼梦》的续写，但程、高的续写，是具有较高价值的版本。根据红楼研究中心的统计，从乾隆时期流传至今的《红楼梦》抄本有 11 种之多。

本部分展览不仅关注了对《红楼梦》的研究，更将目光聚集在了后世对《红楼梦》的评价上。这便是今日大家所津津乐道的红学。《红楼梦》这本书，不光它的故事情节引人入胜，在书中涉及的历史背景、生活习俗、文学艺术等方面同样吸引了无数学者孜孜不倦地对它进行研究。甚至由对这一部奇书的众多研究成果而衍生出了无数的流派。

第六部分的展览中，简述了关于《红楼梦》的研究，大致分为了四派，它们分别是评点派、题咏派、索隐派和考证派。评点派主要以对书中文段用句遣词的分析为主，评点的方式是以圈点标出可以评价的句子的位置，并且在这一处加以点评批注，因此这一派被称为圈点派。这一派的代表人物就是前文提到的脂砚斋，但是此人的真实身份还是未解之谜，有待专家学者进行进一步的考据。题咏派是指那些从乾隆年间此书问世到道光年间，针对这本书的情节、人物等方面题诗作赋的文人。这一派的代表人物是张新之、姚燮等。索隐派是又一大流派，这些人以清末民初的国学大师为主，如蔡元培、王梦阮、沈瓶庵等等。他们着力于发掘潜藏在这部书背后的真实史事，以及曹雪芹谋篇布局的真正用意。考证派，正如这一派的名字所表示的那样，就是指那些对《红楼梦》从版本学角度进行考证的学者。他们通过比对流传的几十种《红楼梦》的版本，分析这些书中的遣词造句、情节安排上的异同之处，从而达到发掘《红楼梦》的原始版本并探寻更多的隐藏在这部书背后的秘密。这一派的代表作是胡适的《红楼梦考证》和俞平伯的《红楼梦辨》。这一派在红学研究领域中发挥了巨大的作用，堪称是近现代红学的奠基之作。

中华人民共和国成立之后，《红楼梦》研究迎来了全新的时期。红学研究者以唯物主义思想作为指导红学研究的宗旨性思想，在红学研究领域开辟了新纪元。在这一时期涌现出了很多优秀的具有代表性的红学家，如大家耳熟能详的周汝昌、冯其庸、吴恩裕、何其芳、李希凡、吴世昌等多位先生。

大观园红楼文化博物馆通过精心布置的展览向大家展示了红学研究的前世今生。时至今日，随着新媒体的发展，《红楼梦》以及红学文化的传播度更高。而大观园红学研究中心承担了开拓红学研究新领域的重任，在向参观者和广大的群众普及红学知识的同时，又积极地加大对《红楼梦》的进一步研究。我们相信，在不远的将来，必能开辟出在红学研究领域中的新天地。

（七）全新技术观红楼

进入了信息技术大发展的时代，影像愈发成为反映时代的脉搏、传播文化精神的重要载体。在红楼艺术馆展览的第七个部分，官方为参观者设置了影像展览的内容。如果您在游览完丰富的展览内容之后还意犹未尽的话，尽可以移步到红楼影视馆，在这里官方将为您放映一部电视专题片《红楼寻踪》，既可以通过观看电视片来了解有关《红楼梦》的更多知识，又能够在游园观展之后得到片刻的休憩。

《红楼寻踪》共 5 集，时长 150 分钟。片中使用了大量摄制组实地走访的资料，向大家展示了曹家的历史、流传世间的遗存，并挖掘出曹家与《红楼梦》这部巨著的关系。

第三节　红楼庙会：白纸坊地区的特色新民俗

提到白纸坊地区的民俗文化，在本书其他章节中已经介绍很多很多了。民间的花会、挎鼓、太狮，都是白纸坊地区不可或缺的具有代表性意义的民俗活动。可要是说起白纸坊地区的新民俗的话，新民俗，顾名思义，肯定是要“新”。这个“新”不仅仅是时间上的“新”，而更有一层新颖的“新”包含在这之中，是新形式、新内容的“新”。说到这里，相信您应该已经在心中想到这个答案了，那便是白纸坊地区数一数二的年度盛会——红楼庙会。

其实如果非要说起红楼庙会在时间上的新的话，确实，相对于宣南地区其他历史悠久的传统庙会来说，红楼庙会在时间上是较晚出现的，1996 年才由当时的宣武区人民政府联合北京大观园正式开始举办，可以说红楼庙会还很“年轻”。而宣南的其他庙会或者文化区域则都具有上百年乃至数百年的历史了，比如琉璃厂文玩士人文化、天桥市井民俗文化、牛街穆斯林特色文化这几个具有鲜明地域特色的文化类型。但值得一提的是，与这些老牌的文化中心相比，以南菜园街北京大观园地区为核心的红楼庙会文化，在近些年的宣南文化地标上也成为不可忽视的后起之秀。而且白纸坊地区的红楼文化民俗，说它在时间上“新”，却不能忽视它背后的深厚文化背景。北京大观

红楼庙会场景布置

红楼庙会舞狮

园红楼庙会所依托的，正是《红楼梦》这部奇书中所承载的深厚历史文化。红楼庙会所做的，是在推广发扬红楼文化的基础上，更深入地挖掘红楼文化的历史、民俗、艺术等方面的价值。这才是推动红楼文化新民俗的巨大动力与能量来源。

1996 年，在北京大观园园区管理方的规划下，获得宣武区人民政府大力支持的大观园红楼庙会正式开始举办。红楼庙会甫一开始就得到了首都人民的热烈欢迎。庙会上人山人海，摩肩接踵，好不热闹。在周边群众口口相传再加之媒体的大力宣传之下，每年的红楼庙会都成为享誉京城、最受瞩目的盛会。红楼庙会从 1996 年开始至今，已经举办了 24 届之多，是京城之中唯一一处以文学名著为背景的主题庙会。

庙会举办时，除了大观园园内的部分之外，南菜园街也包含在其中。每到春节期间举办红楼庙会的时候，南菜园街上都是人头攒动，两侧是数不清的商户小贩，他们向来参加庙会的游人售卖老北京传统的泥人、糖人、糖葫芦、面人、炸灌肠等小玩意儿和美食。

红楼庙会上最具特色，也是最能代表北京大观园的文化表演，就是每届红楼庙会中必不可少的元妃省亲节目。元妃省亲是《红楼梦》中最为精彩、场面最宏大的一段情节。园区抓住了这个核心部分，并将它以大型文化演出的形式再现出来。

每到庙会开办的时节，元妃省亲的表演队伍总能将庙会的气氛推向一个高潮。每天上午 9 点半和下午 1 点，元妃省亲的表演队伍就会从大观园的南门出发，沿着大观园西侧的道路步行直至园区北侧的省亲别墅，来到顾恩思义殿大殿背后的舞台上开始表演。

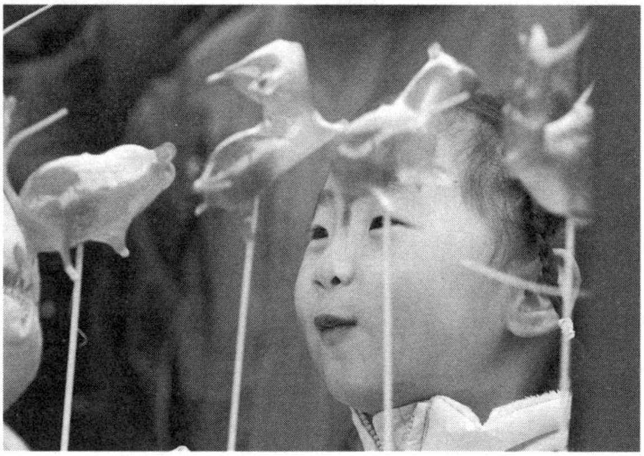

庙会吹糖人

从南门开始，长长的仪仗队伍身着华丽的传统服饰，列队整齐地行进。元妃的凤冠霞帔、从人的宫灯仪仗等，这些服装、道具的选用主要以京剧中人物的衣装作为参考对象，突出节日的气氛。队伍打头的是数十人的皇家仪仗，杏黄伞盖，以铜锣开道，鼓声齐天，在围观的人群中辟出一条道路。再往后是元妃和她的随从队伍，铺排出浩大的场面与气势。元妃头戴凤冠霞帔，仪态端庄万方，在队伍中由从人女官搀扶着缓步行进。队伍中还有身着彩衣的轿夫，抬着一顶大轿踏着锣鼓声向前行进。再往后是贾府众人，以贾母为先，后面跟着贾府的女眷从人，一行人行至顾恩思义殿，登上大殿后方的舞台向着早已等候在此的观众一字排列开来。先有贾母向端坐中央的元妃行礼，而后贾府众人也都一一参拜。

可以说，元妃省亲作为红楼庙会的代表性的文化产品，成为大观园一道闪亮的名片。

在1996年“元妃省亲”节目最初开始表演的时候，各个角色和仪仗队伍都是由园区的工作人员来扮演的，这个新奇的演出形式让参加红楼庙会的游客无不感到新鲜有趣，一时之间观者如潮。可是随着时间的推移，庙会举办的次数越来越多，大家便对元妃省亲的表演形式感到不那么新奇了，特意前来参加红楼庙会观赏演出的人数也有所下降。而且在当时，这种特色文化表演的形式在其他景区也流行开来。逐渐地，拥有自身特色的文化表演的景区数量越来越多，比如明十三陵景区皇帝大型祭祀仪仗表演、天坛景区的皇家祭天表演。老百姓对于这种演出形式已经感到审美“疲劳”。

在这种情况下，如何对自身表演模式进行改革，从众多的园区文化表演中突出北京大观园的特色，重新吸引观众，就成了北京大观园必须解决的问题了。

2005 年，当时的大观园管委会经过仔细的考察，发现导致文化表演的人气日渐下滑的症结在于游览庙会游客的参与度问题。

当时，元妃省亲节目的演员主要由园区工作人员扮演，而来参加庙会的游客只是在舞台之下观看演出。能不能提高台下观众的参与度，让老百姓也能参与到“元妃省亲”的表演当中来呢？如果来参加庙会的老百姓也能在舞台上参与表演的话，那么他们的“亲友团”“助威团”也无形中为庙会增加了人气。而且依靠招募演员的口碑的话，能够在社会上产生难得的传播效应，增加红楼庙会的知名度，这样庙会的气氛也能够热烈起来。

在这个思路的引导下，大观园拿出一部分园区用于红楼庙会的资金，向社会公开招募“元妃省亲”的演员。招募演员的告示刚一贴出来，就引起了社会各界的强烈反响。仅仅几天的时间，就有 100 多人来到大观园应募报名，一时之间盛况空前。园区也立刻开始了对主要演员的选拔、对表演队伍的排练工作。

红楼庙会元妃省亲古装表演

但是如此之多的报名者远远超过了园区预期的报名人数，这就导致出现了另一个问题：报名参演主要角色的人是如此之多，大家都想在演出中扮演宝玉、黛玉、贾母等主要角色。可是主要角色的名额就那么几个，而且就是赶上庙会过年的那几天才表演，场次、名额都不够分配。看着众多热情高涨的报名者，其中不乏资质上佳的好“选手”，总不能给踊跃报名的大家伙吃个闭门羹吧。如何既让演出圆满成功，又能够让大家的热情得到充分的体现呢？

几番思索和商讨之下，园区思路一转：如果多增加几个节目的话，问题不就迎刃而解了吗？这样既丰富了庙会的演出内容，又能够充分调动众多参与者的热情和积极性，可谓是一举两得。

由此，在红楼庙会上，除了“元妃省亲”外，又多增加几个全新的表演节目：“宝黛成婚”和“贾母贺寿”。“宝黛成婚”是在续写《红楼梦》剧情的基础上，让贾宝玉和林黛玉最终成婚，上演一出有情人终成眷属的好戏。“贾母贺寿”则是取材自《红楼梦》的经典情节，在其中加入了风趣幽默的“刘姥姥唱快板”的环节。如此一来，整体的演出又热闹又喜庆。

在全新的表演模式的推动下，大观园的红楼庙会再次轰动京城，又吸引了无数的游人前来一睹全新的文化表演。从此之后，面向社会招募特色文化演出的演员，就成为红楼庙会的保留特色。

这些举动有力地宣传了红楼庙会，不仅借助人气增加了北京大观园在红楼庙会这一项目上的收入，还借助这个文化活动的形式向公众普及了红楼知识。

庙会作为最受欢迎的民俗活动，自然在民俗方面的活动也是必不可少。自红楼庙会创办以来，除了展示北京地区庙会中传统的项目以外，园区还邀请了全国其他地方的各类非物质文化遗产传人来到大观园为观众进行表演。

以 2019 年第 24 届红楼庙会为例，皮影戏、木偶剧演出、新乡高空特技表演、河南盘鼓和舞狮、高跷等“非遗”特色演出轮番上阵。

每逢庙会，全园共有5个主要的演出地点，包括顾恩思义殿背后的大舞台、西侧的小舞台、南门广场、湖面上空和湖心岛。限于篇幅，不能在这里对红楼庙会中的每一个“非遗”特色项目进行介绍，就在此对主要项目进行一个简单的罗列与介绍。这些项目汇集了全国各地的“非遗”表演项目，借助了红楼庙会这个难得的平台向各位参观者集中地展示。

舞狮——中国优秀的民间艺术，也是红楼庙会的“常驻客”。舞狮这种艺术可谓是深入人心，民间每每到了佳节或集会庆典的时候，百姓都会以举办舞狮会的形式来增加节日的喜庆气氛。从大体的分类来说，舞狮分为南北两派。舞狮表演中的狮子是由彩色布条拼接制作的，每头狮子的动作至少有两个人来负责。其中一个人舞头，一个人舞尾。舞狮的时候，表演者在锣鼓音乐的带动下，钻入狮子模型的腹中，用木杆操纵狮子的头尾，以模仿狮子在行走中的各种形态和动作。不仅如此，舞狮的人在表演的过程中，还要以各种招式来模拟武功，展现下盘的稳健步伐，非常富有阳刚之气。

高跷——全国各地的民间文化中广泛流传的一种舞蹈形式，又叫“高跷秧歌”。高跷这个名字是因为在表演时演员大多要双脚踩踏木跷，故而得名高跷。高跷的发展历史颇为久远。这种表演最早是源于古代宫廷宴席表演之中的百戏。在我国的考古工作中就出土过北魏时期的画有踩高跷形象的石刻画像。高跷表演常用的道具有扇子、手绢、木棍、刀枪等；表演形式则有“踩街”和“撂场”两种，撂场有舞队集体边舞边走各种队形图案的“大场”和两三人表演的“小场”，多男女对舞，有时边舞边唱。各地高跷所使用的木跷从30厘米至300厘米，高低不一。从表演风格上又分为“文跷”和“武跷”，文跷重扭踩和情节表演，武跷重炫技功夫。高跷一般以十至数十人不等的表演队的形式表演；高跷的表演者大多是分别在扮演某个我国古代神话或历史故事中的角色形象，如《白蛇传》中的许仙、法海等，而高跷表演的行头大多来源于当地的戏曲。

盘鼓——红楼庙会上的盘鼓演出是园方特意从河南开封邀请过来的演出队伍。河南盘鼓表演队于2018年的春节期间来到了大观园，为参加庙会的观众们奉献了精彩绝伦的演出，获得了极高的赞誉。作为河南开封传统民间文化活动的重要组成部分，盘鼓表演在河南乃至全国都享有很高的声誉。开封盘鼓的体量不小，一面鼓的直径大约要有42厘米，鼓框腹径55厘米，高度30厘米，重量15公斤，粗大的柳木鼓槌长50厘米，直径3厘米。在全国的盘鼓表演行业之中，开封盘鼓多次独树一帜，取得佳绩。截至目前，开封盘鼓表演队仍保持着个人单挎并进行舞蹈的最高纪录。从表演风格上看，开封盘鼓符合北方民俗文化大开大合的特征，节奏性非常强，套路多变，气势宏大。每次到了元旦、春节、国庆和文化节、菊花花会、庙会等重要活动，都要举行盘鼓表演和比赛。除了在开封本地要经常承担表演的任务以外，还受到了全国各地庙会活动的邀请，另外，开封盘鼓还经常被邀请参加重要国家活动和庆典。

背棍——早在2010年，背棍表演就出现在春节期间喜庆热闹的大观园了。背棍作为一种起源于山西省太原市清徐县徐沟镇的传统民间艺术，是我国传统民俗表演文化中不可多得的瑰宝。“背棍”，顾名思义，就是在一个男性表演者的背后竖起一根“铁棍”，肩背一种专制的三角形铁架，铁架下扎于腰，中搁于肩，上部为一个铁插座。在铁棍上绑上一个化装的演员，上面的表演者大多是八九岁的灵巧女孩。铁棍上的演员以极佳的平衡性，随着背铁棍男子的步伐起伏。从远处看，背棍的表演者步伐虎虎生风，棍上的演员轻盈飘舞，艺术效果非常之强，“回头率”百分之百。从表演形式上看，背棍演员的演出以动作为主，并没有演唱。背棍的民俗文艺活动，也是山西省太原传统庙会活动的主要内容之一。从表演人数上看，除了一人肩背的背棍，还有两人肩抬的担棍，以及由四人抬起前后高低滑动的划棍，这些都是以棍抬人进行表演的一种民间文艺活动形式，只不过因其活动位置和形式的不同而命名。

除了这些庙会上比较流行的绝技表演项目令人啧啧称奇之外，红楼庙会的另一个不可忽视的地方就在于它继承了北京地区的文化特色。

在大观园园区的安排策划下，一系列具有老北京传统的小吃入驻北京大观园红楼庙会。游客在逛庙会的时候，随处都能看见冒着袅袅炊烟的小吃摊，令人胃口大开。

茶汤——来到红楼庙会，您一定会看到一幅盛景：众多游客围着茶汤小摊端着一次性碗“呼噜呼噜”喝茶汤，试问谁看到这种场景，不会食指大动，也想要再来一碗呢？说到茶汤，那可是北京的传统小吃了。相传茶汤最早源于明代，因为它的做法是用热水冲食，就像沏茶一样，故而得名茶汤。茶汤主要有两种，一种是山东茶汤，一种是北京茶汤。说起茶汤的制作过程，也颇有意思，首先用龙嘴大铜壶烧水，水烧开后，铜壶盖旁的小汽笛“呜呜”响起，冲茶汤的师傅便一手端碗，一手掀起铜壶，壶嘴向下倾斜，一股沸水从壶嘴儿直冲碗内，溅起一股股白色的水汽。等到碗里的水满了，茶汤也就熟了。周围迫不及待的食客也就可以享用美味了。从制作的原料来看，茶汤的主料是高粱米面、糜子面，而调料有红糖、白糖、青丝、红丝、芝麻、核桃仁、什锦果脯、葡萄干、京糕条、松子仁等等。师傅用滚开水把秫米面冲成稀糊状，加上各种调料，即可食用。一碗刚刚做得的茶汤吃起来，那可真是又香又甜又滑爽，极为可口。

面茶——面茶和茶汤一样，也是红楼庙会上必不可少的小吃。作为一种主要流行于京津地区的特色传统风味小吃，面茶是用黍子面或小米面加水煮成的糊状物，煮成之后，面茶表面要淋上芝麻酱。这个淋芝麻酱的过程是有讲究的，不能一股脑儿地乱洒，而是把芝麻酱提起来拉成丝状，然后转着圈地浇在面茶上。如此，一碗面茶才算是制作完成。老北京人喝面茶，讲究不用勺子不用筷子，只需要一只手托着碗，先把嘴巴拢成一个圈，紧贴着碗边，转着圈喝。面茶很烫，其实用吸溜更加恰当。碗里的面茶和麻酱一起流到碗边再入口中，每一口都是既有麻酱又有面茶，口感极佳。

炒肝——炒肝儿是老北京具有代表性的饮食之一。这种饮食最早是清末时从前门外鲜鱼口的会仙居饭馆的“白水杂碎”改进而成。最早的白水杂碎把切成段的猪肠、肝、心、肺作为主料，再加上调味去腥料用白汤煮就。由于用料还是太过简略，制作的过程也简单，隐隐的腥味使得白水杂碎在食客之中不受欢迎。于是店主将心、肺去掉，将“白水杂碎”改名为“炒肝儿”，这次的改动非常成功，一时之间名动京城。炒肝的材料做法讲究，是在熬热的油中放入大料，炸透后放入生蒜，蒜变黄时立即放入适量的黄酱，炒好置于罐中备用。此外还要熬些上好的口蘑汤。原料、佐料备齐后，开始制作炒肝儿。先将熟肠段放入沸汤，再放入蒜酱、葱花等配料和口蘑汤，然后将生肝条放入锅中，以淀粉勾芡，最后撒上一层砸好的蒜泥即成。

炸灌肠——作为一种老北京特有的传统风味小吃，灌肠讲究用猪大肠中炼出的油炸制。因此，最早最正宗的炸灌肠闻起来总会有一股猪大肠的特殊味道。随着时间的推移，现在的人们出于健康的考虑已经很少用猪大肠油来炸灌肠。纯粹猪大肠油炸制的灌肠已经很少见了，而庙会上的炸灌肠也大多是由普通的家用豆油炸制。这也是出于健康的考虑。炸灌肠的时候，必须先将成形的灌肠切片，在锅中炸至两面冒泡变脆取出，浇上拌好的盐水蒜汁趁烫吃。在庙会上，摊主会给您一根木质签子，将炸好的灌肠放到塑料小盘子中盛好，随后您就可以享用这种美味小吃了。

冰糖葫芦——冰糖葫芦在咱们国家的名气实在是太大了，当年一首“都说冰糖葫芦儿酸，酸里面它透着甜”的旋律传唱大江南北。红红的冰糖葫芦更是全国所有庙会中的“必备嘉宾”。作为中国传统小吃，它是将山楂用竹签穿成串后，蘸上麦芽糖稀，糖稀遇风迅速变硬。糖稀冻硬之后，吃起来又酸又甜，冬天的话还很有冰凉的感觉。从历史上看，这种小吃在宋朝便开始出现了雏形，根据《燕京岁时记》记载：冰糖葫芦，是用竹签，贯以山里红、海棠果、葡萄、麻山药、核桃仁、豆沙等，蘸以冰糖，甜脆而凉。茶楼、戏院、大街小巷到处可见。从养生的角度来看，冰糖葫芦还具有开胃、养颜、增智、消除疲劳、清热等作用。

糖人——庙会上琳琅满目，各种形象的糖人已经是一道具有代表性的景致了。制作糖人是一种咱们国家的传统手工技艺。制作的师傅需要挑一个担子，一头是加热用的炉具，另一头是糖料和工具。糖料由蔗糖和麦芽糖加热调制而成，本色为棕黄色，也有的加入颜料或色素使之呈红色或绿色。制作时火候的控制是关键，过热则太稀易变形，冷了又会太硬无法塑形。使用的工具很简单，多为勺形和铲形。糖人是以熬化的蔗糖或麦芽糖做成的各种造型，有人物、动物、花草等。据说宋代即有糖人，多是平面造型，如同今天的糖画，时称戏剧糖果，后来也被称作稠糖葫芦、吹糖麻婆子、打秋千稠饴、糖宜娘、糖官人、糖宝塔、糖龟儿等等。

如今生活越来越好，老百姓的物质生活也越来越丰富，可能新一代的孩子们看到这些传统小吃已经有些司空见惯，甚至兴趣寥寥了，但是作为承载着过去记忆的载体，红楼庙会上的这些美食，却有着别具一格的意义。它以庙会作为一个文化的平台，将这些过去的记忆再次展现在了大家的面前，让人们还有一个接触它、了解它的平台，这是尤为可贵的。

当然，除了前文提到的传统美食小吃之外，还有各式各样的北京民间艺术使人目不暇接。

在大观园庙会上，园区别出心裁地还原了一门如今已经很少见的传统艺术，那就是拉洋片。拉洋片又名西湖景。清末由河北传入北京。拉洋片最早的表演形式是以布做墙围成直径约两丈的场地。有画挂于人前，画面高约 2. 5 米，宽约 3. 3 米，上绘各地山水兼人物，一张画成一卷。表演时，观众透过饭碗大小的孔洞向布墙之内的画上观看。而表演者则站在幕布侧面操纵画面的变化。每当观众看完一张后，演员就用绳索放下另一张，同时用木棍指点画面并做解释。另外，在演出的圈外还有人打着锣鼓招揽观众。除此之外，还有另一种表演形式。它是用一个木制箱，分上下两层，每层高约0.8米，长约1米。下层的正前面有4个或6个圆形孔，孔中嵌放大镜。箱内装有八张以文学故事为主题，或以历史、民间故事为题材的画面，演员用绳索上下拉动替换。木箱旁装有用绳牵动的锣、鼓、钹三件打击乐器，演员每唱完一段唱词后，以打击乐器伴奏。2008年春节庙会上，大观园的拉洋片表演可谓是火爆一时，让人印象深刻。当时演唱的主题贴合大观园的文化背景，以《红楼梦》的主要故事为表演内容，一画一句。因为这种表演的形式较为独特，吸引了众多的游客来一窥究竟。

如果漫步于庙会之时的大观园，您一定会被路旁几个会动的“雕塑”吸引了目光。“雕塑”又怎么会动呢？原来这都是由真人扮演的。提笼架鸟的贝勒爷、账房先生、公子哥、大户小姐、卖货郎、洋车夫，这些形象由演员们涂上特制的颜料再经过精心化妆而成。仔细观察，这些“雕塑”的眼睛一眨一眨的，还可以摆出不同姿势。大户家丁时不时地给游客鞠躬问安，洋车夫招呼着游客上车，公子哥时而摇摆一下手中的折扇。这一表演被称为老北京“活雕塑”，是一种行为艺术。活动现场，惟妙惟肖的活雕塑吸引了众多游客围上前去合影留念。“会动的雕塑”这也是红楼庙会的一个别出心裁的表演了。

从1996年首次开办到如今第24届的誉满四海，从百年发展重现江湖的拉洋片到稀奇古怪的活人雕塑，大观园红楼庙会在游乐项目上做到贯穿古今，既有对传统艺术形式的继承，又有对新派艺术的发扬。可以说是具有很高的可观赏性与趣味性。北京大观园红楼庙会紧紧把握住了自身的文化特色，用红楼特色文化表演结合地方传统文化的方式，走出了一条园区发展的新道路。

红楼庙会的成功，既是深厚红楼文化的体现，又是宣南白纸坊地区民俗传统的集中表现。在可以预见的未来，白纸坊地区的新时代红楼民俗文化中心一定会与琉璃厂文玩士人文化、天桥市井民俗文化、牛街穆斯林特色文化等传统民俗并列，成为北京地区民俗文化的全新中心之一。

附录：

白纸坊消失的胡同

北京的街巷横平竖直，规矩整齐，经纬分明，从平面上看像一个巨大的棋盘。从城市发展史看，北京的街道格局基本奠基于元代，形成于明代，承袭发展于清代。史料统计，元大都城有384条火巷、29条胡同。明代北京街巷总数1170条，其中胡同459条。清代北京街巷又增加，达2000条，其中胡同960多条。民国时期北京大街小巷又增至3200条。1982年统计的北京街巷约2800条。随着时代的发展和老城区的改造，如今咱老北京的胡同呈现出下降的趋势。但一些新出现的街巷、小区地名，又为北京这座古都赋予了新时代的印记。白纸坊自然也不例外。

原来白纸坊地区最有名气的地名，首推白纸坊胡同。它曾名纸房胡同。

白纸坊胡同西边原来还有一条造纸胡同，隔白纸坊西路与白纸坊街南北相望。

右安胡同，清末称右安门后身，小巷狭窄，两旁是民房。加上周边的右安东里、右安西里、右安门东街、右安后巷等，形成右安门街巷胡同群。

双槐树胡同，在南横西街南侧，盆儿胡同西侧，万寿里北侧，呈南北走向。965年，整顿街巷名称时，将此地分别命名为双槐树胡同、双槐树头条、双槐树二条、双槐里、双槐里一巷、双槐里二巷。

大、小川淀胡同。清乾隆年间得名大穿店，清末形成大川淀和小川淀胡同群落。周围大川淀一至五巷、小川巷等胡同名，均由此派生。现胡同区域为平原里北区、平原里小区等住宅小区和北京十五中春明校区。

“崇效寺”寺南的胡同以寺为名，1947 年民国地图标注为陈家胡同，就是今天的崇效胡同。

毛家胡同形成于民国期间，当是今天里仁街南侧、与其平行的半步桥街。今天该地区大部分为光源里棚户区改造工程。

光源里，位于白纸坊东街以南，右安门内大街以东，里仁街以北，半步桥胡同以西。20 世纪 50 年代初，北京市供电局在此兴建大量的职工宿舍，并设立街巷管理机构。

平渊里，东临菜市口大街，西接盆儿胡同。1965 年以后，将附近街巷分别命名为平渊里、平渊东里、平渊西里、平渊南里、平渊北里一巷、平渊北里二巷和平渊胡同。

平渊胡同至白纸坊东街，有一条东北—西南走向的斜街，叫更新胡同。胡同形成于民国年间，原称猪营，也称西猪营或西珠营，今已不存。

后　记

历经一年多的时间，在西城区政协和白纸坊街道领导的重视和支持下，《坊间览胜——白纸坊街道街巷胡同史话》一书终于定稿付梓。

此书系《西城区街巷胡同文化丛书》之一，白纸坊街道编撰此类图书，还是首次，编写这样一部地情图书，我们深感责任重大。在全书的编辑过程中，通过搜集资料、查阅文献、调查走访，我们试图以简练通俗的文字，将地区的街巷胡同文化和精彩的人文故事展现给广大读者朋友。管中窥豹不知其大，尽管此书对白纸坊历史文化的研究还显粗浅，但能为地区文化事业尽一点绵薄之力，我们也倍感欣慰。

此书得以顺利完成，感谢西城区政协和白纸坊街道各位领导的关心支持和热情帮助；感谢政协委员陶水龙的具体指导；感谢街道党群办、社区办、市民服务中心等部门工作人员对基础素材的提供和帮助；感谢北京印钞有限公司、中国邮政集团公司邮票印制局、中国地图出版集团、北京大观园等辖区单位，以及民俗专家李双义、编辑杨瑞华等的积极参与和宝贵意见。同时，本书还采纳了众多关心热爱白纸坊地区文化事业的社区各界人士提供的资料、研究成果等，恕不能一一注明，谨在此表示衷心的感谢。

白纸坊地区有着深厚的文化积淀，此书远远不能反映其全貌和风华，加之编者能力、水平有限，文献资料不够齐全，难免会出现一些疏漏和失误，敬请广大读者见谅。

图书在版编目(CIP)数据

坊间览胜：白纸坊街道街巷胡同史话 / 政协北京市西城区委员会,《西城区街巷胡同文化丛书》编委会编. -- 北京：中国文史出版社，2021.7
(西城区街巷胡同文化丛书. 第二辑)
ISBN 978-7-5205-2948-8

Ⅰ. ①坊… Ⅱ. ①政… ②西… Ⅲ. ①胡同-介绍-西城区 Ⅳ. ①K921.3

中国版本图书馆CIP数据核字(2021)第081161号

特约编辑：曾小丹
责任编辑：牟国煜　薛未未

出版发行：中国文史出版社
社　　址：北京市海淀区西八里庄路69号院　邮编：100142
电　　话：010-81136606　81136602　81136603（发行部）
传　　真：010-81136655
印　　装：北京新华印刷有限公司
经　　销：全国新华书店
开　　本：720×1020　1/16
印　　张：17.5　　彩插：2
字　　数：243千字
版　　次：2021年7月第1版
印　　次：2021年7月第1次印刷
定　　价：228.00元（全4册）